The Learner's ENGLISH–RUSSIAN DICTIONARY

by
S. Folomkina and H. Weiser

with Foreword
and article on orthography by
Morris Halle

THE M.I.T. PRESS
Massachusetts Institute of Technology
Cambridge, Massachusetts

Library of Congress Catalogue Card Number: 63–21745
Printed in The United States of America

CONTENTS

The Russian Alphabet

Letters	Names	Principal Sound Values								
		1	2	3	4	5	6	7	8	9
Аа	[a]	[a,	ʌ,	ə,	—	i^e	—	ɪ	—	ɨ^e]
Бб	[be]	[b,	b^ь,	p,	p^ь]					
Вв	[ve]	[v,	v^ь,	f,	f^ь]					
Гг	[ge]	[g,	g^ь,	k,	k^ь]					
Дд	[de]	[d,	d^ь,	t,	t^ь]					
Ее	[ye]	[e,	ye,	ə,	yə,	i^e,	yi^e,	ɪ,	yɪ,	ɨ^e]
Жж	[zhe]	[zh,	zh^ь:,	sh,	—]					
Зз	[ze]	[z,	z^ь,	s,	s^ь]					
Ии	[i]	[i,	ɨ]							
Йй	([i-krátkəyə])	[y]								
Кк	[ka]	[k,	k^ь,	g,	g^ь]					
Лл	[el]	[l,	l^ь]							
Мм	[em]	[m,	m^ь]							
Нн	[en]	[n,	n^ь]							
Оо	[o]	[o,	ʌ,	ə]						
Пп	[pe]	[p,	p^ь,	b,	b^ь]					
Рр	[er]	[r,	r^ь]							
Сс	[es]	[s,	s^ь,	z,	z^ь]					
Тт	[te]	[t,	t^ь,	d,	d^ь]					
Уу	[u]	[u]								
Фф	[ef]	[f,	f^ь,	v,	v^ь]					
Хх	[kha]	[kh,	kh^ь,	gh,	—]					
Цц	[t͡se]	[t͡s,	— ,	d͡z,	—]					
Чч	[ch^{ь}e]	[ch^ь,	ch^ь,	j^ь,	j^ь]					
Шш	[sha]	[sh,	—,	zh,	—]					
Щщ	[sh^ь:a]	[sh^ь:,	sh^ь:,	zh^ь:,	zh^ь:]					
ъ	([t^{ь}v^{ь}órdɨy znák])	—(disjunctive)								
Ыы	[ɨ]	[ɨ]								
ь	([m^{ь}ákhk^{ь}iy znák])	[^{ь}]								
Ээ	[e]	[e]								
Юю	[yu]	[u,	yu]							
Яя	[ya]	[a,	ya,	ə,	yə,	i^e,	yi^e,	ɪ,	yɪ]	

FOREWORD

There has long been a need for a dictionary designed especially for the English-speaking student who seeks to gain active mastery of Russian. Such a student needs much more than the one or two synonyms, sporadically supplemented by idiomatic expressions, that are found in most foreign language dictionaries. He needs detailed indications about how each Russian word is inflected and about its accentuation in the various inflected forms. He also needs to be told as much as possible about the usage of the different words, for words in one language are only too often used quite differently than their nearest synonyms in a second language. Information of this type has hitherto been available only in multivolume dictionaries, which are expensive, hard to handle, and, moreover, not being compiled with an English-speaking user in mind, frequently fail to discuss difficulties that would be encountered by such a user.

This dictionary was planned especially to meet the needs outlined, and the compilers have successfully achieved their objective. Their selection of entries for inclusion in the dictionary is consistently sound. They have managed to cover quite fully the everyday vocabulary of the educated speaker of current standard Russian. Their choice of examples to illustrate the use of different words is excellent. They have paid special attention to phrase units, idioms, and compound words whose meaning, though self-evident to the native speaker of Russian, presents difficulties to the English-speaking student. Finally, they have provided extensive information about the inflection of the words and about their accentual peculiarities. The value of the dictionary is further enhanced by the supplement, which contains elaborate grammatical tables, lists of inflectional and derivational suffixes, a detailed "Guide to Russian Pronunciation," and an essay on the relationship between Russian sounds and letters. In short, the English-speaking student of Russian has here a most useful and badly needed tool. May I express the hope that it will lessen the drudgery and increase the pleasure of those who have set out on the by no means smooth road of mastering the tongue of Pushkin, Tolstoi, and Dostoevski.

MORRIS HALLE

Cambridge 1963

HOW TO USE THE DICTIONARY

Words are given in alphabetical order.

The sign ~ (tilde) stands for the head-word, whenever the head-word is repeated within the article, e. g.,

addition дополне́ние...; in ~ (*Read*: in addition) в дополне́ние.

Bold-type Roman numerals indicate lexical homonyms. Such homonyms are given as separate head-words, e. g.,

match I *sb* (*for making fire*) спи́чка...
match II *sb* **1.** (*competition*) состяза́ние...
hand I *sb* (*limb*) рука́...
hand II *v* (*pass*) передава́ть...

Standard-type Roman numerals indicate grammatical homonyms within the article, e. g.,

let I **1.** (*permit*) разреша́ть...; II *modal verb*...
be I **1.** (*of location*) быть...; II *link-verb, with predicatives*...; III *modal* (*of obligation, plan*)...; IV *aux*...

Bold-type Arabic numerals separate different meanings of the English word, e. g.,

knock I *sb* **1.** (*sound*) стук...; **2.** (*blow*) уда́р...
lame *a* **1.** (*crippled*) хромо́й...; **2.** (*unconvincing*) неубеди́тельный...

A semicolon separates examples (word-combinations, phrases and sentences) illustrating the use of the head-word, e. g.,

land...; plot of ~ уча́сток земли́...; buy / sell ~ покупа́ть / продава́ть зе́млю; who owned the ~? кому́ принадлежа́ла э́та земля́?..

Semicolons are also used to separate groups of words within the square brackets, if they belong to different logical groups, e. g.,

lake... [1) deep глубо́кое, blue голубо́е, calm споко́йное...; 2) cross переплы́ть];...

Commas are used:

a) within the square brackets, to separate words which can combine freely with the head-word, e. g.,

hair *collect* во́лосы *pl*... [1) black чёрные, brown кашта́новые, red ры́жие...];...

b) in English examples and in translations, to show words and phrases which may be substituted for each other, e. g.,

habit...; he has a ~, he is in the ~ of coming home late (*Read*: he has a habit of coming home late *or* he is in the habit of coming home late) у него́ привы́чка по́здно приходи́ть домо́й;...

dark I *sb* ...; we wanted to get home before ~ мы хоте́ли добра́ться домо́й до темноты́, за́светло... (*Read*: мы хоте́ли добра́ться домо́й до темноты́ *or* мы хоте́ли добра́ться домо́й за́светло).

c) to separate gender and number forms. In such cases the order is: masculine gender, feminine gender, neuter gender; singular number precedes plural, e. g.,

guilty 1.... винова́т *m*, винова́та *f*, винова́ты *pl*;...

born: be ~ роди́ться...; I was ~ in 1936 я роди́лся, родила́сь в ты́сяча девятьсо́т три́дцать шесто́м году́... (*Read*: я роди́лся в ты́сяча девятьсо́т три́дцать шесто́м году́, я родила́сь в ты́сяча девятьсо́т три́дцать шесто́м году́).

brave...; be ~! мужа́йся!, мужа́йтесь!

A colon following an English head-word with no translation indicates that the word either is given only as an element of a set phraseological combination, or that no general translation of the head-word can be given, e. g.,

deal I *sb*: a great, good ~ мно́го...

good I *sb*: there may be some ~ in it в э́том мо́жет быть не́который смысл; it will do him ~ э́то пойдёт ему́ на по́льзу; what's the ~ of staying here? како́й смысл здесь остава́ться?; there's no ~ denying... бесполе́зно отрица́ть...

hard II *adv*: he worked ~ он мно́го рабо́тал; he tried ~ он о́чень стара́лся; it was raining ~ шёл си́льный дождь; he was breathing ~ он тяжело́ дыша́л.

The square brackets contain free word-combinations, illustrating the use of the given head-word. Words within the square brackets agree in form with the translation of the head-word.

To avoid overburdening the dictionary, examples within the square brackets have in the main been selected to illustrate different classes of concepts, while examples of the same concept class have been avoided, e. g.,

fine *a* **1.** (*excellent*) прекра́сный ... [man челове́к, day день, view вид, climate кли́мат, dinner обе́д]; прекра́сная [weather пого́да, trip пое́здка, play пье́са]; прекра́сное [place ме́сто, suggestion предложе́ние];... (*Read*: fine man прекра́сный челове́к..., fine weather прекра́сная пого́да..., fine place прекра́сное ме́сто).

Standard-type Arabic numerals with round brackets within the square brackets are used to separate words belonging to different grammatical categories, e. g.,

day 1. день *m* ... [1) cold холо́дный, warm тёплый, hot жа́ркий...; 2) begins начина́ется, comes наступа́ет, passes прохо́дит; 3) spend проводи́ть, name, fix назнача́ть...];...

Standard-type Arabic numerals with round brackets also denote various meanings of phraseological units and compound verbs such as "to put on", e. g.,

go...; **go on** 1) (*continue*) продолжа́ть...; 2) (*happen*) происходи́ть...; **go out** 1) (*leave*) выходи́ть...; 2) (*stop burning*) ту́хнуть...

delight II *v*: be ~ed 1) (*be charmed*) восхища́ться...; 2) (*be happy*): I am ~ed to meet you я о́чень ра́д(а) познако́миться с ва́ми...

do...; **it, that will do** 1) (*enough*) дово́льно...; 2) (*good enough*) годи́тся...

Words in *round brackets* after bold-type Arabic numerals indicate which meaning of the head-word is translated, e. g.,

idea 1. (*plan, thought*) иде́я *f*...; **2.** (*conception*) представле́ние *n*...

deal II *v* **1.** (*have relations*) имéть... дéло...; **2.** (*look into*) рассмáтривать...; **3.** (*concern*) касáться...; **4.** (*sell*) торговáть...

It must be noted that these indications of the meanings of the head-word are not intended as definitions. Their object is merely to point to that meaning which is being translated in the given case. The indications of meaning may take the form of synonyms (*see the examples above*), or they may simply point to the field of functioning of the given word-meaning, e. g.,

heat II *v* **1.** (*of food, etc.*) разогревáть...; **2.** (*of house*) топи́ть...

heel 1. (*of shoe*) каблýк *m*...; **2.** (*of foot, stocking*) пя́тка *f*...

Round brackets also indicate words which are not obligatory in the given word-combination, words frequently omitted in speech, e. g.,

definite...; there is nothing ~ (as) yet покá (ещё) нет ничегó определённого.

dawn *sb* ...; (ýтренняя) заря́ *f*...

dear *a*... дорогóй...; those things are always ~er in winter э́ти вéщи всегдá (стóят) дорóже зимóй...

Finally, round brackets contain references to grammatical tables (*see p.* 11, Notes on Articles in the Dictionary).

The vertical wavy line ⌇ indicates a variant translation connected with the given word-meaning, e. g.,

dawn *sb* **1.** (*daybreak*) рассвéт *m*...; ⌇ (*sunrise*) (ýтренняя) заря́ *f*...

dead *a* (*of living beings*) мёртвый...; ⌇ (*of animals*) дóхлый...; ⌇ (*of plants*) засóхший...

A slanting line / separates words or phrases which freely combine with one of the grammatical forms of the head-word, e. g.,

defence...; in ~ of the plan / theory в защи́ту плáна / теóрии...; (*Read*: in defence of the plan в защи́ту плáна, in defence of the theory в защи́ту теóрии).

eager...; they were ~ to meet the author / to show their work to everyone / to be home again им óчень хотéлось познакóмиться с áвтором / показа́ть всем свою́ рабо́ту / сно́ва быть до́ма...; (*Read*: they were eager to meet the author им о́чень хоте́лось познако́миться с а́втором; they were eager to show their work to everyone им о́чень хоте́лось показа́ть всем свою́ рабо́ту; they were eager to be home again им о́чень хоте́лось сно́ва быть до́ма).

Set-phrases or phraseological combinations are given in bold type and are set off by the signs ⊙ and ✧. If the meaning of the set-phrase is connected with one of the meanings of the head-word, the sign ⊙ precedes the set-phrase, which is placed at the end of the material illustrating the use of the head-word, e. g.,

summer ле́то *n*...; ⊙ **Indian ~** ба́бье ле́то.
head I *sb* **1.** (*part of body*) голова́ *f*...; ⊙ **from ~ to foot** с ног до головы́; **lose one's ~** теря́ть... го́лову...; **2.** (*chief person, chief position*) глава́ *m*...; ⊙ **at the ~** во главе́;...

If the meaning of the set-phrase is distant from the various meanings of the head-word, the set-phrase is placed at the end of the entire article and is set off by the sign ✧, e. g.,

way...; **2.** (*route, direction*) путь...; ⊙ **be in one's ~** меша́ть..., *perf* помеша́ть... (*with dat*)...; **lose one's ~** заблуди́ться...; ✧ **by the ~** кста́ти; **a ~ out** вы́ход (*m* 1f) (из положе́ния)...

Notes on Articles in the Dictionary

Grammatical information includes the following:

1) The part of speech is indicated wherever the form of the word does not show to which part of speech it belongs, e. g.,

heap *sb* ку́ча *f*...
hide *v* **1.** (*put, keep out of sight*) пря́тать...
fair *a* **1.** (*just*) справедли́вый...

2) The part of speech is indicated as well in the case of homonyms, e. g.,

half I *sb* полови́на *f*...
half II *adv*... наполови́ну...
face I *sb*... лицо́ *n*...
face II *v* **1.**... стоя́ть... лицо́м (к *with dat*)...

3) Gender of Russian n o u n s is indicated, as well as the number of the table containing the model according to which the given noun is declined, e. g.,

hill холм *m* (1d)...
family семья́ *f* (24c)...
suit I *sb* (*clothes*) костю́м *m* (1f)...

If the declension of a noun is not in full accordance with the model in the table, the deviation from the norm is indicated within the round brackets, e. g.,

thousand ты́сяча *f* (25a, *instr sg* ты́сячью)...
track...; **2.** (*road, path*) тропа́ *f* (19g, *dat pl* тропа́м)...

This means that all of the forms of the noun "ты́сяча" (including position of stress) are parallel to the model in table 25a, with the exception of the instrumental case, singular, where the word has the form "ты́сячью". The noun "тропа́" is declined according to the model in table 19g, except for the dative plural, where the form is "тропа́м".

4) With regard to a d j e c t i v e s, the masculine, feminine and neuter forms are given, and sometimes the form of the plural as well (in combination with nouns of the corresponding gender and number). The table of the adjective's declension is given after the form of the masculine singular, e. g.,

dangerous 1. (*perilous*) опа́сный (31b) [man челове́к, enemy враг, step шаг]; опа́сная [work рабо́та, game игра́, road доро́га]; опа́сное [place ме́сто, journey путеше́ствие];... (*Read*: dangerous man опа́сный челове́к, dangerous enemy опа́сный враг..., dangerous work опа́сная рабо́та, dangerous game опа́сная игра́..., dangerous place опа́сное ме́сто, dangerous journey опа́сное путеше́ствие).

If no square brackets are given with an adjective, the masculine gender of the adjective is listed, e. g.,

hasty поспе́шный (31b); ~ departure поспе́шный отъе́зд;...
fair *a* **1.** (*just*) справедли́вый (31b)...; **2.** (*moderate, average*) неплохо́й (33a); he has a ~ knowledge of the subject у него́ неплохи́е зна́ния по э́тому предме́ту;...

5) V e r b s are given in the forms of the imperfective and perfective aspects. The numbers in the round brackets indicate the table of their conjugation, e. g.,

happen 1. (*occur*) происходи́ть (152), *perf* произойти́ (206);...

In a few illustrative examples where both perfective and imperfective verb aspects are commonly used, the prefix forming the perfective aspect is given in round brackets, e. g.,

wish II *v* ...; she ~ed him to write to her она́ хоте́ла, что́бы он ей (на)писа́л;... (*Read*: она́ хоте́ла, что́бы он ей писа́л *or* написа́л).

As with nouns, forms deviating from the model in the table are given after the number of the conjugation table. In a very few cases, the conjugation paradigm is given in full, as it does not coincide with any of the models, e. g.,

spread *v*...; **3.** (*also* ~ out; *cover*) расстила́ть (64), *perf* расстели́ть (расстелю́, расстéлешь, расстéлет, расстéлем, расстéлете, расстéлют, *past* расстели́л)...

If a verb has no perfective aspect, the words *no perf* appear after the table number of the imperfective aspect, e. g.,

talk II *v* **1.** (*converse*) разгова́ривать (65), *no perf*...
hate *v* **1.** (*loathe, detest*) ненави́деть (109), *no perf*...

Perfective aspect forms which are rarely used are not given. However, in such cases, the words *no perf* do not appear, e. g.,

admire восхища́ться (64) [*with instr* him им, her е́ю,...];...

If a verb is not followed by nouns in square brackets, the case of nouns in combination with the verb is indicated in round brackets, e. g.,

harm II *v* вреди́ть (153), *perf* повреди́ть (153) (*with dat*);...
help II *v* **1.** (*assist*) помога́ть (64), *perf* помо́чь (248) (*with dat*);...
disturb 1. (*trouble*) беспоко́ить (151) (*with acc*); I'm sorry to ~ you прости́те, что я вас беспоко́ю;...

If the Russian verb is used with a definite preposition, the preposition and the case of the noun following it are indicated in round brackets, e. g.,

> **hunt** *v* **1.**... охо́титься (177) (на *with acc*);...
> **follow 1.** (*go, come after*) сле́довать (244), *perf* после́довать (244) (за *with instr*)...

If the English verb also requires a definite preposition, the preposition is listed in the round brackets, together with the Russian preposition and the case of the noun following, e. g.,

> **talk II** *v* (*converse*) разгова́ривать (65), *no perf* (with, to — с *with instr*; about — о *with abl*)...

In many cases all information of this character is given within the square brackets before the corresponding group of words, e. g.,

> **forget** забыва́ть (64), *perf* забы́ть (210) [1) *with acc* name фами́лию, face лицо́, friends друзе́й, facts фа́кты...; 2) о *with abl* (about) the time о вре́мени; 3) *with inf* to go пойти́, to send посла́ть,...];...

Compound verbs (such as "to take off", "to put on", *etc.*) are given in bold type before set-phrases. These verbs are treated in the same way as ordinary verbs, e. g.,

> **hold** *v* **1.** (*grasp*) держа́ть (47)...; **2.** (*contain*) вмеща́ть (64)...; **3.** (*arrange*) проводи́ть (152)...; ~ **back** 1) (*hide*) скрыва́ть (64), *perf* скрыть (209) [*with acc* facts фа́кты, information све́дения, news изве́стия]; 2) (*restrain*) сде́рживать (65), *perf* сдержа́ть (47) [*with acc* crowd толпу́; tears слёзы]...

6) Prepositions, which ordinarily have numerous equivalents, are given with descriptive explanation but without separate translation. The various Russian translations of the English preposition appear in the illustrative examples. Each new translation of the preposition is given in bold type the first time it appears, e. g.,

> **at** *prep* **1.** (*in expressions denoting position*): at the window / door / table **у** (*with gen*) окна́ / две́ри / стола́; at the corner **на** (*with abl*) углу́; ...at the beginning / end **в** (*with abl*) нача́ле / конце́;...

Where all the Russian translations of the English preposition govern the same case in the noun following, the case is indicated immediately after the definition of the English preposition, e. g.,

from *prep* **1.** (*of movement away*) *with gen*: he took a book ~ the shelf он взял кни́гу **с** по́лки; on our way ~ the theatre по доро́ге **из** теа́тра;... he took the heavy bag ~ her он взял **у** неё тяжёлую су́мку;...

Where the Russian translations of the English preposition govern different cases, the required case is indicated in round brackets after the Russian preposition, e. g.,

for I *prep*...; **2.** (*of aim, purpose, destination*): the book is ~ children э́та кни́га **для** (*with gen*) дете́й;... send ~ the doctor! пошли́те **за** (*with instr*) до́ктором!; they fought ~ their freedom они́ боро́лись **за** (*with acc*) свобо́ду; they left ~ Moscow они́ уе́хали **в** (*with acc*) Москву́;...

* * *

Included in the square brackets are those words which freely combine with the given head-word.

Square brackets after head-word nouns contain adjectives, verbs and also nouns which can combine with the head-word.

For adjectives, the square brackets contain nouns; for verbs — nouns and adverbs; for adverbs — verbs and sometimes adjectives.

English words within the brackets agree with the English head-word; Russian words—with the Russian translation of the head-word, e. g.,

health *sb* здоро́вье *n* (18d) [1) good хоро́шее, excellent прекра́сное, satisfactory удовлетвори́тельное, ill, bad плохо́е, poor сла́бое, delicate хру́пкое; 2) improves улучша́ется, fails сдаёт, becomes, gets worse ухудша́ется; 3) improve улучша́ть, preserve сохрани́ть, protect охраня́ть, restore восстанови́ть];... (*Read*: 1) good health хоро́шее здоро́вье, excellent health прекра́сное здоро́вье...; 2) health improves здоро́вье улучша́ется, health fails здоро́вье сдаёт...; 3) improve health улучшáть здорóвье, preserve health сохранúть здорóвье...).

fruit фрýкты *pl* (1f) [1) fresh свéжие, green зелёные, ripe спéлые, sweet слáдкие, early рáнние...; 2) grows растýт, ripens созревáют, spoils пóртятся]... (*Read*: 1) fresh fruit свéжие фрýкты, green fruit зелёные фрýкты...; 2) fruit grows фрýкты растýт, fruit ripens фрýкты созревáют...).

The examples following the square brackets have been selected to illustrate the use of the head-word either in combinations in which the head-word appears not in its initial form, or in extended phrases and sentences.

In the case of certain words (for example, names of months, days of the week, numerals), for the sake of economy of space, references are made to some one of the words of the semantic group, where a detailed exposition of the use of the word will be found. Such references are made only in cases where the word referred to is of the same gender, and where the use coincides, e. g.,

twelve двенáдцать (39c); *see* eight.
forty сóрок (39f); *see* eight, thirty.
January янвáрь *m* (2b); *see* April.

If the head-word in question is characterized by any use other than those given under the word referred to, the reference is indicated after the examples, e. g.,

carriage (*of train*) вагóн *m* (1f); first-class ~ вагóн пéрвого клáсса; *see* car 2.

List of Abbreviations

a — adjective
abl — ablative case
acc — accusative case
adv — adverb
affirm — affirmative
Am. — American
collect — collective(ly)
colloq — colloquial(ly)
comp — comparative degree
conj — conjunction
dat — dative case
f — feminine (gender)
fig — figurative(ly)
gen — genitive case
geogr — geography
imperf — imperfective aspect
indecl — indeclinable
inf — infinitive
instr — instrumental case
inter — interrogative
interj — interjection
iron — ironical(ly)
m — masculine (gender)
maths — mathematics
med — medicine
mil — military
n — neuter (gender)
neg — negative
nom — nominative case
part — participle
perf — perfective aspect
pers — person
pl — plural
pp — past participle
prep — preposition
pron dem — demonstrative pronoun
pron indef — indefinite pronoun
pron pers — personal pronoun
pron poss — possessive pronoun
pron rel — relative pronoun
sb — substantive, noun
sg — singular
smb — somebody
smth — something
superl — superlative degree
v — verb
usu — usually

кто-л. — кто-либо
что-л. — что-либо

Dictionaries Used in Compiling This Book

Among the works consulted in compiling the present dictionary, the following may be mentioned in particular:

The Shorter Oxford English Dictionary, vol. I-II. Oxford, 1956.

Webster's New Collegiate Dictionary, 2nd ed. London, 1951.

Hornby, Gatenby, Wakefield. The Advanced Learner's Dictionary of Current English. London, 1958.

Kenkyusha's Dictionary of English Collocations. Tokyo.

Thorndike & Lorge. The Teacher's Word Book of 30,000 words. New York, 1944.

Palmer, H. E. A Grammar of English Words, Longmans, Green and Co. London.

Muret-Sanders. Encyclopaedic English-German and German-English Dictionary, Langenscheidtsche Verlagsbuchhandlung. Berlin-Schöneberg.

Webster's Dictionary of Synonyms, 1st ed. G & C Merriam Co. Springfield, Mass., U.S.A.

Мюллер В. К. Англо-русский словарь, 7-е изд., Государственное издательство иностранных и национальных словарей. Москва, 1960.

Ожегов С. И. Словарь русского языка, 4-е изд., Государственное издательство иностранных и национальных словарей. Москва, 1960.

Словарь наиболее употребительных слов английского, немецкого и французского языков под ред. проф. И. В. Рахманова, Государственное издательство иностранных и национальных словарей. Москва, 1960.

Русско-английский словарь под общим руководством проф. А. И. Смирницкого, 4-е изд., Государственное издательство иностранных и национальных словарей. Москва, 1959.

A

ability спосо́бность *f* (29c) [develop развива́ть]; спосо́бности *pl* [considerable значи́тельные, much больши́е, little небольши́е]; he as much ~ for mathematics у него́ больши́е спосо́бности к матема́тике; he has no ~ for painting у него́ нет (никаки́х) спосо́бностей к рисова́нию; ‖ (*power to do things*) уме́ние *n* (18c); the ~ to read / write уме́ние чита́ть / писа́ть.

able: be ~ мочь (248), *perf* смочь (248); he says he isn't ~ to come он говори́т, что не мо́жет прийти́; I shall not be ~ to come tomorrow я не смогу́ за́втра прийти́; he hasn't been ~ to help us он не мог нам помо́чь; she wasn't ~ to tell the difference between them она́ не могла́ их различи́ть; we weren't all ~ to get into the hall мы все не могли́ войти́ в зал; I wasn't ~ to do anything for them я ничё́м не мог им помо́чь; ‖ уме́ть (98), *perf* суме́ть (98); we want to be ~ to speak, read and write Russian мы хоти́м уме́ть говори́ть, чита́ть и писа́ть по-ру́сски; he wasn't ~ to make his point of view clear он не суме́л я́сно вы́разить свою́ то́чку зре́ния.

aboard на борту́; ~ the ship / the plane на борту́ (*with gen*) парохо́да / самолё́та; we went ~ the ship at nine мы се́ли на парохо́д в де́вять (часо́в).

about I *adv* **1.** (*approximately* о́коло (*usu with numerals in gen*); ~ three hours / two pounds о́коло трё́х часо́в / двух фу́нтов; ~ half an hour о́коло получа́са; a man ~ forty (years old) мужчи́на о́коло сорока́ лет; **2.** (*everywhere*) повсю́ду; there were books and papers all ~ повсю́ду лежа́ли кни́ги и бума́ги; don't leave your things ~! не разбра́сывай(те) свои́х веще́й!

about II *prep* **1.** (*concerning*) *with abl*: a book ~ travels кни́га о путеше́ствиях; he spoke / thought / wrote ~ his work он говори́л / ду́мал / писа́л о свое́й рабо́те; we were talking ~ you / ~ many things мы говори́ли о вас / о мно́гом;

I'm not talking ~ that я **об** (*before vowels*) э́том не говорю́; I read ~ it in the newspaper я чита́л об э́том в газе́те; are you talking ~ me? вы говори́те **обо** мне́?; ~ everything обо всём; I want to ask ~ the train time-table я хочу́ узна́ть расписа́ние поездо́в; **2.** (*approximately*) *with gen* at ~ 12 o'clock / one o'clock / midnight **о́коло** двена́дцати часо́в / ча́са / полу́ночи; **3.** (*from place to place*) *with dat*: walk ~ the town / room / garden / streets ходи́ть **по** го́роду / ко́мнате / са́ду / у́лицам; **4.** (*in*) *with abl*: there was something pleasant / strange / attractive/ unusual ~ her face бы́ло что́-то прия́тное / стра́нное / привлека́тельное / необы́чное в её лице́; ◇ **what** ~...? как насчёт...?; *see* what.

above I *adv* наверху́; is the family ~ leaving? семья́ наверху́ выезжа́ет?; on the floor ~ этажо́м вы́ше.

above II *prep* **1.** (*higher than*) *with instr*: ~ the earth / house **над** землёй / до́мом; ~ the trees / clouds над дере́вьями / облака́ми; ~ me **надо** мно́й; **2.** (*more than*) ~ two hundred people свы́ше двухсо́т челове́к; ⊙ ~ **all** бо́льше всего́, в пе́рвую о́чередь; *see* all.

abroad за грани́цей [live жить, study учи́ться, travel путеше́ствовать]; { за грани́цу [go (по)е́хать, send smth / smb посыла́ть что-л. / кого́-л.]; a trip ~ пое́здка за грани́цу; come from ~ прие́хать из-за грани́цы; we often receive letters from ~ мы ча́сто получа́ем пи́сьма из-за грани́цы.

absent: please, make a list of those ~ соста́вьте, пожа́луйста, спи́сок отсу́тствующих; be ~ отсу́тствовать (65); is anyone ~ today? сего́дня кто́-нибудь отсу́тствует?, кто сего́дня отсу́тствует?

absent-minded рассе́янный (31b) [person челове́к, look взгляд]; he / she is rather ~ он / она́ дово́льно рассе́ян / рассе́янна.

absolutely соверше́нно; I am ~ sure я соверше́нно уве́рен(а); you are ~ right / wrong вы соверше́нно пра́вы / непра́вы; we were ~ exhausted мы бы́ли соверше́нно изму́чены; he had ~ nothing to say ему́ бы́ло соверше́нно не́чего сказа́ть; he said ~ nothing он соверше́нно ничего́ не сказа́л.

accent произноше́ние *n*, *no pl* (18c) [1) good хоро́шее, poor плохо́е; 2) improve улучша́ть, correct исправля́ть]; { акце́нт *m* (1f); she speaks with an ~ она́ говори́т с акце́нтом; he has a foreign ~ у него́ иностра́нный акце́нт; he has practically no ~ он говори́т почти́ без акце́нта.

accept принима́ть (64), *perf* приня́ть (232) [*with*

acc gift, present пода́рок, invitation приглаше́ние, proposal, offer предложе́ние, challenge вы́зов]; the motion was ~ed unanimously предложе́ние бы́ло при́нято единогла́сно; he / they ~ed our help gratefully он / они́ с благода́рностью при́нял / при́няли на́шу по́мощь; I shall not ~ his apology я не приму́ его́ извине́ний; I'm afraid they will not ~ our plan бою́сь, что они́ не при́мут на́шего пла́на.

accident 1. (*catastrophe*) несча́стный слу́чай *m* (13c); bad, serious ~ тяжёлый несча́стный слу́чай; there was an ~ произошёл несча́стный слу́чай; the scene of the ~ ме́сто происше́ствия, катастро́фы; he was in an automobile ~, he had an automobile ~ он попа́л в автомоби́льную катастро́фу; 2. (*chance*) случа́йность *f* (29c); a pure ~ чи́стая случа́йность; it was an ~ э́то была́ случа́йность; ⊙ **by** ~ случа́йно; I met him quite by ~ я встре́тил его́ соверше́нно случа́йно.

accompany 1. (*go with*) сопровожда́ть (64), *no perf* (*with acc*); will the guide ~ us everywhere? гид всю́ду бу́дет нас сопровожда́ть?; the delegation was accompanied by a group of experts делега́цию сопровожда́ла гру́ппа специали́стов; they came accompanied by their guide они́ пришли́ в сопровожде́нии (своего́) ги́да; 2. (*play music*) аккомпани́ровать (245), *no perf* (*with dat*); she accompanied herself on the piano она́ аккомпани́ровала себе́ на (*with abl*) роя́ле; she was accompanied by the orchestra она́ выступа́ла в сопровожде́нии орке́стра.

accomplish сде́лать (65); you can ~ a good deal in a week за неде́лю вы мо́жете сде́лать дово́льно мно́го; ⊙ ~ **wonders, miracles** соверша́ть чудеса́; in a short time they ~ed wonders in the field за коро́ткое вре́мя они́ соверши́ли в э́той о́бласти чудеса́.

according: ~ to *prep* 1) (*as stated by*) *with dat*: ~ to the documents **согла́сно** докуме́нтам; ~ to the newspaper согла́сно сообще́ниям в газе́те; ~ to him **по** его́ слова́м; 2) (*in accordance*) *with instr*: ~ to the agreement / plan **в соотве́тствии** с догово́ром / пла́ном.

account *sb* отчёт *m* (1f) [1) accurate то́чный, detailed подро́бный; 2) give дава́ть, publish (о)публикова́ть, write (на)писа́ть]; ◇ **take into** ~ принима́ть (64) во внима́ние, *perf* приня́ть (232) во внима́ние (*with acc*); you must take everything into ~ вы всё должны́ приня́ть во внима́ние; **on** ~ **of** из-за (*with gen*); on ~ of him из-за него́; on ~ of the bad weather из-за плохо́й пого́ды.

accuse обвинять (223), *perf* обвинить (158) [1) *with acc* woman женщину, young man молодого человека; 2) в *with abl* of the theft в краже, of the crime в преступлении, of murder в убийстве]; I don't want to ~ anybody я никого не хочу обвинять; the woman was ~d of taking the money (*gerund is rendered by clause with Russian verb in past, usu perf*) женщину обвинили в том, что она взяла деньги.

accustomed: be, get, grow ~ привыкать (64), *perf* привыкнуть (125) (to — к *with dat*); gradually he got ~ to physical labour постепенно он привык к физическому труду; she soon grew ~ to her new surroundings она скоро привыкла к новой обстановке; I am not ~ to having dinner so late я не привык(ла) так поздно обедать; she wasn't ~ to anyone criticizing her она не привыкла к тому, чтобы её кто-нибудь критиковал.

ache *v* болеть (98), *no perf*; my head / tooth ~s у (*with gen*) меня болит голова / зуб; I ~d all over у меня всё болело.

achieve добиваться (64), *perf* добиться (182) [*with gen* success успеха, good results хороших результатов, great improvements больших улучшений]; they have ~d very much они очень многого добились; we ~d nothing мы ничего не добились.

acquaintance знакомый *m* (31b) [old старый, new новый]; знакомая *f* (31b); they have ~s everywhere у них везде есть знакомые; you will find many ~s there вы там найдёте много знакомых; ◇ **make the** ~ знакомиться (168), *perf* познакомиться (168) (of — с *with instr*); I made his ~ on board the ship / at a party я познакомился с ним на пароходе / на вечере.

across *prep*: **1.** (*to the other side*) *often conveyed by prefix* пере- *or* про- *attached to verbs in perf*: walk, go / run ~ a street / square / road перейти / перебежать (*with acc*) улицу / площадь / дорогу; ride, go ~ a bridge переехать мост; swim ~ a river переплыть реку; we flew ~ Belgium мы пролетели над Бельгией; **2.** (*on the other side*): the bus stop was ~ the street остановка автобуса была на противоположной стороне улицы; **3.** (*over, denoting position*): a tree lay ~ the road **поперёк** (*with gen*) дороги лежало дерево; there was no bridge ~ the river **через** (*with acc*) реку не было моста.

act I *sb* **1.** (*action*) поступок *m* (4d) [brave смелый, courageous мужественный, kind добрый, humane гума́нный, unexpected неожи́данный]; it was a cruel ~ э́то был жесто́кий посту́пок; **2.** (*of a play*) де́йствие *n* (18c); a tragedy in five ~s траге́дия в пяти́ де́йствиях; Act One пе́рвое де́йствие, де́йствие пе́рвое.

act II *v* **1.** (*take steps*) де́йствовать (244), *no perf*; we had to ~ at once мы должны́ бы́ли де́йствовать неме́дленно; **2.** (*behave*) поступа́ть (64), *perf* поступи́ть (147) [in a strange way, strangely стра́нно, recklessly неосмотри́тельно, rashly необду́манно, right пра́вильно, unselfishly благоро́дно]; he ~ed like a real friend он поступи́л как настоя́щий друг; you didn't ~ right вы поступи́ли непра́вильно; **3.** (*play, perform*) игра́ть (64), *perf* сыгра́ть (64); he ~ed Othello он игра́л Оте́лло; who ~ed Desdemona? кто игра́л Дездемо́ну?

action 1. (*doing*) де́йствие *n* (18c); *usu pl* де́йствия [quick бы́стрые, slow ме́дленные, decisive реши́тельные, united совме́стные]; a man of ~ челове́к де́йствия; ⊙ **take** ~ де́йствовать (244); we had to take immediate ~ нам пришло́сь де́йствовать неме́дленно; **2.** (*deed*) посту́пок *m* (4d); we judge people by their ~s мы су́дим о лю́дях по их посту́пкам; we all approved of her ~ мы все одо́брили её посту́пок.

active акти́вный (31b) [person челове́к]; акти́вная [support подде́ржка]; акти́вное [resistance сопротивле́ние]; the most ~ members of the club са́мые акти́вные чле́ны о́бщества; he took an ~ part in the affair он принима́л акти́вное уча́стие в э́том де́ле.

activity де́ятельность *f*, *no pl* (29c) [economic экономи́ческая, political полити́ческая].

actor арти́ст *m* (1e), актёр *m* (1e) [great вели́кий, well-known изве́стный, famous знамени́тый, popular популя́рный, favourite люби́мый, talented тала́нтливый, professional профессиона́льный, bad плохо́й, poor посре́дственный]; an ~ of unusual versatility необыча́йно разносторо́нний арти́ст; the ~ plays the leading / a minor part э́тот актёр игра́ет гла́вную / второстепе́нную роль; he became an ~ он стал актёром; he was a great success as an ~ как актёр он име́л большо́й успе́х; this ~ is very popular with the audience э́тот арти́ст по́льзуется большо́й популя́рностью у зри́телей.

actress арти́стка *f* (22c), актри́са *f* (19a).

actual действи́тельный (31b) [fact факт]; действи́тельная [reason причи́на];

in ~ life в действи́тельности.

actually в действи́тельности, на са́мом де́ле (*more colloq*); ~, he had no plan / choice в действи́тельности у него́ не́ было никако́го пла́на / вы́бора; do you ~ think so? вы на са́мом де́ле так ду́маете?; the cost will ~ be the same сто́имость факти́чески бу́дет та́ же.

add добавля́ть (223), *perf* доба́вить (168) (*with gen or acc*); ~ sugar / water доба́вить са́хару / воды́; ~ salt to the soup посоли́ть суп; { прибавля́ть (223), *perf* приба́вить (168), добавля́ть, *perf* доба́вить; he ~ed three more names to the list он доба́вил в спи́сок ещё три фами́лии; she ~ed a few words / lines to the end of the letter она́ приба́вила, приписа́ла не́сколько слов / строк в конце́ письма́; "I know", he ~ed sadly „Я зна́ю", — доба́вил он печа́льно; I have nothing to ~ мне не́чего доба́вить.

addition дополне́ние *n* (18c); in ~ в дополне́ние; in ~ to what has been said в дополне́ние к (*with dat*) тому́, что бы́ло ска́зано; in ~ to this в дополне́ние к э́тому; I have many other things to do in ~ кро́ме э́того, поми́мо э́того мне ещё на́до мно́гое сде́лать.

additional дополни́тельный (31b) [tax нало́г]; дополни́тельная [payment пла́та, work рабо́та]; дополни́тельные [difficulty, difficulties тру́дности]; there is no ~ charge for luggage (дополни́тельная) пла́та за прово́з багажа́ не взима́ется.

address I *sb* а́дрес *m* (1*l*) [1) right, correct пра́вильный, wrong непра́вильный; home дома́шний, office служе́бный; permanent постоя́нный, temporary вре́менный; 2) forget забы́ть, remember вспо́мнить, write написа́ть, change измени́ть]; return ~ обра́тный а́дрес; give your name and ~! скажи́те ва́шу фами́лию и а́дрес!; write to this ~! пиши́те по э́тому а́дресу!; letters should be sent to the above ~ пи́сьма сле́дует направля́ть по ука́занному вы́ше а́дресу; what's your ~? како́й ваш а́дрес?; ⊙ ~ book записна́я кни́жка *f* (22f).

address II *v* **1.** (*write address*) адресова́ть (243) [*with acc* letter письмо́, parcel посы́лку]; the letter was ~ed to her письмо́ бы́ло адресо́вано (*with dat*) ей; **2.** (*make speech*) выступа́ть (64), *perf* вы́ступить (170); he ~ed the meeting / the audience он вы́ступил на (*with abl*) собра́нии / пе́ред (*with instr*) аудито́рией.

administration администра́ция *f* (23c); the hotel / railroad / theatre ~ администра́ция гости́ницы / желéзной дорóги / теáтра; I have spoken to the ~ я обрати́лся к администрáции; that is a question for the ~ to decide э́тот вопрóс должнá реши́ть администрáция.

admire восхищáться (64) [*with instr* him им, her éю, architecture архитектýрой, building здáнием, picture карти́ной, the view of the sea ви́дом нá море]; we ~d their acting мы восхищáлись их игрóй; I ~ his ability to learn foreign languages я восхищáюсь егó спосóбностями к инострáнным языкáм.

admit 1. (*grant*) допускáть (64), *perf* допусти́ть (162); I ~ that я допускáю э́то; I ~ that a mistake may have been made я допускáю, что произошлá оши́бка; ‖ (*confess*) признавáть (63), *perf* признáть (64); he didn't ~ that he had been wrong он не признáл, что был непрáв; 2. (*allow in*) впускáть (64), *perf* впусти́ть (162) (*with acc*); passengers are not being ~ted on to the platform yet пассажи́ров ещё не впускáют на платфóрму; I was ~ted at once меня́ срáзу пропусти́ли.

adopt 1. (*decide on*) принимáть (64), *perf* приня́ть (232) [*with acc* decision решéние; 2. (*take child*) усыновля́ть (223), *perf* усынови́ть (164) [*with acc* a child ребёнка].

advance I *sb* 1. (*forward movement*) продвижéние *n*, *no pl* (18c) [stop приостанови́ть]; every new ~ кáждое нóвое продвижéние вперёд; 2. (*increase*) повышéние *n* (18c) (in — *with gen*); ~ in prices / wages повышéние цен / зарплáты; ◊ **in** ~ зарáнее; arrangements must be made in ~ нáдо всё устрóить зарáнее; we must know in ~ мы должны́ знать зарáнее; we bought tickets in ~ мы зарáнее купи́ли билéты.

advance II *v* продвигáться (64), *perf* продви́нуться (126) [1) rapidly бы́стро, slowly мéдленно; considerably значи́тельно; 2) two kilometres на два киломéтра]; I don't feel that I am advancing я не чýвствую, что продвигáюсь вперёд; they have ~d very far они́ далекó продви́нулись.

advantage преимýщество *n* (14c); many ~s мнóго преимýществ; the new plan has one great ~ over the old нóвый план имéет однó большóе преимýщество пéред (*with instr*) стáрым; ◊ **take** ~ воспóльзоваться (244) (of — *with instr*); take ~ of an offer воспóльзоваться предложéнием; he took ~ of the opportunity / our absence он воспóльзовался возмóжностью / нáшим отсýтствием; I took ~ of his being there я воспóльзовался тем, что он был там; take ~ of every opportunity испóльзовать кáждую возмóжность.

adventure приключéние *n* (18c) [interesting интерéсное, dangerous опáсное, strange стрáнное, extraordinary необычáйное]; relate / recall ~ расскáзывать / вспоминáть о приключéнии; an ~ story / film приключéнческий расскáз / фильм; we had many interesting ~s у нас бы́ло мнóго интерéсных приключéний.

advertisement объявлéние *n* (18c); put, place an ~ in the newspaper дать объявлéние в газéту; the ~ says... в объявлéнии говори́тся...; according to the ~ соглáсно объявлéнию.

advice совéт *m* (1f) [1) good хорóший, friendly дрýжеский; 2) get, receive получáть, give давáть, forget забывáть, remember пóмнить; appreciate цени́ть]; ignore ~ пренебрегáть совéтом; I followed his ~ я послéдовал егó совéту; he gave us much useful ~ он дал нам мнóго полéзных совéтов; I need your ~ мне нýжен ваш совéт; take my ~! послýшайтесь меня́!; I want to ask your ~ я хочý попроси́ть у вас совéта; I took your ~ and brought my warm things (with me) по вáшему совéту я захвати́л с собóй тёплые вéщи; my ~ is to pay no attention to it я вам совéтую не обращáть на э́то внимáния.

advise совéтовать (244), *perf* посовéтовать (244) (*with dat*); what did he ~ you to do? что он (по)совéтовал вам сдéлать?; where would you ~ us to go first? кудá бы вы посовéтовали нам пойти́, поéхать в пéрвую óчередь?; I don't ~ you to do that я вам не совéтую э́того дéлать.

affair дéло *n* (14d) [1) unpleasant неприя́тное, important вáжное; 2) settle улáдить]; business ~s коммéрческие делá; state of ~s состоя́ние дел; straighten out one's ~s улáдить свои́ делá; ⊙ **it's none of my / your** ~ э́то не моё / не вáше дéло.

affect 1. (*have influence*) влия́ть (223), *perf* повлия́ть (223) (на *with acc*); bad weather always ~s his mood плохáя погóда всегдá влия́ет на егó настроéние; this will not ~ our decision э́то не повлия́ет на нáше решéние; **2.**: that doesn't ~ you э́то к вам не относится.

affection привя́занность *f* (29c); his ~ for his sister / his old friend егó привя́занность к (*with dat*) сестрé / своемý стáрому дрýгу.

afford позвóлить (168) себé; I couldn't ~ the trip last year я не мог(лá) позвóлить себé э́ту поéздку в прóшлом годý; she couldn't ~ such an expensive coat онá не моглá позвóлить себé купи́ть тако́е дорого́е пальто́; she couldn't ~ to buy more than one ticket у неё хвати́ло де́нег всего́ на оди́н биле́т; I can't ~ it я не могу́ себе́ э́того позво́лить; you can't ~ to miss any more lessons вам бо́льше нельзя́ пропуска́ть уро́ки.

afraid: be ~ боя́ться (222), *no perf* (of — *with gen*); I am not ~ of him я его́ не бою́сь; you have nothing to be ~ of вам не́чего боя́ться; there is nothing to be ~ of не́чего боя́ться; she is ~ to go alone она́ бои́тся е́хать одна́; I am very much ~ you won't find the house я о́чень бою́сь, что вы не найдёте э́тот дом; I'm ~ not бою́сь, что нет.

Africa А́фрика *f* (22b); in ~ в А́фрике; to ~ в А́фрику; to travel about ~ путеше́ствовать по А́фрике; the countries / peoples of ~ стра́ны / наро́ды А́фрики.

African *a* африка́нский (33b).

after I *prep*: **1.** (*behind*) *with instr*: walk / run ~ him / her идти́ / бежа́ть за ним / ней; **2.** (*following*) *with gen*: ~ dinner / supper **по́сле** обе́да / у́жина; ~ that по́сле э́того; ~ three o'clock по́сле трёх часо́в; the (next) street / stop ~ this (one) сле́дующая у́лица / остано́вка по́сле э́той; he spoke ~ me он вы́ступил по́сле меня́; ◇ **one ~ another** оди́н за други́м, друг за дру́гом; ~ **all** в конце́ концо́в; *see* all.

after II *conj* по́сле того́ как; where did you go ~ buying the tickets?, where did you go ~ you bought the tickets? куда́ вы пошли́ по́сле того́, как купи́ли биле́ты?; I'll arrange everything ~ I get back home я всё устро́ю по́сле того́, как верну́сь домо́й; soon ~ I saw him... вско́ре по́сле того́, как я его́ ви́дел(а)...

afternoon: in the ~ днём; this ~ сего́дня днём; yesterday / tomorrow ~ вчера́ / за́втра днём; at five (o'clock) in the ~ в пять часо́в дня; late in the ~ к ве́черу; ◇ **good** ~! до́брый день!, здра́вствуй(те)!

again 1. (*anew*) опя́ть; he is late ~ он опя́ть опа́здывает; I've lost the key ~ я опя́ть потеря́л ключ; | *in neg sentences* бо́льше; we never saw him ~ мы его́ никогда́ бо́льше не ви́дели; I shan't go there ~ я туда́ бо́льше не пойду́, не пое́ду; **2.** (*one more time*) ещё раз; I shall try ~ я попро́бую ещё раз; we are going ~ on Saturday мы ещё раз пойдём в суббо́ту; once ~ ещё раз; ⊙ ~ **and** ~ мно́го раз; I have told you ~ and ~ that it is impossible я говори́л(а) вам, тебе́ мно́го раз, что э́то невозмо́жно.

against *prep* **1.** (*opposed to*) *with gen*: half the group were ~ the idea полови́на компа́нии была́ **про́тив** э́того предложе́ния; I have nothing ~ him я ничего́ про́тив него́ не име́ю; ~ my will про́тив моего́ жела́ния; vote ~ a proposal голосова́ть про́тив предложе́ния; fight ~ war боро́ться про́тив войны́; that's ~ the rule / law э́то противоре́чит пра́вилам / зако́ну; **2.**: ~ the background of the sea **на** фо́не мо́ря; the trees were black ~ the bright sky дере́вья вы́глядели чёрными на фо́не я́ркого не́ба; **3.** (*for support*) *with dat* lean ~ a wall / post прислони́ться **к** стене́ / столбу́

age 1. (*years lived*) во́зраст *m* (1f); at an early / advanced ~ в ра́ннем / преклóнном во́зрасте; at the ~ of ten / forty в во́зрасте десяти́ / сорока́ лет; people of all ~s лю́ди всех во́зрастов; **2.** (*times*) эпо́ха *f* (22b), век *m* (1*l*); the ~ of Shakespeare эпо́ха Шекспи́ра; the Stone Age ка́менный век; the Middle Ages Сре́дние века́; ⊙ **for ~s** 1) (*long time*) о́чень до́лго; the building stood for ~s дом простоя́л о́чень до́лго; 2) *colloq* давно́; I haven't seen her for ~s я её давно́ не ви́дел(а).

ago тому́ наза́д; two days / a year ~ два дня / год тому́ наза́д; long ~ давно́; not long ~ неда́вно; long, long ~ давны́м-давно́.

agree 1. (*concur*) соглаша́ться (64), *perf* согласи́ться (199) [1) with him с (*with instr*) ним; to the conditions на (*with acc*) усло́вия; 2) beforehand зара́нее]; he ~d at once / at last он сра́зу же / наконе́ц согласи́лся; did she ~ to come? согласи́лась ли она́ прийти́?; do you ~? вы согла́сны?; **2.** (*arrange*) догова́риваться (65), *perf* договори́ться (158); we ~d to meet here мы договори́лись встре́титься здесь; we ~d that he was to go first мы договори́лись, что он пое́дет пе́рвым.

agreeable прия́тный (31b) [voice го́лос, conversation разгово́р]; прия́тная [trip пое́здка]; прия́тное [face лицо́].

agreement 1. (*treaty, contract*) соглаше́ние *n* (18c) [1) trade, trading торго́вое, mutual взаи́мное; 2) make заключи́ть, sign подписа́ть, break нару́шить]; an ~ on exchange of students соглаше́ние об обме́не студе́нтами; the ~ between the two countries соглаше́ние ме́жду двумя́ стра́нами; { догово́р *m* (1f) [1) important ва́жный; 2) have име́ть, carry out вы́полнить]; **2.** (*consent*) согла́сие *n* (18c); he gave his ~ он дал своё согла́сие; he nodded in ~ он кивну́л в знак согла́сия; we could not come to an ~ мы ника́к не могли́ договори́ться.

agricultural сельскохозя́йственный (31b) [district райо́н]; сельскохозя́йственная [country страна́, machines те́хника]; сельскохозя́йственные [products, produce проду́кты]; ~ problems пробле́мы се́льского хозя́йства.

agriculture се́льское хозя́йство *n* (14c) [1) modern совреме́нное, backward отста́лое, developed, improved развито́е; 2) develops развива́ется, decays прихо́дит в упа́док, depends on зави́сит от; 3) study изуча́ть, develop развива́ть].

ahead 1. (*denoting direction*) вперёд [go идти́, move продвига́ться, run бежа́ть]; 2. (*denoting position*) впереди́; ~ of us впереди́ нас; ◇ **get ~ (of)** опереди́ть (153) (*with acc*); we didn't want them to get ~ of us мы не хоте́ли, что́бы они́ нас опереди́ли; **~ of time** досро́чно; we were through with our work ~ of time мы зако́нчили свою́ рабо́ту досро́чно.

aim I *sb* цель *f* (29c) [1) main гла́вная, basic основна́я; 2) set поста́вить]; reach, achieve ~ достига́ть це́ли; his ~ in life цель его́ жи́зни.

aim II *v* 1. (*take aim*) це́литься (157) [в *with acc* at a target в мише́нь, at a bird в пти́цу]; 2. (*direct*) направля́ть (223), *perf* напра́вить (168) (at — на *with acc*); our foreign policy ~s at promoting peace throughout the world на́ша вне́шняя поли́тика напра́влена на укрепле́ние ми́ра во всём ми́ре.

air во́здух *m* (4c) [clean, clear чи́стый, fresh све́жий, morning у́тренний]; in the ~ в во́здухе; into the ~ в во́здух; ⊙ **in the open** ~ под откры́тым не́бом, на све́жем во́здухе; the meeting took place in the open ~ собра́ние состоя́лось под откры́тым не́бом; **by** ~ самолётом; we shall get there much faster by ~ самолётом мы попадём туда́ гора́здо быстре́е.

airfield аэродро́м *m* (1f); we must get to the ~ half an hour before taking off мы должны́ прие́хать на аэродро́м за полчаса́ до вы́лета.

airmail авиапо́чта *f* (19c); I sent the letter (by) ~ я отпра́вил(а) письмо́ авиапо́чтой.

alarm *sb* 1. (*anxiety*) трево́га *f, no pl* (22b); with ~ in her voice... с трево́гой в го́лосе...; everybody rushed out of the house in ~ все в трево́ге вы́бежали из до́ма; 2. (*warning*) трево́га; false ~ ло́жная трево́га; air-raid ~ возду́шная трево́га; give the ~ бить трево́гу.

alert: on the ~ настороже́; he was on the ~ all the time он всё вре́мя был настороже́.

alike похо́жий (34b); they are not at all ~ они́ совсе́м не похо́жи; they are ~ in appearance вне́шне они́ похо́жи друг на дру́га; they are very much ~ они́ о́чень похо́жи.

alive живо́й (31a); she is ~ она́ жива́; his parents are still ~ его́ роди́тели ещё жи́вы; as long as I am ~ пока́ я жив(а́); remain ~ оста́ться в живы́х; ⊙ **more dead than** ~ ни жив, ни мёртв; she was more dead than ~ она́ была́ ни жива́, ни мертва́.

all *pron* весь *m*, вся *f*, всё *n*, все *pl* (41e); ~ day весь день; ~ the cake весь пиро́г; ~ his life вся его́ жизнь; ~ afternoon вся втора́я полови́на дня; we waited ~ night мы жда́ли всю ночь; ~ the time всё вре́мя; is that ~? э́то всё?; that is ~ I want э́то всё, что мне ну́жно; ~ the passengers все пассажи́ры; ~ the money все де́ньги; ~ the others все остальны́е; ~ of us / you все мы / вы; ~ together все вме́сте; they were ~ there они́ все там бы́ли; in ~ directions во всех направле́ниях; from ~ sides со всех сторо́н; ◊ **first of** ~ пре́жде всего́; I must finish my job first of ~ пре́жде всего́ я до́лжен, должна́ зако́нчить (свою́) рабо́ту; **best, most of** ~ бо́льше всего́; we enjoyed the boat trip best, most of ~ бо́льше всего́ нам понра́вилась пое́здка на парохо́де; **at** ~ 1) совсе́м не; I am not at ~ tired я совсе́м не уста́л(а); not bad at ~ совсе́м непло́хо; 2) (*in general*) вообще́; he did not come at ~ он вообще́ не пришёл; 3): Thank you! — Not at ~! Спаси́бо! — Пожа́луйста!; ~ **the same** всё равно́; it is ~ the same to me мне всё равно́; **after** ~ в конце́ концо́в; we decided not to go after ~ в конце́ концо́в мы реши́ли не идти́; **above** ~ бо́льше всего́, в пе́рвую о́чередь; we wanted above ~ to see the museums бо́льше всего́ мы хоте́ли осмотре́ть музе́и.

alliance сою́з *m* (1f).

allow разреша́ть (64), *perf* разреши́ть (171) (*with dat*); I cannot ~ you to do that я не могу́ разреши́ть вам сде́лать э́то; ~ me to introduce myself разреши́те мне предста́виться; that is not ~ed э́то не разреша́ется; smoking is not ~ed кури́ть не разреша́ется; passengers are ~ed 20 kilograms of luggage free of charge пассажи́рам разреша́ется взять беспла́тно два́дцать килогра́ммов бага́жа́.

ally сою́зник *m* (4a) [old ста́рый, true, faithful ве́рный, tried испы́танный]; the two countries had always been allies э́ти две страны́ всегда́ бы́ли сою́зниками;

you will find no allies among those present вы не найдёте сторо́нников среди́ прису́тствующих.

almost почти́; ~ all (of) the actors почти́ все арти́сты; ~ all the way почти́ всю доро́гу; ~ all the time почти́ всё вре́мя; ~ always почти́ всегда́; ~ seven o'clock почти́ семь часо́в; ~ a hundred почти́ сто.

alone 1. (*by oneself*) оди́н *m*, одна́ *f*, одно́ *n*, одни́ *pl* (39a); he was ~ он был оди́н; she was ~ она́ была́ одна́; live / work / sit ~ жить / рабо́тать / сиде́ть одному́, одно́й, одни́м; he lived ~ он жил оди́н; I want to be ~ я хочу́ побы́ть оди́н, одна́; **2.** (*exclusively*) то́лько оди́н; this fact ~ is enough доста́точно то́лько одного́ э́того фа́кта; over three million square metres of dwelling-house space were built last year in Moscow ~ в одно́й то́лько Москве́ постро́ено в про́шлом году́ свы́ше трёх миллио́нов квадра́тных ме́тров жило́й пло́щади; you ~ can decide то́лько вы мо́жете реши́ть; ◇ **leave, let smb** ~ оставля́ть кого́-л. в поко́е; leave her ~! оста́вьте её в поко́е!

along *prep* **1.** (*denoting direction*) *with dat*: he walked / ran ~ the street / the bank он шёл / бежа́л **по** у́лице / бе́регу реки́; **2.** (*denoting position*) *with gen*: there are trees ~ the road **вдоль** доро́ги расту́т дере́вья; the road runs ~ the river доро́га идёт вдоль реки́.

aloud вслух [think ду́мать, read чита́ть, say сказа́ть, произнести́].

alphabet алфави́т *m* (1f) [1) Latin лати́нский, Russian ру́сский; 2) know знать, learn вы́учить].

already уже́ (*Russian verb in past tense after the word* уже́ *is usu used in perf*); the others were ~ there остальны́е бы́ли уже́ там; we have ~ had our breakfast мы уже́ поза́втракали; we've ~ ordered the tickets мы уже́ заказа́ли биле́ты; I have ~ arranged it я уже́ договори́лся, договори́лась об э́том, устро́ил(а) э́то; it is ~ late уже́ по́здно.

also то́же; that bag is ~ mine э́тот чемода́н то́же мой; they ~ agreed with me они́ то́же согласи́лись со мной.

alter изменя́ть (223), *perf* измени́ть (156) [*with acc* plans пла́ны, way of living о́браз жи́зни]; { меня́ть (223), *no perf* (*with acc*); that doesn't ~ the situation э́то не меня́ет положе́ния; the dress had to be ~ed пла́тье ну́жно бы́ло переде́лать.

although *conj* хотя́; ~ it was late, we decided to go хотя́ бы́ло (уже́) по́здно, мы реши́ли пойти́.

altogether 1. (*in all*) всего́; there are ten of us ~

нас всегó дéсять человéк; 2. (*completely*) совсéм; you are ~ wrong вы совсéм не прáвы; that isn't ~ what I wanted to say э́то не совсéм то, что я хотéл(а) сказáть; it isn't ~ bad э́то не так уж плóхо, э́то совсéм неплóхо.

always всегдá; I ~ get up at seven я всегдá встаю́ в семь часóв; I shall ~ remember that day я всегдá бу́ду пóмнить э́тот день; it isn't ~ so hot in May в мáе не всегдá так жáрко; we don't ~ spend our vacation together мы не всегдá провóдим óтпуск вмéсте; almost ~ почти́ всегдá.

a. m.: at six / eleven a. m. в шесть / оди́ннадцать часóв утрá; at two / three (o'clock) a. m. в два / три часá нóчи.

amateur люби́тель *m* (3a); I am only an ~ я тóлько люби́тель; ~ evening вéчер самодéятельности; ~ performance люби́тельский спектáкль.

amaze: he was ~d at, by her attitude он был удивлён (*with instr*) её отношéнием; she was ~d to see him there онá былá удивленá, уви́дев егó там; we were ~d at the number of people мы бы́ли удивлены́ при ви́де такóго коли́чества людéй.

amazing удиви́тельный (31b) [success успéх]; удиви́тельная [beauty красотá, strength си́ла, speed скóрость, thing вещь]; удиви́тельное [ability умéние, variety разнообрáзие].

ambassador посóл *m* (1a); our ~ to India наш посóл в (*with abl*) И́ндии; he was appointed ~ to China он был назнáчен послóм в (*with acc*) Китáй.

ambition (*strong desire*) (си́льное) желáние *n* (18c) [secret тáйное]; that is my only ~ э́то моё еди́нственное желáние; his life ~ was to become a singer стать певцóм бы́ло егó завéтным желáнием.

ambulance скóрая пóмощь *f*, *no pl* (30b); we had to call an ~ пришлóсь вызвать скóрую пóмощь; he was taken away in an ~ егó увезли́ в маши́не скóрой пóмощи.

America Амéрика *f* (22b); North / South ~ Сéверная / Ю́жная Амéрика; Latin ~ Лати́нская Амéрика; in ~ в Амéрике.

American I *sb* америкáнец *m* (10b), америкáнка *f* (22c); he is an ~ он америкáнец; she is an ~ онá америкáнка; a group of ~s грýппа америкáнцев; he is an ~ by birth он рóдом из Амéрики.

American II *a* америкáнский (33b) [film фильм, writer писáтель]; америкáнская [newspaper газéта]; америкáнские [athletes спортсмéны]; **the** ~ peop наро́д Аме́рики, америка́нский наро́д; the ~ government прави́тельство Аме́рики; ~ art иску́сство Аме́рики.

among *prep* 1. (*denoting position*) *with gen*: ~ the houses / books / mountains **среди́** домо́в / книг / гор; 2. (*singling out*) *with gen*: there were many children ~ them **среди́** них бы́ло мно́го дете́й; Ann was ~ the guests А́нна была́ среди́, в числе́ госте́й; 3. (*denoting distribution*) *with instr*: divide the work ~ the three of you раздели́те рабо́ту **ме́жду** ва́ми тремя́.

amount I *sb* коли́чество *n* 14c) [considerable значи́ельное, large большо́е, mall ма́лое]; vast ~s of aw material огро́мное коли́чество сырья́.

amount II *v* составля́ть 223), *perf* соста́вить (168); what, how much does it ~ to? ско́лько э́то составля́ет?; the bill ~ed to 20 dollars счёт соста́вил два́дцать до́лларов.

amuse 1. (*entertain*) развлека́ть (64), *perf* развле́чь 03) (*with acc*); he wanted ~ the children он хоте́л азвле́чь дете́й; his stories ways ~ us его́ расска́зы сегда́ нас развлека́ют; 2.: ~ oneself развлека́ться (64), *perf* развле́чься (103); he was amusing himself by urning over the pages of n old magazine он развлека́лся тем, что перели́стывал страни́цы ста́рого журна́ла.

amusing заба́вный (31b) [incident слу́чай, child ребёнок]; заба́вная [play пье́са, scene сце́на]; заба́вное [sight зре́лище]; it was all very ~ всё э́то бы́ло о́чень заба́вно.

'analysis ана́лиз *m* (1f) [1) profound глубо́кий, superficial пове́рхностный; 2) give дава́ть]; the book gives an ~ of the events в кни́ге даётся ана́лиз собы́тий.

ancient дре́вний (32) [city го́род, custom обы́чай]; дре́вняя [civilization цивилиза́ция, culture культу́ра]; дре́вние [ruins разва́лины].

and *conj* 1. (*connecting*) и; Ann ~ Mary А́нна и Мари́я; seven ~ six семь и шесть; read ~ write чита́ть и писа́ть; he took the letter ~ began to read it он взял письмо́ и на́чал его́ чита́ть; ~ now и вот, а тепе́рь; ~ others и други́е; ‖ с; you ~ I мы с тобо́й, с ва́ми; my friend ~ I мы с това́рищем; bread ~ butter хлеб с ма́слом; three ~ a half три с полови́ной; ‖ *in numerals not translated*: a hundred ~ fifty-four сто пятьдеся́т четы́ре; 2. (*opposing*) а; I shall go ~ you will stay here я пойду́, а вы оста́нетесь здесь; it was on Tuesday ~ not on Wednesday э́то бы́ло во вто́рник, а не в сре́ду; ~ why not? а почему́ (бы и) нет?; ◇ ~ so on и так да́лее; *see* so I.

angle 1. у́гол *m* (1d) [right прямо́й, sharp о́стрый]; you are looking at the picture from an ~ вы смо́трите на карти́ну сбо́ку; 2. (*point of view*) то́чка (*f* 22f) зре́ния; look at what has happened from another ~ поду́майте о происше́дшем с друго́й то́чки зре́ния.

angry серди́тый (31b) [voice го́лос, look взгляд]; серди́тое [face лицо́, expression выраже́ние]; be ~ серди́ться (152), *perf* рассерди́ться (152) (with — на *with acc*); don't be ~ with her не серди́тесь на неё; is she very ~? она́ о́чень се́рдится?; I am ~ with you я на вас сержу́сь; we were ~ with him for coming late мы серди́лись на него́ за то, что он опозда́л; he became, got ~ он рассерди́лся; her words made him ~ её слова́ рассерди́ли его́.

animal живо́тное *n* (31b) [1) big большо́е, small ма́ленькое, dangerous опа́сное, hungry голо́дное, wild ди́кое, domestic дома́шнее; 2) lives живёт, dies умира́ет, is hungry хо́чет есть; 3) buy покупа́ть, catch лови́ть, like люби́ть, feed корми́ть, kill убива́ть]; ~ instincts живо́тные инсти́нкты; ~ husbandry животново́дство *n* (14c).

anniversary годовщи́на *f* (19c); the 20th ~ of the founding of the university двадца́тая годовщи́на основа́ния университе́та; on September 10 we shall mark our newspaper's twenty-fifth ~ деся́того сентября́ мы бу́дем пра́здновать два́дцать пя́тую годовщи́ну на́шей газе́ты; in honour of this ~... в честь э́той годовщи́ны...

announce объявля́ть (223), *perf* объяви́ть (166) [in the newspapers в газе́тах, over the radio по ра́дио, at the meeting на собра́нии]; the new price-rates were ~d yesterday вчера́ был объя́влен но́вый прейскура́нт; he ~d his intention to retir[e] он объяви́л о своём реше́ни[и] уйти́ в отста́вку; the pro[gramme] gramme hasn't been ~d ye[t] програ́мма ещё не объя́влена.

announcement объявле́ние *n* (18c); I read the ~ i[n] the newspaper я прочита́л объявле́ние в газе́те; the ~ appeared yesterday / recently объявле́ние появи́лось вчера́ / неда́вно; I hav[e] an important ~ to mak[e] мне ну́жно сде́лать ва́жн[ое] сообще́ние.

annoy раздража́ть (6[4]) (*with acc*); the slighte[st] noise ~ed her её раздража[л] мале́йший шум; he was ve[ry] ~ed он был о́чень раздр[а]жён; how ~ing! как не[]прия́тно!

annual ежего́дный (31b) [festival фестива́ль, vaca[tion]

tion о́тпуск]; ежего́дная [expedition экспеди́ция, exhibition вы́ставка]; ежего́дное [meeting собра́ние, journey, trip путеше́ствие]; ежего́дные [payments платежи́].

another 1. (*different*) друго́й (33a); we were in ~ room мы бы́ли в друго́й ко́мнате; there is ~ way to do it э́то мо́жно сде́лать (и) ина́че; one after ~ оди́н за други́м, одна́ за друго́й; planes were taking off one after ~ самолёты поднима́лись оди́н за други́м; he showed us the pictures one after ~ он нам пока́зывал карти́нки одну́ за друго́й; 2. (*one more*) ещё (оди́н); may I have ~ cup of tea? да́йте мне, пожа́луйста, ещё ча́шку ча́ю; we need ~ ticket нам ну́жен ещё оди́н биле́т; ◇ **one** ~ друг дру́га; we have always helped one ~ мы всегда́ помога́ли друг дру́гу; they were satisfied with one ~ они́ бы́ли дово́льны друг дру́гом; the houses are close to one ~ дома́ стоя́т недалеко́ друг от дру́га.

answer I *sb* отве́т *m* (1f) [1) right, correct пра́вильный, wrong непра́вильный, clever у́мный, foolish глу́пый, short кра́ткий, clear я́сный, polite ве́жливый, strange стра́нный, unexpected неожи́данный; positive положи́тельный, final оконча́тельный; 2) depends on зави́сит от, shows пока́зывает, doesn't satisfy не удовлетворя́ет; 3) get, receive получа́ть, know знать, send посыла́ть, expect ожида́ть]; an ~ to a question отве́т на вопро́с; wait for an ~ ждать отве́та; there is no ~ отве́та не бу́дет; he didn't give any definite ~ он не дал никако́го определённого отве́та; she made no ~ она́ ничего́ не отве́тила; in ~ to your question... в отве́т на ваш вопро́с...

answer II *v* отвеча́ть (64), *perf* отве́тить (177) [1) calmly споко́йно, well хорошо́, vaguely неопределённо; 2) на *with acc* question на вопро́с, letter на письмо́]; she did not ~ him at all она́ ничего́ ему́ не отве́тила; they haven't ~ed yet они́ ещё не отве́тили; that is a difficult question to ~ на э́тот вопро́с тру́дно отве́тить; ~ the telephone! подойди́(те) к телефо́ну!; ~ the bell! откро́й(те) дверь!

anxious: be ~ 1) (*worry*) беспоко́иться (151), *perf* обеспоко́иться (151); mother is ~ about you ма́ма беспоко́ится о (*with abl*) тебе́; don't be ~ if I am late не беспоко́йтесь, е́сли я опозда́ю; 2) (*be eager*) о́чень хоте́ть (133); we are ~ to know the results мы о́чень хоти́м знать результа́ты; we were ~ to get there as soon as possible нам о́чень хоте́лось добра́ться туда́ как мо́жно скоре́е.

any *pron indef* **1.** *in affirm sentences* любо́й *m*, люба́я *f*, любо́е *n*, любы́е *pl* (31a); take ~ bus! сади́тесь на любо́й авто́бус!; ~ of you / them любо́й из вас / них; ~ colour will do подойдёт любо́й цвет; you may take ~ book вы мо́жете взять любу́ю кни́гу; come at ~ time you like приходи́те в любо́е вре́мя; **2.** *in inter sentences before countables* како́й-нибудь *m*, кака́я-нибудь *f*, како́е-нибудь *n*, каки́е-нибудь *pl* (33a); is there ~ shop near here? есть ли здесь побли́зости како́й-нибудь магази́н?; is there ~ hotel nearby? есть ли здесь побли́зости кака́я-нибудь гости́ница?; did you find ~ dress your size? вы нашли́ како́е-нибудь пла́тье ва́шего разме́ра?; have you ~ toys for children? есть ли у вас каки́е-нибудь игру́шки?; **3.** *in neg sentences* никако́й *m*, никака́я *f*, никако́е *n*, никаки́е *pl* (33a) (*in Russian often omitted*); I don't see ~ books here я не ви́жу здесь никаки́х книг; he didn't buy ~ butter он не купи́л (никако́го) ма́сла; we haven't ~ grapes today у нас нет сего́дня виногра́да; **4.** *in neg and inter sentences before uncountables; not translated, Russian noun is used in nom sg in inter and gen sg in neg*: have you ~ water / bread / paper? есть ли у вас вода́ / хлеб / бума́га?; I couldn't buy ~ good berries anywhere я нигде́ не мог(ла́) купи́ть хоро́ших я́год; we haven't ~ sugar in the house у нас в до́ме нет са́хара; ◇ ~ **more** 1) ещё; are there ~ more questions? есть ещё вопро́сы?; come to me if you have ~ more trouble приходи́те ко мне́, е́сли у вас бу́дут ещё каки́е-либо затрудне́ния; 2) *in neg sentences* бо́льше; I haven't ~ more money у меня́ нет бо́льше де́нег; we can't spend ~ more time here мы не мо́жем здесь бо́льше остава́ться.

anybody *pron indef* **1.** *in inter sentences* кто́-нибудь (41a); was there ~ there? там был кто́-нибудь?; did you speak to ~? вы с ке́м-нибудь говори́ли?; does ~ else want to go to the exhibition? кто́-нибудь ещё хо́чет пойти́ на вы́ставку?; did you give the key to ~? вы отдава́ли кому́-нибудь ключ?; **2.** *in neg sentences* никто́ (41a); there isn't ~ in the office в кабине́те никого́ нет; I can't find ~ я никого́ не могу́ найти́; we haven't spoken to ~ yet мы ещё ни с кем не говори́ли; it's no secret to ~ э́то ни для кого́ не секре́т; I'm not speaking of ~ here я не говорю́ ни о ко́м из прису́тствующих; **3.** *in* *affirm sentences* любо́й *m*, люба́я *f* (31a); ~ can understand that любо́й мо́жет э́то поня́ть; he knows the city better than ~ else он зна́ет э́тот го́род лу́чше всех.

anyhow всё равно́; it is too late ~ всё равно́ сли́шком по́здно; ~ we haven't enough money у нас всё равно́ недоста́точно де́нег; that wouldn't have helped ~ э́то всё равно́ не помогло́ бы.

anyone *pron indef see* anybody.

anything *pron indef* **1.** *in inter sentences* что́-нибудь (41a); do you need ~ else? вам ну́жно ещё что́-нибудь?; did you see ~ interesting there? вы ви́дели там что́-нибудь интере́сное?; are you interested in ~ in particular? что вас осо́бенно интересу́ет?; did they talk about ~ important? они́ говори́ли о чём-нибудь ва́жном?; are they putting on ~ new this year? они́ ста́вят в э́том году́ что́-нибудь но́вое?; **2.** *in neg sentences* ничто́ (41a); I can't see ~ я ничего́ не ви́жу; he wasn't afraid of ~ он ничего́ не боя́лся; I wasn't thinking of ~ in particular я ни о чём не ду́мал; I don't object to ~ я ни про́тив чего́ не возража́ю; you needn't do ~ вам ничего́ не ну́жно де́лать; **3.** *in affirm sentences* всё; you can do ~ you like вы мо́жете де́лать всё, что хоти́те.

anyway всё равно́; *see* anyhow.

anywhere 1. *in inter sentences, indicating place, position* где́-нибудь; does he live ~ near here? он живёт где́-нибудь побли́зости?; did you see him ~? не ви́дели ли вы его́ где́-нибудь?; **2.** *in inter sentences, indicating direction* куда́-нибудь; did you go ~ yesterday? ходи́ли ли вы вчера́ куда́-нибудь?; are you going ~ tomorrow? вы за́втра куда́-нибудь идёте?; **3.** *in neg sentences, indicating place, position* нигде́; I can't find my bag ~ я нигде́ не могу́ найти́ свою́ су́мку; not ~ нигде́; I haven't been ~ for ages я давно́ нигде́ не́ был; **4.** *in neg sentences, indicating direction* никуда́; we didn't go ~ yesterday мы вчера́ никуда́ не ходи́ли; I'm not going ~ я никуда́ не иду́; **5.** *in affirm sentences, indicating place* везде́; you can buy the book ~ вы мо́жете купи́ть э́ту кни́гу везде́; we can have dinner ~ мы мо́жем пообе́дать в любо́м ме́сте; **6.** *in affirm sentences, indicating direction* куда́ уго́дно; we are willing to go ~ мы согла́сны идти́ куда́ уго́дно.

apart 1. (*aside*) в стороне́; she was standing a little ~ from the others она́ стоя́ла немно́го в стороне́ от други́х; **2.**: take a watch ~ разобра́ть часы́; I can't tell them ~ я не могу́ их различи́ть.

apartment кварти́ра *f* (19c) [new но́вая, big, large больша́я, two-room двухко́мнатная, well-furnished хорошо́ обста́вленная]; rent / furnish an ~ снима́ть / обставля́ть кварти́ру; they have moved to a new ~ они́ перее́хали на но́вую кварти́ру; we have had our ~ painted мы отремонти́ровали свою́ кварти́ру; ~ house жило́й дом.

apologize извиня́ться (223), *perf* извини́ться (158); I want to ~ for coming late я хочу́ извини́ться за (*with acc*) опозда́ние; he ~d for keeping us waiting он извини́лся за то, что заста́вил нас ждать; you should have ~d to him ты до́лжен был извини́ться перед (*with instr*) ни́м; he ~d он извини́лся; he has already ~d to us он уже́ извини́лся перед (*with instr*) на́ми.

apology извине́ние *n* (18c); accept an ~ приня́ть извине́ния.

apparatus прибо́р *m* (1f) [1) complex сло́жный, efficient экономи́чный, simple просто́й, special специа́льный; 2) use применя́ть, connect присоединя́ть, install установи́ть].

apparently по-ви́димому; they were ~ not interested in art они́, по-ви́димому, не интересова́лись иску́сством; ~ no one knew when the plane was leaving по-ви́димому, никто́ не знал, когда́ вылета́ет самолёт.

appeal I *sb* (*call*) обраще́ние *n* (18c); the ~ was signed by thousands обраще́ние подписа́ли ты́сячи люде́й.

appeal II *v* (*address*) обраща́ться (64), *perf* обрати́ться (161) (to — к *with dat*); he ~ed to the people around him он обрати́лся к окружа́ющим; we have ~ed to the administration for help мы обрати́лись к дире́кции с про́сьбой о по́мощи.

appear (*become seen*) появля́ться (223), *perf* появи́ться (166); the plane ~ed at last наконе́ц, самолёт появи́лся; the sun ~ed from behind the clouds со́лнце появи́лось из-за туч; he ~ed again two years later он сно́ва появи́лся че́рез два го́да; she ~s in the first act она́ появля́ется на сце́не в пе́рвом де́йствии.

appearance 1. (*coming into view, to light*) появле́ние *n* (18c); the audience always applauded his ~ on the stage зри́тели всегда́ аплоди́ровали при его́ появле́нии на сце́не; **2.** (*outward look*) вне́шний вид *m* (1f); the ~ of the house вне́шний вид до́ма; we all liked the ~ of the room нам всем понра́вился вне́шний вид ко́мнаты; { вне́шность *f* (29c); ~s are deceiving вне́шность обма́нчива; he is very young in ~ он вне́шне о́чень мо́лод.

appetite аппети́т *m* (1f) [1) good хоро́ший, bad, poor плохо́й; 2) improves улучша́ется; 3) lose потеря́ть]; I have no ~ у меня́ нет аппети́та; ⊙ **the ~ comes with the eating** аппети́т прихо́дит во вре́мя еды́.

applaud аплоди́ровать (245), *no perf* (*with dat*); the audience ~ed the singer зри́тели аплоди́ровали певцу́, певи́це; when he finished everyone began to ~ когда́ он ко́нчил, все на́чали аплоди́ровать.

applause аплодисме́нты *no sg* (1f); a roar / burst of ~ гром / взрыв аплодисме́нтов; the audience burst into ~ зри́тели разрази́лись аплодисме́нтами.

apple я́блоко *n* (14c, *nom, acc pl* я́блоки) [1) red кра́сное, hard жёсткое, sweet сла́дкое, ripe спе́лое, juicy со́чное; 2) cut ре́зать, eat есть]; baked ~ печёное я́блоко; ~ cake я́блочный пиро́г; ~ sauce я́блочный со́ус; ◇ **the ~ of one's eye** зени́ца о́ка; guard this paper like the ~ of your eye! береги́(те) э́тот докуме́нт как зени́цу о́ка!

application заявле́ние *n* (18c) [write написа́ть, make, file пода́ть]; your ~ has been accepted / rejected ва́ше заявле́ние при́нято / не при́нято; I have received no answer to my ~ я ещё не получи́л отве́та на своё заявле́ние.

apply обраща́ться (64), *perf* обрати́ться (161) [1) к *with dat* to the director к дире́ктору; 2) за *with instr* for help за по́мощью, for advice за сове́том, for information за спра́вками]; who must I ~ to? к кому́ я до́лжен, должна́ обрати́ться?

appoint назнача́ть (64), *perf* назна́чить (174); he was ~ed last year его́ назна́чили в про́шлом году́; N. was ~ed chief engineer / director / head of the expedition Н. был назна́чен (*with instr*) гла́вным инжене́ром / дире́ктором / нача́льником экспеди́ции.

appreciate цени́ть (156), *perf* оцени́ть (156) [*with acc* kindness любе́зность, qualities досто́инства, merits заслу́ги]; he thought that he was not ~d он счита́л, что его́ не це́нят; I didn't ~ Shakespeare until I was thirty я оцени́л Шекспи́ра то́лько в три́дцать лет; she doesn't ~ music она́ не понима́ет му́зыки.

appreciation 1. (*understanding*) понима́ние *n* (18c), *often conveyed by verb* понима́ть (64) (*with acc*); he had a fine ~ of art он прекра́сно понима́л иску́сство; **2.** (*gratitude*) призна́тельность *f* (29c); I wish to express my ~ я хочу́ вы́разить свою́ призна́тельность.

approach *v* приближа́ться (64), *perf* прибли́зиться

(189) (к *with dat*); the train was ~ing Moscow / the station по́езд приближа́лся к Москве́ / к ста́нции; we didn't recognize them until they ~ed nearer мы их не узна́ли, пока́ они́ не прибли́зились; winter was ~ing приближа́лась зима́.

approval одобре́ние *n* (18c) [express выража́ть, merit заслужи́ть]; the plan met with general ~ план встре́тил всео́бщее одобре́ние; she smiled (in) ~ она́ одобри́тельно улыбну́лась.

approve одобря́ть (223), *perf* одо́брить (159) [*with acc* plan план, suggestion предложе́ние, decision реше́ние]; the majority ~d of the idea большинство́ одо́брило э́ту мысль; I can't ~ of your decision я не одобря́ю ва́шего реше́ния.

approximately приблизи́тельно, приме́рно; it will cost ~ 25 roubles э́то бу́дет сто́ить приблизи́тельно два́дцать пять рубле́й; that's ~ what I was thinking э́то, приме́рно, то, что я ду́мал; I know ~ where the museum is я приме́рно зна́ю, где нахо́дится э́тот музе́й.

April апре́ль *m* (3c); ~ has thirty days в апре́ле три́дцать дней; this / last ~ в апре́ле э́того / про́шлого го́да; in ~, 1960 в апре́ле ты́сяча девятьсо́т шестидеся́того го́да; on the tenth of ~, on ~ tenth деся́того апре́ля; today is the tenth of ~ сего́дня деся́тое апре́ля; at the beginning / end of ~ в нача́ле / конце́ апре́ля; by ~ к апре́лю; during ~ в тече́ние апре́ля; from ~ to August с апре́ля по а́вгуст; it has been warm since ~ с апре́ля уже́ (ста́ло) тепло́.

apron пере́дник *m* (4d) [long дли́нный, clean чи́стый]; she put on an ~ она́ наде́ла пере́дник; she was wearing a white ~ на ней был бе́лый пере́дник.

architect архите́ктор *m* (1e); the underground stations were built by outstanding ~s ста́нции метро́ бы́ли постро́ены по прое́ктам выдаю́щихся архите́кторов.

architecture архитекту́ра *f* (19c) [modern совреме́нная, Gothic готи́ческая]; they are interested in ~ они́ интересу́ются архитекту́рой.

area пло́щадь *f* (29b); 1,000 square kilometres in ~ пло́щадь в ты́сячу квадра́тных киломе́тров.

argue спо́рить (178), *perf* поспо́рить (178) (with — с *with instr*, about — о *with abl*); why ~? заче́м спо́рить?; don't ~ with me! не спо́рь(те) со мно́й!; what are you arguing about? о чём вы спо́рите?

argument 1. (*debate*) спор *m* (1f) [long до́лгий, interesting интере́сный, useless бесполе́зный]; begin an ~ вступи́ть в спор; **2.** (*reason*) до́вод *m* (1f) [strong убеди́тельный]; ~s for and against до́воды за и про́тив; give ~s приводи́ть до́воды.

arise возника́ть (64), *perf* возни́кнуть (125); difficulties / questions / obstacles / doubts arose возни́кли тру́дности / вопро́сы / препя́тствия / сомне́ния; a disagreement arose over the question of payment по вопро́су о платеже́ возни́кли разногла́сия; certain difficulties have arisen возни́кли не́которые затрудне́ния.

arithmetic арифме́тика *f* (22b); my ~ is weak я слаб в арифме́тике.

arm I *sb* (*limb*) рука́ *f* (22g) [left ле́вая, right пра́вая]; *often pl* ~s ру́ки [long дли́нные, short коро́ткие, thin худы́е]; break / hurt one's ~ слома́ть / ушиби́ть ру́ку; take smb by the ~ взять кого́-л. за́ руку; carry smb in one's ~s нести́ кого́-л. на рука́х; take the child in one's ~s взять ребёнка на́ руки.

arm II *v* вооружа́ть (64), *perf* вооружи́ть (171); they were ~ed они́ бы́ли вооружены́; he was ~ed with a knife он был вооружён (*with instr*) ножо́м.

arm-chair кре́сло *n* (14a) [1) deep глубо́кое, comfortable удо́бное; 2) sit down in сесть в]; sit in an ~ сиде́ть в кре́сле.

armed вооружённый (31b); ~ resistance вооружённое сопротивле́ние; ~ forces вооружённые си́лы.

arm-in-arm по́д руку; walk, go ~ идти́ по́д руку.

arms *pl* ору́жие *n*, *no pl* (18c) [carry носи́ть]; ~ industry вое́нная промы́шленность; ⊙ **lay down one's** ~ сложи́ть ору́жие; **take (up)** ~ взя́ться за ору́жие.

army а́рмия *f* (23c) [1) big больша́я, strong мо́щная; 2) defends защища́ет, fights сража́ется, liberates освобожда́ет, occupies занима́ет]; send / destroy an ~ посыла́ть / уничтожа́ть а́рмию; serve in an ~ служи́ть в а́рмии; join the ~ поступа́ть на вое́нную слу́жбу; he is in the ~ он вое́нный.

around I *adv* круго́м; go ~! обойди́те круго́м!; to look ~ посмотре́ть вокру́г; ⊙ **all** ~ повсю́ду.

around II *prep* **1.** (*in circle*) *with gen*: ~the house / table / tree **вокру́г** до́ма / стола́ / де́рева; **2.** (*approximately*) *with gen*: ~ six o'clock **о́коло** шести́ часо́в.

arouse вызыва́ть (64), *perf* вы́звать (53) [*with acc* interest интере́с, anxiety беспоко́йство, alarm трево́гу, excitement волне́ние]; the article / book ~d widespread discussion статья́ / кни́га вы́звала широ́кую диску́ссию.

arrange 1. (*make plans*) устра́ивать (65), *perf* устро́ить (151) [*with acc* concert концéрт, meeting собрáние, party вéчер, trip поéздку]; meetings with prominent scientists were ~d бы́ли организóваны встрéчи с выдаю́щимися дéятелями наýки; **2.** (*put in order*) приводи́ть (152) в поря́док, *perf* привести́ (219) в поря́док [*with acc* hair вóлосы, flowers цветы́, books кни́ги]; all these matters must be ~d все э́ти делá нáдо привести́ в поря́док; **3.** (*agree*) договáриваться (65), *perf* договори́ться (158); we have ~d to meet at the theatre мы договори́лись встрéтиться у теáтра.

arrangement **1.** (*plan*) план *m* (1f); I don't like the ~ мне э́тот план не нрáвится; **2.** (*agreement*) договорённость *f*, *no pl* (29c); according to our ~... соглáсно нáшей договорённости...; make an ~ with smb договори́ться с кем-л.; we have made ~s for you to be met мы договори́лись (о том), чтóбы вас встрéтили.

arrest *v* арестовáть (243) (*with acc*); he was ~ed and tried егó арестовáли и суди́ли.

arrival приéзд *m* (1f) [1) unexpected неожи́данный; 2) *with gen* of a delegation делегáции, of the guests гостéй]; our ~ in Moscow наш приéзд в Москвý; on the day of our ~ в день нáшего приéзда; they will be informed of your ~ им сообщáт о вáшем приéзде; on my ~ in Moscow, I went to see the Kremlin по приéзде в Москвý я отпрáвился, отпрáвилась осмáтривать Кремль.

arrive приезжáть (64), *perf* приéхать (71); the delegation will ~ on Wednesday делегáция приéдет в срéду; what time do we ~? в котóром часý мы приéдем?; when I ~d home they were already there когдá я приéхал домóй, они́ ужé бы́ли там.

art искýсство *n* (14c) [1) modern совремéнное, ancient анти́чное, national национáльное, decadent упáдочническое, realistic реалисти́ческое, abstract абстрáктное; 2) develops развивáется, reflects отражáет; 3) love люби́ть, study изучáть, understand понимáть, appreciate цени́ть]; history of ~ истóрия искýсства; in ~ в искýсстве; ~ exhibition вы́ставка произведéний искýсства; book on ~ кни́га по искýсству; the group is interested in ~ грýппа интересýется искýсством.

article **1.** (*written item*) статья́ *f* (24b) [interesting интерéсная; newspaper газéтная]; read / write / translate an ~ читáть / писáть / переводи́ть статью́; in the ~ в статьé; the ~ says that... в статьé говори́тся, что...; ⊙ **leading** ~ передовáя статья́; **2.** (*object*) предме́т *m* (1f); household ~s предме́ты дома́шнего обихо́да; toilet ~s туале́тные принадле́жности; ~s of clothing предме́ты оде́жды.

artificial иску́сственный (31b) [silk шёлк]; иску́сственная [leather ко́жа]; иску́сственное [lake о́зеро; respiration дыха́ние]; иску́сственные [flowers цветы́].

artist худо́жник *m* (4a) [1) great вели́кий, well-known изве́стный, real и́стинный, talented тала́нтливый; 2) draws рису́ет, creates создаёт, paints a picture пи́шет карти́ну, works on a picture рабо́тает над карти́ной]; he was recognized as a great ~ он был при́знан вели́ким худо́жником.

as I *conj* **1.** (*because*) так как; as I was busy I couldn't call you up так как я был за́нят, я не мог вам позвони́ть; **as** you know... как вы зна́ете...; **2.** (*when*) когда́; as I was leaving the house it began to rain когда́ я уходи́л и́з дому, пошёл дождь; ◇ **as for, as to** что каса́ется (*with gen*); as for me I can be ready at any time что каса́ется меня́, то я могу́ быть гото́в(а) в любо́е вре́мя; **as if** как бу́дто (бы); *see* if.

as II *adv* как; I'm talking as your friend я с ва́ми говорю́ как друг; ‖ в ка́честве; he worked as head master for three years он рабо́тал в ка́честве дире́ктора шко́лы три го́да; ⊙ **as usual** как всегда́; he came late **as** usual как всегда́, он пришёл по́здно; **as well** 1) не то́лько..., но и...; 2) (*too*) та́кже; *see* well **II**.

as III: as ... as так же... как; it's as far as from here to the centre э́то так же далеко́, как отсю́да до це́нтра; I get up as early as you do я встаю́ так же ра́но, как и вы; it is as warm now as in summer сейча́с тепло́, как ле́том; ‖ тако́й же... как; my coat is as warm as yours моё пальто́ тако́е же тёплое, как и ва́ше; **as much as** сто́лько (же), ско́лько; I've given you as much money as I can я вам дал(а́) сто́лько де́нег, ско́лько смог(ла́); I can put as much in this bag as you can in yours я могу́ положи́ть в э́тот чемода́н сто́лько же, ско́лько вы в свой; **as soon as** как то́лько; come as soon as you can приходи́те, как то́лько вы смо́жете; he left as soon as the meeting was over он ушёл, как то́лько ко́нчилось собра́ние.

ashamed: I am ~ of you мне сты́дно за (*with acc*) вас; aren't you ~? как вам не сты́дно?; he was ~ of what he had done ему́ бы́ло сты́дно за то, что он сде́лал; I am ~ to say that it is true мне сты́дно сказа́ть, но э́то так.

ashore (*denoting direction*) на бе́рег; come, go ~ сходи́ть на бе́рег; we went ~ at Sochi в Со́чи мы сошли́ на бе́рег; ‖ (*denoting position*) на берегу́; we shall have two days ~ мы проведём два дня на берегу́; many people are still ~ мно́гие оста́лись ещё на берегу́.

ash-tray пе́пельница *f* (21c); he moved the ~ nearer он придви́нул к себе́ пе́пельницу.

Asia А́зия *f* (23c); ~ Minor Ма́лая А́зия.

Asiatic *a* азиа́тский (33b).

aside 1. (*denoting direction*) в сто́рону; please, step ~! отойди́те, пожа́луйста, в сто́рону!; she drew him ~ она́ отвела́ его́ в сто́рону; **2.** (*denoting position*) в стороне́; he was sitting ~ from the others он сиде́л в стороне́ от други́х.

ask 1. (*inquire*) спра́шивать (65), *perf* спроси́ть (152) (*with acc*); I shall ~ my husband я спрошу́ своего́ му́жа; ~ him how to get there спроси́(те) его́, как туда́ прое́хать; may I ~ you a question? мо́жно вас спроси́ть?; **2.** (*request*) проси́ть (152), *perf* попроси́ть (152) (*with acc*); ~ him to help us попроси́(те) его́ помо́чь нам; ~ him to come in попроси́(те) его́ войти́; I ~ed for another room я попроси́л дать мне другу́ю ко́мнату; **3.** (*invite*) приглаша́ть (64), *perf* пригласи́ть (199) (*with acc*); we shall ~ him to dinner мы его́ пригласи́м на обе́д; he ~ed me to his house он пригласи́л меня́ к себе́ (домо́й).

asleep: be ~ спать (77), *no perf* [fast кре́пко]; he was still ~ when we came когда́ мы пришли́, он всё ещё спал; fall ~ засыпа́ть (64), *perf* засну́ть (130) [at once сра́зу же]; I didn't fall ~ until two o'clock я засну́л то́лько в два часа́; I couldn't fall ~ till two o'clock я не мог засну́ть до двух часо́в.

ass осёл *m* (1b) [stubborn упря́мый].

assistance по́мощь *f*, *no pl* (30b) [1) much больша́я, effective эффекти́вная, necessary необходи́мая; 2) give, render ока́зывать, offer предлага́ть]; he refused all ~ он отказа́лся от вся́кой по́мощи; we hope to receive your ~ мы наде́емся на ва́шу по́мощь; thank you for your ~ благодарю́ вас за по́мощь.

assistant 1. (*helper*) помо́щник *m* (4a); the engineer came with two ~s инжене́р пришёл с двумя́ помо́щниками; **2.** (*second in charge*) замести́тель *m* (3a); ~ director / manager замести́тель дире́ктора / нача́льника.

association о́бщество *n* (14c) [athletic спорти́вное, scientific нау́чное, student студе́нческое]; join an ~

вступи́ть в о́бщество; be / become a member of an ~ быть / стать чле́ном о́бщества.

assume предполага́ть (64), *perf* предположи́ть (175); I ~d that everything would be ready я предполага́л(а), что всё бу́дет гото́во; let us ~ that everything goes well предполо́жим, что всё бу́дет хорошо́.

assure уверя́ть (223), *perf* уве́рить (157) (*with acc*); he ~d me that it had been a misunderstanding он меня́ уве́рил, что произошла́ оши́бка; I ~ you уверя́ю вас.

astonish удивля́ть (223), *perf* удиви́ть (164) (*with acc*); his answer ~ed me его́ отве́т удиви́л меня́; I was ~ed at his behaviour я был удивлён (*with instr*) его́ поведе́нием.

at *prep* **1.** (*in expressions denoting position*): at the window / door / table **у** (*with gen*) окна́ / две́ри / стола́; at the corner **на** (*with abl*) углу́; at the station / airfield на вокза́ле / аэродро́ме; to get off at the second stop выходи́ть на второ́й остано́вке; at a distance of 1,000 kilometres на расстоя́нии ты́сячи киломе́тров; at the beginning / end **в** (*with abl*) нача́ле / конце́; at a hotel в гости́нице; at the shop / chemist's в магази́не / апте́ке; at the top наверху́; at the bottom of the page внизу́ страни́цы; at home до́ма; **2.** (*in expressions denoting time*): at this / that / any time **в** (*with acc*) э́то / то / любо́е вре́мя; at the same time в то же вре́мя; at nine o'clock в де́вять часо́в; at ten minutes past nine де́сять мину́т деся́того; at a quarter past nine в че́тверть деся́того; at half past nine в полови́не деся́того; at a quarter to ten **без** че́тверти де́сять; at ten minutes to ten без десяти́ де́сять; at night но́чью; **3.** (*in expressions denoting occupation*): at a lesson / meeting / concert **на** (*with abl*) уро́ке / собра́нии / конце́рте; at a party на ве́чере; I was at work я был на рабо́те; at the theatre / cinema **в** (*with abl*) теа́тре / кино́; at dinner / breakfast / supper / the table **за** (*with instr*) обе́дом / за́втраком / у́жином / столо́м; **4.** *in various phrases*: we looked at him мы смотре́ли **на** него́; he shouted at us он крича́л на нас; they laughed at him они́ смея́лись **над** ним; she smiled at me она́ улыбну́лась мне; I am surprised at you я удивля́юсь вам; she knocked at the door она́ постуча́ла **в** дверь; at the age of thirty в во́зрасте тридцати́ лет; at the sight of the sea **при** ви́де мо́ря

attach 1. (*join*) присоединя́ть (223), *perf* присоедини́ть (158) (to — к *with* *dat*); we were ~ed to the English group of tourists нас присоедини́ли к англи́йским тури́стам; **2.** (*ascribe*) придава́ть (63), *perf* прида́ть (214) (*with acc*); I ~ much significance to these facts я придаю́ э́тим фа́ктам большо́е значе́ние; he ~ed no importance to the incident он не придава́л э́тому слу́чаю никако́го значе́ния.

attack *v* напада́ть (64), *perf* напа́сть (55) [1) на *with acc* city на го́род, country на страну́, the enemy на врага́, people на люде́й; 2) at dawn на рассве́те, at night но́чью, suddenly неожи́данно]; his opponents ~ed the theory его́ проти́вники напа́ли на э́ту тео́рию.

attempt *sb* попы́тка *f* (22d) [bold сме́лая, awkward неуклю́жая, unsuccessful неуда́чная]; the ~ failed попы́тка не удала́сь; this time the ~ was successful на э́тот раз попы́тка увенча́лась успе́хом; we have made several ~s to improve matters мы сде́лали не́сколько попы́ток улу́чшить положе́ние.

attend посеща́ть (64), *perf* посети́ть (161) [1) *with acc* school шко́лу, lectures ле́кции, lessons заня́тия; 2) regularly системати́чески]; she ~ed two or three lectures она́ посети́ла две—три ле́кции.

attention внима́ние *n* (18c) [attract привлека́ть, distract отвлека́ть]; he listened with great ~ он слу́шал с больши́м внима́нием; she drew our ~ to one of the pictures она́ обрати́ла на́ше внима́ние на одну́ из карти́н; ⊙ **pay** ~ обраща́ть (64) внима́ние, *perf* обрати́ть (161) внима́ние (to — на *with acc*); he paid no ~ to me он не обрати́л на меня́ никако́го внима́ния; pay much / little ~ обраща́ть мно́го / ма́ло внима́ния; you must pay more ~ to your clothes вам сле́дует обраща́ть бо́льше внима́ния на свой костю́м.

attitude отноше́ние *n* (18c) [favourable благожела́тельное, hostile вражде́бное, friendly дру́жеское]; his ~ towards others его́ отноше́ние к (*with instr*) други́м; his ~ in this question его́ пози́ция в э́том вопро́се.

attract привлека́ть (64), *perf* привле́чь (103) (*with acc*); one picture ~ed me меня́ привлекла́ одна́ карти́на; she didn't want to ~ attention она́ не хоте́ла привлека́ть к себе́ внима́ние; he wasn't much ~ed by the prospect его́ не о́чень привлека́ла така́я перспекти́ва.

attractive привлека́тельный (31b) [view вид]; привлека́тельная [appearance вне́шность, woman же́нщина, smile улы́бка]; привлека́тельное [face лицо́].

audience (*in theatre, etc.*) зрители *usu pl* (3a); (*at lecture, etc.*) слушатели *usu pl* (3a); the ~ applauded зрители аплодировали; the ~ liked the play пьéса понрáвилась зрителям; he was given a warm reception by the ~ он был тепло встрéчен аудитóрией.

August áвгуст *m* (1f); *see* April.

aunt (*relative*) тётка *f* (22c); we were at my ~'s мы были у моéй тётки; ~ Emma тётя Эмма.

Australia Австрáлия *f* (23c).

Australian *a* австралийский (33b).

author áвтор *m* (1e) [*with gen* of a book книги, of an article статьи, of a story расскáза]; who is the ~ of the book? кто áвтор этой книги?; a book by a French ~ книга францýзского áвтора; my favourite ~ мой любимый áвтор, писáтель.

automatic автоматический (33b) [switch выключáтель, apparatus прибóр]; автоматическое [controls управлéние].

automobile автомобиль *m* (3c), (авто)машина *f* (19c); *see* car.

autumn óсень *f* (29c) [1) early рáнняя, late пóздняя, warm тёплая, dry сухáя, rainy дождливая, sunny сóлнечная; 2) approaches приближáется, comes наступáет]; in ~ óсенью; last / this ~ óсенью прóшлого / этого гóда; at the beginning / end of ~ в начáле / концé óсени; by ~ к óсени; early / late in ~ рáнней / пóздней óсенью; ~ rains / flowers осéнние дожди / цветы; ~ weather осéнняя погóда.

average I *sb*: on an ~ в срéднем; we pay ten dollars a month on an ~ мы плáтим в срéднем дéсять дóлларов в мéсяц.

average II *a* 1. (*arithmetical mean*) срéдний (32) [harvest урожáй]; срéдняя [cost, price ценá]; срéднее [amount, quantity количество]; 2. (*ordinary*) срéдний, рядовóй; the ~ employee рядовóй слýжащий.

avoid избегáть (64), *perf* избежáть (74) [*with gen* danger опáсности, notice внимáния, difficulty трýдности, meeting встрéчи]; he ~ed my eyes он избегáл моегó взгляда; we wanted to ~ unpleasantness мы хотéли избежáть неприятностей; he ~ed her eyes он избегáл смотрéть ей в глазá; she tried to ~ appearing in public онá избегáла появляться, старáлась не появляться на людях.

awake I *a*: be ~ не спать; at seven, I was already ~ в семь часóв я уж не спал; we were still ~ when they came back мы ещё не спáли, когдá они вернýлись.

awake II *v* просыпа́ться (64), *perf* просну́ться (130) [early ра́но, late по́здно, at seven o'clock в семь часо́в]; it was still dark when I awoke когда́ я просну́лся, просну́лась, бы́ло ещё темно́.

award *v* присужда́ть (64), *perf* присуди́ть (152) [*with acc* prize пре́мию, title зва́ние]; he was ~ed first prize ему́ была́ присуждена́ пе́рвая пре́мия; he was ~ed an order его́ награди́ли о́рденом.

aware: be ~ 1) (*know*) знать (64), *no perf*; are you ~ that..? вы зна́ете о том, что..?; 2) (*be conscious*) сознава́ть (63), *no perf* (*with acc*); I was fully ~ of the danger я прекра́сно сознава́л(а) всю опа́сность.

away 1. *often expressed by prefix* у- *attached to verbs*: go ~ уе́хать; take, carry ~ уноси́ть; run ~ убега́ть; please, take these things ~! убери́те, пожа́луйста, э́ти ве́щи!; **2.**: he is ~ on a journey он сейча́с путеше́ствует; how long will he be ~? ско́лько вре́мени его́ не бу́дет?; it is sixty kilometres ~ э́то в шести́десяти киломе́трах отсю́да.

awful ужа́сный (31b); what ~ weather! кака́я ужа́сная пого́да!; it was ~! э́то бы́ло ужа́сно!

awhile немно́го; let's wait ~! подождём немно́го!

awkward 1. (*clumsy*) неуклю́жий (34b) [man челове́к, gesture жест]; неуклю́жая [girl де́вушка]; неуклю́жее [movement движе́ние]; **2.** (*embarrassing*) нело́вкий (33b) [moment моме́нт]; нело́вкое [situation положе́ние].

B

baby ребёнок *m* (4b) [1) small, little ма́ленький, healthy здоро́вый, pretty краси́вый; 2) cries пла́чет, plays игра́ет, weighs ве́сит; is hungry хо́чет есть, is sleepy хо́чет спать, wakes просыпа́ется]; bathe, wash / feed ~ купа́ть / корми́ть ребёнка; put the ~ to bed уложи́ть ребёнка спать; two babies два ребёнка; five babies пять дете́й; with a ~ in her arms с ребёнком на рука́х; I must give the ~ his milk на́до дать ребёнку молока́; a ~ carriage де́тская коля́ска.

back I *sb* **1.** (*part of body*) спина́ *f* (19g, *acc sg* спи́ну) [hurts боли́т]; lie / sleep on one's ~ лежа́ть / спать на спине́; he stood with his ~ to the window / door он стоя́л спино́й к окну́ / к две́ри; she turned her ~ to me она́ повернýлась ко мне спинóй; he fell on his ~ он упáл нá спину; he carried the whole load on his ~ он тащи́л весь груз на своéй спинé; **2.** (*opposite to front*) зáдняя сторонá *f* (19j); the ~ of the house зáдняя сторонá дóма; at the ~ of the book в концé кни́ги; the ~ of a chair спи́нка стýла; the ~ of one's head заты́лок *m* (4d).

back II *a* зáдний (32); зáдние [rows ряды́]; ~ number of a magazine / newspaper стáрый нóмер журнáла / газéты; ⊙ ~ **door** чёрный ход *m* (1k).

back III *adv* назáд [go идти́, run бежáть, turn поворáчивать]; we went ~ by train мы возврати́лись пóездом; ‖ обрáтно; send smth ~ отослáть что-л. обрáтно; ⊙ ~ **and forth** взад и вперёд; stop walking ~ and forth! перестáнь(те) ходи́ть взад и вперёд!

background 1. (*contrasting surface*) фон *m* (1f); on, against a white / dark / black ~ на бéлом / тёмном / чёрном фóне; on, against the ~ of the sky на фóне нéба; **2.** (*opposite to foreground*) зáдний план (1f); there is a little house in the ~ of the picture на зáднем плáне карти́ны мáленький дóмик.

backward *a* отстáлый (31b) [district райóн, people нарóд]; отстáлая [country странá]; отстáлое [agriculture сéльское хозя́йство].

bacon груди́нка *f* (22d); ~ and eggs жáреная груди́нка с я́йцами; slice ~ нарéзать груди́нку лóмтиками.

bad *a* **1.** (*not good*) плохóй (33a) (*comp* хýже, *see* worse **I**; *superl* (наи)хýдший, *see* worst **II**) [child ребёнок, man человéк, friend друг, light свет, taste вкус]; плохáя [weather погóда, room кóмната, book кни́га]; плохóе [seat мéсто, meat мя́со, manners поведéние]; плохи́е [news вéсти, marks отмéтки]; I feel ~ я плóхо себя́ чýвствую; she looks ~ онá плóхо вы́глядит; not ~! неплóхо!; not so ~! не так плóхо!; is that very ~? э́то óчень плóхо?; what's ~ in that? что в э́том плохóго?; I don' see anything ~ in that я не ви́жу в э́том ничегó плохóго; it's not (really) so ~ не так уж плóхо; it looks / sounds pretty ~ э́то вы́глядит / звучи́т довóльно плóхо; ⊙ **things are, look ~ with him** плóхи у (*with gen*) негó делá!; **things, matters went from ~ to worse** делá шли всё хýже и хýже; **2.** (*severe*) си́льный (31b); си́льная [pain боль, headache головнáя боль, toothache зубнáя боль]; I caught a ~ cold я си́льно простуди́лся; ‖ (*serious*) серьёзный (31b); серьёзная [mistake оши́бка, illness боле́знь].

badly **1.** (*not well*) пло́хо (*comp* ху́же, *see* worse **II**; *superl* ху́же всего́, *see* worst **III**) [hear слы́шать, see ви́деть, speak говори́ть, write писа́ть]; the work was ~ done рабо́та была́ сде́лана пло́хо; you are ~ informed вы пло́хо информи́рованы; ~ brought up пло́хо воспи́танный; **2.** (*very much*) о́чень; I need a rest ~ мне о́чень ну́жен о́тдых; he wants to see you ~ он о́чень хо́чет вас ви́деть; he needs help ~ он о́чень нужда́ется в по́мощи.

bag *sb* **1.** (*ladies'*) су́мка *f* (22d) [1) heavy тяжёлая, convenient удо́бная, empty пуста́я, open откры́тая, leather ко́жаная, beach пля́жная; 2) lies лежи́т, opens открыва́ется]; buy / carry / open / close / drop / forget / leave a ~ покупа́ть / нести́ / открыва́ть / закрыва́ть / урони́ть / забы́ть / оста́вить су́мку; I put my money into my ~ я положи́ла де́ньги в су́мку; she took her handkerchief out of her ~ она́ вы́нула из су́мки плато́к; look in my ~! посмотри́ у меня́ в су́мке!; there was nothing in the ~ в су́мке ничего́ не́ было; **2.** (*for luggage*) чемода́н *m* (1f); five ~s пять чемода́нов; I carried the two heavy ~s to my room я отнёс два тяжёлых чемода́на в ко́мнату; can I have my ~? мо́жно взять чемода́н?; I've packed my ~ я уложи́л(а) ве́щи в чемода́н; **3.** (*for papers, etc.*) портфе́ль *m* (3c) [leather ко́жаный, roomy вмести́тельный]; I left my ~ at home я забы́л портфе́ль до́ма.

baggage бага́ж *m, no pl* (5b); *see* luggage.

bake печь (103), *perf* испе́чь (103) [*with acc* cake пиро́г, apples я́блоки].

balance *sb* (*equilibrium*) равнове́сие *n* (18c); keep / lose one's ~ сохраня́ть / теря́ть равнове́сие.

balcony балко́н *m* (1f); the door to the ~ дверь на балко́н; she came out on the ~ она́ вы́шла на балко́н; they were standing on the ~ они́ стоя́ли на балко́не; he looked down from the ~ at the crowd below он смотре́л с балко́на на толпу́ внизу́.

bald лы́сый (31b) [old man стари́к]; лы́сая [head голова́]; ~ spot лы́сина *f* (19c)

ball I *sb* (*used in games*) мяч *m* (7b) [1) rubber рези́новый; 2) rolls ка́тится, bounces пры́гает; 3) catch пойма́ть, drop урони́ть, hold держа́ть, pick up поднима́ть, throw броса́ть]; play ~ игра́ть в мяч.

ball II *sb* (*dancing party*) бал *m* (1k); give a ~ устра́ивать бал; invite smb to a ~ пригласи́ть **кого́-л.** на бал

ballet бале́т *m* (1f); I am fond of the ~ я люблю́ бале́т.

band *sb* (*of musicians*) орке́стр *m* (1f) [plays игра́ет]; jazz ~ джаз *m* (1f).

bandage *v* бинтова́ть (243), *perf* забинтова́ть (243) [1) *with acc* arm, hand ру́ку, head го́лову; 2) *with instr* with a bandage бинто́м, with a handkerchief платко́м]; his right eye was ~d у него́ был забинто́ван пра́вый глаз.

bank I *sb* (*land along the side of river*) бе́рег *m* (4h) [high высо́кий, low ни́зкий, steep круто́й, sloping поло́гий, green зелёный]; climb (up) the ~ взбира́ться на бе́рег; go, walk along the ~ идти́ вдоль бе́рега; sit / stand on the ~ сиде́ть / стоя́ть на берегу́; swim to the ~ плыть к бе́регу; on the right / left ~ на пра́вом / ле́вом берегу́; both ~s о́ба бе́рега.

bank II *sb* (*office where money is kept*) банк *m* (4d); the money is in the ~ де́ньги в ба́нке; I must go to the ~ мне на́до пойти́ в банк; he has 1,000 dollars in the ~ у него́ в ба́нке ты́сяча до́лларов; { сберега́тельная ка́сса *f* (19c); *see* savings-bank.

bar *sb*: ~ of soap кусо́к мы́ла; ~ of chocolate пли́тка шокола́да.

bare *a* (*not covered*) го́лый (31b): го́лая [arm рука́]; го́лое [body те́ло]; го́лые [shoulders пле́чи; fields поля́]; don't lie in the sun with a ~ head! не лежи́ на со́лнце с непокры́той голово́й!

barefoot(ed) бoсо́й (31a); ~ children босы́е де́ти.

barely едва́; I have ~ enough money to get home мне едва́ хва́тит де́нег на пое́здку домо́й; we were ~ in time to catch the last bus мы едва́ успе́ли на после́дний авто́бус.

bargain *sb* **1.** (*in trade*) сде́лка *f* (22d) [good вы́годная, bad невы́годная]; they made a number of important ~s они́ заключи́ли ряд ва́жных сде́лок; **2.** (*cheap purchase*): you got a ~ вы дёшево купи́ли; she got her furniture at ~ prices она́ купи́ла ме́бель по дешёвке; ⊙ **it's a ~!** по рука́м!

bark *v* ла́ять, (64 *past* ла́ял); the dogs ~ed all night соба́ки ла́яли всю ночь; the dog began to ~ соба́ка зала́яла.

barn сара́й *m* (13c); in the ~ в сара́е; come into the ~ войти́ в сара́й.

barrel бо́чка *f* (22f) [round кру́глая, wooden деревя́нная, heavy тяжёлая]; ~ of beer бо́чка пи́ва; five ~s пять бо́чек.

base *sb* ба́за *f* (19c); military ~ вое́нная ба́за; naval ~ вое́нно-морска́я ба́за.

basis осно́ва *f* (19c); on a sound / scientific ~ на здоро́вой / нау́чной осно́ве; ‖ основа́ние *n* (18c); on the ~ of these facts на основа́нии э́тих фа́ктов.

basket корзи́на *f* (19c); a ~ of fruit / eggs / vegetables корзи́на с (*with instr*) фру́ктами / я́йцами / овоща́ми; with a ~ on her arm с корзи́ной на руке́.

basket-ball баскетбо́л *m* (1f); play ~ игра́ть в баскетбо́л; ~ game игра́ в баскетбо́л; ~ team баскетбо́льная кома́нда.

bath ва́нна *f* (19c) [hot горя́чая, medicinal лече́бная, pine salts хво́йная]; take, have a ~ принима́ть ва́нну; lie in a ~ лежа́ть в ва́нне; please, fill the ~! нале́йте ва́нну, пожа́луйста!; ~ towel махро́вое полоте́нце.

bathe купа́ться (64), *perf* вы́купаться (64a); we ~d in the sea / in the river мы купа́лись в мо́ре / в реке́.

bathing *sb* купа́ние *n* (18c); it was too cold for ~ бы́ло сли́шком хо́лодно для купа́ния; he is fond of ~ он лю́бит купа́ться.

bath-room ва́нная *f* (31b), ва́нная ко́мната *f* (19c); come out of the ~ вы́йти из ва́нной (ко́мнаты); he is in the ~ он в ва́нной (ко́мнате).

battle *sb* бой *m* (13a) [1) decisive реши́тельный, fierce ожесточённый; 2) went on продолжа́лся, begins начина́ется, ended, is over око́нчился; 3) win вы́играть, lose проигра́ть]; the ~ lasted several hours бой дли́лся не́сколько часо́в; we went into ~ мы пошли́ в бой; great ~s больши́е бои́; ‖ сраже́ние *n* (18c); the ~ for the town of N. сраже́ние за го́род Н.; fight in a ~ уча́ствовать в сраже́нии.

bay *sb* (*part of sea*) зали́в *m* (1f); we entered the ~ мы зашли́ в зали́в; we went sailing in the ~ мы ката́лись на я́хте, на па́русной ло́дке по зали́ву; the village is on the shore of a little ~ дере́вня располо́жена на берегу́ небольшо́го зали́ва.

be I **1.** (*of location*) быть (210) (*in Russian usu omitted in present*); they are in the other room они́ в друго́й ко́мнате; the big shops are in the centre of the city больши́е магази́ны — в це́нтре го́рода; where is the newspaper? где газе́та?; he is not at home его́ нет до́ма; how long have you been here? ско́лько вре́мени вы уже́ здесь?; we have been together since the beginning of the trip мы вме́сте с нача́ла пое́здки; I was there twice я там был(а́) два ра́за; we haven't been to a concert for ages мы не́ были на конце́рте це́лую ве́чность; there was only one window on the top floor на ве́рхнем этаже́ бы́ло то́лько одно́ окно́; we shall be (at) home after eight мы бу́дем до́ма по́сле восьми́; he said he would be in the restaurant он сказа́л, что бу́дет в рестора́не; there will be many people there там бу́дет мно́го наро́ду; **2.** (*come from*) быть (ро́дом); he is from the North / France / Warsaw он (ро́дом) с Се́вера / из Фра́нции / из Варша́вы; where are you from? отку́да вы ро́дом?; II *link-verb, with predicatives* быть (*in Russian omitted in present*); he is a doctor / teacher / engineer он врач / преподава́тель / инжене́р; my room is not large моя́ ко́мната небольша́я; his plays are very interesting его́ пье́сы о́чень интере́сны; that is the most important thing э́то са́мое гла́вное; is this a new district? э́то но́вый райо́н?; what is the Russian for "napkin"? как по-ру́сски „napkin"?; the Russian for "napkin" is "салфе́тка": it is a feminine noun по-ру́сски „napkin" „салфе́тка", э́то существи́тельное же́нского ро́да; everything is ready всё гото́во; we are all ready мы все гото́вы; I am very glad я о́чень ра́д(а); it is cold / hot / cool today сего́дня хо́лодно / жа́рко / прохла́дно; today is Monday сего́дня понеде́льник; it is ten o'clock now сейча́с де́сять часо́в; you are right / wrong вы пра́вы / непра́вы; are you sure of that? вы уве́рены в э́том?; that is very kind of you э́то о́чень любе́зно с ва́шей стороны́; yesterday was Tuesday вчера́ был вто́рник; it was cold yesterday вчера́ бы́ло хо́лодно; it was about three o'clock бы́ло о́коло трёх часо́в; I was ill я был бо́лен, я была́ больна́; { *with instr*: he was / will be a musician / doctor / engineer он был / бу́дет музыка́нтом / врачо́м / инжене́ром; the play was / will be interesting / amusing / dull пье́са была́ / бу́дет интере́сной / весёлой / ску́чной; III *modal* (*of obligation, plan*): we are to start / leave on Monday мы должны́ отпра́виться / вы́ехать в понеде́льник; the doctor said I was not to leave the house врач сказа́л, что мне нельзя́ выходи́ть и́з дому; she was to come at six она́ должна́ была́ прийти́ в шесть часо́в; IV *aux* **1.** *in continuous forms not translated, Russian verb in imperf*: they are studying Russian они́ изуча́ют ру́сский язы́к; he was sitting in an arm-chair reading a book он сиде́л в кре́сле и чита́л кни́гу; what will you be doing tomorrow? что вы бу́дете де́лать за́втра?; **2.** *in passive constructions* быть, *English verb rendered by Russian passive participle, short form*: the house was built дом был постро́ен; the work will be carried out in time рабо́та бу́дет вы́полнена во́время; { *not translated*; *passive construction conveyed by Russian impersonal construction, with verb in 3d pers pl*: your luggage will be sent to the hotel ваш бага́ж отпра́вят в гости́ницу; you will be informed вам сообща́т об э́том; you will be told вам ска́жут; we were taken to a museum нас повели́ в музе́й; we were given three meals a day нас корми́ли три ра́за в день; **be about** (*intend*) собира́ться (64), *perf* собра́ться (44); he was about to leave when the telephone rang он (уже́) собра́лся уходи́ть, когда́ зазвони́л телефо́н; she was about to say something but he interrupted her она́ собира́лась что́-то сказа́ть, но он её переби́л; **be back** возвраща́ться (64), *perf* верну́ться (130) [soon ско́ро, in two days через два дня́]; I'll be back in a moment, minute я сейча́с приду́; **be behind** отстава́ть (64), *perf* отста́ть (51) (от *with gen*); she was far behind the others in mathematics она́ си́льно отста́ла от други́х по, в матема́тике; **be in**: is he in? (*in office*) он у себя́?; (*at home*) он до́ма?; he is not in его́ нет; **be on** идти́ (207); what is on at the Art Theatre? что идёт в Худо́жественном Теа́тре?; **be out** не быть до́ма, на ме́сте; he is out at the moment его́ сейча́с нет (до́ма, на ме́сте); **be over** конча́ться (64), *perf* ко́нчиться (172); the play / conference / match / concert will be over at eleven o'clock пье́са / конфере́нция / матч / конце́рт ко́нчится в оди́ннадцать часо́в; ◇ **how are you?** 1) (*of one's health*) как вы себя́ чу́вствуете?; 2) (*of one's matters*) как вы пожива́ете?; **how are things?** как дела́?; **what is it?** в чём де́ло?; **there is, are** *see* there; **be going** (*intend*) собира́ться (64), *perf* собра́ться (44); *see* go 6.

beach пляж *m* (6c); a sand ~ песча́ный пляж; there were many people on the ~ на пля́же бы́ло мно́го наро́ду; he used to walk along the ~ он, быва́ло, ходи́л по пля́жу.

bear I *sb* (*animal*) медве́дь *m* (3a).

bear II *v* (*endure*) терпе́ть (120), *no perf*; I can't ~ his manner of speaking не терплю́ его́ мане́ру говори́ть; ~ it a little longer потерпи́(те) ещё немно́го.

beard борода́ *f* (19j) [long дли́нная, black чёрная]; an old man with a ~ стари́к с бородо́й.

beast зверь *m* (3e); wild ~ ди́кий зверь.

beat *v* **1.** (*give blows*) бить (181), *perf* поби́ть (181) [*with acc* child ребёнка, dog соба́ку, horse ло́шадь]; he was often ~en его́ ча́сто би́ли; 2. (*pulsate*) би́ться (181), *no perf*; I could feel my heart ~ing я чу́вствовал(а), как бьётся моё се́рдце; my heart began to ~ faster моё се́рдце заби́лось сильне́е; 3. (*defeat*) разбива́ть (64), *perf* разби́ть (181) [*with acc* enemy врага́].

beautiful краси́вый (31b) [city го́род, house дом, view вид, voice го́лос]; краси́вая [girl де́вушка, woman же́нщина; street у́лица]; краси́вое [dress пла́тье, face лицо́, lake о́зеро, place ме́сто]; краси́вые [children де́ти, eyes глаза́, hair во́лосы]; how ~ she is! как она́ краси́ва!; more ~ краси́вее; a most ~ place весьма́ краси́вое ме́сто; the most ~ house са́мый краси́вый дом; how ~! как краси́во!; ‖ (*fine*) прекра́сный (31b) [day день]; прекра́сная [weather пого́да]; the weather was ~ была́ прекра́сная пого́да.

beauty (*quality*) красота́ *f* (19g) [unusual необыча́йная, rare ре́дкая, striking порази́тельная]; I can see no ~ in the picture не ви́жу никако́й красоты́ в э́той карти́не; we admired the ~ of the mountains мы восхища́лись красото́й гор.

because I *conj* потому́ что; we decided not to go ~ it was late мы реши́ли не идти́, потому́ что бы́ло по́здно; not ~ I don't want to... **не потому́, что я не хочу́...**

because II: ~ of *prep with gen*: the plane was late ~ of the bad weather самолёт опозда́л **из-за** плохо́й пого́ды; it's all ~ of you э́то всё из-за вас.

become станови́ться (147), *perf* стать (51) (*with instr*); he became an actor / doctor / writer он стал арти́стом / врачо́м / писа́телем; the days are becoming shorter дни стано́вятся коро́че; his condition became better / worse его́ состоя́ние улу́чшилось / уху́дшилось; ~ angry рассерди́ться; ~ interested заинтересова́ться; ~ pale побледне́ть; ~ rich разбогате́ть; what has ~ of him? что с ним ста́ло?; what became of his money after he died? что ста́ло с (его́) деньга́ми по́сле его́ сме́рти?

becoming *a:* that hat / dress is very ~ to you э́та шля́па / э́то пла́тье вам о́чень идёт; is this colour ~ to me? мне идёт э́тот цвет?

bed *sb* (*furniture*) крова́ть *f* (29c) [comfortable удо́бная, wide широ́кая]; there were two ~s in the room в ко́мнате бы́ло две крова́ти; she put, spread fresh linen on the ~ она́ постели́ла чи́стое бельё на крова́ть; lie on a ~ лежа́ть на крова́ти; put a child to ~ уложи́ть ребёнка в крова́ть; ‖ (*place for sleeping*) посте́ль *f* (29c) [hard жёсткая, soft мя́гкая]; get into ~

лечь в посте́ль; get out of ~ встать с посте́ли; lie in ~ лежа́ть в посте́ли ⊙ **go to** ~ ложи́ться (175) спать, *perf* лечь (249) спать; she has gone to ~ она́ уже́ легла́ (спать); **make a** ~ стели́ть (156) посте́ль, *perf* постели́ть (156) посте́ль.

bed-clothes *pl* посте́льные принадле́жности (29c).

bedroom спа́льня *f* (20f); she went upstairs to her ~ она́ подняла́сь наве́рх в свою́ спа́льню; she is upstairs in her ~ она́ наверху́ в свое́й спа́льне; there are two ~s, a dining-room and a kitchen in the flat в кварти́ре две спа́льни, столо́вая и ку́хня.

beer пи́во *n*, *no pl* (14d) [dark тёмное, light све́тлое, bitter го́рькое]; a bottle / glass of ~ буты́лка / стака́н пи́ва.

beet свёкла *f* (19c).

before I *adv* ра́ньше; the place where I lived ~... там, где я ра́ньше жил(а́)...; I have heard that ~ я э́то слы́шал(а) ра́ньше; have you ever been there ~? вы ра́ньше никогда́ там не́ были?; why didn't you think of that ~? почему́ вы не поду́мали об э́том ра́ньше?; ⊙ **long** ~ задо́лго до (*with gen*); you will be there long ~ me вы там бу́дете задо́лго до меня́; long ~ that happened задо́лго до того́, как э́то случи́лось.

before II *prep* **1.** (*earlier than*) *with gen*: ~ six o'clock до шести́ часо́в; ~ the tenth of October / the end of the month до деся́того октября́ / до конца́ ме́сяца; they got there ~ us они́ прие́хали туда́ до нас; long ~ that, then задо́лго до э́того; ~ 1917 до ты́сяча девятьсо́т семна́дцатого го́да; **2.** (*anterior in succession*) *with instr*: ~ dinner **пе́ред** обе́дом; ~ leaving пе́ред отъе́здом; { *before gerund*; *conveyed by conj* перед те́м как; *gerund translated by inf in perf*; ~ starting / returning перед те́м, как отпра́виться / верну́ться; **3.** (*in front of*) *with instr*: ~ the house / us **пе́ред** до́мом / на́ми; ~ me передо мно́й.

before III *conj* до того́, как; we went to France ~ we came here мы е́здили во Фра́нцию до того́, как прие́хали сюда́; they had been told everything ~ I got there им всё уже́ рассказа́ли до того́, как я пришёл туда́.

beforehand зара́нее; we got everything ready ~ мы всё пригото́вили зара́нее; tickets must be reserved ~ биле́ты на́до заказа́ть зара́нее.

beg о́чень проси́ть (148), *perf* попроси́ть (148) (*with acc*); we all ~ged him not to go that day мы все о́чень проси́ли его́ не е́хать в тот день; ⊙ **I** ~ **your pardon!** извини́те!, прости́те!

begin **1.** (*initiate*) начина́ть (64), *perf* нача́ть (87) [1) *with acc* book кни́гу, story расска́з, work рабо́ту, new life но́вую жизнь; 2) *with Russian verbs in inf imperf* to read, reading чита́ть, to speak, speaking говори́ть, to work, working рабо́тать, to understand понима́ть, to think ду́мать; 3) at once сейча́с же, again ещё раз, early ра́но, in July в ию́ле, in winter зимо́й, in time во́время, well хорошо́]; ~ again! начни́те ещё раз!; shall I ~? мо́жно начина́ть?; she began to set the table она́ начала́ накрыва́ть на стол; we shall ~ tomorrow мы начнём за́втра; let's ~! начнём!; it is ~ning to rain начина́ется дождь; what shall we ~ with? с чего́ мы начнём?; ~ at the beginning! начни́те с нача́ла!; **2.** (*be initiated*) начина́ться (64), *perf* нача́ться (87); the holidays began on Monday кани́кулы начали́сь в понеде́льник; at what time does the performance ~? когда́ начина́ется спекта́кль?; the concert is ~ning конце́рт начина́ется; the meeting began half an hour ago собра́ние началóсь полчаса́ тому́ наза́д; ~ning with Friday начина́я с пя́тницы; ◇ **to** ~ **with** во-пе́рвых.

beginning *sb* нача́ло *n* (14a) [1) good хоро́шее, bad плохо́е, unusual необы́чное; 2) forget забы́ть, read прочита́ть, remember по́мнить, understand поня́ть; 3) *with gen* of a letter письма́, of the month ме́сяца]; the ~ of the book is interesting нача́ло кни́ги интере́сно; at the ~ of summer в нача́ле ле́та; from (the) ~ to (the) end с нача́ла до конца́; he quickly wrote the ~ of the article он бы́стро написа́л нача́ло статьи́.

behind I *adv* сза́ди; she was walking a little ~ она́ шла немно́го сза́ди; he came up from ~ он подошёл сза́ди; ⊙ **be, fall, lag** ~ отстава́ть (64), *perf* отста́ть (51) (от *with gen*); don't lag ~! не отстава́й(те)!; *also see* be, fall.

behind II *prep with instr*: he was standing ~ me он стоя́л за мно́й; there was a pretty little garden ~ the house за до́мом был краси́вый са́дик; it was done ~ my back э́то бы́ло сде́лано за мое́й спино́й; ⊙ **from** ~ из-за (*with gen*); the sun came out from ~ the clouds со́лнце вы́шло из-за туч.

being *sb* **1.**: human ~ челове́к *m* (*sg* 4a, *pl* лю́ди, люде́й, лю́дям, люде́й, людьми́, лю́дях); **2.** (*existence*) существова́ние *n* (18c); come into ~ возника́ть (64), *perf* возни́кнуть (125); new cities have come into ~ возни́кли но́вые города́.

believe **1.** (*accept as true*) ве́рить (157), *perf* пове́рить

(157) (*with dat*); I don't ~ you я вам не ве́рю; he ~d what they said он пове́рил тому́, что они́ говори́ли; I couldn't ~ my own eyes / ears я не ве́рил со́бственным глаза́м / уша́м; ~ me! пове́рь(те) мне!; **2.** (*think*) ду́мать (65), *no perf*; I ~ he is here ду́маю, что он здесь.

bell **1.** звоно́к *m* (4f); there's, there goes the second ~! второ́й звоно́к!; we have five minutes to, before the ~ до звонка́ оста́лось пять мину́т; did I hear a ~? кто́-то звони́л?; ring the ~! позвони́те!; she got up to answer the ~ она́ пошла́ откры́ть дверь; the telephone ~ телефо́нный звоно́к; **2.** (*in church*) ко́локол *m* (1*l*); the ~s were ringing колокола́ звони́ли.

belong **1.** (*be owned*) принадлежа́ть (46), *no perf* (*with dat*); who does the house ~ to? кому́ принадлежи́т э́тот дом?; do these things ~ to you? э́ти ве́щи ва́ши?; 2. (*be among*) относи́ться (148), *no perf* (to — к *with dat*); Shakespeare ~s to the great humanists of the Renaissance Шекспи́р отно́сится к вели́ким гумани́стам эпо́хи Возрожде́ния.

below **I** *adv* ни́же; they live ~ on the third floor они́ живу́т ни́же, на четвёртом этаже́; on the floor ~ этажо́м ни́же.

below **II** *prep* **1.** (*lower than*) *with gen*: ~ zero ни́же нуля́; ~ the average ни́же сре́днего; **2.** (*under*) *with instr*: ~ the house / bridge под до́мом / мосто́м.

belt *sb* (*lady's*) по́яс *m* (1*l*), (*man's*) реме́нь *m* (2d) [leather ко́жаный, broad, wide широ́кий, narrow у́зкий]; put on your black ~! наде́нь чёрный по́яс!; you can wear the dress with a ~ or without э́то пла́тье мо́жно носи́ть с по́ясом и́ли без него́; there is no ~ to this dress к э́тому пла́тью нет по́яса.

bench скаме́йка *f* (22f) [long дли́нная, low ни́зкая, wooden деревя́нная]; she was sitting on the front ~ она́ сиде́ла на пе́рвой скаме́йке; he sat down on a ~ он сел на скаме́йку.

bend *v* **1.** (*stoop*) склоня́ться (223), *perf* склони́ться (160) [над *with instr* over books над кни́гами, over child над ребёнком]; ~ forward наклони́ться вперёд; ‖ (*become curved*) сгиба́ться (64), *perf* согну́ться (130); the branch bent but did not break ве́тка согну́лась, но не слома́лась; **2.** (*lower*) наклоня́ть (223), *perf* наклони́ть (160) [*with acc* head го́лову].

benefit *sb* по́льза *f* (19c) [great больша́я]; what ~ is there in it for you? кака́я вам от э́того по́льза?; the trip will be of great ~ to all of us поездка будет очень полезна для всех нас; it was done for your special ~ это было сделано именно ради вас; ◇ **let's give him the ~ of the doubt** не будем пока осуждать его.

berry ягода *f* (19c); *usu pl* ягоды [1) big большие, fresh свежие, sweet сладкие, sour кислые; 2) grow растут, smell пахнут; 3) eat есть, hunt for искать, pick собирать]; we had berries and cream for dessert на сладкое у нас были ягоды со сливками.

beside *prep* (*by*) *with instr*: he stood ~ me он стоял **рядом со** мной; she sat down ~ her mother она села рядом с матерью; ‖ (*near*) *with gen*: the house stands ~ a little lake дом стоит **около** маленького озера.

besides I *adv* кроме того; I didn't want to go and ~ I was very tired мне не хотелось идти, и, кроме того, я очень устал(а).

besides II *prep with gen*: there were four guests ~ me **кроме** меня было ещё четверо гостей; what did you buy ~ these books? что вы ещё купили кроме этих книг?; didn't he say anything ~ that? он разве ничего не сказал кроме этого?; I don't know anything ~ what I have told you я ничего не знаю кроме того, что я уже вам сказал(а).

best I *sb*: do one's ~ сделать всё возможное; I shall do the ~ I can я сделаю всё, что могу; he tried his ~ он сделал всё от него зависящее.

best II *a* (наи)лучший (34b) (*superl of* хороший) [advice совет, result результат, way способ]; (наи-)лучшая [room комната, road дорога]; (наи)лучшее [place место, solution решение]; the ~ room in the hotel самый лучший номер в гостинице; my ~ friend мой лучший друг; my ~ dress моё самое лучшее платье; the ~ thing you can do is to tell him everything самое лучшее, что вы можете сделать, это сказать ему всё; that will be ~ of all это будет лучше всего.

best III *adv* лучше всего (*superl of* хорошо); I work ~ in the morning я лучше всего работаю утром; ‖ (*most*) больше всего; which city did you like ~? какой город вам больше всего понравился?

bet I *sb* пари *n indecl* [make заключать, win выиграть, lose проиграть]; he did it on a ~ он сделал это на пари.

bet II *v* спорить (157), *perf* поспорить (157); I'm willing to ~ готов(а) поспорить; I ~ he doesn't know... спорю, что он не знает...; I'll ~ you anything / a dollar (that) he won't agree спо́рю на что уго́дно / на до́ллар, что он не согласи́тся; what do you ~? на что вы спо́рите?

betray 1. (*give away to enemy*) предава́ть (63), *perf* преда́ть (214) [*with acc* one's country ро́дину, one's friends друзе́й]; 2. (*reveal*) выдава́ть (63), *perf* вы́дать (215) [*with acc* secret та́йну, person челове́ка]; his eyes ~ed his anxiety глаза́ выдава́ли его́ беспоко́йство.

better I *a* лу́чший (34b) (*comp of* хоро́ший) [way спо́соб, dinner обе́д, train по́езд]; лу́чшая [life жизнь, work рабо́та, game игра́]; лу́чшее [future бу́дущее, place ме́сто, treatment отноше́ние]; лу́чшие [friends друзья́, houses, homes дома́, conditions усло́вия]; things were becoming ~ and ~ дела́ станови́лись всё лу́чше и лу́чше; I am ~ мне ста́ло лу́чше; this is no ~ э́то не лу́чше; his second play wasn't much ~ than the first его́ втора́я пье́са была́ не намно́го лу́чше пе́рвой.

better II *adv* лу́чше (*comp of* хорошо́); I like it much ~ мне э́то нра́вится гора́здо бо́льше; she played a little ~ this time на э́тот раз она́ игра́ла немно́го лу́чше; you should have known ~ вам сле́довало бы знать лу́чше; ◇ **had ~** лу́чше бы; you had ~ go yourself вам лу́чше бы пойти́ самому́, само́й; he had ~ not say anything about it ему́ лу́чше бы ничего́ не говори́ть об э́том; hadn't you ~ tell them everything? не лу́чше ли вам рассказа́ть им всё?; **so much the ~** тем лу́чше.

between *prep* 1. (*in middle*) *with instr*: ~ Moscow and Leningrad **ме́жду** Москво́й и Ленингра́дом; ~ the window and the door ме́жду окно́м и две́рью; 2. (*mean amount, distance*) *with gen*: ~ two and three months / kilometres / roubles / pounds **от** двух **до** трёх ме́сяцев / киломе́тров / рубле́й / фу́нтов; 3. (*among*) *with instr*: divide the work ~ them раздели́те рабо́ту **ме́жду** ни́ми; ⊙ ~ **ourselves** ме́жду на́ми.

beyond *prep* 1. (*on further side*) *with instr*: ~ the river / hill / sea / forest **за** реко́й / холмо́м / мо́рем / ле́сом; 2. (*to further side*) *with acc*: ~ the hill / sea **за** холм / мо́ре; ~ the river за́ реку; 3. *in various phrases*: ~ doubt / control **вне** (*with gen*) сомне́ния / контро́ля; ~ me, my comprehension, understanding **вы́ше** (*with gen*) моего́ понима́ния; ~ my powers не в мои́х си́лах.

bicycle велосипе́д *m* (1f) [new но́вый, two-wheel двухколёсный, three-wheel трёхколёсный, child's де́тский]; ride a ~ е́хать на велосипе́де.

big большо́й (34a) [house

дом, factory заво́д, harvest урожа́й, city го́род, collective farm колхо́з, ship парохо́д, trunk сунду́к]; больша́я [hat шля́па; mistake оши́бка; river река́, country страна́, door дверь; dining-room столо́вая, hotel гости́ница]; большо́е [building зда́ние, window окно́, lake о́зеро, event собы́тие]; больши́е [clock часы́, apples я́блоки, trees дере́вья, mountains го́ры]; two ~ bags два больши́х чемода́на; two ~ rooms две больши́е ко́мнаты; a room with two ~ windows ко́мната с двумя́ больши́ми о́кнами; in back of the ~ house за больши́м до́мом; he has become a ~ man он стал больши́м челове́ком; he is the manager of a ~ factory он дире́ктор большо́го заво́да; they came in a ~ bus они́ прие́хали в большо́м авто́бусе; the flowers were in ~ baskets цветы́ бы́ли в больши́х корзи́нах; this dress / coat is too ~ for me э́то пла́тье / пальто́ мне (сли́шком) велико́; these shoes are too ~ for me э́ти ту́фли мне велики́; my ~ brother мой ста́рший брат; my ~ sister моя́ ста́ршая сестра́.

bill (*for services, etc.*) счёт *m* (1*l*); electricity / telephone ~ счёт за электри́чество / телефо́н; he handed in a ~ он по́дал счёт; I have paid the ~ я уплати́л(а) по счёту; we have received a ~ for the furniture мы получи́ли счёт за ме́бель.

bind (*tie*) свя́зывать (65), *perf* связа́ть (48) [*with acc* arms ру́ки, legs но́ги; logs брёвна]; he was bound by his promise он был свя́зан обеща́нием; ~ **up** перевя́зывать (65), *perf* перевяза́ть (48) [*with acc* wound ра́ну, broken arm сло́манную ру́ку].

birch берёза *f* (19c).

bird пти́ца *f* (21a) [1) beautiful краси́вая, hungry голо́дная, little ма́ленькая, migratory перелётная; 2) disappeared исче́зла, flew away улете́ла, is singing поёт, came to my window прилете́ла к моему́ окну́]; catch / feed a ~ пойма́ть / корми́ть пти́цу; shoot at a ~ стреля́ть в пти́цу; watch a ~ наблюда́ть за пти́цей; there were ~s in the trees на дере́вьях сиде́ли пти́цы; ◇ **kill two ~s with one stone** одни́м вы́стрелом уби́ть двух за́йцев.

birth рожде́ние *n* (18c); ~ of a child рожде́ние ребёнка; she has given ~ to five children она́ родила́ пятеры́х дете́й.

birthday день (*m* 2c) рожде́ния; today is her ~ сего́дня день её рожде́ния; he gave her a pin for her ~ в день её рожде́ния он подари́л ей бро́шку; on her eighteenth ~ в день её восемнадцатиле́тия; I was at her ~ party я был у неё на дне рожде́ния; ⊙ **Happy** ~! (поздравля́ю, поздравля́ем) с днём рожде́ния!

bit кусо́чек *m* (4d); ~s of meat кусо́чки мя́са; ⊙ **a** ~ немно́го; I am a ~ tired я немно́го уста́л(а); wait a ~! подожди́(те) немно́го!; **not a** ~ ничу́ть; he wasn't a ~ angry он ничу́ть не рассерди́лся; I'm not a ~ cold мне ничу́ть не хо́лодно.

bitter 1. (*acrid*) го́рький (33b) [drink напи́ток, pill порошо́к]; го́рькая [salt соль]; **2.** (*hard to bear*) го́рький; ~ truth го́рькая пра́вда; ~ disappointment го́рькое разочарова́ние; ~ tears го́рькие слёзы; with a ~ laugh с го́рьким сме́хом; **3.** (*fierce*) ожесточённый (31b); ~ struggle ожесточённая борьба́; ~ enemy зле́йший враг.

black *a* чёрный (31b) [suit костю́м, fur мех, scarf шарф, tie га́лстук; coffee ко́фе]; чёрная [caviare икра́; sweater ко́фта]; чёрное [spot пятно́]; чёрные [eyes глаза́, hair во́лосы, shoes ту́фли].

blame *v* вини́ть (158), *no perf*; you have only yourself to ~ вы должны́ вини́ть то́лько самого́ себя́; you can't ~ him for it нельзя́ вини́ть его́ за э́то; we couldn't ~ him for refusing мы не могли́ поста́вить ему́ в вину́ то, что он отказа́лся; { *often conveyed by* винова́т(а); I am not to ~ я не винова́т(а); who is to ~? кто винова́т (в э́том)?; she herself was to ~ for the whole thing она́ сама́ была́ во всём винова́та.

blanket одея́ло *n* (14c) [big большо́е, thin то́нкое, thick то́лстое, warm тёплое]; she had covered herself with two ~s она́ укры́лась двумя́ одея́лами; the child was wrapped in a warm ~ ребёнок был заку́тан в тёплое одея́ло.

blind I *sb*: the ~ слепы́е *pl* (31a).

blind II *a* слепо́й (31a) [man челове́к]; слепа́я [woman же́нщина]; become, go ~ осле́пнуть (127); he was ~ to all her faults он был слеп ко всем её недоста́ткам.

block I *sb* **1.** (*piece*) кусо́к *m* (4f); ~ of marble кусо́к мра́мора; ~ of stone глы́ба (19c); ~ of wood чурба́н *m* (1f); **2.** (*of city streets*) кварта́л *m* (1f); walk two ~s down the street! пройди́те два кварта́ла (вниз) по у́лице!

block II *v* (*stop movement*) прегражда́ть (64), *perf* прегради́ть (153) [*with acc* way путь, road доро́гу, passage прохо́д, river ре́ку, street у́лицу]; ~ **up** прегражда́ть, *perf* прегради́ть (*with acc*); the cars ~ed up the entrance маши́ны прегради́ли вход.

blood кровь *f* (29c); a drop of ~ ка́пля кро́ви;

there was ~ on his face на его́ лице́ была́ кровь; his hands were stained with ~ его́ ру́ки бы́ли запа́чканы кро́вью; he was covered with ~ он был в крови́; ~ flowed, ran from his mouth кровь текла́ у него́ изо рта́; we stopped the ~ at last наконе́ц, мы останови́ли кровотече́ние; ~ test ана́лиз кро́ви; ⊙ **it is, runs in his** ~ э́то у него́ в крови́.

blossom *sb* цвет *m* (1*l*); the trees were covered with white ~s дере́вья бы́ли покры́ты бе́лыми цвета́ми; the apple-trees were in ~ я́блони цвели́; ⊙ **burst into** ~ расцвета́ть (64), *perf* расцвести́ (242).

blouse ко́фточка *f* (22f), блу́зка *f* (22d) [1) white бе́лая, yellow жёлтая, clean чи́стая, thin то́нкая, silk шёлковая, expensive дорога́я]; wear / wash / iron / change / put on / take off a ~ носи́ть / стира́ть / гла́дить / переоде́ть / наде́ть / снять ко́фточку; mother gave her a nylon ~ for her birthday в день рожде́ния ма́ма подари́ла ей нейло́новую ко́фточку.

blow I *sb* уда́р *m* (1f); the first / last ~ пе́рвый / после́дний уда́р; strike a ~ наноси́ть уда́р; it was a heavy ~ to him для него́ э́то был тяжёлый уда́р.

blow II *v* (*of wind*) дуть (131), *perf* поду́ть (131); a strong wind was ~ing дул си́льный ве́тер; ~ **out** (*extinguish*) потуши́ть (175) [*with acc* candle свечу́, match спи́чку, light свет]; ~ **over** утиха́ть (64), *perf* ути́хнуть (125); the storm blew over бу́ря ути́хла; ~ **up** (*explode*) взрыва́ть (64), *perf* взорва́ть (50) [*with acc* bridge мост, building зда́ние]; ⊙ ~ **one's nose** сморка́ться (64), *perf* вы́сморкаться (64a).

blue *a* (*of light shade*) голубо́й (31a) [suit костю́м, flower цвето́к]; голуба́я [wall стена́, blouse ко́фточка]; голубо́е [sky не́бо, dress пла́тье]; голубы́е [eyes глаза́]; pale, light ~ све́тло-голубо́й; dark ~ тёмно-голубо́й; ‖ (*of dark shade*) си́ний (32); she wore a (dark) ~ coat она́ была́ в си́нем пальто́; dark ~ is becoming to her ей идёт си́ний цвет; ⊙ **black and** ~: he was black and ~ он был весь в синяка́х.

Board *sb* (*management*) правле́ние *n* (18c); ~ of Directors правле́ние; ‖ министе́рство *n* (14c); ~ of Education / Health Министе́рство просвеще́ния / здравоохране́ния.

board *sb* **1.** (*plank*) доска́ *f* (22g, *gen pl* досо́к); a house made of ~s дом из досо́к; **2.** (*food*) стол *m* (1c); ~ and lodging кварти́ра и стол; how much did you pay for your ~? ско́лько вы плати́ли за стол?; **3.** (*deck*) борт *m*

1*l*); there were sixty passengers on ~ the ship на бортý парохóда бы́ло шестьдеся́т пассажи́ров; we went on ~ мы сéли на парохóд.

boast *v* хвáстаться (65), *perf* похвáстаться (65) (of—*with instr*); he loved to ~ of his son's success он люби́л хвáстаться успéхами своегó сы́на; he ~ed that he would have the finest house in town он хвáстался, что у негó бýдет сáмый лýчший дом в гóроде; not much, nothing to ~ of нéчем похвáстаться; the hotel / the dinner was nothing to ~ of гости́ницей / обéдом нельзя́ бы́ло похвáстаться.

boat 1. (*row-boat, sail-boat*) лóдка *f* (22d) [1) heavy тяжёлая, light лёгкая; 2) sails плывёт, sails to, comes to подхóдит, причáливает к, sails away, goes away from отхóдит, отчáливает от, sinks тóнет]; the ~ is leaky лóдка течёт; they hired a ~ они́ взя́ли лóдку напрокáт; they got into the ~ они́ сéли в лóдку; they got out of the ~ они́ вы́шли из лóдки; they pulled the ~ up on the shore они́ вы́тащили лóдку на бéрег; can you row a ~? вы умéете грести́?; let's go for a row in a ~! покатáемся на лóдке!; **2.** (*ship*) парохóд *m* (1f); when does the ~ leave? когдá отхóдит парохóд?; we went to Sochi by ~ мы поéхали в Сóчи на парохóде; he took a ~ for Odessa он отпрáвился в Одéссу на парохóде; how much does it cost to go by ~? скóлько стóит билéт на парохóд?; we met on the ~ мы познакóмились на парохóде; we went on board, aboard the ~ in the evening мы сéли на парохóд вéчером; ◇ **we're all in the same ~** мы все в одинáковом положéнии.

boating: go ~ катáться (64) на лóдке, *perf* покатáться (64) на лóдке.

body 1. тéло *n* (14d) [human человéческое, healthy здорóвое, naked гóлое]; **2.** (*main part*) основнáя часть *f* (29b) [*with gen* of the letter письмá, of the report доклáда].

boil *v* **1.** (*bubble*) кипéть (115), *perf* вскипéть (115); the kettle / soup is ~ing чáйник / суп кипи́т; the milk ~ed over молокó убежáло; **2.** (*cook*) вари́ть (156), *perf* свари́ть (156) [*with acc* vegetables óвощи, fish ры́бу, meat мя́со, potatoes картóфель, eggs я́йца]; **3.** (*heat to the boiling point*) кипяти́ть (176), *perf* вскипяти́ть (176) [*with acc* water вóду, milk молокó]; ~ linen кипяти́ть бельё.

bold смéлый (31b) [plan план; step шаг]; смéлая [attempt попы́тка]; I wasn't ~ enough to refuse у меня́ не хвати́ло смéлости отказáться.

bone кость *f* (29b); there are many ~s in this fish в э́той ры́бе мно́го косте́й; a ~ stuck in his throat кость застря́ла у него́ в го́рле; he broke a ~ in his hand он слома́л ру́ку; the ~ healed slowly кость сраста́лась ме́дленно; my ~s ache у меня́ ко́сти боля́т; we were frozen to the ~ мы соверше́нно окочене́ли; ◇**I felt it in my ~s** я э́то предчу́вствовал(а); я был(а́) уве́рен(а) в э́том.

book I *sb* кни́га *f* (22b) [1) interesting интере́сная, dull ску́чная, amusing занима́тельная, serious серьёзная, thick то́лстая, Russian ру́сская, favourite люби́мая, open откры́тая, autobiographical автобиографи́ческая, expensive дорога́я]; a library ~ библиоте́чная кни́га; buy / begin / open / close / forget / read / remember / translate / understand a ~ покупа́ть / нача́ть / откры́ть / закры́ть / забы́ть / чита́ть / по́мнить / переводи́ть / понима́ть кни́гу; a ~ on art / literature / economics / physics кни́га по иску́сству / литерату́ре / эконо́мике / фи́зике; ~s by Tolstoy кни́ги Толсто́го; the ~ has three hundred pages в кни́ге три́ста страни́ц; I liked the ~ мне понра́вилась э́та кни́га; the ~ shows / criticizes / tells в кни́ге пока́зывается / крити́куется / расска́зывается; at the beginning / end of the ~ в нача́ле / конце́ кни́ги; the main character in the ~ гла́вный геро́й кни́ги; the name of the ~ назва́ние кни́ги; he took a ~ from the shelf он взял кни́гу с по́лки; his bag is full of ~s его́ портфе́ль по́лон книг.

book II *v* зака́зывать (65), *perf* заказа́ть (48) (*with acc*); he ~ed plane / theatre tickets он заказа́л биле́ты на самолёт / в теа́тр; train tickets must be ~ed two days in advance железнодоро́жные биле́ты сле́дует заказа́ть за два дня.

booking-office (биле́тная) ка́сса *f* (19c); can you tell me where the ~ is? скажи́те, пожа́луйста, где (биле́тная) ка́сса?; they will tell you at the ~ вам ска́жут в ка́ссе; there was a long line at the ~ пе́ред ка́ссой стоя́ла больша́я о́чередь.

bookshelf кни́жная по́лка *f* (22d) [new но́вая, long дли́нная]; they have bookshelves built into the wall у них кни́жные по́лки вде́ланы в сте́ну; the bookshelves go up to the ceiling кни́жные по́лки дохо́дят до потолка́.

bookshop кни́жный магази́н *m* (1f); where can I find a good ~? где мо́жно найти́ хоро́ший кни́жный магази́н?; you can get the book in any ~ вы мо́жете купи́ть э́ту кни́гу в любо́м кни́жном магази́не; I saw them coming out of the big ~ around the corner я ви́дел(а), как они́ вы́шли из большо́го кни́жного магази́на за угло́м.

boot боти́нок *m* (4d, *gen pl* боти́нок); *usu pl* боти́нки [1) leather ко́жаные, worn (out) изно́шенные; 2) wear носи́ть, put on надева́ть, take off снима́ть, repair, mend чини́ть]; { (*high boot*) сапо́г *m* (4g); *usu pl* сапоги́; he was wearing ~s он был в сапога́х.

border *sb* (*boundary*) грани́ца *f* (21c); the ~ runs along the river грани́ца прохо́дит вдоль реки́; along the ~ вдоль грани́цы; when we came to the ~... когда́ мы подошли́ к грани́це; the village is on the ~ between the Soviet Union and Poland село́ нахо́дится на грани́це Сове́тского Сою́за с По́льшей; we were met at the ~ нас встре́тили на грани́це, we shall cross the ~ early in the morning мы перее́дем грани́цу ра́но у́тром; ~ zone пограни́чная зо́на.

bore *v*: be ~d скуча́ть (64), *no perf*; she was ~d ей бы́ло ску́чно; we began to be ~d нам ста́ло ску́чно

born: be ~ роди́ться (153); I was ~ in 1936 я роди́лся, родила́сь в ты́сяча девятьсо́т три́дцать шесто́м году́; she was ~ in February, 1936 она́ родила́сь в феврале́ ты́сяча девятьсо́т три́дцать шесто́го го́да; we were ~ on the same day мы родили́сь в оди́н и тот же день; where were you ~? где вы родили́сь?; he went back to the place where he was ~ он верну́лся на ро́дину.

borrow занима́ть (64), *perf* заня́ть (233) [1) *with acc* money де́ньги, things ве́щи; 2) у *with gen* from a friend у прия́теля, from a neighbour у сосе́да]; he is always ~ing money from someone он постоя́нно занима́ет у кого́-нибудь де́ньги.

boss хозя́ин *m* (1r).

both I *pron* о́ба *m*, *n*, о́бе *f* (39i); ~ brothers / windows о́ба бра́та / окна́; I have explained to ~ of you what you are to do я объясни́л(а) вам обо́им, что́ на́до де́лать; cars were moving in ~ directions маши́ны дви́гались в обо́их направле́ниях; ~ sisters / books о́бе сестры́ / кни́ги; he had parcels in ~ hands в обе́их рука́х у него́ бы́ли свёртки; he / she was holding on with ~ hands он держа́лся / она́ держа́лась обе́ими рука́ми; there are fruit-trees on ~ sides of the road по обе́им сторона́м доро́ги расту́т фрукто́вые дере́вья; they are ~ here / wrong они́ о́ба, о́бе здесь / непра́вы; we shall ~ go мы о́ба, о́бе пойдём

both II: ~...and...*conj* как..., так и...; he speaks ~

Russian and English well он хорошо́ говори́т как по-ру́сски, так и по-англи́йски; my brother and I ~ believe that... как брат, так и я ду́маем, что...

bother *v* **1.** (*be in the way*) меша́ть (64), *perf* помеша́ть (64) (*with dat*); is the child ~ing you? ребёнок вам не меша́ет?; ‖ (*trouble*) беспоко́ить (151), *perf* побеспоко́ить (151) (*with acc*); I didn't want to ~ you мне не хоте́лось вас беспоко́ить; **2.** (*trouble oneself*) беспоко́иться (151), *no perf*; please, don't ~! не беспоко́йтесь, пожа́луйста!

bottle буты́лка *f* (22d) [1) *with gen* of milk молока́, of water воды́, of wine вина́; 2) lies лежи́т, stands стои́т]; break / open / drink a ~ разби́ть / откры́ть / вы́пить буты́лку; be careful of these ~s! осторо́жно с э́тими буты́лками!; ⊙ **hot-water ~.** гре́лка *f* (22d).

bottom 1. дно *n*, *no pl* (14a); at the ~ of the sea / river на дне мо́ря / реки́; **2.** (*lower part*) ни́жняя часть *f* (29b); the ~ of the monument ни́жняя часть па́мятника; the ~ of the building фунда́мент зда́ния; at the ~ of the page / stairs внизу́ страни́цы / ле́стницы; ⊙ **get to the ~** добра́ться (44) до су́ти; I must get to the ~ of this я до́лжен добра́ться до су́ти де́ла; **from the ~ of one's heart** от всей души́.

bound *a*: be ~ направля́ться (223), *perf* напра́виться (168); our ship was ~ for Leningrad наш парохо́д направля́лся в Ленингра́д; where are you ~ for? куда́ вы направля́етесь?

bourgeois *a* буржуа́зный (31b) [system строй]; буржуа́зная [country страна́]; буржуа́зное [government прави́тельство, state госуда́рство].

bourgeoisie буржуази́я *f* (23b).

bow I *sb* покло́н *m* (1f).

bow II *v* кла́няться (226), *perf* поклони́ться (160) (*with dat*); he ~ed to the audience он поклони́лся зри́телям.

bowl *sb* ча́шка *f* (22f) [1) deep глубо́кая, wooden деревя́нная; 2) *with gen* of milk молока́, of porridge, cereal ка́ши].

box *sb* **1.** (*for packing*) я́щик *m* (4d) [1) heavy тяжёлый, empty пусто́й, wooden деревя́нный; 2) stands стои́т; 3) carry нести́, close закрыва́ть, leave оставля́ть, open открыва́ть]; the refrigerator was packed in a big ~ холоди́льник был упако́ван в большо́й я́щик; put things into a ~ скла́дывать ве́щи в я́щик; **2.** (*made of paper, etc.*) коро́бка *f* (22d) [light лёгкая, pretty краси́вая, lacquered лакиро́ванная, carved резна́я]; a ~ of matches / sweets, candy коро́бка спи́чек / конфе́т.

boxing *sb* бокс *m, no pl* (1f).

box-office театра́льная ка́сса *f* (19c); tickets are on sale at the ~ биле́ты мо́жно купи́ть в театра́льной ка́ссе.

boy ма́льчик *m* (4a) [clever у́мный, foolish глу́пый, strong си́льный, lazy лени́вый, nice ми́лый, quiet споко́йный, strange стра́нный]; she has two ~s у неё два ма́льчика; they didn't let the ~ in ма́льчика не впусти́ли.

brain 1. мозг *m* (4c); **2.** *usu pl* (*mind*): he has lots of ~s он о́чень у́мный; he racked his ~(s) он лома́л себе́ го́лову; hasn't he more ~(s) than that? неуже́ли он не мог лу́чше приду́мать?

branch *sb* **1.** (*bough*) ве́тка *f* (22d); the ~es were loaded down with fruit ве́тки сгиба́лись под тя́жестью плодо́в; **2.** (*auxiliary division*) отделе́ние *n* (18c); the company has ~es in many cities компа́ния име́ет отделе́ния во мно́гих города́х; **3.** (*field*) о́трасль *f* (29c); an important ~ of science / industry ва́жная о́трасль нау́ки / промы́шленности.

brave хра́брый (31b) [man челове́к, soldier солда́т, deed посту́пок, answer отве́т]; хра́брая [girl де́вушка]; be ~! мужа́йся, мужа́йтесь!; I wasn't ~ enough to tell him the truth у меня́ не хвати́ло сме́лости сказа́ть ему́ пра́вду.

bread хлеб *m* (1*l*) [1) dry сухо́й, fresh све́жий, soft мя́гкий; 2) buy покупа́ть, cut ре́зать]; give me some ~, please! да́йте мне, пожа́луйста, хле́ба!; a piece of ~ кусо́к хле́ба; ~ and butter хлеб с ма́слом; ⊙ **brown** / **white** ~ чёрный / бе́лый хлеб.

break *v* **1.** (*destroy*) лома́ть (64), *perf* слома́ть (64) [*with acc* box я́щик, door дверь, tree де́рево, wall сте́ну, roof кры́шу]; { слома́ть [one's arm, hand ру́ку, one's leg но́гу; pencil каранда́ш, watch часы́]; who broke the chair? кто слома́л стул?; ~ into two parts, pieces разлома́ть на две ча́сти; { (*of glass, etc.*) разби́ть (182) [*with acc* cup ча́шку, mirror зе́ркало, window окно́, eye-glasses очки́, thermometer гра́дусник; ice лёд]; who broke this plate? кто разби́л таре́лку?; ~ to pieces разби́ть вдре́безги; **2.** (*be destroyed*) лома́ться (64), *perf* слома́ться (64); the knife broke нож слома́лся; { (*of glass, etc.*) разби́ться (182); the cup broke ча́шка разби́лась; **3.** (*violate*) наруша́ть (64), *perf* нару́шить (174) [*with acc* law зако́н, rule пра́вило, custom обы́чай]; ~ **down** 1) лома́ться, *perf* слома́ться; the machine, car broke down маши́на слома́лась; 2) сдава́ть (63), *perf* сдать (214); his health broke down его́ здоро́вье сда́ло; 3) не вы́держать (52); she broke down and began to cry она́ не вы́держала и распла́калась; ~ **into:** ~ into laughter разрази́ться (191) сме́хом; ~ into tears распла́каться (90); ~ into blossom распусти́ться (162), расцвести́ (242); ~ **out** вспы́хнуть (125); a fire broke out near here yesterday вчера́ неподалёку отсю́да вспы́хнул пожа́р.

breakfast за́втрак *m* (4d) [1) early ра́нний, late по́здний, cold холо́дный, hot горя́чий; 2) make гото́вить]; at ~ за за́втраком; after / before ~ по́сле / до за́втрака; ~ is ready за́втрак гото́в; what will you have for ~ что вы хоти́те на за́втрак?; we have eggs for ~ у нас на за́втрак я́йца; ⊙ **have** ~ за́втракать (65), *perf* поза́втракать (65); they were having ~ они́ за́втракали; we had a big ~ мы пло́тно поза́втракали; have you had your ~? вы уже́ поза́втракали?; we usually have ~ at eight o'clock обы́чно мы за́втракаем в во́семь часо́в.

breath дыха́ние *n* (18c); ⊙ **be out of** ~ запыха́ться (64); **catch one's** ~ перевести́ (219) дыха́ние; **hold one's** ~ затаи́ть (198) дыха́ние; **take a (deep)** ~ глубоко́ вздохну́ть (130).

breathe дыша́ть (47), *no perf* [heavily тяжело́]; I couldn't ~ я не мог дыша́ть; don't ~! не дыши́те!; we went out to ~ the air мы вы́шли подыша́ть во́здухом.

brick *sb* кирпи́ч *m* (7b); the house was made of ~s дом был постро́ен из кирпича́; a ~ building кирпи́чное зда́ние.

bride неве́ста *f* (19a).

bridegroom жени́х *m* (4e).

bridge (*over river, etc.*) мост *m* (1c) [1) new но́вый, stone ка́менный, wooden деревя́нный; 2) joins the two parts of the town соединя́ет две ча́сти го́рода; 3) build стро́ить, cross перейти́, blow up взорва́ть]; the old ~ was destroyed ста́рый мост был разру́шен; ~ over the river мост че́рез ре́ку.

brief *a* кра́ткий (33b) [answer отве́т]; кра́ткая [speech речь]; кра́ткое [introduction введе́ние, letter письмо́, summary резюме́]; I shall be ~ я бу́ду кра́ток; ~ but expressive words кра́ткие, но вырази́тельные слова́; ⊙ **in** ~ вкра́тце.

brief-case портфе́ль *m* (3c); *see* bag 3.

bright 1. (*intense in colour*) я́ркий (33b) [colour цвет, fire ого́нь, light свет]; я́ркая [star звезда́]; the sun was ~ я́рко свети́ло со́лнце; **2.** (*filled with light*) све́тлый (31b); све́тлая [night ночь, room ко́мната]; ~ future све́тлое бу́дущее; **3.** (*clear*) я́сный (31b) [day день]; я́сное [sky не́бо]; **4.** (*shining*) блестя́щий (35) [metal мета́лл]; блестя́щая [steel сталь]; блестя́щие [eyes глаза́, hair во́лосы]; 5. (*clever*) смышлёный (31b) [boy ма́льчик, pupil учени́к].

brilliant блестя́щий (35) [orator ора́тор, scientist учёный]; блестя́щая [career карье́ра, idea мысль]; блестя́щее [speech выступле́ние]; блестя́щие [results результа́ты].

bring 1. (*carry*) приноси́ть (152), *perf* принести́ (113) [*with acc* letter письмо́, glass of water стака́н воды́, newspaper газе́ту, smth to eat что́-нибудь пое́сть]; she brought her purchases home она́ принесла́ свои́ поку́пки домо́й; ~ the book with you! принеси́(те) с собо́й кни́гу!; he brought good / bad news он принёс хоро́шие / плохи́е ве́сти; it brought him fame / wealth / happiness э́то принесло́ ему́ сла́ву / бога́тство / сча́стье; **2.** (*of people*) приводи́ть (152), *perf* привести́ (219); ~ him here! приведи́(те) его́ сюда́!; he brought his sister to the party он привёл на ве́чер свою́ сестру́; ~ **about** приводи́ть, *perf* привести́ к (*with dat*); it brought about great changes / downfall / defeat э́то привело́ к больши́м измене́ниям / паде́нию / пораже́нию; ~ **back** (*return*) возвраща́ть (64), *perf* возврати́ть (161) [*with acc* money де́ньги, magazines журна́лы]; ~ **up** воспи́тывать (65), *perf* воспита́ть (64) [*with acc* children дете́й]; ✧ ~ **to an end** зака́нчивать (65), *perf* зако́нчить (172) (*with acc*).

broad широ́кий (33b) [belt по́яс]; широ́кая [street у́лица, river река́, road доро́га, smile улы́бка]; широ́кое [field по́ле, highway шоссе́, space простра́нство]; ✧ ~ **hint** я́сный намёк *m* (1c); we had to give him several ~ hints пришло́сь дать ему́ не́сколько я́сных намёков; **in ~ outline** в о́бщих черта́х; I can give you a ~ outline могу́ рассказа́ть вам в о́бщих черта́х.

broadcast *v* **1.** передава́ть (63) по ра́дио, *perf* переда́ть (214) по ра́дио [*with acc* the news после́дние изве́стия, music му́зыку, play пье́су, speech речь, выступле́ние, football game футбо́льный матч]; **2.** передава́ться (63) по ра́дио; the concert will be ~ конце́рт бу́дет передава́ться по ра́дио.

broken *a* сло́манный (31b) [box я́щик, chair стул, knife нож]; сло́манная [arm рука́, leg нога́; machine маши́на, stairs ле́стница]; сло́манные [clock, watch часы́]; ‖ разби́тый (31b) [glass стака́н]; разби́тая [cup ча́шка, plate таре́лка]; разби́тое [mirror зе́ркало, window окно́]; with a ~ heart с разби́тым се́рдцем.

brook ручей *m* (11b) [cross переходить, fall into упасть в, jump across перепрыгнуть через]; bathe in a ~ купаться в ручье; the ~ dried up ручей высох.

brother брат *m* (1i); two ~s два брата; five ~s пять братьев; younger / elder ~ младший / старший брат; he always helped his ~ он всегда помогал брату; we considered the older ~ more capable мы считали старшего брата более способным; my ~ and I мы с братом.

brown *a* коричневый (31b) [suit костюм, bag портфель, pencil карандаш]; коричневая [car машина, ribbon лента, skirt юбка, hat шляпа]; коричневое [coat пальто, dress платье]; коричневые [shoes туфли, ботинки]; ~ hair каштановые волосы; ~ eyes карие глаза; light ~ светло-коричневый; dark ~ тёмно-коричневый; ‖ (*tanned*) загорелый (31b) [boy мальчик]; загорелая [girl девушка, skin кожа]; загорелое [face лицо]; загорелые [arms руки].

brush I *sb* щётка *f* (22d) [stiff жёсткая, soft мягкая].

brush II *v* чистить (193), *perf* вычистить (193a), почистить (193) [*with acc* teeth зубы, clothes одежду, shoes туфли].

build строить (151), *perf* выстроить (151a), построить (151) [1) *with acc* bridge мост, house дом, factory завод, school школу, city город, road дорогу, railway железную дорогу; 2) quickly быстро, slowly медленно, well хорошо]; the station was built of reinforced concrete вокзал был построен из железобетона; how long did the factory take to ~? сколько потребовалось времени, чтобы построить этот завод?

building (*structure*) здание *n* (18c) [1) new новое, high высокое; 2) stands стоит, faces выходит на; 3) build строить]; in the ~ в здании; leave the ~ уходить из здания; office ~ ведомственное здание.

bulb (*electric lamp*) лампочка *f* (22f); the ~ has burnt out лампочка перегорела.

bull бык *m* (4e) [angry свирепый, stubborn упрямый]; drive / catch a ~ гнать / поймать быка.

bullet пуля *f* (20e); the ~ hit him in the leg пуля попала ему в ногу.

bunch: ~ of keys связка (*f* 22d) ключей; ~ of grapes гроздь (*f* 29c) винограда; ~ of flowers букетик (*m* 4d) цветов.

burden *sb* **1.** (*load*) тяжесть *f* (29c); he bent under the ~ он согнулся под тяжестью; be a ~ быть в тягость; I'm afraid I shall be a ~ to you я боюсь быть вам в тягость; his life seemed / became a ~ to him жизнь казалась / стала ему в тягость.

bureau бюро́ *n indecl*; information ~ спра́вочное бюро́; tourist ~ тури́стское бюро́; we asked at the ~ мы обрати́лись в бюро́ за спра́вками.

burn *v* **1.** (*be on fire*) горе́ть (115), *perf* сгоре́ть (115); a fire / house was ~ing костёр / дом горе́л; dry wood ~s easily сухи́е дрова́ хорошо́ горя́т; the house ~ed to the ground дом сгоре́л дотла́; his eyes ~ у него́ горя́т глаза́; her face was ~ing with shame её лицо́ горе́ло от стыда́; **2.** (*destroy by fire*) сжига́ть (64), *perf* сжечь (145) [*with acc* letter письмо́, village дере́вню, house дом]; I want to ~ these old papers я хочу́ сжечь э́ти ста́рые бума́ги; **3.** (*hurt by fire*) обжига́ть (64), *perf* обже́чь (145) [*with acc* hand ру́ку, finger па́лец]; don't ~ yourself! не обожги́сь!, не обожги́тесь!

burst *v* **1.** (*break*) ло́паться (65), *perf* ло́пнуть (125); the bottle / tire ~ буты́лка / ши́на ло́пнула; **2.** (*break into*) врыва́ться (64), *perf* ворва́ться (50) (into — в *with acc*); he ~ into the room он ворва́лся в ко́мнату; ⊙ ~ **into tears** распла́каться (90); ~ **into laughter** расхохота́ться (73); ~ **out laughing** рассмея́ться (227); ~ **into blossom** расцвета́ть (64), *perf* расцвести́ (242).

bury 1. (*of dead body*) хорони́ть (156), *perf* похорони́ть (156) (*with acc*); he was buried far from home его́ похорони́ли далеко́ от ро́дины; **2.** (*cover with earth*) зака́пывать (65), *perf* закопа́ть (64) (*with acc*); he buried the box under a tree он закопа́л я́щик под де́ревом; she buried her face in her hands она́ закры́ла лицо́ рука́ми.

bus 1. (*with petrol engine*) авто́бус *m* (1f) [1) convenient, comfortable удо́бный, crowded перепо́лненный, empty пусто́й; 2) runs, goes идёт, stops остана́вливается, passes проезжа́ет, comes подъезжа́ет; 3) get on, take сесть на]; wait for a ~ ждать авто́буса; get off a ~ выходи́ть из авто́буса; by ~ на авто́бусе; **2.** (*with electric motor*) тролле́йбус *m* (1f).

bush куст *m* (1c) [1) thick пы́шный, tall высо́кий; 2) plant сажа́ть, trim подреза́ть].

business 1. (*commercial enterprise*) де́ло *n* (14d) [1) profitable дохо́дное, growing расту́щее, flourishing процвета́ющее; 2) open откры́ть, run вести́]; put money into a ~ вложи́ть де́ньги в де́ло; he made a lot of money out of, from the ~ на э́том де́ле он на́жил больши́е де́ньги; ~ interests делов́ые интере́сы; he has a ~ in London у него́ в Ло́ндоне де́ло; do ~ with smb вести́ де́ло с кем-л.; they were talking ~ у них был делово́й разгово́р; he is, was away on ~ он уе́хал по де́лу; I've come on ~ я пришёл, прие́хал по де́лу; **2.** (*affair*) де́ло; an unpleasant, nasty ~! неприя́тное де́ло!; what ~ is that of yours? како́е вам де́ло?; none of your ~! не ва́ше де́ло!; stick to ~! бли́же к де́лу!

busy занято́й (31a), за́нятый (31b) [man, person челове́к]; занята́я [woman же́нщина]; I shall be ~ on Wednesday я бу́ду за́нят, занята́ в сре́ду; he was ~ until four он был за́нят до четырёх часо́в; the line is ~ телефо́н за́нят; she was ~ cooking dinner она́ была́ занята́ приготовле́нием обе́да.

but I *prep* (*except*) *with gen*: everyone ~ you has agreed все, **кро́ме** вас, согласи́лись; no one ~ an expert could have seen the difference никто́, кро́ме специали́ста, не мог заме́тить ра́зницу; I can come any day ~ Thursday я могу́ прийти́ в любо́й день, кро́ме четверга́.

but II *conj* **1.** но; he wanted to come with us ~ he couldn't он хоте́л прийти́ с на́ми, но не смог; her dress was simple ~ attractive у неё бы́ло просто́е, но краси́вое пла́тье; yes, ~ how / when / where / why? да, но как / когда́ / где / почему́?; **2.** а; ~ what if he isn't at home? а что, е́сли его́ нет до́ма?; I'm ready ~ you aren't я гото́в(а), а вы — нет.

butter *sb* ма́сло *n* (14d) [fresh све́жее, sweet несолёное, salt солёное]; a pound / kilogram of ~ фунт / килогра́мм ма́сла; she spread ~ on her bread она́ нама́зала хле́б ма́слом; give me some ~, please! да́йте мне, пожа́луйста, ма́сла!

button I *sb* **1.** (*on clothing*) пу́говица *f* (21c) [mother-of-pearl перламу́тровая, glass стекля́нная, wooden деревя́нная]; sew on / lose a ~ приши́ть / потеря́ть пу́говицу; I want to change the ~s on my coat я хочу́ смени́ть пу́говицы на (своём) пальто́; a ~ came off my coat у меня́ на пальто́ оторвала́сь пу́говица; **2.** (*in bell, etc.*) кно́пка *f* (22d); press the ~! нажми́(те) кно́пку!

button II *v* застёгивать (65), *perf* застегну́ть (130) (*with acc*); ~ (up) your coat! застегни́(те) пальто́!

buy покупа́ть (64), *perf* купи́ть (169) (*with acc*); where did you ~ your hat? где вы купи́ли шля́пу?; they bought their furniture cheap они́ дёшево купи́ли ме́бель; she used to ~ her clothes at a shop in town она́ покупа́ла оде́жду в одно́м из магази́нов в го́роде; he bought the flowers from an old woman он купи́л цветы́ у (одно́й) стару́хи.

by I *adv* ми́мо; they went / ran / rode by они́ прошли́ / пробежа́ли / прое́хали ми́мо; the bus went by without stopping авто́бус прое́хал ми́мо не остана́вливаясь; the days went by проходи́ли дни; ◇ **by and by** че́рез не́которое вре́мя.

by II *prep* **1.** (*near*) *with gen*: by the window / fire / river **у** окна́ / костра́ / реки́; ‖ (*beside*) *with instr*: sit by me! сядь **ря́дом** со мно́й!; he was walking by her side он шёл ря́дом с ней; **2.** (*past*) *with gen*: he walked by me он прошёл **ми́мо** меня́; we rode by the house / gate мы прое́хали ми́мо до́ма / воро́т; **3.** (*on*, *in*) *with abl*: by ship / car **на** парохо́де / маши́не; ‖ *often not translated*, *Russian sb used in instr*: by plane / train / tram / bus самолётом / по́ездом / трамва́ем / авто́бусом; by sea мо́рем; by airmail авиапо́чтой; **4.** (*of*, *denoting authorship*; *not translated*, *Russian sb used in gen*: a play by Fletcher пье́са Флётчера; a picture by Repin карти́на Ре́пина; **5.** (*before*) *with dat*: I shall be there by five o'clock я бу́ду там **к** пяти́ часа́м; by three o'clock we had had our dinner к трём часа́м мы уже́ пообе́дали; by that time к тому́ вре́мени; by the fifth of May к пя́тому ма́я; by the end of the day к концу́ дня; by then к тому́ вре́мени; by tomorrow к за́втрашнему дню; by now уже́; **6.** *in passive constructions*, *not translated*, *Russian sb used in instr*: Moscow was founded by Yury Dolgorooky in 1147 Москва́ была́ осно́вана Ю́рием Долгору́ким в 1147 году́; **7.** (*by means of*) *not translated*, *Russian sb used in instr*: they achieved success by hard work они́ доби́лись успе́ха упо́рным трудо́м; he improved his Russian by much reading он улу́чшил свои́ зна́ния ру́сского языка́ тем, что мно́го чита́л; **8.** *in various phrases*: hold / pull / take / catch a person by the hand держа́ть / тащи́ть / брать / схвати́ть челове́ка за́ руку; what do you mean by that? что вы хоти́те э́тим сказа́ть?

C

cabbage капу́ста *f* (19c) [fresh све́жая, sour ки́слая]; a head of ~ коча́н капу́сты; ⊙ ~ **soup** щи *no sg* (щей, щам, щи, ща́ми, щах); ~ soup with sour cream щи со смета́ной; this ~ soup is tasty э́ти щи вку́сные; a plate of ~ soup тарéлка щей.

cabin **1.** (*of plane*) кабúна *f* (19c); the pilot came out of the ~ лётчик вы́шел из кабúны; **2.** (*of ship*) каю́та *f* (19c); I'm going to my ~ я пойду́ к себé в каю́ту; **3.** (*hut*) хúжина *f* (19c); they lived in little ~s онú жúли в мáленьких хúжинах.

cab-stand стоя́нка (*f* 22d) таксú; is there a ~ anywhere near? есть ли поблúзости стоя́нка таксú?

café кафé *n indecl*; many ~s мнóго кафé; he went into a ~ он вошёл в кафé; we were in a ~ мы бы́ли в кафé; he came out of a ~ он вы́шел из кафé.

cage клéтка *f* (22d); like a bird in a ~ как птúца в клéтке.

cake *sb* **1.** (*plain one*) пирóг *m* (4g) [1) fresh свéжий, sweet слáдкий; 2) smells good хорошó пáхнет; 3) buy покупáть, cut рéзать, eat есть, make, bake печь]; a piece of ~ кусóк пирогá; will you have some ~? мóжно вам отрéзать кусóк пирогá?; **2.** (*large one with icing, etc.*) торт *m* (1f); **3.** (*small one*) пирóжное *n* (31b); two / five ~s два / пять пирóжных; tea and a ~ чай с пирóжным; **4.** (*bar*) кусóк *m* (4f); a ~ of soap кусóк мы́ла.

call I *sb* **1.** (*shout*) крик *m* (4c); ~ for help крик о пóмощи; **2.** (*slogan*) призы́в *m* (1f); thousands answered our ~ ты́сячи людéй откли́кнулись на наш призы́в; **3.** (*telephone call*) звонóк (*m* 4f) по телефóну; I shall wait for your ~ я бу́ду ждать вáшего звонкá; **4.** (*summons*) вы́зов *m* (1f) [urgent срóчный]; the doctor had five ~s у дóктора бы́ло пять вы́зовов.

call II. *v* **1.** (*ask*) звать (68), *perf* позвáть (68) (*with acc*); please, ~ your sister to the 'phone! позовúте, пожáлуйста, вáшу сестру́ к телефóну!; your mother is ~ing you тебя́ зовёт мáма; **2.** (*give name*) называ́ть (64), *perf* назвáть (68) (*with acc*); they ~ed the child Tom онú назвáли ребёнка (*with instr*) Тóмом; ‖ (*give nickname*) звать, *no perf*; what do they ~ him at home? как егó зову́т дóма?; **3.** (*be named*) называ́ться (64), *no perf*; what do you ~ this? как э́то называ́ется?; we stopped at a place ~ed N. мы останови́лись в местéчке, котóрое называ́лось Н ; **4.** (*summon*) вызыва́ть (64), *perf* вы́звать (53) [*with acc* taxi таксú, doctor врачá, ambulance скóрую пóмощь]; ~ **on** (*visit*) заходúть (152), *perf* зайтú (206); ~ on smb заходúть к (*with dat*) кому́-л ; I shall ~ on him tomorrow я зайду́ к нему́ зáвтра; ~ **up** звонúть (158), *perf* позвонúть (158) (*with dat*); ~ me up when you get home позвоните мне, когда придёте домой.

calm I *a* спокойный (31b) [man человек, voice голос]; спокойное [manner поведение, sea море]; he was ~ он был спокоен; become ~ успокоиться; be ~! спокойно!; he tried to be ~ but he could not он старался быть спокойным, но не мог; ‖ (*not windy*) тихий (33b) [evening вечер]; тихая [night ночь, weather погода].

calm II *v* успокаивать (65), *perf* успокоить (151) (*with acc*); ~ **down** успокаиваться (65), *perf* успокоиться (151); she ~ed down at last наконец, она успокоилась; the sea ~ed down море успокоилось; ~ down! успокойтесь!

camera фотоаппарат *m* (1f) [expensive дорогой, cheap дешёвый]; a ~ hung from his shoulder фотоаппарат висел у него через плечо; does your ~ take good pictures? ваш фотоаппарат хорошо снимает?

camp *sb* лагерь *m* (3d) [summer летний, winter зимний, children's детский]; pioneer ~ пионерский лагерь; ~ life жизнь в лагере; they spent the summer in a ~ in the mountains они провели лето в лагере в горах.

campaign кампания *f* (23c) [political политическая, election предвыборная]; during the election ~ во время предвыборной кампании.

can 1. (*be able to do*) мочь (248), *perf* смочь (248); I can't come at that time я не могу прийти в это время; I think I ~ help you думаю, что могу вам помочь; ~ you find out? вы не можете узнать?; he / she / they couldn't wait он / она / они не мог / могла / могли ждать; she couldn't have said that она не могла сказать этого; it was the only thing he could do это единственное, что он мог сделать; where ~ they have gone куда они могли деться?; what ~ have happened? что могло случиться?; I can't imagine не могу себе представить; come as soon as you ~ приходите как можно скорее; do as much as you ~ делайте, сколько можете; ~ I see you for minute, moment? можно вас на минуточку?; that can't be true этого не может быть; **2.** (*know how to do*) уметь (98), *perf* суметь (98); ~ you swim? вы умеете плавать?

candidate кандидат *m* (1e); ~ for president кандидат в президенты.

candle свеча *f* (25d) [went out потухла, burns горит]; light / blow out a ~ зажечь / потушить свечу; by the light of a ~ при свете свечи.

candy конфе́та *f* (19c); chocolate ~ шокола́дные конфе́ты; a box of candies коро́бка конфе́т; don't give the child ~ before dinner! не дава́йте ребёнку конфе́т пе́ред обе́дом!

canned консерви́рованный (31b); ~ fruit консерви́рованные фру́кты; ~ goods консе́рвы; ~ meat мясны́е консе́рвы; ~ vegetables овощны́е консе́рвы; ~ fish ры́бные консе́рвы.

cap (*boy's*) ке́пка *f* (22d) [grey се́рая, sports спорти́вная]; ‖ (*part of uniform*) фура́жка *f* (22f) [school шко́льная, soldier's солда́тская]; ‖ (*lady's*) ша́почка *f* (22f) [bright я́ркая, woollen шерстяна́я, knitted вя́заная, fur мехова́я]; ‖ (*man's*) ша́пка *f* (22d) [fur мехова́я]; put on / take off / wear a ~ наде́ть / снять / носи́ть ке́пку, фура́жку, ша́пку.

capable спосо́бный (31b) [man челове́к, pupil учени́к]; he is ~ of anything он на всё спосо́бен.

cape I *sb* (*garment*) плащ *m* (7b); a ~ with a hood плащ с капюшо́ном.

cape II *sb geogr* мыс *m* (1f).

capital I *sb* (*city*) столи́ца *f* (21a); Moscow is the ~ of the Soviet Union Москва́ — столи́ца Сове́тского Сою́за; they went to live in the ~ они́ перее́хали (жить) в столи́цу; the population of the ~ населе́ние столи́цы.

capital II *sb* (*money*) капита́л *m* (1f); invest / increase / double ~ вложи́ть / увели́чить / удво́ить капита́л; the company has a ~ of £ 100,000 компа́ния располага́ет капита́лом в сто ты́сяч фу́нтов.

capitalist I *sb* капитали́ст *m* (1e).

capitalist II *a* капиталисти́ческий (33b) [city го́род, world мир]; капиталисти́ческая [country страна́, industry промы́шленность]; капиталисти́ческое [production произво́дство].

captain капита́н *m* (1e) [*with gen* of a ship парохо́да, of a team кома́нды].

capture *v* захва́тывать (65), *perf* захвати́ть (162) [*with acc* city го́род, ship парохо́д, prisoners пле́нных].

car **1.** (*motor-car*) (авто-)маши́на *f* (19c) [1) fast бы́страя, one's own со́бственная; 2) goes fast бы́стро е́дет, stops остана́вливается, stands стои́т, rides away уезжа́ет]; start / repair a ~ заводи́ть / ремонти́ровать маши́ну; he got into the ~ он сел в маши́ну; she got out of the ~ она́ вы́шла из маши́ны; we sat in the ~ мы сиде́ли в маши́не; he put the ~ in the garage он поста́вил маши́ну в гара́ж; we went by ~ мы пое́хали на маши́не; **2.** (*of train*) ваго́н *m* (1f); we shall be in the first / last ~ мы бу́дем в пéрвом / послéднем вагóне; a porter came into our ~ носи́льщик вошёл в наш вагóн; he went into the next ~ он перешёл в слéдующий вагóн; smoking ~ вагóн для куря́щих.

card **1.** (*membership certificate*) билéт *m* (1f); party ~ парти́йный билéт; trade-union ~ профсою́зный билéт; **2.** (*for correspondence*) откры́тка *f* (22d); send / receive a ~ посылáть / получáть откры́тку; the ~ said that the goods had been received в откры́тке бы́ло скáзано, что товáры ужé получены; **3.** (*for game*) кáрта *f* (19c); win / lose at ~s выи́грывать / проигрывать в кáрты; we played ~s мы игрáли в кáрты.

care I *sb* (*attention, protection*) ухóд *m* (1f); the car requires constant ~ маши́на трéбует постоя́нного ухóда; the children received excellent ~ за детьми́ был прекрáсный ухóд; under doctor's ~ под наблюдéнием врачá; ⊙ **take** ~ 1) (*look after*) забóтиться (177), *perf* позабóтиться (177) (of — о *with abl*); take ~ of the children / one's parents забóтиться о дéтях / о роди́телях; all these things must be taken ~ of now сейчáс нáдо обо всём э́том позабóтиться; { (*of things*) ухáживать (65), *no perf* (of — за *with instr*); he took ~ of the flowers in the garden он ухáживал за цветáми в садý; 2) (*be careful*) следи́ть (153) (за *with instr*); he took ~ what he said / did он следи́л за тем, что он говори́л / дéлал; take ~! осторóжно!

care II *v* **1.** (*like*) люби́ть (169), *no perf* (*with acc*); I don't ~ much for meat / fish / cards / dancing я не óчень люблю́ мя́со / ры́бу / кáрты / тáнцы; { (*love*) люби́ть; she didn't really ~ for her husband онá по-настоя́щему не люби́ла своегó мýжа; **2.** (*be interested*): I don't ~ what happens мне всё равнó, что бýдет; I don't think he ~s я дýмаю, что емý всё равнó.

career карьéра *f* (19c) [brilliant блестя́щая, fine прекрáсная, future бýдущая]; that's the end of his ~ э́то — конéц егó карьéры; he thought only of his ~ он дýмал тóлько о своéй карьéре.

careful **1.** (*cautious, watchful*) осторóжный (31b) [person человéк]; I shall be ~ with your books я бýду осторóжен, осторóжна с вáшими кни́гами; (be) ~! осторóжно!; in future you must be more ~ в бýдущем вы должны́ быть осторóжнее; be ~ not to lose the tickets! смотри́(те), не потеря́й(те) билéты!; **2.** (*done with care*) тщáтельный (31b) [medical examination медици́нский осмóтр]; тщáтельная [work рабóта, preparations подготóвка]; тщáтельное [investigation расслéдование].

careless 1. (*without due care*) небрéжный (31b) [person человéк, boy мáльчик]; небрéжная [girl дéвушка, work рабóта]; небрéжное [attitude отношéние]; you mustn't be so ~! нельзя́ быть таки́м небрéжным!; she was always ~ about her clothes онá всегдá небрéжно относи́лась к своéй одéжде; **2.** (*incautious*) неосторóжный (31b) [action, act постýпок, step шаг]; неосторóжное [remark замечáние]; that was ~ of you с вáшей стороны́ э́то бы́ло неосторóжно.

carpet ковёр *m* (1d) [1) cheap дешёвый, expensive дорогóй, oriental востóчный, Persian перси́дский, rich роскóшный; 2) clean чи́стить, beat выбивáть]; the floor was covered with a thick ~ на полý лежáл тóлстый ковёр.

carriage (*of train*) вагóн *m* (1f); first-class ~ вагóн пéрвого клáсса; *see* car 2.

carry (*bear, convey*) нести́ (113), *perf* понести́ (113) [1) *with acc* bag, suit-case чемодáн, bag сýмку, портфéль, box корóбку, child ребёнка, plate тарéлку; 2) in one's hand в рукé, in one's arms на рукáх, on one's back на спинé]; I shall ~ my bags myself я сам(á) понесý свои́ чемодáны; they carried everything out of the room они́ всё вы́несли из кóмнаты; | (*of transport*) везти́ (219), *perf* повезти́ (219); the ship carried wheat парохóд вёз пшени́цу; ~ **out** выполня́ть (223), *perf* вы́полнить (159) [*with acc* plan план, work рабóту, threat угрóзу, promise обещáние, order прикáз, request прóсьбу].

cart телéга *f* (22b); we put our luggage in the ~ мы положи́ли багáж на телéгу.

case 1. (*happening*) слýчай *m* (13c) [difficult трýдный, sad печáльный]; I remember one ~ я пóмню оди́н слýчай; we have had many such ~s у нас бы́ло мнóго подóбных слýчаев; ⊙ **in that ~** в такóм слýчае; **in any ~** во вся́ком слýчае; call me up in any ~ в любóм слýчае позвони́(те) мне; **in ~** в слýчае; I shall be here in ~ you need me в слýчае, éсли я вам понáдоблюсь, я бýду здесь; **2.** (*matter for trial*) дéло *n* (14d) [1) clear я́сное, complicated запýтанное; 2) win вы́играть, lose проигрáть].

cast *v* (*throw*) бросáть (64), *perf* брóсить (149) (*with acc*); ~ a glance бросáть взгляд; the trees ~ long shadows от дерéвьев пáдали дли́нные тéни

castle (*palace*) зáмок *m* (4d) [ancient стари́нный, ruined разрýшенный]; we went to see the ~ мы пошли́ осма́тривать за́мок.

cat ко́шка *f* (22e) [1) black and white чёрная с бе́лым, lazy лени́вая, hungry голо́дная; 2) jumps пры́гает].

catch 1. (*seize*) лови́ть (169), *perf* пойма́ть (64) [*with acc* bird пти́цу, fish ры́бу; boy ма́льчика; ball мяч; 2) by the hand, arm за́ руку]; **2.** (*be in time*) успе́ть (98) (на *with acc*); we caught the last bus / tram / train мы успе́ли на после́дний авто́бус / трамва́й / по́езд; **3.** (*get infected*) заража́ться (64), *perf* зарази́ться (191) (*with instr*); the child caught the measles ребёнок зарази́лся ко́рью; he caught cold он простуди́лся; ~ **up** догоня́ть (223), *perf* догна́ть (96) (*with acc*); he caught up with us он нас догна́л; ◇ ~ **sight** уви́деть (109) (of — *with acc*); *see* sight; ~ **fire** загоре́ться (115); *see* fire **I**.

catching *a* (*infectious*) зара́зный (31b); the disease isn't ~ э́та боле́знь не зара́зна.

cattle скот *m*, *collect* (1a) [feed корми́ть, raise выра́щивать]; care for ~ уха́живать за ското́м.

cause I *sb* **1.** (*reason for*) причи́на *f* (19c) [important ва́жная, main гла́вная, unknown неизве́стная]; ~ and effect причи́на и сле́дствие; one of the main ~s of war одна́ из гла́вных причи́н войны́; **2.** (*advocated movement*) де́ло *n* (14d); the ~ of peace де́ло ми́ра; he fought for the ~ of the working class он боро́лся за де́ло рабо́чего кла́сса.

cause II *v* (*bring about*) причиня́ть (223), *perf* причини́ть (158) [*with acc* pain боль, suffering страда́ние, trouble неприя́тности]; (*arouse, produce*) вызыва́ть (64), *perf* вы́звать (53) (*with acc*); the incident ~d much talk э́тот слу́чай вы́звал мно́го то́лков; the news ~d a sensation э́та но́вость вы́звала сенса́цию.

caviare икра́ *f*, *no pl* (19f) [black чёрная, red кра́сная, pressed па́юсная]; ~ sandwich бутербро́д с икро́й.

cease 1. (*come to end*) прекраща́ться (64), *perf* прекрати́ться (161); gradually, the rain / noise ~d дождь / шум постепе́нно прекрати́лся; the firing ~d стрельба́ прекрати́лась; work never ~d рабо́та не прекраща́лась; **2.** (*bring to end*) прекраща́ть (64), *perf* прекрати́ть (161) (*with acc*); they had to ~ work им пришло́сь прекрати́ть рабо́ту; ~ fire прекрати́ть стрельбу́.

ceiling потоло́к *m* (4f) [high высо́кий, low ни́зкий]; there were bookshelves up to the ~ по́лки бы́ли до потолка́.

celebrate пра́здновать (245), *perf* отпра́здновать

(245) [*with acc* anniversary годовщи́ну, victory побе́ду]; they ~d their silver wedding last year в про́шлом году́ они́ отпра́здновали сере́бряную сва́дьбу.

cellar подва́л *m* (1f); go down into the ~ спусти́ться в подва́л; come up out of the ~ вы́йти из подва́ла.

cent цент *m* (1f); two ~s два це́нта; five ~s пять це́нтов; the oranges are five ~s apiece апельси́ны сто́ят пять це́нтов шту́ка; he gave me ten ~s change он дал мне де́сять це́нтов сда́чи.

centimetre сантиме́тр *m* (1f); ten ~s де́сять сантиме́тров; two ~s higher / deeper / wider на два сантиме́тра вы́ше / глу́бже / ши́ре; a ~ and a half полтора́ сантиме́тра; two and a half ~s два с полови́ной сантиме́тра; five ~s less на пять сантиме́тров ме́ньше.

central центра́льный (31b) [point пункт]; центра́льная [square пло́щадь, station ста́нция]; ⊙ ~ **heating** центра́льное отопле́ние (18c).

centre центр *m* (1f) [*with gen* of a city го́рода, of a district райо́на]; in the ~ в це́нтре; administrative / cultural ~ администрати́вный / культу́рный центр.

century век *m* (4h); the XXth ~ двадца́тый век; in the XIXth ~ в девятна́дцатом ве́ке; at the end / beginning of the ~ в конце́ / нача́ле ве́ка; for centuries в тече́ние веко́в; many centuries ago мно́го веко́в наза́д.

certain 1. (*some*) не́который (31b); ~ people think... не́которые лю́ди ду́мают...; under ~ conditions при не́которых усло́виях; to a ~ extent до не́которой сте́пени; **2.** *predic* (*sure*) уве́рен *m*, уве́рена *f*, уве́рены *pl*; he was ~ он был уве́рен; she was ~ that she had seen him somewhere она́ была́ уве́рена, что где́-то ви́дела его́; ⊙ **for** ~ наверняка́.

certainly коне́чно; may I see you? — Certainly мо́жно с ва́ми поговори́ть? — Коне́чно.

certificate *sb* свиде́тельство *n* (14c); birth ~ свиде́тельство о рожде́нии; marriage ~ свиде́тельство о бра́ке.

chain *sb* цепь *f* (29b) [long дли́нная, iron желе́зная, heavy тяжёлая]; they have thrown off their ~s они́ сбро́сили с себя́ це́пи; a ~ of events цепь собы́тий; ‖ (*small one*) цепо́чка *f* (22f); a thin gold ~ то́нкая золота́я цепо́чка.

chair 1. (*furniture*) стул *m* (1m) [1) comfortable удо́бный, soft мя́гкий, hard жёсткий, broken сло́манный; 2) stands стои́т, shakes кача́ется; 3) bring принести́, offer предложи́ть]; sit down on a ~ сесть на стул; he sat on a ~ он сиде́л на сту́ле; he fell off his ~ он упа́л со сту́ла; he got up from his ~ он встал со сту́ла; take a ~! сади́тесь!; he didn't offer me a ~ он не предложи́л мне сесть; a row of ~s ряд сту́льев; **2.** (*in university*) ка́федра *f* (19c); literature / chemistry ~ ка́федра литерату́ры / хи́мии; an instructor in the history ~ ассисте́нт, преподава́тель ка́федры исто́рии; head of the ~ заве́дующий ка́федрой; ~ meeting заседа́ние ка́федры.

chairman председа́тель *m* (3a) [*with gen* of a meeting собра́ния, of a committee комите́та, of a collective farm колхо́за]; he was elected ~ его́ избра́ли председа́телем.

chalk мел *m*, *no pl* (1f); piece of ~ кусо́к ме́ла; write with ~ писа́ть ме́лом.

challenge *sb* вы́зов *m* (1f); accept a ~ принима́ть вы́зов.

champion 1. (*prize-winner*) чемпио́н *m* (1e) [new но́вый, former пре́жний, future бу́дущий, recognized при́знанный]; boxing / swimming / tennis ~ чемпио́н по бо́ксу / пла́ванию / те́ннису; world / European ~ чемпио́н ми́ра / Евро́пы; **2.** (*fighter*) боре́ц *m* (9b); ~s for peace борцы́ за мир.

chance 1. (*opportunity*) возмо́жность *f* (29c); he has had many ~s у него́ бы́ло мно́го возмо́жностей; didn't you get a ~ to speak to him? у тебя́ не́ было возмо́жности поговори́ть с ним?; he was not given the ~ to learn у него́ не́ было возмо́жности учи́ться; we gave him another ~ мы да́ли ему́ возмо́жность испра́виться; **2.** (*favourable occasion*) слу́чай *m* (13c); it was a good ~ to speak to her э́то был удо́бный слу́чай для разгово́ра с ней; you will never get another ~ like this вам никогда́ не предста́вится друго́й тако́й слу́чай; ⊙ **by** ~ случа́йно; he found the letter by ~ он случа́йно нашёл письмо́; she learned about it by ~ она́ узна́ла об э́том случа́йно; **3.** (*possibility*) шанс *m* (1f); *usu pl* ша́нсы; he has, stands a good ~ to win у него́ хоро́шие ша́нсы на вы́игрыш.

change I *sb* **1.** (*alteration*) измене́ние *n* (18c) [great большо́е, important ва́жное, rapid, quick бы́строе]; without ~ без измене́ний; ~ in, of conditions / policy измене́ние усло́вий / поли́тики; we have had to make certain ~s in our plans нам пришло́сь не́сколько измени́ть на́ши пла́ны; many ~s have taken place since then мно́гое измени́лось с тех по́р; { переме́на *f* (19c); ~ for the better / worse переме́на к лу́чшему / ху́дшему; **2.** (*small coins*) ме́лочь *f*, *collect* (30b); I have no (small) ~ у меня́ нет ме́лочи; he took some ~ out of his pocket он вынул из кармана мелочь; have you got any ~ about you? нет ли у вас с собой мелочи?; can you give me ~ for a dollar? вы не можете разменять мне доллар?; **3.** (*money difference, residue*) сдача *f* (25a); give ~ дать сдачу; here is your ~ вот ваша сдача; don't forget your ~! возьмите сдачу!

change II *v* **1.** (*alter*) менять (223), *no perf*, изменять (223), *perf* изменить (160) [*with acc* appearance вид, direction направление, plan план]; we haven't ~d anything мы ничего не изменили; **2.** (*be altered*) меняться (223), *no perf*, изменяться (223), *perf* измениться (160) [(very) much сильно, (very) little немного, at once сразу, gradually постепенно]; you haven't ~d at all вы совсем не изменились; the weather has ~d погода изменилась; the appearance of the town is completely ~d вид города совершенно изменился; **3.** (*of dress*) переодеваться (61), *perf* переодеться (116); she went to ~ her dress она пошла переодеться; don't bother changing! не надо переодеваться!; **4.** (*of transport*) делать (65) пересадку, *perf* сделать (65) пересадку; you will have to ~ twice вам придётся два раза сделать пересадку; we ~d trains at Kharkov в Харькове мы сделали пересадку; ◇ ~ **one's mind** передумать (65); *see* mind **I.**

chapter глава *f* (19g) [1) long длинная, short короткая, interesting интересная, first первая, last последняя]; read / write / begin / finish / skip a ~ прочитать / написать / начать / кончить / пропустить главу; she has read four ~s / five ~s она прочитала четыре главы / пять глав; I haven't come to that ~ yet я ещё не дошёл, дошла до этой главы.

character 1. (*nature of person, thing*) характер *m* (1f) [strong сильный, weak слабый, fine прекрасный, independent независимый]; man of strong ~ человек сильного характера; they differ greatly in ~ они сильно отличаются характерами; the ~ of the work / soil / climate характер работы / почвы / климата; the two articles differ greatly in ~ эти две статьи сильно отличаются друг от друга по своему характеру; **2.** (*personage in book, play, etc.*) действующее лицо *n* (*sg* 14a, *pl* 14c) [1) good положительное, bad отрицательное, important важное; 2) is described описывается]; the main ~ in the novel главный герой романа.

charge I *sb* (*money required*) плата *f*, *no pl* (19c); no extra ~ is made никакая дополни́тельная пла́та не взима́ется; free of ~ беспла́тно.

charge II *sb* (*responsibility, trust*): he is in ~ of the expedition он нача́льник экспеди́ции; who is in ~? кто заве́дующий?, кто нача́льник?; he was put in ~ ему́ поручи́ли заве́дование.

charge III *v* (*name price*) *usu rendered by* брать (42), *perf* взять (236); what did they ~ you for the work? ско́лько с вас взя́ли за рабо́ту?; how much will you ~ for remodelling this coat? ско́лько вы возьмёте за переде́лку э́того пальто́?; they ~d me three dollars они́ взя́ли с меня́ три до́ллара.

charm *sb* обая́ние *n* (18c); a woman / man of great ~ же́нщина / челове́к большо́го обая́ния.

charming (*attractive*) обая́тельный (31b) [man челове́к]; обая́тельная [girl де́вушка, wife жена́, smile улы́бка]; { (*lovely*) преле́стный (31b) [house дом, story расска́з]; преле́стная [apartment кварти́ра, room ко́мната]; преле́стное [place ме́сто].

cheap I *a* дешёвый (31b) [dinner обе́д, gift пода́рок]; дешёвая [flat кварти́ра, trip пое́здка]; дешёвое [coat пальто́]; дешёвые [fruit фру́кты, watch часы́]; I am looking for something ~er мне ну́жно что́-нибудь подешéвле; third class tickets are about ten dollars ~er биле́ты тре́тьего кла́сса деше́вле приме́рно на де́сять до́лларов.

cheap II *adv* дёшево; buy / sell smth ~ купи́ть / прода́ть что-л. дёшево.

cheat обма́нывать (65), *perf* обману́ть (129) (*with acc*); he ~ed me он обману́л меня́; he ~ed me out of ten dollars он обману́л меня́ на де́сять до́лларов.

check *v* (*examine*) проверя́ть (223), *perf* прове́рить (157) [*with acc* addresses адреса́, amount коли́чество, weight вес]; the pilot ~ed both motors лётчик прове́рил о́ба мото́ра; all the figures must be ~ed необходи́мо прове́рить все ци́фры.

cheek щека́ *f* (22g); *usu pl* ~s щёки [red кра́сные, pale бле́дные, sunken впа́лые]; my ~s are cold у меня́ замёрзли щёки; he kissed her ~ он поцелова́л её в щёку.

cheerful весёлый (31b) [voice го́лос]; весёлая [smile улы́бка]; весёлое [face лицо́]; he looked ~ у него́ был весёлый вид; we all felt more ~ when the rain stopped мы все повеселе́ли, когда́ переста́л дождь; in a ~ mood в весёлом настрое́нии.

cheese сыр *m* (1k) [fresh све́жий, nice вку́сный, sharp о́стрый, soft мя́гкий, Swiss швейца́рский]; do you like bread and ~? вы лю́бите хлеб с сы́ром?; a ~ sandwich бутербро́д с сы́ром; have some ~! возьми́(-те), пожа́луйста, сы́ру!

chemical *a* хими́ческий (33b) [plant заво́д]; хими́ческая [industry промы́шленность]; ~ engineer инжене́р-хи́мик; ~ fertilizers минера́льные удобре́ния.

chemist 1. (*scientist*) хи́мик *m* (4a); 2. (*druggist*) апте́карь *m* (3a); a ~'s shop апте́ка *f* (22b).

chemistry хи́мия *f* (23c); he studied ~ он изуча́л хи́мию; he was enrolled in the ~ department он поступи́л на хими́ческий факульте́т.

cherry ви́шня *f* (20f) [ripe спе́лая]; pick cherries собира́ть ви́шню.

chess ша́хматы *no sg* (19c); play ~ игра́ть в ша́хматы; let's have a game of ~ сыгра́ем па́ртию в ша́хматы; a ~ tournament ша́хматный турни́р; the world ~ champion чемпио́н ми́ра по ша́хматам.

chest (*breast*) грудь *f* (29b) [broad широ́кая, narrow у́зкая, weak сла́бая]; I have a pain in the ~ у меня́ боли́т грудь; he struck him in the ~ он уда́рил его́ в грудь.

chicken (*food*) ку́рица *f* (21a) [hard жёсткая, soft мя́гкая, boiled варёная, fried жа́реная]; ~ soup кури́ный бульо́н.

chief I *sb* нача́льник *m* (4a); ~ of police / staff нача́льник поли́ции / шта́ба; did you speak to the ~? вы говори́ли с нача́льником?

chief II *a* 1. (*most important*) гла́вный (31b), основно́й (31a) [entrance вход]; гла́вная, основна́я [topic те́ма, concern забо́та]; 2. (*head*) гла́вный [engineer инжене́р].

chiefly гла́вным о́бразом; the delegation was made up ~ of scientists делега́ция состоя́ла, гла́вным о́бразом, из учёных; this applies ~ to teachers and students э́то отно́сится, гла́вным о́бразом, к преподава́телям и студе́нтам.

child ребёнок *m* (4b) [pretty краси́вый, charming очарова́тельный, spoiled избало́ванный, capricious капри́зный, healthy здоро́вый, sickly боле́зненный, silly глу́пый, favourite люби́мый]; two children два ребёнка; five children пять дете́й; she was going to have a ~ она́ была́ бере́менна; she put the ~ to bed она́ уложи́ла ребёнка в крова́ть; you mustn't spoil the ~ нельзя́ балова́ть ребёнка; children's literature де́тская литерату́ра; children's theatre де́тский теа́тр.

childhood де́тство *n* (14c) [happy счастли́вое, joyless безра́достное]; he spent his

~ in a little village де́тство он провёл в ма́ленькой дереву́шке; I have known him since ~ я зна́ю его́ с де́тства.

chin подборо́док *m* (4d) [round кру́глый, sharp, pointed о́стрый].

china фарфо́р *m* (1f) [expensive дорого́й, beautiful краси́вый, old стари́нный].

Chinese I *sb* **1.** (*language*) -кита́йский язы́к *m* (4g); read / write ~ чита́ть / писа́ть по-кита́йски; **2.** (*nationality*) кита́ец *m* (10b), китая́нка *f* (22c); the ~ кита́йцы *pl* (10b).

Chinese II *a* кита́йский (33b) [people наро́д, language язы́к]; кита́йская [industry промы́шленность, revolution револю́ция]; кита́йское [art иску́сство].

chocolate шокола́д *m* (1f); a bar of ~ пли́тка шокола́да; a box of ~(s) коро́бка шокола́дных конфе́т.

choice вы́бор *m*, *no pl* (1f) [large большо́й, small небольшо́й, wide широ́кий]; I had no ~ у меня́ не́ было вы́бора; take your ~! выбира́й(те)!; you made a bad ~ вы сде́лали плохо́й вы́бор.

choke 1. (*stifle*) души́ть (175), *perf* задуши́ть (175) [*with acc* person челове́ка]; tears / sobs ~d her её души́ли слёзы / рыда́ния; **2.** (*be stifled*) задыха́ться (64), *perf* задохну́ться (130) [от *with gen* with anger от гне́ва, with tears от слёз, with sobs от рыда́ний]; he felt he was choking он чу́вствовал, что задыха́ется.

choose выбира́ть (64), *perf* вы́брать (43) [*with acc* book кни́гу, picture карти́ну, seat ме́сто]; she didn't know which to ~ она́ не зна́ла, что вы́брать.

Christmas рождество́ *n* (14e); come for the ~ holidays прие́хать на рождество́.

Christmas-tree ёлка *f* (22d).

church це́рковь *f* (29b) [Catholic католи́ческая, Russian orthodox ру́сская правосла́вная, Protestant протеста́нтская]; go to ~ ходи́ть в це́рковь.

cigarette сигаре́та *f* (19c); *usu pl* ~s сигаре́ты [strong кре́пкие, mild некре́пкие]; light / put out / smoke / offer / throw away a ~ заже́чь / потуши́ть / кури́ть / предложи́ть / бро́сить сигаре́ту; have a ~, please! возьми́те, пожа́луйста, сигаре́ту!; package of ~s па́чка сигаре́т; { (*Russian, with paper holder*) папиро́са *f* (19c).

cinema 1. (*pictures*) кино́ *n indecl*; to like the ~ люби́ть кино́; ~ star кинозвезда́ *f* (19f); **2.** (*theatre*) кинотеа́тр *m* (1f); go to the ~ ходи́ть в кино́; we were at the ~ yesterday вчера́ мы бы́ли в кино́.

circle *sb* **1.** круг *m* (*sg* 4c, *pl* 4f) [draw начерти́ть, нарисова́ть]; they stood in a ~ они́ образова́ли круг; ⊙ **everything began to go round**

in ~s головá пошлá крýгом; **2.** (*group*) круг; a ~ of friends круг друзéй; business ~s деловы́е круги́; in high political ~s в высóких полити́ческих кругáх; **3.** (*for study, etc.*) кружóк *m* (4f); literary ~ литератýрный кружóк; Russian ~ кружóк (по изучéнию) рýсского языкá.

circumstance (*condition*) обстоя́тельство *n* (14c); in, under these ~s при таки́х обстоя́тельствах; under no ~s ни при каки́х обстоя́тельствах.

circus цирк *m* (4c); we bought tickets to the ~ мы купи́ли билéты в цирк; ~ performance цирковóе представлéние.

citizen граждани́н *m* (1o), граждáнка *f* (22c); they are ~s of various countries они́ явля́ются грáжданами различных стран.

city гóрод *m* (1*l*) [1) old стáрый, ancient стари́нный, modern совремéнный, noisy шýмный, industrial промы́шленный; 2) grows растёт, changes меня́ется, spreads расширя́ется; 3) build стрóить, destroy разрушáть]; ~ people, dwellers городски́е жи́тели; ~ outskirts окрáины гóрода; they moved to the ~ они́ переéхали в гóрод; in cities and villages в городáх и сёлах; what ~ were you born in? в какóм гóроде вы роди́лись?; what ~ do you come from? вы из какóго гóрода?; we got to the ~ late at night мы приéхали в гóрод пóздно нóчью.

civil 1. (*of citizens*) граждáнский (33b); ~ code граждáнский кóдекс; ~ war граждáнская войнá; ~ law граждáнское прáво; **2.** (*polite*) вéжливый (31b) [answer отвéт].

claim *v* **1.** (*assert*) утверждáть (64), *no perf*; he ~s that he wasn't told to come он утверждáет, что емý не велéли приходи́ть; I don't ~ to know everything я не утверждáю, что всё знáю; **2.** (*demand*) претендовáть (243), *no perf* [на *with acc* right на прáво, post на мéсто, money на дéньги].

class I *sb* (*social stratum*) класс *m* (1f); working ~ рабóчий класс; middle ~ срéдняя буржуази́я; upper ~ 1) крýпная буржуази́я; 2) аристокрáтия; propertied / ruling ~ имýщий / прáвящий класс; the ~ struggle клáссовая борьбá.

class II *sb* **1.** (*studies*) заня́тие *n* (18c); *usu pl* ~es заня́тия [1) begin начинáются, are over кончáются, are held провóдятся; 2) attend посещáть, miss пропускáть, conduct вести́]; I have ~es until three у меня́ заня́тия до трёх часóв; let's go to the pictures after ~es пойдёмте пóсле заня́тий в кинó; ~es in literature / Russian заня́тия по литерату́ре / ру́сскому языку́; **2.** (*of train, etc.*): first-~ carriage / ticket ваго́н / биле́т пе́рвого кла́сса; we travelled third-~ мы е́хали в тре́тьем кла́ссе; **3.** (*quality*) ка́чество *n* (14c); high / low ~ goods това́ры высо́кого / ни́зкого ка́чества; a first-~ play первокла́ссная пье́са.

clay гли́на *f* (19c) [soft мя́гкая, hard твёрдая]; ~ dishes / figure / pipe гли́няная посу́да / фигу́рка / тру́бка.

clean I *a* (*not dirty or marked*) чи́стый (31b) [table стол, sheet of paper лист бума́ги]; чи́стая [shirt руба́шка, street у́лица, room ко́мната]; чи́стое [linen бельё, dress пла́тье]; ~ person чистопло́тный челове́к; we want everything to be ~ мы хоти́м, что́бы всё бы́ло чи́сто.

clean II *v* чи́стить (193), *perf* вы́чистить (193a), почи́стить (193) [*with acc* one's clothes пла́тье, one's shoes ту́фли]; ~ vegetables чи́стить о́вощи; she ~ed (up) the room она́ убрала́ ко́мнату; I want this suit ~ed я хочу́ отда́ть э́тот костю́м в (хим)чи́стку.

clear I *a* **1.** (*cloudless*) я́сный (31b) [day день]; я́сная [weather пого́да]; я́сное [sky не́бо]; **2.** (*easy to understand*) я́сный; it's not quite ~ to me мне не совсе́м я́сно; the meaning of the word is ~ значе́ние сло́ва я́сно; the reason / situation is ~ причи́на / ситуа́ция ясна́; the question is ~ вопро́с я́сен; it became ~ that... ста́ло я́сно, что...; **3.** (*transparent, pure*) прозра́чный (31b); прозра́чная [water вода́]; | *fig* чи́стый; my conscience is ~ моя́ со́весть чиста́.

clear II *v*: ~ **up** 1) (*make clear*) выясня́ть (223), *perf* вы́яснить (159) [*with acc* question вопро́с, matter де́ло, a few points не́которые моме́нты]; 2) (*make clean*) убира́ть (64), *perf* убра́ть (42) [*with acc* yard двор, construction site строи́тельную площа́дку]; 3) (*of weather*) проясня́ться (223), *perf* проясни́ться (158); the weather soon ~ed up вско́ре пого́да проясни́лась.

clearly я́сно [speak говори́ть, write писа́ть, hear слы́шать, distinguish различа́ть]; it was ~ impossible to get there that day бы́ло я́сно, что мы не смо́жем туда́ добра́ться в тот же день.

clever 1. (*intelligent*) у́мный (31b) [answer отве́т, plan план]; у́мная [idea мысль]; у́мное [face лицо́]; у́мные [eyes глаза́]; that wasn't very ~ of you с ва́шей стороны́ э́то бы́ло не о́чень у́мно; **2.** (*skilful*): be ~ at smth хорошо́ де́лать что-л.; he is very ~ at translation он хорошо́ перево́дит; she is very ~ at arranging parties онá хорошó устрáивает вечерá.

climate клúмат *m* (1f) [hot жáркий, cold холóдный, dry сухóй, damp влáжный, mild мягкий, severe сурóвый]; the ~ agreed with her клúмат был для неё подходящим; he needs a warmer ~ емý нýжен бóлее тёплый клúмат; she didn't stand the ~ well онá плóхо переносúла этот клúмат.

climb *v* **1.** (*reach top*) влезáть (64), *perf* влезть (111) [на *with acc* tree на дéрево, ladder на лéстницу]; ‖ взбирáться (64), *perf* взобрáться (44) [на *with acc* hill на холм, mountain нá гору]; **2.** (*go up*) поднимáться (64), *perf* подняться (232) [по *with dat* the stairs по лéстнице]; ~ **down** 1) слезáть (64), *perf* слезть (111) [с *with gen* tree с дéрева]; 2) спускáться (64), *perf* спустúться (162) [с *with gen* mountain с горы]; ~ **over** перелезáть (64), *perf* перелéзть (111) [чéрез *with acc* fence чéрез забóр, wall чéрез стéну].

cloak-room гардерóб *m* (1f); you can leave your parcels / take off your things in the ~ вы мóжете оставить свёртки / раздéться в гардерóбе.

clock часы *no sg* (1c) [1) beautiful красúвые, old стáрые, antique старúнные; 2) goes идýт, stopped остановúлись; 3) set стáвить, wind заводúть, repair чинúть]; it is two o'clock by this ~ по этим часáм сейчáс два (часá); the ~ struck twelve часы пробúли двенáдцать; the ~ is ten minutes fast / slow часы спешáт / отстают на дéсять минýт.

close I *v* **1.** (*shut*) закрывáть (64), *perf* закрыть (209) [1) *with acc* bag сýмку, book кнúгу, box корóбку, door дверь, one's eyes глазá, one's mouth рот, window окнó, factory завóд; 2) quickly быстро, tight плóтно, softly тúхо]; the door was ~d дверь былá закрыта; **2.** (*bring to end*) закрывáть, *perf* закрыть [*with acc* meeting собрáние, congress съезд]; **3.** (*be shut*) закрывáться (64), *perf* закрыться (209) [early рáно, late пóздно, at nine o'clock в дéвять часóв]; office / shop ~s учреждéние / магазúн закрывáется.

close II *a* **1.** (*of people*) блúзкий (33b) [friend друг, relative рóдственник]; **2.** (*near*) *rendered by Russian adv* блúзко; ~ to блúзко от (*with gen*); the bus stop is ~ to my house останóвка автóбуса блúзко от моегó дóма; **3.** (*almost*): it was ~ to five o'clock было почтú пять часóв; he must be ~ to sixty емý должнó быть скóро шестьдесят; **4.** (*stuffy*) дýшный (31b); дýшная [room кóмната]; it was very ~ было óчень дýшно.

closely 1. (*attentively*) внима́тельно [examine рассма́тривать, watch следи́ть, listen слу́шать]; 2. (*intimately*) бли́зко, те́сно; ~ connected те́сно свя́заны.

cloth мате́рия *f* (23c) [cheap дешёвая, expensive дорога́я, heavy тяжёлая, thick пло́тная, thin то́нкая, cotton хлопчатобума́жная, woollen шерстяна́я]; a coat made of the finest ~ пальто́ сде́лано из лу́чшей мате́рии; a length of ~ for a suit отре́з на костю́м.

clothes *pl* оде́жда *f*, *collect*, *no pl* (19c) [1) warm тёплая, summer ле́тняя, winter зи́мняя; 2) are packed упако́вана, hang виси́т]; { пла́тье *n*, *collect* (18d) [1) beautiful краси́вое, fashionable мо́дное, light лёгкое, dark тёмное, modest скро́мное, simple просто́е, loud крича́щее; ready-made гото́вое; 2) cost much до́рого сто́ит]; buy / brush / put on / take off / tear / wash / wear ~ покупа́ть / чи́стить / надева́ть / снима́ть / разорва́ть / стира́ть / носи́ть оде́жду, пла́тье; I must change my ~ мне ну́жно переоде́ться; her mother makes all her ~ её мать сама́ всё ей шьёт; he pays no attention to his ~ он не обраща́ет никако́го внима́ния на свой костю́м.

clothing *collect* оде́жда *f*, *no pl* (19c); men's / women's ~ мужска́я / же́нская оде́жда.

cloud *sb* 1. (*light*) о́блако *n* (14d, *gen pl* облако́в) [1) white бе́лое, dark тёмное; 2) appears появля́ется, disappears исчеза́ет, floats плывёт]; { *fig* о́блако; a ~ of dust / smoke о́блако пы́ли / ды́ма; 2. (*heavy*) ту́ча *f* (25a) [1) leaden свинцо́вая, grey се́рая, black чёрная, low ни́зкая; 2) covers the horizon закрыва́ет горизо́нт]; ~s began to gather на́чали собира́ться ту́чи.

club (*society*) клуб *m* (1f); athletic ~ спорти́вный клуб; workers' ~ рабо́чий клуб; ~ members чле́ны клу́ба; ~ meeting собра́ние чле́нов клу́ба.

clumsy неуклю́жий (34b) [man челове́к, gesture жест]; неуклю́жая [attempt попы́тка, evasion увёртка; furniture ме́бель]; неуклю́жее [movement, motion движе́ние, sentence предложе́ние].

coal у́голь *m* (*sg* у́гля, у́глю, у́голь, у́глем, у́гле, *pl* у́гли, у́глей, у́глям, у́гли, у́глями, у́глях) [1) black чёрный, good хоро́ший; 2) burns гори́т; 3) burn сжига́ть, haul вози́ть, mine добыва́ть, load грузи́ть, unload вы́грузить]; a ton of ~ то́нна у́гля.

coast (морско́й) бе́рег *m* (4h); on the ~ на берегу́; near the ~ о́коло бе́рега; we went along the ~ мы шли по бе́регу; the road runs along the ~ доро́га идёт вдоль бéрега; when we approached, neared the ~... когдá мы приблúзились к бéрегу...; Black Sea ~ Черномóрское побережье.

coat (*garment*) пальтó *n indecl* [1) new нóвое, warm тёплое, light лёгкое, summer лéтнее, winter зúмнее, mid-season демисезóнное; 2) hangs висúт, lies лежúт; 3) buy покупáть, brush чúстить, put on надéть, take off снять, wear носúть]; I am having a ~ made я шью себé пальтó; I must have my ~ cleaned мне нýжно отдáть пальтó в чúстку; this ~ is too big / small for me э́то пальтó мне великó / малó; what colour is your new ~? какóго цвéта вáше нóвое пальтó?; what did your ~ cost you? скóлько стóило вáше пальтó?; two ~s два пальтó; a fur ~ меховáя шýба *f* (19c).

cock петýх *m* (4e).

cocoa какáо *n indecl*; cup of hot ~ чáшка горя́чего какáо.

coexistence сосуществовáние *n, no pl* (18c); peaceful ~ of countries with different political systems мúрное сосуществовáние стран с разлúчными политúческими систéмами.

coffee кóфе *m indecl* [1) hot горя́чий, strong крéпкий, fresh тóлько что завáренный, black чёрный; 2) becomes cold остывáет, smells good хорошó пáхнет; 3) drink пить, make приготóвить]; will you have a cup of ~? не вы́пьете ли вы чáшку кóфе?; I have ~ with sugar but without cream я пью кóфе с сáхаром, но без слúвок; we have ~ only for breakfast мы пьём кóфе тóлько за зáвтраком; is there any ~ left? есть ещё кóфе?

coin *sb* монéта *f* (19c) [silver серéбряная, small мéлкая]; a few ~s нéсколько монéт.

coincidence совпадéние *n* (18c) [pure, sheer чúстое, strange, odd стрáнное, remarkable удивúтельное]; it is difficult to believe that it was a mere ~ трýдно повéрить, что э́то бы́ло прóсто совпадéние.

cold I *sb* **1.** (*of temperature*) хóлод *m* (1*l*); he can't stand the ~ of winter он не выносит зúмних холодóв; the meat was kept in the ~ мя́со держáли на хóлоде; **2.** (*illness*) нáсморк *m* (4d); I have a ~ у меня́ нáсморк; have you anything for a ~? у вас есть чтó-нибудь от нáсморка?; ⊙ **have, catch** ~ простужáться (64), *perf* простудúться (152); she has, catches ~s very often онá чáсто простужáется; he has caught ~ again он опя́ть простудúлся; don't catch ~! не простудúтесь!; she has had a bad ~ for two days она́ уже́ два дня си́льно просту́жена.

cold II *a* холо́дный (31b) [breakfast за́втрак, dinner обе́д, supper у́жин; day день, wind ве́тер; reception приём]; холо́дная [room ко́мната, water вода́, weather пого́да, night ночь, winter зима́]; холо́дное [meat мя́со; morning у́тро]; it is ~ today сего́дня хо́лодно; it's getting ~er стано́вится холодне́е; it is ~ out на у́лице хо́лодно; when the ~ weather began... когда́ наступи́ли холода́...; I am, feel ~ мне хо́лодно; are you ~? вам не хо́лодно?; my feet are ~ у меня́ замёрзли но́ги; your dinner is getting ~ ваш обе́д остыва́ет; he was very ~ to us он отнёсся к нам о́чень хо́лодно.

collar (*of coat, jacket*) воротни́к *m* (4g) [wide широ́кий, fur мехово́й]; he put, turned up his ~ он по́днял воротни́к; ‖ (*of shirt, blouse*) воротничо́к *m* (4f) [clean чи́стый, dirty гря́зный, fresh све́жий, separate отде́льный, starched накрахма́ленный].

collect 1. (*bring, gather together*) собира́ть (64), *perf* собра́ть (42) [*with acc* stamps ма́рки, coins моне́ты, signatures, names по́дписи, data да́нные, evidence све́дения]; I couldn't ~ my thoughts я не мог(ла́) собра́ться с мы́слями; **2.** (*come together*) собира́ться (64), *perf* собра́ться (42); a big crowd ~ed собрала́сь больша́я толпа́.

collection 1. (*selected specimens*) колле́кция *f* (23c) [1) valuable це́нная, unusual необы́чная; 2) *with gen* of stamps ма́рок, of coins моне́т, of pictures карти́н, of rare books ре́дких книг]; add to a ~ допо́лнить колле́кцию; **2.** (*collecting money*) сбор (*m* 1f) де́нег; make, take up a ~ for the earthquake victims организова́ть сбор (де́нег) в по́льзу пострада́вших от землетрясе́ния.

collective коллекти́вный (31b) [labour труд]; ○ ~ **farm** колхо́з *m* (1f) [big, large большо́й, rich бога́тый, poor бе́дный, flourishing процвета́ющий]; they live / work on a big ~ farm они́ живу́т / рабо́тают в большо́м колхо́зе; they have just returned from a ~ farm они́ то́лько что верну́лись из колхо́за; the ~ farm chairman председа́тель колхо́за; ~ farm fields колхо́зные поля́; the ~ farm raises much fruit э́тот колхо́з выра́щивает мно́го фру́ктов; ~ **farmer** колхо́зник *m* (4a), колхо́зница *f* (21a); the ~ farmers elected him chairman колхо́зники избра́ли его́ председа́телем.

college институ́т *m* (1f); engineering / agricultural ~ техни́ческий / сельскохозя́йственный институ́т; teachers' training / medical ~ педагоги́ческий / медици́нский институ́т; enter ~ поступи́ть в институ́т; graduate from ~ окончить институ́т; ~ boy студе́нт; ~ girl студе́нтка; he goes to ~ он у́чится в институ́те.

colloquial разгово́рный (31b) [style стиль]; разгово́рная [speech речь, phrase фра́за, idiom идио́ма]; разгово́рное [expression выраже́ние, word сло́во].

colonel полко́вник *m* (4a).

colonial колониа́льный (31b) [regime режи́м]; колониа́льная [country страна́, war война́]; колониа́льные [possessions владе́ния]; the colonial peoples are fighting for their freedom колониа́льные наро́ды бо́рются за свою́ свобо́ду.

colony коло́ния *f* (23c); many colonies have gained independence мно́гие коло́нии доби́лись незави́симости; large and small colonies are fighting to be free nations наро́ды больши́х и ма́лых коло́ний бо́рются за свою́ свобо́ду.

colour цвет *m* (1*l*) [1) bright я́ркий, light све́тлый, dark тёмный, soft мя́гкий, ugly некраси́вый, cherry вишнёвый, pale rose бле́дно-ро́зовый, dark blue тёмно-си́ний; 2) changes меня́ется, runs линя́ет, fades выцвета́ет]; what ~ is your new dress? како́го цве́та ва́ше но́вое пла́тье?; the ~ is becoming to you э́тот цвет вам идёт; ~ film цветно́й фильм.

column 1. (*of marchers*) коло́нна *f* (19c); they marched in ~s они́ шли коло́ннами; **2.** (*of building*) коло́нна; behind a ~ за коло́нной; **3.** (*of numbers, etc.; in newspaper*) столбе́ц *m* (9c); in the second ~ во второ́м столбце́.

comb I *sb* гребёнка *f* (22d); have you got a ~? нет ли у вас гребёнки?; can, will you lend me your ~ for a minute? да́йте мне гребёнку на мину́ту!; I haven't got my ~ with me у меня́ нет с собо́й гребёнки.

comb II *v* (*make smooth*) причёсывать (65), *perf* причеса́ть (57) (*with acc*).

combination сочета́ние *n* (18c) [happy, lucky уда́чное, strange стра́нное, rare ре́дкое]; ~ of colours / words сочета́ние цвето́в / слов; ~ of circumstances стече́ние обстоя́тельств.

come 1. (*on foot*) приходи́ть (152), *perf* прийти́ (206) [1) home домо́й, to work на рабо́ту, to the theatre в теа́тр, from work с рабо́ты, from the theatre из теа́тра; 2) at five o'clock в пять часо́в, early ра́но, late по́здно, in time во́время, today сего́дня, tomorrow за́втра, again ещё раз]; he came first / last он пришёл пе́рвым / после́дним; he came to see her the next day на другóй день он пришёл к ней в гóсти; I can ~ whenever you say я могý прийти́, когдá хоти́те; I shall ~ as soon as I can я придý, как тóлько смо-гý; they came nearer они́ подошли́ бли́же; ~ for me / for the books at about ten зайди́(те) за мнóй / за кни́гами в дéсять часóв; ~ at once! приходи́(те) сейчáс же!; ~ as soon as you can! приходи́те скорée!; ~ here! иди́(те) сюдá!; ~ with me! идём(те) со мнóй!; ‖ (*of time*) наступáть (64), *perf* наступи́ть (169); summer has ~ наступи́ло лéто; night came наступи́ла ночь; election day came наступи́л день вы́боров; **2.** (*by transport*) приезжáть (64), *perf* приéхать (71); he often ~s to town он чáсто приезжáет в гóрод; we came to Moscow the day before yesterday мы приéхали в Москвý по-завчерá; when will you ~ again? когдá вы приéдете ещё раз?; we have ~ from India мы приéхали из И́ндии; visitors came from abroad гóсти приéхали из-за грани́цы; where did he ~ from? откýда он приéхал?; what did he ~ here for? зачéм он сюдá приéхал?; **3.** (*result*) выходи́ть (152), *perf* вы́йти (208); nothing came of it из (*with gen*) э́то-го ничегó не вы́шло; what do you think will ~ of it? как вы дýмаете, что из э́того вы́йдет?; it didn't ~ out the way we wanted вы́шло не так, как мы хотéли; ~ **across** встрéтить (177) (*with acc*); we came across him in a shop мы (случáйно) встрéтили егó в магази́не; I came across the word several times я встрéтил э́то слóво нéсколь-ко раз; ~ **along** идти (207) вмéсте, *perf* пойти́ (206) вмéсте; ~ along! пойдём(те) с нáми!; ~ **back** (*return*) возвращáться (64), *perf* воз-врати́ться (161), вернýться (130) [в *with acc* to town в гóрод, home домóй]; he never came back он бóльше не возвращáлся; ~ **in** вхо-ди́ть (152), *perf* войти́ (206); ~ in! войди́те!; ~ into the room / house / shop войти́ в (*with acc*) кóмнату / дом / магази́н; ~ **out** (*emerge*) выходи́ть (152), *perf* вый-ти (208); he came out to us он вы́шел к нам; she came out of the room / dining-room / shop онá вы́шла из (*with gen*) кóмнаты / столóвой / магази́на; ~ **up** подходи́ть (152), *perf* подойти́ (206) (to — к(о) *with dat*); she came up to me онá подошлá ко мнé; ◊ ~ **to one's mind** приходи́ть в гóлову, *perf* прийти́ в гóлову; *see* mind **I**; ~ **to an end** кончáться (64), *perf* кóнчиться (172); *see* end **I**; ~ **true** сбывáться (64), *perf* сбы́ться (210); *see* true.

comfortable удóбный (31b) [chair стул, couch дива́н]; удо́бная [clothes оде́жда]; удо́бное [seat ме́сто]; удо́бные [shoes ту́фли]; I am quite ~ мне о́чень удо́бно; I don't feel ~ about refusing мне неудо́бно отказа́ться; ‖ (*well equipped*) комфорта́бельный (31b) [ship парохо́д, plane самолёт]; комфорта́бельная [flat кварти́ра].

coming *a* наступа́ющий (35) [year год, month ме́сяц, holiday пра́здник]; наступа́ющая [autumn о́сень, winter зима́, spring весна́]; наступа́ющее [summer ле́то]; not this Monday, the ~ Monday не в э́тот понеде́льник, а в сле́дующий; during the ~ year в тече́ние бу́дущего го́да.

command I *sb* (*usu written*) прика́з *m* (1f); the ~ was signed by the general прика́з был подпи́сан генера́лом; ‖ (*spoken*) кома́нда *f* (19c); everyone heard the ~ все слы́шали кома́нду.

command II *v* **1.** (*order*) прика́зывать (65), *perf* приказа́ть (48) (*with dat*); the captain ~ed his men to advance капита́н приказа́л свои́м солда́там дви́гаться вперёд; **2.** (*have authority over*) кома́ндовать (245), *no perf* [*with instr* army а́рмией, ship кораблём. regiment полко́м].

comment *sb* замеча́ние *n* (18c); are there any ~s on the plan? есть ли каки́е-либо замеча́ния по пла́ну?

commit (*do*) соверша́ть (64), *perf* соверши́ть (171) [*with acc* crime преступле́ние, murder уби́йство, terrible mistake ужа́сную оши́бку, unpardonable act непрости́тельный просту́пок]; he ~ted suicide он поко́нчил с собо́й.

committee комите́т *m* (1f) [1) executive исполни́тельный, organizing организацио́нный, strike ста́чечный, district райо́нный; 2) holds meetings, meets заседа́ет, studies a question изуча́ет вопро́с, takes up, considers a question рассма́тривает вопро́с; votes голосу́ет, decides реша́ет; 3) elect избира́ть, appoint назнача́ть]; investigation ~ комите́т по рассле́дованию; member of the ~ член комите́та; chairman / secretary of the ~ председа́тель / секрета́рь комите́та; ⊙ **Central Committee of the Communist Party** Центра́льный Комите́т Коммунисти́ческой па́ртии.

common I *sb* о́бщее *n* (35); they have much / nothing in ~ у них мно́го / ничего́ нет о́бщего.

common II *a* **1.** (*mutual*) о́бщий (35) [language язы́к]; о́бщее [effort стремле́ние, desire жела́ние]; о́бщие [interests интере́сы]; **2.** (*ordinary*) просто́й (31a); the ~ people want peace просты́е лю́ди хотя́т ми́ра; **3.** (*widespread*) распространённый

(31b) [flower цвето́к]; распространённая [error оши́бка]; распространённое [phenomenon явле́ние]; knowledge of foreign languages is rather ~ зна́ние иностра́нных языко́в дово́льно распространено́; ◇ ~ **sense** здра́вый смысл *m* (1f); *see* sense.

communism коммуни́зм *m* (1f) [fight for боро́ться за, build стро́ить]; the way, road to ~ путь к коммуни́зму.

communist I *sb* коммуни́ст *m* (1e) [convinced убеждённый, faithful пре́данный]; he became a ~ он стал коммуни́стом.

communist II *a* коммунисти́ческий (33b); ~ worker рабо́чий-коммуни́ст; ~ newspaper коммунисти́ческая газе́та; the Communist Party of the Soviet Union Коммунисти́ческая па́ртия Сове́тского Сою́за; ⊙ **the Young Communist League** Коммунисти́ческий сою́з молодёжи, комсомо́л *m, no pl* (1e).

community 1. (*public*) о́бщество *n* (14c); interests of the ~ интере́сы о́бщества; work for the welfare of the ~ рабо́тать на бла́го о́бщества; ~ centre / club обще́ственный центр / клуб; **2.** о́бщина *f* (19c) [large больша́я, rural, village дереве́нская].

companion 1. (*friend*) това́рищ *m* (8a); they were happy to see their son and his ~s again они́ бы́ли ра́ды опя́ть уви́деть сы́на и его́ това́рищей; **2.** (*fellow traveller*) спу́тник *m* (4a), попу́тчик *m* (4a), спу́тница *f* (21a), попу́тчица *f* (21a); I couldn't find any ~, so I went alone я не мог найти́ себе́ попу́тчиков, поэ́тому пошёл оди́н.

company 1. (*firm*) компа́ния *f* (23c) [influential влия́тельная, oil нефтяна́я, machine-building машинострои́тельная]; he works for a big ~ он рабо́тает в кру́пной компа́нии; **2.** (*society*) о́бщество *n* (14c) [pleasant прия́тное, dull ску́чное]; he avoided ~ он избега́л о́бщества; I don't enjoy their ~ мне неинтере́сно в их о́бществе; ⊙ **keep smb** ~ соста́вить кому́-л. компа́нию; **3.** (*guests*) го́сти *pl* (3e); they always had a lot of ~ у них всегда́ быва́ло мно́го госте́й; the ~ broke up го́сти разошли́сь; **4.** (*companion*) собесе́дник *m* (4a); he was never good ~ он никогда́ не́ был интере́сным собесе́дником.

compare *v* сра́внивать (65), *perf* сравни́ть (158) [*with acc* two things две ве́щи, figures ци́фры, results результа́ты]; the two books can't be ~d э́ти две кни́ги нельзя́ сравни́ть; (as) ~d with по сравне́нию с (*with instr*); the weather is not bad, ~d with last year пого́да неплоха́я по сравне́нию с про́шлым го́дом.

comparison сравне́ние *n* (18c); I don't want to draw, make any ~ я не хочу́ проводи́ть никаки́х сравне́ний; ⊙ **by, in ~ with** по сравне́нию с (*with instr*); the play is poor in ~ with some of his others пье́са бле́дная по сравне́нию с его́ не́которыми други́ми пье́сами; the buildings seemed small by ~ with those in the capital дома́ нам каза́лись ма́ленькими по сравне́нию с дома́ми в столи́це.

compartment (*of carriage*) купе́ *n indecl* [1) empty пусто́е, occupied за́нятое; 2) occupy заня́ть]; enter, come into the ~ войти́ в купе́; the whole ~ was at our disposal всё купе́ бы́ло в на́шем распоряже́нии.

compel (*force*) заставля́ть (223), *perf* заста́вить (168) (*with acc*); circumstances ~led him to act as he did обстоя́тельства заста́вили его́ поступи́ть и́менно так; he was ~led by illness to give up the work боле́знь заста́вила его́ отказа́ться от э́той рабо́ты; nothing could ~ him to change his decision ничто́ не могло́ заста́вить его́ измени́ть своё реше́ние.

competition 1. конкуре́нция *f* (23c) [free свобо́дная, open откры́тая, sharp, keen о́страя, foreign иностра́нная]; the company tried to crush all ~ компа́ния стара́лась подави́ть вся́кую конкуре́нцию; **2.** (*contest*) соревнова́ние *n* (18c); sports ~ спорти́вное соревнова́ние; socialist ~ социалисти́ческое соревнова́ние.

complain жа́ловаться (244), *perf* пожа́ловаться (244) [1) на *with acc* of the noise на шум, of a headache на головну́ю боль, about the hotel service на обслу́живание в гости́нице, about her husband на му́жа; 2) *with dat* to her mother ма́тери, to the director дире́ктору]; what do you ~ of? на что вы жа́луетесь?; I can't ~ не могу́ пожа́ловаться.

complaint жа́лоба *f* (19c); do you wish to make a ~? вы хоти́те пода́ть жа́лобу?; that is a serious ~ э́то серьёзная жа́лоба; we have never received any ~s about the quality of the goods мы никогда́ не получа́ли жа́лоб относи́тельно ка́чества това́ров; she came with a ~ against one of the salesmen она́ пришла́ с жа́лобой на одного́ из продавцо́в.

complete *a* **1.** (*absolute*) по́лный (31b) [ruin крах, failure прова́л, success успе́х]; по́лная [victory побе́да, surprise неожи́данность]; по́лное [defeat пораже́ние, satisfaction удовлетворе́ние]; with ~ assurance с по́лной уве́ренностью; **2.** (*whole*) по́лный; the ~ works of Shakespeare по́лное собра́ние сочине́ний Шекспира; I want to give you a ~ picture я хочу́ дать вам по́лную карти́ну.

completely (*wholly*) соверше́нно; you are ~ wrong вы соверше́нно непра́вы; she ~ forgot она́ соверше́нно забы́ла; the party was ~ spoiled, ruined ве́чер был соверше́нно испо́рчен; ‖ (*thoroughly*) вполне́; I understand ~ я вполне́ понима́ю; he was ~ satisfied он был вполне́ дово́лен; I agree ~ я вполне́ согла́сен, согла́сна.

complicated сло́жный (31b) [question вопро́с]; сло́жная [situation ситуа́ция, machine маши́на, system систе́ма, operation опера́ция]; сло́жное [matter, affair де́ло]; the whole thing is getting more ~ де́ло всё бо́льше усложня́ется; there's nothing ~ in this в э́том нет ничего́ сло́жного.

comrade това́рищ *m* (8a) [real настоя́щий, true ве́рный, loyal пре́данный]; he and two ~s он и два его́ това́рища, он с двумя́ това́рищами.

conceal (*hide*) скрыва́ть (64), *perf* скрыть (209) [*with acc* bad news плохи́е но́вости, изве́стия, truth пра́вду, real facts и́стинные фа́кты, feelings чу́вства]; she ~ed what had happened она́ скры́ла случи́вшееся.

concern *v* **1.** (*be connected*) каса́ться (64), *no perf* (*with gen*); this ~s everyone э́то каса́ется всех; that doesn't ~ me э́то меня́ не каса́ется; ⊙ **as ~s** что каса́ется (*with gen*); as ~s me, I am always ready что каса́ется меня́, то я всегда́ гото́в(а); as ~s, ~ing your first question... что каса́ется ва́шего пе́рвого вопро́са...; **2.**: be ~ed (*anxious*) беспоко́иться (151) (about — о *with abl*); he wasn't ~ed about what people would say он не беспоко́ился о том, что ска́жут лю́ди; we are ~ed about her health мы беспоко́имся о её здоро́вье.

concert конце́рт *m* (1f); we seldom go to ~s мы ре́дко быва́ем на конце́ртах; he gave a number of ~s он дал ряд конце́ртов; we heard the ~ over the radio мы слу́шали конце́рт по ра́дио; did you enjoy the ~? вам понра́вился конце́рт?; be at the ~ быть на конце́рте; the ~ was broadcasted конце́рт передава́лся по ра́дио.

conclude **1.** (*finish*) зака́нчивать (65), *perf* зако́нчить (172) [*with acc* speech речь, lecture ле́кцию, talk бесе́ду, negotiations перегово́ры]; he ~d with a quotation from Shakespeare он зако́нчил своё выступле́ние цита́той из Шекспи́ра; **2.** (*settle*) заключа́ть (64), *perf* заключи́ть (171) [*with acc* treaty, pact догово́р, agreement соглаше́ние, transaction сде́лку].

conclusion 1. (*end*) заключе́ние *n* (18c) [*with gen* of a speech ре́чи]; ⊙ in ~ в заключе́ние; in ~ I should like to say that... в заключе́ние хо́чется сказа́ть, что...; **2.** (*settlement*) заключе́ние [*with gen* of a treaty догово́ра, of an agreement соглаше́ния]; **3.** (*decision, point of view*) вы́вод *m* (1f) [right, correct пра́вильный, wrong, mistaken непра́вильный, logical логи́чный, opposite противополо́жный]; we have come to the ~... мы пришли́ к вы́воду...; what ~ can be drawn from these facts? како́й вы́вод мо́жно сде́лать из э́тих фа́ктов?; your ~ is not supported by the facts ваш вы́вод не подтвержда́ется фа́ктами.

condemn (*censure*) осужда́ть (64), *perf* осуди́ть (152) (*with acc*); his action was ~ed by everyone его́ посту́пок был все́ми осуждён.

condition *sb* **1.** *usu pl* ~s (*circumstances*) усло́вия (18c) [1) living жили́щные, favourable благоприя́тные, normal норма́льные, intolerable невыноси́мые; 2) improve улучша́ются, grow worse ухудша́ются; 3) study изуча́ть, improve улучша́ть]; working ~s усло́вия (для) рабо́ты; under, in such ~s при таки́х усло́виях; ~s have changed усло́вия измени́лись; **2.** (*stipulation*) усло́вие *n* (18c); what are your ~s? каковы́ ва́ши усло́вия?; we can't meet these ~s мы не мо́жем удовлетвори́ть э́ти усло́вия; I cannot accept these ~s я не могу́ согласи́ться на э́ти усло́вия; he agreed on ~ that we should help him он согласи́лся при усло́вии, что мы ему́ помо́жем; **3.** (*state*) состоя́ние *n* (18c) [splendid прекра́сное, satisfactory удовлетвори́тельное, critical угрожа́ющее]; the ~ of affairs состоя́ние дел; his ~ has improved состоя́ние (его́ здоро́вья) улу́чшилось.

conduct *sb* (*behaviour*) поведе́ние *n* (18c) [1) good хоро́шее, bad плохо́е, improper неприли́чное, shocking неслы́ханное, inexcusable непрости́тельное; 2) explain объясни́ть]; we were surprised at his ~ мы бы́ли удивлены́ его́ поведе́нием; I can't excuse his ~ я не могу́ извини́ть его́ поведе́ния.

conductor 1. (*of tram, bus*) конду́ктор *m* (1h); ask the ~! спроси́(те) конду́ктора!; **2.** (*of orchestra*) дирижёр *m* (1e).

conference конфере́нция *f* (23c) [1) important ва́жная, annual ежего́дная; 2) takes place происхо́дит]; at a ~ на конфере́нции; come to a ~ прие́хать на конфере́нцию; take part in a ~ принима́ть уча́стие в конфере́нции; call / arrange / hold / open / close a ~ созва́ть/ устро́ить / проводи́ть

/ откры́ть / закры́ть конфере́нцию.

confess признава́ться (63), *perf* призна́ться (64); he ~ed that he had known it for some time он призна́лся, что уже́ не́которое вре́мя знал об э́том.

confidence 1. (*assurance*) уве́ренность *f* (29c); there was much ~ in his tone / look / manner / answer в его́ то́не / взгля́де / мане́ре / отве́те бы́ло мно́го уве́ренности; he began to lose ~ он на́чал теря́ть уве́ренность; with ~ с уве́ренностью, уве́ренно; **2.** (*trust*) дове́рие *n* (18c) [full по́лное]; have, put, place ~ in доверя́ть (*with dat*); I have much ~ in him я ему́ о́чень доверя́ю; I don't put much ~ in what he says я не о́чень доверя́ю тому́, что он говори́т.

congratulate поздравля́ть (223), *perf* поздра́вить (168) [*with acc* mother мать, uncle дя́дю, friend дру́га]; ~ him / her on his / her birthday поздра́вить его́ / её с днём рожде́ния; I ~ you! поздравля́ю вас!

congress съезд *m* (1f) [opens открыва́ется, closes закрыва́ется, lasts продолжа́ется]; the ~ met, took place in 1958 съезд состоя́лся в ты́сяча девятьсо́т пятьдеся́т восьмо́м году́; writers' ~ съезд писа́телей; we shall be present at the ~ мы бу́дем прису́тствовать на съе́зде; after the ~ по́сле съе́зда; before the ~ пе́ред съе́здом.

connect 1. (*join*) соединя́ть (223), *perf* соедини́ть (158) (*with acc*); the new road ~s two important centres но́вая доро́га соединя́ет два ва́жных це́нтра; **2.** (*associate*) свя́зывать (65), *perf* связа́ть (48) (*with acc*); the events are not ~ed in any way э́ти собы́тия ника́к не свя́заны; he is no longer ~ed with us он с на́ми уже́ не свя́зан.

connection (*link*) связь *f* (29c) [close те́сная, direct пряма́я]; ‖ *often pl* свя́зи [1) trade торго́вые, business делов́ые; 2) establish установи́ть, break off порва́ть, expand расши́рить]; ⊙ **in ~ with** в связи́ с (*with instr*); in ~ with your work / request в связи́ с ва́шей рабо́той / про́сьбой; **in this ~** в э́той свя́зи.

conquer 1. (*overcome*) преодолева́ть (64), *perf* преодоле́ть (98) [*with acc* difficulties тру́дности, temptation искуше́ние]; ‖ (*defeat*) побежда́ть (64), *perf* победи́ть (153) [*with acc* enemy врага́, opponent проти́вника]; **2.** (*take possession of by force*) завоёвывать (65), *perf* завоева́ть (247) [*with acc* country страну́.]

conscience со́весть *f* (29 c); my ~ is clear моя́ со́весть чиста́; his ~ bothered him со́весть му́чила его́; I did it to relieve, satisfy my ~ я э́то сде́лал(а) для очи́стки со́вести.

consciousness созна́ние *n* (18c); he lost ~ он потеря́л созна́ние; he regained, recovered ~ он пришёл в созна́ние.

consent *sb* согла́сие *n* (18c); by common ~ с о́бщего согла́сия; give ~ to дава́ть согла́сие на (*with acc*); he refused to give his ~ to the plan он отказа́лся дать своё согла́сие на э́тот план; ⊙ **silence gives, means ~** молча́ние — знак согла́сия.

consequence 1. (*result*) после́дствие *n* (18c); *usu pl* ~s после́дствия [possible возмо́жные, serious серьёзные, terrible ужа́сные, unpleasant неприя́тные, indirect ко́свенные]; he will have to take the ~s ему́ придётся отвеча́ть за после́дствия; as a ~ в результа́те; **2.** (*importance*) значе́ние *n*, *no pl* (18c); it's of small, little ~ э́то не име́ет большо́го значе́ния; it's **of no ~** э́то не име́ет никако́го значе́ния.

consider 1. (*believe*, *think*) счита́ть (64), *perf* счесть (139); I ~ it important я счита́ю, что э́то ва́жно; we didn't ~ the time wasted мы не счита́ли, что зря потеря́ли вре́мя; I ~ it my duty to tell you (я) счита́ю свои́м до́лгом сообщи́ть вам; **2.** (*give thought*) обду́мывать (65), *perf* обду́мать (65) (*with acc*); we must ~ the matter carefully мы должны́ тща́тельно обду́мать э́тот вопро́с.

considerable (*large*) значи́тельный (31b) [growth рост]; значи́тельная [part часть, help по́мощь, sum су́мма]; значи́тельное [increase увеличе́ние, decrease сниже́ние, distance расстоя́ние]; it will take ~ time э́то займёт мно́го вре́мени; I have ~ doubts у меня́ больши́е сомне́ния; the number is ~ значи́тельное коли́чество; to a ~ extent в значи́тельной сте́пени.

consideration (*attention*) внима́ние *n* (18c); we were treated with great, much ~ к нам отнесли́сь с больши́м внима́нием; ⊙ **take into ~** принима́ть (64) во внима́ние, *perf* приня́ть (232) во внима́ние (*with acc*); we shall take it into ~ мы при́мем э́то во внима́ние; **have ~ (for)** счита́ться (64), *perf* посчита́ться (64) (с *with instr*); he has no ~ for others он не счита́ется с други́ми.

consist (*be composed*) состоя́ть (222), *no perf* (of — из *with gen*); the delegation ~ed of five people делега́ция состоя́ла из пяти́ челове́к; the course ~ed of thirty lessons курс состоя́л из тридцати́ уро́ков.

constant (*continual*, *regular*) постоя́нный (31b) [noise шум; visitor гость]; постоя́нное [persecution пресле́дование]; постоя́нные [complaints жáлобы, arguments спóры, quarrels ссóры].

constantly постоя́нно; she was ~ interrupted её постоя́нно прерывáли; he is ~ late он постоя́нно опáздывает; he was ~ being asked for advice к немý постоя́нно обращáлись за совéтом.

constitution (*code of laws*) конститýция *f* (23c); democratic ~ демократи́ческая конститýция; the ~ was adopted конститýция былá принятá; according to the ~ соглáсно конститýции.

construction (*process of building*) строи́тельство *n* (14c); he is working on a ~ job он рабóтает на строи́тельстве; ~ plans плáны строи́тельства; large-scale ~ строи́тельство большóго масштáба.

contain (*have, hold*) содержáть (47), *no perf* (*with acc*); the book ~s a good deal of useful information кни́га содéржит мнóго полéзных свéдений.

contents *pl* содержáние *n*, *no pl* (18c) [1) *with gen* of book кни́ги, of story расскáза; 2) tell, relate рассказáть]; the ~ in brief крáткое содержáние; we discussed both the form and the ~ of the play мы обсуди́ли как фóрму, так и содержáние пьéсы.

contest *sb* состязáние *n* (18c); sports ~ спорти́вное состязáние; ‖ кóнкурс *m* (1f); the second international figure-skating ~ was held состоя́лся вторóй междунарóдный кóнкурс по фигýрному катáнию.

continent матери́к *m* (4g) [big, large большóй, southern ю́жный]; the largest cities of the American ~ сáмые больши́е городá америкáнского континéнта.

continue 1. (*go on doing*) продолжáть (64), *perf* продóлжить (172) [*with acc* story расскáз, meeting собрáние, game игрý]; ~ to argue, arguing / to read, reading продолжáть спóрить / читáть; may I ~? мóжно продолжáть?; if you ~ in this way... éсли вы бýдете так продолжáть...; **2.** (*go on*) продолжáться (64), *no perf*; the meeting ~d собрáние продолжáлось; this ~d for some time так продолжáлось нéкоторое врéмя; the argument ~d спор продолжáлся; ⊙ **to be ~d** продолжéние слéдует.

contrary *sb*: on the ~ наоборóт.

contrast *sb* контрáст *m* (1f) [complete пóлный, striking рази́тельный]; the colours form a pleasant ~ э́ти цветá создаю́т прия́тный контрáст.

control I *sb* контрóль *m* (3c) [1) full, complete пóлный, direct непосрéдственный, poor слáбый; 2) gain, establish установи́ть, lose потеря́ть, strengthen, tight-en усилить ,weaken ослабить]; circumstances beyond our ~ prevented us from writing earlier по независящим от нас обстоятельствам мы не написа́ли вам ра́ньше; ⊙ **be under the ~ of** быть в ве́дении (*with gen*); the railways are under the ~ of the ministry желе́зные доро́ги нахо́дятся в ве́дении министе́рства.

control II *v* (*restrain*) сде́рживать (65), *perf* сдержа́ть (47) [*with acc* anger гнев, emotions чу́вства, tears слёзы]; he couldn't ~ his temper он не мог совлада́ть с собо́й; ~ yourself! возьми́те себя́ в ру́ки!

convenient удо́бный (31b) [day день, hour час]; удо́бная [bag су́мка, flat кварти́ра]; удо́бное [time вре́мя, place ме́сто]; the time is not ~ for me э́то вре́мя мне неудо́бно; if it is ~ for you е́сли вам э́то удо́бно.

conversation разгово́р *m* (1f) [1) pleasant прия́тный, long дли́нный, lively живо́й, witty остроу́мный; 2) carry on вести́, interrupt прерва́ть, keep up подде́рживать, turn поверну́ть]; I have had two ~s with him over the telephone мы с ним два ра́за разгова́ривали по телефо́ну; ‖ бесе́да *f* (19c); I have enjoyed our ~ мне о́чень понра́вилась на́ша бесе́да.

convince убежда́ть (64), *perf* убеди́ть (153) [1) *with acc* one's friends свои́х друзе́й, one's parents роди́телей; 2) в *with abl* of somebody's mistake в чьей-л. оши́бке]; we finally ~d him that he was wrong наконе́ц, мы его́ убеди́ли (в том), что он непра́в; he was still not ~d он всё же не́ был убеждён; your arguments are not convincing ва́ши до́воды неубеди́тельны.

cook *v* гото́вить (168), *perf* пригото́вить (168) [*with acc* dinner обе́д, eggs я́йца, meat мя́со, vegetables о́вощи]; none of us can ~ никто́ из нас не уме́ет гото́вить; she ~ed a meal for them она́ пригото́вила им еду́; who ~s for you? кто вам гото́вит?

cool *a* (*between warm and cold*) прохла́дный (31b) [day день, evening ве́чер, wind ве́тер]; прохла́дная [water вода́]; прохла́дное [place ме́сто, morning у́тро]; I shall feel ~er here мне здесь бу́дет прохла́днее; it was ~ in the shade в тени́ бы́ло прохла́дно; it's about the ~est place in the city э́то, пожа́луй, са́мое прохла́дное ме́сто в го́роде.

copper медь *f* (29c); it is made of ~ э́то сде́лано из ме́ди; ~ coin ме́дная моне́та.

copy I *sb* **1.** (*facsimile*) ко́пия *f* (23c); did you make copies of these documents? вы сня́ли ко́пии с э́тих докуме́нтов?; typewritten ~ отпеча́танная на маши́нке ко́пия; photostatic ~ фотоко́пия *f* (23c); ⊙ **rough** ~ черновик *m* (4g); make / write a rough ~ first! снача́ла сде́лайте / напиши́те черновик!; **2.** (*one of a number of books, etc.*) экземпля́р *m* (1f); I have two copies of the book у меня́ два экземпля́ра э́той кни́ги; how many copies shall I buy? ско́лько экземпля́ров купи́ть?; ‖ (*issue*) но́мер *m* (1*l*); old copies of the newspaper / magazine ста́рые номера́ газе́ты / журна́ла.

copy II *v* **1.** (*rewrite*) переписывать (65), *perf* переписа́ть (57) (*with acc*); he copied the names into his notebook он переписа́л э́ти фами́лии в свою́ записну́ю кни́жку; I had to ~ the whole letter мне пришло́сь переписа́ть всё письмо́; **2.** (*imitate*) подража́ть (64), *no perf* (*with dat*); she copies everything her friend does она́ подража́ет всему́, что де́лает её подру́га.

corn 1. хлеб *m* (1*l*) [plant се́ять, grow выра́щивать, harvest убира́ть]; **2.** *Am.* кукуру́за *f* (19c); the cattle is fed on ~ скот ко́рмят кукуру́зой; ~ field кукуру́зное по́ле.

corner у́гол *m* (1d) [right-hand пра́вый, left-hand ле́вый]; she sat in a ~ она́ сиде́ла в углу́; the house is at, on the ~ дом нахо́дится на углу́; he lives round the ~ он живёт за угло́м; he went round, turned the ~ он заверну́л за́ угол; go, walk as far as the ~, to the ~ иди́те до угла́; from all ~s of the earth со всех концо́в земли́.

correct I *a* пра́вильный (31b) [answer отве́т, address а́дрес]; пра́вильная [idea мысль]; пра́вильное [decision реше́ние, impression впечатле́ние]; that is absolutely ~ э́то соверше́нно пра́вильно; that is more or less ~ э́то бо́лее и́ли ме́нее пра́вильно; is this the ~ (telephone) number? э́тот но́мер пра́вильный?; that's not quite ~ э́то не совсе́м пра́вильно.

correct II *v* исправля́ть (223), *perf* испра́вить (168) [*with acc* mistake оши́бку, list спи́сок]; please, ~ me if I am wrong е́сли я ошибу́сь, попра́вьте меня́, пожа́луйста; have you ~ed everything? вы всё испра́вили?

correspond (*write letters*) перепи́сываться (65), *no perf* [с *with instr* with a friend с дру́гом, with one's parents с роди́телями]; she ~ed with my sister for many years она́ мно́го лет перепи́сывалась с мое́й сестро́й; we haven't ~ed for years мы уже́ не́сколько лет не перепи́сываемся.

corridor коридо́р *m* (1f) [dark тёмный, long дли́нный, narrow у́зкий, wide широ́кий]; go further along the ~! иди́те да́льше по коридо́ру!; on both sides of the ~ по обе́им сторона́м коридо́ра; all the rooms are off the ~ все ко́мнаты выхо́дят в коридо́р; they were standing in the ~ они́ стоя́ли в коридо́ре.

cosmic косми́ческий (33b) [ray луч, flight полёт]; косми́ческое [space простра́нство]; ~ age век ко́смоса.

cosmos ко́смос *m* (1f); into the ~ в ко́смос; from, out of the ~ из ко́смоса; the conquest of the ~ завоева́ние ко́смоса.

cost I *sb* сто́имость *f*, *no pl* (29c) [1) great больша́я, small небольша́я; 2) *with gen* of the trip пое́здки, of a ticket биле́та, of the construction строи́тельства; 3) pay оплати́ть]; ◇ **at all ~s, at any ~** во что́ бы то ни ста́ло.

cost II *v* сто́ить (151), *no perf* [two pounds два фу́нта, five roubles пять рубле́й; too much сли́шком до́рого; one's life жи́зни]; how much will it ~? ско́лько э́то бу́дет сто́ить?; the trip doesn't ~ much путеше́ствие сто́ит недо́рого; what did it ~ you? ско́лько вы заплати́ли?; it ~ him a lot of trouble э́то сто́ило ему́ мно́го хлопо́т; how much does it ~ to go by plane? ско́лько сто́ит биле́т на самолёт?

cottage (*small house in country*) да́ча *f* (25a) [1) little небольша́я, summer ле́тняя, winter зи́мняя, well-furnished хорошо́ обста́вленная, cosy ую́тная; with modern conveniences с удо́бствами; 2) near the city недалеко́ от го́рода; near Moscow под Москво́й]; we took a ~ for the summer мы сня́ли да́чу на ле́то; they came to see us in our ~ они́ прие́хали к нам на да́чу; they are living in a ~ они́ живу́т на да́че; they built a three-room ~ они́ постро́или да́чу из трёх ко́мнат.

cotton хлопчатобума́жный (31b) [suit костю́м]; хлопчатобума́жная [shirt руба́шка, clothes оде́жда, blouse блу́зка, table-cloth ска́терть, cloth ткань]; хлопчатобума́жное [dress пла́тье, underwear бельё, blanket одея́ло]; ⊙ ~ **wool** ва́та *f*, *no pl* (19c).

couch дива́н *m* (1f) [soft мя́гкий, big большо́й, wide широ́кий, comfortable удо́бный]; lie down / sit down on a ~ лечь / сесть на дива́н; lie / sit on a ~ лежа́ть / сиде́ть на дива́не; there was an old-fashioned ~ standing in the corner в углу́ стоя́л старомо́дный дива́н.

cough *v* ка́шлять (226), *perf* ка́шлянуть (126); she began to ~ она́ начала́ ка́шлять.

council сове́т *m* (1f); town ~ городско́й, муниципа́льный сове́т; Council of Ministers сове́т мини́стров; World Peace Council Всеми́рный

Совéт Мúра; Security Council Совéт Безопáсности.

count *v* **1.** (*find number of*) считáть (64), *perf* сосчитáть (64) [*with acc* days дни, money дéньги, people людéй, things вéщи]; I ~ed two hundred people in the hall я насчитáл в зáле двéсти человéк; I shall ~ to three я бýду считáть до трёх; there were five of us not ~ing children нас бы́ло пять человéк, не считáя детéй; **2.** (*be considered*) считáться (64), *no perf*; that doesn't ~ э́то не считáется; ~ **on** рассчи́тывать (65) на (*with acc*), *no perf*; can we ~ on you? мóжно на вас рассчи́тывать?; we ~ed on your help мы рассчи́тывали на вáшу пóмощь; we ~ed on him to finish the job мы рассчи́тывали на то, что он закóнчит рабóту.

country 1. (*land*) странá *f* (19g) [1) beautiful краси́вая, free свобóдная, great вели́кая, democratic демократи́ческая, agricultural сельскохозя́йственная, industrial промы́шленная; 2) buys покупáет, sells продаёт, changes изменя́ется, develops развивáется, fights бóрется, helps помогáет]; come to a ~ поéхать в странý; visit / know / love / defend a ~ посещáть / знать / люби́ть / защищáть странý; attack a ~ нападáть на странý; help a ~ помогáть странé; travel in, about a ~ путешéствовать по странé; leave a ~ уезжáть из страны́; capital / language / people / customs of a ~ столи́ца / язы́к / нарóд / обы́чаи страны́; from all parts of the ~ со всех концóв страны́; an agreement between two countries соглашéние мéжду двумя́ стрáнами; the ~ is rich in iron and coal странá богáта желéзом и ýглем; ‖ (*state*) госудáрство *n* (14c) [foreign инострáнное, socialist социалисти́ческое, capitalist капиталисти́ческое]; **2.** (*native land*) рóдина *f* (19c); my / our ~ моя́ / нáша рóдина; fight / die for one's ~ сражáться / умерéть за рóдину; **3.** (*rural place*) дерéвня *f* (20f, *gen pl* деревéнь); they live in the ~ они́ живýт в дерéвне; a young fellow from the ~ пáрень из дерéвни; ‖ (*place outside city*): we decided to go to the ~ мы реши́ли поéхать зá город; we spent the day in the ~ мы провели́ день зá городом.

couple 1. *sb* (*two people*) пáра *f* (19c); there were a few ~s on the floor нéсколько пар танцевáли; happy ~ счастли́вая пáра; **2.** *colloq*: a ~ of нéсколько (*with gen*); we stayed, stopped there a ~ of hours / days / weeks мы там останови́лись на нéсколько часóв / дней / недéль.

courage мýжество *n* (14c); I hadn't the ~ to tell her the truth мне не хвати́ло мýжества сказáть ей прáвду; ~! мужа́йся, мужа́йтесь!; don't lose ~! не теря́йте му́жества!; he plucked, mustered up ~ он набра́лся ду́ху; ⊙ **take** ~ набра́ться (42) сме́лости.

course *sb* **1.** (*flow*) тече́ние *n* (18c); change the ~ of a river измени́ть тече́ние реки́; **2.** (*series*) курс *m* (1f); ~ of lectures / treatments курс ле́кций / лече́ния; preparatory / correspondence ~ подготови́тельный / зао́чный курс; **3.** (*dish*) блю́до *n* (14c); meat ~ мясно́е блю́до; three-~ dinner обе́д из трёх блюд; ◇ **of** ~ коне́чно; of ~ not коне́чно, нет; **in the** ~ в тече́ние (*with gen*); in the ~ of a month / a few days в тече́ние ме́сяца / не́скольких дней; **the** ~ **of events** ход (*m* 1f) собы́тий.

court *sb* **1.** (*for trials*) суд *m* (1d); the case was taken to ~ де́ло бы́ло пе́редано в суд; he testified, gave evidence in ~ он дал показа́ния на суде́; the ~ sentenced him to two years in prison суд приговори́л его́ к двум года́м лише́ния свобо́ды; ~ case суде́бное де́ло; ~ trial суде́бный проце́сс; **2.** (*for games*) площа́дка *f* (22d); volley-ball ~ волейбо́льная площа́дка.

courtyard двор *m* (1c); *see* yard **I**.

cousin двою́родный брат *m* (1i), двою́родная сестра́ *f* (*sg* 19b, *pl* сёстры, сестёр, сёстрам, сестёр, сёстрами, сёстрах).

cover *v* покрыва́ть (64), *perf* покры́ть (209) (*with acc*); the ground was ~ed with snow земля́ была́ покры́та сне́гом; clouds ~ed the sky облака́ покры́ли не́бо; | (*hide, protect*) закрыва́ть (64), *perf* закры́ть (209) (*with acc*); she ~ed her face / eyes / ears with her hands она́ закры́ла лицо́ / глаза́ / у́ши рука́ми; ~ the child with a blanket! закро́й ребёнка одея́лом!

cow *sb* коро́ва *f* (19a); feed / milk a ~ корми́ть / дои́ть коро́ву; how much milk do these ~s give? ско́лько молока́ даю́т э́ти коро́вы?

coward *sb* трус *m* (1e) [great большо́й]; what a ~ you are! како́й ты трус!; don't be a ~! не будь тру́сом!; he is too much of a ~ to go alone он сли́шком большо́й трус, что́бы пойти́ одному́.

crack *sb* **1.** (*sharp noise*) треск *m* (4c) [loud гро́мкий, sudden неожи́данный]; the glass broke with a ~ стака́н с тре́ском ло́пнул; **2.** (*break*) тре́щина *f* (19c) [wide широ́кая, small небольша́я]; there was a ~ in the cup / wall на ча́шке / на стене́ была́ тре́щина.

cream 1. (*thick milk*) сли́вки *no sg* (22d) [fresh све́жие, thick густы́е, whipped сби́тые]; coffee with ~ ко́фе со сли́вками; we have no ~ у нас нет сли́вок; the ~ turned sour сли́вки ски́сли; do you take ~ in your tea? вы пьёте чай со сли́вками?; ⊙ **sour** ~ смета́на *f*, *no pl* (19c); **2.** (*cosmetic*) крем *m* (1f); face ~ крем для лица́; shaving ~ крем для бритья́.

create создава́ть (63), *perf* созда́ть (214) [*with acc* impression впечатле́ние]; Dickens ~d many wonderful characters in his works в свои́х произведе́ниях Ди́ккенс со́здал мно́го замеча́тельных ти́пов; the characters ~d by Gogol геро́и, со́зданные Го́голем.

creature существо́ *n* (14e) [beautiful прекра́сное, charming очарова́тельное, strange стра́нное]; ⊙ **poor** ~! бедня́жка!

credit (*honour*) похвала́ *f* (19h); he deserves ~ for what he has done он заслу́живает похвалы́ за то, что он сде́лал; he is cleverer than we gave him ~ for он умне́е, чем мы ду́мали; ⊙ **do smb** ~ де́лать честь кому́-л.; it does ~ to you э́то де́лает вам честь.

crew экипа́ж *m* (6c) [*with gen* of a boat корабля́, of a plane самолёта]; the ~ consisted of ten men экипа́ж состоя́л из десяти́ челове́к.

crime преступле́ние *n* (18c) [1) horrible ужа́сное, great большо́е, political полити́ческое, war вое́нное; 2) commit соверша́ть]; ~s against humanity преступле́ния про́тив челове́чества; he confessed to the ~ он созна́лся в преступле́нии; he was punished for the ~ он понёс наказа́ние за э́то преступле́ние.

criticism (*appraisal*) кри́тика *f* (22b) [just справедли́вая, friendly дру́жеская, sharp ре́зкая, helpful поле́зная]; the article called forth much ~ статья́ вы́звала большу́ю кри́тику.

crop *sb* урожа́й *m* (13c) [1) average сре́дний, big большо́й, poor плохо́й, unusual необыкнове́нный; 2) bear, produce приноси́ть, reap, harvest собра́ть]; potato / apple ~ урожа́й карто́феля / я́блок.

cross *v* **1.** (*on foot*) переходи́ть (152), *perf* перейти́ (206) [*with acc* street у́лицу, road доро́гу, field по́ле]; let's ~ to the other side перейдём на другу́ю сто́рону; ‖ (*in vehicle*) переезжа́ть (64), *perf* перее́хать (71) [*with acc* bridge мост, square пло́щадь, border грани́цу]; **2.** (*lie across*) пересека́ть (64), *perf* пересе́чь (103) (*with acc*); the road / railroad ~es the island / forest доро́га / желе́зная доро́га пересека́ет о́стров / лес; ~ **off, out** вычёркивать (65), *perf* вы́черкнуть (125) (*with acc*); your name was ~ed out ва́ша фами́лия была́ вы́черкнута; ~out what is unnecessary! вы́черкните нену́жное!

crowd *sb* толпа́ *f* (19g) [1) noisy шу́мная, huge огро́мная; 2) collects собира́ется, disperses расхо́дится, fills заполня́ет, surges forward подаётся вперёд, sweeps past проно́сится ми́мо]; ~ of people толпа́ наро́да; he wasn't noticed in the ~ его́ не заме́тили в толпе́; he pushed through the ~ он проби́лся сквозь толпу́; among the ~ в толпе́.

crowded перепо́лненный (31b) [hall зал, tram трамва́й, bus авто́бус]; перепо́лненная [room ко́мната]; ~ streets у́лицы, по́лные наро́да; the streets were ~ у́лицы бы́ли полны́ наро́да.

cruel жесто́кий (33b) [blow уда́р, person челове́к, master хозя́ин]; жесто́кая [smile улы́бка]; жесто́кое [punishment наказа́ние, decision реше́ние, treatment обраще́ние, face лицо́]; don't be so ~! не бу́дь(те) так жесто́к(и)!; that was ~ of her э́то бы́ло жесто́ко с её стороны́.

crush *v* **1.** (*press*) раздави́ть (147) [*with acc* glass стекло́, plate таре́лку, insect насеко́мое]; **2.** (*suppress*) подавля́ть (223), *perf* подави́ть (147) [*with acc* revolt, uprising восста́ние, resistance сопротивле́ние]; the woman was ~ed with grief же́нщина была́ пода́влена го́рем.

cry I *sb* (*shout*) крик *m* (4c) [1) loud гро́мкий, angry гне́вный; 2) *with gen* of pain бо́ли, of joy ра́дости; 3) hear слы́шать, utter издава́ть]; it sounded like the ~ of a child э́то бы́ло похо́же на крик ребёнка; ‖ (*weeping*) плач *m* (8b).

cry II *v* **1.** (*weep*) пла́кать (90), *no perf* [1) softly ти́хо, bitterly го́рько; 2) от *with gen* with pain от бо́ли, with shame от стыда́, with joy от ра́дости]; she began to ~ она́ запла́кала; don't ~! не пла́чь(те)!; **2.** (*shout*) крича́ть (46), *perf* кри́кнуть (125) [loudly гро́мко, happily ра́достно]; "I refuse!" he cried „Я отка́зываюсь!",— кри́кнул он; we cried to him to stop мы кри́кнули, что́бы он останови́лся; ~ **out** вскри́кивать (65), *perf* вскри́кнуть (125) [от *with gen* with pain от бо́ли, with fright от испу́га, with fear от стра́ха, with joy от ра́дости]; he cried out at the top of his voice он крича́л во весь го́лос.

cucumber огуре́ц *m* (9c).

cultural культу́рный (31b) [level у́ровень].

culture культу́ра *f* (19c) [1) ancient дре́вняя, Oriental восто́чная, Greek гре́ческая]; study the ancient ~ изуча́ть дре́внюю культу́ру; man of great ~ челове́к большо́й культу́ры; development of ~ развитие культуры; centre of ~ центр культуры, культурный центр.

cup 1. (*for tea, etc.*) чашка (22f) [*with gen* of tea чаю, of milk молока]; ~ and saucer чашка с блюдцем; pour a ~ налить чашку; break a ~ разбить чашку; will you have another ~ of tea? не хотите ли ещё чашку чаю?; 2. (*prize*) кубок *m* (4d); silver / crystal ~ серебряный / хрустальный кубок; they were awarded the ~ им присудили кубок; they won the ~ они выиграли кубок.

cure I *sb* (*treatment*) лечение *n* (18c) [successful успешное, long длительное]; a new ~ for tuberculosis новое лечение туберкулёза; she went to Sochi for a ~ она поехала на лечение в Сочи; no effective ~ for this disease has been found эффективный метод лечения этого заболевания ещё не найден.

cure II *v* вылечить (172) [*with acc* patient больного, illness, disease болезнь]; he was finally ~d его, наконец, вылечили; my cold is ~d я вылечился от насморка; how can I ~ you of the habit? как тебя отучить от этой привычки?

curious (*inquisitive*) любопытный (31b) [glance взгляд, question вопрос, neighbour сосед]; любопытная [woman женщина]; I am ~ to know why мне любопытно узнать, почему.

current I *sb* течение *n* (18c) [swift быстрое, strong сильное, slow медленное]; swim against the ~ плыть против течения; struggle with the ~ бороться с течением; swim with the ~ плыть по течению; the boat was carried away by the ~ лодку унесло течением.

current II *a* (*present*) текущий (35) [month месяц, year год]; ~ events текущие события.

curse *v* 1. (*swear at*) ругаться (64); 2. (*consign to devil*) проклинать (64), *perf* проклясть (229) (*with acc*).

curtain 1. (*at window*) занавеска *f* (22d); draw the ~s задёрнуть (126) занавески; please, draw the ~s задёрните, пожалуйста, занавески; 2. (*on stage*) занавес *m* (1f); when the ~ rose / fell... когда занавес поднялся / опустился...

cushion подушка *f* (22f) [soft мягкая, hard жёсткая, silk шёлковая, velvet бархатная, embroidered вышитая]; put another ~ under his head! положи(те) ещё одну подушку ему под голову!

custom обычай *m* (13c) [1) very old, ancient старинный, Russian русский, national национальный; long-established давно установленный; 2) break нарушать, keep up, maintain поддéрживать, forget забывáть]; according to the usual ~ соглáсно общепри́нятому обы́чаю; it is a ~ with us такóв наш обы́чай; the ~ still exists э́тот обы́чай ещё существýет.

customer (*buyer*) покупáтель *m* (3a) [regular постоя́нный, old стáрый, dissatisfied недовóльный]; he wanted to attract, draw more ~s он хотéл привлéчь бóльше покупáтелей; they began to lose their ~s они́ нáчали теря́ть свои́х покупáтелей; we must think of our ~s мы должны́ (по-)дýмать о нáших покупáтелях; the ~s were satisfied покупáтели бы́ли довóльны.

cut *v* **1.** рéзать (49) [*with instr* with a knife ножóм, with scissors нóжницами]; **2.** (*divide*) разрезáть (64), *perf* разрéзать (49) (*with acc*); she ~ the meat and put it on the pan онá разрéзала мя́со и положи́ла егó на сковородý; **3.** (*cut off*) отрезáть (64), *perf* отрéзать (49) (*with acc*); please, ~ me a piece of cake! отрéжь(те) мне, пожáлуйста, кусóк пирогá!; **4.** (*slice*) нарезáть (64), *perf* нарéзать (49) (*with acc*); the bread was already ~ хлеб ужé был нарéзан; **5.** (*wound*) порéзать (49) [*with acc* hand рýку, finger пáлец]; ~ **down** 1) (*fell*) руби́ть (156), *perf* сруби́ть (156) (*with acc*); they ~ down the trees они́ руби́ли дерéвья; 2) (*lower*) снижáть (64), *perf* сни́зить (189) [*with acc* price цéну, wages зарплáту, tax налóг]; 3) (*decrease*) сокращáть (64), *perf* сократи́ть (161) (*with acc*); we have ~ down the number to twenty-five мы сократи́ли коли́чество до двадцати́ пяти́.

D

daily I *a* ежеднéвный (31b) [rise, increase рост]; ежеднéвная [newspaper газéта]; ежеднéвные [visits посещéния, meetings встрéчи]; ~ problems бытовы́е вопрóсы; ◊ ~ **bread** хлеб насýщный.

daily II *adv* ежеднéвно; the newspaper is published ~ газéта выхóдит ежеднéвно; hundreds of letters are received ~ ежеднéвно прихóдят сóтни пи́сем; thousands use the underground ~ ты́сячи людéй ежеднéвно пóльзуются метрó.

damage I *sb* **1.** (*harm, injury*) повреждéние *n* (18c) [much, heavy большóе, slight небольшóе, considerable значи́тельное]; the flood caused much ~ наводнéние нанеслó больши́е повреждéния; the fire didn't do much ~ to the house дом не óчень сúльно пострадáл от пожáра; **2.** (*loss*) убы́ток *m* (4d); he had to pay for the ~ емý пришлóсь возместúть убы́тки.

damage II *v* (*spoil*) повреждáть (64), *perf* повредúть (176); the early frost ~d the crops рáнние зáморозки повредúли посéвам; the car had been ~d in an accident автомобúль был повреждён в результáте катастрóфы.

dance I *sb* **1.** тáнец *m* (10c) [Russian рýсский, classical классúческий, national национáльный, folk нарóдный]; every step in the ~ кáждое па тáнца; may I have the next ~ with you? разрешúте пригласúть вас на слéдующий тáнец!; ~ music танцевáльная мýзыка; **2.** (*dancing party*) тáнцы *pl* (10c); she went to a ~ онá пошлá на тáнцы; they met at a ~ онú познакóмились на тáнцах; ~s are held every Saturday in the club-house кáждую суббóту в помещéнии клýба устрáиваются тáнцы; she came home late from a ~ онá пóздно пришлá домóй с тáнцев.

dance II *v* танцевáть (243) [well хорошó, badly плóхо, slowly мéдленно, together вмéсте, all evening весь вéчер]; I don't ~ я не танцýю; I can't ~ a waltz я не умéю танцевáть вальс; they ~d to the music of a violin онú танцевáли под скрúпку.

danger 1. (*peril*) опáсность *f* (29c) [1) constant постоя́нная, grave серьёзная, possible возмóжная, great большáя; 2) exaggerate преувелúчить, underestimate недооценúть]; in ~ в опáсности; out of ~ вне опáсности; avoid, keep out of ~ избегáть опáсности; he is no longer in ~ он ужé вне опáсности; in case of ~ в слýчае опáсности; we warned him of the ~ мы предупредúли егó об (э́той) опáсности; **2.** (*threat*) угрóза *f* (19c); a ~ to peace / society / life / health угрóза (*with dat*) мúру / óбществу / жúзни / здорóвью; you are in no ~ вам ничтó не грозúт.

dangerous 1. (*perilous*) опáсный (31b) [man человéк, enemy враг, step шаг]; опáсная [work рабóта, game игрá, road дорóга]; опáсное [place мéсто, journey путешéствие]; it may be ~ э́то мóжет быть опáсно; it will be ~ for you to go alone вам опáсно идтú однoмý, однóй; **2.** (*risky*) рискóванный (31b) [plan план, way спóсоб, step шаг].

dare *v* сметь (98), *perf* посмéть (98); no one ~d to oppose them никтó не смел им противорéчить; who would ~ to say such a thing? кто осмéлится сказáть таку́ю вещь?; how ~ you speak to me that way? как вы сме́ете так говори́ть со мно́й?; we hardly ~d (to) look up мы боя́лись подня́ть глаза́; don't you ~ touch my things! не сме́й(те) тро́гать мои́х веще́й!; just you ~! посме́й(те) то́лько!; ◊ **I ~ say** наве́рное; I ~ say she was tired наве́рное, она́ уста́ла.

dark I *sb* (*absence of light*) темнота́ *f*, *no pl* (19h); don't read in the ~! не чита́й(те) в темноте́!; she was afraid of the ~ она́ боя́лась темноты́; we couldn't make out the number in the ~ в темноте́ мы не могли́ разобра́ть но́мер; we wanted to get home before ~ мы хоте́ли добра́ться домо́й до темноты́, за́светло; he arrived after ~ он при́был по́сле наступле́ния темноты́; from dawn to ~ от зари́ до зари́.

dark II *a* **1.** (*not light*) тёмный (31b) [forest лес, suit костю́м, colour цвет]; тёмная [night ночь, room ко́мната, street у́лица; skin ко́жа]; тёмное [place ме́сто, dress пла́тье, coat пальто́]; тёмные [clouds ту́чи, eyes глаза́, hair во́лосы]; the house was all ~ дом был погружён в темноту́; it is ~ темно́; it was already too ~ to read чита́ть бы́ло уже́ сли́шком темно́; it is getting ~ стано́вится темно́, темне́ет; it was pitch ~ in the room в ко́мнате была́ кроме́шная тьма; **2.** (*in combination with colours*) тёмно-; ~ grey тёмно-се́рый; ~ green тёмно-зелёный; ~ blue тёмно-си́ний; ~ brown тёмно-кори́чневый.

darling *sb* дорого́й *m*, дорога́я *f* (33a).

dash *v* (*move quickly*) броса́ться (64), *perf* бро́ситься (149); they ~ed forward они́ бро́сились вперёд; he ~ed to the door он бро́сился к две́ри; { помча́ться (46); the boy ~ed downstairs ма́льчик помча́лся вниз по ле́стнице; he ~ed off to tell them the news он помча́лся сообщи́ть им но́вость; he ~ed by me он промча́лся ми́мо меня́; { (*run*) вбежа́ть (74), вы́бежать (74a), подбежа́ть (74); he ~ed into the room он вбежа́л в ко́мнату; he ~ed out of the room он вы́бежал из ко́мнаты; he ~ed up to me он подбежа́л ко мне́.

date 1. (*day of month*) число́ *n* (14a) [1) definite определённое, approximate приблизи́тельное, specified, scheduled устано́вленное, exact то́чное; 2) fix, set установи́ть, remember по́мнить, name назна́чить, change измени́ть, decide on установи́ть]; what is the ~ today? како́е сего́дня число́?; please, write the ~ and the month про́сьба написа́ть число́ и ме́сяц; there was **no ~ on** the letter / document на письмé / докумéнте нé было числá; ‖ дáта f (19c) [important вáжная, historic истори́ческая, significant знаменáтельная]; ‖ (day) день m (2c); ~ of birth день рождéния; on a given ~ в определённый день; the exhibitions will open on the same ~ вы́ставки открóются в оди́н и тот же день; the opening / closing ~ of the exhibition / tournament / congress день откры́тия / закры́тия вы́ставки / турни́ра / съéзда; at the earliest possible ~ как мóжно рáньше; 2 (period) пери́од m (1f); the manuscript is of earlier ~ рýкопись отнóсится к бóлее рáннему пери́оду; the statue is of unknown / uncertain ~ стáтуя неизвéстного / неустанóвленного пери́ода; 3. colloq (appointment) свидáние n (18c); I have a ~ у меня́ свидáние; to make a ~ назнáчить свидáние; to keep a ~ прийти́ на свидáние; to break a ~ не прийти́ на свидáние.

daughter дочь f (sg дóчери, дóчери, дочь, дóчерью, дóчери, pl дóчери, дочерéй, дочеря́м, дочерéй, дочерьми́, дочеря́х) [grown-up взрóслая, married замýжняя, only еди́нственная, adopted приёмная, seven-year-old семилéтняя]; they have two ~s у них две дóчери; she came with her ~ онá пришлá с дóчерью.

dawn sb **1.** (daybreak) рассвéт m (1f); at ~ на рассвéте; before ~ до рассвéта; ~ was coming рассветáло; ‖ (sunrise) (ýтренняя) заря́ f (sg 20a, pl зóри, зорь, заря́м, зóри, зóрями, зóрях); from ~ to dark от зари́ до зари́; **2.** (beginning) заря́; the ~ of a better life заря́ лýчшей жи́зни.

day 1. день m (2c) [1) cold холóдный, warm тёплый, hot жáркий, rainy дождли́вый, long дли́нный, short корóткий, beautiful прекрáсный, bright я́сный, sunny сóлнечный; busy зáнятый, free свобóдный, dull скýчный, happy счастли́вый, lucky удáчный, pleasant прия́тный, quiet спокóйный, terrible ужáсный, hard трýдный, working рабóчий, first пéрвый, last послéдний, seven-hour семичасовóй, every кáждый, important вáжный, sad печáльный; 2) begins начинáется, comes наступáет, passes прохóдит; 3) spend проводи́ть, name, fix назначáть, gain вы́играть, lose потеря́ть]; a summer / winter ~ лéтний / зи́мний день; every three ~s кáждые три дня; in two ~s чéрез два дня́; five ~s ago пять дней (томý) назáд; the next ~ на слéдующий день; all ~ long весь день; three times a ~ три рáза в день; what ~ is it today? какóй сегóдня день?;

some ~ когда́-нибудь; ~ and night днём и но́чью; at the end of the ~ в конце́ дня; by the end of the ~ к концу́ дня; (on) that ~ в тот день; in the good old ~s в до́брые ста́рые времена́; Victory Day День побе́ды; May Day день Пе́рвого ма́я; ⊙ **every other** ~ через де́нь; *see* other **II; the** ~ **before yesterday** позавчера́; *see* yesterday; **the** ~ **after tomorrow** послеза́втра; **one** ~ одна́жды; **one of these** ~**s, the other** ~ на днях; *see* other **II;** ~ **after** ~ день за днём.

dead *a* (*of living beings*) мёртвый (31b) [man челове́к]; мёртвая [bird пти́ца]; мёртвое [body те́ло]; she was ~ when they came когда́ они́ пришли́, она́ была́ мертва́; his parents are ~ его́ роди́тели у́мерли; he fell ~ он упа́л мёртвым; she was half ~ with fear она́ была́ полуживо́й от стра́ха; ‖ (*of animals*) до́хлый (31b); the ~ cat до́хлая ко́шка; ‖ (*of plants*) засо́хший (34b) [flower цвето́к]; засо́хшее [tree де́рево, plant расте́ние].

deaf *a* глухо́й (33a); become ~ огло́хнуть (126); ~ man глухо́й.

deal I *sb*: a great, good ~ мно́го [*with gen* of time вре́мени, of money де́нег, of trouble хлопо́т, of talk разгово́ров]; he talks / writes / reads a good ~ он мно́го говори́т / пи́шет / чита́ет; he knows a great ~ about art он мно́го зна́ет об иску́сстве; it means a great ~ to me для меня́ э́то о́чень мно́го зна́чит; he had a great ~ to say about the matter он мно́го говори́л об э́том де́ле, по э́тому вопро́су; I'd give a good ~ to know what happened there я бы мно́гое дал(а́), что́бы знать, что же там произошло́.

deal II *v* **1.** (*have relations*) име́ть (98) де́ло (with — с *with instr*); he is an easy / difficult / impossible person to ~ with с ним легко́ / тру́дно / невозмо́жно име́ть де́ло; **2.** (*look into*) рассма́тривать (65), *perf* рассмотре́ть (101) (*with acc*); there is a special commission that ~s with such matters есть специа́льная коми́ссия, кото́рая рассма́тривает таки́е дела́; ‖ (*take care of*) занима́ться (64), *perf* заня́ться (233) (*with instr*); who usually ~s with such matters? кто обы́чно занима́ется таки́ми вопро́сами?; Mr. Brown himself always ~s with the important questions ми́стер Бра́ун всегда́ сам реша́ет ва́жные вопро́сы; **3.** (*concern*) каса́ться (64), *no perf* (*with gen*); the book ~s with a number of subjects в кни́ге рассма́тривается ряд вопро́сов; there is considerable literature ~ing with the question по э́тому вопро́су име́ется больша́я литерату́ра;

4. (*sell*) торговáть (243), *no perf* (*with instr*); this shop ~s in antiques э́тот магази́н торгу́ет антиквáрными предмéтами; the firm ~s in household goods / furniture э́та фи́рма торгу́ет предмéтами домáшнего обихóда / мéбелью.

dear *a* **1.** (*high in price*) дорогóй (33a); the gifts / flowers were not ~ подáрки / цветы́ бы́ли недороги́ми; I think two pounds is very ~ я считáю, что два фу́нта — э́то óчень дóрого; is it as ~ as that? неужéли так дóрого?; those things are always ~er in winter э́ти вéщи всегдá (стóят) дорóже зимóй; that's too ~ э́то сли́шком дóрого; that's not at all ~ э́то совсéм недóрого; { *fig*: the mistake cost him ~ э́та оши́бка ему́ дóрого стóила; **2.** (*loved*) дорогóй; his children were very ~ to him егó дéти бы́ли ему́ óчень дóроги; the tradition is ~ to the English people э́та тради́ция дорогá англи́йскому нарóду; **3.** (*as address*) дорогóй; my ~ friend мой дорогóй друг!; Dear Pete дорогóй Пéтя!; Dear Mary дорогáя Мари́я!; Dear Mother and Father дороги́е мáма и пáпа!; { *in official letters* уважáемый (31b); Dear Mr. Brown уважáемый ми́стер Брáун!; Dear Sirs уважáемые господá!

death смерть *f* (29b) [1) sudden внезáпная, unexpected неожи́данная, terrible ужáсная, untimely преждеврéменная, tragic траги́ческая, violent наси́льственная, natural естéственная; 2) hasten ускóрить, mourn оплáкивать]; after / before his ~ пóсле / до егó смéрти; they took his ~ very hard они́ тяжелó пережива́ли егó смерть; he was on, at the point of ~ он был при́ смерти; to the day of one's ~ до послéднего дня своéй жи́зни; he was condemned, sentenced to ~ егó пригովори́ли к смéртной кáзни; he was beaten / tortured to ~ егó изби́ли / заму́чили дó смерти; the prisoners were put to ~ плéнных казни́ли; a crime punishable by ~ преступлéние, котóрое карáется смéртной кáзнью; he died the ~ of a hero он у́мер смéртью герóя; it meant the ~ of all our hopes / plans э́то был конéц всех нáших надéжд/плáнов.

debt долг *m* (*sg* 4c, *pl* 4f) [1) small небольшóй, great, heavy большóй, outstanding неоплáченный; 2) acknowledge признáть, pay уплати́ть, repay отдáть]; he was heavily, deeply in ~ у негó бы́ли больши́е долги́; settle a ~ верну́ть долг; he was in ~ to all his friends он задолжáл (*with dat*) всем свои́м друзья́м; I owed him a ~ я был дóлжен ему́; he always tried to keep out of ~ он всегдá старáлся не дéлать долго́в; ⊙ **fall, run into** ~ влеза́ть (64) в долги́, *perf* влезть (111) в долги́.

deceive обма́нывать (65), *perf* обману́ть (129) (*with acc*); he tried to ~ us он хоте́л нас обману́ть; we were ~d by his appearance нас обману́ла его́ вне́шность; appearances are deceiving вне́шность ча́сто обма́нчива; you mustn't ~ yourself into thinking it will be easy не обма́нывайте себя́, рассчи́тывая на то, что э́то легко́.

December дека́брь *m* (2b); *see* April.

decide 1. (*settle, choose*) реша́ть (64), *perf* реши́ть (171) [1) *with acc* question вопро́с, matter де́ло; 2) definitely оконча́тельно, quickly бы́стро]; we cannot ~ such a serious question hastily мы не мо́жем поспе́шно реши́ть тако́й серьёзный вопро́с; I haven't yet ~d where to go for the summer я ещё не реши́л(а), куда́ пое́хать ле́том; you must ~ one way or the other вы должны́ реши́ть, да и́ли нет; it was ~d by a majority vote э́то бы́ло решено́ большинство́м голосо́в; what have you ~d on? что же вы реши́ли?; the court ~d in favour of, for / against the prisoner суд вы́нес реше́ние в по́льзу / про́тив подсуди́мого; **2.** (*resolve*) реши́ть (171); she ~d to become an actress она́ реши́ла стать актри́сой; they ~d not to go that day они́ реши́ли не е́хать в э́тот день.

decision реше́ние *n* (18c) [1) definite определённое, final оконча́тельное, quick бы́строе, sudden неожи́данное, wise му́дрое, correct пра́вильное, favourable благоприя́тное, unanimous единогла́сное, fair справедли́вое; 2) take, make приня́ть, change, alter измени́ть, reconsider пересмотре́ть]; we did not agree with the ~ мы не согласи́лись с э́тим реше́нием; what was the ~ on that question? како́е реше́ние бы́ло при́нято по э́тому вопро́су?; the ~ rests, lies with you реше́ние остаётся за ва́ми.

deck па́луба *f* (19c) [clean чи́стая, white бе́лая, broad широ́кая, slanting поло́гая]; they went up on ~ они́ подняли́сь на па́лубу; the third-class ~ was deserted на па́лубе тре́тьего кла́сса никого́ не́ было; we looked down from the ~ мы смотре́ли с па́лубы.

declare (*announce*) объявля́ть (223), *perf* объяви́ть (166) (*with acc*); ~ war on smb объяви́ть кому́-л. войну́; she ~d her intention to marry она́ объяви́ла о своём наме́рении вы́йти за́муж; he ~d that he would never return он заяви́л, что никогда́ бо́льше не вернётся.

deep *a* **1.** (*going far down*) глубо́кий (33b) [snow снег, well коло́дец, layer слой]; глубо́кая [dish, plate таре́лка, river река́, pit я́ма; wound ра́на]; глубо́кое [sea мо́ре, lake о́зеро]; глубо́кие [roots ко́рни]; the lake is three metres ~ о́зеро глубино́й в три ме́тра; the snow lay ~ in the valley снег в доли́не лежа́л то́лстым сло́ем; ‖ *fig* глубо́кий; ~ sleep / sigh глубо́кий сон / вздох; ~ thinker глубо́кий мысли́тель; ~ secret, mystery глубо́кая та́йна; ~ insight глубо́кое понима́ние; it made a ~ impression э́то произвело́ большо́е впечатле́ние; he made a ~ study of the question он глубоко́ изуча́л э́тот вопро́с; ~ in his heart глубоко́ в душе́; **2.** (*of sounds — low*) ни́зкий (33b) [voice го́лос, bass бас]; **3.** (*of colours — dark*) тёмный (31b); ~ blue тёмно-си́ний; ~ green тёмно-зелёный; **4.** (*occupied*) погружённый (31b) (in — в *with acc*); *usu short form is used*: he was ~ in thought он был погружён в свои́ мы́сли.

deer оле́нь *m* (3a) [young молодо́й, swift бы́стрый, wild ди́кий, wounded ра́неный]; hunt ~ охо́титься за оле́нем; shoot / wound a ~ подстрели́ть, уби́ть / ра́нить оле́ня.

defeat I *sb* (*overthrow*) пораже́ние *n* (18c) [1) complete по́лное, severe тяжёлое; 2) meet with потерпе́ть, admit призна́ть, inflict нанести́; 3) in a war в войне́, in a struggle в борьбе́, in a battle в би́тве, в бою́; in the election на вы́борах]; the battle ended in the complete ~ of the enemy сраже́ние око́нчилось по́лным пораже́нием врага́; they suffered a crushing ~ они́ бы́ли на́ голову разби́ты; the reason for their ~ причи́на их пораже́ния; lead to ~ привести́ к пораже́нию; they were threatened with complete ~ им грози́ло по́лное пораже́ние; ‖ (*failure*) круше́ние *n* (18c); ~ of plans / hopes / schemes круше́ние пла́нов / наде́жд / прое́ктов.

defeat II *v* наноси́ть (148) пораже́ние, *perf* нанести́ (113) пораже́ние [*with dat* enemy врагу́, army а́рмии, enemy forces вра́жеским си́лам, opponents проти́вникам]; ~ the rival team победи́ть кома́нду проти́вника; he was ~ed by a large majority он не прошёл большинство́м голосо́в.

defence защи́та *f* (19c) (against — от *with gen*); ~ against attack защи́та от нападе́ния; ~ against wind / rain / cold / disease защи́та от ве́тра / дождя́ / хо́лода / боле́зни; they hurried to our ~ они́ поспеши́ли к нам на по́мощь; in ~ of the plan / theory в защи́ту пла́на / тео́рии; in ~ of peace в защи́ту ми́ра; he had nothing to say in his own ~ ему́ не́чего бы́ло сказа́ть в свою́ защи́ту; ~ of children, the weak and aged защи́та дете́й, сла́бых и престаре́лых; { оборо́на *f*, *no pl* (19c) [1) stubborn упо́рная, strong мо́щная, weak сла́бая; 2) *with gen* of the country страны́, of the city го́рода]

defend 1. защища́ть (64), *perf* защити́ть (187) [1) *with acc* city го́род, country страну́, friend дру́га, cause де́ло, point of view то́чку зре́ния, theory тео́рию; 2) от *with gen* from, against all enemies от всех враго́в; 3) to the last до после́днего; bravely хра́бро, courageously му́жественно]; he ~ed what he considered to be right он защища́л то, что счита́л пра́вильным; **2.**: ~ oneself защища́ться (64), *perf* защити́ться (187):

definite определённый (31b) [answer отве́т, plan план, way спо́соб, hour час, day день]; определённая [purpose цель, policy поли́тика, opinion то́чка зре́ния]; определённое [time вре́мя, place ме́сто, quantity, amount коли́чество, attitude отноше́ние]; for a ~ period на определённый срок; could you be more ~? вы не могли́ бы говори́ть бо́лее определённо?; let's make it ~ дава́йте договори́мся определённо; there is nothing ~ (as) yet пока́ (ещё) нет ничего́ определённого.

degree 1. (*level, extent*) сте́пень *f* (29b); to a greater /lesser ~ в бо́льшей/ме́ньшей сте́пени; to a certain ~ до изве́стной сте́пени; to such a ~ до тако́й сте́пени; chemistry has developed to a remarkable ~ in the past few years за после́дние не́сколько лет хи́мия дости́гла необыча́йно высо́кого у́ровня; science has attained, reached a high ~ of development нау́ка дости́гла высо́кой сте́пени разви́тия; ⊙ **by ~s** постепе́нно; she became calmer by ~s она́ постепе́нно успоко́илась; **2.** (*division on thermometer*) гра́дус *m* (1f); it was two ~s below zero бы́ло два гра́дуса ни́же нуля́; the thermometer stood at thirty ~s below zero гра́дусник пока́зывал три́дцать гра́дусов ни́же нуля́; he has a temperature of over thirty-eight ~s у него́ температу́ра вы́ше тридцати́ восьми́ гра́дусов; **3.** (*scientific title*) сте́пень; he has, holds the ~ of doctor у него́ учёная сте́пень до́ктора (нау́к); the honorary ~ of doctor was conferred on him ему́ бы́ло присво́ено почётное зва́ние до́ктора; he took a ~ at Oxford University он око́нчил Оксфо́рдский университе́т.

delay I *sb* заде́ржка *f* (22f) [considerable больша́я, short, slight небольша́я, some кака́я-то]; a two-hour ~ заде́ржка на два часа́; the ~ was due to engine trouble заде́ржка произошла́ из-за неспра́вности мото́ра; cause, result in a ~ привести́ к заде́ржке; without ~ без заде́ржки.

delay II *v* 1. (*hold back*) заде́рживать (65), *perf* задержа́ть (47) (*with acc*); bad weather ~ed the construction work плоха́я пого́да задержа́ла строи́тельные рабо́ты; be ~ed заде́рживаться (65), *perf* задержа́ться (47); I was ~ed at the office я задержа́лся на рабо́те; the plane was ~ed by bad weather самолёт задержа́лся из-за плохо́й пого́ды; 2. (*postpone*) откла́дывать (65), *perf* отложи́ть (175) (*with acc*); you mustn't ~ нельзя́ откла́дывать; we had to ~ our journey a few days на́шу пое́здку пришло́сь отложи́ть на не́сколько дней.

delegate делега́т *m* (1e) [comes приезжа́ет, attends a conference прису́тствует на конфере́нции, speaks выступа́ет, votes голосу́ет, demands тре́бует, proposes предлага́ет]; send ~s to a congress / conference посла́ть делега́тов на съезд / конфере́нцию; the ~s from France / India делега́ты (из) Фра́нции / И́ндии.

delegation делега́ция *f* (23c) [1) foreign иностра́нная, trade торго́вая, trade-union профсою́зная; 2) *with gen* of workers рабо́чих; 3) arrives приезжа́ет, visits посеща́ет, negotiates ведёт перегово́ры].

delicate 1. (*fine*) то́нкий (33b) [china фарфо́р, flavour арома́т, scent за́пах; hint намёк]; то́нкая [work рабо́та, irony иро́ния]; то́нкие [features черты́ лица́, lace кружева́]; 2. (*weak*) сла́бый (31b) [child ребёнок]; сла́бое [health здоро́вье]; сла́бые [shoots ростки́]; { хру́пкий (33b); 3. (*soft, tender*) не́жный (31b) [flower цвето́к, complexion цвет лица́]; не́жная [skin ко́жа]; 4. (*ticklish*) щекотли́вый (31b) [question вопро́с]; щекотли́вое [situation положе́ние]; 5. (*precise*) чувстви́тельный (31b) [instrument прибо́р].

delight I *sb* восто́рг *m* (4d) [great большо́й, utmost полне́йший]; to the ~ of the children к восто́ргу дете́й; to the ~ of everybody к всео́бщему восто́ргу; the news was received with ~ но́вость была́ встре́чена с восто́ргом.

delight II *v*: be ~ed 1) (*be charmed*) восхища́ться (64) (*with instr*); we were ~ed by the performance мы бы́ли восхищены́ представле́нием; they were ~ed with everything they saw они́ восхища́лись всем уви́денным; she was ~ed with the gift онá былá восхищенá подáрком; 2) (*be happy*): I am ~ed to meet you я óчень рáд(а) познакóмиться с вáми; we shall be ~ed to have you with us мы бýдем óчень рáды, éсли вы бýдете с нáми; we were all ~ed at the news мы все óчень обрáдовались, когдá узнáли э́ту нóвость.

delightful (*of inanimate things*) замечáтельный (31b) [story расскáз, film фильм, day день]; замечáтельная [thing вещь, book кни́га, trip, journey поéздка, weather погóда, room кóмната]; замечáтельное [place мéсто, performance представлéние, dress плáтье]; we spent a ~ evening there мы замечáтельно провели́ там вéчер; we have had a ~ time мы замечáтельно провели́ врéмя; ‖ (*of people*) очаровáтельный (31b) [man человéк]; очаровáтельная [girl дéвушка]; очаровáтельные [children дéти].

deliver 1. (*bring*) доставля́ть (223), *perf* достáвить (168) [*with acc* letter письмó, telegram телегрáмму, parcel свёрток, посы́лку, goods товáры]; we can ~ all your purchases to your house мы мóжем достáвить (*with dat*) вам нá дом все вáши покýпки; milk / bread is ~ed to the house молокó / хлеб принóсят нá дом; **2.** (*give*) передавáть (63), *perf* передáть (214) (*with acc*); did you ~ my message? вы передáли то, что я проси́л(а)?; ◇ ~ **a lecture** читáть (64) лéкцию; *see* lecture **I**.

demand I *sb* **1.** (*claim, request*) трéбование *n* (18c) [1) reasonable разýмное, just справедли́вое, natural закономéрное, sudden неожи́данное, repeated многокрáтное, insistent упóрное; 2) make вы́двинуть, meet, satisfy, grant удовлетвори́ть, reject отклони́ть, consider рассмотрéть]; ~ for higher wages / shorter hours / better conditions трéбование (*with gen*) бóлее высóкой зарплáты / сокращéния рабóчего дня / лýчших услóвий; the money will be paid back on ~ дéньги бýдут возвращены́ по пéрвому трéбованию; **2.** (*need*) спрос *m, no pl* (1f) [1) big, large большóй, limited ограни́ченный, constant, steady постоя́нный, rising, increasing увели́чивающийся; 2) на *with acc* for labour на рабóчую си́лу, for consumers' goods на товáры ширóкого потреблéния, for cars на автомаши́ны, for high-quality foods на высококáчественные пищевы́е продýкты; 3) increases, rises увели́чивается, falls off снижáется; 4) satisfy, meet удовлетвори́ть]; there is a great ~ for books in our country в нáшей странé большóй спрос на кни́ги; new synthetic materials are in great ~ нóвые синтети́ческие тка́ни име́ют большо́й спрос.

demand II *v* тре́бовать (244), *perf* потре́бовать (244) [*with gen* answer отве́та, peace ми́ра, freedom свобо́ды, one's rights свои́х прав, higher wages повыше́ния зарпла́ты, shorter hours сокраще́ния рабо́чего дня]; he ~ed that we should give him an immediate answer он потре́бовал, что́бы мы отве́тили ему́ неме́дленно; this ~s serious thought / research э́то тре́бует серьёзного внима́ния / иссле́дования; we don't know what is ~ed of us мы не зна́ем, что от нас тре́буется; I am willing to pay whatever you ~ я гото́в(а) заплати́ть сто́лько, ско́лько вы потре́буете.

democracy демокра́тия *f* (23c); ⊙ **People's Democracies** стра́ны наро́дной демокра́тии.

democratic демократи́ческий (33b) [law зако́н, path of development путь разви́тия]; демократи́ческая [republic респу́блика, country страна́, system систе́ма, organization организа́ция, party па́ртия]; демократи́ческое [government прави́тельство, institution учрежде́ние]; демократи́ческие [views взгля́ды, ideas иде́и].

demonstration (*manifestation*) демонстра́ция *f* (23c) [1) tremendous огро́мная, people's всенаро́дная, organized организо́ванная, peaceful ми́рная, spontaneous стихи́йная, May-Day первома́йская; 2) begins начина́ется, is over конча́ется]; ~s were held, took place in many cities демонстра́ции состоя́лись во мно́гих города́х; thousands of people came out in a giant peace ~ ты́сячи люде́й вы́шли на демонстра́цию в защи́ту ми́ра.

dense густо́й (31a) [forest лес, fog тума́н, smoke дым]; густы́е [clouds облака́].

deny 1. (*refuse to acknowledge*) отрица́ть (64), *no perf*; he denied that he had seen me он отрица́л, что ви́дел меня́; you cannot ~ that he has always been your friend нельзя́ отрица́ть того́, что он всегда́ был ва́шим дру́гом; **2.** (*refuse to admit*) отверга́ть (64), *perf* отве́ргнуть (126) [*with acc* accusation, charge обвине́ние]; **3.** (*refuse to grant*) отка́зывать (65), *perf* отказа́ть (48) [в *with abl* request в про́сьбе]; ~ demand / claim отверга́ть тре́бование / прете́нзию; he denied himself everything он себе́ во всём отка́зывал.

department 1. (*section*) отде́л *m* (1f); women's clothing ~ отде́л же́нского пла́тья; gifts ~ отде́л пода́рков; ~ manager заве́дующий отде́лом; ⊙ ~ **store** универса́льный магази́н *m*

(1f), *usu* универмáг *m* (4c); **2.** (*part of university*) факультéт *m* (1f); ~ of physics and mathematics физико-математический факультéт; foreign language ~ факультéт инострáнных языкóв; **3.** (*ministry*) департáмент *m* (1f); Department of Education департáмент просвещéния; State Department Госудáрственный департáмент; ‖ (*governmental body*) вéдомство *n* (14c); police ~ полицéйское вéдомство.

depend 1. (*of conditions*) завúсеть (117), *no perf* [1) chiefly глáвным óбразом, entirely пóлностью, solely тóлько; 2) от *with gen* on you от вас, on the weather от погóды, on the conditions от услóвий, on the distance от расстоя́ния, on his ability от егó спосóбности]; that doesn't ~ on me э́то от меня́ не завúсит; it ~s on how hard you work э́то завúсит от тогó, скóлько вы бýдете рабóтать; it will ~ on where we go э́то завúсит от тогó, кудá мы поéдем; ‖ (*of help, support*) завúсеть; he ~s on his father / parents он завúсит от отцá / родúтелей; **2.** (*trust*) полагáться (64), *perf* положúться (175) (on — на *with acc*); you may ~ on him вы мóжете на негó положúться; is he to be ~ed on? на негó мóжно положúться? ‖ (*have faith*) рассчúтывать (65), *no perf* (on — на *with acc*); I ~ on you я на вас рассчúтываю; we are ~ing on you to get everything ready мы рассчúтываем, что вы всё приготóвите; I ~ed on you for the money я рассчúтывал(а), что вы дадúте мне дéнег; ◇ **that ~s!** как сказáть!

depth глубинá *f* (19g) [great большáя, usual обы́чная]; at a ~ of 30 metres на глубинé тридцатú мéтров; to a ~ of 30 metres на глубинý тридцатú мéтров; 30 metres in ~ глубинóй в трúдцать мéтров; measure the ~ измеря́ть глубинý; what is the ~ of this lake? каковá глубинá э́того óзера?

descend 1. (*go down*) спускáться (64), *perf* спустúться (162) [1) mountain с (*with gen*) горы́, stairs по (*with dat*) лéстнице; 2) into a mine в (*with acc*) шáхту, to the cellar в подвáл, to the bottom на (*with acc*) дно; 3) slowly мéдленно, rapidly, swiftly бы́стро, with difficulty с трудóм]; **2.** (*pass on*) переходúть (152), *perf* перейтú (206) [from father to son от отцá к сы́ну, from generation to generation от поколéния к поколéнию]; the estate had ~ed to him from his grandfather имéние перешлó к немý по наслéдству от дéда.

describe описывать (65), *perf* описа́ть (57) [1) *with acc* person челове́ка, place ме́сто, thing вещь, room ко́мнату, objects предме́ты, face лицо́, appearance вне́шность; 2) exactly, faithfully то́чно, poorly пло́хо, fully по́лно, in detail дета́льно]; it's difficult / impossible to ~ the scene in words тру́дно / невозмо́жно описа́ть э́ту сце́ну слова́ми; I can't ~ the effect her singing had on me я не могу́ переда́ть то впечатле́ние, кото́рое произвело́ на меня́ её пе́ние; he was ~d as a man of uncommon will-power он изображён челове́ком необыча́йной си́лы во́ли.

description описа́ние *n* (18c) [1) short, brief кра́ткое, detailed подро́бное, vivid я́ркое, humorous юмористи́ческое, unforgettable незабыва́емое; 2) *with gen* of a person челове́ка, of smb's appearance чьей-л. вне́шности, of a machine станка́, of the sea мо́ря, of the events собы́тий, of the scenery приро́ды, пейза́жа]; it is beyond ~ э́то не поддаётся описа́нию; the man answered to the ~ they had received вне́шность э́того челове́ка соотве́тствовала (тому́) описа́нию, кото́рое они́ получи́ли.

desert I *sb* пусты́ня *f* (20e) [vast обши́рная, boundless бескра́йняя]; live /grow in the ~ жить / расти́ в пусты́не; cross the ~ пересека́ть пусты́ню; transform a ~ into a garden преврати́ть пусты́ню в сад.

desert II *v* **1.** (*abandon*) оставля́ть (223), *perf* оста́вить (168) [*with acc* one's friends свои́х друзе́й, one's family свою́ семью́]; he could not ~ them in distress / in time of danger он не мог их оста́вить в беде́ / в мину́ту опа́сности; **2.** (*run away*) дезерти́ровать (245); they ~ed (from) the ship они́ дезерти́ровали с корабля́; they ~ed to the enemy они́ перешли́ на сто́рону врага́.

deserve заслу́живать (65) [1) *with gen* attention внима́ния, reward награ́ды, punishment наказа́ния, good treatment хоро́шего обраще́ния]; *perf* заслужи́ть (175) [*with acc* praise похвалу́, reward награ́ду, punishment наказа́ние, love любо́вь]; he hasn't ~d that from you он э́того от вас не заслужи́л; she ~d better она́ заслу́живала лу́чшей у́части, лу́чшего; we felt they ~d praise for what they had done мы счита́ли, что они́ заслужи́ли похвалу́ за то, что (они́) сде́лали.

design *sb* **1.** (*plan*) прое́кт *m* (1f) [1) *with gen* of, for a park па́рка, of, for a house до́ма; 2) draw черти́ть, draw up разрабо́тать]; 2. (*ornament*) узо́р *m* (1f) [1) complex сло́жный, simple просто́й, attractive краси́вый; 2) на *with abl* on the cloth на тка́ни, on the vase на ва́зе, on the wallpaper на обо́ях]; a ~ in colour цветно́й узо́р; a ~ in black and white узо́р чёрным по бе́лому.

desire *sb* (*wish*) жела́ние *n* (18c) [1) sincere и́скреннее, strange стра́нное, intense, strong си́льное; 2) *with inf* to help помо́чь, to be friends with us дружи́ть с на́ми]; I have no ~ to begin all over again у меня́ нет никако́го жела́ния начина́ть всё снача́ла; he had enough money to satisfy all his ~s у него́ бы́ло доста́точно де́нег, что́бы удовлетвори́ть все свои́ жела́ния; her only ~ was to see her children happy её еди́нственным жела́нием бы́ло ви́деть свои́х дете́й счастли́выми.

desk 1. (*at home, in office*) пи́сьменный стол *m* (1c) [antique стари́нный, office конто́рский]; a mahogany ~ пи́сьменный стол из кра́сного де́рева; papers on the ~ бума́ги на пи́сьменном столе́; he sat at a big ~ он сиде́л за больши́м пи́сьменным сто-ло́м; behind the ~ позади́ пи́сьменного стола́; 2. (*at school*) па́рта *f* (19c); the pupils sat two to a ~ учени́ки́ сиде́ли на па́ртах по́двое.

despair *sb* отча́яние *n* (18c) [deep глубо́кое, utter по́лное]; in ~ в отча́янии; he was filled with ~ им овладе́ло отча́яние; I was driven almost to ~ я чуть бы́ло не впа́л(а) в отча́яние.

desperate отча́янный (31b) [cry крик, battle бой]; отча́янная [attempt попы́тка]; отча́янное [effort уси́лие; position положе́ние, condition состоя́ние]; ~ person, man отча́явшийся челове́к; be / grow, become ~ быть / стать (*with instr*) отча́янным; the state of affairs is getting ~ положе́ние (дел) стано́вится отча́янным; the danger he was in made him ~ опа́сность, кото́рая ему́ угрожа́ла, сде́лала его́ отча́янным.

destroy уничтожа́ть (64), *perf* уничто́жить (174) [1) *with acc* document докуме́нт, evidence ули́ки, enemies враго́в, opponents проти́вников, buildings дома́, crop урожа́й; 2) completely по́лностью, partially части́чно, mercilessly беспоща́дно, deliberately наме́ренно]; the house was ~ed in a flood / fire / storm дом был уничто́жен во вре́мя (*with gen*) наводне́ния / пожа́ра / бу́ри; { разруша́ть (64), *perf* разру́шить (174) (*with acc*); we had to rebuild what was ~ed нам пришло́сь сно́ва стро́-

ить то, что было уничтожено; he felt his whole life was ~ed он думал, что вся его жизнь разрушена.

destruction разрушение *n* (18c) [1) wilful, deliberate намеренное, complete полное; 2) cause вызывать]; escape, avoid ~ избежать разрушения.

detail *sb* подробность *f* (29c); *usu pl* ~s подробности [1) all все, important, significant важные, minor второстепенные, technical технические; 2) leave out, omit опустить, include включить, tell рассказать; 3) *with gen* of a plan плана, of a report доклада, of a description описания, of a story рассказа, истории], describe in ~ подробно описать; I haven't time to explain in ~ мне некогда объяснять подробно; you needn't give all the ~s можно не сообщать всех подробностей; ⊙ **go into ~, enter into ~(s)** вдаваться в подробности.

determine 1. (*define*) определять (223), *perf* определить (164) [1) *with acc* size, extent размеры, time время, day день, amount количество, policy политику, attitude отношение, one's course of action линию поведения, outcome исход, result результат; 2) beforehand, in advance заранее, precisely точно, approximately, roughly приблизительно, for all time навсегда, at once сразу]; this ~d his fate это определило его судьбу; **2.** (*resolve*) решать (64), *perf* решить (46) [not to go не пойти, to leave at once сразу уехать, to try again попытаться снова; to sell their lives dearly дорого отдать свою жизнь]; I was ~d to do nothing of the kind я твёрдо решил(а) ничего подобного не делать; they were ~d to do everything in their power они решили сделать всё возможное.

develop 1. (*make larger, more mature, more perfect*) развивать (64), *perf* развить (180) [*with acc* agriculture сельское хозяйство, industry промышленность; high speeds большие скорости]; industry is, has been ~ed to a high degree промышленность высоко развита; industry has not yet been ~ed промышленность ещё мало развита; **2.** (*become larger, more mature, more perfect*) развиваться (64), *perf* развиться (180) [quickly, rapidly быстро, slowly медленно, gradually постепенно, physically физически, correctly правильно, well хорошо, poorly плохо]; country / trade / industry ~ed rapidly страна / торговля / промышленность быстро развива́лась; events were developing very slowly собы́тия развива́лись о́чень ме́дленно.

development (*growth*) разви́тие *n* (18c) [1) mental у́мственное, physical физи́ческое, economic экономи́ческое, political полити́ческое, historical истори́ческое, rapid бы́строе, slow ме́дленное, gradual постепе́нное; 2) *with gen* of science нау́ки, of art иску́сства; 3) arrest, stop приостанови́ть]; watch / follow the ~ наблюда́ть / следи́ть за разви́тием; a stage, step in the ~ эта́п в разви́тии; promote / prevent ~ спосо́бствовать / препя́тствовать разви́тию.

devote посвяща́ть (64), *perf* посвяти́ть (161) [1) *with acc* all one's time всё своё вре́мя, one's life свою́ жизнь; 2) *with dat* to studies заня́тиям, to research иссле́дованиям, to a cause де́лу; 3) wholly, entirely по́лностью, chiefly гла́вным о́бразом]; ~ oneself посвяща́ть себя́; she ~d herself to music / to her children она́ посвяти́ла себя́ му́зыке / свои́м де́тям.

devoted *a* пре́данный (31b) [father оте́ц, husband муж, friend друг]; пре́данная [mother мать, wife жена́]; she is ~ to her family она́ пре́дана свое́й семье́.

diamond бриллиа́нт *m* (1f) [1) sparkling искря́щийся, flashing сверка́ющий, pure чи́стый, black чёрный; 2) wear носи́ть]; a ~ of the first water бриллиа́нт чи́стой воды́; ~ ring бриллиа́нтовое кольцо́; ‖ алма́з *m* (1f).

dictionary слова́рь *m* (2b) [big большо́й, complete по́лный, pocket карма́нный, little кра́ткий]; use a ~ по́льзоваться словарём; look up a word in a ~ иска́ть сло́во в словаре́; I couldn't find the word in the ~ я не мог(ла́) найти́ э́того сло́ва в словаре́; English-Russian ~ а́нгло-ру́сский слова́рь; Russian-English ~ ру́сско-англи́йский слова́рь.

die *v* умира́ть (64), *perf* умере́ть (118) [1) от *with gen* of an illness от боле́зни, of, from wounds от ран; 2) за *with acc* for one's country за ро́дину, for one's ideals за свои́ идеа́лы]; he ~d young / poor он у́мер (*with instr*) молоды́м / бе́дным; he ~d fighting for freedom он у́мер, боря́сь за свобо́ду; what did she ~ of от чего́ она́ умерла́?; ‖ *fig*: I laughed so, I thought I'd ~ я так смея́лся, что ду́мал, что умру́; I'm dying for a drink *colloq* умира́ю, хочу́ пить; I'm dying to see the play *colloq* до́ смерти хо́чется посмотре́ть э́ту пье́су

difference ра́зница *f* (21c) [в *with abl* in temperature в температу́ре, in age в во́зрасте, in weight в ве́се, in price в цене́, in length в длине́]; I can't see any ~ between them я не ви́жу ме́жду ни́ми никако́й ра́зницы; it makes a great ~ э́то суще́ственная ра́зница; ‖ разли́чие *n* (18c) [1) slight незначи́тельное, great большо́е, considerable значи́тельное, some не́которое; 2) в *with abl* in character в хара́ктере, in opinion во мне́ниях, in conditions в усло́виях, in behaviour в поведе́нии, in one's approach в подхо́де, in one's attitude в отноше́нии, in one's appraisal в оце́нке]; what's the ~ between the words? в чём разли́чие ме́жду э́тими слова́ми?; ⊙ **make a** ~: it makes no ~ to me мне э́то безразли́чно; does it make any ~ to you? не всё ли вам равно́?; what ~ does it make? кака́я ра́зница?

different 1. (*not alike*, *not the same*) ра́зный (31b); *usu pl* ра́зные; live in ~ cities жить в ра́зных города́х; those are ~ questions / problems э́то ра́зные вопро́сы / пробле́мы; you may look at it from ~ points of view э́то мо́жно рассма́тривать с ра́зных то́чек зре́ния; we have ~ opinions on that subject у нас ра́зные мне́ния по э́тому вопро́су; it can be done in ~ ways э́то мо́жно сде́лать по-ра́зному; the words are ~ but the meaning is almost the same э́то ра́зные слова́, но их значе́ние почти́ одина́ково; the two things are quite ~ э́ти две ве́щи соверше́нно ра́зные; ‖ (*various*) разли́чный (31b); *usu pl* разли́чные [colours цвета́, things ве́щи, ideas мы́сли, opinions мне́ния]; we visited many ~ places and met ~ people мы посети́ли мно́го разли́чных мест и познако́мились с ра́зными, разли́чными людьми́; there may be ~ opinions on that subject по э́тому вопро́су мо́гут быть разли́чные мне́ния; **2.** (*another*, *other*) друго́й (33a), ино́й (31a) [way спо́соб, address а́дрес, question вопро́с]; друга́я, ина́я [life жизнь, food пи́ща, atmosphere атмосфе́ра]; друго́е, ино́е [matter де́ло]; put on a ~ coat! наде́нь(те) друго́е пальто́!; I can show you a ~ way я могу́ вам показа́ть друго́й путь; have you anything ~? у вас есть что́-нибудь друго́е?; she has become entirely ~ она́ ста́ла совсе́м друго́й; I have a ~ opinion on that subject у меня́ друго́е мне́ние по э́тому вопро́су; in ~ conditions в ины́х усло́виях, при други́х усло́виях; that's a ~ matter э́то (совсе́м) друго́е де́ло; it was quite ~ from what I had expected э́то бы́ло совсе́м не то, что я ожида́л(а).

difficult тру́дный (31b) [examination экза́мен, question вопро́с, lesson уро́к]; тру́дная [problem пробле́ма, task зада́ча, work рабо́та]; тру́дное [situation положе́ние, word сло́во]; it's too ~ for her для неё э́то сли́шком тру́дно; it's ~ to say тру́дно сказа́ть; it is a ~ thing to do / explain э́то тру́дно сде́лать / объясни́ть; it is a ~ question to answer на э́тот вопро́с тру́дно отве́тить; how ~ it is! как э́то тру́дно!; there is nothing ~ about it в э́том нет ничего́ тру́дного; he is a very ~ person он о́чень тяжёлый челове́к.

difficulty 1. (*quality of being difficult*) тру́дность *f* (29c); *usu pl* тру́дности; we didn't think of the difficulties мы не поду́мали о тру́дностях; the ~ of mastering a foreign language тру́дности овладе́ния иностра́нным языко́м; encounter, meet with difficulties встре́титься, столкну́ться с тру́дностями; overcome difficulties преодоле́ть тру́дности; it presents no ~ э́то не представля́ет никаки́х тру́дностей; the ~ lay in the fact that... тру́дность заключа́лась в том, что...; it caused additional difficulties э́то со́здало дополни́тельные тру́дности; I have ~ in learning / remembering / understanding мне тру́дно вы́учить / запо́мнить / поня́ть; we had ~ in finding the house нам бы́ло тру́дно найти́ дом; she had ~ in breathing ей бы́ло тру́дно дыша́ть; with ~ с трудо́м; he walked / ran / spoke / understood with ~ он ходи́л / бежа́л / говори́л / понима́л с трудо́м; without, with no ~ без труда́; I understood him without the slightest ~ я по́нял его́ без мале́йшего труда́; **2.** (*obstacle*) затрудне́ние *n* (18c); *often pl* затрудне́ния [1) great больши́е, serious серьёзные, considerable значи́тельные, unexpected неожи́данные, tremendous огро́мные, unavoidable неизбе́жные; financial де́нежные; 2) foresee предви́деть, overcome преодоле́ть]; a ~ arose возни́кло затрудне́ние; what's the ~? в чём затрудне́ние?

dig *v* копа́ть (64) [*with acc* ground зе́млю, hole я́му, grave моги́лу; potatoes карто́фель]; we had to ~ for over an hour нам пришло́сь копа́ть бо́льше ча́са; ~ **through** проры́ть (209) (*with acc*); a tunnel was dug through the mountain в горе́ был проры́т тунне́ль; ~ **up** выка́пывать (65), *perf* вы́копать (64a) (*with acc*); the box had been dug up and taken away я́щик вы́копали и унесли́.

dim 1. (*not bright*) ту́склый (31b) [light свет]; ту́склая [lamp ла́мпа]; **2.**

(*not clear*) смýтный (31b); смýтное [memory, recollection воспоминáние, perception, idea представлéние]; the events had grown ~ in her mind э́ти собы́тия стёрлись из её пáмяти; **3.** (*not distinct*) неясный (31b); неясная [shape, figure фигýра]; неясные [outlines очертáния].

dinner обéд *m* (1f) [1) tasty вкýсный, excellent превосхóдный; 2) is ready готóв, is on the table на столé, is, was over кóнчился; 3) order заказáть, make готóвить, bring нести́, serve подавáть]; it's time for ~ (ужé) порá обéдать; he has gone to ~ он пошёл обéдать; before ~ пéред обéдом; after ~ пóсле обéда; during ~ во врéмя обéда; at ~ за обéдом; a four-course ~ обéд из четырёх блюд; what will you have for ~? что вы хоти́те на обéд?; we invited him to ~ мы пригласи́ли его́ на обéд; he ate a big ~ он плóтно пообéдал; ⊙ **have** ~ обéдать (65), *perf* пообéдать (65); when / at what time do you have ~? когдá / в какóе врéмя вы обéдаете?; have you had ~? вы (ужé) обéдали?; they had ~ in a restaurant они́ пообéдали в ресторáне.

direct I *a* прямóй (31a) [road, path путь; train пóезд; answer отвéт, person человéк]; прямáя [line ли́ния, road дорóга; connection связь]; прямы́е [rays of the sun лучи́ сóлнца].

direct II *v* **1.** (*aim*) направля́ть (223), *perf* напрáвить (168) [*with acc* attention внимáние, thoughts мы́сли, gaze, eyes взор, efforts уси́лия, one's steps шаги́]; the book / his criticism is ~ed against his opponents кни́га / его́ кри́тика напрáвлена прóтив (*with gen*) его́ оппонéнтов; **2.** (*manage*) руководи́ть (153), *no perf* (*with instr* work рабóтой, affairs делáми, construction строи́тельством]; **3.** (*show way*) покáзывать (65) дорóгу, *perf* показáть (48) дорóгу; an old man ~ed them to the camp стари́к показáл (*with dat*) им дорóгу в лáгерь; can you ~ me to the underground? вы мне не покáжете дорóгу к метрó?; **4.** (*conduct orchestra, choir*) дирижи́ровать (245), *no perf* (*with instr*); who ~ed the orchestra? кто дирижи́ровал оркéстром?; **5.** (*address*) адресовáть (243); ~ smth to smb адресовáть что-л. комý-л.; the letter was ~ed to me письмó бы́ло адресóвано мне; his remark was not ~ed at anyone in particular его́ замечáние ни к комý в чáстности не относи́лось.

direction 1. (*course*) направлéние *n* (18c) [new нóвое, different другóе, opposite противополóжное, right пра́вильное, wrong непра́вильное]; walk / run / move / fly in the ~ of the city идти́ / бежа́ть / дви́гаться / лете́ть по направле́нию к (*with dat*) го́роду; all of them were going in the same ~ все они́ шли в одно́м направле́нии; they went in that ~ они́ пошли́ в э́том направле́нии; they were coming from all ~s они́ шли, е́хали со всех сторо́н; he has a good / poor sense of ~ он хорошо́ / пло́хо ориенти́руется; he has no sense of ~ он совсе́м не уме́ет ориенти́роваться; **2.** (*instruction*) указа́ние *n* (18c); *usu pl* ~s указа́ния [1) full подро́бные, exact то́чные, clear я́сные, written пи́сьменные, confusing противоречи́вые; 2) give дать, read чита́ть]; obey, follow ~s сле́довать указа́ниям; according to the ~s согла́сно указа́ниям; we have received no ~s мы не получи́ли никаки́х указа́ний; ‖ (*order*) распоряже́ние *n* (18c); the manager gave ~s that work was to be stopped дире́ктор о́тдал распоряже́ние прекрати́ть рабо́ту.

directly I *adv* **1.** (*straight*) пря́мо [look посмотре́ть, point указа́ть, lead вести́, go идти́, е́хать, influence влия́ть]; the animal was coming ~ at him зверь шёл пря́мо на него́; the light fell ~ on his face свет па́дал пря́мо на его́ лицо́; **2.** (*at once*) неме́дленно; they left ~ они́ неме́дленно вы́ехали.

directly II *conj colloq* (*as soon as*) как то́лько; let us know ~ you get to town да́йте нам знать, как то́лько (вы) прие́дете в го́род.

director 1. (*head of enterprise*) дире́ктор *m* (1h); go to the ~ пойти́ к дире́ктору; complain to the ~ жа́ловаться дире́ктору; speak to the ~ (по)говори́ть с дире́ктором; ask the ~ спроси́ть дире́ктора; he was made, appointed ~ он был назна́чен дире́ктором; **2.** (*orchestra leader*) дирижёр *m* (1e) [talented тала́нтливый, splendid великоле́пный, gifted одарённый, versatile многосторо́нний]; **3.** (*play producer*) режиссёр *m* (1e); ~ of the film / play режиссёр фи́льма / пье́сы.

dirty гря́зный (31b) [suit костю́м, handkerchief плато́к]; гря́зная [clothes оде́жда, room ко́мната, work рабо́та]; гря́зное [linen бельё, face лицо́, dress пла́тье]; гря́зные [hands ру́ки]; where did you get so ~? где вы так испа́чкались?; it was a ~ affair, business э́то бы́ло гря́зное де́ло.

disappear (*vanish*) исчеза́ть (64), *perf* исче́знуть

(125) [gradually постепе́нно, for ever навсегда́, altogether совсе́м]; he ~ed without leaving a trace он исче́з, не оста́вив никаки́х следо́в; where did you ~ to? куда́ вы исче́зли?; my hat has ~ed моя́ шля́па исче́зла; suddenly all his confidence ~ed внеза́пно вся его́ уве́ренность исче́зла; ‖ (*pass from view*) скрыва́ться (64), *perf* скры́ться (209); the sun ~ed behind a cloud со́лнце скры́лось за о́блаком; the ship ~ed from view парохо́д скры́лся и́з виду.

disappoint разочаро́вывать (65), *perf* разочарова́ть (243) (*with acc*); the exhibition ~ed us вы́ставка разочарова́ла нас; **2.**: be ~ed разочарова́ться (243) (in—в *with abl*); we are ~ed in him мы в нём разочарова́лись; they were ~ed at, with the results они́ бы́ли разочаро́ваны (*with instr*) результа́тами; we were ~ed at not seeing you there мы бы́ли разочаро́ваны, что вас там не ви́дели; we felt, were ~ed when the concert was put off мы расстро́ились, когда́ отложи́ли конце́рт; take / buy this coat, you won't be ~ed возьми́те / купи́те э́то пальто́, вы́ не бу́дете жале́ть; how ~ing! как доса́дно!

disappointment разочарова́ние *n* (18c) [complete по́лное, great большо́е, bitter го́рькое, terrible ужа́сное; 2) show показа́ть, conceal, hide скрыть]; to my ~ к своему́ разочарова́нию; the results were a ~ to us результа́ты не оправда́ли на́ших ожида́ний.

discover 1. (*get knowledge of hitherto unknown*) открыва́ть (64), *perf* откры́ть (209) [*with acc* continent матери́к, country страну́, sea мо́ре, way to split the atom спо́соб расщепле́ния а́тома]; **2.** (*find*) обнару́живать (65), *perf* обнару́жить (174) [1) *with acc* iron ore желе́зную руду́, oil нефть, theft кра́жу, defect недоста́ток, дефе́кт, mistake оши́бку, plot за́говор, hiding-place убе́жище, storehouse склад; 2) by accident случа́йно, too late сли́шком по́здно; 3) in the North на се́вере, deep in the earth глубоко́ в земле́, on the seashore на берегу́ мо́ря, in the forest в лесу́]; their escape was not ~ed until the next day их побе́г был обнару́жен то́лько на сле́дующий день; **3.** (*find out, learn*) узнава́ть (63), *perf* узна́ть (64) (*with acc*); if you can ~ anything about him, let us know е́сли вы смо́жете узна́ть о нём что-л., сообщи́те нам; we ~ed that they knew nothing of what had happened мы узна́ли, что им ничего́ не́ было изве́стно о том, что случи́лось; we have ~ed his real name мы узна́ли его́ настоя́щую фами́лию.

discovery откры́тие *n* (18c) [1) great вели́кое, important ва́жное, brilliant блестя́щее, epoch-making истори́ческое; 2) *with gen* of America Аме́рики, of the law of gravitation зако́на притяже́ния]; it was an amazing ~ to him для него́ э́то яви́лось удиви́тельным откры́тием; make a ~ сде́лать откры́тие; he made a number of discoveries он сде́лал ряд откры́тий; he is known for his scientific discoveries он изве́стен свои́ми нау́чными откры́тиями.

discuss обсужда́ть (64), *perf* обсуди́ть (152) [1) *with acc* matter, question вопро́с, plan план, problem пробле́му, results результа́ты, everything всё; 2) from all angles, sides со всех сторо́н]; ~ at length / frequently / heatedly обсужда́ть до́лго / ча́сто / бу́рно; we can ~ that later мы мо́жем обсуди́ть э́то поздне́е; we ~ed what we should do next мы обсуди́ли, что нам де́лать да́льше; that's not a question to be ~ed э́то вопро́с, не подлежа́щий обсужде́нию; I shan't ~ my reasons for refusing я не бу́ду обсужда́ть причи́ны своего́ отка́за; they held a meeting to ~ the situation они́ созва́ли совеща́ние, что́бы обсуди́ть созда́вшееся положе́ние.

discussion (*long talk*) обсужде́ние *n* (18c) [1) long дли́тельное, lively живо́е; 2) *with gen* of a book кни́ги, of a speech выступле́ния]; after a long ~ по́сле дли́тельного обсужде́ния; the question is still under ~ э́тот вопро́с всё ещё обсужда́ется; ‖ (*debate*) диску́ссия *f* (23c); hold, conduct a ~ проводи́ть диску́ссию; terminate / stop / renew the ~ зако́нчить / прекрати́ть / возобнови́ть диску́ссию; the matter caused much ~ э́тот вопро́с вы́звал большу́ю диску́ссию.

disease боле́знь *f* (29c) [1) chronic хрони́ческая, contagious зара́зная, dangerous опа́сная, terrible ужа́сная, serious серьёзная, fatal смерте́льная, hereditary насле́дственная, incurable неизлечи́мая, mental психи́ческая, occupational профессиона́льная; 2) treat лечи́ть, cure вы́лечить, eradicate, stamp out ликвиди́ровать, carry переноси́ть]; catch a ~ зарази́ться боле́знью; fight, combat a ~ боро́ться с боле́знью; children's ~ де́тская боле́знь; heart ~ боле́знь се́рдца.

dish **1.** (*porcelain*) *often collect pl* ~es посу́да *f*, *no pl* (19c) [beautiful краси́вая, dirty гря́зная, **deli-**

cate, fragile то́нкая]; clear, put away / wash the ~es убира́ть / мыть посу́ду; **2.** (*big plate, bowl*) блю́до *n* (14c); **3.** (*food*) блю́до [1) meat мясно́е, fish ры́бное; cold холо́дное, hot горя́чее, good, tasty вку́сное, favourite люби́мое, light лёгкое, special осо́бое, appetizing аппети́тное, national национа́льное; 2) cook, prepare гото́вить, choose вы́брать, prefer предпочита́ть].

distance расстоя́ние *n* (18c) [1) long, great большо́е, short небольшо́е; 2) cover покры́ть, walk пройти́]; at a ~ of two miles на расстоя́нии двух миль; what is the ~ between Moscow and Leningrad? каково́ расстоя́ние от Москвы́ до Ленингра́да?; it's quite a ~ э́то дово́льно далеко́; it's no ~ at all э́то совсе́м недалеко́; in the ~ вдали́; there was a river in the ~ вдали́ была́ река́; it's within walking ~ from my house от моего́ до́ма туда́ мо́жно дойти́ пешко́м; you must look at the picture from a ~ на э́ту карти́ну на́до смотре́ть и́здали.

distant (*not near*) отдалённый (31b) [sound звук, shot вы́стрел, noise шум]; отдалённое [place ме́сто; resemblance схо́дство]; ‖ (*very far away*) да́льний (32); ~ countries да́льние стра́ны; ~ relative да́льний ро́дственник; the ~ past далёкое про́шлое.

distinct 1. (*definite*) я́вный (31b) [progress прогре́сс]; я́вная [tendency тенде́нция]; я́вное [improvement улучше́ние]; **2.** (*clear*) отчётливый (31b) [sound звук]; his voice over the telephone wasn't very ~ его́ го́лос по телефо́ну был недоста́точно отчётлив.

distress *sb* (*sorrow*) го́ре *n* (15a); she was in great ~ у неё бы́ло большо́е го́ре; his behaviour was a great ~ to his mother его́ поведе́ние о́чень огорча́ло мать.

district райо́н *m* (1f) [manufacturing заводско́й, agricultural сельскохозя́йственный, poor бе́дный, rich бога́тый, residential жило́й, business делово́й, densely, thickly populated гу́стонаселённый]; the ~ has been built up considerably райо́н значи́тельно застро́ен; election ~ избира́тельный о́круг; ~ centre райо́нный центр; ~ council райо́нный сове́т.

disturb 1. (*trouble*) беспоко́ить (151) (*with acc*); I'm sorry to ~ you прости́те, что я вас беспоко́ю; her son's behaviour ~ed her поведе́ние сы́на беспоко́ило её; he was asleep and I didn't want to ~ him он спал, и я не хоте́л(а) его́ беспоко́ить; ‖ побеспоко́ить (151) (*with acc*); excuse me, I shall have to ~ you простите, я вас побеспокою; 2. (*interrupt*) мешать (64), *perf* помешать (64) (*with dat*); the noise in the next room ~ed us нам мешал шум в соседней комнате; will it ~ you if we talk? вам не помешает наш разговор?; you are not ~ing us at all вы нам совсем не мешаете.

divide делить (156), *perf* разделить (156) [*with acc* work работу, group группу, money деньги, things вещи, time время, land землю]; the river ~s the town into two parts река делит город на две части; the field is ~d into two equal halves поле разделено на две равные половины; the children are ~d into groups according to their age дети делятся на группы в зависимости от возраста; how much is 20 ~d by five? сколько будет двадцать, делённое на пять?; opinions are ~d мнения расходятся.

division 1. (*act of dividing*) разделение *n* (18c) [1) fair справедливое, unjust несправедливое; 2) *with gen* of labour труда; of the land земли, of property имущества, of responsibility ответственности, of power власти]; 2. (*section*) отдел *m* (1f); he works in our ~ он работает в нашем отделе; 3. (*part of army*) дивизия *f* (23c); several more ~s were sent to the front ещё несколько дивизий были отправлены на фронт.

do I 1. (*carry out*) делать (65), *perf* сделать (65); he did nothing all day весь день он ничего не делал; I shall do everything you say я сделаю всё, что вы говорите; we shall do our best мы сделаем всё возможное; what shall we do today? что мы будем сегодня делать?; I have very much to do мне многое нужно сделать; do whatever / as you like делайте что / как хотите; what are you doing? что вы делаете?; I don't know what to do я не знаю, что делать; this is what I did вот что я сделал(а); I wouldn't do that я бы так не сделал(а); do what, whatever you can for him! сделай(те) для него всё, что вы сможете!; do as I say! делай(те) как я вам говорю!; I did it yesterday я сделал это вчера; 2. (*work*) работать (65); what does your brother do? кем работает ваш брат?; II *aux, not translated*: do you live in Moscow? вы живёте в Москве?; I don't know him я его не знаю; III (*in requests*) *rendered by* прошу (вас); do come! приходите, прошу вас!; do tell us! прошу вас, расскажите!; IV *as verb-substitute, conveyed by Russian verb repeated*: I shall go if you do я пойду́, е́сли вы пойдёте; I don't know as much as he does я не зна́ю сто́лько, ско́лько он зна́ет; **do away** (*abolish*) поко́нчить (172) (with — с *with instr*); that sort of thing should be done away with с тако́го ро́да веща́ми должно́ быть поко́нчено; **do without** обходи́ться (152), *perf* обойти́сь (206) (без *with gen*); we shall have to do without him придётся обойти́сь без него́; you'll do without the book a few days вы обойдётесь без э́той кни́ги не́сколько дней; ◇ **do one's duty** выполня́ть (223) свой долг, *perf* вы́полнить (159) свой долг; *see* duty **I; do good** идти́ на по́льзу; it will do him good to get up early ему́ пойдёт на по́льзу, е́сли он бу́дет ра́но встава́ть; **have to do with** 1) (*have relations with*) име́ть де́ло с (*with instr*); I won't, don't want to have anything to do with him я не хочу́ име́ть с ним де́ла; 2) (*be connected*) име́ть отноше́ние к (*with dat*); he has nothing to do with it он не име́ет к э́тому никако́го отноше́ния; **it, that will do** 1) (*enough*) дово́льно; that will do, you may sit down! дово́льно, сади́тесь!;2) (*good enough*) годи́тся; will this dress do for the theatre? годи́тся ли э́то пла́тье для теа́тра?; that won't, will never do! э́то не годи́тся!

doctor *sb* **1.** (*medical*) врач *m* (7a) [1) experienced о́пытный, conscientious добросо́вестный, trust-worthy внуша́ющий дове́рие; 2) calls on, visits a patient посеща́ет больно́го, prescribes предпи́сывает, advises, recommends сове́тует, gives medicine выпи́сывает лека́рство, forbids запреща́ет, examines a patient's heart слу́шает се́рдце больно́го, examines a patient осма́тривает больно́го, treats a patient ле́чит больно́го, takes a patient's temperature ме́ряет больно́му температу́ру]; call a ~ вы́звать врача́; send for a ~ посла́ть за врачо́м; go to a ~ идти́ к врачу́; has the ~ called? врач уже́ был?; you need a ~ вам ну́жно пойти́ к врачу́; don't take that medicine without consulting a ~ без врача́ не принима́й(те) э́того лека́рства; I would discuss it with a ~ я бы поговори́л(а) об э́том с врачо́м; children's ~ де́тский врач; **2.** (*scientific degree*) до́ктор *m* (1h); Doctor of Science до́ктор нау́к.

dog *sb* соба́ка *f* (22a) [1) black чёрная, faithful пре́данная, terrible стра́шная, savage, fierce свире́пая, stray беспризо́рная, pedigreed поро́дистая; 2) barks ла́ет, howls во́ет, whimpers скули́т, bites куса́ется]; tie up / let loose / train a ~ привяза́ть / спусти́ть / учи́ть соба́ку; hunting ~ охо́тничья соба́ка; watch ~ сторожева́я соба́ка.

doll ку́кла *f* (19c) [pretty краси́вая, nice симпати́чная, wooden деревя́нная, talking говоря́щая]; give / hold / buy / break a ~ подари́ть / держа́ть / купи́ть / слома́ть, разби́ть ку́клу; ~'s house ку́кольный до́мик; she has a face like a ~ у неё ку́кольное лицо́.

dollar до́ллар *m* (1f); one ~ оди́н до́ллар; two ~s два до́ллара; five ~s пять до́лларов; thirty-one ~s три́дцать оди́н до́ллар; he earns ten ~s a day он зараба́тывает де́сять до́лларов в день; he gave me two ~s change он дал мне два до́ллара сда́чи; have you got change for a ~? вы не мо́жете разменя́ть до́ллар?; he charged me twelve ~s он взял с меня́ двена́дцать до́лларов; we paid in ~s мы (за)плати́ли до́лларами; that's equal to about four ~s э́то равно́ приблизи́тельно четырём до́лларам; a ~ and a half полтора́ до́ллара; less / more than a ~ ме́ньше / бо́льше до́ллара.

domestic *a* **1.** дома́шний (32); дома́шняя [life жизнь, work рабо́та]; дома́шние [cares забо́ты, troubles хло́поты]; ~ animals дома́шние живо́тные; ⊙ ~ **science** домово́дство *n* (14c); **2.** (*produced in one's country*) оте́чественный (31b); ~ goods / products оте́чественные това́ры / проду́кты; ~ production оте́чественное произво́дство; ~ brand оте́чественная ма́рка; ‖ (*within one's country*) вну́тренний (32); ~ trade вну́тренняя торго́вля; ~ affairs вну́тренние дела́.

door дверь *f* (29b) [open откры́тая, closed закры́тая, heavy тяжёлая, wide широ́кая, oak дубо́вая]; open / close / lock the ~ откры́ть / закры́ть / запере́ть дверь; close the ~ behind me! закро́йте за мно́й дверь!; leave the ~ open / ajar оста́вить дверь откры́той / приоткры́той; knock, rap on, at the ~ стуча́ть в дверь; stand at the ~ стоя́ть у две́ри; the ~ into the next room дверь в сосе́днюю ко́мнату; he saw her to the ~ он проводи́л её до две́ри; they closed / slammed the ~ in his face они́ закры́ли / захло́пнули дверь пе́ред его́ но́сом; ‖ *fig*: the ~s to fame opened before him пе́ред ни́м откры́лся путь к сла́ве; ⊙ **front** ~ пара́дное *n* (31b); they came in at, through the front ~ они́ вошли́ че́рез пара́дное; **back** ~ чёрный ход *m* (1k); **next** ~: he lives next ~ он живёт ря́дом; next ~ to the post-office ря́дом с по́чтой; **out**

of ~s на откры́том во́здухе.

double I *a* двойно́й (31a) [layer слой, blow уда́р]; двойна́я [door дверь, work рабо́та]; двойно́е [window окно́, quantity коли́чество]; ⊙ ~ **game** двойна́я игра́ *f* (19g).

double II *v* удва́ивать (65), *perf* удво́ить (151) [*with acc* efforts уси́лия, income дохо́д, amount, quantity коли́чество]; it will ~ our work э́то увели́чит на́шу рабо́ту вдво́е.

double III *adv* вдво́е бо́льше; everything cost ~ всё сто́ило вдво́е бо́льше; we shall have to pay ~ the amount, price нам придётся плати́ть вдво́е бо́льше; it will take us ~ the time э́то займёт у нас вдво́е бо́льше вре́мени.

doubt I *sb* сомне́ние *n* (18c) [some не́которое, great большо́е, grave серьёзное, slight небольшо́е]; there is no ~ без сомне́ния; I have no ~ that you will succeed у меня́ нет сомне́ний в том, что вам э́то уда́стся; there is not much ~ about it в э́том нет больши́х сомне́ний; no ~ безусло́вно; it was beyond ~ э́то бы́ло вне вся́кого сомне́ния; you think, no ~, that I am wrong безусло́вно, вы счита́ете, что я не прав; you will, no ~, help us безусло́вно, вы помо́жете нам; I have ~s as to his sincerity у меня́ есть сомне́ния насчёт его́ и́скренности; the results are still in ~ результа́ты ещё не ясны́.

doubt II *v* сомнева́ться (64), *no perf* (в *with abl*); ~ the truth of smth сомнева́ться в пра́вильности чего́-л.; ~ the facts сомнева́ться в пра́вильности фа́ктов; we do not ~ your ability мы не сомнева́емся в ва́ших спосо́бностях; I don't ~ that he wrote it himself я не сомнева́юсь в том, что он написа́л э́то сам; I ~ whether they will succeed сомнева́юсь, что э́то им уда́стся; I ~ that that was what he meant сомнева́юсь, что он хоте́л э́то сказа́ть; I have ~ed him all along я всё вре́мя в нём сомнева́лся.

dove го́лубь *m* (3e).

down I *adv* (*of direction*) вниз; he ran ~ and opened the door он побежа́л вниз и откры́л дверь; she looked ~ and did not answer она́ смотре́ла вниз и не отвеча́ла.

down II *prep*: go / run ~ the hill идти́ / бежа́ть **вниз по** (*with dat*) холму́; she fell ~ the stairs она́ упа́ла **с** (*with gen*) ле́стницы; they live ~ the street они́ живу́т **да́льше по** (*with dat*) э́той у́лице; they went on ~ the road они́ пошли́ да́льше по доро́ге; the tears ran ~ her cheeks слёзы катились по её щекáм.

dozen дю́жина *f* (19c); half a ~ полдю́жины; a ~ eggs / oranges дю́жина (*with gen*) яи́ц / апельси́нов; he used to buy them by the ~ он их покупáл дю́жинами; ~s of times мно́го раз; ~s of people деся́тки людéй.

drag *v* **1.** (*pull along*) тащи́ть (173), *no perf* [1) *with acc* stone кáмень, logs брёвна, box я́щик, boat ло́дку, cart телéгу, man человéка; 2) hardly, scarcely едвá, slowly мéдленно, with difficulty с трудо́м, by a great effort с больши́м уси́лием; 3) into the room в ко́мнату, out of the room из ко́мнаты; to the third floor на четвёртый этáж; 4) by the hand зá руку, by the hair зá волосы]; she ~ged the child by the hand онá тащи́ла ребёнка зá руку; I don't want to be ~ged into the affair я не хочу́, что́бы меня́ вмéшивали в э́то дéло; **2.** (*pass slowly*) мéдленно тяну́ться (129); time ~ged (on) врéмя мéдленно тяну́лось; the days / years ~ged by дни / го́ды мéдленно тяну́лись.

draw I *v* (*pull*) тащи́ть (173) [1) *with acc* cart телéгу, boat ло́дку; 2) slowly мéдленно, with difficulty с трудо́м]; the horse drew the cart up the hill with difficulty ло́шадь с трудо́м тащи́ла телéгу в го́ру; ~ **aside** отводи́ть (152) в сто́рону, *perf* отвести́ (219) в сто́рону (*with acc*); he drew me aside он отвёл меня́ в сто́рону; ~ **back** отступáть (64), *perf* отступи́ть(169); he drew back a few paces он отступи́л на нéсколько шаго́в; the enemy drew back враг, неприя́тель отступи́л; ~ **on** натя́гивать (65), *perf* натяну́ть (129) (*with acc*); she drew on her gloves онá натяну́ла перчáтки; ~ **oneself up** вы́прямиться (165);he drew himself up он вы́прямился; ◇ ~ **a conclusion** дéлать (65) вы́вод, *perf* сдéлать (65) вы́вод; I don't want to ~ any conclusions я не хочу́ дéлать никаки́х вы́водов; ~ **to a close, end** подходи́ть (152) к концу́; ~ **a deep breath** глубоко́ вздохну́ть (130).

draw II *v* **1.** (*of artistry*) рисовáть (243), *perf* нарисовáть (243) [1) *with acc* picture карти́ну, face лицо́, dog собáку, tree дéрево, house дом, caricature карикату́ру; 2) well хорошо́, poorly пло́хо, excellently отли́чно; 3) *with instr* with a pencil карандашо́м, with a piece of chalk мéлом; 4) на, в *with abl* on the wall на стенé, in a sketch-book в альбо́ме]; **2.** (*of draughting*) черти́ть (192), *perf* начерти́ть (192) [*with acc* diagram диагрáмму, plan план]; ~ **up** составля́ть (223), *perf* соста́вить (168) [*with acc* document докуме́нт, agreement соглаше́ние, contract догово́р, will завеща́ние].

dreadful ужа́сный (31b) [fire пожа́р, wind ве́тер, day день, person челове́к]; ужа́сная [accident катастро́фа, tragedy траге́дия, weather пого́да, loss поте́ря, thing вещь]; ужа́сное [earthquake землетрясе́ние, collision столкнове́ние, attitude отноше́ние]; he had many ~ experiences in the war на войне́ ему́ пришло́сь пережи́ть мно́го ужа́сного; she looked simply ~ *colloq* она́ вы́глядела про́сто ужа́сно.

dream I *sb* **1.** (*in sleep*) сон *m* (1d) [bad плохо́й, pleasant прия́тный, funny смешно́й, foolish глу́пый, terrible стра́шный]; I had a ~ about you я вас ви́дел во сне́; **2.** (*cherished hope*) мечта́ *f* (19h, *gen pl* мечта́ний); it is my ~ э́то моя́ мечта́; their ~s came true их мечты́ сбыли́сь; she had ~s of becoming an actress она́ мечта́ла стать актри́сой.

dream II *v* **1.** сни́ться (158), *perf* присни́ться (158); I ~ed that I was in a dark forest мне сни́лось, что я в тёмном лесу́; am I ~ing? э́то мне сни́тся?; you must have dreamt it вам э́то, наве́рно, присни́лось; ‖ ви́деть (109) во сне́, *perf* уви́деть (109) во сне́; I ~ed about you last night вчера́ я ви́дел(а) вас во сне́; **2.** (*imagine, long for*) мечта́ть (64), *no perf* (of — о *with abl*); he ~ed of being home again он мечта́л о возвраще́нии домо́й; she ~ed of going to Italy она́ мечта́ла пое́хать в Ита́лию; he ~ed of success and fame он мечта́л об успе́хе и сла́ве; **3.** (*think*) приходи́ть (152) в го́лову, *perf* прийти́ (206) в го́лову; I never ~ed of seeing you here мне не приходи́ло в го́лову, что я вас здесь уви́жу; I didn't ~ of offending you мне не приходи́ло в го́лову вас обижа́ть; I shouldn't ~ of going alone мне не пришло́ бы в го́лову пойти́ одному́, одно́й.

dress I *sb* (*frock*) пла́тье *n* (18d) [1) cotton хлопчатобума́жное, silk шёлковое, woollen шерстяно́е, nylon нейло́новое, beautiful краси́вое, charming преле́стное, fashionable мо́дное, light лёгкое, simple, plain просто́е, white бе́лое, cheap дешёвое, expensive дорого́е, clean чи́стое, worn поно́шенное, torn рва́ное, favourite люби́мое, summer ле́тнее, evening вече́рнее; 2) costs сто́ит, hangs виси́т, lies лежи́т, looks new вы́глядит но́вым; 3) buy купи́ть, alter переде́лать, clean чи́стить, wash стира́ть, iron гла́дить, hang пове́сить, put on наде́ть, take off снять, wear носи́ть, try on приме́рить, change переоде́ть]; this ~ is too small / big for me э́то пла́тье мне сли́шком мало́ / велико́; the ~ doesn't fit пла́тье пло́хо сиди́т; what colour is your new ~? како́го цве́та ва́ше но́вое пла́тье?; the ~ is becoming to her э́то пла́тье ей идёт; she couldn't afford the ~ пла́тье ей бы́ло не по карма́ну; I am having two ~es made я шью себе́ два пла́тья.

dress II *v* **1.** (*put clothes on smb*) одева́ть (64), *perf* оде́ть (116) (*with acc*); she ~ed the children она́ оде́ла дете́й; **2.** (*put clothes on oneself*) одева́ться (64), *perf* оде́ться (116) [quickly бы́стро, hastily поспе́шно, warmly тепло́, neatly аккура́тно]; she was warmly ~ed она́ была́ тепло́ оде́та; it took him ten minutes to ~ ему́ пона́добилось де́сять мину́т, что́бы оде́ться, ‖ (*wear clothes*) одева́ться, *no perf* [well хорошо́, simply про́сто, modestly скро́мно, fashionably мо́дно]; she always ~ed well она́ всегда́ хорошо́ одева́лась; she was ~ed in white она́ была́ в бе́лом; he was ~ed in a long coat and a black hat он был в дли́нном пальто́ и чёрной шля́пе; he was ~ed in a uniform он был в фо́рме.

drink I *sb* напи́ток *m* (4d) [cold холо́дный, refreshing освежа́ющий, pleasant прия́тный, alcoholic алкого́льный]; may I have a ~ of water? мо́жно мне вы́пить воды́?; we had a ~ of beer мы вы́пили пи́ва.

drink II *v* пить (180), *perf* вы́пить (186) [from, out of a glass из стака́на, from, out of a cup из ча́шки]; ~ water / milk / wine пить (*with acc*) во́ду / молоко́ / вино́; ~ a glass of milk вы́пить (*with acc*) стака́н молока́; ~ water / beer вы́пить (*with gen*) воды́ / пи́ва; I'd like something cold to ~ я хоте́л(а) бы вы́пить чего́-нибудь холо́дного; ⊙ ~ **(a toast) to smb** вы́пить за чьё-л. здоро́вье.

drive *v* **1.** (*urge, force*) гнать (94), *no perf* (*with acc*); they drove the cattle to the river они́ гна́ли скот к реке́; the enemy was driven out of the country враг был и́згнан из страны́; **2.** (*control*) управля́ть (223), *no perf* [*with instr* car маши́ной, tractor тра́ктором, engine парово́зом]; **3.** (*ride*) е́хать (71), *no perf*; we were driving along a broad highway мы е́хали по широ́кому шоссе́; ~ **across** переезжа́ть (64), *perf* перее́хать (71); ~ **away** уезжа́ть (64), *perf* уе́хать (71);

~ **by** е́хать ми́мо, *perf* прое́хать (71) ми́мо; they drove by us они́ прое́хали ми́мо нас; ~ **off** уезжа́ть, *perf* уе́хать; ~ **past** проезжа́ть (64), *perf* прое́хать; ~ **up** подъезжа́ть (64), *perf* подъе́хать (71).

driver води́тель *m* (3a) [experienced о́пытный, skilful уме́лый, careless неосторо́жный]; taxi ~ води́тель такси́; tractor ~ трактори́ст *m* (1e); engine ~ машини́ст *m* (1e).

drop I *sb* **1.** (*of liquid*) ка́пля *f* (20f, *gen pl* ка́пель) [*with gen* of water воды́, of perspiration по́та]; she drank it to the last ~ она́ вы́пила всё до после́дней ка́пли; ~s of rain ка́пли дождя́; { (*medicine*) ка́пли *no sg* (20d); the doctor prescribed some ~s for his heart врач прописа́л ему́ серде́чные ка́пли; take ten ~s a day принима́йте по де́сять ка́пель в день; **2.** (*sudden fall*) пониже́ние *n* (18c) [1) sudden внеза́пное, unexpected неожи́данное, sharp ре́зкое, slight небольшо́е; 2) *with gen* in prices цен, in temperature температу́ры].

drop II *v* **1.** (*let fall*) роня́ть (223), *perf* урони́ть (160) [*with acc* glass стака́н, cup ча́шку, handkerchief плато́к]; you've ~ped something! вы что́-то урони́ли!; careful, don't ~ that vase! осторо́жнее, не урони́те э́ту ва́зу!; { *fig*: please, ~ this letter into a pillar-box! опусти́те, пожа́луйста, э́то письмо́ в почто́вый я́щик!; **2.** (*fall*) па́дать (65), *perf* упа́сть (55) [на *with acc* to the ground на зе́млю, to the floor на́ пол]; leaves / apples / blossoms ~ ли́стья / я́блоки / цветы́ па́дают; my watch ~ped into the water мой часы́ упа́ли в во́ду; **3.** (*give up*) броса́ть (64), *perf* бро́сить (149) (*with acc*); he ~ped his work / studies он бро́сил рабо́ту / учёбу; he has ~ped smoking он бро́сил кури́ть; { (*interrupt*) прекраща́ть (64), *perf* прекрати́ть (161) (*with acc*); let's ~ the argument! прекрати́м э́тот спор!; let's ~ the subject! оста́вим э́ту те́му!; **4.** (*become lower*) снижа́ться (64), *perf* сни́зиться (189); prices are ~ping це́ны снижа́ются; the temperature has ~ped температу́ра сни́зилась; his voice ~ped to a whisper его́ го́лос пони́зился до шёпота; ~ **in** заходи́ть (152), *perf* зайти́ (206); I must ~ in at the library мне ну́жно зайти́ в (*with acc*) библиоте́ку; ~ in if you are in the neighbourhood заходи́те, е́сли (вы) бу́дете побли́зости!; ◇ ~ **a line** черкну́ть не́сколько строк; *see* line **I** 6.

drown 1. (*die in water*) тону́ть (129), *perf* утону́ть

(129); he is ~ing! он тóнет!; she almost ~ed онá чуть не утонýла; he saved the children from ~ing он спас тонýвших детéй; 2. (*cause to die in water*) топи́ть (169), *perf* утопи́ть (169) (*with acc*); they wanted to ~ him они́ хотéли утопи́ть егó; 3. (*be stronger than*) заглушáть (64), *perf* заглуши́ть (171) (*with acc*); the noise in the hall ~ed his voice шум в зáле заглушáл егó гóлос.

dry I *a* **1.** (*not wet*) сухóй (33a) [climate кли́мат, air вóздух]; сухáя [road дорóга, soil земля́; clothes одéжда; skin кóжа; weather погóда]; сухóе [throat гóрло; linen бельё, towel полотéнце; summer лéто]; сухи́е [hair вóлосы, lips гýбы; fields поля́]; we sat near the fire until we were ~ мы сидéли у кострá, покá не обсóхли; keep your feet ~! не промочи́те нóги!; his mouth was ~ у негó во ртý бы́ло сýхо; ~ year засýшливый год; ⊙ ~ land сýша (25a); **2.** (*dull*) скýчный (31b) [person человéк]; скýчная [lecture лéкция, subject тéма].

dry II *v* **1.** суши́ть (175), *perf* вы́сушить (172) [*with acc* linen бельё, vegetables óвощи, hair вóлосы]; **2.** (*wipe*) вытирáть (64), *perf* вы́тереть (122) [1) *with acc* hands рýки, feet нóги, dishes посýду; 2) *with instr* on a towel полотéнцем, with a napkin салфéткой, with one's handkerchief носовы́м платкóм]; she stopped crying and dried her eyes онá перестáла плáкать и вы́терла глазá; ~ **up** высыхáть (64), *perf* вы́сохнуть (128); the rivers and the wells had dried up рéки и колóдцы вы́сохли; we had to wait for the roads to ~ up пришлóсь ждать, покá не вы́сохли дорóги.

duck *sb* ýтка *f* (22c); shoot a ~ подстрели́ть ýтку; raise, breed ~s разводи́ть ýток.

dull *a* **1.** (*stupid*) тупóй (31a) [pupil учени́к, person человéк, look взгляд]; **2.** (*not sharp*) тупóй [knife нож]; тупáя [razor бри́тва, needle игóлка]; become ~ затупи́ться; **3.** (*uninteresting*) скýчный (31b) [film фильм, story расскáз, report доклáд, speaker доклáдчик]; скýчная [book кни́га, play пьéса, party вечери́нка, work рабóта, lecture лéкция, conversation бесéда, music мýзыка, life жизнь]; скýчное [meeting заседáние, repetition of facts повторéние фáктов]; why are you so ~ today? почемý вы сегóдня такóй скýчный, такáя скýчная?; **4.** (*grey, clouded*) пáсмурный (31b) [day день]; пáсмурная [weather погóда]; **5.** (*muffled*) глухóй (33a) [sound звук, explosion взрыв].

dumb немо́й (31a).

during *prep* (*throughout*) *with gen*: ~ his whole life **в тече́ние** всей его́ жи́зни; ~ the last three days в тече́ние после́дних трёх дней; ~ the last few years в тече́ние после́дних не́скольких лет; ‖ (*in the course of*) *with gen*: no one spoke ~ the dinner никто́ не говори́л **во вре́мя** обе́да; he was wounded twice ~ the war во вре́мя войны́ он был два́жды ра́нен; someone must have been here ~ my absence наве́рное, кто́-то был здесь в моё отсу́тствие.

dust *sb* пыль *f*, *no pl* (29c); a thick layer of ~ то́лстый слой пы́ли; a thin film of ~ то́нкий слой пы́ли; the furniture was covered with ~ ме́бель была́ покры́та пы́лью; she brushed, wiped the ~ from the book она́ смахну́ла пыль с кни́ги; she beat the ~ out of the carpets она́ вы́била пыль из ковро́в; she swept up the ~ она́ смела́ пыль; the trucks raised a cloud of ~ грузовики́ по́дняли о́блако пы́ли; everything was thick with ~ всё бы́ло покры́то то́лстым сло́ем пы́ли; the ~ got into my eyes пыль попа́ла мне в глаза́.

Dutch *a* голла́ндский (33b).

Dutchman голла́ндец *m* (10b).

duty I *sb* **1.** (*obligation*) долг *m* (*sg* 4c, *pl* 4f) [1) public обще́ственный, sacred свяще́нный, moral мора́льный, first, primary перве́йший; 2) forces, compels заставля́ет, obliges обя́зывает]; children's ~ to their parents долг дете́й по отноше́нию к (*with dat*) роди́телям; my ~ as a teacher / officer / scientist... мой долг учи́теля / офице́ра / учёного...; I feel it is, I consider it my ~ to tell you / warn you (я) счита́ю свои́м до́лгом сказа́ть вам / предупреди́ть вас; he has a strong sense of ~ у него́ си́льно ра́звито чу́вство до́лга; ⊙ **do, fulfil one's** ~ вы́полнить (159) свой долг; he did, fulfilled his ~ to his country он испо́лнил свой долг пе́ред (*with instr*) ро́диной; **2.** (*function*) обя́занность *f* (29c); *often pl* обя́занности [1) public, social обще́ственные, official служе́бные, domestic дома́шние, numerous многочи́сленные, pressing неотло́жные; 2) carry out, perform выполня́ть]; neglect one's duties не выполня́ть свои́х обя́занностей; shirk one's duties уклони́ться от свои́х обя́занностей; he forgot / remembered his duties он забы́л / вспо́мнил о свои́х обя́занностях; ⊙ **be on** ~ дежу́рить (178), *no perf*, быть на дежу́рстве; **go on / off** ~ нача́ть / ко́нчить дежу́рство; **man on** ~ деж́урный *m* (31b); doctor on ~ деж́урный врач; officer on ~ деж́урный офицéр.

duty II *sb* (*tax*) пóшлина *f* (19c); pay ~ плат́ить пóшлину; a ~ is imposed on all such articles, all such articles are subject to ~ все подóбные предмéты облаѓаются пóшлиной.

duty-free: these goods are ~ эти товáры не облагáются пóшлиной.

E

each кáждый (31b) [day день, time раз, city гóрод]; кáждая [part часть, side сторонá, country странá]; кáждое [word слóво, letter письмó, proposal предложéние]; at ~ station на кáждой стáнции; ~ of you / us / them кáждый из вас / нас / них; books cost two shillings ~ кáждая кн́ига стóит два ш́иллинга; the fare is fifty dollars ~ way билéт стóит пятьдеся́т дóлларов в од́ин конéц; ⊙ ~ **other** друг др́уга; look for / love / hate / respect ~ other искáть / люб́ить / ненав́идеть / уважáть друг др́уга; we can help ~ other мы мóжем помóчь друг др́угу; they are exactly like ~ other он́и óчень похóжи друг на др́уга.

eager: be ~ óчень хотéть (133), *perf* захотéть (133); they were ~ to meet the author / to show their work to everyone / to be home again им óчень хотéлось познакóмиться с áвтором / показáть всем свою́ рабóту / снóва быть дóма; I wasn't ~ to begin all over again мне не óчень хотéлось начинáть всё сначáла; be ~ for knowledge жáждать (*with acc*) знáний.

eagle орёл *m* (1b); mountain ~ гóрный орёл; ~ eye орл́иный глаз.

ear 1. (*organ of hearing*) ́ухо *n* (*sg* ́уха, ́уху, ́ухо, ́ухом, ́ухе, *pl* ́уши, ушéй, ушáм, ́уши, ушáми, ушáх); *usu pl* ~s ́уши [long дл́инные, red крáсные]; his ~s became red у негó покраснéли ́уши; I didn't believe my own ~s я не вéрил(а) сóбственным ушáм; my ~s are ringing у меня́ звен́ит в ушáх; my ~s are cold у меня́ замёрзли ́уши; he took the boy by the ~ он взял мáльчика зá ухо; he whispered a few words in her ~ он шепн́ул ей нá ухо нéсколько слов; ⊙ **in at one ~ and out at the other** в однó ́ухо вошлó, в другóе в́ышло; **2.** (*ability to distinguish sound*) слух *m*, *no pl* (4c) [good хоро́ший, excellent прекра́сный, sharp то́нкий]; he has a good ~ for music у него́ хоро́ший музыка́льный слух; she has no ~ for music у неё нет слу́ха; play by ~ игра́ть по слу́ху, на слух; we strained our ~s but could hear nothing мы напрягли́ слух, но ничего́ не могли́ услы́шать.

early I *a* ра́нний (32) [hour час, breakfast за́втрак, train по́езд]; ра́нняя [spring весна́, autumn о́сень]; ра́ннее [summer ле́то, development разви́тие]; ра́нние [vegetables о́вощи]; it was still ~ бы́ло ещё ра́но; you are ~ вы ра́но пришли́; it's too ~ to judge the results ещё (сли́шком) ра́но суди́ть о результа́тах; in the ~ part of the 19th century в нача́ле девятна́дцатого ве́ка; ⊙ **at your earliest convenience** как мо́жно ра́ньше.

early II *adv* **1.** (*not late*) ра́но [get up встава́ть, go to bed ложи́ться спать, have breakfast за́втракать, leave уйти́, уе́хать, come home прийти́ домо́й]; ~ in the morning ра́но у́тром; ~ one morning одна́жды ра́но у́тром; the shops close ~ on Saturdays по суббо́там магази́ны закрыва́ются ра́но; come ~! приходи́(те) пора́ньше!; **2.** (*near beginning*) в нача́ле; ~ in the month / year / summer в нача́ле ме́сяца / го́да / ле́та.

earn 1. (*get wages, etc.*) зараба́тывать (65), *perf* зарабо́тать (65) [much мно́го, very little о́чень ма́ло, enough доста́точно, £ 400 a year четы́реста фу́нтов в год]; how much does he ~? ско́лько он зараба́тывает?; he ~ed good pay он хорошо́ зараба́тывал; ⊙ ~ **one's living** зараба́тывать себе́ на жизнь; **2.** (*merit, deserve*) заслужи́ть (175) [*with acc* good rest хоро́ший о́тдых, praise похвалу́, trust дове́рие, award награ́ду].

earth 1. (*also* Earth; *planet*) Земля́ *f* (20b); round the ~ вокру́г Земли́; **2.** (*ground*) земля́; buried deep in the ~ зары́то глубоко́ в земле́; the leaves were falling to the ~ ли́стья па́дали на зе́млю; high above the ~ высоко́ над землёй; **3.** (*world, land and sea*) свет *m* (1f); from all corners of the ~ со всех концо́в све́та; the happiest man on ~ счастли́вейший челове́к на све́те; ◇ **how on ~?** *colloq* каки́м о́бразом?; how on ~ did you find out? каки́м о́бразом вы узна́ли (об э́том)?; **why on ~?** *colloq* с како́й ста́ти?; why on ~ should I do that? с како́й ста́ти я до́лжен, должна́ э́то де́лать?

ease *sb* **1.**: at ~ свобо́дно; he was at ~ in any company он чу́вствовал себя́ свобо́дно в любо́м о́бществе; he didn't feel at ~ он чу́вствовал себя́ нело́вко; ⊙ **be, feel ill at** ~ нело́вко себя́ чу́вствовать (244); *see* ill; **2.**: with ~ легко́; he could solve any problem with ~ он легко́ мог реши́ть любу́ю зада́чу.

easily легко́ [learn smth научи́ться чему́-л., get tickets доста́ть биле́ты, do the job сде́лать (э́ту) рабо́ту, find the house найти́ дом]; you can ~ see why вы легко́ поймёте, почему́; you can ~ get to the theatre in half an hour за полчаса́ вы легко́ смо́жете добра́ться до теа́тра.

east *sb* восто́к *m* (4c); in the ~ на восто́ке; go to the ~ е́хать на восто́к; the town lies to the ~ of Moscow э́тот го́род располо́жен к восто́ку от (*with gen*) Москвы́; from the ~ с восто́ка; from ~ to west с восто́ка на за́пад; an ~ wind восто́чный ве́тер; the ~ side of the house восто́чная сторона́ до́ма.

eastern *a* восто́чный (31b) [coast бе́рег, custom обы́чай]; восто́чная [side сторона́]; восто́чное [country госуда́рство].

easy (*not difficult*) лёгкий (33b) [question вопро́с, way спо́соб]; лёгкая [task зада́ча, work рабо́та, game игра́]; лёгкое [solution реше́ние]; that's ~ э́то легко́; it won't be ~ to do э́то бу́дет нелегко́ сде́лать; languages are ~ for him ему́ легко́ даю́тся языки́; it was no ~ job э́то была́ нелёгкая зада́ча; that's the easiest way э́то са́мый лёгкий спо́соб; he gave her easier work to do он дал ей бо́лее лёгкую рабо́ту; ⊙ **easier said than done** ле́гче сказа́ть, чем сде́лать.

eat (*take food*) есть (212), *perf* съесть (212) [1) *with acc* fish ры́бу, chicken ку́рицу, meat мя́со, apple я́блоко, potatoes карто́фель, fruit фру́кты, everything всё, cheese sandwich бутербро́д с сы́ром; 2) little ма́ло, much мно́го, quickly бы́стро, slowly ме́дленно; 3) *with instr* with a fork ви́лкой, with one's hands рука́ми; 4) *with abl* in the kitchen на ку́хне, in the restaurant в рестора́не]; she doesn't ~ well она́ пло́хо ест; you haven't ~en anything вы ничего́ не съе́ли; I don't want anything to ~ я не хочу́, мне не хо́чется есть; where can we get something to ~? где нам пое́сть?; what did you have to ~? что вы е́ли?; { *often conveyed by Russian verbs* за́втракать (65), *perf* поза́втракать (65), обе́дать (65), *perf* пообе́дать (65);he didn't ~ his, any breakfast он не за́втракал; we usually ~ in мы обы́чно обе́даем до́ма; I shall ~ out today я сегóдня обéдаю не дóма; do you want to ~ now? хотите сейчáс пообéдать?; we shall ~ when we get back мы пообéдаем, когдá вернёмся.

economic экономи́ческий (33b); экономи́ческая [geography геогрáфия, policy поли́тика, independence незави́симость]; экономи́ческое [condition положéние, development разви́тие].

edge *sb* (*boundary*, *limit*) край *m* (13a) [*with gen* of table столá, of chair стýла]; on the ~ of a precipice на краю́ прóпасти; at the ~ of the lake на берегý óзера; the ~ of the forest опýшка (*f* 22f) лéса.

edition издáние *n* (18c) [first пéрвое, new нóвое, revised испрáвленное, abridged сокращённое, cheap дешёвое, pocket кармáнное, two-volume двухтóмное]; publish, bring out a new ~ выпускáть (64) нóвое издáние, *perf* вы́пустить (163) нóвое издáние; an ~ of 25,000 copies тирáж (в) двáдцать пять ты́сяч экземпля́ров; a complete ~ of Shakespeare пóлное собрáние сочинéний Шекспи́ра.

editor редáктор *m* (1e); chief ~ глáвный редáктор; associate ~ замести́тель редáктора; newspaper / magazine ~ редáктор газéты / журнáла.

education 1. (*schooling*) образовáние *n* (18c) [1) elementary, primary начáльное, secondary срéднее, general óбщее, all-round всесторóннее, vocational профессионáльное, commercial коммéрческое, music музыкáльное, university университéтское; 2) receive, get получи́ть, complete закóнчить, continue продолжáть, have right to имéть прáво на]; system of ~ систéма образовáния; a man, person of no ~ человéк без образовáния; ‖ (*instruction*) обучéние *n* (18c) [1) pre-school дошкóльное, universal всеóбщее, compulsory обязáтельное, free бесплáтное, eight-year восьмилéтнее; 2) pay for плати́ть за]; ⊙ **higher** ~ вы́сшее образовáние; **2.** (*breeding*, *upbringing*) воспитáние *n* (18c) [proper, correct прáвильное]; one's character depends in part on one's ~ харáктер человéка отчáсти зави́сит от егó воспитáния.

effect *sb* резýльтáт *m* (1f); ⊙ **have an** ~ подéйствовать (on—на *with acc*); the sea air had a very good ~ on him морскóй вóздух óчень хорошó на негó подéйствовал; my words had little ~ on her мои́ словá мáло на неё подéйствовали; this will have no ~ on my decision э́то не повлия́ет на моё решéние.

effort уси́лие *n* (18c) [heroic герои́ческое, tremendous огрóмное, last послéднее];

{ уси́лия *pl* [constant постоя́нные, vain, ineffectual тще́тные]; it cost him much ~ э́то сто́ило ему́ больши́х уси́лий; it won't require much ~ э́то не потре́бует больши́х уси́лий; by continued ~ цено́й постоя́нных уси́лий; ⊙ **make an** ~ прилага́ть (64) уси́лия, *perf* приложи́ть (175) уси́лия; I shall make every possible ~ я приложу́ все уси́лия; **without** ~ без труда́.

egg яйцо́ *n* (16c, *gen pl* яи́ц) [1) fresh све́жее, bad ту́хлое, raw сыро́е, hard-boiled круто́е, boiled варёное; 2) boil вари́ть, break разби́ть]; soft-boiled ~ яйцо́ всмя́тку; fried ~s яи́чница *f* (21c); scrambled ~s омле́т *m* (1f); white of ~ бело́к *m* (4f); yellow of ~ желто́к *m* (4f).

eight во́семь (39c); ~ days во́семь дней; ~ people во́семь челове́к; ~ and four is, makes twelve во́семь плюс четы́ре равня́ется двена́дцати, бу́дет двена́дцать; ~ times ten is eighty во́семью де́сять бу́дет во́семьдесят, во́семь умно́жить на де́сять бу́дет во́семьдесят; ~ from sixteen is, leaves ~ от шестна́дцати отня́ть во́семь бу́дет во́семь; sixteen minus ~ is, leaves ~ шестна́дцать ми́нус во́семь бу́дет во́семь; eighty-~ во́семьдесят во́семь; ~ hundred восемьсо́т (39e); there are ~ of us нас во́семь челове́к; ~ of us во́семь (челове́к) из нас; he / she is ~ years old ему́ / ей во́семь лет; the clock struck ~ часы́ проби́ли во́семь; it is a quarter / twenty minutes to ~ без че́тверти / двадцати́ мину́т во́семь; it is a quarter / twenty minutes / half past ~ че́тверть / два́дцать мину́т / полови́на девя́того; it is just ~ (o'clock) сейча́с ро́вно во́семь (часо́в); you must be here at ~ (o'clock) sharp вы должны́ быть здесь ро́вно в во́семь (часо́в).

eighteen восемна́дцать (39c); *see* eight.

eighty во́семьдесят (39d); *see* eight, thirty.

either I *pron* **1.** (*any*) любо́й (31a) [boy ма́льчик; way спо́соб; suit костю́м]; люба́я [road доро́га, side сторона́]; любо́е [decision реше́ние, time вре́мя]; ~ of you can go любо́й из вас мо́жет пойти́, пое́хать; ~ will do любо́й, люба́я подойдёт; you may go by ~ road вы мо́жете пойти́ по любо́й доро́ге; **2.** (*both*) о́ба *m*, о́бе *f*, о́ба *n* (39i); I don't like ~ of the houses мне о́ба до́ма не нра́вятся, ни оди́н из э́тих домо́в мне не нра́вится; we don't need ~ of these things о́бе э́ти ве́щи нам не нужны́.

either II *adv* то́же; I don't know ~ я то́же не

зна́ю; I didn't like it ~ мне э́то то́же не понра́вилось.

either III *conj*: ~... or... и́ли..., и́ли...; ~ today or on Monday и́ли сего́дня, и́ли в понеде́льник; ~ at work or at home и́ли на рабо́те, и́ли до́ма; { *in neg sentences* ни..., ни...; I haven't seen ~ him or his son я не ви́дел ни его́, ни его́ сы́на.

elect *v* (*choose by vote*) избира́ть (64), *perf* избра́ть (42) [1) *with acc* chairman председа́теля, president президе́нта, members чле́нов, representative представи́теля; 2) *with instr* by secret ballot та́йным голосова́нием, by a large majority подавля́ющим большинство́м голосо́в; 3) unanimously единогла́сно]; he was ~ed chairman его́ избра́ли (*with instr*) председа́телем; he was ~ed to parliament / congress его́ избра́ли в (*with acc*) парла́мент / конгре́сс.

election (*voting*) вы́боры *no sg* (1f) [next сле́дующие, coming предстоя́щие, last после́дние; general всео́бщие, annual ежего́дные]; the ~ will be held, take place in March вы́боры состоя́тся в ма́рте ме́сяце; at, in the ~ на вы́борах, во вре́мя вы́боров; ~ campaign предвы́борная кампа́ния.

electric электри́ческий (33b) [current ток, wire про́вод, light свет]; электри́ческая [energy эне́ргия, lamp ла́мпа, razor бри́тва, stove пли́тка]; электри́ческое [lighting освеще́ние]; электри́ческие [clock часы́]; ~ railway электрифици́рованная желе́зная доро́га; ~ power plant электроста́нция *f* (23c).

elephant слон *m* (1a).

eleven оди́ннадцать (39c); *see* eight.

else *adv* ещё; who ~ was there? кто ещё был там?; what ~ do you need? что ещё вам ну́жно?; someone ~ кто́-нибудь ещё; it must have been someone ~ наве́рное, э́то был кто́-то друго́й; somewhere ~ где́-нибудь ещё; we'll have to look somewhere ~ придётся поиска́ть ещё в друго́м ме́сте; tell us something ~! расскажи́(те) нам что́-нибудь ещё!; nothing ~ бо́льше ничего́; she wanted to travel more than anything ~ бо́льше всего́ она́ хоте́ла путеше́ствовать.

emergency: in an ~ в слу́чае необходи́мости; ~ case э́кстренный слу́чай; ~ measures э́кстренные ме́ры.

employ (*engage*) нанима́ть (64), *perf* наня́ть (233) (*with acc*); he was ~ed immediately его́ сра́зу наня́ли; be ~ed рабо́тать (65), служи́ть (175); she is ~ed in a publishing house она́ рабо́тает в изда́тельстве.

empty *a* пусто́й (31a) [bus авто́бус, house дом, hall зал]; пуста́я [bottle буты́лка, room ко́мната, car маши́на, street у́лица]; пусто́е [seat ме́сто]; the hall was half ~ зал был наполови́ну пуст.

enable дать (214) возмо́жность (*with dat*); the money he earned ~d him to travel де́ньги, кото́рые он зарабо́тал, да́ли ему́ возмо́жность путеше́ствовать; the investigation will ~ us to draw theoretical conclusions э́то иссле́дование даст нам возмо́жность сде́лать теорети́ческие вы́воды.

encounter ста́лкиваться (65), *perf* столкну́ться (130); ~ difficulties / opposition столкну́ться с (*with instr*) тру́дностями / сопротивле́нием; they ~ed unexpected obstacles они́ натолкну́лись на (*with acc*) неожи́данные препя́тствия.

end I *sb* коне́ц (9c) [1) happy счастли́вый, sad печа́льный, strange стра́нный, usual обы́чный; 2) forget забы́ть, know знать, remember по́мнить, understand поня́ть; 3) *with gen* of a book кни́ги, of a film фи́льма, of a letter письма́, of a story расска́за, of a street у́лицы, of the day дня, of winter зимы́, of the year го́да, of one's life жи́зни]; the ~ is clear / interesting коне́ц я́сен / интере́сен; the ~ shows.../ explains... в конце́ пока́зывается.../ объясня́ется...; at the ~ в конце́; by, towards the ~ к концу́; from (the) beginning to (the) ~ с нача́ла до конца́; at both ~s на обо́их конца́х; from both ~s с обо́их концо́в; he went to the ~ of the road он дошёл до конца́ доро́ги; ⊙ **come to an** ~ конча́ться (64), *perf* ко́нчиться (172); the play came to an ~ пье́са ко́нчилась; **put an ~ to smth** положи́ть (175) коне́ц (*with dat*) чему́-л.; **in the ~** в конце́ концо́в; ◇ **make both ~s meet** своди́ть (152) концы́ с конца́ми, *perf* свести́ (219) концы́ с конца́ми; for years they could hardly make both ~s meet они́ года́ми едва́ своди́ли концы́ с конца́ми.

end II *v* конча́ться (64), *perf* ко́нчиться (172); the road ~s here доро́га конча́ется здесь; everything ~ed happily всё ко́нчилось хорошо́; how does the story ~? чем конча́ется расска́з?; I don't know how all this will ~ не зна́ю, чем всё э́то ко́нчится; the game ~ed in a draw игра́ ко́нчилась вничью́; it ~ed by our going there ко́нчилось тем, что мы пошли́ туда́.

enemy враг *m* (4e) [dangerous опа́сный, political полити́ческий]; his bitter ~ его́ злейший враг; defeat / beat / destroy the ~

победи́ть / разби́ть / уничто́жить врага́; fight (against) the ~ боро́ться с враго́м; he had many enemies у него́ бы́ло мно́го враго́в; his enemies attacked him его́ враги́ вы́ступили про́тив него́; ~ forces / planes / troops вра́жеские си́лы / самолёты / войска́.

engineer инжене́р *m* (1e) [chief гла́вный; mining го́рный, experienced о́пытный, qualified квалифици́рованный, capable спосо́бный]; electrical ~ инжене́р-эле́ктрик; civil ~ инжене́р-строи́тель; he is working as chief ~ он рабо́тает гла́вным инжене́ром.

English I *sb* **1.** (*language*) англи́йский язы́к (4g); know / study ~ знать / изуча́ть англи́йский язы́к; read / speak / write / understand ~ чита́ть / говори́ть / писа́ть / понима́ть по-англи́йски; translate from ~ into Russian переводи́ть с англи́йского языка́ на ру́сский; ~ teacher учи́тель англи́йского языка́; what is the ~ for "стол"? как по-англи́йски „стол"?; **2.** *nationality*): the ~ англича́не *pl* (1o).

English II *a* англи́йский (33b) [people наро́д, writer писа́тель, custom обы́чай]; англи́йская [book кни́га, literature литерату́ра, industry промы́шленность]; англи́йское [government прави́тельство, art иску́сство]; ~ history исто́рия А́нглии; with an ~ accent с англи́йским акце́нтом; I am ~ я англича́нин, англича́нка.

enjoy 1. получа́ть (64) удово́льствие, *perf* получи́ть (173) удово́льствие [от *with gen* performance от спекта́кля, party от ве́чера]; we ~ed the trip very much мы получи́ли большо́е удово́льствие от пое́здки; did you ~ the book? вам понра́вилась кни́га?; I have ~ed seeing you again мне бы́ло прия́тно сно́ва повида́ться с ва́ми; **2.**: ~ oneself хорошо́, прия́тно проводи́ть (152) вре́мя, *perf* хорошо́, прия́тно провести́ (219) вре́мя; we ~ed ourselves very much, greatly мы о́чень хорошо́ провели́ вре́мя; good-bye, ~ yourselves! до свида́ния, жела́ю вам прия́тно провести́ вре́мя!

enormous огро́мный (31b) [building дом, city го́род, success успе́х]; огро́мная [sum су́мма, price цена́, difference ра́зница, loss поте́ря]; огро́мное [quantity коли́чество, change измене́ние]; the cost was ~ э́то сто́ило огро́мных де́нег.

enough I *a* доста́точный (31b); he hasn't ~ experience у него́ нет доста́точного о́пыта; { *often conveyed by* доста́точно *followed by Russian noun in gen*; ~ people/ money / paper / time / space / opportunities доста́точно людéй / дéнег / бумáги / врéмени / мéста / возмóжностей; ‖ *as predicative*; *often conveyed by verb* хватáть; that's ~ хвáтит; I'm afraid there isn't, won't be ~ боюсь, что не хвáтит; there wasn't ~ for everybody всем не хватило; it's just ~ как раз хвáтит; that's quite ~ этого вполнé хвáтит, этого вполнé достáточно; that's more than ~ это бóльше, чем достáточно.

enough II *adv* достáточно; it was warm ~ было достáточно тепло́; fast ~ достáточно быстро; I don't know him well ~ я его знáю недостáточно хорошо́; would you be kind ~ to help me? вы не бýдете так добры помочь мне?; that's good ~ for me это меня устрáивает.

enter 1. (*come, go into*) входить (152), *perf* войти (206) [в *with acc* house в дом, building в здáние]; we noticed her as soon as she ~ed the room мы её замéтили, как тóлько онá вошлá в кóмнату; **2.** (*join, become student*) поступить (147) (в *with acc*); he ~ed the university in 1947 он поступил в университéт в тысяча девятьсóт сóрок седьмóм годý; ~ **into** входить в, *perf* войти в (*with acc*); that didn't ~ into our plans это не входило в нáши плáны; does that ~ into the cost of the ticket? вхóдит ли это в стóимость билéта?; ◇ ~ **one's mind, head** приходить (152) комý-л. в гóлову, *perf* прийти (206) комý-л. в гóлову; it didn't ~ my mind that he would go to the station мне не пришлó в гóлову, что он поéдет на вокзáл.

entire (*with indefinite article*) цéлый (31b) [day день, month мéсяц, year год]; цéлая [week недéля]; цéлое [summer лéто]; ~ books have been written on the question цéлые томá посвящены этому вопрóсу; ‖ (*with definite article*) весь (41e) [day день]; вся [week недéля]; всё [summer лéто]; the ~ book is devoted to the question вся книга посвященá этому вопрóсу; the ~ second part вся вторáя часть.

entirely (*absolutely*) совершéнно; that is ~ wrong это совершéнно непрáвильно; you are ~ mistaken вы совершéнно непрáвы; I forgot about it ~ я совершéнно забыл(а) об этом; I disagree ~ я совершéнно не соглáсен, не соглáсна.

entrance (*doorway*) вход *m* (1f); main ~ глáвный вход; at the ~ у вхóда; the ~ to the theatre / museum вход в теáтр / музéй; No ~! вход запрещён!; there is no ~ fee вход бесплáтный.

equal *a* (*same in measure*) ра́вный (31b); ра́вные [parts ча́сти, sides сто́роны]; divide into two ~ parts разделить на две ра́вные ча́сти; ~ rights ра́вные права́; ~ pay одина́ковая зарпла́та; an ~ number, amount ра́вное коли́чество; the forces were not ~ си́лы бы́ли нера́вными; on ~ terms на ра́вных нача́лах.

escape *v* **1.** (*get free*) бежа́ть (74), *perf* убежа́ть (74); the prisoner ~d пле́нный бежа́л; no one could ~ from the island никто́ не мог убежа́ть с э́того о́строва; they ~d to the woods они́ убежа́ли в лес; **2.** (*avoid*) избега́ть (64), *perf* избежа́ть (74) [*with gen* punishment наказа́ния, justice правосу́дия, consequences после́дствий, death сме́рти]; we barely ~d being caught нас едва́ не пойма́ли; they wanted to ~ from the heat of the city они́ хоте́ли спасти́сь от духоты́, жары́ в го́роде.

especially осо́бенно; it was ~ important / interesting / necessary бы́ло осо́бенно ва́жно / интере́сно / ну́жно; it was ~ cold / hot бы́ло осо́бенно хо́лодно / жа́рко; an ~ difficult task осо́бенно тру́дная зада́ча; ~ in spring / at night / after dinner осо́бенно весно́й / но́чью / по́сле обе́да; ~ when he is tired осо́бенно, когда́ он уста́л; we enjoyed the theatre ~ нам осо́бенно понра́вился теа́тр.

Europe Евро́па *f* (19c).

European *a* европе́йский (33b); ~ countries европе́йские стра́ны.

even *adv* **1.** (*still*) да́же [better лу́чше, worse ху́же, more бо́льше, less ме́ньше, faster быстре́е, higher вы́ше]; **2.** да́же; ~ now да́же сейча́с; ~ in summer да́же ле́том; ~ in his sleep да́же во сне́; clear ~ to a child да́же ребёнку я́сно; they didn't ~ smile они́ да́же не улыбну́лись; they knew they couldn't finish in time ~ if they worked day and night они́ зна́ли, что не зако́нчат во́время, да́же е́сли они́ бу́дут рабо́тать и днём и но́чью; he didn't understand it ~ after I explained он не по́нял э́того да́же по́сле того́, как я ему́ объясни́л(а); ~ though he knew... хотя́ он и знал...

evening ве́чер *m* (1*l*) [beautiful прекра́сный, warm тёплый, winter зи́мний]; every ~ ка́ждый ве́чер; the whole ~ весь ве́чер; in the ~ ве́чером; late in the ~ по́здно ве́чером; at seven o'clock in the ~ в семь часо́в ве́чера; (on) Sunday ~ в воскресе́нье ве́чером; one ~ одна́жды ве́чером; this ~ сего́дня ве́чером; yesterday / tomorrow ~ вчера́ / за́втра ве́чером; two ~s ago позавчера́ ве́чером; towards ~ к ве́черу; we spent the ~ at home мы провели́ ве́чер до́ма; ~ school вече́рняя шко́ла; ~ dress вече́рнее пла́тье; ⊙ good ~! до́брый ве́чер!

event (*occurrence*) собы́тие *n* (18c) [1) happy ра́достное, important ва́жное, historical истори́ческое, outstanding выда́ющееся; 2) takes place происхо́дит]; mark / celebrate an ~ отме́тить / отпра́здновать собы́тие; it was a great ~ in his life э́то бы́ло больши́м собы́тием в его́ жи́зни; current ~s теку́щие собы́тия; ◇ **in any** ~ во вся́ком слу́чае; **in either** ~ в любо́м слу́чае.

ever *in interrogative expressions* когда́-нибудь; have you ~ seen him before? вы когда́-нибудь ра́ньше ви́дели его́?; have you ~ been there? вы когда́-нибудь бы́ли там?; if you ~ see him... е́сли вы когда́-нибудь уви́дите его́...; ‖ *in negative expressions* никогда́; no one ~ asked him его́ никто́ никогда́ не спра́шивал; nothing of the kind had ~ happened to him ничего́ подо́бного с ним никогда́ (ра́ньше) не случа́лось; she hardly ~ comes here она́ почти́ никогда́ сюда́ не прихо́дит; ‖ *in comparisons* когда́-либо; more than ~ бо́льше, чем когда́-либо; busier than ~ бо́лее за́нят, занята́, чем когда́-либо; ◇ **for** ~ навсегда́; I shall remember it for ~ я запо́мню э́то навсегда́.

every ка́ждый (31b) [man челове́к, day день, house дом]; ка́ждая [street у́лица, opportunity возмо́жность]; ка́ждое [morning у́тро, letter письмо́, suggestion, proposal предложе́ние]; ~ two or three days ка́ждые два — три дня; ~ few minutes ка́ждые не́сколько мину́т; he comes home late ~ night ка́ждый ве́чер он по́здно возвраща́ется домо́й; ~ person we spoke to ка́ждый челове́к, с кото́рым мы разгова́ривали; ~ time we went there... ка́ждый раз, когда́ мы туда́ ходи́ли...; ◇ ~ **now and then** вре́мя от вре́мени.

everybody все *pl* (41e); ~ knows that все э́то зна́ют; it was clear to ~ всем бы́ло я́сно; there is enough for ~ всем хва́тит; has ~ got a ticket? у всех есть биле́ты?; he's that way with ~ он так поступа́ет со все́ми; we must think of ~ мы должны́ поду́мать обо всех; ~ else is ready все остальны́е гото́вы; ~ hasn't got that much money не у всех сто́лько де́нег.

everyday *a* обы́чный (31b) [occurrence слу́чай]; обы́чные [words слова́].

everything всё (41e); ~ is ready всё гото́во; he forgot ~ он всё забы́л; I can't take care of ~ myself я не могу́ сам(а́) обо всём ду́мать; we shall do ~ we can мы сде́лаем всё возмо́жное; thank you for ~ спаси́бо за всё; after ~ she had gone through... по́сле всего́, что она́ пережила́...; I can't agree with ~ you say я не могу́ согласи́ться со все́м, что вы говори́те; she is dissatisfied with ~ она́ всем недово́льна.

everywhere везде́; I have looked ~ я иска́л(а) везде́; ~ in the city везде́ в го́роде; he has been ~ он везде́ побыва́л; ~ in the world повсю́ду в ми́ре; people came from ~ лю́ди прие́хали отовсю́ду.

evidently очеви́дно; he had ~ heard nothing about it очеви́дно, он ничего́ об э́том не слы́шал; you have ~ forgotten вы, очеви́дно, забы́ли; he ~ doesn't intend to return очеви́дно, он не наме́рен возврати́ться; the work is ~ too difficult for him очеви́дно, э́та рабо́та для него́ сли́шком трудна́, э́та рабо́та ему́ не под си́лу.

exactly (*precisely*) то́чно; I don't remember ~ where я не по́мню то́чно, где; she repeated the whole conversation ~ она́ то́чно повтори́ла весь разгово́р; at ~ 12 o'clock ро́вно в двена́дцать часо́в; ‡ (*just*) как раз; that is ~ what I said / think э́то как раз то, что я сказа́л(а) / ду́маю; it is ~ what I need э́то как раз то, что мне ну́жно; ‡ совсе́м; not ~ the same thing не совсе́м то же са́мое; not ~ so не совсе́м так.

examination 1. (*test*) экза́мен *m* (1f) [strict стро́гий, difficult тру́дный; oral у́стный, written пи́сьменный]; entrance ~ вступи́тельный экза́мен; pass an ~ сдать экза́мен; fail in an ~ не сдать экза́мен; a history / language ~ экза́мен по (*with dat*) исто́рии / языку́; an ~ in Russian экза́мен по ру́сскому языку́; ⊙ **take an** ~ держа́ть (47) экза́мен, сдава́ть (63) экза́мен; **2.** (*inspection*) осмо́тр *m* (1f) [1) thorough, careful тща́тельный, superficial пове́рхностный; 2) shows пока́зывает, proves подтвержда́ет].

examine 1. (*inspect*) рассма́тривать (65), *perf* рассмотре́ть (101) [1) carefully внима́тельно, thoroughly тща́тельно; 2) *with acc* documents докуме́нты, every word ка́ждое сло́во, machine маши́ну]; all proposals were ~d by the commission коми́ссия рассмотре́ла все предложе́ния; **2.** *med* осма́тривать (65), *perf* осмотре́ть (101) [*with acc* patient больно́го, wounded man ра́неного]; ‡ выслу́шивать (65), *perf* вы́слушать

(64a) (*with acc*); the doctor ~d my heart and lungs врач вы́слушал у меня́ се́рдце и лёгкие; **3.** (*test*) экзаменова́ть (243), *perf* проэкзаменова́ть (243) (*with acc*); he will ~ the whole course он бу́дет экзаменова́ть весь курс; who ~d you in physics? кто экзаменова́л вас по фи́зике?; he had been examining all day он весь день принима́л экза́мены.

example приме́р *m* (1f) [concrete конкре́тный, striking я́ркий, classical класси́ческий]; he gave, cited many ~s to show... он привёл мно́го приме́ров, что́бы показа́ть...; I can't think of a good ~ я не могу́ приду́мать хоро́шего приме́ра; it can be seen from this ~ that... из э́того приме́ра ви́дно, что...; let's take the following ~ возьмём сле́дующий приме́р; can you give me an ~ of how the word is used? вы не мо́жете дать мне приме́р употребле́ния сло́ва?; he was an ~ to all the other students он был приме́ром для (*with gen*) всех други́х студе́нтов; don't follow his ~! не сле́дуй(те) его́ приме́ру!; ⊙ **for** ~ наприме́р; take for ~ the latest events in Africa возьми́те, наприме́р, после́дние собы́тия в А́фрике.

excellent отли́чный (31b) [actor арти́ст, artist худо́жник, worker рабо́тник; advice сове́т, answer отве́т, dinner обе́д, way спо́соб]; отли́чная [chance возмо́жность; road доро́га, book кни́га, weather пого́да]; отли́чное [education воспита́ние, grasp понима́ние, explanation объясне́ние]; we were given ~ food нас отли́чно корми́ли.

except *prep* кро́ме (*with gen*); every day ~ Saturday ка́ждый день, кро́ме суббо́ты; everyone has agreed ~ you все, кроме вас, согла́сны; ~ one man / boy кро́ме одного́ челове́ка / ма́льчика; ~ one or two rooms кро́ме одно́й — двух ко́мнат; I can eat anything ~ eggs я могу́ есть всё, кро́ме яи́ц.

exception исключе́ние *n* (18c); there was but one ~ бы́ло всего́ одно́ исключе́ние; this case is an ~ э́тот слу́чай явля́ется исключе́нием; I can make no ~s я не могу́ сде́лать никаки́х исключе́ний; with many / few / rare ~s за (*with instr*) мно́гими / не́сколькими / ре́дкими исключе́ниями; everyone agreed with the ~ of Smirnov все согласи́лись, за исключе́нием (*with gen*) Смирно́ва; all members without ~ are required to pay dues все чле́ны без исключе́ния должны́ плати́ть чле́нские взно́сы; the ~ proves the rule исключе́ния подтвержда́ют пра́вило;

there is no rule without ~s нет пра́вил без исключе́ний.

exchange *v* **1.** (*one thing for another*) обме́нивать (65), *perf* обмени́ть (160) (*with acc*); can I ~ my purchase for something else? мо́жно ли обменя́ть поку́пку на что́-нибудь друго́е?; **2.** (*interchange*) обме́ниваться (65), *perf* обменя́ться (223) [*with instr* opinions мне́ниями, experience о́пытом, ideas мы́слями, stamps ма́рками]; we ~d seats мы поменя́лись места́ми.

excited взволно́ванный (31b) [talk разгово́р]; взволно́ванная [speech речь]; взволно́ванное [face лицо́]; she was so ~ that she could not speak она́ была́ так взволно́вана, что не могла́ говори́ть; be, get ~ волнова́ться (243); don't get ~! не волну́йтесь!; there is nothing to get ~ about волнова́ться не́ о чем; she gets ~ over little things она́ волну́ется из-за (*with gen*) пустяко́в.

excuse I *sb* **1.** (*pardon*) извине́ние *n* (18c); please, give them my ~s переда́йте им, пожа́луйста, мои́ извине́ния; **2.** (*attempted explanation*) отгово́рка *f* (22d); poor ~ неуда́чная отгово́рка; he began to make ~s он на́чал опра́вдываться; she refused to listen to his ~s она́ отказа́лась слу́шать его́ оправда́ния.

excuse II *v* (*pardon*) проща́ть (64), прости́ть (187) (*with acc*); ~ me! прости́те (меня́)!; ~ me for interrupting прости́те, что я вас переби́л; ~ my coming late прости́те за (*with acc*) опозда́ние; I can't ~ such conduct я не могу́ прости́ть тако́е поведе́ние.

exercise *sb* **1.** (*mental training*) упражне́ние *n* (18c) [difficult тру́дное, special специа́льное]; ~s in grammar / translation упражне́ния по (*with dat*) грамма́тике / перево́ду; ~s to develop skill in speech упражне́ния для разви́тия на́выков у́стной ре́чи; ~s for the violin / piano упражне́ния для скри́пки / пиани́но; I couldn't do the second ~ я не мог(ла́) сде́лать второ́е упражне́ние; **2.** *pl* ~s (*physical*) гимна́стика *f*, *no pl* (22b), заря́дка *f*, *no pl* (22d); morning ~s у́тренняя заря́дка; do one's ~s де́лать гимна́стику, занима́ться гимна́стикой; you ought to do ~s every day вам сле́дует ка́ждый день занима́ться гимна́стикой.

expect **1.** (*wait for*) ждать (82), *no perf with acc and gen* friend дру́га, letter письмо́, письма́, telegram телегра́мму; *with gen* good weather хоро́шей пого́ды, rain дождя́]; we shall ~ you at four o'clock мы бу́дем вас ждать в четы́ре часá; we didn't ~ you (to come) today мы вас сегóдня не ждáли; when do you ~ him back? когдá вы егó ждёте обрáтно?; he evidently did not ~ such an answer очевúдно, он не ожидáл такóго отвéта; it was to be ~ed э́того слéдовало ожидáть; it wasn't as bad as we ~ed э́то бы́ло не так плóхо, как мы ожидáли; **2.** (*bank on*) рассчи́тывать (65), *no perf* (на *with acc*); we ~ed help from them мы рассчи́тывали на их пóмощь; he ~ed to be met at the station он рассчи́тывал на то, что егó встрéтят на вокзáле; we don't ~ to be away long мы не дýмали дóлго отсýтствовать.

expense *usu pl* ~s (*cost*) расхóды (1f) [1) great больши́е, extra дополни́тельные; 2) cover покры́ть; cut down сократи́ть; share дели́ть, double удвóить, increase увели́чить]; living ~s расхóды на жизнь; ◇ **at the** ~ за счёт (*with gen*); sometimes students are sent abroad at the ~ of the government иногдá студéнты посылáются за грани́цу за счёт госудáрства.

experience *sb* **1.** (*knowledge, skill*) óпыт *m*, *no pl* (1f) [considerable значи́тельный, practical практи́ческий, necessary необходи́мый, valuable цéнный, enough достáточный]; much / little ~ мнóго / мáло óпыта; according to my ~ по своемý óпыту; I know from ~ я знáю по óпыту; he lacks ~ емý не хватáет óпыта; his opinion is based on long ~ in working with children егó мнéние оснóвано на большóм óпыте рабóты с детьми́; **2.** (*work seniority*) стаж *m* (6c); five years' ~ пятилéтний стаж рабóты; how much ~ have you had? какóй у вас стаж (рабóты)?

explain объясня́ть (223), *perf* объясни́ть (158) [1) *with acc* task задáчу, word слóво, meaning значéние; 2) *with dat* to me мне, to the visitors посети́телям, to the children дéтям]; will you ~ what this means? объясни́те, пожáлуйста, что э́то знáчит!; you needn't ~ further не нýжно бóльше объясня́ть; that can easily be ~ed э́то легкó объясни́ть; I can't ~ why... я не могý объясни́ть, почемý...; you should have ~ed everything to them вы должны́ бы́ли им всё объясни́ть.

explanation объяснéние *n* (18c) [1) clear я́сное, brief крáткое, full, complete пóлное, simple простóе, acceptable приéмлемое, satisfactory удовлетвори́тельное; 2) give, offer дать, understand понимáть, find найти́]; with no ~ без вся́кого объяснéния; from this ~ we can see... из э́того объясне́ния ви́дно...; I can give no ~ я не могу́ дать никако́го объясне́ния; it needs no ~ э́то не нужда́ется в объясне́нии.

express *v* выража́ть (64), *perf* вы́разить (188) [*with acc* sympathy сочу́вствие, thanks благода́рность]; it's difficult to ~ in words э́то тру́дно вы́разить слова́ми; her face ~ed nothing её лицо́ ничего́ не выража́ло; I can't ~ everything I feel я не могу́ вы́разить всего́, что я чу́вствую.

expression **1.** (*of face*) выраже́ние *n* (18c) [happy счастли́вое, sad печа́льное, gloomy мра́чное, grave серьёзное, satisfied дово́льное, sly хи́трое]; **2.** (*group of words*) выраже́ние [1) common обы́чное, complicated сло́жное, colloquial разгово́рное, slang жарго́нное, technical техни́ческое; 2) use употребля́ть, remember запомина́ть, recall вспо́мнить]; the ~ is rarely / frequently used э́то выраже́ние ре́дко / ча́сто употребля́ется; the word is used in only a few ~s э́то сло́во употребля́ется то́лько в не́скольких выраже́ниях.

extremely кра́йне; an ~ difficult / complicated / unpleasant question кра́йне тру́дный / сло́жный / неприя́тный вопро́с; it is ~ necessary э́то кра́йне необходи́мо; they worked ~ slowly они́ рабо́тали кра́йне ме́дленно; it would be ~ kind of you э́то бы́ло бы о́чень любе́зно с ва́шей стороны́; I shall be ~ thankful я бу́ду о́чень благода́рен.

eye глаз *m* (1*l*, *gen pl* глаз); *usu pl* ~s глаза́ [1) dark тёмные, blue голубы́е, brown ка́рие; beautiful краси́вые, kind до́брые, sad печа́льные, tired уста́лые, weak сла́бые; 2) close закрыва́ются, hurt боля́т, shine сия́ют; 3) to close закрыва́ть, to open открыва́ть]; she opened her ~s wide она́ широко́ откры́ла глаза́; I saw it with my own ~s я э́то ви́дел(а) со́бственными глаза́ми; I did not believe my (own) ~s я не пове́рил(а) свои́м (со́бственным) глаза́м; he looked into her ~s он посмотре́л ей в глаза́; he was a hero in the ~s of his son он был геро́ем в глаза́х своего́ сы́на.

F

face I *sb* (*of person*) лицо́ *n* (16c, *gen pl* лиц) [1) [beautiful краси́вое, ugly некраси́вое, clever у́мное, foolish глу́пое; round кру́глое, oval ова́льное, thin худо́е, sunburnt загоре́лое; angry серди́тое, excited возбуждённое, frightened испу́ганное, happy счастли́вое, pale бле́дное, red кра́сное, sad печа́льное, tired уста́лое, haggard измождённое, attractive привлека́тельное, charming очарова́тельное, disagreeable неприя́тное; 2) recognize узна́ть, remember по́мнить, hide спря́тать, cover with one's hands закры́ть рука́ми]; he struck the man across, in the ~ он уда́рил мужчи́ну по лицу́; look me in the ~! посмотри́ мне в лицо́!; she laughed in my ~ она́ рассмея́лась мне в лицо́; my ~ was burning у меня́ горе́ло лицо́; I'll say it (straight) to his ~ я ему́ скажу́ э́то пря́мо в лицо́; he was red in the ~ with anger его́ лицо́ покрасне́ло от гне́ва; I could tell by his ~ that he was angry мне бы́ло я́сно по выраже́нию его́ лица́, что он се́рдится; she will never show her ~ here again она́ бо́льше никогда́ не пока́жется здесь; ◇ **in the ~ of** пе́ред лицо́м (*with gen*); in the ~ of danger пе́ред лицо́м опа́сности; **~ to ~** лицо́м к лицу́; when they came ~ to ~... когда́ они́ столкну́лись лицо́м к лицу́...

face II *v* **1.** (*have face towards — of position*) стоя́ть (222) лицо́м (к *with dat*); he ~d, stood facing the audience он стоя́л лицо́м к аудито́рии; ‖ (*of movement*) повора́чиваться (65) лицо́м, *perf* поверну́ться (130) лицо́м (к *with dat*); he ~d, turned to ~ the audience он поверну́лся лицо́м к аудито́рии; **2.** (*be directed towards*) выходи́ть (152), *no perf*; our windows ~ north / south на́ши о́кна выхо́дят на се́вер / на юг; the house ~d a park дом выходи́л в парк; **3.** *fig*: ~ facts призна́ть фа́кты; ~ danger / death стоя́ть пе́ред лицо́м опа́сности / сме́рти; how can I ~ her? как я могу́ смотре́ть ей в глаза́?

fact факт *m* (1f) [1) concrete конкре́тный, real, actual по́длинный, obvious очеви́дный, important ва́жный, well-known хорошо́ изве́стный, established устано́вленный, indisputable неопровержи́мый; 2) admit призна́ть, check прове́рить, explain объясни́ть, conceal скрыть, forget забы́ть, disclose вскрыть, ignore игнори́ровать, mention упомяну́ть, point out указа́ть на]; set forth / collect ~s излага́ть / собира́ть фа́кты; among other ~s... среди́ други́х фа́ктов...; it seems strange but it's a ~ стра́нно, но факт; I know it for a ~ я э́то зна́ю наве́рное; is that a ~? э́то действи́тельно так?; he gave ~s to show that... он привёл фа́кты, пока́зывающие, что...; the ~ that he left shows... тот факт, что он уе́хал, пока́зывает...; ~s are stubborn things фа́кты— упря́мая вещь; ⊙ **the ~ is..., the ~ of the matter is...** де́ло в том, что...; the ~is, he was not alone де́ло в том, что он был не оди́н; **in ~, as a matter of ~** на са́мом де́ле, в са́мом де́ле; as a matter of ~ we could have done much more на са́мом де́ле мы могли́ бы сде́лать гора́здо бо́льше.

factory (*plant*) заво́д *m* (1f) [1) chemical хими́ческий, automobile автомоби́льный, modern совреме́нный, military вое́нный, machine-building машинострои́тельный, tractor тра́кторный, experimental эксперимента́льный; 2) makes, produces произво́дит, puts out выпуска́ет, works рабо́тает, supplies поставля́ет; 3) build стро́ить, equip обору́довать]; { фа́брика *f* (22b) [textile тексти́льная, shoe обувна́я]; go to a ~ идти́ на заво́д, на фа́брику; he works at, in a ~ он рабо́тает на заво́де, на фа́брике; he went to work at, in a ~ он пошёл рабо́тать на заво́д, на фа́брику; manage, run a ~ управля́ть заво́дом, фа́брикой; the ~ employs over 2,000 men на заво́де, на фа́брике за́нято свы́ше двух ты́сяч челове́к; ~ workshops заводски́е, фабри́чные цеха́; ~ workers заводски́е, фабри́чные рабо́чие; ~ trade mark фабри́чная ма́рка.

fade 1. (*lose strength or freshness*) вя́нуть (132), *perf* завя́нуть (132), увя́нуть (132); the flowers have ~d цветы́ завя́ли; her beauty ~d её красота́ увя́ла; her eyes / her hair had ~d её глаза́ / во́лосы потускне́ли; 2. (*lose colour*) линя́ть (223), *perf* полиня́ть (223); will the material ~? линя́ет ли э́та мате́рия?; the dress ~d when we washed it пла́тье полиня́ло, когда́ мы его́ вы́стирали; the colours ~d in the sun кра́ски вы́горели на со́лнце; 3. (*die away*) замира́ть (64), *perf* замере́ть (118); the sound / his voice ~d in the distance звук / его́ го́лос за́мер вдали́.

fail 1. (*not succeed*) не удава́ться(63), *perf* не уда́ться (214); the attempt ~ed попы́тка не удала́сь; we wanted to get through early but we ~ed мы хоте́ли ра́но зако́нчить, но э́то нам не удало́сь; I tried to convince him, but ~ed я попыта́лся убеди́ть его́, но э́то мне не удало́сь; he was sure that he would not ~ this time он был уве́рен, что на э́тот раз он добьётся успе́ха; the plan

~ed план провали́лся; { прова́ливаться (65), *perf* провали́ться (156); he ~ed in the examination он провали́лся на экза́мене; he felt that he had ~ed completely ему́ показа́лось, что он оконча́тельно провали́лся; 2. (*grow weak*) нача́ть (87) сдава́ть; his eyesight was beginning to ~ его́ зре́ние на́чало сдава́ть; his health was ~ing его́ здоро́вье на́чало сдава́ть.

failure прова́л *m* (1f) [complete по́лный]; be a ~ провали́ться; the whole affair ended in ~ всё де́ло провали́лось; the attempt was a ~ попы́тка не удала́сь; the plan / experiment was a ~ план / экспериме́нт провали́лся; the play ended in ~, the play was a ~ пье́са провали́лась; the party was a ~ ве́чер не уда́лся; the business was a ~ from the start с са́мого нача́ла де́ло бы́ло обречено́ на неуда́чу; she was a complete ~ as an actress как актри́са она́ потерпе́ла по́лное фиа́ско; he was a ~ in whatever he did ему́ никогда́ ничего́ не удава́лось; how do you explain his ~ to come? чем вы объясни́те то, что он не пришёл?

faint I *a* 1. (*weak*) сла́бый (31b) [sound звук, voice го́лос]; сла́бая [attempt попы́тка]; сла́бое [resistance сопротивле́ние, breathing дыха́ние]; I feel ~ мне ду́рно; 2. (*vague*) сла́бый; there was a ~ hope that he would return была́ сла́бая наде́жда на то, что он вернётся; I haven't the ~est idea я не име́ю ни мале́йшего представле́ния; there isn't the ~est chance нет ни мале́йшей возмо́жности.

faint II *v* па́дать (65) в о́бморок, *perf* упа́сть (55) в о́бморок; she would ~ if we told her она́ упа́ла бы в о́бморок, е́сли бы мы сказа́ли ей э́то; { теря́ть (223) созна́ние, *perf* потеря́ть (223) созна́ние; he ~ed from loss of blood он потеря́л созна́ние от потёри кро́ви; she ~ed because of the heat от жары́ она́ потеря́ла созна́ние.

fair *a* 1. (*just*) справедли́вый (31b); справедли́вая; справедли́вое [demand тре́бование, decision реше́ние]; be ~! бу́дь(те) справедли́вы!; that's not ~! э́то несправедли́во!; it's only ~ to say... справедли́вости ра́ди ну́жно сказа́ть...; 2. (*moderate*, *average*) неплохо́й (33a); he has a ~ knowledge of the subject у него́ неплохи́е зна́ния по э́тому предме́ту; we have a ~ chance of success у нас неплохи́е ша́нсы на успе́х; 3. (*light in colour*) све́тлый (31b); све́тлая [skin ко́жа]; све́тлые [hair во́лосы]; she is ~ она́ блонди́нка; 4. (*of weather — fine, clear*) я́сный (31b) [day день]; in ~ weather you can see the mountains clearly в я́сную пого́ду мо́жно отчётливо ви́деть го́ры.

fairly 1. (*justly*) справедли́во [share, divide раздели́ть, judge суди́ть]; he did not act ~ towards me он поступи́л несправедли́во по отноше́нию ко мне́; **2.** (*moderately*) дово́льно; ~ good worker дово́льно хоро́ший рабо́тник; ~ exact figures дово́льно то́чные ци́фры; he is a ~ good player он дово́льно хоро́ший игро́к; I can see ~ well from here отсю́да мне дово́льно хорошо́ ви́дно; speak Russian / understand / translate ~ well дово́льно хорошо́ говори́ть по-ру́сски / понима́ть / переводи́ть; ~ quickly дово́льно бы́стро.

faithful 1. (*loyal*) ве́рный (31b) [husband муж, friend друг]; ве́рная [wife жена́]; he is always ~ to his friends / word / promise / cause он всегда́ ве́рен (*with dat*) свои́м друзья́м / своему́ сло́ву / своему́ обеща́нию / де́лу; **2.** (*accurate*) то́чный (31b) [account отчёт, translation перево́д]; то́чная [version ве́рсия, copy ко́пия]; то́чное [description описа́ние].

fall I *v* па́дать (65), *perf* упа́сть (55) [1) с *with gen* off a chair со сту́ла, off a table со стола́, from a tree с де́рева; 2), in the street на у́лице, on the ice на льду́; to the ground на зе́млю, on, to the floor на́ пол]; plate / tree / snow/ person ~s таре́лка / де́рево / снег / челове́к па́дает; he fell down он упа́л; something has ~en into my eye что́-то попа́ло мне в глаз; it fell out of your pocket э́то вы́пало у вас из карма́на; ‖ (*become lower, less*) па́дать, *perf* упа́сть; price / temperature / shadow ~s цена́ / температу́ра / тень па́дает; his spirits fell у него́ упа́ло настрое́ние; the choice fell on me вы́бор пал на меня́; the task fell to me э́та зада́ча вы́пала на мою́ до́лю; when night fell... когда́ наступи́ла ночь...; II *as link-verb, usu conveyed by verbs in perf*: ~ asleep засну́ть (130); ~ ill заболе́ть (98); ~ silent замолча́ть (46); ~ **behind** отстава́ть (63), *perf* отста́ть (51) (от — *with gen*); she soon fell behind the others она́ ско́ро отста́ла от (*with gen*) други́х; he fell behind in his work он отста́л в свое́й рабо́те; try not to ~ behind! стара́йся не отстава́ть!; ◇ ~ **to pieces** разва́ливаться (65), *perf* развали́ться (156); ~ **in love** влюби́ться (169) (with — в *with acc*); *see* love **I**.

false *a* **1.** (*incorrect, not true*) ло́жный (31b); ло́жная [alarm трево́га, information информáция]; лóжное [notion, conception представлéние, impression впечатлéние, position положéние]; лóжные [evidence показáния]; ‖ (*dishonest, deceitful*) невéрный (31b) [friend друг]; he was ~ to his friends он обмáнывал своих друзéй; 2. (*counterfeit*) фальши́вый (31b) [document докумéнт]; фальши́вая [signature пóдпись, coin монéта]; фальши́вые [money дéньги]; ‖ (*artificial*) искýсственный (31b); искýсственные [teeth зýбы, hair вóлосы].

fame (*popularity*) извéстность *f* (29c) [world, world-wide всеми́рная, rising растýщая, great, widespread ширóкая]; win, achieve ~ доби́ться извéстности; gain / acquire ~ получи́ть / приобрести́ извéстность; his first book brought him ~ егó пéрвая кни́га принеслá емý извéстность; his ~ as a writer / poet / great actor... егó извéстность как писáтеля / поэ́та / большóго арти́ста...; his ~ spread all over the country он стал извéстен всей странé; ‖ (*glory*) слáва *f* (19c); she dreamed of ~ онá мечтáла о слáве.

familiar знакóмый (31b) [sound звук, way спóсоб, gesture жест, passage отры́вок, voice гóлос]; знакóмая [song пéсня, tune мелóдия, street ýлица, name фами́лия, subject тéма]; знакóмое [face лицó, place мéсто, expression выражéние]; ~ sight знакóмая карти́на; I am ~ with the contents я знакóм(а) с (*with instr*) содержáнием; these facts are ~ to everyone э́ти фáкты знакóмы (*with dat*) всем; her face seemed ~ to me её лицó казáлось мне знакóмым.

family семья́ *f* (24c) [1) large большáя, numerous многочи́сленная, poor бéдная, rich, wealthy богáтая, famous извéстная; working-class рабóчая, middle-class мещáнская, aristocratic аристократи́ческая, happy счастли́вая, intellectual интеллигéнтная; 2) lives together живёт вмéсте, (re)moves переезжáет]; the whole ~ came пришлá вся семья́; he was the youngest in the ~ он был сáмым млáдшим в семьé; the ~ consisted of six people семья́ состоя́ла из шести́ человéк; he has a large ~ у негó большáя семья́; love / support, maintain / desert one's ~ люби́ть / поддéрживать / покидáть, оставля́ть семью́; he left his ~ in Australia он остáвил свою́ семью́ в Австрáлии; ~ life / quarrel семéйная жизнь / ссóра; ~ likeness, resemblance фами́льное схóдство.

famous извéстный (31b), знамени́тый (31b) [man человéк, writer писáтель, scientist учёный, theatre теáтр]; извéстная [actress актрúса]; he became ~ all over the world он стал извéстен всемý мúру; the city is now ~ as a seaside resort тепéрь э́тот гóрод извéстен как морскóй курóрт; the place is ~ for its beautiful scenery э́то мéсто слáвится (*with instr*) своéй прекрáсной прирóдой; he was ~ for his wit он слáвился своúм остроýмием.

far I *a* далёкий (33b); it's very ~ from here отсю́да óчень далекó; the airport is ~ from the city аэропóрт нахóдится далекó от гóрода; Saturn is the planet ~thest from Earth Сатýрн — сáмая дáльняя планéта от Землú; which is ~ther, the tram-stop or the bus-stop? что дáльше, трамвáйная úли автóбусная остановка?; it's a little ~ther this way but the road is better э́тот путь немнóго дáльше, но дорóга лýчше; ⊙ **how** ~: how ~ is it from here? скóлько нáдо идтú, éхать отсю́да?; how ~ is it from Paris to Rome? скóлько килóмéтров от Парúжа до Рúма?, скóлько нáдо éхать от Парúжа до Рúма?

far II *adv* **1.** (*of distance*) далекó; don't go ~! не ходú далекó!; we haven't very ~ to go нам не нáдо далекó идтú; they don't live ~ from here онú живýт недалекó отсю́да; **2.** (*much*) намнóго; ~ better / more намнóго лýчше / бóльше; ~ more difficult намнóго труднéе; it would be ~ more interesting to us to see the capital нам бы́ло бы намнóго интерéснее осмотрéть столúцу; that's ~ more important э́то намнóго важнéе; ◇ **so** ~ 1) (*for the time being*) покá; everything is all right so ~ покá всё в порядке; 2): I shouldn't go so ~ as to say that... я бы не сказáл(а), что...; **so ~ as** наскóлько; so ~ as I know наскóлько мне извéстно; so ~ as I can see наскóлько я понимáю; **things (matters) went so ~ that...** дéло дошлó до тогó, что...; **by** ~ намнóго; his work is the best by ~ егó рабóта намнóго лýчше другúх; ~ **from it** совсéм нет; ~ **from** далекó не; I am ~ from sure я далекó не увéрен(а); she is ~ from being a singer онá далекó не певúца.

fare (*money paid for transport*): what is the ~ to Warsaw? скóлько стóит билéт до Варшáвы?; I have already paid the ~ я ужé заплатúл(а); the ~ in the underground is higher проéзд на метрó стóит дорóже.

farm *sb* фéрма *f* (19c) [rich богáтая, poor бéдная]; work / live on a ~ рабóтать / жить на фéрме; {

крестья́нское хозя́йство *n* (14c).

farmer фе́рмер *m* (1e).

fashion 1. (*style*) мо́да *f* (19c) [new но́вая, latest са́мая после́дняя]; ~s change мо́ды меня́ются; ⊙ **in** ~ в мо́де; those hats are no longer in ~ таки́е шля́пы бо́льше не в мо́де; **out of** ~ старомо́дный (31b); **2.** (*manner*) *not translated, adjective conveyed by adv*: in a very strange ~ о́чень стра́нно.

fast I *a* (*swift*) ско́рый (31b); ⊙ **be** ~ (*of clock, watch*) спеши́ть (171), *no perf*; my watch / this clock is ten minutes ~ мои́ часы́ / э́ти часы́ спеша́т на де́сять мину́т.

fast II *adv* (*swiftly*) бы́стро [speak, talk говори́ть, walk идти́, ride е́хать, run бежа́ть, fly лета́ть, work рабо́тать].

fasten 1. (*tie one thing to another*) привя́зывать (65), *perf* привяза́ть (48) [1) tightly кре́пко, loosely свобо́дно, securely про́чно, надёжно; 2) *with instr* with a rope верёвкой, with a string бечёвкой]; they ~ed the horse to a tree они́ привяза́ли ло́шадь к де́реву; **2.** (*tie two things together*) свя́зывать (65), *perf* связа́ть (48) (*with acc*); they ~ed his hands and feet они́ связа́ли ему́ ру́ки и но́ги; ~ these books together! свяжи́(те) э́ти кни́ги (вме́сте)!; he ~ed his tie он завяза́л га́лстук; **3.** (*fix one thing to another*) прикрепля́ть (223), *perf* прикрепи́ть (164) [1) *with acc* diagram схе́му, map ка́рту, chart табли́цу, badge значо́к; 2) к *with dat* to the wall к стене́, to the blackboard к доске́, to a high pole к высо́кому шесту́; 3) *with instr* with a pin була́вкой, with thumbtacks кно́пками]; **4.** (*button*) застёгивать (65), *perf* застегну́ть (130) [*with acc* blouse блу́зку, coat пальто́]; **5.** (*be buttoned*) застёгиваться (65), *no perf*; the dress ~s up the back пла́тье застёгивается сза́ди; **6.** (*lock*) запира́ть (64), *perf* запере́ть (118) (*with acc*); he looked to see whether all the doors and windows were ~ed он посмотре́л, все ли две́ри и о́кна за́перты; ~ the door / the gate! запри́те дверь / воро́та, кали́тку!

fat I *sb* (*of pork*) са́ло *n, no pl* (14d); I can't eat ~ я не могу́ есть са́ло; the potatoes had been fried in ~ карто́шка была́ поджа́рена на са́ле; ‖ (*grease*) жир *m* (1k); chicken / goose ~ кури́ный / гуси́ный жир.

fat II *a* **1.** (*greasy*) жи́рный (31b) [soup суп]; жи́рная [food пи́ща, ham ветчина́]; this meat is too ~ э́то мя́со сли́шком жи́рное; I can't eat anything ~ я не могу́ есть жи́рного; **2.**

(*well-fed*) упи́танный (31b) [child ребёнок]; упи́танная [sheep овца́]; 3. (*stout*) по́лный (31b) [man челове́к]; по́лная [woman же́нщина]; I'm getting, becoming ~ я полне́ю; 4. (*thick*) то́лстый (31b) [parcel паке́т, purse кошелёк]; то́лстая [book кни́га].

fate судьба́ *f* (19i), у́часть *f* (29c); decide / share ~ реши́ть / раздели́ть судьбу́; accept one's ~ мири́ться со свое́й судьбо́й, у́частью; it is impossible to escape, avoid one's ~ невозмо́жно избежа́ть свое́й судьбы́; the same ~ awaits him его́ ждёт та́ же у́часть; she knew nothing of her son's ~ она́ ничего́ не зна́ла о судьбе́ своего́ сы́на; we learned the ~ of the ship years afterwards мы узна́ли о судьбе́ корабля́ спустя́ мно́го лет; he deserved a better ~ он заслу́живал лу́чшей у́части.

father *sb* оте́ц *m* (9a) [1) good хоро́ший, kind до́брый, cruel жесто́кий, strict стро́гий, indulgent снисходи́тельный; 2) supports his family соде́ржит семью́, brings up children воспи́тывает дете́й]; the ~ of a large family оте́ц большо́й семьи́; love / hate / respect one's ~ люби́ть / ненави́деть / уважа́ть отца́; obey one's ~ слу́шаться отца́; they were afraid of their ~ они́ боя́лись отца́; he resembles, takes after his ~ он похо́ж на отца́; she came with her ~ она́ пришла́ с отцо́м; she never had a ~'s care она́ никогда́ не зна́ла отцо́вской ла́ски.

fault 1. (*shortcoming*) недоста́ток *m* (4d); we all have our ~s у всех нас есть недоста́тки; his mother couldn't see his ~s мать не ви́дела его́ недоста́тков; ⊙ **find** ~ придира́ться (64), *perf* придра́ться (44) (with — к *with dat*); he found ~ with everything он ко всему́ придира́лся; he is always finding ~ он всегда́ придира́ется; 2. (*blame*) вина́ *f* (19g); it happened through no ~ of mine э́то случи́лось не по мое́й вине́; it's not his ~ он не винова́т; it's her own ~ она́ сама́ винова́та; whose ~ is it? кто винова́т в э́том?; ⊙ **at** ~ винова́т *m*, винова́та *f*; I suppose I am at ~ наве́рное, винова́т(а) я; she is at ~ for the whole thing она́ во всём винова́та.

favour *sb* (*kind act*) одолже́ние *n* (18c); please, do me a ~ and come! сде́лайте одолже́ние, приходи́те!; will you do me a ~? сде́лайте мне одолже́ние!; I don't want any ~s я не хочу́ никаки́х одолже́ний; I appreciate the ~ благодарю́ за одолже́ние; ⊙ **in** ~ 1) (*to the advantage*) в по́льзу (*with gen*); the score was three to two in ~ of the rival team счёт был три — два в по́льзу проти́вника; the score was two to one in our ~ счёт был два — оди́н в на́шу по́льзу; 2) (*in support*) в защи́ту (*with gen*); he spoke in ~ of the plan он выступа́л в защи́ту пла́на; 3): be in ~ быть за; the majority were in ~ большинство́ бы́ло за; those in ~, raise your hands! кто за, подни́мите ру́ки!; I am in ~ of going я за то, что́бы идти́.

favourite *a* люби́мый (31b) [actor актёр, writer писа́тель, colour цвет, flower цвето́к, story расска́з]; люби́мая [book кни́га, game игра́, picture карти́на, subject те́ма]; люби́мое [expression выраже́ние, name и́мя, place ме́сто, occupation заня́тие]; that's my ~ song э́то моя́ люби́мая пе́сня.

fear I *sb* **1.** (*dread*) страх *m* (4c) [1) constant постоя́нный; 2) *with instr* of the future пе́ред бу́дущим; 3) feel почу́вствовать, overcome преодоле́ть]; her eyes were wide with ~ её глаза́ бы́ли широко́ откры́ты от стра́ха; she turned pale with ~ она́ побледне́ла от стра́ха; he trembled with ~ он дрожа́л от стра́ха; in constant ~ of their lives в постоя́нном стра́хе за (*with acc*) свою́ жизнь; a man without ~ бесстра́шный челове́к; **2.** *usu pl* ~s (*anxiety*) опасе́ния (18c); our ~s were well grounded на́ши опасе́ния име́ли серьёзные основа́ния; there is no reason for your ~s для ва́ших опасе́ний нет основа́ний; ‖ *often conveyed by Russian verb* опаса́ться (64), *no perf*; you need have no ~ вы не должны́ опаса́ться; we went slowly for ~ we might miss the house мы е́хали ме́дленно, боя́сь, что прое́дем ми́мо до́ма.

fear II *v* (*be afraid*) боя́ться (222), *no perf* [*with gen* person челове́ка, death сме́рти, consequences после́дствий]; you have nothing to ~ вам не́чего боя́ться; what is there to ~? чего́ тут боя́ться?

feather *sb* перо́ *n* (14g); *usu pl* ~s пе́рья [1) white бе́лые, black чёрные; 2) *with gen* of a bird пти́цы]; as light as a ~ лёгкий как пёрышко.

feature 1. *usu pl* ~s (*of face*) черты́ (19h) лица́ [delicate, fine то́нкие, handsome краси́вые, regular пра́вильные, irregular непра́вильные]; she has regular ~s у неё пра́вильные черты́ лица́; **2.** (*element*) черта́ *f* (19h) [important ва́жная, characteristic характе́рная, main, chief гла́вная, distinguishing отличи́тельная, prominent, outstanding выдаю́щаяся, common о́бщая, strange стра́нная]; the plan has some undesirable ~s в пла́не име́ются не́которые нежела́тельные моме́нты; honesty is his most outstanding ~ отличи́тельной черто́й его́ хара́ктера явля́ется че́стность.

February февра́ль *m* (2b); *see* April.

feed *v* (*give food*) корми́ть (169), *perf* накорми́ть (169) [1) *with acc* people люде́й, child ребёнка, animals живо́тных, cow коро́ву, chickens кур; 2) well хорошо́, badly пло́хо, in the morning у́тром]; she fed the children она́ накорми́ла дете́й; they fed us (on) oatmeal нас корми́ли (*with instr*) овся́ной ка́шей.

feel *v* **1.** (*of health, emotions, etc.*) чу́вствовать (244) себя́, *perf* почу́вствовать (244) себя́ [1) well хорошо́, bad пло́хо, better лу́чше, worse ху́же; 2) *with instr* ill больны́м, happy счастли́вым, sure уве́ренным, tired уста́лым]; how do you ~? как вы себя́ чу́вствуете?; I hope you will ~ better soon наде́юсь, что вы ско́ро бу́дете лу́чше себя́ чу́вствовать; I ~ hot / cold мне жа́рко / хо́лодно; I don't ~ hungry я не хочу́ есть; I began to ~ sleepy мне захоте́лось спать; she felt very anxious, worried она́ почу́вствовала си́льное беспоко́йство; do you ~ comfortable? вам удо́бно?; **2.** (*sense*) чу́вствовать, *perf* почу́вствовать (*with acc*); you will ~ the effect of the medicine soon ско́ро вы почу́вствуете де́йствие лека́рства; **3.** (*consider*) счита́ть (64), *no perf*; I felt it my duty to help them я счита́л(а) свои́м до́лгом помо́чь им; I didn't ~ I had the right to refuse я не счита́л(а) себя́ в пра́ве отка́зываться; ◇ ~ **like** хоте́ться (*subject rendered by dat*); I didn't ~ like meeting them мне не хоте́лось с ни́ми встреча́ться; do you ~ like coming along? вам не хо́чется пойти́ с на́ми?; I don't ~ like it мне не хо́чется.

feeling *sb* чу́вство *n* (14c) [1) good хоро́шее, strange стра́нное, strong си́льное, vague нея́сное, definite определённое; 2) *with gen* of shame стыда́, of guilt вины́, of joy ра́дости]; I have a ~ that I have forgotten something у меня́ тако́е чу́вство, что я что́-то забы́л(а); I had a ~ that something was wrong у меня́ бы́ло предчу́вствие, что что́-то нела́дно; ⊙ **hurt smb's ~s** обижа́ть (64) кого́-л., *perf* оби́деть (109) кого́-л.; we didn't want to hurt his ~s мы не хоте́ли его́ оби́деть.

fellow *colloq* (*man, young man*) челове́к *m, no pl* (4a) [clever у́мный, foolish глу́пый, pleasant, agreeable прия́тный, jolly весёлый, young молодо́й, strange стра́нный]; he's a good ~ он сла́вный ма́лый; my dear ~! дорого́й мой!; poor ~! бедня́га!; be a good ~! будь дру́гом!

fence *sb* забо́р *m* (1f) [1) high высо́кий, low ни́зкий, stone ка́менный; 2) build постро́ить, break down слома́ть]; he jumped over the ~ он перепры́гнул че́рез забо́р; a gate in the ~ кали́тка в забо́ре.

festival фестива́ль *m* (3c); youth ~ фестива́ль молодёжи; film ~ кинофестива́ль.

few *a* ма́ло (*with gen*); he had ~ friends у него́ бы́ло ма́ло друзе́й; there were ~ people there там бы́ло ма́ло наро́ду; he had very ~ opportunities to travel у него́ бы́ло о́чень ма́ло возмо́жностей путеше́ствовать; we have too ~ good players у нас сли́шком ма́ло хоро́ших игроко́в; there are ~er cases of the kind nowadays в на́ши дни происхо́дит всё ме́ньше слу́чаев тако́го ро́да; ⊙ a ~ не́сколько [*with gen* friends друзе́й, trees дере́вьев, pages страни́ц, weeks неде́ль, words слов, hours часо́в]; I was there a ~ times я был(а́) там не́сколько раз; we have only a ~ minutes left у нас оста́лось всего́ не́сколько мину́т; a ~ days later спустя́ не́сколько дней.

field *sb* **1.** (*land*) по́ле *n* (15a) [1) broad широ́кое, open откры́тое, green зелёное, bare го́лое, fertile плодоро́дное, ploughed вспа́ханное, planted засе́янное, cotton хло́пковое, corn кукуру́зное; 2) cross перейти́, plough вспаха́ть]; the ~s were covered with snow поля́ бы́ли покры́ты сне́гом; they lived across a big ~ они́ жи́ли по ту сто́рону большо́го по́ля; they worked in the ~ они́ рабо́тали в по́ле; **2.** (*sphere*) о́бласть *f* (29b) [important ва́жная, scientific нау́чная, unexplored неиссле́дованная]; in the ~ of art / science в о́бласти (*with gen*) иску́сства / нау́ки; he is a specialist in many ~s он специали́ст во мно́гих областя́х; that's not in my ~ э́то не по моéй специа́льности.

fierce **1.** (*intense*) си́льный (31b); си́льная [heat жара́, storm бу́ря]; **2.** (*infuriated*) свире́пый (31b) [look взгляд, man челове́к, wind ве́тер]; свире́пое [animal живо́тное]; **3.** (*violent*) ожесточённый (31b) [argument спор, battle бой]; ожесточённая [struggle, fight борьба́].

fifteen пятна́дцать (39c); *see* eight.

fifty пятьдеся́т (39d); *see* eight, thirty.

fight **I** *sb* **1.** (*struggle*) борьба́ *f*, *no pl* (19g) [1) fierce ожесточённая, stubborn упо́рная, unequal нера́вная, terrible стра́шная, determined реши́тельная, constant постоя́нная; 2) за *with acc* for peace за мир, for independence за незави́симость, for freedom за свобо́ду; 3) про́тив *with gen* against disease про́тив боле́зни, against war про́тив войны́, against racial discrimination про́тив ра́совой дискримина́ции]; begin / stop a ~ нача́ть / прекрати́ть борьбу́; win / lose a ~ вы́играть / проигра́ть борьбу́; **2.** (*with fists, etc.*) дра́ка *f* (22b); watch a ~ наблюда́ть дра́ку; interfere in a ~ вмеша́ться в дра́ку; begin a ~ вступи́ть в дра́ку.

fight II *v* **1.** (*struggle*) боро́ться (203), *no perf* [1) про́тив *with gen* against war про́тив войны́, against fascism про́тив фаши́зма; с *with instr* (against) an enemy с враго́м; 2) за *with acc* for freedom за свобо́ду, for one's rights за свои́ права́, for peace за мир, for a better future за лу́чшее бу́дущее; for one's life за свою́ жизнь]; ~ a fire боро́ться с пожа́ром; **2.** (*with weapons*) сража́ться (64) [for one's country за ро́дину, in a war на войне́, in a battle в бою́, at the front на фро́нте]; he fought like a hero он сража́лся как геро́й; **3.** (*with fists*) дра́ться (42), *perf* подра́ться (42); they began to ~ over a football они́ подрали́сь из-за футбо́льного мяча́; they fought until it was too dark to see они́ драли́сь, пока́ не стемне́ло.

figure *sb* **1.** (*number*) ци́фра (19c); *usu pl* ~s ци́фры [correct пра́вильные, exact то́чные, approximate приблизи́тельные, official официа́льные]; change / correct / increase the ~s измени́ть / испра́вить / увели́чить ци́фры; quote / publish ~s приводи́ть / публикова́ть ци́фры; add ~s скла́дывать чи́сла; **2.** (*body*) фигу́ра *f* (19c) [beautiful краси́вая, tall высо́кая, splendid прекра́сная, slim стро́йная, ugly некраси́вая]; she had kept her ~ у неё хорошо́ сохрани́лась фигу́ра; she has a good ~ у неё хоро́шая фигу́ра.

fill (*make full*) заполня́ть (223), *perf* запо́лнить (159) [*with acc* hall зал]; the hall was ~ed to capacity зал был наби́т до отка́за; | наполня́ть (223), *perf* напо́лнить (159) [*with acc* glass стака́н, bottle буты́лку]; her eyes (were) ~ed with tears её глаза́ напо́лнились слеза́ми; he ~ed the glasses again он сно́ва напо́лнил бока́лы; ~ **in,** ~ **up** заполня́ть, *perf* запо́лнить (*with acc*); will you please ~ up this form запо́лните, пожа́-

луйста, э́ту анке́ту, э́тот бланк.

final *a* **1.** (*last*) заключи́тельный (31b) [examination экза́мен, concert конце́рт]; заключи́тельная [scene сце́на, chapter глава́]; **2.** (*decisive*) оконча́тельный (31b) [result результа́т, answer отве́т]; оконча́тельное [decision, solution реше́ние]; is that ~? э́то оконча́тельно?

finally (*at last*) наконе́ц [get получи́ть, arrive прие́хать, reach дости́чь, find найти́, learn узна́ть]; they finished ~ наконе́ц, они́ ко́нчили; he ~ arrived наконе́ц, он появи́лся; ~, I wish to say... наконе́ц, я хочу́ сказа́ть...; they ~ decided not to go в конце́ концо́в они́ реши́ли не е́хать.

find 1. находи́ть (152), *perf* найти́ (206) [1) *with acc* mistake оши́бку, street у́лицу, time вре́мя, word сло́во, the best way лу́чший спо́соб, solution реше́ние, friend дру́га, job рабо́ту, the things she needed то, что ей бы́ло ну́жно; 2) в *with abl* in a book в кни́ге, in a shop в магази́не, in one's pocket у себя́ в карма́не; 3) quickly бы́стро, by chance случа́йно]; he found an excuse for not going он нашёл предло́г для того́, что́бы не идти́; **2.** (*consider*) находи́ть, *perf* найти́; he found his work interesting он находи́л свою́ рабо́ту интере́сной; we found it necessary to leave at once мы нашли́ ну́жным неме́дленно уе́хать; **3.** (*discover*) обнару́живать (65), *perf* обнару́жить (174) (*with acc*); we found that we had been mistaken мы обнару́жили, что оши́блись; we found a number of mistakes that had been overlooked мы обнару́жили ряд оши́бок, кото́рые бы́ли пропу́щены; we found it difficult to understand him нам тру́дно бы́ло его́ понима́ть, поня́ть; **4.**: ~ oneself ока́зываться (65), *perf* оказа́ться (48); we found ourselves far from home мы оказа́лись далеко́ от до́ма; he found himself in a rather difficult position он оказа́лся в дово́льно затрудни́тельном положе́нии; ~ **out** узнава́ть (63), *perf* узна́ть (64) (*with acc*); they found out where he worked они́ узна́ли, где он рабо́тает; I've found out the real reason я узна́л(а) и́стинную причи́ну.

fine *a* **1.** (*excellent*) прекра́сный (31b) [man челове́к, day день, view вид, climate кли́мат, dinner обе́д], прекра́сная [weather пого́да, trip пое́здка, play пье́са]; прекра́сное [place ме́сто, suggestion предложе́ние]; you look ~ вы прекра́сно вы́глядите; I feel ~ я прекра́сно себя́ чу́вствую; everything is ~ **де-**

ла́ иду́т прекра́сно; we had a ~ time мы прекра́сно провели́ вре́мя; that's ~! прекра́сно!; 2. (*slender, delicate*) то́нкий (33b) [silk шёлк]; то́нкая [work рабо́та, material мате́рия]; то́нкие [features черты́ лица́, thread ни́тки].

finger па́лец *m* (10c); *usu pl* ~s па́льцы [long дли́нные, thin худы́е, то́нкие, strong си́льные, slender то́нкие]; cut / burn / prick / scratch a ~ обре́зать / обже́чь / уколо́ть / поцара́пать па́лец; she wore a gold ring on her middle ~ она́ носи́ла на сре́днем па́льце золото́е кольцо́; he pointed his ~ at a boy он показа́л па́льцем на ма́льчика; she dipped her ~ into the water она́ окуну́ла па́лец в во́ду.

finish *v* 1. (*bring to end*) конча́ть (64), *perf* ко́нчить (172) [1) *with acc* book кни́гу, breakfast за́втрак, work рабо́ту; 2) *with inf* writing писа́ть, reading чита́ть, working рабо́тать; 3) quickly бы́стро, early ра́но, late по́здно, in time во́время, at five o'clock в пять часо́в]; ~ by evening / in spring / next year / in a few minutes ко́нчить к ве́черу / весно́й / в бу́дущем году́ / че́рез не́сколько мину́т; he was the first to ~ он ко́нчил пе́рвым; as soon as I ~ как то́лько я ко́нчу; you'll have to ~ today сего́дня вам на́до ко́нчить; ~ your dinner and come along! конча́йте обе́дать и пойдёмте!; ~ your tea! допе́йте чай!; when did you ~? когда́ вы ко́нчили?; I want to ~, to be ~ed with the whole thing я хочу́ поко́нчить со всем э́тим де́лом; that's ~ed с э́тим поко́нчено; everything is ~ed between us ме́жду на́ми всё ко́нчено; 2. (*come to end*) конча́ться (64), *perf* ко́нчиться (172); when did the play ~? когда́ ко́нчилась пье́са?

fire I *sb* 1. ого́нь *m* (2c) [bright я́ркий]; put a kettle on the ~ поста́вить ча́йник на ого́нь; take a kettle off the ~ снять ча́йник с огня́; she held the meat over the ~ она́ держа́ла мя́со над огнём; the ~ went out ого́нь пога́с; keep away from the ~! держи́тесь пода́льше от огня́!; we poured water on the ~ мы зали́ли ого́нь водо́й; put out / light a ~ потуши́ть / заже́чь ого́нь; he threw the papers into the ~ он бро́сил бума́ги в ого́нь; 2. (*destructive burning*) пожа́р *m* (1f) [1) terrible стра́шный, forest лесно́й; 2) starts, begins начина́ется, broke out вспы́хнул, destroys уничтожа́ет, rages бушу́ет; 3) cause вы́звать, stop прекрати́ть, put out потуши́ть]; people came running to fight the ~ лю́ди бежа́ли туши́ть пожа́р; ⊙ **set ~ to** поджига́ть (64), *perf* подже́чь (145) (*with acc*); they set ~ to the house они́ подожгли́ дом; **catch ~** загоре́ться (115); the curtains caught ~ загоре́лись што́ры; **be on ~** горе́ть (115), *no perf*; his clothes were on ~ его́ оде́жда горе́ла; the house was on ~ дом горе́л.

fire II *v* (*shoot*) стреля́ть (223), *perf* стрельну́ть (130); ~ a gun стреля́ть из ружья́, из пулемёта; he ~d at the bird twice он два ра́за стреля́л в (*with acc*) пти́цу; guns were firing on all sides пулемёты стреля́ли со всех сторо́н; the men had stopped firing солда́ты прекрати́ли стрельбу́.

firm I *sb* фи́рма *f* (19c) [1) big, large кру́пная, foreign иностра́нная, leading веду́щая, trading торго́вая, prosperous процвета́ющая; 2) deals in agricultural equipment име́ет де́ло с (*with instr*) сельскохозя́йственным обору́дованием, trades торгу́ет, supplies поставля́ет, hires нанима́ет, negotiates ведёт перегово́ры]; the ~ employs two hundred men в фи́рме за́нято две́сти челове́к; deal with a ~ име́ть де́ло с фи́рмой; he is a representative of a big ~ он представи́тель кру́пной фи́рмы.

firm II *a* **1.** (*solid*) про́чный (31b) [foundation фунда́мент]; про́чная [basis осно́ва]; ⊙ **~ ground** су́ша *f* (25a); **2.** (*steady*) твёрдый (31b) [step шаг, character хара́ктер]; твёрдое [decision, resolution реше́ние, belief убежде́ние, purpose наме́рение]; he said it in a ~ voice он сказа́л э́то твёрдым го́лосом; guide with a ~ hand руководи́ть твёрдой руко́й; ~ prices усто́йчивые це́ны; **3.** (*decisive*) реши́тельный (31b); ~ measures реши́тельные ме́ры; he looked ~ он вы́глядел реши́тельно.

first I *num*, *a* пе́рвый *m*, пе́рвая *f*, пе́рвое *n*, пе́рвые *pl* (31b); I shall take the ~ train я уе́ду пе́рвым по́ездом; that is his ~ book э́то его́ пе́рвая кни́га; (for) the ~ time (в) пе́рвый раз; the ~ of June пе́рвое ию́ня; he was the ~ to come / to leave он пришёл / ушёл пе́рвым; who is ~? кто пе́рвый?; he won ~ place / ~ prize он завоева́л пе́рвое ме́сто / пе́рвый приз; you go ~ вы иди́те пе́рвым; ⊙ **~ name** и́мя *n* (15b); *see* name.

first II *adv* (*for the first time*) впервы́е; when I ~ met him... когда́ я его́ впервы́е встре́тил(а)...; the idea ~ came to me э́та мысль впервы́е пришла́ в го́лову мне; ‖ (*to begin with*) снача́ла; we went home ~ снача́ла мы пое́хали домо́й; have your dinner

~! сначáла пообéдайте!; ⊙ at ~ сначáла; we were doubtful at ~ сначáла мы сомневáлись; at ~ he didn't want to сначáла он не хотéл; it was difficult at ~ сначáла бы́ло трýдно; ~ of all прéжде всегó; *see* all.

fir-tree ель *f* (29c).

fish *sb* ры́ба *f* (19a) [1) fresh свéжая, frozen заморóженная, smoked копчёная, boiled варёная, fried жáреная; 2) swims плáвает, spoils пóртится, smells пáхнет]; catch / clean a ~ ловúть / чúстить ры́бу; buy / sell ~ покупáть / продавáть ры́бу; boil / fry a ~ варúть / жáрить ры́бу; do you like ~? вы лю́бите ры́бу?; we had ~ for dinner на обéд у нас былá ры́ба.

fit I *a* (*proper*): she had no dress ~ for the occasion у неё нé было плáтья, подходя́щего для такóго слýчая; the meat wasn't ~ to eat мя́со нельзя́ бы́ло есть; the film isn't ~ for children э́тот фильм не для детéй; he is ~ for nothing today сегóдня он ни на что не спосóбен; he has recovered but he isn't ~ for work yet он поправился, но ещё не мóжет рабóтать; ⊙ feel ~ чýвствовать себя́ хорошó.

fit II *v* (*of clothes*): the dress / coat ~s (her) well плáтье / пальтó хорошó на ней сидúт; the dress doesn't ~ (her) плáтье плóхо сидúт на ней; these shoes don't quite ~ э́ти тýфли не совсéм подхóдят по размéру.

five пять (39c); *see* eight.

fix 1. (*appoint*) назначáть (64), *perf* назнáчить (174) [*with acc* day день, date числó, time врéмя, place мéсто]; our departure was ~ed for 10 o'clock наш отъéзд был назнáчен на дéсять часóв; we didn't ~ a definite time мы не назнáчили определённого врéмени; **2.** (*mend*) чинúть (160), *perf* починúть (160) [*with acc* machine машúну, shoes тýфли, table стол, chair стул]; I must have my watch ~ed мне нáдо починúть часы́; ~ **up** привестú (219) в поря́док (*with acc*); I must ~ up the room мне нáдо привестú кóмнату в поря́док.

flag *sb* флаг *m* (4c) [1) big большóй, bright я́ркий, foreign инострáнный, national государственный, naval морскóй; 2) waves развевáется, hangs висúт]; carry / hold / hang (out) a ~ нестú / держáть / вывéшивать флаг.

flame плáмя *n*, *no pl* (15b) [1) bright я́ркое, dazzling, blinding ослепúтельное, steady рóвное, yellow жёлтое, white бéлое; 2) bursts out вспы́хивает, spreads распространя́ется, flares up поднимáется столбóм, dies down угасáет]; put out, extinguish / fan a ~ потушить / раздуть пламя; the house was in ~s дом был объят пламенем; the ~s rose higher пламя поднималось всё выше; the gas burnt with a steady, bright ~ газ горел ровным, ярким пламенем; tongues of ~ языки пламени.

flash I *sb* вспышка *f* (22f) [1) sudden внезапная, brilliant яркая, unexpected неожиданная, blinding ослепительная; 2) *with gen* of lightning молнии; of anger гнева, of indignation возмущения]; a ~ of hope проблеск надежды; in a ~ в одно мгновение.

flash II *v* **1.** (*shine*) сверкать (64), *perf* сверкнуть (130); a light ~ed in the darkness в темноте сверкнул свет; **2.** (*move quickly*) мелькать (64), *perf* мелькнуть (130); a light ~ed in the darkness в темноте мелькнул огонёк; lightning ~ed in the sky на небе сверкнула молния; the thought ~ed into, through my mind у меня мелькнула мысль.

flat I *sb* (*apartment*) квартира *f* (19c) [convenient удобная, clean чистая, quiet тихая, noisy шумная, two-room двухкомнатная, four-room четырёхкомнатная, furnished меблированная, up-to-date современная, expensive дорогая]; they took a ~ of three rooms они наняли квартиру из трёх комнат; the ~ consists of two rooms and a kitchen квартира состоит из двух комнат и кухни; look for / find / rent a ~ искать / найти / снять квартиру; they live in a ~ of five rooms они занимают квартиру из пяти комнат; they have moved to, into a new ~ они переехали на новую квартиру; there were no ~s vacant in the house в доме не было свободных квартир.

flat II *a* плоский (33b) [top верх]; плоская [surface поверхность, plain равнина]; плоское [bottom дно]; he spread the paper ~ on the table он расстелил бумагу на столе; the soldier was lying ~ on the ground солдат плашмя лежал на земле; ~ plate мелкая тарелка.

flight *sb* полёт *m* (1f); ~ into space, the cosmos полёт в космос; non-stop ~ беспосадочный перелёт.

float *v* (*move in a definite direction*) плыть (217), *no perf*; the boat ~ed down the river лодка плыла вниз по реке; clouds were ~ing in the sky облака плыли по небу; { (*without direction indicated*) плавать (65), *no perf*; a spot of oil ~ed on the surface капля масла плавала на поверхности.

flock *sb* (*of animals*) стадо *n* (14d) [*with gen* of sheep овец]; { (*of birds*) стая *f* (23b) [*with gen* of ducks у́ток]; people came in ~s лю́ди приходи́ли то́лпами.

flood *sb* **1.** (*deluge*) наводне́ние *n* (18c) [1) terrible ужа́сное, destructive разруши́тельное; 2) subsides спада́ет, destroys разруша́ет, caused great damage причини́ло больши́е разруше́ния]; many houses were carried away by, in the ~ мно́го домо́в бы́ло снесено́ наводне́нием; **2.** *fig* (*stream*) пото́к *m* (4c); a ~ of tears / reproaches / words пото́к слёз / упрёков / слов; a ~ of anger волна́ гне́ва.

floor *sb* **1.** (*in room*) пол *m* (1k) [stone ка́менный, painted кра́шеный, parquet парке́тный, polished натёртый]; there were rugs on the ~ на полу́ лежа́ли ковры́; she picked the letter up from the ~ она́ подняла́ письмо́ с по́ла; wash / sweep the ~ мыть / подмета́ть пол; **2.** (*of house*) эта́ж *m* (5b); ground ~ пе́рвый эта́ж; first ~ второ́й эта́ж; the last / top ~ после́дний / ве́рхний эта́ж; live on the fifth ~ жить на шесто́м этаже́; go up to the third ~ подня́ться на четвёртый эта́ж; go down to the second ~ спусти́ться на тре́тий эта́ж; on the next ~ этажо́м вы́ше; two ~s up / down двумя́ этажа́ми вы́ше / ни́же; ◇ **take the** ~ брать (42) сло́во, *perf* взять (236) сло́во; **ask for the** ~ проси́ть (152) сло́ва; **give the** ~ предоста́вить (168) сло́во (*with dat*); Mr. R. has the ~ сло́во предоставля́ется господи́ну Р.

flour мука́ *f*, *no pl* (22g, *acc sg* муку́) [white бе́лая, dark тёмная, high-grade высокока́чественная]; add ~ доба́вить муки́; sprinkle with ~ посы́пать муко́й; made (out) of white ~ испечённый из бе́лой муки́.

flow *v* течь (103), *no perf*; the water ~s through these pipes вода́ течёт по э́тим тру́бам; the river ~s through a valley река́ протека́ет по доли́не; the water ~ed over the floor вода́ разлила́сь по́ полу; the milk ~ed out of the bottle молоко́ вы́текло из буты́лки.

flower *sb* цвето́к *m* (4f) [1) beautiful краси́вый, fresh све́жий, early ра́нний, wild, field полево́й, fragrant души́стый, spring весе́нний, autumn осе́нний, artificial иску́сственный, favourite люби́мый, withered увя́дший; 2) grows растёт, smells па́хнет, withered завя́л, died засо́х, opens раскрыва́ется; 3) plant сажа́ть, grow выра́щивать, pick рвать, water полива́ть]; bouquet / bunch of ~s буке́т / буке́тик цвето́в; the room was full of ~s ко́мната была́ полна́ цвето́в; she smelled the ~s она́ поню́хала цветы́;

the fruit-trees were in ~ зацвели́ фрукто́вые дере́вья.

fly *v* **1.** (*in no particular direction*) лета́ть (64), *no perf*; butterflies were ~ing everywhere всю́ду лета́ли ба́бочки; ‖ (*in definite direction*) лете́ть (119), *perf* полете́ть (119) [1) fast бы́стро, high высоко́, low ни́зко, past ми́мо, far далеко́; 2) over the mountains че́рез го́ры, across the sea че́рез мо́ре, to the South на юг]; the bird flew away пти́ца улете́ла; the bird flew to our window пти́ца приле-те́ла к на́шему окну́; he flew to London он полете́л в Ло́ндон; we were ~ing to London мы лете́ли в Ло́ндон; we flew over many cities мы пролете́ли над мно́гими города́ми; **2.** (*dash*): she flew out of the room она́ вы́летела из ко́мнаты; she flew past me она́ пролете́ла ми́мо меня́; something flew into my eye что́-то попа́ло мне в глаз; ◇ ~ **into a rage** прийти́ (206) в я́рость; *see* rage **I.**

fog *sb* тума́н *m* (1f) [1) thick, dense густо́й; 2) cleared рассе́ялся, spread стели́лся, thickened сгусти́лся]; we lost our way in the ~ мы заблуди́лись в тума́не; cars were moving slowly in the ~ маши́ны ме́дленно дви́гались в тума́не.

fold скла́дывать (65), *perf* сложи́ть (175) [1) *with acc* letter письмо́, paper бума́гу, cloth мате́рию, blanket одея́ло, towel полоте́нце; 2) carefully осторо́жно, carelessly небре́жно, neatly аккура́тно, in two вдвое́, in three втрое́]; he ~ed (up) his newspaper он сложи́л газе́ту; she ~ed her dresses and put them away она́ сложи́ла свои́ пла́тья и убрала́ их; he ~ed back his sleeves он засучи́л рукава́.

follow 1. (*go, come after*) сле́довать (244), *perf* после́довать (244) (за *with instr*); they ~ed him to the house они́ сле́довали за ним до до́ма; ~ me! сле́дуй(те) за мно́й!; I ~ed him into the room я после́довал(а) за ним в ко́мнату; ~ this road to the end иди́те по э́той доро́ге до конца́; I ~ed your advice / instructions я после́довал (*with dat*) ва́шему сове́ту / ва́шим указа́ниям; he ~ed his father's example он после́довал приме́ру своего́ отца́; the lecture was ~ed by questions за ле́кцией после́довали вопро́сы; **2.** (*understand, keep up*) следи́ть (153), *no perf* (за *with instr*); we could hardly ~ his movements мы едва́ могли́ следи́ть за его́ движе́ниями; I can't ~ when you speak so fast я не могу́ следи́ть за ва́шей мы́слью, когда́ вы так бы́стро говори́те; ◇ **as ~s:**

our plan is as ~s... наш план такой...; the idea is as ~s... идея заключается в следующем...; the names are as ~s... фамилии следующие...

following следующий (35) [day день, month месяц, year год]; следующая [week неделя, winter зима, station станция, page страница]; следующее [suggestion предложение, explanation объяснение]; следующие [questions вопросы, names фамилии, numbers цифры]; it can be done in the ~way... это может быть сделано следующим образом...

fond: be ~ любить (169), *no perf* [*with acc* of children детей, of his son сына, of his grandparents дедушку и бабушку; of football футбол, of card games игру в карты]; he was ~ of going for long walks in the evening по вечерам он любил совершать длительные прогулки.

food пища *f* (25a) [good хорошая, cheap дешёвая, special особая, extra дополнительная, sufficient достаточная, light лёгкая, heavy тяжёлая, fresh свежая, tasty вкусная, coarse грубая, simple простая]; cook / eat / swallow ~ готовить / есть / глотать пищу; he refused all ~ он отказался от всякой пищи; the coarse ~ doesn't agree with him он плохо переносит грубую пищу; he had gone without ~ for several days он уже несколько дней подряд ничего не ел; it provided him ~ for thought это давало ему пищу для размышлений.

fool I *sb* дурак *m* (4e), дура *f* (19a); what a ~ I was not to agree! какой я дурак, что не согласился!; he's no ~ он совсем не дурак; she's no ~ она совсем не дура; ⊙ **make a ~ of smb** (по)ставить (157) кого-л. в глупое положение; you may make a ~ of yourself вы можете поставить себя в глупое положение; I don't want to make a ~ of myself я не хочу ставить себя в глупое положение.

fool II *v* обманывать (65), *perf* обмануть (129) (*with acc*); they ~ed him они его обманули.

foolish глупый (31b) [boy мальчик, answer ответ, question вопрос]; глупая [girl девочка, mistake ошибка, idea идея]; глупое [suggestion предложение, face лицо]; how ~ of me! как глупо с моей стороны!; don't be ~! не будь дураком!; he didn't want to do anything ~ он не хотел поступать безрассудно.

foot 1. (*limb*) нога *f* (22g) [left левая, right правая]; cut / hurt / break one's ~ порезать / ушибить / слома́ть но́гу; he pushed, kicked the ball with **his** ~ он толкну́л мяч ного́й; she got her feet wet она́ промочи́ла но́ги; he could hardly stand on his feet он едва́ мог стоя́ть на нога́х; I have been standing on my feet all day я весь день на нога́х; **2.** (*bottom*) подно́жие *n* (18c); at the ~ of the mountain у подно́жия горы́.

football футбо́л *m* (1f); play ~ игра́ть в футбо́л; a ~ game футбо́льная встре́ча; ~ match футбо́льный матч.

for I *prep* **1.** (*of time*) *with gen*: ~ a week / month / year / hour **в тече́ние** неде́ли / ме́сяца / го́да / ча́са; ~ a few days в тече́ние не́скольких дней; ~ some time в тече́ние не́которого вре́мени; ~ centuries в тече́ние веко́в; we searched ~ hours мы иска́ли не́сколько часо́в; they would play chess ~ hours они́ часа́ми игра́ли в ша́хматы; ‖ (*of time limits*) *with acc*: they decided to go away ~ a month они́ реши́ли уе́хать **на** ме́сяц; I want to lie down ~ an hour я хочу́ приле́чь на час; we shall stay here ~ a while мы оста́немся здесь на не́которое вре́мя; **2.** (*of aim, purpose, destination, etc.*): the book **is** ~ children э́та кни́га **для** (*with gen*) дете́й; I shall do all I can ~ him я сде́лаю для него́ всё, что могу́; send ~ the doctor! пошли́те **за** (*with instr*) до́ктором!; they fought ~ their freedom они́ боро́лись за (*with acc*) свобо́ду; they left ~ Moscow они́ уе́хали **в** (*with acc*) Москву́; the letter is ~ you э́то письмо́ вам; **3.** (*of price*): I bought this hat ~ five roubles я купи́л(а) э́ту шля́пу **за** (*with acc*) пять рубле́й; what will you give me ~ this watch? ско́лько вы дади́те за э́ти часы́?; I wouldn't do it ~ twice the money я бы не сде́лал(а) э́того и за двойну́ю пла́ту; not ~ the world ни за что на све́те; **4.** (*for the sake of*) *with gen*: he works ~ his children он рабо́тает **ра́ди** свои́х дете́й; we did it ~ fun мы сде́лали э́то ра́ди шу́тки; I might go ~ curiosity's sake я мог бы пойти́ ра́ди любопы́тства; **5.** *in syntactical verb complexes, not translated, complex often conveyed by clause*: we waited ~ him to begin мы жда́ли, пока́ он начнёт; send ~ someone to help us! пошли́те за ке́м-нибудь, кто бы нам помо́г!; we are looking ~ a gift to send mother мы и́щем пода́рок, что́бы посла́ть ма́тери; ‖ *syntactical complexes after adjectives conveyed by pronoun or noun in dat and adjective*: it would be better ~ you to go at once вам бы́ло бы лу́чше пойти́ сейча́с же; that's hard ~ me to understand мне э́то тру́дно поня́ть; it is necessary ~ all of you to understand that вам всем необходи́мо э́то поня́ть; it will be good ~ him ему́ э́то бу́дет поле́зно; **6.** *in various phrases*: I'm sorry ~ him мне жаль его́; what do you want ~ dinner? что вы хоти́те **на** (*with acc*) обе́д?; everyone is ~ the plan все **за** (*with acc*) план; good ~ him! так ему́ и на́до!; he works ~ a big company он рабо́тает **в** (*with abl*) кру́пной компа́нии; we had to wait ~ her нам пришло́сь её подожда́ть; if it weren't ~ you е́сли бы не вы; he was late ~ dinner он опозда́л **к** (*with dat*) обе́ду; ~ the last time в после́дний раз.

for II *conj* так как; I have come to you ~ I have no one else to turn to я пришёл к вам, так как мне не́ к кому обрати́ться.

force I *sb* **1.** (*strength*) си́ла *f* (19c) [1) physical физи́ческая; tremendous огро́мная, destructive разруши́тельная; 2) *with gen* of a blow уда́ра, of the wind ве́тра, of the waves волн]; we had to use ~ нам пришло́сь примени́ть си́лу; by ~ наси́льно; **2.** (*power, influence*) си́ла [moral мора́льная, inspiring вдохновля́ющая, unifying объединя́ющая, natural есте́ственная, social обще́ственная]; ~ of character / will си́ла хара́ктера / во́ли; by ~ of habit в си́лу привы́чки; **3.** *usu pl* ~s (*of military power*) си́лы (19c); armed / naval / air ~s вооружённые / вое́нно-морски́е / вое́нно-возду́шные си́лы; send an armed ~ against smb посла́ть вооружённый отря́д про́тив (*with gen*) кого́-л.; ◇ **come into** ~ вступа́ть (64) в си́лу, *perf* вступи́ть (169) в си́лу; **be in** ~ быть в си́ле; **by** ~ **of circumstances** в си́лу обстоя́тельств.

force II *v* **1.** (*compel*) заставля́ть (223), *perf* заста́вить (168) (*with acc*); they could not ~ him to speak они́ не могли́ заста́вить его́ говори́ть; bad weather ~d them to postpone their journey плоха́я пого́да заста́вила их отложи́ть пое́здку; why should I ~ myself to do what I don't want to? почему́ я до́лжен заставля́ть себя́ де́лать то, что мне не хо́чется?; circumstances ~d him to refuse обстоя́тельства заста́вили его́ отказа́ться; **2.**: be ~d: I am ~d to think that... я вы́нужден(а) ду́мать, что...; they were ~d to take immediate measures они́ бы́ли вы́нуждены приня́ть сро́чные ме́ры.

forehead лоб *m* (1d) [broad широ́кий, high высо́кий, low ни́зкий, wrinkled морщи́нистый, smooth гла́дкий]; he had a scar on his

~ у него́ на лбу́ был шрам; he wrinkled his ~ он намо́рщил лоб.

foreign 1. (*of another country*) иностра́нный (31b) [language язы́к, flag флаг, city го́род, plane самолёт]; иностра́нная [literature литерату́ра, army а́рмия, newspaper газе́та, name фами́лия]; иностра́нное [country госуда́рство, word сло́во]; ~ trade вне́шняя торго́вля; **2.** (*alien*) чу́ждый (31b); ~ custom чу́ждый обы́чай; it is ~ to his nature э́то чу́ждо его́ хара́ктеру.

foresee предви́деть (109), *no perf* (*with acc*); we didn't ~ all the difficulties мы не предви́дели всех э́тих тру́дностей.

forest лес *m* (1*l*) [1) dense густо́й, thick дрему́чий; 2) stretches for miles and miles тя́нется на мно́гие ми́ли; 3) plant сажа́ть, cut down выруба́ть]; edge of a ~ опу́шка ле́са; go to a ~ идти́ в лес; go through a ~ идти́ по́ лесу; rest / be lost / live / walk in a ~ отдыха́ть / заблуди́ться / жить / гуля́ть в лесу́; road / path in the ~ доро́га / тропи́нка в лесу́; the mountains are covered with ~s го́ры покры́ты леса́ми; ~ fire лесно́й пожа́р.

forget забыва́ть (64), *perf* забы́ть (210) [1) *with acc* name фами́лию, face лицо́, friends друзе́й, facts фа́кты, language язы́к, the end of the story коне́ц расска́за, the name of a book назва́ние кни́ги; 2) о *with abl* (about) the time о вре́мени; 3) *with inf* to go пойти́, to send посла́ть, to telephone позвони́ть, to bring принести́]; he always ~s everything он всегда́ всё забыва́ет; I shall never ~ я никогда́ не забу́ду; I have forgotten where she lives / what he wanted / when we must be there я забы́л(а), где она́ живёт / что он хоте́л / когда́ мы должны́ быть там; don't ~! не забу́дь(те)!; ~ it! забу́дь(те) об э́том!; I completely forgot я совсе́м забы́л(а); I haven't forgotten at all я совсе́м не забы́л(а).

forgive проща́ть (64), *perf* прости́ть (187) (*with acc*); ~ me! прости́те меня́; I shall never ~ you я никогда́ вас не прощу́; I can't ~ him such conduct не могу́ прости́ть ему́ тако́е поведе́ние; ~ me for interrupting прости́те, что я вас перебива́ю; I shall never ~ you for forgetting your promise я никогда́ не прощу́ вам того́, что вы забы́ли своё обеща́ние.

fork *sb* (*for eating*) ви́лка *f* (22d) [clean чи́стая, long дли́нная, silver серебряная]; hold / wash a ~ держа́ть / мыть ви́лку; use a ~ по́льзоваться ви́лкой; take / eat smth with a ~ взять / есть что-л. ви́лкой;

two ~s were missing не хвата́ло двух ви́лок.

form I *sb* **1.** (*shape*) фо́рма *f* (19c); in the ~ of a square box в фо́рме квадра́тного я́щика; **2.** (*human body*) фигу́ра *f* (19c); we could make out a vague ~ in the darkness в темноте́ мы могли́ различи́ть нея́сную фигу́ру; she had a slender, graceful ~ у неё была́ то́нкая изя́щная фигу́ра; **3.** (*arrangement*) фо́рма; classic ~ класси́ческая фо́рма; in dialogue ~ в фо́рме диало́га; in the ~ of lectures в ви́де ле́кций; published in the ~ of an article и́зданный в ви́де статьи́; the same idea is expressed in a different ~ э́та же мысль вы́ражена ина́че; in an abridged ~ в сокращённом ви́де; **4.** (*kind*) фо́рма; a mild / dangerous ~ of the disease лёгкая / опа́сная фо́рма э́той боле́зни; { вид *m* (1f); in powder ~ в ви́де порошка́; various ~s of transport разли́чные ви́ды тра́нспорта; **5.** (*document*) анке́та *f* (19c); fill in, out, up a ~ запо́лнить анке́ту; { (*blank*) бланк *m* (4c); telegraph ~ телегра́фный бланк; **6.** (*class in school*) класс *m* (1f); pupils of the seventh ~ ученики́ седьмо́го кла́сса.

form II *v* **1.** (*give shape, put together*) образова́ть(243) [*with acc* circle круг; cloud о́блако]; **2.** (*develop*) формирова́ть (243), *perf* сформирова́ть(243) [*with acc* mind ум, character хара́ктер]; I don't want the child to ~ bad habits я не хочу́, что́бы у ребёнка развива́лись дурны́е привы́чки; **3.** (*organize*) организова́ть (243) [*with acc* club клуб, circle кружо́к, orchestra орке́стр]; **4.** (*conceive*) составля́ть (223), *perf* соста́вить (168) (*with acc*); you can ~ some idea of the ship's size мо́жно соста́вить себе́ представле́ние о разме́рах корабля́.

former **1.** (*belonging to past*) пре́жний (32); in ~ times / years в пре́жние времена́ / го́ды; our ~ teacher наш ста́рый преподава́тель; the ~ director бы́вший дире́ктор; the ~ owners бы́вшие владе́льцы; **2.** (*preceding*) предше́ствующий (35); the ~ speaker предше́ствующий ора́тор; **3.** (*first of two*) пе́рвый (31b); the ~ of the two names mentioned in the letter пе́рвая из двух упомя́нутых в письме́ фами́лий.

formerly ра́ньше; more people came here ~ ра́ньше сюда́ приезжа́ло бо́льше наро́ду; this was ~ a fashionable resort ра́ньше э́то был мо́дный куро́рт; she was ~ a cinema actress ра́ньше она́ была́ киноактри́сой.

forth: and so ~ и так да́лее; *see* so **I**; back and

forth взад и вперёд; *see* back **III**.

fortune: she came into a ~ она́ получи́ла насле́дство; he made a ~ он разбогате́л; he married a ~ он жени́лся на деньга́х; it's worth a ~ э́то це́лое состоя́ние; it cost him a ~ э́то сто́ило ему́ о́чень до́рого.

forty со́рок (39f); *see* eight, thirty.

forward *adv* вперёд; move / push / go / run ~ дви́гаться / толка́ть / идти́ / бежа́ть вперёд; ~! вперёд!

foundation **1.** (*base*) фунда́мент *m* (1f) [1) stone ка́менный, firm про́чный, solid кре́пкий, sound надёжный; 2) build стро́ить, lay заложи́ть]; **2.** (*basis*) осно́ва *f* (19c); the ~s of the theory / hypothesis осно́вы э́той тео́рии / гипо́тезы; it undermines the very ~s э́то подрыва́ет са́мые осно́вы; on this ~ на э́том основа́нии; the rumour has some ~ in fact э́тот слух в не́которой сте́пени осно́ван на фа́ктах; the rumour has no ~ слух ни на чём не осно́ван.

four четы́ре (39b); *see* three.

fourteen четы́рнадцать (39c); *see* eight.

fox лиси́ца *f* (21a); sly ~ хи́трая лиса́.

frame *sb* (*wooden border, large*) ра́ма *f* (19c), (*small*) ра́мка *f* (22d) [wide широ́кая, narrow у́зкая]; the picture was (set) in a gilt ~ карти́на была́ в позоло́ченной ра́ме; ◇ ~ **of mind** настрое́ние *n* (18c); in a happy / sad / anxious / discontented ~ of mind в счастли́вом / печа́льном / беспоко́йном / недово́льном настрое́нии.

frank *a* (*honest*) и́скренний (32) [advice сове́т, man челове́к]; и́скреннее [opinion мне́ние, pleasure удово́льствие]; { (*candid*) открове́нный (31b) [reply, answer отве́т, person челове́к]; открове́нное [face лицо́]; открове́нные [words слова́]; let's be ~ бу́дем открове́нны; I'll be perfectly ~ with you я вам скажу́ соверше́нно открове́нно.

free **I** *a* **1.** свобо́дный (31b) [people наро́д, man челове́к, citizen граждани́н, world мир]; свобо́дная [country страна́, life жизнь, press печа́ть]; свобо́дные [elections вы́боры]; you are ~ to choose вам предоставля́ется свобо́да вы́бора; ⊙ **set** ~ освобожда́ть (64), *perf* освободи́ть (153) (*with acc*); *see* set **II**; **2.** (*not busy, unoccupied*) свобо́дный [day день, hour час, evening ве́чер]; свобо́дная [minute мину́та]; свобо́дное [morning у́тро, time вре́мя]; I shall be ~ all morning я бу́ду свобо́ден, свобо́дна всё у́тро; are you ~ this evening? вы свобо́дны сего́дня вечером?; when will you be ~? когда́ вы освободи́тесь?; come and see us when you are ~ приходи́те к нам, когда́ бу́дете свобо́дны; is this seat ~? э́то ме́сто свобо́дно?; 3. (*no charge*) беспла́тный (31b) [concert конце́рт, ticket биле́т]; беспла́тное [education обуче́ние]; the lecture is ~ of charge вход на ле́кцию свобо́дный; entrance is ~ of charge вход беспла́тный; give smth away ~ отда́ть что-л. беспла́тно.

free II *v* (*liberate*) освобожда́ть (64), *perf* освободи́ть (153) [*with acc* country страну́, city го́род, people наро́д]; he was ~d of all his duties его́ освободи́ли от всех обя́занностей; he managed to ~ his arms ему́ удало́сь освободи́ть ру́ки.

freedom свобо́да *f* (19c); defend / love / win ~ защища́ть / люби́ть / завоева́ть свобо́ду; ~ of action свобо́да де́йствий; ~ of speech / press свобо́да сло́ва / печа́ти; he fought for the ~ of his people он боро́лся за свобо́ду своего́ наро́да; they demanded complete ~ они́ тре́бовали по́лной свобо́ды.

freeze *v* (*change into ice*) замерза́ть (64), *perf* замёрзнуть (126); the water / river froze вода́ / река́ замёрзла; || (*feel very cold*) мёрзнуть (126), *perf* замёрзнуть; I am freezing я замёрз(ла); my hands / feet are frozen у меня́ замёрзли ру́ки / но́ги.

French I *sb* 1. (*language*) францу́зский язы́к *m* (4g); read / speak / write ~ чита́ть / говори́ть / писа́ть по-францу́зски; 2. (*nationality*): the ~ францу́зы *pl* (1e).

French II *a* францу́зский (33b); he is ~ он францу́з; she is ~ она́ францу́женка.

frequent *a* ча́стый (31b) [visitor посети́тель, guest гость]; ча́стая [mistake оши́бка]; ча́стое [repetition повторе́ние]; accidents have become more ~ несча́стные слу́чаи ста́ли бо́лее ча́стыми.

frequently ча́сто; go / come / visit / return ~ ча́сто ходи́ть, е́здить / приходи́ть, приезжа́ть / посеща́ть / возвраща́ться; he was ~ seen его́ ча́сто ви́дели; the word is ~ used э́то сло́во ча́сто употребля́ется; I have ~ thought... я ча́сто ду́мал(а)...

fresh (*not spoiled*, *new*, *pure*, *recent*) све́жий (34b) [bread хлеб, cheese сыр; air во́здух, wind ве́тер; complexion цвет лица́]; све́жая [fish ры́ба, food пи́ща]; све́жее [meat мя́со, butter ма́сло, milk молоко́]; све́жие [eggs я́йца, vegetables о́вощи, fruit фру́кты; news но́вости, facts фа́кты]; he looked young and ~ он вы́глядел молоды́м и све́жим; the event is still ~ in my mind э́то собы́тие ещё свежо́ в моéй пáмяти; ~ water (*not salt*) прéсная водá; she took a ~ sheet of paper онá взялá чи́стый лист бумáги.

Friday пя́тница *f* (21c); this / next / last ~ в э́ту / слéдующую / прóшлую пя́тницу; on ~ в пя́тницу; the ~ after next чéрез пя́тницу; (on) ~ night в ночь с пя́тницы на суббóту; (on) ~ morning / afternoon / evening в пя́тницу у́тром / днём / вéчером; every ~ по пя́тницам; every other ~ чéрез пя́тницу; by ~ к пя́тнице; from ~ to Monday с пя́тницы до понедéльника; it has not rained since ~ с пя́тницы нé было дождя́; beginning with ~ начинáя с пя́тницы.

friend друг *m* (*sg* 4a, *pl* друзья́, друзéй, друзья́м, друзéй, друзья́ми, друзья́х) [good хорóший, dear дорогóй, new нóвый, old стáрый, real настоя́щий, true вéрный, devoted прéданный, close бли́зкий]; { подру́га *f* (22a); find / visit / lose one's ~s найти́ / посети́ть / потеря́ть друзéй; help one's ~s помогáть друзья́м; she is a ~ of mine онá моя́ подру́га; my best ~s мои́ лу́чшие друзья́; she has many ~s у неё мнóго друзéй; he missed his ~s он скучáл по друзья́м; they became great ~s они́ стáли больши́ми друзья́ми; { товáрищ *m* (8a); school ~ шкóльный товáрищ; my ~ and I мы с товáрищем; ⊙ **make ~s with smb** подружи́ться (171) с (*with instr*) кем-л.; they quickly made ~s они́ бы́стро подружи́лись.

friendly дру́жеский (33b) [advice совéт, look, glance взгляд]; дру́жеская [game игрá, talk бесéда]; дру́жеское [attitude отношéние]; we are on ~ terms мы в дру́жеских отношéниях; he took my arm in a ~ way он дру́жески взял меня́ пóд руку; { дру́жественный (31b); ~ country дру́жественная странá; we have ~ relations with many countries мы нахóдимся в дру́жественных отношéниях со мнóгими стрáнами.

friendship дру́жба *f* (19c) [1) firm прóчная, lasting дóлгая, warm сердéчная, growing растýщая, long-standing давни́шняя; 2) grows растёт]; their ~ lasted all their lives их дру́жба продолжáлась всю жизнь; ~ of the peoples дру́жба нарóдов; offer / value / keep ~ предложи́ть / цени́ть / сохрани́ть дру́жбу; promote ~ спосóбствовать дру́жбе; live in ~ жить в дру́жбе; there's not much ~ between us мéжду нáми нет большóй дру́жбы.

frighten пугáть (64), *perf* испугáть (64) [*with acc* child ребёнка, horse лóшадь, birds птиц]; how you ~ed me! как вы меня́ испуга́ли!; be ~ed испуга́ться; she was so ~ed that she could not speak она́ так испуга́лась, что не могла́ говори́ть; I was never so ~ed in my life я никогда́ в жи́зни не́ был так напу́ган; I am not at all ~ed! я совсе́м не испуга́лся!; don't be ~ed! не пуга́йтесь!; she looked ~ed она́ вы́глядела испу́ганной.

from *prep* **1.** (*of movement away*) *with gen*: he took a book ~ the shelf он взял кни́гу **с** по́лки; on our way ~ the theatre по доро́ге **из** теа́тра; he is coming home ~ the South / ~ Leningrad / ~ abroad он приезжа́ет домо́й с Ю́га / из Ленингра́да / **из-за** грани́цы; he took the heavy bag ~ her он взял **у** неё тяжёлую су́мку; **2.** (*of distances*): we are fifty kilometres ~ Moscow мы нахо́димся на расстоя́нии пятидесяти киломе́тров **от** (*with gen*) Москвы́; is it far ~ here? далеко́ ли э́то отсю́да?; is it far ~ there? далеко́ ли э́то отту́да?; you can see the tower ~ everywhere ба́шня видна́ отовсю́ду; **3.** (*of time*) *with gen*: I lived there ~ 1945 to 1950 я там жил(а́) **с** ты́сяча девятьсо́т со́рок пя́того по ты́сяча девятьсо́т пятидеся́тый год; I shall be here ~ three to, till five я бу́ду здесь с трёх до пяти́ часо́в; ~ that moment с э́того моме́нта; ~ that time on с э́того вре́мени; ~ the first day с пе́рвого дня; **4.** (*of source*) *with gen*: he is ~ Australia он ро́дом **из** Австра́лии; you can understand ~ the book / poem / report... из кни́ги / стихотворе́ния / докла́да мо́жно поня́ть...; it follows ~ what you have said э́то вытека́ет из того́, что вы сказа́ли; I got a letter ~ my brother я получи́л письмо́ **от** бра́та; the men were suffering ~ cold and hunger солда́ты страда́ли от хо́лода и го́лода; ~ everything I have heard or seen су́дя по тому́, что я слы́шал(а) и ви́дел(а); he was suffering ~ a bad cold у него́ был си́льный на́сморк; **5.** (*in various phrases*): he borrowed ten dollars ~ me он за́нял **у** (*with gen*) меня́ де́сять до́лларов; he bought the flowers ~ the girl он купи́л у де́вушки цветы́; he has translated a book ~ Russian into English он перевёл кни́гу **с** (*with gen*) ру́сского языка́ на англи́йский; ~ (the) beginning to (the) end с нача́ла до конца́; ~ place to place с ме́ста на ме́сто; ~ time to time вре́мя от вре́мени; ⊙ ~ **under** *see* under; ~ **behind** из-за; *see* behind **II**.

front I *sb* (*military*) фронт *m* (1j); when did he return from the ~? когда́ он верну́лся с фро́нта;? he was at the ~ он был на фро́нте; united ~ еди́ный фронт.

front II *sb* (*forward part*) пере́дняя сторона́ *f* (19j); the ~ of the house / building пере́дняя сторона́ до́ма / зда́ния.

front III: in ~ *adv* впереди́; go, walk / ride / run in ~ идти́ / е́хать / бежа́ть впереди́.

front IV: in ~ (of) *prep* 1) (*before*) *with instr*: in ~ of the house / door **пе́ред** до́мом / две́рью; he stopped in ~ of me он останови́лся передо мно́й; I couldn't see anything in ~ of me я ничего́ не мог ви́деть перед собо́й; the book is right, directly in ~ of you кни́га пря́мо перед ва́ми; 2) (*more advanced*) *with gen*: they are far in ~ of us они́ далеко́ **впереди́** нас; a man with a flag marched in ~ of the column впереди́ коло́нны шёл челове́к с фла́гом.

frost *sb* моро́з *m* (1f) [1) hard, sharp си́льный, biting жгу́чий, light лёгкий; 2) kills убива́ет, damages вреди́т]; it was fifteen degrees of ~ last night вчера́ но́чью бы́ло пятна́дцать гра́дусов моро́за.

fruit фру́кты *pl* (1f) [1) fresh све́жие, green зелёные, ripe спе́лые, sweet сла́дкие, early ра́нние, spoiled испо́рченные, dried сухи́е, juicy со́чные, tropical тропи́ческие; stewed варёные, canned консерви́рованные; 2) grows расту́т, ripens созрева́ют, spoils по́ртятся]; eat / pick / dry ~ есть / собира́ть / суши́ть фру́кты; bowl of ~ ва́за с фру́ктами; {*usu pl* ~s *fig* плоды́ (1k); the ~s of one's work / labour плоды́ рабо́ты / труда́.

full по́лный (31b) [account отчёт; box я́щик, tram трамва́й, glass стака́н, hall зал, stomach желу́док]; по́лная [cup ча́шка, plate таре́лка]; по́лное [description описа́ние, silence молча́ние, agreement согла́сие]; she had a ~ round face у неё бы́ло по́лное, кру́глое лицо́; the hall was ~ of people зал был по́лон (*with gen*) наро́ду; his life was ~ of adventure его́ жизнь была́ полна́ приключе́ний; we waited a ~ hour мы жда́ли це́лый час; the car was going at ~ speed маши́на е́хала на по́лной ско́рости; ⊙ **in ~** по́лностью; write your name in ~! напиши́те фами́лию по́лностью!; we have paid in ~ мы по́лностью расплати́лись; **~ name** и́мя и фами́лия; write your ~ name and address! напиши́те своё и́мя, фами́лию и а́дрес!; **in ~ swing** в (по́лном) разга́ре.

fully вполне́; ~ satisfactory work вполне́ удовлетвори́тельная рабо́та; I am ~ aware я вполне́ понима́ю; she agreed ~ она́ была́ вполне́ согла́сна.

fun: we had a lot of ~ at the party нам бы́ло о́чень ве́село на ве́чере; it's ~ to look at the little bears заба́вно смотре́ть на ма́леньких медвежа́т; it will be ~ if we all go together бу́дет ве́село, е́сли мы пое́дем все вме́сте; what ~ is there in going alone? како́й интере́с идти́ одному́, одно́й?; ⊙ **in, for** ~ шу́тки ра́ди; we did it in ~ мы сде́лали э́то шу́тки ра́ди; the question was asked in ~ вопро́с был за́дан в шу́тку; **make** ~ **of** смея́ться (227) над (*with instr*); don't make ~ of him! не сме́йтесь над ним!; they made ~ of his ideas они́ вы́смеяли его́ иде́и.

funny 1. (*amusing*) смешно́й (31a) [story расска́з, anecdote, joke анекдо́т]; смешна́я [habit привы́чка, hat шля́па]; the end of the film was ~ коне́ц фи́льма был смешно́й; that's simply ~! про́сто смешно́!; there's nothing ~ about it в э́том нет ничего́ смешно́го; I thought the play (was) very ~ пье́са мне показа́лась о́чень смешно́й; he looked so ~ он вы́глядел таки́м смешны́м; ‖ заба́вный (31b) [child ребёнок]; заба́вная [song пе́сенка, picture карти́на]; it will be very ~ э́то бу́дет о́чень заба́вно; **2.** (*queer*) стра́нный (31b); that's ~! стра́нно!; he gave us some ~ explanations он дал нам како́е-то стра́нное объясне́ние; it sounds ~ э́то звучи́т стра́нно; that's a ~ way to talk стра́нно так говори́ть; that's a ~ way to look at it стра́нно так рассужда́ть.

fur *sb* мех *m* (4h) [thick, bushy пуши́стый, smooth гла́дкий, warm тёплый, expensive дорого́й]; **a** ~ coat мехова́я шу́ба; **a** ~ hat мехова́я ша́пка.

furnish 1. (*supply*) снабжа́ть (64), *perf* снабди́ть (153) (*with instr*); *see* provide 2; **2.** (*install furniture*) обставля́ть (223), *perf* обста́вить (168) [1) *with acc* house дом, room ко́мнату, flat кварти́ру; 2) well хорошо́, beautifully краси́во, tastefully со вку́сом, luxuriously роско́шно]; the living room was ~ed in modern style гости́ная была́ обста́влена в совреме́нном сти́ле.

furniture ме́бель *f*, *collect* (29c) [1) new но́вая, old-fashioned старомо́дная, modern совреме́нная, heavy тяжёлая, antique стари́нная, simple, plain проста́я, expensive дорога́я, cheap недорога́я, second-hand поде́ржанная; 2) buy покупа́ть, sell продава́ть, damage повреди́ть, move дви́гать, change меня́ть, order зака́зывать, deliver доставля́ть на́ дом]; kitchen ~ ку́хонная мéбель; set of ~ гарнитýр мéбели; there is too much ~ in the room в кóмнате слúшком мнóго мéбели.

further I *a* **1.** (*in future, continued*) дальнéйший (34b); ~ development дальнéйшее развúтие; till ~ notice вплоть до дальнéйшего уведомлéния; we need no ~ help в дальнéйшем пóмощь нам не нужнá; ~ discussion is useless дальнéйшее обсуждéние бесполéзно; **2.** (*additional*) дополнúтельный (31b); ~ information дополнúтельные свéдения.

further II *adv* дáльше; I should like to say, ~ ... дáлее хóчется сказáть...; what happened ~? что случúлось потóм?

future I *sb* бýдущее *n* (35) [better лýчшее, bright свéтлое, happy счастлúвое, wonderful чудéсное, remote далёкое, brilliant блестя́щее, uncertain неопределённое]; in ~ в бýдущем; in the near / immediate ~ в недалёком / ближáйшем бýдущем; the ~ will show бýдущее покáжет; to predict the ~ предсказáть бýдущее; fight for a better ~ борóться за лýчшее бýдущее; make plans for the ~ стрóить плáны на бýдущее; he has a great ~ before him у негó большóе бýдущее.

future II *a* бýдущий (35) [home дом, city гóрод]; бýдущая [work рабóта]; бýдущее [generation поколéние]; my ~ wife моя́ бýдущая женá.

G

gain *v* **1.** (*attain*) добивáться (64), *perf* добúться (181) [*with gen* victory побéды, aim цéли, independence независимости, advantage преимýщества, fame слáвы, liberty свобóды, position положéния]; what can we ~ by staying here? чегó мы добьёмся, éсли остáнемся здесь?; **2.** (*receive*) приобретáть (64), *perf* приобрестú (242) (*with acc*); he ~ed much experience он приобрёл большóй óпыт; { получáть (64), *perf* получúть (175) (*with acc*); the book / theory ~ed wide popularity кнúга / теóрия получúла ширóкую извéстность; ◇ ~ **time** вы́играть (64a) врéмя; ~ **weight** поправля́ться (223), *perf* поправиться (168); I have ~ed two pounds / kilograms я поправился на два фýнта / килогрáмма; *also see* weight; ~ **the upper hand** одержáть (47) верх; neither side could ~ the upper hand ни однá из сторо́н не могла́ одержа́ть верх.

game *sb* **1.** (*form of play*) игра́ *f* (19g) [1) difficult тру́дная, easy лёгкая, simple проста́я, dull ску́чная, interesting интере́сная, complicated сло́жная, favourite люби́мая, children's де́тская; 2) begins начина́ется, is over ко́нчилась, continues продолжа́ется]; the ~ ended in a draw игра́ ко́нчилась вничью́; begin / continue / stop / win / lose a ~ нача́ть / продолжа́ть / прекрати́ть / вы́играть / проигра́ть игру́; I don't like the ~ мне не нра́вится э́та игра́; we watched the ~ мы следи́ли за игро́й; we sat down to a ~ of cards мы се́ли игра́ть в ка́рты; we played various ~s мы игра́ли в ра́зные и́гры; **2.** (*form of contest*) матч *m* (8b), встре́ча *f* (25a); football ~ футбо́льный матч; volley-ball / basket-ball ~ волейбо́льная / баскетбо́льная встре́ча; ǁ (*round*) па́ртия *f* (23c); a ~ of chess / tennis па́ртия в ша́хматы / те́ннис.

garden **1.** (*of flowers and trees*) сад *m* (1k) [beautiful краси́вый, old ста́рый]; go out into the ~ вы́йти в сад; sit in the ~ сиде́ть в саду́; walk about in the ~ гуля́ть по са́ду; the ~ is full of flowers сад по́лон цвето́в; plant a ~ разби́ть сад; **2.** (*of vegetables*) огоро́д *m* (1f); in the ~ на огоро́де; the vegetables are fresh from the ~ э́ти о́вощи то́лько что (принесли́) с огоро́да; water the ~ полива́ть огоро́д.

gas *sb* газ *m* (1f) [1) burns well хорошо́ гори́т, fills a room наполня́ет ко́мнату, escapes утека́ет; 2) turn on включи́ть, turn off вы́ключить]; I smell ~ я чу́вствую за́пах га́за; she put the kettle on the ~ она́ поста́вила ча́йник на газ.

gate **1.** (*at entrance to factory grounds, stadium, etc.*) воро́та, *no sg* (воро́т, воро́там, воро́та, воро́тами, воро́тах) [heavy тяжёлые, iron желе́зные, open откры́тые, closed закры́тые]; open / close / lock the ~s откры́ть / закры́ть / запере́ть воро́та; stand at the ~ стоя́ть у воро́т; come in through the ~ войти́ че́рез воро́та; **2.** (*at entrance to garden, etc.*) кали́тка *f* (22d) [small небольша́я, wooden деревя́нная]; go in at a ~, through a ~ войти́ че́рез кали́тку.

gather **1.** (*collect*) собира́ть (64), *perf* собра́ть (44) [*with acc* one's things свои́ ве́щи, books and papers кни́ги и бума́ги, berries я́годы, harvest урожа́й]; ~ flowers рвать цветы́; ǁ (*bring together*) собира́ть [*with acc* facts фа́кты, evidence ули́ки; children дете́й, crowd толпу́]; **2.**

(*come together*) собира́ться (64), *perf* собра́ться (44) [in the street на у́лице, around the speaker вокру́г ора́тора, at a corner на углу́]; clouds are ~ing in the sky на не́бе собира́ются ту́чи; the schoolchildren ~ed in the yard шко́льники собрали́сь во дворе́.

gay (*merry*) весёлый (31b) [laugh, laughter смех, voice го́лос, dance та́нец]; весёлая [smile улы́бка, music му́зыка; party компа́ния].

general I *sb* генера́л *m* (1e).

general II *a* **1.** (*not detailed*) о́бщий (35) [idea смысл, conclusion вы́вод]; о́бщая [tendency тенде́нция]; о́бщее [impression впечатле́ние, notion поня́тие]; ⊙ **in** ~ вообще́; he doesn't read much in ~ он вообще́ ма́ло чита́ет; I agree in ~ вообще́ я согла́сен; in ~ I shouldn't mind вообще́ я бы не возража́л(а); **2.** (*universal*) всео́бщий (35); ~ election всео́бщие вы́боры; ~ strike всео́бщая забасто́вка; ~ opinion о́бщее мне́ние.

generally (*as a rule*) обы́чно; I go home at five ~ обы́чно я иду́ домо́й в пять часо́в; we are ~ at home in the evening ве́чером мы обы́чно (быва́ем) до́ма; ⊙ ~ **speaking** вообще́ говоря́; I see nothing wrong in it, ~ speaking вообще́ говоря́, я ничего́ плохо́го в э́том не ви́жу.

generation поколе́ние *n* (18c) [younger мла́дшее, older ста́ршее, rising подраста́ющее, future бу́дущее, new но́вое]; from ~ to ~ из поколе́ния в поколе́ние.

generous 1. (*noble-minded*) великоду́шный (31b) [person челове́к, impulse поры́в, action посту́пок]; великоду́шная [help по́мощь]; великоду́шное [attitude отноше́ние, decision реше́ние]; he is always ~ to others он всегда́ великоду́шен к други́м; **2.** (*open-handed*) ще́дрый [gift пода́рок]; ще́драя [nature нату́ра]; he is ~ with his money он ще́дро тра́тит де́ньги; **3.** (*large*) большо́й (34a); больша́я [portion по́рция]; большо́е [quantity, amount коли́чество].

gentle 1. (*kind, soft*) мя́гкий (33b) [person челове́к, nature хара́ктер, voice го́лос]; he was ~ but firm он был мя́гок, но насто́йчив; **2.** (*caressing*) ла́сковый (31b), не́жный (31b) [voice го́лос, look взгляд]; ла́сковая, не́жная [smile улы́бка]; ла́сковое, не́жное [touch прикоснове́ние]; **3.** (*light*) лёгкий (33b) [wind ве́тер]; лёгкое [breathing дыха́ние].

gentleman 1. джентльме́н *m* (1e); he acted like a ~ он вёл себя́ как поря́дочный человéк; you must be more of a ~! вы должны́ быть бóлее воспи́танным человéком!; 2. (*in addresses*): ladies and gentlemen! дáмы и господá!

gently 1. (*tenderly*) мя́гко [speak говори́ть]; **2.** (*quietly*) ти́хо [close the door закры́ть дверь, laugh засмея́ться, say сказáть]; **3.** (*carefully*) осторóжно [move smth aside отодви́нуть чтó-либо, lower smth to the ground опусти́ть что-л. на зéмлю; touch прикосну́ться].

geography геогрáфия *f* (23c).

geology геолóгия *f* (23c).

German I *sb* **1.** (*language*) немéцкий язы́к (4g); read / speak / write / understand ~ читáть / говори́ть / писáть / понимáть по-немéцки; translate from ~ / into ~ переводи́ть с немéцкого языкá / на немéцкий язы́к; **2.** (*nationality*) нéмец *m* (10b), нéмка *f* (22c); the ~s нéмцы *pl* (10b).

German II *a* немéцкий (33b).

get I 1. (*receive*) получáть (64), *perf* получи́ть (175) [*with acc* letter письмó, answer отвéт, newspaper газéту, diploma диплóм, job, work рабóту, right прáво, education образовáние]; ‖ (*obtain*) доставáть (63), *perf* достáть (51) [*with acc* a book from the library кни́гу в библиотéке, medicine лекáрство, two tickets два билéта, one's new coat from the closet своё нóвое пальтó из шкáфа]; ~ some money from the drawer! достáнь(те) дéньги из я́щика!; can you ~ me three tickets? вы не мóжете достáть мне три билéта?; where did you ~ your bathing-suit? где вы достáли, купи́ли купáльный костю́м?; I must ~ a pair of summer shoes мне ну́жно купи́ть лéтние ту́фли; did you ~ my message? вам передáли то, что я проси́л(а)?; **2.** (*reach*) добирáться (64), *perf* добрáться (44) (to—до *with gen*); when we got home... когдá мы добрали́сь домóй...; how long will it take you to ~ here? скóлько вам ну́жно врéмени, чтóбы добрáться сюдá?; ‖ (*on foot*) приходи́ть (152), *perf* прийти́ (206); he usually ~s home late он обы́чно прихóдит домóй пóздно; when they got back / to the station... когдá они́ пришли́ назáд... / на вокзáл...; ‖ (*by transport*) доéхать (71); you can ~ there in ten minutes by car на маши́не вы доéдете тудá за дéсять мину́т; the post, mail ~s here at about nine пóчта прихóдит примéрно в дéвять; **3.** (*have*) имéть (98), *no perf*; I've got a new hat у меня́ нóвая шля́па; have you got a minute to spare? у вас есть свобóдная мину́та?; I haven't got a penny about, with me у меня́ с собóй нет ни копéйки дéнег; you haven't got much time left у вас остáлось мáло врéмени; II *in combination with infinitive* (*must*): he's got to understand он дóлжен поня́ть; you've got to go вы должны́ пойти́; it's got to be done э́то должнó быть сдéлано; what has she got to do? что онá должнá сдéлать?; I've got to make a telephone call я дóлжен позвони́ть; III *link-verb* (*become*) станови́ться (147), *perf* стать (51); it got dark стáло темнó; she is ~ting better ей станóвится лу́чше; the days are ~ting longer дни станóвятся длиннéе; he soon got to be an expert он скóро стал специали́стом; { *often conveyed by verb derived from adjective*: she got tired онá устáла; he got angry он рассерди́лся; they got excited они́ разволновáлись; he began to ~ interested он нáчал интересовáться, он заинтересовáлся; he got old and grey он постарéл и поседéл; he never ~s drunk он никогдá не пьянéет; we couldn't ~ rid of him мы не могли́ от негó избáвиться; she got frightened онá испугáлась; she got her feet wet онá промочи́ла нóги; we'll ~ it all done in a minute мы сейчáс всё устрóим; they got (to) talking они́ нáчали разговáривать; ~ **back** вернýться (130); when did you ~ back? когдá вы вернýлись?; ~ **in** войти́ (206); we couldn't get in мы не могли́ войти́; ~ **off** выходи́ть (152), *perf* вы́йти (208); we got off the plane мы вы́шли из (*with gen*) самолёта; ~ **on** сади́ться (152), *perf* сесть (239); we got on the bus / plane / ship мы сéли на (*with acc*) автóбус / самолёт / парохóд; ~ **out** вы́йти (208); ~ **up** вставáть (63), *perf* встать (51); he always ~s up early он всегдá рáно встаёт; she got up and left the room онá встáла и вы́шла из кóмнаты; ◇ **how are you ~ting on, along?** как вы поживáете?; ~ **into trouble** попáсть (55) в бедý, имéть (98) неприя́тности; **I don't ~ you** я вас не понимáю.

giant гигáнт *m* (1f); ~ factory гигáнтский завóд; ~ movement гигáнтское движéние.

gift 1. (*present*) подáрок *m* (4d) [1) expensive дорогóй, fine прекрáсный; 2) receive получи́ть]; he gave her ~s он сдéлал ей подáрки; birthday ~ подáрок в день рождéния; **2.** (*talent*) спосóбность *f* (29c); *usu pl* спосóбности; he has a remarkable ~ for languages у негó замечáтельные спосóбности к (*with dat*) языкáм.

girl (*child*) дéвочка *f* (22e) [sweet ми́лая, nice слáвная, charming очаровáтельная, clever у́мная, obedient послу́шная]; ‖ (*young woman*) де́вушка *f* (22e) [modest скро́мная, pretty хоро́шенькая].

give 1. дава́ть (63), *perf* дать (214) [*with acc* money де́ньги, ticket биле́т, answer отве́т, cup of tea ча́шку ча́ю; right пра́во, opportunity возмо́жность, advice сове́т]; don't ~ the child sweets! не дава́йте ребёнку конфе́т!; I shall ~ you time until tomorrow я вам даю́ срок до за́втра; ~ me a chance to think! да́й(те) поду́мать!; this will ~ you some idea of the construction cost э́то даст вам како́е-то представле́ние о сто́имости строи́тельных рабо́т; we were ~n instructions нам да́ли указа́ния; we were all ~n work immediately всем нам сра́зу да́ли рабо́ту; how much did you ~ him? ско́лько вы ему́ заплати́ли?; can you ~ us any information? не могли́ ли вы дать нам каки́е-либо све́дения?; they never gave him a chance to show what he could do они́ никогда́ не дава́ли ему́ возмо́жности прояви́ть себя́; he gave me his promise / his word он дал мне обеща́ние / че́стное сло́во; I'd ~ a lot to know what really happened я бы мно́гое дал(а́), что́бы узна́ть, что произошло́ на са́мом де́ле; **2.** (*arrange*) устра́ивать (65), *perf* устро́ить (151) [*with acc* party ве́чер, reception приём]; they gave a dinner in his honour они́ да́ли обе́д в его́ честь; ⊙ **~ a concert** дава́ть конце́рт, *perf* дать конце́рт; he gave a concert a week ago он дал конце́рт неде́лю тому́ наза́д; **~ back** отдава́ть (63), *perf* отда́ть (214) (*with acc*); I'll ~ the money back to you tomorrow я вам отда́м де́ньги за́втра; **~ up** отказа́ться (48) (от *with gen*); we had to ~ up the idea нам пришло́сь отказа́ться от э́той мы́сли; he gave up smoking он бро́сил кури́ть; ◇ **~ a lecture** чита́ть (64) ле́кцию, *perf* прочита́ть (64) ле́кцию; *see* lecture **I**; **~ an idea** пода́ть мысль (*with dat*); who gave you that idea? кто по́дал вам э́ту мысль?

glad рад *m*, ра́да *f*, ра́ды *pl*; I am ~ to see you я рад вас ви́деть; she seemed ~ to see me каза́лось, она́ была́ ра́да меня́ ви́деть; we shall be ~ to help you мы бу́дем ра́ды помо́чь вам; I am ~ that you are coming with us я рад, что вы идёте с на́ми.

glance I *sb* взгляд *m* (1f) [quick бы́стрый, hasty торопли́вый, critical крити́ческий]; cast a ~ at smb бро́сить взгляд на (*with acc*) кого́-л.; ⊙ **at a ~** с одного́ взгля́да; you could see at a ~ that they were different сра́зу бы́ло ви́дно, что они́ ра́зные.

glance II *v* (*look quickly at*) взглянуть (129) (at—на *with acc*); she didn't even ~ at him она даже не взглянула на него.

glass *sb* **1.** (*material*) стекло́ *n* (14b) [dark тёмное, sharp о́строе, thick то́лстое, thin то́нкое, transparent прозра́чное]; made of ~ сде́лано из стекла́; ~ door стекля́нная дверь; **2.** (*tumbler*) стака́н *m* (1f) [1) clean чи́стый, dirty гря́зный, full по́лный, empty пусто́й, broken разби́тый; 2) bring принести́, drop урони́ть, hold держа́ть, wash мыть]; a ~ of water / milk стака́н воды́ / молока́; there was nothing left in the ~ в стака́не ничего́ не оста́лось; he poured some of the liquid out of the ~ он отли́л из стака́на немно́го жи́дкости; ‖ (*for wine*) рю́мка *f* (22d); he drank two ~es of wine он вы́пил две рю́мки вина́; **3.** *pl* ~es (*spectacles*) очки́, *no sg* (4f) [wear носи́ть, put on наде́ть, break разби́ть].

gloomy мра́чный (31b) [person челове́к, appearance, look вид, house дом]; мра́чная [street у́лица, room ко́мната]; мра́чное [face лицо́, building зда́ние]; why are you so ~? почему́ у вас тако́й мра́чный вид?; in a ~ mood в мра́чном настрое́нии.

glove перча́тка *f* (22d); *usu pl* ~s перча́тки [new но́вые, old ста́рые, leather ко́жаные, silk шёлковые, nylon нейло́новые]; I've lost one of my ~s я потеря́л(а) одну́ перча́тку; put on / take off one's ~s наде́ть / снять перча́тки; a pair of ~s па́ра перча́ток.

go 1. (*move in a definite direction, on foot*) идти́ (207), *perf* пойти́ (206) [1) quickly бы́стро, straight ahead пря́мо, back наза́д; 2) home домо́й, along the road по доро́ге, along, up, down the street по у́лице, across the bridge через мо́ст, by the house ми́мо до́ма, to a shop в магази́н]; I must go now мне пора́ идти́; go up the stairs поднима́ться по ле́стнице; go downstairs спуска́ться по ле́стнице; where are you ~ing? куда́ вы идёте?; ‖ (*by transport*) е́хать (71), *perf* пое́хать (71) [1) на *with abl* by car на маши́не, by train на по́езде, по́ездом, by ship на парохо́де, парохо́дом; 2) to Moscow в Москву́, to the country за́ город, to the sea к мо́рю, to the South на юг, abroad за грани́цу, there туда́]; go by plane лете́ть самолётом; go by sea е́хать мо́рем; go on a trip отпра́виться в путеше́ствие; does this train go to Leningrad? э́тот по́езд идёт в Ленингра́д?; **2.** (*of repeated movements*) ходи́ть (152); he went there every day он ходи́л туда́ ка́ждый день; we used to go there very often мы (бывáло) чáсто ходи́ли тудá; we don't go there any more мы бóльше тудá не хóдим; the ship goes from Odessa to Batumi э́тот парохóд хóдит из Одéссы в Батýми; there is a train that ~es there twice a week есть пóезд, котóрый хóдит тудá два рáза в недéлю; **3.** (*attend, be present*) ходи́ть [to the cinema в кинó, to the theatre в теáтр, to school в шкóлу, to work на рабóту]; are you ~ing to the lecture tomorrow? вы пойдёте зáвтра на лéкцию?; we often went to her house мы чáсто ходи́ли к ней в гóсти; **4.** (*act, work*) ходи́ть; is your watch ~ing? хóдят ли вáши часы́?; **5.** *with gerund* пойти́, поéхать (*gerund usu conveyed by infinitive*); they went swimming / skating / skiing они́ пошли́ купáться / катáться на конькáх / катáться на лы́жах; she has gone shopping онá пошлá в магази́н; **6.**: be ~ing собирáться (64), *perf* собрáться (44); that is just what I was ~ing to say я как раз собирáлся, собирáлась сказáть э́то; I am ~ing to see him tomorrow я собирáюсь повидáть егó зáвтра; we are ~ing to take a trip down the Volga мы собирáемся поéхать вниз по Вóлге; **go away** (*on foot*) уходи́ть (152), *perf* уйти́ (206); (*by transport*) уезжáть (64), *perf* уéхать (71); he went away without saying good-bye он ушёл не попрощáвшись; **go by** (*pass*) проходи́ть (152), *perf* пройти́ (206); two years went by прошлó два гóда; **go down** 1) (*set*) заходи́ть (152), *perf* зайти́ (206); the sun went down сóлнце зашлó; 2) (*sink*) идти́ ко днý, *perf* пойти́ ко днý; the boat went down лóдка пошлá ко днý; 3) (*become calm*) стихáть (64), *perf* сти́хнуть (126); the wind went down a little вéтер немнóго стих; 4) (*become lower*) снижáться (64), *perf* сни́зиться (189); prices have gone down цéны сни́зились; **go on** 1) (*continue*) продолжáть (64), *no perf*; he went on working, with his work он продолжáл рабóтать; go on, please! продолжáйте, пожáлуйста!; 2) (*happen*) происходи́ть (152), *perf* произойти́ (206); what's ~ing on here? что здесь происхóдит?; **go out** 1) (*leave*) выходи́ть (152), *perf* вы́йти (208); he went out of the room он вы́шел из кóмнаты; 2) (*stop burning*) тýхнуть (126), *perf* потýхнуть (126); the fire went out костёр, пожáр потýх; the lights went out огни́ потýхли; **go up** (*rise*) повышáться (64), *perf* повы́ситься (149); prices went up цéны повы́сились; ◇ **it ~es without saying** самó собóй разуме́ется; **go to sleep** засыпа́ть (64), *perf* засну́ть (130); *see* sleep **I; go to bed** ложи́ться (175) спать, *perf* лечь (249) спать; *see* bed; **let smb / smth go** отпуска́ть (64) кого́-л. / что-л., *perf* отпусти́ть (162) кого́-л. / что-л.

goat козёл *m* (1a), коза́ *f* (19e).

god 1. бог *m* (4i); believe in ~ ве́рить в бо́га; **2.** *in exclamations*: my ~! бо́же мой!; by ~! ей-бо́гу!; honest to ~ че́стное сло́во; ~ forbid! не дай бог!, изба́ви бог!; ~ bless you! бу́дьте здоро́вы!

gold I *sb* зо́лото *n* (14d) [1) pure, solid чи́стое; 2) search for иска́ть, find найти́]; pay in ~ плати́ть зо́лотом; made of ~ сде́лано из зо́лота.

gold II *a* золото́й (31a); ~ watch золоты́е часы́; ~ ring золото́е кольцо́; ~ medal / chain золота́я меда́ль / цепо́чка.

golden 1. (*of colour*) золоти́стый (31b); ~ hair золоти́стые во́лосы; **2.** *fig*: золото́й (31a); the ~ age золото́й век; ~ mean золота́я середи́на; ~ opportunity прекра́сный слу́чай.

good I *sb*: there may be some ~ in it в э́том мо́жет быть не́который смысл; it will do him ~ э́то пойдёт ему́ на по́льзу; what's the ~ of staying here? како́й смысл здесь остава́ться?; there's no ~ denying... бесполе́зно отрица́ть...; ◇ **for ~** навсегда́; he has left for ~ он уе́хал навсегда́.

good II *a* хоро́ший (34b) (*comp* лу́чше, *see* better **I**; *superl* (наи)лу́чший, *see* best **II**) [man челове́к, doctor врач, teacher преподава́тель, worker рабо́чий, writer писа́тель, story расска́з, friend друг, breakfast за́втрак, suit костю́м, way спо́соб, advice сове́т]; хоро́шая [mother мать; book кни́га, idea иде́я; trip пое́здка, weather пого́да, work, job рабо́та, thing вещь, news но́вость, walk прогу́лка, clothes оде́жда, wages, pay зарпла́та]; хоро́шее [dress пла́тье, coat пальто́, seat ме́сто, beginning нача́ло, suggestion предложе́ние, quality ка́чество]; хоро́шие [watch, clock часы́, results результа́ты, teeth зу́бы, people лю́ди]; it's ~ to be home again хорошо́ быть сно́ва до́ма; it's a ~ thing you didn't go хорошо́, что вы не пошли́; he was ~ to me он хорошо́ со мно́й обраща́лся; we had a ~ rest мы хорошо́ отдохну́ли; that's ~ of you э́то о́чень любе́зно с ва́шей стороны́; it's ~ for nothing э́то ни на что не годи́тся; she's ~ at languages она́ спосо́бна к языка́м; ◇ **a ~ deal** дово́льно мно́го (*with gen*); a ~ deal of money дово́льно мно́го де́-

нег; a ~ deal of the time довольно много времени; **have a ~ time** хорошо проводить (152) время, *perf* хорошо провести (219) время; *see* time; ~ **sense** здравый смысл *m* (1f).

good-bye I *sb*: say ~ прощаться (64), *perf* попрощаться (64); say ~ to smb прощаться с (*with instr*) кем-л.; he said ~ to us он попрощался с нами.

good-bye II *interj* до свидания!

goose гусь *m* (3e).

government правительство *n* (14c) [1) democratic демократическое, revolutionary революционное, people's народное; 2) consists of состоит из, issues a decree издаёт указ, passes a law принимает закон, forbids запрещает, resigns подаёт в отставку; 3) elect избрать, uphold поддерживать, lead возглавить]; a member of the ~ член правительства; ~ official государственный служащий, чиновник.

governor (*ruler*) губернатор *m* (1e); ~ of a colony / state губернатор колонии / штата.

gradually постепенно; it was getting ~ colder постепенно становилось холоднее; she ~ realized her mistake постепенно она поняла, осознала свою ошибку; their relations ~ changed их отношения постепенно изменились.

graduate *v* (*finish school*) оканчивать (65), *perf* окончить (172) [*with acc* from school школу, from the university университет, from an institute институт]; he ~d from college two years ago он окончил институт два года тому назад; I shall remain here after I ~ после окончания я останусь здесь.

grandfather дед *m* (1e), дедушка *m* (27a).

grandmother бабушка *f* (22e).

grapes *pl* виноград *m*, *no pl* (1f) [1) ripe спелый, sweet сладкий; 2) grow выращивать, pick собирать]; a bunch of ~ кисть винограда.

grass трава *f* (19g) [1) green зелёная, dry сухая, tall высокая, soft мягкая, thick густая; 2) grows растёт, turns brown желтеет]; cut / eat ~ подрезать / есть траву; lie in the ~ лежать в траве, на траве.

grateful (*thankful*) благодарный (31b); we are ~ to you for all you have done мы благодарны (*with dat*) вам за всё, что вы сделали; we shall be ~ for any information you can give us мы будем благодарны за (*with acc*) любые сведения, которые вы сможете нам дать.

grave *sb* могила *f* (19c); dig a ~ рыть могилу; ⊙ **have one foot in the ~**

стоя́ть одно́й ного́й в моги́ле.

gray *a* **1.** (*of colour*) се́рый (31b) [suit костю́м, colour цвет]; се́рая [bird пти́ца, hat шля́па]; се́рое [coat пальто́, sky не́бо]; се́рые [eyes глаза́, thread ни́тки]; she was wearing a ~ dress она́ была́ в се́ром пла́тье; pale, light ~ све́тло-се́рый; dark ~ тёмно-се́рый; **2.** (*of hair*) седо́й (31a); ~ hair седы́е во́лосы; a woman with ~ hair седа́я же́нщина; he was all ~ он был совсе́м сед.

great 1. (*most outstanding*) вели́кий (33b) [hero геро́й, man челове́к, writer писа́тель, artist худо́жник, actor арти́ст, people наро́д; deed по́двиг]; вели́кая [nation страна́]; **2.** (*of size, significance, etc.*) большо́й (34a) [step шаг, day день, holiday пра́здник]; больша́я [army а́рмия, country страна́; mistake оши́бка, part часть, difference ра́зница, victory побе́да]; большо́е [battle сраже́ние, event собы́тие, distance расстоя́ние, change измене́ние, number число́]; ~ friends больши́е друзья́; the ~er part бо́льшая часть; he was silent the ~er part of the way бо́льшую часть пути́ он молча́л; twice as ~ в два ра́за, вдво́е бо́льше; the ~est problem са́мая больша́я пробле́ма; no ~er than (it was) before не бо́льше, чем э́то бы́ло ра́ньше.

greatly о́чень [surprised удивлён, удивлена́, upset расстро́ен(а), disappointed разочаро́ван(а), pleased дово́лен, дово́льна]; you are ~ mistaken вы о́чень ошиба́етесь; he has changed ~ он о́чень измени́лся.

green *a* **1.** (*of colour*) зелёный (31b) [bank бе́рег, light свет, colour цвет, suit костю́м]; зелёная [grass трава́, hat шля́па]; зелёное [tree де́рево, dress пла́тье]; зелёные [fields поля́, leaves ли́стья, hills холмы́, eyes глаза́]; **2.** (*unripe*) зелёный; зелёные [fruit фру́кты, berries я́годы, apples я́блоки].

greet 1. здоро́ваться (65), *perf* поздоро́ваться (65) (с *with instr*); he ~ed each of the delegates он поздоро́вался с ка́ждым делега́том; || (*hail*) приве́тствовать (244) (*with acc*); he was ~ed by thousands ты́сячи люде́й приве́тствовали его́; **2.** (*meet*) встреча́ть (64), *perf* встре́тить (177) (*with acc*); he was ~ed with loud applause / by dead silence его́ встре́тили гро́мкими аплодисме́нтами / гробовы́м молча́нием.

grey се́рый (31b); *see* gray.

groan *v* стона́ть (93), *no perf*; he ~ed with pain он стона́л от бо́ли.

ground *sb* **1.** (*earth's surface*) земля́ *f* (20b); he fell to the ~ он упа́л на зе́млю;

they raised, lifted the tree from the ~ они́ по́дняли де́рево с земли́; he lay / sat on the ~ он лежа́л / сиде́л на земле́; he sat down on the ~ он сел на зе́млю; the ~ was covered with snow / grass земля́ была́ покры́та сне́гом / траво́й; far below ~ глубоко́ под землёй; high above the ~ высоко́ над землёй; their plans fell to the ~ их пла́ны ру́хнули; ⊙~ **floor** пе́рвый эта́ж *m*(6c); **2.** (*soil*) по́чва *f* (19c) [dry суха́я, wet вла́жная, fertile плодоро́дная, firm твёрдая]; dig the ~ рыть зе́млю; **3.** (*reason*) основа́ние *n* (18c); on what ~? на како́м основа́нии?; you have no ~ for thinking so у вас нет основа́ний так ду́мать; on the ~ of illness из-за боле́зни.

group *sb* гру́ппа *f* (19c); a small ~ of people небольша́я гру́ппа люде́й; they came out in ~s of three and four они́ вы́шли гру́ппами в три и четы́ре челове́ка; they stood in ~s они́ стоя́ли гру́ппами.

grow I 1. (*increase*) расти́ (240), *perf* вы́расти (241); my hair ~s quickly / slowly во́лосы у меня́ расту́т бы́стро / ме́дленно; when he grew up... когда́ он вы́рос...; some trees grew in the field на по́ле росло́ не́сколько дере́вьев; do these flowers ~ in cold countries? э́ти цветы́ расту́т в холо́дных стра́нах?; his influence has ~n lately за после́днее вре́мя его́ влия́ние возросло́; **2.** (*raise*) выра́щивать (65), *perf* вы́растить (163) [*with acc* corn хлеб, кукуру́зу, maize кукуру́зу, potatoes карто́фель, vegetables о́вощи]; II *as link-verb, often conveyed by verbs formed from adjectives*: ~ old старе́ть; ~ pale бледне́ть; ~ angry (рас)серди́ться; it was ~ing dark темне́ло; it was ~ing late станови́лось по́здно.

growth (*increase*) рост *m*, *no pl* (1f) [1) rapid бы́стрый, slow ме́дленный, constant постоя́нный, gradual постепе́нный; 2) stimulate стимули́ровать, stop приостанови́ть]; hinder ~ препя́тствовать, меша́ть ро́сту, promote the ~ спосо́бствовать ро́сту; a rapid ~ in numbers бы́строе увеличе́ние коли́чества.

guarantee *v* обеспе́чивать (65), *perf* обеспе́чить (174) [*with acc* peace мир, work рабо́ту, the right to work пра́во на труд]; I can ~ that the money will be returned я гаранти́рую, что де́ньги бу́дут возвращены́.

guard I *sb* **1.** (*watch*) охра́на *f* (19c) [strong си́льная, constant постоя́нная]; strengthen the ~ уси́лить охра́ну; two soldiers stood ~ before the door два солда́та охраня́ли вход; when the ~ was changed... когда́ произошла́ сме́на карау́ла...; ⊙ **be on one's** ~ быть настороже́; he was on his ~ он был настороже́; **off one's** ~ врасплóх; it caught him off his ~ э́то заста́ло его́ врасплóх; **2.** (*in train*) проводни́к *m* (4g).

guard II *v* охраня́ть (223), *no perf* [*with acc* house дом, gate воро́та, road доро́гу, camp ла́герь, prisoner пле́нного; one's interests свои́ интере́сы]; we must ~ the health of our children мы должны́ охраня́ть здоро́вье на́ших дете́й.

guess I *sb* предположе́ние *n* (18c) [strange стра́нное, unfounded необосно́ванное]; your ~ is right ва́ше предположе́ние пра́вильно; it was a pure ~ э́то бы́ло то́лько предположе́ние.

guess II *v* уга́дывать (65), *perf* угада́ть (64); ~ what I have in my hand! угада́йте, что у меня́ в руке́!; you would never ~ her age вы бы никогда́ не угада́ли, ско́лько ей лет; I can ~ what you are thinking я могу́ угада́ть, о чём вы ду́маете; you can ~ the rest об остально́м вы мо́жете догада́ться.

guest гость *m* (3e); invite / entertain ~s приглаша́ть / занима́ть госте́й; we are expecting ~s мы ожида́ем госте́й; the ~s left early го́сти ушли́ ра́но; will you be my ~? прошу́ вас быть мои́м го́стем.

guide I *sb* гид *m* (1e); they followed their ~ они́ пошли́ за ги́дом; the ~ took us through the museum гид, экскурсово́д провёл нас по музе́ю.

guide II *v*: we had no one to ~ us нас не́кому бы́ло вести́; he ~d us through the forest он вёл нас через ле́с; I shall be ~d by your advice я бу́ду руково́дствоваться ва́шим сове́том.

guilty 1. (*having done wrong*) винова́тый (31b) [look вид]; { *usu translated by short form* винова́т *m*, винова́та *f*, винова́ты *pl*; he felt he was ~ of nothing он счита́л, что (он) ни в чём не винова́т; she couldn't imagine what she was ~ of она́ не могла́ себе́ предста́вить, в чём винова́та; **2.** (*having committed crime*) *usu translated by short form* вино́вен *m*, вино́вна *f*, вино́вны *pl*; the court found him ~ of several crimes суд призна́л его́ вино́вным в (*with abl*) не́скольких преступле́ниях; the court found him not ~ суд призна́л его́ невино́вным, оправда́л его́.

gulf зали́в *m* (1f).

gun 1. (*hand-weapon*) ружьё *n* (18a) [carry носи́ть, hold держа́ть, raise подня́ть, lower опусти́ть, load заряди́ть]; shoot a ~ стреля́ть из ружья́; ⊙ **automatic** ~ автома́т *m* (1f); **2.** (*cannon*) пу́шка *f* (22f) [1) big больша́я, heavy тяжёлая; 2) shoots стреля́ет].

H

habit (*custom*) привы́чка *f* (22f) [funny, odd, strange стра́нная, foolish глу́пая, harmful вре́дная, old ста́рая, unpleasant неприя́тная]; acquire a ~ приобрести́ привы́чку; break off, drop / overcome a ~ бро́сить / преодоле́ть привы́чку; we must cure, break him of the ~ of interrupting people мы должны́ отучи́ть его́ от привы́чки перебива́ть люде́й; he has a ~, he is in the ~ of coming home late у него́ привы́чка по́здно приходи́ть домо́й; he fell into the ~ of talking to himself он усво́ил привы́чку говори́ть сам с собо́й; it has become a ~ with him э́то ста́ло у него́ привы́чкой, э́то вошло́ у него́ в привы́чку.

hair *collect* во́лосы *pl* (1j, *gen* воло́с) [1) black чёрные, brown кашта́новые, red ры́жие, grey седы́е, dark тёмные, blonde, light све́тлые, long дли́нные, curly вью́щиеся, dyed кра́шеные, smooth гла́дкие, straight прямы́е, thick густы́е, thin ре́дкие, soft мя́гкие, wavy волни́стые; 2) grows расту́т, falls (out) выпада́ют]; comb / curl one's ~ причёсывать / завива́ть во́лосы; I must have my ~ cut мне на́до подстри́чь во́лосы; she washed her ~ она́ вы́мыла го́лову; I want to have my ~ done я хочу́ сде́лать причёску; ◇ **it made my ~ stand on end** у меня́ во́лосы вста́ли ды́бом.

half I *sb* полови́на *f* (19c) [*with gen* (of) the people люде́й, the shops магази́нов, the houses домо́в, the time вре́мени, the money де́нег, one's pay зарпла́ты]; three and a ~ три с полови́ной; about ~ о́коло полови́ны; the first / second ~ of the day пе́рвая / втора́я полови́на дня; ~ a kilometre полкиломе́тра; ~ the way полдоро́ги; ~ dozen полдю́жины; ~ an hour полчаса́; ~ an hour ago полчаса́ тому́ наза́д; an hour and a ~ полтора́ часа́; a year and a ~ полтора́ го́да; ~ past one полови́на второ́го; ~ past twelve полови́на пе́рвого; ~ past eleven полови́на двена́дцатого; you must get here by ~ past two вам на́до прие́хать сюда́ к полови́не тре́тьего; I'll come at about ~ past five я приду́ приме́рно к полови́не шесто́го; the train leaves at ~ past nine in the morning по́езд отхо́дит в полови́не деся́того утра́; from ~ past six to ~ past seven с полови́ны седьмо́го до полови́ны восьмо́го.

half II *adv* (*of qualities*) наполови́ну; ~ white / red наполови́ну бе́лое / кра́сное; the glass was ~ full of wine стака́н был до полови́ны напо́лнен вино́м; the work was ~ done рабо́та была́ наполови́ну сде́лана; {often shortened to полу-; ~ empty полупусто́й; ~ dead полуживо́й; ~ raw полусыро́й; ~ wool полушерстяно́й; ⊙ ~ and ~ попола́м; they shared the expenses ~ and ~ они́ дели́ли расхо́ды попола́м.

hall 1. (*large room*) зал *m* (1f) [1) big большо́й, spacious просто́рный, light све́тлый, empty пусто́й, full по́лный; 2) decorate украша́ть, come into входи́ть в]; the ~ was packed зал был перепо́лнен; the ~ seats two hundred people зал вмеща́ет две́сти челове́к; the meeting was held in the ~ собра́ние проводи́лось в за́ле; everyone left the ~ все вы́шли из за́ла; **2.** (*corridor*) коридо́р *m* (1f); wait in the ~, please подожди́те, пожа́луйста, в коридо́ре; the door opens into a wide ~ дверь выхо́дит в широ́кий коридо́р; *see* corridor; **3.** (*entrance room*) пере́дняя *f* (32); stand in the ~ стоя́ть в пере́дней; go out into the ~ вы́йти в пере́днюю.

ham (*cured pork*) ветчина́ *f* (19g); ~ sandwich бутербро́д с ветчино́й.

hammer I *sb* молото́к *m* (4f) [iron желе́зный, wooden деревя́нный, heavy тяжёлый, light лёгкий]; strike / beat with a ~ ударя́ть / бить молотко́м.

hammer II *v* **1.** (*drive nails*) вбива́ть (64), *perf* вбить (185) (*with acc*); ~ in a nail вбить гвоздь; {(*fix lid, etc.*) прибива́ть (64), *perf* приби́ть (182) (*with acc*); he ~ed down the lid of the box он приби́л кры́шку я́щика; **2.** (*make noise with fist, etc.*) стуча́ть (46); ~ at, on the door / table стуча́ть в дверь / по́ столу; someone was ~ing at a typewriter кто́-то стуча́л на маши́нке.

hand I *sb* (*limb*) рука́ *f* (22g) [right пра́вая, left ле́вая, clean чи́стая, dirty гря́зная, cold холо́дная, warm тёплая, bony костля́вая, soft мя́гкая, strong кре́пкая, wet мо́края, dry суха́я, gentle не́жная, steady твёрдая, shaking, trembling дрожа́щая]; hold / seize / hold out / hold up, raise one's ~ держа́ть / схвати́ть / протяну́ть / подня́ть ру́ку; cut / hurt one's ~ поре́зать / ушиби́ть ру́ку; offer / take / shake one's ~ предложи́ть / взять / пожа́ть ру́ку; wash one's ~s мыть ру́ки; catch / hold / lead / take / pull smb by the ~ пойма́ть / держа́ть / вести́ / взять / тащи́ть кого́-л. за́ руку; carry / hold smth in one's ~s нести́ / держа́ть что-л. в рука́х; with bare ~s го́лыми рука́ми; my ~s are cold у меня́ холо́дные ру́ки, у меня́ озя́бли ру́ки; he put his ~ into his pocket он су́нул ру́ку в карма́н; he took his ~s out of his pockets он вы́нул ру́ки из карма́нов; his ~s were shaking у него́ дрожа́ли ру́ки; he didn't dare lift a ~ against her он не посме́л подня́ть на неё ру́ку; ⊙ **~s up!** ру́ки вверх!; **~s off!** ру́ки прочь!; **shake ~s** пожа́ть (82) ру́ку, ру́ки, здоро́ваться (65) за́ руку, *perf* поздоро́ваться (65) за́ руку; *see* shake; **by ~** ручно́й рабо́ты; these rugs are made by ~ э́ти ковры́ ручно́й рабо́ты; ◇ **have on one's ~s** име́ть на рука́х; he had a big family on his ~s у него́ на рука́х больша́я семья́; **bind, tie ~ and foot** связа́ть (48) по рука́м и нога́м; he was bound ~ and foot он был свя́зан по рука́м и нога́м; **take, have a ~ in** уча́ствовать (244) в (*with abl*); I'm sure he had a ~ in the affair я уве́рен(а), что он уча́ствовал в э́том де́ле; **on the one ~** с одно́й стороны́; **on the other ~** с друго́й стороны́; **get the upper ~** одержа́ть (47) верх (of—над *with instr*); **live from ~ to mouth** жить (194) впро́голодь; **try one's ~** перепро́бовать (245) (at—*with acc*); he tried his ~ at many trades он перепро́бовал мно́го профе́ссий.

hand II *v* (*pass*) передава́ть (63), *perf* переда́ть (214) (*with acc*); ~ me those papers, please! переда́йте, пожа́луйста, э́ти бума́ги!; ‖ (*deliver personally*) вруча́ть (64), *perf* вручи́ть (171) (*with acc*); I ~ed the note to him myself я сам вручи́л (*with dat*) ему́ запи́ску; **~ in** подава́ть (63), *perf* пода́ть (214) (*with acc*); you must ~ in a request ну́жно пода́ть заявле́ние.

handkerchief (носово́й) плато́к *m* (4f) [1) clean чи́стый, white бе́лый, soiled гря́зный, ladies' же́нский, men's мужско́й, starched накрахма́ленный; 2) take out вы́нуть, drop урони́ть, pick up подня́ть, lose потеря́ть, wash стира́ть, iron гла́дить]; she put a ~ to her eyes она́ приложи́ла плато́к к глаза́м; she waved her ~ она́ помаха́ла носовы́м платко́м; he tied, bound a ~ around her arm он завяза́л ей ру́ку платко́м.

handle I *sb* ру́чка *f* (22f) [1) long дли́нная, thick то́лстая, metal металли́ческая, wooden деревя́нная; 2) *with gen* of a pail, bucket ведра́, of a saucepan сковоро́дки, of a door две́ри; 3) breaks off, falls off, comes off отла́мывается]; the ~ is broken ру́чка сло́мана; he turned the ~ он поверну́л ру́чку.

handle II *v* **1.** (*touch*) тро́гать (65) рука́ми *perf* тро́-

нуть (126) рука́ми (*with acc*); please, don't ~ the things / books on my desk! не тро́гайте, пожа́луйста, веще́й / книг на моём столе́!; **2.** (*manage, treat*) обраща́ться (64), *no perf* (с *with instr*); he doesn't know how to ~ a gun / machines он не уме́ет обраща́ться с ору́жием / маши́нами; can you ~ a typewriter? вы уме́ете обраща́ться с пи́шущей маши́нкой?; ~ that box carefully! осторо́жно обраща́йтесь с э́тим я́щиком!; they ~d him roughly они́ обраща́лись с ним гру́бо; she knows how to ~ children она́ уме́ет обраща́ться с детьми́; **3.** (*deal with*): he ~d the matter well / cleverly он хорошо́ / умно́ повёл э́то де́ло; let me ~ it! да́йте я э́то сде́лаю!; let me ~ him да́йте я уговорю́ его́.

handsome (*beautiful*) краси́вый (31b) [man мужчи́на, fellow па́рень, gesture жест]; краси́вая [appearance вне́шность]; краси́вое [building зда́ние, face лицо́].

hang *v* **1.** (*suspend*) ве́шать (65), *perf* пове́сить (149) [1) *with acc* picture карти́ну, portrait портре́т, coat пальто́, suit костю́м, curtains занаве́ски; 2) on the wall на́ стену, in the closet в шкаф, over the window на окно́]; he hung his head он пове́сил го́лову; **2.** (*be suspended*) висе́ть (110), *no perf* [1) high высоко́, straight пря́мо; 2) on a hook на крючке́, on a chain на цепо́чке, on, by a string на верёвке, in the air в во́здухе, over the table над столо́м, round one's neck на ше́е]; picture / coat / lamp ~s карти́на / пальто́ / ла́мпа виси́т; ~ **about** слоня́ться (223), *no perf*; why are those men ~ing about? почему́ э́ти лю́ди слоня́ются без де́ла?; ~ **on** держа́ться (47); ~ on to my arm! держи́тесь за мою́ ру́ку!; can you ~ on a little longer? вы мо́жете продержа́ться ещё немно́го?; ~ **over** нависа́ть (64) над, *perf* нави́снуть (126) над (*with instr*); a threat hung over him над ним нави́сла угро́за; ~ **up** выве́шивать (65), *perf* вы́весить (150) (*with acc*); they hung up a notice, an announcement они́ вы́весили объявле́ние.

happen 1. (*occur*) происходи́ть (152), *perf* произойти́ (206); an accident ~ed произошёл несча́стный слу́чай; these events ~ed long ago э́ти собы́тия произошли́ давно́; { случа́ться (64), *perf* случи́ться (171); it ~s very often э́то случа́ется о́чень ча́сто; that never ~s э́то никогда́ не случа́ется; it ~ed yesterday / last week / a month ago / last summer э́то случи́лось вчера́ / на про́шлой неде́ле / ме́сяц тому́ наза́д / про́шлым ле́том; what has ~ed? что случи́лось?; has anything ~ed? что́-нибудь случи́лось?; what ~ed to him? что с (*with instr*) ним случи́лось?; how / when / where did it ~? как / когда́ / где э́то случи́лось, произошло́?; nothing special has ~ed ничего́ осо́бенного не случи́лось; that might ~ to anyone э́то могло́ случи́ться с ка́ждым; that often ~s to me too э́то со мно́й то́же ча́сто случа́ется; anything may ~ всё мо́жет быть; I'm afraid something may ~ while I am away бою́сь, что что́-либо случи́тся в моё отсу́тствие; it ~ed through no fault of his own э́то случи́лось не по его́ вине́; it so ~ed that nobody had heard about the affair случи́лось так, что никто́ не слы́шал об э́том де́ле; 2. *if followed by inf often rendered by adv* случа́йно; do you ~ to know / remember? вы случа́йно не зна́ете / не по́мните?; I ~ed to have the receipt with me случа́йно у меня́ с собо́й была́ квита́нция; I ~ed to be out случа́йно меня́ не́ было до́ма; I ~ed to be in the room случа́йно я был, была́ в ко́мнате; ⊙ **as it ~s** в то́м-то и де́ло; as it ~s, I know all about it already в то́м-то и де́ло, что я уже́ всё об э́том зна́ю.

happy 1. (*fortunate*) счастли́вый (31b) [man челове́к, child ребёнок, day день, chance слу́чай]; счастли́вая [family семья́, life жизнь, accident случа́йность]; счастли́вое [face лицо́, future бу́дущее, childhood де́тство]; the happiest day in her life са́мый счастли́вый день в её жи́зни; she looked ~ она́ вы́глядела счастли́вой; he was ~ to be home again он был сча́стлив, что верну́лся домо́й; I hope you will be ~ жела́ю вам сча́стья; ⊙ **Happy birthday!** (поздравля́ю, поздравля́ем) с днём рожде́ния!; **Happy New Year!** с Но́вым го́дом!; **2.** (*pleased*): be ~ рад *m*, ра́да *f*, ра́ды *pl*; we shall be ~ to see you мы бу́дем ра́ды вас ви́деть; how ~ I am! как я ра́д(а)!

harbour *sb* га́вань *f* (29c) [fine, splendid прекра́сная, natural есте́ственная, convenient удо́бная]; enter the ~ войти́ в га́вань; the ship left ~ парохо́д поки́нул га́вань.

hard I *a* **1.** (*not soft*) твёрдый (31b) [stone ка́мень, pencil каранда́ш]; твёрдая [surface пове́рхность]; твёрдое [apple я́блоко]; { жёсткий (33b) [chair стул, couch дива́н]; жёсткая [bed крова́ть, pillow поду́шка]; жёсткое [seat сиде́нье]; the ground was ~ земля́ была́ твёрдая; **2.** (*difficult*) тру́дный (31b) [examination экза́мен, question вопро́с, language язы́к]; труд-ная [task задáча, problem проблéма, book кни́га, work рабóта]; трýдное [word слóво]; it is ~ to say / understand трýдно сказáть / поня́ть; it was ~er than we had expected э́то бы́ло труднée, чем мы ожидáли; 3. (*heavy, difficult to bear*) тяжёлый (31b) [day день, year год, case слýчай, man человéк, look взгляд, labour труд, blow удáр]; тяжёлая [work рабóта, life жизнь, winter зимá]; тяжёлые [times временá, conditions услóвия]; things were ~ for him, it was ~ for him емý бы́ло тяжелó; the ~est thing for him to bear was the inactivity сáмым тяжёлым для негó бы́ло бездéйствие; it is ~ for me to think that he could do such a thing мне тяжелó дýмать, что он мог сдéлать такýю вещь.

hard II *adv*: he worked ~ он мнóго рабóтал; he tried ~ он óчень старáлся; it was raining ~ шёл си́льный дождь; he was breathing ~ он тяжелó дышáл.

hardly 1. (*with difficulty*) с трудóм; I was so tired, I could ~ walk я так устáл(а), что с трудóм мог(лá) идти́; we could ~ recognize / understand him мы с трудóм узнáли / пóняли егó; I can ~ believe it я с трудóм могý повéрить э́тому; **2.** (*scarcely*) едвá; we had ~ left the house when it began to rain едвá мы вы́шли и́з дому, как пошёл дождь; **3.** (*almost*) почти́; ~ anybody stayed behind почти́ никтó не остáлся; she ate ~ anything онá почти́ ничегó не éла.

hare зáяц *m* (10b).

harm I *sb* вред *m* (1c); it may do more ~ than good э́то мóжет принести́ бóльше вредá, чем пóльзы; it will do him no ~ if he works a bit емý не повреди́т, éсли он немнóго порабóтает; I am sure they will come to no ~ я увéрен, что с ни́ми ничегó (плохóго) не случи́тся; they were safe from ~ они́ бы́ли в безопáсности; it will do no ~ if we begin tomorrow не стрáшно, éсли мы начнём зáвтра; what ~ is there in our drinking a glass of beer? что стрáшного в том, что мы вы́пьем стакáн пи́ва?; ‖ (*damage*) ущéрб *m* (1f) [great большóй, serious серьёзный, immeasurable неизмери́мый]; the storm caused little ~ бýря не причини́ла большóго ущéрба; ◇ **mean no ~:** he meant no ~ он не хотéл никогó оби́деть.

harm II *v* вреди́ть (153), *perf* повреди́ть (153) (*with dat*); it won't ~ him to walk a few miles емý не повреди́т, éсли он пройдёт пешкóм нéсколько миль; it will ~ his reputation э́то повреди́т егó репутáции; fast driving won't ~ the car быстрая езда́ не повреди́т маши́не.

harvest I *sb* **1.** (*crop*) урожа́й *m* (13c) [1) good хоро́ший, big большо́й, rich бога́тый, excellent прекра́сный; 2) gather, reap собира́ть, ruin, destroy погуби́ть]; wheat ~ урожа́й пшени́цы; this year's ~ урожа́й э́того го́да; the last ~ прошлого́дний урожа́й; **2.** (*reaping*) убо́рка (*f* 22d) урожа́я; everybody helped with the ~ все помога́ли в убо́рке урожа́я.

harvest II *v* собира́ть (64) урожа́й, *perf* собра́ть (44) урожа́й; the crops were ~ed in time урожа́й был во́время со́бран.

hasty поспе́шный (31b); ~ departure поспе́шный отъе́зд; ~ answer необду́манный отве́т; ~ decision необду́манное реше́ние; we mustn't do anything ~ не на́до спеши́ть.

hat шля́па *f* (19c) [new но́вая, old ста́рая, black чёрная, soft мя́гкая, felt фе́тровая, straw соло́менная, stylish мо́дная]; put on / take off / wear a ~ наде́ть / снять / носи́ть шля́пу; hang (up) / put a ~ пове́сить / положи́ть шля́пу; try on / buy a ~ примеря́ть / покупа́ть шля́пу; that ~ becomes you, looks nice on you э́та шля́па вам идёт; this ~ is small on me э́та шля́па мне мала́; knitted ~ вя́заная ша́почка.

hate *v* **1.** (*loathe, detest*) ненави́деть (109), *no perf* [*with acc* person челове́ка, such people таки́х люде́й, war войну́, inactivity безде́йствие, cold weather холо́дную пого́ду, his way of talking его́ мане́ру говори́ть]; **2.** (*dislike strongly*) о́чень не люби́ть (169); I ~ to ask him for favours я о́чень не люблю́ проси́ть его́ об одолже́нии; he ~s to get up early / write letters он о́чень не лю́бит ра́но встава́ть / писа́ть пи́сьма.

have I 1.: I ~ a new suit / bag у меня́ но́вый костю́м / портфе́ль; he has a large family у него́ больша́я семья́; we ~ very little time у нас о́чень ма́ло вре́мени; my brother has no money у моего́ бра́та нет де́нег; they are having a meeting now у них сейча́с совеща́ние; he has many things to do у него́ мно́го дел; people ~ different tastes у люде́й ра́зные вку́сы; everyone has his own point of view у ка́ждого своя́ то́чка зре́ния; { *in past and future tenses, often in present tense interrogative sentences, verb* быть *is used*: ~ you any questions / money? у вас есть вопро́сы / де́ньги?; ~ you time to speak to me? у вас есть вре́мя поговори́ть со мно́й?; he had neither friends nor money у него́ не́ было ни друзе́й, ни де́нег; you will ~ a lot of work у вас бу́дет мно́го рабо́ты; I ~n't had a chance to speak to him yet у меня́ ещё не́ было возмо́жности поговори́ть с ним; { (*be characterized by*) име́ть (98), *no perf* (*with acc*); the books ~ much in common э́ти кни́ги име́ют мно́го о́бщего; the play has no end пье́са не име́ет конца́, у пье́сы нет конца́; the building has two entrances зда́ние име́ет два вхо́да; the word has two meanings сло́во име́ет два значе́ния; the question has great importance for all of us э́тот вопро́с име́ет ва́жное значе́ние для всех нас; ⊙ ~ **to do with** 1) (*be connected*) име́ть отноше́ние к (*with dat*); what has that to do with the question? како́е э́то име́ет отноше́ние к да́нному вопро́су?; he has nothing to do with it он не име́ет к э́тому никако́го отноше́ния; 2) (*deal*) име́ть де́ло с (*with instr*); I won't, don't want to ~ anything to do with him я не хочу́ име́ть с ним де́ла; **2.** (*equivalent to* there is) *conveyed by adverbial phrase at beginning*: the book has more than five hundred pages in it в кни́ге бо́льше пятисо́т страни́ц; the play has three acts в пье́се три де́йствия; April has thirty days в апре́ле три́дцать дней; his eyes had something strange in them в его́ глаза́х бы́ло что́-то стра́нное; **3.**: ~ breakfast за́втракать (65), *perf* поза́втракать (65); *see* breakfast; ~ dinner обе́дать (65), *perf* пообе́дать (65); *see* dinner; ~ supper у́жинать (65), *perf* поу́жинать (65); *see* supper; II *as modal verb* **1.** *with infinitives, as past and future tense forms of* must: we had to go home мы должны́ бы́ли идти́ домо́й; you will ~ to help him вам придётся помо́чь ему́; excuse me, but I had to go to the doctor прости́те, но я до́лжен был идти́ к врачу́; **2.** *with complex object*: I must ~ my shoes repaired мне ну́жно почини́ть ту́фли; I am having a dress made я шью себе́ пла́тье; please ~ the books sent to my house! пришли́те, пожа́луйста, мне кни́ги домо́й!; can you ~ everything ready by nine o'clock? смо́жете ли вы пригото́вить всё к девяти́ часа́м?; ◇ ~ **a good time** хорошо́ проводи́ть (152) вре́мя, *perf* хорошо́ провести́ (219) вре́мя; *see* time; **had better** лу́чше бы; *see* better **II**.

hay се́но *n* (14d); new-mown ~ свежеско́шенное се́но; make ~ коси́ть и суши́ть се́но; sleep / lie in the ~ спать / лежа́ть на се́не.

he *pron pers* он (*3d pers sg m*) (40b); it is he э́то он; he is a doctor / teacher / engineer он врач / учи́тель / инжене́р; he works hard он мно́го рабо́тает; he will do it himself он сде́лает э́то сам; he was here yesterday он был здесь вчера́; he may be late он, возмо́жно, опозда́ет; he has many friends у него́ мно́го друзе́й; he likes modern music ему́ нра́вится совреме́нная му́зыка; he and I мы с ним; he and his sister он с(о свое́й) сестро́й; he would like to stay ему́ хоте́лось бы оста́ться; *also see* him.

head I *sb* **1.** (*part of body*) голова́ *f* (19j) [1) grey седа́я, bald лы́сая, round кру́глая, beautiful краси́вая; 2) aches, hurts боли́т, shakes трясётся, goes round идёт кру́гом]; raise, lift / turn / bend one's ~ подня́ть / поверну́ть / наклони́ть го́лову; hurt one's ~ ушиби́ть го́лову; nod one's ~ кивну́ть (голово́й); he struck his ~ against the door он уда́рился голово́й о дверь; he was wounded in the ~ он был ра́нен в го́лову; hit / beat smb on the ~ уда́рить / бить кого́-л. по голове́; what put that idea into your ~? отку́да у вас така́я иде́я?; he dove ~ first он нырну́л голово́й вниз; he is a ~ taller than I он на́ голову вы́ше меня́; ⊙ **from ~ to foot** с ног до головы́; **lose one's ~** теря́ть (223) го́лову, *perf* потеря́ть (223) го́лову; he lost his ~ altogether, completely он совсе́м потеря́л го́лову; **keep one's ~** сохраня́ть (223) споко́йствие, *perf* сохрани́ть (158) споко́йствие; **2.** (*chief person, chief position*) глава́ *m* (19g) [*with gen* of a government прави́тельства, of a family семьи́, of a delegation делега́ции]; ~ editor / doctor гла́вный реда́ктор / врач; ~ bookkeeper ста́рший бухга́лтер; ~ waiter метрдоте́ль *m* (3a); ⊙ **at the ~** во главе́ (*with gen*); he marched at the ~ of the column он шёл во главе́ коло́нны; at the ~ of the list в нача́ле спи́ска; at the ~ of the page наверху́ страни́цы.

head II *v* **1.** (*be first or main figure*) возглавля́ть (223), *perf* возгла́вить (168) [*with acc* movement движе́ние, government прави́тельство, revolt восста́ние, rebellion мятéж]; they came in ~ed by the chairman они́ вошли́ во главе́ с председа́телем; **2.** (*move*) направля́ться (223), *perf* напра́виться (168) [south на юг, east на восто́к, home домо́й; straight for me пря́мо ко мне́].

headache головна́я боль *f* (29c) [bad си́льная, slight небольша́я, terrible ужа́сная]; I have a ~ у меня́ боли́т голова́; I have a splitting ~ *colloq* у меня́ трещи́т голова́; she suffers from frequent ~s у неё ча́сто быва́ют головны́е бо́ли, у неё ча́сто боли́т голова́; the noise gave me a ~

от шу́ма у меня́ заболе́ла голова́; this will relieve your ~ э́то облегчи́т ва́шу головну́ю боль; this will take away your ~ у вас от э́того пройдёт головна́я боль.

health *sb* здоро́вье *n* (18d) [1) good хоро́шее, excellent прекра́сное, satisfactory удовлетвори́тельное, ill, bad плохо́е, poor сла́бое, delicate хру́пкое; 2) improves улучша́ется, fails сдаёт, becomes, gets worse ухудша́ется; 3) preserve сохрани́ть, protect охраня́ть, restore восстанови́ть]; injure one's ~ повреди́ть здоро́вью; it affected her ~ э́то (пло́хо) повлия́ло на её здоро́вье; it undermined his ~ э́то подорва́ло его́ здоро́вье; his ~ was ruined его́ здоро́вье бы́ло подо́рвано; be in good ~ быть здоро́вым; smoking is bad for his ~ куре́ние пло́хо отража́ется на его́ здоро́вье; he had to go away for his ~ ему́ пришло́сь уе́хать лечи́ться; I wish you the best of ~ жела́ю вам до́брого здоро́вья; ⊙ **(to) your ~!** (за) ва́ше здоро́вье!; **drink to smb's ~** пить за чьё-л. здоро́вье.

healthy здоро́вый (31b) [person челове́к, child ребёнок, body органи́зм, climate кли́мат, way of living о́браз жи́зни]; здоро́вая [life жизнь, woman же́нщина, food пи́ща]; здоро́вое [place ме́сто, heart се́рдце]; be / look ~ быть / вы́глядеть (*with instr*) здоро́вым; it isn't ~ to keep such late hours так по́здно ложи́ться вре́дно (для здоро́вья).

heap *sb* ку́ча *f* (25a) [*with gen* of stones камне́й, of leaves ли́стьев, of papers бума́ги]; there was a ~ of books lying in a corner в углу́ лежа́ла ку́ча книг; his clothes had been thrown into a ~ его́ оде́жда была́ бро́шена в ку́чу; ‖ *pl* ~s *colloq* ма́сса *f* (19c); ~s of time / money ма́сса вре́мени / де́нег.

hear 1. слы́шать (76), *perf* услы́шать (76) [1) *with acc* answer отве́т, question вопро́с, news но́вости, noise шум, sound звук, shout, cry крик, voice го́лос, shot вы́стрел, laughter смех, conversation разгово́р; 2) distinctly отчётливо, clearly я́сно]; she doesn't ~ well она́ пло́хо слы́шит; do you ~ me well? вы меня́ хорошо́ слы́шите?; I can't ~ a thing! я ничего́ не слы́шу!; I have never ~d anything like it я никогда́ ничего́ подо́бного не слы́шал(а); I haven't ~d anything about it я об э́том ничего́ не слы́шал(а); we've never ~d of him мы никогда́ о нём ничего́ не слы́шали; we didn't ~ of it until the next day мы об э́том услы́шали то́лько на сле́дующий день; we ~d it over the radio мы услы́шали э́то по ра́дио; we are happy to ~ that you are well мы ра́ды слы́шать, что вы здоро́вы; I am sorry to ~ that you are not well мне о́чень жаль, что вы нездоро́вы; { complex object following hear conveyed by clause introduced by как: we ~d someone talking мы слы́шали, как кто́-то разгова́ривал; he ~d them singing in the next room он слы́шал, как они́ пою́т в сосе́дней ко́мнате; we ~d someone cry out мы услы́шали, как кто́-то кри́кнул; we ~d him open the door мы слы́шали, как он откры́л дверь; ⊙ **not (want to) ~ of**: I won't ~ of it! я и слы́шать об э́том не хочу́!; he wouldn't ~ of it об э́том он и слы́шать не хоте́л; **2.** (*have news*): we often ~ from him мы ча́сто получа́ем от него́ пи́сьма; let us ~ from you soon! напиши́те нам поскоре́е!

heart се́рдце *n* (*sg* 16a, *pl* сердца́, серде́ц, сердца́м, сердца́, сердца́ми, сердца́х) [bad плохо́е, weak сла́бое, strong кре́пкое; cold холо́дное, soft мя́гкое, unfeeling бесчу́вственное; 2) beats бьётся, stops остана́вливается, throbs, pounds си́льно бьётся; 3) affect повлия́ть на, weaken осла́бить, strengthen укрепи́ть]; I could feel my ~ beating я чу́вствовал(а), как бьётся моё се́рдце; she felt a pain in her ~ она́ почу́вствовала боль в се́рдце; that is bad for your ~ э́то пло́хо для ва́шего се́рдца; it broke his ~ э́то разби́ло его́ се́рдце; her ~ was heavy у неё бы́ло тяжело́ на се́рдце; ~ attack серде́чный припа́док; ◇ **take smth to ~** принима́ть (64) что-л. бли́зко к се́рдцу; don't take it to ~! не принима́йте э́то бли́зко к се́рдцу!; **have the ~**: how could she have the ~ to do that! как то́лько она́ смогла́ э́то сде́лать!; I didn't have the ~ to refuse я не мог(ла́) отказа́ться; **with all one's ~** от всей души́, от всего́ се́рдца; I wish you success with all my ~ от всей души́ жела́ю вам успе́ха; **at ~** в глубине́ души́; **from the (bottom of one's) ~** от души́; **by ~** наизу́сть; I know the number by ~ я зна́ю э́тот но́мер наизу́сть; **lose ~** па́дать (65) ду́хом, *perf* упа́сть (55) ду́хом.

heat I *sb* (*high temperature of air*) жара́ *f*, *no pl* (19g) [unbearable невыноси́мая, oppressive гнету́щая, terrible стра́шная]; I can't stand, bear ~ я не выношу́ жары́; we wanted to escape from the ~ мы хоте́ли изба́виться от жары́; we didn't feel the ~ so much on the seashore на берегу́ мо́ря мы не так си́льно чу́вствовали жару́; the ~ in the room made her feel faint от жары́ в ко́мнате ей ста́ло пло́хо.

heat II *v* **1.** (*of food, etc.*) разогрева́ть (64), *perf* разогре́ть (98) (*with acc*); she ~ed the soup она́ разогре́ла суп; we had to ~ the engine нам пришло́сь разогрева́ть мото́р; **2.** (*of house*) топи́ть (169), *no perf*; the oven is ~ed by coal э́та печь то́пится у́глем; it's time to begin ~ing пора́ начина́ть топи́ть.

heaven: she was in (the) seventh ~ она́ была́ на седьмо́м не́бе; good ~s! бо́же мой!; thank ~! сла́ва бо́гу!

heavy 1. тяжёлый (31b) [bag чемода́н, box я́щик, blow уда́р]; тяжёлая [work рабо́та, furniture ме́бель, clothes оде́жда, burden но́ша, food пи́ща]; тяжёлое [coat пальто́]; that bag is too ~ for you to carry э́тот чемода́н сли́шком тяжёл для вас; with a ~ heart с тяжёлым се́рдцем; his heart was ~ у него́ бы́ло тяжело́ на душе́; my head is ~ у меня́ тяжёлая голова́; **2.** (*of unusual degree, extent*): ~ rain си́льный дождь; ~ storm си́льная бу́ря; ~ layer то́лстый слой; ~ fog густо́й тума́н; ~ debt большо́й долг.

heel 1. (*of shoe*) каблу́к *m* (4g) [1) high высо́кий, low ни́зкий, worn-down сто́птанный; 2) break слома́ть, mend, fix почини́ть, nail приби́ть]; **2.** (*of foot, stocking*) пя́тка *f* (22d).

height 1. (*of inanimate objects*) высота́ *f* (19g) [1) considerable значи́тельная, great больша́я, tremendous огро́мная; 2) *with gen* of the building зда́ния, of the tree де́рева, of the mountain горы́]; a tree thirty metres in ~ де́рево высото́й в три́дцать ме́тров; the plane flew at a ~ of ten thousand metres самолёт лете́л на высоте́ десяти́ ты́сяч ме́тров; he fell from a ~ of five metres он упа́л с высоты́ пяти́ ме́тров; ‖ (*utmost degree*): he was at the ~ of his fame он был на верши́не сла́вы; the party was at its ~ ве́чер был в по́лном разга́ре; the flood was at its ~ наводне́ние дости́гло вы́сшей то́чки; **2.** (*of people*) рост *m* (1f); a man of average ~ челове́к сре́днего ро́ста; he is above / below the average ~ он вы́ше / ни́же сре́днего ро́ста; he was over six feet in ~ он был ро́стом бо́льше шести́ фу́тов.

help I *sb* по́мощь *f* (30b) [1) great больша́я, considerable значи́тельная, kind любе́зная, friendly дру́жеская, mutual взаи́мная, financial де́нежная, material материа́льная, moral мора́льная, invaluable неоцени́мая, disinterested бескоры́стная, generous великоду́шная; 2) came in time пришла́ во́время; enabled сде́лала возмо́жным]; render, give / offer / promise ~ оказа́ть / предложи́ть / обеща́ть по́мощь; get / accept / reject ~ получи́ть/приня́ть/отве́ргнуть по́мощь; they need your ~ они́ нужда́ются в ва́шей по́мощи; we asked them for ~ мы попроси́ли их о по́мощи; we have sent for ~ мы посла́ли за по́мощью; with their ~ с их по́мощью; with the ~ of a dictionary / his friends с по́мощью (*with gen*) словаря́ / свои́х друзе́й; I want to thank you for your ~ я хочу́ поблагодари́ть вас за ва́шу по́мощь; the money was a great ~ де́ньги бы́ли о́чень кста́ти; can I be of any ~? я могу́ вам че́м-нибудь помо́чь?; there's no ~ for it э́тому нельзя́ помо́чь.

help II *v* **1.** (*assist*) помога́ть (64), *perf* помо́чь (248) (*with dat*); friend / brother / doctor / father / someone ~ed him друг / брат / врач / оте́ц / кто́-то помо́г ему́; medicine ~ed her лека́рство ей помогло́; I shall be glad to ~ you я бу́ду ра́д(а) вам помо́чь; we shall ~ you мы вам помо́жем; will you ~ me to find my things / lift this box? вы не помо́жете мне найти́ мои́ ве́щи / подня́ть э́тот я́щик?; he ~ed me very much with my work он мне о́чень помо́г в рабо́те; may I ~ you with your coat? разреши́те вам помо́чь (наде́ть пальто́)!; that won't ~ э́то не помо́жет; he ~ed us by checking the figures он помо́г нам тем, что прове́рил ци́фры; ~! помоги́те!; **2.** (*prevent, avoid*): it can't be ~ed ничего́ не поде́лаешь; we couldn't ~ laughing мы не могли́ удержа́ться от сме́ха; I can't ~ thinking we made a mistake я не перестаю́ ду́мать, что мы сде́лали оши́бку; I can't ~ it if you are nervous я не винова́т(а) в том, что вы не́рвничаете; he didn't do more than he could ~ он сде́лал ми́нимум того́, что мог; **3.** (*at table*): may I ~ you to some meat? разреши́те положи́ть вам мя́са?; ~ yourself to some sweets! возьми́те конфе́ты!; he ~ed himself to a glass of water он нали́л себе́ стака́н воды́; she ~ed herself to some more potatoes она́ положи́ла себе́ ещё карто́феля.

hen ку́рица *f* **(21c)** [1) big больша́я, white бе́лая; 2) lays eggs несёт я́йца, cackles куда́хчет].

her I *pron poss* её (40b); *see* his I.

her II *pron pers* её *gen, after prep* неё; I don't know ~ я её не зна́ю; we can't go without ~ без неё мы не мо́жем е́хать; we have no news from ~ мы не име́ли от неё никаки́х изве́стий; besides / except ~ поми́мо / кро́ме неё; { ей *dat, after prep* ней; we gave ~ two tickets, we gave two tickets to ~ мы да́ли ей два биле́та; help ~! помоги́(те) ей!; I envy ~ я ей зави́дую; he said to ~ / told ~ он ей сказа́л; show ~ the way to N. Street! покажи́(те) ей доро́гу на у́лицу Н.!; we have explained everything to ~ мы ей всё объясни́ли; it seemed to ~ ей (по)каза́лось; it was not clear to ~ ей бы́ло нея́сно; it was easy / difficult for ~ to get there ей бы́ло легко́ / тру́дно туда́ попа́сть; we went up to ~ мы подошли́ к ней; ‖ её *acc*, *after prep* неё; we met / saw ~ at the station мы встре́тили / ви́дели её на вокза́ле; we asked ~ to help us мы попроси́ли её помо́чь нам; don't bother ~! не беспоко́й(те) её!; we took ~ with us мы взя́ли её с собо́й; we all love ~ мы все её лю́бим; ‖ е́ю, ей *instr*, *after prep* не́ю, ней; I am very displeased with ~ я о́чень е́ю недово́лен; I'll go / speak with ~ я пойду́ / поговорю́ с ней; don't laugh at ~! не сме́йтесь над ней!; ‖ ней *abl*; we often spoke / thought about ~ мы ча́сто говори́ли / ду́мали о ней; he married ~ он жени́лся на ней; ‖ *conveyed in Russian by nom*: let ~ do it herself! пусть она́ сде́лает э́то сама́!; let ~ try! пусть она́ попро́бует!; let ~ answer the letter! пусть она́ отве́тит на письмо́!; I am surprised at ~ она́ меня́ удивля́ет; ‖ it was nice of ~ to wire us с её стороны́ бы́ло о́чень ми́ло посла́ть нам телегра́мму.

herd ста́до *n* (14d) [1) *with gen* of cows коро́в, of deer оле́ней, of elephants слоно́в; 2) drive гнать, guard охраня́ть, protect защища́ть, look after пасти́]; take the ~ out to pasture выгоня́ть ста́до на па́стбище.

here 1. (*of position*) здесь; do you live ~? вы здесь живёте?; there are too many people ~ здесь сли́шком мно́го наро́ду; I shall be ~ till six я бу́ду здесь до шести́ часо́в; I'll wait for you ~ я подожду́ вас здесь; sit ~ with me! ся́дьте здесь ря́дом со мно́й!; **2.** (*of direction*) сюда́; come ~! иди́те сюда́!; bring those books ~! принеси́те э́ти кни́ги сюда́!; from ~ отсю́да; is it far from ~? э́то далеко́ отсю́да?; it's near ~ э́то недалеко́ отсю́да; **3.** вот; ~ is the book you were looking for вот кни́га, кото́рую вы иска́ли; ~ they are! вот они́!; ~ he comes! вот он идёт!; ~ we are home again вот мы и пришли́ домо́й; ~ I am! а вот и я!; ◇ **look ~!**; *see* look **II**; **~ you are!** пожа́луйста!; **~'s to:** ~'s to a good trip! вы́пьем за хоро́шее путеше́ствие!

hero 1. геро́й *m* (13b) [great вели́кий, famous изве́стный, national национа́льный, real настоя́щий]; he became a ~ он стал геро́ем; he fought like a ~ он сража́лся как геро́й; ⊙ **Hero of the Soviet Union** Геро́й

Советского Союза; **Hero of Socialist Labour** Герой Социалистического Труда; **2.** (*main character*) герой [*with gen* of the story рассказа, of the novel романа, of the film фильма].

heroic геройческий (33b) [deed поступок]; геройческая [struggle борьба]; геройческое [past прошлое].

heroine геройня *f* (20c).

hers *absolute pron poss* её (40b); *see* his II.

herself I *emphatic pron* **1.** сама (41d); she ~ saw / read / said it она сама это видела / читала / сказала; **2.** (*alone, without help from others*) сама (41b), одна (39a); she did it ~ она сделала это сама; she had to do all the work ~ ей самой пришлось сделать всю работу; ⊙ **(all) by** ~ 1) сама; she learned the language by ~, without a teacher она выучила язык сама, без учителя; 2) (*alone*) одна; she lived there all by ~ она жила совсем одна; II *pron refl* **1.** себя *gen*; she has never done anything for ~ alone она никогда ничего не делала только для себя; ¦ себе *dat*; she often asked ~ this question она часто задавала себе этот вопрос; she bought ~ a new dress она купила себе новое платье; ¦ себя *acc*; she blamed ~ for the whole thing она во всём винила себя; she often caught ~ thinking of him она часто ловила себя на том, что думает о нём; she looked at ~ in the mirror она посмотрела на себя в зеркало; ¦ собой *instr*; she was pleased with ~ она была довольна собой; she was proud of ~ она гордилась собой; ¦ себе *abl*; she talked very much of ~ она очень много говорила о себе; she thinks of ~ alone она думает только о себе; **2.** *often conveyed by* -сь, -ся *attached to verb*: she hurt ~ она ушиблась; she couldn't tear ~ away from the book она не могла оторваться от книги.

hesitate колебаться (86), *no perf*; he ~d for a moment с минуту он колебался; she didn't ~ an instant, a moment она ни минуты не колебалась; don't ~ to ask! не стесняйтесь спрашивать!

hide *v* **1.** (*put, keep out of sight*) прятать (75), *perf* спрятать (75) [1) *with acc* money деньги, letter письмо, one's face лицо; 2) in a drawer в ящик(е), under the table-cloth под скатерть(ю); in one's hands в руках; behind one's back за спиной]; they hid the boat well они хорошо спрятали лодку; ¦ (*conceal*) скрывать (64), *perf* скрыть (209) [*with acc* the truth правду, one's feelings свои чувства]; you can't ~ the truth from her вы не можете скрыть от (*with gen*) неё правду; clouds hid the sun облака́ закры́ли со́лнце; the bed was hidden by a curtain посте́ль была́ скры́та за́навесом; she did not try to ~ her satisfaction она́ не пыта́лась скрыть своего́ удовлетворе́ния; **2.** (*be concealed*) пря́таться (75), *perf* спря́таться (75) [in a corner в углу́, behind a tree за де́ревом, under the table под столо́м].

high I *a* высо́кий (33b) [house дом, ceiling потоло́к, hill холм, bank бе́рег; voice го́лос]; высо́кая [mountain гора́, wall стена́; temperature температу́ра; pay за́работная пла́та]; высо́кое [quality ка́чество; window окно́, tree де́рево, pressure давле́ние, position положе́ние]; a tree five metres ~ де́рево высото́й в пять ме́тров; ~ in the mountains / in the sky высоко́ в гора́х / в не́бе; how ~ is the ceiling? како́й высоты́ потолки́?; the price is too ~ э́то сли́шком высо́кая цена́; I haven't a very ~ opinion of him я о нём не о́чень высо́кого мне́ния; he drove at a very ~ speed он е́хал на о́чень большо́й ско́рости; he was a man of the ~est ideals он был челове́ком с высо́кими идеа́лами; it will cost him ten roubles at the ~est э́то бу́дет ему́ сто́ить са́мое бо́льшее де́сять рубле́й; at ~ noon то́чно в по́лдень; ◇ ~ **school** сре́дняя шко́ла *f* (19c); ~**er school** вы́сшая шко́ла; ~**er education** вы́сшее образова́ние *n* (18c); **it's ~ time** давно́ пора́; it's ~ time you knew вам давно́ пора́ знать; **in ~ spirits** в хоро́шем настрое́нии.

high II *adv* высоко́ [jump пры́гать, fly лета́ть]; you've hung the picture too ~ вы сли́шком высоко́ пове́сили карти́ну; he held his head ~ он высоко́ держа́л го́лову.

highly 1. (*in a high degree*) высоко́; a ~ paid employee высоко́ опла́чиваемый рабо́тник; they thought very ~ of him / of his work они́ бы́ли о́чень высо́кого мне́ния о нём / о его́ рабо́те; she spoke ~ of you она́ о́чень положи́тельно о вас отзыва́лась; **2.** (*very much*) о́чень; he was ~ praised его́ о́чень хвали́ли; | весьма́; it's ~ possible э́то весьма́ возмо́жно; it's ~ desirable э́то весьма́ жела́тельно.

hill холм *m* (1d) [low ни́зкий, high высо́кий, steep круто́й, distant далёкий]; climb a ~ взбира́ться на холм; go up a ~ подня́ться на холм; go down a ~ спусти́ться с холма́; at, on the top of a ~ на верши́не холма́; beyond the ~s за холма́ми; among the ~s среди́ холмо́в.

him *pron pers* его́ *gen*, *after prep* него́; I don't know ~ я его́ не зна́ю; we can't go without ~ без него́ мы не мо́жем е́хать; we have no news from ~ мы не име́ем от него́ никаки́х изве́стий; besides / except ~ поми́мо / кро́ме него́; ‖ ему́ *dat*, *after prep* нему́; we gave ~ two tickets, we gave two tickets to ~ мы да́ли ему́ два биле́та; help ~! помоги́(те) ему́!; she said to ~, told ~ она́ ему́ сказа́ла; show ~ the way to N. Street! покажи́(те) ему́ доро́гу на у́лицу Н.!; I envy ~ я ему́ зави́дую; we have explained everything to ~ мы ему́ всё объясни́ли; it seemed to ~ ему́ показа́лось; it was easy / difficult for ~ to get there ему́ бы́ло легко́ / тру́дно попа́сть туда́; we went up to ~ мы подошли́ к нему́; ‖ его́ *acc*, *after prep* него́; we met / saw / found ~ at the station мы встре́тили / ви́дели / нашли́ его́ на вокза́ле; don't bother ~! не беспоко́й(те) его́!; she asked ~ about his trip она́ спроси́ла его́ о пое́здке; we took ~ with us мы взя́ли его́ с собо́й; I love ~ я его́ люблю́; she married ~ она́ вы́шла за него́ за́муж; ‖ им *instr*, *after prep* ним; I am very displeased with ~ я им о́чень недово́лен; work done by ~ is always satisfactory рабо́та, вы́полненная им, всегда́ удовлетвори́тельна; we are proud of ~ мы им горди́мся; I'll go / speak with ~ я пойду́ / поговорю́ с ним; everybody was laughing at ~ все смея́лись над ним; ‖ нём *abl*; we often remembered / spoke / thought about ~ мы ча́сто вспомина́ли / говори́ли / ду́мали о нём; we were disappointed in ~ мы в нём разочарова́лись; ‖ *conveyed in Russian by nom*: let ~ do it himself! пусть он сде́лает э́то сам!; I am surprised at ~ он меня́ удивля́ет; we were invited by ~ он нас пригласи́л; ‖ it was nice of ~ to wire us с его́ стороны́ бы́ло о́чень ми́ло посла́ть нам телегра́мму.

himself I *emphatic pron* **1.** сам (41d); he ~ saw / read / said it он сам э́то ви́дел / чита́л / сказа́л; **2.** (*alone*) сам (41d), оди́н (39a); the boy did it ~ ма́льчик сде́лал э́то сам; he had to do all the work ~ ему́ самому́ пришло́сь сде́лать всю рабо́ту; ⊙ **(all) by** ~ 1) сам; can he do it (all) by ~? он суме́ет сде́лать всё сам?; 2) (*alone*) оди́н; he lived all by ~ он жил совсе́м оди́н; he went there all by ~ он пошёл туда́ совсе́м оди́н; II *pron refl* **1.** себя́ *gen*; he has never done anything for ~ alone он никогда́ ничего́ не де́лал то́лько для себя́; ‖ себе́ *dat*; he often asked ~ this question он ча́сто задава́л себе́ э́тот вопро́с; he bought ~ a coat он купи́л себе́ пальто́; ‖ себя́ *acc*; he blamed ~ for the whole thing он во всём винил себя; he often caught ~ thinking of it он часто ловил себя на том, что думает об этом; he looked at ~ in the mirror он посмотрел на себя в зеркало; ‖ собой *instr*; he was displeased with ~ он был недоволен собой; he was proud of ~ он гордился собой; ‖ себе *abl*; he talked very much of ~ он очень много говорил о себе; he thinks of ~ alone он думает только о себе; **2.** *often conveyed by* -ся *attached to verb*: he hurt ~ он ушибся; he couldn't tear ~ away from the book он не мог оторваться от книги.

hire *v* **1.** (*of people*) нанимать (64), *perf* нанять (233) [*with acc* workers рабочих, servant слугу, maid служанку]; **2.** (*of things*) брать (42) напрокат, *perf* взять (236) напрокат (*with acc*); we ~d a boat / bicycles / costumes мы взяли напрокат лодку / велосипеды / костюмы; **3.** (*of hall, theatre*) снимать (64), *perf* снять (232) (*with acc*).

his I *pron poss* его (40b) [house дом, mother мать, family семья, children дети, things вещи, friends друзья, attitude отношение, decision решение, attention внимание, conduct поведение, help помощь, work работа, future будущее]; those are ~ things, not mine это его вещи, а не мои; all ~ troubles все его неприятности; I took ~ hat by mistake по ошибке я взял его шляпу; one of ~ friends один из его товарищей; ‖ *when person of subject coincides with person of poss pron* свой *m*, своя *f*, своё *n*, свои *pl* (41d); he told me about ~ trip он рассказал мне о своей поездке; he gave me ~ address он дал мне свой адрес; ‖ свой *is often omitted in Russian*: he took off ~ coat он снял пальто; he put the letter into ~ pocket он положил письмо в карман; he washed ~ hands он вымыл руки; II *absolute pron poss* его; I met a friend of ~ yesterday вчера я встретил его приятеля; is this magazine ~ or yours? этот журнал его или ваш?

historical исторический (33b) [fact факт, novel роман]; историческая [date дата, figure фигура]; историческое [event событие, place место].

history история *f* (23c) 1) early ранняя, world всемирная; strange странная, unusual необычная, interesting интересная, long длинная, brief краткая, glorious славная; 2) *with gen* of England Англии, of the country государства, of literature литературы, of the theatre театра, of human thought человеческой мысли]; study

/ know / teach ~ изуча́ть / знать / преподава́ть исто́рию; be interested in ~ интересова́ться исто́рией; the case will go down in ~ э́тот слу́чай войдёт в исто́рию; an important event in ~ ва́жное собы́тие в исто́рии; a ~ teacher преподава́тель исто́рии; ⊙ **ancient** ~ дре́вняя исто́рия; **medieval** ~ исто́рия сре́дних веко́в; **modern** ~ но́вая исто́рия.

hit *v* **1.** (*deliver blow*) ударя́ть (223), *perf* уда́рить (157) [1) *with acc* child ребёнка, woman же́нщину, man мужчи́ну, horse ло́шадь; 2) on the head по голове́, in the face в лицо́, in the back в спи́ну, on the back по спине́, in the arm по руке́; 3) *with instr* with one's fist кулако́м, with a stick па́лкой]; don't ~ the child! не бе́йте ребёнка!; he ~ his head against the table он уда́рился голово́й о (*with acc*) стол; **2.** (*strike*) попада́ть (64), *perf* попа́сть (55) (в *with acc*); he ~ the mark, target он попа́л в цель; the stone ~ him in the head ка́мень попа́л ему́ в го́лову.

hockey хокке́й *m* (13c); play ~ игра́ть в хокке́й; ~ game игра́ в хокке́й; we went to (see) a ~ game yesterday мы вчера́ ходи́ли на хокке́й.

hold *v* **1.** (*grasp*) держа́ть (47), *no perf* [1) *with acc* spoon ло́жку, knife нож, fork ви́лку, pen ру́чку, gun ружьё, vase ва́зу, cup ча́шку, money де́ньги, coin моне́ту, rope верёвку, umbrella зо́нтик, child ребёнка, hand ру́ку; 2) tight, firmly кре́пко, carelessly небре́жно; 3) in one's hand в руке́, in one's arms на рука́х, under one's arm под мы́шкой, in his mouth во рту́]; she held the child by the hand она́ держа́ла ребёнка за́ руку; they were ~ing hands они́ держа́лись за́ руки; **2.** (*contain*) вмеща́ть (64), *perf* вмести́ть (187) (*with acc*); the bottle ~s half a litre of water э́та буты́лка вмеща́ет пол-ли́тра воды́; how many people does this hall ~? ско́лько челове́к вмеща́ет э́тот зал?; this bag won't ~ all my things э́тот чемода́н не вмеща́ет всех мои́х веще́й; **3.** (*arrange*) проводи́ть (152), *perf* провести́ (219) [*with acc* meeting собра́ние, election вы́боры, investigation рассле́дование, festival фестива́ль]; ~ **back** 1) (*hide*) скрыва́ть (64), *perf* скрыть (209) [*with acc* facts фа́кты, information све́дения, news изве́стия]; 2) (*restrain*) сде́рживать (65), *perf* сдержа́ть (47) [*with acc* crowd толпу́; tears слёзы]; ~ **on** 1) (*grip firmly*) держа́ться (47), *no perf*; ~ on to my hand! держи́тесь за (*with acc*) мою́ ру́ку!; ~ on! держи́тесь!;

2) (*stop*): ~ on! посто́йте!; ~ **out** 1) (*stretch*) протя́гивать (64), *perf* протяну́ть (129) (*with acc*); she held out her hand она́ протяну́ла ру́ку; 2) (*resist*) держа́ться, *perf* продержа́ться (47); we couldn't ~ out any longer мы не могли́ бо́льше держа́ться; they held out for three weeks они́ продержа́лись три неде́ли; ~ **up** 1) (*raise*) поднима́ть (64), *perf* подня́ть (232) (*with acc*); she held up her hand она́ подняла́ ру́ку; 2) (*detain*) заде́рживать (65), *perf* задержа́ть (47); (*with acc*); we were held up for two days нас задержа́ли на два дня; the trains were held up by the storm поезда́ бы́ли заде́ржаны бу́рей; ◇ ~ **one's breath** затаи́ть (198) дыха́ние; ~ **a person to his promise, word** наста́ивать (65) на выполне́нии кем-л. да́нного им обеща́ния; we shall ~ you to your word мы бу́дем тре́бовать, что́бы вы сдержа́ли своё сло́во; ~ **someone responsible:** we shall ~ you responsible for the work вы бу́дете отвеча́ть за (*with acc*) э́ту рабо́ту; we shall ~ you responsible if anything goes wrong вы бу́дете отвеча́ть, е́сли что-л. случи́тся.

hole 1. (*in clothing*) дыра́ *f* (19g); a ~ in a sock / shoe / suit дыра́ на (*with abl*) носке́ / в боти́нке / на костю́ме; I burned a ~ in my dress я прожгла́ дыру́ на пла́тье; there must be a ~ in your pocket наве́рное, у вас в карма́не дыра́; I must mend a ~ in my stocking мне на́до зашто́пать дыру́ на чулке́; **2.** (*in wall, etc.*) отве́рстие *n* (18c) [в *with abl* in the roof в кры́ше, in the fence в забо́ре]; they chopped a ~ in the ice они́ проруби́ли отве́рстие во льду́; they got into the garden through a ~ in the fence они́ пробрали́сь в сад че́рез отве́рстие в забо́ре; **3.** (*in earth, etc.*) я́ма *f* (19c); they dug a deep ~ in the ground они́ вы́копали глубо́кую я́му; they filled up the ~ with earth они́ засы́пали я́му землёй; the ~ was full of water я́ма была́ полна́ воды́.

holiday 1. (*festival*) пра́здник *m* (4c) [1) great большо́й, national национа́льный, international междунаро́дный, annual ежего́дный, traditional традицио́нный, religious религио́зный, public всенаро́дный; 2) celebrate, mark отме́тить]; this is a ~ for all of us э́то для всех нас пра́здник; we are going to Moscow for the ~s на пра́здники мы поéдем в Москву́; before the ~ до пра́здника; after the ~ по́сле пра́здника; just before the ~ пе́ред са́мым пра́здником; in a ~ mood в пра́здничном настрое́нии; **2.** (*vacation for schoolchildren, students*) кани́кулы, *no sg* (19c) [long дли́нные, short коро́ткие, winter зи́мние, summer ле́тние]; where are you going for the ~? куда́ вы поéдете на кани́кулы?; **3.** (*leave*) о́тпуск *m* (4h) [1) two weeks' двухнеде́льный, a month's ме́сячный; 2) for a month на ме́сяц, for two weeks на две неде́ли; 3) give дать, get получи́ть, take взять]; I shall spend my ~ at the seashore я проведу́ о́тпуск на берегу́ мо́ря; he is away on a ~ он в о́тпуске; he has returned from his ~ он верну́лся из о́тпуска.

home I *sb* дом *m* (1*l*); he leaves ~ early он ра́но уезжа́ет и́з дому; he left ~ when he was very young он ушёл из роди́тельского до́ма о́чень молоды́м; I'll bring some dishes from ~ я принесу́ посу́ду и́з дому; ~ cooking дома́шние обе́ды; ~ industries оте́чественная промы́шленность; ~ affairs вну́тренние дела́ страны́; ⊙ **at** ~ до́ма; I shall be at ~ until eleven я бу́ду до́ма до оди́ннадцати; he is not at ~ его́ нет до́ма; will anyone be at ~? кто́-нибудь бу́дет до́ма? my mother stayed at ~ моя́ мать оста́лась до́ма; he always felt at ~ there он всегда́ чу́вствовал себя́ там как до́ма.

home II *adv* домо́й; come / come back / go / hurry ~ прийти́ / верну́ться / идти́, е́хать / спеши́ть домо́й; she rang up ~ она́ позвони́ла домо́й; on the way ~ по доро́ге домо́й.

honest 1. (*truthful*) че́стный (31b) [person челове́к, boy ма́льчик]; че́стное [face лицо́]; ~? че́стное сло́во?; **2.** (*frank*) открове́нный (31b); I'll be quite ~ with you я бу́ду с ва́ми соверше́нно открове́нен; I'll give you my ~ opinion я вам скажу́ открове́нно.

honour *sb* честь *f*, *no pl* (29c) [great больша́я]; a matter of ~ де́ло че́сти; I consider it an ~ to be here я счита́ю за честь быть здесь; they gave a dinner in his ~ они́ да́ли обе́д в честь его́; the child was named in ~ of his grandfather ребёнка назва́ли в честь де́да; a monument was erected in ~ of the event в честь э́того собы́тия был воздви́гнут па́мятник; I give you my word of ~ даю́ вам че́стное сло́во; he gave me his word of ~ он дал мне че́стное сло́во; he is a man of ~ он че́стный челове́к; he is an ~ to his school / country он де́лает честь (*with dat*) свое́й шко́ле / стране́.

hope I *sb* наде́жда *f* (19c) [great больша́я, faint сла́бая, vain напра́сная]; that is our only ~ э́то на́ша еди́нственная наде́жда; we have little ~ of success у нас ма́ло наде́жды на (*with acc*) успе́х; she waited in the ~ of seeing him again она́ ждала́ в наде́жде уви́деть его́ сно́ва; we had lost all ~ мы потеря́ли вся́кую наде́жду; is there any ~ that he will recover? есть ли наде́жда (на то), что он попра́вится?

hope II *v* наде́яться (224), *no perf*; I ~ to see you soon (я) наде́юсь вско́ре уви́деть вас; we ~ that you will come again мы наде́емся, что вы придёте ещё раз; let us ~ so бу́дем наде́яться; I ~ so наде́юсь, что да; I ~ not наде́юсь, что нет; everyone ~d for his success все наде́ялись на (*with acc*) его́ успе́х; we ~ to finish by the first мы рассчи́тываем зако́нчить к пе́рвому.

horse ло́шадь *f* (29a) [1) old ста́рая, young молода́я, black ворона́я, white бе́лая; 2) runs бежи́т, gallops бежи́т гало́пом, jumps пры́гает, shies шара́хается]; hold | lead | stop | beat, whip a ~ держа́ть / вести́ / останови́ть / бить ло́шадь; get on a ~ сесть на ло́шадь; get off a ~ слезть с ло́шади; ride a ~ е́хать на ло́шади; jump / fall off a ~ спры́гнуть / упа́сть с ло́шади; feed / water a ~ корми́ть / пои́ть ло́шадь; he works like a ~ он рабо́тает как ло́шадь.

hospital больни́ца *f* (21c) [new но́вая, big больша́я, modern совреме́нная, well-equipped хорошо́ обору́дованная]; he is in a ~ он лежи́т в больни́це; how long were you in ~? ско́лько вре́мени вы пролежа́ли в больни́це?; he had to be taken to a ~ его́ пришло́сь положи́ть в больни́цу; when did he come out of (the) ~? когда́ он вы́шел из больни́цы?; we went to the ~ to see him мы пое́хали в больни́цу навести́ть его́; ⊙ **maternity** ~ роди́льный дом *m* (1*l*).

hostile вражде́бный (31b) [tone тон]; вражде́бное [attitude отноше́ние]; ~ army вра́жеская а́рмия.

hot горя́чий (35) [breakfast за́втрак, coffee ко́фе, tea чай, dinner обе́д, soup суп, air во́здух, wind ве́тер; argument спор]; горя́чая [water вода́, plate таре́лка, food пи́ща]; горя́чее [milk молоко́]; he has a very ~ temper он о́чень горя́чий челове́к; { (*of weather, etc.*) жа́ркий (33b) [climate кли́мат, day день]; жа́ркая [weather пого́да]; жа́ркое [place ме́сто, season вре́мя го́да, summer ле́то]; I am ~ мне жа́рко; what a ~ day! како́й жа́ркий день!; it was ~ in the room в ко́мнате бы́ло жа́рко; it's terribly ~ out на у́лице стра́шно жа́рко; it got very ~ ста́ло о́чень жа́рко; ◇ **get into ~ water** попа́сть (55) в затрудни́тельное положе́ние.

hotel гости́ница *f* (21c) [modern совреме́нная, old-fashioned старомо́дная, large большáя, new нóвая, comfortable удóбная, expensive дорогáя, cheap дешёвая]; we stopped, stayed at a ~ мы останови́лись в гости́нице; come to a ~ приéхать в гости́ницу; leave a ~ уéхать из гости́ницы; we took a room in a ~ мы сня́ли нóмер в гости́нице; the ~ accommodates 1,000 гости́ница вмещáет ты́сячу человéк; how far is it to the ~? далекó ли до гости́ницы?

hour час *m* (1k); two / three / four ~s два / три / четы́ре часá; five / six ~s пять / шесть часóв; about two ~s óколо двух часóв; two ~s later, in two ~s чéрез два часá; half an ~ полчасá; a quarter of an ~ чéтверть чáса; an ~ and a half полторá часá; six ~s passed прошлó шесть часóв; we have half an ~ left у нас остáлось полчасá; the train was an ~ late пóезд опоздáл на час; the meeting lasted more than an ~, over an ~ собрáние продолжáлось бóльше чáса; sixty kilometres an ~ шестьдеся́т киломéтров в час; we used to talk for ~s мы, бывáло, разговáривали часáми; it is an ~'s ride / walk from here отсю́да примéрно час езды́ / ходьбы́; at such an early / late ~ в такóй рáнний / пóздний час; at any ~ of the day or night в любóй час дня и́ли нóчи; it will take about an ~ потрéбуется примéрно час; I have an ~ to spare у меня́ есть свобóдный час; ⊙ **office** ~s часы́ приёма; **dinner** ~ переры́в (*m* 1f) на обéд.

house *sb* дом *m* (1*l*) [1) nice хорóший, stone кáменный, wooden деревя́нный, brick кирпи́чный, empty, vacant пустóй, neighbouring сосéдний; 2) stands стои́т, burns гори́т, looks old вы́глядит стáрым, faces the garden выхóдит в сад; 3) build стрóить, buy купи́ть, rent, let сдавáть, heat отáпливать, search обыскáть, burn сжечь, set fire to поджéчь, pull, tear down сноси́ть, repair ремонти́ровать, rob огрáбить, occupy занимáть]; who owns the ~? комý принадлежи́т э́тот дом?; the third ~ from the corner трéтий дом от углá; in front of the ~ пéред дóмом; behind the ~ позади́ дóма; inside the ~ внутри́ дóма; round the ~ вокрýг дóма; you will wake the whole ~ вы разбýдите весь дом; all over the ~ по всемý дóму; come to my ~! приходи́те ко мнé!; apartment ~ многокварти́рный дом; dwelling ~ жилóй дом; ◇ **the House of Commons** палáта (19c) óбщин; **the House of Lords** палáта лóрдов; **the House of Representatives** палáта представи́телей.

how 1. как; ~ did it happen? как это случилось?; ~ did you get here? как вы сюда приехали?; ~ is she? как она?; ~ do you feel? как вы себя чувствуете?; ~ does she look? как она выглядит?; ~ do you like my dress? как вам нравится моё платье?; ~ can you say that? как вы можете это говорить?; I don't know ~ he found out я не знаю, как он узнал; I don't know ~ I can help you (я) не знаю, как вам помочь; ~ often does he come here? как часто он сюда приходит?; ~ so? как так?; ~ is it done? как это делается?; ~ can you manage it? как вы можете это устроить?; ~ foolish! как глупо!; ~ strange! как странно!; ~ long is this room? какова длина этой комнаты?; **2.**: ~ many?, ~ much? сколько?; ~ much did you pay? сколько вы заплатили?; ~ much does he owe you? сколько он вам должен?; ~ many times have I told you? сколько раз я вам говорил(а)!; ~ many days will it take you to finish the work? сколько вам потребуется дней, чтобы закончить работу?; ~ many people live here? сколько человек живёт здесь?; ~ old are you? сколько вам лет?; ~ long will the trip last? сколько времени продлится путешествие?; ◇ ~ **do you do?** здравствуйте!; ~ **are you getting on?** как вы поживаете?; ~ **about** а что, если; ~ about going together? а что, если поехать вместе?; ~ about beginning today? а что, если начать сегодня?

however *conj* однако; ~, I see that I was wrong однако, я вижу, что ошибся, ошиблась; if, ~, you think... если, однако, вы считаете...; ~, as you see... однако, как видите...

huge огромный (31b) [box ящик; success успех]; огромная [mass масса, wave волна, sum сумма]; огромное [building здание, quantity количество, satisfaction удовлетворение].

human человеческий (33b) [race род, voice голос]; ⊙ ~ **being** человек *m* (*sg* 4a, *pl* люди, людей, людям, людей, людьми, людях).

humour *sb* юмор *m* (1f) [real настоящий, brilliant блестящий]; a sense of ~ чувство юмора; the story is full of ~ рассказ полон юмора; I can't appreciate his ~ я не могу оценить его юмор.

hundred I *sb* сотня *f* (20f); ~s of men / books / kilometres сотни людей / книг / километров; ~s of thousands сотни тысяч; many ~s of miles многие сотни миль.

hundred II *num* сто (39f); two ~ двéсти (39g); three ~ трúста (39g); five ~ пятьсóт (39e); one ~ and fifty сто пятьдеся́т; more than a ~, over a ~ бóльше ста; several ~ people нéсколько сот человéк; about a ~ óколо ста.

hungry голóдный (31b) [man человéк, child ребёнок]; I am ~ я хочý есть; are you ~? вы хотúте есть?; I am not ~ я не хочý есть; they often went ~ онú чáсто голодáли.

hunt *v* **1.** (*for game*) охóтиться (176) (на *with acc*); ~ wolves / deer охóтиться на волкóв / олéней; they went ~ing онú поéхали на охóту; **2.** (*search*) искáть (83), *no perf* (*with acc*); ~ for the lost document искáть пропáвший докумéнт; we have been ~ing for you all day мы вас úщем весь день; we ~ed all over the house мы обыскáли весь дом.

hurry I *sb* спéшка *f* (22f); why all this ~? к чемý вся э́та спéшка?; there is no ~ не нáдо спешúть; I'm in a ~ я спешý; they are in a ~ to leave онú спешáт уéхать; what's your ~? почемý вы торóпитесь?

hurry II *v* спешúть (171), *perf* поспешúть (171); don't ~! не спешúте!; please ~! поторопúтесь, пожáлуйста!; we must ~ or we'll be late нáдо поторопúться, а то мы опоздáем; he hurried to the station он поспешúл на вокзáл; we hurried to get everything ready мы поспешúли всё приготóвить; he hurried away, off он поспéшно ушёл; she hurried out of the house онá тороплúво вы́шла úз дому.

hurt *v* **1.** (*cause pain*) ушибúть (201) [*with acc* finger пáлец, hand, arm рýку, head гóлову]; it ~s me to cough мне бóльно кáшлять; he was badly ~ in an accident он сúльно пострадáл во врéмя катастрóфы; fortunately, no one was ~ к счáстью, никтó не пострадáл; these shoes ~ me э́ти тýфли мне жмут; it ~s me to think that he is a bad friend мне бóльно дýмать, что он плохóй товáрищ; **2.**: ~ oneself ушибúться (201); did you ~ yourself? вы не ушúблись?; **3.** (*feel pain*) болéть (98), *no perf*; my hand / back / foot ~s у меня́ болúт рукá / спинá / ногá; my eyes ~ у меня́ боля́т глазá; **4.** (*offend*) обижáть (64), *perf* обúдеть (109) (*with acc*); you ~ her feelings вы её обúдели; she was deeply ~ онá былá глубокó обúжена; I didn't mean to ~ you я не хотéл(а) вас обúдеть.

husband муж *m* (*sg* 6b, *pl* мужья́, мужéй, мужья́м, мужéй, мужья́ми, мужья́х); she came with her ~ онá пришлá с мýжем; they live with her ~'s people онú живу́т с роди́телями му́жа; I must ask my ~ мне на́до спроси́ть му́жа; please, give this to your ~ переда́йте э́то, пожа́луйста, ва́шему му́жу.

I

I *pron pers* я (*1st pers sg*) (40a); I am here я здесь; I shall do it myself я э́то сде́лаю сам(а́); you and I мы с ва́ми; my sister and I мы с сестро́й; neither my friend nor I ни я, ни мой друг; it is I э́то я; it was I who called э́то я звони́л(а); I shall bring the book with me я принесу́ кни́гу с собо́й; I have many friends у меня́ мно́го друзе́й; I like summer more мне бо́льше нра́вится ле́то; I have no time у меня́ нет вре́мени; I haven't got my passport with me у меня́ с собо́й нет па́спорта; may I speak to you? мо́жно с ва́ми поговори́ть?; I'm coming иду́; I want / should like to go with them мне хо́чется / хоте́лось бы пое́хать с ни́ми; I think so ду́маю, что да, ду́маю, что э́то так; *also see* me.

ice *sb* лёд *m* (1d)[1) thick то́лстый, thin то́нкий, hard кре́пкий, clear чи́стый, transparent прозра́чный, artificial иску́сственный, slippery ско́льзкий, dry сухо́й; 2) breaks лома́ется, melts та́ет, cracks трещи́т; 3) cut руби́ть, crush кроши́ть, break разби́ть, melt растопи́ть]; the river is covered with ~ река́ покры́та льдом; she slipped / fell on the ~ она́ поскользну́лась / упа́ла на льду́; they fished through holes in the ~ они́ уди́ли ры́бу подо льдо́м; the water under the ~ was cold вода́ подо льдо́м была́ холо́дной; put some more ~ in your glass! положи́те себе́ в стака́н ещё льду!; your fingers are as cold as ~ у тебя́ па́льцы как лёд.

idea **1.** (*plan, thought*) иде́я *f* (23b) [new но́вая, original оригина́льная, wonderful чуде́сная, brilliant блестя́щая, foolish глу́пая, strange стра́нная, simple проста́я, sensible разу́мная]; criticize / defend / support an ~ критикова́ть / защища́ть / поддержа́ть иде́ю; fight for an ~ боро́ться за иде́ю; explain / understand / express / propose an ~ объясни́ть / поня́ть / вы́разить / предложи́ть иде́ю; the main ~ of the book основна́я мысль э́той кни́ги; the ~ came to my mind мне в го́лову пришла́ мысль; his ~ seems very good его́ иде́я ка́жется о́чень хоро́шей; the ~ is spreading э́та иде́я получа́ет всё бо́льшее распростране́ние; we had to give up the ~ нам пришло́сь отказа́ться от э́той иде́и; I rather like the ~ of spending a week on board ship мне нра́вится иде́я провести́ неде́лю на парохо́де; I hate the ~ of moving мне ненави́стна сама́ мысль о переéзде; where did you get the ~ that I don't want to go? отку́да вы взя́ли, что я не хочу́ е́хать?; 2. (*conception*) представле́ние *n* (18c); I haven't the slightest, faintest ~ у меня́ нет ни мале́йшего представле́ния; this will give you some ~ of the size of the task э́то даст вам како́е-то представле́ние о (*with abl*) разме́рах стоя́щей перед на́ми зада́чи; we had no ~ where to find him мы не име́ли никако́го представле́ния, где его́ иска́ть.

ideal I *sb* идеа́л *m* (1f) [high, lofty высо́кий, exalted возвы́шенный, unattainable недосяга́емый]; find one's ~ найти́ свой идеа́л; reach one's ~ дости́чь своего́ идеа́ла; he was true to his ~s он был ве́рен свои́м идеа́лам.

ideal II *a* идеа́льный (31b) [person челове́к, husband муж, way спо́соб, method ме́тод]; идеа́льная [weather пого́да, chance возмо́жность]; идеа́льное [place ме́сто]; идеа́льные [conditions усло́вия]; it would be ~ if you could come for a week or two бы́ло бы идеа́льно, е́сли бы вы могли прие́хать на неде́лю—на́ две.

idle *a* **1.** (*not working*): the machines stood ~ маши́ны безде́йствовали; I can't be, stand ~ when everyone is working я не могу́ ничего́ не де́лать, когда́ все рабо́тают; **2.** (*useless*) пра́здный (31b); ~ talk пра́здный разгово́р; it isn't an ~ question э́то не пра́здный вопро́с.

if 1. (*on condition*) е́сли; if he is free, he will help you е́сли он бу́дет свобо́ден, он вам помо́жет; if you see him give him my best regards е́сли вы его́ уви́дите, переда́йте ему́ приве́т; we shall go if it doesn't rain мы пое́дем, е́сли не бу́дет дождя́; if I knew, I should tell you е́сли бы я зна́л(а), я бы вам сказа́л(а); if you had left earlier, you wouldn't have been late е́сли бы вы вы́ехали ра́ньше, вы бы не опозда́ли; if you are in town, call me up! е́сли вы бу́дете в го́роде, позвони́те мне!; I'll help him if I can я помогу́ ему́, е́сли смогу́; even if you thought so, you shouldn't have said it да́же е́сли вы так ду́мали, не на́до бы́ло бы э́того говори́ть; if it's not too much trouble е́сли э́то вас не о́чень затрудни́т; if I were you... е́сли бы я был(á) на вáшем мéсте...; if only I knew! éсли бы я знáл(а)!; 2. (*whether*) ли; I want to ask if he is there я хочý спросить, там ли он; ask the guide if there is a train in the morning спросите гида, есть ли ýтром пóезд; I don't know if I can come (я) не знáю, смогý ли я приéхать; I wonder if she knows интерéсно, знáет ли онá; ◇ **as if** как бýдто (бы); he acted as if he knew nothing он вёл себя́ так, как бýдто ничегó не знал; he turned as if he wanted to say something он обернýлся, как бýдто бы хотéл чтó-то сказáть; it looks as if we shall not be able to go похóже (на то), что мы не смóжем поéхать.

ill *a* (*sick*, *unwell*): I feel ~ я чýвствую себя́ (*with instr*) больны́м, больнóй; she came home quite ~ онá пришлá домóй совсéм больнáя; he looks quite ~ он вы́глядит совсéм больны́м; she is ~ онá больнá; he is very seriously ~ он óчень бóлен; they are both ~ они́ óба больны́; {*often conveyed by verb* болéть (98); he is often ~ он чáсто болéет; she has been ~ for a long time онá ужé давнó болéет; how long has he been ~? скóлько врéмени он ужé болéет?; I hope you won't be ~ long надéюсь вы недóлго бýдете болéть; ⊙ **fall** ~ заболéть (98); she fell ~ last night онá заболéла вчерá нóчью; he fell ~ suddenly он внезáпно заболéл; I think I am falling ~ дýмаю, что я заболевáю; ◇ **be, feel** ~ **at ease** неловкó себя́ чýвствовать (244); he always felt ~ at ease in her presence в её присýтствии он всегдá чýвствовал себя́ нелóвко; I could see that he was ~ at ease я ви́дел(а), что емý бы́ло нелóвко.

illness болéзнь *f* (29c) [serious тяжёлая, long дли́тельная]; he was prevented by ~ from coming он не мог прийти́ из-за болéзни.

illustrate иллюстри́ровать (245) [1) *with acc* book кни́гу, lecture лéкцию, article статью́; 2) *with instr* with pictures карти́нками, with charts and diagrams схéмами и табли́цами, with slides диапозити́вами, by examples примéрами]; he gave comparative figures to ~ his point он привёл сравни́тельные ци́фры, чтóбы проиллюстри́ровать свою́ тóчку зрéния; the book is richly ~d кни́га богáто иллюстри́рована.

imagination воображéние *n* (18c) [rich богáтое, vivid живóе, poor бéдное[; he leaves the rest to the reader's ~ всё остальнóе он предоставля́ет воображéнию читáтеля; it must have been my ~ очеви́дно, э́то мне показáлось.

imagine 1. (*give rein to fantasy*) воображáть (64), *perf* вообразúть (191); you are imagining things вы э́то тóлько воображáете; don't ~ that I'll forget! не дýмайте, что я забýду!; don't ~ it will be easy не воображáйте, что э́то бýдет легкó; { представля́ть (223) себé, *perf* предстáвить (168) себé; let us ~ that the plan is successful предстáвим себé, что план удáстся; we couldn't ~ that he would run away мы не моглú себé предстáвить, что он убежúт; ~! предстáвьте себé!; I can ~ what he said могý себé предстáвить, что он говорúл; I can ~ how unpleasant it was могý себé предстáвить, как э́то бы́ло неприя́тно; **2.** (*suppose, grant*) предполагáть (64), *perf* предположúть (175); let's ~ that you are right предполóжим, что вы прáвы; **3.** (*guess*) догáдываться (65), *perf* догадáться (64); it's easy to ~ why легкó догадáться, почемý.

immediate 1. (*instant*) немéдленный (31b); take ~ action дéйствовать немéдленно; we received an ~ reply, answer мы немéдленно получúли отвéт; he needs an ~ operation он нуждáется в срóчной оперáции; it had an ~ effect э́то оказáло немéдленное воздéйствие; **2.** (*direct*) непосрéдственный (31b); his ~ superior егó непосрéдственный начáльник; **3.** (*closest*) ближáйший (34b); our ~ neighbours нáши ближáйшие сосéди; his ~ family егó ближáйшие рóдственники.

immediately 1. (*instantly*) немéдленно; we must go ~ нам нáдо немéдленно идтú; we stopped ~ мы срáзу же остановúлись; we shall begin ~ мы срáзу же начнём; **2.** (*just*): ~ before the war как раз пéред войнóй; ~ after the war срáзу пóсле войны́; ~ after that... срáзу же пóсле э́того...

importance вáжность *f* (29c) [realize понимáть, show показáть, underestimate недооценúть, overrate переоценúть, emphasize подчеркнýть, acquire приобрестú, recognize, admit признáть]; a matter of especial / great / basic, primary / vital ~ дéло осóбой / большóй / первостепéнной / жúзненной вáжности; of the highest, utmost ~ óчень вáжный; it is difficult to overestimate the ~ of the event трýдно переоценúть вáжность э́того собы́тия; it has great ~ for the whole country э́то имéет большóе значéние для всей страны́; ◇ **be of ~** имéть (98) значéние; it is of no ~ to us для (*with gen*) нас э́то не имéет значéния; **attach ~** придавáть (64) значéние (*with dat*); we attached no ~ to his words мы не придава́ли никако́го значе́ния его́ слова́м.

important ва́жный (31b) [person челове́к; fact факт, question вопро́с, paper доку́мент]; ва́жная [problem пробле́ма, part часть, news но́вость, reason причи́на, work рабо́та]; ва́жное [letter письмо́, place ме́сто, event собы́тие, meeting собра́ние, decision реше́ние, matter де́ло]; it's very ~ to everyone э́то о́чень ва́жно для (*with gen*) всех; it is ~ that everyone should understand ва́жно, что́бы все по́няли; it is ~ for him to go at once ва́жно, что́бы он пое́хал неме́дленно; why is that so ~? почему́ э́то так ва́жно?; it's not very / so ~ э́то не о́чень / не так ва́жно; the most ~ thing is to begin са́мое ва́жное — нача́ть; it seemed very ~ to me then тогда́ мне э́то показа́лось о́чень ва́жным.

impossible невозмо́жный (31b) [time-limit срок]; that is ~ э́то невозмо́жно; it is ~ to work here здесь невозмо́жно рабо́тать; I don't see anything ~ in it не ви́жу в э́том ничего́ невозмо́жного; heart operations were formerly considered ~ опера́ции на се́рдце ра́ньше счита́лись невозмо́жными; ~ demand / condition невыполни́мое тре́бование / усло́вие; ~ task невыполни́мая зада́ча; ~ story невероя́тная исто́рия; it is ~ for me to leave now я сейча́с ника́к не могу́ уе́хать; will it be ~ for you to get here by Wednesday? не смо́жете ли вы прие́хать сюда́ к среде́?

impression впечатле́ние *n* (18c) [good хоро́шее, bad плохо́е, deep глубо́кое, first пе́рвое, favourable благоприя́тное, unfavourable неблагоприя́тное, general о́бщее, false ло́жное, indelible неизглади́мое]; she makes a very good ~ она́ произво́дит о́чень хоро́шее впечатле́ние; his work made a good ~ on everyone его́ рабо́та произвела́ на (*with acc*) всех хоро́шее впечатле́ние; he gave us his ~s of his trip он рассказа́л нам о свои́х впечатле́ниях от путеше́ствия; I don't want to give you a wrong ~ я не хочу́, что́бы у вас сложи́лось непра́вильное впечатле́ние; his speech left a very bad ~ его́ речь произвела́ о́чень плохо́е впечатле́ние; I was under the ~ that you had agreed мне показа́лось, что вы согласи́лись; that's the ~ I got, received так мне показа́лось.

improve 1. (*make better*) улучша́ть (64), *perf* улу́чшить (172) [*with acc* conditions усло́вия, knowledge зна́ния, work рабо́ту]; the system of education must be ~d сле́дует улу́чшить систе́му образова́ния; **2.** (*become better*) улучша́ться (64), *perf* улу́чшиться (172); conditions of work have ~d greatly усло́вия рабо́ты намно́го улу́чшились; she has ~d in health она́ попра́вилась; I hope the weather will ~ (я) наде́юсь, что пого́да улу́чшится.

improvement улучше́ние *n* (18c) [great, marked большо́е, considerable значи́тельное, vast огро́мное, further дальне́йшее, rapid бы́строе, constant постоя́нное, distinct я́вное]; there is still room for ~ ещё есть что улучша́ть; a number of ~s have been made был внесён ряд усоверше́нствований; there is little ~ as yet улучше́ний пока́ ещё ма́ло.

in *prep* **1.** (*within bounds*) *with abl*: in Moscow **в** Москве́; in the Soviet Union в Сове́тском Сою́зе; in the United States в Соединённых Шта́тах; in Africa в А́фрике; in Asia в А́зии; in the room в ко́мнате; in the world в ми́ре; in some countries в не́которых стра́нах; in town в го́роде; in the country в дере́вне; in the air в во́здухе; in the fifth row в пя́том ряду́; in the middle в середи́не; in the book в кни́ге; in art в иску́сстве; in science в нау́ке; I looked up the word in the dictionary я посмотре́л(а) э́то сло́во в словаре́; in a certain sense в не́котором смы́сле; in the yard **во** дворе́; in all parts во всех частя́х; in the street **на** у́лице; in the East / West / North / South на восто́ке / за́паде / се́вере / ю́ге; in the picture на карти́не; in his face на его́ лице́; he works in a factory он рабо́тает на заво́де; **2.** (*of movement in definite direction*) *with acc*: we arrived in Moscow мы прие́хали **в** Москву́; he put the money in his pocket он положи́л де́ньги в карма́н; look in the mirror! посмотри́те в зе́ркало!; he put his hand in the water он су́нул ру́ку в во́ду; **3.** (*of time-limits*) *with abl*: in January **в** январе́; in 1956 в ты́сяча девятьсо́т пятьдеся́т шесто́м году́; in the twentieth century в двадца́том ве́ке; never in my life никогда́ в жи́зни; in the past / future в про́шлом / бу́дущем; in the morning у́тром; in the afternoon днём; in the evening ве́чером; in spring весно́й; in summer ле́том; in autumn о́сенью; in winter зимо́й; **4.** (*of time periods*) *with acc*: I shall come to see you in two days я к вам приду́ **че́рез** два дня; he came back in fifteen minutes он верну́лся че́рез пятна́дцать мину́т; in a day or two через де́нь — два́; he finished the whole job in two hours он ко́нчил всю рабо́ту **за** два часа́; in the year that he was here за год, что он был здесь; **5.** *in various phrases*: be interested in интересова́ться (*with instr*); he is interested in questions of economy он интересу́ется вопро́сами эконо́мики; is he interested in languages? он интересу́ется языка́ми?; in order в поря́дке; everything was in order всё бы́ло в поря́дке; in the sun на со́лнце; they lay in the sun они́ лежа́ли на со́лнце; in this way таки́м о́бразом.

include включа́ть (64), *perf* включи́ть (171) (*with acc*); does the price ~ postage? э́та цена́ включа́ет почто́вые расхо́ды?; these expenses were not ~d in the budget э́ти расхо́ды не́ были включены́ в (*with acc*) бюдже́т; two chemists were ~d in the delegation в делега́цию бы́ли включены́ два хи́мика; there were ten of us including the guide нас бы́ло де́сять челове́к, включа́я ги́да.

income дохо́д *m* (1f) [1) annual годово́й, high большо́й, steady постоя́нный, sufficient доста́точный; 2) increases увели́чивается, decreases уменьша́ется, falls снижа́ется; 3) increase увели́чить, double удво́ить]; ~ tax подохо́дный нало́г.

increase I *sb* увеличе́ние *n* (18c) [marked заме́тное, sharp ре́зкое, steady, constant постоя́нное, considerable значи́тельное, slight незначи́тельное, rapid бы́строе, sudden внеза́пное, gradual постепе́нное]; ~ in prices / population / wages / production увеличе́ние (*with gen*) цен / населе́ния / за́работной пла́ты / произво́дства; an ~ over last year's figures увеличе́ние по сравне́нию с да́нными про́шлого го́да.

increase II *v* **1.** (*make greater, more*) увели́чивать (65), *perf* увели́чить (174) [*with acc* output вы́пуск проду́кции, cost себесто́имость, size разме́р(ы), choice вы́бор, quantity, number коли́чество, value це́нность]; this will ~ our chances of winning э́то увели́чит на́ши ша́нсы на вы́игрыш; **2.** (*become greater, more*) увели́чиваться (65), *perf* увели́читься (174); the number of similar cases has ~d коли́чество подо́бных слу́чаев увели́чилось; output has ~d twenty per cent вы́пуск проду́кции увели́чился на два́дцать проце́нтов; interest in foreign languages has ~d интере́с к иностра́нным языка́м возро́с.

indeed: ~ we all think so в са́мом де́ле мы все так ду́маем; yes, ~! О да!; thank you very much ~ о́чень вам призна́телен, призна́тельна; I am very glad ~ я действи́тельно о́чень ра́д(а).

independence незави́симость *f* (29c) [national национа́льная, political полити́ческая, economic экономи́ческая]; gain ~ добиться незави́симости; fight for ~ боро́ться за незави́симость; the people of the colony declared their ~ наро́д коло́нии объяви́л о свое́й незави́симости.

independent *a* **1.** (*free*) незави́симый (31b); ~ country незави́симая страна́; ~ state незави́симое госуда́рство; **2.** (*unaided*) самостоя́тельный (31b) [person челове́к; conclusion вы́вод, action посту́пок]; самостоя́тельная [woman же́нщина]; самостоя́тельное [opinion мне́ние]; she began her ~ life at the age of 20 двадцати́ лет она́ начала́ самостоя́тельную жизнь; she wanted to be ~ of her parents она́ не хоте́ла зави́сеть от (*with gen*) свои́х роди́телей.

industrial промы́шленный (31b) [city го́род, district райо́н]; промы́шленная [country страна́, part часть]; промы́шленное [development разви́тие]; ~ centre / growth центр / рост промы́шленности; ~ workers рабо́чие, за́нятые в промы́шленности.

industry промы́шленность *f* (29c) [1) large-scale кру́пная, chief, main веду́щая, local ме́стная, growing расту́щая; heavy тяжёлая, light лёгкая, chemical хими́ческая, machine-building машинострои́тельная, automobile автомоби́льная, war вое́нная; 2) develops развива́ется, expands расширя́ется, flourishes процвета́ет, springs up появля́ется, supplies снабжа́ет]; a branch of ~ о́трасль промы́шленности; one of the leading industries одна́ из веду́щих о́траслей промы́шленности.

influence I *sb* влия́ние *n* (18c) [good хоро́шее, bad плохо́е, evil, harmful вре́дное, dangerous опа́сное, great большо́е, favourable благотво́рное, cultural культу́рное, lasting продолжи́тельное]; the ~ of environment / the family / education влия́ние окруже́ния / семьи́ / образова́ния; under the ~ of под влия́нием (*with gen*); it had, exercised a great ~ in shaping his character э́то оказа́ло большо́е влия́ние на формирова́ние его́ хара́ктера; it may have a bad ~ on the child э́то мо́жет оказа́ть плохо́е влия́ние на ребёнка.

influence II *v* влия́ть (223), *perf* повлия́ть (223) (на *with acc*); his friends / relatives ~d him его́ това́рищи / ро́дственники повлия́ли на него́; no one seemed able to ~ him каза́лось, что никто́ не мо́жет повлия́ть на него́; the high mountains ~ the climate эти высо́кие го́ры влия́ют на кли́мат.

inform (*let know*) сообща́ть (64), *perf* сообщи́ть (171); we must ~ them immediately на́до сообщи́ть (*with dat*) им неме́дленно; you must ~ the post-office of the change in your address вам необходи́мо сообщи́ть на по́чту об измене́нии а́дреса; you will be ~ed by letter вам сообща́т письмо́м; we were wrongly ~ed as to the date нам непра́вильно сообщи́ли число́; please, keep me ~ed about any new developments пожа́луйста, держи́те меня́ в ку́рсе дальне́йшего хо́да собы́тий.

information све́дение *n* (18c); *usu pl* све́дения [1) complete по́лные, useful поле́зные, accurate то́чные, reliable надёжные, exhaustive исче́рпывающие, general о́бщие, interesting интере́сные; 2) get, receive получи́ть, give дать, provide предоста́вить, accumulate накопи́ть, confirm подтверди́ть]; furnish ~ снабди́ть све́дениями; he came to ask for ~ он пришёл за спра́вкой; he has acquired a great mass of ~ он собра́л большо́е коли́чество све́дений; we require more ~ нам ну́жно бо́льше све́дений; we lack ~ on the subject нам недостаёт све́дений по э́тому вопро́су; according to our ~ согла́сно на́шим све́дениям; the book contains ~ on a number of questions кни́га соде́ржит све́дения по ря́ду вопро́сов; ⊙ ~ **desk** спра́вочный отде́л *m* (1f); ask at the ~ desk! обрати́тесь в спра́вочный отде́л!

inhabitant (*dweller*) жи́тель *m* (3a); the ~s of the town / village жи́тели го́рода / дере́вни; the ~s now number over 300,000 в настоя́щее вре́мя число́ жи́телей превыша́ет три́ста ты́сяч; ‖ (*occupant*) жиле́ц *m* (9b) [new но́вый, old ста́рый, temporary вре́менный]; the ~s of the house жильцы́ до́ма.

injure повреди́ть (153) [1) accidentally случа́йно, badly, seriously серьёзно, slightly слегка́; 2) *with acc* one's health своё здоро́вье]; be ~d in an accident / in a fire / in the war пострада́ть во вре́мя катастро́фы / во вре́мя пожа́ра / на войне́; he ~d his arm / leg / head / eyes он повреди́л себе́ ру́ку / но́гу / го́лову / глаза́; he was ~d in the war его́ ра́нили на войне́; this may ~ his reputation э́то мо́жет повреди́ть его́ репута́ции.

ink *sb* черни́ла *no sg* (14d) [black чёрные, blue си́ние, green зелёные, red кра́сные]; I have no ~ in my pen у меня́ в ру́чке нет черни́л; she spilled ~ on the book она́ пролила́ на кни́гу черни́ла; you have ~ on your hands у вас ру́ки в черни́лах; please write in ~! пиши́те, пожа́луйста, черни́лами!; fountain-pen ~ черни́ла для автору́чки.

innocent *a* **1.** (*ingenuous, harmless*) неви́нный (31b) [look взгляд, child ребёнок, story расска́з]; неви́нная [joke шу́тка]; неви́нное [amusement развлече́ние]; **2.** (*not guilty*) невино́вный (31b) [person челове́к]; he was ~ of the crime он был невино́вен в (*with abl*) преступле́нии; he was found ~ in court суд призна́л его́ невино́вным.

inquire (*ask for information*) справля́ться (223), *perf* спра́виться (168), узнава́ть (63), *perf* узна́ть (64); they had come to ~ after his health они́ пришли́ спра́виться, узна́ть о (*with abl*) его́ здоро́вье; have you ~d about plane tickets? вы узнава́ли, справля́лись о биле́тах на самолёт?; you must ~ at the post-office вам на́до спра́виться на по́чте; they ~d his name, address and occupation они́ спроси́ли у него́ фами́лию, а́дрес и профе́ссию; they ~d into the matter они́ рассле́довали э́то де́ло.

insect насеко́мое *n* (31b) [1) harmful вре́дное, harmless безвре́дное, flying лета́ющее, dangerous опа́сное; 2) harms вреди́т, destroys уничтожа́ет, bites куса́ется, stings жа́лит]; collect / kill / exterminate ~s собира́ть / убива́ть / уничтожа́ть насеко́мых; swarm, cloud of ~s рой насеко́мых.

inside I *sb*: I have never seen the ~ of the house я никогда́ не́ был, не была́ внутри́ э́того до́ма; there were initials on the ~ на вну́тренней стороне́ бы́ли инициа́лы; ⊙ ~ **out** наизна́нку; he turned his pockets ~ out он вы́вернул карма́ны наизна́нку.

inside II *a* вну́тренний (32) [circle круг, pocket карма́н]; вну́тренняя [door дверь].

inside III *adv* внутри́; there was nothing ~ внутри́ ничего́ не́ было; it was dark ~ внутри́ бы́ло темно́; ◇ ~ **of** в преде́лах (*with gen*); ~ of a week / month / year в преде́лах неде́ли / ме́сяца / го́да.

inside IV *prep* (*in*): ~ the house **внутри́** (*with gen*) до́ма; ~ the box **в** (*with abl*) коро́бке.

insist наста́ивать (65), *perf* насто́ять (222) (on — на *with abl*); I don't ~ я не наста́иваю; of course, I can't ~ on it коне́чно, я не могу́ на э́том наста́ивать; do you ~ on these conditions? вы наста́иваете на э́тих усло́виях?; he ~ed on his complete innocence он наста́ивал на том, что он соверше́нно невино́вен; he ~ed that his theory was sound он наста́ивал на том, что его́ теóрия прáвильна; they ~ed on my being present они́ настáивали на моём присýтствии; he ~ed on leaving at once он настáивал на немéдленном отъéзде; I don't ~ on your believing his story я не настáиваю на том, чтóбы вы вéрили егó расскáзу; the man ~s on speaking to you э́тот человéк настáивает на том, чтóбы поговори́ть с вáми; all right, if you ~ лáдно, раз уж вы настáиваете.

inspire вдохновля́ть (223), *perf* вдохнови́ть (164) (*with acc*); the music / her beauty / the news ~d him мýзыка / её красотá / э́та нóвость вдохнови́ла егó; his first success ~d him to further attempts пéрвый успéх вдохнови́л егó на (*with acc*) дальнéйшие попы́тки; the news ~d us with hope / courage э́то извéстие всели́ло в нас надéжду / мýжество.

instance *sb* (*example*) примéр *m* (1f) [concrete конкрéтный, only еди́нственный, striking поразúтельный]; such ~s could be multiplied э́ти примéры мóжно бы́ло бы умнóжить; he cited a number of ~s он привёл нéсколько примéров; ‖ (*case*) слýчай *m* (13c); we have observed a number of ~s of the kind мы наблюдáли цéлый ряд аналоги́чных слýчаев; in the present ~ в дáнном слýчае; in every ~ в кáждом слýчае; in each separate ~ в кáждом отдéльном слýчае; ◇ **for** ~ напримéр; the first case, for ~... пéрвый слýчай, напримéр...; take, for ~, the question of personnel возьмём, напримéр, вопрóс о кáдрах.

instant *sb* мгновéние *n* (18c); for an ~ I thought I was dreaming на мгновéние я подýмал(а), что э́то сон; the ~ I said it, I was sorry как тóлько я э́то сказáл, я раскáялся; do it this ~! сдéлайте э́то сейчáс же!; ‖ (*moment*) минýта *f* (19c); I knew there wasn't an ~ to lose я знáл(а), что нельзя́ теря́ть ни минýты; he didn't hesitate even an ~ он ни минýты не колебáлся; he was back in an ~ он вернýлся чéрез минýту.

instantly моментáльно; the medicine works ~ э́то лекáрство дéйствует моментáльно; his face cleared ~ егó лицó мгновéнно прояснúлось.

instead: ~ of *prep with gen*: ~ of this **вмéсто** э́того; ~ of me / him / her / them / you вмéсто меня́ / негó / неё / них / вас; we decided to go on Wednesday ~ of Tuesday мы реши́ли поéхать в срéду вмéсто втóрника; he put on my hat ~ of his own он надéл мою шля́пу вмéсто своéй; why are you reading ~ of working? почемý ты читáешь вмéсто тогó, чтóбы рабóтать?; ~ of answering he sat down and looked at me вме́сто того́, что́бы отве́тить, он сел и посмотре́л на меня́.

institution учрежде́ние *n* (18c) [educational просвети́тельное, government госуда́рственное, public обще́ственное]; ~ of higher learning вы́сшее учё́бное заведе́ние, вуз.

instruction 1. (*teaching*) обуче́ние *n* (18c) [practical практи́ческое, theoretical теорети́ческое, sound основа́тельное, effective эффекти́вное, modern совреме́нное, oral у́стное, technical техни́ческое]; 2. *pl* ~s (*orders*) указа́ния (18c) [1) strict стро́гие, definite определённые, clear я́сные, detailed дета́льные, exact, precise то́чные; 2) give дать, issue изда́ть, carry out вы́полнить, violate нару́шить]; follow ~s сле́довать указа́ниям; await, wait for ~s ждать указа́ний; according to ~s согла́сно указа́ниям; on your ~s по ва́шим указа́ниям; we received no ~s мы не получи́ли никаки́х указа́ний; ~s were sent at once сра́зу же бы́ли по́сланы указа́ния.

instrument 1. (*apparatus*) прибо́р *m* (1f) [1) delicate то́нкий, precise то́чный, special специа́льный, recording запи́сывающий; 2) break слома́ть, repair почини́ть, damage повреди́ть]; every change is recorded by special ~s ка́ждое измене́ние фикси́руется специа́льными прибо́рами; 2. (*musical*) (музыка́льный) инструме́нт *m* (1f); do you play an ~? вы игра́ете на како́м-л. музыка́льном инструме́нте?; 3. (*means, weapon*) ору́дие *n* (18c) [powerful мо́щное, effective де́йственное]; he is a mere ~ in their hands он слепо́е ору́дие в их рука́х.

insult I *sb* оскорбле́ние *n* (18c); it was an ~ to his honour э́то бы́ло оскорбле́нием его́ че́сти; I will not listen to such ~s я отка́зываюсь слу́шать таки́е оскорбле́ния.

insult II *v* оскорбля́ть (223), *perf* оскорби́ть (164) [*with acc* person челове́ка]; you are ~ing me вы меня́ оскорбля́ете; why did you ~ him so? почему́ вы его́ так оскорби́ли?; I didn't mean to ~ you я не хоте́л(а) вас оскорби́ть.

intellectuals *pl* интеллиге́нция *f*, *collect* (23c).

intelligent 1. (*sensible*) разу́мный (31b) [person челове́к, answer отве́т]; разу́мное [proposal предложе́ние, decision реше́ние, being существо́]; разу́мные [parents роди́тели]; 2. (*clever*) у́мный (31b) [person челове́к]; у́мное [face лицо́]; у́мные [eyes глаза́].

intend 1. (*propose*): he ~s он наме́рен; she ~s она́ наме́рена; they ~ они́ наме́рены; he doesn't ~ to wait long он не наме́рен до́лго ждать; do you ~ to stay there long? вы наме́рены до́лго там пробы́ть?; what do you ~ to do when you get there? что вы наме́рены де́лать, когда́ прие́дете?; we ~ed to leave that very night мы намерева́лись уе́хать в тот же ве́чер; how do you ~ to arrange matters? как вы ду́маете ула́дить э́ти дела́?; we didn't ~ to spend so much мы не ду́мали тра́тить сто́лько де́нег; **2.** (*plan*): be ~ed предназнача́ться (64), *no perf*; the building was ~ed as a museum зда́ние предназнача́лось для (*with gen*) музе́я; the dictionary is ~ed for second-year students э́тот слова́рь предназнача́ется для студе́нтов второ́го ку́рса; his remark was ~ed for me его́ замеча́ние относи́лось ко мне́; who is the gift ~ed for? кому́ предназнача́ется э́тот пода́рок?

intention (*aim*) наме́рение *n* (18c) [1) good хоро́шее, sincere и́скреннее; 2) conceal скрыть]; abandon one's ~ отказа́ться от своего́ наме́рения; declare one's ~ объяви́ть о своём наме́рении; he had the best of ~s у него́ бы́ли наилу́чшие наме́рения; he has declared his ~ of giving up work он объяви́л о своём наме́рении бро́сить рабо́ту; I haven't the slightest ~, have no ~ of accepting я не наме́рен(а) соглаша́ться; he came with the ~ of discussing all our complaints он прие́хал с наме́рением обсуди́ть все на́ши жа́лобы; we had every ~ of finishing the work in time у нас бы́ли лу́чшие наме́рения ко́нчить рабо́ту в срок; ‖ (*plan*) за́мысел *m* (1f) [1) original первонача́льный; 2) disclose, reveal откры́ть].

interest I *sb* **1.** (*special attention*) интере́с *m* (1f) [1) great большо́й, special, particular осо́бый, considerable значи́тельный, deep глубо́кий, lively живо́й, intense напряжённый, keen о́стрый; 2) grows возраста́ет, increases увели́чивается, diminishes уменьша́ется, centres round one character сосредото́чивается вокру́г одного́ из геро́ев; 3) arouse вы́звать, show прояви́ть, lose потеря́ть, maintain подде́рживать]; his work is of particular ~ to students of art его́ рабо́та представля́ет осо́бый интере́с для изуча́ющих иску́сство; the book is of no ~ to us для нас э́та кни́га не представля́ет никако́го интере́са; the theatre was his chief ~ in life бо́льше всего́ в жи́зни он интересова́лся теа́тром; ⊙ **take an** ~ интересова́ться (243) (in — *with instr*); he took much / little ~ in my work он о́чень / ма́ло интересова́лся моéй рабóтой; he always took an ~ in young people он всегдá интересовáлся молодёжью; { проявля́ть (223) интерéс, *perf* прояви́ть (147) интерéс (in — к *with dat*); he always took a lively ~ in our affairs он всегдá проявля́л живóй интерéс к нáшим делáм; **2.** (*importance*) значéние *n* (18c); a matter of local / public / general ~ вопрóс, имéющий мéстное / общéственное / óбщее значéние; the book / work has scientific / educational ~ э́та кни́га / рабóта имéет наýчное / воспитáтельное значéние; **3.** *often pl* ~s (*advantage*) интерéсы [consider учи́тывать, defend защищáть, guard охраня́ть]; it is in your own ~s э́то в вáших интерéсах; in the ~s of science / culture в интерéсах наýки / культýры; it will serve the best ~s of everyone э́то бýдет служи́ть интерéсам кáждого; he always looked after his own ~s он всегдá забóтился о свои́х сóбственных интерéсах; **4.** (*percentage rate*) процéнты *pl* (1f) [1) high высóкие, low ни́зкие, moderate умéренные; 2) compute, reckon высчи́тывать, lower сни́зить, raise увели́чить, receive получи́ть, pay плати́ть]; the ~ amounted to a considerable sum процéнты дости́гли значи́тельной сýммы; they pay 6% annual ~ они́ плáтят шесть процéнтов годовы́х.

interest II *v* интересовáть (243), *perf* заинтересовáть (243) (*with acc*); that doesn't ~ me э́то меня́ не интересýет; the experiment ~ed me эксперимéнт заинтересовáл меня́; we want to ~ them in our work мы хоти́м заинтересовáть их нáшей рабóтой; the offer ~ed him э́то предложéние заинтересовáло егó; { be ~ed интересовáться (243), *perf* заинтересовáться (243) (*with instr*); he is ~ed in literature / chemistry / flying / the subject он интересýется литератýрой / хи́мией / лётным дéлом / э́тим предмéтом; he wasn't the least, a bit ~ed он совсéм не интересовáлся; she wasn't ~ed in how or where I lived онá не интересовáлась, где и как я живý; we don't know what he is ~ed in мы не знáем, чем он интересýется; become, get ~ed заинтересовáться (*with instr*); he became ~ed in philosophy он заинтересовáлся филосóфией.

interesting интерéсный (31b) [concert концéрт, fact факт, conversation разговóр, magazine журнáл, person человéк, museum музéй, story расскáз]; интерéсная [book кни́га, game игрá, work рабóта, life жизнь]; интерéсное [meeting совещáние, place мéсто, face лицо́]; it is very ~ to all of us всем нам э́то о́чень интере́сно; there is nothing ~ there там нет ничего́ интере́сного; there were many ~ things in the museum в музе́е бы́ло мно́го интере́сного; I can't tell you anything ~ я не могу́ вам рассказа́ть ничего́ интере́сного; the most ~ thing was that... са́мым интере́сным бы́ло то, что...

interfere 1. (*meddle*) вме́шиваться (65), *perf* вмеша́ться (64) (in — в *with acc*); don't ~ in my affairs! не вме́шивайтесь в мои́ дела́!; I don't like interfering in other people's affairs я не люблю́ вме́шиваться в чужи́е дела́; they would have quarrelled if I hadn't ~d они́ бы поссо́рились, е́сли бы я не вмеша́лся; you had no right to ~ вы не име́ли пра́ва вме́шиваться; 2. (*hinder*, *bother*) меша́ть (64), *perf* помеша́ть (64) (with — *with dat*); please, don't ~ with me! не меша́йте мне, пожа́луйста!; something always ~s всегда́ что́-то меша́ет; I hope I am not interfering наде́юсь, я не меша́ю?

international междунаро́дный (31b) [holiday пра́здник, festival фестива́ль, agreement, treaty догово́р]; междунаро́дная [trade торго́вля, organization организа́ция, conference конфере́нция]; междунаро́дное [law пра́во, situation положе́ние, rule пра́вило]; междунаро́дные [affairs дела́, events собы́тия, relations отноше́ния]; events of ~ significance собы́тия междунаро́дного значе́ния.

interrupt 1. (*break into*) прерыва́ть (64), *perf* прерва́ть (50) [1) *with acc* speaker выступа́ющего, conversation разгово́р, work рабо́ту; 2) rudely гру́бо]; please, don't ~! не прерыва́йте, пожа́луйста!; sorry to ~ you прости́те, что я вас прерыва́ю; may I ~ you for a moment? мо́жно вас прерва́ть на мину́ту?; we were ~ed several times нас прерыва́ли не́сколько раз; he was ~ed by a sudden noise in the corridor его́ прерва́л внеза́пный шум в коридо́ре; 2. (*prevent*, *break continuity*) меша́ть (64), *perf* помеша́ть (64) (*with dat*); the war ~ed construction война́ помеша́ла строи́тельству; I'm busy, don't ~ me now! я сейча́с за́нят, не меша́йте мне!; no one will ~ us here нам здесь никто́ не помеша́ет.

interval 1. (*recurring space of time*) интерва́л *m* (1f); at long / short / regular ~s с больши́ми / коро́ткими / регуля́рными интерва́лами; at ~s of three minutes с интерва́лом в три мину́ты; there is a long ~ between trains поезда́ хо́дят с больши́ми интерва́лами; 2.

(*pause*) па́уза *f* (19c); after a short / long ~ he began to speak по́сле кра́ткой / дли́нной па́узы он на́чал говори́ть.

into *prep* **1.** (*of movement within*) *with acc*: ~ the house / room / underground **в** дом / ко́мнату / метро́; ~ the air / water в во́здух / во́ду; she put the money ~ her bag / pocket / box она́ положи́ла де́ньги в су́мку / карма́н / коро́бку; we got ~ the car мы се́ли в маши́ну; something has fallen ~ my eye что́-то попа́ло мне в глаз; **2.** (*of division*) *with acc*: divide the money ~ three parts дели́ть де́ньги **на́** три ча́сти; they divided the field ~ equal parts они́ раздели́ли по́ле на ра́вные ча́сти; she cut the apple / broke the bread ~ three parts она́ разре́зала я́блоко / разломи́ла хлеб на́ три ча́сти; **3.** *in various phrases*: translate from Russian ~ English переводи́ть с ру́сского **на** (*with acc*) англи́йский язы́к; the water turned ~ ice вода́ преврати́лась **в** (*with acc*) лёд; she grew (up) ~ a beautiful woman она́ преврати́лась в краси́вую же́нщину.

introduce 1. (*bring in*) вводи́ть (152), *perf* ввести́ (219) [*with acc* system систе́му, new method но́вый ме́тод, custom обы́чай]; the subject was ~d last year э́тот предме́т был введён в про́шлом году́; **2.** (*present*) представля́ть (223), *perf* предста́вить (168) (*with acc*); the chairman ~d the speaker председа́тель предста́вил ле́ктора; please, ~ me to your sister предста́вьте меня́ (*with dat*) ва́шей сестре́, пожа́луйста; allow me to ~ my friend разреши́те мне предста́вить своего́ дру́га; let me ~ myself разреши́те предста́виться; ‖ (*make acquainted*) знако́мить (168), *perf* познако́мить (168); we have not been ~d нас не познако́мили; we have already been ~d нас уже́ познако́мили.

invent 1. (*devise*) изобрета́ть (64), *perf* изобрести́ (242) [*with acc* machine маши́ну, device приспособле́ние, way спо́соб, instrument прибо́р]; who ~ed the first airplane? кто изобрёл пе́рвый самолёт?; **2.** (*think up*) выду́мывать (65), *perf* вы́думать (64a) (*with acc*); I think he ~ed the whole story я ду́маю, что он вы́думал всю э́ту исто́рию; he had to ~ an excuse quickly ему́ ну́жно бы́ло бы́стро приду́мать предло́г.

invention (*new device*) изобрете́ние *n* (18c) [1) labour-saving эконо́мящее труд, useful поле́зное, valuable це́нное, remarkable замеча́тельное; 2) make сде́лать, use испо́льзовать, test испы́тывать]; the ~ of the steam-

-engine изобрете́ние (*with gen*) парово́го дви́гателя; patent an ~ приобрести́ пате́нт на изобрете́ние; the ~ was put into use immediately изобрете́ние бы́ло неме́дленно испо́льзовано на пра́ктике.

invitation приглаше́ние *n* (18c) [1) kind любе́зное, cordial серде́чное, written пи́сьменное, urgent, pressing насто́йчивое; 2) accept приня́ть, receive получи́ть, deliver вручи́ть, переда́ть, send посла́ть]; they came at the ~ of the writers' club они́ прие́хали по приглаше́нию клу́ба писа́телей; we had to decline their ~ нам пришло́сь отклони́ть их приглаше́ние; we refused their ~ мы отказа́лись от их приглаше́ния; ~ card пригласи́тельный биле́т.

invite приглаша́ть (64), *perf* пригласи́ть (199) (*with acc*); they ~d me to go with them они́ пригласи́ли меня́ пое́хать с ни́ми; she ~d us into the house она́ пригласи́ла нас войти́ в дом; why weren't they ~d? почему́ их не пригласи́ли?; we were all ~d to the wedding всех нас пригласи́ли на сва́дьбу; he ~d me to the theatre он пригласи́л меня́ в теа́тр; you are ~d вас приглаша́ют; ~ him to dinner! пригласи́(те) его́ на обе́д!

iron *sb* **1.** (*metal*) желе́зо *n* (14c); the handle was made of ~ ру́чка была́ сде́лана из желе́за; ~ bed / door желе́зная крова́ть / дверь; ~ bars желе́зные пру́тья; ~ will желе́зная во́ля; **2.** (*for pressing clothes*) утю́г *m* (4g) [heavy тяжёлый, travelling доро́жный, electric электри́ческий, hot горя́чий].

island о́стров *m* (1*l*) [1) green зелёный, uninhabited ненаселённый, deserted поки́нутый; 2) lies off the shore нахо́дится недалеко́ от бе́рега; 3) visit посети́ть]; come to an ~ прие́хать на о́стров; live on an ~ жить на о́строве; an ~ in the Atlantic о́стров в Атланти́ческом океа́не; the ~ is a kilometre and a half long о́стров длино́й в полтора́ киломе́тра.

it I *pron pers as substitute for masculine nouns in nom* он (40b); *see* he; *as substitute for feminine nouns in nom* она́ (40b); *see* she; *as substitute for neuter nouns in nom* оно́ (40b); it (*the letter*) was well written оно́ (*письмо́*) бы́ло хорошо́ напи́сано; it (*the window*) gives a great deal of light оно́ (*окно́*) даёт мно́го све́та; it (*the sky*) was covered over with dark clouds оно́ (*не́бо*) бы́ло покры́то тёмными ту́чами; it (*the sea*) raged for three days оно́ (*мо́ре*) бушева́ло три дня; II *pron dem* э́то (41b); what is this? It is my new dress что э́то? Э́то моё но́вое пла́тье; who is there? It is I кто там? Э́то я; who is that girl? It is his sister from Leningrad кто э́та де́вушка? Э́то его́ сестра́ из Ленингра́да; who was it? It was the postman кто э́то был? Э́то был почтальо́н; is it true? э́то пра́вда?; it's a lie э́то ложь; it is he who said that и́менно он э́то сказа́л; III *in impersonal constructions, not translated*: it is snowing идёт снег; it is summer сейча́с ле́то; it was spring / winter была́ весна́ / зима́; it is cold / dark / late хо́лодно / темно́ / по́здно; it was cold бы́ло хо́лодно; it will be cold бу́дет хо́лодно; it is five o'clock (сейча́с) пять часо́в; it's a nice day today сего́дня хоро́ший день; it was a beautiful day был прекра́сный день; it is about 700 kilometres to Leningrad до Ленингра́да о́коло семисо́т киломе́тров; it's an hour's ride туда́ на́до е́хать час; it is difficult to believe her story тру́дно пове́рить её расска́зу; it is too bad о́чень жаль; it is your turn ва́ша о́чередь; it is never too late to learn учи́ться никогда́ не по́здно; it is clear that they will do nothing я́сно, что они́ ничего́ не сде́лают, не бу́дут де́лать; it is important that everyone should realize ва́жно, что́бы все по́няли; it isn't clear to me why мне не я́сно, почему́; it is difficult for us to leave at present сейча́с нам тру́дно уе́хать; it seems to me мне ка́жется; it seemed to her that she was alone in the city ей показа́лось, что она́ одна́ в го́роде; it's possible that they went home возмо́жно, что они́ пое́хали домо́й.

Italian I *sb* **1.** (*language*) италья́нский язы́к (4g); speak ~ говори́ть по-италья́нски; **2.** (*nationality*) италья́нец *m* (10b), италья́нка *f* (22c).

Italian II *a* италья́нский (33b).

its *pron poss with reference to masculine and neuter nouns* его́, свой *m*, своё *n* (40c); *with reference to feminine nouns* её, свой; *see* his I.

itself *see* himself, herself.

J

jacket (*men's garment*) пиджа́к *m* (4g) [1) long дли́нный, warm тёплый, light лёгкий, woollen шерстяно́й, dark тёмный, striped полоса́тый, checked клётчатый; 2) clean, brush чи́стить, hang ве́шать, put on надева́ть, take off снять, wear носи́ть]; ‖ (*woman's* *garment*) жаке́т *m* (1f); | (*short coat*) ку́ртка *f* (22d) [thick то́лстая, padded ва́тная].

January янва́рь *m* (2b); *see* April.

Japanese I *sb* **1.** (*language*) япо́нский язы́к *m* (4g); speak ~ говори́ть по-япо́нски; **2.** (*nationality*) япо́нец *m* (10b), япо́нка *f* (22c); the ~ *pl* япо́нцы (10b).

Japanese II *a* япо́нский (33b).

jar I *sb* (*physical shock*) толчо́к *m* (4f); we felt a slight ~ when the plane touched the ground когда́ самолёт косну́лся земли́, мы почу́вствовали лёгкий толчо́к; the car stopped suddenly with a ~ вдруг маши́на ре́зко останови́лась; **2.** (*mental shock*): the unexpected news gave me quite a ~ э́то неожи́данное изве́стие потрясло́ меня́.

jar II *sb* (*vessel*) ба́нка *f* (22d) [1) tall высо́кая, wide широ́кая, heavy тяжёлая, glass стекля́нная; 2) *with gen* of jam варе́нья, of honey мёда, of pickles солёных огурцо́в, of stewed fruit компо́та, of mayonnaise майоне́за]; ~ of caviare ба́ночка икры́; open / close / cover a ~ откры́ть / закры́ть / накры́ть ба́нку; I can't get these berries out of the ~ я не могу́ доста́ть э́ти я́годы из ба́нки; put the butter into a ~! положи́(те) ма́сло в ба́нку!

jealous 1. (*suspicious*) ревни́вый (31b) [husband муж]; ревни́вая [wife жена́]; be ~ ревнова́ть (243); he is ~ of his wife он ревну́ет (*with acc*) свою́ жену́; he is ~ of his wife's friends он ревну́ет жену́ к (*with dat*) её друзья́м; **2.** (*envious*): be ~ зави́довать (245), *perf* позави́довать (245) (of— *with dat*); he is ~ of other people's success он зави́дует успе́ху други́х; she is ~ of her friends / fellow-workers она́ зави́дует свои́м друзья́м / това́рищам по рабо́те.

jewels *pl* драгоце́нности (29c) [1) glittering, flashing блестя́щие; 2) put on наде́ть, wear носи́ть, keep храни́ть, hide спря́тать, love люби́ть, steal укра́сть]; the ~ were kept in a safe драгоце́нности храни́лись в се́йфе; her fingers were covered with ~ её па́льцы бы́ли уни́заны драгоце́нностями.

job *sb* **1.** (*work*) рабо́та *f* (19c) [steady постоя́нная, easy лёгкая, hard тяжёлая]; find / look for / get a ~ найти́ / иска́ть / получи́ть рабо́ту; he was willing to take any ~ он был гото́в взять любу́ю рабо́ту; he lost his ~ он потеря́л рабо́ту; he needed a ~ badly ему́ о́чень была́ нужна́ рабо́та; he gave up, threw up the ~ он отказа́лся от э́той рабо́ты; he quit the ~ он ушёл с э́той рабо́ты; he was out of a ~ он был без работы; ⊙ **do a good / bad** ~ хорошо́ / пло́хо сде́лать (65) (*with acc*); the barber did a good ~ on my hair парикма́хер хорошо́ приче-са́л меня́; he did a good ~ on, with the translation of the book он хорошо́ перевёл кни́гу; **2.** (*task*) зада́ча *f* (25a); you've given me a hard ~ вы мне за́дали тру́дную зада́чу; taking care of children is no easy ~ расти́ть дете́й — нелёгкая зада́ча; ◇ **a bad** ~ безнадёжное де́ло; he gave it up as a bad ~ он реши́л, что э́то безнадёжное де́ло; **a bad** ~! пло́хо де́ло!

join *v* **1.** (*connect*) соединя́ть (223), *perf* соедини́ть (158) (*with acc*); ~ smth together соедини́ть что-л. вме́сте; the bridge ~s the two parts of the town мост соединя́ет две ча́сти го́рода; the two towns are ~ed by a railway два го́рода соединены́ желе́зной доро́гой; they ~ed hands они́ взя́лись за́ руки; ~ forces / efforts объедини́ть си́лы / уси́лия; **2.** (*unite with*) присоединя́ться (223), *perf* присоедини́ться (158) [1) к *with dat* our party к на́шей компа́нии, the guests к гостя́м, them к ним, the others к остальны́м, the strike к забасто́вке; 2) immediately сра́зу же, a little later немно́го по́зже]; they ~ed the crowd in the square они́ присоедини́лись к толпе́ на пло́щади; I shall ~ you as soon as I am free я присоединю́сь к вам, как то́лько освобожу́сь; I'll ~ you gladly я с ра́достью присоединю́сь к вам; the other children ~ed in the game други́е де́ти присоедини́лись к игре́; we all ~ed in the singing / dancing мы все присоедини́лись к пою́щим / танцу́ющим; he ~ed in the conversation он вступи́л в разгово́р; **3.** (*become member*) вступа́ть (64), *perf* вступи́ть (169) [в *with acc* party в па́ртию, club в клуб, society в о́бщество]; ~ the army поступи́ть на вое́нную слу́жбу; ~ the navy поступи́ть во флот.

joke *sb* шу́тка *f* (22d) [good хоро́шая, old, stale ста́рая, stupid, silly глу́пая]; family ~ семе́йная шу́тка; tell a ~ рассказа́ть анекдо́т; he meant it as a ~ он сказа́л э́то в шу́тку; I don't like such ~s я не люблю́ таки́х шу́ток; everyone laughed at his ~ все смея́лись над его́ шу́ткой; I don't see the ~ я не понима́ю, в чём соль (шу́тки); that's no ~ э́то не шу́тка; the ~ was on me э́та шу́тка предназнача́лась мне; ⊙ **play a** ~ подшу́чивать (65), *perf* подшути́ть (192) (on— над *with instr*); we decided to play a ~ on her мы реши́ли подшути́ть над ней; he was not angry when we played ~s on him он не сердился, когда мы подшучивали над ним.

journal (*magazine*) журнал *m* (1f) [scientific научный, serious серьёзный, illustrated иллюстрированный, monthly ежемесячный].

journey *sb* путешествие *n* (18c) [1) long длительное, pleasant приятное; 2) lasts длится, takes a month занимает месяц, ends кончается; 3) make совершать, plan планировать, postpone откладывать, shorten сократить; 4) round the world вокруг света, to distant lands в дальние страны]; we had a long ~ before us нам предстояло длительное путешествие; we set out on our ~ мы отправились в путешествие; go on a ~ отправиться в путешествие; I wished him a safe ~ я пожелал ему счастливого путешествия.

joy радость *f* (29c) [boundless безграничная, immense огромная]; with eyes full of ~ с глазами, полными радости; the ~ of working creatively радость творческой работы; you can imagine their ~ when the boy returned home вы можете представить себе их радость, когда мальчик вернулся домой; his heart was filled with ~ его сердце было преисполнено радости; they clapped their hands / shouted with ~ они хлопали в ладоши / кричали от радости; it was a great ~ to him to hear her sing для него было большой радостью услышать её пение.

judge I *sb* **1.** (*in court, at athletic contest*) судья *m* (24a) [1) fair справедливый, impartial беспристрастный, experienced опытный, prejudiced, biassed пристрастный; 2) decides решает, states заявляет, examines the facts рассматривает факты]; he was elected / appointed ~ его выбрали / назначили судьёй; **2.** (*connoisseur*) знаток *m* (4e) [*with gen* of fine arts изобразительных искусств, of music музыки, of books книг, of poetry поэзии]; he is a keen, shrewd ~ of character он тонкий знаток человеческого характера; I am no ~ of architecture я не знаток архитектуры.

judge II *v* судить (152), *no perf* [1) fairly справедливо, honestly честно; 2) по *with dat* by, from the results по результатам, by the statistics по статистическим данным, by appearances по внешнему виду, by his appearance по его внешности; by what people say по тому, что говорят, by public opinion руководствуясь общественным мнением]; ~ for yourself! судите сами!; judging from what you say... судя по тому, что вы говорúте...; as far as I can ~... наскóлько я могý судúть...; he didn't ~ the distance correctly он неправильно определúл расстояние; it's hard to ~ in such cases трýдно вы́сказать своё мнéние в такúх слýчаях.

judgement 1. (*decision in court*) решéние *n* (18c); the ~ was for him решéние бы́ло в егó пóльзу; the ~ was against him решéние бы́ло не в егó пóльзу; the court passed ~ in his favour суд вы́нес решéние в егó пóльзу; **2.** (*ability to form opinion*): the mistake was the result of hasty ~ ошúбка былá слéдствием скороспéлого решéния; he always showed excellent ~ in choosing people он всегдá хорошó разбирáлся в лю́дях.

juice сок *m* (4c) [1) sweet слáдкий, sour кúслый, orange апельсúновый, tomato томáтный, berry я́годный; 2) drink пить, squeeze выжимáть, pour off слить]; a glass of grape ~ стакáн виногрáдного сóка.

July ию́ль *m* (2b); *see* April.

jump пры́гать (65), *perf* пры́гнуть (125) [1) high высокó, down вниз, to the side, aside в стóрону, back назáд; 2) into the water в вóду, into the train в пóезд, on to the table на стол]; they ~ed with, for joy онú пры́гали от рáдости; he ~ed to his feet он вскочúл нá ноги; he ~ed (up) он вскочúл; the rabbit ~ed out of the bush зáяц вы́скочил из-за кустá; the spring ~ed out пружúна вы́скочила; ~ **off** спры́гнуть (125) с (*with gen*); ~ off a train / bridge спры́гнуть с пóезда / мостá; ~ **out** вы́прыгнуть (128), ~ out of the window вы́прыгнуть из (*with gen*) окнá; ~ out of bed спры́гнуть с (*with gen*) кровáти; ~ **over** перепры́гнуть (125) чéрез (*with acc*); he ~ed over the fence / the ditch / the gate он перепры́гнул чéрез забóр / канáву / ворóта.

June ию́нь *m* (2b); *see* April.

junior *a* (*younger, inferior in rank*) млáдший (34b) [partner компаньóн]; млáдшие [grades, forms, classes клáссы]; she is ten years my ~ онá на дéсять лет молóже меня́.

just I *a* справедлúвый (31b) [peace мир, person человéк]; справедлúвые [laws закóны]; she wanted to be ~ онá хотéла быть справедлúвой.

just II *adv* **1.** (*at that moment*) тóлько что; I have ~ spoken, was ~ speaking to him я тóлько что говорúл(а) с ним; I had ~ come in when the telephone rang как тóлько я вошёл, зазвонúл телефóн; **2.** (*precisely, exactly*) как раз; you are ~ in time вы пришлú как раз вóвремя; that is ~

what I wanted to say э́то как раз то, что я хоте́л(а) сказа́ть; that is ~ what he needs э́то как раз то, что ему́ ну́жно; it was ~ twelve o'clock бы́ло ро́вно двена́дцать часо́в.

justice (*fairness*) справедли́вость *f* (29c); there is much ~ in his criticism / remarks в его́ кри́тике / замеча́ниях мно́го справедли́вого; there is much ~ in his decision его́ реше́ние во мно́гом справедли́во; we felt the decision was a violation of ~ мы сочли́ э́то реше́ние несправедли́вым; for the sake of ~ ра́ди справедли́вости; in ~ to him, I must say... отдава́я ему́ до́лжное, сле́дует сказа́ть...

justify опра́вдывать (65), *perf* оправда́ть (64) (*with acc*); I believe the results will fully ~ the cost я счита́ю, что (предполага́емые) результа́ты по́лностью оправда́ют расхо́ды; he tried to ~ himself on the ground that he had been too busy он пыта́лся оправда́ться тем, что был сли́шком за́нят; nothing can ~ such conduct / negligence ничто́ не мо́жет оправда́ть подо́бное поведе́ние / подо́бную небре́жность; good intentions alone can't ~ you одни́ хоро́шие побужде́ния не мо́гут служи́ть вам оправда́нием; he thought he was justified in asking for more money он счита́л себя́ в пра́ве (по)проси́ть бо́льше де́нег.

K

keen 1. (*sharp*) о́стрый (31b) [knife нож, sword меч, edge край]; о́страя [razor бри́тва]; **2.** (*cutting*) ре́зкий (33b) [wind ве́тер]; ~ frost треску́чий моро́з; **3.** (*penetrating*) проница́тельный (31b) [mind ум, glance взгляд]; проница́тельные [eyes глаза́]; **4.** (*fine, delicate*) то́нкий (33b) [taste вкус]; то́нкая [irony ирони́я]; то́нкое [sense of humour чу́вство ю́мора, understanding, insight понима́ние]; **5.** (*intense*) си́льный (31b) [hunger го́лод, interest интере́с]; си́льная [pain боль]; ⊙ **be ~ on smth** увлека́ться (64) (*with instr*) чем-л.; they are very ~ on modern music они́ о́чень увлека́ются совреме́нной му́зыкой; I'm not ~ on the idea я не увлечён э́той иде́ей.

keep 1. храни́ть (158), *no perf* [1) *with acc* things ве́щи, clothes оде́жду, books кни́ги; 2) in a drawer в я́щике, in a clothes-closet в шкафу́, in two big bags в двух больши́х чемода́нах, on bookshelves на кни́жных по́лках]; will you ~ this for me? не сохрани́те ли вы э́то для меня́?; the medicine must be kept in a cold place э́то лека́рство на́до храни́ть в холо́дном ме́сте; ‖ держа́ть (47), *no perf* (*with acc*); he kept his hands in his pockets он держа́л ру́ки в карма́нах; can you ~ all that in your head? мо́жете ли вы удержа́ть всё э́то в голове́?; she kept her hat on она́ не снима́ла шля́пы; **2.** (*maintain*) содержа́ть (47), *no perf* (*with acc*); they couldn't ~ such a big house они́ не могли́ содержа́ть тако́й большо́й дом; they kept two servants они́ держа́ли двух слуг; she kept everything in good order она́ всё (со)держа́ла в поря́дке; **3.** (*detain*) заде́рживать (65), *perf* задержа́ть (47) (*with acc*); please, don't ~ me, I am late не заде́рживайте меня́, пожа́луйста, я опа́здываю; I was kept there over an hour меня́ там задержа́ли бо́льше ча́са; what kept you so long? что вас так задержа́ло?; **4.** (*continue*) продолжа́ть (64), *no perf*; he kept (on) talking / walking он продолжа́л говори́ть / идти́; she kept looking at me она́ продолжа́ла смотре́ть на меня́; I ~ thinking he was right я продолжа́ю ду́мать, что он был прав; ~ **from:** we couldn't ~ him from going мы не могли́ удержа́ть его́ от э́той пое́здки; I couldn't ~ from smiling я не мог(ла́) не улыбну́ться; ~ **on** продолжа́ть, *no perf*; they kept on working они́ продолжа́ли рабо́тать; she kept on trying она́ не оста́вила свои́х попы́ток; ~ **up** успева́ть (64), *perf* успе́ть (98); I can't ~ up with you я не успева́ю за (*with instr*) ва́ми; try to ~ up with us! постара́йтесь не отстава́ть!; ◊ ~ **one's promise / word** сдержа́ть (47) (своё) обеща́ние / сло́во; ~ **an agreement** вы́полнить (159) догово́р; ~ **a secret** храни́ть та́йну; *see* secret **I.**

key (*to a lock*) ключ *m* (7b) [lose потеря́ть, find найти́, look for иска́ть, leave оста́вить]; the ~ fits / does not fit э́тот ключ подхо́дит / не подхо́дит; he turned the ~ он поверну́л ключ; this is not the right ~ э́то не тот ключ; the ~ to the door / drawer / bag ключ от (*with gen*) две́ри / я́щика / чемода́на; he opened the door with his own ~ он откры́л дверь со́бственным ключо́м; the ~ to the problem ключ к (*with dat*) реше́нию вопро́са; you will find ~s to the exercises at the back of the book вы найдёте ключ к упражне́ниям в конце́ кни́ги; ~ industry веду́щая о́трасль промы́шленности.

kick *v* (*strike*) ударя́ть (223) ного́й, *perf* уда́рить (157) ного́й [*with acc* dog соба́ку, ball мяч]; the horse ~ed him in the chest ло́шадь уда́рила его́ в грудь; they ~ed him out они́ его́ вы́гнали; they ~ed him down the stairs они́ спусти́ли его́ с ле́стницы.

kid *sb* (*small child*) ребёнок *m* (4b); a woman with three ~s же́нщина с тремя́ детьми́.

kill *v* **1.** (*put to death, slay*) убива́ть (64), *perf* уби́ть (180) (*with acc*); he was ~ed in an accident / at the front он был уби́т во вре́мя катастро́фы / на фро́нте; we were afraid the shock / news would ~ her мы боя́лись, что э́тот уда́р /э́то изве́стие убьёт её; ~ oneself поко́нчить с собо́й; she ~ed herself она́ поко́нчила с собо́й; **2.** (*exterminate*) уничтожа́ть (64), *perf* уничто́жить (174) [*with acc* insects насеко́мых, pests вреди́телей, germs микро́бов]; **3.** (*destroy*) губи́ть (169), *perf* погуби́ть (169) [*with acc* reputation репута́цию]; the unexpected frost ~ed the flowers / buds неожи́данные за́морозки погуби́ли цветы́ / по́чки; ◇ ~ **time** уби́ть вре́мя; ~ **two birds with one stone** одни́м вы́стрелом уби́ть двух за́йцев.

kilogram(me) килогра́мм *m* (1f); two ~s два килогра́мма; five ~s of flour пять килогра́ммов муки́.

kilometre киломе́тр *m* (1f); two ~s два киломе́тра; five ~s пять киломе́тров; at a distance of ten ~s на расстоя́нии десяти́ киломе́тров.

kind I *sb* (*sort*) вид *m* (1f) [different друго́й, special осо́бый, new но́вый]; various ~s of flowers / trees / birds разли́чные ви́ды цвето́в / дере́вьев / птиц; a new ~ of fuel но́вый вид то́плива; ‖ сорт *m* (1*l*); several ~s of apples я́блоки ра́зных сорто́в; ‖ (*type*) род *m*, *no pl* (1f); all ~s of work вся́кого ро́да рабо́та; there were all ~s of people there там бы́ли вся́кие лю́ди; I don't like that ~ of discussion я не люблю́ подо́бных диску́ссий; she wasn't used to that ~ of treatment она́ не привы́кла к тако́го ро́да обраще́нию; ⊙ **what** ~ что за; what ~ of man is he? что он за челове́к?; what ~ of (a) place is it? что э́то за ме́сто?; **nothing of the** ~ ничего́ подо́бного; *see* nothing.

kind II *a* **1.** (*good*) до́брый (31b) [father оте́ц, friend друг, man челове́к, neighbour сосе́д]; до́брая [woman же́нщина]; до́брое [face лицо́]; you are very ~ вы о́чень добры́; **2.** (*gracious, obliging*) любе́зный (31b); with a ~ smile с любе́зной улы́бкой; it is very

~ of you э́то о́чень любе́зно с ва́шей стороны́; would you be so ~... не бу́дете ли вы так любе́зны...; would you be ~ enough to answer at once бу́дьте любе́зны отве́тить сра́зу.

kindly *adv* любе́зно; he ~ agreed / promised он любе́зно согласи́лся / обеща́л; he spoke very ~ to us он говори́л с на́ми о́чень любе́зно; ~ come here! бу́дьте любе́зны, подойди́те сюда́!; would you ~ explain to me... вы не бу́дете так любе́зны объясни́ть мне...

kindness любе́зность *f* (29c); he did it out of ~ он сде́лал э́то из любе́зности; I shall never forget your ~ я никогда́ не забу́ду ва́шей любе́зности; he treated us with great ~ он был с на́ми о́чень любе́зен.

king коро́ль *m* (2a); ~ of England коро́ль А́нглии; under, in the reign of King George во вре́мя ца́рствования короля́ Гео́рга; railroad / oil ~ железнодоро́жный / нефтяно́й коро́ль; ◊ ~'s English литерату́рный англи́йский язы́к.

kingdom 1. короле́вство *n* (14c); the United Kingdom Объединённое короле́вство; **2.** (*now fig or in tales*) ца́рство *n* (14b); animal ~ живо́тный мир.

kiss I *sb* поцелу́й *m* (13c) [passionate стра́стный, brotherly бра́тский, maternal матери́нский, last после́дний]; he gave her a ~ on the cheek / forehead / lips он поцелова́л её в (*with acc*) щёку / лоб / гу́бы; she blew him a ~ она́ посла́ла ему́ возду́шный поцелу́й.

kiss II *v* целова́ть (243), *perf* поцелова́ть (243) (*with acc*) [tenderly, affectionately не́жно, ardently горячо́, passionately стра́стно]; he ~ed her hand он поцелова́л ей ру́ку; she ~ed the children она́ поцелова́ла дете́й; she ~ed his forehead она́ поцелова́ла его́ в лоб.

kitchen ку́хня *f* (20e) [clean чи́стая, bright све́тлая, big больша́я, little ма́ленькая]; she is in the ~ она́ на ку́хне; she went to the ~ она́ пошла́ на ку́хню; ~ table ку́хонный стол.

kitten котёнок *m* (4b); two ~s два котёнка; five ~s пять котя́т; she fed the ~ она́ накорми́ла котёнка.

knee коле́но *n* (*sg* 14a, *pl* 29c) [bend сгиба́ть, hurt ушиби́ть, dislocate вы́вихнуть, scratch оцара́пать]; her ~s shook у неё дрожа́ли коле́ни; he fell on his ~s он упа́л на коле́ни; we were up to our ~s in water мы стоя́ли по коле́но в воде́; he took the baby on his ~ он взял ребёнка (себе́) на коле́ни.

knife *sb* нож *m* (5b) [1) big большо́й, sharp о́стрый, blunt, dull тупо́й, long дли́нный, pocket карма́нный, hunting охо́тничий; 2) break слома́ть, hold держа́ть, seize схвати́ть, sharpen точи́ть]; cut / kill / open with a ~ ре́зать / уби́ть / откры́ть ножо́м; he took a ~ out of his pocket он вы́нул нож из карма́на.

knock I *sb* **1.** (*sound*) стук *m* (4c) [1) heavy тяжёлый, sharp ре́зкий, loud гро́мкий, timid ро́бкий, hesitant нереши́тельный; 2) в *with acc* on, at the door в дверь, at the window в окно́]; there came a ~ at the door послы́шался стук в дверь; **2.** (*blow*) уда́р *m* (1f) [heavy си́льный]; a ~ on the head уда́р по голове́.

knock II *v* **1.** (*rap*) стуча́ть (46), *perf* постуча́ть (46) [1) в *with acc* at, on the door в дверь, on the window в окно́, on the wall в сте́ну; 2) softly ти́хо, loudly гро́мко, twice два ра́за]; she ~ed, but no one came to the door она́ постуча́ла, но никто́ не откры́л дверь; ~ again! постучи́те ещё раз!; ‖ (*make noise*) стуча́ть, *no perf*; the engine, motor is ~ing мото́р стучи́т; **2.** (*give blow*) ударя́ть (223), *perf* уда́рить (157) (*with acc*); he ~ed the man on the head он уда́рил челове́ка по голове́; he ~ed his head on the table он уда́рился (*with instr*) голово́й об стол; ‖ (*strike*): he ~ed the gun out of the man's hand он вы́бил ружьё из рук э́того челове́ка; ~ **down** сбить (181) с ног (*with acc*); ~ **off** сбива́ть (64), *perf* сбить (*with acc*); I was almost ~ed off my feet меня́ чуть не сби́ли с ног.

know знать (64), *no perf* [1) *with acc* answer отве́т, reason причи́ну, way доро́гу, story исто́рию, word сло́во, meaning значе́ние, end коне́ц, truth пра́вду, several languages не́сколько языко́в; 2) now тепе́рь, well хорошо́, beforehand зара́нее, by heart наизу́сть]; I ~ them well я их хорошо́ зна́ю; I don't ~ anyone here я никого́ здесь не зна́ю; we ~ very little about him мы о́чень ма́ло о нём зна́ем; do you ~ why / where / when? вы (не) зна́ете, почему́ / где / когда́?; nobody ~s никто́ не зна́ет; God ~s! бог (его́) зна́ет!; I don't ~ what it means я не зна́ю, что э́то зна́чит; we didn't ~ where to go мы не зна́ли, куда́ пойти́; how do you ~? отку́да вы зна́ете?; how should I ~? отку́да мне знать?; if I knew, I'd tell you е́сли бы я зна́л(а), я бы вам сказа́л(а); I'll let you ~ я дам вам знать; as far as I ~ наско́лько мне изве́стно.

knowledge зна́ние (18c); *usu pl* зна́ния [1) vast, wide обши́рные, deep глубо́кие, sufficient доста́точные, necessary необходи́мые, superficial пове́рхностные, limited ограни́ченные, theoretical теорети́ческие, scientific нау́чные; 2) broaden расши́рить, increase увели́чить, accumulate накопи́ть, communicate переда́ть, spread распространя́ть, use, utilize испо́льзовать, test, examine прове́рить]; gain, acquire ~ приобрести́ зна́ния; possess ~ облада́ть зна́ниями; ~ of foreign languages / history зна́ние иностра́нных языко́в / исто́рии; he has a thorough ~ of the subject он глубоко́ зна́ет предме́т; thirst for ~ жа́жда зна́ний; without the ~ of his parents / teacher без ве́дома роди́телей / учи́теля; ◇ **to the best of my** ~... наско́лько мне изве́стно...; **it is common ~ that...** общеизве́стно, что...

L

labour *sb* труд *m* (1f) [physical физи́ческий, mental у́мственный, hard, heavy тяжёлый, patient кропотли́вый, forced принуди́тельный, voluntary доброво́льный, skilled квалифици́рованный, cheap дешёвый]; lighten, ease the ~ облегчи́ть труд; save ~ эконо́мить труд; division of ~ разделе́ние труда́; the task requires much ~ выполне́ние э́того зада́ния тре́бует большо́го труда́; he succeeded by, through honest ~ он доби́лся успе́ха че́стным трудо́м; his ~ was in vain он напра́сно труди́лся.

lack I *sb* **1.** (*absence*) отсу́тствие *n* (18c) [utter, complete, total по́лное]; it shows a ~ of sympathy / understanding э́то свиде́тельствует об отсу́тствии сочу́вствия / понима́ния; for ~ of a better term / word за неиме́нием лу́чшего те́рмина / сло́ва; **2.** (*deficiency*) недоста́ток *m* (4d); ~ of time / money недоста́ток вре́мени / де́нег; the plants died for ~ of water расте́ния поги́бли из-за недоста́тка воды́; he seemed to feel a ~ of air ему́ каза́лось, что ему́ не хвата́ет во́здуха; he never felt any ~ of money он никогда́ не чу́вствовал недоста́тка в деньга́х.

lack II *v* **1.** (*be without*) нужда́ться (64), *no perf* (в *with abl*); the only thing the child ~s is fresh air э́тот ребёнок нужда́ется то́лько в све́жем во́здухе; { *often rendered by negative construction*: he ~s a sense of proportion / humour у него́ нет чу́вства ме́ры / ю́мора; the project ~s originality э́тот прое́кт неоригина́лен; he ~ed foresight он был непредусмотрительен; **2.** (*be deficient in*) не хватать (64), *perf* не хватить (192) (*with gen*); we ~ both time and money нам не хватает ни времени, ни денег; I ~ words to describe her beauty мне не хватает слов для описания её красоты; he ~ed courage and will-power ему не хватало мужества и силы воли.

lad парень *m* (3e) [good хороший, young молодой, handsome красивый, strong сильный, brave храбрый]; a ~ of sixteen шестнадцатилетний парень.

lake озеро *n* (*sg* 14d, *pl* 14f) [1) deep глубокое, blue голубое, calm спокойное, placid тихое; 2) cross переплыть]; on the shore of the ~ на берегу озера; we swam / fished in the ~ мы купались / удили рыбу в озере; we went boating on the ~ мы катались на лодке по озеру; there is a small island in the ~ на озере есть маленький остров; the ~ is five kilometres long, two kilometres wide and four metres deep озеро длиной в пять километров, шириной в два километра и глубиной в четыре метра; he lives across the ~ он живёт на противоположной стороне озера; a land of ~s and mountains страна озёр и гор.

lame *a* **1.** (*crippled*) хромой (31a) [man человек, child ребёнок]; **хромая** [girl девушка; horse лошадь]; he was ~ in the left foot, leg он хромал на левую ногу; we were afraid she would be ~ all her life мы боялись, что она будет хромать всю жизнь; **2.** (*unconvincing*) неубедительный (31b); his explanation sounded ~ его объяснение звучало неубедительно; ~ excuse неудачная отговорка.

lamp лампа *f* (19c) [1) bright яркая, big большая, table настольная, electric электрическая; 2) burns горит, gives much light даёт много света, hangs over the table висит над столом, stands стоит, shines светит, flickers мигает]; switch on, turn on / switch off, turn off a ~ включить / выключить лампу; break a ~ разбить лампу; in the light of the ~ при свете лампы; street ~ уличный фонарь *m* (2b).

land I *sb* **1.** (*earth*, *soil*) земля *f* (20b) [fertile плодородная, rich богатая, cultivated обработанная, barren бесплодная, poor бедная]; plot of ~ участок земли; vast sections of ~ обширные участки земли; till, cultivate / irrigate the ~ обрабатывать / орошать землю; nationalize the ~ национализировать землю; buy / sell ~ покупать / продавать землю; who owned the ~? кому принадлежала э́та земля́?; take away the ~ отня́ть зе́млю; **2.** (*earth, contrasted to sea*) су́ша *f* (25a); on ~ and sea на су́ше и на́ море; ‖ земля́; at last they reached ~ наконе́ц, они́ дости́гли земли́; far from ~ далеко́ от земли́; **3.** (*country*) страна́ *f* (19g); throughout the ~ по всей стране́; in all ~s во всех стра́нах; return from foreign ~s возврати́ться из чужи́х стран; from distant ~s из далёких стран; it was his native ~ э́то была́ его́ ро́дина.

land II *v* **1.** (*of ship's passengers*) высаживаться (65) на бе́рег, *perf* вы́садиться (154) на бе́рег; we ~ed early in the morning мы вы́садились на бе́рег ра́но у́тром; the troops ~ed on the coast of Normandy войска́ вы́садились на берегу́ Норма́ндии; **2.** (*of boat, ship*) прича́ливать (65), *perf* прича́лить (157) (at—к *with dat*); the boat ~ed at a little wharf ло́дка прича́лила к ма́ленькой при́стани; the ship ~ed at a small port парохо́д бро́сил я́корь в (*with abl*) ма́леньком порту́; at what time do we ~? в кото́ром часу́ мы прибыва́ем?; **3.** (*of plane*) приземля́ться (223), *perf* приземли́ться (158); the plane ~ed in a fog самолёт приземли́лся в тума́не; we ~ed at an airfield far from the city мы приземли́лись на (*with abl*) аэродро́ме далеко́ от го́рода.

language язы́к *m* (4g) [1) ancient дре́вний, dead мёртвый, modern совреме́нный, national национа́льный, colloquial разгово́рный, elevated высокопа́рный, official официа́льный, foreign иностра́нный, Russian ру́сский, English англи́йский, rich бога́тый, poor бе́дный; 2) changes меня́ется, develops развива́ется, is enriched обогаща́ется, expresses выража́ет; 3) know знать, study изуча́ть, forget забы́ть, understand понима́ть]; the ~ of the country язы́к страны́; the country where the ~ is spoken страна́, где говоря́т на э́том языке́; the ~ of the book / of Shakespeare язы́к произведе́ния / Шекспи́ра; the book is written in simple / clear ~ кни́га напи́сана просты́м / я́сным языко́м; we want to learn to read and speak the ~ мы хоти́м научи́ться чита́ть и говори́ть на э́том языке́; you can master the ~ in a few years вы мо́жете овладе́ть э́тим языко́м за не́сколько лет; he wants to translate from foreign ~s into his own он хо́чет переводи́ть с (*with gen*) иностра́нных языко́в на (свой) родно́й; those who study foreign ~s изуча́ющие иностра́нные языки́; what ~ are they speaking? на како́м языке́ они́ говоря́т?

lap *sb* коле́ни *pl* (коле́ней, коле́ням, коле́ни, коле́нями, коле́нях *or* коле́н, коле́нам, коле́ни, коле́нами, коле́нах); there was a book on his ~ кни́га лежа́ла у него́ на коле́нях; the little girl was sitting on her mother's ~ де́вочка сиде́ла на коле́нях у ма́тери.

large *a* большо́й (34a) [city го́род, factory, plant заво́д, house дом, hall зал, piece кусо́к]; больша́я [country страна́, river река́, room ко́мната, hotel гости́ница, station ста́нция, family семья́, sum су́мма, part часть]; большо́е [window окно́, building зда́ние, number число́, amount, quantity коли́чество]; too / very ~ сли́шком / о́чень большо́й; slightly / somewhat ~r немно́го / не́сколько бо́льше; twice as ~ вдво́е бо́льше; several times as ~ (в) не́сколько раз бо́льше; half as ~ вдво́е ме́ньше; on a ~ scale в больши́х масшта́бах; a ~ majority значи́тельное большинство́.

largely (*to a great extent*) в основно́м; the audience was made up ~ of young people аудито́рия состоя́ла в основно́м из молодёжи; the treatment consists ~ of diet в основно́м лече́ние заключа́лось в дие́те.

last I *a* **1.** (*after all others*) после́дний (32) [bus авто́бус, train по́езд, row ряд, house дом, time раз, chance шанс]; после́дняя [attempt попы́тка, hope наде́жда, page страни́ца, drop ка́пля, stop остано́вка]; после́днее [letter письмо́, word сло́во, visit посеще́ние]; he was / came / began ~ он был / пришёл / на́чал после́дним; the house before the ~, the next to the ~ house предпосле́дний дом; **2.** (*prior to present*) про́шлый (31b) [month ме́сяц, year год, century век, Monday понеде́льник]; ~ spring / autumn / winter про́шлой весно́й / о́сенью / зимо́й; ~ summer про́шлым ле́том; it happened last March э́то случи́лось в ма́рте про́шлого го́да; they came ~ week они́ прие́хали на про́шлой неде́ле; that was the week before ~ э́то бы́ло на позапро́шлой неде́ле; ~ night вчера́ но́чью, ве́чером; ◇ **at** ~ наконе́ц; they came at ~ наконе́ц, они́ прие́хали; we found the place at ~ наконе́ц, мы нашли́ э́то ме́сто.

last II *adv* в после́дний раз; when did you ~ write to them / hear from them? когда́ вы (в) после́дний раз им писа́ли / получа́ли от них изве́стия?; it's a long time since I ~ saw him прошло́ мно́го вре́мени с тех по́р, как я его́ ви́дел(а) в после́дний раз.

last III *v* **1.** (*continue*) продолжа́ться (64), *no perf*; the concert / dinner ~ed (for) two hours концéрт / обéд продолжáлся два часá; it may ~ a whole month э́то мóжет продолжáться цéлый мéсяц; it can't ~ long / for ever э́то не мóжет продолжáться дóлго / вéчно; how long do you think it will ~? как вы дýмаете, скóлько э́то бýдет продолжáться?; the rain ~ed all night дождь шёл всю ночь; no matter how long it ~s скóлько бы э́то ни продолжáлось; **2.** (*suffice*) хватáть (64), *perf* хвати́ть (192); their food ~ed five days / a week запáсов пи́щи им хвати́ло на (*with acc*) пять дней / на недéлю.

late I *a* (*not early*) пóздний (32) [supper ýжин, dinner обéд, hour час]; пóздняя [spring веснá]; пóзднее [summer лéто]; пóздние [flowers цветы́]; ~ in autumn пóздней óсенью; ~ in the evening / at night пóздно вéчером / нóчью; it is ~ пóздно; at a ~ hour в пóздний час; two hours / a few days ~r чéрез два часá / нéсколько дней; the ~st news послéдние извéстия; at the ~st сáмое пóзднее; I shall be there on Wednesday at the ~st я бýду там сáмое пóзднее в срéду; by five o'clock at the ~st сáмое пóзднее в пять часóв; ⊙ **be** ~ опáздывать (65), *perf* опоздáть (64) [на *with acc* for a meeting на собрáние, for a train на пóезд, for an appointment на свидáние, for school на заня́тия; к *with dat* for dinner к обéду, for the beginning к начáлу]; don't be ~! не опáздывай(те)!; he was ten minutes / an hour ~ он опоздáл на дéсять минýт / на час; I am afraid we shall be ~ (я) боюсь, что мы опоздáем; hurry, or you'll be ~! потороп́итесь, ина́че вы опоздáете!

late II *adv* пóздно; I shall be home ~ я бýду дóма пóздно; I shall come home ~ я придý домóй пóздно; he went to bed very ~ yesterday evening вчерá он óчень пóздно лёг спать; I shall speak to you ~r я поговорю́ с вáми пóзже; ~r that day пóзже в тот же день; no ~r than twelve o'clock не пóзже двенáдцати часóв; ⊙ **~r on** пóзже; **sooner or ~r** рáно и́ли пóздно; **better ~ than never** лýчше пóздно, чем никогдá.

lately (за, в) послéднее врéмя; she hasn't written to us ~ за послéднее врéмя онá нам не пи́шет; have you been there ~? вы нé были там послéднее врéмя?; I haven't been feeling well ~ (в) послéднее врéмя я невáжно себя́ чýвствую; ~ people have begun to take an interest in his work в послéднее врéмя егó рабóтой нáчали интересовáться; until ~ his art was not appreciated до послéднего вре́мени его́ иску́сство не понима́ли.

laugh I *sb* смех *m, no pl* (4c) [loud гро́мкий, merry весёлый, foolish глу́пый, nervous не́рвный]; we heard a loud ~ from the next room мы услы́шали гро́мкий смех из сосе́дней ко́мнаты; we had a good ~ over the whole affair и посмея́лись же мы над всем э́тим (де́лом)!

laugh II *v* смея́ться (227), *no perf* (at — над *with instr*) [loudly гро́мко, softly ти́хо, heartily от души́, scornfully презри́тельно, hysterically истери́чно]; stop ~ing! переста́нь(те) смея́ться!; we heard them ~ing мы слы́шали, как они́ смея́лись; I couldn't help ~ing я не мог не рассмея́ться; she began to ~ она́ начала́ смея́ться; she ~ed in my face она́ рассмея́лась мне в лицо́; they ~ed at me они́ смея́лись надо мно́й; they will ~ at you они́ бу́дут смея́ться над ва́ми; what / who are you ~ing at? над чем / над кем вы смеётесь?; don't make me ~! не смеши́те меня́!; ~ **off** отде́лываться (65) сме́хом, *perf* отде́латься (65) сме́хом; he tried to ~ the whole thing off от (*with gen*) всего́ э́того он попыта́лся отде́латься сме́хом.

laughter смех *m, no pl* (4c); he was greeted by a roar of ~ его́ встре́тили гро́мким сме́хом; *see* laugh I; ⊙ **burst into** ~ расхохота́ться (73); they burst into ~ они́ расхохота́лись.

law 1. (*regulation*) зако́н *m* (1f) [1) new но́вый, strict стро́гий, humane гума́нный, wise му́дрый, unwritten непи́саный, universal всео́бщий; 2) forbids, prohibits запреща́ет, allows разреша́ет, provides предусма́тривает, demands тре́бует, gives a right даёт пра́во, exists существу́ет, is in force де́йствует; 3) draw up составля́ть, pass приня́ть, approve одо́брить, change измени́ть, repeal, do away with отмени́ть, break, violate нару́шить]; according to the ~ согла́сно зако́ну; there is a ~ according to which... есть зако́н, согла́сно кото́рому...; it is against the ~ to hunt here охо́та здесь запрещена́ зако́ном; you are entitled to it by ~ вы име́ете на э́то пра́во по зако́ну; nature's ~s зако́ны приро́ды; **2.** (*science*) пра́во *n, no pl* (14d) [criminal уголо́вное, civil гражда́нское, international междунаро́дное]; he is studying ~ он изуча́ет пра́во.

lawyer (*one who presents case in court*) адвока́т *m* (1e) [1) famous изве́стный, talented тала́нтливый; 2) advises сове́тует, defends a case защища́ет де́ло, represents his client представля́ет своего́ клие́нта, wins a case выи́грывает де́ло, loses a case проигрывает дело]; he is a ~ by profession он юрист по профессии; you must go to a good ~ вам надо обратиться к хорошему адвокату; you must consult a ~ надо получить консультацию у юриста.

lay *v* **1.** класть (55), *perf* положить (175) (*with acc*); they laid the wounded man on a stretcher они положили раненого на (*with acc*) носилки; he laid a hand on my shoulder он положил руку мне на плечо; **2.** *fig*: this laid the foundation for his future success это положило начало его будущему успеху; the scene is laid in a small town in England действие происходит в маленьком городке Англии; they tried to ~ the blame on me они попытались свалить вину на меня; ~ **aside** откладывать (65), *perf* отложить (175) (*with acc*); he had to ~ his work aside он должен был отложить свою работу; ~ **down:** ~ down one's life отдать свою жизнь; ~ down one's arms сложить оружие; ◇ ~ **the table** накрывать (64) на стол, *perf* накрыть (209) на стол; *see* table; ~ **stress** подчёркивать (65), *perf* подчеркнуть (130) (on—*with acc*); he laid stress on that fact он подчеркнул этот факт; he laid stress on the necessity of immediate action он подчеркнул, что необходимо действовать немедленно; ~ **eyes** увидеть (109) (on—*with acc*); he ran away the moment he laid eyes on us как только он нас увидел, он убежал.

layer слой *m* (13a) [1) thick толстый, thin тонкий, smooth ровный, outer внешний; 2) *with gen* of paint краски, of clay глины, of dirt грязи, of snow снега]; everything was covered with a thick ~ of dust всё было покрыто толстым слоем пыли.

lazy ленивый (31b) [boy мальчик, man человек]; ленивая [girl девушка]; how ~ you are! какой ты ленивый!; what a ~ fellow he is! какой он лентяй!; I'm too ~ to get up early мне лень рано вставать; you have become very ~ ты стал очень ленив(ым); don't be ~! не ленись!, не ленитесь!

lead *v* **1.** вести (219), *perf* повести (219) [1) *with acc* child ребёнка, horse лошадь; group группу; 2) into the room в комнату, along the road по дороге, up, down the street по улице, through a forest через лес, across a field через поле]; she led the child by the hand она вела ребёнка за руку; they led him out of the house они вывели его из дома; she led them down into the cellar онá повелá их в пóгреб; she led him up to her mother онá подвелá егó к своéй мáтери; the guide led us through all the rooms гид провёл нас по всем кóмнатам; **2.** (*end in*) приводи́ть (152), *perf* привести́ (219) (to — к *with dat*); it led to good results э́то привелó к хорóшим результáтам; it will lead to trouble э́то приведёт к неприя́тностям; unity of action will ~ to victory / to peace объединённые уси́лия приведу́т к побéде / к ми́ру; it didn't ~ to anything э́то ни к чему́ не привелó; **3.** (*go, be road to*) вести́, *no perf* [to the square к плóщади, to the mountains в гóры, to the city к гóроду, to the bridge к мóсту, to my house к моему́ дóму], the street / road / path ~s to the river э́та у́лица / дорóга / тропи́нка ведёт к рекé; the road led away from the city дорóга велá в стóрону от гóрода; where does this road ~ to? кудá ведёт э́та дорóга?, **4.** (*head*) возглавля́ть (223), *perf* возглáвить (168) [*with acc* delegation делегáцию; the struggle for peace борьбу́ за мир]; he led the movement / party он стоя́л во главé движéния / пáртии; ~ **away** уводи́ть (152), *perf* увести́ (219) (*with acc*); she led the child away онá увелá ребёнка.

leader вождь *m* (2a) [great вели́кий, acknowledged при́знанный, tried испы́танный, experienced óпытный, outstanding выдаю́щийся]; he was the ~ of the party он был вождём пáртии; ‖ (*head*) руководи́тель *m* (3a); the ~ of the delegation руководи́тель делегáции; one of the ~s of the movement оди́н из руководи́телей движéния; the orchestra, band ~ дирижёр оркéстра.

leading веду́щий (35); he played a ~ role, part in the affair он игрáл веду́щую роль в э́том дéле; one of the ~ men of the epoch оди́н из выдаю́щихся людéй (э́той) эпóхи; ⊙ ~ **article** передовáя статья́ *f* (24b); ~ **question** наводя́щий вопрóс *m* (1f).

leaf (*of plant*) лист *m* (1m), *pl* leaves ли́стья [1) green зелёные, yellow жёлтые, dry, withered сухи́е, falling пáдающие; 2) drop, fall пáдают, turn yellow желтéют]; the ground was covered with dead leaves земля́ былá покры́та опáвшими ли́стьями.

league (*union*) сою́з *m* (1f); the ~ between the two powers сою́з мéжду двумя́ держáвами; he felt they were in ~ against him он считáл, что они́ в сою́зе прóтив негó; they formed a voluntary ~ они́ образовáли доброво́льное óбщество.

lean I *a* (*thin*) худо́й (31a) [man челове́к]; худа́я [figure фигу́ра; horse ло́шадь]; худо́е [face лицо́].

lean II *v* **1.** (*incline*) наклоня́ться (223), *perf* наклони́ться (160); he ~ed over the table он наклони́лся над (*with instr*) столо́м; he ~ed back, backward он отки́нулся наза́д; he ~ed forward он наклони́лся вперёд; she ~ed out of the window она́ вы́сунулась из окна́; he ~ed down and looked into the boy's face он наклони́лся и посмотре́л ма́льчику в лицо́; **2.** (*rest smth against*) прислоня́ть (223), *perf* прислони́ть (158) (*with acc*); we ~ed the ladder against the wall мы прислони́ли ле́стницу к (*with dat*) стене́; **3.** (*rest one's back, shoulder*) прислоня́ться (223), *perf* прислони́ться (158) [к *with dat* against the wall к стене́, against the door к двери, against each other друг к дру́гу]; ‖ (*support oneself*) опира́ться (64), *perf* опере́ться (141) [о, на *with acc* on the table о стол, on a cane на тро́сточку]; ~ on my arm! обопри́сь на мою́ ру́ку!

leap I *sb* прыжо́к *m* (4f); it was a difficult / dangerous ~ э́то был тру́дный / опа́сный прыжо́к; he covered the distance in one ~ он покры́л э́то расстоя́ние одни́м прыжко́м; it was a ~ in the dark, into the unknown э́то был прыжо́к в неизве́стность; science today is developing by great ~s совреме́нная нау́ка развива́ется гига́нтскими шага́ми.

leap II *v* пры́гать (65), *perf* пры́гнуть (126); he ~ed to his feet / out of his chair / on his horse он вскочи́л на́ ноги / со сту́ла / на ло́шадь; he ~ed out of the window он вы́прыгнул из окна́; he ~ed over the fence / wall он перепры́гнул че́рез (*with acc*) забо́р / сте́ну.

learn 1. (*study*) учи́ть (173), *perf* вы́учить (172) [1) *with acc* lesson уро́к, Russian ру́сский язы́к, poem стихотворе́ние, song пе́сню; 2) badly пло́хо, thoroughly, well хорошо́, by heart наизу́сть]; he is ~ing French now сейча́с он изуча́ет францу́зский язы́к; ‖ (*gain knowledge*) учи́ться (173), *perf* научи́ться (173) [1) *with inf* to dance танцева́ть, to play chess игра́ть в ша́хматы, to swim пла́вать, to speak Russian говори́ть по-ру́сски; 2) at school в шко́ле, from one's parents у роди́телей]; he ~ed to speak Russian in a short time / quickly / with difficulty он за коро́ткое вре́мя / бы́стро / с трудо́м научи́лся говори́ть по-ру́сски; we ~ed very much from them мы мно́гому от них научи́-

лись; 2. (*find out*) узнава́ть (63), *perf* узна́ть (64) [1) *with acc* facts фа́кты, news но́вость, truth пра́вду, results результа́ты, reason причи́ну; 2) о *with abl* about the change об измене́нии; 3) by chance случа́йно, from the newspaper из газе́ты, from a friend от прия́теля]; I ~ed about it yesterday / last year я э́то узна́л(а) вчера́ / в про́шлом году́; when I ~ed about the change, it was too late когда́ я узна́л(а) об э́том измене́нии, бы́ло (уже́) по́здно; you will ~ everything when the time comes в своё вре́мя вы обо всём узна́ете, когда́ придёт вре́мя, вы обо всём узна́ете.

least I *sb*: **at** ~ по кра́йней ме́ре; we need at ~ two hours more to finish нам ну́жно ещё по кра́йней ме́ре два часа́, что́бы зако́нчить; it's two miles from here at ~ отсю́да по кра́йней ме́ре две ми́ли; you can ask him, at ~ во вся́ком слу́чае, вы мо́жете его́ спроси́ть; **not (in) the** ~ совсе́м не, ничу́ть не; he's not (in) the ~ tired / hungry / upset он ничу́ть, совсе́м не уста́л / не го́лоден / не расстро́ен; I'm not the ~ interested / worried / afraid я совсе́м не интересу́юсь / не волну́юсь / не бою́сь.

least II *a* са́мый ма́ленький (33b), наиме́ньший (34b) (*superl of* ма́ленький); you haven't the ~ chance of success у вас нет ни мале́йшего ша́нса на успе́х; we'd like to get there in the ~ possible time нам хоте́лось бы туда́ попа́сть в наикратча́йший срок, возмо́жно скоре́е.

least III *adv* ме́ньше всего́ (*superl of* ма́ло).

leather ко́жа *f* (25a) [real настоя́щая, imitation иску́сственная, black чёрная, soft мя́гкая, fine то́нкая]; her bag was made of ~ её су́мка была́ сде́лана из ко́жи; the book was bound in ~ переплёт кни́ги был из ко́жи; ~ shoes ко́жаные ту́фли; ~ jacket / belt ко́жаный жаке́т / реме́нь.

leave I *sb* **1.** (*vacation*) о́тпуск *m* (1*l*); he is on ~ он в о́тпуске; he has three weeks' / month's ~ у него́ трёхнеде́льный / ме́сячный о́тпуск; I'm on ~ until the twentieth я в о́тпуске до двадца́того; he asked for a week's ~ он проси́л дать ему́ о́тпуск на неде́лю; he took a month's ~ он взял о́тпуск на ме́сяц; he went home for his ~ он поéхал домо́й в о́тпуск, на вре́мя о́тпуска; she spent her ~ at the seashore она́ провела́ свой о́тпуск на берегу́ мо́ря; he hasn't returned from his ~ yet он ещё не верну́лся из о́тпуска; **2.** (*permission*) разреше́ние *n* (18c); you had no right to go away without ~ вы не име́ли пра́ва уе́хать без разреше́ния; he asked for ~ to attend lectures он попроси́л разреше́ния посеща́ть ле́кции; mother gave him ~ to stay until ten мать разреши́ла ему́ оста́ться до десяти́ часо́в; **3.** (*farewell*): he took ~ of his family and friends он попроща́лся со свое́й семьёй и друзья́ми.

leave II *v* **1.** (*go away on foot*) уходи́ть (152), *perf* уйти́ (206); he has just left он то́лько что ушёл; he left the house early он ра́но ушёл и́з дому; it's time we left нам уже́ пора́ уходи́ть; don't ~ without seeing me! не уходи́те, не поговори́в со мно́й!; ‖ (*ride away*) уезжа́ть (64), *perf* уе́хать (71); he left Moscow он уе́хал из (*with gen*) Москвы́; he left for Moscow он уе́хал в (*with acc*) Москву́; **2.** (*part from*) оставля́ть (223), *perf* оста́вить (168) [*with acc* one's family свою́ семью́, one's friends свои́х друзе́й, one's home свой дом]; ~ one's country поки́нуть свою́ ро́дину; she left her job она́ ушла́ с рабо́ты; he left school when he was 16 он бро́сил шко́лу, когда́ ему́ бы́ло шестна́дцать лет; **3.** (*of train, ship, etc.*) отправля́ться (223), *perf* отпра́виться (168) [early ра́но, late по́здно, tomorrow за́втра, in the afternoon днём, next Friday в сле́дующую пя́тницу, at twelve o'clock в двена́дцать часо́в]; the bus / train / ship is leaving авто́бус / по́езд /парохо́д отправля́ется; the first train ~s at eight пе́рвый по́езд отхо́дит в во́семь часо́в; the train had already left по́езд уже́ ушёл; **4.** (*not take*) оставля́ть, *perf* оста́вить [1) *with acc* book кни́гу, one's things свои́ ве́щи; 2) on a chair на сту́ле, at home до́ма, on the table на столе́, in a drawer в я́щике]; we left him at home мы оста́вили его́ до́ма; she left the child with her mother она́ оста́вила ребёнка у свое́й ма́тери; I must have left the letter in my other suit я, наве́рное, оста́вил(а) письмо́ в друго́м костю́ме; where did you ~ your coat? где вы оста́вили своё пальто́?; have we left anything (behind)? мы ничего́ не оста́вили, не забы́ли?; you can ~ your bags here вы мо́жете оста́вить свои́ чемода́ны здесь; I shall ~ all that to you я оста́влю всё э́то вам; did he ~ a note for me? он мне не оста́вил запи́ски?; did he ~ a message? он ничего́ не передава́л?; he left all his money to his wife он оста́вил все свои́ де́ньги жене́; who left the window open? кто оста́вил окно́ откры́тым?; ~ it until tomorrow! оста́вьте э́то до за́втра!; **5.** (*remain*): we have an hour left у нас оста́лся оди́н час; we have very little money left у нас оста́лось о́чень ма́ло де́нег; what's left? что оста́лось?; how much time have we got left? ско́лько у нас оста́лось вре́мени?; ~ **out** пропуска́ть (64), *perf* пропусти́ть (162) (*with acc*); you left out a word вы пропусти́ли сло́во; have I left anyone / anything out? я никого́ / ничего́ не пропусти́л(а)?; make sure you haven't left anything out прове́рьте, не пропусти́ли ли вы чего́-л.; ✧ ~ **smb alone** оставля́ть кого́-л. в поко́е; *see* alone.

lecture I *sb* ле́кция *f* (23c) [1) dull, boring ску́чная, interesting интере́сная, free беспла́тная; 2) о *with abl* on music о му́зыке, on Russian literature о ру́сской литерату́ре, on the latest developments in science о после́дних достиже́ниях нау́ки]; go to a ~ идти́ на ле́кцию; be present at a ~ прису́тствовать на ле́кции; listen to / interrupt / miss a ~ слу́шать / прерва́ть / пропусти́ть ле́кцию; the ~ was in Russian / English ле́кция была́ прочи́тана на ру́сском / англи́йском языке́; I liked the ~ ле́кция мне понра́вилась; we took, had a course of ~s мы прослу́шали курс ле́кций; we received, got very much from his ~s мы мно́го получи́ли от его́ ле́кций; ~ course лекцио́нный курс; ⊙ **deliver, give a** ~ чита́ть (64) ле́кцию, *perf* прочита́ть (64) ле́кцию; he delivered, gave a course of ~s in physics / linguistics он чита́л курс ле́кций по (*with dat*) фи́зике / языкозна́нию; **2.** (*scolding*) нота́ция *f* (23c); his mother gave him a ~ for his behaviour его́ мать прочла́ ему́ нота́цию за его́ поведе́ние.

lecture II *v* **1.** (*give lecture*) чита́ть (64) ле́кцию, *perf* прочита́ть (64) ле́кцию; he ~s well / brilliantly он хорошо́ / блестя́ще чита́ет ле́кции; he ~s in a dull voice он чита́ет ле́кции ску́чным го́лосом; he ~d to us in, on phonetics / the theory of literature / Russian art он чита́л нам ле́кции по фоне́тике / тео́рии литерату́ры / ру́сскому иску́сству; he ~s to the students of the foreign language department он чита́ет ле́кции студе́нтам факульте́та иностра́нных языко́в; **2.** (*scold*) брани́ть (158) (*with acc*); he ~d me severely for being late он си́льно брани́л меня́ за (*with acc*) опозда́ние; she ~d the girl on her conduct она́ брани́ла де́вушку за её поведе́ние; stop lecturing me! переста́ньте чита́ть мне нота́ции!

left I *sb* ле́вая сторона́ (19g); go / turn to the ~! иди́те / сверни́те нале́во!;

the post-office is to the ~ of the hotel по́чта нахо́дится нале́во от (*with gen*) гости́ницы; keep to the ~! держи́тесь ле́вой стороны́!; the man to the ~ челове́к сле́ва; from ~ to right сле́ва напра́во; go more to the ~! (иди́те) леве́е!; look to your ~! посмотри́те нале́во!

left II *a* ле́вый (31b) [eye глаз, bank бе́рег]; ле́вая [arm рука́, leg, foot нога́, side сторона́]; he writes with his ~ hand он пи́шет ле́вой руко́й.

left-hand *a* ле́вый (31b); on the ~ side of the street на ле́вой стороне́ у́лицы.

leg 1. (*limb*) нога́ *f* (22g) [wounded ра́неная, swollen распу́хшая]; he has long / short / crooked / sturdy, strong ~s у него́ дли́нные / коро́ткие / кривы́е / си́льные но́ги; my ~ hurts у меня́ боли́т нога́; break /cut / hurt one's ~ слома́ть / поре́зать / ушиби́ть но́гу; **2.** (*support*) но́жка *f* (22f); *often pl* ~s но́жки [1) thin то́нкие, thick то́лстые, heavy тяжёлые; 2) *with gen* of a table стола́, of a chair сту́ла]; one of the ~s broke одна́ но́жка слома́лась; ◇ **run one's ~s off** сби́ться (181) с ног.

lend дава́ть (63) взаймы́, *perf* дать (214) взаймы́ [1) *with acc* money де́ньги; 2) willingly охо́тно, grudgingly неохо́тно, with pleasure с удово́льствием]; **can you ~ me a little money?** **вы не мо́жете** дать мне взаймы́ немно́го де́нег?; I shall ~ you as much as I can я вам дам взаймы́ сто́лько, ско́лько смогу́; I'd ~ you the book if it were mine я бы дал(а́) вам кни́гу, е́сли бы она́ была́ мое́й; ⊙ **~ a (helping) hand** помо́чь (248) (*with dat*); can you ~ me a hand with this translation? вы не помо́жете мне сде́лать э́тот перево́д?

length 1. (*of distance*) длина́ *f*, *no pl* (19g) [1) great больша́я, any люба́я, equal одина́ковая, necessary ну́жная; 2) *with gen* of a street у́лицы, of a dress пла́тья, of a room ко́мнаты, of a wave волны́]; find / know / increase / reduce / measure the ~ узна́ть / знать / увели́чить / уме́ньшить / изме́рить длину́; the room is five metres in ~ длина́ ко́мнаты — пять ме́тров; a ship 100 feet in ~ кора́бль длино́й в сто фу́тов; **2.** (*of time*) продолжи́тельность *f*, *no pl* (29c); the ~ of the day продолжи́тельность дня; prolong, increase the ~ of life увели́чить продолжи́тельность жи́зни; reduce the ~ of the process by one-half вдво́е уме́ньшить продолжи́тельность проце́сса; ◇ **at ~** 1) (*at last*) наконе́ц; at ~ the day **arrived наконе́ц,** наступи́л э́тот день; we reached home at ~ наконе́ц, мы пришли́ домо́й; 2) (*in detail*) подро́бно; they discussed the matter at ~ они́ подро́бно обсуди́ли э́тот вопро́с.

less I *sb*: he wouldn't take ~ он не соглаша́лся взять ме́ньше; this car is worth ~ э́та маши́на сто́ит ме́ньше; they offered ~ они́ предложи́ли ме́ньше.

less II *a* **1.** ме́ньший (34b) (*comp of* ма́ленький); he read the second part with ~ interest он прочита́л втору́ю часть с ме́ньшим интере́сом; **2.** (*smaller quantity*) ме́ньше (*comp of* ма́ло) [*with gen* time вре́мени, money де́нег, trouble забо́т, knowledge зна́ний, space пло́щади, room ме́ста, opportunities возмо́жностей]; there were ~ people here today than yesterday сего́дня здесь бы́ло ме́ньше наро́ду, чем вчера́; we shall have (much) ~ work у нас бу́дет (намно́го) ме́ньше рабо́ты; the number of applications has grown ~ число́ заявле́ний уме́ньшилось.

less III *adv* (*in combination with adjectives and adverbs*) ме́нее; the task is ~ difficult зада́ча ме́нее тру́дная; this book is ~ interesting э́та кни́га ме́нее интере́сная; it is no ~ important э́то не ме́нее ва́жно; his visits became ~ frequent он стал нас ре́же навеща́ть; ~ carefully / quickly ме́нее осторо́жно / бы́стро; ~ necessary ме́нее необходи́мо; he was no ~ surprised он был не ме́нее удивлён; ⊙ **more or** ~ бо́лее и́ли ме́нее; *see* more III; ‖ (*in combination with verbs*) ме́ньше (*comp of* ма́ло) [eat есть, pay плати́ть, sleep спать, talk говори́ть]; the doctor told him to work ~ врач веле́л ему́ ме́ньше рабо́тать; the ~ you think about it, the better for you чем ме́ньше вы об э́том бу́дете ду́мать, тем лу́чше для вас.

lesson уро́к *m* (4c) [1) interesting интере́сный, boring, dull ску́чный, daily ежедне́вный, first пе́рвый, next сле́дующий, important ва́жный; 2) begins начина́ется, is over (о)ко́нчился, lasts forty-five minutes продолжа́ется со́рок пять мину́т; 3) begin начина́ть, interrupt прерва́ть, miss пропуска́ть, attend посеща́ть; know знать, understand понима́ть, learn учи́ть, prepare гото́вить]; a Russian ~ уро́к ру́сского языка́; at the ~ на уро́ке; at the beginning / end of the ~ в нача́ле / конце́ уро́ка; during the ~ во вре́мя уро́ка; after the ~ по́сле уро́ка; the whole ~ весь уро́к; half the ~ полови́на уро́ка; have you done, prepared your ~? вы пригото́вили уро́к?; let us read Lesson Fourteen! прочтём четы́рнадцатый уро́к!; the ∼s of history уро́ки исто́рии; let this be a ∼ to you пусть э́то послу́жит вам уро́ком; they got a good ∼ они́ получи́ли хоро́ший уро́к; ⊙ **give ∼s** дава́ть (63) уро́ки, *perf* дать (214) уро́ки; **take ∼s** брать (42) уро́ки; **conduct a ∼** вести́ (219) уро́к.

let I 1. (*permit*) разреша́ть (64), *perf* разреши́ть (171) (*with dat*); ∼ me help you разреши́те вам помо́чь; ∼ me say a few words разреши́те мне сказа́ть не́сколько слов; ∼ me explain разреши́те мне объясни́ть; ∼ me think да́йте поду́мать; please, ∼ them come with us разреши́те, пожа́луйста, им пойти́ с на́ми; I wouldn't ∼ him speak to me like that я бы не позво́лил(а) ему́ так со мно́й разгова́ривать; ∼ me do it for you разреши́те мне сде́лать э́то за вас; ⊙ **∼ smb know** дать (214) кому́-л. знать; **∼ smb / smth go** отпуска́ть (64) кого́-л. / что-л., *perf* отпусти́ть (162) кого́-л. / что-л.; 2. (*rent, hire*) сдава́ть (63), *perf* сдать (214) [*with acc* room ко́мнату, cottage да́чу]; they ∼ rooms они́ сдаю́т ко́мнаты; the house is to ∼ дом сдаётся; have you a room to ∼? у вас не сдаётся ко́мната?; II *modal verb; combined with first pers pl pron and verb, conveyed by imperative of main verb*: ∼'s go! пойдёмте!; ∼'s not wait any longer! не бу́дем бо́льше ждать!; ∼'s try! попро́буем!; ∼'s work a little longer! порабо́таем ещё немно́го!; ∼'s talk things over! дава́йте всё обсу́дим!; ∼'s sit here a while! дава́йте посиди́м здесь немно́го!; ∼'s send them a telegram! пошлём им телегра́мму!; ∼'s not think / speak of it! не бу́дем ду́мать / говори́ть об э́том!; { *combined with third pers pron conveyed by* пусть; ∼ him come tomorrow! пусть он придёт за́втра!; ∼ her go, if she likes пусть она́ идёт, е́сли хо́чет; ∼ them think whatever they like пусть они́ ду́мают, что хотя́т.

letter 1. (*written message*) письмо́ *n* (14a) [1) long дли́нное, short коро́ткое, nice ми́лое, important ва́жное, cold холо́дное, kind любе́зное, private ча́стное, official официа́льное, business делово́е, anonymous анони́мное; ordinary просто́е, registered заказно́е; 2) write писа́ть, answer отвеча́ть на, open распеча́тать, read чита́ть, receive получа́ть, send посыла́ть, deliver вруча́ть, post, mail посыла́ть, keep храни́ть, throw away вы́бросить]; in your ∼ в ва́шем письме́; the beginning / end of the ∼ нача́ло / коне́ц письма́; the ∼ says в письме́ говорится; we haven't had a ~ from him for a month уже́ це́лый ме́сяц мы не получа́ли от него́ пи́сем; the ~ was signed by the secretary письмо́ бы́ло подпи́сано секретарём; a ~ of recommendation рекоменда́тельное письмо́; **2.** (*alphabetical unit*) бу́ква (19c); capital / small ~s пропи́сные / строчны́е бу́квы; there are more ~s in the Russian alphabet than in the English в ру́сском алфави́те бо́льше букв, чем в англи́йском.

level I *sb* у́ровень *m* (3c) [1) low ни́зкий, high высо́кий, average сре́дний; cultural культу́рный, intellectual интеллектуа́льный, economic экономи́ческий, scientific нау́чный; 2) *with gen* of knowledge зна́ний, of development разви́тия, of technical development те́хники]; reach a high ~ of production дости́чь высо́кого у́ровня произво́дства; one thousand feet above sea ~ ты́сяча фу́тов над у́ровнем мо́ря; on a ~ with the stage на одно́м у́ровне со сце́ной; raise the cultural ~ подня́ть культу́рный у́ровень.

level II *a* ро́вный (31b); ~ ground ро́вное ме́сто; ~ surface ро́вная пове́рхность; ~ plain равни́на *f* (19c); he spoke in a cold, ~ voice он говори́л холо́дным, ро́вным го́лосом; the water was ~ with his chest вода́ была́ ему́ по грудь; she held the thermometer ~ with his eyes она́ поднесла́ термо́метр к его́ глаза́м.

liberty свобо́да *f* (19c); fight for / defend / uphold ~ боро́ться за / защища́ть / отста́ивать свобо́ду; long for ~ жа́ждать свобо́ды; he was at ~ to come and go when he pleased он мог приходи́ть и уходи́ть по своему́ усмотре́нию; I have taken the ~ of writing you я взял, взяла́ на себя́ сме́лость написа́ть вам.

library библиоте́ка *f* (22b) [fine прекра́сная, magnificent великоле́пная, rich бога́тая, poor бе́дная, free беспла́тная, circulating, public публи́чная, private ли́чная, ча́стная; technical техни́ческая, scientific нау́чная]; take, borrow books from a ~ брать кни́ги из библиоте́ки; there were over half a million books in the ~ в библиоте́ке бы́ло свы́ше полумиллио́на книг; this is a ~ book э́то библиоте́чная кни́га.

lie I *sb* (*untruth*) ложь *f*, *no pl* (лжи, лжи, ложь, ло́жью, лжи) [deliberate созна́тельная, bare-faced наха́льная, transparent открове́нная, nasty га́дкая, white неви́нная]; that is a ~ э́то ложь; she told a ~ она́ солгала́; I can't stand ~s я не выношу́ лжи; she invented all sorts of ~s она́ вся́чески лгала́; I won't listen to such ~s я и слу́шать не бу́ду таку́ю ложь.

lie II *v* (*tell untruth*) лгать (91), *perf* солга́ть (91) [intentionally, deliberately наме́ренно]; he ~s constantly он постоя́нно лжёт; he ~d to her он ей солга́л; don't ~ to me! не лги́те!; how can you ~ so? как вы мо́жете так лгать?; she is lying about the facts она́ перевира́ет фа́кты; I could see that he was lying мне бы́ло я́сно, что он лжёт.

lie III *v* **1.** (*recline*) лежа́ть (46), *no perf* [1) on a couch на дива́не, on a shelf на по́лке, on the ground на земле́, in the grass на траве́, in the sun на со́лнце; under a tree под де́ревом, behind the chair за сту́лом, in front of you пе́ред ва́ми; 2) quietly ти́хо, still неподви́жно, face down лицо́м вниз]; books and papers lay about everywhere повсю́ду лежа́ли кни́ги и бума́ги; the doctor advised me to ~ in bed today врач посове́товал мне полежа́ть сего́дня в посте́ли; **2.** (*be located*) находи́ться (152), *no perf*; the town ~s two miles south of the river го́род нахо́дится на две ми́ли южне́е реки́; the town ~s on both sides of the river го́род располо́жен по обе́им сторона́м реки́; ~ **down** ложи́ться (175), *perf* лечь (249); he lay down on the couch он лёг на (*with acc*) дива́н; they all lay down around the fire все легли́ вокру́г костра́.

life жизнь *f* (29c) [interesting интере́сная, difficult тру́дная, easy лёгкая, happy счастли́вая, hard тяжёлая, miserable, wretched несча́стная, long до́лгая, short коро́ткая, quiet споко́йная, family семе́йная, public обще́ственная, village, rural дереве́нская, city, town городска́я]; the happiest days of his ~ са́мые счастли́вые дни его́ жи́зни; throughout his ~ всю свою́ жизнь; way of ~ о́браз жи́зни; in real ~ в действи́тельности; for ~ на всю жизнь; never in one's ~ никогда́ в жи́зни; during, in the course of one's ~ в тече́ние свое́й жи́зни; early in (one's) life в мо́лодости; begin / end one's ~ нача́ть / ко́нчить жизнь; sacrifice one's ~ поже́ртвовать жи́знью; they saved his ~ они́ спасли́ ему́ жизнь; he devoted his ~ to the struggle for freedom он посвяти́л свою́ жизнь борьбе́ за свобо́ду; he risked his ~ он рискова́л (свое́й) жи́знью; he spent his ~ in a little town он провёл свою́ жизнь в ма́леньком го́роде; he was always full of ~ он всегда́ был по́лон жи́зни; ⊙ **lead a ~: he led a quiet / simple**

~ он вёл ти́хий / просто́й о́браз жи́зни.

lift I *sb* **1.** (*elevator*) лифт *m* (1f); they went up / came down in the ~ они́ подняли́сь / спусти́лись в ли́фте; **2.** (*ride*): give a ~ подвезти́ (219) (*with acc*); they gave me / him a ~ to the station они́ подвезли́ меня́ / его́ до ста́нции.

lift II *v* поднима́ть (64), *perf* подня́ть (232) [1) *with acc* box я́щик, stone ка́мень, cover кры́шку; 2) easily легко́, carefully осторо́жно, slowly ме́дленно, with difficulty с трудо́м]; two men could hardly ~ the trunk два челове́ка с трудо́м могли́ подня́ть э́тот сунду́к; he ~ed his head / eyes он по́днял го́лову / глаза́; she never ~ed a finger to help him она́ и па́льцем не пошевели́ла, что́бы ему́ помо́чь.

light I *sb* (*illumination*) свет *m*, *no pl* (1f) [1) bright я́ркий, weak сла́бый, blinding, dazzling ослепи́тельный, soft мя́гкий, insufficient недоста́точный, blue си́ний, brilliant сверка́ющий, dim ту́склый; 2) burns гори́т, flashes вспы́хивает, flickers мига́ет, goes on зажёгся, went out пога́с]; turn on / turn off the ~ заже́чь / погаси́ть свет; don't read in such poor ~! не чита́йте при тако́м плохо́м све́те! in the ~ of the moon при све́те луны́; { *fig*: in the ~ of the new facts в све́те но́вых фа́ктов; your explanation puts the matter in a new ~ ва́ше объясне́ние представля́ет де́ло в ино́м све́те; can you give me a ~? разреши́те прикури́ть?; ⊙ **traffic** ~ светофо́р *m* (1f); we had to stop for traffic ~s нам пришло́сь останови́ться у светофо́ра; **come to** ~ обнару́живаться (65), *perf* обнару́житься (174); these facts came to ~ much later э́ти фа́кты обнару́жились (на-) мно́го по́зже; **throw** ~ пролива́ть (64) свет, *perf* проли́ть (183) свет (on—на *with acc*); his discoveries threw ~ on the whole problem его́ откры́тия проли́ли свет на всю (э́ту) пробле́му.

light II *a* (*not dark*) све́тлый (31b) [complexion цвет ко́жи, suit костю́м]; све́тлая [room ко́мната, material мате́рия]; све́тлые [hair во́лосы, eyes глаза́]; it was already ~ when they awoke бы́ло уже́ светло́, когда́ они́ просну́лись; it was beginning to get ~ света́ло; { *in combination with colours* све́тло-; ~ green све́тло-зелёный; ~ blue све́тло-си́ний; ~ grey све́тло-се́рый.

light III *a* **1.** (*not heavy*) лёгкий (33b) [weight вес, box я́щик, bag, suit-case чемода́н; breakfast за́втрак]; лёгкая [burden но́ша; food пи́ща]; she is as ~ as a feather она́ легка́ как пёрышко; ‖ (*thin*) лёгкий [jacket жакéт]; лёгкое [dress, clothes плáтье, coat пальтó, blanket одеяло]; **2.** (*not difficult, not serious*) лёгкий; ~ work / music лёгкая рабóта / мýзыка; ~ reading лёгкое чтéние; ~ punishment мягкое наказáние; a ~ rain was falling шёл небольшóй дождь; she is a ~ sleeper онá чýтко спит; this is not a ~ task э́то нелёгкая задáча.

light IV *v* **1.** (*make burn*) зажигáть (64), *perf* зажéчь (145) [*with acc* match спи́чку, cigarette сигарéту, lamp лáмпу, gas газ]; **2.** (*illuminate*) освещáть (64), *perf* освети́ть (161) (*with acc*); the streets were brightly lit ýлицы бы́ли я́рко освещены́; ~ **up** (*illuminate*) освещáть, *perf* освети́ть; a flash of lightning lit up the sky вспы́шка мóлнии освети́ла нéбо; her face lit up when she saw him её лицó просия́ло, когдá онá уви́дела его́.

lightly легкó [dance танцевáть, jump пры́гать, strike удáрить, press сжать, step ступáть, run бежáть]; ‖ слегкá [push толкнýть, touch трóнуть]; she smiled ~ онá слегкá улыбнýлась.

lightning мóлния *f* (23c) [flashed вспы́хнула, lit up the sky освети́ла нéбо, struck a tree удáрила в дéрево]; the ~ set fire to a house дом загорéлся от мóлнии; she is afraid of ~ онá боúтся мóлнии; the news spread like ~ (э́та) нóвость распространи́лась молниенóсно; with the speed of ~, with ~ speed с быстротóй мóлнии.

like I *a* (*resembling*) похóж *m*, похóжа *f*, похóже *n*, похóжи *pl*; the daughter is, looks ~ her mother дочь похóжа на (*with acc*) мать; the cloth looks ~ silk э́та матéрия похóжа на шёлк; what is he ~? что он за человéк?; that's ~ him э́то на негó похóже; it looks ~ it похóже на э́то; people / things ~ that таки́е лю́ди / вéщи; it was ~ a beautiful dream э́то бы́ло похóже на прекрáсный сон; don't talk ~ that! не говори́те так!; at a time ~ this в такóе врéмя; I never saw anything ~ it я никогдá не ви́дел(а) ничегó подóбного; I didn't say anything ~ that я не говори́л(а) ничегó подóбного.

like II *adv* (*in the manner of*) как; I can't sing ~ you я не могý петь, как вы; the girl draws ~ a real artist дéвушка рисýет, как настоя́щий худóжник; he swims ~ a fish он плáвает как ры́ба; they were behaving ~ children они́ вели́ себя́, как дéти.

like III *v* **1.** (*have taste for*) люби́ть (169), *no perf* (*with acc*); I ~ apples я люблю́ я́блоки; she doesn't ~ fish онá не лю́бит ры́бу;

he ~s music very much он очень любит музыку; I ~ to swim / travel / work in the morning / get up early я люблю плавать / путешествовать / работать утром / вставать рано; he ~s to be praised он любит, когда его хвалят; he doesn't ~ to be told he is wrong он не любит, когда ему говорят, что он неправ; **2.** (*be attracted, enjoy*) нравиться (168), *perf* понравиться (168); I ~ this house / her voice мне нравится (*with acc*) этот дом / её голос; how do you ~ my new hat? как вам нравится моя новая шляпа?; she ~d him very much он ей очень нравился; I didn't ~ the play at all эта пьеса мне совсем не понравилась; you can do anything you ~ вы можете делать всё, что вам нравится; she ~d the singing most of all ей больше всего понравилось пение; he ~d her more and more она ему нравилась всё больше и больше; she didn't ~ any of the people there ей никто там не понравился; **3.** (*desire*) хотеть (133), *no perf*; where would you ~ to go? куда бы вы хотели пойти, поехать?; I'd ~ to stay at home / rest a little я хотел(а) бы остаться дома / немного отдохнуть; I shouldn't ~ him to think so я бы не хотел(а), чтобы он так думал; we should ~ you to come at about ten мы хотели бы, чтобы вы пришли около десяти.

likely вероятно; he isn't ~ to come вероятно, он не придёт; it's quite ~ that they are not expecting us весьма вероятно, что они нас не ждут; it's hardly ~ to happen это вряд ли случится; he will most ~ refuse скорее всего он откажется; they are ~ to come any day они могут приехать со дня на день.

limit I *sb* (*boundary*) граница *f* (21c); the limits of the town / district границы города / района; the law holds within definite ~s закон действует в определённых границах; ‖ (*extreme point*) предел *m* (1f) [fixed установленный, highest высший]; reach the ~ достичь предела; there is a ~ to my patience есть предел (*with dat*) моему терпению; there is a ~ to everything всему есть предел; we must set a ~ to the expense / time мы должны установить предел расходов / времени; he exceeded the speed ~ он превысил скорость; age ~ предельный возраст.

limit II *v* ограничивать (65), *perf* ограничить (174) [*with acc* amount количество, number число, time время, expenses расходы]; their circle of friends was ~ed круг их знакомых, друзей был ограничен; his power is ~ed его́ власть ограни́чена; they were ~ed for time они́ бы́ли ограни́чены во вре́мени; my time is ~ed у меня́ вре́мя ограни́чено; all speeches were ~ed to ten minutes все выступле́ния бы́ли ограни́чены десятью́ мину́тами; we don't want to ~ you in any way мы ниче́м не хоти́м вас ограни́чивать.

line I *sb* **1.** (*mark on surface*) ли́ния *f* (23c) [1) long дли́нная, crooked крива́я, straight пряма́я, wavy волни́стая, double двойна́я, imaginary вообража́емая; 2) from A to B от А до Б]; draw a ~ проводи́ть черту́, ли́нию; draw a thick ~ провести́ жи́рную черту́; above / below the ~ над / под черто́й; **2.** (*of communications*) ли́ния [telephone телефо́нная, telegraph телегра́фная, railway железнодоро́жная, bus авто́бусная, air возду́шная; direct пряма́я, main гла́вная, branch бокова́я]; damage / cut / build a ~ повреди́ть / перере́зать / стро́ить ли́нию; operate a ~ эксплуати́ровать ли́нию; the ~ extends for many miles / runs parallel to the road / stops here ли́ния тя́нется на мно́го миль / идёт паралле́льно доро́ге / конча́ется здесь; the ~s join at N. э́ти ли́нии соединя́ются у Н.; all along the ~ по всей ли́нии; { (*of telephone*); the ~ is busy за́нято; hold the ~! не ве́шайте (телефо́нную) тру́бку!; **3.** (*course of action procedure*) ли́ния; ~ of action ли́ния поведе́ния; the main ~ in the book / play гла́вная ли́ния (*with gen*) кни́ги / пье́сы; ~ of thought ход мы́сли; choose the ~ of least resistance вы́брать ли́нию наиме́ньшего сопротивле́ния; take, follow the ~ of least resistance пойти́ по ли́нии наиме́ньшего сопротивле́ния; **4.** (*queue*) о́чередь *f* (29b); stand in ~ стоя́ть в о́череди; get into ~ стать в о́чередь; be first / last in ~ быть пе́рвым / после́дним в о́череди; at the beginning / end of the ~ в нача́ле / конце́ о́череди; **5.** (*row*) ряд *m* (1k); a long ~ of cars / tents дли́нный ряд маши́н / пала́ток; in the first ~ of houses в пе́рвом ряду́ домо́в; **6.** (*of writing, print*) строка́ *f* (22g, *acc sg* строку́); the sixth ~ from the top / bottom шеста́я строка́ све́рху / сни́зу; quote / memorize famous ~s цити́ровать / вы́учить изве́стные стро́ки; ⊙ **drop a ~** черкну́ть не́сколько строк; drop us a ~ when you get there! черкни́те нам не́сколько строк, когда́ вы прие́дете!; **7.** *pl* ~s (*outline*) ли́нии (23c) [1) fine прекра́сные, strict стро́гие, classical класси́ческие; 2) *with gen* of a building зда́ния, of a ship корабля́];

8. (*cord*) верёвка *f* (22d); hang clothes / linen on a ~ вéшать одéжду / бельё на верёвку; the ~ broke верёвка оборвалáсь.

line II *v* (*stand in row, of things*) тянýться (129), *no perf*; the streets were ~d with trees по обéим сторонáм ýлиц тянýлись дерéвья; { (*of people*) стоя́ть (222), *no perf*; the street was ~d with people по обéим сторонáм ýлицы стоя́ли лю́ди; ~ **up** стрóиться (151), *perf* пострóиться (151); the men ~d up at the window мужчи́ны пострóились у окнá.

line III *v* (*put in lining*): the coat was ~d with silk пальтó бы́ло на шёлковой подклáдке; a coat ~d with fur пальтó на мехý.

linen *sb* (*underwear, bedclothes*) бельё *n*, *collect* (18a) [1) clean чи́стое, dirty гря́зное, fresh свéжее, fine тóнкое, starched накрахмáленное; 2) change меня́ть, wash стирáть, iron глáдить, hang (out) вéшать, put on надевáть].

lion лев *m* (1a); as bold as a ~ хрáбрый как лев; he fought like a ~ он сражáлся, как лев; ◇ **get the ~'s share** получи́ть (175) льви́ную дóлю.

lip губá *f* (19d) [upper вéрхняя, lower ни́жняя]; cut one's ~ порéзать губý; { *pl* ~s гýбы (19d) [1) red крáсные, full пóлные, thin тóнкие, thick тóлстые, dry сухи́е, trembling дрожáщие; 2) bite закуси́ть, press together сжать, paint крáсить, lick обли́зывать]; read smb's ~s читáть по губáм; her ~s were blue with cold её гýбы посинéли от хóлода; with a cold smile on her ~s с холóдной усмéшкой на губáх; his name is on everyone's ~s егó и́мя у всех на устáх.

liquid I *sb* жи́дкость *f* (29c) [1) colourless бесцвéтная, transparent прозрáчная, green зелёная, hot горя́чая, boiling кипя́щая; 2) dries up высыхáет, boils out выкипáет]; in the form of a ~ в ви́де жи́дкости; pour off / dilute the ~ слить / разбáвить жи́дкость; he poured the ~ into a glass он нали́л жи́дкость в стакáн.

liquid II *a* жи́дкий (33b); ~ soap жи́дкое мы́ло; ~ food жи́дкая пи́ща.

list I *sb* спи́сок *m* (4d) [1) long дли́нный, alphabetical алфави́тный, full, complete пóлный; 2) make, compile, draw up состáвить, hang up вы́весить, extend продóлжить, publish опубликовáть, read прочитáть; 3) *with gen* of names фами́лий, of passengers пассажи́ров]; his name was first / last in the ~ егó фами́лия былá пéрвой / послéдней в спи́ске; in the above ~ в вышеукáзанном спи́ске; below we give a ~ of the goods ни́же приво́дится спи́сок това́ров; my name was taken out of the ~ моя́ фами́лия была́ вы́черкнута из спи́ска.

list II *v* **1.** (*draw up*) составля́ть (223) спи́сок, *perf* соста́вить (168) спи́сок [*with gen* books книг, names фами́лий, paintings карти́н]; **2.** (*enter in*) вноси́ть (148) в спи́сок, *perf* внести́ (113) в спи́сок (*with acc*); ~ a name внести́ фами́лию в спи́сок; all the machines are ~ed in the catalogue все маши́ны внесены́ в катало́г; these items are ~ed as household articles э́ти ве́щи включены́ в спи́сок предме́тов дома́шнего обихо́да; the stories are ~ed under the heading of scientific fiction э́ти расска́зы бы́ли помещены́ под ру́брикой «Нау́чно-фантасти́ческая литерату́ра».

listen 1. (*try to hear*) слу́шать (65), *no perf* [1) *with acc* to a song пе́сню, to music му́зыку, to a voice го́лос, to a speech речь, to a story расска́з, to his explanation его́ объясне́ние, to his reasons, to his arguments его́ до́воды; to the girl де́вушку, to a speaker ора́тора; 2) closely, attentively внима́тельно, intently напряжённо, sympathetically сочу́вственно]; I could see that she wasn't ~ing мне бы́ло я́сно, что она́ не слу́шает; we ~ed to every word he said мы прислу́шивались к ка́ждому его́ сло́ву; we ~ed for the footsteps in the hall мы прислу́шались к (*with dat*) шага́м в вестибю́ле; ~ here! послу́шайте!; **2.** (*obey*) слу́шаться (65), *perf* послу́шаться (65) (*with gen*); you should have ~ed to me вам сле́довало бы меня́ послу́шаться; don't ~ to them! не слу́шайтесь их!; I wish he had ~ed to your advice! как я хоте́л(а) бы, что́бы он послу́шался ва́шего сове́та!; ~ in слу́шать ра́дио; we ~ed in to the president's speech мы слу́шали по ра́дио речь президе́нта.

literary литерату́рный (31b); ~ works литерату́рные сочине́ния; ~ career литерату́рная карье́ра; the word is too ~ for colloquial speech э́то сло́во сли́шком кни́жное для разгово́рной ре́чи.

literature литерату́ра *f* (19c) [Russian ру́сская, Soviet сове́тская, foreign иностра́нная, classical класси́ческая, contemporary совреме́нная, national национа́льная, progressive прогресси́вная; scientific нау́чная, technical техни́ческая, reactionary реакцио́нная, decadent декаде́нтская]; ~ teacher преподава́тель литерату́ры; nineteenth century ~ литерату́ра девятна́дцатого ве́ка; ~ on the subject литерату́ра по э́тому вопро́су; famous characters in ~ изве́стные литерату́рные геро́и; the history of ~ исто́рия литерату́ры; study / read / translate / appreciate ~ изуча́ть / чита́ть / переводи́ть / понима́ть литерату́ру; ~ department литерату́рный факульте́т.

little I *sb* немно́гое *n* (33b); the ~ I have read is excellent то немно́гое, что я прочёл, прекра́сно; I'll tell you what ~ I know я вам расскажу́ то немно́гое, что я зна́ю; we have accomplished very ~ мы сде́лали о́чень немно́гое; he did what ~ he could он сде́лал то немно́гое, что мог; ⊙ **a** ~ немно́го [*with gen* water воды́, money де́нег, cake пирога́]; give me a ~ more (sugar) please! да́йте мне ещё немно́го (са́хару), пожа́луйста!; a ~ more / less / further немно́го бо́льше / ме́ньше / да́льше; a ~ later / earlier немно́го по́зже / ра́ньше; a ~ better / worse немно́го лу́чше / ху́же; these shoes are a ~ big / small on me э́ти ту́фли мне немно́го велики́ / малы́; it's a ~ more expensive э́то немно́го доро́же; it will cost a ~ less э́то бу́дет сто́ить немно́го ме́ньше; I feel a ~ better я чу́вствую себя́ немно́го лу́чше; it will take a ~ over two hours э́то займёт немно́го бо́льше двух часо́в; wait a ~ (longer)! подожди́те (ещё) немно́го!; it's a ~ after five сейча́с немно́го бо́льше пяти́ часо́в; she was a ~ upset она́ была́ немно́го расстро́ена; I want to rest a ~ я хочу́ немно́го отдохну́ть; there is only a ~ left оста́лось то́лько немно́го; change it a ~! измени́те э́то немно́го!; let's walk a ~! дава́йте немно́го пройдёмся!; we spoke a ~ мы немно́го поговори́ли; I know a ~ about it я немно́го об э́том зна́ю; ~ **by** ~ постепе́нно; ~ by ~ he told us the whole story постепе́нно он рассказа́л нам всю исто́рию; ~ by ~ we began to understand понемно́гу мы на́чали понима́ть.

little II *a* **1.** (*small*) ма́ленький (33b) (*comp* ме́ньший, *superl* са́мый ма́ленький) [child ребёнок, mouth рот, piece кусо́чек, garden сад, house дом, flower цвето́к, town го́род]; ма́ленькая [river река́, village дере́вня, group гру́ппа, dog соба́ка, bird пти́чка]; ма́ленькое [lake о́зеро, window окно́, animal живо́тное]; ма́ленькие [hands ру́ки, feet но́ги, shoes ту́фли, eyes глаза́, ears у́ши, watch часы́]; { небольшо́й (34a) [town го́род, interval переры́в]; небольша́я [difference ра́зница]; небольшо́е [change измене́ние]; **2.** (*small quantity, insufficient*) ма́ло (*comp* ме́ньше, *superl* ме́ньше всего́) [*with gen* meat мя́са, milk молока́; work рабо́ты, money де́нег, knowledge зна́ний]; we have ~ time left у нас оста́лось ма́ло вре́мени; there was ~ hope, we had ~ hope of seeing him again у нас бы́ло ма́ло наде́жды сно́ва его́ уви́деть; he has too ~ experience у него́ сли́шком ма́ло о́пыта; they gave me very ~ information они́ сообщи́ли мне о́чень ма́ло све́дений.

little III *adv* ма́ло (*comp* ме́ньше, *superl* ме́ньше всего́); he reads / knows / tries too ~ он сли́шком ма́ло чита́ет / зна́ет / стара́ется; she's changed very ~ она́ о́чень ма́ло измени́лась; he always tries to do as ~ as possible он всегда́ стара́ется де́лать как мо́жно ме́ньше.

live *v* **1.** (*be alive*) жить (194), *no perf* [in the nineteenth century в девятна́дцатом ве́ке, from 1875 to 1926 с ты́сяча восемьсо́т се́мьдесят пя́того до ты́сяча девятьсо́т два́дцать шесто́го го́да]; he ~d to the age of eighty он до́жил до восьми́десяти лет; he ~d a hard / long life он про́жил тру́дную / до́лгую жизнь; **2.** (*dwell*) жить [1) in the Soviet Union в Сове́тском Сою́зе, in England в А́нглии, in America в Аме́рике, abroad за грани́цей; in town в го́роде, in the country в дере́вне, на да́че, on a farm на фе́рме; in N. Street на у́лице Н., across the street напро́тив, not far from here недалеко́ отсю́да, round the corner за угло́м, in a small flat, apartment в небольшо́й кварти́ре, in a tent в пала́тке, in a hotel в гости́нице, on the ground floor на пе́рвом этаже́, on the first floor на второ́м этаже́, next door to us ря́дом с на́ми; 2) с *with instr* with one's family вме́сте с семьёй, with one's parents (вме́сте) с роди́телями]; he ~d alone, (all) by himself он жил оди́н; where do you ~? где вы живёте?; I have been living here for three months я здесь живу́ уже́ три ме́сяца; **3.** (*have as food*) пита́ться (64), *no perf* (on — *with instr*); he ~d on fruit and vegetables он пита́лся то́лько одни́ми фру́ктами и овоща́ми; ‖ (*depend on for support*) жить [на *with acc* on one's wages на зарпла́ту, on seventy-five dollars a week на се́мьдесят пять до́лларов в неде́лю]; ◇ **long** ~! да здра́вствует!; long ~ peace throughout the world! да здра́вствует мир во всём ми́ре!

lively (*brisk*) оживлённый (31b) [conversation разгово́р, party ве́чер]; оживлённое [discussion обсужде́ние]; they were having a ~ conversation они́ оживлённо разгова́ривали, бесе́довали; he seemed well and ~ он каза́лся здоро́вым и бо́дрым; she was very ~ at the party на ве́чере она́ была́ о́чень оживлена́; she gave a ~ description of her trip abroad она́ жи́во описа́ла своё путеше́ствие за грани́цу; the children were very ~ де́ти бы́ли оживлены́.

load I *sb* **1.** (*burden*) груз *m* (1f) [1) heavy тяжёлый, huge, tremendous огро́мный; 2) haul, transport транспорти́ровать, deliver доставля́ть]; **2.** *pl* ~s *colloq* ма́сса *f* (19c) [*with gen* of time вре́мени, of money де́нег, of people наро́ду].

load II *v* **1.** (*place burden*) грузи́ть (190), *perf* нагрузи́ть (190) [1) *with acc* ship парохо́д, truck грузови́к, cart теле́гу, car маши́ну; 2) *with instr* with bricks кирпичо́м, with boxes я́щиками]; he was ~ed (down) with parcels он был нагру́жен паке́тами; the table was ~ed with food стол ломи́лся от яств; **2.** (*charge*) заряжа́ть (64), *perf* заряди́ть (152) [*with acc* gun ружьё; camera фотоаппара́т].

local *a* ме́стный (31b) [custom обы́чай, committee комите́т]; ме́стная [newspaper газе́та]; ме́стное [government управле́ние]; ме́стные [conditions усло́вия, authorities вла́сти, news но́вости]; ⊙ ~ **colour** ме́стный колори́т *m* (1f).

locate 1. (*determine place*) определя́ть (223) местонахожде́ние, *perf* определи́ть (158) местонахожде́ние (*with gen*); we can't ~ the village on the map мы не мо́жем определи́ть по ка́рте местонахожде́ние э́той дере́вни; **2.**: be ~d быть располо́женным (in — в *with abl*); the office is ~d somewhere in this building конто́ра нахо́дится где́-то в э́том зда́нии; the tourist camp was ~d high above sea level тури́стский ла́герь был располо́жен высоко́ над у́ровнем мо́ря.

lock I *sb* замо́к *m* (4f) [1) heavy тяжёлый, iron желе́зный, safe надёжный, complicated сло́жный, rusty ржа́вый; 2) open откры́ть, break, force слома́ть, pull off, wrench off сорва́ть]; put a ~ on the door / box / gate пове́сить замо́к на дверь / я́щик / воро́та; the ~ opens with a special key замо́к открыва́ется специа́льным ключо́м; this key doesn't fit the ~ э́тот ключ не подхо́дит к замку́; the key to the ~ ключ от замка́; ⊙ **under ~ and key** под замко́м; the papers were kept under ~ and key докуме́нты храни́лись под замко́м.

lock II *v* **1.** запира́ть (64), *perf* запере́ть (142) [*with acc* door дверь, trunk сунду́к, gate воро́та, кали́тку, bag чемода́н]; we were ~ed out / in дверь была́ заперта́, и мы не моглú войтú / вы́йти; **2.** запирáться (65), *perf* заперéться (142); the door doesn't ~ easily дверь запирáется с трудóм; he ~ed himself in his room он заперся́ у себя́ в кóмнате; ~ **up** запирáть, *perf* заперéть; ~ up the money in a drawer! запрú(те) дéньги в я́щик!; don't forget to ~ up when you leave! не забу́дьте заперéть дверь, когдá вы уйдёте!

log (*large*) бревнó *n* (14a) [1) heavy тяжёлое, thick тóлстое, rough неотёсанное, smooth глáдкое, dry сухóе, wet сырóе; 2) saw пилúть, roll катúть, drag тащúть, split раскáлывать]; ~ cabin, hut бревéнчатый дóмик; ‖ (*small one*) полéно *n* (*sg* 14a, *pl* 14g).

lonely **1.** (*companionless*) одинóкий (33b); ~ person одинóкий человéк; ~ life одинóкая жизнь; she felt ~ in the empty house онá чу́вствовала себя́ одинóкой в пустóм дóме; he led a ~ life он вёл уединённый óбраз жúзни; **2.** (*deserted*) пусты́нный (31b) [house дом]; пусты́нная [road дорóга, street у́лица]; пусты́нное [place мéсто]; ‖ (*isolated*) уединённый (31b); they went to a ~ place in the mountains онú уéхали в уединённое мéсто в горáх.

long I *a* **1.** (*of space measurement*) длúнный (31b) [corridor коридóр, pole шест, post столб; nose нос; list спúсок]; длúнная [line лúния, road дорóга, stick пáлка, handle ру́чка, beard бородá]; длúнное [dress плáтье; word слóво, sentence предложéние, letter письмó]; длúнные [arms ру́ки, legs нóги, fingers пáльцы, hair вóлосы]; a ~ street большáя у́лица; a ~ room продолговáтая кóмната; a ~ distance большóе расстоя́ние; a room twelve feet ~ кóмната длинóю в двенáдцать фу́тов; how ~ is this table? каковá длинá э́того столá?; the sleeves are too ~ рукавá слúшком длинны́; I want to make this dress a little ~er мне хóчется немнóго удлинúть плáтье; **2.** (*of time, quantity*) длúнный [day день; argument спор]; длúнная [night ночь, speech речь]; длúнное [summer лéто; meeting заседáние]; the day seemed very ~ день казáлся óчень длúнным; ‖ дóлгий (33b); ~ life дóлгая жизнь; ~ time дóлгое врéмя; after a ~ wait пóсле дóлгого ожидáния; set out on a ~ journey отпрáвиться в длúтельное путешéствие; he needs a ~ rest емý нýжен продолжúтельный óтдых; we had a ~ talk about it мы дóлго обсуждáли э́тот вопрóс; ⊙ **for a ~ time** *see* time.

long II *adv* дóлго; it won't last ~ э́то дóлго не

продли́тся; it lasted ~er than we thought it would э́то продолжа́лось до́льше, чем мы ду́мали; how ~ will you be away? ско́лько вре́мени, как до́лго вы бу́дете отсу́тствовать?; don't be ~! не заде́рживайтесь!; ~ afterwards спустя́ до́лгое вре́мя; keep the book as ~ as you like! держи́те э́ту кни́гу (сто́лько), ско́лько хоти́те!; as ~ as I live пока́ я жив(а́); all day ~ весь день; all night ~ всю ночь; it rained all night ~ дождь шёл всю ночь; { давно́; ~ ago давно́; I forgot it ~ ago я давно́ об э́том забы́л(а); it happened ~ ago э́то случи́лось давно́; not ~ ago неда́вно; he returned not ~ ago он неда́вно верну́лся; ⊙ ~ **before** задо́лго до (*with gen*); *see* before I; **any ~er, no ~er** бо́льше; I can't wait any ~er я не могу́ бо́льше ждать; she doesn't live here any ~er она́ здесь бо́льше не живёт; she could stand it no ~er бо́льше она́ э́того не могла́ терпе́ть.

long III *v* **1.** (*desire*) о́чень хоте́ть (133), *perf* захоте́ть (133); he ~ed to be (at) home again он о́чень хоте́л, ему́ о́чень хоте́лось опя́ть быть до́ма; we are ~ing to see you мы о́чень хоти́м вас ви́деть; **2.** (*yearn*) тоскова́ть (243), *no perf* [по *with dat* for friends по друзья́м, for home по до́му].

look I *sb* **1.** (*glance*) взгляд *m* (1f) [quick бы́стрый, significant многозначи́тельный, vacant отсу́тствующий, suspicious подозри́тельный, angry серди́тый, sharp о́стрый]; cast, throw a ~ броса́ть взгляд; will you have, take a ~ at these papers? вы не посмо́трите э́ти докуме́нты?; I didn't get a good ~ at him я не рассмотре́л(а) его́ хороше́нько; he gave a last ~ round он после́дний раз огляде́лся вокру́г; let me have a ~ at your work! позво́льте мне взгляну́ть на ва́шу рабо́ту!; **2.** (*expression*) выраже́ние *n* (18c) [strange стра́нное, frightened испу́ганное, worried озабо́ченное, confident уве́ренное]; with a ~ of surprise / fear on his face с выраже́нием удивле́ния / испу́га на лице́; { *pl* ~s (*appearance*) вне́шность *f*, *no pl* (29c); good ~s краси́вая вне́шность; don't judge a man by his ~s не суди́те о челове́ке по его́ вне́шности; you can't judge a thing only by its ~s нельзя́ суди́ть о ве́щи то́лько по её вне́шнему ви́ду.

look II *v* **1.** (*direct eyes*) смотре́ть (101), *perf* посмотре́ть (101) [1) closely, carefully внима́тельно, coldly хо́лодно, suspiciously подозри́тельно, doubtfully с сомне́нием; 2) up вверх, down вниз, to the right напра́во, to the left нале́во, back наза́д, straight ahead пря́мо вперёд, everywhere всю́ду; 3) на *with acc* at me на меня́, at the picture на карти́ну, at the sky на не́бо, at one's watch на (свой) часы́; 4) out of the window из окна́, in the mirror в зе́ркало, into the water в во́ду, into the distance вдаль]; he wasn't ~ing at us он не смотре́л на нас; what are you ~ing at? на что вы смо́трите?; ~ at it from my point of view посмотри́те на э́то с моей то́чки зре́ния; ~ behind you! огляни́тесь!; ⊙ ~ **here!** 1) (*in this direction*) посмотри́те сюда́!; 2) (*listen*) послу́шайте!; **2.** (*seem*) вы́глядеть (108), *no perf* (*with instr*); he ~ed calm / old / strange он вы́глядел споко́йным / ста́рым / стра́нно; she ~ed ill and miserable она́ вы́глядела бо́льно́й и несча́стной; she ~s well / better она́ вы́глядит хорошо́ / лу́чше; she ~s young for her age она́ вы́глядит мо́лодо для свои́х лет; she ~ed like an old woman она́ вы́глядела стару́хой; what does he ~ like? что он из себя́ представля́ет?; the dress ~s nice on her э́то пла́тье ей идёт; he doesn't ~ like his brother он не похо́ж на своего́ бра́та; ~ **after** присма́тривать (65) за, *perf* присмотре́ть (101) за (*with instr*); her mother ~s after the house / children её мать присма́тривает за до́мом / за детьми́; ~ **for** иска́ть (83) [*with acc* person челове́ка; book кни́гу, flat кварти́ру, place ме́сто, job рабо́ту]; what / who are you ~ing for? что / кого́ вы и́щете?; I'll ~ for it я поищу́ (э́то); ~ **forward** ждать (91) с нетерпе́нием (*with gen*); we are ~ing forward to seeing you мы с нетерпе́нием ждём встре́чи с ва́ми; ~ **out** 1) (*take care of*) позабо́титься (177) (for — о *with abl*); he can ~ out for himself он сам о себе́ мо́жет позабо́титься; 2) (*face*) выходи́ть (152), *no perf* (on, over — на *with acc*); the windows ~ out over, on the river о́кна выхо́дят на́ реку; 3) (*be careful*): ~ out! осторо́жно!; ~ **up** смотре́ть (101), *perf* посмотре́ть (101) (*with acc*); I ~ed up the word in the dictionary я посмотре́л(а) э́то сло́во в словаре́; ~ it up in the list! посмотри́те в спи́ске!; ◇ **it ~s like** похо́же, что...; it ~s like rain похо́же (на то), что пойдёт дождь; it doesn't ~ like they will be through soon не похо́же, что они́ ско́ро ко́нчат.

loose *a* (*not tight*) свобо́дный (31b) [jacket жаке́т, collar воротни́к]; свобо́дное [coat пальто́, dress пла́тье]; the skirt is too ~ for me э́та ю́бка мне сли́шком **свобо́дна,** широка́; the string around the parcel came ~ на пакéте развязáлась верёвка; with her hair ~ с распýщенными волосáми.

lose 1. (*misplace, be deprived*) терять (223), *perf* потерять (223) [*with acc* book кнúгу, money дéньги, key ключ; voice гóлос; time врéмя, freedom свобóду, health здорóвье; friends друзéй, father отцá, parents родúтелей; thread of a story нить рассказа]; we mustn't ~ a moment нельзя́ терять ни минýты; you have nothing to ~ вам нéчего терять; you didn't ~ much вы мáло потеряли; have you lost anything? вы чтó-нибудь потеряли?; ⊙ ~ **sight** потерять (223) из виду (of—*with acc*); *see* sight; ~ **one's temper** выходúть (152) из себя́, *perf* вы́йти (208) из себя́; *see* temper; ~ **one's way** заблудúться (152); *see* way; ~ **an opportunity** упускáть (64) возмóжность, *perf* упустúть (162) возмóжность; *see* opportunity; ~ **weight** худéть (98), *perf* похудéть (98); *see* weight; **2.** (*fail to win*) проúгрывать (65), *perf* проигрáть (64) [*with acc* game игрý, bet парú, race гóнки, war войнý, battle сражéние, case дéло]; what if he ~s? (a) что éсли он проигрáет?

loss 1. (*deprivation*) потéря *f* (20e) [1) heavy тяжёлая, serious серьёзная, terrible ужáсная; 2) *with gen* of time врéмени, of blood крóви, of one's eyesight зрéния, of prestige престúжа]; they suffered great ~es онú понеслú большúе потéри; inflict heavy ~es on the enemy нанестú врагý большúе потéри; his death was a great ~ to science егó смерть былá большóй потéрей для наýки; she couldn't get over the ~ of her husband онá не моглá пережúть потéрю мýжа; it is no great ~ to us э́то для нас небольшáя потéря; **2.** (*disappearance*) пропáжа *f* (25a); the ~ was discovered the next morning пропáжа былá обнарýжена на слéдующее ýтро; **3.** (*financial detriment*) убы́ток *m* (4d) [cause причинúть, estimate оценúть, compensate компенсúровать, suffer понестú]; the war / storm caused enormous ~es войнá / бýря причинúла огрóмные убы́тки; ◇ **at a** ~: he was at a ~ for words он не мог найтú нýжных слов; we were at a ~ what to do мы не знáли, что предприня́ть, дéлать.

lost *a* потéрянный (31b); make up for ~ time навертáть потéрянное врéмя; ~ opportunities упýщенные возмóжности; they were given up for ~ их считáли погúбшими.

lot I *sb*: a ~, ~s мнóго [*with gen* of time врéмени, of work рабóты, of money де́нег, of interesting people интере́сных люде́й, of other things други́х веще́й, of ways спо́собов]; he has a ~ to learn ему́ ещё мно́гому ну́жно учи́ться; we still have a ~ to do нам ещё мно́гое ну́жно сде́лать; he knows a ~ он мно́го зна́ет; he can do a ~ for you он мо́жет мно́гое для вас сде́лать; what a ~ of people there are here! как мно́го здесь наро́ду!; I'd give a ~ to know the truth я бы мно́гое дал(а́), что́бы узна́ть пра́вду; it will do her ~s of good ей э́то бу́дет о́чень поле́зно.

lot II *adv*: a ~ мно́го; he works / reads / translates a ~ он мно́го рабо́тает / чита́ет / перево́дит; { *before adjectives and adverbs* гора́здо, намно́го; a ~ more / better / faster гора́здо бо́льше / лу́чше / быстре́е; we have a ~ further to go нам ещё мно́го идти́, е́хать; it will cost us a ~ less нам э́то бу́дет сто́ить гора́здо деше́вле; a ~ he knows! мно́го ли он зна́ет!

loud I *a* гро́мкий (33b) [voice го́лос, shout, cry крик, sound звук, laughter смех]; гро́мкая [music му́зыка]; in a ~ voice / whisper гро́мким го́лосом / шёпотом; a ~ noise си́льный шум.

loud II *adv* гро́мко; don't talk so ~! не говори́те так гро́мко!; speak **~er!** говори́те гро́мче!; they laughed and shouted so ~ они́ так гро́мко смея́лись и крича́ли.

love I *sb* любо́вь *f* (любви́, любви́, любо́вь, любо́вью, любви́) [1) deep си́льная, глубо́кая, great больша́я, real настоя́щая, passionate стра́стная, tender не́жная, first пе́рвая, only еди́нственная; 2) к *with dat* of one's country к ро́дине]; gain, win smb's ~ завоева́ть чью-л. любо́вь; ⊙ **fall in ~** влюби́ться (169) (with — в *with acc*); they fell in ~ with each other at first sight они́ влюби́лись друг в дру́га с пе́рвого взгля́да; he fell in ~ with her он в неё влюби́лся; **be in ~** быть влюблённым (with — в *with acc*); he was in ~ with her он был в неё влюблён; **give, send one's ~** посыла́ть (64), передава́ть (63) приве́т (to — *with dat*); give my ~ to your mother переда́йте приве́т ва́шей ма́тери; Anne sends her ~ А́нна шлёт приве́т; my sister sends her ~ to you моя́ сестра́ шлёт вам приве́т.

love II *v* люби́ть (169), *no perf* [1) *with acc* girl де́вушку, one's family семью́, one's parents роди́телей, one's country ро́дину, freedom свобо́ду; music му́зыку, art иску́сство; adventure приключе́ния; animals живо́тных; 2) dearly о́чень, deeply си́льно, глубокó, passionately стрáстно, faithfully прéданно, sincerely и́скренне]; she ~s to sing онá (óчень) лю́бит петь; they ~d each other они́ люби́ли друг дру́га; ⊙ **I'd ~ to** мне óчень хотéлось бы; I'd ~ to go with you мне (óчень) хотéлось бы поéхать с вáми.

lovely 1. (*beautiful*) прелéстный (31b) [child ребёнок, day день, gift подáрок]; прелéстная [woman жéнщина, girl дéвушка]; прелéстные [eyes глазá, hair вóлосы]; thank you for your ~ flowers спаси́бо за вáши прелéстные цветы́; **2.** *colloq* (*delightful*) прекрáсный (31b); we have had a ~ time мы прекрáсно провели́ врéмя; what a ~ weather! какáя прекрáсная погóда!; how ~! как прекрáсно!

low I *a* **1.** (*not high*) ни́зкий (33b) [shore, bank бéрег, hill холм; chair стул; forehead лоб; voice гóлос; standard of living у́ровень жи́зни]; ни́зкая [temperature температу́ра, wages зáработная плáта, зарплáта, price ценá]; ни́зкое [quality кáчество; pressure давлéние]; the temperature is a bit ~er today температу́ра сегóдня немнóго ни́же; we had a rather ~ opinion of him / of his work мы бы́ли невысóкого мнéния о нём / о егó рабóте; **2.** (*not loud*) ти́хий (33b); he spoke in a ~ voice / whisper он говори́л ти́хим гóлосом / шёпотом.

low II *adv* ни́зко [fly летáть, hang висéть, bow клáняться].

lower I *a* ни́жний (32); ~ deck ни́жняя пáлуба; ~ jaw ни́жняя чéлюсть; ~ floors ни́жние этажи́.

lower II *v* **1.** (*let down*) спускáть (64), *perf* спусти́ть (162) [*with acc* flag флаг]; they ~ed the boat into the water они́ спусти́ли лóдку нá воду; she ~ed her eyes онá опусти́ла глазá; **2.** (*reduce*) снижáть (64), *perf* сни́зить (189) [*with acc* price цéну, wages зáработную плáту]; his resistance to illness was ~ed сопротивля́емость егó органи́зма пони́зилась; the land has ~ed in value земéльный учáсток пони́зился в ценé; his salary was ~ed емý сни́зили жáлованье.

luck счáстье *n*, *no pl* (18d); I wish you (good) ~ желáю вам счáстья; perhaps it will bring us ~ мóжет быть э́то принесёт нам счáстье; what ~! какóе счáстье!; what bad, rotten ~! какóе несчáстье!; his ~ changed счáстье емý измени́ло; it's a matter of pure ~ э́то дéло тóлько слу́чая; it was a stroke of (good) ~ э́то был счастли́вый слу́чай; ~ was against him судьбá былá прóтив негó; { *often conveyed by verb* везти́ (219), *perf* повезти́

(219); he always has ~ емý всегдá везёт; I never have any ~ мне никогдá не везёт; just my ~! не везёт!; some people have (all the) ~! везёт же (нéкоторым) лю́дям!; he's had a lot of bad ~ lately (за) послéднее врéмя емý óчень не везёт; you are out of ~! вам не повезлó!; you are in ~ вам повезлó!; we had the ~ to find him at home нам посчастли́вилось застáть егó дóма; better ~ next time! вам повезёт в другóй, слéдующий раз!

lucky счастли́вый (31b) [man человéк, chance слýчай, day день]; счастли́вая [idea мысль]; it was ~ for you that he didn't see you к счáстью он вас не замéтил; you had a ~ escape this time на э́тот раз вам удалóсь избежáть опáсности.

luggage багáж *m, no pl* (6c); we haven't much ~ у нас немнóго багажá; will you look after the ~? 1) вы не присмóтрите за багажóм?; 2) позабóтьтесь, пожáлуйста, о багажé.

lunch зáвтрак *m* (4c); *see* breakfast.

luxury рóскошь *f, no pl* (30b); a life of ~ роскóшная жизнь; live in ~ жить в рóскоши; we can't afford such luxuries мы не мóжем себé позвóлить такóй рóскоши; he denied himself every ~ он не позволя́л себé никаки́х изли́шеств

M

machine маши́на *f* (19c) [1) complicated слóжная, simple простáя, powerful мóщная, steam-driven паровáя; 2) runs by electricity приводи́тся в движéние с пóмощью электри́чества, breaks down ломáется, gets out of order выхóдит из стрóя, has a capacity of... обладáет мóщностью в..., does the work of 100 men выполня́ет рабóту ста человéк]; operate, run, handle a ~ управля́ть маши́ной; the ~ requires no special knowledge to operate для управлéния э́той маши́ной не трéбуется осóбых знáний; ‖ станóк *m* (4f); start / regulate / stop a ~ пускáть / регули́ровать / останáвливать маши́ну, станóк; damage / repair a ~ пóртить / исправля́ть маши́ну, станóк; invent / install a ~ изобретáть / устанáвливать маши́ну, станóк; work at a ~ рабóтать у станкá; made by ~ сдéлано маши́нным спóсобом.

machinery *collect* 1. (*machines*) тéхника *f* (22b) [modern совремéнная, expensive дорогостóящая, out of date устарéвшая]; the factory is equipped with modern ~ завóд оснащён совремéнной тéхникой; { машѝны *pl* (19c), станкѝ *pl* (4f); new ~ was installed бы́ли установлены нóвые машѝны, станкѝ; **2.** *fig* аппарáт *m* (1f); the ~ of government госудáрственный аппарáт.

mad 1. (*insane*) сумасшéдший (34b); he is ~ он сумасшéдший; are you ~, have you gone ~? вы с умá сошлѝ?; you will drive me ~ вы меня́ сведёте с умá; they ran like ~ онѝ бежáли, как сумасшéдшие; **2.** (*rashly foolish*) безу́мный (31b) [plan план]; безу́мная [venture затéя, idea идéя, expenditure, spending трáта]; what a ~ thing to do! какóе безу́мие!; **3.** (*infatuated*) помéшанный (31b) (about — на *with abl*); she is ~ about dancing / music / the ballet онá помéшана на тáнцах / му́зыке / балéте; he was ~ about her он был без умá от неё; **4.** (*furious*): be ~ быть вне себя́ (with — от *with gen*); he was ~ with anger / envy / jealousy он был вне себя́ от гнéва / зáвисти / рéвности.

magazine (*publication*) журнáл *m* (1f) [1) weekly еженедéльный, monthly ежемéсячный; technical техни́ческий, political политѝческий, foreign инострáнный, serious серьёзный, favourite любѝмый, illustrated иллюстрѝрованный; 2) read читáть, publish издавáть, receive получáть]; subscribe to a ~ подписáться на журнáл; ~ for women журнáл для жéнщин; fashion ~ журнáл мод; an article in a ~ статья́ в журнáле; the ~ contains articles on various subjects в журнáле имéются статьѝ по разли́чным вопрóсам.

magnificent великолéпный (31b) [voice гóлос, artist худóжник, view вид, city гóрод]; великолéпная [picture картѝна, furniture мéбель, apartment квартѝра]; великолéпное [building здáние]; великолéпные [hair вóлосы, streets у́лицы, jewels бриллиáнты]; the acting was ~ игрá (актёров) былá великолéпной.

maid (*servant*) служáнка *f* (22c), прислу́га *f* (22a) [excellent прекрáсная, perfect идеáльная, careless небрéжная, неаккурáтная, efficient квалифицѝрованная]; hire / dismiss a ~ наня́ть / увóлить служáнку; she worked as a ~ онá рабóтала прислу́гой; she had her own ~ у неё былá своя́ сóбственная прислу́га; they needed a ~ to take care of the child им нужнá былá прислу́га для ухóда за ребёнком.

mail I *sb* (*post*) пóчта *f* (19c) [morning у́тренняя, afternoon дневна́я]; the ~ comes early / late по́чта прихо́дит ра́но / по́здно; when does the ~ come? когда́ прихо́дит по́чта?; is there any ~ for me? есть ли для меня́ по́чта?; I shall send the money / books by ~ я пошлю́ де́ньги / кни́ги по по́чте, по́чтой; the letter was sent by registered ~ письмо́ бы́ло отпра́влено, по́слано заказны́м; please answer by return ~ отве́тьте, пожа́луйста, с обра́тной по́чтой; the letter may have been lost in the ~s возмо́жно, письмо́ потеря́лось на по́чте.

mail II *v* посыла́ть (64) по по́чте, по́чтой, *perf* посла́ть (61) по по́чте, по́чтой; *see* post **III.**

main I *sb*: in the ~ в основно́м; the facts are correct, in the ~ фа́кты, в основно́м, пра́вильны; they were young people, in the ~ э́то была́, в основно́м, молодёжь.

main II *a* (*chief*) гла́вный (31b) [city го́род, district райо́н; question вопро́с]; гла́вная [street у́лица; reason причи́на]; гла́вное [place ме́сто]; гла́вные [events собы́тия, forces си́лы]; the ~ character in the book гла́вный геро́й кни́ги; the ~ thing is to get started гла́вное — нача́ть; that is our ~ aim, purpose in coming here э́то гла́вная цель на́шего прихо́да, прие́зда сюда́; ‖ (*basic*) основно́й (31a) [question вопро́с, way, method спо́соб, argument до́вод]; основна́я [part часть, work рабо́та, problem пробле́ма]; his ~ occupation его́ основно́е заня́тие; the ~ idea of the book основна́я мысль, иде́я кни́ги; the ~ current in literature today основно́е тече́ние, направле́ние в совреме́нной литерату́ре.

major I *sb* майо́р *m* (1e).

major II *a* (*greater*) бо́льший (34b); the ~ part бо́льшая часть; the ~ part of his life / time бо́льшая часть его́ жи́зни / вре́мени; ‖ (*important*) большо́й (34a); work of ~ importance рабо́та большо́й ва́жности; a task of ~ significance ва́жная зада́ча.

majority (*greater part, number*) большинство́ *n, no pl* (14e); great, vast, overwhelming ~ подавля́ющее большинство́; the ~ of people / students большинство́ (*with gen*) люде́й / уча́щихся; in the ~ of cases, instances в большинстве́ слу́чаев; they form, make up the ~ of the population они́ составля́ют большинство́ населе́ния; they were in the ~ их бы́ло большинство́; he was elected by a large ~ он был и́збран подавля́ющим большинство́м голосо́в.

make *v* **1.** де́лать (65), *perf* сде́лать (65) [*with acc* bench скаме́йку, bricks кирпичи́, hats шля́пы; choice вы́бор, remark замеча́ние, offer, proposal предложе́ние, attempt попы́тку, comparison сравне́ние]; ~ a dress / suit шить пла́тье / костю́м; his suit was made to order его́ костю́м был сде́лан на зака́з; ~ a house / bridge / road стро́ить дом / мост / доро́гу; ~ a garden разби́ть сад; ~ a list соста́вить спи́сок; ~ an agreement / treaty заключа́ть соглаше́ние / догово́р; ~ a sensation / impression произвести́ сенса́цию / впечатле́ние; you have made a mistake вы сде́лали оши́бку; he made a report он сде́лал докла́д; he made a statement to the newspaper он сде́лал заявле́ние в газе́те; I can ~ no exceptions я не могу́ сде́лать никаки́х исключе́ний; he made a brilliant career он сде́лал блестя́щую карье́ру; ⊙ **made (out) of** сде́лан *m*, сде́лана *f*, сде́лано *n*, сде́ланы *pl* из (*with gen*); the door is made (out) of glass / wood дверь сде́лана из стекла́ / де́рева; what is it made of? из чего́ э́то сде́лано?; **2.** (*produce*) производи́ть (152) [*with acc* shoes, footwear о́бувь, cars маши́ны, paper бума́гу, electrical equipment электри́ческое обору́дование, chemical products химика́лии]; we have begun to ~ more and better goods мы на́чали производи́ть бо́льше това́ров и лу́чшего ка́чества; ⊙ **made in** изгото́влено в (*with abl*); made in the USSR изгото́влено в СССР; **3.** (*prepare, arrange*) гото́вить (157), *perf* пригото́вить (157) [*with acc* breakfast за́втрак, dinner обе́д, soup суп]; ~ coffee свари́ть ко́фе; ~ a fire разже́чь костёр, развести́ ого́нь; **4.** (*gain, acquire*): ~ money зарабо́тать де́ньги; ~ a living зараба́тывать на жизнь; ~ a profit получи́ть при́быль; **5.** (*compel*) заставля́ть (223), *perf* заста́вить (168) (*with acc*); they made me do the work over они́ заста́вили меня́ переде́лать рабо́ту; nothing could ~ her speak ничто́ не могло́ заста́вить её говори́ть; you made us wait over an hour вы заста́вили нас ждать бо́льше ча́са; what made you think of that? что вас заста́вило поду́мать об э́том?; don't ~ me laugh! не смеши́те меня́!; it ~s me think you are right э́то заставля́ет меня́ ду́мать, что вы пра́вы; **6.** *combination of* make *and noun or adjective*; *often conveyed by verb derived from adjective or noun*: ~ (a) noise шуме́ть; ~ the acquaintance познако́миться; ~ angry рассерди́ть; it will ~ him very angry э́то его́ о́чень рассе́рдит; ~ sad огорчи́ть; it ~s me sad to think we cannot agree меня́ огорча́ет мысль, что мы не мóжем полáдить; ~ **out** 1) (*distinguish*) разбирáть (64), *perf* разобрáть (44) (*with acc*); I can't ~ out some of the words / his handwriting я не могý разобрáть нéкоторые словá / егó пóчерк; 2) (*understand*) понимáть (64), *perf* поня́ть (233) (*with acc*); we couldn't ~ out what he wanted мы не моглú поня́ть, чегó он хóчет; I can't ~ him out я не могý егó поня́ть; ~ **up** 1) (*fabricate*) выдýмывать (65), *perf* вы́думать (64a) (*with acc*); the whole story was made up вся э́та истóрия былá вы́думана; 2) (*restore friendship*) помирúться (158); they've made (it) up онú помирúлись; 3) (*arrange*) договорúться (158); we made up to meet in front of the theatre мы договорúлись встрéтиться у теáтра; ◇ ~ **the best of** примирúться с (*with instr*); we'll have to ~ the best of it придётся (с э́тим) примирúться; ~ **up one's mind** решúть (171); *see* mind **I**; ~ **sure** провéрить (157) (*with acc*); *see* sure; ~ **a difference** *see* difference; ~ **a fool of smb** (по)стáвить (157) когó-л. в глýпое положéние; *see* fool **I**.

man *sb* **1.** (*person, individual*) человéк *m* (*sg* 4a, *pl* лю́ди, людéй, лю́дям, людéй, людьмú, лю́дях) [good хорóший, bad дурнóй; rich богáтый, poor бéдный, young молодóй, strong сúльный, weak слáбый, fat, stout пóлный, thin худóй, худощáвый; busy занятóй, clever ýмный, dangerous опáсный, free свобóдный, great велúкий, honest чéстный, interesting интерéсный, kind дóбрый, nice симпатúчный, well-known извéстный, lucky счастлúвый, capable спосóбный, educated образóванный, prominent, outstanding выдаю́щийся, cultivated, cultured культýрный, well-dressed хорошó одéтый, well-read начúтанный, quiet тúхий, married женáтый]; tall / short ~ человéк высóкого / небольшóго рóста; the average ~ обы́чный, заýрядный человéк; a ~ of his word человéк слóва; a ~ of iron человéк железнóй вóли; the first ~ in the cosmos пéрвый человéк в кóсмосе; a middle-aged ~ человéк срéдних лет; a ~ of about thirty человéк лет тридцатú; he became a new ~ он стал другúм человéком; a business ~ деловóй человéк; the factory employs over one thousand men на завóде рабóтает свы́ше ты́сячи человéк; one ~ alone can't handle all this work одúн человéк не спрáвится со всей э́той рабóтой; he's the best ~ for the job он бóльше всегó подхóдит для э́той рабóты; ⊂ **old** ~ старúк *m*

(4a); 2. (*grown male*) мужчи́на *m* (19a) [handsome, good-looking краси́вый, ugly некраси́вый, grown-up взро́слый]; there was a ~ at the door у две́ри стоя́л како́й-то мужчи́на; two men stood behind him за ним стоя́ло дво́е мужчи́н; it is a ~'s profession э́то мужска́я профе́ссия; he grew up into a tall, broad-shouldered ~ он преврати́лся в высо́кого широкопле́чего мужчи́ну.

manage 1. (*conduct*) руководи́ть (153), *no perf* [*with instr* factory фа́брикой, business торго́вым предприя́тием, department отде́лом]; he ~s the theatre он руководи́т теа́тром; ‖ (*handle*) обраща́ться (64), *no perf* (с *with instr*); he knows how to ~ people он уме́ет обраща́ться с людьми́; 2. (*contrive*) справля́ться (223), *perf* спра́виться (168) (с *with instr*); we must ~ without help мы должны́ спра́виться без посторо́нней по́мощи; he'll ~ somehow он ка́к-нибудь (с э́тим) спра́вится; can you ~ all that work alone? смо́жете ли вы одни́ спра́виться со всей э́той рабо́той?; ‖ (*succeed*) суме́ть (98); I think we can ~ to finish in time я ду́маю, что мы суме́ем зако́нчить (э́ту рабо́ту) своевре́менно; we ~d to get two tickets мы суме́ли, нам удало́сь доста́ть два биле́та.

manner 1. (*way*) о́браз *m*, *no pl* (1f); in this ~ таки́м о́бразом; in the same ~ таки́м же о́бразом; in a strange ~ стра́нным о́бразом; in the proper ~ надлежа́щим о́бразом; ~ of life / thinking о́браз жи́зни / мы́слей; ‖ (*method*) спо́соб *m* (1f); in an entirely new ~ соверше́нно но́вым спо́собом; he was treated in the usual ~ его́ лечи́ли обы́чным спо́собом; we have not worked out any ~ of determining мы ещё не вы́работали спо́соба, ме́тода определе́ния; 2. (*behaviour*) мане́ра *f* (19c); ~ of speaking / treating people мане́ра говори́ть / обраща́ться с людьми́; I don't like her ~ of interrupting any conversation мне не нра́вится её мане́ра вме́шиваться в любо́й разгово́р; 3. *pl* ~s: the children have very bad / shocking ~s э́ти де́ти пло́хо / ужа́сно себя́ веду́т; she has no ~s она́ не уме́ет себя́ вести́, она́ пло́хо воспи́тана; he ought to be taught ~s его́ ну́жно, сле́дует научи́ть хоро́шим мане́рам, его́ ну́жно научи́ть вести́ себя́; it is bad ~s to speak so loud неприли́чно так гро́мко говори́ть; the children have good table ~s де́ти уме́ют вести́ себя́ за столо́м.

manufacture I *sb* произво́дство *n* (14c); goods of

home, domestic / foreign ~ това́ры оте́чественного / инострáнного произво́дства; iron / steel ~ произво́дство желе́за / стáли; large-scale ~ of synthetics кру́пное произво́дство синтети́ческих изде́лий; prohibit the ~ of atomic weapons запрети́ть произво́дство áтомного ору́жия; this acid is used in the ~ of paper э́та кислотá применя́ется при изготовле́нии бумáги.

manufacture II *v* производи́ть (152) [*with acc* furniture ме́бель, clothing оде́жду, consumer goods товáры широ́кого потребле́ния, household articles предме́ты домáшнего обихо́да, arms, armament ору́жие]; the machines are ~d at a new plant э́ти станки́ произво́дятся на но́вом заво́де; tractors are ~d on a large scale трáкторы произво́дятся в большо́м масштáбе.

many I *sb* мно́гие *pl* (33b); ~ do not think so мно́гие ду́мают не так; ~ of my friends мно́гие из (*with gen*) мои́х друзе́й; I have spoken to ~ of them я со мно́гими из них говори́л(а); it seemed strange to ~ of us мно́гим из нас э́то показáлось стрáнным; you don't see ~ like it таки́х вы уви́дите немно́го; are there ~ like him? мно́го ли таки́х, как он?; only one was taken on out of the ~ who applied из большо́го числá обрати́вшихся был при́нят то́лько оди́н; there are still ~ left in the camp в лáгере ещё мно́гие остáлись.

many II *a* мно́го [1) *with gen* friends друзе́й, people люде́й, times раз, things веще́й, reasons причи́н, ways, means спо́собов, attempts попы́ток, errors, mistakes оши́бок, trends тече́ний, enemies враго́в, arguments до́водов, others други́х, indications укáзаний, changes измене́ний, doubtful cases сомни́тельных слу́чаев; 2) very о́чень, too сли́шком, fairly, rather дово́льно, so так]; we have had ~ offers у нас бы́ло мно́го предложе́ний; twice as ~ вдво́е бо́льше; three times as ~ в три рáза бо́льше; ten times as ~ в де́сять раз бо́льше; half as ~ вдво́е ме́ньше; for ~ years в тече́ние мно́гих лет; so ~ people сто́лько челове́к, люде́й, так мно́го люде́й; take as ~ as you need бери́те (сто́лько), ско́лько вам ну́жно; there were so ~ that I didn't know which to choose их бы́ло так мно́го, что я не знáл(а), что вы́брать; ⊙ **how** ~? ско́лько?; how ~ people / things / days? ско́лько челове́к / веще́й / дней?; how ~ are there in your family? ско́лько челове́к в вáшей семье́?; how ~ of you are there? ско́лько вас (челове́к)?

map *sb* ка́рта *f* (19c) [1) economic экономи́ческая, political полити́ческая; large больша́я; detailed подро́бная; 2) *with gen* of the world ми́ра, of Europe Евро́пы; 3) hangs виси́т, shows пока́зывает]; large-scale / small-scale ~ ка́рта кру́пного / ме́лкого масшта́ба; make / study a ~ изготовля́ть / изуча́ть ка́рту; look at a ~ смотре́ть на ка́рту; I can't find the city / river on the ~ я не могу́ найти́ э́тот го́род / э́ту реку́ на ка́рте.

March март *m* (1f); *see* April.

march *v* **1.** (*move with regular steps*) марширова́ть (243), *perf* промарширова́ть (243) [along, past the reviewing stand ми́мо трибу́ны; in time to the music под му́зыку]; **2.** (*walk*) идти́ (207) [down the road по доро́ге, along the street по у́лице]; they ~ed twenty miles a day они́ проходи́ли по два́дцать миль в день.

mark I *sb* **1.** (*target*) цель *f* (29c); hit the ~ попа́сть в цель; miss the ~ промахну́ться; beside, wide of the ~ ми́мо це́ли; **2.** (*sign*) знак *m* (4c); question ~ вопроси́тельный знак; ~s of punctuation зна́ки препина́ния; quotation ~s кавы́чки (22f); ‖ ма́рка *f* (22d); trade ~ фабри́чная ма́рка; **3.** (*indication*) знак [*with gen* of friendship дру́жбы, of respect уваже́ния, of appreciation призна́ния]; ‖ след *m* (1k); *usu pl* ~s следы́ [*with gen* of wear но́ски, of use употребле́ния]; ~s of age при́знаки ста́рости; **4.** (*lines, etc.*) поме́тка *f* (22d); pencil / ink ~s поме́тки карандашо́м / черни́лами; rub out all the ~s стере́ть все поме́тки; **5.** (*at school*) отме́тка *f* (22d) [good хоро́шая, average сре́дняя, bad, poor, low плоха́я]; receive / give a ~ получа́ть / ста́вить отме́тку; a ~ for a test отме́тка за контро́льную рабо́ту; ◇ **up to the ~** на высоте́, хоро́ший; he does not feel quite up to the ~ он себя́ чу́вствует не совсе́м хорошо́.

mark II *v* **1.** (*make sign*) отмеча́ть (64), *perf* отме́тить (177) (*with acc*); she ~ed the passage in the book in pencil она́ карандашо́м отме́тила (ну́жный) отры́вок в кни́ге; some of the names were ~ed with an asterisk не́которые фами́лии бы́ли отме́чены звёздочкой; the price of each article is ~ed on the slip цена́ ка́ждого предме́та обозна́чена на ка́рточке; **2.** (*evaluate*) ста́вить (168) оце́нку, *perf* поста́вить (168) оце́нку; the teacher had not ~ed the papers учи́тель не поста́вил оце́нок за рабо́ты; ~ **off** отделя́ть (223), *perf* отдели́ть (156) (*with acc*); part of the field was ~ed off by a white line on the ground часть по́ля была́ отделена́ бе́лой черто́й, полосо́й; ~ **out** размеча́ть (64), *perf* разме́тить (177) (*with acc*); a square was ~ed out on the ground на земле́ был разме́чен большо́й квадра́т; ◇ ~ **my words!** запо́мните мои́ слова́!; ~ **time** (*make no progress*) топта́ться (70) на ме́сте.

market *sb* ры́нок *m* (4d); go to the ~ идти́ на ры́нок; buy / sell smth on the ~ покупа́ть / продава́ть что-л. на ры́нке; the ~ was flooded with low-price goods ры́нок был наводнён дешёвыми това́рами; the ~ price ры́ночная цена́.

marriage брак *m* (4c) [happy счастли́вый, successful уда́чный, early ра́нний]; a proposal of ~ предложе́ние о бра́ке; a ~ for love / money брак по любви́ / по расчёту; a relation by ~ ро́дственник по му́жу, по жене́; announce a ~ объявля́ть о бра́ке; ~ ceremony церемо́ния бракосочета́ния; ~ licence разреше́ние на брак.

married *a* (*of women*) заму́жняя (32) [woman же́нщина, daughter дочь, sister сестра́]; they have a ~ daughter у них заму́жняя дочь; she is ~ to my cousin она́ за́мужем за (*with instr*) мои́м двою́родным бра́том; we didn't know that she was ~ мы не зна́ли, что она́ за́мужем; ‖ (*of men*) жена́тый (31b) [man челове́к, son сын, brother брат]; he is ~ to my sister он жена́т на (*with abl*) мое́й сестре́; they have been ~ for over a year они́ жена́ты уже́ бо́льше го́да; their ~ life was very happy их брак был о́чень счастли́вым; ⊙ **get married** пожени́ться (156); they got married last year они́ пожени́лись в про́шлом году́.

marry (*of women*) выходи́ть (152) за́муж, *perf* вы́йти (208) за́муж (за *with acc*); she married young она́ ра́но вы́шла за́муж; she said she would never ~ она́ сказа́ла, что никогда́ не вы́йдет за́муж; she married him / a lawyer / my uncle она́ вы́шла за́муж за него́ / за адвока́та / за моего́ дя́дю; who did she ~? за кого́ она́ вы́шла за́муж?; her mother wanted her to ~ the young man её мать хоте́ла, что́бы она́ вы́шла за́муж за э́того молодо́го челове́ка; she married twice она́ два ра́за была́ за́мужем; she married again two years later она́ сно́ва вы́шла за́муж че́рез два го́да; ‖ (*of men*) жени́ться (156) (на *with abl*); he married when he was over thirty он жени́лся, когда́ ему́ бы́ло за три́дцать; he never married он так и не жени́лся; he married her / my sister / a singer / a rich woman он жени́лся на ней /

на моей сестре / на певице / на богатой женщине.

marvellous изумительный (31b) [city город, voice голос, character характер]; изумительная [beauty красота, trip поездка]; изумительное [place место, summer лето]; we had a ~ time мы изумительно провели время; it was simply ~! это было просто изумительно!

mass *sb* **1.** (*large number, quantity*) масса *f, no pl* (19c) [*with gen* of people людей, of buildings домов]; ~ production серийное производство; **2.** *pl* ~es массы *no sg* (19c); the toiling ~es трудящиеся массы; educate the ~es обучать массы; bring culture to the ~es нести культуру в массы.

master I *sb* **1.** (*owner*) хозяин *m* (1r) [*with gen* of the house дома; of the horse лошади, of the dog собаки]; he was always complete ~ of himself он всегда прекрасно владел собой; **2.** (*artist*) мастер *m* (1h); the old ~s старые мастера; he became a ~ of his trade он стал мастером своего дела; **3.** (*in school*) учитель *m* (3b); the third-form ~ учитель третьего класса; the chemistry ~ учитель химии; **4.** (*degree in science*) магистр *m* (1e); Master of Arts магистр искусств.

master II *v* **1.** (*learn*) овладевать (64), *perf* овладеть (98) (*with instr*); he has ~ed the instrument thoroughly он в совершенстве владеет (музыкальным) инструментом; he never really ~ed the language он по-настоящему так и не овладел языком; **2.** (*control*): the horse was difficult to ~ с лошадью было трудно справиться; he couldn't ~ the impulse to laugh aloud он не мог удержаться, чтобы громко не рассмеяться.

match I *sb* (*for making fire*) спичка *f* (22f); box of ~es коробка спичек; light, strike a ~ зажечь спичку; have you got a ~? у вас есть спички?; he threw the ~ away он выбросил спичку; the ~ went out спичка потухла.

match II *sb* **1.** (*competition*) состязание *n* (18c) [1) begins начинается, ends кончается; 2) hold устраивать, watch смотреть, win выиграть, lose проиграть]; championship ~ состязание на первенство; tennis / wrestling / boxing ~ состязание по (*with dat*) теннису / борьбе / боксу; participate in a ~ участвовать в состязании; the ~ ended in a tie, in a draw состязание кончилось вничью; a ~ between the two strongest teams состязание между двумя сильнейшими командами; { матч *m* (8b); football ~ футбольный матч; **2.** (*equal*) равный *m* (31b); I have never seen his ~ я не встреча́л(а) ра́вного ему́; he found his ~ он встре́тил досто́йного проти́вника; he was, proved no ~ for me он оказа́лся слабе́е меня́; **3.** (*of marriage*) па́ртия *f* (23c); he was a good ~ он был для неё хоро́шей па́ртией; she made a good ~ она́ сде́лала хоро́шую па́ртию; **4.** (*harmony*): the colours are a good ~ цвета́ гармони́чно сочета́ются.

match III *v* **1.** (*harmonize*) сочета́ться (64); these colours don't ~ э́ти цвета́ пло́хо сочета́ются; she wore a blue dress with hat and gloves to ~ на ней бы́ло голубо́е пла́тье и шля́па с перча́тками в тон; **2.** (*be equal*): no one could ~ him in strength никто́ не мог сопе́рничать с ним в си́ле; the boxers were equally ~ed боксёры бы́ли равны́ по си́лам.

material *sb* **1.** (*textiles*) мате́рия *f* (23c) [1) cotton хлопчатобума́жная, woollen шерстяна́я, silk шёлковая; heavy тяжёлая, light лёгкая; dark тёмная, light све́тлая; 2) shrinks сади́тся, fades линя́ет]; suit ~ мате́рия для (*with gen*) костю́ма; a dress made of thick ~ пла́тье, сши́тое из пло́тной мате́рии; where did you buy the ~? где вы купи́ли э́ту мате́рию?; **2.** (*subject-matter, data*) материа́л *m* (1f) [1) sufficient доста́точный, ample оби́льный, обши́рный, rich бога́тый, illustrative иллюстрати́вный, interesting интере́сный; 2) gather, collect собира́ть, find найти́, look for иска́ть, take брать, present представля́ть]; ~ for a book / play / report материа́л для (*with gen*) кни́ги / пье́сы / докла́да; the ~ is arranged under three headings (весь) материа́л располо́жен под тремя́ ру́бриками; the ~ is drawn from various sources материа́л взят из разли́чных исто́чников; ⊙ **raw ~(s)** сырьё *n*, *no pl* (18a).

mathematics матема́тика *f* (22b); higher ~ вы́сшая матема́тика.

matter I *sb* **1.** (*case*) де́ло *n* (14d) [1) urgent сро́чное, pressing неотло́жное, private ча́стное, personal ли́чное, simple просто́е, complicated сло́жное; 2) settle, adjust, arrange ула́дить, clear up вы́яснить, complicate усложни́ть, simplify упрости́ть]; a ~ of the utmost importance де́ло первостепе́нной ва́жности; the ~ was turned over to me де́ло бы́ло пе́редано мне; he dismissed the ~ from his mind он переста́л об э́том ду́мать; that won't help ~s э́то не помо́жет де́лу; ⊙ **it's no laughing ~** э́то нешу́точное де́ло; **2.** (*question*) вопро́с *m* (1f) [1) important ва́жный, serious серьёзный; 2) explain объясни́ть, think over обду́мать, take up, raise подня́ть, discuss обсуди́ть, decide реши́ть]; a ~ of common interest вопро́с, представля́ющий о́бщий интере́с; it's not only a ~ of money э́то не то́лько вопро́с де́нег; in regard to, concerning this ~... что каса́ется э́того вопро́са...; he handles all ~s concerning labour он занима́ется вопро́сами труда́; it's only a ~ of a few days э́то вопро́с всего́ не́скольких дней; a ~ of life and death вопро́с жи́зни и сме́рти; ⊙ **what's the ~?** в чём де́ло?; **what's the ~ with...?** что случи́лось с... (*with instr*)?; what's the ~ with her? что с ней случи́лось?; **there's something the ~** что́-то случи́лось; there's something the ~ with the engine что́-то случи́лось с (*with instr*) мото́ром; he has, there is something the ~ with his heart у него́ что́-то с се́рдцем; **as a ~ of fact** на са́мом де́ле, в са́мом де́ле; *see* fact; **no ~ how** как бы ни; no ~ how I try, they are not satisfied как бы я ни стара́лся, они́ всё равно́ не быва́ют дово́льны; no ~ how busy he is... как бы он ни́ был за́нят...; no ~ how much you give him... ско́лько бы вы ему́ ни да́ли...; **no ~ what / when / where / who** что / когда́ / где, куда́ / кто бы ни; no ~ what he said... что бы он ни говори́л...; no ~ where he went... куда́ бы он ни пошёл...; no ~ where he was... где бы он ни́ был...; no ~ who he spoke to... с кем бы он ни говори́л...

matter II *v* име́ть (98) значе́ние; it doesn't ~ э́то не име́ет значе́ния; it doesn't ~ much э́то не име́ет большо́го значе́ния; what does it ~? како́е э́то име́ет значе́ние?; it ~s very much to me для (*with gen*) меня́ э́то име́ет большо́е значе́ние; what does it ~ to you what they think? како́е для вас име́ет значе́ние, что они́ ду́мают?

May *sb* май *m* (13c); *see* April; ⊙ **the First of ~, ~ Day** Пе́рвое ма́я; ~ Day is a great international holiday Пе́рвое ма́я — большо́й междунаро́дный пра́здник.

may 1. (*of permission*) мочь (248); you ~ come tomorrow, if you like е́сли хоти́те, вы мо́жете прийти́ за́втра; he said, that I might wait here он сказа́л, что я могу́ подожда́ть здесь; { *in questions, often conveyed by* мо́жно: ~ I come in? мо́жно войти́?; ~ I speak to you for a minute? мо́жно с ва́ми поговори́ть?; ~ I ask you a few questions? мо́жно зада́ть вам не́сколько вопро́сов?; of course, you ~ пожа́луйста, коне́чно, мо́жно; we ~ hope that matters will soon improve мóжно надéяться, что вскóре делá пойдýт лýчше; **2.** (*of possibility*) мочь; he ~ be late он мóжет опоздáть; he ~ come today он мóжет прийти́, приéхать сегóдня; you ~ not find him вы мóжете не найти́ егó; they ~ have gone home already они́ могли́ ужé уéхать домóй; they ~ think I've forgotten about it они́ мóгут подýмать, что я забы́л(а) об э́том; he ~ do anything он мóжет сдéлать, что угóдно; ‖ *often conveyed by* возмóжно, *introducing clause*: the train ~ be late возмóжно, (что) пóезд опоздáет; it ~ rain возмóжно, бýдет дождь; I ~ see him today возмóжно, (что) я егó сегóдня уви́жу; he ~ not even have thought of it возмóжно, что он об э́том и не подýмал; that ~ be so возмóжно, что э́то так; they ~ be sitting there waiting они́, возмóжно, сидя́т там и ждут; ⊙ ~ **be** возмóжно; ~ be he was too busy он, возмóжно, был сли́шком зáнят; ~ be they don't want to они́, возмóжно, не хотя́т.

me *pron pers* меня́ (40a) *gen*; except me крóме меня́; you didn't understand me вы меня́ не пóняли; you can go there without me вы мóжете поéхать тудá без меня́; there were two other people besides me крóме меня́ бы́ло ещё двóе; will you do that for me? мóжете вы э́то сдéлать для меня́?; did you receive a letter from me two months ago? вы получи́ли от меня́ письмó два мéсяца томý назáд?; ‖ мне *dat*; he gave me two books, he gave two books to me он дал мне две кни́ги; help me! помоги́(те) мне!; it is not clear to me мне э́то нея́сно; it seems to me мне кáжется; she said to me, she told me онá мне сказáла; he came up to me он подошёл ко мнé; it was not easy for me to do it мне бы́ло нелегкó э́то сдéлать; let me help you! позвóльте мне помóчь вам!; he has explained everything to me он мне всё объясни́л; ‖ меня́ *acc*; you can see me there at five o'clock вы мóжете уви́деть меня́ там в пять часóв; didn't you notice me? вы меня́ не замéтили?; take me with you! возьми́(те) меня́ с собóй!; ‖ мнóю *instr*; are you satisfied, pleased with me? вы мнóю довóльны?; he followed me он слéдовал за мнóю; come with me! пойдём(те) со мнóю!; don't laugh at me! не смéйтесь надо мнóю!; ‖ мне *abl*; they were talking about me они́ говори́ли обо мнé; I am afraid that you are disappointed in me боюсь, что вы во мнé разочаровáлись; ‖ I'll take the children with me я возьму́ с собо́й дете́й; it was foolish of me not to follow your advice с мое́й стороны́ бы́ло глу́по не послу́шаться ва́шего сове́та.

meal: where can we get a good ~? где мо́жно хорошо́ пое́сть?; you can get good ~s there cheap вы мо́жете там хорошо́ и недо́рого, дёшево пое́сть; he ate a hearty ~ он пло́тно пое́л; the ~ was simple but tasty еда́ была́ просто́й, но вку́сной; we cooked our own ~s мы са́ми себе́ гото́вили; we had a light ~ before starting мы слегка́ закуси́ли, пое́ли пе́ред отъе́здом, ухо́дом; a four-course ~ costs about a dollar обе́д из четырёх блюд сто́ит о́коло до́ллара; they gave us four ~s a day нас корми́ли четы́ре ра́за в день; she tried not to eat between ~s она́ стара́лась не есть ме́жду за́втраком, обе́дом и у́жином; you must have at least one hot ~ a day вы должны́ по кра́йней ме́ре оди́н раз в день есть что́-нибудь горя́чее.

mean *v* **1.** (*denote*) зна́чить (174), *no perf*, означа́ть (64), *no perf*; I don't know what the word ~ я не зна́ю, что означа́ет э́то сло́во; what does the word "лес" ~? что означа́ет сло́во „лес"?; **2.** (*have significance*) име́ть (98) значе́ние; it ~s nothing to him для (*with gen*) него́ э́то не име́ет никако́го значе́ния; the trip ~s very much to all of us э́та пое́здка име́ет для нас всех большо́е значе́ние; it meant little to her для неё э́то не име́ло большо́го значе́ния; what does it ~ to you? како́е э́то име́ет для вас значе́ние?; **3.** (*have in mind*): what do you ~ (by that)? что вы хоти́те э́тим сказа́ть?; I ~ (to say)... я хочу́ сказа́ть...; I didn't ~ to offend you я не хоте́л(а) вас оби́деть; it was meant as a joke э́того не ну́жно бы́ло принима́ть всерьёз; I am sure he meant well я уве́рен(а), что у него́ бы́ли лу́чшие наме́рения, что он не име́л в виду́ ничего́ плохо́го; who(m) do you ~? кого́ вы име́ете в виду́?; do you ~ me? вы меня́ име́ете в виду́?; the gift was meant for you э́тот пода́рок был предназна́чен вам; ◇ **what do you ~?** как вы сме́ете?; what do you ~ by talking to me like that? как вы сме́ете со мной так разгова́ривать?

meaning *sb* значе́ние *n* (18c) [1) deep, profound глубо́кое, real настоя́щее, different друго́е, broad, wide широ́кое, precise то́чное, figurative перено́сное, hidden скры́тое, ambiguous двусмы́сленное, сомни́тельное; 2) explain объясня́ть, learn узнава́ть, understand понимáть, change менять, convey передавáть, determine устанáвливать, grasp схвáтывать, distort искажáть, illustrate иллюстрúровать, acquire приобретáть]; the ~ of the word isn't clear (to me) значéние э́того слóва (мне) неясно; the word has many ~s э́то слóво имéет мнóго значéний; I looked up the ~ of the word in the dictionary я посмотрéл(а) значéние э́того слóва в словарé; at first I didn't appreciate the full ~ of his words сначáла я не пóнял, не понялá пóлностью значéния егó слов.

means 1. (*method, way*) спóсоб *m* (1f) [safe безопáсный, sure вéрный]; we have no ~ of knowing it у нас нет спóсоба узнáть э́то; we must find some ~ of proving мы должны́ найтú какóй-л. спóсоб доказáтельства; I have used every possible ~ я испóльзовал(а) все возмóжные срéдства; by peaceful ~ мúрным путём; by some ~ or other какúм-то спóсобом, тем úли ины́м спóсобом; **2.** (*agency*) срéдство *n* (14c); ~ of communication срéдства сообщéния; ~ of subsistence срéдства к существовáнию; we must try every ~ нáдо испрóбовать любы́е, все возмóжные срéдства; ◇ **by ~ (of)** посрéдством (*with gen*); **by all ~** во что бы то ни стáло; **by no ~** никóим óбразом, ни в кóем слýчае.

meantime *adv* тем врéменем.

meanwhile *adv* тем врéменем; ~, I'll get everything ready тем врéменем я всё приготóвлю.

measure I *sb* мéра *f* (19c); *usu pl* ~s мéры [1) immediate срóчные, strict стрóгие, effective дéйственные, preventive предупредúтельные, legislative закóнные; 2) take принимáть, approve одобрять, suggest, propose предлагáть]; all the necessary ~s were taken бы́ли прúняты все необходúмые мéры; none of the ~s taken were successful ни однá из прúнятых мер не увенчáлась успéхом; he felt that all ~s were justified он считáл, что любы́е мéры опрáвданы; I do not object to the ~s you have taken я не возражáю прóтив прúнятых вáми мер.

measure II *v* измерять (223), *perf* измéрить (178) [*with acc* length длинý, depth глубинý, width ширинý, height высотý]; the loss cannot be ~d in terms of money alone потéри измеряются не тóлько деньгáми.

meat мясо *n*, *no pl* (14d) [1) cold холóдное, soft мягкое, tender нéжное, tough жёсткое, raw сырóе, frozen заморóженное, lean пóстное, fat жúрное, boiled варёное, roasted жáреное, stewed тушёное; fresh свéжее, spoiled испóрченное; 2) smells пáхнет, spoils пóртится, costs one rouble fifty copecks стóит оди́н рубль пятьдеся́т копéек; 3) buy покупáть, cook готóвить, roast жáрить, eat есть, heat up подогревáть]; ~ and potatoes мя́со с картóшкой; ~ and vegetables мя́со с овощáми; a piece of ~ кусóк мя́са; we had ~ for dinner у нас на обéд бы́ло мя́со; ~ soup мяснóй суп.

medical медици́нский (33b) [advice совéт, staff персонáл]; медици́нская [aid пóмощь]; медици́нское [institution учреждéние, attention, service, care обслу́живание, equipment обору́дование]; ~ supplies медикамéнты.

medicine 1. (*science*) медици́на *f* (19c); in the field of ~ в óбласти медици́ны; every means known to ~ все извéстные (в) медици́не срéдства; practise ~ практиковáть, имéть прáктику; **2.** (*remedy, drug*) лекáрство *n* (14c) [1) new нóвое, special осóбое, good хорóшее, effective эффекти́вное, дéйственное, patent патентóванное; 2) helps помогáет, smells пáхнет, acts, takes effect дéйствует, tastes bad невку́сное; 3) prescribe прописывать, give давáть, drink пить, take in принимáть, try прóбовать]; a bottle of ~ буты́лка с лекáрством; a good ~ for a cold хорóшее лекáрство от (*with gen*) просту́ды; the ~ must be taken every three hours / after meals э́то лекáрство нáдо принимáть чéрез кáждые три часá / пóсле еды́.

meet 1. (*encounter*) встречáть (64), *perf* встрéтить (177) [1) *with acc* friend товáрища, enemy врагá; train пóезд; 2) at the corner на углу́, in the street на у́лице, near the library óколо, вóзле библиотéки, at the station на вокзáле, on the way по дорóге; 3) by chance случáйно, unexpectedly неожи́данно, in secret тáйно]; ~ smb often / seldom чáсто / рéдко встречáть когó-л.; you will be met at the station вас встрéтят на вокзáле; she couldn't avoid ~ing him онá не моглá избежáть встрéчи с ним; | встречáться (64), *perf* встрéтиться (177) [с *with instr* with difficulties с тру́дностями, with obstacles с препя́тствиями]; the suggestion met with general approval предложéние встрéтило всеóбщее одобрéние; ~ with an accident попáсть в катастрóфу; they met with an accident с ни́ми произошёл несчáстный слу́чай; **2.** (*come together*) встречáться, *perf* встрéтиться; we arranged to ~ in front of the theatre мы договори́лись встрéтиться пéред теáтром; they never met again они́ бо́льше не встреча́лись; they used to ~ sometimes at parties они́ иногда́ встреча́лись в гостя́х; when we last met... когда́ мы встре́тились в после́дний раз...; they continued to ~ from time to time они́ продолжа́ли встреча́ться вре́мя от вре́мени; 3. (*gather*) собира́ться (64), *perf* собра́ться (44); the club ~s on Wednesdays чле́ны клу́ба собира́ются по сре́дам; we ~ once a week мы собира́емся раз в неде́лю; 4. (*become acquainted*) знако́миться (168), *perf* познако́миться (168) (с *with instr*); ~ my wife! познако́мьтесь с мое́й жено́й!; they met at a party они́ познако́мились на ве́чере; ◇ ~ **half-way** идти́ (207) навстре́чу, *perf* пойти́ (206) навстре́чу (*with dat*); he was always ready to ~ us halfway он всегда́ был гото́в пойти́ нам навстре́чу; **make both ends** ~ своди́ть (152) концы́ с конца́ми, *perf* свести́(219) концы́ с конца́ми; *see* end **I**.

meeting *sb* **1.** (*assembly*) собра́ние *n* (18c) [1) important ва́жное, secret та́йное, short коро́ткое, непродолжи́тельное, special специа́льное, open откры́тое, political полити́ческое, trade-union профсою́зное, annual ежего́дное, general о́бщее, regular очередно́е; 2) begins начина́ется, is over око́нчилось, lasts продолжа́ется, takes place происхо́дит, opens with a speech открыва́ется выступле́нием; 3) hold проводи́ть, call созва́ть, interrupt прерыва́ть, arrange устра́ивать, open откры́ть, close закры́ть]; be present at a ~, attend a ~ прису́тствовать на собра́нии; preside at a ~ председа́тельствовать на собра́нии; speak at a ~ выступа́ть на собра́нии; address a ~ обрати́ться к собра́вшимся; the chairman of the ~ председа́тель собра́ния; we have a ~ today у нас сего́дня собра́ние; he came home late from the ~ он по́здно верну́лся домо́й с собра́ния; go to the ~ идти́ на собра́ние; where did you go after the ~ was over? куда́ вы пошли́, когда́ ко́нчилось собра́ние?; how often do you have ~s? как ча́сто у вас быва́ют собра́ния?; **2.** (*encounter*) встре́ча *f* (25a) [unexpected неожи́данная, pleasant прия́тная]; let's arrange a ~ place договори́мся о ме́сте встре́чи; avoid a ~ with smb избега́ть встре́чи с (*with instr*) кем-л.; the ~ was unexpected to both of them встре́ча была́ для них обо́их неожи́данной.

melt (*become liquid*) та́ять (146), *perf* раста́ять (146); the ice / snow ~ed лёд / снег раста́ял; the ice-cream has ~ed моро́женое раста́яло.

member член *m* (1e) [1) active акти́вный, old ста́рый, honorary почётный; 2) *with gen* of a committee комите́та, of the government прави́тельства, of parliament парла́мента, of a party па́ртии]; become a ~ of the club стать чле́ном клу́ба; among the ~s of the club / family среди́ чле́нов клу́ба / семьи́.

memory 1. (*power of remembering*) па́мять *f*, *no pl* (29c) [1) good хоро́шая, poor плоха́я; visual зри́тельная, mechanical механи́ческая; 2) develop развива́ть, strain напряга́ть, improve соверше́нствовать, overburden, tax перегружа́ть, train тренирова́ть]; the name has slipped, escaped from my ~ э́то и́мя вы́пало у меня́ из па́мяти; I have a good ~ for dates / faces у меня́ хоро́шая па́мять на (*with acc*) да́ты / ли́ца; his name will remain / live in our ~ for ever его́ и́мя наве́ки оста́нется / бу́дет жить в на́шей па́мяти; the scene impressed itself on my ~ э́та сце́на запечатле́лась в моéй па́мяти; honour the ~ почти́ть па́мять; commit a poem / facts to ~ запо́мнить стихотворе́ние / фа́кты; he was speaking from ~ он говори́л наизу́сть, по па́мяти; ⊙ **in** ~ в па́мять; a meeting in ~ of the victims of fascism собра́ние, посвящённое па́мяти (*with gen*) жертв фаши́зма; **2.** (*recollection*) воспомина́ние *n* (18c); I have a clear / only a confused ~ of what happened у меня́ я́сное / то́лько сму́тное воспомина́ние о том, что случи́лось; we have pleasant / vivid memories у нас оста́лись прия́тные / я́ркие воспомина́ния; it brought back the ~ of those happy days э́то напо́мнило о тех счастли́вых днях.

mend *v* (*repair*) чини́ть (156), *perf* почини́ть (156) [*with acc* chair стул, watch часы́, road доро́гу]; where can I get my shoes ~ed где я могу́ почини́ть свои́ ту́фли, боти́нки?; ~ broken window вста́вить стекло́; ‖ (*sew up*) што́пать (65), *perf* зашто́пать (65) [*with acc* socks носки́, stockings чулки́, dress пла́тье, linen бельё]; ◇ ~ **one's ways** испра́виться (168); he promised to ~ his ways он обеща́л испра́виться.

mental у́мственный (31b) [labour труд]; у́мственная [work рабо́та]; у́мственное [effort уси́лие, strain напряже́ние]; у́мственные [capacities спосо́бности]; ~ calculation у́стный счёт; ~ patient психи́ческий больно́й; I made a ~ note я отме́тил(а) про себя́, я сде́лал(а) себе́ заме́тку.

mention *v* упомина́ть (64), *perf* упомяну́ть (129) (*with acc*); he ~ed your name twice он два́жды упомяну́л ва́ше и́мя; he never even ~ed it он никогда́ да́же не упомина́л об (*with abl*) э́том; not to ~ all the other reasons не говоря́ уже́ о всех други́х причи́нах; ◇ **don't ~ it!** не сто́ит (благода́рности)!

mercy поща́да *f* (19c); beg, plead for ~ проси́ть поща́ды; we had, took ~ on him мы пощади́ли (*with acc*) его́; they were treated without ~ с ни́ми обраща́лись беспоща́дно; they showed no ~ to their enemies они́ не щади́ли свои́х враго́в; ⊙ **at the ~ of** во вла́сти (*with gen*); he was at the ~ of his enemies он был во вла́сти свои́х враго́в.

mere (*only*): he was a ~ child at the time в то вре́мя он был совсе́м ребёнком; she was frightened at the ~ thought of it она́ пуга́лась при одно́й мы́сли об э́том; out of ~ politeness то́лько из ве́жливости; it's a ~ trifle э́то су́щий пустя́к.

merely то́лько; it was ~ a suggestion э́то бы́ло то́лько предположе́ние; I ~ want to know я то́лько хочу́ знать; I asked ~ because I didn't know я спроси́л(а) то́лько потому́, что не зна́л(а); I don't think it's ~ a question of pride я не ду́маю, что э́то то́лько вопро́с самолю́бия; you have ~ to ask вы должны́ то́лько спроси́ть.

merit *sb* досто́инство *n* (14c); *usu pl* ~s досто́инства [understand поня́ть, appreciate оцени́ть, belittle умаля́ть, underestimate недооце́нивать]; the plan has its ~s (э́тот) план име́ет свои́ досто́инства; the proposal has a number of other ~s э́то предложе́ние име́ет ряд други́х досто́инств; we discussed the relative ~s of the two proposals мы обсужда́ли относи́тельные досто́инства обо́их предложе́ний; we shall judge the case on its ~s мы бу́дем суди́ть по существу́ де́ла; the contestants were rewarded according to their ~s уча́стники соревнова́ния бы́ли награждены́ по заслу́гам.

merry весёлый (31b) [laugh смех, child ребёнок, look взгляд]; весёлая [game игра́, company компа́ния, song пе́сня]; весёлое [face лицо́]; весёлые [eyes глаза́].

message *sb* (*information*) сообще́ние *n* (18c); this is the latest ~ from the expedition э́то после́днее сообще́ние, полу́ченное от экспеди́ции; we didn't receive your ~ until after the meeting мы получи́ли ва́ше сообще́ние то́лько по́сле собра́ния; ‖ (*note*) запи́ска *f* (22d); I was handed this ~ at the meeting мне переда́ли э́ту запи́ску на собра́нии; did he leave a ~? он не оста́вил запи́ски?, он ничегó не просил передáть?; { *if oral, often conveyed by verb* передавáть (63), *perf* передáть (214); I was asked to give you a ~... меня́ просúли передáть (*with dat*) вам...; I received a telephone ~ мне передáли по телефóну.

metal метáлл *m* (1f) [hard твёрдый, rare рéдкий, precious драгоцéнный]; piece / sheet of ~ кусóк / лист метáлла; the pole is made of some kind of ~ столб сдéлан из какóго-то метáлла.

method 1. (*way*) спóсоб *m* (1f) [1) new нóвый, old стáрый, different другóй, sure вéрный, modern совремéнный, practical практи́ческий, economical экономи́чный, ideal идеáльный, approved при́нятый, primitive примити́вный, antiquated допотóпный; 2) adopt приня́ть, apply, use применя́ть, change (из)меня́ть, think out разрабóтать, try прóбовать, invent приду́мать, изобрести́]; we must think of some ~ of cutting down expenses необходи́мо приду́мать спóсоб (как) сократи́ть расхóды; **2.** (*system*) мéтод *m* (1f) [oral у́стный, modern совремéнный]; various ~s of language teaching разли́чные мéтоды обучéния языку́; we are studying Russian by, according to a new ~ мы изучáем ру́сский язы́к по нóвому мéтоду; he has his own ~ of working у негó свой мéтод рабóты; they have their own ~ of training people у них свой сóбственный мéтод подготóвки рабóтников.

metre метр *m* (1f); two ~s два мéтра; five ~s пять мéтров; twenty-one ~s двáдцать оди́н метр; a ~ and a half полторá мéтра; a ~ longer на оди́н метр бóльше; at a two ~s' distance, at a distance of two ~s на расстоя́нии двух мéтров; the room is five ~s long кóмната длинóй в пять мéтров.

middle I *sb* середи́на *f* (19c); in the ~ of the room / book / story / river в середи́не (*with gen*) кóмнаты / кни́ги / расскáза / реки́; in the ~ of the day / January в середи́не дня / января́; in the ~ of the night среди́ нóчи, в пóлночь.

middle II *a* срéдний (32); ~ finger срéдний пáлец; ~ rows срéдние ряды́; a man of ~ age человéк срéдних лет; ⊙ ~ **school** срéдняя шкóла *f* (19c).

middle-aged пожилóй(31a) [man человéк]; пожилáя [woman жéнщина]; пожилы́е [people лю́ди].

midnight пóлночь *f* (30b); at ~ в пóлночь; any time before ~ в любóе врéмя до полу́ночи, до двенáдцати; after ~ пóсле полу́ночи.

midst середи́на *f* (19c); in the ~ of the forest в

середи́не ле́са; in our ~ среди́ нас; in the ~ of the storm в разга́р што́рма.

mild 1. (*not severe*) мя́гкий (33b) [person челове́к, reproach упрёк; tone тон; climate кли́мат]; мя́гкая [winter зима́, weather пого́да; criticism кри́тика]; мя́гкое [punishment наказа́ние]; in ~ tones в мя́гких тона́х; **2.** (*not sharp*) сла́бый (31b) [wind ве́тер]; ~ wine сла́бое, не́жное вино́.

mile ми́ля *f* (20e); two / three / four ~s две / три / четы́ре ми́ли; five ~s пять миль; twenty-one ~s два́дцать одна́ ми́ля; it's about two ~s from here э́то отсю́да приблизи́тельно в двух ми́лях; the car was doing, making over 60 ~s an hour маши́на е́хала со ско́ростью, превыша́ющей шестьдеся́т миль в час; there was no house within three ~s в ра́диусе трёх миль не́ было ни одного́ до́ма; we could see for ~s and ~s бы́ло ви́дно на мно́го миль вокру́г; at a three ~s' distance, at a distance of three ~s на расстоя́нии трёх миль.

military *a* вое́нный (31b) [plane самолёт, transport тра́нспорт, camp ла́герь]; вое́нная [uniform фо́рма, map ка́рта, training подгото́вка, school шко́ла, strategy страте́гия, base ба́за]; вое́нное [ship су́дно]; вое́нные [forces си́лы, preparations приготовле́ния, expenditure расхо́ды]; ~ train во́инский по́езд; for ~ purposes для вое́нных це́лей; he wore ~ clothes он был в вое́нной фо́рме; he is a ~ man он вое́нный; in ~ circles в вое́нных круга́х.

milk *sb* молоко́ *n*, *no pl* (14f) [1) fresh све́жее, rich густо́е, жи́рное, condensed сгущённое, pasteurized пастеризо́ванное, loose разливно́е; 2) buy покупа́ть, drink пить, boil кипяти́ть]; glass of ~ стака́н молока́; the ~ turned / turned sour молоко́ сверну́лось / проки́сло; ~ bottle моло́чная буты́лка; ~ soup моло́чный суп; sour ~ простоква́ша *f* (25a).

mill *sb* **1.** (*factory*) фа́брика *f* (22b); textile ~ тексти́льная фа́брика; ‖ (*plant*) заво́д *m* (1f); steel ~ сталелите́йный заво́д; **2.** (*for grinding grain, etc.*) ме́льница *f* (21c).

million миллио́н *m* (1f); two ~ два миллио́на; five ~ пять миллио́нов.

mind I *sb* ум *m* (1d); man of great ~ челове́к большо́го ума́; develop one's ~ развива́ть ум; travel broadens the ~ путеше́ствие расширя́ет кругозо́р (челове́ка); he has a good ~ у него́ хоро́шая голова́; it never entered my ~ э́то никогда́ не приходи́ло мне в го́лову; the name has gone out **of my** ~ completely э́та фами́лия соверше́нно вы́летела у меня́ из головы́; ⊙ **have smth on one's** ~ име́ть (98) что-л. на уме́; he has something on his ~ у него́ что́-то на уме́; **bear, keep in** ~ име́ть в виду́; bear in ~ that you must be back before twelve име́йте в виду́, что вы должны́ возврати́ться до двена́дцати часо́в; **change one's** ~ передýмать (65); you haven't changed your ~, I hope я наде́юсь, вы не переду́мали; **come to one's** ~ приходи́ть (152) в го́лову, *perf* прийти́ (206) в го́лову; a brilliant idea came to his ~ ему́ пришла́ в го́лову блестя́щая мысль; it didn't come to my ~ мне э́то не пришло́ в го́лову; the name doesn't come to my ~ я ника́к не могу́ вспо́мнить фами́лию; **make up one's** ~ реши́ть (171); I made up my ~ to go to the Caucasus я реши́л(а) поéхать на Кавка́з; I haven't made up my ~ what to do я ещё не реши́л(а), что мне де́лать; **go out of one's** ~ сходи́ть (152) с ума́, *perf* сойти́ (206) с ума́; have you gone out of your ~? вы (что) с ума́ сошли́?

mind II *v* **1.** (*object*) возража́ть (64), *perf* возрази́ть (153); do you ~ if I smoke? вы не возража́ете, е́сли я закурю́?; do you ~ if I close the window? вы не возража́ете, е́сли я закро́ю окно́?; would you ~ closing the window? вы не закро́ете окно́?; she doesn't ~ the cold она́ не бои́тся хо́лода, она́ не обраща́ет внима́ния на хо́лод; it wasn't what he said that we ~ed мы возража́ли не про́тив того́, что он сказа́л; if you don't ~, we should like to leave now е́сли вы ничего́ не име́ете про́тив, мы бы ушли́ сейча́с; I shouldn't ~ a cold drink я бы не прочь вы́пить чего́-нибудь холо́дного; I shouldn't ~ something to eat я бы не прочь что́-нибудь съесть; **2.** (*look after*) забо́титься (177), *perf* позабо́титься (177) (о *with abl*); who will ~ the children when you are away? кто позабо́тится, возьмёт на себя́ забо́ту о де́тях, когда́ вы уе́дете?; will you ~ my things while I go and find out? вы не присмо́трите за мо́ими веща́ми, пока́ я схожу́ узна́ю?; **3.** (*be careful*): ~! осторо́жно! ~ the step! осторо́жно, ступе́нька!; ~ where you're going! смотри́те, куда́ вы идёте!; ◇ ~ **your own business!** занима́йся, занима́йтесь свои́м де́лом!; **don't** ~! не обраща́йте внима́ния!; don't ~ what they say не обраща́й(те) внима́ния на то, что они́ говоря́т; **never** ~! 1) (*in answer to apology*) ничего́!;

2) (*don't bother*) не беспокойтесь!; *see* never.

mine I *sb* ша́хта *f* (19c); he worked in a ~ он рабо́тал на ша́хте; the ~ was shut down ша́хта была́ закры́та; they blew up the ~s они́ взорва́ли ша́хты; ‖ *fig* исто́чник *m* (4c); he was a ~ of information он был исто́чником информа́ции.

mine II *absolute pron poss* мой *m*, моя́ *f*, моё *n*, мои́ *pl* (40c); he is an old friend of ~ он мой ста́рый прия́тель; this hat is not ~ э́то не моя́ шля́па; it's no business of ~ э́то не моё де́ло; those things are not ~ э́то не мои́ ве́щи; are these magazines yours or ~? э́ти журна́лы ва́ши и́ли мои́?

ministry министе́рство *n* (14c); Ministry of Foreign Affairs Министе́рство иностра́нных дел; Ministry of Foreign Trade Министе́рство вне́шней торго́вли; Ministry of Agriculture Министе́рство се́льского хозя́йства; Ministry of Health Министе́рство здравоохране́ния.

minute *sb* (*60 seconds*) мину́та *f* (19c); ten ~s passed прошло́ де́сять мину́т; we haven't a ~ to spare нам нельзя́ теря́ть ни мину́ты; wait a ~! подожди́те мину́ту!; the train leaves in three ~s по́езд отойдёт че́рез три мину́ты; it will take us twenty-five ~s to get there нам ну́жно два́дцать пять мину́т, что́бы туда́ добра́ться; he was five ~s late он опозда́л на пять мину́т; it is twelve ~s to six сейча́с без двена́дцати мину́т шесть; it is seven ~s past four семь мину́т пя́того; every ~ seemed an hour ка́ждая мину́та каза́лась ча́сом; every few ~s (че́рез) ка́ждые не́сколько мину́т; in a ~ че́рез мину́ту; just a ~! сейча́с!; I'll tell him the ~ he gets here я ему́ скажу́, как то́лько он придёт; after a five-~ rest по́сле пятимину́тного о́тдыха.

minutes *pl* (*record*) протоко́л *m* (1f); take ~ писа́ть протоко́л; read the ~ of the last meeting чита́ть протоко́л после́днего собра́ния.

mirror *sb* зе́ркало *n* (14d) [1) round кру́глое, cracked тре́снутое, broken разби́тое; 2) broke разби́лось, hangs виси́т, reflects отража́ет; 3) hold держа́ть, look in смотре́ть в, break разби́ть]; she looked at herself in the ~ она́ посмотре́лась в зе́ркало; she was standing in front of the ~ она́ стоя́ла пе́ред зе́ркалом.

miss *v* **1.** (*be absent*) пропуска́ть (64), *perf* пропусти́ть (162) [*with acc* lecture ле́кцию, lesson уро́к, meeting собра́ние, one's dinner обе́д, the beginning of a film начáло фи́льма, the most interesting part сáмую интерéсную часть, one important detail однý вáжную детáль]; hurry, or we'll ~ the beginning of the play поторопи́тесь, инáче мы пропýстим начáло спектáкля; **2.** (*not notice, not see*) пропускáть, *perf* пропусти́ть [*with acc* several mistakes нéсколько оши́бок]; I ~ed the house in the dark в темнотé я прошёл, прошлá ми́мо дóма; it's a big shop, you can't ~ it э́то большóй магази́н, вы не мóжете не замéтить его́; I ~ed what you said я не расслы́шал(а), что вы сказáли; ‖ (*not understand*) не поня́ть (233) [*with gen* the real meaning и́стинного значéния, the significance, importance вáжности]; **3.** (*fail to take advantage*) упускáть (64), *perf* упусти́ть (162) (*with acc*); ~ an opportunity / chance, occasion упусти́ть возмóжность / слýчай; **4.** (*long for*) скучáть (64), *no perf* [о *with abl* one's friends о товáрищах, one's parents о роди́телях, one's brother о брáте, the sea о мóре; по *with abl* one's sister по сестрé, one's family по семьé, one's country по рóдине]; we ~ed you very much нам óчень вас недоставáло, мы óчень скучáли по вас; **5.** (*be late*) опáздывать (65), *perf* опоздáть (64) (на *with acc*); ~ a train / bus / boat опоздáть на пóезд / автóбус / парохóд; **6.** (*fail to hit*) не попáсть (55) (в *with acc*); he ~ed his aim он не попáл в цель, он промахнýлся; **7.** (*notice absence*): when did you ~ your bag? когдá вы замéтили, что портфéля нет?; the child was ~ed immediately ребёнка срáзу хвати́лись.

mistake *sb* оши́бка *f* (22d) [great большáя, slight небольшáя, serious серьёзная, strange стрáнная, foolish глýпая, bad грýбая, obvious очеви́дная, common обы́чная, inexcusable непрости́тельная, fatal роковáя]; find / make / hear / miss a ~ найти́ / сдéлать / услы́шать / пропусти́ть оши́бку; explain / correct / repeat / see / understand a ~ объясни́ть / испрáвить / повтори́ть / уви́деть / поня́ть оши́бку; where's the ~? в чём (здесь) оши́бка?; it would be a great ~ to think so бы́ло бы большóй оши́бкой так дýмать; I think he is making a great ~ я считáю, что он дéлает большýю оши́бку; the ~ is not clear to me мне непоня́тна оши́бка; it would be no ~ to say... не бýдет оши́бкой сказáть...; ⊙ **by** ~ по оши́бке; I took the wrong letter by ~ по оши́бке я взял, взялá не тó письмó.

mistaken: be ~ ошибáться (64), *perf* ошиби́ться (201); you are ~ вы ошибáетесь; we thought we would have an easy job, but we were ~ мы дýмали, что рабóта бýдет лёгкой, но мы ошиблись; I'm never ~ about such things я никогдá не ошибáюсь в (*with abl*) такиx вещáх.

mix 1. (*stir*) смéшивать (65), *perf* смешáть (64) (*with acc*); she ~ed the powder with water онá смешáла порошóк с водóй; everything is, got ~ed up in my mind всё смешáлось у меня́ в головé; 2. (*associate*) общáться (64), *no perf* (with — с *with instr*); he doesn't ~ with the other students он не общáется с другими студéнтами; he / she doesn't ~ well он / онá необщи́телен / необщи́тельна; ~ **up** пýтать (65), *perf* спýтать (65) (*with acc*); I always ~ up their names я всегдá пýтаю их фами́лии; you've got everything ~ed up вы всё спýтали.

mixture смесь *f* (29c) [1) chemical хими́ческая, queer, strange стрáнная, bitter гóрькая, sour ки́слая; 2) shake взбáлтывать, stir размéшивать, pour out вы́ливáть]; her feelings were a ~ of joy and anxiety онá чýвствовала одновремéнно и рáдость и беспокóйство.

model I *sb* 1. (*pattern*) образéц *m* (9c); new ~s were exhibited бы́ли вы́ставлены нóвые образцы́; we all took him as our ~ для всех нас он служи́л образцóм; he was a ~ of discipline / industry он был примéром (*with gen*) дисциплини́рованности / трудолю́бия; he was held up to us as a ~ егó стáвили нам в примéр; ‖ модéль *f* (29c); clay / wax ~ модéль из гли́ны / вóска; a new ~ in cars нóвая модéль автомаши́н; ‖ (*miniature*) макéт *m* (1f); ~ of ship / plane / theatre / new city макéт парохóда / самолёта / теáтра / нóвого гóрода; 2. (*fashion*) фасóн *m* (1f), модéль; the latest ~s in hats / clothes / men's suits послéдние фасóны, модéли (*with gen*) шляп / плáтья / мужски́х костю́мов.

model II *a* (*perfect*) образцóвый (31b) [husband муж, child ребёнок, plan план]; образцóвая [school шкóла, discipline дисципли́на]; образцóвое [behaviour, conduct поведéние, service обслýживание].

modern *a* совремéнный (31b) [city гóрод, factory завóд, man человéк, writer писáтель, artist худóжник, method мéтод, way спóсоб]; совремéнная [civilization цивилизáция, life жизнь, idea идéя, conception концéпция, furniture мéбель, industry промы́шленность, literature литератýра, play пьéса]; совремéнное [education образовáние, art иску́сство, equipment обору́дование]; in ~ times в на́ше вре́мя.

modest скро́мный (31b) [person челове́к; answer отве́т, gift пода́рок, little house до́мик]; скро́мная [girl де́вушка, smile улы́бка; price цена́, food еда́]; скро́мное [conduct, behaviour поведе́ние; wish жела́ние]; he was always ~ about his achievements он никогда́ не распространя́лся о свои́х достиже́ниях.

moment (*instant*) мгнове́ние *n* (18c); it lasted only a few ~s э́то дли́лось всего́ не́сколько мгнове́ний; I'll be with you in just a ~ я сию́ мину́ту к вам приду́; wait a ~! подожди́те мину́ту!; just a ~! одну́ мину́ту!; you haven't a ~ to lose вам нельзя́ теря́ть ни мину́ты; it was all done in a ~ всё бы́ло сде́лано momента́льно; ‖ (*point in time*) моме́нт *m* (1f); at this ~, at that ~ в э́тот моме́нт; it might happen at any ~ э́то мо́жет случи́ться в любо́й моме́нт; the ~ he saw me... как то́лько он меня́ уви́дел...; go this very ~! иди́те сейча́с же!; it was the happiest ~ in his life э́то был са́мый счастли́вый моме́нт в его́ жи́зни; it was an unpleasant, awkward ~ э́то был неприя́тный моме́нт; you must choose the right ~ на́до вы́брать подходя́щий моме́нт; I can't say at the ~ в да́нный моме́нт я не могу́ сказа́ть.

Monday понеде́льник *m* (4c); this / next / last ~ в э́тот / сле́дующий / про́шлый понеде́льник; the ~ after next че́рез понеде́льник; on ~ в понеде́льник; (on) ~ night в ночь с понеде́льника на вто́рник; (on) ~ morning / afternoon / evening в понеде́льник у́тром / днём / ве́чером; every ~ по понеде́льникам; from ~ to Thursday с понеде́льника до четверга́; we haven't seen him since ~ мы его́ не ви́дели с понеде́льника; beginning with ~ начина́я с понеде́льника.

money де́ньги *no sg* (де́нег, деньга́м, де́ньги, деньга́ми, деньга́х) [count счита́ть, divide дели́ть, earn зараба́тывать, get достава́ть, lose теря́ть, offer предлага́ть, pay плати́ть, receive получа́ть, repay, return отдава́ть, waste расточа́ть, raise достава́ть]; save ~ 1) (*in bank*) откла́дывать де́ньги; 2) (*economize*) эконо́мить де́ньги; I haven't any ~ у меня́ нет де́нег; he had little / enough / a lot of ~ у него́ бы́ло ма́ло / доста́точно / мно́го де́нег; he spent all his ~ он истра́тил все свои́ де́ньги; where can, will we get the ~? где нам доста́ть де́нег?; we haven't much ~ left у нас оста́лось не так мно́го де́нег; I haven't got that much

~ у меня́ нет таки́х де́нег; the rest of the ~ остальны́е де́ньги, оста́ток де́нег; he was short of ~ у него́ не хвати́ло де́нег; he never has any ~ он всегда́ без де́нег; he thought he could buy anything for ~ он ду́мал, что всё мо́жно купи́ть за де́ньги; he'd do anything for ~ за де́ньги он всё сде́лает.

month ме́сяц *m* (10d) [1) cold холо́дный, warm тёплый, hot жа́ркий, rainy дождли́вый; first пе́рвый, last после́дний; 2) begins начина́ется, has twenty-eight days име́ет два́дцать во́семь дней, is over ко́нчился]; one ~ оди́н ме́сяц; two ~s два ме́сяца; five / twelve ~s пять / двена́дцать ме́сяцев; we have been here for over a ~ мы здесь бо́льше ме́сяца; this / next / last ~ в э́том / бу́дущем / про́шлом ме́сяце; January is the first ~ in the year янва́рь — пе́рвый ме́сяц в году́; winter / summer / spring / autumn ~s зи́мние / ле́тние / весе́нние / осе́нние ме́сяцы; during the summer ~s в ле́тние ме́сяцы; we spent a ~ in the country мы провели́ ме́сяц в дере́вне; the whole ~ весь ме́сяц; a whole ~ це́лый ме́сяц; once / twice a ~ раз / два ра́за в ме́сяц; in two ~s, two ~s later че́рез два ме́сяца; two ~s ago два ме́сяца тому́ наза́д; the best picture I've seen in ~s лу́чший фильм, кото́рый я ви́дел(а) за после́дние не́сколько ме́сяцев; he has been working on the plan for ~s он уже́ не́сколько ме́сяцев рабо́тает над э́тим пла́ном; for ~s before за не́сколько ме́сяцев до э́того.

mood настрое́ние *n* (18c) [1) good хоро́шее, bad плохо́е, wonderful чуде́сное, excellent отли́чное, gay весёлое; 2) changes меня́ется, depends on зави́сит от]; her ~ became better у неё улу́чшилось настрое́ние; I am not in a ~ to argue with you у меня́ нет настрое́ния с ва́ми спо́рить; the rain spoiled our ~ completely дождь соверше́нно испо́ртил нам настрое́ние.

moon *sb* луна́ *f, no pl* (19d) [1) bright я́ркая, round кру́глая, full по́лная; 2) rises всхо́дит, hides, goes behind a cloud скрыва́ется за о́блако, shines све́тит, comes out from behind a cloud выхо́дит из-за о́блака]; there was no ~ луны́ не́ было; in the light of the ~ при све́те луны́; send a rocket to the ~ посла́ть раке́ту на луну́; half ~ (полу)ме́сяц *m* (10d); new ~ новолу́ние *n* (18c).

moral I *sb* **1.** (*lesson*) мора́ль *f, no pl* (29c); the ~ of the story мора́ль (*with gen*) э́той исто́рии, э́того расска́за; { *pl* ~s (*conduct*) мора́ль; a person of loose

~s безнра́вственный челове́к.

moral II *a* мора́льный (31b) [duty долг]; мора́льная [victory побе́да, support подде́ржка]; мора́льное [right пра́во, obligation обяза́тельство]; ~ question вопро́с мора́ли; you have no ~ right to refuse вы не име́ете мора́льного пра́ва отка́зываться.

more I *sb* **1.** (*additional quantity, number*): I can bring you ~ я могу́ вам ещё принести́; have you any ~? у вас есть ещё?; would you like some ~? вы не хоти́те ещё?; yes, just a little ~ да, ещё немно́го; there are a few ~ left оста́лось ещё не́сколько; what ~ do you want? что ещё вы хоти́те?; I'll tell you ~ when I see you я вам ещё расскажу́, когда́ я вас уви́жу; **2.** (*greater quantity, number*): I have no ~ to say мне бо́льше не́чего сказа́ть; there is much ~, there are many ~ есть ещё мно́го.

more II *a* **1.** (*additional*) ещё; two ~ days ещё два дня; one / two / three ~ ещё оди́н, одна́ / два, две / три; let's try one ~ time попро́буем ещё оди́н раз; I must say one ~ thing я до́лжен ещё ко́е-что́ сказа́ть; I need a little ~ time мне ну́жно ещё немно́го вре́мени; bring me some ~ bread, please! принеси́те мне, пожа́луйста, ещё хле́ба!; have you any ~ money? есть ли у вас ещё де́ньги?; I have a little ~ work to do у меня́ оста́лось ещё немно́го рабо́ты; **2.** (*larger in number, quantity, etc.*) бо́льше; it's ~ a question of style э́то бо́льше вопро́с сти́ля; I have no ~ patience у меня́ бо́льше нет терпе́ния; we have no ~ time у нас бо́льше нет вре́мени; it will take ~ time э́то займёт бо́льше вре́мени; it's ~ than we need э́то бо́льше, чем нам ну́жно.

more III *adv* **1.** (*to greater degree, in greater quantity*) бо́льше; you must read / work ~ вам на́до бо́льше чита́ть / рабо́тать; he knows ~ about machines than I do он бо́льше меня́ разбира́ется в те́хнике; **2.** (*auxiliary, forming comparative degree of adjectives and adverbs*) *often conveyed by ending of adjective or adverb*: ~ interesting / profitable / important интере́снее / вы́годнее / важне́е; ~ often / seldom / rapidly ча́ще / ре́же / быстре́е; { бо́лее; ~ rare бо́лее ре́дкий; ~ understandable бо́лее поня́тный; a ~ reasonable decision бо́лее разу́мное реше́ние; ⊙ ~ **and** ~ всё бо́льше и бо́льше; I like him ~ and ~ он мне всё бо́льше и бо́льше нра́вится; I am ~ and ~ convinced... я всё бо́льше убежда́юсь...; **the** ~ **the...** чем бо́льше, тем...; the ~

I think of his idea, the less I like it чем бо́льше я ду́маю о его́ иде́е, тем ме́ньше она́ мне нра́вится; the ~ words you know the easier it will be for you to read чем бо́льше слов вы бу́дете знать, тем ле́гче вам бу́дет чита́ть; ~ **or less** бо́лее и́ли ме́нее; the words have ~ or less the same meaning э́ти слова́ име́ют бо́лее и́ли ме́нее одина́ковое значе́ние; **3.** (*again*) бо́льше; I won't do that any ~ я так бо́льше не бу́ду поступа́ть.

moreover кро́ме того́; бо́льше того́.

morning у́тро *n* (14d) [beautiful прекра́сное, cold холо́дное, bright я́сное, quiet споко́йное, sunny со́лнечное, rainy дождли́вое]; one ~ одна́жды у́тром; in the ~ у́тром; tomorrow / yesterday ~ за́втра / вчера́ у́тром; on Sunday ~ в воскресе́нье у́тром; all ~ всё у́тро; every ~ ка́ждое у́тро; that ~ в то у́тро; I'll do it this ~ я э́то сде́лаю сего́дня у́тром; when ~ came... когда́ наступи́ло у́тро...; when he got up in the ~... у́тром, когда́ он встал...; at three / six o'clock in the ~ в три часа́ / шесть часо́в утра́; at one / two o'clock in the ~ в час / два часа́ но́чи; the ~ newspaper у́тренняя газе́та; ⊙ **Good** ~! до́брое у́тро!

Moscow Москва́ *f* (19c); live in ~ жить в Москве́; come to ~ прие́хать в Москву́; leave ~ уе́хать из Москвы́; on the way to ~ по доро́ге в Москву́; near ~ недалеко́ от Москвы́; he left for ~ он уе́хал в Москву́.

most I *sb* **1.** (*majority*) большинство́ *n, no pl* (14e); ~ of them большинство́ из (*with gen*) них; ~ of my friends большинство́ (*with gen*) мои́х друзе́й; ~ of the members promised to come большинство́ чле́нов обеща́ло прийти́; **2.** (*greater part*) бо́льшая часть *f* (29b); they live in the country ~ of the time бо́льшую часть (*with gen*) вре́мени они́ живу́т на да́че; ~ of the money isn't his бо́льшая часть де́нег принадлежи́т не ему́; that is the ~ I can do э́то са́мое бо́льшее, что я могу́ сде́лать; ◇ **at (the)** ~ са́мое бо́льшее; it will take half an hour at ~ э́то займёт са́мое бо́льшее полчаса́.

most II *a* (*greatest in number, quantity, degree, etc.*). ~ people / cities / dictionaries большинство́ (*with gen*) люде́й / городо́в / словаре́й; in ~ cases в большинстве́ слу́чаев; ⊙ **for the** ~ **part** бо́льшей ча́стью; they were students and teachers for the ~ part э́то бы́ли бо́льшей ча́стью студе́нты и преподава́тели.

most III *adv* **1.** (*above all*) бо́льше всего́; I like travelling ~ бо́льше всего́ я люблю́ путеше́ствовать; what you need ~ is practice бо́льше всего́ вам нужна́ пра́ктика; **2.** (*auxiliary forming superlative degree of adjectives and adverbs*) са́мый *m*, са́мая *f*, са́мое *n*, са́мые *pl* (41d); the ~ important question са́мый ва́жный вопро́с; the ~ difficult problem са́мая тру́дная пробле́ма; the ~ progressive movement са́мое прогресси́вное движе́ние; the ~ urgent matters са́мые неотло́жные дела́; **3.** (*very*) весьма́; a ~ interesting exhibition весьма́ интере́сная вы́ставка; a ~ serious danger весьма́ серьёзная опа́сность; we are ~ concerned мы весьма́ обеспоко́ены; we were ~ pleased to learn it мы бы́ли о́чень ра́ды узна́ть об э́том.

mostly бо́льшей ча́стью, в основно́м; it's ~ a question of time в основно́м, бо́льшей ча́стью, э́то вопро́с вре́мени; they were ~ young people э́то бы́ли, бо́льшей ча́стью, в основно́м, молоды́е лю́ди; it's ~ because I don't want to leave home э́то, в основно́м, потому́, что я не хочу́ уходи́ть и́з дому; he's at home ~ in the evening по вечера́м он обы́чно до́ма; the telephone calls are ~ for you в основно́м, звоня́т вам.

mother *sb* мать *f* (29a) [young молода́я, kind до́брая, good, devoted пре́данная, tender не́жная, loving лю́бящая, strict стро́гая]; the ~ of a family мать семе́йства; she is like her ~ она́ похо́жа на свою́ мать; my ~'s house дом мое́й ма́тери; my dear ~ моя́ дорога́я мать; Dear Mother! (*in address*) дорога́я ма́ма!; my ~ and I мы с ма́мой; she went with her ~ она́ пое́хала с ма́терью.

motion *sb* **1.** (*movement*) движе́ние *n* (18c) [rapid бы́строе, slow ме́дленное, constant постоя́нное]; in ~ в движе́нии; we could hardly follow the ~s of his hands мы едва́ могли́ следи́ть за движе́ниями его́ рук; ⊙ **set, put in** ~ приводи́ть (152) в движе́ние, *perf* привести́ (219) в движе́ние (*with acc*); **2.** (*proposal*) предложе́ние *n* (18c) [make сде́лать, second поддержа́ть, adopt приня́ть, reject отклони́ть]; does anyone wish to make a ~? каки́е бу́дут предложе́ния?; the ~ is carried предложе́ние при́нято; those for the ~, raise your hands! кто за э́то предложе́ние, прошу́ подня́ть ру́ки!; the ~ was adopted by a large majority предложе́ние бы́ло при́нято значи́тельным большинство́м голосо́в.

motor дви́гатель *m* (3c) [1) powerful мо́щный, electric электри́ческий; 2) works рабо́тает, stops остана́вливается, breaks down ломáется; 3) start пусти́ть, stop останови́ть, test испытáть, clean чи́стить, repair ремонти́ровать]; there's something wrong with the ~ чтó-то случи́лось с дви́гателем, чтó-то испóртилось в motóре.

mountain горá *f* (19d) [high высóкая, steep крутáя, snow-covered покры́тая снéгом]; ascend / climb a ~ подня́ться / взобрáться нá гору; descend a ~ спусти́ться с горы́; at the top of a ~ на верши́не горы́; at the foot of a ~ у поднóжья горы́; cross the ~s пересéчь гóры; fly over the ~s перелетéть чéрез гóры; high in the ~s высокó в горáх; ~ river гóрная рекá; a ~ range цепь гор, гóрная цепь.

mouth 1. рот *m* (1d) [1) small мáленький, wide ширóкий, beautiful краси́вый, ugly некраси́вый, full пóлный; 2) open открывáть, close закрывáть, wipe вытирáть]; my ~ was dry у меня́ пересóхло во рту́; he kept his ~ shut, closed он не открывáл рта; hold in one's ~ держáть во рту́; take smth out of one's ~ вы́нуть что-л. изо ртá; 2. (*of river*) ýстье *n* (18d); ◇ **you took the words out of my** ~ я как раз хотéл(а) э́то сказáть.

move *v* 1. (*change position of smth*) дви́гать (65), *perf* дви́нуть (126) (*with acc*); we couldn't ~ the heavy table мы не могли́ подви́нуть э́тот тяжёлый стол; she ~d the books aside онá отодви́нула кни́ги в стóрону; he ~d the picture nearer он придви́нул карти́ну бли́же (к себé); we shall need a tractor to ~ the stone нам понáдобится трáктор, чтóбы сдви́нуть э́тот кáмень (с мéста); the doctor said he mustn't be ~d врач запрети́л егó трóгать; he wouldn't ~ a finger to help you он и пáльцем не пошевели́т, чтóбы вам помóчь; 2. (*change position*) дви́гаться (65), *perf* дви́нуться (126); we were afraid to ~ мы боя́лись дви́нуться с мéста; the whole crowd ~d forward вся толпá дви́нулась вперёд; ~ aside, please! подви́ньтесь, пожáлуйста!; the train was moving slowly пóезд дви́гался, шёл мéдленно; don't ~ until I tell you! не дви́гайтесь, покá я вам не скажу́; 3. (*change residence*) переезжáть (64), *perf* переéхать (71); they ~d long ago они́ давнó переéхали; we shall ~ to another city мы переéдем в другóй гóрод; the office has been ~d to the third floor э́то учреждéние переéхало на четвёртый этáж; they ~d in / out last week они́ въéхали / вы́ехали на прóшлой недéле; 4. (*affect*) тро́гать (65), *perf* тро́нуть (126) (*with acc*); nothing we could say seemed to ~ him что́ бы мы ни говори́ли, его́ ничто́ не тро́гало; we were ~d to tears by her story её расска́з тро́нул нас до слёз.

movement 1. (*physical*) движе́ние *n* (18c) [slow ме́дленное, rapid бы́строе, clumsy неуклю́жее, sudden внеза́пное, graceful грацио́зное]; the ~s of the troops движе́ние во́йск; we could hardly follow the ~s of his hands мы с трудо́м могли́ уследи́ть за движе́ниями его́ рук; he lay without ~ он лежа́л, не шевеля́сь; **2.** (*social*) движе́ние [1) mass ма́ссовое, working-class рабо́чее, political полити́ческое; 2) lead, head возглави́ть, support поддержа́ть, organize организова́ть, crush подавля́ть]; oppose a ~ препя́тствовать движе́нию; peace ~ движе́ние за мир; a ~ to reform the laws / to abolish child labour движе́ние за рефо́рму зако́нов / за запреще́ние де́тского труда́; thousands joined the ~ ты́сячи (люде́й) присоедини́лись к э́тому движе́нию; the ~ was gaining strength (э́то) движе́ние уси́ливалось.

movies *pl* кино́ *n indecl*; we're going to the ~ tomorrow за́втра мы идём в кино́; I always enjoy the ~ я всегда́ получа́ю удово́льствие от кино́.

much I *n* мно́го(е) (31b); we have very ~ to look forward to у нас ещё мно́гое впереди́; is there ~ left? мно́го оста́лось?; he didn't say ~ он ма́ло сказа́л.

much II *a* мно́го (*with gen*); have you (got) very ~ work? у вас о́чень мно́го рабо́ты?; there isn't ~ time left оста́лось ма́ло вре́мени; there is always ~ rain here здесь всегда́ мно́го дожде́й; he gave me ~ good advice он дал мне мно́го хоро́ших сове́тов; he will be getting twice as ~ money он бу́дет получа́ть вдво́е бо́льше де́нег; the rent is half as ~ квартпла́та вдво́е ме́ньше; don't make so ~ noise! не шуми́те так!; ⊙ **how ~?** ско́лько?; how ~ time have we left? ско́лько у нас оста́лось вре́мени?; how ~ did that suit cost you? ско́лько вам сто́ил э́тот костю́м?; how ~ material will I need? ско́лько мне пона́добится мате́рии?

much III *adv* мно́го; she works very much now она́ сейча́с о́чень мно́го рабо́тает; do you know ~ about him? вы его́ хорошо́ зна́ете?; I haven't thought about it ~ я об э́том не ду́мал(а); I liked the picture very ~ мне э́та карти́на о́чень понра́вилась; I am very ~ interested in the subject я о́чень интересу́юсь э́тим вопро́сом; you know how

~ he likes his work вы зна́ете, как он лю́бит свою́ рабо́ту; have we ~ farther to go? нам ещё далеко́ идти́, е́хать?; ‖ (*to intensify meaning of adjectives and adverbs in comparative degree*) гора́здо; ~ better / worse / more / less гора́здо лу́чше / ху́же / бо́льше / ме́ньше; ~ faster / slower / easier / more pleasant гора́здо быстре́е / ме́дленнее / ле́гче / прия́тнее; ~ more interesting гора́здо интере́снее.

mud грязь *f* (29c); his shoes were covered with ~ его́ боти́нки бы́ли в грязи́; the car got stuck in the ~ маши́на завя́зла в грязи́.

murder I *sb* уби́йство *n* (14c) [1) cold-blooded хладнокро́вное; 2) commit соверши́ть]; it was sheer ~! э́то бы́ло про́сто уби́йство!; he was arrested for ~ он был aресто́ван за уби́йство; he was accused of ~ его́ обвини́ли в уби́йстве.

murder II *v* убива́ть (64), *perf* уби́ть (181) (*with acc*); he was ~ed он был уби́т.

murmur I *sb* **1.** (*low sound*): ~ of bees жужжа́ние пчёл; low ~ of voices приглушённый шум голосо́в; ~ of a brook, stream журча́ние ручья́; her voice sank to a ~ она́ сни́зила го́лос до шёпота; **2.** (*complaint*) ро́пот *m* (1f); he agreed without a ~ он безро́потно согласи́лся.

murmur II *v* (*speak in a very low voice*) бормота́ть (70), *perf* пробормота́ть (70) (*with acc*); she ~ed his name она́ пробормота́ла его́ и́мя.

muscle му́скул *m* (1f); hard / soft ~s твёрдые / вя́лые му́скулы; he strained a ~ он напря́г му́скулы; not a ~ in his face moved ни оди́н му́скул не дро́гнул на его́ лице́; ‖ мы́шца *f* (21c); leg ~s мы́шцы (*with gen*) ноги́.

museum музе́й *m* (11b) [1) interesting интере́сный, well-known изве́стный; 2) opens at eight открыва́ется в во́семь, closes закрыва́ется; 3) visit посеща́ть, see осма́тривать]; go to a ~ идти́ в музе́й; there are many interesting things in the ~ в э́том музе́е мно́го интере́сного; as we left the ~... выходя́ из музе́я..., покида́я музе́й...; Museum of Fine Arts музе́й изобрази́тельных иску́сств; the Pushkin Museum музе́й и́мени Пу́шкина.

music му́зыка *f* (22b) [beautiful, wonderful замеча́тельная, bad плоха́я, modern совреме́нная, classical класси́ческая, symphony симфони́ческая, chamber ка́мерная, national национа́льная, folk наро́дная; sad гру́стная, gay весёлая]; appreciate / understand / love ~ цени́ть / понима́ть / люби́ть му́зыку; compose ~ сочиня́ть му́зыку; play ~

исполня́ть музыка́льное произведе́ние; they danced to the ~ of an orchestra они́ танцева́ли под орке́стр; I have no ear for ~ у меня́ нет слу́ха; ~ school музыка́льная шко́ла.

must 1. (*expressing obligation, in positive sentences*): you ~ be here early tomorrow за́втра вы должны́ быть здесь ра́но; I ~ go home я до́лжен, должна́ идти́ домо́й; ~ you leave already? вы уже́ должны́ уходи́ть?; where / when ~ he go? куда́ / когда́ он до́лжен идти́?; you ~ try at any rate во вся́ком слу́чае, вы должны́ попыта́ться; { (*in negative sentences*) нельзя́; you ~n't make any noise here здесь нельзя́ шуме́ть; we ~n't wait any longer нам нельзя́ бо́льше ждать; you know you ~n't interrupt ты зна́ешь, что нельзя́ перебива́ть; 2. (*expressing probability*) должно́ быть; it ~ be late already должно́ быть уже́ по́здно; she ~ be at home она́, должно́ быть, до́ма; they ~ have left должно́ быть, они́ уже́ ушли́, уе́хали; you ~ not have understood him вы, должно́ быть, его́ не по́няли.

mustard горчи́ца *f* (21c).

mutual взаи́мный (31b); взаи́мная [aid по́мощь]; взаи́мное [respect уваже́ние, understanding понима́ние].

my *pron poss* мой (40c) [brother брат, teacher учи́тель, friend друг, husband муж, son сын; house дом, answer отве́т, duty долг, bag портфе́ль, suit костю́м]; моя́ [sister сестра́, daughter дочь, family семья́, wife жена́, room ко́мната, work рабо́та, hat шля́па, mistake оши́бка, gratitude, thanks благода́рность, aim цель, head голова́, right arm, hand пра́вая рука́, left leg, foot ле́вая нога́]; моё [coat пальто́, opinion мне́ние, decision реше́ние; mood настрое́ние, attention внима́ние, first impression пе́рвое впечатле́ние, right пра́во, position положе́ние]; мои́ [watch часы́, money де́ньги, things ве́щи; friends друзья́, children де́ти; hopes наде́жды, plans пла́ны]; all my things все мои́ ве́щи; both my sisters о́бе мои́ сестры́; this book isn't my own э́та кни́га не моя́ (со́бственная); give him my best wishes / regards! переда́й(те) ему́ мои́ наилу́чшие пожела́ния / мой приве́т!; { *when person of subject coincides with person of poss pron* свой *m*, своя́ *f*, своё *n*, свои́ *pl* (40c); I have finished my work я зако́нчил(а) свою́ рабо́ту; I explained my point of view я объясни́л(а) свою́ то́чку зре́ния; { свой *is often omitted in Russian*: I put on my coat я наде́л(а) пальто́; I've hurt my foot я ушиб(ла) но́гу.

myself I *emphatic pron* **1.** сам(á) (41d); I ~ saw / read it я сам(á) э́то ви́дел(а) / чита́л(а); **2.** (*alone, without help from others*) сам(á) (41d), оди́н *m*, одна́ *f* (39a) I can do it ~ я могу́ э́то сде́лать сам(á); I shall finish it (by) ~ я ко́нчу э́то сам(á); ⊙ **(all) by** ~ 1) сам(á); 2) оди́н, одна́; I was there all by ~ я был там (совсе́м) оди́н; II *pron refl* **1.** себя́ *gen*; I had to do everything for ~ мне самому́ пришло́сь всё для себя́ де́лать; { себе́ *dat*; I often ask ~ this question я ча́сто задаю́ себе́ э́тот вопро́с; I made ~ a cup of tea я завари́л(а) себе́ ча́шку ча́ю; { себя́ *acc*; I did not recognize ~ я (сам) себя́ не узна́л; I put ~ in his position я поста́вил(а) себя́ на его́ ме́сто; I tried to pull ~ together я пыта́лся взять себя́ в ру́ки; { собо́й *instr*; I wasn't satisfied with ~ я был недово́лен собо́й; { себе́ *abl*; I don't want to talk about ~ я не хочу́ говори́ть о себе́; **2.** *often conveyed by* -ся, -сь *attached to verb*; I always wash ~ with cold water я всегда́ умыва́юсь холо́дной водо́й; I dressed ~ quickly я бы́стро оде́лся.

mystery: it's a ~ to me для меня́ э́то зага́дка; it's a ~ to me how he got there so quickly для меня́ зага́дка, как он туда́ так бы́стро прие́хал; why make a ~ of it? для чего́ из э́того де́лать секре́т, та́йну?; the ~ was soon solved, cleared up э́та та́йна вско́ре была́ раскры́та.

N

nail I *sb* гвоздь *m* (2d) [1) iron желе́зный, wooden деревя́нный, long большо́й, crooked со́гнутый; 2) hammer (in) вбить, заби́ть, draw out, pull out вы́тащить].

nail II *sb* но́готь *m* (3h); *usu pl* ~s но́гти [1) long дли́нные, short коро́ткие, dirty гря́зные; 2) grow расту́т]; cut / trim one's ~s обреза́ть / подреза́ть но́гти; to bite one's ~s куса́ть но́гти.

naked 1. (*not covered*) го́лый (31b) [child ребёнок]; го́лая [rock скала́]; he was ~ to the waist он был обнажён по по́яс; **2.** (*not disguised*): the ~ truth го́лая пра́вда; ⊙ **see with the** ~ **eye** ви́деть (109) невооружённым гла́зом.

name *sb* **1.** (*of living beings*) и́мя *n* (15b) [1) real настоя́щее, well-known изве́стное, famous знамени́тое, forgotten забы́тое, familiar знако́мое, beautiful краси́вое, strange стра́нное; 2) change измени́ть, forget забы́ть, give дать, learn узна́ть, remember по́мнить, write написа́ть, write down записа́ть]; one's full ~ по́лное и́мя; give one's ~ назва́ть своё и́мя и фами́лию; what is your ~? как тебя́, Вас зову́т?; his ~ is Ivan его́ зову́т (*with instr*) Ива́ном; he didn't give his right ~ он не назва́л своего́ настоя́щего и́мени; a man, Peter by ~, by the ~ of Peter челове́к, по и́мени Пётр; I know him only by ~ я его́ зна́ю то́лько по и́мени; he is known under the ~ of N. он изве́стен под и́менем Н.; maiden ~ де́вичья фами́лия; assumed ~ псевдони́м; ⊙ **one's first, Christian ~** и́мя *n* (15b); call me by my first ~! зови́(те) меня́ по и́мени!; **family ~** фами́лия *f* (23c); his Christian ~ is Tom and his family ~ is Smith зову́т его́ То́мом, а фами́лия его́ — Смит; **2.** *no pl* (*reputation*) и́мя [good до́брое]; bad, ill ~ дурна́я репута́ция; he is a man with a ~ он челове́к с и́менем; ruin one's ~ загуби́ть своё и́мя; **3.** (*of inanimate objects*) назва́ние *n* (18c) [1) new но́вое, strange стра́нное, Latin лати́нское; 2) *with gen* of a book кни́ги, of a play пье́сы, of a village дере́вни, of a street у́лицы, of a station ста́нции, of a thing ве́щи]; what is the ~ of this square? как называ́ется э́та пло́щадь?; ◇ **call smb ~s** руга́ть (64) кого́-л.

narrow *a* **1.** (*not wide*) у́зкий (33b) [belt по́яс, реме́нь, corridor коридо́р, passage прохо́д, bridge мост]; у́зкая [path тропи́нка, street у́лица, road доро́га, valley доли́на; door дверь, room ко́мната, bed крова́ть, stairs ле́стница; skirt ю́бка, ribbon ле́нта, crack щель]; у́зкое [window окно́, opening отве́рстие, space простра́нство; dress пла́тье]; у́зкие [margins поля́, shoes ту́фли, trousers брю́ки, hands ру́ки]; the room was long and ~ ко́мната была́ дли́нная и у́зкая; become, get ~ сужа́ться (64), *perf* су́зиться (155); the river became ~(er) at this point река́ в э́том ме́сте сужа́лась; **2.** (*too small*): the dress is ~ in the shoulders э́то пла́тье мне у́зко в плеча́х; the coat is too ~ for me / her пальто́ мне / ей сли́шком у́зко; the suit is too ~ for him костю́м ему́ сли́шком у́зок; the skirt is ~ for her ю́бка ей узка́; **3.** (*limited*) у́зкий; a ~ circle of friends у́зкий круг друзе́й, знако́мых; in the ~ meaning of the word в у́зком смы́сле сло́ва.

nation 1. (*people*) наро́д *m* (1f); the entire ~ весь

наро́д; peace-loving / freedom-loving ~s миролюби́вые / свободолюби́вые наро́ды; the customs of a ~ обы́чаи наро́да; { на́ция *f* (23c); ⊙ **United Nations Organization** Организа́ция Объединённых На́ций; **2.** (*country, state*) госуда́рство *n* (14c).

national *a* национа́льный (31b) [hero геро́й, holiday пра́здник, custom обы́чай, language язы́к; income дохо́д, budget бюдже́т; theatre теа́тр]; национа́льная [literature литерату́ра, music му́зыка, culture культу́ра, tradition тради́ция]; национа́льное [art иску́сство]; ~ economy наро́дное хозя́йство; ~ industry оте́чественная промы́шленность; { госуда́рственный (31b) [flag флаг, anthem гимн].

native *a* родно́й (31a) [town го́род, language язы́к]; ~ country, land ро́дина *f* (19c).

natural *a* **1.** (*pertaining to nature*) приро́дный (31b); ~ resources приро́дные бога́тства; ~ forces си́лы приро́ды; ~ phenomena явле́ния приро́ды; { (*produced by nature, unchanged*) есте́ственный (31b) [gas газ, growth рост]; есте́ственная [barrier прегра́да]; есте́ственное [obstacle препя́тствие, increase увеличе́ние]; in a ~ state в есте́ственном состоя́нии; **2.** (*in-born, not acquired*) врождённый (31b) [instinct инсти́нкт, talent тала́нт]; врождённая [fear боя́знь]; **3.** (*normal, expected*) есте́ственный [result результа́т]; есте́ственная [death смерть, reaction реа́кция]; есте́ственное [wish, desire жела́ние, development разви́тие]; it is only ~ э́то вполне́ есте́ственно.

naturally **1.** (*in a natural manner*) непринуждённо; he speaks / behaves / acts ~ он говори́т / ведёт себя́ / игра́ет непринуждённо; **2.** (*of course*) коне́чно, есте́ственно; ~, I refused such an offer я, коне́чно, отказа́лся от тако́го предложе́ния; I should like to get home as soon as possible, ~ коне́чно, я бы хоте́л(а) попа́сть домо́й возмо́жно скоре́е.

nature **1.** приро́да *f* (19c); descriptions of ~ описа́ние приро́ды; powers / laws of ~ си́лы / зако́ны приро́ды; love / study / observe / conquer / change ~ люби́ть / изуча́ть / наблюда́ть / покоря́ть / изменя́ть приро́ду; imitate ~ подража́ть приро́де; **2.** (*character of person*) нату́ра *f* (19c) [generous ще́драя, широ́кая, strong си́льная, vigorous де́ятельная]; { (*disposition*) хара́ктер *m* (1f) [kind, sweet до́брый, good хоро́ший, unpleasant неприя́тный, ill, bad плохо́й]; ⊙ **by** ~ по нату́ре; she was shy, timid / reserved / kind by ~ по нату́ре она́ была́ застéнчива / сдéржанна / добрá; she is pleasant by ~ у неё приятный харáктер; **3.** (*character of thing*) прирóда; it is in the ~ of things это в прирóде вещéй; ‖ (*kind, sort*) род *m, no pl* (1f); things of this ~ do not interest me такóго рóда вéщи меня не интересýют.

navy воéнно-морскóй флот *m* (1f) [powerful мóщный]; serve in the ~ служить в воéнно-морскóм флóте; enter the ~ поступить на слýжбу в воéнно-морскóй флот.

near I *a* близкий (33b) [relation рóдственник]; the house / shop / post-office / river is quite ~ дом / магазин / пóчта / рекá совсéм близко; the mountains seem quite ~ кáжется, что гóры совсéм близко; the ~est station is N. ближáйшая стáнция — Н.; take me to the ~est post-office / hotel! проводите меня до ближáйшей пóчты / гостиницы!; I shall take you to the ~est tram-stop я провожý вас до ближáйшей трамвáйной остановки; show me the ~est way to the underground station! покажите мне ближáйший путь к стáнции метрó!; ‖ (*of time*) ближáйший (34b); in the ~ future в ближáйшем бýдущем; the holiday / end / examination is ~ скóро прáздник / конéц / экзáмен.

near II *adv* близко [come подойти, live жить, sit сидéть, stand стоять, stop остановиться]; he came ~er он подошёл ближе.

near III *prep* **1.** (*not far from*) *with gen*: ~ the house / river / window **вóзле** дóма / реки / окнá; he lives ~ the park / station / road / Moscow / me он живёт **óколо** пáрка / стáнции / дорóги / Москвы / меня; there were no railways ~ the village óколо этой дерéвни нет железной дорóги; ~ here недалекó отсюда; ~ there недалекó оттýда; **2.** (*about*) *with gen*: he is ~ fifty емý **óколо** пятидесяти (лет).

nearly (*almost*) почти; it's ~ one / five o'clock now сейчáс почти час / пять часóв; the dress was ~ ready плáтье было почти готóво; ‖ *with verbs* чуть не; she ~ died of fright онá чуть не умерлá со стрáха; I ~ forgot я чуть не забыл(а); he stumbled and ~ fell он споткнýлся и чуть не упáл.

neat (*tidy*) аккурáтный (31b) [handwriting пóчерк]; аккурáтная [girl дéвушка, room кóмната, clothes одéжда, work рабóта]; аккурáтное [dress плáтье]; аккурáтные [piles of papers стóпки бумáг, rows of figures ряды цифр].

necessary *a* необходимый (31b) [advice совéт]; необходи́мая [part часть, help по́мощь, sum су́мма, procedure процеду́ра, qualifications квалифика́ция]; необходи́мое [medicine лека́рство, time вре́мя]; необходи́мые [means сре́дства, instructions указа́ния, measures ме́ры]; { *after* be *translated by short form*: light and air are ~ to life свет и во́здух необходи́мы для жи́зни; it is ~ for you to be there вам необходи́мо там быть; it is ~ to do it at once необходи́мо э́то сде́лать сейча́с же; it is ~ that you should be present необходи́мо, что́бы вы прису́тствовали; if ~ е́сли ну́жно; I shall take with me only what is ~ я возьму́ с собо́й то́лько необходи́мое; we have everything (that is) ~ у нас есть всё необходи́мое.

necessity необходи́мость *f*, *no pl* (29c); there is no ~ for you to stay here any longer вам нет необходи́мости здесь до́льше остава́ться; there was no ~ for them to treat him so они́ не должны́ бы́ли так с ним обраща́ться; in case of ~ в слу́чае необходи́мости.

neck 1. (*part of body*) ше́я *f* (23b) [1) long дли́нная, thin то́нкая, beautiful краси́вая, bare обнажённая; 2) *with gen* of a bird пти́цы, of an animal живо́тного]; my ~ is stiff у меня́ оне́мела ше́я; fall on smb's ~ бро́ситься кому́-л. на ше́ю; wring smb's ~ сверну́ть кому́-л. ше́ю; the water was up to his ~ он был по ше́ю в воде́; ⊙ **break one's ~** сверну́ть себе́ ше́ю; **risk one's ~** рискова́ть (243) (свое́й) голово́й; **2.** (*of bottle*) го́рлышко *n* (*sg* 14a, *pl* 22f) [wide широ́кое, narrow у́зкое].

need *v*: I ~ more time / ten minutes мне ну́жно ещё вре́мя / де́сять мину́т; she / he ~s rest ей / ему́ ну́жен о́тдых; we ~ a book / a room нам нужна́ кни́га / ко́мната; you ~ two tickets вам ну́жно два биле́та; they ~ a good teacher им ну́жен хоро́ший учи́тель; I ~ a watch / money мне нужны́ часы́ / де́ньги; children ~ good care де́тям ну́жен хоро́ший ухо́д; ring me up if you ~ me позвони́те мне, е́сли я вам бу́ду ну́жен, нужна́; the factory ~s workers заво́ду нужны́ рабо́чие; I / we ~ it very much, badly мне / нам э́то о́чень ну́жно; do you ~ anything else? вам ещё что́-нибудь ну́жно?; it is exactly what I ~ э́то как раз то, что мне ну́жно; I / they ~ed a dictionary мне / им был ну́жен слова́рь; I shall ~ the book tomorrow э́та кни́га мне бу́дет нужна́ за́втра; ~ you go? вам ну́жно идти́?; he doesn't ~ to be told twice ему́ не ну́жно говори́ть два́жды;

you ~n't have done it вам не нужно было делать этого; must I send the telegram at once? No, you needn't я должен послать телеграмму немедленно? Нет, не нужно; I ~ hardly say, that... вряд ли мне нужно говорить, что...

needle иголка *f* (22d) [sharp острая, thin тонкая, sewing швейная]; thread a ~ вдеть нитку в иголку; sew with a ~ шить иголкой.

neglect *v* (*disregard*) пренебрегать (64), *perf* пренебречь (102) [*with instr* one's duties своими обязанностями, warning предупреждением, one's health своим здоровьем]; ‖ (*pay little attention*) запускать (64), *perf* запустить (162) [*with acc* one's affairs свои дела, home хозяйство, studies занятия]; ~ one's children / family не уделять должного внимания своим детям / семье.

negotiations *pl* переговоры (1d) [1) successful успешные, long длительные; 2) carry on вести, break off прервать, resume возобновить]; enter into ~ with smb вступить с кем-л. в переговоры; after long ~ a peace treaty was signed мирный договор был подписан после длительных переговоров.

Negro негр *m* (1e).

neighbour сосед *m* (*sg* 1e, *pl* 3a) [good хороший, kind добрый, nice приятный]; he is a ~ of ours он наш сосед; they are my next-door ~s они мои ближайшие соседи, соседи по дому; he often visited his ~s он часто навещал своих соседей; be on good terms with one's ~s быть в хороших отношениях со своими соседями; their nearest ~ lived a kilometre away их ближайший сосед жил на расстоянии километра; ‖ соседка *f* (22c).

neighbouring соседний (32) [house дом, town город]; соседняя [room комната, farm ферма]; соседнее [country государство, field поле].

neither I *pron* ни один *m*, ни одна *f*, ни одно *n* (39a) (*verb in sentence translated in negative*); ~ boy was over fifteen ни одному из мальчиков не было больше пятнадцати (лет); ~ of the girls ни одна из девушек; ~ of the decisions ни одно из решений; ‖ ни тот ни другой *m*, ни та ни другая *f*, ни то ни другое *n* (33a); ~ of them could swim ни тот ни другой (из них) не умел плавать; in ~ case would you get there before the first ни в том ни в другом случае вы бы не смогли приехать туда до первого.

neither II *adv* тоже, также; she cannot swim, ~ can her brother она не умеет плавать, её брат тоже; I don't like it.— Neither do I мне э́то не нра́вится.— Мне то́же; they weren't at the party.— Neither were we их не́ было на ве́чере.— Нас то́же; we shan't go there.— Neither shall I мы туда́ не поéдем.— Я то́же.

neither III *conj*: ~... nor ни... ни (*verb in sentence is translated in negative*); ~ you nor I know / remember where to go ни вы, ни я не зна́ем / не по́мним, куда́ идти́; he has ~ mother nor father у него́ нет ни ма́тери, ни отца́; it is ~ cold nor warm today сего́дня не тепло́ и не хо́лодно; he ~ wrote nor called me up он мне не написа́ли не позвони́л.

nephew племя́нник *m* (4a).

nerve *sb* **1.** нерв *m* (1f); **2.** *pl* ~s не́рвы [strong кре́пкие, weak сла́бые]; he has ~s of iron, steel у него́ желе́зные не́рвы; ⊙ **get on one's ~s** де́йствовать на не́рвы (*with dat*); that noise gets on my / his ~s э́тот шум де́йствует мне / ему́ на не́рвы.

nervous не́рвный (31b) [child ребёнок, man, person челове́к, gesture жест]; не́рвная [system систе́ма, disease боле́знь, woman же́нщина, work рабо́та]; не́рвное [shock потрясе́ние, movement движе́ние]; be ~ не́рвничать (65); she was very ~ она́ о́чень не́рвничала; I wasn't at all ~ я совсе́м не не́рвничал(а); at first he was so ~ that he couldn't speak снача́ла он так не́рвничал, что не мог говори́ть; she did not seem, look ~ каза́лось, что она́ не не́рвничает; don't be ~! не не́рвничай(те)!; become, get ~ нача́ть не́рвничать.

nest *sb* гнездо́ *n* (14f) [1) warm тёплое, empty пусто́е; 2) of straw из соло́мы; 3) build, make вить, defend защища́ть, leave покида́ть]; return to one's ~ верну́ться в своё гнездо́; a hornets' ~ оси́ное гнездо́.

net *sb* **1.** (*for fishing, etc.*) сеть *f* (29b) [1) thin то́нкая, fishing рыболо́вная; 2) spread расста́вить, draw out, up выта́скивать, mend чини́ть]; catch fish with a ~ лови́ть ры́бу се́тью; be caught in a ~ попа́сть в се́ти; **2.** (*for sports, etc.*) се́тка *f* (22d); tennis / volley-ball ~ те́ннисная / волейбо́льная се́тка; hit the ~ попа́сть в се́тку.

never никогда́ (*verb in sentence is translated in negative*); I ~ thought of that before я никогда́ ра́ньше не ду́мал(а) об э́том; I shall ~ agree я никогда́ не соглашу́сь; I would ~ have thought that he would do that я бы никогда́ не поду́мал(а), что он э́то сде́лает; ~ in my life have I seen anything like it никогда́ в жи́зни я не ви́дел(а) ничего́ подо́бного; I shall ~ forget it я никогда́ э́того не забу́ду; ~ before / after никогда́ до э́того / по́сле э́того; he had ~ been there before он там никогда́ ещё не́ был; ~ again никогда́ бо́льше; I ~ want to see him again я бо́льше (никогда́) не хочу́ его́ ви́деть; I ~ said such a thing я никогда́ не говори́л(а) э́того; ◇ ~ **mind!** 1) (*in answer to apology*) ничего́!; excuse me for forgetting to post the letter. Never mind, we'll send it tomorrow прости́те, что я забы́л опусти́ть письмо́. — Ничего́, мы отпра́вим его́ за́втра; 2) (*don't bother*) не беспоко́йтесь!; ~ mind, I'll get it myself не беспоко́йтесь, я сам(а́) доста́ну.

nevertheless тем не ме́нее; I tried not to forget the tickets, ~ I did я стара́лся не забы́ть биле́ты, тем не ме́нее я их забы́л; he felt ill, but he went to work ~ он чу́вствовал себя́ совсе́м больны́м, но тем не ме́нее он пошёл на рабо́ту.

new но́вый (31b) [factory заво́д, city го́род, house дом; friend друг, teacher учи́тель; subject предме́т, kind вид]; но́вая [book кни́га, idea мысль, иде́я, play пье́са, star звезда́, job рабо́та, station ста́нция, school шко́ла, tendency тенде́нция]; но́вое [coat пальто́, dress пла́тье, invention изобрете́ние, discovery откры́тие, achievement достиже́ние]; there are many ~ words on this page на э́той страни́це мно́го но́вых слов; it was a completely ~ world to him для него́ э́то был соверше́нно но́вый мир; begin a ~ life нача́ть но́вую жизнь; he felt like a ~ man он чу́вствовал себя́ други́м челове́ком; anything ~? что но́вого?; that is ~ to me для меня́ э́то но́вость; that's not ~ э́то не но́во; nothing ~ ничего́ но́вого; something ~ что́-нибудь но́вое.

news (*of things unknown*) но́вость *f* (29b) [1) good хоро́шая, bad плоха́я, important ва́жная, great больша́я, sad печа́льная, unexpected неожи́данная; 2) spreads распространя́ется; 3) bring приноси́ть, spread распространя́ть, hear услы́шать, learn узна́ть]; tell smb the ~ расска́зывать кому́-л. но́вости; have you heard the ~? вы слы́шали но́вость?; I have good ~ у меня́ хоро́шие но́вости; that's ~ to me для меня́ э́то но́вость; that's no ~ to me для меня́ э́то не но́вость; what's the latest ~? каковы́ после́дние но́вости?; ‖ (*information*) изве́стие *n* (18c); I've had no ~ from him for a long time я давно́ не име́ю от него́ никаки́х изве́стий; tell / bring the ~ сообща́ть / приноси́ть изве́стия; the latest ~ после́дние изве́стия; broadcast / listen to the ~ передава́ть (по ра́дио) / слу́шать изве́стия; ⊙ **break the** ~ сообщи́ть (171) неприя́тную но́вость.

newspaper газе́та *f* (19c) [old ста́рая, morning у́тренняя, evening вече́рняя, today's сего́дняшняя, yesterday's вчера́шняя, foreign иностра́нная, daily ежедне́вная]; receive / buy / read a ~ получа́ть / покупа́ть / чита́ть газе́ту; subscribe to a ~ подписа́ться на газе́ту; the ~ says... в газе́те говори́тся...; in the ~ в газе́те; learn smth from the ~ узна́ть что-л. из газе́ты; write to the ~ писа́ть в газе́ту; ~ article газе́тная статья́; ⊙ ~ **man** корреспонде́нт *m* (1e).

next I *a* сле́дующий (35) [day день, time раз, train по́езд, question вопро́с]; сле́дующая [station ста́нция, stop остано́вка, street у́лица, page страни́ца, chapter глава́]; ~ month в сле́дующем ме́сяце; (the) ~ morning на сле́дующее у́тро; (the) ~ day / evening на сле́дующий день / ве́чер; (the) ~ week на сле́дующей неде́ле; ~ Monday / Tuesday / Thursday в сле́дующий понеде́льник / вто́рник / четве́рг; ~ Wednesday / Saturday / Friday в сле́дующую сре́ду / суббо́ту / пя́тницу; ~ Sunday в сле́дующее воскресе́нье; the ~ time I go there... когда́ я пойду́ туда́ в сле́дующий раз...; the ~ thing to do сле́дующее, что на́до сде́лать; who is ~? кто сле́дующий?; Tom was the ~ to come сле́дующим пришёл Том; on the ~ floor этажо́м вы́ше; ‖ (*with seasons, year*) бу́дущий (35); ~ year в бу́дущем году́; ~ January / June в январе́ / ию́не бу́дущего го́да; ~ spring / winter / autumn бу́дущей весно́й / зимо́й / о́сенью; ~ summer бу́дущим ле́том; the ~ harvest бу́дущий урожа́й; ⊙ ~ **door** *see* door.

next II *adv* (*after that*) пото́м; what happened ~? что случи́лось пото́м?; ‖ (*further*) да́льше; what must we do ~? что нам де́лать да́льше?; what ~? что же да́льше?; ‖ (*again*) в сле́дующий раз; when shall I see you ~? когда́ я вас уви́жу в сле́дующий раз?

next III *prep* **1.** (*very near to*): our hotel was ~ (to) the post-office на́ша гости́ница была́ **ря́дом с** (*with instr*) по́чтой; he placed his chair ~ (to) hers он поста́вил свой стул ря́дом с её сту́лом; I sat ~ to him я сиде́л(а) ря́дом с ним; the big tree ~ to the house большо́е де́рево **о́коло** (*with gen*) до́ма; **2.** (*after*) *with gen*: the largest city ~ to Paris са́мый большо́й го́род **по́сле** Пари́жа; ~ to Beethoven he liked Bach best of all по́сле Бетхо́вена он бо́льше всего́ люби́л Ба́ха; ◊ ~ **to nothing** почти́ ничего́.

nice 1. (*pretty*) краси́вый (31b) [colour цвет, flower цвето́к, city, town го́род, garden сад]; краси́вая [hat шля́па, thing вещь, street у́лица, room ко́мната]; краси́вое [dress пла́тье, place ме́сто]; she looked very ~ in her new dress в но́вом пла́тье она́ вы́глядела о́чень краси́вой; **2.** (*attractive, kind*) ми́лый (31b) [man челове́к, child ребёнок, boy ма́льчик]; ми́лая [woman же́нщина, family семья́]; ми́лые [people лю́ди]; he was ~ to me он был со мно́ю о́чень мил, любе́зен; it was ~ of her to come here с её стороны́ бы́ло о́чень ми́ло прийти́ сюда́; **3.** (*pleasant*) прия́тный (31b) [day день; party ве́чер; taste вкус]; прия́тная [music му́зыка, song пе́сня; trip прогу́лка, пое́здка, weather пого́да, company компа́ния]; it is very ~ to the taste / the feel э́то о́чень прия́тно на вкус / на о́щупь; **4.** (*tasty*) вку́сный (31b) [breakfast за́втрак, dinner обе́д, cake, pie пиро́г, soup суп]; вку́сная [food еда́]; вку́сное [apple я́блоко, ice-cream моро́женое, wine вино́]; вку́сные [fruit фру́кты]; there were a lot of ~ things there там бы́ло мно́го вку́сных веще́й.

niece племя́нница *f* (21a).

night 1. ночь *f* (30b) [1) beautiful, fine прекра́сная, bright све́тлая, dark тёмная, long дли́нная, cold холо́дная, hot ду́шная, stormy бу́рная, quiet ти́хая, sleepless бессо́нная, restless беспоко́йная, summer ле́тняя, winter зи́мняя; 2) comes, falls наступа́ет; 3) spend провести́]; stay over ~ оста́ться на́ ночь; he had a good / bad ~ он хорошо́ / пло́хо спал но́чью; all ~ (long) всю ночь (напролёт); tomorrow ~ за́втра но́чью; at ~ но́чью; every ~ ка́ждую ночь; in the middle of the ~ среди́ но́чи; he returned late at ~ он верну́лся по́здно но́чью; from morning till late at ~ с утра́ до по́здней но́чи; one ~ одна́жды но́чью; ~ and day и днём и но́чью; at this time of ~ в э́то вре́мя но́чи; ~ train / plane ночно́й по́езд / самолёт; ⊙ **good ~!** споко́йной но́чи!, до свида́ния!; **2.** (*evening*) ве́чер *m* (1*l*); last ~ вчера́ ве́чером; the ~ before last позавчера́ ве́чером; from morning till ~ с утра́ до ве́чера; ⊙ **first** ~ (*of theatre*) премье́ра *f* (19c).

nine де́вять (39c); *see* eight.

nineteen девятна́дцать (39c); *see* eight.

ninety девяно́сто (39f); *see* eight, thirty.

no I *negative particle* нет; yes or no? да и́ли нет?; no, it is not нет; no, I don't нет; no, he hasn't нет; no, I'm not нет; no, thank you нет, спаси́бо.

no II *a* **1.** (*not any*) никако́й (31a) (*verb translated in negative*); there was no harm in it в э́том не́ было никако́го вреда́; { *with* be *and* have *in present tense translated by* нет *followed by Russian sb in gen*: we have no time у нас нет вре́мени; I have no money / tickets у меня́ нет де́нег / биле́тов; there are no trees / people there там нет дере́вьев / люде́й; he has no choice у него́ нет вы́бора; **2.** (*not*) не; he is no fool он не дура́к; he is no genius он не ге́ний; **3.** (*in prohibitions*) не; no smoking! не кури́ть!; no talking! не разгова́ривать!

no III *adv* (*with adjective in comp*) не; he's no better / worse ему́ не лу́чше / не ху́же; the weather is no worse today than yesterday сего́дня пого́да не ху́же, чем вчера́; no smaller не ме́ньше; no larger не бо́льше; no easier не ле́гче; no more / less than forty не бо́лее / ме́нее сорока́.

noble *a* благоро́дный (31b) [action, deed посту́пок, man челове́к, mind ум]; благоро́дная [aim цель]; благоро́дное [animal живо́тное, birth происхожде́ние, feeling чу́вство].

nobody никто́ (41a) (*followed by verb in negative*); ~ knew / saw him его́ никто́ не знал / не ви́дел; ~ knew about it никто́ об э́том не знал; ~ lives there там никто́ не живёт; there was ~ there там никого́ не́ было; I saw ~ there я там никого́ не ви́дел(а); I spoke to ~ я ни с ке́м не говори́л(а); he made friends with ~ there он ни с ке́м там не подружи́лся; ~ else could help them никто́ друго́й не мог им помо́чь; I saw ~ but him я никого́ не ви́дел(а), кро́ме него́.

nod *v* **1.** (*bow one's head*) кива́ть (64), *perf* кивну́ть (130); he ~ded to me as he passed проходя́ ми́мо, он кивну́л (*with dat*) мне; he ~ded (in) agreement он кивну́л в знак согла́сия; **2.** (*doze*) дрема́ть (66), *no perf*; she was ~ding in her arm-chair / over her book она́ дрема́ла в кре́сле / над кни́гой.

noise шум *m*, *no pl* (1f) [1) loud си́льный, terrible ужа́сный, deafening оглуши́тельный; 2) *with gen* of the traffic у́личного движе́ния, of the street у́лицы, of the machines маши́н, станко́в, of the water воды́; 3) begins начина́ется, stops прекраща́ется; 4) hear слы-шать, stop прекращáть]; the ~ gets on my nerves э́тот шум дéйствует мне на нéрвы; he heard a ~ он услы́шал какóй-то шум; she was frightened by the ~ её испугáл шум; a ~ woke her её разбуди́л какóй-то шум; there was so much ~ that I couldn't hear anything бы́ло так шу́мно, что я не мог(лá) ничегó услы́шать; I couldn't hear him because of the ~ я не слы́шал(а) егó из-за шу́ма; ⊙ **make (a)** ~ шумéть (115), *no perf*; the children made much ~ дéти си́льно шумéли; don't make any ~! не шуми́(те)!; don't make so much ~! не шуми́те так си́льно!; we tried to make as little ~ as possible мы старáлись как мóжно мéньше шумéть.

none I *pron* никтó (41a) (*followed by verb in negative*); ~ of us / you / them никтó из нас / вас / них; ~ of my friends никтó из моих друзéй; I saw ~ of the people I wanted to see я не ви́дел(а) никогó из тех, когó хотéл(а) повидáть; ~ of them came никтó из них не пришёл; ~ but a very brave man could do that никтó, крóме óчень смéлого человéка, не мог э́того сдéлать; ‖ ни оди́н *m*, ни однá *f*, ни однó *n* (39a); I saw ~ of my friends я не ви́дел(а) никогó из моих друзéй; we visited ~ of those places мы не посети́ли ни одногó из э́тих мест; ~ of the rooms was big enough ни однá из кóмнат не былá достáточно великá; ‖ *in short answers often not translated*: have you any money about you? — No, I have ~ у вас есть с собóй дéньги? — Нет.

none II *adv* ничу́ть не; ~ the worse / better (ничу́ть) не ху́же / не лу́чше; he seemed ~ the worse for having slept in the open air он вы́глядел ничу́ть не ху́же оттогó, что спал на откры́том вóздухе.

nonsense чепухá *f*, *no pl* (22g, *acc* чепуху́), ерундá *f*, *no pl* (19g); that's ~ э́то чепухá; don't talk ~! не говори́(те) ерунду́!

noon пóлдень *m* (2c); at ~ в пóлдень.

nor: neither... ~ ни... ни; *see* neither III.

normal *a* нормáльный(31b) [person, man человéк, level у́ровень]; нормáльная [temperature температу́ра]; нормáльное [development разви́тие]; under ~ conditions при нормáльных услóвиях; when everything became ~ again когдá всё пришлó опя́ть в нормáльное состоя́ние.

north *sb* сéвер *m* (1f); the North Pole сéверный пóлюс; North America Сéверная Амéрика; *see* east.

northern сéверный (31b); *see* eastern.

nose нос *m* (1k) [1) big большо́й, long дли́нный, straight прямо́й, turned up курно́сый, ugly некраси́вый, swollen распу́хший; 2) *with gen* of a man челове́ка, of a dog соба́ки]; his ~is bleeding у него́ и́з носу идёт кровь.

not *negative particle* не; ~ now не сейча́с; ~ he не он; ~ everybody не все; ~ today не сего́дня; ~ here не здесь; he does ~ read / speak French он не чита́ет / не говори́т по-францу́зски; I shall ~ go there я не пойду́ туда́; he has ~ come yet он ещё не пришёл; I am ~ a doctor я не врач; it is ~ late yet ещё не по́здно; I asked you ~ to do it я вас проси́л(а) не де́лать э́того; he left early so as ~ to be late он вы́шел ра́но, чтобы не опозда́ть; { *in short answers in combination with auxiliary verb not translated*: no, I have ~ нет; no, I don't нет; no, we shall ~ нет; { *at end of phrases* нет; I hope / think ~ я наде́юсь / ду́маю, что нет; why ~? почему́ нет?; perhaps ~ возмо́жно, что нет; ~ yet (пока́) ещё нет.

note I *sb* (*of music*) но́та *f* (19c) [high высо́кая, low ни́зкая, false фальши́вая]; reach a high ~ взять высо́кую но́ту.

note II *sb* **1.** (*letter, message*) запи́ска *f* (22d) [short коро́ткая]; write / send smb a ~ написа́ть / посла́ть кому́-л. запи́ску; answer a ~ отве́тить на запи́ску; leave a ~ for smb оста́вить кому́-л. запи́ску; **2.** *usu pl* ~s (*reminder*) за́писи (29c); I must look at my ~s мне ну́жно посмотре́ть в свои́ за́писи; look through one's ~s просма́тривать свои́ за́писи; ⊙ **take (down)** ~s де́лать (65) за́писи; take ~s at a lecture запи́сывать ле́кцию; **3.** (*diplomatic*) но́та *f* (19c); exchange ~s обменя́ться но́тами; **4.** (*comment*) примеча́ние *n* (18c); see the ~ at the bottom of the page / at the end of the book смотри́ примеча́ние внизу́ страни́цы / в конце́ кни́ги.

notebook тетра́дь *f* (29c) [1) clean чи́стая, special осо́бая; 2) для *with gen* for words для слов]; buy / show a ~ покупа́ть / пока́зывать тетра́дь; write in a ~ писа́ть в тетра́ди.

nothing ничто́ (41a) (*followed by verb in negative*); ~ can help us now тепе́рь ничто́ не мо́жет нам помо́чь; ~ could comfort her ничто́ не могло́ её уте́шить; ~ pleased him ничто́ ему́ не нра́вилось; we read / knew ~ about it мы ничего́ об э́том не чита́ли / не зна́ли; ~ in the world, ~ on the earth ничто́ на све́те; he was afraid of ~ он ничего́ не боя́лся; { *with pron, adv* *and adjectives* ничегó (41a); he told us ~ new он не рассказáл нам ничегó нóвого; he added ~ else он ничегó бóльше не добáвил; there is ~ difficult / strange / interesting / funny about it в э́том нет ничегó трýдного / стрáнного / интерéсного / смешнóго; ~ special happened yesterday ничегó осóбенного вчерá не произошлó; { *before inf* нéчего; you have ~ to be afraid of вам нéчего боя́ться; he had ~ to say емý нéчего бы́ло сказáть; it means ~ to him для негó э́то не имéет никакóго значéния; ⊙ **there is ~ like** нет ничегó лýчше (*with gen*); there's ~ like a good walk in the morning! нет ничегó лýчше хорóшей прогýлки ýтром!; ~ **of the kind, sort** ничегó подóбного; I said ~ of the kind ничегó подóбного я не говори́л(а); **come to ~** потерпéть (120) крах; all his plans came to ~ все егó плáны потерпéли крах; **can do ~ but, be able to do ~ but**: I could do ~ but wait / agree мне ничегó не оставáлось дéлать, как ждать / согласи́ться; **have ~ to do with** не имéть никакóго отношéния к (*with dat*); it has ~ to do with the matter we are discussing э́то не имéет никакóго отношéния к вопрóсу, котóрый мы обсуждáем; it has ~ to do with me э́то не имéет ко мнé никакóго отношéния; **for ~** бесплáтно; he did it for ~ он сдéлал э́то бесплáтно.

notice *v* (*see*) замечáть (64), *perf* замéтить (177) (*with acc*); at first I didn't ~ him сначáла я егó не замéтил(а); I ~d a letter on the table я замéтил(а) на столé письмó; we didn't ~ anything special мы не замéтили ничегó осóбенного; did you ~ the scar on his cheek? вы замéтили у негó на щекé шрам?

notion (*idea*) поня́тие *n* (18c) [1) concrete конкрéтное, abstract абстрáктное, new нóвое; 2) convey передáть]; it was a new ~ to him для негó э́то бы́ло нóвое поня́тие; I have no ~ (of) what he means я не имéю поня́тия о том, что он хóчет сказáть; I haven't got the slightest ~ why я не имéю ни малéйшего поня́тия, почемý.

novel *sb* ромáн *m* (1f) [1) famous знамени́тый, well-known извéстный, favourite люби́мый, latest послéдний; 2) read читáть, write писáть, publish издавáть]; a ~ by, of Tolstoy ромáн (*with gen*) Толстóго; the ~ was a success ромáн имéл успéх; the ~ is sold out ромáн распрóдан.

November ноя́брь *m* (2b); *see* April.

now I *adv* (*at the moment*) сейчáс; what are you doing

~? что ты сейча́с де́лаешь?; what shall we do ~? что мы сейча́с бу́дем де́лать?; he is here ~ он сейча́с здесь; not ~ не сейча́с; ‖ (*at the present time*) тепе́рь; I thought so and ~ I know for certain я так ду́мал, а тепе́рь зна́ю наве́рное; the house isn't empty any longer, somebody is living there ~ дом уже́ бо́льше не пусту́ет, тепе́рь там кто́-то живёт; by ~ к э́тому вре́мени; they must be home by ~ к э́тому вре́мени они́ должны́ быть уже́ до́ма; from ~ on начина́я с э́того моме́нта; from ~ on, we shall speak only Russian начина́я с э́того моме́нта, мы бу́дем говори́ть то́лько по-ру́сски; up to ~, up till ~ до сих по́р; we don't know up to ~ why he left до сих по́р мы не зна́ем, почему́ он ушёл, уе́хал; ⊙ **just** ~ то́лько что; he was here just ~ он то́лько что был здесь; ~ **and then** времена́ми, иногда́; I see him ~ and then я его́ иногда́ ви́жу.

now II *conj*: ~ **that** тепе́рь когда́; ~ that you know him better... тепе́рь, когда́ вы его́ лу́чше зна́ете...; ~ ... ~ то ... то; he says ~ one thing ~ another он говори́т то одно́, то друго́е; we heard of him ~ here, ~ there мы слы́шали о нём то тут, то там.

nowhere 1. (*denoting place*) нигде́ (*followed by verb in negative*); I could find the book ~ я нигде́ не мог найти́ э́ту кни́гу; ~ in the world, on earth нигде́ в ми́ре; ~ else бо́льше нигде́; **2.** (*denoting direction*) никуда́; he goes ~ он никуда́ не хо́дит; this road leads ~ э́та доро́га никуда́ не ведёт; we can go ~ this summer э́тим ле́том мы никуда́ не смо́жем пое́хать; I have ~ to go мне не́куда идти́.

number *sb* **1.** (*quantity*) число́ *n*, *no pl* (14a) [1) great, large большо́е, small небольшо́е, equal ра́вное, considerable значи́тельное; total о́бщее; 2) know знать, determine определи́ть, learn узна́ть, increase увели́чить, remember запо́мнить, double удво́ить]; the ~ of people / tourists / goods число́ люде́й / тури́стов / това́ров; there was a large ~ of people there там бы́ло о́чень мно́го наро́ду; **2.** (*numeral*) но́мер *m* (1*l*) [*with gen* of the house до́ма, of the flat кварти́ры, of the bus авто́буса, of the train по́езда]; can you tell me his telephone ~? вы не мо́жете мне сказа́ть но́мер его́ телефо́на?; I don't remember the ~ on, of his house я не по́мню но́мера его́ до́ма; room ~ five ко́мната но́мер пять; **3.** (*issue*) но́мер *m* [*with gen* of a magazine, journal журна́ла, of a newspaper газе́ты]; back ~ ста́рый но́мер; missing ~ недостаю́щий но́мер; ◇ **a ~ of** не́сколько (*with gen*); a ~ of books / students не́сколько книг / студе́нтов; a ~ of people ряд люде́й.

numeral ци́фра *f* (19c); Arabic / Roman ~s ара́бские / ри́мские ци́фры.

numerous многочи́сленный (31b); многочи́сленные [visitors посети́тели, books кни́ги, examples приме́ры, cases слу́чаи, opportunities возмо́жности, ways спо́собы].

nurse *sb* **1.** ня́ня *f* (20c) [kind-hearted до́брая, experienced о́пытная, old ста́рая]; the children were in the park with their ~ де́ти бы́ли в па́рке с ня́ней; **2.** (*medical*) (медици́нская) сестра́ *f* (19b).

nut opе́х *m* (4c) [1) hard твёрдый; 2) crack расколо́ть].

O

oak дуб *m* (1k).

oath кля́тва *f* (19c) [solemn торже́ственная]; take, swear an ~ дава́ть кля́тву; be bound by ~ быть свя́занным кля́твой; be true to one's ~ быть ве́рным кля́тве.

obey слу́шаться (65), *perf* послу́шаться (65) [1) *with acc* mother мать, parents роди́телей; 2) willingly охо́тно]; you must ~ him вы должны́ его́ слу́шаться; he didn't ~ anybody он никого́ не слу́шался; he ~ed her in everything он слу́шался её во всём; ‖ повинова́ться (243), *no perf* (*with dat*); ~ an order повинова́ться прика́зу.

object I *sb* **1.** (*thing*) предме́т *m* (1f) [round кру́глый, distant отдалённый]; the strange ~ attracted their attention э́тот стра́нный предме́т привлёк их внима́ние; ‖ *fig* предме́т; an ~ of admiration / ridicule предме́т восхище́ния / насме́шек; **2.** (*purpose, aim*) цель *f* (29c) [clear я́сная, real настоя́щая]; the ~ of my visit is... це́лью моего́ посеще́ния явля́ется...; he has no ~ in life у него́ нет це́ли в жи́зни; they undertook the voyage with the ~ of discovering new lands они́ предприня́ли э́то пла́вание с це́лью откры́ть но́вые зе́мли.

object II *v* (*oppose*) возража́ть (64), *perf* возрази́ть (153) [про́тив *with gen* to the plan про́тив пла́на, to the proposal, suggestion про́тив предложе́ния]; I ~ to your going there / smoking here (*verbal noun conveyed* *by clause introduced by* того́, что́бы *with Russian verb in past imperf*) я возража́ю про́тив того́, что́бы вы шли туда́ / кури́ли здесь; I don't ~ я не возража́ю; if you don't ~ е́сли вы не возража́ете.

objection возраже́ние *n* (18c) [strong, serious серьёзное]; I have an ~ я возража́ю; he had no ~ он не возража́л; there is no ~ возраже́ний нет; is there any ~ to my leaving my things here? вы не возража́ете, е́сли я оста́влю здесь свои́ ве́щи?; have you any ~ to my bringing a friend? вы не возража́ете, е́сли я приведу́ с собо́й прия́теля?

oblige: be ~d быть обя́занным (to—*with dat*); I am much ~d to you for your help я вам о́чень обя́зан(а) за (*with acc*) ва́шу по́мощь; ‖ (*be forced*) быть вы́нужденным; he was ~d to wait all day он был вы́нужден ждать це́лый день; you are not ~d to come with us if you don't want to вы не обя́заны идти́ с на́ми, е́сли вам не хо́чется.

observe (*watch*) наблюда́ть (64), *no perf* [1) за *with instr* the movement of the clouds за движе́нием облако́в, the development of events за разви́тием собы́тий, the changes taking place за происходя́щими измене́ниями; 2) attentively, carefully внима́тельно, keenly с интере́сом, closely при́стально, patiently терпели́во].

obstacle препя́тствие *n* (18c) [1) unexpected неожи́данное, serious серьёзное, slight небольшо́е, unforeseen непредви́денное; 2) meet with, encounter встре́тить, overcome преодоле́ть].

obtain 1. (*get*) получа́ть (64), *perf* получи́ть (175) [*with acc* information све́дения, data да́нные]; ~ experience приобрести́ о́пыт; **2.** (*gain*) доби́ться (182) [*with gen* good results хоро́ших результа́тов, position положе́ния, victory побе́ды, prize при́за]; he ~ed what he wanted он доби́лся того́, чего́ хоте́л.

obvious я́вный (31b) [success успе́х]; я́вная [mistake оши́бка, falsehood ложь]; я́вное [misunderstanding недоразуме́ние, hypocrisy лицеме́рие, dissatisfaction недово́льство]; it was ~ that we had failed бы́ло очеви́дно, что мы потерпе́ли неуда́чу.

occasion *sb* **1.** (*circumstance*) слу́чай *m* (13c) [favourable благоприя́тный]; when the ~ presented itself... когда́ предста́вился слу́чай...; on the ~ of her birthday / his arrival по слу́чаю (*with gen*) её дня рожде́ния / его́ прие́зда; on many ~s не раз; I've met him on several ~s я его́ встреча́л(а) не́-

сколько раз; on, upon all ~s в любо́м слу́чае, во всех слу́чаях; he had never had any ~ to do manual work ему́ никогда́ не приходи́лось выполня́ть физи́ческую рабо́ту; ⊙ **seize, take the** ~ воспо́льзоваться (245) слу́чаем; **2.** (*event*) собы́тие *n* (18c); this is a great ~ э́то большо́е собы́тие; to celebrate the ~ отме́тить собы́тие; on this happy ~ по слу́чаю э́того ра́достного собы́тия; **3.** (*need*) необходи́мость *f* (29c); if the ~ arises е́сли возни́кнет необходи́мость; ‖ основа́ние *n* (18c); there is no ~ to worry нет никаки́х основа́ний для беспоко́йства.

occasionally иногда́; we meet ~ мы иногда́ встреча́емся; it rained ~ иногда́ шёл дождь; he writes ~ иногда́ он пи́шет; friends ~ drop in at my place ко мне́ иногда́ захо́дят друзья́.

occupation I *sb* **1.** (*employment*) заня́тие *n* (18c) [favourite люби́мое, daily ежедне́вное, useful поле́зное, interesting интере́сное]; look for some ~ иска́ть себе́ заня́тие; **2.** (*trade*) профе́ссия *f* (23c); it's not an ~ for women э́то не же́нская профе́ссия.

occupation II *sb* (*invasion*) оккупа́ция *f* (23c); temporary ~ of a country / region вре́менная оккупа́ция страны́ / райо́на.

occupy I *v* **1.** (*be in possession of, use*) занима́ть (64), *perf* заня́ть (233) [*with acc* house дом, apartment кварти́ру, seat ме́сто]; the house was occupied by an old man and his wife дом занима́л стари́к со свое́й жено́й; **2.** (*fill mind, thoughts, etc.*) занима́ть; his work occupied most of his time рабо́та занима́ла бо́льшую часть его́ вре́мени; he was occupied with his thoughts он был за́нят (*with instr*) свои́ми мы́слями.

occupy II *v* (*capture*) оккупи́ровать (245) [*with acc* country страну́, territory террито́рию, region райо́н, town, city го́род]; the village was occupied by the enemy дере́вня была́ оккупи́рована (*with instr*) проти́вником.

occur 1. (*happen*) случа́ться (64), *perf* случи́ться (171); if anything ~s I shall let you know е́сли что́-нибудь случи́тся, я дам вам знать; when did the accident ~? когда́ произошёл несча́стный слу́чай?; **2.** (*come to one's mind*) приходи́ть (152) в го́лову, *perf* прийти́ (206) в го́лову; it ~red to me / him that... мне / ему́ пришло́ в го́лову, что...; didn't it ~ to you to telephone home? вам не пришло́ в го́лову позвони́ть домо́й?; it never ~red to me мне э́то никогда́ не приходи́ло в го́лову.

ocean океа́н *m* (1f) [1) vast огро́мный, boundless бесконе́чный, calm споко́йный, stormy бу́рный, raging бушу́ющий; 2) extends простира́ется, washes the shores омыва́ет берега́; 3) cross пересе́чь]; the ~ is calm океа́н споко́ен; an island in the ~ о́стров в океа́не; on the shore of the ~ на берегу́ океа́на; fly across the ~ перелете́ть че́рез океа́н; ⊙ **a drop in the ~** ка́пля в мо́ре.

o'clock: it is one ~ now сейча́с час; it is two / three / four ~ два / три / четы́ре часа́; at five / ten ~ в пять / де́сять часо́в; he came about / after / before six ~ он пришёл о́коло / по́сле / до шести́ часо́в; it is almost seven ~ by my watch на мои́х часа́х почти́ семь часо́в; at eleven ~ sharp ро́вно в оди́ннадцать часо́в.

October октя́брь *m* (2b); *see* April.

odd *adj* **1.** (*of numbers*) нечётный (31b); ~ number нечётное число́; **2.** (*occasional*) случа́йный (31b); he makes a living by doing ~ jobs он живёт на случа́йные за́работки; **3.** (*strange*) стра́нный (31b) [person челове́к, way спо́соб]; стра́нная [manner мане́ра, look, appearance вне́шность]; стра́нное [behaviour поведе́ние, impression впечатле́ние]; how ~! как стра́нно!

of *prep* **1.** (*pertaining, belonging to*) *prepositional phrase translated in gen*: London is the capital of England Ло́ндон — столи́ца А́нглии; the house of my neighbour / friend / father дом моего́ сосе́да / дру́га / отца́; the back of the house за́дняя сторона́ до́ма; the bank of the river бе́рег реки́; the son of my friend сын моего́ дру́га; the wall of the garden / room стена́ са́да / ко́мнаты; the end / beginning of the train / month / street коне́ц / нача́ло по́езда / ме́сяца / у́лицы; member of the party / government / circle / delegation член па́ртии / прави́тельства / кружка́ / делега́ции; novel / story / works of Dickens рома́н / расска́з / произведе́ния Ди́ккенса; ‖ (*in dates*) the first of July / November пе́рвое ию́ля / ноября́; **2.** (*in weights and measures*) *prepositional phrase translated in gen*: glass of milk / tea / coffee / wine стака́н молока́ / ча́ю / ко́фе / вина́; pound of bread / butter / meat фунт хле́ба / ма́сла / мя́са; ‖ (*of partitive relation*): piece of wood / meat кусо́к де́рева / мя́са; two metres of cloth два ме́тра мате́рии; hundreds / thousands of people со́тни / ты́сячи люде́й; a quarter of an hour / a mile / the amount че́тверть ча́са / ми́ли / (всего́) коли́-

чества; many / some of my friends мно́гие / не́которые **из** (*with gen*) мои́х друзе́й; none / some of them никто́ / не́которые из них; sixty of them шестьдеся́т из них; which of you... кто из вас...; five of us пя́теро из нас; **3.** (*in references to material*) *with gen*: it is made of iron / wood / glass / paper / silk э́то сде́лано **из** желе́за / де́рева / стекла́ / бума́ги / шёлка; house of stone / brick дом из ка́мня / кирпича́; **4.** (*in expressions denoting quality*) *prepositional phrase is translated in gen*: man of strong character челове́к си́льного хара́ктера; children of the same age де́ти одного́ и того́ же во́зраста; ‖ *often conveyed by adj*: man of importance / influence / wealth ва́жный / влия́тельный / бога́тый челове́к; **5.** (*in expressions denoting reason, cause*) *with gen*: he died of hunger / an unknown disease / fright он у́мер **от** го́лода / неизве́стной боле́зни / испу́га; what did she die of? от чего́ она́ умерла́?; **6.** (*denoting origin*) *with gen*: he comes of working-class people он (происхо́дит) **из** рабо́чей семьи́; **7.** (*about, concerning*) *with abl*: story of the boys' adventures расска́з **о** приключе́ниях ма́льчиков; tell smb of an event рассказа́ть кому́-л. о собы́тии; hear / learn / speak / think of smth услы́шать / узна́ть / говори́ть / ду́мать о чём-л.; remind smb of smth напо́мнить кому́-л. о чём-л.; **8.** *in various phrases*: of late **за** после́днее вре́мя; be afraid of smth / smb боя́ться чего́-л. / кого́-л.; be ashamed of smth стыди́ться (*with gen*) чего́-либо; work, piece of art произведе́ние иску́сства; be proud of smth / smb горди́ться (*with instr*) чем-л. / кем-либо; be sure of smth / smb быть уве́ренным **в** (*with abl*) чём-л. / ком-л.; get rid of smth изба́виться **от** (*with gen*) чего́-л.; to the south / west of N. к ю́гу / за́паду от (*with gen*) Н.; within a mile of the village на расстоя́нии ми́ли от дере́вни; the town / village of N. го́род / дере́вня (*with nom*) Н.; the city of Dublin го́род Ду́блин; it is kind / foolish of him to do so **с** его́ стороны́ любе́зно / глу́по так поступа́ть.

off I *adv* **1.** (*denoting distance, removal*) *usu not translated*: a long way ~, far ~ далеко́; **2.** *conveyed by various prefixes attached to verb, meaning conclusive action*: switch ~, turn ~ the light вы́ключить свет; turn ~ the water закры́ть во́ду; cut ~ отре́зать; tear ~ оторва́ть; ⊙ **be well** ~ быть хорошо́ обеспе́ченным; he is well ~ он хорошо́ обеспе́чен; **be badly** ~

быть бéдным; he is badly ~ он бéден.

off II *prep* **1.** (*from*) *with gen*: the plate / pen fell ~ the table тарéлка / рýчка упáла **со** столá; fall ~ a horse упáсть с лóшади; he took all the things ~ the table он убрáл всё со столá; **2.** (*at a distance from*) *with gen*: a village a few kilometres ~ the main road дерéвня в нéскольких километрах **от** большóй дорóги; ~ the coast неподалёку от бéрега.

offend 1. (*hurt feelings*) обижáть (64), *perf* обúдеть (109) (*with acc*); his words ~ed her егó словá её обúдели; I'm sorry if I've ~ed you простúте, éсли я вас обúдел(а); he was ~ed at, by my remark моё замечáние обúдело егó; **2.**: be ~ed обижáться (64), *perf* обúдеться (109); she is easily ~ed онá чáсто обижáется; are you ~ed with me? вы на (*with acc*) меня́ (не) обúделись?

offer I *sb* предложéние *n* (18c) [make сдéлать, accept приня́ть, decline, reject отклонúть]; refuse an ~ отказáться от предложéния; an ~ of help предложéние пóмощи; you ought to accept the ~ вам слéдовало бы приня́ть э́то предложéние; thank you for your kind ~ спасúбо за вáше любéзное предложéние.

offer II *v* (*proffer*) предлагáть (64), *perf* предложúть (175) [1) *with dat* him емý, the guests гостя́м; 2) *with acc* tickets билéты, money дéньги, cup of tea чáшку чáю; help пóмощь, post мéсто; 3) *with inf in perf* to buy купúть, to help помóчь, to do smth сдéлать что-л., to go somewhere сходúть кудá-л.]; he ~ed me a chair он предложúл мне сесть.

office 1. (*place of business*) учреждéние *n* (18c); work at, in an ~ рабóтать в учреждéнии; ‖ (*administrative centre*) контóра *f* (19c); head of the ~ дирéктор контóры; inquire at the ~ спрáвиться в контóре; editorial ~ редáкция *f* (23c); **2.** (*ministry*) министéрство *n* (14c); Foreign Office Министéрство инострáнных дел; Home Office Министéрство внýтренних дел; War Office Воéнное министéрство.

officer офицéр *m* (1e); ~ of the day дежýрный офицéр.

official *a* (*not private*) официáльный (31b) [reception приём, document докумéнт, answer отвéт]: официáльное [statement сообщéние]; ‖ (*concerning one's work*) служéбный (31b); ~ duties служéбные обя́занности.

often чáсто; we ~ have dinner early мы чáсто обéдаем рáно; it is ~ very hot here in summer ле́том здесь ча́сто быва́ет о́чень жа́рко; do you ~ go to the theatre? вы ча́сто хо́дите в теа́тр?; we don't go there ~ мы не ча́сто туда́ хо́дим; how ~ как ча́сто?

oil *sb* **1.** (*mineral*) нефть *f* (29c) [refined очи́щенная]; search, look for / find / discover ~ иска́ть / найти́ / обнару́жить нефть; **2.** (*food*) ма́сло *n*, *no pl* (14d); vegetable ~ расти́тельное ма́сло.

old 1. (*of age*) ста́рый (31b) [man челове́к, worker рабо́чий, teacher учи́тель]; ста́рая [woman же́нщина]; ста́рое [tree де́рево, face лицо́]; become, grow ~ ста́риться (178), *perf* соста́риться (178); he is growing ~ он старе́ет; look ~ вы́глядеть ста́рым; I'm ~er than you я ста́рше вас; he was the ~est among us он был са́мым ста́ршим из нас; ⊙ **how ~?**: how ~ are you? ско́лько вам лет?; how ~ is she? ско́лько ей лет?; **be... years old:** I'm eighteen years ~ мне восемна́дцать лет; when I was ten years ~... когда́ мне бы́ло де́сять лет...; he is five years ~er than I am он ста́рше меня́ на́ пять лет; the baby is four months ~ ребёнку четы́ре ме́сяца; **an ~ man** стари́к *m* (4e); **an ~ woman** стару́ха *f* (22a); **~ people** *pl* старики́ (4e); **~ age** ста́рость *f* (29c); live to an ~ age дожи́ть до ста́рости; **2.** (*of existence, use, etc.*) ста́рый [factory, plant заво́д, house дом, town го́род, bag портфе́ль, garden сад]; ста́рая [machine маши́на, thing вещь, clothes оде́жда, furniture ме́бель]; ста́рое [dress пла́тье, building зда́ние]; this wine is ~er э́то вино́ бо́лее ста́рое; this is my ~est dress э́то моё са́мое ста́рое пла́тье; **3.** (*former*) пре́жний (32), бы́вший (34b) [director дире́ктор, president президе́нт, teacher учи́тель]; **4.** (*ancient*) стари́нный (31b) [custom обы́чай, family род; castle за́мок]; стари́нная [song пе́сня, proverb посло́вица, book кни́га, tower ба́шня, square пло́щадь]; стари́нное [story преда́ние].

on I *adv* **1.** *with verbs*: read on продолжа́ть чита́ть; he walked on он продолжа́л идти́; **2.** (*of clothes*): she had a new coat / dress on на ней бы́ло но́вое пальто́ / пла́тье; ◇ **be on** идти́ (207); *see* be.

on II *prep* **1.** (*denoting place*) *with abl*: be / lie on the table / ground / window находи́ться / лежа́ть на столе́ / земле́ /окне́; carry smth on one's back / head / shoulders нести́ что-л. на спине́ / голове́ / плеча́х; be / stand on a hill / the Thames / the bank находи́ться / стоя́ть на холме́ / Те́мзе / берегу́; a ring on one's finger кольцо́ на па́льце on earth на земле́; on land на су́ше; **2.** (*denoting direction*) *with acc*: put / throw / drop smth on the table / ground положи́ть / бро́сить / урони́ть что-л. **на** стол / зе́млю; drop smth on the floor урони́ть что-л. на́ пол; hang smth on the wall пове́сить что-л. на́ стену; stick a stamp on a letter накле́ить ма́рку на письмо́; **3.** (*of time*) *with acc*: on Sunday / Monday / Wednesday **в** воскресе́нье / понеде́льник / сре́ду; (on) that day / evening в тот день / ве́чер; on the next, following day **на** сле́дующий день; ‖ *prepositional phrase translated in gen*: on the first of September пе́рвого сентября́; ‖ *prepositional phrase translated in instr*: on a cold winter night холо́дной зи́мней но́чью; on the morning of the first of May у́тром пе́рвого ма́я; **4.** (*concerning*): a book on music кни́га **по** (*with abl*) му́зыке; a lecture on literature / Dickens ле́кция **о** (*with abl*) литерату́ре / Ди́ккенсе; speak / write on the events of the day говори́ть / писа́ть о собы́тиях дня; a paper, report on this subject докла́д **на** (*with acc*) э́ту те́му; speak on the subject говори́ть на те́му; congratulate smb on smth поздра́вить кого́-л. **с**(*with instr*) чем-л.; **5.** *with acc*: live on one's wages / a hundred roubles a month жить **на** за́работную пла́ту / сто рубле́й в ме́сяц; spend money / time on smth тра́тить де́ньги / вре́мя на что-л.; on this account на э́том основа́нии; live on fish пита́ться ры́бой; **6.** (*of simultaneous action*) *with abl*: on arrival **по** прие́зде; ‖ *gerundial phrase conveyed by verbal adverb*: on coming home придя́ домо́й; on entering the room войдя́ в ко́мнату; **7.** *in various phrases*: depend on smth зави́сеть **от** (*with gen*) чего́-л.; on the way to the theatre **по** доро́ге в теа́тр; on business по де́лу; on trust **на** ве́ру; be on a holiday быть **в** о́тпуске; on all sides **со** всех сторо́н; on both sides **с** обе́их сторо́н; on foot пешко́м; on the whole в о́бщем, в це́лом; on horseback верхо́м; on purpose наро́чно.

once **1.** (*of occasion in past*) одна́жды; I ~ went there with my brother одна́жды я пошёл туда́ с бра́том; my mother ~ told me that... одна́жды моя́ мать сказа́ла мне, что...; ‖ (*some time ago*) когда́-то; I was very fond of him ~ когда́-то он мне о́чень нра́вился; I ~ knew a girl who... когда́-то я зна́л(а) де́вушку, кото́рая...; he ~ lived in Italy когда́-то он жил в Ита́лии; ⊙ ~ **upon a time** когда́-то; *see* time; **2.** (*one time, on one occa-*

sion only) (оди́н) раз; he read it only ~ он прочита́л э́то то́лько оди́н раз; ~ more ещё раз; ~ a month / week / year раз в ме́сяц / в неде́лю / в год; I've been there only ~ я был(а́) там то́лько оди́н раз; ~ or twice раз и́ли два; ◇ **at** ~ сра́зу же; we agreed at ~ мы сра́зу же согласи́лись; he went there at ~ он сра́зу же пошёл туда́; **all at** ~ 1) (*suddenly*) внеза́пно; all at ~, we heard a loud noise внеза́пно мы услы́шали си́льный шум; 2) (*all together*) все вме́сте; don't talk all at ~! не говори́те все вме́сте!; ~ **for all** раз и навсегда́; understand ~ for all that that is not allowed! пойми́те раз и навсегда́, что э́то не разреша́ется!

one I *num* оди́н *m*, одна *f*, одно́ *n* (39a); ~ boy оди́н ма́льчик; ~ room одна́ ко́мната; ~ window одно́ окно́; ~ in ten оди́н из десяти́; ~ of the largest cities in Europe оди́н из крупне́йших городо́в Евро́пы; ~ hundred сто; ~ thousand (одна́) ты́сяча; ~ more question ещё оди́н вопро́с; ~ of them / us оди́н из них / нас; Part One часть пе́рвая; Room One ко́мната но́мер оди́н; ⊙ ~ **or two** не́сколько; ~ **by** ~ 1) (*not together*) по одному́; 2) (*following each other*) оди́н за други́м.

one II *a* (*a certain*): ~ morning / night / evening одна́жды у́тром / но́чью / ве́чером; ~ winter day одна́жды в зи́мний день; I met him ~ night я встре́тил(а) его́ ка́к-то ве́чером; at ~ time I didn't like it когда́-то мне э́то не нра́вилось.

one III *pron* **1.** (*as substitute of sb*) *not translated*: take my pen! — Thank you, I have ~ возьми́те мою́ ру́чку! — Спаси́бо, у меня́ есть; this dress is more expensive than that ~ э́то пла́тье доро́же того́; which ~ will you take? како́е вы возьмёте?; I need a better ~ мне ну́жно полу́чше; **2.** *pron indef, not translated, verb often translated in 2nd pers sg*: ~ never knows what may happen никогда́ не зна́ешь, что мо́жет случи́ться; { *phrase conveyed by impersonal construction*: how can ~ do it? как э́то мо́жно сде́лать?; where can ~ buy it? где э́то мо́жно купи́ть?; ◇ ~ **after the other, another** оди́н за други́м; ~ **another** друг дру́га; *see* another.

oneself *pron refl* **1.** (самого́) себя́ (40b); recognize ~ узна́ть самого́ себя́; do smth for ~ де́лать что-л. для самого́ себя́; one can't think only of ~ нельзя́ ду́мать то́лько о (само́м) себе́; **2.** *conveyed by* **-ся** *attached to* *verb*: wash ~ умыва́ться; find ~ оказа́ться; forget ~ забыва́ться; hurt ~ ушиби́ться.

onion лук *m*, *no pl* (1k).

only I *a* еди́нственный (31b) [child ребёнок, example приме́р, answer отве́т]; еди́нственная [daughter дочь]; this is the ~ book I could find on the question э́то еди́нственная кни́га, кото́рую я смог(ла́) найти́ по э́тому вопро́су; he was an ~ child, and was very spoiled он был еди́нственным и о́чень избало́ванным ребёнком.

only II *adv* то́лько; I need ~ five minutes мне ну́жно то́лько пять мину́т; I thought of it ~ now я поду́мал(а) об э́том то́лько сейча́с; I ~ wanted to say that... я то́лько хоте́л(а) сказа́ть, что...; he not ~ heard it, he saw it too он не то́лько слы́шал, но и ви́дел э́то; ~ you can help us то́лько вы мо́жете нам помо́чь; ~ then did I realize то́лько тогда́ я по́нял, поняла́.

open I *a* (*not shut*) откры́тый (31b) [bag портфе́ль, box я́щик, suit-case чемода́н]; откры́тая [door дверь, book кни́га]; откры́тое [window окно́]; откры́тые [eyes глаза́]; all the windows were ~ все о́кна бы́ли откры́ты; the door was wide ~ дверь была́ широко́ откры́та; who left the door ~? кто оста́вил дверь откры́той?; a book lay ~ on the table раскры́тая кни́га лежа́ла на столе́; in the ~ sea / field в откры́том мо́ре / по́ле; ‖ (*ready for business*) откры́т *m*, откры́та *f*, откры́то *n*, откры́ты *pl*; are the shops ~ now? магази́ны сейча́с откры́ты?; the shop / museum is ~ from nine to eight (o'clock) магази́н / музе́й откры́т с девяти́ до восьми́ (часо́в); ⊙ **in the ~ air** под откры́тым не́бом, на све́жем во́здухе; *see* air.

open II *v* **1.** (*unclose*) открыва́ть (64), *perf* откры́ть (209) [1) *with acc* box коро́бку, я́щик, door дверь, window окно́, cage кле́тку, book кни́гу; mouth рот, eyes глаза́; 2) quickly бы́стро, slowly ме́дленно, with difficulty с трудо́м, without any difficulty без труда́]; ~ the door wide широко́ откры́ть дверь; ~ a letter распеча́тать письмо́; ‖ (*start*) открыва́ть, *perf* откры́ть [*with acc* meeting собра́ние, congress съезд; exhibition вы́ставку, shop магази́н, museum музе́й; account счёт]; **2.** (*become unclosed*) открыва́ться (64), *perf* откры́ться (209); the door ~ed дверь откры́лась; the window wouldn't ~ окно́ (ника́к) не открыва́лось; the box ~ed quite easily я́щик легко́ откры́лся; ‖ (*begin work*) открыва́ться, *perf* откры́ться [at nine o'clock в девять часо́в, in the morning у́тром]; the museum / the shop ~s at eight o'clock музе́й / магази́н открыва́ется в во́семь часо́в.

opera о́пера *f* (19c) [classical класси́ческая, Italian италья́нская]; compose / hear an ~ написа́ть / слу́шать о́перу; I am very fond of the ~ я о́чень люблю́ о́перу; the ~ is a great success э́та о́пера име́ет большо́й успе́х; go to the ~ пойти́ в о́перу; I enjoyed the ~ я получи́л(а) большо́е удово́льствие от э́той о́перы; an ~ by Tschaikovsky о́пера (*with gen*) Чайко́вского; I have two tickets for the ~ у меня́ два биле́та в о́перу.

operate **1.** (*run*) управля́ть (223), *no perf* [*with instr* machine станко́м, маши́ной]; **2.** (*perform surgical operation*) опери́ровать (245) [1) *with acc* on the wounded man ра́неного; 2) *with acc* for appendicitis аппендици́т]; he was ~d on его́ опери́ровали; he was ~d (on) for appendicitis его опери́ровали по по́воду аппендици́та.

operation (*of surgery*) опера́ция *f* (23c) [serious серьёзная, complicated сло́жная, painful боле́зненная]; I must have an ~ мне на́до сде́лать опера́цию; the ~ failed / was successful опера́ция прошла́ неуда́чно/ уда́чно; ⊙ **perform an ~** де́лать (65) опера́цию, *perf* сде́лать (65) опера́цию.

opinion (*estimation*) мне́ние *n* (18c); have a high / low ~ of smth быть о (*with abl*) чём-л. высо́кого / ни́зкого мне́ния; what is your ~ of him? како́го вы о нём мне́ния?; give one's ~ вы́сказать своё мне́ние; share smb's ~ разделя́ть чьё-л. мне́ние; I am of the ~ that we should agree я счита́ю, что нам сле́дует согласи́ться; in the ~ of the majority по мне́нию большинства́; there may be different ~s on that subject по э́тому вопро́су мо́гут быть разли́чные мне́ния; we have different ~s on that subject у нас ра́зные мне́ния по э́тому вопро́су; ⊙ **in my ~** по-мо́ему.

opponent проти́вник *m* (4a) [strong си́льный, weak, feeble сла́бый, defeated побеждённый]; meet one's ~ встре́титься с проти́вником; defeat one's ~ нанести́ пораже́ние проти́внику; silence one's ~ заста́вить замолча́ть своего́ проти́вника.

opportunity (*favourable occasion, possibility*) возмо́жность *f* (29c); find / give an ~ to do smth найти́ / дать, предоста́вить возмо́жность сде́лать что-л.; have an ~ to do, of doing smth име́ть возмо́жность сде́лать что-л.; lose, miss an ~ упусти́ть возмо́жность; you mustn't lose this ~

вам нельзя́ упуска́ть э́той возмо́жности; it gave us an ~ to discuss the matters э́то дало́ нам возмо́жность обсуди́ть э́тот вопро́с; he takes every ~ of speaking Russian он по́льзуется ка́ждой возмо́жностью, что́бы говори́ть по-ру́сски; I'm glad to have this ~ to speak to you я ра́д(а), что име́ю возмо́жность поговори́ть с ва́ми; ‖ (*good chance*) слу́чай *m* (13c) [rare ре́дкий, favourable благоприя́тный, splendid блестя́щий]; let the ~ slip, lose the ~ упусти́ть удо́бный слу́чай; I was waiting for an ~ to speak to you alone я ждал(а́) удо́бного слу́чая, что́бы поговори́ть с ва́ми наедине́; ⊙ **take, seize the** ~ 1) воспо́льзоваться (245) возмо́жностью; 2) воспо́льзоваться удо́бным слу́чаем.

opposite I *a* **1.** (*facing*) противополо́жный (31b) [bank бе́рег, house дом, corner у́гол]; противополо́жная [side сторона́]; he lives on the ~ side of the street он живёт на противополо́жной стороне́ у́лицы; at the ~ end на противополо́жном конце́; **2.** (*entirely different*) обра́тный (31b); in the ~ direction в обра́тном направле́нии; **3.** (*contrary*) противополо́жный; it led to results ~ to what was expected э́то привело́ к результа́там, противополо́жным ожида́емым; ~ aims / views / interests противополо́жные це́ли / взгля́ды / интере́сы.

opposite II *adv* напро́тив; he lives just ~ он живёт как раз напро́тив.

or *conj* **1.** (*introducing alternative*) и́ли; black or white чёрное и́ли бе́лое; are you coming or going? вы пришли́ и́ли ухо́дите?; shall you be here tomorrow or not? вы за́втра здесь бу́дете и́ли нет?; two or three pounds два и́ли три, два — три фу́нта; sooner or later ра́но и́ли по́здно; ⊙ **either... or...** и́ли... и́ли...; *see* either **III**; **2.** (*otherwise*) ина́че; we must hurry or we shall be late нам на́до спеши́ть, ина́че мы опозда́ем; put on your warm things or you will catch cold оде́ньтесь потепле́е, ина́че вы просту́дитесь.

orange *sb* апельси́н *m* (1f) [1) ripe спе́лый, sour ки́слый, juicy со́чный; 2) peel чи́стить]; ~ juice апельси́новый сок.

orchestra орке́стр *m* (1f) [1) excellent прекра́сный, poor плохо́й; 2) plays игра́ет]; conduct an ~ дирижи́ровать орке́стром; play in the ~ игра́ть в орке́стре; listen to an ~ слу́шать орке́стр.

order I *sb* **1.** (*arrangement*) поря́док *m*, *no pl* (4d) [good хоро́ший, strict стро́гий]; ~ was restored поря́док был восстано́влен; ⊙

put smth in ~ приводи́ть (152) что-л. в поря́док, *perf* привести́ (219) что-л. в поря́док; **keep ~** подде́рживать (65) поря́док; **keep smth in (good) ~** держа́ть (47) что-л. в поря́дке; **be in ~** быть (210) в поря́дке; everything was in ~ всё бы́ло в поря́дке; **be out of ~** быть в неиспра́вности; the engine was out of ~ мото́р был в неиспра́вности; my liver is out of ~ у меня́ пе́чень не в поря́дке; **2.** *often pl* ~s (*command*) прика́з *m* (1f); obey ~s подчиня́ться прика́зу; disobey ~s не подчиня́ться прика́зу; give an ~ отда́ть прика́з; the officer gave ~s to retreat офице́р дал прика́з отступа́ть; they received ~s to start at once они́ получи́ли прика́з неме́дленно отправля́ться; **3.** (*request*) зака́з *m* (1f) [1) на *with acc* for goods на това́ры; 2) receive получи́ть, give сде́лать, fill вы́полнить]; ⊙ **make to ~** де́лать (65) на зака́з; is your coat made to ~ or ready-made? ва́ше пальто́ сде́лано на зака́з и́ли гото́вое?; **4.** (*of money sent*) перево́д *m* (1f); postal / money ~ почто́вый / де́нежный перево́д; **5.** (*award*) о́рден *m* (1*l*); he was awarded an ~ его́ награди́ли о́рденом; ◇ **in ~ to** что́бы; we took a taxi in ~ not to be late что́бы не опозда́ть, мы взя́ли такси́.

order II *v* **1.** (*command*) прика́зывать (65), *perf* приказа́ть (48) (*with dat*); the officer ~ed the soldiers to set out in five minutes офице́р приказа́л солда́там отправля́ться че́рез пять мину́т; he ~ed the gate to be locked он приказа́л, что́бы закры́ли воро́та; **2.** (*make reservation, arrangement*) зака́зывать (65), *perf* заказа́ть (48) [1) *with acc* dinner обе́д, tickets биле́ты, clothes пла́тье; 2) in advance зара́нее]; he ~ed supper for nine o'clock он заказа́л у́жин на де́вять часо́в; I've ~ed you a new dress, I've ~ed a new dress for you я заказа́л(а) для (*with gen*) вас но́вое пла́тье; we've already ~ed the tickets мы уже́ заказа́ли биле́ты.

ordinary 1. (*usual*) обы́чный (31b) [day день, procedure поря́док]; обы́чная [food пи́ща, school шко́ла, thing вещь, work рабо́та, price цена́]; обы́чное [occupation заня́тие]; **2.** (*average, common*) обыкнове́нный (31b) [man челове́к]; обыкнове́нные [people лю́ди]; she was an ~ girl она́ была́ обыкнове́нной де́вушкой.

ore руда́ *f* (19g); iron ~ желе́зная руда́; discover ~ откры́ть месторожде́ние руды́; large deposits of iron ~ больши́е за́лежи желе́зной руды́.

organization 1. *no pl* (*act of organizing*) организа́ция *f* (23c); he is engaged in the ~ of a new club / circle он за́нят организа́цией (*with gen*) но́вого клу́ба / кружка́; skill in ~ уме́ние организова́ть; the work of ~ организацио́нная рабо́та; **2.** (*organized body of persons*) организа́ция [large кру́пная; military вое́нная, public обще́ственная, charitable благотвори́тельная].

organize организова́ть (243) [*with acc* party па́ртию, society о́бщество, institution учрежде́ние, exhibition вы́ставку, expedition экспеди́цию, workers рабо́чих].

original I *sb* по́длинник *m* (4c); this is not the ~, it's only a copy э́то не по́длинник, а то́лько ко́пия; make several copies of the ~ сде́лать не́сколько ко́пий с по́длинника; in the ~ в по́длиннике; read Tolstoy in the ~ чита́ть Толсто́го в по́длиннике.

original II *a* **1.** (*genuine*) по́длинный (31b) [document докуме́нт]; по́длинная [signature по́дпись, manuscript ру́копись]; ~ copy по́длинник *m* (4d). **2.** (*earliest, first*) первонача́льный (31b) [plan план, variant вариа́нт, text текст]; in its ~ state в своём первонача́льном ви́де; **3.** (*constructive, inventive*) оригина́льный (31b) [writer писа́тель, mind ум]; оригина́льная [idea мысль].

other I *sb usu pl* ~s: all the ~s все остальны́е; please, tell the ~s! сообщи́те, пожа́луйста, остальны́м!; and ~s и други́е; a few / many ~s не́которые / мно́гие други́е; there are no ~s други́х нет.

other II *a* **1.** (*different*) друго́й *m*, друга́я *f*, друго́е *n*, други́е *pl* (33a); the house is on the ~ side of the street дом нахо́дится на друго́й стороне́ у́лицы; we must find some ~ way мы должны́ найти́ како́й-л. друго́й спо́соб; put your bag in your ~ hand! возьми́(те) су́мку в другу́ю ру́ку!; { (*the rest of*) остальны́е (31a); the ~ books / houses / things остальны́е кни́ги / дома́ / ве́щи; we shall visit the ~ museums tomorrow остальны́е музе́и мы посети́м за́втра; **2.** (*additional to this*) *often conveyed by* ещё; how many ~ brothers have you? ско́лько у вас ещё бра́тьев?; do you know any ~ way? вы зна́ете како́й-либо ещё спо́соб?; *also see* another 2; ◇ **the ~ day** на дня́х; I saw him the ~ day я его́ ви́дел(а) на дня́х; **every ~**: every ~ day / week че́рез день / неде́лю; I go there every ~ day я хожу́ туда́ че́рез день; write on every ~ line! пиши́(те) че́рез стро́чку!

other III *pron* друго́й *m*, друга́я *f*, друго́е *n*, други́е *pl* (33a); one or ~ тот и́ли друго́й; ⊙ **each** ~ друг дру́га; *see* each.

otherwise *conj* ина́че; I went early, ~ I would have missed him я пошёл ра́но, ина́че я бы его́ не заста́л.

ought 1. (*expressing duty, obligation*): you ~ to go there at once вы должны́ неме́дленно пойти́ туда́; { ~ not *in impersonal sentences conveyed by* нельзя́, не сле́дует; it ~ not to be allowed э́того нельзя́ разреша́ть; **2.** (*expressing desirability*) сле́довало бы *preceded by Russian noun or pronoun in dat*; you ~ to have been there / done it вам сле́довало бы там быть / э́то сде́лать; **3.** (*expressing probability*) *rendered by* вероя́тно, по всей вероя́тности; if he started early, he ~ to be there by now е́сли он отпра́вился ра́но, то, по всей вероя́тности, он сейча́с уже́ там.

our *pron poss* наш (40d) [house дом, city го́род, teacher учи́тель, answer отве́т, duty долг]; на́ша [room ко́мната, family семья́, work рабо́та, mistake оши́бка, friendship дру́жба, station ста́нция, aim цель, gratitude, thanks благода́рность]; на́ше [voyage путеше́ствие, decision реше́ние, attention внима́ние, suggestion предложе́ние, attitude отноше́ние, right пра́во]; на́ши [things ве́щи, friends друзья́, hopes наде́жды, plans пла́ны]; all ~ things все на́ши ве́щи; ~ own flat на́ша (со́бственная) кварти́ра; { *when person of subject coincides with person of poss pron* свой *m*, своя́ *f*, своё *n*, свои́ *pl* (40d); we finished ~ work мы зако́нчили свою́ рабо́ту; we explained ~ point of view мы объясни́ли свою́ то́чку зре́ния; we took all ~ things мы взя́ли все свои́ ве́щи; { свой *is often omitted in Russian*: we spent ~ holidays in the South мы провели́ о́тпуск на Ю́ге; we left ~ key on the table мы забы́ли ключ на столе́; we had no place to put ~ things нам не́куда бы́ло положи́ть ве́щи.

ours *absolute pron poss* наш *m*, на́ша *f*, на́ше *n*, на́ши *pl* (40d), he is an old friend of ~ он наш ста́рый друг; this dog is not ~ э́та соба́ка не на́ша; it's no business of ~ э́то не на́ше де́ло; those things are not ~ э́то не на́ши ве́щи; we had dinner with some friends of ~ мы пообе́дали со свои́ми друзья́ми.

ourselves I *emph pron* **1.** са́ми (41d); we saw / read it ~ мы са́ми э́то ви́дели / чита́ли; **2.** (*alone, without help from others*) одни́ (39a); we can't do it ~ мы не смо́жем сде́лать э́того са́ми; ⊙ **(all) by** ~ 1) са́ми; we tried to learn the language by ~, without a teacher мы пыта́лись изучи́ть язы́к са́ми, без учи́теля; we certainly can't do the work (all) by ~ мы, коне́чно, не смо́жем вы́полнить э́ту рабо́ту са́ми; 2) одни́; we can't go there by ~ мы не мо́жем е́хать туда́ одни́; II *pron refl* **1.** себя́ *gen*; we didn't recognize ~ in those clothes в э́тих костю́мах мы (са́ми) себя́ не узна́ли; { себе́ *dat*; we bought ~ new skis мы купи́ли себе́ но́вые лы́жи; we tried to find work for ~ мы пыта́лись найти́ себе́ рабо́ту; { себя́ *acc*; we put ~ in their position мы поста́вили себя́ на их ме́сто; we can depend only on ~ мы мо́жем полага́ться то́лько на себя́; { собо́й *instr*; we were not satisfied with ~ мы бы́ли недово́льны собо́й; { себе́ *abl*; we were thinking more of ~ мы бо́льше ду́мали о себе́; we told them everything about ~ мы им рассказа́ли о себе́ всё; **2.** *conveyed by* -ся, -сь *attached to verb*; we always wash ~ with cold water мы всегда́ умыва́емся холо́дной водо́й; we washed ~ in the river every morning по утра́м мы умыва́лись в реке́; we couldn't tear ~ away from the book мы не могли́ оторва́ться от кни́ги.

out I *adv combined with verbs of motion after rendered by prefix* вы-: run ~ выбега́ть, вы́бежать; go ~ выходи́ть, вы́йти; pull ~ вы́таскивать, вы́тащить; take ~ вынима́ть, вы́нуть, выта́скивать, вы́тащить; push ~ выта́лкивать, вы́толкнуть; cut ~ выреза́ть, вы́резать; ◇ **be** ~ не быть до́ма, на ме́сте; *see* be; **inside** ~ наизна́нку; *see* inside **I**.

out II *prep*: ~ of 1) (*from*) *with gen*: take smth ~ of one's pocket / bag / box вынима́ть что-л. из карма́на / су́мки, портфе́ля / я́щика, коро́бки; go / run ~ of the room / house / garden вы́йти / вы́бежать из ко́мнаты / до́ма / са́да; we pulled the boat ~ of the water мы вы́тащили ло́дку из воды́; look ~ of the window смотре́ть из окна́; 2) (*in references to material*) *with gen*: ~ of glass / stone / iron / paper из стекла́ / ка́мня / желе́за / бума́ги; he made this table ~ of an old box он сде́лал э́тот стол из ста́рого я́щика; 3) (*denoting part, group, etc.*) *with gen*: two tourists ~ of ten два тури́ста из десяти́; one day ~ of seven оди́н день из семи́; 4) (*denoting cause, reason*) *with gen*: do smth ~ of pity сде́лать что-л. из жа́лости; ~ of fear из стра́ха; 5) *in various phrases*: be ~ of danger быть вне опа́сности; ~ of control вне контро́ля; ~ of place неуме́стный; be ~ of one's mind быть безу́мным; be ~ of temper вы́йти из себя́.

outside I *sb* (*outer part*) нару́жная сторона́ *f* (19j) [*with gen* of the house до́ма, of the wall стены́, of the box я́щика]; ⊙ **from the ~** извне́.

outside II *adv* (*denoting place*) снару́жи [be быть, находи́ться, lie лежа́ть, stand стоя́ть]; the house was painted green ~ снару́жи дом был покра́шен в зелёный цвет; ~ and inside снару́жи и внутри́; ‖ (*denoting motion*) нару́жу [go вы́йти].

over I *adv combined with verbs, often rendered by prefix* пере-: jump ~ перепры́гивать, перепры́гнуть; swim ~ переплыва́ть, переплы́ть; fly ~ перелета́ть, перелете́ть; ✧ **all ~** повсю́ду; all ~ the world во всём ми́ре; we travelled all ~ the country мы путеше́ствовали по всей стране́; ~ **again** опя́ть; I had to do the work ~ again мне пришло́сь сде́лать э́ту рабо́ту сно́ва; ~ **and ~ again** мно́го раз; I have told you so ~ and ~ again я вам говори́л(а) э́то мно́го раз; **be ~** конча́ться (64), *perf* ко́нчиться (172); *see* be.

over II *prep* **1.** (*above*): a plane flew ~ the town / village самолёт лете́л **над** (*with instr*) го́родом / дере́вней; the lamp hung ~ the table ла́мпа висе́ла над столо́м; ~ my head над мое́й голово́й; a bridge ~ the river мост **че́рез** (*with acc*) реку́; **2.** (*from one side to the other side*) *with acc*: jump / climb ~ the fence перепры́гнуть / переле́зть **че́рез** забо́р; **3.** (*across*) *with gen*: ~ the sea **по ту сто́рону** океа́на; **4.** (*about*) *with abl*: he has travelled ~ the whole country он путеше́ствовал **по** всей стране́; **5.** (*above, more than*) *with gen*: ~ a hundred **бо́лее** ста; ~ a year бо́лее го́да; ~ ten kilometres бо́лее десяти́ киломе́тров; **6.** *in various phrases*: ~ a bottle **за** (*with instr*) буты́лкой вина́; go to sleep ~ one's work / book засну́ть за рабо́той / кни́гой; stumble ~ a stone споткну́ться **о** (*with acc*) ка́мень; throw a shade ~ smth боса́ть тень **на** (*with acc*) что-л.; laugh ~ smth смея́ться **над** (*with instr*) чем-л.

overcome преодолева́ть (64), *perf* преодоле́ть (98) [*with acc* difficulties тру́дности, obstacles препя́тствия, habit привы́чку]; ~ the enemy победи́ть врага́; ~ by, with rage охва́ченный я́ростью; ~ by the heat изнурённый жаро́й.

owe (*be in debt*): he ~s me five dollars он до́лжен (*with dat*) мне пять до́лларов; how much do I ~ you? ско́лько я вам до́лжен, должна́?; you ~ me two roubles for the tickets вы мне должны́ два рубля́ за биле́ты; I want to pay you part of what I ~ you я хочу́ заплати́ть вам часть того́, что я вам до́лжен, должна́; now I don't ~ you anything тепе́рь я вам ничего́ не до́лжен, должна́; please, pay for me, and I shall ~ you the money заплати́те, пожа́луйста, за меня́, я вам по́сле верну́ э́ти де́ньги.

owl сова́ *f* (19e).

own I *a* со́бственный (31b) [house дом, garden сад]; со́бственная [car маши́на]; со́бственное [opinion мне́ние]; it was his ~ idea э́то была́ его́ (со́бственная) мысль; I saw it with my ~ eyes я ви́дел(а) э́то со́бственными глаза́ми; I live in my ~ house я живу́ в со́бственном до́ме.

own II *v* (*possess*) владе́ть (98) [*with instr* land землёй, house до́мом, library библиоте́кой, boat ло́дкой, shop магази́ном].

owner владе́лец *m* (10a) [*with gen* of a house до́ма, of a factory фа́брики, of a yacht я́хты]; who is the ~ of this house? кто владе́лец э́того до́ма?

P

pack *v* **1.** (*put together*) запако́вывать (65), *perf* запакова́ть (243) [1) *with acc* books кни́ги, clothes оде́жду, things ве́щи; 2) neatly аккура́тно, hurriedly поспе́шно, carefully тща́тельно, quickly бы́стро; 3) в *with acc* into a suitcase в чемода́н, into a box в я́щик]; have you ~ed (up) your things? вы уложи́ли свои́ ве́щи?; **2.** (*prepare for a journey*) укла́дываться (65), *perf* уложи́ться (175); I need half an hour to ~ мне ну́жно полчаса́, что́бы уложи́ться; I'm just going to ~ я как раз собира́юсь начáть укла́дываться; you'd better begin ~ing at once вам лу́чше сра́зу же нача́ть укла́дываться.

package свёрток *m* (4d) [*with gen* of books книг]; she put her ~s down on the table она́ положи́ла свёртки на стол; the ~ was tied round with a ribbon свёрток был перевя́зан ле́нточкой; | (*in envelope, etc.*) паке́т *m* (1f); this ~ was left by a messenger э́тот паке́т оста́вил посы́льный.

page *sb* страни́ца *f* (21c) [clean чи́стая, first пе́рвая, last после́дняя]; begin / divide / find / write a ~ нача́ть / раздели́ть / найти́ /

написа́ть страни́цу; turn (over) the ~ переверну́ть страни́цу; turn to ~ 25! откро́йте два́дцать пя́тую страни́цу!; open the book at ~ 25! откро́йте кни́гу на два́дцать пя́той страни́це!; read the text on ~ 25! чита́йте текст на два́дцать пя́той страни́це!; the book has three hundred ~s в кни́ге три́ста страни́ц; how many ~s have you written / read? ско́лько страни́ц вы написа́ли / прочита́ли?; there's a ~ missing in my book в моёй кни́ге не хвата́ет страни́цы; the ~s of history страни́цы исто́рии.

pain *sb* **1.** (*ache*) боль *f* (29c) [1) sharp, severe о́страя, dull тупа́я, unbearable невыноси́мая, constant постоя́нная; 2) feel чу́вствовать, give, cause причиня́ть, stand выноси́ть, bear терпе́ть, suffer испы́тывать]; attacks of ~ при́ступы бо́ли; groan / cry with ~ стона́ть / пла́кать от бо́ли; feel much ~ чу́вствовать си́льную боль; a ~ in the back / leg боль в спине́ / ноге́; I've got a ~ in my chest у меня́ боли́т грудь; she has ~s all over у неё всё боли́т; his words gave her much ~ его́ слова́ причини́ли ей боль; **2.** *pl* ~s (*effort*) стара́ния (18c); for my ~s за мои́ стара́ния; take (great) ~s приложи́ть (больши́е) стара́ния; spare no ~s сде́лать всё возмо́жное; all my ~s went for nothing все мои́ стара́ния ни к чему́ не привели́.

paint *v* **1.** (*make pictures*) рисова́ть (243), *perf* нарисова́ть (243), писа́ть (57), написа́ть (57) [1) *with acc* picture карти́ну, portrait портре́т, landscape пейза́ж; 2) skilfully мастерски́, well хорошо́]; a picture ~ed by Repin карти́на Ре́пина, карти́на, напи́санная Ре́пиным; ~ in oil писа́ть ма́слом; **2.** (*describe*) опи́сывать (65), *perf* описа́ть (57) (*with acc*); what words can ~ the beauty of the sea? каки́е слова́ мо́гут описа́ть красоту́ мо́ря?; **3.** (*colour, put paint on*) кра́сить (149), *perf* покра́сить (149) [*with acc* house дом, door дверь, gate воро́та, walls сте́ны]; he ~ed the door white / brown он покра́сил дверь в бе́лый / кори́чневый цвет; I shall ~ the door green я покра́шу дверь в зелёный цвет; I want to have the fence ~ed я хочу́ покра́сить забо́р; what colour are the walls ~ed? в како́й цвет покра́шены сте́ны?

painter 1. (*artist*) худо́жник *m* (4a) [talented тала́нтливый, famous знамени́тый, gifted одарённый]; a ~ of the 18th century худо́жник восемна́дцатого ве́ка; **2.** (*worker*) маля́р *m* (1a).

painting (*picture*) карти́на *f* (19c); what a fine ~ you have on the wall there! какая великолепная картина висит у вас на стене!; I've bought several old ~s я купил(а) несколько старинных картин.

pair *sb* 1. (*set of two things*) пара *f* (19c) [*with gen* of shoes туфель, of gloves перчаток, of stockings чулок, of socks носков]; show me another ~! покажите мне другую пару!; 2.: a ~ of trousers брюки; a ~ of scissors ножницы; 3. (*of people*) пара [happy счастливая, handsome красивая]; ⊙ in ~s парами.

palace дворец *m* (9c) [splendid великолепный, magnificent роскошный, ancient старинный]; live in a ~ жить во дворце; go over, through a ~ осматривать дворец.

pale *a* бледный (31b) [child ребёнок, colour цвет]; бледная [girl девочка]; бледное [face лицо]; become, turn, grow ~ бледнеть (98), *perf* побледнеть (98); she looked / was / seemed very ~ она выглядела / была / казалась очень бледной; she was ~ with fright / fear она побледнела от испуга / страха; { *in combination with colours* бледно-; ~ green бледно-зелёный; ~ blue бледно-голубой.

paper *sb* 1. (*material*) бумага *f* (22b) [thin тонкая, thick толстая, плотная, clean чистая, smooth гладкая, rough шероховатая, crumpled смятая, torn разорванная]; write on ~ писать на бумаге; tear / cut ~ рвать / резать бумагу; a piece / sheet of ~ кусок / лист бумаги; made of ~ сделанный из бумаги; ⊙ **brown** ~, **wrapping** ~ обёрточная (31b) бумага; 2. (*newspaper*) газета *f* (19c); *see* newspaper; 3. *pl* ~s (*documents*) документы (1f); where are my ~s? где мои документы?; bring your ~s with you! принеси(те) с собой документы!; sign these ~s! подпиши(те) эти документы!

parade *sb* (*review of troops, etc.*) парад *m* (1f) [1) military военный, majestic величественный; 2) hold устраивать]; watch a ~ смотреть парад.

parcel 1. (*package*) свёрток *m* (4d) [1) small небольшой, neat аккуратный; 2) bring принести, carry нести, deliver передать]; ~s of different sizes свёртки различных размеров; 2. (*sent by mail*) посылка *f* (22d); send / deliver / receive a ~ послать / вручить / получить посылку.

pardon *sb*: (I beg your) ~! извините!, простите!

parents *pl* родители (3a) [kind добрые, old старые, young молодые, devoted преданные, loving любящие]; support one's ~ оказывать родителям материальную по́мощь; help one's ~ помога́ть роди́телям; love one's ~ люби́ть свои́х роди́телей; lose one's ~ потеря́ть роди́телей; miss one's ~ скуча́ть о роди́телях; she lives with her ~ она́ живёт со свои́ми роди́телями; he has no ~ его́ роди́телей нет в живы́х; his ~ died when he was a little boy его́ роди́тели у́мерли, когда́ он был ма́леньким ма́льчиком; his ~ are still alive его́ роди́тели ещё жи́вы.

park I *sb* парк *m* (4c) [beautiful краси́вый, old ста́рый, neglected запу́щенный, big, large большо́й]; walk about, in a ~ гуля́ть в па́рке; sit in the ~ сиде́ть в па́рке; come into, to the ~ приходи́ть в парк; a corner of a ~ уголо́к па́рка; all the ~s are free вход во все па́рки беспла́тный.

park II *v* (*of cars*) ста́вить (168) маши́ну, *perf* поста́вить (168) маши́ну; he ~ed his car in a street near by он поста́вил маши́ну на прилега́ющей у́лице; no ~ing! стоя́нка маши́н запрещена́!

parliament парла́мент *m* (1f) [call созва́ть, set up образова́ть, elect избра́ть]; member of ~ член парла́мента; the bill was passed by ~ законопрое́кт был при́нят парла́ментом.

part I *sb* **1.** (*portion, division*) часть *f* (29b) [1) equal ра́вная, great, large больша́я, greater бо́льшая, smaller ме́ньшая, important ва́жная, first пе́рвая, better, best лу́чшая, worse ху́дшая; 2) *with gen* of a book кни́ги, of a country страны́, of the population населе́ния, of the town го́рода, of the work рабо́ты, of the time вре́мени]; for the greater ~ of the year бо́льшую часть го́да; I overheard ~ of their conversation я слы́шал часть их разгово́ра; break / cut / divide smth into two ~s лома́ть / ре́зать / дели́ть что-л. на две ча́сти; the lower ~ of his face was hidden ни́жняя часть его́ лица́ была́ закры́та; **2.** (*share*) до́ля *f* (20e); I had only a small ~ in these events моё уча́стие в э́тих собы́тиях невелико́; I have done my ~ я сде́лал свою́ часть рабо́ты; **3.** (*district*) райо́н *m* (1f) [*with gen* of a town го́рода, of a country страны́]; from all ~s of the country со всех концо́в страны́; I am a stranger in these ~s я никогда́ не быва́л(а) в э́тих места́х; the southern ~s of the country ю́жные райо́ны страны́; **4.** (*division of book, etc.*) часть; Part One / Two часть пе́рвая / втора́я; **5.** (*side in dispute, etc.*) сторона́ *f* (19j); for my ~ с мое́й стороны́; on his ~ с его́ стороны́; he always takes his brother's ~ он всегда́ становится на сторону своего́ бра́та; he took the ~ of the boy он стал на сто́рону ма́льчика; there was no objection on the ~ of the majority со стороны́ большинства́ не́ было никаки́х возраже́ний; 6. (*role*) роль *f* (29b) [1) leading веду́щая, minor второстепе́нная; 2) act, play, perform игра́ть, know знать, forget забы́ть]; who performed the ~ of Othello? кто игра́л роль Оте́лло?; he acted his ~ well он хорошо́ сыгра́л свою́ роль; ◇ **take** ~ принима́ть (64) уча́стие, *perf* приня́ть (233) уча́стие [в *with abl* in a battle в сраже́нии, in a competition в соревнова́нии, in a demonstration в демонстра́ции, in a game в игре́; in a performance в спекта́кле, in the struggle, fight в борьбе́, in a strike в забасто́вке, in the discussion в обсужде́нии, in a congress в съе́зде, in a concert в конце́рте, in a play в пье́се]; take an active ~ принима́ть акти́вное уча́стие.

part II *v* (*separate*) расстава́ться (63), *perf* расста́ться (51) (with — с *with instr*); he was sorry to ~ with the book ему́ бы́ло жаль расстава́ться с кни́гой; they ~ed at the gate они́ расста́лись у воро́т; let's ~ friends! расста́немся друзья́ми!

particular *a* 1. (*special*) осо́бый (31b); I have nothing ~ to do this evening у меня́ нет никаки́х осо́бых дел на сего́дняшний ве́чер; give ~ thanks to N.! переда́йте осо́бую благода́рность Н.!; ‖ *often rendered by* и́менно э́тот, э́та, э́то (41b); why did you choose that ~ town? почему́ вы вы́брали и́менно э́тот го́род?; why are you doing it in that ~ way? почему́ вы э́то де́лаете и́менно так?; ⊙ **in** ~ в осо́бенности; we talked about everything in general and nothing in ~ мы говори́ли обо всём вообще́ и ни о чём в осо́бенности; 2. (*difficult to please*): she is very ~ about her clothes она́ обраща́ет большо́е внима́ние на свою́ оде́жду; he's ~ about what he eats он тре́бователен к еде́.

particularly (*especially*) осо́бенно; it was not ~ interesting э́то бы́ло не осо́бенно интере́сно; I was ~ pleased to see an old friend of mine at the party на ве́чере мне бы́ло осо́бенно прия́тно повида́ть своего́ ста́рого дру́га.

partly (*to some extent*) отча́сти; it was ~ my fault отча́сти я был(а́) сам(а́) винова́т(а); ‖ (*in part*) части́чно; the machine was made ~ of wood and ~ of metal стано́к был сде́лан части́чно из де́рева, а части́чно из мета́лла; ~ dining-room. ~ living-room гости́ная и столо́вая одновре́ме́нно.

party I *sb* па́ртия *f* (23c) [1) communist коммунисти́ческая, socialist социалисти́ческая, revolutionary революцио́нная, bourgeois буржуа́зная, reactionary реакцио́нная, ruling пра́вящая, opposition оппозицио́нная, democratic демократи́ческая, labour лейбори́стская, liberal либера́льная, conservative консервати́вная; 2) leads ведёт, unites объединя́ет, teaches у́чит, fights бо́рется]; build / lead a ~ созда́ть / возгла́вить па́ртию; form / organize / split a ~ образова́ть / организова́ть / расколо́ть па́ртию; join a ~ вступи́ть в па́ртию; be a member of a ~, be a ~ member быть чле́ном па́ртии; congress of a ~ съезд па́ртии; ~ leader парти́йный руководи́тель; the leader of a ~ вождь па́ртии; ~ meeting парти́йное собра́ние; ~ card парти́йный биле́т; ~ committee парти́йный комите́т; the Communist Party of the Soviet Union Коммунисти́ческая па́ртия Сове́тского Сою́за; the Central Committee of the Communist Party of the Soviet Union Центра́льный Комите́т Коммунисти́ческой па́ртии Сове́тского Сою́за.

party II *sb* **1.** (*reception*) ве́чер *m* (1*l*) [1) big большо́й, pleasant прия́тный, dull, boring ску́чный, gay весёлый, family семе́йный; 2) is over око́нчился, takes place происхо́дит; 3) arrange, give устра́ивать]; come to a ~ прийти́ на ве́чер; invite smb to a ~ пригласи́ть кого́-л. на ве́чер; be at a ~ быть на ве́чере; leave the ~ уйти́ с ве́чера; we have a ~ today сего́дня у нас ве́чер; yesterday I was at a birthday ~ я был(а́) вчера́ на дне рожде́ния; New-Year ~ нового́дний ве́чер; guests at a ~ го́сти, приглашённые на ве́чер; enjoy oneself at a ~ хорошо́ провести́ вре́мя на ве́чере; enjoy the ~ получи́ть удово́льствие от ве́чера; we are going to a ~ tonight сего́дня мы идём в го́сти, на ве́чер; bring smb to a ~ привести́ кого́-л. на ве́чер; meet smb at a ~ встре́тить кого́-л. в гостя́х; dinner ~ зва́ный обе́д; farewell ~ проща́льный обе́д, у́жин; **2.** (*company*) компа́ния *f* (23c) [gay весёлая, pleasant прия́тная, boring ску́чная, small небольша́я]; entertain a ~ развлека́ть компа́нию; the whole ~ went away вся компа́ния ушла́; make up a ~ соста́вить компа́нию; **3.** (*side*) сторона́ *f* (19j); the interested / disinterested ~ заинтересо́ванная / незаинтересо́ванная сторона́; both parties were interested in settling the matter о́бе сто́роны бы́ли заинтересо́ваны в том, чтóбы улáдить э́то дéло.

pass *v* **1.** (*walk by*) проходи́ть (152), *perf* пройти́ (206); I ~ed Mr. N. just now я тóлько что прошёл ми́мо (*with gen*) ми́стера Н.; you ~ the post-office вы пройдёте ми́мо пóчты; I saw him ~ half an hour ago я ви́дел(а), как он прошёл полчасá томý назáд; let me ~, please! позвóльте мне, пожáлуйста, пройти́!; ‖ (*ride by*) проезжáть (64), *perf* проéхать (71); we ~ed through a forest / several villages мы проéхали (*with acc*) лес / нéсколько деревéнь; the train ~ed the station without stopping пóезд прошёл стáнцию, не останáвливаясь; **2.** (*of time*) пройти́; a day / month / year ~ed прошёл день / мéсяц / год; the night / week ~ed very quickly ночь / недéля прошлá óчень бы́стро; some time ~ed прошлó нéкоторое врéмя; two years / two hours ~ed прошлó два гóда / два часá; **3.** (*spend*) проводи́ть (152), *perf* провести́ (219) (*with acc*); the guests ~ed the time pleasantly гóсти прия́тно провели́ врéмя; **4.** (*give, hand on*) передавáть (63), *perf* передáть (214) [1) *with acc* salt соль, bread хлеб, dish тарéлку; 2) *with dat* to one's neighbour сосéду, to me мне]; please, ~ the bread! передáй(те), пожáлуйста, хлеб!; **5.** (*stand*) вы́держать (52) [*with acc* test испытáние]; ‖ (*of examinations*) сдать (214) (*with acc*); all the pupils / students ~ed (the examination) все ученики́ / студéнты сдáли экзáмен; **6.** (*adopt, accept*) принимáть (64), *perf* приня́ть (232) [*with acc* law закóн, resolution резолю́цию]; ~ **away** (*disappear*) проходи́ть (152), *perf* пройти́ (206); the pain ~ed away боль прошлá; ~ **by** (*go past*) проходи́ть ми́мо, *perf* пройти́ ми́мо; he ~ed by он прошёл ми́мо; ◇ **in** ~**ing** мимохóдом; she mentioned it in ~ing онá упомянýла об э́том мимохóдом.

passage 1. (*opening*) прохóд *m* (1f) [narrow ýзкий, wide широ́кий]; look for / find a ~ искáть / найти́ прохóд; ‖ (*road*) проéзд *m* (1f); the ~ was too narrow for the truck проéзд был сли́шком ýзок для грузовикá; **2.** (*corridor*) коридóр *m* (1f) [narrow ýзкий, dark тёмный, ill-lighted плóхо освещённый]; there was a door at the end of the ~ в концé коридóра былá дверь; **3.** (*extract*) отры́вок *m* (4d) [1) long дли́нный, difficult трýдный, interesting интерéсный; 2) read читáть, learn by heart вы́учить наизýсть, quote цити́ровать, recite прочитáть наизýсть]; he read us a ~ from the book он прочитáл нам отры́вок из кни́ги.

passenger пассажи́р *m*(1e), пассажи́рка *f* (22c).

passer-by прохо́жий *m* (34b) [chance случа́йный, late запозда́лый]; none of the passers-by никто́ из прохо́жих; they addressed the first ~ они́ обрати́лись к пе́рвому встре́чному.

passion 1. (*strong feeling*) страсть *f* (29b) [1) secret та́йная; 2) к *with dat* for cleanliness к чистоте́; 3) conceal, hide скрыва́ть]; have a ~ for smb пита́ть к кому́-л. страсть; 2. (*fit of rage*) при́ступ (*m* 1f) я́рости; ⊙ **be in a** ~ серди́ться (152); **fly into a** ~ прийти́ (206) в я́рость.

passport па́спорт *m* (1*l*) [1) foreign заграни́чный, Soviet сове́тский; 2) give дава́ть, receive получа́ть, renew обме́нивать, show предъявля́ть, lose теря́ть].

past I *sb* про́шлое *n* (31b) [1) dim, distant отдалённое, recent неда́внее; 2) forget забы́ть, bury похорони́ть, remember по́мнить]; she was thinking of the ~ она́ ду́мала о про́шлом; in the ~ в про́шлом; we know nothing of his ~ мы ничего́ не зна́ем о его́ про́шлом; don't let's rake up the ~! не бу́дем вспомина́ть про́шлое!

past II *a* про́шлый (31b), исте́кший (34b) [year год, month ме́сяц]; in times ~ в мину́вшие времена́; ~ events мину́вшие собы́тия; for the ~ few days / weeks (за) после́дние не́сколько дней / неде́ль.

past III *adv* ми́мо; walk, go / drive / run / fly / rush ~ пройти́ / прое́хать / пробежа́ть / пролете́ть / промча́ться ми́мо.

past IV *prep* **1.** (*of time*) *with gen*: it is half / a quarter / twenty minutes ~ three полови́на / че́тверть / два́дцать мину́т четвёртого; ~ midnight **по́сле** полу́ночи; **2.** (*by*) *with gen*: he went ~ us он прошёл **ми́мо** нас; they ran ~ the house они́ пробежа́ли ми́мо до́ма.

path (*track, road*) тропа́ *f* (19g), тропи́нка *f* (22d) [1) narrow у́зкая, broad широ́кая, winding изви́листая, straight пряма́я; 2) leads to the river ведёт к реке́, turns to the right свора́чивает напра́во]; a ~ by the river / through the forest, woods тропи́нка о́коло реки́ / через ле́с; follow, go along a ~ идти́ по тропи́нке; turn on to the ~ сверну́ть на тропи́нку.

patience терпе́ние *n* (18c) [1) great большо́е, admirable зави́дное; 2) lose потеря́ть]; require, demand ~ тре́бовать терпе́ния; I've lost all ~ with him я потеря́л(а) с ним вся́кое терпе́ние; my ~ was exhausted моё терпе́ние истощи́лось; you must have the ~ of an angel у вас, наве́рное, а́нгельское терпе́ние.

patient I *sb* (*sick person*) больно́й *m*, больна́я *f* (31a); receive ~s принима́ть больны́х; the doctor calls on, visits a ~ врач посеща́ет больно́го; examine / treat a ~ осма́тривать / лечи́ть больно́го; take a ~'s temperature ме́рить больно́му температу́ру; take a ~ to hospital положи́ть больно́го в больни́цу; take care of a ~ уха́живать за больны́м.

patient II *a* (*showing, having patience*) терпели́вый (31b); she was very ~ with the child она́ была́ о́чень терпели́ва с ребёнком; please, be ~! име́йте, пожа́луйста, терпе́ние!

pattern *sb* (*ornamental design*) узо́р *m* (1f) [complicated сло́жный, original оригина́льный]; imitate / embroider a ~ копи́ровать / вышива́ть узо́р; ~ on a carpet узо́р на ковре́.

pause I *sb* (*interval*) па́уза *f* (19c) [long дли́нная, short, brief коро́ткая, unexpected неожи́данная]; a long ~ followed после́довала дли́нная па́уза; make a ~ сде́лать па́узу; after a short ~ по́сле коро́ткой па́узы; she went on without a ~ она́ продолжа́ла, не остана́вливаясь.

pause II *v* (*stop*) де́лать (65) па́узу, *perf* сде́лать (65) па́узу, остана́вливаться (65), *perf* останови́ться (166); he ~d он сде́лал па́узу.

pay I *sb* (*wages*) за́работная пла́та *f* (19c), *often* зарпла́та *f* (19c) [high высо́кая, low ни́зкая, weekly неде́льная, good хоро́шая]; receive one's ~ получа́ть за́работную пла́ту; he received an increase in ~ ему́ увели́чили зарпла́ту; his ~ was cut ему́ уре́зали зарпла́ту; he came for his ~ он пришёл за зарпла́той.

pay II *v* **1.** (*give money*) плати́ть (192), *perf* заплати́ть (192), уплати́ть (192) [1) *with acc* money де́ньги, ten dollars де́сять до́лларов; 2) much мно́го, little ма́ло, enough доста́точно; in advance вперёд; 3) за *with acc* for one's work за рабо́ту]; how much did you ~ for your new coat? ско́лько вы заплати́ли за ва́ше но́вое пальто́?; who paid for the tickets? кто плати́л за биле́ты?; you must ~ him the money вы должны́ заплати́ть ему́ де́ньги; I'll ~ for you я заплачу́ за вас; you must ~ him what you owe вы должны́ верну́ть ему́ долг; ~ one's debts расплати́ться с долга́ми; ~ at the desk! плати́те в ка́ссу!; you will have to ~ extra вам придётся плати́ть дополни́тельно; ~ all the expenses оплати́ть все расхо́ды; **2.** (*be profitable*) окупа́ться (64), *perf* окупи́ться (169); the business does not ~ предприя́тие не окупа́ет себя́; it will ~ in the long run в концé концóв э́то окýпится; { *often rendered by* стóит; it doesn't ~ to begin over again не стóит начинáть всё сначáла; it might ~ to wait a while longer возмóжно, стóит подождáть ещё немнóго; ◇ ~ **attention** обращáть (64) внимáние, *perf* обратúть (161) внимáние (to —на *with acc*); *see* attention.

peace мир *m*, *no pl* (1f) [1) long-standing, lasting прóчный; 2) guarantee обеспéчивать, win завоевáть]; fight for ~ борóться за мир; defend ~ защищáть мир; the peoples of the whole world demand / want ~ нарóды всегó мúра трéбуют / хотя́т мúра; live at ~ with smb жить с кем-л. в мúре; a policy of ~ полúтика мúра; ~ treaty мúрный договóр; in time of ~ в мúрное врéмя; ⊙ **the World Peace Congress** Всемúрный конгрéсс сторóнников мúра; **make** ~ 1) (*conclude treaty*) заключúть (176) мир; 2) (*make up quarrel*) помирúться (156); **leave smb in** ~ остáвить (168) когó-л. в покóе.

peaceful мúрный (31b) [labour труд, town гóрод; man человéк]; мúрная [life жизнь, scene сцéна]; мúрное [existence существовáние, country государство].

pear грýша *f* (25a).

pea(s) горóх *m*, *no pl* (4c).

peasant крестья́нин *m* (1p), крестья́нка *f* (22c).

peculiar 1. (*individual*) характéрный (31b); ~ features характéрные черты́; a style ~ to the 18th century стиль, характéрный для восемнáдцатого вéка; 2. (*odd, queer*) стрáнный (31b) [man человéк]; стрáнная [habit привы́чка, way манéра]; стрáнное [behaviour поведéние, attitude отношéние]; there was something ~ about him в нём бы́ло чтó-то стрáнное.

pen рýчка *f* (22f) [1) broken слóманная; 2) doesn't write не пúшет, writes badly плóхо пúшет]; drop / pick up / take a ~ уронúть / подня́ть / взять рýчку; write with a ~ писáть рýчкой; I have no more ink in my ~ у меня́ в рýчке бóльше нет чернúл; fountain ~ авторýчка.

pencil карандáш *m* (5b) [1) hard жёсткий, твёрдый, soft мя́гкий, sharp óстрый, broken слóманный; 2) does not write не пúшет, writes badly плóхо пúшет; 3) break сломáть, sharpen очинúть[; write / draw with a ~ писáть / рисовáть карандашóм; coloured ~s цветны́е карандашú.

people 1. *pl* (*persons*) лю́ди (людéй, лю́дям, людéй, людьмú, лю́дях) [simple просты́е, common обы́чные, hard-working трудолюбúвые]; most ~ мнóгие (лю.

ди), большинство́ (людéй); all the ~ все (лю́ди); half (of) the ~ полови́на (людéй); there were many ~ in the square на пло́щади бы́ло мно́го наро́ду; how many ~ are there in your family? ско́лько человéк в вáшей семьé?; who are these ~? кто э́ти лю́ди?; they are quite different ~ они́ совсéм рáзные лю́ди; he avoids ~ он избегáет людéй; ⊙ **young** ~ молодёжь *f*, *collect* (30a); **old** ~ *pl* старики́ (4e); **working** ~ трудя́щиеся *pl* (35); **2.** (*nation*) наро́д *m* (1f) [Russian ру́сский, Soviet совéтский, Chinese китáйский, English англи́йский; free свобо́дный, great вели́кий, independent незави́симый]; the ~s of Africa / of the USSR наро́ды А́фрики / СССР; the oppressed / colonial ~s угнетённые / колониáльные наро́ды; a true son of the ~ вéрный сын наро́да; **a** ~'s government наро́дное прави́тельство; a ~'s republic наро́дная респу́блика; **3.** *collect* (*population, inhabitants*) населéние *n*, *no pl* (18c) [*with gen* of the town го́рода, of the village дерéвни, of the country страны́]; country ~ деревéнские жи́тели; **4.** *pl* (*relatives*) родны́е (31a); my wife's ~ are staying with us now сейчáс у нас гостя́т родны́е моéй жены́; I'd like you to meet my ~ я бы хотéл(а), что́бы вы познако́мились с мои́ми родны́ми; **5.** (*as equivalent to impersonal* you, one) *not translated, Russian verb in 3d pers pl*: ~ say... говоря́т...; never mind what ~ say не обращáйте внимáния на то, что говоря́т; ~ often think... чáсто ду́мают, полагáют...

per cent процéнт *m* (1f); ten ~ of all the students дéсять процéнтов всех студéнтов; they carried out the plan 100 ~ они́ вы́полнили план на сто процéнтов; that is fifty ~ of our money / of our income э́то пятьдеся́т процéнтов нáших дéнег / нáшего дохо́да; the number of books in our library is ten ~ more than last year коли́чество книг в нáшей библиотéке на дéсять процéнтов бо́льше, чем в про́шлом году́.

perfect *a* **1.** (*faultless, excellent*) прекрáсный (31b) [example примéр, образéц, way спо́соб, plan план]; прекрáсная [weather пого́да, acting игрá, visibility ви́димость]; {безупрéчный (31b), безукори́зненный (31b); his behaviour was ~ его́ поведéние бы́ло безупрéчным; she had ~ features у неё безукори́зненные черты́ (лицá); she wanted everything to be ~ онá хотéла, что́бы всё бы́ло безупрéчным; **2.** (*complete, thorough*) совершéнный (31b), по́лный (31b), *often superl* полне́йший (34b); in ~ silence в по́лном молча́нии; in ~ harmony в по́лной гармо́нии; ~ nonsense полне́йшая чепуха́; I am a ~ stranger here я здесь соверше́нно но́вый челове́к.

perfectly 1. (*excellently*) прекра́сно; the work was done ~ рабо́та была́ прекра́сно вы́полнена; she acted the part ~ она́ прекра́сно сыгра́ла э́ту роль; I understand your objections ~ я прекра́сно понима́ю ва́ши возраже́ния; **2.** (*completely*) соверше́нно; you are ~ right вы соверше́нно пра́вы; he was ~ happy он был соверше́нно сча́стлив; he was ~ satisfied он был вполне́ удовлетворён.

perform 1. (*do, carry out*) выполня́ть (223), *perf* вы́полнить (159) [*with acc* one's duty свой долг, one's duties свои́ обя́занности, task зада́ние, зада́чу]; ⊙ ~ **miracles** соверша́ть (64) чудеса́; ~ **an experiment** проводи́ть (152) экспериме́нт, *perf* провести́ (219) экспериме́нт; ~ **an operation** де́лать (65) опера́цию, *perf* сде́лать (65) опера́цию; **2.** (*act in play, dance, etc.*) исполня́ть (223), *perf* испо́лнить (158) [1) *with acc* dance та́нец, role, part роль; 2) with great skill с больши́м мастерство́м; brilliantly блестя́ще; with great success с больши́м успе́хом].

performance 1. (*of theatre*) спекта́кль *m* (3c) [good хоро́ший, bad, poor плохо́й, perfect, excellent прекра́сный, wonderful чуде́сный, memorable запомина́ющийся]; we enjoyed the ~ very much мы получи́ли от спекта́кля большо́е удово́льствие; the ~ made, produced a deep impression on us спекта́кль произвёл на нас большо́е впечатле́ние; ‖ (*of circus, etc.*) представле́ние *n* (18c); the next ~ is at 8 p. m. сле́дующее представле́ние состои́тся в во́семь часо́в ве́чера; **2.** (*acting*) исполне́ние *n* (18c) [1) excellent, perfect прекра́сное, bad, poor плохо́е, talented тала́нтливое, remarkably good удиви́тельно хоро́шее; 2) *with gen* of the role, part ро́ли, of the dance та́нца].

perhaps возмо́жно; ~ he did not know about it возмо́жно, что он не знал об э́том; are you going to the party?— Perhaps вы пойдёте на ве́чер? — Возмо́жно.

period 1. (*definite portion of time*) пери́од *m* (1f) [long до́лгий, short коро́ткий, непродолжи́тельный]; an important ~ in history ва́жный пери́од (в) исто́рии; for a short ~ of time в тече́ние коро́ткого пери́ода; **2.** (*epoch, times*) эпо́ха *f* (22b) [early ра́нняя, remote отдалённая]; the ~ of the French Revolution эпо́ха францу́зской револю́ции;

live in, during a ~ of great scientific discoveries жить в эпо́ху (*with gen*) вели́ких нау́чных откры́тий.

permanent (*constant*) постоя́нный (31b) [income дохо́д]; постоя́нная [job рабо́та, feature черта́]; постоя́нное [occupation заня́тие, residence местожи́тельство, state состоя́ние].

permission разреше́ние *n* (18c); ask / give / receive ~ проси́ть / дать / получи́ть разреше́ние; refuse ~ не дать разреше́ния; ~ was granted immediately разреше́ние бы́ло дано́ сра́зу же.

permit *v* (*allow*) разреша́ть (64), *perf* разреши́ть (171) [1) *with dat* one's pupils свои́м ученика́м, one's son своему́ сы́ну; 2) willingly охо́тно]; smoking is not ~ted here здесь не разреша́ется кури́ть; ‖ позволя́ть (223), *perf* позво́лить (157) (*with dat*); ~ me to point out that... позво́льте мне отме́тить, что...; if the weather ~s е́сли позво́лит пого́да.

person (*human being*) челове́к *m* (*sg* 4a, *pl* лю́ди, люде́й, лю́дям, люде́й, людьми́, лю́дях) [young молодо́й, nice прия́тный, interesting интере́сный, unpleasant неприя́тный, important ва́жный]; who is that ~ you were talking to? с кем э́то вы разгова́ривали?; a ~ whom I cannot bear челове́к, кото́рого я не выношу́; what kind of ~ is she? что она́ за челове́к?; she / he has always been a ~ of firm character она́ / он всегда́ была́ / был челове́ком твёрдого хара́ктера; he is a very important ~ он о́чень ва́жная персо́на; there was not a single ~ there там не́ было ни души́; ⊙ in ~ сам(а́) ли́чно.

personal ли́чный (31b) [visit визи́т, question вопро́с, example приме́р, contribution вклад]; ли́чная [responsibility отве́тственность]; ли́чное [matter де́ло, opinion мне́ние, letter письмо́]; ли́чные [savings сбереже́ния, belongings ве́щи]; that is my ~ opinion э́то моё ли́чное мне́ние.

persuade (*convince*) убежда́ть (64), *perf* убеди́ть (153) (*with acc*); that argument won't ~ anybody э́тот до́вод никого́ не убеди́т; we tried to ~ him to postpone his departure мы пыта́лись убеди́ть его́ отложи́ть отъе́зд.

'phone *v* звони́ть (158) по телефо́ну, *perf* позвони́ть (158) по телефо́ну; *see* telephone **II**.

photograph *sb* фотогра́фия *f* (23c) [old ста́рая, faded вы́цветшая, good хоро́шая]; look at the ~ смотре́ть фотогра́фию; she showed me ~s of her family она́ показа́ла мне фотогра́фии свое́й семьи́; ⊙ **take a ~, ~s** фотографи́ровать (245), *perf* сфотографи́ровать (245); *see* picture.

physical (*of body, not mind*) физи́ческий (33b) [labour труд]; физи́ческая [strength си́ла, work рабо́та]; физи́ческое [strain напряже́ние, condition состоя́ние]; ⊙ ~ **exercises** гимна́стика *f*, *no pl* (22b), заря́дка *f*, *no pl* (22d); *see* exercise 2; ~ **culture** физкульту́ра *f* (19c).

physician врач *m* (7a), до́ктор *m* (1h); *see* doctor 1.

physics фи́зика *f* (22b).

pianist piани́ст *m* (1e), пиани́стка *f* (22c).

piano роя́ль *m* (3c); play the ~ игра́ть на роя́ле; we danced to the ~ мы танцева́ли под роя́ль; she accompanied herself on the ~ она́ аккомпани́ровала себе́ на роя́ле; { (upright) ~ пиани́но *n indecl*.

pick *v* **1.** (*gather*) собира́ть (64), *perf* собра́ть (44) [*with acc* berries я́годы, fruit фру́кты, mushrooms грибы́, flowers цветы́]; ~ apples снима́ть я́блоки; **2.** (*choose*) выбира́ть (64), *perf* вы́брать (43), отбира́ть (64), *perf* отобра́ть (44) (*with acc*); we ~ed a beautiful spot for our camp мы вы́брали краси́вое ме́сто для на́шего ла́геря; we want to ~ the right person мы хоти́м вы́брать подходя́щего челове́ка; ~ **out** (*choose*) выбира́ть, *perf* вы́брать (*with acc*); ~ **up** (*lift up*) поднима́ть (64), *perf* подня́ть (232) [1) *with acc* pencil каранда́ш; 2) с *with gen* from the ground с земли́, from the floor с по́ла]; ~ up all those things! поднимите все э́ти ве́щи!; he stooped and ~ed up the pin он наклони́лся и по́днял бу ́авку.

picture *sb* **1.** (*painting, drawing*) карти́на *f* (19c) [1) beautiful краси́вая, ugly некраси́вая, well-known изве́стная, original по́длинная; 2) hangs виси́т, produces a deep impression произво́дит большо́е впечатле́ние]; draw, make / paint a ~ рисова́ть / писа́ть карти́ну; hang / take down a ~ пове́сить / снять карти́ну; look at a ~ смотре́ть на карти́ну; what do you see in the ~? что вы ви́дите на э́той карти́не?; exhibit one's ~s вы́ставить свои́ карти́ны; an exhibition of ~s вы́ставка карти́н; a ~ painted by Repin карти́на Ре́пина; { *fig*: the story / film gives a true ~ of life э́тот расска́з / фильм правди́во отража́ет жизнь; ⊙ **take** ~**s** фотографи́ровать (245), *perf* сфотографи́ровать (245) [1) *with acc* of one's children свои́х дете́й, of the river ре́ку, of the monument па́мятник; 2) in the forest в лесу́, in the park в па́рке, at the river на реке́, in front of the house пе́ред до́мом]; I want to take some ~s here я хочу́ сде́лать здесь не́сколько сни́мков; she loves to take ∼s она́ о́чень лю́бит фотографи́ровать; he takes good ∼s он хорошо́ фотографи́рует; he doesn't, can't take good ∼s он пло́хо фотографи́рует; 2. *pl* ∼s (*cinema*) кино́ *n indecl*; he went to the (moving) ∼s он пошёл в кино́.

pie (*large cake*) пиро́г *m* (4g) [make де́лать, bake печь, eat есть, cut ре́зать]; a piece of ∼ кусо́к пирога́; ∥ (*small cake*) пирожо́к *m* (4f).

piece *sb* **1.** (*part, bit*) кусо́к *m* (4f) [1) ig, large большо́й, hard твёрдый, жёсткий, soft мя́гкий, nice вку́сный; 2) *with gen* of bread хле́ба, of meat мя́са, of cake пирога́; 3) cut отре́зать, choose вы́брать]; small ∼ ма́ленький кусо́чек; cut / break / tear smth into ∼s разре́зать / разлома́ть / разорва́ть что-л. на куски́; a ∼ of paper листо́к бума́ги; a ∼ of ground уча́сток земли́; the glass broke into ∼s стака́н вдре́безги разби́лся; ⊙ **take to** ∼s разбира́ть (64) на ча́сти, *perf* разобра́ть (44) на ча́сти (*with acc*); **2.**: a ∼ of art худо́жественное произведе́ние *n* (18c); a ∼ of music музыка́льное произведе́ние; a ∼ of poetry стихотворе́ние *n* (18c); a dramatic ∼ драмати́ческое произведе́ние; ∼ of advice сове́т *m* (1f); ∼ of news но́вость *f* (29 b); ∼ of information све́дение *n* (18c).

pig свинья́ *f* (24a) [pedigreed поро́дистая, fat жи́рная]; raise, breed ∼s разводи́ть свине́й.

pigeon го́лубь *m* (3e).

pile I *sb* (*confused heap*) гру́да *f* (19c), ку́ча *f* (25a) [*with gen* of bricks кирпиче́й, of rubbish му́сора, of stones камне́й]; put smth in a ∼ скла́дывать что-л. в гру́ду, ку́чу; ∥ (*orderly heap*) сто́пка *f* (22d) [1) neat аккура́тная, even ро́вная; 2) *with gen* of papers бума́г, of books книг, of notebooks тетра́дей].

pile II *v* (*also* ∼ up) скла́дывать (65) в ку́чу, *perf* сложи́ть (175) в ку́чу (*with acc*); we ∼d the boxes in a corner of the room мы сложи́ли я́щики в углу́ ко́мнаты; ∼ up in a heap скла́дывать в ку́чу; all the things were ∼d up on the floor все ве́щи лежа́ли ку́чей на полу́; the table was ∼d up with books стол был зава́лен кни́гами.

pillow *sb* поду́шка *f* (22f) [soft мя́гкая, hard жёсткая]; sleep on a ∼ спать на поду́шке; put a ∼ under one's head положи́ть поду́шку под го́лову; lay, put one's head on a ∼ положи́ть го́лову на поду́шку.

pilot 1. (*on plane*) лётчик *m* (4a), пило́т *m* (1e); **2.** (*on boat*) ло́цман *m* (1e).

pin *sb* була́вка *f* (22d) [sharp о́страя]; pin with

а ~ заколо́ть була́вкой; ⊙ **safety** ~ англи́йская була́вка.

pine *sb* сосна́ *f* (19i).

pink *a* ро́зовый (31b) [colour цвет, scarf шарф, silk шёлк]; ро́зовая [sweater вя́заная ко́фточка, blouse ко́фточка; liquid жи́дкость]; ро́зовое [dress пла́тье]; ро́зовые [cheeks щёки].

pioneer пионе́р *m* (1e), пионе́рка *f* (22c).

pipe *sb* **1.** (*tube*) труба́ *f* (19g); **2.** (*for smoking*) тру́бка *f* (22d); a clay ~ гли́няная тру́бка; smoke / light a ~ кури́ть / заже́чь тру́бку; he took the ~ out of his mouth он вы́нул тру́бку изо рта́.

pity I *sb* жа́лость *f* (29c); feel ~ for smb испы́тывать жа́лость к (*with dat*) кому́-л.; a feeling of ~ чу́вство жа́лости; arouse ~ вызыва́ть жа́лость; out of ~ из жа́лости; have, take ~ on smb сжа́литься над (*with instr*) кем-л.; **2.**: it's a ~ жаль; it's a ~ (that) you did not come жаль, что вы не пришли́; it's a ~ you did not tell me before жаль, что вы не сказа́ли мне ра́ньше; what a ~! как жаль!

pity II *v* жале́ть (98), *perf* пожале́ть (98) (*with acc*); he is to be pitied его́ сле́дует пожале́ть; { *often rendered by* жаль (*with acc*); I ~ you мне вас жаль; I ~ him, poor fellow! мне его́ жаль, бедня́гу!

place I *sb* **1.** (*particular area, spot*) ме́сто *n* (14d) [1) dangerous опа́сное, well-known изве́стное, quiet споко́йное, small небольшо́е, dry сухо́е, wet мо́крое, вла́жное, dark тёмное, light све́тлое, noisy шу́мное; 2) choose, pick выбира́ть, find найти́, know знать, leave поки́нуть, show показа́ть]; go from ~ to ~ переходи́ть, переезжа́ть с ме́ста на ме́сто; it is a good ~ for a vacation э́то хоро́шее ме́сто для о́тдыха; I can't be in two ~s at once я не могу́ быть сра́зу в двух места́х; the ~ where he was born ме́сто, где он роди́лся; **2.** (*seat*) ме́сто [convenient удо́бное, empty пусто́е]; keep, hold a ~ for smb заня́ть кому́-л. ме́сто; change ~s with smb поменя́ться с кем-л. места́ми; go back to one's ~ верну́ться, идти́ на своё ме́сто; ⊙ **take one's** ~ (*sit down*) сади́ться (153), *perf* сесть (239); the delegates took their ~s round the table делега́ты се́ли вокру́г стола́; **3.** (*house*): come round to my ~ this evening! приходи́те ко мне́ сего́дня ве́чером!; how can I get to your ~? как мне добра́ться до вас?, до ва́шего до́ма?; **4.** (*job, position*) ме́сто [good хоро́шее, vacant свобо́дное]; look for / get a ~ иска́ть / получи́ть ме́сто; she lost her ~ она́ потеря́ла своё ме́сто; who will take the ~ of the present manager? кто займёт ме́сто тепе́решнего управля́ющего?; **5.** (*position in race, competition*) ме́сто [1) first пе́рвое, second второ́е, last после́днее; 2) in the race на ска́чках, в го́нках, in jumping по прыжка́м, in skating по конька́м; 3) hold держа́ть, take, get, win заня́ть]; first ~ was won by N. пе́рвое ме́сто за́нял Н.; ◇ **take** ~ происходи́ть (152), *perf* произойти́ (206); the event took ~ two years ago э́то собы́тие произошло́ два го́да тому́ наза́д; what took ~ there? что там произошло́?; many events have taken ~ since then с тех пор произошло́ мно́го собы́тий; when will the meeting take ~? когда́ состои́тся собра́ние?; **in the first** ~ во-пе́рвых; **in the second** ~ во-вторы́х; **out of** ~ 1) (*not in the proper place*) не на ме́сте; these books are out of ~ э́ти кни́ги (лежа́т) не на ме́сте; 2) (*unsuitable*) неуме́стный (31b); his remark was out of ~ его́ замеча́ние бы́ло неуме́стно.

place II *v* помеща́ть (64), *perf* помести́ть (187) (*with acc*); I was ~d in a room with two other girls меня́ помести́ли в ко́мнату с двумя́ други́ми де́вушками; the advertisement was ~d in the morning paper объявле́ние бы́ло помещено́ в у́тренней газе́те; ‖ (*put, lay*) класть (55), *perf* положи́ть (175) [1) *with acc* book кни́гу, things ве́щи; 2) на *with acc* on the table на стол, on the bench на скамью́]; he ~d his hand on the child's head он положи́л ру́ку на го́лову ребёнка; ‖ (*put, stand*) ста́вить (168), *perf* поста́вить (168) [1) *with acc* chair стул, arm-chair кре́сло, glass стака́н, vase ва́зу; 2) by the wall о́коло стены́, к стене́, on the table на стол].

plain I *sb* **1.** (*open country*) равни́на *f* (19c) [endless бескра́йняя]; **2.** *pl* ~s сте́пи (29b).

plain II *a* **1.** (*simple*) просто́й (31a) [dinner обе́д, man челове́к]; проста́я [food пи́ща]; просто́е [dress пла́тье]; **2.** (*clear*) я́сный (31b); the meaning is ~ enough значе́ние доста́точно я́сно; **3.** (*not pretty*) некраси́вый (31b); некраси́вая [woman же́нщина]; некраси́вое [face лицо́].

plan I *sb* план *m* (1f) [1) excellent прекра́сный, dangerous опа́сный, simple просто́й, successful уда́чный, detailed подро́бный; 2) *with gen* of a building зда́ния, of a town го́рода, of action де́йствий; 3) draw начерти́ть; carry out осуществи́ть, change измени́ть, make соста́вить, study изучи́ть, suggest предложи́ть, think out приду́мать]; follow a ~ сле́довать пла́ну;

s
poil smb's ~s сорвать чьи-либо планы; the ~ was successful план удался; the ~ failed план не удался; your ~ is not clear to me ваш план мне неясен; tell / write about one's ~s for the future говорить / писать о своих планах на будущее; be against a ~ возражать против плана; I have a different ~ у меня другой план; what are your ~s for today? каковы ваши планы на сегодня?; everything went according to ~ всё шло по плану.

plan II *v* **1.** (*intend*) намереваться (65), *no perf*; they ~ned to spend the day at the exhibition они намеревались провести день на выставке; ‖ (*hope*) рассчитывать (65), *no perf* (на *with acc*); they ~ned their holiday in June они рассчитывали на отпуск в июне; **2.** (*think out*) продумать (65); I have ~ned the whole thing to the smallest detail я продумал(а) всё до мельчайших подробностей.

plane (*aeroplane*) самолёт *m* (1f) [1) large большой, foreign иностранный, special специальный; 2) has appeared появился, flies летит, leaves at 12 o'clock отправляется, вылетает в двенадцать часов, lands приземляется]; get on the ~ сесть на самолёт; get off the ~ сойти с самолёта; go by ~ лететь самолётом; fly in a ~ лететь на самолёте; ~s were taking off one after another самолёты поднимались один за другим; no one knew when the ~ was leaving никто не знал, когда вылетает самолёт.

plant I *sb* (*factory*) завод *m* (1f) [1) modern современный, chemical химический, automobile автомобильный; 2) is under construction строится, stands, is idle бездействует, is producing at full capacity работает на полную мощность]; work at a ~ работать на заводе; the manager of the ~ директор завода.

plant II *sb* (*of trees, bushes, etc.*) растение *n* (18c) [1) wild дикое, rare редкое, useful полезное, strange странное; 2) grows растёт, dies засыхает]; grow / cultivate / water a ~ выращивать / культивировать / поливать растение; study the life of ~s изучать жизнь растений.

plant III *v* (*put into ground*) сажать (64), *perf* посадить (152) [*with acc* flowers цветы, potatoes картофель, trees деревья, forest лес, seedlings рассаду; 2) early in spring ранней весной, late in autumn поздней осенью]; ~ a garden / park разбить сад / парк.

plate *sb* (*dish*) тарелка *f* (22d) [deep глубокая, flat мелкая, broken разбитая, clean чи́стая, empty пуста́я]; wash / break a ~ мыть / разби́ть таре́лку; fill a ~ with vegetables напо́лнить таре́лку овоща́ми; a ~ of soup / porridge таре́лка су́пу / ка́ши; a ~ of sandwiches таре́лка с бутербро́дами; put a ~ on the table ста́вить таре́лку на стол; he put some meat on his ~ он положи́л себе́ на таре́лку мя́са.

platform (*at railway station*) платфо́рма *f* (19c) [long дли́нная, empty пуста́я, open откры́тая, covered кры́тая]; go, walk along the ~ идти́ по платфо́рме, вдоль платфо́рмы.

play I *sb* (*dramatic piece*) пье́са *f* (19c) [1) interesting интере́сная, dull, boring ску́чная, funny смешна́я, serious серьёзная, popular популя́рная; 2) is on идёт, has been running for two weeks идёт две неде́ли, begins начина́ется, is over око́нчилась, is a success име́ет успе́х, fails прова́ливается, lasts three hours идёт три часа́]; read / write / stage / see a ~ чита́ть / писа́ть / ста́вить / смотре́ть пье́су; take part in a ~ уча́ствовать в пье́се; a ~ about young people пье́са о молодёжи; a ~ by Chekhov пье́са (*with gen*) Че́хова; I liked the ~ пье́са мне понра́вилась; at the beginning / at the end / in the middle of the ~ в нача́ле / в конце́ / в середи́не пье́сы; the characters in a ~ де́йствующие ли́ца пье́сы, в пье́се; who is the author of the ~? кто а́втор э́той пье́сы?; the main idea of the ~ is... основна́я мысль э́той пье́сы заключа́ется в...

play II *v* **1.** (*amuse oneself*) игра́ть (64) [1) в *with acc* chess в ша́хматы, football в футбо́л, tennis в те́ннис, volley-ball в волейбо́л, a game в игру́; 2) с *with instr* with the children с детьми́, with one's friend с прия́телем, with a dog с соба́кой]; ~ (at) school / circus игра́ть в (*with acc*) шко́лу / в цирк; ~ for hours игра́ть часа́ми; **2.** (*act on stage*) игра́ть, *perf* сыгра́ть (64), исполня́ть (223), *perf* испо́лнить (179) [1) *with acc* the part of Hamlet роль Га́млета; 2) very well о́чень хорошо́]; the actor ~ed his part very well э́тот арти́ст о́чень хорошо́ сыгра́л свою́ роль; ‖ (*produce music*) игра́ть [на *with abl* the piano на роя́ле, the violin на скри́пке]; ⊙ **~ a joke, trick** подшу́чивать (65), *perf* подшути́ть (192) (on— над *with instr*); *see* joke.

player игро́к *m* (4e).

pleasant прия́тный (31b) [colour цвет, day день, man челове́к, voice го́лос, companion спу́тник, surprise сюрпри́з]; прия́тная [meeting встре́ча, news но́вость, trip поéздка, work рабóта, woman жéнщина]; приятное [time врéмя, morning ýтро, journey путешéствие]; it is ~ to be out of doors on such a day приятно в такóй день быть на вóздухе.

please *v* **1.**; be ~d быть довóльным (with — *with instr*); I'm ~d with him я им довóлен; she was very ~d with the gift / the flowers она́ была́ óчень довóльна подáрком / цветáми; I'm ~d with his results я довóлен, довóльна егó результáтами, успéхами; { *before inf often rendered by* рад *m*, рáда *f*, рáды *pl*; I was ~d to meet him я был рад с ним познакóмиться; **2.** (*in requests*) пожáлуйста; ~, give me some water! дáйте мне, пожáлуйста, воды́!; do it for me, ~! сдéлайте э́то для меня́, пожáлуйста!

pleasure удовóльствие *n* (18c) [1) great, much большóе, real и́стинное; 2) receive, get получáть, give доставля́ть]; it is a great ~ to work with you рабóтать с вáми большóе удовóльствие; it spoiled all our ~ э́то испóртило нам всё удовóльствие; with ~ с удовóльствием; I shall do it with ~ я с удовóльствием сдéлаю э́то.

plenty *sb* мнóжество *n*, *no pl* (14c); ~ of мнóго (*with gen*); ~ of food / money мнóго еды́ / дéнег; don't hurry, there's ~ of time! не спеши́те, ещё мнóго врéмени!; there are ~ of reasons why I think so есть мнóго причи́н, почемý я так дýмаю.

plough *v* пахáть (69), *perf* вспахáть (69) [*with acc* land зéмлю]; the field had just been ~ed пóле бы́ло тóлько что вспáхано.

plow *v* пахáть (69); *see* plough.

plum сли́ва *f* (19c) [ripe спéлая, sour ки́слая]; pick ~s собирáть сли́вы.

p. m.: at four p. m. в четы́ре часá дня; at five / eleven p. m. в пять / оди́ннадцать часóв вéчера.

pocket *sb* кармáн *m* (1f) [empty пустóй, deep глубóкий, inside внýтренний]; put smth into one's ~ положи́ть что-л. в кармáн; take smth out of one's ~ вы́нуть, достáть что-л. из кармáна; put, thrust one's hands into one's ~s засýнуть рýки в кармáны; it fell out of your ~ э́то вы́пало из вáшего кармáна; a coat / trousers ~ кармáн пальтó / брюк.

poem стихотворéние *n* (18c) [1) beautiful краси́вое, well-known извéстное, lyric лири́ческое; 2) know знать, learn by heart учи́ть наизýсть, remember пóмнить, write писáть, quote цити́ровать]; that is my favourite ~ э́то моё люби́мое стихотворéние.

poet поэ́т *m* (1e) [well-known изве́стный, modern совреме́нный, great кру́пный, minor второстепе́нный].

point I *sb* **1.** (*dot*) то́чка *f* (22f); the ~ where the two lines cross то́чка, где пересека́ются две ли́нии; a ~ on the map то́чка на ка́рте; **2.** (*tip, sharp end*) ко́нчик *m* (4d) [*with gen* of a pencil карандаша́, of a knife ножа́, of a needle иглы́, of a stick па́лки]; **3.** (*item*) пункт *m* (1f) [important ва́жный, major основно́й, minor второстепе́нный]; the main ~s of the plan основны́е пу́нкты пла́на; we could not agree on several ~s мы не могли́ договори́ться по не́скольким пу́нктам; **4.** (*the essential thing*) суть (*f* 29c) де́ла; he came to the ~ at once он сра́зу же перешёл к су́ти де́ла; keep to the ~ приде́рживаться (су́ти) де́ла; speak, stick, keep to the ~ говори́ть по существу́ де́ла; I don't see your ~ я не понима́ю вас; don't get off the ~! не отвлека́йтесь от су́ти де́ла!; the ~ is... де́ло в том, что...; **5.** (*side*) сторона́ *f* (19g); his weak ~s его́ сла́бые сто́роны; mathematics is not his strong ~ матема́тика не явля́ется его́ си́льной стороно́й; ◇ **be on the ~ of doing smth** собира́ться (64) что-л. сде́лать, *perf* собра́ться (44) что-л. сде́лать; he was on the ~ of leaving when the telephone rang он собра́лся уже́ уходи́ть, когда́ зазвони́л телефо́н; she was on the ~ of losing consciousness она́ чуть не потеря́ла созна́ние; ~ **of view** то́чка (*f* 22f) зре́ния; *see* view.

point II *v* (*show*) ука́зывать (64), *perf* указа́ть (48) [на *with acc* to a large building на большо́е зда́ние, to a chair на стул, to, at the mark на знак]; ~ one's finger at smth указа́ть на что-л. па́льцем; ~ **out** (*show*) отмеча́ть (64), *perf* отме́тить (177) (*with acc*); she ~ed out several mistakes in the article она́ отме́тила в статье́ не́сколько оши́бок.

poison I *sb* яд *m* (1f) [1) chemical хими́ческий, strong си́льный, swift бы́стро де́йствующий, deadly смерте́льный; 2) give дать, take приня́ть].

poison II *v* **1.** отравля́ть (223), *perf* отрави́ть (166) [*with acc* food еду́; smb кого́-л.]; it ~ed his whole life э́то отравля́ло всю его́ жизнь; **2.**: ~ oneself отрави́ться (166).

pole I *sb* столб *m* (1c) [tall высо́кий, wooden деревя́нный]; climb up a ~ взбира́ться на столб.

pole II *sb* (*ends of earth's axis*) по́люс *m* (1f); the North / South Pole Се́верный / Ю́жный по́люс.

police поли́ция *f* (23c); he was wanted by the ~ его́ разы́скивала поли́ция.

policeman полице́йский *m* (33b), полисме́н *m* (1e).

policy поли́тика *f* (22b) [successful успе́шная, wise му́драя, peaceful ми́рная, firm твёрдая]; change / continue / condemn / carry out a ~ измени́ть / продолжа́ть / осуди́ть / проводи́ть поли́тику; abandon a ~... отказа́ться от поли́тики...; peace ~ ми́рная поли́тика.

polite ве́жливый (31b) [answer, reply отве́т, refusal отка́з, tone тон; person челове́к, child ребёнок]; ве́жливая [smile улы́бка, phrase фра́за]; ве́жливое [letter письмо́]; he was very ~ to us он был с (*with instr*) на́ми о́чень ве́жлив.

political полити́ческий (33b) [enemy враг, argument спор, question вопро́с, move шаг]; полити́ческая [demonstration демонстра́ция, strike забасто́вка, struggle борьба́, victory побе́да, freedom свобо́да, life жизнь, party па́ртия, article статья́, mistake оши́бка]; полити́ческое [event собы́тие]; полити́ческие [differences разногла́сия, rights права́]; for ~ reasons по полити́ческим соображе́ниям.

politics *pl* поли́тика *f*, *no pl* (22b); be interested in ~ интересова́ться поли́тикой; talk ~ разгова́ривать о поли́тике; ⊙ **power** ~ поли́тика с пози́ции си́лы.

pond пруд *m* (1c) [artificial иску́сственный, shallow ме́лкий, deep глубо́кий]; swim in a ~ купа́ться в пруду́.

pool лу́жа *f* (25a); ⊙ **swimming** ~ бассе́йн (*m* 1f) для пла́вания.

poor 1. (*not rich*) бе́дный (31b) [man челове́к, district райо́н]; бе́дная [country страна́, family семья́, farm фе́рма]; бе́дное [village село́]; be ~ быть бе́дным; he / she was very ~ он / она́ был / была́ о́чень бе́ден / бедна́; become ~ обедне́ть (98); the country is ~ in minerals страна́ бедна́ (*with instr*) ископа́емыми; **2.** (*unfortunate, arousing pity*) несча́стный (31b); ~ animal несча́стное живо́тное; ~ woman несча́стная же́нщина; ⊙ ~ **thing** бедня́га *m*, *f* (22e), бедня́жка *m*, *f* (22e); **3.** (*bad*) плохо́й (33a) [harvest, crop урожа́й, result результа́т]; плоха́я [ground земля́, soil по́чва]; плохо́е [health здоро́вье, quality ка́чество, condition состоя́ние]; it made a ~ impression э́то не произвело́ впечатле́ния.

popular (*admired by people*) популя́рный (31b) [hero геро́й, author, writer писа́тель, person челове́к]; he is very ~ with the students он по́льзуется большо́й популя́рностью у (*with gen*) студе́нтов; the style is becoming more and more ~ э́та мо́да стано́вится всё бо́лее популя́рной, распространённой.

population населе́ние *n* (18c) [1) large большо́е; 2) *with gen* of a country страны́, of a town го́рода]; the ~ of the district consists mainly of fishermen населе́ние э́того райо́на состои́т гла́вным о́бразом из рыбако́в.

porch крыльцо́ *n* (16c) [wooden деревя́нное, low ни́зкое, broad широ́кое]; go up on the ~ подня́ться на крыльцо́; sit on the ~ сиде́ть на крыльце́.

porridge ка́ша *f* (25a) [hot горя́чая, cold холо́дная]; eat / cook ~ есть / вари́ть ка́шу; feed smb ~ корми́ть кого́-л. ка́шей.

port (*harbour*) порт *m* (1j) [large, big большо́й, free откры́тый, main основно́й, гла́вный]; enter ~ войти́ в порт; arrive at a ~ прибы́ть в порт; ~ of destination, call порт назначе́ния.

portion *sb* **1.** (*part*) часть *f* (29b) [big больша́я]; divide into ~s дели́ть на ча́сти; **2.** (*helping*) по́рция *f* (23c) [large больша́я, second втора́я, double двойна́я].

position 1. (*state, condition*) положе́ние *n* (18c) [difficult тру́дное, awkward неудо́бное, favourable благоприя́тное]; the present ~ положе́ние (дел) в настоя́щий моме́нт; in our present ~... в на́шем тепе́решнем положе́нии...; he found himself in a rather difficult ~ он оказа́лся в дово́льно затрудни́тельном положе́нии; put yourself in my ~! поста́вьте себя́ на моё ме́сто!; **2.** (*place, locality, situation*) расположе́ние *n* (18c) [*with gen* of the town го́рода, of the army а́рмии]; **3.** (*attitude*) по́за *f* (19c) [uncomfortable неудо́бная, strange стра́нная, unusual необы́чная]; he was lying in a very uncomfortable ~ он лежа́л в о́чень неудо́бной по́зе; take up a determined ~ приня́ть реши́тельную по́зу; **4.** (*employment*) ме́сто *n* (14d) [suitable подходя́щее, former пре́жнее]; he has a good ~ in an office у него́ хоро́шее ме́сто в конто́ре; it was difficult for him to get a ~ ему́ бы́ло тру́дно получи́ть ме́сто; a well-paid ~ хорошо́ опла́чиваемое ме́сто; give up a ~ отказа́ться от ме́ста.

possess (*own*) владе́ть (98), *no perf* [*with instr* land землёй, house до́мом, property со́бственностью]; || (*have*) облада́ть (64), *no perf* [*with instr* power вла́стью, right пра́вом, ability спосо́бностью, many good qualities мно́гими хоро́шими ка́чествами].

possession 1. (*ownership*) владе́ние *n* (18c); come into ~ of an estate вступи́ть во владе́ние (*with instr*) име́нием; take ~ of smth стать владе́льцем (*with gen*) чего́-л.; ⊙ **be in ~ of** име́ть (98) в распоряже́нии (*with acc*); we are in ~ of all the information в на́шем распоряже́нии есть все необходи́мые да́нные; **2.** *usu pl* ~s (*property*) владе́ния *no sg* (18c) [great больши́е, vast обши́рные]; ⌇ со́бственность *f*, *no pl* (29c); personal / private ~s ли́чная / ча́стная со́бственность.

possibility возмо́жность *f* (29c); is there any ~ of finding them? есть ли кака́я-л. возмо́жность их найти́?; the job offers good possibilities for advancement э́та рабо́та даёт больши́е возмо́жности для продвиже́ния.

possible возмо́жный (31b) [result результа́т, way спо́соб, way out вы́ход из положе́ния, answer отве́т]; возмо́жная [change переме́на]; возмо́жное [solution реше́ние, improvement улучше́ние, complication осложне́ние]; if (it is) ~ е́сли возмо́жно; it is quite ~ that he will come in the evening вполне́ возмо́жно, что он придёт ве́чером; we shall do everything ~ мы сде́лаем всё возмо́жное; come as quickly as ~ приходи́те возмо́жно быстре́е; as much as ~ возмо́жно бо́льше; is it ~ for you to stay here any longer? вы смо́жете ещё оста́ться здесь?; is that ~? не мо́жет быть!

post I *sb* **1.** (*position*) до́лжность *f* (29b) [1) vacant свобо́дная, honorary почётная, good хоро́шая, responsible отве́тственная; 2) hold занима́ть, receive получа́ть]; he was appointed to the ~ of director он был назна́чен на до́лжность (*with gen*) дире́ктора; **2.** (*place of guard*) пост *m* (1c); frontier ~ пограни́чный пост; observation ~ наблюда́тельный пост; attack / seize / desert a ~ напа́сть на / захвати́ть / поки́нуть пост; the soldiers stood at their ~ солда́ты стоя́ли на посту́.

post II *sb* (*office*) по́чта *f* (19c); will you take the letter to the ~? вы не отнесёте письмо́ на по́чту?; ⌇ (*mail*) по́чта; by ~ по по́чте; I'll send you the book by ~ я пошлю́ вам кни́гу по по́чте; has the ~ come yet? по́чта уже́ пришла́?; the morning / evening ~ у́тренняя / вече́рняя по́чта; by return of ~ с обра́тной по́чтой.

post III *v* **1.** (*send by mail*) отправля́ть (223), *perf* отпра́вить (168) [*with acc* letter письмо́, parcel посы́лку]; when was the letter ~ed? когда́ бы́ло отпра́влено письмо́?

post-card откры́тка *f* (22d); *see* card 2.

post-office почтóвое отделéние *n* (18c), пóчта *f* (19c); the main ~ глáвный почтáмт; the nearest ~ is in N. street ближáйшая пóчта нахóдится на ýлице Н.; go to the ~ идтú на пóчту; you can receive the money at the ~ вы мóжете получúть дéньги на пóчте; is there a ~ near here? есть ли здесь (гдé-нибудь) поблúзости пóчта?

pot *sb* (*for cooking*) кастрю́ля *f* (20e); ~ of soup кастрю́ля сýпу; ‖ (*for tea*) чáйник *m* (4c); a ~ of tea чáйник (с чáем); ‖ (*for flowers, etc.*) горшóк *m* (4f).

potato картóфель *m collect, no pl* (3d) [1) new молодóй, boiled варёный, fried жáреный, baked печёный; 2) buy покупáть, eat есть, cut рéзать, plant сажáть, grow вырáщивать, boil варúть, fry жáрить, bake печь]; the ~es are ready картóфель готóв; we had meat and ~es for dinner на обéд у нас бы́ло мя́со с картóфелем.

pound 1. (*of weight*) фунт *m* (1k); two ~s of butter два фýнта мáсла; 2. (*of money*) фунт стéрлингов.

pour 1. (*cause to flow*) лить (180), *no perf* [1) *with acc* water вóду, milk молокó, liquid жúдкость; 2) carefully осторóжно]; ⊙ it is ~ing льёт дождь; 2. (*fill glass, cup*) наливáть (64), *perf* налúть (180) [1) *with gen* water воды́, tea чáю, wine винá, oil мáсла; 2) в *with acc* into a bottle в буты́лку, into a glass в стакáн, into a basin в таз]; ~ yourself another cup of tea! налéйте себé ещё чáшку чáю!; she ~ed a cup of tea онá налилá чáшку чáю; 3. (*flow*) лúться (180), *no perf*; water was ~ing out of the tap водá лилáсь из крáна; ~ **out** наливáть (64), *perf* налúть (180) (*with acc*), разливáть (64), разлúть (183) (*with acc*); ~ out tea разливáть чай.

poverty бéдность *f* (29c), нищетá *f*, *no pl* (19d) [terrible ужáсная]; live in ~ жить в бéдности, в нищетé; sink into ~ впасть в нищетý.

powder *sb* 1. (*ground fine*) порошóк *m* (4f); soap ~ мы́льный порошóк; egg ~ яúчный порошóк; grind to fine ~ смолóть в мéлкий порошóк; take ~s принимáть порошкú; 2. (*of cosmetics*) пýдра *f* (19c); 3. (*explosive*) пóрох *m* (4c); smokeless ~ безды́мный пóрох.

power 1. (*strength, force*) сúла *f* (19c) [1) extraordinary необыкновéнная, exceptional исключúтельная; 2) *with gen* of a blow удáра]; ‖ (*energy*) энéргия *f* (23c) [electric электрúческая, atomic áтомная, mechanical механúческая]; 2. (*ability*) спосóбность *f* (29c);

often translated as си́лы *no sg* (19c) [mental у́мственные, physical физи́ческие]; it is not within my ~ to help you я не в си́лах вам помо́чь; I'll do everything in my ~ я сде́лаю всё, что в мои́х си́лах; **3.** (*large country*) держа́ва *f* (19c); the Great Powers вели́кие держа́вы; naval ~ морска́я держа́ва; **4.** (*right to govern*) власть *f*, *no pl* (29b); sovereign, supreme ~ верхо́вная власть; Soviet power сове́тская власть; in ~ у вла́сти.

powerful 1. (*strong*) мо́щный (31b) [engine мото́р, blow уда́р]; мо́щная [machine маши́на, force си́ла, army а́рмия, support подде́ржка]; мо́щное [movement движе́ние]; **2.** (*influential*) могу́щественный (31b) [man челове́к]; могу́щественная [state держа́ва].

practical (*useful*) практи́ческий (33b) [advice сове́т, result результа́т]; практи́ческая [benefit по́льза, help по́мощь]; практи́ческое [use, application примене́ние]; it's of no ~ use э́то не име́ет (никако́й) практи́ческой по́льзы.

practically (*really*) факти́чески; ~ everybody факти́чески все; his power was ~ unlimited факти́чески его́ власть была́ неограни́ченной.

practice 1. (*performance*) пра́ктика *f* (22b) [shows пока́зывает]; medical ~ медици́нская пра́ктика; put a theory / plan / suggestion into ~ осуществля́ть тео́рию / план / предложе́ние; ⊙ **in** ~ на пра́ктике; it's rather simple in ~ на пра́ктике э́то дово́льно про́сто; **2.** (*repeated action*) пра́ктика [much больша́я, regular системати́ческая, constant постоя́нная, sufficient доста́точная]; what you need is more ~ вам ну́жно бо́льше пра́ктики; ⊙ **be out of** ~ разучи́ться (173); I used to play well but I'm out of ~ now я игра́л хорошо́, но тепе́рь разучи́лся.

praise I *sb* похвала́ *f* (19h); deserve / receive ~ заслужи́ть / получи́ть похвалу́; beyond ~ вы́ше вся́кой похвалы́; he didn't receive much ~ его́ не о́чень хвали́ли; his efforts are worthy of great ~ его́ уси́лия заслу́живают большо́й похвалы́.

praise II *v* **1.** (*express approval*) хвали́ть (156), *perf* похвали́ть (156) [1) *with acc* book кни́гу, pupil ученика́; 2) highly о́чень]; he ~d her work он похвали́л её рабо́ту; **2.** (*express admiration*) превозноси́ть (148), *perf* превознести́ (113); ~ to the skies превозноси́ть до небе́с.

pray моли́ться (156), *perf* помоли́ться (156) [1) в *with abl* in church в це́ркви; 2) to God бо́гу; 3) о *with abl* for help о по́мощи, for forgiveness о проще́нии].

prayer моли́тва *f* (19c); say one's ~s прочита́ть моли́тву.

precious 1. (*costly, valuable*) драгоце́нный (31b) [stone ка́мень, metal мета́лл]; **2.** (*dear*) дорого́й (33a); ~ memories дороги́е воспомина́ния; his independence was very ~ to him его́ незави́симость была́ ему́ о́чень дорога́.

prefer предпочита́ть (64), *perf* предпоче́сть (139); I ~ the town to the country я предпочита́ю (*with acc*) го́род (*with dat*) дере́вне; I ~ a light breakfast as a rule как пра́вило, я предпочита́ю лёгкий за́втрак; I ~ staying, to stay at home я предпочита́ю оста́ться до́ма; which do you ~: to go to the theatre or to the cinema tonight? что вы предпочита́ете, пойти́ сего́дня ве́чером в теа́тр и́ли в кино́?

preparation приготовле́ние *n* (18c); *often pl* ~s приготовле́ния, подгото́вка *f* (22d) [к *with dat* for the holiday к пра́зднику, for the contest к соревнова́ниям, for the festival к фестива́лю]; my ~s are complete, finished мои́ приготовле́ния око́нчены; make ~s for the departure / festival / party гото́виться к (*with dat*) отъе́зду / фестива́лю / ве́черу.

prepare 1. (*make, get ready*) гото́вить (168), *perf* пригото́вить (168) [*with acc* report, paper докла́д, speech речь; dinner обе́д]; we ~d everything beforehand / in time мы всё пригото́вили зара́нее / во́время; **2.** (*get oneself ready*) гото́виться (168), *perf* пригото́виться (168) [1) к *with dat* for an examination к экза́мену, for a party к ве́черу, for a meeting к встре́че, for a trip к пое́здке, путеше́ствию; 2) to do smth де́лать что-л., to go to the country е́хать за́ город, to write писа́ть; 3) beforehand зара́нее].

presence прису́тствие *n* (18c); your ~ is required, obligatory ва́ше прису́тствие необходи́мо; your ~ is requested вас про́сят прису́тствовать; he said it in the ~ of many people он сказа́л э́то в прису́тствии мно́гих; ⊙ ~ **of mind** прису́тствие ду́ха; he preserved, kept his ~ of mind он сохрани́л прису́тствие ду́ха.

present I *sb* настоя́щее *n* (35); at ~ в настоя́щее вре́мя; he is away on holiday at ~ в настоя́щее вре́мя он в о́тпуске.

present II *a* **1.** прису́тствующий (35); all those ~ все прису́тствующие; be ~ прису́тствовать [на *with abl* at a meeting на собра́нии, at a conference на конфе́ренции, at a lecture на ле́кции, at a concert на конце́рте, at a lesson на уро́ке]; everybody was ~ прису́тствовали все; he was ~ when the letter was read он был там, когда́ чита́лось письмо́; **2.** (*existing now*) настоя́щий (35); at the ~ moment в настоя́щий моме́нт; at the ~ time в настоя́щее вре́мя; in the ~ circumstances / conditions при сложи́вшихся обстоя́тельствах / усло́виях; { (*now*) тепе́решний (32); the ~ director, manager тепе́решний дире́ктор.

present III *sb* (*gift*) пода́рок *m* (4d) [1) expensive дорого́й, modest скро́мный, beautiful чу́дный; 2) buy покупа́ть, bring приноси́ть, make, give де́лать, hand вруча́ть, receive получа́ть, take брать, принима́ть, send посыла́ть]; refuse a ~ отказа́ться от пода́рка; thank smb for a ~ благодари́ть кого́-л. за пода́рок; a ~ for smb пода́рок (*with dat*) кому́-л., для (*with gen*) кого́-л.; a birthday ~ пода́рок ко дню рожде́ния; I have a little ~ for you у меня́ есть для вас небольшо́й пода́рок; make a ~ of smth дари́ть (*with acc*) что-л.; I gave him a pen as a ~ я подари́л(а) ему́ ру́чку.

present IV *v* **1.** (*give as gift*) дари́ть (156), *perf* подари́ть (156) [*with acc* watch часы́, flowers цветы́, box of sweets коро́бку конфе́т]; ~ smb with smth дари́ть что́-либо (*with dat*) кому́-л.; the watch was ~ed to him on that occasion по э́тому слу́чаю ему́ бы́ли пода́рены часы́; he was ~ed with a book / watch ему́ подари́ли кни́гу / часы́; **2.** (*arouse*) представля́ть (223), *perf* предста́вить (168) (*with acc*); it ~ed no particular difficulty э́то не предста́вило осо́бых затрудне́ний; the discovery ~s much interest to scientists э́то откры́тие представля́ет большо́й интере́с для учёных.

president президе́нт *m* (1e).

press I *sb* (*newspaper, etc.*) печа́ть *f* (29c); appear in the ~ появи́ться в печа́ти; get a book ready for the ~ подгото́вить кни́гу к печа́ти.

press II *v* **1.** нажима́ть (64), *perf* нажа́ть (79) [1) *with acc* button кно́пку звонка́, trigger куро́к; 2) lightly слегка́, heavily си́льно]; **2.** (*squeeze gently*) пожима́ть (64), *perf* пожа́ть (79) [*with acc* hand ру́ку]; **3.** (*iron*) гла́дить (155), *perf* вы́гладить (154) [*with acc* clothes оде́жду]; I must have my suit ~ed мне ну́жно вы́гладить костю́м.

pressure 1. (*weight*) давле́ние *n* (18c) [1) high высо́кое, low ни́зкое; 2) *with gen* of the atmosphere атмосфе́ры, of the water воды́]; at high ~ при высо́ком давле́нии; ⊙ **blood** ~ кровяно́е давле́ние [high повы́шенное, low пони́женное]; 2. (*strong influence*) давле́ние, влия́ние *n* (18c); it was done under ~ э́то бы́ло сде́лано под давле́нием.

pretend де́лать (65) вид, *perf* сде́лать (65) вид; he ~ed to be interested / tired / happy он сде́лал вид, что заинтересо́ван / уста́л / сча́стлив; she ~ed not to notice us / not to know about it она́ сде́лала вид, что не заме́тила нас / что ничего́ не зна́ла об э́том; he ~ed that he was busy он сде́лал вид, что за́нят; { притворя́ться (223), *perf* притвори́ться (158); the animal ~ed to be dead живо́тное притвори́лось (*with instr*) мёртвым.

pretty I *a* (*charming*) хоро́шенький (33b) [baby ребёнок, flower цвето́к]; хоро́шенькая [girl де́вушка, cap ша́почка]; хоро́шенькое [face ли́чико, dress пла́тьице]; how ~ she is! кака́я она́ хоро́шенькая!; what a ~ place! како́е преле́стное ме́сто!; she is very ~ она́ о́чень хоро́шенькая.

pretty II *adv* дово́льно; ~ good / bad / tired дово́льно хоро́ший / плохо́й / уста́лый; ~ well / badly / late / hot дово́льно хорошо́/пло́хо / по́здно / жа́рко; I feel ~ well / bad я чу́вствую себя́ дово́льно хорошо́ / пло́хо.

prevent 1. предотвраща́ть (64), *perf* предотврати́ть (161) [*with acc* accident несча́стный слу́чай, fire пожа́р, war войну́, all chance of mistake вся́кую возмо́жность оши́бки]; 2. (*hinder*) меша́ть (64), *perf* помеша́ть (64); the rain ~ed us from coming дождь помеша́л (*with dat*) нам прийти́; what ~ed you from coming? что помеша́ло вам прийти́?; ~ smb from doing smth не дать (*with dat*) кому́-л. сде́лать что-л.; the noise ~ed him from speaking / working шум не дава́л ему́ (возмо́жности) говори́ть / рабо́тать.

previous предыду́щий (35); we had more rain last year than in ~ years в про́шлом году́ бы́ло бо́льше дожде́й, чем в предыду́щие го́ды; he had not slept the two ~ nights он не спал две предыду́щие но́чи; ~ attempts have shown that the task is not easy предыду́щие попы́тки показа́ли, что э́та зада́ча нелёгкая.

price цена́ *f* (19g) [1) high высо́кая, low ни́зкая; 2) на *with acc* of bread на хлеб, of fruit на фру́кты; *with gen* of cloth мате́рии, of furniture ме́бели]; ~s are going up, rising це́ны расту́т, повыша́ются; raise / lower ~s повы́сить / сни́зить це́ны; at a high / low ~ по высо́кой / ни́зкой цене́; at any ~ за любу́ю це́ну; I bought it at a low ~ я купи́л(а) э́то дёшево; what is the ~ of a pair of shoes? ско́лько сто́ят ту́фли?; at the ~ of one's life цено́й (свое́й) жи́зни.

pride *sb* го́рдость *f* (29c); his ~ did not allow him to ask for favours его́ го́рдость не позволя́ла ему́ проси́ть об одолже́нии; he was the ~ of the school он был го́рдостью шко́лы; he spoke of his son with ~ он с го́рдостью говори́л о своём сы́не.

priest свяще́нник *m* (4a).

principle при́нцип *m* (1f); in ~ в при́нципе; on ~ из при́нципа; it's a question, matter of ~ э́то принципиа́льный вопро́с; the main ~s of the theory основны́е при́нципы тео́рии.

print *v* печа́тать (64), *perf* напеча́тать (64) [*with acc* book кни́гу, memoirs мемуа́ры, article статью́].

prison тюрьма́ *f* (19i); throw, put smb in, into ~, take smb to ~ посади́ть кого́-л. в тюрьму́; escape from ~ убежа́ть из тюрьмы́; he spent two years in ~ он был в тюрьме́ два го́да; let smb out of ~ вы́пустить кого́-л. из тюрьмы́.

prisoner 1. (*arrested person*) заключённый *m* (31b), аресто́ванный *m* (31b); **2.** (*of war*) пле́нный *m* (31b); ⊙ **take (smb) ~** брать (42) (кого́-л.) в плен, *perf* взять (236) (кого́-л.) в плен; he was taken ~ его́ взя́ли в плен.

private 1. (*not public*) ча́стный (31b) [house дом]; ча́стная [property со́бственность, school шко́ла]; ча́стные [lessons уро́ки]; **2.** (*personal*) ли́чный (31b) [income дохо́д, office кабине́т, secretary секрета́рь]; ли́чные [affairs дела́]; for ~ reasons по ли́чным причи́нам; I have come on ~ business, matter я пришёл, пришла́ по ли́чному де́лу.

prize (*reward*) приз *m* (1k); he was awarded first ~ ему́ был присуждён пе́рвый приз; ‖ (*premium*) пре́мия *f* (23c); money ~ де́нежная пре́мия; receive a ~ for good work получи́ть пре́мию за (*with acc*) хоро́шую рабо́ту.

probably вероя́тно; they have ~ gone home already они́, вероя́тно, уже́ ушли́ домо́й; you ~ don't know вы, вероя́тно, не зна́ете; we shall ~ finish our work tomorrow вероя́тно, мы за́втра зако́нчим свою́ рабо́ту.

problem пробле́ма *f* (19c) [complicated сло́жная, important ва́жная, vital жи́зненно ва́жная, great больша́я]; solve a ~ реши́ть пробле́му; the ~ is... пробле́ма заключа́ется в...; several ~s arose возни́кло не́сколько пробле́м.

process проце́сс *m* (1f) [long дли́тельный, complex сло́жный, vital жи́зненный, chemical химический, biological биологический].

produce *v* **1.** (*manufacture*) производить (152), *perf* произвести (219) [*with acc* goods товары, machines станки, textiles текстильные товары; noise шум]; ⊙ **~ an impression** производить впечатление; **2.** (*show*) предъявлять (223), *perf* предъявить (156) [*with acc* ticket билет, pass пропуск, passport паспорт, papers документы].

production (*manufacturing process*) производство *n* (14c) [*with gen* of machines машин, of industrial goods промышленных товаров, of consumer goods товаров широкого потребления]; increase in ~ увеличение производства; decrease in ~ упадок производства; speed up ~ ускорить производство; hinder / stop ~ задерживать / прекратить производство.

profession (*occupation*) специальность *f* (29c); what is your ~? кто вы по специальности?; he is a teacher by ~ он по профессии учитель.

professor профессор *m* (1h).

profit *sb* (*money gain*) прибыль *f* (29c) [1) high, large большая; 2) receive получать, increase увеличивать]; make a ~ on, out of smth извлекать прибыль из (*with gen*) чего-л.

progress *sb* прогресс *m*, *no pl* (1f); ⊙ **make ~** делать (65) успехи, *perf* сделать (65) успехи; make great / little / good ~ делать большие / небольшие / хорошие успехи; he made much ~ in Russian он сделал большие успехи в изучении русского языка; make no ~ не сделать никаких успехов.

promise I *sb* обещание *n* (18c) [give давать, break не выполнить, carry out выполнить]; remember to carry out your ~! не забудьте выполнить своё обещание!; ⊙ **keep one's ~** сдержать (своё) обещание.

promise II *v* обещать (64), *no perf* (*with acc*); he ~d me his support он обещал (*with dat*) мне поддержку; he ~d to help me он обещал помочь мне; she always does everything she ~s она всегда делает то, что обещает; do you ~? вы (мне это) обещаете?

pronounce (*say*) произносить (148), *perf* произнести (113) [1) *with acc* sound звук, word слово, sentence предложение; 2) correctly правильно, incorrectly неправильно, distinctly отчётливо].

proof *sb* (*evidence*) доказательство *n* (14c) [1) convincing, good убедительное; 2) give, offer приводить]; I can give you more than one ~ that it is true я могу́ привести́ не одно́ доказа́тельство того́, что э́то пра́вда; what ~ can you give, offer? как вы мо́жете (э́то) доказа́ть?

proper (*suitable*) подходя́щий (35); подходя́щее [time вре́мя, amount коли́чество]; a ~ dress for the occasion пла́тье, подходя́щее для тако́го слу́чая; ‖ (*right, as it ought to be*) надлежа́щий (35) [reply отве́т]; надлежа́щее [attitude отноше́ние, quantity коли́чество, quality ка́чество]; do the ~ thing сде́лать то, что полага́ется; ~ behaviour прили́чное поведе́ние.

properly (*in the right way*) до́лжным о́бразом, как сле́дует; do smth ~ сде́лать что-л. до́лжным о́бразом; behave ~ вести́ себя́ до́лжным о́бразом; ⊙ ~ **speaking** со́бственно говоря́.

property (*ownership*) со́бственность *f* (29c) [private ча́стная, public обще́ственная]; ‖ (*possessions*) иму́щество *n* (14c) [immovable недви́жимое, valuable це́нное, personal ли́чное]; all the ~ went to the eldest son всё иму́щество перешло́ к ста́ршему сы́ну.

proposal предложе́ние *n* (18c) [1) serious серьёзное, reasonable разу́мное, unacceptable неприе́млемое, strange стра́нное, practical де́льное; 2) accept приня́ть, approve одо́брить, support поддержа́ть]; second a ~ присоедини́ться к предложе́нию; the ~ is worth considering сто́ит поду́мать над э́тим предложе́нием; at the meeting he made a number of ~s на собра́нии он внёс ряд предложе́ний; many were in favour of the ~ мно́гие бы́ли за э́то предложе́ние.

propose 1. (*suggest*) предлага́ть (64), *perf* предложи́ть (175) [*with acc* plan, scheme план, toast тост]; a number of plans were ~d бы́ло предло́жено не́сколько прое́ктов; he ~d that the question should be settled at the meeting он предложи́л реши́ть э́тот вопро́с на собра́нии; **2.** (*offer marriage*) де́лать (65) предложе́ние, *perf* сде́лать (65) предложе́ние; he ~d to her он сде́лал (*with dat*) ей предложе́ние.

prospect *sb* (*outlook*) перспекти́ва *f* (19c); *usu pl* перспекти́вы [1) good хоро́шие, gloomy мра́чные, cheerful, splendid блестя́щие, promising многообеща́ющие, uncertain неопределённые; 2) на *with acc* for the future на бу́дущее]; the ~ that opened before him was not very bright перед ни́м открыва́лись не о́чень блестя́щие перспекти́вы; he has excellent ~s у него́ блестя́щие перспекти́вы; what are the ~s of getting there this week? каки́е перспекти́вы на то, что́бы попа́сть туда́ на э́той неде́ле?

protect (*defend*) защищáть (64), *perf* защитúть (161) [1) *with acc* children детéй, friends друзéй, one's country рóдину; 2) от *with gen* from the enemy от врагóв, from danger от опáсности]; she tried to ~ her children from, against the rain / wind онá старáлась защитúть детéй от дождя́ / вéтра; he wore dark glasses to ~ his eyes from the sun он носúл тёмные очкú, чтóбы защитúть глазá от сóлнца.

protection (*defence*) защúта *f* (19c) [1) reliable надёжная; 2) *with gen* of children детéй, of one's own interests своúх интерéсов; 3) от *with gen* against, from enemies от врагóв, from danger от опáсности]; ask, appeal for ~ просúть защúты; take smb under one's ~ взять когó-л. под свою́ защúту.

protest I *sb* протéст *m* (1f) [1) express вы́разить, make, lodge заявúть; 2) прóтив *with gen* against the preparation of a new war прóтив подготóвки нóвой войны́, against illegal action прóтив незакóнных дéйствий]; the new bill roused general / unanimous ~ нóвый законопроéкт вы́звал всеóбщий / единоду́шный протéст; numerous ~s многочúсленные протéсты.

protest II *v* (*raise an objection*) протестовáть (243) [1) прóтив *with gen* against smth прóтив чегó-л.; 2) energetically энергúчно, absolutely категорúчески]; he ~ed against the adoption of the resolution он протестовáл прóтив принятия э́той резолю́ции.

proud гóрдый (31b) [man человéк, answer, reply отвéт, look взгляд]; гóрдая [woman жéнщина, smile улы́бка]; гóрдое [face лицó]; be ~ of smb / smth гордúться (*with instr*) кем-л./ чем-л.; she was ~ of her son / her success онá гордúлась своúм сы́ном / своúм успéхом; I am ~ that he is my friend я горжу́сь тем, что он мой друг; he was too ~ to ask us to help him он был слúшком горд, чтóбы просúть нас о пóмощи.

prove 1. (*demonstrate truth*) докáзывать (65), *perf* доказáть (48) [1) *with acc* facts фáкты; 2) *with dat* to smb кому́-л., to everybody всем]; can you ~ it? вы мóжете э́то доказáть?; his guilt was ~d егó винá былá докáзана; it's easy to ~ that... легкó доказáть, что... he was unable to ~ that it was true он не мог доказáть, что э́то прáвда; ~ the contrary доказáть обрáтное; **2.** (*turn out*) окáзываться (65), *perf* оказáться (48) (*with instr*); she ~d to be a more interesting person than we had thought онá оказáлась бóлее интерéсным человéком, чем мы ду́мали; he

~d himself (to be) a coward он оказа́лся тру́сом.

provide 1. (*make provision*) обеспе́чивать (65), *perf* обеспе́чить (174) [*with acc* for one's children дете́й, for one's family свою́ семью́, for one's parents роди́телей, for the future бу́дущее]; 2. (*supply*) снабжа́ть (64), *perf* снабди́ть (153) [*with instr* with money деньга́ми, with the necessary equipment необходи́мым снаряже́нием, with clothes оде́ждой]; he was ~d with everything he needed он был снабжён всем необходи́мым.

public I *sb* пу́блика (22b); general ~ широ́кая пу́блика; ⊙ **in** ~ публи́чно; she had never before spoken in ~ она́ никогда́ ра́ньше не выступа́ла публи́чно.

public II *a* 1. (*not private*) обще́ственный (31b) [park парк; figure де́ятель]; обще́ственная [life жизнь]; обще́ственное [opinion мне́ние, place ме́сто]; ~ library публи́чная библиоте́ка; 2. (*concerning the entire nation*) наро́дный (31b) [holiday пра́здник]; наро́дное [education образова́ние].

publish 1. (*issue*) издава́ть (63), *perf* изда́ть (214) [*with acc* book кни́гу]; the book was first ~ed in 1950 кни́га была́ впервы́е и́здана в ты́сяча девятьсо́т пятидеся́том году́; the novel was ~ed in two volumes рома́н был и́здан в двух тома́х; 2. (*make public*) публикова́ть (243), *perf* опубликова́ть (243) [1) *with acc* decree ука́з, information све́дения, news но́вости, results результа́ты, account отчёт; 2) в *with abl* in a newspaper в газе́те, in a magazine в журна́ле]; his article was ~ed in yesterday's newspaper его́ статья́ была́ опублико́вана во вчера́шней газе́те.

pull *v* (*draw*) тащи́ть (175) [1) *with acc* boat ло́дку, box я́щик; 2) hard с уси́лием, with difficulty с трудо́м]; ~ smb by the hand тащи́ть кого́-л. за́ руку; the horse was ~ing a cart ло́шадь тащи́ла теле́гу; ~ **down** (*destroy*) сноси́ть (148), *perf* снести́ (113) [*with acc* old house ста́рый дом, building зда́ние]; ~ **on** (*put on*) натя́гивать (65), *perf* натяну́ть (129) [*with acc* clothes оде́жду, shoes боти́нки, socks носки́]; ~ **out** вытаскивать (65), *perf* вы́тащить (172) (*with acc*); he ~ed out a purse он вы́тащил кошелёк; I must have a tooth ~ed (out) мне на́до вы́тащить зуб; ◇ ~ **oneself together** взять (236) себя́ в ру́ки.

punish *v* нака́зывать (65), *perf* наказа́ть (48) [*with acc* the boy ма́льчика, the pupil ученика́; 2) за *with acc* for telling a lie за ложь, for coming late за опозда́ние, for negligence за хала́тность;

3) severely, cruelly жестóко, justly справедлúво]; he must be ~ed егó нýжно наказáть; he has been ~ed enough он достáточно накáзан.

punishment наказáние *n* (18c) [severe сурóвое, just справедлúвое, undeserved незаслýженное, humiliating унизúтельное]; deserve ~ заслýживать наказáния; avoid, escape ~ избежáть наказáния; the ~ for smth наказáние за (*with acc*) что-л.

pupil ученúк *m* (4e) [1) good хорóший, bad, poor плохóй, capable спосóбный, lazy ленúвый, diligent прилéжный, excellent прекрáсный; 2) goes to school хóдит в шкóлу, does exercises дéлает упражнéния, learns, studies ýчится, does his lessons дéлает урóки, gets, receives good marks получáет хорóшие отмéтки, graduates from school кончáет шкóлу, leaves school ухóдит из шкóлы, takes an examination дéржит экзáмен, passes his examinations сдаёт экзáмены, fails провáливается, works hard мнóго рабóтает, хорошó занимáется, is absent отсýтствует, is present присýтствует, attends classes, lessons посещáет занятия, is late опáздывает, is in the sixth class, form, grade ýчится в шестóм клáссе]; explain smth to a ~ объяснúть что-л. ученикý; the teacher gave the ~ a good mark учúтель постáвил ученикý хорóшую отмéтку; a seventh-class, a seventh-grade ~ ученúк седьмóго клáсса.

purchase I *sb* (*thing bought*) покýпка *f* (22d) [valuable цéнная, good хорóшая]; make ~s дéлать покýпки; the table was piled with ~s стол был завáлен покýпками.

purchase II *v* (*buy*) покупáть (64), *perf* купúть (169) [*with acc* picture картúну, car машúну]; a dearly ~d victory побéда, кýпленная дорогóй ценóй.

pure 1. (*unmixed*) чúстый (31b) [silk шёлк]; чúстая [water водá, wool шерсть]; чúстое [gold зóлото, silver серебрó]; **2.** (*sheer*) чистéйший (34b); it was a ~ coincidence э́то бы́ло чистéйшим совпадéнием; a ~ chance, accident чистéйшая случáйность; we found the place by ~ chance мы нашлú э́то мéсто чúсто случáйно.

purpose (*object, intention*) намéрение *n* (18c) [definite определённое, honest чéстное, criminal престýпное]; it was done with a definite ~ э́то бы́ло сдéлано с определённой цéлью; he came with no other ~ than to rest он приéхал тóлько с цéлью отдохнýть; what was the ~ of his visit? каковá былá цель егó посещéния?; what ~ **can** it serve? для чего́ э́то ну́жно?; my ~ was to help him у меня́ бы́ло наме́рение помо́чь ему́; for this ~ с э́той це́лью; ⊙ **on** ~ наро́чно; he did it on ~ он сде́лал э́то наро́чно.

purse кошелёк *m* (4f) [1) full по́лный, empty пусто́й; 2) open откры́ть, close закры́ть, hide спря́тать, put into one's pocket положи́ть в карма́н]; he took some coins out of his ~ он вы́нул из кошелька́ не́сколько моне́т.

pursue (*follow*) пресле́довать (244), *no perf* [1) *with acc* enemy врага́, fugitive беглеца́; aim цель; 2) persistently упо́рно, relentlessly безжа́лостно].

push *v* (*thrust*) толка́ть (64), *perf* толкну́ть (130) [1) *with acc* boat ло́дку, door дверь, hand-cart теле́жку, wheel-barrow та́чку; 2) hard си́льно, with difficulty с трудо́м, carefully осторо́жно, back наза́д, forward вперёд, aside в сто́рону; 3) *with instr* with one's hand руко́й, with one's foot ного́й, with one's elbow ло́ктем]; somebody ~ed me and I fell кто́-то меня́ толкну́л, и я упа́л; ~ smb / smth into a room втолкну́ть кого́-л. / что-л. в ко́мнату; ~ smb / smth into the water столкну́ть кого́-л. / что-л. в во́ду; don't ~! не толка́йтесь!; he was ~ing the hand-cart from behind он подта́лкивал теле́жку сза́ди; we ~ed our way through the crowd мы пробива́лись сквозь толпу́; ⊙ ~ **open** распахну́ть (130) (*with acc*); he ~ed the door / window open он распахну́л дверь / окно́; ~ **away** отта́лкивать (65), *perf* оттолкну́ть (130) (*with acc*); he ~ed his plate away он оттолкну́л от себя́ таре́лку; ~ **out** выта́лкивать (65), *perf* вы́толкнуть (128) (*with acc*); ~ smb out of the room вы́толкнуть кого́-л. из ко́мнаты.

put 1. (*of things that lie*) класть (55), *perf* положи́ть (175) [1) *with acc* book кни́гу, box коро́бку, pen ру́чку, one's things свои́ ве́щи, watch часы́, dress пла́тье, key ключ; 2) into a bag в су́мку, into a box в я́щик, в коро́бку, into the corner в у́гол, into one's pocket в карма́н, on the table на стол, on the shelf на по́лку]; I don't remember where I ~ the tickets я не по́мню, куда́ положи́л(а) биле́ты; where did you ~ my book? куда́ вы положи́ли мою́ кни́гу?; ~ it here / there! положи́те э́то сюда́ / туда́!; ~ one's hand into one's pocket су́нуть ру́ку в карма́н; ~ those things together! положи́те э́ти ве́щи вме́сте!; { (*of things that stand*) ста́вить (168), *perf* поста́вить (168) [*with acc* chair стул, lamp ла́мпу, plate таре́лку]; ~ flowers into water ста́вить цветы́ в во́ду; ~ smth on the stove ста́вить что-л. на плиту́; ⊙ ~ **oneself in the place of smb** ста́вить себя́ на ме́сто (*with gen*) кого́-л., *perf* поста́вить себя́ на ме́сто кого́-л.; ~ yourself in my place! поста́вьте себя́ на моё ме́сто!; **2.** (*find place for*) помеща́ть (64), *perf* помести́ть (187) [*with acc* guest го́стя; advertisement in newspaper объявле́ние в газе́те]; we ~ him upstairs мы помести́ли его́ наверху́; **3.** (*express*) выража́ть (64), *perf* вы́разить (188) (*with acc*); ~ into words вы́разить слова́ми; I wouldn't ~ it that way я бы э́того так не сказа́л(а); perhaps, I've ~ it badly возмо́жно, я неуда́чно вы́разился; I don't know how to ~ that in Russian я не зна́ю, как э́то сказа́ть по-ру́сски; ~ **aside** 1) (*move away*) откла́дывать (65) в сто́рону, *perf* отложи́ть (175) в сто́рону [*with acc* book кни́гу, letter письмо́]; 2) (*save*) откла́дывать, *perf* отложи́ть [*with acc* money де́ньги]; ~ aside money for a rainy day отложи́ть де́ньги на чёрный день; ~ **away** 1) (*remove to proper place*) убира́ть (64), *perf* убра́ть (42) [*with acc* one's things свои́ ве́щи, books кни́ги]; ~ everything away! убери́те всё!; 2) (*hide*) пря́тать (75), спря́тать (75) (*with acc*); he ~ the letter away somewhere он куда́-то спря́тал э́то письмо́; ~ **down** 1) (*crush*) подавля́ть (223), *perf* подави́ть (166) [*with acc* revolt восста́ние]; 2) (*write*) запи́сывать (65), *perf* записа́ть (57) (*with acc*); he ~ down my address он записа́л мой а́дрес; ~ **off** (*postpone*) откла́дывать, *perf* отложи́ть (*with acc*); the meeting had to be ~ off a whole week собра́ние пришло́сь отложи́ть на (*with acc*) це́лую неде́лю; don't ~ it off till tomorrow! не откла́дывайте э́того до за́втра!; I'll ~ off my visit till later я отложу́ своё посеще́ние на бу́дущее; ~ **on** надева́ть (64), *perf* наде́ть (116) [*with acc* coat пальто́, cap ша́пку, dress пла́тье, warm clothes тёплую оде́жду, shoes ту́фли, боти́нки, skates коньки́, watch часы́]; ~ on one's clothes оде́ться; ~ **out** (*extinguish*) туши́ть (175), *perf* потуши́ть (175) [*with acc* candle свечу́, fire ого́нь, пожа́р, lamp ла́мпу, gas газ]; ~ **up with** (*bear*) терпе́ть (120), *no perf* (*with acc*); I won't ~ up with his insolence any longer я не хочу́ бо́льше терпе́ть его́ де́рзость; ◇ ~ **an end to smth** положи́ть (175) коне́ц (*with dat*) чему́-л.

puzzle *v* **1.** (*perplex*) приводи́ть (152) в недоуме́ние, *perf* привести́ (219) в недоуме́ние (*with acc*); his let ter ~d me его́ письмо́ привело́ меня́ в недоуме́ние; 2.: be ~d быть озада́ченным; he was ~d by her reply, answer он был озада́чен (*with instr*) её отве́том.

Q

quality 1. (*worth, value*) ка́чество *n*, *no pl* (14c) [1) best лу́чшее, high вы́сшее, good хоро́шее, poor ни́зкое; 2) guarantee гаранти́ровать, improve повыша́ть, улучша́ть]; goods of excellent ~ това́ры отли́чного ка́чества; the food was of the highest ~ проду́кты бы́ли вы́сшего ка́чества; of superior ~ бо́лее высо́кого ка́чества; in ~ по ка́честву; judging both by the ~ and the quantity... су́дя как по ка́честву, так и по коли́честву...; 2. (*property*) сво́йство *n* (14c) [rare ре́дкое, particular осо́бое, remarkable замеча́тельное]; radioactivity is a ~ of definite isctopes радиоакти́вность — сво́йство определённых изото́пов; possess rare qualities облада́ть ре́дкими сво́йствами; 3. (*merit*) досто́инство *n* (14c); the qualities of a play / novel досто́инства пье́сы / рома́на; he had so many good qualities that everybody loved him у него́ бы́ло так мно́го досто́инств, что его́ все люби́ли; moral qualities мора́льные досто́инства; { (*characteristic*) ка́честв о; personal qualities ли́чные ка́чества; he had all the qualities of a good organizer он облада́л всеми ка́чествами хоро́шего организа́тора.

quantity (*amount*) коли́чество *n*, *no pl* (14c) [1) large большо́е, considerable значи́тельное, enormous огро́мное, small небольшо́е, sufficient доста́точное; 2) determine, measure определи́ть, increase увели́чить, diminish, decrease уме́ньшить]; a certain ~ of water / gas / goods не́которое коли́чество воды́ / га́за / това́ров; the ~ of chemicals / food коли́чество химика́лий / проду́ктов; in large quantities в большо́м коли́честве; we are striving for both quality and ~ мы стреми́мся как к улучше́пию ка́чества, так и к увеличе́нию коли́чества.

quarrel I *sb* ссо́ра *f* (19c) [sudden неожи́данная, old ста́рая, давни́шняя]; avoid a ~ избега́ть ссо́ры; start a ~ with smb зате́ять ссо́ру с кем-л.; the argument came to an open ~ спор дошёл до откры́той ссо́ры; what was the cause of the ~? что явилось причиной ссоры?; they had a bitter ~ over it они сильно поссорились из-за (*with gen*) этого; he had a ~ with his father он поссорился с отцом; make up a ~ улаживать ссору.

quarrel II *v* ссориться (157), *perf* поссориться (157) (with — с *with instr*; about — из-за *with gen*); they often ~ они часто ссорятся; what are they ~ling about? из-за чего они ссорятся ; he ~led with his best friend он поссорился со своим лучшим другом; let's not ~ over it! не будем из-за этого ссориться!

quarter *sb* **1.** (*one fourth*) четверть *f* (29b); a ~ of a mile / an hour / a pound / a century / the distance четверть мили / часа / фунта / века / расстояния; an hour and a ~ час с четвертью; three ~s три четверти; three and a ~ три с четвертью; **2.** (*of time*) четверть; it's a ~ to three без четверти три; it's a ~ past three четверть четвёртого; he came at a ~ to five он пришёл без четверти пять; **3.** (*three months*) квартал *m* (1f) [first первый, last последний]; rent for the ~ плата за квартал; at the end / beginning of the ~ в конце / начале квартала; ◇ **at close ~s** на близком расстоянии; now he saw her at close ~s теперь он видел её на близком расстоянии.

queen королева *f* (19a); the Queen of England королева Англии.

queer 1. (*strange, odd*) странный (31b) [man, person человек, way способ, look взгляд, custom обычай, noise шум]; странная [woman женщина, room комната, manner манера, thing вещь]; странное [feeling чувство, sensation ощущение]; he looked rather ~ он выглядел довольно странно; **2.** (*suspicious, doubtful*) подозрительный (31b) [fellow субъект]; подозрительная [character личность]; there is something ~ about it здесь что-то неладно.

question *sb* **1.** (*query*) вопрос (1f) [1) difficult трудный, unexpected неожиданный, leading наводящий, strange странный, polite вежливый; 2) ask задать, repeat повторить, understand понять]; answer a ~ ответить на вопрос; may I ask you a ~? могу я вам задать (один) вопрос?; are there any ~s? есть ли (какие-нибудь) вопросы?; in answer to your ~ ...; в ответ на ваш вопрос...; it is difficult / easy to answer that ~ на этот вопрос трудно / легко ответить; I have a ~ to ask (you) у меня к вам вопрос; fire ~s at smb засыпать кого-л. вопросами; **2.** (*matter*) вопрос [1) important ва́жный, delicate щекотли́вый, basic основно́й, main гла́вный; economic экономи́ческий, political полити́ческий; 2) study изуча́ть, raise подня́ть, solve разреши́ть, complicate усложни́ть, settle ула́дить, discuss обсужда́ть, consider рассма́тривать]; touch upon the ~ of salary косну́ться вопро́са зарпла́ты; there are several ~s I must talk to you about мне ну́жно обсуди́ть с ва́ми не́сколько вопро́сов; I'm very much interested in this ~ меня́ о́чень интересу́ет э́тот вопро́с; it's a ~ of money / time э́то вопро́с де́нег / вре́мени; **3.** (*doubt*) сомне́ние *n* (18c); there is some ~ as to his ability есть не́которые сомне́ния относи́тельно его́ спосо́бностей; beyond ~ вне сомне́ний; without ~ без сомне́ния; there was not the slightest ~ as to her honesty не́ было ни мале́йшего сомне́ния относи́тельно её че́стности; there is, can be no ~ that he is right / wrong безусло́вно он прав / непра́в; ◇ **out of the** ~ не мо́жет быть и ре́чи; it's out of the ~ об э́том не мо́жет быть и ре́чи.

quick *a* (*rapid*) бы́стрый (31b) [answer отве́т, glance, look взгляд]; бы́страя [reaction реа́кция]; бы́строе [movement движе́ние]; бы́стрые [steps шаги́]; with a ~ movement бы́стрым движе́нием; be ~! быстре́е!, скоре́е!; a ~ change of mood бы́страя переме́на настрое́ния.

quickly бы́стро [walk, go идти́, grow расти́, come back, return верну́ться, finish ко́нчить, disappear исче́знуть, put on наде́ть, take off снять, run бежа́ть, move дви́гаться, agree согласи́ться]; come as ~ as possible! приходи́(те) возмо́жно скоре́е!; he ~ opened the door and ran out он бы́стро откры́л дверь и вы́бежал; she turned to him ~ она́ бы́стро поверну́лась к нему́.

quiet *a* **1.** (*calm*) споко́йный (31b) [person, man челове́к, child ребёнок, day день, evening ве́чер, answer отве́т]; споко́йная [game игра́, life жизнь]; споко́йное [lake о́зеро, sea мо́ре, place ме́сто]; he seemed / remained ~ он каза́лся / остава́лся споко́йным; there was no wind and everything was ~ ве́тра не́ было и всё вокру́г бы́ло ти́хо; a ~ night ти́хая ночь; **2.** (*not noisy or loud*) ти́хий (33b) [voice го́лос, town го́род]; ти́хая [street у́лица]; ти́хие [movements движе́ния]; lie / stand / sit ~ ти́хо лежа́ть / стоя́ть / сиде́ть; in a ~ voice ти́хо; be ~, please! ти́ше, пожа́луйста!; ask the children to be ~! попроси́(те) дете́й не шуме́ть!

quietly 1. (*calmly*) споко́йно [explain объясня́ть, speak говори́ть, work рабо́тать, sleep спать, live жить]; 2. (*noiselessly*) ти́хо [come in войти́, disappear исче́знуть, lie лежа́ть, sit сиде́ть, open откры́ть, put положи́ть]; speak ~, please! говори́(те), пожа́луйста, ти́ше!; we wanted to leave ~ мы хоте́ли ти́хо уйти́.

quite 1. (*completely, entirely*) совсе́м; I am ~ ill я совсе́м бо́лен; he doesn't feel ~ well он не совсе́м хорошо́ себя́ чу́вствует; the work isn't ~ finished yet рабо́та ещё не совсе́м зако́нчена; we ~ forgot about it мы совсе́м забы́ли об э́том; she is ~ alone она́ совсе́м одна́; I don't ~ understand you я вас не совсе́м понима́ю; ‖ (*fully*) вполне́; I am ~ satisfied with your work я вполне́ удовлетворён ва́шей рабо́той; he speaks Russian ~ well он говори́т по-ру́сски вполне́ хорошо́; I ~ agree with you я вполне́ с ва́ми согла́сен; that's ~ enough э́того вполне́ доста́точно; it's ~ possible э́то вполне́ возмо́жно; you're ~ right вы соверше́нно пра́вы; 2. (*to a considerable extent, rather*) дово́льно; it has become ~ cold / warm ста́ло дово́льно хо́лодно / тепло́; he has become ~ a good musician он стал дово́льно хоро́шим музыка́нтом; for ~ some time дово́льно до́лго.

quote *v* цити́ровать (245), *perf* процити́ровать (245) (*with acc*); ~ Shakespeare цити́ровать Шекспи́ра; he ~d a few lines from "Hamlet" он процити́ровал не́сколько строк из «Га́млета».

R

rabbit кро́лик *m* (4a).

race *sb* (*of sports*) го́нки *pl* (22d); automobile / motor-cycle ~ автомоби́льные / мотоцикле́тные го́нки; run a ~ уча́ствовать в го́нках; start a ~ нача́ть го́нки; be at the ~s быть на го́нках; ‖ соревнова́ния *pl* (18c); swimming / skating ~ соревнова́ния по пла́ванию / по конька́м; win a ~ вы́играть в соревнова́ниях; ⊙ **arms** ~ го́нка (*f* 22d) вооруже́ний.

radio ра́дио *n indecl* [turn on включи́ть, turn off вы́ключить, listen to слу́шать]; hear smth / smb over the ~ услы́шать (*with acc*) что-л. / кого́-л. по ра́дио; listen to a concert / music / a play / the news over the ~ слу́шать по ра́дио конце́рт / му́зыку / пье́су / после́дние изве́стия; speak / sing over the ~

выступа́ть / петь по ра́дио; he is learning French by ~ он изуча́ет францу́зский язы́к по ра́дио.

rage I *sb* (*anger*) я́рость *f, no pl* (29c); he was in a ~ он был в я́рости; with ~ с я́ростью; he was mad with ~ им овладе́ла я́рость; he was beside himself with ~ он был вне себя́ от я́рости; ⊙ **fly into a** ~ прийти́ (206) в я́рость; he flew into a ~ он пришёл в я́рость.

rage II *v* **1.** (*of illness*) свире́пствовать (65), *no perf*; an epidemic of gripре ~d throughout the country эпиде́мия гри́ппа свире́пствовала по всей стране́; **2.** (*of nature*) бушева́ть (246); the storm, tempest ~d for three days бу́ря бушева́ла три дня; the fire ~d пожа́р бушева́л; the sea was raging мо́ре бушева́ло.

rail *sb* **1.** (*bar*) пери́ла *no sg* (14c) [wooden деревя́нные, iron желе́зные, low ни́зкие]; hold on to the ~ держа́ться за пери́ла; lean over the ~ облокоти́ться на пери́ла; **2.** (*for transport*) рельс *m* (1f); *usu pl* ~s ре́льсы [tram трамва́йные]; run on ~s е́хать по ре́льсам; the train ran off the ~s по́езд сошёл с ре́льсов; ⊙ **by** ~ по желе́зной доро́ге; the goods were sent by ~ това́ры бы́ли отпра́влены по желе́зной доро́ге.

railroad желе́зная доро́га *f* (22b); by ~ по желе́зной доро́ге; build a ~ стро́ить желе́зную доро́гу; ~ bridge железнодоро́жный мост.

railway желе́зная доро́га *f* (22b); ~ station / line / accident железнодоро́жная ста́нция / ли́ния / катастро́фа; ~ company железнодоро́жная компа́ния; *see* railroad.

rain I *sb* дождь *m* (2b) [1) heavy си́льный, thin ме́лкий, autumn осе́нний, refreshing освежа́ющий, sudden внеза́пный; 2) begins начина́ется, stops, ceases прекраща́ется]; drops of ~ дождевы́е ка́пли; has the ~ stopped yet? дождь уже́ переста́л?; we had much ~ last summer про́шлым ле́том у нас бы́ло мно́го дожде́й; the plants need ~ расте́ниям ну́жен дождь; there was no sign of ~ при́знаков дождя́ не́ было; the ~ poured down steadily дождь лил, не перестава́я; the first drops of ~ fell упа́ли пе́рвые ка́пли дождя́.

rain II *v*: it ~s, it is ~ing идёт дождь; it often ~s in autumn о́сенью ча́сто идёт дождь; it is ~ing (now) сейча́с идёт дождь; does it often ~ there? там ча́сто иду́т дожди́?; it was ~ing hard шёл си́льный дождь; it ~ed all morning but at last it stopped всё у́тро шёл дождь, но, наконе́ц, он переста́л; do you think it will ~ tomorrow? как вы ду́маете, бу́дет за́втра дождь?; if it ~s tomorrow we shall not go если завтра будет дождь, то мы не пойдём; it was ~ing a little шёл небольшой дождь; ⊙ **it ~ed cats and dogs** дождь лил как из ведра.

raise *v* **1.** (*lift*) поднимать (64), *perf* поднять (232) [1) *with acc* one's hand руку, one's head голову, one's eyes глаза, one's eyebrows брови; curtain занавес, dust пыль; 2) with difficulty с трудом, slowly медленно, with one hand одной рукой; in one's arms на руки, to one's shoulder на плечо, above one's head над головой; from the ground с земли]; ~ one's hat приподнять шляпу; ~ a flag поднять флаг; **2.**: ~ oneself подниматься (64), *perf* подняться (232); he ~d himself from the ground он поднялся с земли; **3.** (*render higher*) повышать (64), *perf* повысить (149) [*with acc* prices цены, wages, pay зарплату, taxes налоги; one's voice голос]; **4.** (*grow, cultivate*) выращивать (65), *perf* вырастить (163) [*with acc* corn хлеб, oats овёс, wheat пшеницу, crop урожай]; ‖ (*breed*) разводить (152) [*with acc* cattle скот, pigs свиней, horses лошадей, chickens кур, ducks уток, geese гусей].

rank *sb* **1.** (*row*) ряд *m* (1k); he has always been in the first ~ of fighters for peace он всегда был в первых рядах борцов за мир; **2.** (*position*) ранг *m* (4c); an officer of high ~ офицер высокого ранга; a scientist of the highest ~ учёный с мировым именем; a discovery of the first ~ открытие первостепенной важности.

rapid *a* (*swift*) быстрый (31b) [growth рост, answer, response ответ]; быстрая [speech речь, river река]; быстрое [movement движение, improvement улучшение, increase увеличение]; with ~ steps быстрыми шагами.

rapidly быстро [speak говорить, work работать, change менять, dress одеваться].

rare *a* (*not common*) редкий (33b) [metal металл, stone камень]; редкая [book книга, ability способность]; редкое [plant растение, edition издание, word слово, animal животное, phenomenon явление, name имя]; such flowers are very ~ in this country такие цветы очень редко встречаются в этой стране; a man of ~ erudition человек редкой эрудиции.

rat крыса *f* (19a).

rate *sb* (*speed*) скорость *f* (29b) [high большая, ordinary обычная, unusual необыкновенная]; go at a ~ of sixty kilometres an hour ехать со скоростью шестидесяти километров в час; ◊ **at any** ~ во всяком случае; I shall be back before ten at any ~ во вся́ком слу́чае, я верну́сь до десяти́ (часо́в); at any ~ we can help you во вся́ком слу́чае, мы смо́жем вам помо́чь.

rather **1.** (*somewhat, to some extent*) дово́льно; we came home ~ late мы пришли́ домо́й дово́льно по́здно; the film is ~ interesting э́тот фильм дово́льно интере́сный; he speaks Russian ~ well / slowly он говори́т по-ру́сски дово́льно хорошо́ / ме́дленно; I am ~ tired я поря́дком уста́л(а); in a ~ strange fashion дово́льно стра́нным о́бразом; **2.** (*of preference*): I would ~ go today than tomorrow я предпочёл, предпочла́ бы пойти́ сего́дня, а не за́втра; he said he would ~ stay at home он сказа́л, что он предпочёл бы оста́ться до́ма; I'd ~ not speak of it я бы предпочёл, предпочла́ об э́том не говори́ть.

raw *a* **1.** (*unprocessed*) необрабо́танный (31b); необрабо́танная [leather ко́жа]; необрабо́танные [hides шку́ры]; { *often rendered by sb* сыре́ц *m* (9c); ~ silk шёлк-сыре́ц; ~ cotton хло́пок-сыре́ц; ~ spirits спирт-сыре́ц; ⊙ ~ **material(s)** сырьё *n, no pl* (18a); **2.** (*not cooked*) сыро́й (31a) [potatoes карто́фель]; сыра́я [fish ры́ба, food пи́ща]; сыро́е [meat мя́со]; сыры́е [vegetables о́вощи].

ray *sb* луч *m* (7b) [1) bright я́ркий, pale бле́дный, thin то́нкий; 2) *with gen* of light све́та, of sunlight со́лнца, of moonlight луны́]; the ~s of the sun penetrated into the dark room лучи́ со́лнца прони́кли в тёмную ко́мнату; a ~ of sunlight fell on the sleeping boy луч со́лнца упа́л на спя́щего ма́льчика; ~ of hope луч наде́жды.

reach *v* **1.** (*be able to touch*) достава́ть (63), *perf* доста́ть (51) (*with acc*); the book is too high, I can't ~ it кни́га стои́т сли́шком высоко́, я не могу́ её доста́ть; I can't ~ so high я не могу́ доста́ть так высоко́; please, ~ me that box! доста́нь(те) (*with dat*) мне, пожа́луйста, ту коро́бку!; I can't ~ the top shelf я не могу́ доста́ть до (*with gen*) ве́рхней по́лки; **2.** (*attain*) достига́ть (64), *perf* дости́чь (205), дости́гнуть (130) [*with gen* the top of the mountain верши́ны горы́, the coast бе́рега, one's destination ме́ста назначе́ния]; not a sound ~ed our ears ни оди́н звук не достига́л на́ших ушей́; ~ old age / middle age дости́чь ста́рости / сре́дних лет; { (*arrive*) прибыва́ть (64), *perf* прибы́ть (210) (в *with acc*); when does the train ~ London? когда́ по́езд прибыва́ет в Ло́ндон?; the ship ~ed the port safely парохо́д благо-полу́чно при́был в порт; ‖ (*get to*) попада́ть (64), *perf* попа́сть (55); how can I ~ the port? как мне попа́сть в (*with acc*) порт?; we were afraid we should not ~ home before the rain began мы боя́лись, что не попадём домо́й до того́, как начнётся дождь; your letter didn't ~ me ва́ше письмо́ так и не попа́ло ко (*with dat*) мне́; ‖ (*establish connection*) свя́зываться (65), *perf* связа́ться (48) (с *with instr*); we can ~ him when he gets to London мы смо́жем с ним связа́ться, когда́ он прие́дет в Ло́ндон; I was not able to ~ him by phone я не мог(ла́) с ним связа́ться по телефо́ну; ~ **out** (*stretch out*) протя́гивать (65) ру́ку, *perf* протяну́ть (129) ру́ку (for — за *with instr*); he ~ed out and took a box from the table он протяну́л ру́ку и взял коро́бку со стола́; he ~ed his hand out for the book / bread он протяну́л ру́ку за кни́гой / хле́бом.

read *v* **1.** чита́ть (64), *perf* прочита́ть (64) [1) *with acc* book кни́гу, story расска́з, novel рома́н, newspaper газе́ту, music но́ты, poetry стихи́, letter письмо́, telegram телегра́мму; 2) aloud вслух, to oneself про себя́; attentively внима́тельно, quickly бы́стро, with difficulty с трудо́м, once оди́н раз, twice два ра́за, fluently бе́гло, expressively вырази́тельно]; learn to ~ учи́ться чита́ть; I read about it in the newspaper я прочита́л об (*with abl*) э́том в газе́те; she read us a very interesting story она́ прочита́ла нам о́чень интере́сный расска́з; he can ~ Russian / many languages он мо́жет чита́ть по-ру́сски / на мно́гих языка́х; bring / give me smth to ~! принеси́(те) / да́й(те) мне что́-нибудь почита́ть!; children like to be read to де́ти лю́бят, когда́ им чита́ют; I have no time to ~ у меня́ нет вре́мени почита́ть; ~ Byron in the original / translation чита́ть Ба́йрона в по́длиннике / в перево́де; ⊙ ~ **between the lines** чита́ть ме́жду строк; it was easy to ~ between the lines... легко́ бы́ло проче́сть ме́жду строк...; **2.** (*say*): the letter / telegram ~s... в (*with abl*) письме́ / телегра́мме говори́тся...; ~ **out** чита́ть вслух.

reader 1. (*one who reads*) чита́тель *m* (3a) [exacting тре́бовательный, strict стро́гий, careful внима́тельный]; чита́тельница *f* (21a); **2.** (*book*) хрестома́тия *f* (23c); compile / read a ~ составля́ть / чита́ть хрестома́тию; Russian literary ~ хрестома́тия по ру́сской литерату́ре.

reading чте́ние *n* (18c) [close внима́тельное]; teach

~ обучáть чтéнию; ‖ *often conveyed by verb* читáть (64); he is fond of ~ он óчень лю́бит читáть.

ready (*prepared*) готóвый (31b) [answer отвéт]; ‖ *usu short form is used* готóв *m*, готóва *f*, готóво *n*, готóвы *pl* (for — к *with dat*); breakfast / dinner is ~ зáвтрак / обéд готóв; are you ~? вы готóвы?; they are always ~ to help они́ всегдá готóвы помóчь; everything is ~ всё готóво; I am not quite ~ yet я ещё не совсéм готóв(а); we hurried to get everything ~ мы поспеши́ли всё приготóвить; they were ~ to give in они́ бы́ли готóвы уступи́ть; are you ~ for the trip? вы готóвы к поéздке?

real *a* (*genuine*, *true*) настоя́щий (35) [artist худóжник, writer писáтель, friend друг, comrade товáрищ, hero герóй; diamond бриллиáнт]; настоя́щая [friendship дру́жба, love любóвь]; настоя́щее [adventure приключéние, art иску́сство, discovery откры́тие]; ~ silk натурáльный шёлк; that is not his ~ name э́то не егó и́мя; it is a ~ pleasure to hear him speak слу́шать егó — и́стинное удовóльствие; ‖ (*existing in fact*) пóдлинный (31b) [fact факт]; пóдлинная [reason причи́на]; пóдлинное [event собы́тие]; the ~ truth и́стинная прáвда; this is a story / picture of ~ life э́то расскáз / карти́на из реáльной жи́зни; show one's ~ character показáть своё и́стинное лицó.

realize 1. (*understand*) понимáть (64), *perf* поня́ть (233) [*with acc* one's mistake, error свою́ оши́бку, one's situation своё положéние]; we soon ~d that we had a difficult task before us вскóре мы пóняли, что перед нáми стои́т тру́дная задáча; she ~d how much it meant to her онá понялá, как мнóго э́то знáчило для неё; at first he did not ~ what had happened сначáла он не пóнял, что произошлó; **2.** (*make real*) осуществля́ть (223), *perf* осуществи́ть (164) [*with acc* plan, scheme план, one's dreams свои́ мечты́]; he ~d his ambition он дости́г своéй цéли.

really (*indeed*) действи́тельно; do you ~ want to go there? вы действи́тельно хоти́те туда́ пойти́?; the ~ important questions must be discussed first действи́тельно вáжные вопрóсы должны́ быть обсуждены́ в пéрвую óчередь; ‖ (*actually*) на сáмом дéле; tell me what you ~ think about it скажи́те мне, что вы на сáмом дéле ду́маете об э́том; he is ~ an outstanding person он на сáмом дéле выдаю́щийся человéк; you don't ~ think so не мóжет быть, что вы на са́мом де́ле так ду́маете.

rear *sb* **1.** (*place behind front lines*) тыл *m* (1k); penetrate deep into the enemy's ~ прони́кнуть в глубо́кий тыл врага́; in the ~ в тылу́; cover the ~ прикрыва́ть тыл; fall upon, attack the enemy's ~ напа́сть на врага́ с ты́ла; **2.** (*back part*) за́дняя сторона́ *f* (19j) [*with gen* of a house до́ма, of a building зда́ния]; in, at the ~ of the house в (*with abl*) за́дней ча́сти до́ма.

reason *sb* **1.** (*motive*) причи́на *f* (19c) [1) important ва́жная, real и́стинная, serious серьёзная, special осо́бая, main гла́вная, obvious очеви́дная; 2) *with gen* for the refusal отка́за, for leaving отъе́зда]; conceal the ~s скрыва́ть причи́ны; the ~ is not clear to me причи́на мне нея́сна́; there are many ~s why he did it есть мно́го причи́н, почему́ он э́то сде́лал; he refused to tell us the ~ он отказа́лся сообщи́ть нам причи́ну; for that ~ по э́той причи́не; for some ~ or other по той и́ли ино́й причи́не; ⊙ **listen to smb's ~ s** слу́шать (65) чьи-л. объясне́ния; **2.** (*basis*) основа́ние *n* (18c); *usu pl* основа́ния; have a ~ име́ть основа́ния; I have a ~ for it у меня́ есть для (*with gen*) э́того основа́ния; there is ~ to believe that... есть основа́ния полага́ть, что...; I have a ~ for doing so у меня́ есть основа́ния так поступа́ть; have you any ~ for saying such things? есть ли у вас основа́ния для того́, что́бы говори́ть таки́е ве́щи?; have you any ~ to complain? есть ли у вас основа́ния жа́ловаться?

recall *v* (*remember*) вспомина́ть (64), *perf* вспо́мнить (179) [*with acc* name и́мя, event собы́тие, story исто́рию]; I can't ~ how we went there я ника́к не могу́ вспо́мнить, как мы туда́ е́хали.

receipt *sb* (*document*) квита́нция *f* (23c); give / receive, get a ~ дать / получи́ть квита́нцию; here is your ~! вот ва́ша квита́нция!; | (*acknowledgement*) распи́ска *f* (22d); please send me a ~ for the money! пришли́те мне, пожа́луйста, распи́ску в получе́нии де́нег!; sign a ~ расписа́ться, дать распи́ску.

receive **1.** (*get*) получа́ть (64), *perf* получи́ть (173) [*with acc* letter письмо́, newspaper газе́ту, mail по́чту, answer, reply отве́т, news изве́стия, money де́ньги, present пода́рок, order прика́з, wages, pay зарпла́ту, warning предостереже́ние, education образова́ние, support подде́ржку; wound ране́ние]; **2.** (*entertain, admit*) принима́ть (64), *perf* приня́ть (232) [1) *with acc* guests гостéй, visitors посетителей, patients больны́х; 2) warmly тепло́, coldly хо́лодно]; he ~s on Mondays он принима́ет по понеде́льникам.

recent неда́вний (32) [incident слу́чай]; неда́вняя [attempt попы́тка, trip поéздка]; неда́внее [event собы́тие, journey путешéствие, discovery откры́тие, invention изобретéние; past про́шлое].

recently неда́вно; the novel was ~ published рома́н был неда́вно опублико́ван; I met her ~ at the theatre я её неда́вно встрéтил(а) в теа́тре; have you been to see them ~? вы быва́ли у них послéднее врéмя?

reception приём *m* (1f) [warm тёплый, cold холо́дный, enthusiastic восто́рженный]; the visitors were given a warm ~ гостя́м был ока́зан тёплый приём.

recognize 1. (*identify*) узнава́ть (63), *perf* узна́ть (64) [1) *with acc* person человéка, face лицо́, voice го́лос, handwriting по́черк, tune мело́дию; 2) with difficulty с трудо́м, at once сра́зу же, from far и́здали]; no one will ~ you in that disguise вас никто́ не узна́ет в э́том костю́ме; I could hardly ~ him я с трудо́м узна́л(а) его́; you'll ~ him by his manner of speaking вы узна́ете его́ по (*with dat*) его́ манéре говори́ть; when he returned to the village he came from, he did not ~ it когда́ он верну́лся в свою́ родну́ю дерéвню, он её не узна́л; **2.** (*acknowledge formally*) признава́ть (63), *perf* призна́ть (64) [*with acc* government прави́тельство, country госуда́рство; claim претéнзию, obligation обяза́тельство]; **3.** (*acknowledge*) признава́ть, *perf* призна́ть [facts фа́кты]; he is ~d as an authority его́ признаю́т (*with instr*) авторитéтом; he was ~d as the finest musician of his day он был при́знан лу́чшим музыка́нтом своего́ врéмени.

recommend рекомендова́ть (243), *perf* порекомендова́ть (243) [*with acc* person человéка, doctor врача́, lawyer юри́ста, book кни́гу]; the doctor ~ed a change of climate до́ктор рекомендова́л перемéну кли́мата; he ~ed me for the job он рекомендова́л меня́ на э́ту рабо́ту; can you ~ a book for me to read? вы не мо́жете порекомендова́ть (*with dat*) мне кни́гу для чтéния?; I ~ that you should consult this doctor / follow his advice я вам рекомеду́ю проконсульти́роваться у э́того врача́ / послéдовать его́ совéту; he ~ed that the building be pulled down он рекомендова́л снести́ э́то зда́ние.

record *sb* **1.** (*account*) отчёт *m* (1f) [1) annual ежего́дный, full по́лный, detailed подро́бный; 2) publish публикова́ть, make де́лать, write написа́ть]; ⊙ **keep a ~ of** вести́ (219) за́пись (*with gen*); he kept a careful ~ of his expenses он вёл тща́тельную за́пись свои́х расхо́дов; **on ~** зарегистри́рованный (31b); a number of attempts are on ~ зарегистри́рован ряд попы́ток; **2.** (*highest achievement*) реко́рд *m* (1f) [1) world мирово́й, new но́вый; 2) break, beat поби́ть, set up установи́ть]; swimming ~ реко́рд по пла́ванию; **3.** (*disc*) пласти́нка *f* (22d) [gramophone патефо́нная]; put on / play / break a ~ поста́вить / проигра́ть / разби́ть пласти́нку.

recover 1. (*get well*) поправля́ться (223), *perf* попра́виться (168) (from — от *with gen*); he has fully, completely ~ed он совсе́м попра́вился; he is ~ing slowly он ме́дленно поправля́ется; he ~ed from his illness он вы́здоровел; he has not quite ~ed yet он ещё не совсе́м попра́вился; ‖ (*get back*) восстана́вливать (65), *perf* восстанови́ть (166) [*with acc* health здоро́вье, strength си́лы]; he ~ed his sight его́ зре́ние восстанови́лось; **2.** (*come to oneself*) приходи́ть (152) в себя́, *perf* прийти́ (206) в себя́ (от *with gen*); she quickly ~ed from the shock / from her astonishment, her surprise она́ бы́стро овладе́ла собо́й; ~ consciousness приходи́ть в созна́ние.

red *a* **1.** кра́сный (31b) [colour цвет, flower цвето́к, light свет, flag флаг; beret бере́т, tie га́лстук]; кра́сная [blood кровь; hat шля́па, rose ро́за]; кра́сное [flame пла́мя, dress пла́тье, face лицо́]; кра́сные [lips гу́бы, eyes глаза́, cheeks щёки; berries я́годы, apples я́блоки]; pale ~, light ~ све́тло-кра́сный; dark ~ тёмно-кра́сный; he was ~ in the face with anger он покрасне́л от гне́ва; he painted the gate ~ он покра́сил кали́тку в кра́сный цвет; her eyes were ~ with crying её глаза́ покрасне́ли от (*with gen*) слёз; he was ~ with excitement / cold он покрасне́л от возбужде́ния / моро́за; turn ~ красне́ть (98), *perf* покрасне́ть (98) (with — от *with gen*); he turned ~ with embarrassment он покрасне́л от смуще́ния; the leaves turned ~ ли́стья покрасне́ли; **2.** (*of hair*) ры́жий (34b) [colour цвет]; ры́жая [cow коро́ва; beard борода́]; ры́жие [hair во́лосы]; ◇ **Red Cross** Кра́сный Крест

reduce (*make lower*) снижа́ть (64), *perf* сни́зить (189) [*with acc* prices це́ны, wages зарпла́ту; pressure давле́ние]; he ~d speed to forty kilometres an hour он сни́зил ско́рость до (*with gen*) сорока́ киломе́тров в час; prices have been ~d by ten per cent це́ны сни́жены на (*with acc*) де́сять проце́нтов; ‖ (*make less in quantity*) уменьша́ть (64), *perf* уме́ньшить (172) [*with acc* expenses расхо́ды, influence влия́ние, number коли́чество, temperature температу́ру].

refer 1. (*allude*) ссыла́ться (64), *perf* сосла́ться (61) [на *with acc* to a book на кни́гу, to literary sources на литерату́рные исто́чники, to the data на да́нные, to the letter на письмо́]; you may ~ to me if necessary е́сли бу́дет ну́жно, мо́жете сосла́ться на меня́; the author ~s to events of the past а́втор ссыла́ется на собы́тия про́шлого; **2.** (*concern*) относи́ться (148), *no perf* (to — к *with dat*); these remarks do not ~ to you э́ти замеча́ния к вам не отно́сятся; what I am saying ~s to all those present то, что я говорю́, отно́сится ко всем прису́тствующим.

reflect (*give back as image*) отража́ть (64), *perf* отрази́ть (191) [*with acc* light свет, sound звук; event собы́тие]; the article ~ed public opinion статья́ отрази́ла обще́ственное мне́ние; the mirror ~ed her pale face в зе́ркале отрази́лось её бле́дное лицо́; the surface of the lake ~ed the trees на пове́рхности о́зера отража́лись дере́вья.

refuse *v* **1.** (*reject*) отка́зываться (65), *perf* отказа́ться (48) [1) от *with gen* money от де́нег, invitation от приглаше́ния, present от пода́рка, offer от предложе́ния; 2) *with inf* to do сде́лать, to go пойти́, to help помо́чь; 3) outright наотре́з, without hesitation без колеба́ний, definitely оконча́тельно]; I asked him to join us but he ~d я попроси́л(а) его́ присоедини́ться к нам, но он отказа́лся; he ~d to explain anything / to meet them он отказа́лся объясни́ть что-л./встре́титься с ни́ми; I had to ~ мне пришло́сь отказа́ться; **2.** (*deny*) отка́зывать (65), *perf* отказа́ть (48) (в *with abl*); I can't ~ her anything я ни в чём не могу́ ей отказа́ть; he ~d to grant my request он отказа́л мне в мое́й про́сьбе.

regard I *sb* **1.** (*consideration*) уваже́ние *n* (18c) (for — к *with dat*); he has no ~ for others у него́ нет уваже́ния к други́м; he acts without any ~ for other people он поступа́ет, не счита́ясь с други́ми; out of ~ for you из уваже́ния к вам; **2.** *pl* ~s (*good wishes*) приве́т *m* (1f); send, give one's ~s передава́ть приве́т; my best ~s to your wife! мой серде́чный приве́т (*with dat*) ва́шей жене́!; give her my kind, best ~s! передайте ей мой сердечный привет!

regard II *v* (*consider*) считать (64), *no perf* (*with acc*); she ~ed him as her friend / enemy она считала его (*with instr*) своим другом / врагом; he ~ed it as an insult он считал это оскорблением; I ~ it as a high honour я считаю это большой честью; ⊙ **as ~s, with ~ to** что касается (*with gen*); as ~s your letser / behaviour... что касается вашего письма / поведения, то...; with ~ to your request... что касается вашей просьбы...

regiment *sb* полк *m* (4g); serve in a ~ служить в полку; a ~ of soldiers полк солдат.

region район *m* (1f) [vast обширный, uninhabited ненаселённый, distant отдалённый]; the forest / steppe ~ лесной / степной район.

register *v* **1.** (*write down, record*) регистрировать (245), *perf* зарегистрировать (245) [*with acc* birth рождение, marriage брак, death смерть, date дату, fact факт]; election results are ~ed immediately результаты выборов немедленно регистрируются; **2.** (*of post, mail*). send, have a letter ~ed посылать заказное письмо.

regret I *sb* **1.** (*remorse*) сожаление *n* (18c) [1) sincere искреннее, deep глубокое; 2) express выразить, feel чувствовать]; with (much) ~ с (большим) сожалением; to my ~ I must refuse к сожалению, я должен отказаться; have no ~s не сожалеть (о *with abl*); **2.** *pl* ~s (*apologies*) извинения (18c); please accept my ~s! примите мои извинения!

regret II *v* (*be sorry*) сожалеть (98), *no perf* [о *with abl* mistake, error об ошибке, what has happened о случившемся]; I ~ (that) I cannot come сожалею, что я не могу прийти; I ~ to say... с сожалением должен, должна сказать (,что)...; we ~ to inform you... с сожалением сообщаем вам...

regular *a* **1.** (*systematic*) регулярный (31b); регулярная [correspondence переписка]; регулярные [lessons занятия, visits посещения]; have ~ meals регулярно питаться; lead a ~ life вести размеренный образ жизни; ‖ (*steady*) постоянный (31b) [income доход, source of income источник дохода]; постоянная [work работа, salary зарплата]; ~ army регулярная армия; ~ troops регулярные войска; he has no ~ work у него нет постоянной работы; **2.** (*symmetrical*) правильный (31b); she has ~ features у неё правильные черты лица; ~ teeth ровные зубы; **3**. (*ordinary*) обы́чный (31b); we shall do it in the ~ way мы сде́лаем э́то обы́чным путём; it was his ~ time for returning from work э́то бы́ло его́ обы́чное вре́мя возвраще́ния с рабо́ты.

reject отверга́ть (64), *perf* отве́ргнуть (127) [*with acc* scheme, plan план, offer предложе́ние]; the proposal was ~ed предложе́ние бы́ло отве́ргнуто.

relation I *sb* (*connection*) отноше́ние *n* (18c); that has no ~ to the question э́то не име́ет никако́го отноше́ния к да́нному вопро́су; | *usu pl* ~s отноше́ния (18c) [1) trade торго́вые, business делові́е, commercial комме́рческие; strained натя́нутые, peaceful ми́рные, friendly дру́жественные; 2) between two countries ме́жду двумя́ стра́нами, between them ме́жду ни́ми, with smb с кем-л.; 3) establish установи́ть, break off порва́ть, strengthen упро́чить]; our ~s have always been excellent на́ши отноше́ния всегда́ бы́ли прекра́сными; ⊙ **with ~ to** что каса́ется (*with gen*).

relation II *sb* (*relative*) ро́дственник *m* (4a), ро́дственница *f* (21c); *see* relative.

relative *sb* (*relation*) ро́дственник *m* (4a), ро́дственница *f* (21a); I have many / no ~s у меня́ мно́го / нет ро́дственников; he is a distant / close ~ of mine он мой да́льний / бли́зкий ро́дственник; lose one's ~s потеря́ть свои́х ро́дственников; go to see, visit one's ~s навести́ть ро́дственников; is he a ~ of yours? он ваш ро́дственник?

release *v* освобожда́ть(64), *perf* освободи́ть (153) [1) *with acc* all of us всех нас, some of them не́которых из них; 2) *with gen* from an obligation от обяза́тельства; from prison из тюрьмы́]; he was ~d он был освобождён.

relief 1. (*ease, comfort*) облегче́ние *n* (18c) [1) great большо́е, considerable значи́тельное; 2) feel почу́вствовать, bring принести́]; he sighed with ~ он вздохну́л с облегче́нием; the treatment brought, gave some / much ~ лече́ние принесло́ не́которое / большо́е облегче́ние; tears brought her no ~ слёзы не принесли́ ей облегче́ния; what a ~! како́е облегче́ние!; **2.** (*aid*) по́мощь *f*, *no pl* (30b) [receive получа́ть, give ока́зывать]; ~ of disaster victims по́мощь (*with dat*) потерпе́вшим бе́дствие; Red Cross ~ по́мощь Кра́сного Креста́; ~ committee комите́т по́мощи; come / hasten to the ~ of the victims прийти́ / поспеши́ть на по́мощь пострада́вшим.

relieve (*ease*) облегча́ть (64), *perf* облегчи́ть (171) [*with acc* pain боль, anxiety беспоко́йство, suffering страда́ние]; she felt ~d она́ почу́вствовала облегче́ние.

religion рели́гия *f* (23c).

religious религио́зный (31b) [person челове́к, ceremony обря́д, custom обы́чай, holiday пра́здник]; религио́зное [teaching уче́ние].

rely полага́ться (64), *perf* положи́ться (175) [1) на *with acc* on one's friend на това́рища; (up)on smb's word на чьё-л. сло́во, on smb's promise на чьё-л. обеща́ние; 2) fully по́лностью]; you can ~ on him вы мо́жете на него́ положи́ться; I ~ on you to arrange everything я рассчи́тываю (на то), что вы всё устро́ите.

remain *v* **1.** (*be left*) остава́ться (63), *perf* оста́ться (51); only one ticket ~ed оста́лся то́лько оди́н биле́т; after the fire nothing ~ed of the house по́сле пожа́ра от до́ма ничего́ не оста́лось; **2.** (*stay*) остава́ться, *perf* оста́ться; I shall ~ here all summer / for a long time я здесь оста́нусь на всё ле́то / надо́лго; she ~ed at home она́ оста́лась до́ма; we all stood up, but he ~ed sitting мы все вста́ли, а он оста́лся сиде́ть; **3.** (*continue to be*): he ~ed silent он (по-пре́жнему) молча́л; he ~ed unconscious in spite of all our efforts несмотря́ на все на́ши уси́лия, он не приходи́л в созна́ние; let us ~ friends! оста́немся друзья́ми!

remark *sb* замеча́ние *n* (18)c [important ва́жное, witty остроу́мное]; make a ~ заме́тить; he made a few ~s он сказа́л не́сколько слов.

remarkable замеча́тельный (31b) [person челове́к, scientist учёный, success успе́х, speaker ора́тор]; замеча́тельная [victory побе́да, beauty красота́]; замеча́тельное [event собы́тие, discovery откры́тие, achievement достиже́ние]; the city is ~ for its monuments э́тот го́род сла́вится свои́ми па́мятниками.

remedy *sb* (*medicine*) сре́дство *n* (14c) [1) good хоро́шее, remarkable замеча́тельное, new но́вое, strong си́льное, effective эффекти́вное; 2) от *with gen* for a cold от на́сморка, for the illness от боле́зни]; try the new ~! попро́буйте но́вое сре́дство!

remember (*not to forget*) по́мнить (179), *no perf* [1) *with acc* events собы́тия, smb's name чью-л. фами́лию, smb's face чьё-л. лицо́, facts фа́кты; poem стихотворе́ние, story расска́з, word сло́во; 2) very well о́чень хорошо́, vaguely сму́тно]; I ~ that we turned to the right я по́мню, что мы сверну́ли напра́во; I don't ~ where it was я не по́мню, где э́то бы́ло; I can hardly ~

her face я едва́ по́мню её лицо́; as far as I ~ наско́лько я по́мню; he ~ed his promise он по́мнил своё обеща́ние; do you ~ how it's done? вы по́мните, как э́то де́лается?; I shall always ~ that day я всегда́ бу́ду по́мнить э́тот день; ~ what I told you запо́мните, что я вам сказа́л(а); I must ~ to buy some ink мне на́до не забы́ть купи́ть черни́л; ‖ (*recall*) вспомина́ть (64), *perf* вспо́мнить (179); I can't ~ where I put the tickets я не могу́ вспо́мнить, куда́ я положи́л(а) биле́ты; I didn't ~ it until I came home я вспо́мнил(а) об (*with abl*) э́том то́лько тогда́, когда́ пришёл, пришла́ домо́й; she couldn't ~ his name / the title of the book она́ не могла́ вспо́мнить (*with acc*) его́ и́мя / назва́ние кни́ги.

remind напомина́ть (64), *perf* напо́мнить (179) [1) *with dat* him ему́, her ей, them им; 2) о *with abl* of, about his promise о его́ обеща́нии; 3) to do smth сде́лать что-л.]; ~ him that we must leave in the morning! напо́мните ему́, что мы должны́ вы́ехать у́тром!; ~ them of, about their promise! напо́мните им о их обеща́нии!; if I forget, please, ~ me е́сли я забу́ду, напо́мните мне, пожа́луйста; that ~s me of a story I once read э́то напомина́ет мне расска́з, кото́рый я одна́жды чита́л(а); he ~s me of his father он мне напомина́ет (*with acc*) своего́ отца́.

remove *v* **1.** (*do away with*) устраня́ть (223), *perf* устрани́ть (158) [*with acc* obstacles препя́тствия, difficulties тру́дности, cause of illness причи́ну заболева́ния, all suspicion вся́кое подозре́ние]; **2.** (*take away*) убира́ть (64), *perf* убра́ть (42) [1) *with acc* things ве́щи, table-cloth ска́терть; 2) from the table, desk со стола́]; **3.** (*take off*) снима́ть (64), *perf* снять (232) (*with acc*); he ~d his hat / coat он снял шля́пу / пальто́.

render 1. (*give*) ока́зывать (65), *perf* оказа́ть (48) [*with acc* assistance, aid, help по́мощь, service услу́гу, honour честь]; **2.** (*perform*) исполня́ть (223), *perf* испо́лнить (179) [1) *with acc* role роль, play пье́су, sonata сона́ту; 2) very well о́чень хорошо́, poorly пло́хо].

renew (*begin again*) возобновля́ть (223), *perf* возобнови́ть (164) [*with acc* subscription подпи́ску, friendship дру́жбу, attack ата́ку, lease аре́нду, contract контра́кт, demand тре́бование, efforts попы́тки].

rent I *sb* (*money paid*) пла́та *f* (19c) [1) high высо́кая, low ни́зкая, moderate уме́ренная; 2) за *with acc* for flat за кварти́ру]; pay the

~ вноси́ть пла́ту; ground ~ (аре́ндная) пла́та за зе́млю.

rent II *v* **1.** (*hire*) снима́ть (64), *perf* снять (232) [1) *with acc* room ко́мнату, house дом, cottage да́чу, hall зал, office конто́ру; 2) у *with gen* from the owner у владе́льца, from the company у компа́нии]; ‖ (*for long periods*) арендова́ть (243) [*with acc* land зе́млю, farm фе́рму, garden сад, mill ме́льницу]; **2.** (*let*) сдава́ть (63) (в наём), *perf* сдать (214) (в наём) [*with acc* rooms ко́мнаты, apartment кварти́ру]; ‖ (*for long periods*) сдава́ть в аре́нду, *perf* сдать в аре́нду [*with acc* field по́ле, farm фе́рму].

repair I *sb* **1.** ремо́нт *m* (1f) [1) general капита́льный, current теку́щий; 2) *with gen* of house до́ма, of machinery обору́дования]; be under ~ быть в ремо́нте; the road is still under ~ доро́га всё ещё ремонти́руется; this house needs a lot of ~s э́тот дом тре́бует серьёзного ремо́нта; the shop is closed for ~s магази́н закры́т на ремо́нт; **2.** (*of condition*) испра́вность *f* (29c); in good ~ в по́лной испра́вности; in bad ~ в неиспра́вности; keep smth in ~ содержа́ть что-л. в испра́вности; be out of ~ нужда́ться в ремо́нте.

repair II *v* ремонти́ровать (245), *perf* отремонти́ровать (245) [1) *with acc* boat ло́дку, clock, watch часы́, road доро́гу, house дом, street у́лицу, car маши́ну; 2) quickly бы́стро, well хорошо́]; it will take all summer to ~ the house на ремо́нт до́ма пона́добится всё ле́то; my shoes need ~ing мои́ ту́фли ну́жно почини́ть; I must have my watch ~ed мне ну́жно почини́ть часы́.

repeat *v* (*say again*) повторя́ть (223), *perf* повтори́ть (158) [1) *with acc* mistake оши́бку, one's name свою́ фами́лию, one's address свой а́дрес, question вопро́с, word сло́во, request про́сьбу; 2) again and again ещё и ещё раз, slowly ме́дленно, after me за мно́й, word for word сло́во в сло́во]; please, ~ what you said повтори́те, пожа́луйста, (то) что вы сказа́ли; ~, please! повтори́те, пожа́луйста!; I ~, we shall be unable to do it повторя́ю, что мы не смо́жем э́того сде́лать.

reply I *sb* отве́т *m* (1f) [1) brief кра́ткий, satisfactory удовлетвори́тельный, angry серди́тый, immediate неме́дленный; 2) give дать, deliver переда́ть, send посла́ть, receive получи́ть, write написа́ть]; say smth in ~ сказа́ть что-л. в отве́т; he made no ~ он ничего́ не отве́тил; in ~ to your letter... в отве́т на ва́ше письмо́...

reply II *v* отвечáть (64), *perf* отвéтить (177) [на *with acc* to a question на вопрóс, to criticism на крúтику]; "Yes", he replied „Да",— отвéтил он; I have written them twice but they have not yet replied я писáл(а) им ужé двáжды, но онú ещё ничегó не отвéтили.

report I *sb* **1.** доклáд *m* (1f) [1) interesting интерéсный, dull скýчный, detailed подрóбный, long длúнный, short корóткий, scientific наýчный; 2) о *with abl* on Dickens о Дúккенсе, on music о мýзыке; 3) begins начинáется, is over кóнчился, lasts for an hour продолжáется час; 4) prepare готóвить, make дéлать, discuss обсуждáть, interrupt прерывáть, write писáть]; listen to the ~ слýшать доклáд; at the beginning / end of the ~ в начáле / концé доклáда; the ~ was followed by a lively discussion доклáд вызвал оживлённую дискýссию; a number of important questions were taken up in the ~ в доклáде был затрóнут ряд вáжных вопрóсов; **2.** (*account*) сообщéние *n* (18c) [1) false лóжное, correct прáвильное, daily ежеднéвное, full пóлное; 2) о *with abl* of the events о собы́тиях; 3) issue, publish опубликовáть, send послáть, receive получúть]; according to a ~ by Reuter's agency по сообщéнию агéнтства Рéйтер.

report II *v* **1.** доклáдывать (65), *perf* доложúть (175) [о *with abl* request о прóсьбе, demands о трéбованиях, claim о претéнзии]; scouts ~ed the presence of enemy planes развéдчики доложúли о налúчии самолётов протúвника; **2.** (*relate, give account*) сообщáть (64), *perf* сообщúть (171); he ~ed what he had seen он сообщúл о (*with abl*) том, что вúдел; it is ~ed that... сообщáют, что...; Reuter's agency ~s that... как сообщáет агéнтство Рéйтер...

represent (*be deputy for*) представлять (223), *no perf* [*with acc* country странý, state штат, company компáнию, firm фúрму]; ‖ (*be typical*) быть,являться представúтелем (*with gen*); he ~s the modern school of painting он является представúтелем совремéнной шкóлы живописи.

representative *sb* (*delegate*) представúтель *m* (3a) [1) accredited полномóчный; 2) *with gen* of a country страны́, госудáрства, of a government правúтельства, of the people нарóда, of the firm фúрмы, of the delegation делегáции, of the press печáти]; send / elect / appoint smb one's ~ послáть / избрáть / назнáчить когó-л. своим представителем; meet with the ~ встретиться с представителем; we chose him as our ~ мы выбрали его нашим представителем; three ~s from the Soviet Union were at the congress на съезде присутствовали три представителя Советского Союза.

republic *sb* республика *f* (22b) [democratic демократическая, bourgeois буржуазная, people's народная, Soviet советская, independent независимая, sovereign суверенная]; proclaim / form a ~ провозгласить / образовать республику; defend the ~ защищать республику.

reputation репутация *f* (23c) [bad плохая, good хорошая]; he has a good ~ он человек с хорошей репутацией; he has a good ~ as a doctor как врач он пользуется хорошей репутацией; win, gain a ~ завоевать репутацию; blacken / ruin smb's ~ очернить / погубить чью-л. репутацию; an actor with a nation-wide ~ актёр, известный всей стране.

request *sb* просьба *f* (19c) [о *with abl* for help о помощи, for more money о дополнительной сумме денег, for information о сведениях]; we did it at your ~ мы сделали это по вашей просьбе; grant smb's ~ удовлетворить чью-л. просьбу; refuse a ~ отказать в просьбе.

require (*demand*) требовать (244), *perf* потребовать (244) [*with gen* much time много времени; little effort мало усилий, money денег, food пищи]; the matter ~s great care это дело требует большой осторожности; you will have everything you ~ у вас будет всё, что вам потребуется.

rescue I *sb*: hurry / come to the ~ поспешить / прийти на помощь.

rescue II *v* (*save*) спасать (64), *perf* спасти (221) [1) *with acc* person человека, animal животное; 2) от *with gen* from danger от опасности, from enemies от врагов]; they were ~d by some fishermen их спасли рыбаки; planes were immediately sent to ~ the sailors для спасения моряков были немедленно посланы самолёты.

research *sb* (*investigation*) исследование *n* (18c) [scientific научное, profound глубокое, further дальнейшее]; he is doing, carrying on ~ in electronics он занят исследованиями в области электроники; ~ work научно-исследовательская работа.

resemble быть похожим (на *with acc*); she ~s her mother она похожа на мать; he ~d his elder brother он был похож на старшего брата; the two brothers ~ each other оба брата похожи друг на друга.

reserve *v* (*arrange for in advance*; *for oneself*) оставля́ть (223) за собо́й, *perf* оста́вить (168) за собо́й [*with acc* room at a hotel но́мер в гости́нице, tickets биле́ты, seat ме́сто]; ‖ (*for somebody*) брони́ровать (245), *perf* заброни́ровать (245) (*with acc*).

resist (*oppose*) сопротивля́ться (223), *no perf* [1) *with dat* enemy врагу́; disease боле́зни; 2) staunchly сто́йко, courageously му́жественно, stubbornly упо́рно]; he couldn't ~ any longer бо́льше он не мог сопротивля́ться; ‖ (*withstand*) не поддава́ться (63), *perf* не подда́ться (214) [*with dat* temptation искуше́нию, appeal угово́рам]; he couldn't ~ her smile он не мог устоя́ть про́тив (*with gen*) её улы́бки.

resistance (*opposition*) сопротивле́ние *n* (18c) [1) stubborn упо́рное, determined реши́тельное, faint сла́бое, sudden неожи́данное; 2) break down сломи́ть]; he made no ~ он не оказа́л никако́го сопротивле́ния; ⊙ **put up** ~ ока́зывать (65) сопротивле́ние, *perf* оказа́ть (48) сопротивле́ние (*with dat*).

respect I *sb* **1.** (*esteem*) уваже́ние *n* (18c) [1) deep глубо́кое, great большо́е, sincere и́скреннее, merited заслу́женное; 2) к *with dat* for a person к челове́ку, for old age к ста́рости; 3) show проявля́ть]; he was treated with great, deep ~ by everybody все относи́лись к нему́ с больши́м уваже́нием; he was treated with little ~ с ним обраща́лись непочти́тельно; out of ~ to you из уваже́ния к вам; she has the greatest ~ for him она́ пита́ет к нему́ велича́йшее уваже́ние; deserve everyone's ~ заслужи́ть всео́бщее уваже́ние; she has no ~ for him whatever она́ не пита́ет к нему́ никако́го уваже́ния; school-teachers should be treated with ~ к учителя́м ну́жно относи́ться с уваже́нием; **2.** (*regard*) отноше́ние *n* (18c); in this ~ в э́том отноше́нии; in other ~s в други́х отноше́ниях; in all ~s во всех отноше́ниях; they are like each other in some ~s в не́котором отноше́нии они́ о́чень похо́жи друг на дру́га; in that ~, you are quite right в э́том отноше́нии вы соверше́нно пра́вы; ⊙ **with** ~ **to** (*concerning, as to*) что каса́ется (*with gen*); with ~ to your letter... что каса́ется ва́шего письма́...

respect II *v* уважа́ть (64), *no perf* [1) *with acc* person челове́ка, parents роди́телей; memory па́мять, rights права́; 2) deeply глубоко́]; he is ~ed by everybody его́ все уважа́ют; he ~ed his teacher он уважа́л своего́ учи́теля; we all ~ed him for his fairness мы все уважа́ли его́ за (*with acc*) справедли́вость.

responsibility 1. (*obligation*) отве́тственность *f*, *no pl* (29c) [1) great больша́я, serious серьёзная, full, complete по́лная; 2) bear нести́, place upon smb возложи́ть на кого́-л.]; take the ~ брать на себя́ отве́тственность; he did it on his own ~ он сде́лал э́то на свою́ отве́тственность; ~ for the consequences rests with him отве́тственность за (*with acc*) после́дствия лежи́т на нём; **2.** *pl* responsibilities (*duties*) обя́занности (29c); he has very many responsibilities у него́ о́чень мно́го обя́занностей; that's not my ~ э́то не вхо́дит в мои́ обя́занности.

responsible отве́тственный (31b); отве́тственное [position, post положе́ние, task зада́ние, decision реше́ние]; be ~ for smth / smb to smb отвеча́ть за (*with acc*) что-л. / кого́-л. перед (*with instr*) ке́м-л.; he is ~ for the work он отвеча́ет за э́ту рабо́ту.

rest I *sb* (*remainder*) остально́е *n*, остальны́е *pl* (31a); the ~ of the things / money / students остальны́е ве́щи / де́ньги / студе́нты; keep the ~ for yourself! остально́е оста́вьте себе́!; the ~ of them went home остальны́е пошли́ домо́й; { остальна́я часть *f* (29b); the ~ of the story / day / way остальна́я часть (*with gen*) расска́за / дня / доро́ги; the ~ of the time остально́е вре́мя.

rest II *sb* (*repose*) о́тдых *m* (4c) [1) long продолжи́тельный, short кра́ткий, quiet споко́йный, deserved заслу́женный, complete по́лный; 2) give дать, guarantee обеспе́чить, deserve заслужи́ть]; he needs a ~ ему́ ну́жен о́тдых; we had a few minutes' / a ten minute ~ мы отдохну́ли не́сколько / де́сять мину́т; he worked all day without any ~ он рабо́тал весь день без о́тдыха; you must go away for a ~ вам ну́жно пое́хать отдохну́ть; a day of ~ день о́тдыха; take, have a (good) ~ (хорошо́) отдохну́ть; let's stop and have a ~! дава́йте остано́вимся отдохну́ть!; she had a good night's ~ она́ хорошо́ вы́спалась но́чью; we had several ~s on our way up the mountain взбира́ясь на́ гору, мы не́сколько раз остана́вливались отдохну́ть.

rest III *v* (*repose*) отдыха́ть (64), *perf* отдохну́ть (130); I'm going to lie down and ~ я собира́юсь лечь отдохну́ть; he ~ed a little / (for) an hour / a few minutes он отдохну́л немно́го / час / не́сколько мину́т; let's ~ here! давайте здесь отдохнём!; he never ~ed till the work was finished он ни разу не отдохну́л, пока́ не закончил рабо́ту.

restaurant рестора́н *m* (1f) [cheap дешёвый, expensive дорого́й, good хоро́ший]; have dinner at a ~ обе́дать в рестора́не; go to a ~ пойти́ в рестора́н; ~ car ваго́н-рестора́н.

restore (*rebuild, recover*) восстана́вливать (65), *perf* восстанови́ть (166) [1) *with acc* city го́род, railway желе́зную доро́гу, bridge мост; one's health своё здоро́вье; 2) completely по́лностью, partly части́чно]; Sevastopol has been completely ~d since the end of the war со вре́мени оконча́ния войны́ Севасто́поль по́лностью восстано́влен; he felt completely ~d он чу́вствовал себя́ оконча́тельно попра́вившимся; ‖ (*renovate*) реставри́ровать (245) [*with acc* building зда́ние, painting карти́ну].

result I *sb* результа́т *m* (1f) [1) excellent прекра́сный, good хоро́ший, bad, poor плохо́й, possible возмо́жный, unforeseen непредви́денный, unexpected неожи́данный, surprising удиви́тельный; 2) is the same остаётся тем же, improves улучша́ется, shows пока́зывает; 3) get получа́ть, show пока́зывать; learn узнава́ть, know знать, foresee предви́деть]; expect / achieve, obtain good ~s ожида́ть / доби́ться хоро́ших результа́тов; yield good ~s дава́ть хоро́шие результа́ты; this led to good ~s э́то привело́ к хоро́шим результа́там; this time the ~s are quite different на э́тот раз результа́ты соверше́нно ины́е; with the same ~s с те́ми же результа́тами; he was satisfied / pleased / displeased with the ~s он был удовлетворён / дово́лен / недово́лен результа́тами; see the ~s of one's work ви́деть результа́ты свое́й рабо́ты; with no ~ безрезульта́тно; ⊙ **as a ~** в результа́те (*with gen*); he is unable to walk as a ~ of the fall в результа́те паде́ния он не мо́жет ходи́ть; as a ~ of our attempts / efforts... в результа́те на́ших попы́ток / уси́лий...

result II *v* (*end*) ока́нчиваться (65), *perf* око́нчиться (172) (in — *with instr*); their conversation ~ed in a quarrel / reconciliation их разгово́р око́нчился ссо́рой / примире́нием; ~ in complete failure око́нчиться по́лной неуда́чей.

resume *v* (*take up again*) возобновля́ть (223), *perf* возобнови́ть (164) [*with acc* work рабо́ту, lessons уро́ки, studies заня́тия, discussion обсужде́ние, attempts попы́тки].

retire *v* **1.** (*withdraw*) удаля́ться (223), *perf* удали́ться (158) (to — в *with acc*); she ~d to her room она́ удали́лась в свою́ ко́мнату; **2.** (*leave army*) выходи́ть (152) в отста́вку, *perf* вы́йти (208) в отста́вку; he ~d at the age of 50 он вы́шел в отста́вку в пятидесятиле́тнем во́зрасте; ‖ (*withdraw from office, business*) уходи́ть (152) на пе́нсию, *perf* уйти́ (206) на пе́нсию; he ~d он ушёл на пе́нсию; he will ~ on a pension at 60 он уйдёт на пе́нсию, когда́ ему́ бу́дет шестьдеся́т лет.

retreat *v* (*withdraw*) отступа́ть (64), *perf* отступи́ть (162); the enemy was ~ing враг отступа́л; the army ~ed into the mountains а́рмия отступи́ла в го́ры; the troops had to ~ before the enemy войска́м пришло́сь отступи́ть под на́тиском неприя́теля.

return I *sb* **1.** (*coming back*) возвраще́ние *n* (18c) [1) unexpected неожи́данное; 2) из *with gen* from Italy из Ита́лии, from the voyage из путеше́ствия; from abroad из-за грани́цы; 3) *with gen* of a traveller путеше́ственника, of a ship парохо́да]; the ~ of spring возвраще́ние весны́; on one's ~ по возвраще́нии; I'll do it immediately on my ~ from the country я э́то сде́лаю сра́зу же по возвраще́нии из дере́вни; **2.**: ~ ticket / address обра́тный биле́т / а́дрес; ~ voyage обра́тное путеше́ствие; by ~ (of) post, mail обра́тной по́чтой; ◇ **many happy ~s (of the day)!** поздравля́ю, поздравля́ем с днём рожде́ния!; **in~** в обме́н.

return II *v* **1.** (*give back*) возвраща́ть (64), *perf* возврати́ть (161) [*with acc* money де́ньги, book кни́гу, ticket биле́т]; I am ~ing your book with thanks с благода́рностью возвраща́ю вам кни́гу; **2.** (*come back*) возвраща́ться (64), *perf* возврати́ться (161) [1) home домо́й, to the country в дере́вню, to London в Ло́ндон, to the front на фронт, to the room в ко́мнату; 2) из *with gen* from the theatre из теа́тра, from the trip из пое́здки, from London из Ло́ндона, from abroad из-за грани́цы; 3) immediately сра́зу же, late по́здно, early ра́но]; ‖ *perf* верну́ться (130) [unexpectedly неожи́данно, in time во́время, on the same day в тот же день, two weeks later че́рез две неде́ли, at five o'clock в пять часо́в]; they ~ed by the same way они́ верну́лись той же доро́гой; he ~ed to get his coat он верну́лся, что́бы взять пальто́; they did not ~ until the next morning они́ верну́лись то́лько на сле́дующее у́тро; when do you expect him to ~? когда́ вы ждёте его́ наза́д?; when must you ~ to the office? когда́ вам ну́жно верну́ться в конто́ру?; we shall ~ to this question later мы вернёмся к э́тому вопро́су по́зже.

reveal 1. (*show*) пока́зывать (65), *perf* показа́ть (48) (*with acc*); he didn't want to ~ his real feelings / his ignorance он не хоте́л пока́зывать свои́ и́стинные чу́вства / своё неве́жество; ‖ обнару́живать (65), *perf* обнару́жить (174) (*with acc*); ~ the truth обнару́жить пра́вду; the discussion / conversation ~ed the fact that... в проце́ссе обсужде́ния / разгово́ра обнару́жилось, что...; 2. (*make known*) выдава́ть (63), *perf* вы́дать (215) [*with acc* secret секре́т]; ‖ разоблача́ть (64), *perf* разоблачи́ть (171) [*with acc* plot за́говор].

review *sb* 1. (*critical examination*) обозре́ние *n* (18c) [1) short кра́ткое, full, detailed подро́бное, political полити́ческое; weekly еженеде́льное; 2) *with gen* of current events теку́щих собы́тий]; the ~ is published in a newspaper / magazine, journal обозре́ние напеча́тано в газе́те / журна́ле; 2. (*criticism*) реце́нзия *f* (23c); write / publish / read a favourable ~ of a book / play писа́ть / публикова́ть / чита́ть положи́тельную реце́нзию на (*with acc*) кни́гу / пье́су.

revolt *sb* восста́ние *n* (18c) [flares up вспы́хивает, takes place происхо́дит]; provoke / repress / support a ~ вы́звать / подави́ть / поддержа́ть восста́ние; in ~ охва́ченный восста́нием.

revolution револю́ция *f* (23c) [1) bourgeois буржуа́зная, democratic демократи́ческая, socialist социалисти́ческая; 2) is victorious побежда́ет]; take part in the ~ принима́ть уча́стие в револю́ции; the Revolution of 1905, the 1905 Revolution револю́ция ты́сяча девятьсо́т пя́того го́да; the Great October Socialist Revolution Вели́кая Октя́брьская социалисти́ческая револю́ция.

revolutionary I *sb* революционе́р *m* (1e), революционе́рка *f* (22c).

revolutionary II *a* революцио́нный (31b) [flag флаг; holiday пра́здник, call призы́в]; революцио́нная [party па́ртия, army а́рмия, idea иде́я, struggle борьба́; song пе́сня]; революцио́нное [movement движе́ние; government прави́тельство].

reward I *sb* 1. (*prize*) награ́да *f* (19c); receive / deserve a ~ for smth получи́ть / заслужи́ть награ́ду за (*with acc*) что-л.; as a ~, in ~ for smth в награ́ду за что-л.; 2. (*fee*) вознагражде́-

ние *n* (18c) [great, large большо́е, sufficient доста́точное]; offer / give / receive / promise a ~ предложи́ть / дать / получи́ть / обеща́ть вознагражде́ние; refuse a ~ отказа́ться от вознагражде́ния; ~ for one's services вознагражде́ние за (*with acc*) труды́, услу́ги; whoever returns the lost purse will receive a ~ наше́дший утéрянный кошелёк полу́чит вознагражде́ние.

reward II *v* **1.** (*give prize*) награжда́ть (64), *perf* награди́ть (153) (*with acc*); ~ smb for smth награди́ть кого́-л. за (*with acc*) что-л.; she ~ed him with a smile она́ награди́ла его́ улы́бкой; **2.** (*give fee*) вознагражда́ть (64), *perf* вознагради́ть (153) [1) generously ще́дро; 2) *with acc* boy ма́льчика; 3) за *with acc* for one's services за труды́]; her patience was ~ed её терпе́ние бы́ло вознаграждено́.

ribbon *sb* **1.** (*narrow strip of cloth*) ле́нта *f* (19c) [silk шёлковая, bright я́ркая, dark тёмная]; with a ~ in her hair с ле́нтой в волоса́х; tie with a ~ перевяза́ть ле́нтой; **2.** *pl* ~s (*tatters*) клóчья (18d); torn to ~s разóрванный в клóчья; ~s of mist клóчья тума́на.

rice рис *m* (1f).

rich *a* **1.** (*wealthy*) бога́тый (31b) [man челове́к, city го́род]; бога́тая [country страна́, farm фе́рма, family семья́, village дере́вня]; become ~ бога-те́ть (98), *perf* разбогате́ть (98); he became ~ он разбогате́л; | (*costly, abundant*) бога́тый (31b) [gift пода́рок; harvest урожа́й]; бога́тая [clothes оде́жда; library библиоте́ка, collection колле́кция]; бога́тое [dress пла́тье]; the country is ~ in forests / minerals страна́ бога́та (*with instr*) леса́ми / минера́лами; soil ~ in iron бога́тая желе́зом земля́; **2.** (*fertile*) плодоро́дный (31b) [district райо́н]; плодоро́дная [land земля́, soil по́чва]; плодоро́дное [field по́ле].

rid: get ~ избавля́ться (223), *perf* изба́виться (157) (of — от *with gen*); I did not know how to get ~ of him я не зна́л(а), как от него́ изба́виться; you can easily get ~ of your cold вы легко́ мо́жете изба́виться от на́сморка.

ride *v* **1.** (*on horseback*) е́хать (71) верхо́м [fast бы́стро, recklessly сломя́ го́лову, carefully осторо́жно]; he rode twenty miles он прое́хал верхо́м два́дцать миль; she ~s well она́ хорошо́ е́здит верхо́м; he was too old to ~ он был сли́шком стар для того́, что́бы е́хать верхо́м; he jumped on his horse and rode away, off он вскочи́л на ло́шадь и уе́хал, умча́лся; he is learning to ~ он у́чится е́здить верхо́м; 2. (*travel*) е́хать; ~ a bicycle / in a car / in, on a cart е́хать на (*with abl*) велосипе́де / на маши́не / на теле́ге; ~ in a bus / in a train е́хать в (*with abl*) авто́бусе / в по́езде.

rifle *sb* (*for hunting*) ружьё *n* (18a); load a ~ заряди́ть ружьё; shoot a ~ стреля́ть из ружья́; he was armed with a ~ он был вооружён ружьём; { *mil* винто́вка *f* (22d).

right I *sb* (*claim*) пра́во *n* (14d); *usu pl* ~s права́ [1) equal ра́вные, political полити́ческие; 2) defend защища́ть, guarantee обеспе́чивать, enjoy, have име́ть, lose теря́ть, receive получи́ть, win завоева́ть, maintain отста́ивать]; fight for one's ~s боро́ться за свои́ права́; the ~ to work пра́во на труд; the ~ to vote пра́во го́лоса; women have equal ~s with men же́нщины име́ют ра́вные права́ с мужчи́нами; demand one's ~s тре́бовать свои́х прав; reserve the ~ сохраня́ть за собо́й пра́во; ~s and duties права́ и обя́занности; you have no ~ to do that вы не име́ете пра́ва де́лать э́то.

right II *sb* (*opposite to left*) пра́вая сторона́ *f* (19j); go / turn to the ~! иди́те / сверни́те напра́во!; on the ~ напра́во, спра́ва; you'll see the shop on your ~ спра́ва вы уви́дите магази́н; keep to the ~! держи́тесь пра́вой стороны́!

right III *a* (*opposite to left*) пра́вый (31b) [eye глаз, shoe боти́нок, bank бе́рег]; пра́вая [arm, hand рука́, foot, leg нога́, shoe ту́фля, side сторона́]; пра́вое [ear у́хо].

right IV *a* 1. (*justified*) пра́вый (31b); I don't consider him ~ я не счита́ю его́ пра́вым; { *after* to be *short form is used* прав *m*, права́ *f*, пра́вы *pl*; she is quite ~ она́ соверше́нно права́; you are not ~ вы непра́вы; it's not ~ of him to do that он непра́в, поступа́я так; { (*correct*) пра́вильный (31b); my watch is ~ мои́ часы́ иду́т пра́вильно; can you tell me the ~ time? не ска́жете ли вы мне то́чно, кото́рый сейча́с час?; take the ~ road пойти́ по пра́вильной доро́ге; I've just put my watch ~ я то́лько что пра́вильно поста́вил часы́; 2. (*appropriate*) ну́жный (31b) [man челове́к, number но́мер]; ну́жная [book кни́га, page страни́ца, room ко́мната]; ну́жное [medicine лека́рство, word сло́во]; what's the ~ thing to do? что ну́жно сде́лать?; { (*suitable*) подходя́щий (35); he is the ~ man for the job он как раз подходя́щий челове́к для э́той рабо́ты; it's just the ~ colour э́то как раз тот цвет, кото́рый ну́жен; ◇ **all** ~ *colloq* 1) (*I agree*) хорошо́; 2): he / she is all ~ он / она́ здоро́в / здоро́ва; the telegram said that everything was all ~ в телегра́мме сообща́лось, что всё в поря́дке; **it serves him / them** ~ подело́м ему́ / им, так ему́ / им и на́до.

right V *adv* **1.** (*correctly*) пра́вильно; you did it ~ вы сде́лали э́то пра́вильно; he guessed ~ first time в пе́рвый раз он угада́л пра́вильно; **2.** (*exactly*) то́чно; ~ in the middle то́чно в середи́не; ~ to the end до са́мого конца́; it's ~ here / there э́то как раз здесь / там; ~ across как раз напро́тив; ~ now сейча́с (же); **3.** (*straight*) пря́мо; go ~ on! иди́те да́льше пря́мо!; ⊙ ~ **away** сейча́с; I'll come ~ away я сейча́с приду́.

ring I *sb* **1.** (*circlet*) кольцо́ *n* (16c) [gold золото́е, plain просто́е, wedding обруча́льное]; wear a ~ on a finger носи́ть (на па́льце) кольцо́; **2.** (*circle*) круг *m* (*sg* 4c, *pl* 4f); the children formed a ~ де́ти вста́ли в круг; they danced in a ~ они́ води́ли хорово́д.

ring II *v* **1.** (*make sound*) звони́ть (158), *perf* позвони́ть (158); ~ the bell! позвони́те (в звоно́к)!; did you ~? вы звони́ли?; the telephone rang зазвони́л телефо́н; **2.** (*sound*) звене́ть (100), *perf* прозвене́ть (100); the bell is ~ing звени́т звоно́к; ~ **up** звони́ть (по телефо́ну), *perf* позвони́ть (по телефо́ну) [1) *with dat* one's friends свои́м друзья́м, one's wife жене́; 2) home домо́й, the station на вокза́л, the theatre в теа́тр]; ~ me up! позвони́те мне!

ripe спе́лый (31b) [peach пе́рсик]; спе́лая [pear гру́ша, melon ды́ня]; спе́лое [apple я́блоко]; спе́лые [fruit фру́кты, berries я́годы, nuts оре́хи].

rise *v* **1.** (*stand up*) поднима́ться (64), *perf* подня́ться (232); he rose from his chair он подня́лся со (*with gen*) сту́ла; ~ to one's feet / from one's knees подня́ться на́ ноги / с коле́н; they rose from the table они́ вста́ли из-за стола́; { (*go up*) поднима́ться, *perf* подня́ться; the airplane rose into the air самолёт подня́лся в во́здух; **2.** (*get up*) встава́ть (63), *perf* встать (51) [early ра́но, at eight o'clock в во́семь часо́в]; **3.** (*tower up*) возвыша́ться (64), *no perf*; the mountains ~ two thousand feet above sea-level го́ры возвыша́ются на две ты́сячи фу́тов над у́ровнем мо́ря; **4.** (*of sun, moon*) восходи́ть (152), *perf* взойти́ (206); the sun / moon is rising со́лнце / луна́ восхо́дит; what time does the sun ~ now? в кото́ром часу́ тепе́рь восхо́дит со́лнце?; the moon had not risen yet луна́ ещё не взошла́; **5.** (*arise, ascend*) поднима́ться, *perf* подня́ться; the wind is rising поднима́ется ве́тер; smoke / mist was rising поднима́лся дым / тума́н; the curtain rose за́навес подня́лся; the river was rising вода́ в реке́ прибыва́ла; **6.** (*become higher*) повыша́ться (64), *perf* повы́ситься (149); prices, costs have risen це́ны повы́сились; his temperature rose у него́ повы́силась температу́ра.

risk I *sb* риск *m*, *no pl* (4c) [great большо́й]; there's no ~ в э́том нет (никако́го) ри́ска; he was ready for any ~s он был гото́в идти́ на любо́й риск; take the ~ идти́ на риск; run ~(s) подверга́ться ри́ску; I don't want to run the ~ of losing the papers я не хочу́ подверга́ться ри́ску потеря́ть докуме́нты; at the ~ of one's own life с ри́ском для жи́зни; there's not much ~ of his catching cold он не риску́ет простуди́ться; at one's own ~ на свой риск.

risk II *v* рискова́ть (243) [*with instr* one's life свое́й жи́знью, money деньга́ми, happiness сча́стьем]; he ~ed his life in trying to save the child он рискова́л жи́знью, пыта́ясь спасти́ ребёнка.

river река́ *f* (22g) [1) big, great больша́я, long длинная, narrow у́зкая, wide широ́кая, dangerous опа́сная, deep глубо́кая, shallow ме́лкая, fast бы́страя, quiet ти́хая; frozen замёрзшая; 2) freezes over замерза́ет; becomes wider стано́вится ши́ре, turns to the east повора́чивает на восто́к, flows течёт, overran its banks вы́шла из берего́в, runs through a town протека́ет че́рез го́род, falls, runs into the sea впада́ет в мо́ре]; a mountain ~ го́рная река́; cross the ~ переправля́ться че́рез ре́ку; go, walk along the ~ идти́ вдоль реки́; swim / bathe in the ~ пла́вать / купа́ться в реке́; go / travel up / down the ~ е́хать / путеше́ствовать вверх / вниз по реке́; change the course of the ~ измени́ть тече́ние реки́; in the middle of the ~ на середи́не реки́; by, near the ~ у реки́; bridge across the ~ мост че́рез ре́ку; the ~ is a hundred kilometres long / fifty metres wide река́ длино́й в сто киломе́тров / ширино́й в пятьдеся́т ме́тров; the Volga ~ река́ Во́лга; the banks of the ~ берега́ реки́; there is an island in the ~ на реке́ есть о́стров; he lives on the other side of the ~, across the ~ он живёт на противополо́жном, на том берегу́ реки́.

road доро́га *f* (22b) [1) good хоро́шая, wide широ́-

кая, narrow у́зкая, old ста́рая, long дли́нная, straight пряма́я, main гла́вная, muddy гря́зная, dusty пы́льная, paved мощёная; dangerous опа́сная; 2) begins at N. начина́ется у, от Н., crosses пересека́ет, leads to the river ведёт к реке́, turns to the left свора́чивает нале́во; lies through the forest прохо́дит через ле́с]; country ~ просёлочная доро́га; a ~ along the river / in the forest доро́га вдоль реки́ / в лесу́; the beginning / end of the ~ нача́ло / коне́ц доро́ги; build / repair / make a ~ стро́ить / ремонти́ровать / прокла́дывать доро́гу; cross / find / know the ~ перейти́ / иска́ть / знать доро́гу; go, walk along the ~ идти́ вдоль доро́ги, по доро́ге; go up, down the ~ идти́ по доро́ге; follow the ~ идти́ по доро́ге; stand on the ~ стоя́ть на доро́ге; this is the shortest ~ to the station э́то кратча́йшая доро́га на ста́нцию; I don't know the ~ to the village / to the station я не зна́ю доро́ги в э́ту дере́вню / на ста́нцию; is this the right ~ to N.? я пра́вильно иду́ в Н.?; be on the right ~ быть на ве́рной доро́ге; the two ~s meet at the bridge две доро́ги схо́дятся у моста́; he lives on the other side of the ~, across the ~ он живёт по ту сто́рону доро́ги.

roar I *sb* (*of animals, machines*) рёв *m, no pl* (1f) [1) terrible ужа́сный, deafening оглуши́тельный; 2) *with gen* of a lion льва; of an engine мото́ра]; ‖ (*loud noise*) шум *m* (1f) [*with gen* of the wind ве́тра, of the storm бу́ри, of the waves волн]; ~ of laughter / applause взрыв сме́ха / аплодисме́нтов; ‖ гро́хот *m, no pl* (1f) [*with gen* of cannons, guns ору́дий].

roar II *v* (*of animals*) рыча́ть (171); the tiger was ~ing тигр рыча́л; ‖ (*of natural phenomena*) бушева́ть (244); the wind / storm ~ed ве́тер / шторм бушева́л; ‖ грохота́ть (70); the guns ~ed ору́дия грохота́ли; ~ with laughter хохота́ть во всё го́рло.

rob гра́бить (168), *perf* огра́бить (168) [*with acc* person челове́ка, house дом, shop магази́н]; ‖ (*when thing stolen is mentioned*) красть (55), *perf* укра́сть (55); he was ~bed of his watch / money у (*with gen*) него́ укра́ли (*with acc*) часы́ / де́ньги.

rock I *sb* **1.** (*cliff*) скала́ *f* (19g) [bare го́лая, steep отве́сная]; run against a ~ наскочи́ть на скалу́; **2.** (*stone*) ка́мень *m* (3g) [hard твёрдый, flat пло́ский, big большо́й]; sit on a ~ сиде́ть на ка́мне; take (up) /

pick up / throw a ~ взять / поднять / бросить камень.

rock II *v* **1.** качать (64) [*with acc* baby ребёнка, cradle колыбель]; the waves ~ed the boat волны качали лодку; **2.** (*also* ~ oneself) раскачиваться (65); he ~ed from side to side он раскачивался из стороны в сторону.

roll *v* **1.** (*move by turning over*) катиться (192); stones were ~ing down the hill по склону холма катились камни; the ball ~ed under the table мяч укатился под стол; **2.** (*move smth by turning over and over*) катить (192) [*with acc* ball мяч, wheel колесо, barrel бочку]; **3.** (*make round*) свёртывать (65), *perf* свернуть (130) [*with acc* cigarette папиросу, paper бумагу]; ~ wool into a ball сматывать (65) шерсть в клубок, *perf* смотать (64) шерсть в клубок; he was ~ing something in his fingers он вертел что-то в руках; ~ **up** свёртывать, *perf* свернуть [*with acc* carpet ковёр, map карту].

roof (*top of building*) крыша *f* (25a) [1) iron железная, slate шиферная, tiled черепичная, flat плоская; 2) leaks протекает]; climb on to the ~ влезть на крышу; fall off a ~ упасть с крыши; live under the same ~ жить под одной крышей.

room *sb* **1.** (*part of house*) комната *f* (19c) [1) big, large большая, warm тёплая, cold холодная, light, bright светлая, dark тёмная, empty пустая, gloomy мрачная, cosy уютная; narrow узкая, long длинная, square квадратная, spacious просторная, well-furnished хорошо обставленная, untidy неряшливая]; a flat of two ~s квартира из двух комнат; in the corner / in the middle of the ~ в углу / посередине комнаты; air the ~ проветривать комнату; clean, tidy up, do a ~ убирать комнату, убираться в комнате; come into the ~, enter the ~ входить в комнату; leave the ~, go out of the ~ выходить из комнаты; lock the ~ запереть комнату; occupy / let / rent a ~ занимать / сдавать / снимать комнату; furnish a ~ обставлять комнату мебелью; the ~ is five metres long and four metres wide комната длиной в пять метров и шириной в четыре метра; the ~ has two windows, there are two windows in the ~ в комнате два окна; there is much light in the ~ в комнате много света; he locked himself in his ~ он заперся в своей комнате; how many ~s are there in this house? сколько комнат в этом доме?; **2.** (*space*) место *n*, *no pl* (14d); we need more ~ for this furniture для этой мебели нужно больше места; there is plenty of, a lot of ~ here здесь много места; this table takes up very little ~ этот стол занимает очень мало места; there wasn't ~ to turn round негде было повернуться; leave ~ for the books! оставьте место для (*with gen*) книг!; is there ~ for me? для меня хватит места?; make ~ for his things! освободите место для его вещей!

root *sb* (*of plants*) корень *m* (3g) [*with gen* of a tree дерева, of a plant растения]; pull smth up by the ~s вытащить что-л. с корнями; ⊙ **take** ~ пускать (64) корни, *perf* пустить (162) корни.

rope *sb* (*thick cord*) верёвка *f* (22d) [thick толстая, strong крепкая]; tie up a boat with a ~ привязать лодку верёвкой; throw / coil a ~ бросить / смотать верёвку; ‖ (*on ships, etc.*) канат *m* (1f).

rose *sb* роза *f* (19c) [red красная, crimson алая, fragrant душистая]; bouquet of ~s букет роз.

rotten (*decayed*) гнилой (31a) [stump пень]; гнилое [wood, tree дерево]; гнилые [fruit фрукты, vegetables овощи].

rouble рубль *m* (2b); two / three / four ~s два /три / четыре рубля; it costs five ~s это стоит пять рублей; he paid two ~s for the tickets он заплатил за билеты два рубля.

rough *a* **1.** (*not soft*) грубый (31b); грубая [cloth ткань, wool шерсть, clothes одежда]; грубое [towel полотенце]; ‖ (*not smooth*) шероховатый (31b); ~ paper / surface шероховатая бумага / поверхность; ~ skin шершавая кожа; her hands were ~ with hard work от тяжёлой работы её руки стали шершавыми; ~ logs неотёсанные брёвна; ~ road неровная дорога; **2.** (*harsh, rude*) грубый [voice голос, reply, answer ответ]; грубая [joke шутка, game игра]; грубое [treatment обращение]; грубые [manners манеры]; don't be so ~ with her! не будьте с нею так грубы!; **3.** (*stormy*) бурный (31b) [ocean океан]; бурное [sea море]; ~ weather непогода; **4.** (*approximate*) примерный (31b) [plan план]; this will give you a ~ idea это даст вам примерное представление; ⊙ ~ **copy** черновик *m* (4g); *see* copy **I.**

round I *a* круглый (31b) [table стол, ball мяч]; круглая [plate тарелка, moon луна, hat шляпа]; круглое [face лицо, apple яблоко, mirror зеркало]; круглые [eyes глаза, clock, watch часы]; the pond was quite ~ пруд был совершенно круглым; as ~ as a ball круглый как шар.

round II *adv* **1.** (*in a circle, on all sides*) вокру́г; a crowd soon gathered ~ вско́ре вокру́г собрала́сь толпа́; for a mile ~ на ми́лю вокру́г; **2.** (*by a longer way*) круго́м; you must go ~ вам придётся идти́ круго́м; **3.** (*back*) обра́тно; he turned ~ он поверну́л обра́тно; **4.** *with verbs*: look ~ огля́дываться (65), *perf* огляну́ться (130); come ~ заходи́ть (152), *perf* зайти́ (206); ◇ ~ **about** вокру́г да о́коло.

round III *prep* **1.** (*around*): the children danced ~ the tree / table де́ти танцева́ли **вокру́г** (*with gen*) де́рева / стола́; ~ the world вокру́г све́та; sit / stand ~ the table сиде́ть / стоя́ть вокру́г стола́; a wall ~ the garden стена́ вокру́г са́да; the shop is ~ the corner магази́н **за** (*with instr*) угло́м; he went, turned ~ the corner он заверну́л **за́** (*with acc*) у́гол; **2.** (*about*) *with dat*: walk ~ the town / park ходи́ть **по** го́роду / па́рку.

rouse (*arouse*) возбужда́ть (64), *perf* возбуди́ть (153)[*with acc* suspicions подозре́ния, interest интере́с, sympathy сочу́вствие, indignation возмуще́ние, enthusiasm энтузиа́зм].

row I *sb* ряд *m* (1k) [front пере́дний, back за́дний, first пе́рвый]; sit in the first ~ of the stalls сиде́ть в пе́рвом ряду́ парте́ра; the second seat in the third ~ второ́е ме́сто в тре́тьем ряду́; he had a seat in the second ~ у него́ бы́ло ме́сто во второ́м ряду́; a ~ of houses / trees / chairs ряд домо́в / дере́вьев / сту́льев.

row II *v* грести́ (218), *no perf* [*with instr* with oars вёслами, with all one's strength изо всех сил; against the current про́тив тече́ния]; can you ~ a boat? вы уме́ете грести́?

rub *v* тере́ть (121) (*with acc*); she ~bed the furniture with a cloth она́ тёрла ме́бель тря́пкой; ~ it dry! вы́трите э́то до́суха!; ~ **out** стира́ть(64), *perf* стере́ть(124) (*with acc*); ~ out a word стере́ть сло́во; ◇ ~ **one's hands (together)** потира́ть (64) ру́ки.

rubber рези́на *f*, *no pl* (19c) [artificial иску́сственная, synthetic синтети́ческая]; made of ~ сде́ланный из рези́ны; ~ shoes рези́новые ту́фли.

rude (*impolite*) гру́бый (31b) [tone тон, answer отве́т, person челове́к]; ~ manners гру́бые мане́ры; be ~ to smb быть гру́бым с кем-л.; he was very ~ to her он был о́чень груб с не́ю; he spoke in a deliberately ~ tone он говори́л нарочи́то гру́бым то́ном.

rug (*large carpet*) ковёр *m* (1d), [1) thick то́лстый, woollen шерстяно́й; 2) lies on the floor лежи́т на полу́]; put a ~ on the floor положи́ть ковёр на́ пол; spread a ~ on the floor расстели́ть ковёр на полу́; fine ~s hung on the walls на сте́нах висе́ли прекра́сные ковры́; ‖ (*small mat*) ко́врик *m* (4d).

ruin I *sb* **1.** *usu pl* ~s разва́лины (19c) [1) ancient дре́вние, picturesque живопи́сные, famous знамени́тые; 2) *with gen* of a city го́рода, of a building зда́ния, of a castle за́мка; 3) visit посеща́ть, see осма́тривать]; be buried under, beneath the ~s быть погребённым под разва́линами; the church fell to ~s long ago це́рковь давно́ преврати́лась в разва́лины; **2.** (*destruction*) крах *m*, *no pl* (4c) [1) complete по́лный; 2) *with gen* of a firm фи́рмы; of one's hopes наде́жд]; lead to ~ привести́ к ги́бели, кра́ху.

ruin II *v* **1.** (*destroy*) разруша́ть (64), *perf* разру́шить (174) [*with acc* city го́род; hopes наде́жды, plans пла́ны]; **2.** (*make bankrupt*) разоря́ть (223), *perf* разори́ть (158) (*with acc*); he was ~ed он был разорён; **3.** (*spoil*) губи́ть (169), *perf* погуби́ть (169) [*with acc* one's health здоро́вье, one's reputation свою́ репута́цию, one's carreer карье́ру, one's life свою́ жизнь, dress пла́тье]; ambition ~ed him честолю́бие погуби́ло его́; the storm ~ed the crops бу́ря погуби́ла урожа́й.

rule I *sb* пра́вило *n* (14a) [1) general о́бщее; 2) *with gen* of conduct поведе́ния; of a club клу́ба]; against the ~s про́тив пра́вил; as a ~ как пра́вило; the ~s of the game пра́вила игры́; traffic ~s пра́вила движе́ния; obey / disobey the ~s подчиня́ться / не подчиня́ться пра́вилам; keep the ~s выполня́ть пра́вила; break the ~s наруша́ть пра́вила; make it a ~! возьми́те э́то себе́ за пра́вило!; he made it a ~ never to go to bed late он взял себе́ за пра́вило никогда́ не ложи́ться по́здно; it's a ~ with us у нас тако́е пра́вило.

rule II *v* (*govern*) пра́вить (168), *no perf* [*with instr* (over) the country страно́й].

run *v* **1.** (*of people, animals; with direction implied*) бежа́ть (74), *perf* побежа́ть (74) [1) quickly бы́стро, with difficulty с трудо́м; 2) to smb к кому́-л., after smb за кем-л., towards the forest по направле́нию к ле́су]; we all ran to help her мы все побежа́ли ей на по́мощь; she ran to meet him она́ побежа́ла ему́ навстре́чу; ~ home at once! сейча́с же беги́(те) домо́й!; he ran as fast as he could он бежа́л изо всёх си́л; he soon came ~ning back вско́ре он прибежа́л наза́д; he ran into the room он вбежа́л в ко́мнату; he ran out of the room он вы́бежал из ко́мнаты; ‖ (*with no direction implied*) бе́гать (65); most children like to ~ большинство́ дете́й лю́бит бе́гать; **2.** (*of vehicles, ships*) ходи́ть (152), *no perf*; trains ~ every five minutes поезда́ хо́дят ка́ждые пять мину́т; bus 40 ~s along this street по э́той у́лице хо́дит авто́бус но́мер со́рок; does bus two ~ along this street? второ́й (авто́бус) идёт по э́той у́лице?; **3.** (*flow*) течь (103), *no perf*; the river ~s at the bottom of the valley река́ течёт по дну доли́ны; the river ~s into the sea река́ впада́ет в мо́ре; tears ran down her cheeks слёзы текли́ по её щека́м; **4.** (*lead*) вести́ (219), *no perf*; the road ~s to the sea доро́га ведёт к (*with dat*) мо́рю; **5.** (*manage*) руководи́ть (153), *no perf* [*with instr* factory заво́дом, theatre теа́тром]; ~ a meeting вести́ собра́ние; **6.** (*drive*) управля́ть (223), *no perf* [*with instr* car маши́ной, truck грузовико́м, machine, lathe станко́м]; **7.** (*be on*) идти́ (207), *no perf*; the film has been ~ning for a fortnight э́тот фильм идёт уже́ две неде́ли; the play ran (for) six months пье́са шла шесть ме́сяцев; ~ **across** натолкну́ться (130) на (*with acc*); ~ **away** убега́ть (64), *perf* убежа́ть (74); she was frightened and ran away она́ испуга́лась и убежа́ла; he ran away from home when he was ten когда́ ему́ бы́ло де́сять лет, он убежа́л и́з дому; ~ **into** 1) (*collide*) нае́хать (71) на (*with acc*); he ran into a tree он нае́хал на де́рево; 2) (*meet accidentally*) случа́йно встре́тить (*with acc*); I ran into him at the library я случа́йно встре́тил(а) его́ в библиоте́ке; ~ **out** 1) (*come out running*) выбега́ть (65), *perf* вы́бежать (74a); she ran out in great excitement она́ вы́бежала в си́льном волне́нии; 2) (*come to end*) конча́ться (64), *perf* ко́нчиться (172); their food supplies ran out их продово́льственные запа́сы ко́нчились; we've ~ out of bread у нас ко́нчился хлеб; ~ **over** (*kill*) задави́ть (157) (*with acc*); he was ~ over by a car его́ задави́ло маши́ной.

rush I *sb* **1.** (*sudden increase*) напо́р *m* (1f); ~ of water напо́р воды́; ~ of work наплы́в рабо́ты; ~ of blood прили́в кро́ви; **2.** (*rapid movement*) спе́шка *f* (22f); what is the ~? к чему́ э́та спе́шка?, почему́ така́я спе́шка?

rush II *v* (*move rapidly*) броса́ться (64), *perf* бро́-

ситься (149) [at smb на (*with acc*) кого́-л., forward вперёд, back наза́д]; they ~ed out of the room они́ бро́сились из ко́мнаты; he ~ed into the room он ворва́лся в ко́мнату; the people ~ed down the street лю́ди мча́лись по у́лице.

Russian I *sb* **1.** (*language*) ру́сский язы́к *m* (4g) [1) good хоро́ший, пра́вильный, correct пра́вильный, broken ло́маный; 2) know знать, study изуча́ть, teach преподава́ть]; read / speak / write / understand ~ чита́ть / говори́ть / писа́ть / понима́ть по-ру́сски; translate from ~ / into ~ переводи́ть с ру́сского языка́ / на ру́сский язы́к; say it in ~! скажи́те э́то по-ру́сски!; what is the ~ for "a tree"? что зна́чит по-ру́сски „a tree"?; the ~ for "a tree" is "де́рево" „a tree" по-ру́сски „де́рево"; **2.** (*nationality*) ру́сский *m*, ру́сская *f* (33b); the ~s ру́сские *pl*.

Russian II *a* ру́сский (33b) [language язы́к, artist худо́жник, actor арти́ст, writer писа́тель, scientist учёный, people наро́д, custom обы́чай, ballet бале́т]; ру́сская [history исто́рия, literature литерату́ра, music му́зыка, song пе́сня, culture культу́ра, science нау́ка]; ру́сское [word сло́во, art иску́сство].

S

sack *sb* мешо́к *m* (4f) [1) large большо́й, full по́лный, empty пусто́й, heavy тяжёлый; 2) *with gen* of grain зерна́, of potatoes карто́феля, of flour муки́; 3) carry нести́, weigh взве́шивать, empty опорожня́ть, tie завя́зывать, fill with smth наполня́ть чем-л.].

sacrifice *v* же́ртвовать (244), *perf* поже́ртвовать (244) [*with instr* life жи́знью, money деньга́ми, name и́менем, position положе́нием]; he ~d his life to save the drowning child он поже́ртвовал свое́й жи́знью, спаса́я утопа́ющего ребёнка.

sad (*distressing*) печа́льный (31b) [end коне́ц, look взгляд, day день]; печа́льная [news но́вость]; печа́льное [event собы́тие]; ‖ (*melancholy*) гру́стный (31b) [film фильм, story расска́з]; гру́стная [music му́зыка, song пе́сня]; гру́стное [face лицо́, expression выраже́ние лица́]; гру́стные [eyes глаза́, thoughts мы́сли]; she looked ~ она́ вы́глядела гру́стной, печа́льной; I felt ~ мне бы́ло гру́стно; make smb ~ опеча́лить кого́-л.; he was ~ because his child had fallen ill он был гру́стен, потому́ что его́ ребёнок заболе́л.

safe *a* **1.** (*not in danger*) безопа́сный (3'b) [way спо́соб, road, way путь]; безопа́сное [place ме́сто]; be / feel ~ from danger быть / чу́вствовать себя́ в безопа́сности; **2.** (*unharmed*) невреди́мый (31b); he came home ~ from the war он верну́лся с войны́ невреди́мым; ⊙ ~ **and sound** це́лый и невреди́мый.

safety безопа́сность *f* (29c) [1) complete по́лная; 2) guarantee гаранти́ровать]; he was anxious about the ~ of his children он беспоко́ился о безопа́сности свои́х дете́й; in ~ в безопа́сности.

sail I *sb* (*canvas*) па́рус *m* (1*l*) [1) swells, fills надува́ется, droops виси́т; 2) put up подня́ть, lower опусти́ть]; ⊙ **set** ~ 1) (*put up*) подня́ть паруса́; 2) (*begin voyage*) отпра́виться (в пла́вание); they set ~ for South America они́ отпра́вились в (*with acc*) Ю́жную Аме́рику.

sail II *v* **1.** (*move*) плыть (217), *no perf* [up the river вверх по реке́, along the coast вдоль бе́рега, southward(s) на юг]; the boat ~ed down the river ло́дка плыла́ вниз по реке́; **2.** (*start voyage*): when does the boat, steamer ~? когда́ отправля́ется парохо́д?; we ~ tomorrow on the "Pobeda" мы отправля́емся за́втра на тёплохо́де «Побе́да»; the ship was ready to ~ парохо́д был гото́в к отправле́нию; when does the next boat ~ for Odessa? когда́ отправля́ется, идёт в Оде́ссу сле́дующий парохо́д?

sailor (*seaman*) моря́к *m* (4e); his brother is a ~ его́ брат моря́к; ‖ (*of rank*) матро́с *m* (1e).

sake: for the ~ of ра́ди (*with gen*); for the ~ of our friendship ра́ди на́шей дру́жбы; she did it for her brother's ~ она́ сде́лала э́то ра́ди своего́ бра́та; for my ~ ра́ди меня́; for the ~ of variety ра́ди разнообра́зия; ⊙ **for God's** ~! ра́ди бо́га!

salad сала́т *m* (1f) [vegetable овощно́й, fruit фрукто́вый, fish ры́бный, meat мясно́й; tasty вку́сный].

salary жа́лованье *n*, *no pl* (18c) [1) good хоро́шее, small небольшо́е, high большо́е, poor ничто́жное; monthly ежеме́сячное; 2) get, receive получа́ть, increase увели́чивать, pay плати́ть, raise повыша́ть, reduce уменьша́ть]; a ~ of 60 dollars a week жа́лованье в шестьдеся́т до́лларов в неде́лю; live on one's ~ жить на жа́лованье.

sale прода́жа *f*, *no pl* (25a); for ~ для прода́жи; the house was for ~ дом предназнача́лся для прода́жи; offer / set out goods for ~ предложи́ть / разложи́ть това́ры для прода́жи; ⊙ **be on** ~ быть в прода́же; the book is no longer on ~ кни́ги уже́ нет в прода́же; silk stockings are on ~ everywhere шёлковые чулки́ продаю́тся везде́.

salt *sb* соль *f* (29b); give / pass me the ~, please! да́йте / переда́йте мне, пожа́луйста, соль!; put ~ in(to) the soup соли́ть суп; there is not enough ~ in the meat мя́со недосо́лено; a pinch of ~ щепо́тка со́ли; put / add some ~ положи́ть / доба́вить (немно́го) со́ли; ~ water солёная вода́.

same тот же са́мый *m*, та же са́мая *f*, то же са́мое *n*, те же са́мые *pl* (31b); on the ~ day в тот же (са́мый) день; at the ~ time в то же са́мое вре́мя; we have lived in the ~ house for ten years мы живём в том же са́мом до́ме де́сять лет; ⊙ **all the** ~ всё равно́; *see* all.

sanatorium санато́рий *m* (12b) [big большо́й, excellent прекра́сный, special специа́льный]; he was in a ~ for a month он ме́сяц был в санато́рии; the ~ was high in the mountains / on the seashore / in forest санато́рий находи́лся высоко́ в гора́х / на берегу́ мо́ря / в лесу́; he went to a ~ on the Black Sea он пое́хал в санато́рий на берегу́ Чёрного мо́ря; he returned from the ~ fully recovered он верну́лся из санато́рия оконча́тельно попра́вившимся.

sand *sb* песо́к *m* (4f) [fine ме́лкий, yellow жёлтый, clean чи́стый]; heap of ~ ку́ча песку́; his feet sank in the ~ его́ но́ги тону́ли в песке́; the road was covered with ~ доро́га была́ посы́пана песко́м; the ~s of the desert пески́ пусты́ни; there is a beautiful ~ beach there там прекра́сный песча́ный пляж.

satisfaction удовлетворе́ние *n* (18c) [1) full по́лное, great большо́е; 2) find найти́, get получи́ть]; he found much ~ in his work / in doing that sort of work он нашёл удовлетворе́ние в (*with abl*) свое́й рабо́те / выполня́я таку́ю рабо́ту; he had a feeling of ~ он испы́тывал чу́вство удовлетворе́ния; settle a matter to everybody's ~, to the ~ of everybody ула́дить де́ло ко всео́бщему удово́льствию; it would be a great ~ to me мне э́то бу́дет о́чень прия́тно.

satisfactory удовлетвори́тельный (31b) [answer отве́т, result результа́т, way спо́соб]; удовлетвори́тельная [mark отме́тка]; удовлетвори́тельное [condition, state состоя́ние, explanation объясне́ние]; the student's progress is quite ~ успе́хи э́того студе́нта вполне́ удовлетвори́тельны; ~ price прие́млемая цена́.

satisfy 1. (*gratify*) удовлетворя́ть (223), *perf* удовлетвори́ть (158) [*with acc* curiosity любопы́тство, claim тре́бование, request про́сьбу]; nothing satisfies him его́ ничто́ не удовлетворя́ет; ~ one's hunger / thirst утоли́ть го́лод / жа́жду; ⊙ **be satisfied** быть удовлетворённым, дово́льным (*with instr*); I am satisfied with the answer / results / work я удовлетворён, удовлетворена́ отве́том / результа́тами / рабо́той; she remained quite satisfied она́ оста́лась вполне́ удовлетворённой; we were not satisfied with our journey мы бы́ли недово́льны свои́м путеше́ствием; **2.** (*comply with*) удовлетворя́ть, *no perf* [*with dat* demands тре́бованиям, one's taste вку́сам]; the goods must ~ a number of requirements това́ры должны́ удовлетворя́ть це́лому ря́ду тре́бований; I think we can ~ all your conditions я ду́маю, что мы смо́жем вы́полнить все ва́ши усло́вия.

Saturday суббо́та *f* (19c); *see* Friday.

sausage колбаса́ *f* (19g) [boiled варёная, smoked копчёная]; bread and ~ бутербро́д с колбасо́й.

save *v* **1.** (*rescue*) спаса́ть (64), *perf* спасти́ (221) [1) *with acc* child ребёнка, expedition экспеди́цию, somebody's life чью-л. жизнь, property иму́щество; 2) от *with gen* from danger от опа́сности, from death от сме́рти, from destruction от разруше́ния]; the doctor ~d his life врач спас ему́ жизнь; he ~d the child from drowning он спас то́нущего ребёнка; ⊙ ~ **the situation** спасти́ положе́ние; his unexpected arrival ~d the situation его́ неожи́данное появле́ние спасло́ положе́ние; **2.** (*not spend*) бере́чь (102), *perf* сбере́чь (102) [*with acc* strength си́лы, time вре́мя]; || (*of money*) копи́ть (156), *perf* накопи́ть (156) (*with acc*); he ~d £ 10 during the winter for his summer holiday / for the trip за́ зиму он накопи́л де́сять фу́нтов на ле́тний о́тпуск / на пое́здку; **3.** (*avoid loss, spending*) эконо́мить (168), *perf* сэконо́мить (168) [*with acc* time вре́мя, money де́ньги, one shilling оди́н ши́ллинг]; if we go by this road we can ~ half an hour е́сли мы пойдём по э́той доро́ге, мы сэконо́мим полчаса́; that will ~ me a lot of trouble э́то избა́вит меня́ от мно́гих хлопо́т; ~ **up** копи́ть (де́ньги); he has never ~d up any money он никогда́ не копи́л де́нег.

savings *pl* сбереже́ния *no sg* (18c) [1) considerable

значи́тельные, modest небольши́е; 2) have име́ть, spend истра́тить, lose потеря́ть]; he invested all his ~ in the business в э́то де́ло он вложи́л все свои́ сбереже́ния; the purchase of the house took all his ~ все его́ сбереже́ния ушли́ на поку́пку до́ма.

savings-bank сберега́тельная ка́сса *f* (19c), сберка́сса *f* (19c); keep money in a ~ храни́ть де́ньги в сберега́тельной ка́ссе; have / open / close an account at a ~ име́ть / откры́ть/ закры́ть счёт в сберега́тельной ка́ссе; he took fifty roubles from the ~, out of the ~ он взял в сберега́тельной ка́ссе пятьдеся́т рубле́й.

saw I *sb* пила́ *f* (19g) [sharp о́страя, circular кру́глая, electric электри́ческая]; set / sharpen a ~ пра́вить / точи́ть пилу́.

saw II *v* пили́ть (156), *no perf* [*with acc* wood дрова́, log бревно́, tree де́рево]; **~ off** отпи́ливать (65), *perf* отпили́ть (156) (*with acc*); he ~ed off a branch он отпили́л ве́тку.

say *v* **1.** (*express in words*) сказа́ть (48) [1) *with acc* a few words не́сколько слов, something что́-то; 2) *with dat* to the teacher преподава́телю; 3) aloud вслух, softly ти́хо, in a loud voice гро́мко, quietly споко́йно, slowly ме́дленно, quickly бы́стро, rudely гру́бо, sadly печа́льно, politely ве́жливо, thoughtfully заду́мчиво; in French по-францу́зски, in good Russian на хоро́шем ру́сском языке́; in fun в шу́тку; in earnest серьёзно, without the slightest foundation без(о) вся́ких основа́ний]; ~ what you want! скажи́те, что вы хоти́те!; what did he ~? что он сказа́л?; she was so surprised / frightened that she could not ~ a word она́ так удиви́лась / испуга́лась, что не могла́ сказа́ть ни сло́ва; he didn't ~ anything to me about it он мне ничего́ об э́том не сказа́л; it is hard, difficult to ~ тру́дно сказа́ть; I must ~ one more thing я до́лжен ещё ко́е-что́ сказа́ть; I have something to ~ to you мне на́до вам ещё ко́е-что́ сказа́ть; I have nothing to ~ мне не́чего сказа́ть; repeat what you said! повтори́те (то), что вы сказа́ли!; I shall do everything you ~ я сде́лаю всё, что вы ска́жете; he said so он так сказа́л; who said that, so? кто э́то сказа́л?; ~ to oneself сказа́ть про себя́; easier said than done ле́гче сказа́ть, чем сде́лать; "Yes", he said, said he „Да",— сказа́л он; he said that his friend's name was Jack он сказа́л, что его́ прия́теля зову́т Дже́ком; { говори́ть (158), *no perf*; what is he ~ing? что он говори́т?; he always said what he thought он всегда́ говори́л то, что ду́мал; what you ~ is impossible то, что вы говори́те, невозмо́жно; I don't believe a word you ~ я не ве́рю ни одному́ ва́шему сло́ву; they ~, people ~ that... говоря́т, что...; what right have you to ~ that? како́е вы име́ете пра́во так говори́ть?; he ~s (that) he is busy он говори́т, что (он) за́нят; it is said that... говоря́т, что...; he is said to be a good singer говоря́т, что он хоро́ший певе́ц; ~ it again! повтори́те ещё раз!; I am glad to ~ that... я ра́д(а) сообщи́ть, что...; you don't ~ so! не мо́жет быть!; I should ~ я ду́маю, полага́ю; ⊙ ~ good morning, good afternoon to smb здоро́ваться (65), *perf* поздоро́ваться (65) с (*with instr*) кем-л.; ~ good night, good-bye to smb проща́ться (64), *perf* попроща́ться (64) с (*with instr*) кем-л.; he said good-bye and left the room он попроща́лся и вы́шел из ко́мнаты; **2.**: the letter / telegram / newspaper ~s... в письме́ / в телегра́мме / в газе́те говори́тся...; ◇ **it goes without ~ing** само́ собо́й разуме́ется; **that is to ~** то́ есть; on January 13th — that is to ~, next week трина́дцатого января́, то́ есть, че́рез неде́лю; **I ~!** послу́шайте!; **~ a (good) word for smb** замо́лвить (168) за (*with gen*) кого́-л. слове́чко.

scale *sb* (*of size*) масшта́б *m* (1f) [large кру́пный, small ме́лкий]; { *fig*: on a large, vast / small / unprecedented ~ в больши́х / небольши́х / неви́данных масшта́бах; on the widest ~ в широ́ких масшта́бах; produce / manufacture smth on a large ~ производи́ть / выпуска́ть что-л. в большо́м масшта́бе; construction was undertaken on a large/broad ~ строи́тельство бы́ло предпри́нято в кру́пных / широ́ких масшта́бах.

scarcely (*with difficulty*) едва́; we could ~ see each other in the darkness в темноте́ мы едва́ могли́ ви́деть друг дру́га; I could ~ believe my eyes / my ears я едва́ ве́рил(а) свои́м глаза́м / свои́м уша́м; I ~ understood him я с трудо́м понима́л(а) его́; { (*hardly*) вряд ли; ~ anybody believes that / thinks so вряд ли кто́-нибудь ве́рит э́тому / так ду́мает.

scare *v* пуга́ть (64), *perf* напуга́ть (64) (*with acc*); the sudden noise ~d the child неожи́данный шум напуга́л ребёнка; how you ~d me! как ты меня́ испуга́л(а)!

scatter 1. (*throw*) разбра́сывать (65), *perf* разброса́ть (64) [1) *with acc* things ве́щи, papers бума́ги, clothes оде́жду, seeds семенá;2) everywhere повсю́ду, here and there там и тут, over the floor по́ полу]; books and papers were ~d about the room / on the chairs по ко́мнате / на сту́льях бы́ли разбро́саны кни́ги и бумáги; **2.** (*be dispersed*) рассе́иваться (65), *perf* рассе́яться (224); the crowd ~ed толпá рассе́ялась; the clouds gradually ~ed облакá постепе́нно рассе́ялись.

scene 1. (*place*) ме́сто *n* (14d) [*with gen* of the battle сраже́ния, бо́я, of the crime преступле́ния, of the accident катастро́фы]; **2.** (*picture*) карти́на *f* (19c) [unpleasant неприя́тная, peaceful ми́рная, familiar знако́мая, funny, amusing забáвная]; a typical ~ of Chinese life типи́чная карти́на из китáйской жи́зни; ~s of family life карти́ны семе́йной жи́зни; he watched the whole ~ from the window он наблюдáл всю карти́ну из окнá; it's difficult / impossible to describe the ~ in words тру́дно / невозмо́жно описáть э́ту карти́ну словáми; the whole ~ unfolded before his eyes вся э́та сце́на развёртывалась перед его́ глазáми, происходи́ла у него́ на глазáх; the ~ remained fixed in his memory э́та карти́на запечатле́лась в его́ пáмяти; **3.** (*quarrel*) сце́на *f* (19c); make a ~ устрáивать (65) сце́ну, *perf* устро́ить (151) сце́ну; she made a ~ онá устро́ила (ему́) сце́ну; **4.** (*division of play*) сце́на [poor, weak слáбая, effective эффе́ктная, strong си́льная]; the famous duel ~ in the tragedy "Hamlet" знамени́тая сце́на поеди́нка в траге́дии «Гáмлет»; the ~ between Macbeth and the witches сце́на Мáкбета и ведьм; the ~ opens with a monologue сце́на открывáется моноло́гом; | явле́ние *n* (18c); Act II, Scene I де́йствие второ́е, явле́ние пе́рвое; **5.** (*stage setting*) декорáция *f* (23c) [beautiful прекрáсная, splendid великоле́пная]; the ~ was painted by Korovin декорáции бы́ли напи́саны Коро́виным; the ~s are changed, shifted during the intervals декорáции меня́ются во вре́мя антрáктов; the ~ is a square in Venice сце́на представля́ет собо́ю пло́щадь в Вене́ции; ⊙ **behind the ~s** за кули́сами; **change of ~** переме́на (19c) обстано́вки.

scent *sb* **1.** (*smell*) зáпах *m* (4c) [1) strong си́льный, pleasant прия́тный, delightful восхити́тельный, fresh све́жий; 2) *with gen* of roses роз, of hay се́на, of flowers цвето́в, of smoke ды́ма; 3) smell чу́вствовать]; I hate that ~ я о́чень не люблю́ э́тот зáпах; **2.** (*perfume*) духи́ *no sg* (4f) [expensive дороги́е, cheap дешёвые, strong кре́пкие, pleasant приятные]; she put some ~ on her handkerchief она надушила носовой платок; a bottle of ~ флакон духов; put on, use ~ душиться (175), *perf* надушиться(175).

scheme *sb* (*plan*) план *m* (1f)[simple простой, detailed детальный]; ‖ (*secret or dishonest plan*) план [cunning хитрый, secret тайный]; Iago's treacherous ~ succeeded коварный план Яго увенчался успехом; ‖ происки *no sg* (4c); the enemy's ~ was discovered in time происки врага были вовремя раскрыты.

school *sb* **1.** (*building*) школа *f* (19c) [large большая, small небольшая]; build / open a new ~ строить / открыть новую школу; there are two ~s in our street на нашей улице две школы; ‖ (*institution for teaching*) школа [English английская, private частная, night, evening вечерняя; elementary начальная, secondary средняя; music музыкальная]; general educational ~, ~ for, of general education общеобразовательная школа; ~ for adults, adult ~ школа для взрослых; vocational, occupational ~ профессиональная школа; village ~ сельская школа; graduate from, finish ~ оканчивать школу; leave ~ уходить из школы, оставлять школу; go to ~ учиться в школе, ходить в школу; ~ is free обучение в школе бесплатное; boys' / girls' ~ мужская / женская школа; co-educational ~ школа совместного обучения; ~ friend школьный товарищ; ~ subjects школьные предметы; he did well at ~ в школе он хорошо учился; ⊙ **send a child to** ~ отдать (214) ребёнка в школу; **2.** (*lessons*) занятия *usu pl* (18c); ~ begins at 9 o'clock занятия (в школе) начинаются в девять часов; ~ is over занятия (в школе) окончились; there will be no ~ today сегодня в школе не будет занятий; after ~ после занятий, после уроков; miss / attend ~ пропускать / посещать занятия в школе; the boys are still at ~ мальчики ещё в школе, на уроках; they haven't come from ~ yet они ещё не пришли из школы; **3.** (*tendency*) школа [modern современная, well-known известная, scientific научная]; the Dutch ~ of painting голландская школа живописи; found a ~ основать школу; belong to a ~ принадлежать к школе.

schoolboy школьник *m* (4a).

schoolchildren *pl* школьники (4a).

schoolgirl школьница *f* (21a).

science наука *f* (22b) [1) exact точная, applied прикладная, pure чистая, modern совреме́нная; 2) develops развива́ется, explains объясня́ет]; ~ and art нау́ка и иску́сство; progress in ~ прогре́сс в нау́ке; field / branch of ~ о́бласть / о́трасль нау́ки; in ~ в нау́ке; a revolution in ~ переворо́т в нау́ке; he devoted himself to ~ он посвяти́л себя́ нау́ке; that is the greatest achievement of modern ~ э́то велича́йшее достиже́ние совреме́нной нау́ки; ⊙ **natural ~s** есте́ственные нау́ки; **social ~s** обще́ственные нау́ки.

scientific нау́чный (31b) [journal журна́л, report, paper докла́д; research worker рабо́тник, сотру́дник, method ме́тод, approach подхо́д]; нау́чная [basis ба́за, book кни́га]; нау́чное [discovery откры́тие, research иссле́дование, achievement достиже́ние, definition определе́ние; society о́бщество, institution учрежде́ние]; нау́чные [knowledge зна́ния]; on a ~ foundation на нау́чной осно́ве; ~ degree учёная сте́пень; in the ~ world в учёном ми́ре.

scientist учёный *m* (31b) [great вели́кий, famous знамени́тый, well-known изве́стный, outstanding выдаю́щийся, prominent кру́пный, talented тала́нтливый, gifted одарённый, brilliant блестя́щий]; he is one of the most outstanding ~s of today он оди́н из са́мых выдаю́щихся учёных на́шего вре́мени.

scissors *pl* но́жницы *no sg* (21c) [sharp о́стрые, blunt тупы́е]; a pair of ~ но́жницы; cut with ~ ре́зать но́жницами.

score *sb* (*of sports, games*) счёт *m* (1f); what is the ~? како́й счёт?; they won by a ~ of two to one они́ вы́играли со счётом два — оди́н; keep the ~ вести́ счёт; the ~ was five to three in favour of the Spartak team счёт был пять—три в по́льзу кома́нды «Спарта́к»; ◊ **settle old ~s** своди́ть ста́рые счёты (with — с *with instr*).

scorn *sb* (*contempt*) презре́ние *n* (18c) [express выража́ть, show пока́зывать, feel чу́вствовать, hide, conceal скрыва́ть]; treat smb with ~ презира́ть кого́-л.; full of ~ по́лный презре́ния.

scream *v* (*give loud cry*) крича́ть (46), *perf* закрича́ть (46) [1) loudly гро́мко, shrilly пронзи́тельно; 2) от *with gen* with fright от испу́га, with pain от бо́ли]; ~ for help крича́ть о по́мощи; the baby ~ed all night ребёнок крича́л всю ночь; don't ~ so! не кричи́ так!; stop ~ing! переста́нь крича́ть!; { вскри́кнуть (125) [от *with gen* with pain от бо́ли, with surprise от удивле́ния, with delight от восхище́ния].

screen *sb* (*of cinema, etc.*) экра́н *m* (1f) [large большо́й, wide широ́кий]; on the ~ на экра́не; cinema ~ киноэкра́н.

sea мо́ре *n* (15a) [1) calm споко́йное, vast огро́мное, stormy, rough бу́рное, raging бушу́ющее; 2) cross пересе́чь]; the ~ is calm мо́ре споко́йно; the ~ is very deep / shallow there в э́том ме́сте о́чень глубоко́ / ме́лко; fly across the ~ перелете́ть че́рез мо́ре; go to the ~ е́хать к мо́рю; live at, by, near the ~ жить у мо́ря, на берегу́ мо́ря; swim in the ~ купа́ться в мо́ре; be at ~ находи́ться, быть в мо́ре; the ship was far out at ~ парохо́д был далеко́ в мо́ре; go by ~ е́хать мо́рем, на парохо́де; he spent his vacation by the ~ он провёл свой о́тпуск, свои́ кани́кулы у мо́ря; in the open ~ в откры́том мо́ре.

seal *v* (*also* ~ up) (*close*) запеча́тывать (65), *perf* запеча́тать (65) [1) *with acc* letter письмо́, envelope конве́рт, parcel посы́лку; bottle буты́лку; 2) tightly про́чно, carefully тща́тельно, carelessly небре́жно]; the envelope was not ~ed конве́рт не́ был запеча́тан.

search I *sb* по́иски *no sg* (4d) [1) fruitless напра́сные, long до́лгие, careful тща́тельные; 2) begin нача́ть, make производи́ть, discontinue прекрати́ть; 3) *with gen* for a missing person пропа́вшего челове́ка, for something lost поте́рянной ве́щи]; give up the ~ отказа́ться от по́исков; the ~ was (not) successful по́иски (не) увенча́лись успе́хом; ⊙ **in ~ of** в по́исках (*with gen*); in ~ of a way out / a new method / data / work в по́исках вы́хода / но́вого ме́тода / да́нных / рабо́ты; a plane was sent out in ~ of the expedition на по́иски экспеди́ции был вы́слан самолёт.

search II *v* (*look for, seek*) иска́ть (83), *no perf* [1) *with acc* for a key ключ, for a person челове́ка, for a child ребёнка; for shelter убе́жище; for a solution реше́ние, for a way out вы́ход; 2) carefully, thoroughly тща́тельно, (for) a long time до́лго, persistently упо́рно]; what are you ~ing for? что вы и́щете?; I have been ~ing for the letter / document for half an hour я уже́ полчаса́ ищу́ э́то письмо́ / э́тот докуме́нт; ‖ (*examine*) обы́скивать (65), *perf* обыска́ть (83) [*with acc* house дом, person челове́ка, desk пи́сьменный стол, suit-case чемода́н]; they ~ed every part of the forest они́ обыска́ли весь лес; he ~ed his pockets but didn't find the key он обыска́л все карма́ны, но ключа́ не нашёл; he ~ed his memory but he couldn't remember the name он напря́г па́мять, но не мог вспо́мнить и́мени.

season *sb* **1.** (*part of year*) вре́мя (*n* 15b) го́да [hot жа́ркое, cold холо́дное, wet дождли́вое, dry сухо́е, nice прия́тное, warm тёплое]; there are four ~s существу́ют четы́ре вре́мени го́да; spring is my favourite ~ весна́— моё люби́мое вре́мя го́да; spring is the most pleasant ~ here са́мое прия́тное вре́мя го́да здесь —весна́; **2.** (*period of specified activity*) сезо́н *m* (1f) [theatre театра́льный, football футбо́льный].

seat I *sb* **1.** (*place to sit*) ме́сто *n* (14d) [1) empty, vacant пусто́е, comfortable удо́бное; 2) at a table за столо́м; in a train в по́езде; 3) find найти́, give уступа́ть, дава́ть, offer предложи́ть, occupy заня́ть, choose вы́брать]; he jumped / rose from his ~ он вскочи́л / подня́лся со своего́ ме́ста; she went to her ~ она́ пошла́ на своё ме́сто; ⊙ **take a** ~ сади́ться (152), *perf* сесть (239); won't you take a ~?, take a ~, please! сади́тесь, пожа́луйста!; **2.** (*of theatre, etc.*) ме́сто [in the first row в пе́рвом ряду́, in the stalls в парте́ре, in a box в ло́же, in the dress--circle в бельэта́же, in the pit в амфитеа́тре]; he reserved, booked two ~s он оста́вил за собо́й два ме́ста; show smb to his ~ провести́ кого́-л. на его́ ме́сто; there are 1,000 ~s here здесь ты́сяча мест; there were no ~s in the hall в за́ле не́ было свобо́дных мест.

seat II *v* **1.** (*make sit down*) сажа́ть (64), *perf* посади́ть (152), усади́ть (152) (*with acc*); they ~ed him in the arm-chair они́ усади́ли его́ в кре́сло; ⊙ **be ~ed** сади́ться (152); please, be ~ed! сади́тесь, пожа́луйста!; **2.:** ~ oneself сади́ться (152), *perf* сесть (239); she ~ed herself on the couch она́ се́ла на дива́н.

second I *sb* секу́нда *f* (19c); in a ~ че́рез секу́нду; just a ~! одну́ секу́нду!; wait a ~! подожди́те (одну́) секу́нду!

second II *num* (*after first*) второ́й *m*, втора́я *f*, второ́е *n* (31a); live on the ~ floor жить на тре́тьем этаже́; *see* third **II**.

secret I *sb* та́йна *f* (19c) [great больша́я, important ва́жная]; know / learn / reveal a ~ знать / узна́ть / откры́ть та́йну; dead ~ глубо́кая та́йна; tell smb a ~ рассказа́ть кому́-л. та́йну; this must be a ~ between us э́то должно́ оста́ться ме́жду на́ми, э́то бу́дет на́шей та́йной; ‖ секре́т *m* (1f) [tell рассказа́ть, disclose откры́ть, learn узна́ть]; it's a ~ э́то секре́т; ⊙ **in** ~ по секре́ту; I was told about the matter in ~ **мне рассказа́ли** об э́том по секре́ту; **keep a** ~ храни́ть (158) та́йну; this woman can keep a ~ э́та же́нщина уме́ет храни́ть та́йну; **be in the** ~ быть посвящённым в та́йну; **let smb into a** ~ посвяти́ть (161) кого́-л. в та́йну.

secret II *a* **1.** (*hidden*) потайно́й (31a) [drawer я́щик, store склад, passage прохо́д, pocket карма́н]; потайна́я [door дверь, staircase ле́стница]; потайно́е [place ме́сто, hiding-place убе́жище]; he escaped through a ~ door он скры́лся че́рез потайну́ю дверь; **2.** (*kept concealed*) секре́тный (31b) [document докуме́нт, treaty догово́р]; секре́тная [service слу́жба, arrangement договорённость]; секре́тное [agreement соглаше́ние]; ⊙ **top** ~ соверше́нно секре́тно; **keep smth** ~ держа́ть (47) что-л. в та́йне; I asked him to keep the matter ~ я попроси́л(а) его́ держа́ть э́то де́ло в та́йне; **3.** (*not shown, concealed*) та́йный (31b) [marriage брак, sign знак, plot за́говор]; та́йная [love любо́вь, trip пое́здка]; та́йное [feeling чу́вство, influence влия́ние].

secretary 1. (*office worker*) секрета́рь *m* (2a) [1) experienced о́пытный, efficient де́льный, excellent отли́чный, private ли́чный; 2) *with gen* of the committee комите́та; of the meeting собра́ния; 3) explains объясня́ет, writes down, puts down запи́сывает, answers a telephone call отвеча́ет по телефо́ну]; elect / appoint a ~ выбира́ть / назнача́ть секретаря́; speak to the ~ говори́ть с секретарём; ask the ~ обрати́ться к секретарю́; the director's ~ секрета́рь дире́ктора; the ~ will tell you everything you need to know секрета́рь ска́жет (вам) всё, что вам ну́жно знать; **2.** (*minister*) мини́стр *m* (1e); Secretary of State 1) (*in England*) мини́стр; 2) (*in USA*) госуда́рственный секрета́рь, мини́стр иностра́нных дел; Foreign Secretary (*in England*) мини́стр иностра́нных дел; Home Secretary мини́стр вну́тренних дел.

secure *v* **1.** (*ensure*) обеспе́чивать (65), *perf* обеспе́чить (174) [*with acc* victory побе́ду, good results хоро́шие результа́ты, increase увеличе́ние, support подде́ржку]; **2.** (*get*) достава́ть (63), *perf* доста́ть (51) [*with acc* tickets биле́ты, seat at the theatre биле́т в теа́тр].

see 1. (*have, use power of sight*) ви́деть (109), *no perf* [well хорошо́, badly пло́хо, far далеко́]; he doesn't ~ well он пло́хо ви́дит; we could ~ nothing as it was dark мы ничего́ не ви́дели, так как бы́ло темно́; I looked but saw nothing я посмотре́л(а), но ничего́ не уви́дел(а); what do you ~ in the picture? что вы ви́дите на карти́не?; what do, can you ~ there? что вы там ви́дите?; { (*perceive*) ви́деть, *perf* уви́деть (109) [1) *with acc* smb кого́-л.; difference ра́зницу, results результа́ты, mistake, error оши́бку; 2) long ago давно́, not long ago, recently неда́вно, two days ago два дня наза́д; 3) in the distance вдали́, in the street на у́лице, in the picture на карти́не, in a dream во сне́]; I saw some people in the garden я ви́дел(а) в саду́ каки́х-то люде́й; have you seen today's newspaper? вы ви́дели сего́дняшнюю газе́ту?; I saw it with my own eyes я ви́дел(а) э́то свои́ми со́бственными глаза́ми; I saw him come я ви́дел(а), как, что он пришёл; she saw him approaching the house она́ ви́дела, как он подходи́л к до́му; he was seen to come ви́дели, как, что он пришёл; let me ~ your picture / your letter! да́йте мне посмотре́ть ва́шу карти́ну / ва́ше письмо́!; he has seen a lot, very much in his life он мно́гое ви́дел в свое́й жи́зни; { (*look*) смотре́ть (101), *perf* посмотре́ть (101) [*with acc* film фильм, play пье́су, new program но́вую програ́мму, match матч, game игру́, performance спекта́кль]; ~ who it is! посмотри́(те), кто э́то, кто там!; ~ what you have done! посмотри́те, что вы сде́лали!; ~ page 45 смотри́(-те) страни́цу со́рок пять; ⊙ ~ **the world; life** уви́деть, повида́ть свет; ~ **the light** уви́деть свет; the book saw the light only after his death кни́га уви́дела свет то́лько по́сле его́ сме́рти; **2.** (*meet, visit, talk to*) ви́деть, *perf* уви́деть (*with acc*); it's a long time since I saw you last я давно́ вас не ви́дел(а); I am glad to ~ you ра́д(а) вас ви́деть; have you seen anything of Tom the last few days? вы ви́дели, встреча́ли То́ма э́ти дни?; I don't ~ you much these days я что́-то ма́ло, ре́дко вас ви́жу после́днее вре́мя; I shall never ~ him again я бо́льше никогда́ его́ не уви́жу; may I ~ the director? не могу́ ли я ви́деть дире́ктора?; I'll be ~ing him tomorrow я за́втра его́ уви́жу; I think you must ~ a doctor я ду́маю, что вам на́до пойти́ к врачу́; I've come to ~ you я пришёл навести́ть вас; come and ~ me some time! приходи́те ка́к-нибудь навести́ть меня́!, заходи́те ка́к-нибудь ко мне́!; **3.** (*understand*) понима́ть (64), *perf* поня́ть (233) [*with acc* joke шу́тку, fraud обма́н]; now, do you ~? тепе́рь вы понима́ете?; ~ why / how понимáть почемý, зачéм /как; I ~ понимáю; as far as I can ~ наскóлько я понимáю; don't you ~? рáзве непонятно?; don't, can't you ~ what I mean? рáзве непонятно, что я хочý сказáть?; he saw at once that he had made a mistake он срáзу же пóнял, что сдéлал ошибку; I don't ~ why he didn't want to come не понимáю, почемý он не захотéл прийти; **4.** (*think, consider*) подýмать (65); let me ~! дáйте мне подýмать!; I'll ~ я подýмаю; **5.** (*attend to, supervise*) проследить (153); ~ (to it) that the door is locked! проследите, чтóбы закрыли дверь!; will you ~ (to it) that all the necessary documents are prepared? вы не проследите за тем, чтóбы приготóвили все необходимые докумéнты?; ~ that it is done проследите, чтóбы это было сдéлано; ‖ (*take care of*) позабóтиться (177) (to— о *with abl*); leave it to me, I'll ~ to it! остáвьте это мне, я об этом позабóчусь; **6.** (*accompany*) провожáть (64), *perf* проводить (152) (*with acc*); he saw her to the door / bus-stop он проводил её до (*with gen*) двéри / автóбусной остановки; may I ~ you home? разрешите проводить вас домóй; **7.** (*find out*) узнáть (64); go and ~ whether T. is here! пойдите узнáйте, здесь ли Т.!; I don't know, but I'll ~ я не знáю, но постарáюсь узнáть; ⊙ ~ **for oneself** убедиться (153); go and ~ for yourself! пойдите и убедитесь сáми!; ~ **about** (*take care of*) позабóтиться о (*with abl*); I'll ~ about the luggage / rooms я позабóчусь о багажé / кóмнатах; ~ **off** провожáть, *perf* проводить (*with acc*); we went to the station to ~ him off мы поéхали на вокзáл проводить егó.

seed *sb* **1.** сéмя *n* (15b, *gen pl* семян); **2.** *collect* семенá *pl* (15b) [1) *with gen* of a plant растéния, of fruit фрýктов, of berries ягод; 2) sow сéять, scatter разбрáсывать].

seek (*search for*) искáть (83), *no perf* [*with gen* shelter убéжища, safety безопáсности, help, aid пóмощи, support поддéржки, protection защиты].

seem казáться (48), *perf* показáться (48) (to — *with dat*); it ~s to me / him that... мне / емý кáжется, что...; it ~s so to me мне так кáжется; that's how it ~s to me мне так кáжется; it does not ~ cold to me мне не кáжется, что хóлодно; it ~ed that nobody knew anything about the matter казáлось, что никтó ничегó об этом не знал; it ~s so как бýдто так; it ~s cold / warm today сего́дня, ка́жется, хо́лодно / тепло́; he ~ed glad to see me каза́лось, он был рад меня́ ви́деть; she ~ed to want to say something каза́лось, она́ хоте́ла что́-то сказа́ть; he is not what he ~s он не тако́в, каки́м ка́жется; you don't ~ to understand one thing... вы, ка́жется, одного́ не понима́ете...; { *adj and sb after* seem *are translated in instr*: he ~ed tired / calm / surprised / quite happy он каза́лся уста́лым / споко́йным / удивлённым / вполне́ счастли́вым; the work did not ~ difficult / easy / hard рабо́та не каза́лась тру́дной / лёгкой / тяжёлой; every minute ~de an hour ка́ждая мину́та каза́лась ча́сом.

seize 1. (*grasp, take hold of*) хвата́ть (64), схва́тывать (65), *perf* схвати́ть (192) [1) *with acc* boy ма́льчика, letter письмо́; 2) by the arm за́ руку, by the collar за во́рот, by the shoulder за плечо́; 3) firmly, tightly кре́пко, quickly бы́стро]; he ~d me by the hand он схвати́л меня́ за́ руку; he ~d the rope он ухвати́лся за кана́т; he ~d the weapon он схвати́лся за ору́жие; 2. (*capture, take possession of*) захва́тывать (65), *perf* захвати́ть (192) [*with acc* city го́род, ship кора́бль, property со́бственность, fortress кре́пость]; the village was ~d on the first day of the war дере́вня была́ захва́чена в пе́рвый день войны́; 3. (*be affected*) охва́тывать (65), *perf* охвати́ть (192); fear / panic ~d them их охвати́л страх / охвати́ла па́ника; he was ~d with remorse / with shame его́ охвати́ло чу́вство раска́яния / стыда́; 4. (*make use*) воспо́льзоваться (244) [*with instr* opportunity слу́чаем].

seldom ре́дко; after that we ~ heard from him по́сле э́того мы ре́дко получа́ли от него́ изве́стия; he is ~ here in the afternoon он ре́дко быва́ет здесь днём; it ~ rains here здесь ре́дко идёт дождь.

select *v* (*pick out*) выбира́ть (64), *perf* вы́брать (43) [1) *with acc* gift пода́рок, suitable person подходя́щего челове́ка; 2) carefully тща́тельно]; { (*choose*) отбира́ть (64), *perf* отобра́ть (44) [*with acc* the best singers лу́чших певцо́в, the most typical cases наибо́лее типи́чные слу́чаи, the best samples лу́чшие образцы́]; the finest plants were ~ed and sent to the exhibition лу́чшие расте́ния бы́ли ото́браны и по́сланы на вы́ставку.

self- *in compound words* само-; ~-confidence самоуве́ренность *f* (29c); ~-command самооблада́ние *n* (18c); ~-defence самозащи́та *f* (19c); ~-sacrifice самопоже́ртвование *n* (18c).

sell продава́ть (63), *perf* прода́ть (214) [1) *with acc* goods това́ры, food проду́кты, furniture ме́бель, house дом; 2) *with dat* to smb кому́-л.; 3) cheap дёшево, dear(ly) до́рого, profitably вы́годно, for ten dollars за де́сять до́лларов, at a loss с убы́тком, at a reduced price по сни́женной цене́, for cash за нали́чные де́ньги]; the shop ~s furniture / clothes в магази́не продаётся ме́бель / оде́жда; go to any shop ~ing leather goods! зайди́те в любо́й магази́н, где продаю́тся изде́лия из ко́жи!; ~ **out** распродава́ть (63), *perf* распрода́ть (214) (*with acc*); that size is sold out э́тот разме́р уже́ распро́дан.

senate сена́т *m* (1f).

senator сена́тор *m* (1e)

send 1. (*dispatch*) посыла́ть (64), *perf* посла́ть (61) [1) *with acc* answer отве́т, letter письмо́, parcel посы́лку, present пода́рок, flowers цветы́, invitation приглаше́ние, car маши́ну; messenger посы́льного, boy ма́льчика; 2) abroad за грани́цу, to Moscow в Москву́, (to) smb кому́-л., back наза́д; 3) за *with instr* for the tickets за биле́тами, for newspapers за газе́тами; 4) by rail по желе́зной доро́ге, by mail, by post по по́чте, by air mail возду́шной по́чтой]; ~ him with a message! пошли́те его́ с запи́ской!; we sent him a telegram мы посла́ли ему́ телегра́мму; the factory sent him to study заво́д посла́л его́ учи́ться; I have a telegram to ~ мне ну́жно посла́ть телегра́мму; ⊙ ~ **a child to school** отда́ть (214) ребёнка в шко́лу; ~ **one's love** посыла́ть (64), передава́ть (63) приве́т (to — *with dat*); *see* love I; **2.** (*ask to come*) посыла́ть (64), *perf* посла́ть (61) [1) *with acc* the boy ма́льчика, the servant слугу́; 2) за *with instr* for the doctor за врачо́м, for him за ним]; did you ~ for me? вы посыла́ли за мно́й?; ~ **off** (*dispatch*) отсыла́ть (64), *perf* отосла́ть (61) [*with acc* letter письмо́, parcel посы́лку, goods това́ры]; this parcel must be sent off today э́ту посы́лку на́до отпра́вить сего́дня.

sense *sb* **1.** (*feeling*) чу́вство *n* (14c) [*with gen* of duty до́лга, of humour ю́мора, of proportion ме́ры, of security безопа́сности, of danger опа́сности]; he has a strong ~ of duty у него́ си́льно ра́звито чу́вство до́лга; | ощуще́ние *n* (18c) [*with gen* of pain бо́ли, of cold хо́лода]; ⊙ **come to one's ~s** приходи́ть (152) в себя́, *perf* прийти́ (206) в себя́; **2.** (*judgement, brains*) смысл *m, no pl* (1f); he has plenty of ~ он о́чень разу́мный челове́к; what's the ~ of doing it? како́й смысл де́лать э́то?; there is no ~ in leaving now нет никако́го смы́сла сейча́с уходи́ть; there's a lot of ~ in what he says в том, что он говори́т, мно́го разу́много; talk ~ говори́ть разу́мно, де́льно; ⊙ **common** ~ здра́вый смысл; there is much common ~ in his proposal в его́ предложе́нии мно́го здра́вого смы́сла; **3.** (*meaning*) смысл [1) strict то́чный, literal буква́льный; 2) *with gen* of a word сло́ва, of a phrase фра́зы]; in a good / bad ~ в хоро́шем / плохо́м смы́сле сло́ва; in what ~ did you use the word? в како́м смы́сле вы употреби́ли э́то сло́во?; ⊙ **make** ~ име́ть (98) смысл; it makes no ~ э́то не име́ет никако́го смы́сла; she couldn't make ~ of what he said она́ не могла́ поня́ть смы́сла того́, что он сказа́л; **in a (certain)** ~ в изве́стном смы́сле.

sentence I (*sbphrase*) предложе́ние *n* (18c) [1) simple просто́е, long дли́нное, complicated запу́танное, сло́жное, difficult тру́дное; 2) write написа́ть, read прочита́ть, dictate диктова́ть, translate перевести́, repeat повтори́ть]; he did not understand the last ~ in the text он не по́нял после́днего предложе́ния в те́ксте.

sentence II *sb* (*of law*) пригово́р *m* (1f) [1) severe суро́вый, nominal усло́вный, final оконча́тельный; 2) pass выноси́ть, announce объявля́ть, carry out привести́ в исполне́ние].

sentence III *v* пригово-ри́ть (158) (*with acc*); he was ~d to death / to three years' imprisonment он был приговорён к (*with dat*) сме́рти / к трёхле́тнему заключе́нию.

separate I *a* отде́льный (31b) [house дом, entrance вход; question вопро́с]; отде́льная [apartment кварти́ра, part часть, room ко́мната]; отде́льное [building зда́ние]; all these ~ cases have something in common все э́ти отде́льные слу́чаи име́ют что́-то о́бщее; keep this book / medicine ~ from the others! храни́те э́ту кни́гу / э́то лека́рство отде́льно от други́х, остальны́х.

separate II *v* **1.** (*divide, set apart*) отделя́ть (223), *perf* отдели́ть (156) (*with acc*; from — от *with gen*); the Channel ~s England from France проли́в Ла-Ма́нш отделя́ет А́нглию от Фра́нции; we ~d the good apples from the bad мы отдели́ли хоро́шие я́блоки от плохи́х; | разделя́ть (223), *perf* раздели́ть (156) (*with acc*); the river ~s the village into two equal parts река́ разделя́ет дере́вню на две ра́вные ча́сти; the two parts of the city are ~d by a river две ча́сти го́рода разделя́ются реко́й; **2.** (*part*) расстава́ться (63), *perf* расста́ться (51); we talked until midnight and then ~d мы проговори́ли до полу́ночи, а зате́м расста́лись; ‖ разлуча́ться (64) (from — с *with instr*); he did not want to be ~d from his friend он не хоте́л разлуча́ться со свои́м дру́гом.

September сентя́брь *m* (2b); *see* April.

series 1. се́рия *f* (23c) [1) complete по́лная, unfinished незако́нченная, new но́вая; 2) *with gen* of textbooks уче́бников, of lectures ле́кций]; **2.** (*a number of*) ряд *m* (1k); a ~ of events / of questions ряд (*with gen*) собы́тий / вопро́сов; they won a ~ of battles они́ вы́играли ряд сраже́ний.

serious серьёзный (31b) [person челове́к; question вопро́с, examination экза́мен]; серьёзная [article статья́, book кни́га, problem пробле́ма, mistake оши́бка, reason причи́на, disease боле́знь]; серьёзное [face лицо́; difficulty затрудне́ние, matter де́ло, objection возраже́ние, warning предупрежде́ние, offer предложе́ние]; the matter requires ~ consideration э́тот вопро́с тре́бует серьёзного рассмотре́ния; he looked very ~ он вы́глядел о́чень серьёзным; are you ~? вы серьёзно (э́то говори́те)?; I want to have a ~ talk with you я хочу́ серьёзно поговори́ть с ва́ми.

seriously серьёзно [think ду́мать, speak говори́ть]; he was ~ wounded / ill он был серьёзно ра́нен / бо́лен.

servant слуга́ *m* (22g, *acc sg* слугу́), служа́нка *f* (22c); engage, hire / keep / dismiss a ~ нанима́ть / держа́ть / увольня́ть слугу́.

serve *v* **1.** (*of military forces*) служи́ть (175) [в *with abl* in the army в а́рмии, in the navy в вое́нно-морско́м фло́те]; he ~d in the army for twenty-five years он прослужи́л в а́рмии два́дцать пять лет; **2.** (*wait on, attend to*) обслу́живать (65), *perf* обслужи́ть (175) [1) *with acc* customer посети́теля; 2) well хорошо́, fast, quickly бы́стро; 3) в *with abl* at a hotel в гости́нице, in a shop в магази́не, at a restaurant в рестора́не]; **3.** (*bring food to table*) подава́ть (63), *perf* пода́ть (214) [*with acc* dinner обе́д, coffee ко́фе, soup суп, fish ры́бу]; dinner is ~d обе́д по́дан; breakfast was ~d in the garden за́втрак был по́дан в саду́; **4.** (*be used as*) служи́ть [*with instr* as a shelf по́лкой, as a seat, chair сту́лом, as a bed посте́лью]; we sat down around the box that ~d as a table мы се́ли вокру́г я́щика, кото́рый служи́л нам столо́м; ~ a purpose служи́ть це́ли; ‖ (*satisfy*) годи́ться (153), *no perf*; the bag isn't very good but it will ~ чемодáн не óчень хорóший, но он годи́тся; what purpose can it ~? на что э́то (годи́тся)?; ◇ **it ~s him / them right** поделóм емý / им, так емý / им и нáдо.

service *sb* **1.** (*employment*) слýжба *f* (19c) [long дóлгая, short непродолжи́тельная, hard тяжёлая, easy лёгкая]; he returned home after two years of military ~ он вернýлся домóй пóсле двух лет слýжбы в áрмии; **2.** (*attendance*) обслýживание *n*, *no pl* (18c) [1) medical медици́нское; excellent прекрáсное, poor плохóе; 2) в *with abl* in a shop в магази́не, in, at a restaurant в ресторáне; 3) improve улучшáть]; the ~ at this hotel is very good в э́той гости́нице óчень хорóшее обслýживание; they complained of the poor ~ они́ жáловались на плохóе обслýживание; ⊙ **public ~s** коммунáльные услýги (22b); **3.** (*favour*) услýга *f* (22b) [immense огрóмная, great большáя]; do a ~ оказáть услýгу; offer one's ~s предложи́ть свои́ услýги; I am at your ~ я к вáшим услýгам; can I be of any ~ (to you)? чем (я) могý быть вам полéзен?; render smb a great ~ оказáть комý-л большýю услýгу; professional ~s профессионáльные услýги; you will need a lawyer's ~s вам потрéбуются услýги юри́ста.

set I *sb* (*of things*) набóр *m* (1f) [*with gen* of instruments инструмéнтов]; | комплéкт *m* (1f) [1) complete пóлный, incomplete непóлный; 2) *with gen* of books книг, of textbooks учéбников, of chairs стýльев]; dinner / tea ~ обéденный / чáйный серви́з; toilet ~ туалéтный прибóр; ⊙ **radio ~, wireless ~** (радио-) приёмник *m* (4c).

set II *v* (*put, place*) стáвить (168), *perf* постáвить (168) [1) *with acc* box я́щик, table стол, chair стул; trap капкáн, ловýшку; food едý; 2) carefully осторóжно, hastily поспéшно, firmly прóчно]; **2.** (*go below horizon*) сади́ться (153), *perf* сесть (239), заходи́ть (152), *perf* зайти́ (206); the sun was ~ting сóлнце сади́лось; the moon has ~ лунá зашлá; at what time does the sun ~? в котóром часý захóдит, сади́тся сóлнце?; **3.** (*give task*) стáвить, *perf* постáвить [*with acc* aim цель, task задáчу]; he ~ himself the task of writing a page a day он постáвил себé задáчу писáть по однóй страни́це в день; ~ a problem вы́двинуть проблéму; **4.** (*fix*) устанáвливать (65), *perf* установи́ть (168)[*with acc* limits грани́цы, time врéмя, date дáту]; they asked me to ~ a date for the meeting они́ попроси́ли меня́ назна́чить день собра́ния; **5.** (*start*) принима́ться (64), *perf* приня́ться (232) [за *with acc* to work за рабо́ту]; ~ **aside** (*reserve*) откла́дывать (65), *perf* отложи́ть (175) (*with acc*); the money had been ~ aside for a definite purpose де́ньги бы́ли отло́жены для определённой це́ли; ~ **in** наступа́ть (64), *perf* наступи́ть (169); winter has ~ in наступи́ла зима́; rain ~ in наступи́ла дождли́вая пого́да; ‖ устана́вливаться (65), *perf* установи́ться (147); fine weather has ~ in установи́лась хоро́шая, я́сная пого́да; ~ **out** (*start, depart*) отправля́ться (223), *perf* отпра́виться (168); ~ out on a journey отпра́виться в путеше́ствие; ~ **up** 1) (*establish*) создава́ть (63), *perf* созда́ть (214) [*with acc* committee комите́т, government прави́тельство]; 2) (*erect*) ста́вить, *perf* поста́вить [*with acc* monument па́мятник, statue ста́тую]; ◇ ~ **at liberty,** ~ **free** освобожда́ть (64), *perf* освободи́ть (153) (*with acc*); they ~ the country / all the prisoners free они́ освободи́ли страну́ / всех плённых; ~ **fire to,** ~ **on fire** поджига́ть (64), *perf* поджёчь (145); *see* fire; ~ **the table** накрыва́ть (64) на стол, *perf* накры́ть (209) на стол; *see* table; ~ **in order** приводи́ть (152) в поря́док, *perf* привести́ (219) в поря́док (*with acc*); ~ **eyes on** уви́деть (155) (*with acc*); ~ **an example** подава́ть (63) приме́р, *perf* пода́ть (214) приме́р.

settle *v* **1.** (*take up residence*) поселя́ться (223), *perf* посели́ться (158); we have ~d in a village мы посели́лись в дере́вне; **2.** (*sit down*) уса́живаться (65), *perf* усе́сться (239); he ~d himself comfortably in the arm-chair / on the couch он удо́бно усе́лся в кре́сле / на дива́не; the bird ~d on a branch пти́чка усе́лась на ве́тке; ‖ the dust ~d пыль улегла́сь; the rain ~d the dust дождь приби́л пыль; **3.** (*fix, decide*) реша́ть (64), *perf* реши́ть (171) (*with acc*); that ~s the matter э́то реша́ет вопро́с; there's nothing ~d ещё ничто́ не решено́; that's ~d! решено́!; ‖ (*bring to satisfactory conclusion*) ула́живать (65), *perf* ула́дить (155) [*with acc* quarrel ссо́ру, case де́ло, difficulty затрудне́ние, one's affairs свой дела́]; ~ doubts рассе́ять (224) сомне́ния; ~ **down** (*of occupation*) принима́ться (64), *perf* приня́ться (232) (to — за *with acc*); he ~d down to work он приня́лся за рабо́ту.

settlement (*small town, village*) посёлок *m* (4d); build a ~ постро́ить посёлок; live in a ~ жить в посёлке.

seven семь (39c); *see* eight.

seventeen семнáдцать (39c); *see* eight.

seventy сéмьдесят (39d); *see* eight, thirty.

several нéсколько (*with gen*); ~ (of the) men / children нéсколько человéк / детéй; I told them ~ times я говори́л им нéсколько раз; I shall need ~ more people мне понáдобится ещё нéсколько человéк; ~ years passed прошлó нéсколько лет.

severe 1. (*stern, harsh*) суróвый (31b) [climate клúмат, frost морóз; character харáктер; sentence приговóр]; суróвая [winter зимá, beauty красотá]; суróвое [test испытáние, punishment наказáние]; **2.** (*strict*) стрóгий (33b) [look взгляд; teacher учи́тель, master хозя́ин]; стрóгая [discipline дисципли́на, criticism крúтика]; he was too ~ with his son он слúшком стрóго обращáлся со свои́м сы́ном; **3.** (*intense, serious*) серьёзный (31b); серьёзная [illness болéзнь]; ~ pain óстрая боль.

sew шить (180), *perf* сшить (181) [*with acc* dress плáтье, shirt рубáшку, coat пальтó]; she ~s all her children's things herself онá самá шьёт все вéщи свои́м дéтям; ~ **on** пришивáть (64), *perf* приши́ть (180) (*with acc*); she ~ed the button on онá приши́ла пýговицу; ~ **up** зашивáть (64), *perf* заши́ть (180) (*with acc*); she ~ed up the sleeve онá заши́ла рукáв.

shade *sb* **1.** (*shadow*) тень *f* (29c) [1) cool прохлáдная, deep густáя; 2) *with gen* of a tree дéрева, from a building здáния; 3) give давáть]; they sat down to rest in the ~ они́ сéли отдохнýть в тени́; there isn't much ~ here здесь мáло тéни; remain / lie in the ~ оставáться / лежáть в тени́; **2.** (*colour variant*) оттéнок *m* (4d) [pleasant прия́тный, dark тёмный, lighter бóлее свéтлый]; the same colour in a lighter ~ тот же цвет бóлее свéтлого оттéнка; different ~s of red разли́чные оттéнки крáсного (цвéта); I don't like this ~ of green мне не нрáвится э́тот оттéнок зелёного (цвéта); there was a ~ of irony in his answer он отвéтил с оттéнком ирóнии.

shadow *sb* (*patch of shade*) тень *f* (29c) [1) deep густáя, long дли́нная; 2) *with gen* of a tree дéрева, of a person человéка, of a building здáния; 3) falls across the road пáдает на дорóгу, deepens сгущáется, disappears исчезáет]; cast, throw a ~ бросáть тень; he looked up when my ~ fell on his newspaper когдá моя́ тень упáла на егó газéту, он пóднял глазá; the child was afraid of his own ~ ребёнок боя́лся своéй тéни; he followed ner like a ~ он слéдовал за нéю как тень; in ~ в тенú; her face was in ~ её лицó бы́ло в тенú.

shake *v* **1.** (*pull and push*) трясти́ (221) [1) *with acc* tree дéрево, blanket одея́ло, clothes одéжду, table-cloth скáтерть; 2) violently си́льно, thoroughly тщáтельно, carefully осторóжно]; he shook him by the shoulders он потря́с егó за плéчи; he shook the rain / snow off his coat он стряхну́л с пальтó кáпли дождя́ / снег; ~ (up) a bottle of medicine взбáлтывать лекáрство; ⊙ ~ **hands** пожáть (82) ру́ку, ру́ки, здорóваться (65) зá руку, *perf* поздорóваться (65) зá руку; he shook hands with everybody он со всéми поздорóвался зá руку; they shook hands онú поздорóвались (зá руку); let's ~ hands and be friends пожмём ру́ки и поми́римся; ~ **one's finger at** грози́ть (191) пáльцем, *perf* погрози́ть (191) пáльцем (*with dat*); **2.** (*cause to move*) качáть (64); the wind shook the trees вéтер качáл дерéвья; ⊙ ~ **one's head** качáть головóй, *perf* покачáть (64) головóй; he shook his head in answer to my question в отвéт на мой вопрóс он (отрицáтельно) покачáл головóй; **3.** (*vibrate, rock*) качáться (64) [up and down вверх и вниз, from side to side из стороны́ в стóрону]; the chair / table ~s стул / стол качáется; **4.** (*shiver, tremble*) дрожáть (46), *no perf* [1) от *with gen* with cold от хóлода, with excitement от возбуждéния, with fear от стрáха, with fright от испу́га, from, with weakness от слáбости; 2) from head to foot с ног до головы́]; his hands were shaking у негó дрожáли ру́ки; she was shaking all over онá вся дрожáла; his voice shook when he began to speak егó гóлос задрожáл, когдá он нáчал говори́ть; **5.** (*make weak, less firm*) колебáть (86), *perf* поколебáть (86) [*with acc* determination реши́мость, courage му́жество, faith вéру]; nothing could ~ his decision ничтó не моглó поколебáть егó решéния; they were much ~n at, by the news онú бы́ли си́льно потрясены́ э́тим извéстием; ~ **off** стря́хивать (65), *perf* стряхну́ть (130) [*with acc* sleep сон, drowsiness дремóту]; ~ off one's cares стряхну́ть с себя́ забóты.

shall I *aux of future tense* бу́ду (*sg 1st pers*), бу́дем (*pl 1st pers*), бу́дете (*pl 2nd pers*) *followed by imperf inf*; I / we ~ travel in the South in summer лéтом я бу́ду / мы бу́дем путешéствовать по ю́гу; I ~ be waiting for you я бу́ду вас ждать; tomorrow we ~

work till four o'clock за́втра мы бу́дем рабо́тать до четырёх часо́в; ~ you live in the country all summer? вы бу́дете жить на да́че всё ле́то?; I / we ~ be here till five я бу́ду / мы бу́дем здесь до пяти́ (часо́в); ~ you be at the theatre tonight? вы бу́дете сего́дня ве́чером в теа́тре?; we ~ be very glad to see you мы бу́дем о́чень ра́ды вас ви́деть; { *not translated if Russian verb is in perf aspect*: I ~ see him tomorrow я уви́жу его́ за́втра; we ~ do it next week мы э́то сде́лаем на сле́дующей неде́ле; ~ you come back tomorrow or the next day? вы вернётесь за́втра и́ли послеза́втра?; II *modal, not translated*: ~ I translate / repeat the sentence / answer the question? мне переводи́ть / повтори́ть предложе́ние / отве́тить на вопро́с?; ~ I come again tomorrow? мне прийти́ ещё раз за́втра?; ~ I wait for you? мне подожда́ть вас?; ~ I telephone before coming? мне позвони́ть перед те́м, как прийти́?

shallow *a* ме́лкий (33b) [stream руче́й, lagoon зали́в]; ме́лкая [water вода́, river река́; dish таре́лка]; ме́лкое [lake о́зеро].

shame *sb* **1.** (*painful feeling of having done wrong*) стыд *m*, *no pl* (1c); feel ~ at the thought of... испы́тывать чу́вство стыда́ при мы́сли о (*with abl*)...; he has no sense of ~ у него́ нет чу́вства стыда́; ~! сты́дно!; ~ on you! стыди́тесь!; for ~! как не сты́дно!, стыди́тесь!; he was filled with ~ at having told a lie / failed in the examination ему́ бы́ло сты́дно, что он сказа́л непра́вду / провали́лся на экза́мене; flush with ~ покрасне́ть от стыда́; **2.** (*disgrace, dishonour*) позо́р *m*, *no pl* (1f); bring ~ on smb опозо́рить (*with acc*) кого́-л.; put smb to ~ срами́ть (*with acc*) кого́-л.; ⊙ **what a ~!** како́й позо́р!; **3.** (*pity*): what a ~ I did not know before! как жаль, что я не зна́л(а) об э́том ра́ньше!

shape *sb* (*form*) фо́рма *f* (19c) [1) oblong продолгова́тая, well-proportioned пропорциона́льная; graceful изя́щная, unusual необы́чная; 2) *with gen* of a thing ве́щи, of a mountain горы́, of a tower ба́шни, of a hat шля́пы]; what ~ is the table, round or square? како́й фо́рмы стол — кру́глый и́ли квадра́тный?; hasn't that cloud a strange ~? не пра́вда ли, у э́того о́блака стра́нная фо́рма?; they are of a similar / different ~ они́ одина́ковы / разли́чны по фо́рме; assume the ~ of принима́ть фо́рму, вид (*with gen*); be out of ~ быть бесфо́рменным, потеря́ть фо́рму; get out of

~ терять форму; ∥ (*outline*) очертание *n* (18c); *usu pl* очертания [dim неясные, distinct чёткие, vague расплывчатые]; we could not make out the ~ of the house in the dark в темноте мы не могли разобрать очертания дома; ⊙ **in ~** по форме; in ~ it was like an egg по форме это напоминало яйцо; the first sputnik was round in ~ первый спутник был круглым по форме; **in the ~ of** в форме, в виде (*with gen*); a mark in the ~ of the letter S знак в виде буквы S.

share I *sb* **1.** (*part*) часть *f* (29b) [fair справедливая, proper должная, large большая, small небольшая]; demand / get, receive one's ~ требовать / получить свою часть; ∥ (*due part*) доля *f* (20e); equal ~ равная доля; fall to one's ~ приходиться на чью-л. долю; this is your ~ это ваша доля; everybody ought to have his proper ~ каждый должен получить причитающуюся ему долю; what is my ~ of the expenses? какая часть расходов приходится на мою долю?; **2.** (*part of responsibility*) участие *n*, *no pl* (18c) [в *with abl* in a business в деле, in the work в работе]; I had no ~ in the matter я не принимал(а) участия в этом деле; **3.** (*stock*) акция *f* (23c); hold / buy / sell ~s держать / покупать / продавать акции; the ~s have fallen, dropped акции упали.

share II *v* **1.** (*divide, distribute*) делить (156) [*with acc* meal еду, money деньги, property собственность]; they ~d their troubles and joys они делили горе и радость; they decided to ~ the expense они решили поделить расходы между собой, поровну; ∥ (*sympathize with*) разделять (223) (*with acc*); he ~d my feelings / my opinion он разделял мои чувства / моё мнение; **2.** (*use, have, own together*): she ~d the bench with two girls она сидела на одной скамейке с двумя девушками; they ~d a room они вместе нанимали комнату, они жили в одной комнате; **3.** (*take part*) принимать (64) участие, *perf* принять (232) участие (в *with abl*); he offered to ~ in the expenses он предложил принять участие в расходах.

sharp I *a* **1.** (*not blunt*) острый (31b) [knife нож, edge край, pencil карандаш, end конец]; острая [razor бритва, pin булавка]; ∥ *fig* острый [mind ум, ear слух]; ~ eyes острое зрение; **2.** (*severe, intense*) острый, резкий (33b); ~ wind резкий ветер; ~ pain острая боль; ~ frost сильный мороз; he felt a sudden ~ pain in his heart / in his chest внезапно он почу́вствовал о́струю боль в се́рдце / в груди́; ~ attack of a disease / pain о́стрый при́ступ боле́зни / бо́ли; ‖ (*sudden and considerable*) ре́зкий, значи́тельный (31b); there has been a ~ rise / fall in the temperature during the night но́чью температу́ра ре́зко подняла́сь / упа́ла; **3.** (*rude*) ре́зкий, гру́бый (31b) [tone тон, answer отве́т, voice го́лос]; ре́зкая, гру́бая [manner мане́ра]; ре́зкие [movements движе́ния, words слова́]; **4.** (*loud*) ре́зкий [knock стук, cry крик, sound звук].

sharp II *adv* ро́вно; he came at three o'clock ~ он пришёл ро́вно в три часа́; the lecture begins at six (o'clock) ~ ле́кция начина́ется ро́вно в шесть (часо́в).

sharpen точи́ть (173), *perf* наточи́ть (173) [*with acc* knife нож]; ‖ чини́ть (156), *perf* очини́ть (156) [*with acc* pencil каранда́ш]; ‖ заостря́ть (223), *perf* заостри́ть (158) [*with acc* stick па́лку, point ко́нчик].

sharply 1. (*abruptly, suddenly*) кру́то; the road turned ~ to the left доро́га кру́то повора́чивала, свора́чивала нале́во; **2.** (*rudely*) ре́зко [answer, reply отве́тить, speak разгова́ривать, ask спроси́ть].

shave *v* **1.** брить (195), *perf* побри́ть (195) [*with instr* with a razor бри́твой]; he has ~d (off) his beard он сбрил (себе́) бо́роду; **2.**: ~ (oneself) бри́ться (195), *perf* побри́ться (195).

she *pron pers* она́ (*3d pers sg f*) (40b); it is ~ э́то она́; ~ is a doctor / teacher / actress она́ врач / учи́тельница / арти́стка; ~ works hard она́ мно́го рабо́тает; ~ will do it herself она́ сде́лает э́то сама́; ~ was here yesterday она́ была́ здесь вчера́; ~ may be late она́, возмо́жно, опозда́ет; ~ has many friends у неё мно́го друзе́й; ~ and I мы с не́ю; ~ and her brother она́ с бра́том; ~ liked the play пье́са ей понра́вилась; ~ wanted to go to the country for the summer ей хоте́лось пое́хать на да́чу на ле́то; *also see* her **II**.

shed I *sb* сара́й *m* (13c) [large большо́й, spacious просто́рный, half-ruined полуразвали́вшийся]; keep smth in a ~ храни́ть что-л. в сара́е.

shed II *v* лить (180); ~ tears лить, пролива́ть (64) слёзы.

sheep овца́ *f* (21b); raise, breed ~ разводи́ть ове́ц; flock of ~ ста́до ове́ц.

sheet *sb* **1.** (*flat, broad piece*) лист *m* (1c) [1) thin то́нкий, broad широ́кий, smooth гла́дкий, square квадра́тный; 2) *with gen* of paper бума́ги, of iron желе́за]; he took a clean ~ of paper он взял чи́стый лист бума́ги; he wrapped the books in a ~ of paper он заверну́л кни́ги в лист бума́ги; **2.** (*linen*) простыня́ *f* (*sg* 20a, *pl* про́стыни, просты́нь, простыня́м, про́стыни, простыня́ми, простыня́х) [fresh све́жая, clean чи́стая]; spread / change a ~ стели́ть / смени́ть простыню́.

shelf по́лка *f* (22d) [1) small, little ма́ленькая, long дли́нная, narrow у́зкая, wide широ́кая, empty пуста́я, wooden деревя́нная; 2) hangs виси́т, shakes кача́ется]; make / hang / fix up a ~ сде́лать / пове́сить / прикрепи́ть по́лку; keep smth on the ~ держа́ть что-л. на по́лке; take smth off the ~ снять что-л. с по́лки; fill the ~ with books заста́вить по́лку кни́гами.

shell *sb* **1.** (*of sea animal*) ра́ковина *f* (19c), раку́шка *f* (22f); open a ~ раскры́ть ра́ковину; gather / look for ~s on the beach собира́ть / иска́ть ра́ковины, раку́шки на берегу́; **2.** (*of egg, etc.*) скорлупа́ *f* (19g) [*with gen* of an egg яйца́, of a nut opе́ха]; break the ~ разби́ть скорлупу́; **3.** (*explosive*) снаря́д *m* (1f) [explodes взрыва́ется, hits smth попада́ет во что-л., falls па́дает]; fire ~s at smth обстре́ливать что-л. снаря́дами.

shelter I *sb* **1.** (*anything that protects, covers*) прию́т *m* (1f) [look for иска́ть, find найти́, give дава́ть]; ‖ (*sanctuary*) убе́жище *n* (17a) [1) excellent прекра́сное, safe надёжное, poor ненадёжное; 2) от *with gen* from rain от дождя́, from wind от ве́тра]; we found ~ from the rain in an old barn мы нашли́ себе́ убе́жище от дождя́ в ста́ром сара́е; ⊙ **air-raid** ~ бомбоубе́жище *n* (17a); **2.** (*place of safety*) укры́тие *n* (18c) [strong про́чное, safe надёжное]; under the ~ of под прикры́тием (*with gen*), под защи́той (*with gen*); ⊙ **take** ~ укры́ться (209); we took ~ under a rock / in a cave / under a tree мы укры́лись под скало́й / в пеще́ре / под де́ревом; take ~ from the sun / rain укры́ться от (*with gen*) со́лнца / дождя́.

shelter II *v* **1.** (*protect*) защища́ть (64), *perf* защити́ть (161) (*with acc*); the deep trenches ~ed the soldiers from the enemy's fire глубо́кие око́пы защища́ли солда́т от (*with gen*) огня́ проти́вника; the trees ~ed the field from the north wind дере́вья защища́ли по́ле от се́верных ве́тров; **2.** (*give secure place*) дава́ть (63) прию́т, *perf* дать (214) прию́т (*with dat*); he gave us ~ for the night он дал нам прию́т, приюти́л нас на́ ночь; **3.** (*hide*) укрыва́ться (64), *perf* укры́ться (209) [1) от *with gen* from the sun от со́лнца, from the rain от дождя́, from the storm от бу́ри; 2) behind a rock за скало́й, under a tree под де́ревом, in the shed в сара́е].

shepherd пасту́х *m* (4e).

shift I *sb* (*period of work*) сме́на *f* (19c) [night ночна́я, day дневна́я, seven-hour семичасова́я]; two ~s две сме́ны; he works in the night ~ он рабо́тает в ночно́й сме́не.

shift II *v* **1.** (*change place*) перемени́ть (156) [*with acc* place ме́сто, position положе́ние]; { переложи́ть (175) (*with acc*); he ~ed the burden from one shoulder to the other он переложи́л но́шу с одного́ плеча́ на друго́е; ~ responsibility on, to smb переложи́ть отве́тственность на (*with acc*) кого́-л.; **2.** (*change*) перемени́ться (156); the wind ~ed to the north ве́тер перемени́лся на се́верный.

shilling ши́ллинг *m* (4d); *see* dollar.

shine *v* **1.** (*give light*) свети́ть (192), *no perf* [brightly я́рко, faintly нея́рко]; the sun / the moon / the lamp is shining brightly я́рко све́тит со́лнце / луна́ / ла́мпа; a lonely star was shining in the sky на не́бе сия́ла одино́кая звезда́; a light was shining in the window в окне́ горе́л свет; **2.** (*glitter*) блесте́ть (105), сверка́ть (64) [in the light на свету́, in the light of the moon при све́те луны́, in the sun на со́лнце]; the snow / ice shone in the sun снег / лёд сверка́л, блесте́л на со́лнце; her eyes were shining with pleasure её глаза́ блесте́ли, сия́ли от удово́льствия; **3.** (*polish*) чи́стить (193), *perf* почи́стить (193) [*with acc* shoes ту́фли, boots боти́нки, silver серебро́].

ship *sb* парохо́д *m* (1f) [1) comfortable комфорта́бельный, fast быстрохо́дный, big, large большо́й, special осо́бый, foreign иностра́нный; 2) goes плывёт, идёт, arrives, comes прибыва́ет, leaves отча́ливает, отхо́дит, stops остана́вливается]; catch the ~ успе́ть, попа́сть на парохо́д; miss the ~ опозда́ть на парохо́д; go by ~ е́хать на парохо́де; leave the ~ покида́ть парохо́д; get aboard a ~ сесть на парохо́д; the ~ sailed yesterday парохо́д ушёл вчера́; which ~ did you come on? на како́м парохо́де вы прие́хали?; aboard the ~ на борту́ парохо́да; when does the next ~ leave for Odessa? когда́ отхо́дит сле́дуюший парохо́д в Оде́ссу?; the ~ was far out at sea парохо́д был далеко́ в мо́ре.

shirt руба́шка *f* (22f) [1) clean чи́стая, fresh све́жая, dirty гря́зная, cheap дешёвая, simple проста́я, light лёгкая, warm тёплая, white бе́лая, coloured цветна́я, striped полоса́тая, checked клётчатая; cotton хлопчатобума́жная, silk шёлковая, nylon нейло́новая; 2) wears well хорошо́ но́сится, is torn разорвала́сь]; put on / take off / mend / wear / wash / iron a ~ наде́ть / снять / што́пать / носи́ть / стира́ть / гла́дить руба́шку; change one's ~ переоде́ть руба́шку; he always wears a white ~ он всегда́ в бе́лой руба́шке; this ~ is too small / big for me э́та руба́шка мне сли́шком мала́ / велика́; what colour is your ~? како́го цве́та ва́ша руба́шка?

shiver (*tremble*) дрожа́ть (46) [от *with gen* with cold от хо́лода, with excitement от возбужде́ния]; he was ~ing from head to foot он дрожа́л с головы́ до ног; we were all ~ing when we came out of the water мы все дрожа́ли, когда́ вы́шли из воды́; she ~ed at the thought of the coming examination она́ дрожа́ла при мы́сли о предстоя́щем экза́мене.

shock *sb* уда́р *m* (1f); she never got over the ~ of her son's death она́ так и не смогла́ опра́виться от уда́ра, кото́рый ей нанесла́ смерть сы́на; her refusal was a terrible ~ to him её отка́з был для него́ стра́шным уда́ром.

shoe *sb* (*footwear*) ту́фля *f* (20f, *gen pl* ту́фель); *usu pl* ~s ту́фли [1) good хоро́шие, beautiful, nice краси́вые, new но́вые, expensive дороги́е, cheap дешёвые, fashionable мо́дные, dirty, muddy гря́зные, wet мо́крые, narrow у́зкие, wide широ́кие, comfortable удо́бные, worn out поно́шенные, heavy тяжёлые, light лёгкие, tight те́сные, summer ле́тние; leather ко́жаные; 2) wear well хорошо́ но́сятся; 3) buy покупа́ть, clean, polish чи́стить, mend чини́ть, put on надева́ть, take off снима́ть, change смени́ть, tear порва́ть, wear носи́ть, try on примеря́ть]; these ~s hurt э́ти ту́фли жмут; these ~s are too big / small / narrow for me э́ти ту́фли мне сли́шком велики́ / малы́ / узки́; my ~s need repairing, mending мне ну́жно почини́ть ту́фли; I want to have my ~s repaired, mended / polished мне ну́жно почини́ть / почи́стить ту́фли; I'd like to see / buy a pair of ~s я хоте́л(а) бы посмотре́ть / купи́ть па́ру ту́фель; how much is this pair of ~s, how much does this pair of ~s cost? ско́лько сто́ят э́ти ту́фли?; what size ~s do you wear? како́й разме́р ту́фель вы но́сите?; ‖ (*ankle-high*) боти́нок *m* (4d, *gen pl* боти́нок); a pair of ~s па́ра боти́нок, боти́нки.

shoot *v* **1.** (*use weapon*) стреля́ть (223) [1) well хорошо́, ме́тко, badly пло́хо; 2) в *with acc* at a bird в пти́цу, at a wolf в во́лка, at a target в мише́нь]; ~ a gun / revolver стреля́ть из (*with gen*) ружья́ / револьве́ра; learn to ~ учи́ться стреля́ть; he shot into the air он вы́стрелил в во́здух; **2.** (*kill*) застрели́ть (166) [*with acc* bird пти́цу, beast зве́ря]; ~ dead застрели́ть; **3.** (*rush, dash*) промча́ться (46); the car shot past, by автомоби́ль промча́лся ми́мо; the meteor shot across the sky метео́р пролете́л по не́бу; **4.** (*of motion pictures*) снима́ть (64), *perf* снять (232) (*with acc*); ~ a film снима́ть фильм, кинокарти́ну.

shop *sb* **1.** (*large establishment for selling goods*) магази́н *m* (1f) [1) good хоро́ший, big, large большо́й, special специа́льный; 2) opens at eight o'clock открыва́ется в во́семь часо́в, closes закрыва́ется; 3) open откры́ть, close закры́ть]; buy smth at a ~ покупа́ть что-л. в магази́не; go to a ~ идти́ в магази́н; go, come into a ~ войти́ в магази́н; a flower ~ цвето́чный магази́н; the ~ is open now сейча́с магази́н откры́т; the ~ sells clothes / furniture в э́том магази́не продаётся оде́жда / ме́бель; the ~ sells toys в э́том магази́не продаю́тся игру́шки; { (*small establishment*) ла́вка *f* (22d); he owns a small ~ он владе́ет небольшо́й ла́вкой; **2.** (*part of factory*) цех *m* (4c); fitting, assembly ~ сбо́рочный цех.

shopping: go ~ пойти́ в магази́н, по магази́нам; she likes to go ~ она́ лю́бит ходи́ть по магази́нам; my sister is out ~ моя́ сестра́ ушла́ в магази́н; I have some ~ to do this afternoon сего́дня днём мне ну́жно ко́е-что́ купи́ть.

shore *sb* бе́рег *m* (4h) [1) stony камени́стый, sand песча́ный, steep круто́й, low ни́зкий, sloping поло́гий, rocky скали́стый; 2) *with gen* of a lake о́зера, of the sea мо́ря]; come (close) to the ~ подойти́, подъе́хать (бли́зко) к бе́регу; approach the ~ прибли́зиться к бе́регу; reach the ~ дости́чь бе́рега; go / walk along the ~ идти́ / гуля́ть по бе́регу; on the ~ на берегу́; a boy swam to the ~ ма́льчик доплы́л до бе́рега; the ship sails to the ~ парохо́д плывёт к бе́регу; the island is far from / close to, near the ~ о́стров нахо́дится далеко́ / недалеко́ от бе́рега; they pulled the boat up on the ~ они́ вы́тащили ло́дку на бе́рег; ⊙ **on** ~ 1) (*of place*) на берегу́; 2) (*of direction*) на бе́рег; we were happy to be on ~ again мы бы́ли ра́ды сно́ва верну́ться на бе́рег; come, go on ~ сойти́ на бе́рег.

short *a* **1.** (*of size*) коро́ткий (33b) [story расска́з, report доклáд, way путь]; корóткая [stick пáлка, grass травá; chapter главá, article статья́, note запи́ска; skirt ю́бка]; корóткое [introduction введéние, letter письмó; distance расстоя́ние; dress плáтье]; корóткие [hair вóлосы, arms рýки, fingers пáльцы, legs нóги]; ~ answer крáткий отвéт; ~ man человéк невысóкого рóста; it is a ~ distance away э́то отсю́да недалекó; this is the ~est road to the village э́то сáмая корóткая, кратчáйшая дорóга в дерéвню; ⊙ **in** ~ кóротко говоря́, вкрáтце; **2.** (*of time*) корóткий [day день, interval переры́в, антрáкт, rest óтдых]; корóткая [pause пáуза, night ночь, life жизнь]; корóткое [meeting собрáние, journey, trip путешéствие]; the day seemed ~ день казáлся корóтким; the days are getting ~er дни станóвятся корóче; his life was ~ он прóжил недóлгую жизнь; for a ~ while, for a ~ time недóлго, ненадóлго; a ~ time ago не так давнó; ◇ **be** ~**of** не хватáть (*with gen*); I am ~ of money у меня́ не хватáет дéнег; **run** ~ **of** израсхóдовать (65) (*with acc*); I've run ~ of money я израсхóдовал(а) все дéньги.

shortly (*in a short time*) вскóре; ~ after his arrival... вскóре пóсле (*with gen*) своегó приéзда...; ~ after sunset вскóре пóсле захóда сóлнца; ~ after that, ~ afterwards вскóре пóсле э́того; ~ before that happened незадóлго до тогó, как э́то случи́лось; ‖ (*soon*) скóро; I shall be seeing him ~ я скóро егó уви́жу; ~ before his departure / death незадóлго до (*with gen*) своегó отъéзда / своéй смéрти.

shot *sb* вы́стрел *m* (1f) [distant отдалённый, sharp рéзкий]; fire a ~ сдéлать вы́стрел, вы́стрелить; several ~s were heard in the distance вдали́ послы́шалось нéсколько вы́стрелов.

should I *aux of future-in-the-past*, *see* shall I; II *modal*: you ~ be more careful / more tactful вы должны́ быть бóлее осторóжны / бóлее такти́чны; you ~ not do that вы не должны́ э́того дéлать; what ~ I answer? что я дóлжен, должнá ответить?; he ~ have done it long ago он дóлжен был давнó э́то сдéлать, емý слéдовало бы давнó (ужé) э́то сдéлать; you ~n't have waited so long вам не слéдовало ждать так дóлго; III *aux of conditional* **1.** *in "real" conditions, rendered by Russian verb in future, usu perf aspect*: if you ~ see him, please ask him to call me éсли вы егó уви́дите, то попроси́те, пожáлуйста, позвáть меня́; ‖ *in "unreal"*

c
onditions, rendered by Russian verb in past, usu perf aspect with particle бы: if I had seen him yesterday, I ~ have invited him too е́сли бы я ви́дел(а) его́ вчера́, я бы его́ то́же пригласи́л(а); in your place I ~ have been frightened to death на ва́шем ме́сте я бы испуга́лся до́ смерти; without you, we ~ never have got here без вас мы сюда́ никогда́ бы не добра́лись; ⊙ ~ **like** (о́чень) хоте́лось бы; I / we ~ like to meet him again мне / нам (о́чень) хоте́лось бы опя́ть с ним встре́титься; I ~ like you to start early мне (о́чень) хоте́лось бы, что́бы вы отпра́вились пора́ньше.

shoulder *sb* плечо́ *n* (17b); *often pl* ~s пле́чи [square квадра́тные, round кру́глые, broad широ́кие, narrow у́зкие]; he felt a pain in his ~ он почу́вствовал боль в плече́; he put the bundle on his ~ он взял у́зел на плечо́; he carried the child on his ~s он нёс ребёнка на плеча́х; a camera hung from his ~ фотоаппара́т висе́л у него́ че́рез плечо́; ⊙ ~ **to** ~ плечо́м к плечу́; they fought ~ to ~ они́ сража́лись плечо́м к плечу́.

shout I *sb* крик *m* (4c) [loud гро́мкий, distant отдалённый, terrible ужа́сный]; give a ~ вскри́кнуть; he gave a ~ of pain он вскри́кнул от бо́ли; he ran forward with a ~ с кри́ком он побежа́л вперёд; we heard a ~ of warning мы услы́шали предостерега́ющий во́зглас; ~s of laughter could be heard in the next room в сосе́дней ко́мнате слы́шались взры́вы сме́ха.

shout II *v* **1.** (*speak in loud voice*) крича́ть (46), *perf* закрича́ть (46) [1) angrily серди́то, loudly гро́мко, at the top of one's voice во весь го́лос; 2) at the boy на ма́льчика, to him ему́, to the girl де́вушке, in smb's ear кому́-л. на́ ухо]; don't ~, I can hear you quite well не кричи́те, я вас хорошо́ слы́шу; **2.** (*give loud cry*) крича́ть [от *with gen* with pain от бо́ли]; the children ~ed with, for joy де́ти ра́достно крича́ли.

show I *sb* **1.** (*exhibition*) вы́ставка *f* (22d); dog ~ вы́ставка соба́к; flower ~ вы́ставка цвето́в; ‖ (*demonstration*) пока́з *m* (1f), демонстра́ция *f* (29c); fashion ~ пока́з мод; ⊙ **be on** ~ быть вы́ставленным; his pictures are on ~ in Leningrad this month в э́том ме́сяце его́ карти́ны вы́ставлены в Ленингра́де; **2.** (*performance*) спекта́кль *m* (3c); it was a magnificent ~ э́то был великоле́пный спекта́кль; ‖ (*of cinema*) сеа́нс *m* (1f); we managed to get tickets for the last ~ нам удало́сь доста́ть биле́ты на после́дний сеа́нс.

show II *v* **1.** (*let see*) пока́зывать (65), *perf* показа́ть (48); ~ smth to smb, ~ smb smth пока́зывать что-л. кому́-л.; she ~ed the picture to everybody она́ всем показа́ла карти́ну; ~ me what you have in your hand! покажи́те, что у вас в руке́!; ~ good results показа́ть хоро́шие результа́ты; ~ a film пока́зывать, демонстри́ровать фильм; **2.** (*display*) проявля́ть (223), *perf* прояви́ть (156) [*with acc* kindness доброту́, displeasure неудово́льствие]; he didn't ~ any signs of joy / surprise он не прояви́л никаки́х при́знаков ра́дости / удивле́ния; ‖ пока́зывать; his answer ~ed that he knew the subject well его́ отве́т показа́л, что он хорошо́ зна́ет предме́т; ~ one's real character показа́ть своё и́стинное лицо́; the future will ~ бу́дущее пока́жет; **3.** (*explain, demonstrate*) пока́зывать, *perf* показа́ть (*with acc*); can you ~ me the way to (the) Red Square? не мо́жете ли вы показа́ть мне доро́гу на Кра́сную пло́щадь?; he ~ed me how to play the game / what to do он показа́л мне, как игра́ть в э́ту игру́ / что де́лать; will you ~ me where to go? не пока́жете ли вы мне, куда́ идти́?; can you ~ me how to do it? не мо́жете ли вы мне показа́ть, как э́то де́лается?; the article / the book / the film ~s... в статье́ / в кни́ге / в фи́льме пока́зывается...; it ~s that I was right э́то дока́зывает, что я был(а́) прав(а́); **4.** (*guide, go with*) провожа́ть (64), *perf* проводи́ть (152) (*with acc*); she ~ed me into the room она́ провела́ меня́ в ко́мнату; she ~ed me to the door она́ проводи́ла меня́ до двери; I was ~n to the door by the host хозя́ин проводи́л меня́ до две́ри; ~ **in** вводи́ть (152), *perf* ввести́ (219) (*with acc*); the secretary ~ed him in секрета́рь ввёл его́; ~ **out** провожа́ть, *perf* проводи́ть (*with acc*); ~ **round** пока́зывать, *perf* показа́ть [*with acc* museum музе́й, town го́род]; ~ **up** (*appear*) появля́ться (223), *perf* появи́ться (156); he didn't ~ up at the party на ве́чере он не появи́лся.

shower *sb* **1.** (*rainfall*) ли́вень *m* (3f) [unexpected неожи́данный, heavy си́льный, refreshing освежа́ющий]; **2.** (*bath*) душ *m* (6c) [hot горя́чий, cold холо́дный, cool прохла́дный]; take a ~ принима́ть (64) душ, *perf* приня́ть (232) душ.

shudder *v* (*shake with fear or disgust*) содрога́ться (64), *perf* содрогну́ться (130) (at — при *with abl*); he ~ed at the thought of seeing him again он содрогну́лся при мы́сли о том, что опя́ть его́ уви́дит; she ~ed at the sight of blood она́ содрогну́лась при ви́де кро́ви.

shut 1. (*close*) закрыва́ть (64), *perf* закры́ть (209) [1) *with acc* door дверь, window окно́, drawer я́щик, bag портфе́ль; one's mouth рот, one's eyes глаза́; 2) softly ти́хо, with a bang с шу́мом, easily легко́, with great difficulty с больши́м трудо́м]; who ~ the gate? кто закры́л воро́та?; will you ~ the door, please? вы не закро́ете дверь?, закро́йте, пожа́луйста, дверь!; ~ the door after you! закро́йте за собо́й дверь!; he ~ the door behind him but forgot to lock it он закры́л за собо́й дверь, но забы́л её запере́ть; her eyes were ~ её глаза́ бы́ли закры́ты; 2. (*become closed*) закрыва́ться (64), *perf* закры́ться (209); the box ~ quite easily / with difficulty я́щик закры́лся совсе́м легко́ / с трудо́м; the door won't ~ дверь ника́к не закрыва́ется; ~ **up** (*lock*) закрыва́ть, *perf* закры́ть, запира́ть (64), *perf* запере́ть (118) [*with acc* house дом, shop магази́н]; the boy was ~ up in the room ма́льчика за́перли в ко́мнате.

shy *a* (*timid*) ро́бкий (33b), засте́нчивый (31b) [person челове́к, child ребёнок, glance взгляд, answer отве́т]; ро́бкая, засте́нчивая [smile улы́бка, request про́сьба]; the child felt very ~ in the presence of the strangers ребёнок чу́вствовал себя́ о́чень смущённым в прису́тствии незнако́мых люде́й; don't be ~! не стесня́йтесь!

sick (*ill*) больно́й (31a) [child ребёнок]; больна́я [woman же́нщина]; he was an old ~ man он был ста́рым, больны́м челове́ком; the ~ man had to be taken to hospital immediately больно́го на́до бы́ло неме́дленно отвезти́ в больни́цу; a ~ person больно́й *m*, больна́я *f* (31a); fall ~ заболе́ть (98); ⊙ **be ~ and tired** надое́сть; *see* tired.

side *sb* 1. (*surface, part*) сторона́ *f* (19j) [1) right пра́вая, left ле́вая, opposite противополо́жная, outer нару́жная, inner вну́тренняя; 2) *with gen* of a house до́ма, of a box я́щика, of a room ко́мнаты, of a wall стены́, of a road доро́ги, of a street у́лицы]; on both ~s с обе́их сторо́н; he lives on the other ~ of the street / road / river / field он живёт на той стороне́ у́лицы / доро́ги / реки́ / по́ля; he crossed to the other ~ of the street он перешёл на другу́ю сто́рону у́лицы; write on one ~ of the paper only! пиши́те то́лько на одно́й стороне́ бума́ги!; the east ~ of the city восто́чная сторона́ го́рода; the right ~ of the cloth лицева́я сторона́ мате́рии; the wrong ~ of the cloth изна́нка; **2.** (*direction*) сторона́; on all ~s во все сто́роны; people were running from all ~s to see what had happened со всех сторо́н бежа́ли лю́ди узна́ть, что произошло́; ⊙ **from ~ to ~** из стороны́ в сто́рону; the boat was thrown from ~ to ~ by the waves во́лны броса́ли ло́дку из стороны́ в сто́рону; **3.** (*of body*) бок *m* (4h) [right пра́вый, left ле́вый]; lie / swim on one's ~ лежа́ть / плыть на боку́; he felt a sharp pain in his ~ он почу́вствовал в боку́ о́струю боль; he was wounded in the left ~ он был ра́нен в ле́вый бок; ⊙ ~ **by** ~ ря́дом, бок о́ бок; they were standing ~ by ~ они́ стоя́ли ря́дом; **by the ~ of** ря́дом с (*with instr*); she looked small by the ~ of her companion она́ вы́глядела ма́ленькой ря́дом со свои́м спу́тником; he was walking by her ~ он шёл ря́дом с ней; **4.** (*aspect*) сторона́; we must study the problem from every ~ мы должны́ изучи́ть э́ту пробле́му со всех сторо́н; not much is known about this ~ of the question об э́той стороне́ вопро́са изве́стно о́чень немно́гое; **5.** (*party, group*) сторона́ [interested заинтересо́ванная]; which ~ are you on? на чьей вы стороне́?; win smb over to one's ~ перетяну́ть кого́-л. на свою́ сто́рону; take somebody's ~ стать на чью-л. сто́рону; he was on our ~ он был на на́шей стороне́.

sigh I *sb* вздох *m* (4c) [deep глубо́кий]; give a ~ of relief вздохну́ть с облегче́нием; heave a ~ тяжело́ вздохну́ть.

sigh II *v* вздыха́ть (64), *perf* вздохну́ть (130) [with tiredness от уста́лости, with relief с облегче́нием]; he only ~ed in reply в отве́т он то́лько вздохну́л.

sight *sb* **1.** (*ability to see*) зре́ние *n* (18c) [1) keen о́строе, poor, bad плохо́е, good хоро́шее; 2) lose теря́ть, recover восстанови́ть]; his ~ began to fail его́ зре́ние ста́ло сдава́ть; his ~ is not very good у него́ не о́чень хоро́шее зре́ние; **2.** (*range of vision*) по́ле (*n* 15a) зре́ния; out of ~ вне по́ля зре́ния; the ship was soon out of ~ парохо́д вско́ре скры́лся и́з виду; be in ~, within ~ быть в по́ле зре́ния; there was nobody in ~ никого́ не́ было ви́дно; there was not a tree in ~ не́ было ви́дно ни одного́ де́рева; ⊙ **catch** ~ уви́деть (109) (of — *with acc*); we caught ~ of him when he was crossing the square мы уви́дели его́, когда́ он пересека́л пло́щадь; **come into** ~ показа́ться (48), появи́ться (156); a strange figure came into ~ появи́лась кака́я-то странная фигура; **lose** ~ потерять (223) из виду (of — *with acc*); we watched them till we lost ~ of them мы следили за ними, пока не потеряли их из виду; **at (the) ~ of** при виде (*with gen*); at the ~ of the stranger she stopped при виде незнакомца она остановилась; **at first ~** с первого взгляда; they fell in love at first ~ они влюбились друг в друга с первого взгляда; at first ~ it seemed quite easy с первого взгляда это казалось совсем легко; **know smb by ~** знать (64) кого-л. в лицо; I know him by ~ but I've never spoken to him я знаю его в лицо, но никогда с ним не разговаривал(а); **3.** (*view, spectacle*) вид *m* (1f) [beautiful красивый, picturesque живописный]; { зрелище *n* (17a) [grand величественное, memorable памятное]; it was a sad ~ это было печальное зрелище; the ships in the bay were a beautiful ~ корабли в заливе представляли собой красивое зрелище; **4.** *pl* ~s достопримечательности (29c); see the ~s осматривать достопримечательности.

sightseeing *sb* осмотр (*m* 1f) достопримечательностей; go ~ осматривать достопримечательности.

sign I *sb* **1.** (*mark*) знак *m* (4c); he made a ~ to us to leave the room он сделал нам знак, чтобы мы вышли из комнаты; what does this ~ mean? что означает этот знак?; give a ~ подать знак; he draw several ~s он нарисовал несколько знаков; use ~s пользоваться знаками; by means of ~s при помощи знаков; ⊙ **as a ~ of** в знак (*with gen*); he sent her some flowers as a ~ of his gratitude он послал ей цветы в знак благодарности; **traffic ~s** знаки уличного движения; **2.** (*proof, evidence*) признак *m* (4c); a dark cloud is a ~ of rain тёмная туча — признак дождя; show ~s of life / growth подавать признаки жизни / роста; he didn't show any ~s of joy / pleasure он не проявил никаких признаков радости / удовольствия; the weather shows no ~ of improving нет никаких признаков улучшения погоды; **3.** (*board*) вывеска *f* (22d); hotel ~ вывеска гостиницы; **4.** (*indication, trace*) след *m* (1k); we noticed ~s of suffering on her face на её лице мы заметили следы страданий.

sign II *v* **1.** (*write one's name on*) подписывать (65), *perf* подписать (57) [*with acc* application заявление, document документ, order приказ, paper бумагу, letter письмо]; ~ an agreement / treaty подписать соглашение / договор; he has forgotten to ~ his name он забы́л подписа́ться; who is the letter ~ed by? кем подпи́сано письмо́?; 2. (*affix signature*) подпи́сываться (65), *perf* подписа́ться (57); ~ at the bottom of the page! подпиши́тесь в конце́ страни́цы!; she refused to ~ она́ отказа́лась подписа́ться; I want all of you to ~ я хочу́, что́бы вы все подписа́лись.

signal *sb* сигна́л *m* (1f); a red light is a danger ~ кра́сный свет — сигна́л опа́сности; give, make a ~ дать сигна́л.

signature по́дпись *f* (29c); there is no ~ on this document на э́том докуме́нте нет по́дписи; can you read / make out the ~? вы мо́жете прочита́ть / разобра́ть э́ту по́дпись?; he put his ~ on, to the paper он поста́вил свою́ по́дпись на (*with abl*) докуме́нте.

significant 1. (*important*) ва́жный (31b) [question вопро́с; contribution вклад]; ва́жная [problem пробле́ма, feature черта́]; ва́жное [matter де́ло]; { суще́ственный (31b); ~ changes суще́ственные измене́ния; 2. (*expressive*) многозначи́тельный (31b) [look, glance взгляд]; многозначи́тельная [pause па́уза, phrase фра́за]; многозначи́тельное [silence молча́ние, remark замеча́ние].

silence *sb* 1. (*absence of noise*) тишина́ *f* (19d) [1) complete по́лная, deep глубо́кая, strained напряжённая; 2) falls наступа́ет]; there was complete ~ была́ по́лная тишина́; break the ~ нару́шить тишину́; not a single sound broke the ~ of the night ни оди́н звук не наруша́л тишину́ но́чи; dead ~ мёртвая тишина́; in ~ в тишине́; 2. (*absence of talk*) молча́ние *n* (18c); ~, please! ти́ше!; his speech was received in ~ его́ речь была́ встре́чена молча́нием; I don't understand his ~ не понима́ю, почему́ он молчи́т; he listened in ~ он мо́лча слу́шал; several minutes of complete ~ followed после́довало не́сколько мину́т по́лного молча́ния; ⊙ **keep** ~ молча́ть (46), *perf* промолча́ть (46), храни́ть (158) молча́ние.

silent молчали́вый (31b) [person челове́к, reproach упрёк]; молчали́вое [consent согла́сие]; you are very ~ today вы сего́дня о́чень молчали́вы; he is very ~ by nature он о́чень молчали́в по нату́ре; be ~ молча́ть (46); he remained ~ он молча́л; ⊙ **keep** ~ молча́ть (46); ~ **film** немо́й фильм *m* (1f).

silk шёлк *m* (4h) [1) real натура́льный, artificial иску́сственный, thin то́нкий, heavy, thick пло́тный, bright я́ркий, coloured цветно́й; 2) wear носи́ть, buy покупа́ть, make изготовля́ть, produce выпуска́ть, производи́ть]; made of ~ сде́ланный из шёлка; ~ dress шёлковое пла́тье; ~ stockings / things шёлковые чулки́ / ве́щи.

silly *a* глу́пый (31b) [boy ма́льчик; answer отве́т, question вопро́с]; глу́пая [joke шу́тка, idea мысль]; глу́пое [remark замеча́ние]; don't be ~! не глупи́(те)!

silver *sb* серебро́ *n*, *no pl* (14a); it is made of ~ э́то сде́лано из серебра́; ~ coin / spoon сере́бряная моне́та / ло́жка; ⊙ ~ **wedding** сере́бряная сва́дьба.

similar (*alike*) одина́ковый (31b); somewhat ~ почти́ одина́ковые; all the houses were ~ in appearance все дома́ вы́глядели одина́ково; a ~ story was told by all the children все де́ти рассказа́ли одно́ и то́ же; I need a ring ~ to this one мне ну́жно кольцо́ тако́е же, как э́то.

simple 1. (*not difficult*) просто́й (31a) [plan план, question вопро́с]; проста́я [task зада́ча, work рабо́та, game игра́]; просто́е [rule пра́вило, explanation объясне́ние, solution реше́ние]; that's very ~! (э́то) о́чень про́сто!; the answer is very ~ отве́т о́чень просто́й; it is very ~, you'll be able to do it without any difficulty э́то о́чень про́сто, вы смо́жете сде́лать э́то безо вся́кого труда́; a dress like that is ~ to make тако́е пла́тье легко́ сшить; 2. (*plain*) просто́й [dinner обе́д, style стиль]; проста́я [food пи́ща, еда́, clothes оде́жда, furniture ме́бель]; просто́е [dress пла́тье]; everything in the house was ~ в до́ме всё бы́ло про́сто; they are ~ people они́ просты́е лю́ди; in ~ language просты́м языко́м; the ~st way to get there is by tram туда́ про́ще всего́ добра́ться на трамва́е.

simultaneously одновре́менно, в одно́ и то же вре́мя; they both began to speak ~ они́ о́ба на́чали говори́ть одновре́менно.

sin грех *m* (4g).

since I *adv* с тех по́р; I haven't seen him ~ с тех по́р я его́ не ви́дел(а).

since II *prep* (*beginning from*) *with gen*: I have been here ~ early morning / 10 o'clock / Monday я здесь с ра́ннего утра́ / десяти́ часо́в / понеде́льника; I have lived in Moscow ~ 1948 я живу́ в Москве́ с ты́сяча девятьсо́т со́рок восьмо́го го́да; I have known him ~ childhood я его́ зна́ю с де́тства; ~ I left England... с тех пор, как я уе́хал(а) из А́нглии...; ~ yesterday со вчера́шнего дня; ~ then с тех по́р.

since III *conj* 1. (*from the time when*) с тех по́р, как; it is a long time ~ I saw him last прошло́ мно́го вре́-

мени с тех по́р, как я ви́дел(а) его́ в после́дний раз; nothing has happened ~ we met с моме́нта на́шей встре́чи ничего́ не произошло́; what have you been doing ~ I saw you last? что вы де́лали с тех по́р, как я ви́дел(а) вас в после́дний раз?; **2.** (*as*) так как, поско́льку; ~ we hadn't much money, we decided not to buy any souvenirs так как у нас бы́ло ма́ло де́нег, мы реши́ли не покупа́ть пода́рков.

sincere и́скренний (32) [answer, reply отве́т]; и́скренняя [friendship дру́жба]; и́скреннее [attitude отноше́ние, feeling чу́вство, respect уваже́ние, regret сожале́ние].

sing петь (250), *perf* спеть (250) [1) *with acc* song пе́сню; 2) badly пло́хо, well хорошо́, in a loud voice гро́мко, softly ти́хо; 3) over the radio по ра́дио, at a concert на конце́рте, at a party на ве́чере]; learn to ~ учи́ться петь; she likes to ~ она́ лю́бит петь; the birds were ~ing in the garden в саду́ пе́ли пти́цы; ~ us a song! спо́й(те) нам (пе́сню)!; the boy walked past us, ~ing merrily ма́льчик, ве́село распева́я, прошёл ми́мо нас; she ~s in "Carmen" она́ поёт в «Карме́н».

singer певе́ц *m* (9a), певи́ца *f* (21a).

single *a* **1.** (*only one*) оди́н *m*, одна́ *f*, одно́ *n* (39a); there wasn't a ~ room free не́ было ни одно́й свобо́дной ко́мнаты; he didn't say a ~ word он не сказа́л ни еди́ного сло́ва; not a ~ sound was heard не́ было слы́шно ни одного́ зву́ка; **2.** (*unmarried*; *of men*) холосто́й (31a), одино́кий (33b); he remained ~ он оста́лся холостяко́м; ‖ (*of women*) незаму́жняя (32), одино́кая.

sink *v* **1.** (*go to the bottom*) тону́ть (129), *perf* утону́ть (129), потону́ть (129); wood does not ~ in water де́рево в воде́ не то́нет; the ship sank парохо́д потону́л; the boat sank ло́дка потону́ла, пошла́ ко дну́; **2.** (*go down slowly*) погружа́ться (64), *perf* погрузи́ться (190) (into — в *with acc*); he sank deeper and deeper into the water он погружа́лся в во́ду всё глу́бже и глу́бже; ~ into a deep sleep погрузи́ться в глубо́кий сон; **3.** (*lower*) опуска́ться (64), *perf* опусти́ться (152) [into an arm-chair в кре́сло, on to the couch на дива́н, to the ground на зе́млю]; his heart sank at the thought of the danger при мы́сли об э́той опа́сности он упа́л ду́хом; **4.** (*cause to sink*, *drown*) топи́ть (156), *perf* потопи́ть (156) [*with acc* boat ло́дку, ship кора́бль, парохо́д, submarine подво́дную ло́дку]; five of the enemy's ships were sunk бы́ло потоплено пять вра́жеских корабле́й; they decided to ~ their ship они́ реши́ли потопи́ть свой кора́бль; 5. (*go slowly towards the horizon*) клони́ться (156), *no perf*; the sun was ~ing со́лнце клони́лось к горизо́нту; 6. (*become less in degree*) затиха́ть (64), *perf* зати́хнуть (125); her voice sank to a whisper её го́лос пони́зился до шёпота; ~ **in** ва́ливаться (65), *perf* ввали́ться (156); his eyes / cheeks had sunk in у него́ ввали́лись глаза́ / щёки.

sir сэр *m* (1e); ‖ (*as address*) господи́н *m* (1n).

sister сестра́ *f* (19e, *gen pl* сестёр); two ~s две сестры́; five ~s пять сестёр; younger / elder / married ~ мла́дшая / ста́ршая / заму́жняя сестра́; he always helped his ~s он всегда́ помога́л свои́м сёстрам; my ~ and I мы с сестро́й.

sit (*be seated*) сиде́ть (107), *no perf* [1) quietly ти́хо, споко́йно, still споко́йно, неподви́жно, straight пря́мо, motionless неподви́жно; 2) at a table за столо́м, at home до́ма, by the fire у костра́, у огня́, in the sun на со́лнце, in the shade в тени́, in the open air на све́жем во́здухе, out-of-doors на у́лице, in a room в ко́мнате, at, near the window у окна́, near smb ря́дом с кем-л., in front of smb перед ке́м-л., opposite smb напро́тив кого́-л.; 3) on a chair на сту́ле, on a bench на скамье́, on a couch на дива́не, in an arm-chair в кре́сле, on the ground на земле́, on the floor на полу́, on the bank на берегу́, under a tree под де́ревом]; ~ over a book / over one's work сиде́ть над кни́гой / за рабо́той; he was ~ting all alone он сиде́л совсе́м оди́н; ~ by me, with me! ся́дь(те), посиди́(те) со мно́й!; there was a bird ~ting on a branch на ве́тке сиде́ла пти́чка; ~ **down** сади́ться (152), *perf* сесть (239) [at a table за стол, on a chair на стул, on a couch на дива́н; 2) at smb's side ря́дом с ке́м-л.]; let's ~ down, I'm tired ся́дем(те), я уста́л(а); ~ down! сади́(те)сь!; won't you ~ down? сади́тесь, пожа́луйста!; ~ **up** (*not go to bed*): don't allow the children to ~ up after ten! не разреша́йте де́тям сиде́ть по́сле десяти́!; they sat up all night playing cards они́ просиде́ли всю ночь за ка́ртами, за игро́й в ка́рты.

situation 1. (*position, place*) расположе́ние *n* (18c); the ~ of the town was very convenient for the development of trade расположе́ние го́рода бы́ло о́чень удо́бным для разви́тия торго́вли; 2. (*state of affairs, condition*) положе́ние *n* (18c) [1) awkward, embarrassing нело́вкое, delicate щекотли́вое, tense напряжённое, difficult тру́дное; 2) changes изменя́ется]; international ~ междунаро́дное положе́ние, urgent measures were taken to improve the ~ бы́ли при́няты сро́чные ме́ры для улучше́ния положе́ния; they gathered to discuss the ~ они́ собрали́сь, что́бы обсуди́ть созда́вшееся положе́ние; he was master of the ~ он был хозя́ином положе́ния; ‖ ситуа́ция *f* (23c) [complicated сло́жная, unpleasant неприя́тная]; ⊙ **save the** ~ спасти́ (221) положе́ние; *see* save.

six шесть (39c); *see* eight.

sixteen шестна́дцать (39c); *see* eight.

sixty шестьдеся́т (39d); *see* eight, thirty.

size *sb* **1.** (*of articles of clothing*) разме́р *m* (1f) [large, big большо́й, small небольшо́й, ма́ленький]; what ~ shoe(s) do you wear? како́й разме́р ту́фель, боти́нок вы но́сите?; ~ five / thirty-six shoes ту́фли но́мер пять / три́дцать шесть; I want a hat a ~ smaller / larger мне нужна́ шля́па на но́мер ме́ньше / бо́льше; gloves of all ~s перча́тки всех разме́ров; ⊙ **take one's** ~ снима́ть (64) ме́рку, *perf* снять (232) ме́рку; **2.** (*dimensions*) разме́р *m* (1f), *often pl* разме́ры [1) tremendous огро́мные, vast обши́рные; 2) *with gen* of the ship корабля́, of the construction site строи́тельства, of the building зда́ния; 3) determine определя́ть]; what is the ~ of the desk? каковы́ разме́ры пи́сьменного стола́?; this book is the same ~ э́та кни́га тако́го же форма́та; a stadium vast in ~ стадио́н огро́мных разме́ров; the new machine is smaller in ~ но́вая маши́на ме́ньше по разме́рам; this will give you some idea of the ~ of the task э́то даст вам како́е-то представле́ние о разме́рах стоя́щей перед на́ми зада́чи.

skate I *sb* конёк *m* (4f); *usu pl* ~s коньки́ [1) sharp о́стрые; 2) buy покупа́ть, put on надева́ть, take off снима́ть, sharpen точи́ть]; a pair of ~s па́ра коньков.

skate II *v* ката́ться (64) на конька́х [1) well хорошо́, fast бы́стро, slowly ме́дленно; 2) на *with abl* on the skating-rink на катке́]; learn to ~ учи́ться ката́ться на конька́х; teach smb to ~ учи́ть кого́-л. ката́ться на конька́х; can, do you ~? вы уме́ете ката́ться на конька́х?; he ~d to me / to the bench он подъе́хал ко мне́ / к скаме́йке.

skating-rink като́к *m* (4f) [1) good хоро́ший, big большо́й; 2) make де́лать]; go to the ~ идти́ на като́к; skate on the ~ ката́ться на катке́; be at the ~ быть на катке́.

ski I *sb* лы́жа *f* (25a); *usu pl* ~s лы́жи [put on

надéть, take off снять, fasten закрепи́ть]; a pair of ~s пáра лыж; ~ suit лы́жный костю́м; ~ competition лы́жные соревновáния.

ski II *v* ходи́ть (152) на лы́жах [1) well хорошó, badly плóхо, fast бы́стро; 2) in the forest в лесу́, in the field пó полю]; learn to ~ учи́ться ходи́ть на лы́жах; can you ~? вы умéете ходи́ть на лы́жах?; let's go ~ing on Sunday! поéдем (-те) в воскресéнье на лы́жах!

skill мастерствó *n* (14e) [wonderful удиви́тельное, great большóе, unusual необыкновéнное]; the dance was performed with great ~ тáнец был испóлнен с больши́м мастерствóм.

skin *sb* **1.** (*human*) кóжа *f* (25a) [delicate нéжная, smooth глáдкая, brown, tanned загорéлая, fair свéтлая, dark тёмная, смýглая, dry сухáя]; her ~ is very delicate у неё óчень нéжная кóжа; she is nothing but ~ and bone онá — кóжа да кóсти; **2.** (*of animals*) шкýра *f* (19c) [thick тóлстая, glossy лосня́щаяся, soft мя́гкая]; take the ~ off, strip the ~ off... снимáть шкýру с (*with gen*)...; a tiger ~ тигрóвая шкýра; ◇ **save one's** ~ спасáть (64) свою́ шкýру, *perf* спасти́ (113) свою́ шкýру.

skirt *sb* (*garment*) ю́бка *f* (22d) [1) woollen шерстянáя, cotton хлопчатобумáжная, silk шёлковая; narrow ýзкая, wide ширóкая, bright я́ркая, striped полосáтая, checked клéтчатая; 2) hangs виси́т, lies лежи́т, fits well хорошó сиди́т]; put on / take off / try on a ~ надевáть / снимáть / примеря́ть ю́бку; make / mend / wash a ~ шить / штóпать, чини́ть / стирáть ю́бку; she was wearing a black ~ онá былá в чёрной ю́бке; this ~ is too small / big for me э́та ю́бка мне сли́шком малá / великá; { (*lower part of a dress*) подóл *m* (1f).

sky нéбо *n* (*sg* 14d, *pl* небесá, небéс, небесáм, небесá, небесáми, небесáх) [blue голубóе, си́нее, gray сéрое, dark тёмное, bright я́сное, starlit звёздное]; in the ~ на нéбе; there were no clouds in the ~ на нéбе нé было ни óблачка; the ~ was overcast нéбо бы́ло покры́то облакáми; high in the ~ высокó в нéбе; the sun was bright in the ~ на нéбе я́рко свети́ло сóлнце.

slave раб *m* (1a).

sleep I *sb* сон *m*, *no pl* (1f) [deep, profound глубóкий, sound крéпкий, light чýткий, лёгкий]; she talks in her ~ онá разговáривает во снé; { *often rendered by verb* спать (77), *perf* поспáть (77); I didn t get much ~ мне не удалóсь как слéдует поспáть; she needs eight hours' ~ a day ей нýжно спать во́семь часо́в в су́тки; I managed to get a short ~ during the journey мне удало́сь немно́го поспа́ть, пока́ мы е́хали; I shall try to get two or three hours' ~ попро́бую поспа́ть два — три часа́; ⊙ **go to** ~ засыпа́ть (64), *perf* засну́ть (130); they soon went to ~ вско́ре они́ засну́ли; **put smb to** ~ заста́вить (168) кого́-л. усну́ть; the soft music put her to ~ ти́хая му́зыка усыпи́ла её.

sleep II *v* (*be asleep*) спать (77) [1) well хорошо́, badly пло́хо, quietly споко́йно, lightly чу́тко, soundly кре́пко; 2) on one's back на спине́, on one's right side на пра́вом боку́; 3) on a bed на крова́ти, on a couch на дива́не, on the floor на полу́, in an arm-chair в кре́сле; in the open air на све́жем во́здухе, in the forest в лесу́]; I could not ~ all night я всю ночь не мог(ла́) засну́ть, я всю ночь не спал(а́); we were so tired that we slept (for) twelve hours мы так уста́ли, что проспа́ли двена́дцать часо́в; did you ~ well? вы хорошо́ спа́ли?; she is still ~ing она́ всё ещё спит.

sleeping-car спа́льный ваго́н *m* (1f).

sleeve *sb* рука́в *m* (*sg* 1c, *pl* 1*l*); *usu pl* ~s рукава́ [long дли́нные, short коро́ткие, narrow у́зкие, wide широ́кие, loose свобо́дные]; turn up, roll up one's ~s засучи́ть рукава́.

slender (*slim*) стро́йный (31b); ~ figure / girl стро́йная фигу́ра / де́вушка; ~ legs стро́йные но́ги; ~ fingers то́нкие па́льцы.

slice I *sb* ломо́ть *m* (2b) [1) thick то́лстый; 2) *with gen* of bread хле́ба]; | ло́мтик *m* (4d) [1) thin то́нкий; 2) *with gen* of lemon лимо́на, of ham ветчины́, of cheese сы́ра, of sausage колбасы́]; two ~s of bread два ло́мтика хле́ба.

slice II *v* ре́зать (49) ло́мтиками, *perf* наре́зать (49) ло́мтиками (*with acc*); she ~d the bread / sausage она́ наре́зала хлеб / колбасу́ (ло́мтиками).

slight *a* (*insignificant, not serious*) небольшо́й (31a), незначи́тельный (31b); ~ delay / fatigue небольша́я заде́ржка / уста́лость; ~ difference / doubt / difficulty / increase небольшо́е разли́чие / сомне́ние / затрудне́ние / увеличе́ние; ~ drop in temperature незначи́тельное пониже́ние температу́ры; I have a ~ cold у меня́ небольшо́й на́сморк; the difference is very ~ ра́зница о́чень небольша́я, незначи́тельная; to a very ~ degree в о́чень небольшо́й сте́пени; I understood him without the ~est difficulty я понима́л(а) его́ без мале́йшего труда́; there won't be the ~est difficulty / trouble не бу́дет ни мале́йших затрудне́ний / хлопо́т; I haven't the ~est idea where they are я не име́ю ни мале́йшего представле́ния, где они́; have you any objection to my waiting here? — Not the ~est вы не возража́ете, е́сли я здесь подожду́? — Ничу́ть.

slightly немно́го; it is ~ more difficult э́то немно́го трудне́е; the temperature had fallen ~ температу́ра немно́го сни́зилась; she was ~ worried она́ была́ немно́го, слегка́ обеспоко́ена.

slip I *sb* **1.** (*mistake*; *of speech*) огово́рка *f* (22d); a ~ of the tongue огово́рка; I'm afraid I made a bad ~ when I was talking to him бою́сь, что я сказа́л(а) что́-то не то, когда́ разгова́ривал(а) с ним; ‖ (*in writing*) опи́ска *f* (22d); a ~ of the pen, a ~ in spelling опи́ска; that wasn't really a mistake, it was only a ~ э́то не оши́бка, э́то была́ про́сто опи́ска; **2.** (*piece*) листо́к *m* (4f) [*with gen* of paper бума́ги]; I am writing these words / notes on ~s я запи́сываю э́ти слова́ / заме́тки на листка́х бума́ги.

slip II *v* **1.** (*miss one's footing*, *fall*) поскользну́ться (130) [на *with abl* on the ice на льду́, on the parquet на парке́те]; his foot ~ped and he fell down он поскользну́лся и упа́л; **2.** (*move quickly and smoothly*) скользи́ть (176), *no perf*; the boat was ~ping easily through the water ло́дка легко́ скользи́ла по воде́; **3.** (*slide*) соска́льзывать (65), *perf* соскользну́ть (130); the newspaper ~ped off his knees газе́та соскользну́ла у него́ с коле́н; ~ **off** (*of clothes*) сбра́сывать (65), *perf* сбро́сить (149) (*with acc*); he ~ped off his clothes and jumped into the water он сбро́сил с себя́ оде́жду и пры́гнул в во́ду; ~ **on** (*of clothing*) наки́дывать (65), *perf* наки́нуть (126) (*with acc*); ~ something on and come with me! наки́ньте что́-нибудь и пойдёмте со мно́й!; ~ **out** выска́льзывать (65), *perf* вы́скользнуть (130); the fish ~ped out of his hand ры́ба вы́скользнула у него́ из рук; she ~ped out of the room она́ вы́скользнула из ко́мнаты.

slogan ло́зунг *m* (4c).

slow I *a* **1.** (*not fast*) ме́дленный (31b) [growth рост, dance та́нец]; ме́дленная [reaction реа́кция, speech речь]; ме́дленное [development разви́тие, movement движе́ние]; he is a ~ walker он ме́дленно хо́дит; why are you so ~? Hurry up! почему́ вы так ме́длите? Поторопи́тесь!; ~ but steady ме́дленно, но ве́рно; **2.** (*taking a long time*) медли́тельный (31b) [person челове́к]; медли́тельная [speech речь, walk походка]; медлительные [movements движения]; ⊙ **be** ~ (*of clock*) отставать (64), *perf* отстать (51); my watch is five minutes ~ мой часы отстают на пять минут; the clock is ~ часы отстают.

slow II *v* (*also* ~ down, ~ up) замедлять (223) ход, *perf* замедлить (157) ход; he ~ed down at the crossing на перекрёстке он замедлил ход; the road is slippery, you'd better ~ down дорога скользкая, вам лучше замедлить ход; ~ up when you go through the village! замедлите ход, когда будете проезжать через деревню!

slowly медленно [answer отвечать, dress одеваться, grow расти, go идти, ехать, fall падать, speak говорить, work работать, drive ехать]; please, speak more ~! говори(те), пожалуйста, медленнее!; events were developing very ~ события развивались очень медленно.

small *a* **1.** (*of size*) маленький (33b), небольшой (34a) [box ящик, hall зал, park парк, garden сад, house дом, town город, forest лес, spring ручей, object предмет, table стол]; маленькая, небольшая [room комната, river река, речка, thing вещь, boat лодка, factory фабрика, country страна, station станция, village деревня, bird птица]; маленькое, небольшое [window окно, opening отверстие, field поле, tree дерево, animal животное]; маленькие [eyes глаза, глазки, feet ноги, hands руки, ears уши]; a ~ sum of money небольшая сумма денег; ~ farm / exhibition, fair небольшая ферма/ выставка; this room is too ~ эта комната слишком мала; this town is much ~er этот город намного меньше; **2.** (*of age*) маленький [boy мальчик, child ребёнок]; he is too ~ to go to school он ещё слишком мал, чтобы ходить в школу; **3.** (*of number*) небольшой; ~ choice небольшой выбор; ~ family / group небольшая семья/ группа; ~ number / quantity небольшое число / количество; **4.** (*not big enough*) *short form* мал *m*, мала *f*, мало *n*, малы *pl*; this dress / coat is too ~ on, for her это платье/ пальто ей слишком мало; these shoes are ~ on, for me эти туфли мне малы; **5.** (*insignificant*): I've no time for such ~ matters у меня нет времени для таких мелочей; ✧ ~ **change** мелочь *f*, *collect* (30b); I have no ~ change about me у меня нет при себе мелочи.

smell I *sb* (*odour*) запах *m* (4c) [1) pleasant, nice приятный, strong сильный, horrible ужасный, nasty отвратительный, bad дурной; 2) *with gen* of flowers цветов, of gas газа, of hay сена, of lime-trees in bloom цветущей липы]; I like the ~ мне нравится этот запах.

smell II *v* **1.** (*give off a smell*) пахнуть (127) [good хорошо, bad плохо, nice, pleasant приятно]; the apples / flowers ~ very pleasant яблоки / цветы очень приятно пахнут; these flowers don't ~ эти цветы не пахнут; it ~s nice / good / bad это приятно / хорошо / плохо пахнет; it ~s like spring пахнет (*with instr*) весной; the house ~s of paint в доме пахнет краской; **2.** (*inhale*) нюхать (65), *perf* понюхать (65) [*with acc* flowers цветы, medicine лекарство, liquid жидкость, meat мясо]; the dog smelt the ground собака понюхала, обнюхала землю; ~ this, what is it? понюхайте, что это такое?; ‖ (*catch scent*) чувствовать (65) запах, *perf* почувствовать (65) запах (*with gen*); do you ~ gas? вы чувствуете запах газа?; I don't ~ anything я не чувствую никакого запаха; she could ~ something burning она почувствовала запах горелого.

smile I *sb* улыбка *f* (22d) [pleasant приятная, charming обаятельная, tender ласковая, cheerful, gay весёлая, bitter горькая, shy застенчивая, timid робкая, broad широкая, sarcastic саркастическая, cruel жестокая]; "Yes", she said with a ~ „Да",— сказала она с улыбкой; with a kind ~ с любезной улыбкой; there was a pleasant ~ on his face на его лице была приятная улыбка; a ~ appeared on her face на её лице появилась улыбка; without a ~ без улыбки.

smile II *v* улыбаться (64), *perf* улыбнуться (130) [*with dat* at him ему, at the child ребёнку, at the joke шутке]; she ~d at his words она улыбнулась его словам; I had to ~ when he said it я не мог не улыбнуться, когда он это сказал; he never ~s он никогда не улыбается; what are you smiling at? чему, почему вы улыбаетесь?; she ~d at the thought она улыбнулась при этой мысли.

smoke I *sb* **1.** (*of fire*) дым *m, no pl* (1f) [1) dense, thick густой, black чёрный; 2) rises поднимается, disperses рассеивается, thickens сгущается]; the room was full of ~ комната была полна дыма; the ~ hurt my eyes дым ел мне глаза; a cloud / pillar of ~ облако / столб дыма; **2.** (*of tobacco*): have a ~ покурить (156); we stopped for a ~ мы остановились покурить; (will you) have a ~? вы не хотите покурить?

smoke II *v* **1.** (*give out smoke*) дыми́ться (164), *no perf*; the fire was smoking костёр дыми́лся; **2.** (*of tobacco*) кури́ть (156) [*with acc* cigarette папиро́су, сигаре́ту, pipe тру́бку]; you ~ very much вы о́чень мно́го ку́рите; don't ~ in the room! не кури́те в ко́мнате!; you mustn't ~ here здесь нельзя́ кури́ть; do you mind if I ~? вы не возража́ете, е́сли я закурю́?; do you ~? вы ку́рите?; **3.** (*of food*) копти́ть (176) [*with acc* fish ры́бу, ham ветчину́].

smooth *a* (*even*) гла́дкий (33b) [forehead лоб]; гла́дкая [surface пове́рхность, board доска́, paper бума́га, skin ко́жа]; гла́дкие [hair во́лосы]; ~ road ро́вная доро́га; the cloth is very ~ to the touch на о́щупь мате́рия о́чень гла́дкая; the sea / lake was ~ мо́ре / о́зеро бы́ло споко́йно.

snake змея́ *f* (23d) [1) poisonous ядови́тая, dangerous опа́сная, harmless безвре́дная; 2) crawls ползёт, coils свёртывается в клубо́к, stings жа́лит]; the boys caught a ~ in the grass ма́льчики пойма́ли в траве́ змею́; the ~ stung his foot змея́ ужа́лила его́ в (*with acc*) но́гу.

snap *v* **1.** (*break with a crack*) тре́снуть (125); a twig ~ped under his feet ве́тка тре́снула у него́ под нога́ми; **2.** (*produce sudden short sound*) щёлкнуть (125); the whip ~ped кнут щёлкнул; ~ one's fingers щёлкнуть па́льцами; **3.** (*bite*) ца́пнуть (125); the dog ~ped at his leg соба́ка ца́пнула его́ за́ (*with acc*) ногу.

snatch *v* (*seize*) схва́тывать (65), *perf* схвати́ть (152) [*with acc* hat шля́пу, bag су́мку, sheet of paper листо́к бума́ги]; the boy ~ed an apple from the table ма́льчик схвати́л со стола́ я́блоко; he ~ed at the purse он схвати́лся за (*with acc*) кошелёк; he ~ed at the chance он ухвати́лся за э́тот слу́чай; ~ **out** выхва́тывать (65), *perf* вы́хватить (152) (*with acc*); the boy ~ed the ball out of the girl's hands ма́льчик вы́хватил мяч из рук де́вочки.

snow I *sb* снег *m* (1h) [1) clean чи́стый, deep глубо́кий, soft мя́гкий, wet мо́крый, сыро́й; 2) covers the ground покрыва́ет зе́млю, falls па́дает, melts та́ет, lies лежи́т]; the ~ is deep снег лежи́т то́лстым сло́ем; something black was lying in the ~ на снегу́ лежа́ло что́-то чёрное; the ground was covered with ~ земля́ была́ покры́та сне́гом; ~ lay on the roofs and trees снег лежа́л на кры́шах и дере́вьях; we shall have ~ пойдёт снег; heavy ~ си́льный снег; he shook the ~ off his coat он стряхну́л снег с пальто́; we have had much

/ little ~ this winter э́той зимо́й (бы́ло) мно́го / ма́ло сне́га.

snow II *v*: it ~s идёт снег; it is ~ing сейча́с идёт снег; it seldom / often ~s there in winter зимо́й там ре́дко / ча́сто идёт снег; it began to ~, ~ing пошёл снег; it is ~ing hard идёт си́льный снег; it began to ~ last night снег пошёл вчера́ но́чью.

so I *adv* **1.** (*in this way*) так, таки́м о́бразом; I think / hope / suppose so я ду́маю / наде́юсь / полага́ю, что (э́то) так; and he did so так он и сде́лал; is that so? так ли э́то?; he said so он так сказа́л; but it is so но э́то так; why so? почему́ так?; **2.** (*to that degree*) так; she was so happy она́ была́ так сча́стлива; I am so glad to see you я так ра́д(а) вас ви́деть; it is so simple э́то так про́сто; he speaks so slowly он так ме́дленно говори́т; we have so little time у нас так ма́ло вре́мени; I have so much to do мне так мно́го ну́жно сде́лать, у меня́ так мно́го дел; she was so angry that she couldn't speak она́ так рассерди́лась, что не могла́ говори́ть; we didn't expect you so soon мы не жда́ли вас так ско́ро; **3.** (*too*) та́кже, то́же; you are a student and so am I вы студе́нт и я то́же; you will learn Russian and so shall I вы бу́дете изуча́ть ру́сский язы́к и я то́же, та́кже; **4.** (*thus*) ита́к, таки́м о́бразом; so you are going to the South ита́к, вы е́дете на юг; ◇ **so far as** наско́лько; *see* far **II**; **so far** *see* far **II**; **and so on, and so forth** и так да́лее (*abbreviation* и т. д.); the first, third, fifth and so on пе́рвый, тре́тий, пя́тый и так да́лее; January, February, March and so on until July янва́рь, февра́ль, март и так да́лее до ию́ля; **so much the better** тем лу́чше; **or so** и́ли о́коло э́того; I was away three weeks or so меня́ не́ было три неде́ли и́ли о́коло э́того; **so to say, speak** так сказа́ть.

so II *conj* (*therefore*) поэ́тому; there was no train that day, so we had to wait в тот день не́ было по́езда, поэ́тому нам пришло́сь ждать; it was late, so I went home бы́ло по́здно, поэ́тому я пошёл, пошла́ домо́й.

so III: so... as *conj* (*with adjectives*) тако́й... как; the day in winter is not so long as in summer зимо́й день не тако́й дли́нный, как ле́том; the film was not so good as I expected фильм оказа́лся не таки́м хоро́шим, как я ожида́л(а); ‖ (*with adv and short form adjectives*) так... как; it is not so easy as you think э́то не так про́сто, как вы ду́маете; she was not so much angry as disappointed она́ была́ не так рассе́ржена, как разочаро́вана, огорчена́.

so IV: so... that *conj* так... что; I was so frightened that I could not answer я так испуга́лся, что не мог отве́тить; she spoke so fast that I could not understand она́ так бы́стро говори́ла, что я не мог(ла́) её поня́ть.

soap *sb* мы́ло *n* (14d); wash your hands with ~! вы́мой(те) ру́ки (с) мы́лом!; a cake, bar of ~ кусо́(че)к мы́ла; liquid, soft ~ жи́дкое мы́ло; ~ powder мы́льный порошо́к.

sob I *sb* рыда́ние *n* (18c); *usu pl* ~s рыда́ния; ~s choked her её души́ли рыда́ния; she shook with ~s она́ содрога́лась от рыда́ний; she gave a ~ она́ всхли́пнула.

sob II *v* рыда́ть (64), *no perf*; she was ~bing bitterly она́ го́рько рыда́ла.

so-called так называ́емый (31b); many ~ sea-plants are animals in reality мно́гие так называ́емые морски́е во́доросли на са́мом де́ле явля́ются живо́тными органи́змами.

social социа́льный (31b); социа́льная [problem пробле́ма, reform рефо́рма]; { обще́ственный (31b) [system строй]; обще́ственная [life жизнь, work рабо́та]; обще́ственные [duties обя́занности].

socialism социали́зм *m* (1f); scientific ~ нау́чный социали́зм; build ~ стро́ить социали́зм; the way, road to ~ путь к социали́зму; ~ means peace социали́зм — э́то мир.

socialist *a* социалисти́ческий (33b) [system строй, city го́род]; социалисти́ческая [country страна́, party па́ртия, industry промы́шленность, republic респу́блика, revolution револю́ция]; социалисти́ческое [building строи́тельство, agriculture се́льское хозя́йство, production произво́дство, competition соревнова́ние].

society 1. (*group of people*) о́бщество *n* (14c); socialist ~ социалисти́ческое о́бщество; communist ~ коммунисти́ческое о́бщество; bourgeois ~ буржуа́зное о́бщество; **2.** (*club, organization*) о́бщество; sports ~ спорти́вное о́бщество; scientific ~ нау́чное о́бщество; belong to a sports ~ быть чле́ном спорти́вного о́бщества; co-operative ~ кооперати́в *m* (1f); **3.** (*of social rank*) о́бщество [high вы́сшее, privileged привилегиро́ванное].

sock носо́к *m* (4f); *usu pl* ~s носки́ [1) woollen шерстяны́е, silk шёлковые, nylon нейло́новые, cotton хлопчатобума́жные; warm тёплые; 2) wear носи́ть, buy покупа́ть, mend што́пать, knit вяза́ть, wash стира́ть]; a pair of ~s па́ра носко́в; put on / take off one's ~s наде́ть / снять носки́; a hole in a ~ дыра́ на носке́.

soft *a* **1.** (*not hard*) мя́гкий (33b) [chair стул, couch дива́н, piece кусо́к, pencil каранда́ш, snow снег, bread хлеб]; мя́гкая [pillow поду́шка, bed посте́ль, brush щётка, cloth мате́рия, leather ко́жа, grass трава́]; мя́гкое [arm-chair кре́сло, seat сиде́нье; meat мя́со]; the wool is very ~ to the touch э́та шерсть о́чень мя́гкая на о́щупь; which cushion is ~er? кака́я поду́шка мя́гче?; ‖ (*smooth*) не́жный (31b); не́жная [skin ко́жа, hand рука́]; ~ hair мя́гкие во́лосы; as ~ as silk мя́гкий как шёлк; **2.** (*low*) ти́хий (33b) [sound звук, voice го́лос]; ти́хая [music му́зыка]; in a ~ voice ти́хим го́лосом; she burst into ~ laughter она́ ти́хо рассмея́лась; ‖ (*of light, colour*) мя́гкий; ~ light мя́гкий свет; ~ colour нея́ркий цвет; **3.** (*tender*) не́жный [voice го́лос]; не́жная [smile улы́бка]; ‖ (*of character*) мя́гкий; ~ heart мя́гкое се́рдце; ~ nature мя́гкий хара́ктер.

softly (*not loudly*) ти́хо [answer отвеча́ть, laugh смея́ться, say smth сказа́ть что-л., sing петь, speak говори́ть]; she came into the room ~ она́ ти́хо вошла́ в ко́мнату.

soil *sb* (*top layer of ground*) по́чва *f* (19c) [dry суха́я, poor плоха́я, productive, fertile плодоро́дная, rich жи́рная].

soldier солда́т *m* (1e); become a ~ стать солда́том.

solemn торже́ственный (31b) [voice го́лос, moment моме́нт]; торже́ственная [music му́зыка, ceremony церемо́ния, oath кля́тва]; торже́ственное [occasion собы́тие, face лицо́, expression выраже́ние].

solid *a* **1.** (*not liquid*) твёрдый (31b); ~ rock твёрдый ка́мень; ~ ice твёрдый лёд; **2.** (*firm, massive*) про́чный (31b) [foundation фунда́мент]; про́чная [basis осно́ва]; про́чное [building зда́ние, construction сооруже́ние].

some **1.** *with uncountables, not translated, sb usu translated in gen*: give me ~ water / milk / bread! да́й(-те) мне воды́ / молока́ / хле́ба!; can I have ~ cold water? мо́жно мне взять холо́дной воды́?; may I give you ~ tea? вам (мо́жно) нали́ть ча́ю?; will you have ~ cake? мо́жно вам отре́зать (кусо́к) пирога́?; I need ~ money мне нужны́ де́ньги; I have ~ work to do у меня́ есть рабо́та; ⊙ ~ **more** ещё; give me ~ more tea / soup! да́й(те) мне ещё ча́ю / су́пу!; **2.** (*any*) како́й-нибудь *m*, кака́я-нибудь *f*, како́е-нибудь *n*, каки́е-нибудь *pl* (33a); give me ~ work, I have nothing to do!

дайте мне какую-нибудь работу, мне нечего делать!; **3.** (*several*) несколько (*with gen*); he brought ~ apples / chairs / sandwiches он принёс несколько яблок / стульев / бутербродов; he stayed there for ~ days он оставался там несколько дней; **4.** (*a number of*) некоторые (31b); ~ of my friends некоторые из моих друзей; ~ people like it некоторым это нравится; ~ trees are green the whole year некоторые деревья круглый год зелёные; I saw ~ people I knew я видел(а) кое-кого из знакомых; I stayed there for ~ time я там пробыл, пробыла некоторое время; **5.** (*certain*) какой-то (33a); ~ man wants to speak to you какой-то человек хочет с вами поговорить; I must have read that in ~ book наверное, я читал(а) об этом в какой-то книге; he went to ~ place in the South он поехал куда-то на юг; ◊ ~ **day** когда-нибудь; I must go there ~ day мне надо поехать туда когда-нибудь, как-нибудь; ~ **other day** в другой раз; we shall do it ~ other day мы сделаем это в другой раз, когда-нибудь ещё; we shall speak about it ~ other time мы поговорим об этом как-нибудь в другой раз.

somebody кто-то (41a); ~ is knocking at the door кто-то стучится в дверь; there is ~ in the room в комнате кто-то есть; ~ has taken my pencil кто-то взял мой карандаш; I saw ~ at the window я увидел кого-то у окна; ‖ кто-нибудь (41a); ~ must go with him кто-нибудь должен с ним пойти; ~ else кто-нибудь ещё; I want ~ to help me я хочу, чтобы кто-нибудь мне помог.

somehow как-нибудь; don't worry, we shall get home ~ не беспокойтесь, мы как-нибудь доберёмся домой; ‖ каким-то образом, как-то; he found out the address ~ каким-то образом он узнал адрес; we must find him ~ как-то мы должны его разыскать.

someone кто-то (41a); кто-нибудь (41a); *see* somebody.

something что-то (41a); there is ~ in the box в ящике что-то есть; I saw ~ dark in the garden в саду я увидел(а) что-то тёмное; there is ~ wrong here здесь что-то не так, неправильно; there is ~ nice about her в ней есть что-то приятное; I have ~ (that) I want to show you я хочу вам что-то, кое-что показать; there seems to be ~ the matter что-то всё-таки не так; we must do ~ что-то надо делать; ‖ что-нибудь (41a); give me ~ to read / to eat! дайте мне что-нибудь почитать / поесть!; ~ else что-нибудь ещё; give me ~ else! дай(те) мне что́-нибудь ещё!; ask me ~ else! спроси́(те) меня́ о чём-нибудь ещё!

sometimes иногда́; I ~ go there, I go there ~ иногда́ я хожу́ туда́; he is ~ at home in the morning иногда́ он быва́ет до́ма по утра́м; I have ~ thought that I should like to live in the country иногда́ я ду́маю, что мне лу́чше бы́ло бы жить за́ городом.

somewhere 1. (*denoting position, place*) где́-то; he lives / works ~ near our house он живёт / рабо́тает где́-то о́коло на́шего до́ма; I read / saw it ~ я где́-то э́то чита́л(а) / ви́дел(а); ~ here / there где́-то здесь / там; ~ near here где́-то недалеко́ отсю́да; ¦ (*some place or other*) где́-нибудь; we want to live ~ near the river мы хоти́м жить где́-нибудь о́коло реки́; ~ else где́-нибудь ещё; **2.** (*denoting direction*) куда́-то; they sent him ~ они́ куда́-то посла́ли его́; they went away ~ они́ куда́-то ушли́; ¦ куда́-нибудь; put it ~! положи́(те) э́то куда́-нибудь!; I want to go ~ for the summer я хочу́ на ле́то куда́-нибудь пое́хать; from ~ отку́да-то.

son сын *m* (*sg* 1i, *pl* сыновья́, сынове́й, сыновья́м, сынове́й, сыновья́ми, сыновья́х) [little ма́ленький, big большо́й, eldest ста́рший, only еди́нственный, grown-up взро́слый, married жена́тый]; she has two ~s / five ~s у неё два сы́на / пять сынове́й.

song пе́сня *f* (20f) [1) new но́вая, beautiful краси́вая, old стари́нная, well-known изве́стная, sad печа́льная, гру́стная, merry весёлая, cheerful бо́драя, folk наро́дная, Russian ру́сская, familiar знако́мая; 2) is heard слы́шится, dies away замира́ет вдали́]; know / learn a ~ знать / разу́чивать пе́сню; sing / recognize / remember a ~ петь / узна́ть / запо́мнить пе́сню; tune of a ~ моти́в пе́сни; that is my favourite ~ э́то моя́ люби́мая пе́сня; who wrote that ~? кто написа́л э́ту пе́сню?

soon 1. (*in a short time, before long*) ско́ро; we shall be there ~ мы ско́ро бу́дем там; he will be back ~er than you think он вернётся скоре́е, чем вы ду́маете; in this way we shall finish the work much ~er так, таки́м о́бразом мы зако́нчим рабо́ту гора́здо скоре́е; we are going to the South ~ ско́ро мы пое́дем на юг; how ~ can you come? как ско́ро вы смо́жете прийти́?; as ~ as possible при пе́рвой возмо́жности, как мо́жно скоре́е; ¦ (*shortly*) вско́ре; ~ I began to understand what he meant вско́ре я на́чал, начала́ понима́ть, что о[н] име́л в виду́; ~ afte[r] (that) he went away вско́ре по́сле э́того он ушёл; I hope to see you ~ (я) наде́юсь вско́ре вас уви́деть; ⊙ **as ~ as** как то́лько; *see* as **III**; **2.** (*early*) ра́но; the train was late so I could not come ~er по́езд опозда́л, поэ́тому я не мог(ла́) прие́хать ра́ньше; what made you come so ~? что заста́вило вас так ра́но прийти́?; you spoke too ~ вы сли́шком ра́но вы́ступили; ⊙ **~er or later** ра́но и́ли по́здно; **the ~er the better** чем ра́ньше, тем лу́чше.

sore *a* (*painful*) больно́й (31a) [finger па́лец]; ‖ *often conveyed by verb* боле́ть (98); she has a ~ finger / throat у неё боли́т па́лец / го́рло; my shoulder is still ~ у меня́ всё ещё боли́т плечо́.

sorrow *sb* (*grief*) го́ре *n*, *no pl* (15a) [deep глубо́кое, great большо́е]; share ~s and joys дели́ть го́ре и ра́дость, дели́ть ра́дости и печа́ли; ‖ (*sadness*) печа́ль *f* (29c).

sorry: be, feel ~ for smb жале́ть (98) кого́-л., *perf* пожале́ть (98) кого́-л.; we felt ~ for him нам бы́ло жаль его́; you will be ~ for this some day вы когда́-нибудь пожале́ете об э́том; ‖ be ~ сожале́ть (98), *no perf* (about — о *with abl*); I was ~ to do it я о́чень сожале́л(а), что мне пришло́сь де́лать э́то; I am ~ I can't come сожале́ю, что не смогу́ прийти́; I am really ~ for what I have done я действи́тельно о́чень сожале́ю о том, что я сде́лал(а); ⊙ ~! прости́те!, винова́т!

sort *sb* (*kind, class*) род *m* (*sg* 1f); different ~s of things / stamps / people разли́чные, разнообра́зные ве́щи / ма́рки / лю́ди; all ~s of dresses / shoes всевозмо́жные пла́тья / ту́фли; he is not the ~ of man to do a cruel thing like that он не тако́й челове́к, кото́рый мо́жет сде́лать таку́ю жесто́кую вещь; ⊙ **what ~ of?** что за?, како́й?; what ~ of plant is that? что э́то за расте́ние?, како́е э́то расте́ние? what ~ of people go there? каки́е лю́ди, что за лю́ди быва́ют там?; what ~ of books do you like? каки́е кни́ги вам нра́вятся?; **a ~ of** како́й-то; не́что вро́де (*with gen*); a ~ of fruit каки́е-то фру́кты; it is a ~ of box э́то не́что вро́де я́щика; **nothing of the ~** ничего́ подо́бного; *see* nothing.

so-so та́к себе; the weather was ~ пого́да была́ та́к себе, нева́жная; he speaks English ~ он говори́т по-англи́йски та́к себе, нева́жно; how do you feel? — So-so как вы себя́ чу́вствуете? — Та́к себе; how was the concert? — So-so как вам понра́вился конце́рт? — Та́к себе.

soul душá *f* (25c); be the ~ of the company / party быть душóй óбщества / вéчера; he puts his heart and ~ into his work он вклáдывает в рабóту всю дýшу.

sound I *sb* звук *m* (4c) [1) sharp рéзкий, distant отдалённый, distinct отчётливый, dull глухóй, low нúзкий, shrill пронзúтельный, loud грóмкий, faint слáбый, strange стрáнный; 2) is heard слы́шится, dies away замирáет, becomes louder станóвится грóмче; 3) hear услы́шать, pronounce произнестú, make издáть]; we heard the ~ of firing мы услы́шали звýки стрельбы́; at the ~ of his voice... при звýке егó гóлоса...; what is that ~? что э́то за звук?; we heard ~s of music мы услы́шали звýки мýзыки; not a ~ came from the room ни одúн звук не доносúлся из кóмнаты; he did not utter a ~ он не издáл ни едúного звýка.

sound II *v* звучáть (46), *no perf*; her voice ~ed loud in the empty room её гóлос гýлко звучáл в пустóй кóмнате; his voice ~ed strange егó гóлос кáк-то стрáнно звучáл; how sweet the music ~s! как приятно звучúт мýзыка!; that does not ~ English э́то звучúт не по-англúйски; it ~s funny э́то звучúт стрáнно; it doesn't ~ convincing э́то звучúт неубедúтельно; it ~ed like the cry of a child э́то бы́ло похóже на крик ребёнка; ‖ (*seem*) казáться (48), *perf* показáться (48); the idea ~s interesting э́та мысль кáжется интерéсной.

soup суп *m* (*sg* 1f, *pl* 1c) [1) cold холóдный, hot горячий, nice, delicious вкýсный, thick густóй, thin жúдкий; pea горóховый, meat мяснóй, vegetable овощнóй; 2) eat есть, make приготóвить, cook готóвить, boil кипятúть, heat подогревáть]; a plate of ~ тарéлка сýпу; chicken ~ курúный бульóн; ⊙ **cabbage** ~ щи *no sg*; *see* cabbage.

sour 1. кúслый (31b) [juice сок, lemon лимóн; taste вкус]; кúслое [medicine лекáрство, apple я́блоко wine винó]; кúслые [berries я́годы, fruit фрýкты]; **2.**: turn ~ прокисáть (64), *perf* прокúснуть (127); the soup turned ~ суп прокúс; ‖ (*of milk*) скисáть (64), *perf* скúснуть (127); the milk turned ~ молокó скúсло.

source истóчник *m* (4c) [*with gen* of knowledge знáний, of information информáции, свéдений]; I know it from a reliable ~ я знáю э́то из надёжного, достовéрного истóчника.

south *sb* юг *m* (4c); the South Pole Ю́жный пóлюс; South America Ю́жная Амéрика; *see* east.

southern *a* ю́жный (31b); *see* eastern.

Soviet I *sb* совéт *m* (1f); city, town ~городскóй совéт; village ~ сéльский совéт; the Supreme ~ of the USSR Верхóвный Совéт СССР; session of the Supreme ~ сéссия Верхóвного Совéта; deputy to the Supreme ~ депутáт Верхóвного Совéта.

Soviet II *a* совéтский (33b) [people нарóд; theatre теáтр; scientist учёный, writer писáтель]; совéтская [power власть; industry промы́шленность, literature литератýра, music мýзыка]; совéтское [government прави́тельство, country госудáрство; cinema кинó, art искýсство].

Soviet Union, the Совéтский Сою́з *m* (1f).

sow *v* сéять (224), *perf* посéять (224) [*with acc* seeds семенá, wheat пшени́цу, rye рожь]; ~a field with, to wheat засéять пóле пшени́цей; it is too early, soon to ~ ещё сли́шком рáно начинáть сев.

space *sb* **1.** (*of place*) прострáнство *n* (14c) [broad ширóкое, empty пустóе, vast обши́рное, infinite бесконéчное, cosmic косми́ческое]; open ~s откры́тые прострáнства; flight into ~ полёт в кóсмос; rays from, out of ~ косми́ческие лучи́; (*room*) мéсто *n* (14d), прострáнство; that table occupies too much ~ э́тот стол занимáет сли́шком мнóго мéста; there is no ~ for this couch для э́того дивáна нет мéста; is there any ~ left for these things? остáлось ли мéсто для э́тих вещéй?; a ~ between two houses прострáнство мéжду двумя́ домáми; leave some ~ at the bottom of the page! остáвьте (свобóдное) мéсто в концé страни́цы!; **2.** (*interval*) промежýток *m* (4d); a ~ of three years промежýток (врéмени) в три гóда; in a short ~ of time чéрез корóткий промежýток врéмени; in the ~ of an hour через чáс.

Spaniard испáнец *m* (10b), испáнка *f* (22c).

Spanish I *sb* испáнский язы́к *m* (4g).

Spanish II *a* испáнский (33b).

spare I *a* (*extra*) ли́шний (32) [ticket билéт, copy экземпля́р, pencil карандáш]; have you a ~ notebook? нет ли у вас ли́шней тетрáди?; ⊙ ~ **time** свобóдное врéмя (15b); he spent all his ~ time playing chess всё своё свобóдное врéмя он проводи́л за шáхматами; I have no ~ time now сейчáс у меня́ нет свобóдного врéмени.

spare II *v* **1.** (*give*) уделя́ть (223), *perf* удели́ть (158) (*with acc*); can you ~ me a few minutes? вы не могли́ бы удели́ть мне нéсколько минýт?; have you got a minute to ~? у вас есть свобóдная минýта?; we haven't a minute to ~ у нас е ни одно́й свобо́дной ми- у́ ы; ⊙ ~ no pains де́лать (65) всё возмо́жное, *perf* сде́ла ь (65) всё возмо́жное; 2. (.h .o mercy) щади́ть (153), *perf* пощади́ть (153) (*with acc*); he didn't ~ her feelings он не щади́л её чувств.

speak **1.** говори́ть (158) [1) well хорошо́, badly пло́хо, fast бы́стро, slowly ме́дленно, with difficulty с трудо́м, in a whisper шёпотом, in a loud voice гро́мко, quietly ти́хо, споко́йно, angrily серди́то; English по-англи́йски, Russian по-ру́сски, many languages на мно́гих языка́х; 2) о *with abl* about, of the children о де́тях, about what had happened о случи́вшемся, of the events of the day о собы́тиях дня, of modern literature о совреме́нной литерату́ре, about different things о ра́зных веща́х, about somebody о ком-л.; 3) с *with instr* with, to him с ним, with, to the teacher с учи́телем, with, to one's parents с роди́телями, with, to one's friend с прия́телем, с дру́гом; 4) по *with dat* over the telephone по телефо́ну, over the radio по ра́дио]; ~ louder! говори́(те) гро́мче!; he can ~ Russian but he can't read it он говори́т по-ру́сски, но не уме́ет чита́ть; he refused to ~ он отказа́лся говори́ть; she ~s very much / very little она́ о́чень мно́го / о́чень ма́ло говори́т; they spoke for two hours они́ говори́ли два часа́; who was that man you were ~ing to? с кем э́то вы разгова́ривали?, что э́то за челове́к, с кото́рым вы разгова́ривали?; what was he ~ing to you about? о чём он с ва́ми говори́л?; we have often spoken about it мы ча́сто об э́том говори́ли; I shall ~ to him tomorrow я поговорю́ с ним за́втра; may I ~ to you? могу́ я с ва́ми поговори́ть?; they decided to ~ to the director first of all они́ реши́ли пре́жде всего́ поговори́ть с дире́ктором; nothing could make her ~ ничто́ не могло́ заста́вить её говори́ть; he spoke for ten minutes он говори́л де́сять мину́т; she was so surprised / frightened that she could not ~ она́ была́ так удивлена́ / испу́гана, что не могла́ говори́ть; ⊙ **generally** ~**ing** вообще́ говоря́; *see* generally; **properly** ~**ing** со́бственно говоря́; **so to** ~ так сказа́ть; **nothing to** ~ **of** пустяки́; **2.** (*make speech*) выступа́ть (64), *perf* вы́ступить (170) [1) over the radio по ра́дио, at a meeting на собра́нии, at a congress на съе́зде; 2) о *with abl* on the events о собы́тиях, on the international situation о междунаро́дном положе́нии; 3) for smth в защи́ту чего́-л., за что-л., against smth про́тив чего́-л.]; he spoke against the plan он вы́ступил про́тив э́того пла́на; Mr. N. was the next to ~ сле́дующим выступа́л ми́стер Н.; who's going to ~ at the meeting this evening? кто собира́ется вы́ступить сего́дня ве́чером на собра́нии?; she had never before spoken in public она́ никогда́ ра́ньше не выступа́ла публи́чно; ~ **out** (*give one's opinion*) выска́зываться (65) открове́нно, *perf* вы́сказаться (59) открове́нно; he spoke out boldly / without fear он сме́ло/ без стра́ха вы́сказал своё мне́ние.

speaker ора́тор *m* (1e) [good хоро́ший, bad, poor плохо́й, brilliant блестя́щий, born прирождённый]; the former ~ предыду́щий ора́тор; who was the main ~? кто де́лал докла́д?

special *a* **1.** (*particular*) осо́бый (31b) [kind, sort сорт, вид; interest интере́с]; осо́бая [food пи́ща, diet дие́та; difficulty тру́дность]; осо́бое [place ме́сто, task зада́ние, dish блю́до]; I have ~ reasons for thinking so у меня́ име́ются осо́бые причи́ны так ду́мать; he comes here only on ~ occasions он приезжа́ет, прихо́дит сюда́ то́лько в осо́бых слу́чаях; this is a very ~ case э́то осо́бый слу́чай; ‖ (*not usual*) осо́бенный (31b); nothing ~ happened yesterday вчера́ ничего́ осо́бенного не случи́лось; **2.** (*singled out*) специа́льный (31b) [shop магази́н, train по́езд, plane самолёт, order зака́з, instrument прибо́р]; специа́льная [book кни́га, article статья́, commission коми́ссия]; специа́льное [medicine лека́рство, device приспособле́ние].

specialist специали́ст *m* (1e) [experienced о́пытный, good хоро́ший, young молодо́й, real настоя́щий, great большо́й, well-known изве́стный]; a ~ in agriculture / literature специали́ст по (*with dat*) се́льскому хозя́йству / литерату́ре; a ~ in art специали́ст в о́бласти иску́сства; he is a ~ in the field / in many fields он специали́ст в э́той о́бласти / во мно́гих областя́х.

speciality (*branch of work*) специа́льность *f* (29c) [important ва́жная, rare ре́дкая]; what is his ~? кто он по специа́льности?; choose a ~ выбира́ть специа́льность; he made agriculture his ~ он специализи́ровался по (*with dat*) се́льскому хозя́йству; he made this branch of physics / medicine his ~ он специализи́ровался в (*with abl*) э́той о́бласти фи́зики / медици́ны.

spectacles *pl* очки́ *no sg* (4g) [1) thick си́льные; 2) put on наде́ть, take off снять, wear носи́ть, break разби́ть]; a pair of ~ очки́, па́ра очко́в; I can't see anything without my ~ я ничего́ не ви́жу без очко́в.

speech 1. (*language*) речь *f* (30b) [colloquial разговóрная, literary литератýрная]; ‖ (*manner of speaking*) речь [distinct чёткая, slow медлúтельная]; his ~ was so rapid that it was difficult to follow him он говорúл так бы́стро, что бы́ло трýдно следúть за егó рéчью; his ~ is not very clear он говорúт не óчень я́сно; **2.** (*address*) речь [1) short, brief крáткая, long длúнная, brilliant блестя́щая, inspiring вдохновля́ющая; 2) broadcast передавáть по рáдио, listen to слýшать, begin начáть, close, finish закóнчить]; deliver, make a ~ произносúть речь; he made a very good ~ он произнёс óчень хорóшую речь; the chairman made a short ~ of welcome to the delegates председáтель привéтствовал делегáтов крáткой рéчью; he concluded his ~ with the following words... он закóнчил своЮ речь слéдующими словáми...; in his speech he said... в своéй рéчи он сказáл...

speed *sb* скóрость *f* (29b) [1) ordinary обы́чная, great большáя, increasing увелúчивающаяся; 2) increase увелúчить, slow down замéдлить]; develop a high ~ развúть большýю скóрость; at full ~ на пóлной скóрости; he drove at a very high ~ он éхал на óчень большóй скóрости; they were driving at a ~ of over a hundred kilometres an hour / at top ~ онú éхали со скóростью бóлее ста киломéтров в час / на предéльной скóрости; he exceeded the ~ limit он превы́сил скóрость; he reduced ~ to thirty miles an hour он снúзил скóрость до (*with gen*) тридцатú миль в час; with the ~ of lightning, with lightning ~ с быстротóй мóлнии, молниенóсно.

spell *v* называ́ть (64) по бýквам, *perf* назвáть (67) по бýквам (*with acc*); ~ a word / name назвáть слóво / фамúлию по бýквам; ‖ how do you ~ the word? как пúшется э́то слóво?

spelling орфогрáфия *f* (23c); is the ~ of the word correct? слóво напúсано прáвильно?; what is the ~ of the word? как пúшется э́то слóво?

spend 1. (*use*) трáтить (177), *perf* истрáтить (177), потрáтить (177) [1) *with acc* money дéньги, time врéмя, two dollars два дóллара; 2) на *with acc* on clothes на одéжду, on a trip на поéздку]; I spent two hours on this work я потрáтил(а) два часá на э́ту рабóту; I spent half my money on books я истрáтил(а) половúну своúх дéнег на кнúги; **2.** (*pass*) проводúть (152), *perf* провестú (219) [*with acc* summer лéто, one's free time своё свобóдное врéмя, holiday кани́кулы, leave о́тпуск]; we want to ~ the day in the country мы хоти́м провести́ день за́ городом; we spent three hours there мы провели́ там три часа́; he spent his childhood in a small village де́тство он провёл в ма́ленькой дереву́шке; how do you ~ your time? как вы прово́дите своё вре́мя?; she spent a sleepless night она́ провела́ бессо́нную ночь.

spirit *sb* **1.** (*moral condition*) дух *m*, *no pl* (4c); the ~ of the army дух а́рмии; the ~ of the times / age дух вре́мени / ве́ка; the ~ of the law дух зако́на; **2.** *pl* ~s (*mood*) настрое́ние *n* (18c) [high хоро́шее, excellent отли́чное, low плохо́е]; be in low ~s быть в плохо́м, пода́вленном настрое́нии; his ~s rose его́ настрое́ние улу́чшилось; his ~s fell, sank у него́ упа́ло настрое́ние, он упа́л ду́хом; raise smb's ~s подня́ть чьё-л. настрое́ние; out of ~s не в настрое́нии.

spite: in ~ of несмотря́ на (*with acc*); in ~ of all difficulties... несмотря́ на все тру́дности...; they set out in ~ of the bad weather они́ отпра́вились несмотря́ на плоху́ю пого́ду; in ~ of the fact that... несмотря́ на то, что...; we decided to continue in ~ of the fact that the first attempt had been unsuccessful мы реши́ли продолжа́ть несмотря́ на то, что пе́рвая попы́тка была́ неуда́чной; in ~ of him / everything вопреки́ (*with dat*) ему́ / всему́.

splendid великоле́пный (31b) [house дом, garden сад, shop магази́н, city го́род]; великоле́пная [furniture ме́бель, обстано́вка; weather пого́да; idea иде́я, opportunity возмо́жность]; великоле́пное [clothes одея́ние, sight зре́лище, construction сооруже́ние]; the palace was ~ дворе́ц был великоле́пен; ~ prospect(s) блестя́щие перспекти́вы; it was a ~ place for a camp э́то бы́ло прекра́сное ме́сто для ла́геря; (that's) ~! прекра́сно!

split *v* **1.** (*break from end to end*) коло́ть (202) [*with acc* wood дрова́, logs поле́нья]; | раска́лывать (65), *perf* расколо́ть (202) (*with acc*); the explosion had ~ the great rock into a number of pieces взрыв расколо́л большу́ю скалу́ на (*with acc*) мно́жество куско́в; the lightning ~ the old tree in half мо́лния расколо́ла ста́рое де́рево попола́м; **2.** (*burst into parts*) раска́лываться (65), *perf* расколо́ться (202); the bottle ~ буты́лка расколо́лась; the tourists ~ into three groups тури́сты разби́лись на три гру́ппы.

spoil *v* **1.** (*ruin*) по́ртить (177), *perf* испо́ртить (177)

[1) *with acc* book кни́гу, clock часы́, clothes оде́жду, machine маши́ну; game игру́, party ве́чер, trip пое́здку, day день, holiday пра́здник, smb's mood чьё-л. настрое́ние; one's appetite аппети́т; everything всё; 2) completely по́лностью, partly части́чно]; be careful not to ~ your new clothes! осторо́жнее, не испо́ртите своё но́вое пла́тье!; our trip was spoiled by bad weather на́ша прогу́лка была́ испо́рчена плохо́й пого́дой; it ~ed her mood completely э́то оконча́тельно испо́ртило ей настрое́ние; ~ a child балова́ть ребёнка; **2.** (*become bad*) по́ртиться (177), *perf* испо́ртиться (177); the butter / milk / medicine has ~ed ма́сло / молоко́ / лека́рство испо́ртилось; fruit ~s easily фру́кты легко́ по́ртятся.

spoon *sb* ло́жка *f* (22f) [big больша́я, little ма́ленькая; wooden деревя́нная, silver сере́бряная]; eat / take smth with a ~ есть / брать что-л. ло́жкой; he held the ~ in his right hand он держа́л ло́жку в пра́вой руке́; take your ~ out of your cup! вы́нь(те) ло́жку из ча́шки!

sport *sb* (*physical exercise*) спорт *m*, *no pl* (1f) [winter зи́мний, summer ле́тний, water во́дный]; what is your favourite ~? како́й ваш люби́мый вид спо́рта?; be interested in ~ интересова́ться спо́ртом; he is fond of ~ он лю́бит спорт; ⊙ **go in for ~s** занима́ться (64) спо́ртом; he went in for many kinds of ~s он занима́лся мно́гими ви́дами спо́рта.

spot *sb* **1.** (*mark, stain*) пятно́ *n* (14a) [dark тёмное, dirty гря́зное]; a ~ of mud гря́зное пятно́; a ~ of oil ма́сляное пятно́; a ~ of ink, an ink ~ черни́льное пятно́; a ~ on the paper / cloth / one's dress пятно́ на (*with abl*) бума́ге / мате́рии / пла́тье; **2.** (*place*) ме́сто *n* (14d) [convenient удо́бное, dangerous опа́сное, quiet ти́хое, lonely уединённое]; we know an ideal ~ for a summer camp мы зна́ем замеча́тельное ме́сто для ле́тнего ла́геря; this is the very ~ where the accident took place э́то то са́мое ме́сто, где произошёл несча́стный слу́чай; ⊙ **on the ~** тут же, на ме́сте.

spread *v* **1.** (*distribute*) распространя́ть (223), *perf* распространи́ть (164) [*with acc* rumour слух, news изве́стия, но́вости, knowledge зна́ния]; **2.** (*be circulated, scattered*) распространя́ться (223), *perf* распространи́ться (164); the news ~ like lightning но́вость распространи́лась с быстрото́й мо́лнии; his fame ~ all over the country его́ сла́ва распространи́лась по всей стране́, он стал изве́стен всей стране́; rumours

~ quickly слу́хи бы́стро распространя́ются; **3.** (*also* ~ out; *cover*) расстила́ть (64), *perf* расстели́ть (расстелю́, рассте́лешь, рассте́лет, рассте́лем, рассте́лете, рассте́лют, *past* расстели́л) [1) *with acc* table-cloth ска́терть, blanket одея́ло, sheet простыню́; 2) на *with abl* on the table на столе́, on the couch на дива́не]; he ~ newspapers on the grass он расстели́л газе́ты на траве́; **4.** (*extend, lie*) расстила́ться (64), *no perf*, простира́ться (64), *no perf*; a wide stretch of land ~ in front of us перед на́ми расстила́лась широ́кая полоса́ земли́; **5.** (*reach out*): the bird ~ its wings пти́ца распра́вила свои́ кры́лья; the trees ~ their branches to the light ве́тви дере́вьев тяну́лись к све́ту; he ~ his hands to the fire он протяну́л ру́ки к огню́.

spring *sb* (*season*) весна́ *f* (19i) [1) cold холо́дная, warm тёплая, wet дождли́вая, early ра́нняя, late по́здняя, запозда́лая; 2) begins in March начина́ется в ма́рте, has come наступи́ла, lasts for three months дли́тся три ме́сяца]; spend the ~ in the South проводи́ть весну́ на ю́ге; at the beginning / end of ~ в нача́ле / конце́ весны́; in (the) ~ весно́й; let's wait until ~ подождём до весны́; by ~ к весне́; this / next ~ весно́й э́того / бу́дущего го́да; last ~ про́шлой весно́й, весно́й про́шлого го́да; one ~ одна́жды весно́й; ~ day / month весе́нний день / ме́сяц; ~ weather весе́нняя пого́да; ~ sun весе́ннее со́лнце; ~ flowers / showers весе́нние цветы́ / дожди́.

spy *sb* шпио́н *m* (1e).

square I *sb* **1.** квадра́т *m* (1f); a side of a ~ сторона́ квадра́та; divide smth into ~s раздели́ть что-л. на квадра́ты; in the form of a ~ в фо́рме квадра́та; **2.** (*of city*) пло́щадь *f* (29b) [1) beautiful краси́вая, big, large больша́я, little, small ма́ленькая, central центра́льная, main гла́вная; 2) cross пересека́ть]; meet smb in the ~ встре́тить кого́-л. на пло́щади; go, walk across the ~ идти́ че́рез пло́щадь; gather in the ~ собира́ться на пло́щади; on the other side of the ~ на той стороне́ пло́щади; there was a large crowd in the ~ на пло́щади была́ больша́я толпа́; what is the name of this ~? как называ́ется э́та пло́щадь?

square II *a* квадра́тный (31b) [table стол, box я́щик; chin подборо́док]; квадра́тная [room ко́мната]; four ~ miles / kilometres четы́ре квадра́тных ми́ли / километра.

stage I *sb* (*point, period of development*) ста́дия *f* (23c), ступе́нь *f* (*sg* 29b, *pl* 29c); at this ~ of development на э́той ступе́ни разви́тия; initial / final ~ нача́льная / коне́чная ста́дия.

stage II *sb* (*of theatre*) сце́на *f* (19c); on the ~ на сце́не; our seats were near the ~ на́ши места́ бы́ли недалеко́ от сце́ны; the audience moved towards the ~ зри́тели напра́вились к сце́не; ⊙ **go on the ~** стать (51) актёром; **be on the ~** быть актёром, арти́стом; **leave the ~** уйти́ (206) со сце́ны.

stage III *v* ста́вить (157), *perf* поста́вить (157) (*with acc*); ~ a play / comedy / ballet ста́вить пье́су / коме́дию / бале́т; the play was ~d by a famous producer пье́са была́ поста́влена знамени́тым режиссёром; the film was ~d badly / well кинокарти́на была́ пло́хо / хорошо́ поста́влена; I don't like the way the comedy is ~d мне не нра́вится как поста́влена коме́дия, постано́вка коме́дии.

stain *sb* (*dirty mark*) пятно́ *n* (14a) [large большо́е, dirty гря́зное, faded вы́цветшее, old ста́рое]; make a ~ сде́лать, посади́ть пятно́; take out a ~ вы́вести пятно́; ink / blood ~ черни́льное / крова́вое пятно́; ~ on one's reputation пятно́ на репута́ции.

stairs *pl* ле́стница *f* (21c) [broken сло́манная, narrow у́зкая, wide широ́кая, wooden деревя́нная, marble мра́морная, steep крута́я, winding винтова́я]; come / walk / run up the ~ поднима́ться / идти́ / бежа́ть вверх по ле́стнице; down the ~ вниз по ле́стнице; ascend, go up / descend, go down the ~ поднима́ться / спуска́ться по ле́стнице; fall down the ~ упа́сть с ле́стницы; I passed him on the ~ я обогна́л, обогнала́ его́ на ле́стнице, я прошёл, прошла́ ми́мо него́ на ле́стнице; he slipped on the ~ он поскользну́лся на ле́стнице; ⊙ **a flight of ~** марш (*m* 6c) ле́стницы.

stamp *sb* (*of post*) ма́рка *f* (22d) [rare ре́дкая, foreign иностра́нная]; postage ~ почто́вая ма́рка; stick a ~ on a letter / envelope накле́ить ма́рку на письмо́ / конве́рт; collect ~s собира́ть ма́рки; a collection of ~s колле́кция ма́рок; exchange ~s обме́ниваться ма́рками; a four-copeck ~ четырёхкопе́ечная ма́рка.

stand *v* **1.** (*be in upright position*) стоя́ть (222), *no perf* [1) still споко́йно, неподви́жно, straight пря́мо, motionless неподви́жно; 2) on both feet на обе́их нога́х, with one's back to the window спино́й к окну́, leaning against the wall прислони́вшись к стене́; 3) at the door у две́ри, in the doorway в дверя́х, in a corner в углу́, at the corner на углу́, at the window у окна́, in the middle of the room посереди́не ко́мнаты, in the garden в саду́, in the street на у́лице; in a line, queue в о́череди]; he was too weak to ~ от сла́бости он не мог стоя́ть; there are no chairs so we'll have to ~ здесь нет сту́льев, так что нам придётся стоя́ть; he could hardly ~ on his feet он едва́ мог стоя́ть на нога́х; why are you all ~ing here, doing nothing? почему́ вы все стои́те здесь и ничего́ не де́лаете?; ‖ *fig*: his hair stood on end у него́ во́лосы ста́ли ды́бом; ‖ (*remain in the same position*) стоя́ть, простоя́ть (222); he stood for two hours он простоя́л два часа́; I have been ~ing on my feet all day я простоя́л(а) весь день; the building has stood for over five hundred years э́то зда́ние стои́т, простоя́ло бо́лее пятисо́т лет; **2.** (*be, be situated*) стоя́ть; the house / town ~s on the bank of the river дом / го́род стои́т на берегу́ реки́; an old tree ~s near the lake ста́рое де́рево стои́т о́коло о́зера; the chairs stood by the wall сту́лья стоя́ли у стены́; **3.** (*bear*) выноси́ть (148), *perf* вы́нести (114) [*with acc* heat жару́, pain боль, test испыта́ние]; fruit-trees cannot ~ the cold фрукто́вые дере́вья не выно́сят хо́лода; I can't ~ his jokes / him я не выношу́ его́ шу́ток / его́; she didn't ~ the climate well она́ пло́хо переноси́ла э́тот кли́мат; I can't ~ it any longer я не могу́ бо́льше э́того выноси́ть; I wonder that you can ~ it я удивля́юсь, что вы э́то те́рпите, как вы э́то те́рпите; ~ **apart** стоя́ть в стороне́, находи́ться (152) по́одаль; he stood apart from the others он стоя́л в стороне́ от остальны́х; ~ **aside** отойти́ (206) в сто́рону; ~ aside! отойди́те в сто́рону!; ~ **out** выделя́ться (223), *no perf*; the outline of the house stood out clearly against the evening sky очерта́ния до́ма чётко выделя́лись, вырисо́вывались на фо́не вече́рнего не́ба; ~ **up** встава́ть (63), *perf* встать (51) [quickly бы́стро, slowly ме́дленно, at once сра́зу же]; she stood up the moment she saw him она́ вста́ла, как то́лько уви́дела его́; he stood up and left the room он встал и вы́шел из ко́мнаты; ~ up! вста́нь(те)!; the pupils stood up when the guests entered the room ученики́ вста́ли, когда́ го́сти вошли́ в класс; ◊ ~ **in smb's way** меша́ть (64) (*with dat*) кому́-л.

star *sb* **1.** звезда́ *f* (19g) [1) bright я́ркая, early ра́нняя, evening вече́рняя; shooting па́дающая; 2) twinkles мерца́ет, shines сия́ет]; ‖ *fig*:

under a lucky ~ под счастли́вой звездо́й; 2. (*of actors*) звезда́; film ~ кинозвезда́.

stare *v* при́стально смотре́ть (101), *perf* посмотре́ть (101) (at — на *with acc*); she ~d and ~d она́ смотре́ла и смотре́ла; he ~d at the newcomer он при́стально посмотре́л на воше́дшего; || уста́виться (157) (at — на *with acc*); she ~d at me in amazement она́ в изумле́нии уста́вилась на меня́; the children ~d at the elephant in wonder де́ти изумлённо уста́вились на слона́.

start *v* 1. (*begin to move*) тро́гаться (65), *perf* тро́нуться (126); the train ~ed по́езд тро́нулся; 2. (*leave, set out*) отправля́ться (223), *perf* отпра́виться (157) [1) at once сра́зу же, early in the morning ра́но у́тром, late at night по́здно но́чью, at nine o'clock в де́вять часо́в, in time во́время; 2) в *with acc* for the mountains в го́ры, on a trip в путеше́ствие, for Odessa в Оде́ссу]; (at) what time did you ~? когда́ вы вы́ехали?, вы́шли?; we shall ~ as soon as he returns мы отпра́вимся как то́лько он придёт; 3. (*begin smth*) начина́ть (64), *perf* нача́ть (87) [*with acc* work рабо́ту, business де́ло, conversation разгово́р]; when did you ~ work? когда́ вы на́чали рабо́тать?; she ~ed crying она́ начала́ пла́кать; he ~ed to study French он на́чал изуча́ть францу́зский язы́к; you have ~ed well вы хорошо́ на́чали; 4. (*begin*) начина́ться (64), *perf* нача́ться (87); where / how did the fire ~? где / как(и́м о́бразом) начался́ пожа́р?; how did the quarrel ~? из-за чего́ начала́сь ссо́ра?; 5. (*set into motion*) заводи́ть (152), *perf* завести́ (219) [*with acc* car маши́ну, автомоби́ль, watch часы́]; ~ a motor запуска́ть мото́р; 6. (*make sudden movement*) вздра́гивать (65), *perf* вздро́гнуть (126); he ~ed at the sudden noise он вздро́гнул от неожи́данного шу́ма.

starve голода́ть (64), *no perf* жить (194) впро́голодь; she was actually starving факти́чески она́ голода́ла.

state I *sb* 1. (*country*) госуда́рство *n* (14c) [powerful могу́щественное, independent незави́симое; bourgeois буржуа́зное, democratic демократи́ческое, socialist социалисти́ческое]; ~ bank госуда́рственный банк; ~ papers, documents госуда́рственные докуме́нты; 2. (*part of country*) штат *m* (1f); there are now 50 ~s in the United States в Соединённые Шта́ты тепе́рь вхо́дит пятьдеся́т шта́тов.

state II *sb* (*condition*) состоя́ние *n* (18c) [1) bad плохо́е, satisfactory удовлетвори́тельное, excellent прекра́сное, terrible ужа́сное, poor жа́лкое; 2) *with gen* of affairs дел, of one's health здоро́вья]; one's ~ of mind душе́вное состоя́ние; things were in a rather bad ~ дела́ бы́ли в дово́льно плохо́м состоя́нии; everything was in a ~ of disorder всё бы́ло в беспоря́дке; he tried to conceal the real ~ of his affairs он стара́лся скрыть и́стинное состоя́ние, положе́ние свои́х дел; the building was in a half-ruined ~ зда́ние бы́ло полуразру́шено.

statement 1. (*announcement*) заявле́ние *n* (18c), сообще́ние *n* (18c); the ~ of the Peace Congress was received with enthusiasm заявле́ние Конгре́сса сторо́нников ми́ра бы́ло встре́чено с энтузиа́змом; make a ~ сде́лать сообще́ние; official ~ официа́льное сообще́ние; in the ~ в заявле́нии; 2. (*assertion*) утвержде́ние *n* (18c) [false неве́рное, непра́вильное, correct пра́вильное, unfounded необосно́ванное].

station *sb* (*stop*) ста́нция *f* (23c) [big, large больша́я, small небольша́я, important ва́жная, next сле́дующая, last после́дняя]; railway ~ железнодоро́жная ста́нция; junction ~ узлова́я ста́нция; an underground ~ ста́нция метро́; come to a ~ приезжа́ть на ста́нцию; meet smb at the ~ встреча́ть кого́-л. на ста́нции; the ~ is rather far from here ста́нция отсю́да дово́льно далеко́; the train stops at every ~ / at the following ~s... по́езд остана́вливается на всех ста́нциях / на сле́дующих ста́нциях...; the train passed the ~ without stopping по́езд прое́хал ста́нцию не остана́вливаясь; ∥ (*building*) вокза́л *m* (1f) [1) big большо́й, old ста́рый, spacious просто́рный; 2) build стро́ить, repair ремонти́ровать]; go / hurry to the ~ идти́, е́хать / спеши́ть на вокза́л; take smb to the ~ проводи́ть кого́-л. на вокза́л; ring up the ~ позвони́ть (по телефо́ну) на вокза́л; the ~ waiting-room зал ожида́ния на вокза́ле.

statue ста́туя *f* (23b) [marble мра́морная, wooden деревя́нная, ancient дре́вняя]; carve a ~ out of stone вы́сечь ста́тую из ка́мня; the ~ of a girl ста́туя де́вушки.

stay *v* 1. (*remain*) остава́ться (63), *perf* оста́ться (51) [1) at home до́ма, at school в шко́ле, in the country на да́че, in town в го́роде, in the room в ко́мнате, in England в А́нглии, after work по́сле рабо́ты; 2) for two months (на) два ме́сяца, for a long time (на) до́лгое вре́мя, for a few moments (на) не́сколько мину́т]; ~ here! остава́йтесь, побу́дьте здесь!; don't ~ long! не задéрживайтесь (дóлго)!; I'm in a hurry, I can't ~ я спешý, я не могý задéрживаться; will you ~ for dinner? не остáнетесь ли вы обéдать?; ~ where you are! оставáйтесь на мéсте!; **2.** (*put up at*) останáвливаться (65), *perf* остановиться (156) [at a hotel в гостиíнице, at one's parents' у родиíтелей]; where did you ~ when you went to Leningrad? где вы останáвливались, когдá бы́ли в Ленингрáде?; I'm not ~ing at a hotel, I am ~ing with friends я остановиíлся, остановиíлась не в гостиíнице, а у (*with gen*) знакóмых; ‖ (*be on visit*) гостиíть (187), *perf* погостиíть (187); they ~ed with us for only a week они́ погостиíли у (*with gen*) нас всегó тóлько недéлю; ~ **away** отсýтствовать (245), *no perf*, не приходиíть (152), *perf* не прийтиí (206); he ~ed away from the meeting он отсýтствовал на (*with abl*) собрáнии, он не пришёл на (*with acc*) собрáние; he ~ed away from school он не пришёл в шкóлу; why does N. ~ away? Is he offended? почемý не прихóдит Н.?Он оби́делся?;~ **in** оставáться дóма, *perf* остáться дóма; the doctor advised her to ~ in for a few days врач посовéтовал ей побы́ть дóма нéсколько дней; I think I'll ~ in this evening я дýмаю остáться сегóдня вéчером дóма; ~ **up** не ложиíться (175) (спать); we ~ed up until 2 a. m. мы не ложиíлись спать до двух часóв нóчи; you must not ~ up late вы не должны́ пóздно ложиíться спать; she ~ed up until her son returned home онá не ложиíлась спать, покá её сын не вернýлся домóй.

steady *a* **1.** (*firm*) устóйчивый (31b); what shall I do to make this chair ~? что мне сдéлать, чтóбы э́тот стул не качáлся?; put something under the leg of the table to make it ~! положиíте чтó-нибудь под нóжку столá, чтóбы он не качáлся!; with a ~ hand твёрдой рукóй; **2.** (*regular*) равномéрный (31b); ~ speed равномéрная скóрость; his pulse was rapid but ~ егó пульс был учащённым, но рóвным; ‖ (*constant*) непреры́вный (31b) [rain дождь, wind вéтер; growth рост]; непреры́вное [increase увеличéние, improvement улучшéние]; ~ income постоя́нный дохóд; ~ job постоя́нная рабóта; a ~ rise in industrial output непреры́вный рост промы́шленной продýкции; he is making ~ progress in his work / studies он постоя́нно дéлает успéхи в рабóте / учёбе.

steal (*take unlawfully*) красть (55), *perf* укрáсть

(55) [1) *with acc* money деньги, purse кошелёк, documents докуме́нты, jewels драгоце́нности, watch часы́; 2) у *with gen* from me у меня́, from my neighbour у моего́ сосе́да]; someone has stolen my money кто́-то укра́л мои́ де́ньги, кто́-то укра́л у меня́ де́ньги; ~ **away** незаме́тно ускользáть (64), *perf* незаме́тно ускользну́ть (130), исчеза́ть (64), *perf* исче́знуть (126); he stole away while everybody was discussing the news пока́ все обсужда́ли но́вость, он незаме́тно исче́з; ~ **in, into** (*come in furtively*) входи́ть (152) кра́дучись, *perf* войти́ (206) кра́дучись; he stole into the room он кра́дучись вошёл в (*with acc*) ко́мнату; ~ **out** (*go out furtively*) выходи́ть (152) кра́дучись, *perf* вы́йти (208) кра́дучись; he stole out of the room он кра́дучись вы́шел из (*with gen*) ко́мнаты.

steam *sb* пар *m* (1k) [hot горя́чий]; a cloud of ~ о́блако па́ра; the machine is driven by ~ э́та маши́на приво́дится в движе́ние па́ром; the house was heated by ~ в до́ме бы́ло парово́е отопле́ние.

steel *sb* сталь *f* (29c) [stainless нержаве́ющая, bright блестя́щая]; made of ~ сде́ланный из ста́ли; ~ mill сталелите́йный заво́д.

steep *a* круто́й (31a), отве́сный (31b) [bank бе́рег, hill холм, descent спуск, склон, ascent подъём]; крута́я [mountain гора́, rock скала́, stairs ле́стница]; the road became ~er and ~er доро́га станови́лась всё кру́че и кру́че.

step I *sb* **1.** (*pace*) шаг *m* (*sg* 4c, *pl* 4f); *often pl* ~s шаги́ [heavy тяжёлые, light лёгкие, firm твёрдые, tired уста́лые]; he walked with quick ~s он шёл бы́стрым ша́гом; her slow ~s showed that she was tired её ме́дленные шаги́ выдава́ли её уста́лость; he took, made a few ~s forward and then stopped он сде́лал не́сколько шаго́в вперёд и останови́лся; I'm too tired to walk another ~ я так уста́л(а), что не могу́ сде́лать, ступи́ть и ша́га; it's only a few ~s further э́то отсю́да всего́ в не́скольких шага́х; we heard ~s outside снару́жи мы услы́шали шаги́; { *fig* шаг; this is a great ~ in the development of science э́то огро́мный шаг в разви́тии нау́ки; ⊙ **turn one's ~s towards** поверну́ть (130) к (*with dat*); he turned his ~s towards the river он поверну́л к реке́; **walk in ~ / out of ~** идти́ в но́гу / не в но́гу; they were walking in ~ они́ шли в но́гу; ~ **by** ~ шаг за ша́гом, постепе́нно, ~ by ~ they reached the top постепе́нно они́ дости́гли верши́ны; **2.** (*action*) шаг [careless неосторо́жный, dangerous опа́сный, reckless опроме́тчивый]; what's the next ~? что де́лать да́льше?; ⊙ take ~s принима́ть (64) ме́ры, *perf* приня́ть (232) ме́ры; take immediate ~s неме́дленно приня́ть ме́ры; we must take ~s to prevent this from happening again мы должны́ приня́ть ме́ры, что́бы э́то не повтори́лось вновь; what ~s are you taking in the matter? каки́е ме́ры вы принима́ете в э́том отноше́нии?; **take, make a false** ~ сде́лать (65) ло́жный шаг; **3.** (*of staircase*) ступе́нь *f* (29c), ступе́нька *f* (22f) [top ве́рхняя, bottom ни́жняя]; he was sitting on the bottom ~ он сиде́л на ни́жней ступе́ньке; { *pl* ~s ле́стница *f* (21c); he fell down the ~s он упа́л на ле́стнице; go up the ~s подня́ться по ле́стнице; go down the ~s спусти́ться по ле́стнице.

step II *v*: he ~ped over, across the stream он перешагну́л че́рез руче́й; he ~ped into the boat он шагну́л в ло́дку; sorry! Did I ~ on your foot? извини́те, я не наступи́л(а) вам на́ ногу?; he ~ped forward / backward он сде́лал шаг, шагну́л вперёд / наза́д; ~ **aside** отходи́ть (152) в сто́рону, *perf* отойти́ (206) в сто́рону, посторони́ться (158); ~ aside, please! посторони́тесь, пожа́луйста!, отойди́те, пожа́луйста, в сто́рону!; ~ **off** (*get off*) сходи́ть (152), *perf* сойти́ (206); [с *with gen* the train с по́езда, the plane с самолёта].

stern *a* суро́вый (31b) [man челове́к, character хара́ктер, look взгляд]; суро́вая [nature приро́да]; суро́вое [face лицо́]; ~ parents суро́вые роди́тели.

stick I *sb* (*thin piece of wood*) па́лка *f* (22d) [big больша́я, thick то́лстая, thin то́нкая, straight пряма́я, heavy тяжёлая]; break / pick up / throw a ~ слома́ть / подня́ть / бро́сить па́лку; lean on a ~ опере́ться на па́лку; walk with a ~ идти́, ходи́ть с па́лкой; hit / beat with a ~ уда́рить / бить па́лкой.

stick II *v* **1.** (*push into, through*) втыка́ть (64), *perf* воткну́ть (130) [1) *with acc* needle иго́лку, knife нож, pin була́вку; 2) в *with acc* into the wood в де́рево, into the ground в зе́млю]; he stuck his fork into a potato он воткну́л ви́лку в карто́фелину, он подцепи́л карто́фелину ви́лкой; **2.** *colloq* (*put in specified position*) сова́ть (84), *perf* су́нуть (126) (*with acc*); she stuck a flower into her hair она́ су́нула, воткну́ла цвето́к в во́лосы; he stuck his pen behind his ear он су́нул ру́чку за́ ухо; he stuck his hands in(to) his pockets он су́нул ру́ки в карма́ны; **3.** (*fasten by means of gum, etc.*) накле́ивать (65), *perf* накле́ить (224), прикле́ивать (65), *perf* прикле́ить (224) [1) *with acc* stamp ма́рку, picture карти́нку; 2) на *with acc* on an envelope на конве́рт, on a sheet of paper на лист бума́ги]; what can I ~ this on with? чем мне э́то прикле́ить?; ~ the pieces / parts together скле́ить куски́ / ча́сти вме́сте; **4.** (*get fastened by means of gum, etc.*) прикле́иваться (65), *perf* прикле́иться (224); the stamp won't ~ э́та ма́рка ника́к не прикле́ивается; this stuff ~s to my fingers э́та ма́сса прикле́ивается к па́льцам; ‖ скле́иваться (65), *perf* скле́иться (224); two pages / two stamps are stuck together, I can't separate them две страни́цы / две ма́рки скле́ились вме́сте, я не могу́ их раздели́ть, разъедини́ть; **5.** (*remain in the same place, relation, etc.*): whatever happens we must ~ together что́ бы ни случи́лось, мы должны́ держа́ться вме́сте; you must ~ to your word вы должны́ быть верны́ своему́ сло́ву, вы не должны́ отступа́ться от своего́ сло́ва; he ~s to his ideals он твёрдо приде́рживается свои́х идеа́лов; ~ to business! бли́же к де́лу!; **6.** (*become fixed, be unable to move*) застрева́ть (64), *perf* застря́ть (228); the pin stuck in the cloth була́вка застря́ла в (*with abl*) мате́рии, тка́ни; the key stuck in the lock ключ застря́л в замке́; a fish-bone stuck in his throat у него́ в го́рле застря́ла ры́бная ко́сточка; the car stuck in the mud and couldn't move маши́на застря́ла в грязи́ и не могла́ сдви́нуться; ~ **out** 1) (*cause to protrude*) высо́вывать (65), *perf* вы́сунуть (128) (*with acc*); the boy stuck his tongue out ма́льчик вы́сунул язы́к; don't ~ your head out (of the train window)! не высо́вывайтесь (из окна́ по́езда)!; 2) (*protrude, stand out*) торча́ть (46), *no perf*; his head stuck out of the window его́ голова́ торча́ла из окна́; there was a letter ~ing out of his pocket из карма́на у него́ торча́ло письмо́.

stiff *a* **1.** (*rigid*) негну́щийся (35); ~ cardboard негну́щийся карто́н; ~ collar туго́й, жёсткий воротничо́к; **2.** (*not graceful*) свя́занный (31b); ~ movements свя́занные движе́ния; **3.** (*not moving easily*) онеме́вший (34b); ~ neck / arm онеме́вшая ше́я / рука́; ~ joints онеме́вшие суста́вы; after sleeping in that uncomfortable position he felt ~ по́сле сна в неудо́бном положе́нии всё его́ те́ло онеме́ло, одеревене́ло; ‖ (*cold*) окочене́вший (34b), закочене́вший (34b); my hands were so ~ that I could hardly light a match у меня́ так закочене́ли, окочене́ли ру́ки, что я едва́ мог(ла́) заже́чь спи́чку; 4. (*of manners, behaviour*) натя́нутый (31b); in a ~ manner о́чень сде́ржанно; there's nothing ~ about him он де́ржит себя́ о́чень непринуждённо; I found him very ~, evidently displeased я нашёл его́ о́чень сде́ржанным и я́вно недово́льным.

still I *a* (*quiet, motionless*) ти́хий (33b), неподви́жный (31b); the evening / forest was ~ ве́чер / лес был тих; the lake was ~ о́зеро бы́ло неподви́жно; how ~ everything is! как всё ти́хо вокру́г!; keep ~ не шуме́ть; stand / lie / sit ~ стоя́ть / лежа́ть / сиде́ть неподви́жно; sit ~! сиди́(те) споко́йно!, не шевели́(те)сь!

still II *adv* 1. (*to this time*) всё ещё; he is ~ busy он всё ещё за́нят; he ~ makes mistakes он всё ещё де́лает оши́бки; is she ~ reading? она́ всё ещё чита́ет?; does he ~ live in Leningrad? он всё ещё живёт в Ленингра́де?; was he ~ there when you came? он всё ещё был там, когда́ вы пришли́?; 2. (*even, yet*) ещё; his brother is ~ taller его́ брат ещё вы́ше; ~ more ещё бо́льше; ~ further ещё да́льше; ~ less, fewer ещё ме́ньше; there were a few people there yesterday, today there are fewer ~ вчера́ там бы́ло ма́ло наро́ду, сего́дня — ещё ме́ньше; 3. (*all the same, nevertheless*) всё же, тем не ме́нее; ~, you ought to help him всё же вам сле́дует помо́чь ему́; the pain was bad, ~ he did not complain боль была́ си́льной, тем не ме́нее он не жа́ловался; but ~ но всё же.

stir *v* 1. (*move*) дви́гаться (65), *perf* дви́нуться (126); nobody was ~ring in the house в до́ме никто́ не дви́гался; | шевели́ться (156), *perf* пошевели́ться (156); he did not ~ он не шевели́лся, не шевельну́лся; 2. (*arouse*) возбужда́ть (64), возбуди́ть (153); the story ~red the boy's curiosity э́та исто́рия возбуди́ла любопы́тство ма́льчика; it ~red his imagination э́то взбудора́жило его́ воображе́ние.

stocking чуло́к *m* (4f); *usu pl* ~s чулки́ [1) silk шёлковые, woollen шерстяны́е, cotton просты́е; thin то́нкие, thick то́лстые, warm тёплые, sheer прозра́чные; 2) buy купи́ть, mend што́пать, put on наде́ть, take off снять, tear порва́ть, wash стира́ть, wear носи́ть]; a pair of ~s па́ра чуло́к; a hole in a ~ дыра́ на чулке́.

stomach желу́док *m* (4d); a pain in the ~ боль в желу́дке.

stone (*rock*) ка́мень *m* (3g) [1) big большо́й, little, small ма́ленький, heavy тяжёлый, hard твёрдый, precious драгоце́нный; 2) falls па́дает, lies лежи́т; 3) carry тащи́ть, нести́, pick up подня́ть, throw бро́сить]; the field was full of ~s по́ле бы́ло покры́то камня́ми; throw a ~ at smb бро́сить в кого́-л. ка́мнем; a heap of ~s ку́ча, гру́да камне́й; a road covered with ~s доро́га, покры́тая камня́ми; he was sitting on a large ~ он сиде́л на большо́м ка́мне; made of ~ сде́ланный из ка́мня; build / make smth of ~ стро́ить / де́лать что-л. из ка́мня; a ~ bridge / house / foundation ка́менный мост / дом / фунда́мент; a ~ wall ка́менная стена́; a ~ building ка́менное зда́ние.

stop I *sb* остано́вка *f* (22d); are you getting off at the next ~? вы сойдёте на сле́дующей остано́вке?; we went from Moscow to N. without a ~ мы прое́хали от Москвы́ до Н. без остано́вок; the tram / bus ~ is close to my house трамва́йная / авто́бусная остано́вка бли́зко от моего́ до́ма; at the tram ~ на трамва́йной остано́вке; ⊙ **come to a ~** останови́ться (147); the train came to a sudden ~ по́езд неожи́данно останови́лся; **put a ~ to** положи́ть (175) коне́ц (*with dat*); we must put a ~ to this мы должны́ положи́ть э́тому коне́ц.

stop II *v* **1.** (*bring to a standstill*) остана́вливать (65), *perf* останови́ть (147) [*with acc* car (авто)маши́ну, train по́езд, clock часы́, machine маши́ну, стано́к; person челове́ка]; he could not ~ the car quickly enough он не смог доста́точно бы́стро останови́ть маши́ну; **2.** (*cease, discontinue*) прекраща́ть (64), *perf* прекрати́ть (161) [*with acc* game игру́, work рабо́ту, noise шум, fight дра́ку, struggle борьбу́]; ~ a fire (при-) останови́ть пожа́р; the game was ~ped due to rain игра́ прекрати́лась из-за нача́вшегося дождя́; ~ talking / shouting! переста́ньте разгова́ривать / крича́ть!; don't ~! продолжа́йте!; **3.** (*halt, come to rest*) остана́вливаться (65), *perf* останови́ться (147); the train / tram / bus ~ped по́езд / трамва́й / авто́бус останови́лся; he ~ped in front of me он останови́лся передо мно́й; we waited until he ~ped мы подожда́ли, пока́ он не останови́лся; the train ~s at the following stations... / at every station по́езд остана́вливается на сле́дующих ста́нциях... / на всех ста́нциях; the tram does not ~ here трамва́й здесь не остана́вливается; the bus went by without ~ping авто́бус прое́хал ми́мо не остана́вливаясь; my watch has ~ped у меня́ останови́лись часы́;

I shall ~ at nothing я ни перед чем не остановлюсь; ‖ (*pause*) останавливаться; he began to speak but suddenly ~ped он начал говорить, но внезапно остановился; ⊙ ~ **dead, short** внезапно, круто остановиться; **4.** (*cease, come to end*) прекращаться (64), *perf* прекратиться (161), кончаться (64), *perf* кончиться (172); game / music / work ~ped игра / музыка / работа прекратилась; it rained all morning but at last it ~ped всё утро шёл дождь, но, наконец, он кончился; **5.** (*put up, stay*) останавливаться, *perf* остановиться [at a hotel в гостинице, with one's friends у друзей]; I am ~ping for a few days with some distant relatives я остановился, остановилась на несколько дней у своих дальних родственников.

store I *sb* **1.** (*large shop*) магазин *m* (1f); *see* shop 1; **2.** *pl* ~s универсальный магазин, универмаг *m* (4c); *see* shop 1; **3.** (*provision, supply*) запас *m* (1f); emergency ~ неприкосновенный запас; a ~ of food / water / materials запас(ы) продуктов / воды / материалов; have in ~ иметь в запасе, про запас; we must have some food in ~ нам нужно иметь про запас продукты; **4.** (*warehouse*) склад *m* (1k) [big, large большой, small небольшой]; there is a ~ behind the shop за магазином имеется склад.

store II *v* (*keep*) хранить (158), *no perf* (*with acc*); the things were ~d in large boxes вещи хранились в больших ящиках; all these facts were ~d in his memory все эти факты он хранил в своей памяти.

storm *sb* буря *f* (20e) [1) terrible ужасная, heavy, fierce, bad сильная; 2) begins начинается, is over кончается]; we're going to have a ~ будет буря; the ~ broke (out) разразилась буря; the ~ did a lot of harm буря причинила много вреда; the house was destroyed in a ~ дом был разрушен, уничтожен во время бури; the ~ caused little damage буря не причинила большого ущерба; the train was held up by the ~ поезд был задержан бурей; ‖ (*on sea*) шторм *m* (1f); the ship sank in the ~, during the ~ корабль затонул во время бури, шторма; ‖ *fig* буря; a ~ of applause буря, взрыв аплодисментов.

stormy бурный (31b); бурная [weather погода, night ночь]; the sky looks ~ небо предвещает бурю; ‖ *fig* бурный; we have had a number of ~ discussions over the question мы несколько раз бурно обсуждали этот вопрос.

story **1.** (*tale*) рассказ *m* (1f) [1) good хороший, in-

interesting интере́сный, thrilling захва́тывающий, dull ску́чный, funny заба́вный, смешно́й, sad гру́стный, long дли́нный, short коро́ткий; 2) begins начина́ется, continues продолжа́ется; 3) read чита́ть, write писа́ть, know знать, remember по́мнить, translate переводи́ть, understand поня́ть]; the contents / thread of the ~ содержа́ние / нить расска́за; a true ~ расска́з, опи́сывающий и́стинное происше́ствие, собы́тие; at the beginning / end of the ~ в нача́ле / конце́ расска́за; in the middle of the ~ в середи́не расска́за; the characters in the ~ де́йствующие ли́ца расска́за; the main character in, of the ~ гла́вный геро́й расска́за; the main idea of the ~ is... основна́я мысль э́того расска́за...; stories by Chekhov расска́зы Че́хова; the rest of the ~ остальна́я часть расска́за; the ~ is about animals / two young girls э́тот расска́з о живо́тных / о двух де́вушках; the ~ of how America was discovered расска́з о том, как была́ откры́та Аме́рика; I like the ~ мне нра́вится э́тот расска́з; the ~ gives us a true picture of life э́тот расска́з даёт нам реа́льную карти́ну жи́зни; the ~ is full of humour расска́з по́лон ю́мора; an adventure ~ приключе́нческая по́весть; detective ~ детекти́вный рома́н; **2.** (*account of events*) исто́рия *f* (23c); it was a sad / strange, queer ~ э́то была́ печа́льная / стра́нная исто́рия; one of them told us the ~ of the expedition оди́н из них рассказа́л нам исто́рию экспеди́ции; she told them the ~ of her life она́ рассказа́ла им исто́рию свое́й жи́зни; tell us a ~! расскажи́те нам что́-нибудь!

stout *a* (*fat*) по́лный (31b) [man мужчи́на]; по́лная [woman же́нщина, figure фигу́ра, lady да́ма].

stove *sb* печь *f* (30b), пе́чка *f* (22f); heat a ~ топи́ть печь, пе́чку; ‖ (*for cooking*) плита́ *f* (19c); put smth on the ~ поста́вить что-л. на плиту́; take smth off the ~ снять что-л. с плиты́.

straight I *a* (*not crooked, curved*) прямо́й (31a) [corridor коридо́р, way путь]; пряма́я [line ли́ния, road доро́га, street у́лица, stick па́лка]; прямо́е [tree де́рево]; прямы́е [hair во́лосы, legs но́ги]; ‖ (*honest, sincere*) прямо́й [answer отве́т].

straight II *adv* пря́мо [hang smth пове́сить что-л., sit сиде́ть, stand стоя́ть]; the road leads ~ to the village доро́га ведёт пря́мо в дере́вню; ‖ (*without delay, hesitation*) пря́мо; he came ~ home from school он пришёл домо́й пря́мо из шко́лы; we went ~ to the station мы пошли́ пря́мо на вокза́л;

⊙ ~ ahead пря́мо (вперёд) [walk идти́, look смотре́ть, go е́хать, идти́]; the post-office is ~ ahead по́чта пря́мо перед ва́ми; do you see that big tree ~ ahead? вы ви́дите вон там, пря́мо, большо́е де́рево?; go ~ ahead about two kilometres! иди́(-те) пря́мо, не свора́чивая, о́коло двух киломе́тров!

strain *sb* (*great effort*) напряже́ние *n* (18c) [physical физи́ческое, mental у́мственное, nervous не́рвное]; it was a great ~ on the nerves э́то бы́ло больши́м напряже́нием для не́рвов; the ~ of the past few days made him nervous and irritable напряже́ние после́дних дней сде́лало его́ не́рвным и раздражи́тельным.

strange 1. (*unusual*) стра́нный (31b) [fact факт, answer отве́т, question вопро́с, story расска́з, object предме́т, way спо́соб, person челове́к]; стра́нная [habit привы́чка, idea мысль, thing вещь, mistake оши́бка, meeting встре́ча, work рабо́та, appearance вне́шность]; стра́нное [behaviour, conduct поведе́ние, event собы́тие, adventure приключе́ние, beginning нача́ло, letter письмо́, place ме́сто, coincidence совпаде́ние, combination сочета́ние, creature существо́, desire жела́ние]; it's ~ that we should meet here стра́нно, что мы встре́тились и́менно здесь; he is very ~ он о́чень стра́нный; how ~! как стра́нно!; that is ~! стра́нно!; it is ~ but true хотя́ э́то стра́нно, но э́то так; there is nothing ~ about it в э́том нет ничего́ стра́нного; there was something ~ about her в ней бы́ло что́-то стра́нное; ⊙ ~ **to say** как э́то ни стра́нно; he fell twenty feet, but, ~ to say, he was not hurt он упа́л с высоты́ в два́дцать фу́тов, но, как э́то ни стра́нно, не уши́бся; **2.** (*unfamiliar, unknown*) незнако́мый (31b); he heard a ~ voice in the next room в сосе́дней ко́мнате он услы́шал незнако́мый го́лос; he saw ~ faces around him вокру́г себя́ он уви́дел незнако́мые ли́ца; ‖ чужо́й (34a); the house he had lived in now seemed ~ to him дом, в кото́ром он жил, тепе́рь каза́лся ему́ чужи́м.

stranger (*not acquaintance, not friend*) незнако́мец *m* (10b), незнако́мка *f* (22c); a ~ came to the door како́й-то незнако́мец подошёл к две́ри; he is a ~ to me я его́ не зна́ю, он мне незнако́м; I'm a ~ here, can you tell me the way to... я незнако́м с э́тими места́ми, вы не пока́жете мне доро́гу в...?

straw соло́ма *f*, *no pl* (19c); ~ hat соло́менная шля́па.

stream *sb* **1.** (*swift river*) пото́к *m* (4c) [swift бы́стрый]; a mountain ~ го́рный пото́к; { *fig* пото́к; a ~, ~s of tears пото́ки слёз; ~s of people то́лпы люде́й; **2.** (*current*) тече́ние *n*, *no pl* (18c); go with the ~ плыть по тече́нию; go against the ~ плыть про́тив тече́ния; **3.** (*spring*, *brook*) руче́й *m* (11b) [small ма́ленький, небольшо́й, swift бы́стрый, clear прозра́чный, cool холо́дный]; up / down the ~ вверх / вниз по тече́нию ручья́; a small ~ ran by the side of the road ма́ленький ручеёк бежа́л вдоль доро́ги; we crossed several ~s мы пересекли́ не́сколько ручейко́в; **4.** (*flow*) струя́ *f* (23a); a ~ of water струя́ воды́.

street у́лица *f* (21c) [1) wide широ́кая, narrow у́зкая, straight пряма́я, main гла́вная, long дли́нная, больша́я, quiet ти́хая, busy оживлённая, noisy шу́мная; 2) begins начина́ется, leads to the square ведёт к пло́щади, crosses another ~ пересека́ет другу́ю у́лицу, turns to the right свора́чивает напра́во]; crowded ~s у́лицы, по́лные наро́ду; this is the main ~ in the town э́то гла́вная, центра́льная у́лица го́рода; cross / find the ~ пересе́чь / найти́ у́лицу; go down / up the ~ е́хать, идти́ вниз / вверх по у́лице; walk along the ~ идти́ по у́лице; he hurried along the ~ он торопли́во шёл по у́лице; in the ~ на у́лице; what, which ~ does he live in? на како́й у́лице он живёт?; he lives in Gorky Street он живёт на у́лице Го́рького; she lives across the ~, on the other side of the ~ она́ живёт на той, противополо́жной стороне́ у́лицы; at the corner of the ~ на углу́ у́лицы; the name of the ~ назва́ние у́лицы; I forgot the name of the ~ я забы́л(а) назва́ние у́лицы.

strength си́ла *f* (19c) [physical физи́ческая, moral мора́льная, immense огро́мная]; gather ~ нака́пливать си́лы; save / recover one's ~ бере́чь / восстанови́ть свои́ си́лы; with all one's ~ изо всех сил; he was a man of remarkable physical ~ он был челове́ком огро́мной физи́ческой си́лы; I have no ~ left у меня́ нет бо́льше сил; we went back to our work with renewed ~ с но́выми си́лами мы вновь приняли́сь за рабо́ту; { *fig* си́ла; the ~ of her love / feeling си́ла её любви́ / чу́вства; ~ of will си́ла во́ли; our ~ lies, is in our unity на́ша си́ла в еди́нстве.

strengthen 1. (*make stronger*) уси́ливать (65), *perf* уси́лить (157) [*with acc* control контро́ль, guard охра́ну]; { укрепля́ть (223), *perf* укрепи́ть (158) [*with acc* position пози́ции, building сооруже́ние; one's health здоро́вье]; **2.** (*become stronger*) уси́ливаться (65), *perf* усилиться (157); the wind has ~ed ве́тер уси́лился.

stretch *v* **1.** (*make longer*) вытя́гивать (65), *perf* вы́тянуть (128) (*with acc*); ~ one's neck вытя́гивать ше́ю; ~ one's legs размя́ть но́ги; ~ oneself размя́ться; ‖ (*make wider*) растя́гивать (65), растяну́ть (129) [*with acc* shoes ту́фли, gloves перча́тки]; **2.** (*make tight*) натя́гивать (65), *perf* натяну́ть (129) [*with acc* rope верёвку, wire про́волоку]; ~ the rope between these two trees! натяни́те верёвку ме́жду э́тими двумя́ дере́вьями!; **3.** (*extend*) тяну́ться (129), простира́ться (64), *no perf*; the mountains ~ to the sea го́ры тя́нутся до мо́ря; the plain ~ed for miles on all sides равни́на простира́лась на мно́го миль вокру́г; ~ **out** протя́гивать (65), *perf* протяну́ть (129) (*with acc*); he ~ed out his hand он протяну́л ру́ку.

strict стро́гий (33b) [teacher учи́тель, father оте́ц; order поря́док; examination экза́мен]; ~ rule стро́гое пра́вило; ~ instructions стро́гие указа́ния; she is very ~ about it она́ о́чень строга́ на э́тот счёт.

strike I *sb* забасто́вка *f* (22d) [political полити́ческая; long продолжи́тельная, дли́тельная, short коро́ткая, непродолжи́тельная, successful успе́шная, general всео́бщая; 2) begins начина́ется, is over око́нчилась, fails прова́ливается, is successful прохо́дит успе́шно]; win / lose a ~ одержа́ть побе́ду / потерпе́ть пораже́ние в забасто́вке; join a ~ присоедини́ться к забасто́вке; lead a ~ возгла́вить забасто́вку; take part in a ~ принима́ть уча́стие в забасто́вке; ~ committee ста́чечный комите́т; ⊙ **be on** ~ бастова́ть (243); the workers of this plant are on ~ рабо́чие э́того заво́да басту́ют; **go on** ~ забастова́ть (243); they went on ~ они́ забастова́ли.

strike II *v* **1.** (*hit, give blow*) ударя́ть (223), *perf* уда́рить (178) [1) *with acc* the enemy проти́вника; 2) *with instr* with a hammer молотко́м, with one's fist кулако́м, with one's foot ного́й]; he struck him in the chest он уда́рил его́ в грудь; why did he ~ her? почему́ он её уда́рил?; he struck the table angrily он серди́то уда́рил по́ столу; ~ a blow нанести́ уда́р; **2.** (*of clock*) бить (180), *perf* проби́ть (181); the clock struck five часы́ проби́ли пять; I didn't hear the clock ~ я не слы́шал(а), как проби́ли часы́; **3.** (*get hurt or damaged*) ударя́ться (223), *perf* уда́риться (178); he struck his head against the door он уда́рился голово́й о дверь; I struck my foot on a stone я уда́рил(а) но́гу о ка́мень;

the ship struck a rock пароход ударился о подводную скалу; **4.** (*astonish*) поражать (64), *perf* поразить (191); her beauty struck me её красота поразила меня; he was struck by her beauty он был поражён (*with instr*) её красотой; we were struck by the similarity of the two paintings нас поразило сходство этих двух картин; **5.** (*light*) зажигать (64), *perf* зажечь (144) [*with acc* match спичку, light огонь]; **6.**: an idea suddenly struck him неожиданно в голову ему пришла мысль.

striking разительный (31b) [contrast контраст, example пример]; разительная [change перемена]; разительное [resemblance сходство].

string *sb* **1.** (*twine*) верёвка *f* (22d), бечёвка *f* (22d) [thin тонкая, paper бумажная, strong прочная]; a piece of ~ кусок верёвки; the parcel was tied with ~ свёрток был перевязан бечёвкой; I want some ~ to tie (up) these books мне нужна бечёвка, чтобы связать эти книги; **2.** нитка *f* (22d); a ~ of beads / pearls нитка бус / жемчуга.

strip *sb* полоса *f* (19j) [1) narrow узкая, long длинная; 2) *with gen* of land земли]; ‖ полоска *f* (22d); ~ of paper / of cloth полоска (*with gen*) бумаги / материи.

strong *a* **1.** (*full of strength*) сильный (31b) [person человек, enemy враг, opponent противник; character характер; wind ветер]; сильная [hand рука; army армия, party партия, country страна, guard охрана]; сильное [animal животное; weapon оружие; resistance сопротивление]; he is much ~er than his brother он намного сильнее своего брата; ‖ (*healthy*): she is not feeling very ~ yet она ещё слаба; my father feels quite ~ again мой отец уже совсем поправился; have ~ nerves иметь крепкие нервы; **2.** (*intense, deeply-rooted*) сильный; сильная [dislike неприязнь]; сильное [desire желание, feeling чувство, influence влияние]; he has a ~ sense of duty у него сильно развито чувство долга; I have ~ reasons for believing this to be true у меня весьма веские причины верить этому, думать, что это правда; ~ objection серьёзное возражение; **3.** (*firm, well-built*) прочный (31b) [box ящик]; прочная [foundation основа; thread нитка, rope верёвка, wall стена]; **4.** (*powerfully affecting senses*) сильный [smell запах, odour аромат]; a ~ taste of salt сильный привкус соли; ~ medicine / remedy сильное лекарство / средство; **5.** (*not weak, not diluted*) крепкий (33b) [tea чай, coffee кóфе, tobacco табáк]; do you like your tea ~? вы лю́бите крéпкий чай?

struggle I *sb* борьбá *f* (19h) [1) revolutionary революциóнная, political полити́ческая, heroic герои́ческая, fierce, bitter ожесточённая, difficult тяжёлая, stubborn, hard упóрная, short корóткая, constant постоя́нная; 2) за *with acc* for peace за мир, for a better future за лу́чшее бу́дущее, for one's rights за свои́ правá, for independence за незави́симость; 3) прóтив *with gen* against war прóтив войны́; с *with instr* against the disease с болéзнью, against the enemy с врагóм]; class ~ клáссовая борьбá; lead the ~ вести́ борьбу́; continue the ~ продолжáть борьбу́; win / lose the ~ одержáть побéду / потерпéть поражéние в борьбé; continue the ~ продолжáть борьбу́; give up ~ отказáться от борьбы́.

struggle II *v* борóться (203); *see* fight **II**.

stubborn 1. (*obstinate*) упря́мый (31b) [person человéк]; don't be ~! не упря́мьтесь!; **2.** (*resolute*) упóрный (31b) [person человéк]; упóрная [defence оборóна, struggle, fight борьбá]; упóрное [resistance сопротивлéние].

student студéнт *m* (1e) [1) good хорóший, brilliant спосóбный, excellent прекрáсный; 2) studies, works hard мнóго занимáется, prepares for classes готóвится к заня́тиям, attends lectures посещáет лéкции, takes examinations дéржит экзáмены, passes examinations сдаёт экзáмены, fails провáливается, graduates окáнчивает]; university / college ~ студéнт университéта / институ́та; { студéнтка *f* (22c).

studies *pl* заня́тия (18c); begin one's ~ начáть заня́тия, начáть занимáться; he always received good marks in his ~ он всегдá получáл хорóшие отмéтки (за учéние).

study *v* **1.** (*acquire knowledge*) изучáть (64), *perf* изучи́ть (173) [1) *with acc* agriculture сéльское хозя́йство, facts фáкты, problem проблéму, question вопрóс, Russian ру́сский язы́к, history истóрию, mathematics матемáтику]; he is ~ing music он занимáется му́зыкой; **2.** (*learn, be student*) учи́ться (173), *no perf* [1) abroad за грани́цей; at an institute, college в институ́те, at a university в университéте, at school в шкóле, at home дóма; 2) well хорошó, badly плóхо]; ~ hard мнóго занимáться; they always ~ together они́ всегдá занимáются вмéсте; she is ~ing to be a physician онá у́чится, чтóбы стать врачо́м; he went to Moscow to ~ он пое́хал в Москву́ учи́ться.

stumble спотыка́ться (64), *perf* споткну́ться (130); he ~d over a stone / over a root он споткну́лся о (*with acc*) ка́мень / о ко́рень.

stupid *a* (*foolish*) глу́пый (31b) [answer отве́т, question вопро́с]; глу́пая [mistake оши́бка, joke шу́тка]; глу́пое [face лицо́; remark замеча́ние; situation положе́ние].

subject *sb* **1.** (*theme*) те́ма *f* (19c) [interesting интере́сная, dull ску́чная, familiar знако́мая]; let's drop the ~! оста́вим э́ту те́му!; keep to the ~ держа́ться те́мы; wander from the ~ отклони́ться от те́мы; change the ~ перемени́ть те́му (разгово́ра); we have different opinions on that ~ у нас ра́зные мне́ния по э́тому вопро́су; { (*plot*) сюже́т *m* (1f) [*with gen* of a book кни́ги, of a play пье́сы, of a picture карти́ны]; what a strange ~ for a picture! како́й стра́нный сюже́т для карти́ны!; **2.** (*of school*) предме́т *m* (1f) [difficult тру́дный, complicated сло́жный, interesting интере́сный]; what ~s are you studying? каки́е предме́ты вы изуча́ете?; he has a thorough knowledge of the ~ он глубоко́ зна́ет э́тот предме́т; what ~s does N. teach? каки́е предме́ты препода́ёт Н.?

submit (*surrender*) подчиня́ться (223), *perf* подчини́ться (158) (*with dat*); he ~ted unwillingly не́хотя он подчини́лся; the colonial peoples refuse to ~ to foreign rule наро́ды коло́ний отка́зываются подчиня́ться иностра́нному госпо́дству.

substitute I *sb* заме́на *f* (19c); find a ~ найти́ заме́ну; { замени́тель *m* (3c); leather ~ замени́тель ко́жи.

substitute II *v* заменя́ть (223), *perf* замени́ть (156); to ~ smth for smth замени́ть что-л. (*with instr*) че́м-либо; we had no potatoes, so we had to ~ them by other vegetables у нас не́ было карто́феля, и нам пришло́сь замени́ть его́ други́ми овоща́ми; Mary ~d John who was ill Мэ́ри замени́ла Джо́на, кото́рый был бо́лен; who will ~ Tom? кто заме́нит То́ма?

succeed (*be successful*) удава́ться (63), *perf* уда́ться (214); we finally ~ed in reaching the shore нам, наконе́ц, удало́сь дости́чь бе́рега; he ~ed in getting what he wanted ему́ удало́сь получи́ть, доста́ть то, что ему́ хоте́лось; they ~ed in overcoming all the difficulties им удало́сь преодоле́ть все тру́дности; I hope you'll ~ in your efforts наде́юсь, что ва́ши стара́ния увенча́ются успе́хом; the attack ~ed ата́ка увенча́лась успе́хом, была́ успе́шной.

success успе́х *m* (4c) [great большо́й, complete по́лный, unexpected неожи́данный]; she was a great ~ at her first concert она́ име́ла большо́й успе́х на своём пе́рвом конце́рте; the performance was a ~ спекта́кль име́л успе́х; the plan was a ~ план уда́лся; they achieved ~ by hard work они́ доби́лись успе́ха упо́рным трудо́м; he dreamed of ~ and fame он мечта́л об успе́хе и сла́ве; I wish you ~! жела́ю вам успе́ха!; we have little hope of ~ у нас ма́ло наде́жды на успе́х.

successful успе́шный (31b) [result исхо́д, end коне́ц, year год]; успе́шная [attempt попы́тка]; успе́шное [beginning нача́ло; cure, treatment лече́ние]; the concert / film / plan was ~ конце́рт / фильм / план име́л успе́х; it was ~ э́то прошло́ успе́шно, с успе́хом; he was ~ ему́ э́то удало́сь; his efforts were ~ его́ уси́лия увенча́лись успе́хом; he was ~ in everything, he undertook ему́ удава́лось всё, за что́ бы он ни бра́лся.

such тако́й *m*, така́я *f*, тако́е *n*, таки́е *pl* (33a); it is ~ an interesting film! э́то тако́й интере́сный фильм!; how could you leave him at ~ a time / on ~ a day? как вы могли́ оста́вить его́ в тако́е вре́мя / в тако́й день?; ~ people are always very boring таки́е лю́ди всегда́ о́чень скучны́; I never say ~ things я никогда́ не говорю́ таки́х веще́й; we have had many ~ cases у нас бы́ло мно́го таки́х слу́чаев.

sudden I *sb*: (all) of a ~ неожи́данно, внеза́пно; *see* suddenly.

sudden II *a* неожи́данный (31b), внеза́пный (31b) [noise шум, blow уда́р]; неожи́данная, внеза́пная [attack ата́ка, death смерть, change переме́на]; неожи́данное, внеза́пное [fall пониже́ние, appearance появле́ние, disappearance исчезнове́ние]; there was a ~ change in the weather пого́да неожи́данно перемени́лась; there was a ~ turn in the road доро́га де́лала неожи́данный поворо́т.

suddenly неожи́данно, внеза́пно; the train stopped ~ внеза́пно по́езд останови́лся; ~ he stood up and left the room неожи́данно он встал и вы́шел из ко́мнаты; all this happened so ~ that we had no time to think всё случи́лось так неожи́данно, что у нас не́ было вре́мени на размышле́ния.

suffer 1. (*experience*) страда́ть (64), *no perf* [от *with gen* from cold от хо́лода, from hunger от го́лода, from sleeplessness от бессо́н-ницы]; she ~s from frequent headaches у неё часто бывают головные боли; he was ~ing from a bad cold у него был сильный насморк; ~ punishment понести наказание; ~ pain испытывать боль; ~ defeat потерпеть поражение; ‖ (*experience grief, sorrow*) страдать; she has ~ed a lot in her life в жизни ей приходилось много страдать; 2 (*be injured*) пострадать (64); your interests will not ~ ваши интересы не пострадают; ⊙ ~ **(heavy) losses** потерпеть (101) (большие) убытки, понести (большие) потери.

suffering страдание *n* (18c); all this caused him much ~ всё это причинило ему много страданий; he told me about his ~s он рассказал мне о своих страданиях; their ~s during the war were terrible их страдания во время войны были ужасны.

sufficient *a* достаточный (31b) [supply запас, experience опыт]; достаточная [preparation подготовка, sum сумма]; достаточное [quantity, amount количество, number число, количество]; достаточные [knowledge знания]; that's quite ~ этого вполне достаточно.

sugar *sb* сахар *m* (1f); take ~ in one's tea пить чай с сахаром; a lump of ~ кусочек сахару; powdered ~ сахарная пудра; granulated ~ сахарный песок; as sweet as ~ сладкий как сахар.

suggest (*propose*) предлагать (64), *perf* предложить (175) [*with acc* game игру, plan план, trip поездку, idea идею, мысль, topic тему]; I ~ed that we should begin at once / go there / wait a little я предложил(а) начать сразу же / пойти туда / немного подождать.

suit I *sb* (*clothes*) костюм *m* (1f) [1) warm тёплый, light лёгкий, woollen шерстяной, stylish модный, simple простой, elegant элегантный, expensive дорогой; 2) fits well хорошо сидит, is becoming идёт; 3) buy покупать, try on примерять, iron, press гладить, make шить, put on надевать, take off снимать]; the ~ looks nice on her костюм хорошо на ней сидит; he wore a black ~ он был в чёрном костюме; I must have a ~ made мне нужно сшить костюм; travelling ~ дорожный костюм; I want this ~ cleaned я хочу отдать этот костюм в (хим-) чистку.

suit II *v* **1.** (*be satisfactory*) годиться (152), *no perf*; this will ~ это годится; ‖ (*be convenient*) быть удобным; will six o'clock ~ you? в шесть часов вас устраивает, вам удобно?; that arrangement will ~ me perfectly э́то меня́ вполне́ устра́ивает; **2.** (*be becoming*) идти́ (207), *no perf* (*with dat*); that colour / that hat doesn't ~ her э́тот цвет / э́та шля́па ей не идёт.

suitable подходя́щий (35) [house дом]; подходя́щая [flat кварти́ра]; подходя́щее [place ме́сто]; ~ clothing подходя́щее пла́тье; do you think this present is ~ for a little boy? вы ду́маете э́то подходя́щий пода́рок для (ма́ленького) ма́льчика?; the book is not ~ for children э́то неподходя́щая для дете́й кни́га.

suitcase чемода́н *m* (1f); *see* bag.

sum I *sb* су́мма *f* (19c) [large, big больша́я, small небольша́я, considerable значи́тельная, definite определённая]; a certain ~ of money не́которая су́мма де́нег.

sum II *v*: ~ **up** (*summarize*) сумми́ровать (65) (*with acc*).

summer ле́то *n* (14d) [1) hot жа́ркое, dry сухо́е, wet дождли́вое, cold холо́дное, short коро́ткое; 2) begins in June начина́ется в ию́не, has come наступи́ло, lasts three months дли́тся три ме́сяца]; spend the ~ in the country / at the sea / in the South проводи́ть ле́то на да́че, в дере́вне / на берегу́ мо́ря / на ю́ге; we had a nice ~ this year в э́том году́ мы хорошо́ провели́ ле́то; I haven't yet decided where to go for the ~ я ещё не реши́л(а), куда́ пое́хать ле́том; at the beginning / end of ~ в нача́ле / конце́ ле́та; in (the) ~ ле́том; during the ~ в тече́ние ле́та; by ~ к ле́ту; this / next ~ ле́том э́того / бу́дущего го́да; last ~ про́шлым ле́том, ле́том про́шлого го́да; one ~ одна́жды ле́том; ~ day / month ле́тний день / ме́сяц; ~ weather / clothes ле́тняя пого́да / оде́жда; ~ dress / coat ле́тнее пла́тье / пальто́; ~ holidays / sports / shoes ле́тние кани́кулы / ви́ды спо́рта / ту́фли; ⊙ **Indian** ~ ба́бье ле́то.

sun со́лнце *n* (16a) [1) bright я́ркое, morning у́треннее, southern ю́жное, winter зи́мнее, dazzling ослепи́тельное; 2) appeared from behind the clouds появи́лось из-за туч, rises восхо́дит, sets захо́дит, shines сия́ет]; the ~ has set со́лнце зашло́; be / sit / lie in the ~ быть / сиде́ть / лежа́ть на со́лнце; the ~ is bright today сего́дня я́рко све́тит со́лнце; we had much ~ last summer про́шлым ле́том бы́ло мно́го со́лнечных дней.

Sunday воскресе́нье *n* (18b); this / next / last ~ в э́то / сле́дующее / про́шлое воскресе́нье; the ~ after next че́рез воскресе́нье; on ~ в воскресе́нье; (on) ~

night в ночь с воскресе́нья на понеде́льник; (on) ~ morning / afternoon / evening в воскресе́нье у́тром / днём / ве́чером; every ~ по воскресе́ньям; by ~ к воскресе́нью; from ~ to Wednesday с воскресе́нья до среды́; I haven't seen him since ~ я его́ не ви́дел(а) с воскресе́нья; beginning with ~ начина́я с воскресе́нья; ~ is a holiday воскресе́нье — нерабо́чий день, пра́здник; ~ clothes пра́здничное пла́тье.

superior *a* (*excellent*) лу́чший (34b), превосхо́дный (31b); this is ~ cloth э́то ткань лу́чшего ка́чества; this cloth is ~ to that э́та мате́рия бо́лее высо́кого ка́чества, чем та; goods of ~ quality това́ры лу́чшего ка́чества.

supper у́жин *m* (1f) [1) tasty вку́сный, excellent прекра́сный, cold холо́дный, early ра́нний; 2) is ready гото́в, is on the table на столе́; 3) order заказа́ть, eat съесть, make (при)гото́вить, bring принести́, serve пода́ть]; it's time for ~ (уже́) вре́мя у́жинать; before ~ пе́ред у́жином; after ~ по́сле у́жина; during ~ во вре́мя у́жина; at ~ за у́жином; what will you have for ~? что вы хоти́те на у́жин?; we invited him to ~ мы пригласи́ли его́ на у́жин; ⊙ **have** ~ у́жинать (65), *perf* поу́жинать (65); when / at what time do you have ~? когда́ / в како́е вре́мя вы у́жинаете?; have you had ~? вы (уже́) у́жинали?; they had ~ in a restaurant/at home они́ поу́жинали в рестора́не / до́ма.

supply I *sb* (*store*, *stock*) запа́с *m* (1f) [1) sufficient доста́точный, small небольшо́й, large большо́й, steady постоя́нный; 2) increase увели́чить, exhaust исче́рпать]; they had a large ~ of coal у них большо́й запа́с у́гля; food and medical supplies запа́сы продово́льствия и медикаме́нтов.

supply II *v* (*furnish*, *provide*) снабжа́ть (64), *perf* снабди́ть (153) [*with instr* with water водо́й, with electric power электроэне́ргией; with all the necessary information все́ми необходи́мыми све́дениями]; the secretary will ~ you with all the information you need секрета́рь даст вам все необходи́мые све́дения; we supplied them with money and clothes мы снабди́ли (*with acc*) их деньга́ми и оде́ждой; Australia supplies England with food Австра́лия снабжа́ет А́нглию проду́ктами пита́ния; ‖ (*deliver*) поставля́ть (223), *perf* поста́вить (168) (*with acc*); the firm / the factory supplies medical equipment э́та фи́рма / э́тот заво́д поставля́ет медици́нское обору́дование.

support I *sb* поддéржка *f* (22f); give ~ оказáть поддéржку (to — *with dat*); I hope to have your ~ я рассчи́тываю на вáшу поддéржку; he didn't give me much ~ он не оказáл мне большóй поддéржки; we turned to him for ~ мы обрати́лись к немý за поддéржкой; the suggestion met with ~ предложéние встрéтило поддéржку; ⊙ **in ~ of** в защи́ту (*with gen*); he spoke in ~ of the plan он вы́ступил в защи́ту плáна.

support II *v* **1.** (*help, promote*) поддéрживать (65), *perf* поддержáть (47) [*with acc* government прави́тельство, party пáртию, proposal предложéние]; no one ~ed him / his suggestion никтó не поддержáл егó / егó предложéние; **2.** (*maintain, provide for*) содержáть (47), *no perf* [*with acc* family семью́, parents роди́телей]; his father refused to ~ him any longer отéц отказáлся содержáть егó в дальнéйшем.

suppose 1. (*assume*) предполагáть (64), *perf* предположи́ть (175); let us ~ that it is really so / you are right предполóжим, что э́то действи́тельно так / что вы прáвы; let us ~ that we had done it предполóжим, что мы э́то сдéлали; ⊙ **be ~d:** everybody is ~d to know it предполагáется, что все э́то знáют; he is ~d to come every day at eight o'clock предполагáется, что он кáждый день дóлжен приходи́ть в вóсемь часóв; **2.** (*think*) дýмать (65), *no perf*; what do you ~ happened next? как вы дýмаете, что случи́лось дáльше?; what do you ~ he will do? как вы дýмаете, что он сдéлает?; I ~ so дýмаю, полагáю, что так; I ~ not дýмаю, что нет; I don't ~ I shall be back until eight o'clock я не дýмаю, что вернýсь рáньше восьми́ часóв; **3.:** ~ you go there now and speak to them! не пойти́ ли вам тудá сейчáс и поговори́ть с ни́ми?; ~ we meet at the post-office at six o'clock встрéтимся на пóчте в шесть часóв?

supreme верхóвный (31b); ~ power верхóвная власть.

sure *a* **1.** (*convinced*) увéренный (31b); be ~ of быть увéренным в (*with abl*); I am ~ of it / of him я в э́том / в нём увéрен(а); I am ~ you will like the film я увéрен(а), что вам понрáвится э́тот фильм; I am ~ everybody will agree я увéрен(а), что все соглася́тся; you may be ~ вы мóжете быть увéрены; I am not so ~, I am not quite ~ я не совсéм увéрен(а); they were not ~ whether they could come or not они́ нé были увéрены, смóгут ли прийти́; are you ~? вы увéрены?; she was ~ that she had seen him somewhere она́ была́ уве́рена, что где́-то его́ ви́дела; I am far from ~ я далеко́ не уве́рен(а); ⊙ **make** ~ (*find out*) прове́рить (178) (*with acc*); I think there is a train at 10.40, but you'd better make ~ я ду́маю, что есть по́езд в де́сять со́рок, но вы лу́чше прове́рьте; make ~ (that) you haven't forgotten to pack everything! прове́рьте, всё ли вы уложи́ли!; you'd better make ~ he doesn't object на́до убеди́ться в том, что он не возража́ет; **2.** (*certain*): he is ~ to come он наверняка́, несомне́нно придёт; you are ~ to like the book вам, безусло́вно, понра́вится э́та кни́га; ⊙ **for** ~ наверняка́; I know it for ~ я э́то зна́ю наверняка́.

surely наве́рное, наверняка́; we can do something to help him, ~ мы наве́рное мо́жем че́м-нибудь ему́ помо́чь; ~ I've met you before мы наверняка́ встреча́лись ра́ньше.

surface *sb* пове́рхность *f* (29c) [1) smooth гла́дкая, rough шерохова́тая, flat пло́ская, hard твёрдая; 2) *with gen* of the sea мо́ря, of the table стола́]; the submarines rose to the ~ подво́дные ло́дки подняли́сь, всплы́ли на пове́рхность; the ~ of the table was polished пове́рхность стола́ была́ полиро́ванной.

surpass превосходи́ть (152), *perf* превзойти́ (206) (*with acc*); the result ~ed all our expectations результа́т превзошёл все на́ши ожида́ния; he has ~ed himself он превзошёл самого́ себя́; ‖ превыша́ть (64), *perf* превы́сить (149) (*with acc*).

surprise I *sb* **1.** (*astonishment*) удивле́ние *n* (18c); with a look of ~ on his face с выраже́нием удивле́ния на лице́; she did not show much ~ at the sight of him при ви́де его́ она́ не прояви́ла большо́го удивле́ния; he showed very little ~ at what he saw and heard он ма́ло удивля́лся тому́, что ви́дел и слы́шал; in ~ с удивле́нием; she looked at him in ~ она́ с удивле́нием посмотре́ла на него́; to everybody's ~ he didn't say anything ко всео́бщему удивле́нию он ничего́ не сказа́л; to my great ~ к моему́ большо́му удивле́нию; **2.** (*unexpected action*) неожи́данность *f* (29c) [complete по́лная]; ⊙ **by** ~ враспло́х; **take by** ~ захвати́ть враспло́х (*with acc*); the enemy was taken by ~ враг был захва́чен враспло́х; I took him by ~ я захвати́л(а) его́ враспло́х; her question took me by ~ её вопро́с заста́л меня́ враспло́х; **3.** (*smth unexpected*) сюрпри́з *m* (1f); I have a pleasant ~ for you у меня́ для (*with gen*) вас прия́тный сюрприз; what a ~! какой сюрприз!

surprise II *v* **1.** (*astonish*) удивлять (223), *perf* удивить (164) (*with acc*); her answer ~d everybody её ответ всех удивил; he's not easily ~d его нелегко удивить; the news ~d me / us greatly эта новость очень меня / нас удивила; **2.** (*come upon suddenly*) заставать (64) врасплох, *perf* застать (51) врасплох (*with acc*); we ~d the enemy мы застали неприятеля врасплох.

surprised удивлённый (31b) [look взгляд]; удивлённое [face лицо]; be ~ удивляться (223), *perf* удивиться (164) [*with dat* at his behaviour его поведению, at the results результатам, at the news известию]; I am ~ at you! вы меня удивляете!; I was very much ~ at what he said я очень удивился, удивилась тому, что он сказал; he was ~ to meet us there / to learn that / to see it он удивился, встретив нас там / узнав это / увидев это; he was rather ~ он был несколько удивлён; she was so ~ that she couldn't say a word она была так удивлена, что не могла сказать ни слова.

surrender *v* **1.** (*capitulate*) сдаваться (63), *perf* сдаться (214); the enemy ~ed неприятель сдался; at last he ~ed наконец, он сдался; we shall never ~ to the enemy мы никогда не сдадимся (*with dat*) врагу; **2.** сдавать (63), *perf* сдать (214) [*with acc* city город, fortress крепость].

surround *v* окружать (64), *perf* окружить (171) (*with acc*); the children ~ed their father дети окружили отца; the old teacher was ~ed by his former pupils старый учитель был окружён своими бывшими учениками; the village was ~ed by the enemy деревня была окружена неприятелем; the garden was ~ed by, with a high wall сад был окружён высокой стеной.

suspect подозревать (64), *no perf*; ~ smb подозревать кого-л. (of — в *with abl*); he was ~ed of theft его подозревали в краже; she ~ed nothing она ничего не подозревала; I ~ he is a liar, I ~ him of being a liar я подозреваю, что он лгун; we ~ed that it was she who had done it мы подозревали, что именно она сделала это.

suspicion подозрение *n* (18c) [arouse вызывать, strengthen усилить, remove рассеять]; above ~ выше подозрения; under ~ под подозрением; his manner aroused ~ его поведение вызывало подозрение

swallow I *sb* (*bird*) ласточка *f* (22e).

swallow II *v* глотать (64) [hurriedly поспешно, greedily жа́дно]; ‖ прогла́тывать (65), *perf* проглоти́ть (192) (*with acc*); ~ an insult проглоти́ть оби́ду.

swamp *sb* боло́то *n* (14d); in the ~ на боло́те.

swear 1. (*promise solemnly*) кля́сться (229), *perf* покля́сться (229); he swore to speak the truth он покля́лся говори́ть пра́вду; I believe it is true but I can't ~ to it я ду́маю, что э́то пра́вда, но не могу́ в (*with abl*) э́том покля́сться; he swore to do it он покля́лся, что сде́лает э́то; **2.** (*of oath*) присяга́ть (64), *perf* присягну́ть (130); ~ an oath дава́ть прися́гу; **3.** (*use bad language*) руга́ться (64); he's always ~ing он всегда́ руга́ется; stop ~ing! переста́нь(те) руга́ться!

sweet I *sb* конфе́та *f* (19c); *usu pl* ~s конфе́ты [1) delicious, nice вку́сные, expensive дороги́е; 2) buy покупа́ть, eat есть, offer предлага́ть]; a box of ~s коро́бка конфе́т; please, have another ~! возьми́те, пожа́луйста, ещё конфе́ту!

sweet II *a* **1.** (*tasting like sugar*) сла́дкий (33b) [tea чай, cake пиро́г, juice сок, honey мёд]; сла́дкая [melon ды́ня]; сла́дкое [apple я́блоко, cake пиро́жное]; сла́дкие [fruit фру́кты, berries я́годы]; ~ to the taste сла́дкий на вкус; she likes ~ things она́ лю́бит сла́дости; the tea is too ~ чай сли́шком сла́дкий; ~ butter несолёное ма́сло; **2.** (*having pleasant sound*) не́жный (31b), мелоди́чный (31b) [voice го́лос]; ~ music мелоди́чная му́зыка; **3.** (*kind, gentle*) не́жный; ~ smile не́жная улы́бка; ~ words не́жные слова́; ~ girl ми́лая де́вушка; ~ face ми́лое лицо́.

swift *a* бы́стрый (31b) [glance взгляд, stream пото́к, deer оле́нь]; бы́страя [river река́]; бы́строе [current тече́ние, movement движе́ние].

swim *v* (*in no particular direction*) пла́вать (65), *no perf* [1) in a river в реке́, in the sea в мо́ре, in a lake в о́зере, under water под водо́й; 2) well хорошо́, badly пло́хо, fast бы́стро, slowly ме́дленно; on one's back на спине́, on one's side на боку́]; she can't ~ at all она́ совсе́м не уме́ет пла́вать; learn to ~ учи́ться пла́вать; he ~s like a fish он пла́вает как ры́ба; I am fond of ~ming я люблю́ пла́вать; can you ~? вы уме́ете пла́вать?; ‖ *sometimes rendered by* купа́ться (64); I like to ~ in the morning / in the sea я люблю́ купа́ться по утра́м / в мо́ре; let's go ~ming пойдёмте купа́ться!; ‖ (*in a definite direction*) плыть (217), *no perf* [up the river вверх по реке́, down the river вниз по реке́, with the current по тече́нию, against the current прóтив течéния, to the bank, shore к бéрегу, to the boat к лóдке]; how far can you ~? кудá вы мóжете доплы́ть?; ‖ (*in a direction across*) переплывáть (64), *perf* переплы́ть (217) (*with acc*); he swam the river easily он легкó переплы́л (чéрез) рéку.

switch *v*: ~ **on** включáть (64), *perf* включи́ть (171) [*with acc* radio рáдио, light свет, gas газ, TV set телеви́зор, engine мотóр]; ~ **off** выключáть (64), *perf* вы́ключить (172) [*with acc* radio рáдио, light свет, gas газ, TV set телеви́зор, engine мотóр].

sympathize сочýвствовать (245), *perf* посочýвствовать (245) (with — *with dat*); I can ~ with you but I cannot help you я сочýвствую вам, но ничéм не могý помóчь.

sympathy сочýвствие *n*, *no pl* (18c) [arouse вы́звать, show прояви́ть, express вы́разить]; you have my ~ я вам сочýвствую; he has no ~ with, for such people он не сочýвствует таки́м лю́дям.

system 1. (*plan*) систéма *f* (19c) [complicated слóжная, simple простáя, simplified упрощённая]; work out / accept / reject / improve / propose a ~ разрабáтывать / приня́ть / отклони́ть / улучшáть / предлагáть систéму; introduce a new ~ ввести́ нóвую систéму; a good ~ of teaching Russian хорóшая систéма обучéния рýсскому языкý; ~ of education систéма образовáния; railway ~ сеть желéзных дорóг; 2. (*organization*) строй *m* (13a). систéма; ~ of government госудáрственный строй; capitalist ~ капиталисти́ческий строй; socialist ~ социалисти́ческий строй; countries with different political ~s стрáны с различ́ными полити́ческими систéмами.

T

table *sb* 1. (*furniture*) стол *m* (1c) [1) wooden деревя́нный, low ни́зкий, round крýглый, square квадрáтный, broken слóманный; 2) stands стои́т]; sit at (the) ~ сидéть за столóм; sit down at the ~ сесть за стол; get up from the ~ встать из-за столá; take everything off the ~! убери́(те) всё со столá!; he put the box on / under the ~ он постáвил я́щик на / под стол; the dog was lying under the ~ собáка лежáла под столóм; a lamp hung above the ~ лáмпа висéла над столóм; ⊙ **set,**

lay the ~ накрыва́ть (64) на стол, *perf* накры́ть (209) на стол; the ~ was laid for four стол был накры́т на четы́ре персо́ны; **2.** (*figures, data*) табли́ца *f* (21c); multiplication ~s табли́ца умноже́ния; ~ of weights and measures табли́ца мер и весо́в.

tail *sb* хвост *m* (1c) [1) long дли́нный, short коро́ткий, bushy пуши́стый; 2) *with gen* of an animal живо́тного, of a bird пти́цы; of a plane самолёта, of a comet коме́ты]; the dog was wagging his ~ соба́ка маха́ла хвосто́м.

tailor *sb* портно́й *m* (31a) [1) good хоро́ший, dear, expensive дорого́й, cheap дешёвый; 2) makes coats шьёт пальто́, makes suits шьёт костю́мы]; gentlemen's / ladies', women's ~ мужско́й / да́мский портно́й; ~ shop ателье́ *n indecl.*

take 1. (*get hold of*) брать (42), *perf* взять (236) [1) *with acc* book кни́гу, one's things свои́ ве́щи, bag портфе́ль, chair стул, hat шля́пу; 2) off the table со стола́, from the shelf с по́лки, from under the desk из-под пи́сьменного стола́, from the child у ребёнка; 3) *with instr* with both hands обе́ими рука́ми, with a stick па́лкой, with a fork ви́лкой, with one's fingers па́льцами]; who took my pen? кто взял мою ру́чку?; ~ this! возьми́(те) э́то!; ~ some money with you! возьми́(те) с собо́й де́ньги!; ‖ (*clutch*) взять [1) *with acc* boy ма́льчика; 2) за *with acc* by the arm, hand за́ руку, by the ear за́ ухо, by the collar за воротни́к]; **2.** (*require*): it will ~ a long time э́то займёт мно́го вре́мени; it ~s me ten minutes / an hour to get to my office мне ну́жно де́сять мину́т / час, что́бы добра́ться до ме́ста рабо́ты; it took him two hours / two days to finish the work ему́ пона́добилось два часа́ / два дня, что́бы зако́нчить э́ту рабо́ту; how long does it ~ to go to London by plane? ско́лько вре́мени ну́жно лете́ть на самолёте до Ло́ндона?; it ~s patience / a lot of money э́то тре́бует терпе́ния / больши́х де́нег; **3.** (*use as transport*) е́хать (71), *perf* пое́хать (71) [на *with acc* bus на авто́бусе, tram на трамва́е, train на по́езде]; **4.** (*capture*) брать, *perf* взять [*with acc* town го́род, fortress кре́пость, fort укрепле́ние]; **5.** (*escort*) провожа́ть (64), *perf* проводи́ть (152) (*with acc*); ~ a guest home проводи́ть го́стя домо́й; please ~ me home! проводи́(те) меня́, пожа́луйста, домо́й!; ‖ (*conduct*): ~ smb / smth home / to the forest / to the theatre взять кого́-л. / что-л. домо́й / в лес / в теа́тр; ~ me with you! возьми́те меня́ с собо́й!; **6.** (*carry*) относи́ть

148), *perf* отнести́ (113) (*with acc*); ~ the letter to the post! отнеси́(те) э́то письмо́ на (*with acc*) по́чту!; he took the bag to the station / into the house он отнёс чемода́н на вокза́л / в дом; 7. (*eat*, *drink*) принима́ть (64), *perf* приня́ть (232) [*with acc* food пи́щу, medicine лека́рство, poison яд]; will you ~ tea or coffee? вы бу́дете пить чай и́ли ко́фе?; 8. (*choose*, *select*) выбира́ть (64), *perf* вы́брать (43) (*with acc*); which road shall we ~? каку́ю доро́гу мы вы́берем?; he always took the side of the winner он всегда́ встава́л на сто́рону победи́теля; ~ **after** (*resemble*) походи́ть (152) на (*with acc*); he took after his father он походи́л на отца́; ~ **along** захвати́ть (192) с собо́й (*with acc*); ~ your camera along! захвати́те с собо́й фотоаппара́т!; ~ **apart** разбира́ть (64) (на ча́сти), *perf* разобра́ть (44) (на ча́сти) [*with acc* watch часы́, mechanism механи́зм]; ~ **aside** отводи́ть (152) в сто́рону, *perf* отвести́ (219) в сто́рону (*with acc*); he took me aside and told me the news он отвёл меня́ в сто́рону и сообщи́л но́вость; ~ **away** 1) (*carry off*) уноси́ть (148), *perf* унести́ (113) [*with acc* things ве́щи, furniture ме́бель]; 2) (*lead away*) уводи́ть (152), *perf* увести́ (219) [*with acc* children дете́й, prisoner плённого]; 3) (*remove*) убира́ть (64), *perf* убра́ть (42) (*with acc*); ~ these things away! убери́те э́ти ве́щи!; 4) (*seize*) отбира́ть (64), *perf* отобра́ть (44), отнима́ть (64), *perf* отня́ть (232) [1) *with acc* rights права́; 2) у *with gen* from smb у кого́-л.]; he took the cigarettes away from the boy он о́тнял у ма́льчика папиро́сы; ~ **back** брать обра́тно, *perf* взять обра́тно (*with acc*); he took back his words он взял свои́ слова́ обра́тно; ~ **for** принима́ть (64) за, *perf* приня́ть (232) за (*with acc*); I took him / her for a doctor я при́нял, приняла́ его́ / её за врача́; ~ **off** 1) (*remove*) снима́ть (64), *perf* снять (232) [*with acc* one's coat пальто́, dress пла́тье, one's clothes оде́жду, shoes ту́фли, боти́нки]; ~ smth off the gas / stove снять что-л. с га́за / с плиты́; 2) (*start off*): the plane ~s off in five minutes самолёт отправля́ется через пять мину́т; the plane took off самолёт взлете́л; ~ **out** вынима́ть (64), *perf* вы́нуть (128) [1) *with acc* ticket биле́т, handkerchief носово́й плато́к, money де́ньги, papers докуме́нты, бума́ги; 2) из *with gen* of a box из я́щика, of one's pocket из карма́на, of a drawer из я́щика (стола́), из стола́]; ~ **to** (*begin to like*) привяза́ться (48) к (*with dat*); the children took to their new teacher immediately дéти срáзу привязáлись к своéй нóвой учи́тельнице; ◇ ~ **into account** принимáть во внимáние, *perf* приня́ть во внимáние (*with acc*); *see* account; ~ **aim** цéлиться (157), *perf* прицéлиться (157); ~ **advantage** воспóльзоваться (244) (of — *with instr*); *see* advantage; ~ **advice** послу́шаться (65) (*with gen*); ~ my advice and don't go there! послу́шайтесь меня́ и не ходи́те тудá!; he took her advice он послу́шался её; ~ **(up) arms** взя́ться (236) за ору́жие; ~ **to (one's) bed** слечь (249) в постéль; **be ~n ill** заболéть (98); ~ **care** *see* care **I**; ~ **the floor** брать слóво, *perf* взять слóво; ~ **for granted** считáть самó собóй разумéющимся (*with acc*); ~ **smth to heart** принимáть что-л. бли́зко к сéрдцу; *see* heart; ~ **hold of** схвати́ть (192) (*with acc*); he took hold of my hand он схвати́л меня́ зá руку; ~ **an interest** интересовáться (243) (in — *with instr*), проявля́ть (223) интерéс, *perf* прояви́ть (166) интерéс (in — к *with dat*); *see* interest **I**; ~ **a journey** предприня́ть (232) путешéствие; ~ **measures** принимáть мéры, *perf* приня́ть мéры; ~ **notice** обращáть (64) внимáние, *perf* обрати́ть (161) внимáние (of — на *with acc*); he took no notice of me он не обрати́л на меня́ внимáния; she took no notice of what I said онá не обрати́ла никакóго внимáния на то, что я сказáл(а); ~ **an examination** держáть (47) экзáмен, сдавáть (63) экзáмен; ~ **part** принимáть учáстие, *perf* приня́ть учáстие (in — в *with abl*); *see* part **I**; ~ **pictures** фотографи́ровать (245), *perf* сфотографи́ровать (245); *see* picture; ~ **place** происходи́ть (152), *perf* произойти́ (206); *see* place **I**; ~ **by surprise** захвати́ть врасплóх (*with acc*); *see* surprise **I**; ~ **a seat** (*sit down*) сади́ться (152), *perf* сесть (239); *see* seat **I**; ~ **the upper hand** одержáть (47) верх (of — над *with instr*); *see* upper; ~ **a walk** пройти́сь (206); *see* walk **I**.

tale (*story*) расскáз *m* (1f) [long дли́нный, short корóткий, true правди́вый, thrilling захвáтывающий, amusing забáвный]; ~s of adventure приключéнческие расскáзы; make up a ~ сочини́ть расскáз; fairy ~ скáзка *f* (22d); tell ~s расскáзывать скáзки.

talent 1. (*gift*) талáнт *m*, *no pl* (1f) [1) great большóй, outstanding выдаю́щийся, acknowledged при́знанный; 2) show прояви́ть, recognize признáть]; man of great ~ талáнтливый человéк; **2.** (*ability*) спосóбность *f* (29c); *usu pl* спосóбности; she has a ~ for drawing /

singing у неё большие способности к (*with dat*) рисованию / пению.

talented *a* талантливый (31b) [actor артист, writer писатель, painter художник, scientist учёный]; талантливая [actress актриса].

talk I *sb* **1.** (*conversation*) разговор *m* (1f) [long долгий, interesting интересный]; there is too much ~ about it об (*with abl*) этом слишком много разговоров; have a ~ with smb (по-) говорить с (*with instr*) кем-либо; I had an interesting ~ with him yesterday вчера у меня был с ним интересный разговор; **2.** (*lecture, speech*) беседа *f* (19c); a ~ on astronomy / on modern music беседа по (*with abl*) астрономии / о современной музыке; Mr. N. will give a ~ on modern literature мистер Н. выступит с лекцией о современной литературе; **3.** (*negotiations*) переговоры *no sg* (1f) [conduct вести]; take part in the ~s принимать участие в переговорах.

talk II *v* **1.** (*converse*) разговаривать (65), *no perf* (with, to — с *with instr*; about — о *with abl*); she was ~ing over the telephone with, to her friend она разговаривала по телефону со своей подругой; ~ about children / many things / one's work разговаривать о детях / о разных вещах / о своей работе; stop ~ing! перестань(те) разговаривать!; **2.** (*speak*) говорить (158), поговорить (158); what were you ~ing about, of? о чём вы говорили?; I want to ~ to you about your request я хочу поговорить с вами о вашей просьбе; the child is learning to ~ ребёнок учится говорить; he ~s too much он слишком много говорит; { говорить, *no perf*; ~ nonsense / business говорить чепуху / дело; ~ politics говорить о политике; I was ~ing about you to N. this morning я сегодня утром говорил о (*with abl*) вас с (*with instr*) Н.; it is much ~ed of об этом много говорят; ~ French / German говорить по-французски / по-немецки; ~ **over** (*discuss*) обсуждать (64), *perf* обсудить (152) (*with acc*); we must ~ the matter over мы должны обсудить этот вопрос; we have already ~ed it over мы это уже обсудили; ◇ ~**ing of** говоря о (*with abl*); ~ing of films, I liked N.'s latest film very much если говорить о фильмах, то мне очень понравился последний фильм, поставленный Н.

tall высокий (33b) [man человек, boy мальчик]; высокая [woman женщина]; высокое [tree дерево, building здание]; she is rather ~ она довольно высокого роста; how ~ are you? какóго вы рóста?; I am a metre and a half~ мой рост полторá мéтра; I am a head ~er than my brother я на гóлову вы́ше своегó брáта.

tame *a* (*not wild*) ручнóй (31a) [deer олéнь]; ручнáя [bird птúца, squirrel бéлка, monkey обезья́на]; ручнóе [animal живóтное].

task задáча *f* (25a) [1) easy лёгкая, difficult трýдная, great большáя, important вáжная, serious серьёзная, special осóбая]; carry out a ~ вы́полнить задáчу; give one of the members the ~ of collecting money дать (*with dat*) одномý из члéнов задáние собрáть дéньги; we have serious ~s before us пéред нáми стоя́т серьёзные задáчи; the ~ is to find the necessary transport задáча заключáется в том, чтóбы найтú необходúмый трáнспорт; the ~ remained undone / was completed задáча остáлась невы́полненной / былá вы́полнена; undertake the ~ of convincing him взять на себя́ задáчу убедúть егó; ‖ задáние *n* (18c) [home домáшнее]; give the pupils a ~ дать ученикáм задáние.

taste I *sb* **1.** (*flavour*) вкус *m* (1f) [bitter гóрький, sweet слáдкий, sour кúслый, pleasant прия́тный, nasty протúвный]; the apple has a sour ~, the apple is sour to the taste я́блоко кúслое на вкус; the food had no ~ едá былá невкýсной; **2.** (*esthetic sense*) вкус [good хорóший, bad плохóй]; she has very good ~ in clothes онá одевáется со вкýсом; she has no ~ у неё нет вкýса; she was dressed with ~ онá былá одéта со вкýсом; it's a matter of ~ э́то дéло вкýса; ~s differ вкýсы расхóдятся, о вкýсах не спóрят; it's not at all to my ~ э́то мне совсéм не по вкýсу.

taste II *v* **1.** (*eat, drink*) прóбовать (244), *perf* попрóбовать (244) [*with acc* food пúщу, soup суп, wine винó]; ~ this jam! попрóбуйте э́то варéнье!; **2.** (*have flavour*) имéть (98) вкус; the apple ~s good / sweet я́блоко вкýсное / слáдкое.

tax *sb* налóг *m* (4c) [1) income подохóдный; heavy большóй, small небольшóй; 2) pay платúть]; collect ~es собирáть налóг(и).

taxi *sb* таксú *n indecl*; call / take / get into / get out of a ~ позвáть, вы́звать / нанять / сесть в / вы́йти из таксú; pay for the ~ заплатúть за таксú; ~ driver водúтель таксú.

tea 1. (*drink*) чай *m* (12b) [1) hot горя́чий, strong крéпкий, weak слáбый, fresh свéжий, sweet слáдкий; 2) becomes cold остывáет, smells good хорошó пáхнет; 3) drink пить, make (при-)

гото́вить]; pour out ~ нали́ть ча́ю; ~ with milk / with a slice of lemon чай с молоко́м / с лимо́ном; take sugar in one's ~ класть са́хар в чай; a cup / glass of ~ ча́шка / стака́н ча́ю; we have ~ in the morning / at breakfast у́тром / за за́втраком мы пьём чай; won't you have some ~? не вы́пьете ли вы ча́шку ча́ю?; 2. (*meal*) чай; ask, invite smb to ~ пригласи́ть кого́-л. на чай.

teach (*give instruction*) преподава́ть (63) [1) *with acc* Russian ру́сский язы́к, history исто́рию, music му́зыку, foreign languages иностра́нные языки́; 2) в *with abl* at school в шко́ле, at an institute в институ́те, at a university в университе́те, in the fifth form, grade в пя́том кла́ссе; 3) *with dat* schoolchildren шко́льникам, students студе́нтам, children де́тям, adults взро́слым]; who taught you physics? кто преподава́л вам, у вас фи́зику?; where does he ~? где он преподаёт?; what subjects are taught at your college? каки́е предме́ты преподаю́тся у вас в институ́те?; { *if followed by inf* учи́ть (173), *perf* научи́ть (173) [1) *with acc* children дете́й, adults взро́слых, son сы́на, daughter дочь; 2) to read чита́ть, to swim пла́вать, to sew шить, to sing петь]; she taught them to speak French она́ научи́ла их говори́ть по-францу́зски; he taught the boy how to drive a car он научи́л ма́льчика води́ть маши́ну.

teacher учи́тель *m* (3b), преподава́тель *m* (3a) [1) strict стро́гий, excellent прекра́сный, poor, bad плохо́й, favourite люби́мый, former пре́жний; 2) explains объясня́ет, corrects mistakes исправля́ет оши́бки, gives lessons даёт уро́ки, works at school рабо́тает в шко́ле]; history / geography ~ учи́тель исто́рии / геогра́фии; English / Russian ~ учи́тель англи́йского / ру́сского языка́; he wants to be / to become a ~ он хо́чет быть / стать учи́телем; who is your ~? кто ваш учи́тель?; { учи́тельница *f* (21c), преподава́тельница *f* (21c).

team *sb* кома́нда *f* (19c) [1) strong си́льная, best лу́чшая, first пе́рвая, favourite люби́мая; 2) wins выи́грывает, loses прои́грывает, leads лиди́рует]; football / basket-ball / volley-ball ~ футбо́льная / баскетбо́льная / волейбо́льная кома́нда.

tear I *sb* слеза́ *f* (19f); *usu pl* ~s слёзы [1) bitter го́рькие, hot горя́чие; 2) *with gen* of anger гне́ва, of pity жа́лости]; ~s rolled down her cheeks / face слёзы кати́лись по её щека́м / лицу́; shed / keep back ~s пролива́ть / уде́рживать слёзы; her eyes filled with ~s её глаза́ напо́лнились слеза́ми; ~s came to her eyes у неё на глаза́х наверну́лись слёзы; his story moved her to ~s его́ расска́з тро́нул её до слёз; ⊙ **burst into ~s** распла́каться (90).

tear II *v* **1.** (*pull apart*) рвать (50), разорва́ть (50) [1) *with acc* clothes оде́жду, dress пла́тье, letter письмо́, paper бума́гу; 2) into two parts на две ча́сти, in, to pieces, bits на куски́, apart на ча́сти, in half попола́м]; be careful, don't ~ your dress on that nail! осторо́жно, не порви́(те) пла́тье об э́тот гвоздь!; I've torn my coat я разорва́л, разорвала́ себе́ пальто́; ~ a page out of a notebook вы́рвать страни́цу из тетра́ди; he tore the letter open он разорва́л конве́рт; ⊙ **~ one's hair** рвать на себе́ во́лосы; he tore his hair он рвал на себе́ во́лосы; **2.** (*become torn*) рва́ться (50), разорва́ться (50); this cloth ~s easily э́та мате́рия легко́ рвётся; **~ oneself away** оторва́ться (50) (from — от *with gen*); he couldn't ~ himself away from the book он не мог оторва́ться от кни́ги; the children couldn't ~ themselves away from the toys де́ти не могли́ оторва́ться от игру́шек; **~ off** срыва́ть (64), *perf* сорва́ть (50) (*with acc*); the wind tore off the roof ве́тер сорва́л кры́шу; **~ up** порва́ть (50) (*with acc*); he tore up the letter он порва́л письмо́.

teeth *pl* зу́бы (1j) [1) good хоро́шие, bad плохи́е, sound здоро́вые, white бе́лые, yellow жёлтые, strong кре́пкие, front пере́дние; 2) clean чи́стить, examine осма́тривать]; *also see* tooth.

telegram телегра́мма *f* (19c) [1) short коро́ткая, important ва́жная, urgent сро́чная; 2) от *with gen* from one's parents от роди́телей]; send / receive a ~ посыла́ть / получа́ть телегра́мму; the ~ said, read... в телегра́мме говори́лось...

telegraph I *sb* телегра́ф *m*, *no pl* (1f); where is the ~ (office)? где телегра́ф?

telegraph II *v* телеграфи́ровать (245), посыла́ть (64) телегра́мму, *perf* посла́ть (61) телегра́мму (*with dat*); he ~ed from London он телеграфи́ровал из (*with gen*) Ло́ндона.

telephone I *sb* телефо́н *m* (1f); the ~ rang зазвони́л телефо́н; the ~ is out of order телефо́н испо́рчен; may I use the ~? мо́жно позвони́ть (по телефо́ну)?; speak over the ~ говори́ть по телефо́ну; call smb to the ~ позва́ть кого́-л. к телефо́ну; answer the ~! подойди́(те) к телефо́ну!; you are wanted on the ~ вас про́сят к телефо́ну; he sent the message by ~ он переда́л по телефо́ну.

telephone II *v* звони́ть (158) по телефо́ну, *perf* позвони́ть (158) по телефо́ну (*with dat*); he ~d his friend / his wife он позвони́л прия́телю / (своéй) женé.

television телеви́дение *n*, *no pl* (18c); colour ~ цветно́е телеви́дение; ~ program програ́мма переда́ч по телеви́дению; a ~ show телевизио́нная переда́ча; watch, view ~ смотре́ть телеви́зор.

television-set телеви́зор *m* (1f) [1) new но́вый, excellent превосхо́дный; 2) turn on включи́ть, turn off вы́ключить].

tell 1. (*inform*) сказа́ть (48) [1) *with dat* smb кому́-л., everybody всем; 2) *with acc* one's name своё и́мя, the reason причи́ну, the truth пра́вду, a lie непра́вду, the results результа́ты, the price це́ну; 3) beforehand зара́нее]; who told you that? кто вам э́то сказа́л?; ~ me what you want / where you live скажи́те мне, что вы хоти́те / где вы живёте; I told him that it was too late / that I was coming я ему́ сказа́л, что сли́шком по́здно / что я иду́; can you ~ me the way to (the) Red Square? вы не ска́жете мне, как пройти́ на Кра́сную пло́щадь?; can you ~ me the time? не ска́жете ли вы, кото́рый час?; I'll ~ you why я вам скажу́, почему́; ~ him how to do it / when to come скажи́те ему́, как э́то (с)де́лать / когда́ прийти́; I / she was told мне / ей сказа́ли; so I have been told так мне сказа́ли; nobody told me anything мне никто́ ничего́ не сказа́л; ‖ говори́ть (158) (*with dat*); don't ~ anyone! никому́ (об э́том) не говори́(те)!; don't ~ him about it! не говори́(-те) ему́ об (*with abl*) э́том!; don't ~ me, let me guess! не говори́(те), я попро́бую угада́ть; I told you so я вам э́то говори́л(а); **2.** (*order, ask*) веле́ть (100) (*with dat*); she told me to come at once она́ веле́ла мне сра́зу же прийти́; he told us not to wait for him он веле́л нам не ждать его́; who told you to do that? кто вам веле́л де́лать э́то?; ‖ сказа́ть; ~ him to come on Monday! скажи́(те) (ему́), что́бы он пришёл в понеде́льник!; ~ her to bring the children! скажи́(те) (ей), что́бы она́ привела́ дете́й!; **3.** (*relate*) расска́зывать (65), *perf* расска́за́ть (48) [1) *with dat* one's friends свои́м друзья́м; one's children свои́м де́тям, him ему́; 2) *with acc* news но́вости, story исто́рию, secret секре́т; 3) о *with abl* about oneself о себе́, about one's life о свое́й жи́зни, about, of one's difficulties о свои́х затрудне́ниях, about, of one's misfortunes о свои́х несча́стьях; 4) in detail подро́бно, briefly кра́тко]; ~ one's adventures расска́зывать о свои́х приключе́ниях; little by little he told us the whole story постепе́нно он рассказа́л нам всю исто́рию; I told them everything I knew я рассказа́л(а) им всё, что зна́л(а); ~ us something else / something new! расскажи́(те) нам что́-нибудь ещё / что́-нибудь но́вое!; he believed everything his friend told him он пове́рил всему́ тому́, что рассказа́л его́ друг; the book / the film ~s us about... в кни́ге, в фи́льме расска́зывается о (*with abl*)...; ~ me all about it / about what you have been doing расскажи́те мне об э́том всё / (о том), что вы де́лали; **4.** (*have an effect*) ска́зываться (65), *perf* сказа́ться (48) (on — на *with abl*); the long strain was ~ing on his health дли́тельное напряже́ние ска́зывалось на его́ здоро́вье.

temper *sb* (*mood*) настрое́ние *n* (18c); he was in a very bad ~ он был в о́чень плохо́м настрое́нии; we found him in a good ~ мы нашли́ его́ в хоро́шем настрое́нии; ◇ **lose one's** ~ выходи́ть (152) из себя́, *perf* вы́йти (208) из себя́; he lost his ~ он вы́шел из себя́; don't lose your ~ не выходи́те из себя́!

temperature температу́ра *f* (19c) [1) high высо́кая, low ни́зкая, normal норма́льная, average сре́дняя; 2) *with gen* of the air во́здуха, of the room ко́мнаты, of the body те́ла; 3) rises повыша́ется, falls па́дает, снижа́ется, remains the same де́ржится]; ⊙ **have, run a** ~ име́ть (98) повы́шенную температу́ру; he has a ~ у него́ повы́шенная температу́ра; **take smb's** ~ (из-)ме́рить (*with dat*) кому́-л. температу́ру.

temporary вре́менный (31b) [bridge мост, success успе́х, address а́дрес]; вре́менная [job, work рабо́та]; вре́менное [measure мероприя́тие, employment заня́тие, condition усло́вие]; this is a ~ arrangement э́то вре́менно; all of this is, of course, ~ всё э́то, коне́чно, вре́менно.

ten де́сять (39c); ~ times as big / good в де́сять раз бо́льше / лу́чше; ~ times worse в де́сять раз ху́же; *see* eight.

tendency тенде́нция *f* (23c) [marked заме́тная, slight незначи́тельная]; the ~ to, towards improvement in the relations between the two countries тенде́нция к (*with dat*) улучше́нию отноше́ний ме́жду э́тими двумя́ стра́нами.

tender *a* не́жный (31b) [look взгляд, voice го́лос]; не́жная [care забо́та]; не́жное [heart се́рдце]; не́жные [parents роди́тели, feelings чу́вства]; he was very ~ to her он к ней относи́лся с большо́й не́жностью.

tennis те́ннис *m* (1f); play ~ игра́ть в те́ннис; I like ~ мне нра́вится те́ннис; let us play a game of ~! дава́йте сыгра́ем па́ртию в те́ннис!; be good / bad at ~ хорошо́ / пло́хо игра́ть в те́ннис; win / lose a game of ~ вы́играть / проигра́ть па́ртию в те́ннис.

term *sb* **1.** (*condition*) усло́вие *n* (18c) [acceptable, satisfactory прие́млемое, difficult тру́дное, unacceptable неприе́млемое]; ~s of an agreement / treaty усло́вия (*with gen*) соглаше́ния / догово́ра; I won't do it on any ~s я не сде́лаю э́того ни при каки́х усло́виях; according to the ~s согла́сно усло́виям; **2.** *pl* ~s (*relations*) отноше́ния (18c); be on good / friendly / bad ~s with smb быть в хоро́ших / дру́жеских / плохи́х отноше́ниях с (*with instr*) ке́м-либо; I am not on speaking ~s with him я с ним не разгова́риваю.

terrible 1. (*frightening, dreadful*) ужа́сный (31b) [fire пожа́р, moment моме́нт, man челове́к]; ужа́сная [news но́вость, storm бу́ря, disease боле́знь, wound ра́на]; ужа́сное [event собы́тие, disaster бе́дствие, scene зре́лище, suffering страда́ние, crime преступле́ние]; ~ enemy стра́шный враг; **2.** *colloq* (*excessive*) стра́шный (31b) [cold на́сморк, wind ве́тер, frost моро́з, noise шум]; стра́шная [pain боль, heat жара́]; стра́шное [accusation обвине́ние]; **3.** *colloq* (*very bad*) ужа́сный [day день, climate кли́мат]; ужа́сная [mistake оши́бка, weather пого́да, rainstorm гроза́, crowd толпа́]; ужа́сное [place ме́сто, mood настрое́ние, disappointment разочарова́ние, behaviour поведе́ние]; how ~! как ужа́сно!

terrify (*frighten*) приводи́ть (152) в у́жас, *perf* привести́ (219) в у́жас (*with acc*); the mere thought / sight of the man terrified her одна́ мысль об э́том челове́ке приводи́ла / оди́н вид э́того челове́ка приводи́л её в у́жас; she was terrified when she thought she might be left all alone она́ приходи́ла в у́жас при мы́сли, что мо́жет оста́ться совсе́м одна́.

terror (*extreme fear*) у́жас *m* (1f); feeling of ~ чу́вство у́жаса; I've never felt such ~ in all my life никогда́ в жи́зни я не испы́тывал(а) тако́го у́жаса; ~ seized him его́ обуя́л у́жас; he was filled with ~ он был по́лон у́жаса; his ~ was so great that he could do nothing его́ у́жас был так вели́к, что он ничего́ не мог (с)де́лать.

test I *sb* **1.** (*trial*) испыта́ние *n* (18c) [1) severe суро́вое, serious серьёзное; 2) *with gen* of an engine мото́ра; of character хара́ктера, of courage му́жества, of endurance выно́сливости]; stand the ~ of time вы́держать испыта́ние вре́менем; **2.** (*check up*) контро́льная рабо́та (19c); students will be given a short ~ in this subject студе́нтам бу́дет дана́ небольша́я контро́льная рабо́та по (*with dat*) э́тому предме́ту; ‖ (*examination*) экза́мен *m* (1f); *see* examination.

test II *v* (*try*) испы́тывать (65), *perf* испыта́ть (64) [*with acc* motor мото́р, plane самолёт, car автомаши́ну]; ‖ (*examine*) проверя́ть (223), *perf* прове́рить (178) [*with acc* abilities спосо́бности, knowledge зна́ния]

textbook учéбник *m* (4c); Russian ~ учéбник ру́сского языка́; geography / history ~ учéбник геогра́фии / исто́рии.

than *conj* чем; you know him better ~ I (do) вы зна́ете его́ лу́чше, чем я; he came sooner ~ we expected он пришёл ра́ньше, чем мы ожида́ли; he could do it better ~ anyone else он мог э́то сде́лать лу́чше, чем кто́-либо друго́й; the light here is brighter ~ in the other room здесь свет я́рче, чем в той ко́мнате; we have more / less books ~ they (have) у нас бо́льше / ме́ньше книг, чем у них; ‖ *after adjectives often not translated, Russian sb in gen*: he is taller ~ his sister он вы́ше свое́й сестры́; this room is better ~ the others э́та ко́мната лу́чше други́х.

thank *v* благодари́ть (158), *perf* поблагодари́ть (158) [1) *with acc* one's friend дру́га; 2) за *with acc* for the gift за пода́рок, for attention за внима́ние, for help, assistance за по́мощь, for advice за сове́т]; I want to ~ you for your kindness я хочу́ поблагодари́ть вас за ва́шу любе́зность; he ~ed me again and again он благодари́л меня́ мно́го раз; I forgot to ~ him я забы́л(а) его́ поблагодари́ть; there's no need to ~ me меня́ не́ за что благодари́ть; ⊙ ~ **you** спаси́бо; ~ you so much большо́е вам спаси́бо; will you have some more tea? No, ~ you не хоти́те ли ещё ча́ю? Нет, спаси́бо.

thanks I спаси́бо; ~ very much, very many ~ большо́е спаси́бо; no, ~ спаси́бо, нет.

thanks II: ~ to *prep* благодаря́ (*with dat*): ~ to your help / his efforts благодаря́ ва́шей по́мощи / его́ стара́ниям; ~ to you благодаря́ вам.

that I *pron dem* (*followed by sb*) тот (41b), э́тот (41b) [table стол, man челове́к, way, road путь, way (*manner*) спо́соб]; та, э́та [hat шля́па, girl де́вушка, idea мысль, half полови́на]; то, э́то [window окно́, statement заявле́ние, suggestion предложе́ние]; do you see ~ house at the end of the street? вы ви́дите (вот) тот дом в конце́ у́лицы?; I don't like this tie, give me ~ one! мне не нра́вится э́тот га́лстук, да́йте мне тот!; do you know ~ man? вы зна́ете э́того челове́ка?; look at ~ woman! посмотри́те на э́ту же́нщину!; § (*referring to time*): ~ summer в то ле́то; ~ winter / spring / autumn в ту зи́му / весну́ / о́сень; the harvest was rich ~ year в тот год был бога́тый урожа́й; § *if not followed by sb* э́то; ~ is his room / our train / her new coat э́то его́ ко́мната / наш по́езд / её но́вое пальто́; ~ happened long ago э́то случи́лось давно́.

that II *pron rel* кото́рый (31b); this is the best story ~ I have ever read э́то лу́чший расска́з, кото́рый я когда́-либо чита́л(а); this is the first book ~ he read in Russian э́то пе́рвая кни́га, кото́рую он прочита́л по-ру́сски; the window ~ overlooks the garden окно́, кото́рое выхо́дит в сад.

that III *conj* что; I know ~ you were there я зна́ю, что вы бы́ли там; he said ~ he would come он сказа́л, что (он) придёт; the night was so dark ~ we couldn't make out anything была́ така́я тёмная ночь, что мы ничего́ не могли́ различи́ть; ⊙ **so** ~ с тем, что́бы; we got everything ready, so ~ we could start early мы всё пригото́вили с тем, что́бы мо́жно бы́ло отпра́виться пора́ньше; we sat closer so ~ we could hear better мы се́ли побли́же с тем, что́бы лу́чше слы́шать; **now** ~ тепе́рь когда́; *see* now **II**.

the *adv*: ~... ~...чем..., тем...; ~ sooner you start, ~ sooner you will be there чем скоре́е вы отпра́витесь, тем скоре́е вы там бу́дете; ~ sooner ~ better чем скоре́е, тем лу́чше; ~ further we went, ~ more difficult the road became чем да́льше мы шли, тем трудне́е станови́лась доро́га; ~ longer we lived there, ~ more we liked the place чем до́льше мы там жи́ли, тем бо́льше нам нра́вилось э́то ме́сто.

theatre (*playhouse*) теа́тр *m* (1f) [1) famous знамени́тый, favourite люби́мый, modern совреме́нный; 2) like люби́ть]; children's ~ де́тский теа́тр; go to the ~ ходи́ть в теа́тр; I was at the ~ yesterday вчера́ я был(а́) в теа́тре; ticket to the ~ биле́т в теа́тр; return from the ~ возвраща́ться из теа́тра.

their *pron poss* их (40b) [house дом, sister сестра́, family семья́, things ве́щи, friends друзья́; voyage путеше́ствие; attitude отноше́ние, right пра́во, position положе́ние]; those are ~ books, not ours э́то их кни́ги, а не на́ши; all ~ things все их ве́щи; I took ~ tickets by mistake я по оши́бке взял(а́) их биле́ты; one of ~ friends оди́н из их това́рищей; { *when pers of subject coincides with pers of poss pron* свой, своя́, своё, свои́ (40d); they finished ~ work они́ зако́нчили свою́ рабо́ту; they did not hide ~ feelings они́ не скрыва́ли свои́х чувств; { свой *is often omitted in Russian*: they took off ~ coats они́ сня́ли пальто́; they had no place to put ~ things им не́куда бы́ло положи́ть ве́щи.

theirs *absolute pron poss* их (40b), I met a friend of ~ yesterday вчера́ я встре́тил их прия́теля; are these magazines yours or ~? э́ти журна́лы ва́ши и́ли их?

them *pron pers* их (40b), *after prep* них *gen*; we don't know ~ мы их не зна́ем; we can't go without ~ мы не мо́жем пое́хать без них; please, do it for ~! сде́лай(те) э́то, пожа́луйста, для них!; we have no news from ~ мы не име́ем от них никаки́х изве́стий; besides / except ~ поми́мо / кро́ме них; { им, *after prep* ним *dat*; I gave ~ four tickets, I gave four tickets to ~ я им дал(а́) четы́ре биле́та; I envy ~ я им зави́дую; we have explained everything to ~ мы им всё объясни́ли; show ~ our books! покажи́(те) им на́ши кни́ги!; it seemed to ~ им показа́лось; help ~! помоги́(те) им!; she said to ~, she told ~ она́ им сказа́ла; it was easy for ~ to do it им бы́ло легко́ э́то сде́лать; we went up to ~ мы подошли́ к ним; I was running towards ~ я бежа́л(а) (по направле́нию) к ним; { их, *after prep* них *acc*; we met / saw / found ~ at the station мы их встре́тили / ви́дели / нашли́ на ста́нции; don't bother ~! не беспоко́й(те) их!; I put ~ on the table я положи́л(а) их на стол; I didn't notice ~ я их не заме́тил(а); we'll take ~ with us мы возьмём их с собо́й; { и́ми, *after prep* ни́ми *instr*; he was very displeased with ~ он был о́чень недово́лен и́ми; with ~ с ни́ми; don't laugh at ~! не сме́йтесь над ни́ми!; { них *abl*; don't think / speak about ~! не ду́май(те) / не говори́(те) о них!; we were disappointed in ~ мы в них разочарова́лись; { *conveyed in Russian by nom*: let ~ do it themselves! пусть они́ сде́лают э́то са́ми!; I am surprised at ~ они́ меня́ удивля́ют; we were invited by ~ они́ нас пригласи́ли.

themselves I *emphatic pron* 1. сáми (41d); they saw it ~ они́ сáми э́то ви́дели; they wanted it ~ они́ сáми э́того хотéли; they were able to go there ~ они́ сáми смогли́ тудá пойти́; 2. (*alone, without help from others*) сáми (41d), одни́ (39a); they managed to finish everything ~ они́ сумéли закóнчить всё сáми, одни́; ⊙ **(all) by** ~ 1) сáми; 2) одни́; they were all by ~ они́ бы́ли совсéм одни́; II *pron refl* 1. себя́ *gen*; they never forget ~ они́ никогдá себя́ не забывáют; ‖ себé *dat*; they made ~ dinner они́ приготóвили себé обéд; they bought new clothes for ~ они́ купи́ли себé нóвое плáтье; ‖ себя́ *acc*; they pulled ~ together они́ взя́ли себя́ в ру́ки; ‖ собóй *instr*; they were not satisfied with ~ они́ бы́ли недовóльны собóй; ‖ себé *abl*; they told many stories about ~ они́ мнóго расскáзывали о себé; 2. *often conveyed by* -сь, -ся *attached to verb*: they calmed ~ они́ успокóились; they dressed ~ quickly они́ бы́стро оделись; they like to wash ~ with cold water они́ лю́бят умывáться холóдной водóй.

then *adv* 1. (*at that time*) тогдá; we were still at school ~ тогдá мы ещё учи́лись в шкóле; he was ~ little known as a writer тогдá он был мáло извéстен как писáтель; ⊙ **by** ~ к томý врéмени; **just** ~ как раз в то врéмя; **since** ~ с тех пор; **before** ~ до тогó врéмени; **till** ~ до тогó врéмени, до тех пóр; 2. (*next, afterwards*) затéм, потóм; I shall go to the library and ~ home я пойдý в библиотéку, а затéм домóй; ~ he began to tell me about it затéм он нáчал расскáзывать мне об э́том; 3. (*in that case*) тогдá; ~ I'll come a bit later тогдá я придý немнóго пóзже; ~ why didn't she wait for me? тогдá почемý онá меня́ не подождалá?; ~ you should have said so тогдá вам слéдовало бы сказáть об э́том; what ~? ну и что тогдá?; ◊ **now and** ~ инóгдá, врéмя от врéмени; I go to see him now and ~ врéмя от врéмени я егó навещáю.

theory теóрия *f* (23c) [1) new нóвая, modern совремéнная, scientific наýчная, well-known извéстная, well-founded обоснóванная, widely current распространённая; 2) *with gen* of a subject предмéта, of navigation навигáции]; his ~ was confirmed егó теóрия подтверди́лась; found / elaborate / develop / overthrow / reject a ~ обосновáть / разрабóтать / разви́ть / опровéргнуть / отвéргнуть теóрию; the connection between ~ and practice связь теóрии с прáктикой; in ~ теорети́чески.

there **1.** (*of place*) там; I'll be ~ till six o'clock я бу́ду там до шести́ часо́в; he stayed ~ a month он был там в тече́ние ме́сяца; he isn't ~ его́ там нет; there were many people ~ там бы́ло мно́го наро́ду; who is ~? кто там?; I saw nothing ~ я ничего́ там не ви́дел(а); ⊙ **here and** ~ тут и там; **2.** (*of direction*) туда́; look / go ~! посмотри́(те) / иди́(те) туда́!; put it ~! положи́(-те) э́то туда́!; I hope to go ~ next summer я наде́юсь пое́хать туда́ бу́дущим ле́том; I'm on my way ~ я е́ду, иду́ туда́; from ~ отту́да; **3.** (*in exclamations*) вот; ~ he is! вот он!; ~ he comes! вот он идёт!; ~ it is! вот оно́!; ◇ ~ **is, are** *in present tense usually not translated*: ~ is only one window in the room в ко́мнате то́лько одно́ окно́; ~ is a big forest near our village о́коло на́шей дере́вни большо́й лес; ~ is something heavy in this box в э́том я́щике (лежи́т) что́-то тяжёлое; ~ is no other train there туда́ нет друго́го по́езда; ~ is no doubt that he will agree нет сомне́ний в том, что он согласи́тся, безусло́вно он согласи́тся; ~ isn't much left to do оста́лось сде́лать немно́го; ~ aren't many such writers таки́х писа́телей немно́го; ~ can't be more than two or three hotels in this town в э́том го́роде вряд ли бо́льше двух—трёх гости́ниц; ‖ *often rendered by* есть, име́ется; ~ are many people who don't like jazz music есть мно́го люде́й, кото́рым не нра́вится джаз, джа́зовая му́зыка; are ~ any other questions? есть ли ещё (каки́е-либо) вопро́сы?; is ~ a post-office in the hotel? при гости́нице есть по́чта?; ~ is one serious obstacle име́ется одно́ серьёзное затрудне́ние; ‖ *in past and future tenses rendered by Russian verb* быть; ~ was a garden behind the house за до́мом был сад; ~ were two people in the room в ко́мнате бы́ло два челове́ка; ~ was nobody there там никого́ не́ было; ~ have been similar suggestions подо́бные предложе́ния уже́ бы́ли; ~ will be five of us нас бу́дет пять челове́к; was ~ a newspaper today? сего́дня была́ газе́та?; was ~ anything about me in the letter? в письме́ бы́ло что́-нибудь обо мне́?; how many speakers will ~ be? ско́лько бу́дет выступле́ний?

therefore *conj* (*that's why*) поэ́тому; there is ~ little doubt... поэ́тому не подлежи́т сомне́нию...; we may ~ say... поэ́тому вполне́ мо́жно сказа́ть...; ‖ (*consequently*) сле́довательно; it would ~ be a mistake to suppose... сле́довательно, бы́ло бы оши́бочно полага́ть...

these *pron dem pl* э́ти (41b) [houses дома́, people лю́ди, problems пробле́мы, fields поля́, trees дере́вья, decisions реше́ния]; I like ~ flowers мне нра́вятся э́ти цветы́; I shall take ~ three magazines я возьму́ э́ти три журна́ла; take one of ~ shirts! возьми́(те) одну́ из э́тих руба́шек!; ‖ *if not followed by sb* э́то (41b); ~ are my friends / his old textbooks э́то мои́ друзья́ / его́ ста́рые уче́бники; one of ~ days на днях; *also see* this.

they I *pron pers* они́ (40b) (*3d pers pl*); ~ are here они́ здесь; ~ are great friends они́ больши́е друзья́; ~ will come tomorrow они́ приду́т за́втра; ~ both они́ о́ба (*m*, *n*), они́ о́бе (*f*); ~ all speak Russian very well они́ все о́чень хорошо́ говоря́т по-ру́сски; ~ liked the performance спекта́кль им понра́вился; ~ wanted to go there им хоте́лось пойти́ туда́; ~ thought it would be easy им показа́лось, что э́то бу́дет легко́; *also see* them; II *pron indef not translated, verb translated in 3d pers pl*: ~ say говоря́т; ~ say it will be cold this winter говоря́т, что э́та зима́ бу́дет холо́дной.

thick *a* **1.** (*not thin, not slender*) то́лстый (31b) [slice of bread кусо́к хле́ба, ice лёд, layer слой]; то́лстая [book кни́га, paper бума́га, wall стена́, board доска́, neck ше́я, skin ко́жа]; то́лстое [blanket одея́ло, glass стекло́]; a ~ door тяжёлая дверь; the snow lay two metres ~ снег был толщино́й в два ме́тра; **2.** (*dense*) густо́й (31a) [forest лес; soup суп, syrup сиро́п; fog тума́н, smoke дым]; густа́я [grass трава́; mass ма́сса]; густы́е [hair во́лосы].

thief вор *m* (1g); catch / arrest a ~ пойма́ть / арестова́ть во́ра.

thin *a* **1.** (*not thick*) то́нкий (33b) [layer слой, sheet лист, slice кусо́к]; то́нкая [book кни́га, paper бума́га, branch ве́тка, wall стена́, thread ни́тка, cloth мате́рия, string верёвка]; то́нкое [blanket одея́ло, glass стекло́]; this cloth is ~ner э́та мате́рия то́ньше; I want some ~ner paper мне нужна́ бо́лее то́нкая бума́га; a ~ dress лёгкое пла́тье; ~ shoes лёгкие ту́фли; **2.** (*not fat, stout*) худо́й (31a) [man челове́к, child ребёнок]; худа́я [figure фигу́ра, girl де́вушка]; худо́е [face лицо́]; худы́е [arms, hands ру́ки, fingers па́льцы, legs но́ги]; ~ as a lath худо́й, как ще́пка; he was very ~ он был о́чень худы́м; he's getting ~ он худе́ет; her illness left her ~ она́ похуде́ла по́сле боле́зни; **3.** (*watery*) жи́дкий (33b) [soup суп]; жи́дкое [wine вино́]; **4.** (*not dense*) ре́дкий (33b) [forest лес, mist тума́н]; ре́дкие [hair во́лосы].

thing 1. (*object*) вещь *f* (30b) [old ста́рая, rare ре́дкая, useful поле́зная, useless нену́жная, бесполе́зная]; what do you call this ~? как называ́ется э́та вещь?; all the ~s in the room все ве́щи в ко́мнате; he has many ~s in his bag у него́ в чемода́не мно́го веще́й; gather one's ~s собра́ть свои́ ве́щи; put one's ~s in order привести́ свои́ ве́щи в поря́док; put ~s into their places положи́ть ве́щи на ме́сто; keep one's ~s on a shelf / in a wardrobe держа́ть свои́ ве́щи на по́лке / в шкафу́; don't leave your ~s everywhere! не оставля́й(те) повсю́ду свои́х веще́й!; ‖ *with adjectives often not translated*: there are many interesting ~s in this museum в э́том музе́е мно́го интере́сного; we saw many interesting ~s at the exhibition на вы́ставке мы ви́дели мно́го интере́сного; I never heard / saw such a ~ я никогда́ не ви́дел(а) / не слы́шал(а) ничего́ подо́бного; I must say one more ~ я до́лжен ещё ко́е-что́ сказа́ть; she is fond of eating sweet ~s она́ о́чень лю́бит сла́дкое; 2. (*matter*) де́ло *n* (14d) [important ва́жное, dangerous опа́сное, great большо́е, difficult тру́дное, necessary необходи́мое]; it is a difficult ~ to do э́то тру́дно сде́лать; I have many ~s to do у меня́ мно́го дел; the main ~ is that... гла́вное в том, что́бы...; the most important ~ is... са́мое гла́вное, э́то...; the best ~ to do is... лу́чше всего́...; the first ~ to do is... пе́рвое, что на́до сде́лать, э́то...; I thought of the same ~ я поду́мал(а) о том же са́мом; he always says the right / wrong ~ он всегда́ говори́т то / не то, что ну́жно; ‖ *pl* ~s (*circumstances*): that only makes ~s worse / more complicated э́то то́лько ухудша́ет / усложня́ет де́ло; you take ~s too seriously вы всё воспринима́ете сли́шком серьёзно; ~s are getting worse and worse / better and better дела́ стано́вятся всё ху́же и ху́же / всё лу́чше и лу́чше; there are many ~s worrying me меня́ мно́гое беспоко́ит; ⊙ **the ~ is...** де́ло в том, что...; the ~ is (that) I must hurry де́ло в том, что мне на́до спеши́ть; 3. (*of people*): poor ~ бедня́га *f*, *m* (22a), бедня́жка *f*, *m* (22e); little ~ малю́тка *f*, *m* (22c); 4. *pl* ~s (*clothes*, *belongings*) ве́щи *no sg* (30b); where are my ~s? где мои́ ве́щи?; have you packed your ~s? вы уложи́ли свои́ ве́щи?; take off one's ~s разде́ться; put on one's ~s оде́ться.

think 1. (*conceive*, *reflect*) ду́мать (65), *perf* поду́мать (65) [1) aloud вслух, to oneself про себя́; 2) о *with abl* about, of the trip о поéздке, about the future о бу́дущем; about, of one's family о семьé]; I shall ~ about it я поду́маю об э́том; ~ a little! поду́май(те) немно́го!; he always said what he thought он всегда́ говори́л то, что ду́мал; he was ~ing hard он напряжённо ду́мал; what made you ~ of that? почему́ вы вдруг поду́мали об э́том?; ~ much of oneself мно́го о себé ду́мать; let me ~ a moment! да́йте мне немно́го поду́мать!; ~ of the danger! поду́майте об опа́сности!; 2. (*consider*) счита́ть (64), *no perf*; I ~ he is right я счита́ю, что он прав; I thought her very clever я счита́л её о́чень у́мной; { ду́мать; I ~ she didn't understand your question я ду́маю, что она́ не поняла́ ва́шего вопро́са; I ~ I can help you (я) ду́маю, что могу́ вам помо́чь; where do you ~ he went? как вы ду́маете, куда́ он пошёл?; what do you ~ it means? как вы ду́маете, что э́то зна́чит?; who do you ~ did it? как вы ду́маете, кто э́то сдéлал?; when do you ~ you can come? как вы ду́маете, когда́ вы смо́жете прийти́?; how many tickets do you ~ we need? как вы ду́маете, ско́лько нам ну́жно билéтов?; it is a great mistake to ~ that... серьёзная оши́бка ду́мать, что...; you have no reason to ~ so у вас нет основа́ний так ду́мать; I ~ so ду́маю, что (э́то) так; I don't ~ so ду́маю, что нет; ~ **of** (*remember*) вспо́мнить (179) (*with acc*); I can't ~ of his name / of the word at the moment я ника́к не могу́ сейча́с вспо́мнить его́ и́мя / э́то сло́во; ~ **over** обду́мывать (65), *perf* обду́мать (65) (*with acc*); ~ it over and then come to me again обду́майте э́тот вопро́с и тогда́ приходи́те ко мнé ещё раз.

third I *sb* треть *f* (29b); two ~s две трéти.

third II *num* (*after second*) трéтий (32) [time раз, month мéсяц, year год]; трéтья [week недéля, stop остано́вка]; трéтье [act дéйствие]; the ~ time в трéтий раз; on the ~ of July трéтьего ию́ля; today is the ~ сего́дня трéтье (число́); he lives on the ~ floor он живёт на четвёртом этажé.

thirsty: be ~ хотéть (133) пить, *perf* захотéть (133) пить; I am very ~ я о́чень хочу́ пить; they were hungry and ~ им хотéлось пить и есть.

thirteen трина́дцать (39c); *see* eight.

thirty три́дцать (39c); ~-one days три́дцать оди́н (*with nom sg*) день; ~-two / -three / -four days три́дцать два / три / четы́ре (*with gen sg*) дня; ~-five / -six days тридцать пять / шесть (*with gen pl*) дней; she was about ~ ей было около тридцати лет; *also see* eight.

this *pron dem* (*followed by sb*) этот (41b) [house дом, train поезд, subject предмет, question вопрос, man человек]; эта [hat шляпа, book книга, river река, village деревня]; это [window окно, coat пальто, dress платье, tree дерево, attitude отношение, decision решение]; ~ time на этот раз; ~ city is very old этот город очень старый; ~ way is the best этот способ самый хороший; ~ coat will do это пальто подойдёт; ‖ (*referring to time*): ~ summer этим летом; ~ winter / autumn / spring этой зимой / осенью / весной; ~ week на этой неделе; ~ month / year в этом месяце / году; ~ April / June в апреле / июне этого года; they came ~ morning / evening / afternoon они приехали сегодня утром / вечером / днём; ‖ *if not followed by sb* это; ~ is my pen / my new coat / my house это моя ручка / моё новое пальто / мой дом; ~ might have happened to anyone это могло случиться с каждым; I don't like ~ мне это не нравится; instead of ~ вместо этого; do / say it like ~! сделайте / скажите это так!

those *pron dem pl* те (41b), эти (41b) [few exceptions немногие исключения, old ideas старые представления]; will you bring ~ dishes to the table? принесите, пожалуйста, эти тарелки на стол!; can you see ~ boats on the river? вы видите эти лодки на реке?; ‖ *if not followed by sb* это; ~ are my children это мои дети; ~ were his words это его слова; *also see* that **I**.

though *conj* хотя; he finished first ~ he began last он кончил первым, хотя начал последним; we went farther, ~ it was already quite dark мы пошли дальше, хотя уже стало темно; she is an experienced worker ~ she is still quite young она опытный работник, хотя ей ещё совсем немного лет.

thought *sb* **1.** (*meditation*) размышление *n* (18c), *often pl* размышления; after long ~ после долгих размышлений; he was deep in ~, he was lost in ~ он был погружён в (глубокие) размышления; **2.** (*idea*) мысль *f* (29c); at the ~ of his children... при мысли о (*with abl*) детях...; gloomy ~s мрачные, невесёлые мысли; the ~ of seeing her son soon made her happy мысль о том, что она скоро увидит своего сына, делала её счастливой; such a ~ never entered my mind такая мысль никогда не приходила мне в голову.

thousand ты́сяча *f* (25a, *instr sg* ты́сячью); a, one ~ (одна́) ты́сяча; two / three / four ~ две / три / четы́ре ты́сячи; five / ten ~ пять / де́сять ты́сяч; several / many ~ не́сколько / мно́го ты́сяч; more / less than a ~ бо́льше / ме́ньше ты́сячи; about a ~ о́коло ты́сячи; ~s of people / kilometres ты́сячи люде́й / киломе́тров; five ~ two hundred пять ты́сяч две́сти; in 1960 в ты́сяча девятьсо́т шестидеся́том году́.

thread *sb* ни́тка *f* (22d) [cotton хлопчатобума́жная, silk шёлковая, woollen шерстяна́я; thin то́нкая, thick то́лстая, strong про́чная]; spool of ~ кату́шка ни́ток; bind smth with ~ завяза́ть что-л. ни́тками; ‖ *fig* нить *f* (29c); I've lost the ~ of the argument / story я потеря́л(а) нить (*with gen*) спо́ра / расска́за.

threaten 1. грози́ть (191), *perf* погрози́ть (191) [1) *with dat* smb кому́-л.; 2) *with instr* with a stick па́лкой]; they ~ed to kill him / to punish him они́ грози́ли уби́ть его́ / наказа́ть его́; **2.** угрожа́ть (64), *no perf* (*with dat*); they ~ed him with death / torture / punishment они́ ему́ угрожа́ли (*with instr*) сме́ртью / пы́тками / наказа́нием; ‖ грози́ть, *no perf*; they didn't realize the danger that ~ed them они́ не зна́ли, кака́я опа́сность грози́ла (*with dat*) им.

three три (39b) (*with sb in gen sg*); ~ years / weeks / windows три го́да / неде́ли / окна́; after ~ months in the country... по́сле трёх ме́сяцев (,проведённых) в дере́вне...; *see* eight.

throat го́рло *n* (14c); I have something stuck in my ~ у меня́ что́-то застря́ло в го́рле; the words stuck in my ~ слова́ застря́ли у меня́ в го́рле; his ~ is sore, he has a sore ~ у него́ боли́т го́рло; diseases of the ~ боле́зни го́рла.

through *prep* **1.** (*from one end to the other*) *with acc*: he walked ~ the forest / village / room он прошёл **че́рез** весь лес / всю дере́вню / всю ко́мнату; the road runs ~ some beautiful country доро́га идёт че́рез краси́вую ме́стность; the train goes ~ Kiev по́езд идёт че́рез Ки́ев; he passed ~ many dangers / trials он прошёл че́рез мно́гие опа́сности / больши́е испыта́ния; ‖ (*by way of*): he came in ~ the door он вошёл **в** (*with acc*) дверь; he climbed in ~ the window он влез в окно́; you can see it ~ the telescope / glasses / window вы мо́жете уви́деть э́то в телеско́п / бино́кль / окно́; I could not see him ~ the smoke / mist я не мог его́ ви́деть **сквозь** (*with acc*) дым / тума́н; **2.** (*during*): he kept nodding all ~ the lesson / speech он клева́л но́сом **во вре́мя** (*with gen*) всего́ уро́ка / всей ре́чи; we talked about it all ~ dinner мы говори́ли об э́том **в тече́ние** (*with gen*) всего́ обе́да; all ~ the night в тече́ние всей но́чи; **3.** (*because of, on account of*): the accident came about ~ his negligence несча́стный слу́чай произошёл **из-за** (*with gen*) его́ небре́жности; they didn't meet ~ a mistake in the telegram они́ не встре́тились из-за оши́бки в телегра́мме; it happened ~ no fault of mine э́то случи́лось не **по** (*with dat*) моей вине́; ‖ (*by means of*): we learned about it ~ an advertisement мы узна́ли об э́том **по** (*with dat*) объявле́нию; you can do it ~ an agent вы мо́жете сде́лать э́то **че́рез** (*with acc*) аге́нта.

throughout *prep* (*in*): ~ the whole book **по** (*with dat*) всей кни́ге; he travelled ~ the whole of Europe он путеше́ствовал по всей Евро́пе; ~ the country по всей стране́; ~ the world **во** (*with abl*) всём ми́ре; ‖ (*all through*) *with gen*: ~ the night / the eighteenth century **в тече́ние** всей но́чи / всего́ восемна́дцатого ве́ка; ~ his life в тече́ние всей его́ жи́зни.

throw *v* **1.** броса́ть (64), *perf* бро́сить (149) [1) *with acc* ball мяч, stone ка́мень; light свет, shadow тень, look, glance взгляд; 2) far далеко́, near недалёко; hard с си́лой, with difficulty с трудо́м, quickly бы́стро; 3) at smb в кого́-л., smb, to smb кому́-л., at smth во что-л.; into the water в во́ду, into a box в я́щик, into the air в во́здух; on the chair на стул, on the ground на зе́млю, on the floor на́ пол, on the table на стол; under the bench под скаме́йку, under the table под стол; out of the window из окна́]; he threw the ball to me он бро́сил мне мяч; he threw the ball / stone at me он бро́сил в меня́ мячо́м / ка́мнем; he threw the bone to the dog он бро́сил соба́ке кость; she threw a glance at the picture она́ бро́сила взгляд на (*with acc*) карти́ну; the trees threw long shadows дере́вья броса́ли дли́нные те́ни; he threw the ball over the wall / fence он переброси́л мяч че́рез сте́ну / забо́р; ⊙ ~ **open** распа́хивать (65), *perf* распахну́ть (130) (*with acc*); he threw the door open он распахну́л дверь; all the windows were thrown open все о́кна бы́ли распа́хнуты; ~ **one's arms around smb** обнима́ть (64) (*with acc*) кого́-л., *perf* обня́ть (232) кого́-л.; ~ **one's arms round smb's neck** бро́ситься (149) (*with dat*) кому́-л. на ше́ю; she threw her arms round her father's neck она́ бро́силась отцу́ на ше́ю; **2.**: ~ oneself броса́ться (64), *perf* бро́ситься (149) [на *with acc* on the ground на зе́млю, on the bed на крова́ть, on the grass на траву́]; ~ **away** (*get rid of*) выбра́сывать (65), *perf* вы́бросить (150) [*with acc* trash му́сор, an old thing ста́рую вещь]; ~ **off** (*remove*) сбра́сывать (65) с себя́, *perf* сбро́сить (149) с себя́ (*with acc*); he threw off his burning clothes он сбро́сил с себя́ горя́щую оде́жду.

thunder *sb* гром *m*, *no pl* (1k) [1) deafening оглуши́тельный, rolling раска́тистый, distant отдалённый; 2) crashes греми́т, comes nearer приближа́ется, rolls off, moves off удаля́ется]; be afraid of ~ боя́ться гро́ма; ~ and lightning гром и мо́лнии; a ~ of applause гром аплодисме́нтов.

thunderstorm гроза́ *f* (19g) [1) heavy, severe си́льная, terrible ужа́сная, distant отдалённая; 2) threatens собира́ется, comes near приближа́ется, passes away ухо́дит, is over прошла́]; a ~ broke out разрази́лась гроза́; we are going to have a ~ бу́дет гроза́; take shelter from a ~ спря́таться от грозы́; be afraid of a ~ боя́ться грозы́; during the ~ во вре́мя грозы́; there was a ~ and we couldn't leave была́ гроза́ и мы не могли́ уйти́.

Thursday четве́рг *m* (4g); *see* Monday.

ticket биле́т *m* (1f) [1) expensive дорого́й, cheap дешёвый; railway железнодоро́жный, children's де́тский, season сезо́нный; 2) to, for the concert на конце́рт, to, for the theatre в теа́тр, to the cinema в кино́, to a football game на футбо́л; 3) costs one dollar сто́ит оди́н до́ллар; 4) buy, book покупа́ть, take брать, forget забы́ть, lose потеря́ть, offer предложи́ть, produce предъяви́ть, show показа́ть, take out вынима́ть]; bus / plane / tram / train ~ биле́т на авто́бус / самолёт / трамва́й / по́езд; return ~ обра́тный биле́т; single, one-way ~ биле́т в оди́н коне́ц; how much does a ~ to Leningrad cost? ско́лько сто́ит биле́т до Ленингра́да?; ~s are free биле́ты беспла́тные; we have taken two ~s for the ballet мы взя́ли два биле́та на бале́т.

tide *sb* (*rise of water*) прили́в *m* (1f) [strong, high си́льный, low небольшо́й]; the ~ comes in, rises вода́ прибыва́ет; high ~ вы́сшая то́чка прили́ва; ‖ (*fall of water*) отли́в *m* (1f); the ~ goes out, falls вода́ спада́ет; low ~ ни́зшая то́чка отли́ва; ‖ *pl* ~s прили́вы и отли́вы.

tie I *sb* **1.** (*necktie*) га́лстук (4c) [1) blue си́ний silk шёлковый, nice краси́вый; 2) put on наде́ть, take off снять, tie завяза́ть, wear носи́ть]; he was wearing a black ~ он был в чёрном га́лстуке; 2. *pl* ~s (*bond*) у́зы *no sg* (1f); ~s of friendship у́зы дру́жбы.

tie II *v* (*fasten in knot*) завя́зывать (65), *perf* завяза́ть (48) [1) *with acc* knot у́зел, scarf шарф, tie га́лстук; 2) thoroughly тща́тельно, tightly кре́пко, loosely свобо́дно]; || (*fasten together*) связывать (65), *perf* связа́ть (48) (*with acc*); she ~d the ends together она́ связа́ла о́ба конца́; he ~d his books / things together он связа́л свои́ кни́ги / ве́щи; ~ feet / hands (together) связа́ть но́ги / ру́ки; || *fig*: my hands are ~d у меня́ свя́заны ру́ки; || (*fasten to*) привя́зывать (65), *perf* привяза́ть (48) [1) *with acc* horse ло́шадь, dog соба́ку, boat ло́дку; 2) к *with dat* to a tree к де́реву, to a post, pole к столбу́; 3) *with instr* with a string бечёвкой, with a rope верёвкой]; ~ (up) one's shoes зашнурова́ть боти́нки, ту́фли; ~ **up** свя́зывать, *perf* связа́ть [в *with acc* into a bundle в у́зел].

tiger тигр *m* (1e).

tight I *a* **1.** (*too small*) те́сный (31b) [suit костю́м]; те́сные [shoes ту́фли, боти́нки]; he was wearing an old coat that was too ~ for him он был в ста́ром пальто́, кото́рое бы́ло ему́ сли́шком те́сно, мало́; **2.** (*firm, not loose*) туго́й (33a) [knot у́зел, collar воротничо́к]; туга́я [spring пружи́на]; ~ rope (ту́го) натя́нутая верёвка.

tight II *adv* **1.** (*not loosely*) ту́го [stretch, pull натяну́ть, tie завяза́ть, screw завинти́ть]; pack a sack ~ ту́го наби́ть мешо́к; tie it as ~ as possible завяжи́(те) э́то как мо́жно ту́же; **2.** (*firmly*) кре́пко [hold держа́ть, grip схвати́ть]; pull it ~er тяни́(те) сильне́е!

till I *prep* **1.** (*up to*) *with gen*: we shall stay here ~ Monday / five o'clock / the end of the month / summer мы оста́немся здесь до понеде́льника / пяти́ часо́в / конца́ ме́сяца / ле́та; ~ today / tomorrow до сего́дняшнего / за́втрашнего дня; ~ now до сих по́р; ~ then I knew nothing about it до тех по́р я ничего́ об э́том не зна́л(а); from three ~ five с трёх до пяти́; **2.** *in translating neg sentences, Russian verb is in affirm combined with* то́лько: he did not come ~ today он прие́хал то́лько сего́дня; he did not finish his work ~ five o'clock он ко́нчил рабо́ту то́лько к пяти́ часа́м.

till II *conj* (до тех по́р) пока́ (*Russian clause is often neg with verb in perf aspect*); wait ~ I come / have finished this work подождите, пока я (не) приду / (не) кончу работу; they waited ~ he had gone они ждали (до тех пор), пока он не ушёл; go straight on ~ you come to a large red building идите прямо, пока не дойдёте до большого красного здания.

time *sb* **1.** (*quantity of minutes, hours, etc.*) время *n* (15b) [1) free свободное, long долгое, продолжительное, short короткое, lost потерянное; 2) flies летит, passes проходит, drags on тянется, comes приходит; 3) have иметь, find найти, lose терять, spend тратить, waste тратить зря]; I'll find ~ for it на это я найду время; a long period of ~ длительный период времени; we have no ~ to lose нам нельзя терять времени; we were pressed for ~ у нас совсем не было времени; for a short ~ недолго, ненадолго; I have little / plenty of, much / enough ~ у меня мало / много / достаточно времени; all the ~ всё (это) время; it rained all the ~ всё (это) время шёл дождь; gain ~ выиграть время; it will take a lot of ~ это займёт много времени; he was busy most of the ~ он был занят большую часть времени; half (of) / part of the ~ половина / часть времени; we have no ~ left у нас не осталось времени; at that ~ в это время; at the same ~ в то же самое время; in no ~ мгновенно; for some ~ некоторое время; during this ~ в течение этого времени; I need more ~ мне нужно ещё время; ~ will show время покажет; in due ~ в своё время; it's a matter, question of ~ это вопрос времени; **2.** (*o'clock*) время *n*, *no pl* (15b) [convenient удобное, suitable подходящее]; you may come any ~ вы можете прийти в любое время; will that ~ suit you? подходит ли вам это время?; ask the ~ спросить, который час; what ~ is it?, what is the ~? сколько сейчас времени, который час?; can you tell me the right ~? не скажете ли мне точно, сколько сейчас времени?; it was almost ~ for dinner приближалось время обеда; **3.** *often pl* ~s (*epoch*) времена (15b) [ancient древние, hard тяжёлые, difficult трудные, happy счастливые]; in the good old ~s в добрые старые времена; Shakespeare's ~ времена Шекспира; peace / war ~ мирное / военное время; in those ~s в те времена; it was a ~ when... это было время, когда...; in my ~ в моё время; **4.** (*occasion*) раз *m* (1k) [first первый, every каждый, only единственный]; two / three / four ~s два / три / четыре раза; five / ten / many

/ several ~s пять / де́сять / мно́го / не́сколько раз; three ~s a week / a month три ра́за в неде́лю / в ме́сяц; another ~ в друго́й раз; last / next ~ в про́шлый / в сле́дующий раз; for the first / last ~ в пе́рвый / в после́дний раз; this ~ на э́тот раз; that ~ в тот раз; how many ~s? ско́лько раз?; at a ~ за оди́н раз; five ~s as big / fast в пять раз бо́льше / быстре́е; ◇ **once upon a ~** когда́-то; once upon a ~ there lived an old man... жил-бы́л когда́-то стари́к...; **for a long ~** 1) (*beginning far in past*) (уже́) давно́; I haven't seen him for a long ~ я его́ (уже́) давно́ не ви́дел(а); we have lived here for a long ~ мы живём здесь уже́ давно́; I've been waiting for you for a long ~ я вас уже́ давно́ жду; 2) (*for considerable period*) до́лго; for a long ~ I didn't understand how important it was я до́лго не понима́л(а), как э́то ва́жно; he was ill for a long ~ он до́лго боле́л; for a long ~ there was no change whatever in his condition в его́ состоя́нии до́лгое вре́мя не́ было никаки́х измене́ний; **have a good, nice ~** хорошо́ проводи́ть (152) вре́мя, *perf* хорошо́ провести́ (219) вре́мя; we had a very good ~ at the party мы о́чень хорошо́ провели́ вре́мя на ве́чере; **in ~** 1) (*not late*) во́время [begin нача́ть, come прийти́, find out узна́ть, stop останови́ться]; just in ~ как раз во́время; 2) (*sooner or later*) со вре́менем; you will understand it better in ~ со вре́менем вы э́то поймёте лу́чше; **at ~s** иногда́, времена́ми; at ~s the plan seemed hopeless иногда́ план каза́лся безнадёжным; **from ~ to ~** вре́мя от вре́мени; from ~ to ~ he got up and looked out of the window вре́мя от вре́мени он встава́л и смотре́л в окно́; **take (up) smb's ~** занима́ть (64) чьё-л. вре́мя; I shan't take up your ~ with unimportant details я не бу́ду занима́ть ва́ше вре́мя несуще́ственными дета́лями; **it is ~** пора́; it is ~ to return пора́ возвраща́ться; it is high ~ you knew your duties better вам уже́ давно́ пора́ лу́чше знать свои́ обя́занности; **~ and (~) again** ещё и ещё раз.

time-table расписа́ние *n* (18c); consult the ~ све́риться с расписа́нием; look it up in the ~! посмотри́те расписа́ние!

tip I *sb* (*end*) ко́нчик *m* (4c) [*with gen* of one's tongue языка́, of a finger па́льца, of one's nose но́са]; ⊙ **on the ~ of one's tongue:** his name was on the ~ of my tongue его́ и́мя верте́лось у меня́ на языке́.

tip II *sb* (*money*) чаевы́е *no sg* (31a).

tired *a* уста́лый (31b) [man челове́к, voice го́лос]; уста́лая [woman же́нщина, walk походка]; уста́лое [face лицо́, expression выраже́ние]; уста́лые [eyes глаза́]; feel / look ~ чу́вствовать себя́ / вы́глядеть уста́лым; she looked quite ~ она́ вы́глядела совсе́м уста́лой; he came home ~ он пришёл домо́й уста́лый; be ~ устава́ть (63), *perf* уста́ть (51); I am ~ я уста́л(а); I was very ~ yesterday я вчера́ о́чень уста́л(а); ◇ **be (sick and) ~** надое́сть (212); I am (sick and) ~ of it мне э́то надое́ло; I am ~ of your complaints ва́ши жа́лобы мне надое́ли.

to *prep* **1.** (*direction or movement towards*): go to the window / door / table / wall / fence / house идти́ **к** (*with dat*) окну́ / две́ри / столу́ / стене́ / забо́ру / до́му; go to the sea е́хать к мо́рю; the road leads / will take you to the lake / to the river доро́га ведёт / приведёт вас к о́зеру / к реке́; go / run to smb идти́, е́хать / бежа́ть к кому́-л.; he ran / turned to me он бежа́л / поверну́лся **ко** мне́; come to my place, house! приходи́(те) ко мне́!; on the way to the house по доро́ге к до́му; Kiev lies to the south of Moscow Ки́ев лежи́т, нахо́дится к ю́гу от Москвы́; come / go / send smb to the forest / cinema / theatre / church / museum / park / village / London / city, town прийти́ / идти́ / посла́ть кого́-л. **в** (*with acc*) лес / кино́ / теа́тр / це́рковь / музе́й / парк / дере́вню / Ло́ндон / го́род; the road leads / will take you to the village / mountains доро́га ведёт / приведёт вас в дере́вню / го́ры; invite smb to the theatre пригласи́ть кого́-л. в теа́тр; on the way to the museum по доро́ге в музе́й; go to school ходи́ть в шко́лу; go / come to the concert / lecture / meeting / lesson / work / station / post-office / factory идти́ / прийти́ **на** (*with acc*) конце́рт / ле́кцию / собра́ние / уро́к / рабо́ту / ста́нцию / по́чту / фа́брику, заво́д; go to the south / north е́хать на юг / се́вер; fall to the ground упа́сть на зе́млю; on the way to the station по доро́ге на вокза́л; invite smb to a party / dinner пригласи́ть кого́-л. на ве́чер / обе́д; get to the station / theatre / place / house добра́ться **до** (*with gen*) ста́нции / теа́тра / ме́ста / до́ма; go to the country е́хать **за́** город; **2.** *in combination with indirect object, noun translated in dat*: she said to them она́ им сказа́ла; he explained / wrote to us он нам объясни́л / написа́л; give / bring / sell / send / lend smth to smb дать / принести́ / прода́ть / посла́ть / одолжи́ть что-л.

кому́-л.; the idea belongs to him э́та иде́я принадлежи́т ему́; it's very important / necessary to me мне э́то о́чень ва́жно / ну́жно; I'm very grateful to you я вам о́чень благода́рен, благода́рна; don't open the door to anyone! никому́ не открыва́й(те) дверь!; **3.** (*as far as, denoting limit*) *with gen*: it is two kilometres from here to the camp отсю́да **до** ла́геря два киломе́тра; from (the) beginning to (the) end с нача́ла до конца́; from two to four students in a room от двух до четырёх студе́нтов в ка́ждой ко́мнате; fight to the last боро́ться до после́днего; to the last moment до после́днего моме́нта; from one o'clock to three с ча́су до трёх; it will last from ten to twenty minutes э́то продли́тся от десяти́ до двадцати́ мину́т; we got to the top / end мы добра́лись до верши́ны / конца́; to this, to the present day до э́того дня, до настоя́щего вре́мени; **4.** (*of time*) *with gen*: it is a quarter / twenty minutes to ten (сейча́с) **без** че́тверти / двадцати́ мину́т де́сять; **5.** (*denoting comparison, proportion, etc.*): one to three оди́н **к** (*with dat*) трём; it is ten chances to one де́сять ша́нсов **про́тив** (*with gen*) одного́; **6.** (*in combination denoting result, resultant state*): to my surprise / disappointment / sorrow **к** (*with dat*) моему́ удивле́нию / разочарова́нию / огорче́нию; to sentence to death приговори́ть к сме́рти; fall / break to pieces развали́ться / разби́ться **на** (*with acc*) куски́; **7.** *in various phrases*: it does not matter to me / him **для** (*with gen*) меня́ / него́ э́то не име́ет никако́го значе́ния; it happened to him two years ago э́то произошло́ **с** (*with instr*) ним два го́да тому́ наза́д; listen to me / to the speaker! (по)слу́шайте (*with acc*) меня́ / ора́тора!; drink to smb's health пить **за** (*with acc*) чьё-л. здоро́вье; compare to smth сра́внивать **с** (*with instr*) чем-л.; be kind / cruel / attentive to smb быть до́брым / жесто́ким / внима́тельным **(по отноше́нию) к** (*with dat*) кому́-л.; in answer to this question / your letter в отве́т **на** (*with acc*) э́тот вопро́с / ва́ше письмо́; what do you say to that? что вы на э́то ска́жете?; go to the right / left идти́ напра́во / нале́во; I prefer planes to travelling by train я предпочита́ю самолёт езде́ на по́езде; sit down to table сесть за стол.

today *adv* **1.** (*on this day*) сего́дня; I haven't seen him ~ я его́ сего́дня не ви́дел(а); ~ we shall go to the theatre сего́дня мы пойдём в теа́тр; what is the date ~? како́е сего́дня число́?; ~ is the 19th of June сего́дня девятна́дцатое ию́ня; what day is ~? како́й сего́дня день?; ~ is Friday сего́дня пя́тница; it's very cold ~ сего́дня о́чень хо́лодно; 2. (*at the present*) в настоя́щее вре́мя; ~ we can speak about travelling to the moon в настоя́щее вре́мя мы мо́жем говори́ть о путеше́ствии на луну́.

toe па́лец (*m* 10c) (ноги́).

together (*with each other*) вме́сте [walk идти́, work рабо́тать, be быть, live жить, do smth де́лать что-л., spend time проводи́ть вре́мя]; let's go ~! пойдём(те) вме́сте!; keep, hold ~ держа́ться вме́сте; bring people ~ собра́ть люде́й вме́сте; put smth ~ положи́ть что-л. вме́сте; all ~ все вме́сте; they came ~ они́ пришли́ вме́сте.

tomorrow *adv* за́втра; I shall come ~ я приду́ за́втра; you will know the results ~ результа́ты вы узна́ете за́втра; by ~ к за́втрашнему дню; for ~ на за́втра; ~ morning / evening / night за́втра у́тром / ве́чером / но́чью; ⊙ **the day after** ~ послеза́втра.

ton то́нна *f* (19c); two / three / four ~s две / три / четы́ре то́нны; five ~s пять тонн.

tone *sb* **1.** (*sound*) звук *m* (4c) [1) soft ти́хий, clear чи́стый, loud гро́мкий, high высо́кий, low ни́зкий; 2) *with gen* of a violin скри́пки, of the piano роя́ля, of the voice го́лоса]; **2.** (*of quality of sound*) тон *m* (1j); speak in a sharp / decisive ~ разгова́ривать ре́зким / реши́тельным то́ном; she spoke in an angry / serious ~ она́ говори́ла серди́то/серьёзно.

tongue **1.** (*in mouth*) язы́к *m* (4g) [swollen распу́хший, red кра́сный, coated бе́лый]; bite one's ~ прикуси́ть язы́к; the doctor looked at his ~ до́ктор посмотре́л его́ язы́к; stick out one's ~ вы́сунуть язы́к; ⊙ **hold one's** ~ держа́ть (47) язы́к за зуба́ми; **2.** (*language*) язы́к [native, mother родно́й]; *see* language.

tonight (*this evening*) сего́дня ве́чером; I shall be at home ~ сего́дня ве́чером я бу́ду до́ма; what is on ~? что сего́дня (ве́чером) идёт в теа́тре, в кино́?; ‖ (*at night*) сего́дня но́чью; he is going to work ~ он бу́дет рабо́тать сего́дня но́чью; he is leaving ~ он уезжа́ет сего́дня но́чью.

too I *adv* (*also*) то́же, та́кже; I shall be there ~ я то́же бу́ду там; I spoke to the others ~ с остальны́ми я то́же говори́л(а); you ~ вы то́же; ‖ (*in addition*) та́кже; she plays the piano and sings ~ она́ игра́ет на роя́ле, а та́кже поёт; he was tired and hungry ~ он уста́л, а та́кже был го́лоден.

too II *adv* (*excessively*) сли́шком; it is ~ early /

late слишком ра́но / по́здно; this hat is ~ large for me э́та шля́па мне сли́шком велика́; ~ much, many / little, few сли́шком мно́го / ма́ло; go ~ far зайти́ сли́шком далеко́.

tool *sb* инструме́нт *m* (1f); carpenter's ~s пло́тнические инструме́нты; ‖ *fig* ору́дие *n* (18c); he was a ~ in their hands он был ору́дием в их рука́х.

tooth зуб *m* (1j); I must have a ~ pulled (out) / filled мне ну́жно удали́ть / запломбирова́ть зуб; break / lose a ~ слома́ть / потеря́ть зуб; one of my ~ is loose у меня́ шата́ется зуб; *also see* teeth.

toothache зубна́я боль *f* (29c); I have a bad ~ у меня́ си́льно, о́чень боля́т зу́бы.

top *sb* верши́на *f* (19c) [1) distant далёкая, very са́мая, snow-covered покры́тая снéгом; 2) *with gen* of a mountain горы́; of a tree де́рева]; we reached the ~ at noon в по́лдень мы дости́гли верши́ны; he was standing at the ~ of the hill он стоя́л на верши́не холма́; ‖ (*upper part*) ве́рхняя часть *f* (29b) [*with gen* of a house до́ма; of a map ка́рты]; ‖ (*concerning upper part of objects*) верх *m* (*sg* 4c, *pl* 4f) [*with gen* of the box я́щика, of the stairs ле́стницы]; at the ~ of the page в нача́ле страни́цы; the ~ shelf / branch ве́рхняя по́лка / ве́тка; the ~ floor ве́рхний эта́ж; ⊙ **from ~ to bottom** све́рху до́низу.

torture I *sb* пы́тка *f* (22d) [terrible ужа́сная, cruel жесто́кая]; the conversation was ~ to her э́тот разгово́р был для неё пы́ткой; every day brought her new ~ ка́ждый день приноси́л ей но́вые муче́ния.

torture II *v* (*cause pain*) му́чить (174) (*with acc*); they were ~d by the heat они́ му́чились от жары́; he was ~d by doubts его́ му́чили сомне́ния.

touch *v* **1.** (*be in contact*) каса́ться (64), *perf* косну́ться (130) (*with gen*); the branches of the tree ~ed the water / the wall ве́тви де́рева каса́лись воды́ / стены́; **2.** (*place hand, foot on*) дотра́гиваться (65), *perf* дотро́нуться (126) [1) до *with gen* thing до ве́щи; 2) *with instr* with one's hand руко́й, with a stick па́лкой, with one's foot ного́й]; he ~ed me on the shoulder / arm он дотро́нулся до моего́ плеча́ / моей́ руки́; please don't ~ anything! пожа́луйста ничего́ не тро́гайте!; **3.** (*affect the feelings*) растро́гать (65) (*with acc*); her story ~ed us deeply / greatly её расска́з нас глубоко́/си́льно растро́гал; **4.** (*speak, refer to*) затра́гивать (65), *perf* затро́нуть (126) [*with acc* on, upon a subject те́му, upon a matter вопро́с]; he ~ed on a number of questions он затро́нул ряд вопро́сов.

tourist тури́ст *m* (1e); a group of foreign ~s гру́ппа иностра́нных тури́стов; he went there as a ~ он поéхал туда́ в ка́честве тури́ста, как тури́ст.

toward(s) *prep* **1.** (*in the direction of*) *with dat*: walk / run ~ the shore / river / village / sea идти́ / бежа́ть **(по направле́нию) к** бе́регу / реке́ / дере́вне / мо́рю; a step ~ reconciliation шаг к примире́нию; **2.** (*just before*) *with dat*: ~ morning / evening / end of the month **к** утру́ / ве́черу / концу́ ме́сяца; ~ six o'clock к шести́ часа́м; **3.** (*with regard to*) *with dat*: he was very kind / attentive ~ her / me он был **к** ней / **ко** мне́ о́чень добр / внима́телен.

towel *sb* полоте́нце *n* (16a) [dry сухо́е, clean чи́стое]; dry, wipe one's hands / face on a ~ вы́тереть ру́ки / лицо́ полоте́нцем.

tower *sb* ба́шня *f* (20f) [ancient стари́нная, high высо́кая, ruined развали́вшаяся]; ~s of a castle / the Kremlin ба́шни за́мка / Кремля́.

town го́род *m* (1*l*) [1) big, large большо́й, small, little ма́ленький, небольшо́й, quiet ти́хий, well-known изве́стный, industrial промы́шленный, important ва́жный; 2) build стро́ить, destroy разруша́ть]; live in (a) ~ жить в го́роде; leave (a) ~ уезжа́ть из го́рода; attack a ~ напада́ть на го́род; live in the ~ of N. жить в го́роде Н.; the people, inhabitants of the ~ населе́ние го́рода; how far is it to the nearest ~? как далеко́ до ближа́йшего го́рода?; go down ~ е́хать в го́род; he's not in ~ now его́ сейча́с нет в го́роде.

toy *sb* игру́шка *f* (22f) [children's де́тская, expensive дорога́я, cheap дешёвая]; buy ~s покупа́ть игру́шки; play with ~s игра́ть в игру́шки; a ~ house / plane игру́шечный дом / самолёт; ~ railway игру́шечная желе́зная доро́га.

trace *sb* (*marks, signs*) след *m* (1k) [1) clear заме́тный; 2) remains остаётся; 3) leave оставля́ть, discover обнару́жить]; they disappeared without leaving a ~ они́ исче́зли, не оста́вив и следа́; there was not the slightest ~ of fear / anxiety in her face на её лице́ не́ было ни мале́йшего следа́ стра́ха / волне́ния.

track *sb* **1.** (*marks*) след *m* (1k) [1) distinct отчётливый, я́сный; 2) *with gen* of an animal живо́тного, of a car маши́ны; 3) leave оставля́ть; 4) in the snow на снегу́, in the sand на песке́]; it was easy to follow the **animal's** ~ бы́ло легко́ идти́ по следу живо́тного; 2. (*road*, *path*) тропа́ *f* (19g, *dat pl* тропа́м) [1) narrow у́зкая, hardly visible незаме́тная; 2) through the field че́рез по́ле, through the forest через ле́с]; along a beaten ~ по прото́птанной тропе́.

tractor тра́ктор *m* (1f) [big мо́щный, heavy тяжёлый]; drive a ~ рабо́тать на тра́кторе.

trade *sb* **1.** (*commerce*) торго́вля *f* (20e) [extensive больша́я, lively оживлённая]; keep up, maintain / restrict / develop ~ подде́рживать / ограни́чивать / развива́ть торго́влю; foreign ~ вне́шняя торго́вля; ~ with many countries торго́вля со мно́гими стра́нами; ~ agreement торго́вое соглаше́ние; **2.** (*profession*) профе́ссия *f* (23c); by ~ по профе́ссии; what's your ~? кто вы по профе́ссии?; several ~s are taught in the school в э́той шко́ле обуча́ют не́скольким профе́ссиям; ⊙ ~ **union** профессиона́льный сою́з *m* (1f), *usu* профсою́з *m* (1f); *see* union.

tradition тради́ция *f* (23c) [old ста́рая, ancient дре́вняя]; keep up the ~ подде́рживать тради́цию; it has become a ~ э́то ста́ло тради́цией.

traffic (у́личное) движе́ние *n* (18c) [control регули́ровать, stop останови́ть, hold up задержа́ть]; there is a great deal of, much ~ in this street на э́той у́лице большо́е движе́ние.

train *sb* (*railway*) по́езд *m* (1*l*) [1) fast ско́рый, special специа́льный, freight това́рный, passenger пассажи́рский; 2) is approaching Moscow / the station приближа́ется к Москве́ / к ста́нции, leaves Moscow at five o'clock отхо́дит из Москвы́ в пять часо́в, comes to N. прибыва́ет в Н., stops at the following stations остана́вливается на сле́дующих ста́нциях, is late опа́здывает]; direct ~ по́езд прямо́го сообще́ния; take a ~, go by ~ е́хать на по́езде; get on the ~ сесть в по́езд; get off the ~ сойти́ с по́езда; catch the five-o'clock ~ попа́сть на пятичасово́й по́езд; come by the morning / eleven-o'clock ~ прие́хать у́тренним / одиннадцатичасовы́м по́ездом; miss the ~ опозда́ть на по́езд; when does the ~ start? когда́ отхо́дит по́езд?; ⊙ **electric** ~ электри́чка *f* (22f).

training подгото́вка *f* (22d) [sound, good хоро́шая, special специа́льная]; receive ~ получи́ть подгото́вку; be in ~ проходи́ть подгото́вку; a short period of ~ краткосро́чная подгото́вка; ‖ (*of sports*) трениро́вка *f* (22d).

traitor преда́тель *m* (3a); he turned out to be a ~ он

оказа́лся преда́телем; unmask / punish a ~ разоблачи́ть / наказа́ть преда́теля.

tram трамва́й *m* (13c) [1) empty пусто́й, full по́лный, (over)crowded перепо́лненный; 2) goes to идёт в, starts тро́гается]; wait for a ~ ждать трамва́я; catch the last ~ попа́сть на после́дний трамва́й; get on the ~ сесть в трамва́й; get off the ~ сойти́ с трамва́я; go by ~ е́хать трамва́ем.

translate переводи́ть (152), *perf* перевести́ (219) [1) *with acc* newspaper article газе́тную статью́, novel рома́н, book кни́гу, play пье́су, word сло́во, sentence предложе́ние, poem стихотворе́ние; 2) with difficulty с трудо́м, without any difficulty без труда́; well хорошо́, word for word досло́вно, exactly то́чно; 3) from English into Russian с англи́йского (языка́) на ру́сский, from a foreign language into one's own с иностра́нного языка́ на родно́й]; ~ with the assistance, help of a dictionary переводи́ть с по́мощью словаря́; I can't ~ this sentence я не могу́ перевести́ э́то предложе́ние.

travel *v* (*journey*) путеше́ствовать (245) [1) abroad за грани́цей, everywhere повсю́ду, in England по А́нглии, in many countries по мно́гим стра́нам, all over Europe по всей Евро́пе, in the mountains в гора́х; 2) by sea мо́рем, by air по во́здуху, on foot пешко́м, by car на маши́не; 3) for two months два ме́сяца, for many years в тече́ние мно́гих лет, for a long time до́лго]; they ~ every year они́ путеше́ствуют ка́ждый год; he has ~led in many foreign countries он побыва́л во мно́гих стра́нах; I'm fond of ~ling я о́чень люблю́ путеше́ствовать.

traveller путеше́ственник *m* (4a); he was a great ~ он о́чень люби́л путеше́ствовать.

treasure сокро́вище *n* (17a) [great большо́е, immense огро́мное]; art ~s сокро́вища иску́сства; ⊙ **buried** ~ клад *m* (1f); look for / find buried ~ иска́ть / найти́ клад.

treat *v* **1.** (*behave towards smb*) обраща́ться (64), *no perf* [1) с *with instr* the friends с друзья́ми, the visitors с посети́телями; 2) well хорошо́, badly пло́хо, cruelly жесто́ко]; they ~ed the children very well они́ о́чень хорошо́ обраща́лись с детьми́; he was ~ed very well с ним хорошо́ обраща́лись; **2.** (*give medical aid*) лечи́ть (173), *no perf* [1) *with acc* patient больно́го; wound ра́ну, disease боле́знь; 2) от *with gen* for tuberculosis от туберкулёза, for rheumatism от ревмати́зма, for cancer от ра́ка; 3) *with instr* with various drugs разли́чными ка́плями, with penicillin пеницилли́ном, with X-rays рентге́новыми луча́ми]; what doctor is ~ing you? како́й до́ктор, кто вас ле́чит?, у кого́ вы ле́читесь?

treatment 1. (*attitude*) обраще́ние *n* (18c) [rough гру́бое, kind хоро́шее]; we couldn't complain of the ~ мы не могли́ жа́ловаться на обраще́ние; he suffered from the bad ~ он страда́л от плохо́го обраще́ния; 2. (*medical aid*) лече́ние *n* (18c) [1) new но́вое, effective эффекти́вное, long дли́тельное; 2) apply применя́ть, try про́бовать]; a new ~ for pneumonia но́вое лече́ние (*with gen*) воспале́ния лёгких; undergo ~ проходи́ть курс лече́ния.

treaty догово́р *m* (1f) [sign подписа́ть, make, conclude заключи́ть, ratify ратифици́ровать]; terms of the ~ усло́вия догово́ра; peace / trade ~ ми́рный / торго́вый догово́р; according to the ~ согла́сно догово́ру.

tree де́рево *n* (*sg* 14d, *pl* 14g) [1) tall высо́кое, low ни́зкое, dead засо́хшее, spreading ветви́стое; 2) grows растёт, falls па́дает, lies лежи́т, sways кача́ется, dies засыха́ет; 3) climb влезть на, cut down сруби́ть, destroy уничто́жить, plant посади́ть, shake трясти́]; in, on the ~ на де́реве; in the branches of the ~ на ветвя́х де́рева; among the ~s среди́ дере́вьев; he climbed down from the ~, out of the ~ он слез с де́рева; the top of a ~ верши́на де́рева; sit / lie / rest under a ~ сиде́ть / лежа́ть / отдыха́ть под де́ревом.

tremble *v* дрожа́ть (46); her hands / lips ~d у неё дрожа́ли ру́ки / гу́бы; she was trembling with fear / cold / nervousness / eagerness она́ дрожа́ла от (*with gen*) стра́ха / хо́лода / волне́ния / нетерпе́ния; her voice was trembling with anger её го́лос дрожа́л от гне́ва; at the sight of the man / at the sound of his voice she began to ~ при (*with abl*) ви́де э́того челове́ка / при зву́ке его́ го́лоса она́ задрожа́ла.

tremendous огро́мный (31b) [plane самолёт, factory заво́д]; огро́мная [crowd толпа́, wave волна́, difference ра́зница]; огро́мное [sea мо́ре, population населе́ние, quantity коли́чество]; огро́мные [difficulties тру́дности, obstacles препя́тствия, sums of money су́ммы де́нег]; these changes are of ~ significance э́ти измене́ния име́ют огро́мное значе́ние; the difference was ~ ра́зница была́ огро́мной.

trial (*in court of law*) суд *m* (1c); bring smb to ~,

put smb on ~ привлека́ть кого́-л. к суду́; he was on ~ for theft его́ суди́ли за (*with acc*) кра́жу.

trick *sb* **1.** (*mischievous action*) проде́лка *f* (22d) [amusing заба́вная, foolish глу́пая, harmless безоби́дная]; children are always up to all kinds of ~s де́ти всегда́ гото́вы на ра́зные проде́лки; ⊙ **play a ~ on smb** сыгра́ть (64) с (*with instr*) кем-л. шу́тку; *see* play **II**; **2.** (*cunning action*) хи́трость *f* (29c); he won the fight by a clever ~ он вы́играл борьбу́ благодаря́ хи́трости.

trip *sb* **1.** (*short journey*) пое́здка *f* (22d) [1) long дли́тельная, short непродолжи́тельная, interesting интере́сная, dangerous опа́сная, pleasant прия́тная; 2) to the seaside к бе́регу мо́ря, to London в Ло́ндон, abroad за грани́цу, to the South на юг]; arrange / take, make a ~ устра́ивать /предпринима́ть пое́здку; come back from a ~ верну́ться из пое́здки; prepare for the ~ гото́виться к пое́здке; ~ (a)round the world путеше́ствие вокру́г све́та; ⊙ **business ~** командиро́вка *f* (22d); go on a business ~ (у)е́хать в командиро́вку; he is on a business ~ now сейча́с он нахо́дится в командиро́вке; **2.** (*excursion*) экску́рсия *f* (23c); go on a ~ to London пое́хать на экску́рсию в Ло́ндон.

troop *sb* **1.** (*unit*) отря́д *m* (1f); **2.** *pl* ~s войска́(14d) [1) armoured бронета́нковые; 2) send посла́ть]; enemy ~s вра́жеские войска́; pass ~s in review производи́ть смотр войска́м.

trouble I *sb* **1.** (*worry*) беспоко́йство *n* (14c); give, make ~ причиня́ть беспоко́йство; his son is a great ~ to him его́ сын причиня́ет ему́ мно́го беспоко́йства; **2.** (*distress*) беда́ *f* (19g); be in ~ быть в беде́; { неприя́тности *pl* (29c); I am in great ~ у меня́ больши́е неприя́тности; cause smb ~ доста́вить кому́-л. неприя́тности; get smb into ~ навле́чь на кого́-л. неприя́тности; ask, look for ~ напра́шиваться на неприя́тности; ⊙ **get into ~** попа́сть (55) в беду́; име́ть (98) неприя́тности; **3.** (*pains, effort*) хло́поты *no sg* (19c); it will be no ~ э́то не доста́вит (никаки́х) хлопо́т; did it give you much ~? э́то доста́вило вам мно́го хлопо́т?; it gave him a lot of / a world of ~ э́то доста́вило ему́ мно́го / ма́ссу хлопо́т; I don't want to be a ~ to you я не хочу́ доставля́ть вам хлопо́т; thank you for all the ~ you've taken благодарю́ вас за все ва́ши хло́поты; I'm sorry to put you to so much ~ мне жаль, что я вам доставля́ю сто́лько хлопо́т; I hope you won't have any ~ with the child наде́юсь, что ребёнок не доста́вит вам никаки́х хлопо́т; will it be much ~ to you to do this? вас не о́чень затрудни́т сде́лать э́то?; ⊙ take (the) ~ потруди́ться (152); he didn't even take the ~ to read my letter он да́же не потруди́лся проче́сть моё письмо́; 4. (*ill health*): he has heart / liver / stomach ~ у него́ больно́е се́рдце / больна́я пе́чень / больно́й желу́док.

trouble II *v* **1.** (*disturb, make anxious*) беспоко́ить (151), *no perf* (*with acc*); what is troubling you? что вас беспоко́ит?; he was ~d about his son's behaviour его́ беспоко́ило поведе́ние сы́на; don't ~ him now! не беспоко́й(те) его́ сейча́с!; **2.** (*in polite requests*): may I ~ you to post this letter / to shut the window? не могу́ ли я попроси́ть вас опусти́ть э́то письмо́ / закры́ть окно́?; may I ~ you for a match / the salt? не могу́ ли я попроси́ть у вас спи́чку / соль?; **3.** (*bother, feel anxious*) беспоко́иться (151), *no perf*; don't ~, I'll do it myself не беспоко́йтесь, я э́то сде́лаю сам(а́); don't ~ to look for it now не беспоко́йтесь, не ищи́те сейча́с.

trousers *pl* брю́ки *no sg* (4c, *gen* брюк) [1) old ста́рые, worn out поно́шенные, long дли́нные, short коро́ткие, narrow у́зкие, fashionable мо́дные, pressed разгла́женные, wrinkled мя́тые; dark тёмные, light све́тлые; 2) hang вися́т, cost ten roubles сто́ят де́сять рубле́й; 3) to buy покупа́ть, to try on приме́рять, to brush чи́стить, to press гла́дить, to put on надева́ть, to take off снима́ть, to wear носи́ть, to tear разорва́ть]; change one's ~ переоде́ть брю́ки; these ~ are too small / wide for him э́ти брю́ки ему́ сли́шком малы́ / широки́.

truck *sb* (*lorry*) грузови́к *m* (4g) [load нагружа́ть, unload разгружа́ть]; drive a ~ вести́ грузови́к; ride in a ~ е́хать на грузовике́.

true 1. (*faithful, loyal*) настоя́щий (35), ве́рный (31b) [friend друг, comrade това́рищ]; настоя́щая [friendship дру́жба, love любо́вь]; he was always ~ to her / to his friends он был всегда́ ве́рен (*with dat*) ей / свои́м друзья́м; **2.** (*correct*) пра́вильный (31b); is that ~? э́то пра́вда?; it is not ~ э́то непра́вда, э́то не так; it is strange but ~ хотя́ э́то и стра́нно, но э́то так; is it ~ that he has left London? пра́вда, что он уе́хал из Ло́ндона?; a ~ story и́стинное происше́ствие; the picture / book / film is ~ to life карти́на / кни́га / фильм правди́во отража́ет жизнь; ⊙ **come** ~ сбыва́ться (64), *perf* сбы́ться (210); *see* come.

trunk I *sb* ствол *m* (1c) [thick то́лстый, hollow по́лый]; ~ of a tree ствол де́рева.

trunk II *sb* (*big suit-case*) большо́й чемода́н (1f); pack a ~ упако́вывать чемода́н; put things into a ~ укла́дывать ве́щи в чемода́н; *see* bag.

trust *v* **1.** (*believe, have confidence in*) ве́рить (157), *perf* пове́рить (157) (*with dat*); he says he will come early but I don't ~ him он говори́т, что придёт ра́но, но я ему́ не ве́рю; I ~ him more than I ~ his brother ему́ я ве́рю бо́льше, чем его́ бра́ту; I don't ~ his story я не ве́рю его́ исто́рии; **2.** (*entrust*) доверя́ть (223), *perf* дове́рить (157) [1) *with dat* smb, to smb кому́-л.; 2) *with acc* (with) money де́ньги, work рабо́ту, secret секре́т]; I would never ~ him with my money я бы никогда́ не дове́рил(а) ему́ свои́х де́нег; he's not a man to be ~ed он не тот челове́к, кото́рому мо́жно ве́рить.

truth пра́вда *f* (19c) [bitter го́рькая]; tell / find out, learn / conceal / know the ~ сказа́ть / узна́ть / скрыть / знать пра́вду; he always speaks, tells the ~ он всегда́ говори́т пра́вду; I've told you the whole ~ я вам сказа́л(а) всю пра́вду; there is much ~ in what he says в том, что он говори́т, мно́го пра́вильного; there may be some ~ in that мо́жет быть в э́том и есть до́ля пра́вды; ⊙ **to tell (you) the ~** по пра́вде говоря́; to tell (you) the ~, I don't really know по пра́вде говоря́, я действи́тельно не зна́ю.

try *v* **1.** (*make attempt*) пыта́ться (64), *perf* попыта́ться (64); he didn't even ~ to do it он и не пыта́лся сде́лать э́то; he tried but didn't succeed он пыта́лся, но безрезульта́тно; it's no good, no use ~ing пыта́ться бесполе́зно; I shall ~ again я попыта́юсь, попро́бую ещё раз; the man tried to stand up, but he fell again челове́к попыта́лся встать, но сно́ва упа́л; ‖ (*endeavour*) стара́ться (64), *perf* постара́ться (64) [hard о́чень]; I shall ~ to help you я постара́юсь вам помо́чь; ~ not to forget! постара́йтесь не забы́ть!; ~ and come! постара́йтесь прийти́!; ~ your best! постара́йтесь сде́лать всё возмо́жное!; he promised to ~ to get everything we needed он обеща́л постара́ться доста́ть всё, что нам бы́ло ну́жно; **2.** (*test*) испы́тывать (65), *perf* испыта́ть (64) [*with acc* one's strength свою́ си́лу]; ~ the door! попро́буйте дверь, закры́та ли она́?; **3.** (*taste*) про́бовать (244), *perf* попро́бовать (244) [*with acc* cake пиро́г, medicine лека́рство]; ~ my pen! попро́буйте мою́ ру́чку!; **~ on**

примеря́ть (223), *perf* приме́рить (178) [*with acc* dress пла́тье, coat пальто́, suit костю́м, shoes ту́фли].

Tuesday вто́рник *m* (4c); *see* Monday.

tune *sb* (*melody*) моти́в *m* (1f) [gay весёлый, lively прия́тный, popular популя́рный]; ~ of a song моти́в пе́сни; sing / whistle / play the ~ петь / насви́стывать / наи́грывать моти́в.

turn I *sb* **1.** (*rotation*) оборо́т *m* (1f) [*with gen* of a wheel колеса́, of a handle ру́чки]; the wheel made a full ~ колесо́ сде́лало по́лный оборо́т; ⦃ *fig*: matters took an unexpected ~ дела́ при́няли неожи́данный оборо́т; **2.** (*bend, change of direction*) поворо́т *m* (1f); ~ to the right / left поворо́т напра́во / нале́во; the road made a sudden ~ доро́га неожи́данно де́лала поворо́т; we came to a ~ in the road / river / path мы подошли́ к тому́ ме́сту, где доро́га / река́ / тропи́нка свора́чивала; **3.** (*change*) переме́на *f* (19c); hope for a favourable ~ наде́яться на переме́ну к лу́чшему; take a ~ for the better / worse измени́ться к лу́чшему / к ху́дшему; **4.** (*one's place, time*) о́чередь *f* (29b); it is your ~ now тепе́рь ва́ша о́чередь; wait for your ~! подожди́те свое́й о́череди!; by ~s, in ~ по о́череди; out of ~ вне о́череди; whose ~ is next? чья о́чередь сле́дующая?; is it my ~ now? тепе́рь моя́ о́чередь?

turn II *v* I **1.** (*change direction*) повора́чивать (65), *perf* поверну́ть (130) [to the right напра́во, to the left нале́во, back наза́д, (round) the corner за́ угол, to the bank к бе́регу, to the house к до́му]; the car / the horse ~ed into a narrow street маши́на / ло́шадь сверну́ла в у́зкую у́лицу; the road / street ~s to the left near the park о́коло па́рка доро́га / у́лица свора́чивает нале́во; ⦃ повёртывать (65), *perf* поверну́ть [1) *with acc* one's face лицо́, one's head го́лову; the boat ло́дку, the car маши́ну, the handle ру́чку, the key ключ; 2) quickly бы́стро, slowly ме́дленно, with difficulty с трудо́м, easily легко́, suddenly неожи́данно]; ~ one's back to smb поверну́ться к (*with dat*) кому́-л. спино́й; ~ the page / leaf переверну́ть страни́цу / лист; **2.** (*face in other direction*) поверну́ться (130); he ~ed to her / to me / to the window он поверну́лся к (*with dat*) ней / ко мне́ / к окну́; he ~ed and left the room он поверну́лся и вы́шел из ко́мнаты; **3.** (*move, rotate*) враща́ться (64), *no perf*; the wheels were ~ing swiftly колёса бы́стро враща́лись; the wheels stopped ~ing колёса переста́ли враща́ться; the earth ~s round the sun земля́ враща́ется вокру́г со́лнца; II *as link-verb* (*become*) станови́ться (156), *perf* стать (51); the weather is ~ing much colder пого́да стано́вится намно́го холодне́е; ‖ *with some adjectives conveyed by verb in perf aspect formed from adj*: ~ pale побледне́ть (98); ~ red покрасне́ть (98); ~ gray поседе́ть (98); ~ **(a)round** поверну́ться; ~ around, so I can see your face! поверни́тесь (так), что́бы я мог (-ла́) ви́деть ва́ше лицо́!; ‖ оберну́ться (130); when he heard the noise he ~ed around он оберну́лся, когда́ услы́шал шум; ~ **away** отверну́ться (130); he ~ed away without saying a word он отверну́лся, не сказа́в ни сло́ва; he ~ed away in disgust он с отвраще́нием отверну́лся; ~ **into** превраща́ться (64), *perf* преврати́ться (161) в(о) (*with acc*); the water ~ed into ice вода́ преврати́лась в лёд; ~ **off** 1) (*switch off*) выключа́ть (64), *perf* вы́ключить (172) [*with acc* gas газ, light свет, machine маши́ну, radio ра́дио, water во́ду, lamp ла́мпу, TV телеви́зор]; 2) (*branch off*) свора́чивать (65), *perf* сверну́ть (130); where does the road ~ off to N.? где доро́га свора́чивает к Н.?; this is where we ~ off здесь мы свернём; ~ **on** (*switch on*) включа́ть (64), *perf* включи́ть (171) [*with acc* gas газ, light свет, machine маши́ну, radio ра́дио, water во́ду, lamp ла́мпу, TV телеви́зор]; ~ **out** (*prove to be*) оказа́ться (48); he ~ed out to be an actor он оказа́лся (*with instr*) арти́стом; as it ~ed out... как оказа́лось...; the day ~ed out to be fine день вы́дался я́сный; ~ **over** 1) (*roll over*) перевора́чивать (65), *perf* переверну́ть(130)[*with acc* box я́щик, everything всё]; she ~ed the book over and looked at the price она́ переверну́ла кни́гу и посмотре́ла на це́ну; 2) перевора́чиваться (65), *perf* переверну́ться (130); the boat ~ed over ло́дка переверну́лась; 3) (*think about*) обду́мывать (65) (*with acc*); he ~ed the suggestion over and over in his mind он вновь и вновь обду́мывал предложе́ние; ~ **to** (*apply to*) обраща́ться (64), *perf* обрати́ться (161) к (*with dat*); we ~ed to him for help / money / advice / support мы обрати́лись к нему́ за (*with instr*) по́мощью / деньга́ми / сове́том / подде́ржкой; ~ **up** (*appear*) появля́ться (223), *perf* появи́ться (169); he suddenly ~ed up when the party was almost over он неожи́данно появи́лся, когда́ ве́чер почти́ уже́ ко́нчился; he hasn't ~ed up yet он ещё не появля́лся.

T.V. телеви́зор *m* (1f); *see* television-set.

twelve двена́дцать (39c); *see* eight.

twenty два́дцать (39c); ~-one days два́дцать оди́н день (*with sb in sg*); ~-two /-three /-four trees два́дцать два / три / четы́ре де́рева; ~-five /-nine pupils два́дцать пять / де́вять ученико́в; she was about ~ ей бы́ло о́коло двадцати́ лет; *also see* eight, thirty.

twice (*two times*) два́жды; do / repeat / write smth ~ сде́лать / повтори́ть / написа́ть что-л. два́жды; ~ a week / month два ра́за в (*with acc*) неде́лю / в ме́сяц; I was there ~ я был(а́) там два ра́за; once or ~ два—три ра́за; ‖ (*in comparison*) вдво́е; ~ as good / long / high / big, large вдво́е лу́чше / длинне́е / вы́ше / бо́льше; I need ~ as many, much мне ну́жно вдво́е бо́льше.

twilight су́мерки *no sg* (22d) [short коро́ткие]; ~ fell наступи́ли су́мерки; at ~, in the ~ в су́мерки.

two два (39b) (*with masculine and neuter sb in gen sg*); ~ hours / times / letters два часа́ / ра́за / письма́; ‖ две (*with feminine sb in gen sg*); ~ books / weeks / girls две кни́ги / неде́ли / де́вочки; into ~ equal parts на две ра́вные ча́сти; in ~ copies в двух экземпля́рах; with ~ companions с двумя́ това́рищами; for ~ reasons по двум причи́нам; *also see* eight.

type I *sb* тип *m* (1f); a person of that ~ челове́к тако́го ти́па.

type II *v* печа́тать (65) на маши́нке, *perf* напеча́тать (65) на маши́нке [*with acc* letter письмо́, page страни́цу, a few lines не́сколько стро́чек].

typical типи́чный (31b) [representative представи́тель, example приме́р, character персона́ж]; that is ~ of him э́то для (*with gen*) него́ типи́чно.

U

ugly (*not beautiful*) некраси́вый (31b) [house дом, colour цвет, child ребёнок, man челове́к]; некраси́вая [picture карти́на, room ко́мната, thing вещь, shape фо́рма]; некраси́вое [building зда́ние, clothes пла́тье, face лицо́, place ме́сто, animal живо́тное]; she looks ~ in that dress она́ вы́глядит некраси́вой в э́том пла́тье; she had grown old and ~ она́ ста́ла ста́рой и некраси́вой; how ~ he is! како́й он некраси́вый!

umbrella зóнтик *m* (4c) [1) man's мужскóй, woman's жéнский; 2) forget забы́ть, leave остáвить, open откры́ть, close закры́ть, take взять]; I don't like to walk about with an ~ я не люблю́ ходи́ть с зóнтиком.

unable: be ~ не мочь, быть не в состоя́нии; he was ~ to stand / to walk он не мог стоя́ть / ходи́ть; *see* able.

uncle дя́дя *m* (28a); I have two ~s у меня́ два дя́ди; we were at my ~'s мы бы́ли у моегó дя́ди.

under *prep* **1.** (*below, denoting position*) *with instr*: ~ the table / tree / house / water **под** столóм / дéревом / дóмом / водóй; **2.** (*below, denoting direction*) *with acc*: put smth ~ the table / tree / book положи́ть что-л. **под** стол / дéрево / кни́гу; the glove fell ~ the chair перчáтка упáла под стул; **3.** (*less than*) *with gen*: ~ 100 degrees **ни́же** ста грáдусов; ~ 100 dollars / kilograms / kilometres мéньше ста дóлларов / килогрáммов / киломéтров; you can't buy such a coat ~ 100 roubles такóе пальтó нельзя́ купи́ть мéньше чем зá сто рублéй; the child is ~ seven ребёнку ещё нет семи́ лет; ⊙ ~ age несовершеннолéтний (32); **4.** (*indicating some condition*): ~ pressure / guard / threat / cover **под** (*with instr*) давлéнием / стрáжей / угрóзой / прикры́тием; ~ one's breath шёпотом; I was ~ the impression that you didn't want to go мне **покá**зáлось, что вам не хóчется идти́; ~ the circumstances / condition **при** (*with abl*) э́тих обстоя́тельствах / (э́том) услóвии; **5.** *in various phrases*: ~ the direction / control / influence **под** (*with instr*) управлéнием / контрóлем / влия́нием; ~ the name of Smith под и́менем Смит; ~ the pretence of needing help под предлóгом тогó, что нужнá пóмощь; study ~ Professor X. учи́ться **у** (*with gen*) профéссора X.; ~ George V / British rule / capitalism **при** (*with abl*) Гéорге Пя́том / Бритáнском влады́честве / капитали́зме; ~ the rule of the Stuarts при Стюáртах; ~ repair **в** ремóнте; the proposal is ~ discussion предложéние обсуждáется; ⊙ **from** ~ *with gen*: take smth from ~ the table / books / arm-chair / heap of papers взять что-л. **из-под** столá / книг / крéсла / гру́ды бумáг.

underground *sb* (*subway*) метрó *n indecl*; ~ train пóезд метрó; ~ station стáнция метрó; go by ~ éхать на метрó; it takes me fifteen minutes to get there by ~ мне ну́жно пятнáдцать мину́т, чтóбы добрáться тудá на метрó.

understand (*comprehend*) понимáть (64), *perf* понять (233) [1) *with acc* idea мысль, meaning значéние, one's mistake свою ошибку, question вопрóс, joke шýтку, one's conduct чьё-л. поведéние; art искýсство, music мýзыку; 2) at once срáзу, well хорошó, with difficulty с трудóм]; he ~s Russian quite well он хорошó понимáет по-рýсски; as far as I ~ наскóлько я понимáю; excuse me, I didn't ~ (you) / what you said извините, я не пóнял (вас) / что вы сказáли; it is hard / easy to ~ э́то трýдно / легкó понять; I could hardly ~ him я едвá мог(лá) егó понять; did you ~ what I said? вы пóняли, что я сказáл(а)?; what didn't you ~? что вам непонятно?; try to ~ the difficulty of my position постарáйтесь понять моё затруднительное положéние; ~ one another, each other понимáть друг дрýга.

understanding *sb* **1.** (*knowledge*) понимáние *n* (18c); a clear ~ of the problem я́сное понимáние (*with gen*) вопрóса; it is beyond my ~ э́то вы́ше моегó понимáния; have a good / excellent / poor / insufficient ~ of the subject хорошó / прекрáсно / плóхо / недостáточно понимáть предмéт; **2.** (*intelligence*) ум *m*, *no pl* (1c); a person of great ~ человéк большóго умá; **3.** (*agreement*) соглашéние *n* (18c); come to an ~ прийти к соглашéнию; reach an ~ добиться соглашéния; the ~ was that we were all to meet at the station мы договорились, что встрéтимся на стáнции, на вокзáле; ⊙ **on the** ~ при услóвии; I agreed on the ~ that you would join me я соглаcился при услóвии, что вы присоединитесь ко мнé.

underwear *sb* (нижнее) бельё *n*, *collect* (18a) [1) woollen шерстянóе, silk шёлковое, light лёгкое, clean чистое; 2) put on надéть, take off снять, change сменить].

unemployed I *sb* безрабóтный *m* (31b); the ~ безрабóтные.

unemployed II *a* безрабóтный (31b); ~ miner безрабóтный шахтёр; ~ miners безрабóтные шахтёры.

unemployment безрабóтица *f* (21c); ~ is increasing / decreasing безрабóтица (всё) возрастáет / уменьшáется; ~ has been completely eliminated in the USSR в СССР безрабóтица пóлностью ликвидирована.

unfortunate *a* **1.** (*unhappy*) несчáстный (31b) [man человéк]; the ~ parents could do nothing to help their child несчáстные родители ничéм не могли помóчь своемý ребёнку; **2.** (*unlucky*) неудáчный (31b) [day день]; неуда́чная [attempt попы́тка]; неуда́чное [enterprise предприя́тие]; it was most ~ э́то бы́ло кра́йне неуда́чно.

unfortunately к сожале́нию; ~ we learned about it too late к сожале́нию, мы узна́ли об э́том сли́шком по́здно; ~, the weather was bad к сожале́нию, пого́да была́ плоха́я.

unhappy 1. (*sad*) печа́льный (31b) [end коне́ц, laugh смех]; печа́льное [face лицо́, event собы́тие]; **2.** (*unlucky*) неуда́чный (31b) [marriage брак, choice вы́бор, day день]; { (*joyless*) несчастли́вый (31b); ~ life несчастли́вая жизнь; ~ childhood несчастли́вое де́тство.

uniform *sb* (*military dress*) (вое́нная) фо́рма *f* (19c); he was in ~ он был в (вое́нной) фо́рме; he wore the ~ of a lieutenant он был в фо́рме лейтена́нта; school ~ (шко́льная) фо́рма.

union (*alliance*) сою́з *m* (1f); ~ of two states сою́з двух госуда́рств; other countries can join the ~ други́е госуда́рства мо́гут примкну́ть к э́тому сою́зу; ⊙ **trade** ~ профессиона́льный сою́з *m* (1f), *usu* профсою́з *m* (1f); be a member of a trade ~ быть чле́ном профсою́за; join the trade ~ вступи́ть в профсою́з; the longsharemen's trade ~ профсою́з гру́зчиков.

Union of Soviet Socialist Republics, the (the USSR) Сою́з Сове́тских Социалисти́ческих Респу́блик (СССР).

unite 1. (*join*) объединя́ть (223), *perf* объедини́ть (158) [*with acc* efforts уси́лия, forces си́лы, peoples наро́ды]; we are ~d in the struggle for peace нас объединя́ет борьба́ за мир; long friendship ~d the two families до́лгая дру́жба связывала э́ти две семьи́; **2.** (*become joined*) объединя́ться (223), *perf* объедини́ться (158); they ~d against the common enemy они́ объедини́лись про́тив о́бщего врага́; workers of the world, ~! пролета́рии всех стран, соединя́йтесь!

university университе́т *m* (1f); enter a ~ поступа́ть в университе́т; graduate from a ~ око́нчить университе́т; study / work at a ~ учи́ться / рабо́тать в университе́те; after four years at the ~ ... по́сле четырёх лет обуче́ния в университе́те...; a ~ student студе́нт университе́та; ~ graduate выпускни́к (*m* 4e) университе́та; ~ education университе́тское образова́ние; ~ fees пла́та за обуче́ние в университе́те; ~ town университе́тский го́род.

unknown *a* неизве́стный (31b) [painter худо́жник, writer писа́тель, singer певе́ц]; неизве́стная [cause причи́на]; неизве́стное [name и́мя]; the election results were still ~ результа́ты вы́боров бы́ли всё ещё неизве́стны; what happened afterwards is ~ что случи́лось по́сле э́того, неизве́стно; the handwriting is ~ to me э́тот по́черк мне незнако́м.

unless *conj* (*if not*) е́сли не; we shall go there tomorrow ~ it rains е́сли не бу́дет дождя́, мы пойдём туда́ за́втра; don't do it ~ you want to не де́лайте э́того, е́сли вы не хоти́те.

unpleasant неприя́тный (31b) [question вопро́с, conversation разгово́р, person челове́к]; неприя́тная [task зада́ча, weather пого́да]; неприя́тное [matter, affair де́ло, place ме́сто].

until I *prep see* till **I**.

until II *conj* (до тех по́р) пока́; *see* till **II**.

unusual (*striking*) необы́чный (31b) [colour цвет, shade отте́нок, sound звук]; необы́чная [price цена́, manner мане́ра]; необы́чное [number коли́чество, expression выраже́ние]; необы́чные [circumstances обстоя́тельства]; there was nothing ~ in his appearance / attitude / manner в его́ вне́шности / отноше́нии / поведе́нии не́ было ничего́ необы́чного; { (*uncommon*) необыкнове́нный (31b) [person челове́к, day день]; необыкнове́нная [strength си́ла, beauty красота́].

unwillingly неохо́тно, не́хотя; he agreed very ~ он согласи́лся о́чень неохо́тно.

up I *adv* **1.** (*denoting direction*) вверх; he looked up and saw the plane он посмотре́л вверх и уви́дел самолёт; hands up! ру́ки вверх!; { наве́рх; we all went up to the third floor мы все пошли́ наве́рх на четвёртый эта́ж; up and down вверх и вниз; the lift went up and down several times лифт подня́лся вверх и спусти́лся вниз не́сколько раз; **2.** (*denoting position*) наверху́; up on top of the cupboard / on the roof наверху́ на буфе́те / на кры́ше; my room is up there моя́ ко́мната там наверху́; ⊙ **be up** (*awake*): he wasn't up when we came когда́ мы пришли́, он ещё не встал; I was up all night я всю ночь не ложи́лся спать; **3.** *in combination with verbs, denoting completion of action; not translated, Russian verb is used in perf*: break up разби́ть; burn up сжечь; buy up скупи́ть; drink up вы́пить; dry up вы́сушить; eat up съесть; fill up запо́лнить; finish up зако́нчить; light up заже́чь; pack up уложи́ть; tear up разорва́ть; tie up привяза́ть.

up II *prep* **1.** (*upwards*): walk / run up the street / stairs идти́ / бежа́ть **вверх по** (*with dat*) у́лице / ле́стнице; go / travel up the river éхать / путешéствовать вверх по рекé; go up the hill идти́ в (*with acc*) róру; **2.** (*further*) *with abl*: the village is up the hill дерéвня **(вы́ше) на** холмé.

up III: up to *prep* (*close*) *with dat*: he came, walked / ran up to her / the young man он подошёл / подбежáл **к** ней / молодóму человéку; he swam up to the boat он подплы́л к лóдке; he came up to me он подошёл **ко** мнé; ⊙ **up to now** до сих пóр; **it is up to...**: it is up to him to decide **тепéрь** он дóлжен решáть; it isn't up to me э́то не от меня́ зави́сит.

upon *prep see* on **II;** once ~ a time однáжды.

upper вéрхний (32) [floor, storey этáж, layer слой]; вéрхняя [room кóмната, lip губá]; вéрхнее [window окнó]; ⊙ **have, take, get the ~ hand** одержáть (47) верх (of—над *with instr*).

upset *v* **1.** (*overturn*) опроки́дывать (65), *perf* опроки́нуть (126) [*with acc* cup чáшку, chair стул, boat лóдку, lamp лáмпу]; **2.** (*interfere with*) расстрáивать (65), *perf* расстрóить (151) (*with acc*); it ~ all my plans э́то расстрóило все мои́ плáны; **3.** (*distress*) огорчáть (64), *perf* огорчи́ть (171) (*with acc*); the news will ~ her / father э́то извéстие огорчи́т её / отцá; be ~ огорчáться (64), *perf* огорчи́ться (171); you shouldn't be ~ by such small things не стóит огорчáться из-за таки́х пустякóв; { *in past, often translated by short form of participle* огорчён *m*, огорченá *f*, огорчены́ *pl*; we were all ~ over the news / her refusal мы все бы́ли огорчены́ (*with instr*) э́той нóвостью / её откáзом.

upstairs 1. (*denoting position*) наверху́, на вéрхнем этажé; are you ~? вы наверху́?; he lived ~ он жил наверху́, на вéрхнем этажé; **2.** (*denoting direction*) вверх (по лéстнице); go / run / climb ~ идти́ / бежáть / взбирáться вверх (по лéстнице); you must go ~ to the third floor вам ну́жно подня́ться вверх по лéстнице на четвёртый этáж.

urge (*persuade*) (настóйчиво) убеждáть (64), *perf* убеди́ть (153) (*with acc*); everyone ~d her to agree / to take a decisive step все (настóйчиво) убеждáли её согласи́ться / сдéлать реши́тельный шаг; I'm not urging you я вас не принуждáю.

urgent срóчный (31b); [question вопрóс]; срóчное [matter дéло]; срóчные [measures мéры]; the matter is ~ дéло срóчное.

us *pron pers* нас *gen*; he doesn't know us он нас не знáет; you'll soon receive a letter from us вы скóро полу́чите **от** нас письмó;

you can easily do it without us вы э́то легко́ мо́жете сде́лать без нас; besides / except us поми́мо / кро́ме нас; ‖ нам *dat*; he gave us two tickets, he gave two tickets to us он дал нам два биле́та; she was running towards us она́ бежа́ла (по направле́нию) к нам; you can help us вы мо́жете нам помо́чь; she said to us, she told us она́ нам сказа́ла; ‖ нас *acc*; he didn't notice us он нас не заме́тил; you'll see us there вы нас там уви́дите; ‖ на́ми *instr*; will you go with us? вы пойдёте с на́ми?; we'll take her with us мы возьмём её с собо́й; ‖ нас *abl*; they wrote you about us они́ вам писа́ли о нас; ⊙ **let's, let us** *usu conveyed by Russian verb in imperative* (*1st pers pl form*) *of perf aspect*: let's do it together! сде́лаем э́то вме́сте!; let's talk about smth else! поговори́м о чём-либо друго́м!; let's go to the theatre tonight! пойдём сего́дня в теа́тр!; *when addressing more than one person or to express politeness suffix* -те *is added*: пойдёмте сего́дня в теа́тр!

use I *sb* **1.** (*employment*) употребле́ние *n* (18c) [constant постоя́нное, daily ежедне́вное, frequent ча́стое]; be in ~ быть в употребле́нии; be, fall out of ~ вы́йти из употребле́ния; ‖ (*application*) примене́ние *n* (18c); I can't find any ~ for this thing я не могу́ найти́ примене́ния (*with dat*) э́той ве́щи; the ~ of electricity / atomic power / chemical fertilizers примене́ние (*with gen*) электри́чества / а́томной эне́ргии / хими́ческих удобре́ний; **2.** (*advantage*) по́льза *f*, *no pl* (19c) [great больша́я]; it was of much / little ~ to him э́то принесло́ (*with dat*) ему́ мно́го/ма́ло по́льзы; it was of no ~ to him э́то не принесло́ ему́ никако́й по́льзы; ⊙ **what's the ~?** како́й смысл?; what's the ~ (of) going there now? како́й смысл идти́ туда́ сейча́с?; **it's no ~** бесполе́зно; it's no ~ trying to change him / convince him бесполе́зно пыта́ться его́ измени́ть / его́ убеди́ть; **is there any ~?** сто́ит ли?; is there any ~ buying such a dress? сто́ит ли покупа́ть тако́е пла́тье?

use II *v* **1.** (*employ*) по́льзоваться (244), *no perf* [*with instr* pen ру́чкой, machine станко́м, tools инструме́нтами, dictionary словарём]; do you often ~ your car? вы ча́сто по́льзуетесь свое́й маши́ной?; do you know how to ~ a tape-recorder? вы зна́ете, как по́льзоваться магнитофо́ном?; he ~d every opportunity он по́льзовался любо́й возмо́жностью; may I ~ your telephone? разреши́те позвони́ть?; **2.** (*con-*

sume) испо́льзовать (244) [*with acc* coal у́голь, iron желе́зо, much flour мно́го муки́]; **3.**: ~d to *conveyed by Russian verb in past imperf and* обы́чно; he ~d to come at ten o'clock / to have dinner early он обы́чно приходи́л в де́сять часо́в / обе́дал ра́но; they ~d to sit talking for hours они́, быва́ло, часа́ми сиде́ли и разгова́ривали.

used *a*: be ~ привыка́ть (64), *perf* привы́кнуть (125) (to—к *with dat*); she is ~ to hard work / to hot weather она́ привы́кла к тяжёлой рабо́те / к жа́ркой пого́де; get ~ привы́кнуть (to—к *with dat*); the children soon got ~ to him / to the noise of the city де́ти ско́ро привы́кли к нему́ / к шу́му большо́го го́рода; you soon get ~ to it к э́тому ско́ро привыка́ешь.

useful (*beneficial*) поле́зный (31b) [advice сове́т]; поле́зная [book кни́га, thing вещь, habit привы́чка, criticism кри́тика]; поле́зное [animal живо́тное]; the book is ~ for students э́та кни́га поле́зна студе́нтам; it's ~ to remember поле́зно запо́мнить; ⊙ **be, come in** ~ пригоди́ться (153); his knowledge of Russian came in very ~ ему́ о́чень пригоди́лось зна́ние ру́сского языка́; the money will be very ~ де́ньги о́чень пригодя́тся.

useless бесполе́зный (31b) [argument спор, talk разгово́р]; бесполе́зная [attempt попы́тка, waste of time тра́та вре́мени]; it was ~ to speak to him говори́ть с ним бы́ло бесполе́зно; I'm afraid my advice will be ~ бою́сь, что мой сове́т бу́дет бесполе́зным; || нену́жный (31b); нену́жная [thing вещь, purchase поку́пка].

usual обы́чный (31b) [result результа́т, answer отве́т]; обы́чная [price цена́, pay пла́та, manner мане́ра]; обы́чное [number коли́чество, expression выраже́ние]; I got up at my ~ time я встал(а) в обы́чное вре́мя; as ~ как обы́чно; we got up at 7 o'clock as ~ как обы́чно, мы вста́ли в семь часо́в; he came home later / earlier than ~ он пришёл домо́й по́зже / ра́ньше обы́чного; she was more excited than ~ она́ была́ бо́лее взволно́вана, чем обы́чно.

usually обы́чно (*verb following is usu in imperf aspect*); he ~ got up at 7 o'clock / doesn't work in the morning / spent the summer in the South обы́чно он встава́л в семь часо́в / не рабо́тает по утра́м / проводи́л ле́то на Ю́ге; she is ~ here in the evening обы́чно она́ быва́ет здесь ве́чером; it is ~ hot in July в ию́ле обы́чно быва́ет жа́рко.

utterly соверше́нно [useless бесполе́зный].

V

vacation 1. (*school holidays*) кани́кулы *no sg* (19c) [1) Christmas рожде́ственские, winter зи́мние, summer ле́тние; 2) begins in July начина́ются в ию́ле, is over око́нчились, lasts a fortnight для́тся две неде́ли]; spend one's ~ in the country / at home проводи́ть кани́кулы в дере́вне / до́ма; during the ~ во вре́мя кани́кул; 2. (*leave*) о́тпуск *m* (1*l*) [1) long продолжи́тельный, short коро́ткий, annual ежего́дный, two weeks' двухнеде́льный; 2) lasts four weeks продолжа́ется четы́ре неде́ли, is over око́нчился; 3) spend проводи́ть, get получи́ть, take взять, give дать]; a month's ~ ме́сячный о́тпуск; she went to the South for her ~ на вре́мя о́тпуска она́ пое́хала на Юг; he is away on ~ now сейча́с он в о́тпуске; he had a pleasant ~ at the seashore он прия́тно провёл о́тпуск на берегу́ мо́ря; go on ~ уйти́ в о́тпуск; ~ with pay о́тпуск с сохране́нием содержа́ния.

vain: in ~ напра́сно [argue спо́рить, hope наде́яться, look for smth / smb иска́ть что-л. / кого́-л., try пыта́ться, urge smb убежда́ть кого́-л.]; all his efforts / attempts were in ~ все его́ уси́лия / попы́тки бы́ли напра́сны; everything was in ~ всё бы́ло напра́сно.

valley доли́на *f* (19c) [1) fertile плодоро́дная, narrow у́зкая; 2) narrows су́живается, extends простира́ется]; live in a ~ жить в доли́не; up / down the ~ вверх / вниз по доли́не; the ~ is bounded by high mountains доли́на окружена́ высо́кими гора́ми.

valuable це́нный (31b) [metal мета́лл]; це́нная [picture карти́на, sort of wood поро́да де́рева, thing вещь]; це́нное [ring кольцо́; suggestion предложе́ние]; це́нные [information све́дения, materials материа́лы]; his opinion is very ~ to me я о́чень ценю́ его́ мне́ние.

value I *sb* 1. (*worth*) це́нность *f*, *no pl* (29c) [great, considerable больша́я, little незначи́тельная]; his work is of much / some / particular / doubtful ~ его́ рабо́та представля́ет (собо́й) большу́ю / не́которую / осо́бую / сомни́тельную це́нность; it is of no ~ at all э́то не представля́ет собо́й никако́й це́нности; the book will be of great ~ to history students кни́га предста́вит большу́ю це́нность для студе́нтов-исто́риков; 2. (*price*) сто́имость *f*, *no pl* (29c) [1) real настоя́щая true и́стинная; 2) *with gen* of a coin моне́ты; of Rubens' picture карти́ны Ру́бенса]; the picture has doubled in ~ сто́имость карти́ны возросла́ вдво́е.

value II *v* (*esteem*) цени́ть (156), *perf* оцени́ть (156) [highly высоко́, above all вы́ше всего́, greatly о́чень]; I ~ your friendship / advice highly я высоко́ ценю́ (*with acc*) ва́шу дру́жбу / ва́ши сове́ты; he was ~d as a good worker его́ цени́ли как хоро́шего рабо́тника.

vanish исчеза́ть (64), *perf* исче́знуть (127) [1) in the air в во́здухе, in(to) the darkness в темноте́, in the distance вдали́, in the crowd в толпе́; 2) from view, out of sight из по́ля зре́ния]; every trace of fatigue immediately ~ed from her face все следы́ уста́лости мгнове́нно исче́зли с её лица́.

variety **1.** (*change*) разнообра́зие *n, no pl* (18c) [great большо́е]; life full of ~ жизнь, по́лная разнообра́зия; lack of ~ отсу́тствие разнообра́зия; for the sake of ~ ра́ди разнообра́зия; **2.** (*a number of*) ряд *m* (1k); his failure was due to a ~ of causes его́ неуда́ча объясня́лась ря́дом причи́н; ~ of opinions / ways ряд мне́ний / спо́собов; **3.** (*specimen*) разнови́дность *f* (29c) [rare ре́дкая, well-known хорошо́ изве́стная]; this plant is a ~ of lilac э́то расте́ние — разнови́дность сире́ни; ‖ (*kind*) вид *m* (1f); different varieties of plants / animals различные ви́ды расте́ний / живо́тных.

various **1.** (*of several kinds*) разли́чные *pl* (31b) [flowers цветы́, plants расте́ния, kinds ви́ды, sorts сорта́, things ве́щи]; there are ~ ways of solving the question э́тот вопро́с мо́жно реши́ть разли́чными путя́ми; ‖ (*different*) ра́зные *pl* (31b); there are ~ opinions on the subject существу́ют ра́зные мне́ния по э́тому вопро́су; at ~ times в ра́зное вре́мя; **2.** (*many*): for ~ reasons по мно́гим причи́нам.

vast обши́рный (31b) [continent контине́нт]; обши́рная [plain равни́на, territory террито́рия, desert пусты́ня]; обши́рное [construction строи́тельство, field по́ле, sea мо́ре, space простра́нство]; ~ knowledge обши́рные зна́ния; a ~ sum of money грома́дная су́мма де́нег; to the ~ surprise of the boys к велича́йшему удивле́нию ма́льчиков; ~ amounts огро́мное коли́чество; ~ difference огро́мная ра́зница.

vegetables *pl* о́вощи (30b) [1) early ра́нние, fresh све́жие, cooked пригото́вленные, raw сыры́е; 2) grow расту́т, spoil по́ртятся; 3) buy покупа́ть, grow, raise выра́щивать, plant сажа́ть, clean чи́стить, wash мыть, keep храни́ть, boil вари́ть, stew туши́ть, cook гото́вить, eat есть]; meat and ~ мя́со с овоща́ми.

velvet *a* ба́рхатный (31b) [suit, costume костю́м, curtain за́навес]; ба́рхатная [cloth мате́рия, cushion поду́шка]; ба́рхатное [dress пла́тье, cover покрыва́ло]; ба́рхатные [hangings, drapes што́ры].

very I *a* (*exactly*) тот са́мый *m*, та са́мая *f*, то са́мое *n*, те са́мые *pl* (31b); you are the ~ man I wanted to see вы тот са́мый челове́к, кото́рого я хоте́л(а) повида́ть; at that ~ moment в тот са́мый моме́нт; that ~ day в тот же са́мый день; that is the ~ picture we read about э́то та са́мая карти́на, о кото́рой мы чита́ли; the ~ first / last са́мый пе́рвый / после́дний; ‖ (*alone*) оди́н *m*, одна́ *f* (39a); the ~ thought of going there frightens me меня́ пуга́ет одна́ (то́лько) мысль о том, что на́до пойти́ туда́.

very II *adv* о́чень [1) good хоро́ший, big большо́й, cold холо́дный, rich бога́тый, beautiful краси́вый, tired уста́лый, interesting интере́сный, doubtful сомни́тельный; 2) much, many мно́го, few, little ма́ло; well хорошо́, badly пло́хо, quickly, fast бы́стро, soon ско́ро, late по́здно, carefully осторо́жно]; I don't understand you ~ well я не о́чень хорошо́ вас понима́ю; it is not ~ interesting / difficult э́то не о́чень интере́сно / тру́дно; it is not ~ warm today сего́дня не о́чень тепло́; I am ~ sorry мне о́чень жаль; he was ~ angry он о́чень рассерди́лся; I am ~ glad to see you я о́чень ра́д(а) вас ви́деть; ~ much о́чень; I am ~ much afraid я о́чень бою́сь; I am ~ much interested / surprised / dissatisfied я о́чень заинтересо́ван(а) / удивлён, удивлена́ / недово́лен, недово́льна; I liked the picture ~ much мне о́чень понра́вилась э́та карти́на; do you want to go ~ much? вам о́чень хо́чется пойти́?; I need it ~ much, badly мне э́то о́чень ну́жно; they loved each other ~ much, dearly они́ о́чень люби́ли друг дру́га; ⊙ ~ good (*I am satisfied*) о́чень хорошо́; ~ **well** (*I agree*) хорошо́.

victim же́ртва *f* (19c) [*with gen* of war войны́, of, to one's own negligence со́бственной небре́жности, of tyranny тирани́и, of oppression угнете́ния]; ‖ пострада́вший *m* (34b); ~s in, of a fire / accident / earthquake пострада́вшие от (*with gen*) пожа́ра / катастро́фы / землетрясе́ния.

victory побе́да *f* (19c) [great больша́я, complete по́лная, easy лёгкая]; gain a

~ over the enemy одержа́ть побе́ду над враго́м; bring / win / celebrate a ~ принести́ / одержа́ть / пра́здновать побе́ду; be sure of ~ быть уве́ренным в побе́де.

view *sb* **1.** (*range of vision*) по́ле (*n* 15a) зре́ния; be / remain in, within ~ быть, находи́ться / остава́ться в по́ле зре́ния; come into ~ появля́ться (в по́ле зре́ния); **2.** (*scene*) вид *m* (1f) [1) beautiful прекра́сный, lovely краси́вый; 2) на *with gen* over, of the lake на о́зеро, over the sea на мо́ре, over the surrounding country на окре́стности]; a fine ~ from the upper windows / from the top of a hill прекра́сный вид из ве́рхних о́кон / с верши́ны холма́; **3.** (*idea, opinion*) взгляд *m* (1f) [strange стра́нный, original оригина́льный, unusual необы́чный]; explain / give one's ~s on the question объясня́ть / выска́зывать свои́ взгля́ды по да́нному вопро́су; hold the same ~s приде́рживаться тех же взгля́дов; ‖ *pl* ~s (*convictions*) убежде́ния (18c); his political / religious ~s его́ полити́ческие / религио́зные убежде́ния; share smb's ~s разделя́ть чьи-л. убежде́ния; disapprove of smb's ~s не одобря́ть (*with gen*) чьих-л. убежде́ний; ⊙ **point of** ~ то́чка (*f* 22f) зре́ния; from my / his point of ~ с (*with gen*) мое́й / его́ то́чки зре́ния; from the point of ~ of medicine с то́чки зре́ния медици́ны; from every point of ~ со всех то́чек зре́ния; **in** ~ **of** принима́я во внима́ние (*with acc*); in ~ of his age / the state of his health принима́я во внима́ние его́ во́зраст / состоя́ние здоро́вья.

village (*small settlement*) дере́вня *f* (20f, *gen pl* дереве́нь) [1) poor бе́дная, neighbouring сосе́дняя; 2) stands on a hill стои́т на холме́, has greatly changed си́льно измени́лась]; live / be born in a ~ жить / роди́ться в дере́вне; come / go to a ~ приезжа́ть / е́хать в дере́вню; the road leads to the ~ of N. э́та доро́га ведёт в дере́вню Н.; the people of the ~ жи́тели дере́вни; what is the name of the ~? как называ́ется э́та дере́вня?; ‖ (*large settlement*) село́ *n* (14f) [large большо́е, rich бога́тое, well-to-do зажи́точное]; a ~ school се́льская шко́ла.

violent 1. (*furious*) свире́пый (31b) [person челове́к]; свире́пая [storm бу́ря]; ~ wind о́чень си́льный ве́тер; **2.** (*severe*) ужа́сный (31b); ужа́сная [headache головна́я боль, toothache зубна́я боль, pain боль].

violin скри́пка *f* (22d); play the ~ игра́ть на скри́пке; I am fond of the ~ я о́чень люблю́ скри́пку.

visit I *sb* **1.** (*excursion*) посеще́ние *n* (18c) [*with gen* to a plant заво́да, to a museum музе́я, to a collective farm колхо́за]; ‖ (*formal call*) визи́т *m* (1f); make, pay a ~ to smb нанести́ визи́т (*with dat*) кому́-л., *less formal*: навести́ть (*with acc*) кого́-л.; return a ~ отда́ть визи́т; come on a ~ прие́хать с визи́том, *less formal*: прие́хать в го́сти; I was on a ~ to my uncle's я гости́л у (*with gen*) своего́ дя́ди; a ~ of friendship визи́т дру́жбы; **2.** (*trip, journey*) пое́здка *f* (22d); a ~ to London / the seaside пое́здка в Ло́ндон / к мо́рю.

visit II *v* **1.** (*go to*) посеща́ть (64), *perf* посети́ть (161) [*with acc* exhibition вы́ставку, factory фа́брику, plant заво́д, farm фе́рму, museum музе́й, city го́род]; have you ever ~ed Paris? вы бы́ли когда́-нибудь в Пари́же?; I hope to ~ Leningrad я наде́юсь побыва́ть в Ленингра́де; **2.** (*call on*) навеща́ть (64), *perf* навести́ть (161) [*with acc* neighbour сосе́да, friend дру́га, подру́гу, relations ро́дственников]; I was just going to ~ N. я как раз собира́лся, собира́лась навести́ть Н.; he ~ed me several times while I was ill он был у меня́ не́сколько раз, пока́ я боле́л(а).

visitor (*guest*) гость *m* (3e); we had a ~ yesterday вчера́ у нас был гость; ‖ (*to public place*) посети́тель *m* (3a); ~s to the museum посети́тели (*with gen*) музе́я.

voice го́лос *m* (1*l*) [1) angry серди́тый, sad гру́стный, calm споко́йный, beautiful краси́вый, deep ни́зкий, high высо́кий, loud гро́мкий, quiet, soft ти́хий, pleasant прия́тный, hoarse хри́плый; 2) has changed измени́лся, trembled, shook (за-) дрожа́л]; speak in a low, quiet / loud ~ говори́ть ти́хо / гро́мко; she said it in a cheerful / sad ~ она́ сказа́ла э́то бо́дрым / гру́стным го́лосом; talk at the top of one's ~ говори́ть о́чень гро́мко; lose one's ~ потеря́ть го́лос; she heard her father's ~ она́ услы́шала го́лос отца́; the sound of men's ~s зву́ки мужски́х голосо́в; raise one's ~ повы́сить го́лос; I didn't recognize your ~ я не узна́л(а) ва́шего го́лоса.

volley-ball волейбо́л *m*, *no pl* (1f); play ~ игра́ть в волейбо́л; like, be fond of ~ люби́ть волейбо́л; a ~ game игра́ в волейбо́л, волейбо́льный матч; ~ team волейбо́льная кома́нда.

volume (*book*) том *m* (1*l*); a new edition of Shakespeare in three ~s но́вое изда́ние (произведе́ний) Шекспи́ра в трёх тома́х; Volume One том пе́рвый.

vote I *sb* **1.** (*ballot*) го́лос *m* (1*l*); count the ~s счита́ть голоса́; give one's ~ to N.

отда́ть свой го́лос за Н.; have the right to ~ име́ть пра́во го́лоса; cast a ~ голосова́ть; get all the ~s получи́ть все голоса́; the majority of the ~s большинство́ голосо́в; he was elected by a majority of the ~s он был и́збран большинство́м голосо́в; the motion was passed by a majority ~ предложе́ние бы́ло при́нято большинство́м голосо́в; **2.** (*process of voting*) голосова́ние *n* (18c) [secret та́йное]; put to the ~ ста́вить на голосова́ние; the question was decided by ~ вопро́с был решён голосова́нием.

vote II *v* голосова́ть (243), *perf* проголосова́ть (243) [for the motion, suggestion за (*with acc*) предложе́ние, against the plan про́тив (*with gen*) пла́на]; abstain from voting воздержа́ться от голосова́ния.

voyage *sb* путеше́ствие *n* (18c) [long дли́тельное]; a week's / month's ~ неде́льное / ме́сячное путеше́ствие; a ~ to the Far East / to distant countries, lands / up the Volga путеше́ствие на Да́льний Восто́к / в да́льние стра́ны / вверх по Во́лге; make a ~ соверши́ть путеше́ствие; set out on a ~ отпра́виться в путеше́ствие; in the course of, during the ~ во вре́мя путеше́ствия; return from a ~ верну́ться из путеше́ствия.

W

wages *pl* за́работная пла́та *f*, *no pl* (19c), *often* зарпла́та *f* (19c); receive, get high / low ~ получа́ть высо́кую, большу́ю / ни́зкую, ма́ленькую зарпла́ту; raise / increase / reduce, cut down ~ повыша́ть / увели́чивать / снижа́ть зарпла́ту; his ~ are 80 dollars a week он получа́ет во́семьдесят до́лларов в неде́лю; they paid him his ~ ему́ вы́дали зарпла́ту, жа́лованье.

wag(g)on (*cart*) пово́зка *f* (22d); hire a ~ нанима́ть пово́зку; a ~ (load) of hay воз се́на.

wait *v* ждать (82) [1) *with gen* for guests госте́й, for one's friend прия́теля; for the train по́езда, for an answer отве́та, for a letter письма́, for the results результа́тов; 2) for a long time до́лго, (for) two hours два часа́, (for) three days три дня, (for) four weeks четы́ре неде́ли; till five o'clock до пяти́ часо́в, till Monday до понеде́льника, till the first до пе́рвого]; don't ~ for me! не жди́те меня́!; she was

~ing for her friend она́ ждала́ (свою́) подру́гу; ~ until I'm ready! подожди́те, пока́ я бу́ду гото́в(а)!; ~ a minute, moment! (подожди́те) одну́ мину́ту!; I'll ~ for you downstairs / in the cloak-room я вас подожду́ внизу́ / в гардеро́бе; I told the driver to ~ я попроси́л(а) шофёра подожда́ть; how long have you been ~ing? ско́лько вре́мени вы ждёте?; ⊙ **keep smb ~ing** заставля́ть (223) (*with gen*) кого́-л. ждать; excuse me for keeping you ~ing извини́те, что я заста́вил(а) вас ждать.

waiter официа́нт *m* (1e) [1) good хоро́ший, fast бы́стрый, slow медли́тельный; 2) takes an order принима́ет зака́з, brings the soup прино́сит суп; lays, sets the table накрыва́ет на стол]; he called the ~ он позва́л официа́нта; have the ~ bring dessert! пусть официа́нт принесёт сла́дкое!

waiting-room (*at station*) зал (*m* 1f) ожида́ния; the station ~ was crowded в за́ле ожида́ния на вокза́ле бы́ло мно́го наро́ду.

waitress официа́нтка *f* (22c).

wake *v* (*also* ~ up) **1.** (*become awake*) просыпа́ться (64), *perf* просну́ться (130) [early ра́но, late по́здно, at seven o'clock в семь часо́в, at the slightest noise при мале́йшем шу́ме]; I usually ~ (up) at seven я обы́чно просыпа́юсь в семь часо́в; ~ up! просни́тесь!; **2.** (*rouse*) буди́ть (152), *perf* разбуди́ть (152) (*with acc*); please, ~ me (up) at seven разбуди́те меня́, пожа́луйста, в семь часо́в; what time do you want to be ~d? в како́е вре́мя вас разбуди́ть?; the noise woke me (up) меня́ разбуди́л (э́тот) шум; don't ~ him, it's still early не буди́(те) его́, ещё ра́но.

walk I *sb* **1.** (*stroll*) прогу́лка *f* (22d) [long дли́тельная, short непродолжи́тельная, pleasant прия́тная, tiring утоми́тельная]; take smb for a ~ взять кого́-л. на прогу́лку; the ~ tired her прогу́лка её утоми́ла; we enjoyed our ~ мы получи́ли удово́льствие от прогу́лки; we had a five-mile ~ мы прошли́ (пешко́м) пять миль; ⊙ **go for a ~, take a ~** пройти́сь (206), идти́ (207) на прогу́лку; we took a ~ along the seashore мы прошли́сь по бе́регу мо́ря; **2.** (*act of walking*) ходьба́ *f*, *no pl* (19g); I live ten minutes' ~ from the theatre я живу́ в десяти́ мину́тах ходьбы́ от теа́тра.

walk II *v* **1.** (*go*) идти́ (207) [1) fast, quickly бы́стро, slowly ме́дленно, with difficulty с трудо́м; 2) back наза́д, обра́тно, straight ahead пря́мо вперёд, along the street по у́лице, along the road по доро́ге, up the street вверх по у́лице, towards the square по направле́нию к пло́щади, across the field че́рез по́ле, through the forest через ле́с, to the station на вокза́л, to the park в парк, home домо́й]; he ~ed by me / the building он прошёл ми́мо меня́ / зда́ния; ‖ (*go on foot*) идти́ пешко́м, ходи́ть (152) пешко́м; it is too far to ~ (туда́) сли́шком далеко́ идти́ пешко́м; he was ~ing up and down он ходи́л взад и вперёд; she is fond of ~ing она́ лю́бит ходи́ть; shall we ~ or take a bus? мы пойдём пешко́м и́ли поедем на авто́бусе?; we ~ed ten kilometres мы прошли́ пешко́м де́сять киломе́тров; I ~ed all the way я всю доро́гу шёл, шла пешко́м; let us ~ a little! пройдёмся немно́го!; I'll ~ with you as far as the station я пройду́сь с ва́ми до вокза́ла; **2.** (*go for stroll*) гуля́ть (223), *perf* погуля́ть (223) [about the town по го́роду, in the park в па́рке].

wall *sb* стена́ *f* (19g, *acc sg* сте́ну) [high высо́кая, long дли́нная, whitewashed побелённая, thick то́лстая, outside нару́жная; stone ка́менная, brick кирпи́чная]; the ~s of a house / room сте́ны до́ма / ко́мнаты; town, city ~ городска́я стена́; garden ~ садо́вая огра́да; build / break down / destroy a ~ стро́ить / лома́ть / разруша́ть сте́ну; there is a picture on the ~ на стене́ (виси́т) карти́на; hang the picture on the ~! пове́сьте карти́ну на́ стену!; he climbed the ~ он залéз на́ стену; they climbed over the ~ они́ перелéзли че́рез сте́ну.

wander **1.** (*rove*) броди́ть (152), *no perf* [from place to place с ме́ста на ме́сто, in the forest в лесу́]; **2.** (*be not concentrated*) отвлека́ться (64), *perf* отвле́чься (103); don't ~ from the subject, point не отвлека́йтесь от (*with gen*) те́мы; his mind was ~ing его́ мы́сли блужда́ли; her attention was ~ing её внима́ние рассе́ивалось.

want *v* **1.** (*wish*) хоте́ть (133), *perf* захоте́ть (133); she ~s to learn Russian / to ask you a question она́ хо́чет изучи́ть ру́сский язы́к / зада́ть вам вопро́с; I ~ very much to go there я о́чень хочу́ пое́хать, пойти́ туда́; what do you ~ to do / to see / to buy? что вы хоти́те де́лать / посмотре́ть / купи́ть?; what do you ~? что вы хоти́те?; I ~ you to do it at once я хочу́, что́бы вы сде́лали э́то сра́зу же; when do you ~ him to come? когда́ вы хоти́те, что́бы он пришёл?; I don't ~ you to wait я не хочу́, что́бы вы жда́ли; we ~ to be friends мы хоти́м быть друзья́ми; **2.** (*need*) нужда́ться (64), *no perf*; if you ~ anything, say so éсли вам чтó-нибудь нýжно, скажи́те об э́том; that is all I ~ э́то всё, что мне нýжно; ‖ (*require*) трéбовать (244), *perf* потрéбовать (244) (*with acc*); the house ~s painting э́тот дом трéбует покрáски, э́тот дом нýжно покрáсить; you are ~ed on the telephone вас прóсят к телефóну.

war войнá *f* (19g) [1) long дли́тельная, terrible стрáшная, atomic áтомная, civil граждáнская; 2) for independence за незави́симость; 3) lasted two years продолжáлась два гóда, is over окóнчилась]; begin / lose / win / stop / wage / unleash / declare ~ начáть / проигрáть / вы́играть / (при)останови́ть / вести́ / развязáть / объяви́ть войнý; take part in a ~ учáствовать в войнé; fight in a ~ сражáться на войнé; be / fight against ~ выступáть / борóться прóтив войны́; we do not want ~ мы не хоти́м войны́; preparations for ~ подготóвка к войнé; ~ broke out between the two countries мéжду э́тими двумя́ стрáнами началáсь войнá; during the ~ во врéмя войны́; the First / Second World War, World War One / Two пéрвая / вторáя мировáя войнá; he was killed in the ~ он был уби́т на войнé; end ~ покóнчить с войнóй; ⊙ **cold** ~ холóдная (31b) войнá; ~ **prisoner, prisoner of** ~ (военно)плéнный *m* (31b).

wardrobe гардерóб *m* (1f) [1) convenient удóбный, spacious вмести́тельный; 2) lock заперéть, close закры́ть, open откры́ть]; she has a ~ full of dresses у неё пóлный гардерóб плáтьев.

warm I *a* **1.** (*not cold*) тёплый (31b) [day день, month мéсяц, wind вéтер, climate кли́мат]; тёплая [water водá, room кóмната, clothes одéжда, country странá, weather погóда, night ночь]; тёплое [coat пальтó, dress плáтье, place мéсто, season врéмя гóда, summer лéто]; it is very ~ today сегóдня óчень теплó; it is ~ in the sun на сóлнце теплó; I am, feel ~ мне теплó; put on ~ clothes теплó одéться; it was much ~er yesterday вчерá бы́ло значи́тельно теплée; I can't get ~ я не могý согрéться; **2.** (*kind*) тёплый [reception приём]; тёплая [meeting встрéча]; ‖ сердéчный (31b) [welcome приём]; сердéчная [friendship дрýжба].

warm II *v* **1.** (*make warm*) греть (98), *perf* согрéть (98) [*with acc* water вóду]; he was ~ing his hands at the fire он грел рýки у кострá; ‖ подогревáть (64), *perf* подогрéть (98) (*with acc*); please, ~ the milk / soup / meat! подогрéй(те), пожáлуйста, молоко́ / суп / мя́со!; **2.**: ~ oneself гре́ться (98), *perf* согре́ться (98); we went into the house to ~ ourselves мы пошли́ в дом, что́бы согре́ться.

warn предупрежда́ть (64), *perf* предупреди́ть (153) [о, об *with abl* of danger об опа́сности]; he ~ed me not to go there он предупреди́л меня́, что́бы я туда́ не ходи́л(а); don't say I didn't ~ you не говори́те, что я вас не предупреди́л(а) (об э́том).

warning *sb* (*notice*) предупрежде́ние *n* (18c); he did it without any ~ он сде́лал э́то без вся́кого предупрежде́ния; ¦ (*admonition*) предостереже́ние *n* (18c); let this be a ~ to you пусть э́то послу́жит вам предостереже́нием; he paid no attention to my ~s он не обрати́л никако́го внима́ния на моё предостереже́ние; give ~ to smb предостерега́ть (*with acc*) кого́-л.

wash *v* **1.** (*make clean*) мыть (209), *perf* вы́мыть (235) [*with acc* plate таре́лку, window окно́, floor пол; fruit фру́кты; hands ру́ки, face лицо́]; ~ one's hair мыть го́лову; ¦ (*of linen*) стира́ть (64), *perf* вы́стирать (64) [*with acc* clothes оде́жду, linen бельё, shirt руба́шку]; **2.** (*also* ~ oneself) умыва́ться (64), *perf* умы́ться (209); I must ~ before dinner мне на́до умы́ться пе́ред обе́дом; he doesn't like to ~ in cold water он не лю́бит умыва́ться холо́дной водо́й; ~ **off** смыва́ть (64), *perf* смыть (235) (*with acc*); I can't ~ the paint off my hands / the wall я не могу́ смыть кра́ску с рук / со стены́.

waste I *sb* (бесполе́зная) тра́та *f* (19c); it's a ~ of time / energy / money / labour э́то бесполе́зная тра́та (*with gen*) вре́мени / сил / де́нег / труда́.

waste II *v* тра́тить (177) (зря), *perf* потра́тить (177) (зря) [*with acc* time вре́мя, money де́ньги]; his efforts were ~d его́ уси́лия бы́ли напра́сны; we decided to ~ no more time мы реши́ли бо́льше не тра́тить вре́мени зря.

watch I *sb* часы́ *no sg* (1k) [1) beautiful краси́вые, expensive дороги́е, broken сло́манные; 2) is ten minutes slow отстаю́т на де́сять мину́т, is five minutes fast спеша́т на́ пять мину́т; 3) break слома́ть, drop урони́ть, look at смотре́ть на, repair чини́ть, put on наде́ть, take off снять, wind заводи́ть, set ста́вить]; pocket / wrist ~ карма́нные / ручны́е часы́; it is two o'clock by my ~ по мои́м часа́м два часа́; your ~ is wrong ва́ши часы́ иду́т неве́рно; my ~ has stopped у меня́ останови́лись часы́; I must have my ~ repaired мне ну́жно почини́ть часы́.

watch II *v* **1.** (*observe*) следи́ть (153), *no perf* [1) carefully, closely внима́тельно, intently при́стально, anxiously озабо́ченно; 2) за *with instr* the boy за ма́льчиком, the game за игро́й]; we ~ed them do it мы следи́ли, как они́ э́то де́лали; { (*look at*) наблюда́ть (64), *no perf* (*with acc*); we ~ed the sunset from the balcony мы наблюда́ли захо́д со́лнца с балко́на; **2.** (*guard*) охраня́ть (223), *no perf* (*with acc*); one man was left behind to ~ the equipment оди́н челове́к был оста́влен для охра́ны снаряже́ния; ~ **out:** ~ out! осторо́жно!

water *sb* вода́ *f* (19d) [cold холо́дная, hot горя́чая, clean чи́стая, clear прозра́чная, boiled кипячёная, fresh пре́сная, salt солёная, mineral минера́льная, drinking питьева́я]; drink / pour / warm ~ пить / налива́ть / греть во́ду; turn on / turn off the ~ откры́ть / закры́ть кран; a glass / bottle of ~ стака́н / буты́лка воды́; give me some ~! да́йте мне (немно́го) воды́!; they gave her a drink of ~ они́ да́ли ей пить; fall into the ~ упа́сть в во́ду; under / above ~ под / над водо́й; the ~ was deep / shallow there там бы́ло глубоко́ / ме́лко; ~ sports во́дный спорт; ~ polo во́дное по́ло *n indecl.*

wave I *sb* волна́ *f* (19c) [great больша́я, high высо́кая, huge огро́мная]; sea ~s морски́е во́лны; the ~s rolled over the deck во́лны перека́тывались че́рез па́лубу; ~ of enthusiasm / indignation волна́ энтузиа́зма / негодова́ния; a ~ of anger прили́в гне́ва.

wave II *v* **1.** (*flutter*) развева́ться (64), *no perf*; flags ~d in the wind фла́ги развева́лись на ветру́; **2.** (*signal*) маха́ть (69), *perf* помаха́ть (69); ~ one's hand / handkerchief / hat to smb помаха́ть кому́-л. (*with instr*) руко́й / платко́м / шля́пой; he ~d me aside / away он махну́л мне, что́бы я отошёл в сто́рону / ушёл.

way 1. (*road*) доро́га *f* (22b); the ~ from N. to M. доро́га из Н. в М.; know / forget / show the ~ знать / забы́ть / показа́ть доро́гу; there is a narrow ~ between the houses ме́жду э́тими дома́ми есть у́зкий прохо́д; there is no ~ through здесь нет прохо́да; **2.** (*route, direction*) путь *m* (29b) [right пра́вильный, wrong неве́рный, shortest кратча́йший]; ask the ~ to the village / to the square спроси́ть, как пройти́ к дере́вне / к пло́щади; can you tell / show me the ~ to the exhibition / to the park? вы не ска́жете / пока́жете мне, как пройти́ на вы́ставку / в парк?; are you coming my ~? вам со мно́й по пути́?; on the ~ to the village / to the station / to the theatre / to the river / home по доро́ге в дере́вню / на вокза́л / в теа́тр / к реке́ / домо́й; on his ~ to the cinema / from the theatre / from the meeting he met N. по доро́ге в кино́ / из теа́тра / с собра́ния он встре́тил Н.; it's on your ~ э́то вам по пути́; it is out of my ~ э́то мне не по пути́; the post-office is on the ~ to the hotel по́чта нахо́дится по доро́ге в гости́ницу; he is on the ~ он нахо́дится в пути́; this ~, please! сюда́, пожа́луйста!; he lead the ~ он шёл впереди́; he went this ~ он пошёл в э́том направле́нии; ⊙ **be in one's ~** меша́ть (64), *perf* помеша́ть (64) (*with dat*); I'm afraid I shall be in your ~ бою́сь, что я бу́ду вам меша́ть; **lose one's ~** заблуди́ться (152) [in a forest в лесу́, in town в го́роде, in the dark в темноте́]; **3.** (*distance*): we walked all the ~ мы всю доро́гу шли пешко́м; the rest of the ~ остальна́я часть пути́; it is a long ~ from here to the station отсю́да до ста́нции далеко́; **4.** (*method*) спо́соб *m* (1f) [1) new но́вый, original оригина́льный, easy лёгкий, simple просто́й, strange стра́нный; 2) find найти́, suggest предложи́ть]; there are many ~s / two ~s / different ~s of doing it э́то мо́жно сде́лать мно́гими спо́собами / двумя́ спо́собами / разли́чными спо́собами; in what ~ can I help you? как я могу́ вам помо́чь?; that is the ~ I did it вот как я э́то сде́лал(а); the best / simplest ~ is to write them a letter лу́чше всего́ / про́ще всего́ написа́ть им письмо́; there is no other ~ to do it э́то нельзя́ сде́лать ина́че; he did it in his own ~ он сде́лал э́то по-сво́ему; in this, that ~ таки́м о́бразом; in this ~ we shall do the work much faster таки́м путём мы вы́полним рабо́ту гора́здо скоре́е; ◇ **by the ~** кста́ти; **a ~ out** вы́ход (*m* 1f) (из положе́ния); I see no other ~ out я не ви́жу друго́го вы́хода; **have it your own ~!** пусть бу́дет по-ва́шему!

we *pron pers* мы (*1st pers pl*) (40a); we are great friends мы больши́е друзья́; we shall be back at three o'clock мы вернёмся в три часа́; we both мы о́ба, о́бе; we all want to see her мы все хоти́м её повида́ть; we know / love this writer мы зна́ем / лю́бим э́того писа́теля; *also see* us.

weak **1.** (*not strong or healthy*) сла́бый (31b) [child ребёнок; man челове́к; voice го́лос]; сла́бая [woman же́нщина; country страна́]; сла́бое [health здоро́вье, heart се́рдце, eyesight зре́ние]; сла́бые [eyes глаза́, lungs лёгкие]; he was too ~ to stand от сла́бости он не мог стоя́ть; he felt very ~ after his illness он чу́вствовал себя́ о́чень сла́бым по́сле боле́зни; 2. (*diluted*) сла́бый [tea чай, coffee ко́фе, solution раство́р]; 3. (*not energetic*) нереши́тельный (31b) [character хара́ктер]; нереши́тельная [attempt попы́тка]; ~ defence сла́бая защи́та; ~ resistance сла́бое сопротивле́ние; 4. (*poor*): he / she is ~ in arithmetic / history он / она́ слаб / слаба́ в арифме́тике / исто́рии; he has one ~ point у него́ одно́ сла́бое ме́сто.

wealth бога́тство *n* (14c) [great большо́е, considerable значи́тельное, immense огро́мное]; man of ~ бога́тый челове́к; he had inherited great ~ он получи́л в насле́дство большо́е бога́тство.

weapon ору́жие *n*, *no pl* (18c) [1) powerful мо́щное, modern совреме́нное, dangerous опа́сное; atomic а́томное; 2) carry носи́ть].

wear *v* **1.** (*have on*) носи́ть (148), *no perf* [*with acc* clothes оде́жду, dress пла́тье, hat шля́пу, shoes ту́фли, боти́нки, glasses очки́, socks носки́; black чёрное, gray се́рое]; he wore a winter coat он был в зи́мнем пальто́; I have nothing to ~ мне не́чего наде́ть; which dress are you going to ~ today? како́е пла́тье вы собира́етесь сего́дня наде́ть?; she ~s her hair short у неё ко́ротко подстри́жены во́лосы; **2.** (*endure continued use*) носи́ться (148), *no perf* [badly пло́хо, well хорошо́]; good leather / this cloth will ~ for years хоро́шая ко́жа / э́та мате́рия бу́дет носи́ться года́ми; ~ **out** 1) изна́шивать (65), *perf* износи́ть (148) [*with acc* shoes ту́фли, suit костю́м]; my shoes are worn out мои́ ту́фли износи́лись; 2) *fig* (*exhaust*) истоща́ть (64), *perf* истощи́ть (171): his patience was worn out его́ терпе́ние истощи́лось; he felt worn out он чу́вствовал себя́ изму́ченным.

weather *sb* пого́да *f*, *no pl* (19c) [1) good хоро́шая, bad плоха́я, fine, excellent, beautiful прекра́сная, wet сыра́я, rainy дождли́вая, dry суха́я, hot жа́ркая, cold холо́дная, cool прохла́дная, pleasant прия́тная, beastly отврати́тельная, summer ле́тняя; 2) changes меня́ется, lasts де́ржится, has improved улу́чшилась]; in good / bad ~ в хоро́шую / плоху́ю пого́ду; in all sorts of ~ в любу́ю пого́ду; we have had good ~ the whole month весь ме́сяц стои́т хоро́шая пого́да; what was the ~ like? кака́я была́ пого́да?; the ~ was so-so пого́да была́ нева́жная, та́к себе; ~ forecast прогно́з пого́ды; depending on the ~ в зави́симости от пого́ды;

in spite of the rainy / bad ~ несмотря́ на дождли́вую / плоху́ю пого́ду; on account of the bad ~ из-за плохо́й пого́ды; the ~ turned cold / hot suddenly неожи́данно пого́да ста́ла холо́дной / жа́ркой.

wedding сва́дьба *f* (19c); be present at a ~ прису́тствовать на сва́дьбе; invite to a ~ приглаша́ть на сва́дьбу; ~ anniversary годовщи́на сва́дьбы; ⊙ **silver / golden** ~ серéбряная / золота́я сва́дьба.

Wednesday среда́ *f* (19g); *see* Friday.

week недéля *f* (20e); this / last / next ~ на э́той / про́шлой / слéдующей недéле; a ~ from today чéрез недéлю (счита́я с сего́дняшнего дня); a ~ / two ~s / five ~s ago недéлю / две недéли / пять недéль тому́ наза́д; I have been here for a whole ~ я (нахожу́сь) здесь цéлую недéлю; I spent the whole ~ there я провёл, провела́ там цéлую недéлю; once / twice a ~ раз / два ра́за в недéлю; during the ~ в течéние недéли; the ~ after next чéрез недéлю; in two ~s чéрез две недéли; two ~s later две недéли спустя́; at the beginning / end of the ~ в нача́ле / концé недéли; the days of the ~ дни недéли; what day of the ~ is it? како́й э́то день недéли?; for the last three ~s (за) послéдние три недéли; he earned 20 dollars a ~ он зараба́тывал два́дцать до́лларов в недéлю.

week-day бу́дний день *m* (2c); *usu pl* бу́дни (3f); on ~s в бу́дни.

week-end конéц недéли, суббо́та и воскресéнье; spend the ~ in the country провести́ суббо́ту и воскресéнье за́ городом; where are you going for the ~? куда́ вы поéдете на суббо́ту и воскресéнье?

weekly *a* еженедéльный (31b) [magazine, journal журна́л]; еженедéльная [newspaper газéта].

weigh 1. (*have weight*) вéсить (149), *no perf* [little ма́ло, five kilograms пять килогра́ммов]; how much does the box ~? ско́лько вéсит э́тот я́щик?; how much, what do you ~? ско́лько вы вéсите?; **2.** (*determine weight*) взвéшивать (65), *perf* взвéсить (149) [*with acc* box я́щик, fruit фру́кты, luggage бага́ж]; **3.** (*find out one's own weight*) взвéшиваться (65), *perf* взвéситься (149); do you often ~ yourself? вы ча́сто взвéшиваетесь?; **4.** (*consider*) взвéшивать, *perf* взвéсить [*with acc* the consequences послéдствия, the pros and cons за и про́тив, one's words свои́ слова́].

weight вес *m*, *no pl* (1f) [considerable значи́тельный, great большо́й]; what is the ~ of this box? како́в вес э́того я́щика?; sell smth by ~ продава́ть что-л. на вес; this box is smaller in size but greater in ~ э́тот я́щик ме́ньше по разме́рам, но бо́льше по ве́су; ⊙ **put on, gain** ~ поправля́ться (223), *perf* попра́виться (168); she was afraid of gaining ~ она́ боя́лась пополне́ть; **lose** ~ худе́ть (98), *perf* похуде́ть (98); he has lost a lot of ~ он си́льно похуде́л.

welcome I *a*: your visit will be ~ to all of us мы все бу́дем о́чень ра́ды ва́шему посеще́нию; you're ~ to any book I have вы мо́жете взять любу́ю из мои́х книг; a ~ guest, visitor жела́нный гость; ~! добро́ пожа́ловать!; ⊙ **you are** ~! (*answer to* "thank you") пожа́луйста!

welcome II *v* приве́тствовать (245) (*with acc*); the delegation was ~d by the president of the Academy делега́цию приве́тствовал президе́нт акаде́мии; they ~d the idea / suggestion они́ приве́тствовали э́ту мысль / э́то предложе́ние.

well I *a* (*in good health*): I am, feel ~ я чу́вствую себя́ хорошо́; I hope you will be, get ~ soon (я) наде́юсь, что вы ско́ро попра́витесь; you don't look very ~ вы не о́чень хорошо́ вы́глядите; I don't feel ~ я нехорошо́ себя́ чу́вствую.

well II *adv* хорошо́ (*comp* лу́чше, *superl* лу́чше всего́) [know знать, speak говори́ть, sing петь, work рабо́тать, do smth (с)де́лать что-л.]; I didn't understand very ~ я не о́чень хорошо́ по́нял, поняла́; I don't know Russian ~ enough я недоста́точно хорошо́ зна́ю ру́сский язы́к; did you sleep ~? вы хорошо́ спа́ли?; very ~! (*I agree*) хорошо́!; I hope everything will go ~ (я) наде́юсь, что всё бу́дет хорошо́, в поря́дке; ⊙ **go** ~ **with** подходи́ть (152), *perf* подойти́ (206) к (*with dat*); does this hat go ~ with my green coat? подхо́дит э́та шля́па к моему́ зелёному пальто́?; **as** ~ 1) не то́лько..., но и...; she can read Russian and speak as ~ она́ не то́лько чита́ет, но и говори́т по-ру́сски; 2) (*too*) та́кже; I have spoken to the others as ~ с други́ми я та́кже поговори́л(а).

well III: as ~ as *conj* как..., так и...; he is well-known abroad as ~ as in his own country он хорошо́ изве́стен как за грани́цей, так и у себя́ на ро́дине; the adults as ~ as the children were enjoying the performance как взро́слые, так и де́ти получа́ли удово́льствие от спекта́кля.

well-to-do *a* зажи́точный (31b) [collective farm колхо́з]; зажи́точная [family семья́].

west *sb* за́пад *m* (1f); **see** east.

western за́падный (31b); *see* eastern.

wet *a* мо́крый (31b) [floor пол, snow снег]; мо́края [clothes оде́жда, grass трава́]; мо́крое [dress пла́тье]; мо́крые [shoes ту́фли, feet но́ги, hands ру́ки, hair во́лосы, streets у́лицы]; get ~ промо́кнуть (127); did you get ~? вы промо́кли?; I was ~ through я наскво́зь промо́к(ла); she was ~ to the skin она́ промо́кла до ни́тки; { сыро́й (31a) [climate кли́мат]; сыра́я [ground земля́, weather пого́да]; сыро́е [summer ле́то, place ме́сто].

what I *pron inter* **1.** что (41a); ~ is that? что э́то (тако́е)?; ~ has happened? что случи́лось?; ~ is on tonight? что идёт сего́дня ве́чером (в теа́тре, в кино́)?; ~ is your first name? как вас зову́т?; ~ is your name? как ва́ша фами́лия?; { чего́ *gen*; ~ is it made of? из чего́ э́то сде́лано?; ~ is that used for? для чего́ э́то употребля́ется?; { чему́ *dat*; ~ did it lead to? к чему́ э́то привело́?; ~ does it correspond to in Russian? чему́ э́то соотве́тствует в ру́сском языке́?; { что *acc*; ~ does he want / say? что он хо́чет / говори́т?; ~ else can you say? что ещё вы мо́жете сказа́ть?; ~ are you looking at? на что вы смо́трите?; { чем *instr*; ~ are you laughing at? над чем вы смеётесь?; ~ are you interested in? чем вы интересу́етесь?; ~ do you open it with? чем вы э́то открыва́ете?; { чём *abl*; ~ are you talking about / thinking of? о чём вы говори́те / ду́маете?; { ~ do you think? как вы ду́маете?; ~ do you think he did? как вы ду́маете, что он сде́лал?; **2.** како́й (33a); ~ questions did he ask you? каки́е вопро́сы он вам за́дал?; ~ day is (it) today? како́й сего́дня день?; ~ time is it? кото́рый час?; ~ plays do you like best? каки́е пье́сы вы предпочита́ете?; I don't know ~ train he will go by я не зна́ю, каки́м по́ездом он пое́дет; ~ kind of person is he? что он за челове́к? ⊙ ~ **about...?** как насчёт...?; ~ about the others? а как насчёт остальны́х?; ~ about going there now? (*gerund in this case is rendered by inf perf introduced by* того́, что́бы) как насчёт того́, что́бы пойти́ туда́ сейча́с?; ~ **if...** а что е́сли...; ~ if he doesn't come at all? а что е́сли он совсе́м не придёт?; II *as conjunctive word* что; he told us ~ he had seen there он рассказа́л нам о том, что там ви́дел; ~ happened after that was not interesting то, что случи́лось пото́м, бы́ло неинтере́сно; III *in exclamatory sentences* како́й; ~ a beautiful city! како́й краси́вый го́род!; ~ cold weather! какая холодная погода!; ~ nonsense! какая чепуха!; ~ an idea! что за мысль!

whatever что бы ни; he was successful in ~ he undertook to do ему удавалось всё, за что бы он ни брался; don't change your mind, ~ happens что бы ни случилось, не меняйте своего решения.

wheat пшеница *f, no pl* (21c); summer / winter ~ яровая / озимая пшеница; grow / sow / harvest ~ выращивать / сеять / убирать пшеницу; ~ field, field of ~ пшеничное поле; ~ harvest, crop урожай пшеницы; ~ flour пшеничная мука.

wheel *sb* 1. (*of cart, machine, etc.*) колесо *n* (14f) [1) front переднее, rear заднее, iron железное, broken сломанное; 2) goes round, turns крутится]; 2. (*for steering*) руль *m* (2b); be at the ~ быть за рулём.

when I *adv* когда; ~ can you get here? когда вы сможете приехать сюда?; ~ did you see him last? когда вы его видели в последний раз?; since ~? с каких пор?; II *as conj in clauses* когда; I don't know ~ he will be back я не знаю, когда он вернётся; ~ you see him, ask him когда вы его увидите, спросите его; ~ we were in the country we used to take long walks когда мы были в деревне, мы много ходили; he was busy ~ I got there когда я пришёл, приехал, он был занят.

whenever когда; come ~ you can приходите, когда вы сможете; you must rest ~ you begin to feel tired вы должны отдохнуть, когда почувствуете усталость; { когда бы ни; ~ he speaks everyone listens with interest когда бы он ни говорил, его все слушают с интересом.

where I *adv* 1. (*denoting direction*) куда; ~ are you going (to)? куда вы идёте?; ~ can I put this bag? куда я могу положить этот чемодан?; ~ from? откуда?; ~ are you from? вы откуда?; ~ shall we start from? откуда мы отправимся?; ~ do you think they went? как вы думаете, куда они пошли?; 2. (*denoting place*) где; ~ is my bag? где мой портфель?; ~ do you live? где вы живёте?; ~ did you buy it? где вы это купили?; ~ is it? где это?; that must be far from ~ we were это должно быть далеко от того места, где мы были.

where II *pron rel* 1. (*denoting direction*) куда; the place ~ we are going место, куда мы едем; I can see it from ~ I am я это вижу и отсюда; I don't know ~ I've put my ticket / ~ this road leads я не знаю, куда я положил(а) билет / куда ведёт э́та доро́га; **2.** (*denoting place*) где; this is a house ~ I used to live э́то тот дом, где я жил(а́) ра́ньше; this is ~ I live вот где я живу́; stay ~ you are остава́йтесь там, где вы сейча́с; that's ~ you are mistaken в э́том вы ошиба́етесь.

wherever 1. (*denoting direction*) куда́ бы ни; ~ he went people immediately recognized him куда́ бы он ни пошёл, лю́ди сейча́с же его́ узнава́ли; put your things ~ you like положи́те ве́щи, куда́ хоти́те; **2.** (*denoting place*) где бы ни; ~ he is, he must be found его́ на́до найти́, где бы он ни́ был.

whether (*in indirect questions*) ли; I asked him ~ he had been there я спроси́л (его́), был ли он там; I don't know ~ it's right / ~ he has been there or not я не зна́ю, пра́вильно ли э́то / был он там и́ли нет; find out ~ the excursion is to be in the morning or in the afternoon узна́йте, бу́дет ли экску́рсия у́тром и́ли днём; I wonder ~ there'll be many people there интере́сно, мно́го ли там бу́дет наро́ду; I doubt ~ he can manage everything in time сомнева́юсь, смо́жет ли он всё устро́ить во́время.

which I *pron inter* како́й (33a); ~ bag / city do you like best? како́й портфе́ль / го́род вам бо́льше (всего́) нра́вится?; ~ room are they in? в како́й они́ ко́мнате?; ~ window is yours? како́е окно́ ва́ше?; ~ is the right road? по како́й доро́ге идти́?; ‖ кто (41a); ~ of you кто из вас?; ~ of them is Tom? кто из них Том?; ~ of you is going with us? кто из вас пойдёт с на́ми?; **II** *pron rel* како́й; I don't know ~ play you are talking about я не зна́ю, о како́й пье́се вы говори́те; ‖ кото́рый (31b); the house in ~ he lives дом, в кото́ром он живёт; I need the book ~ he gave you мне нужна́ кни́га, кото́рую он вам дал; this is the poem of ~ I was speaking вот стихотворе́ние, о кото́ром я вам говори́л.

while I *sb* не́которое вре́мя; he stopped writing after a ~ че́рез не́которое вре́мя он переста́л писа́ть; we shall wait a ~ мы немно́го подождём; for a ~ she felt quite well в тече́ние не́которого вре́мени она́ чу́вствовала себя́ совсе́м хорошо́; I stayed there (for) a short, little ~ я там остава́лся, остава́лась недо́лго; a little ~ ago не́которое вре́мя тому́ наза́д; ⊙ **once in a ~** и́зредка; he comes to see us once in a ~ и́зредка он навеща́ет нас.

while II *conj* пока́; finish the work ~ there is light! конча́йте рабо́ту, пока́ светло́!; they did nothing ~ I was away пока́ меня́ не́ было, они́ ничего́ не де́лали;

{ в то вре́мя как, в то вре́мя когда́; he came ~ we were having supper / ~ I was out он пришёл в то вре́мя, когда́ мы у́жинали / в то вре́мя, когда́ меня́ не́ было.

whisper I *sb* шёпот *m, no pl* (1f); answer / speak in a ~ отвеча́ть / говори́ть шёпотом.

whisper II *v* шепта́ть (70), *perf* прошепта́ть (70), говори́ть (158) шёпотом, *perf* сказа́ть (48) шёпотом; don't ~, speak up! не шепчи́те, говори́те гро́мко!; "I'm afraid", she ~ed „Я бою́сь",— сказа́ла она́ шёпотом.

whistle *v* свисте́ть (134) [loudly гро́мко, merrily ве́село]; he ~d to his dog он сви́стнул соба́ку; { насви́стывать (65), *no perf* [*with acc* tune мело́дию, пе́сенку].

white *a* **1.** бе́лый (31b) [suit костю́м, colour цвет, flower цвето́к, bear медве́дь, house дом, snow снег, sand песо́к]; бе́лая [shirt руба́шка, ribbon ле́нта, wall стена́, paint кра́ска, horse ло́шадь]; бе́лое [building зда́ние, dress пла́тье, face лицо́, wine вино́]; бе́лые [shoes ту́фли]; paint smth ~ покра́сить что-л. в бе́лый цвет; in ~ в бе́лом; she was wearing ~ она́ была́ в бе́лом; become ~ бледне́ть (98); her face went ~ её лицо́ побеле́ло, побледне́ло; ⊙ **as ~ as a sheet** бе́лый как полотно́; **2.** (*gray-haired*) седо́й (31a); седа́я [head голова́]; седы́е [hair во́лосы]; woman with ~ hair седа́я же́нщина.

who I *pron inter* кто (41a); ~ wrote the letter? кто написа́л э́то письмо́?; ~ did that? кто э́то сде́лал?; ~ is there? кто там?; ~ is that man? кто э́тот челове́к?; ~ else wants to go? кто ещё хо́чет идти́, пойти́?; *also see* whom; **II** *pron rel* кото́рый (31b); the man ~ was here is my brother челове́к, кото́рый был здесь,— мой брат; { *often after pronouns* кто; anybody ~ thinks so is mistaken те, кто так ду́мает, ошиба́ются; everyone ~ went there liked the place всем, кто там был, нра́вится э́то ме́сто.

whoever (*everyone who*) кто (41a); ~ wants to may leave now кто хо́чет, мо́жет уйти́ сейча́с; { (*anyone who*) кто бы ни; ~ said that was mistaken кто бы э́то ни сказа́л, он ошибся; ~ came to the exhibition liked it вы́ставка нра́вилась всем, кто бы ни пришёл на неё.

whole I *sb*: as a ~ в це́лом; let us discuss the plan as a ~ обсу́дим план в це́лом; ⊙ **on, upon the ~** в о́бщем; it was a very interesting excursion on the ~ в о́бщем, э́то была́ о́чень интере́сная экску́рсия; on the ~ we enjoyed the concert в о́бщем, конце́рт нам понра́вился.

whole II *a* 1. (*from beginning to end*) весь (41e) [day день, year год, town го́род, world мир]; вся [book кни́га, country страна́]; всё [summer ле́то]; tell me the ~ story / truth расскажи́те мне всю исто́рию / пра́вду; he fixed his ~ attention upon the subject он сконцентри́ровал всё своё внима́ние на э́том предме́те; ‖ це́лый (31b); we had to wait a ~ hour нам пришло́сь ждать це́лый час; we shall need two ~ days нам пона́добится це́лых два дня; a ~ week passed прошла́ це́лая неде́ля; 2. (*undivided*) це́лый [glass стака́н, cake пиро́г, торт]; це́лая [plate таре́лка, cup ча́шка]; це́лое [apple я́блоко].

whom I *pron inter* кого́ *gen*; from ~ did you receive those flowers? от кого́ вы получи́ли э́ти цветы́?; ‖ кому́ *dat*; ~ did you show the letter? кому́ вы пока́зывали (э́то) письмо́?; to ~ did you apply? к кому́ вы обрати́лись?; ‖ кого́ *acc*; ~ did you meet / see in the park? кого́ вы встре́тили / ви́дели в па́рке?; ~ are you waiting for? кого́ вы ждёте?; ‖ кем *instr*; with ~ were you at the theatre? с кем вы бы́ли в теа́тре?; ~ are you laughing at? над кем вы смеётесь?; ‖ ком *abl*; about ~ are you speaking / thinking? о ком вы говори́те / ду́маете?; II *pron rel*: this is the man ~ we saw yesterday / with, to ~ we spoke / about ~ I was speaking / of ~ we heard so much / without ~ we can't go there вот челове́к, кото́рого мы вчера́ ви́дели / с кото́рым мы говори́ли / о кото́ром я говори́л(а) / о кото́ром мы так мно́го слы́шали / без кото́рого мы не мо́жем туда́ пойти́; the girl about ~ I told you has come де́вушка, о кото́рой я вам говори́л, пришла́; *also see* who.

whose I *pron poss* чей *m*, чья *f*, чьё *n*, чьи *pl* (41c); ~ house / table is that? чей э́то дом / стол?; ~ car is this? чья э́то маши́на?; ~ pen did you take? чью ру́чку вы взя́ли?; ~ work are you talking about? о чьей рабо́те вы говори́те?; ~ coat is that? чьё э́то пальто́?; ~ is this? чьё э́то?; II *pron rel* кото́рого *m*, *n*, кото́рой *f*, кото́рых *pl* (31b); this is the girl ~ brother was here yesterday э́то де́вушка, брат кото́рой вчера́ был здесь; a scientist will speak ~ name is known all over the world сейча́с вы́ступит учёный, и́мя кото́рого изве́стно во всём ми́ре.

why (*of reason*) почему́; ~ did you go there / do that? почему́ вы туда́ пое́хали, пошли́ / сде́лали э́то?; ~ did you not answer my letter? почему́ вы не отве́тили на моё письмо́?; ~ do you think so? почему́ вы так ду́маете?; ~ not? почему́ бы нет?, почему́ бы не сде́лать э́то?; ~ not go there today? почему́ бы не пое́хать туда́ сего́дня?; ~ not take him with us? почему́ бы не взять его́ с собо́й?; I can't understand ~ he is late я не могу́ поня́ть, почему́ он опа́здывает; ‖ (*for what purpose*) заче́м; ~ go there? заче́м идти́ туда́?; ~ did he do it? заче́м он э́то сде́лал?; ⊙ **that's** ~ поэ́тому; he was ill, and that's ~ he couldn't come он был бо́лен (и) поэ́тому не мог прийти́.

wide I *a* **1.** (*not narrow*) широ́кий (33b) [bridge мост, corridor коридо́р, interval промежу́ток]; широ́кая [street у́лица, river река́, stairs ле́стница; skirt ю́бка]; широ́кое [window окно́; field по́ле]; the river is not very ~ here в э́том ме́сте река́ не о́чень широка́; a window two metres ~ окно́ ширино́й в два ме́тра; how ~ is the room? какова́ ширина́ э́той ко́мнаты?; ‖ *fig*: ~ experience большо́й о́пыт; ~ interests широ́кие интере́сы; **2.** (*too big*) широ́к *m*, широка́ *f*, широко́ *n*, широки́ *pl*; the suit is too ~ for him (э́тот) костю́м ему́ сли́шком широ́к; the dress / coat is too ~ for me (э́то) пла́тье / пальто́ мне сли́шком широко́; the skirt is too ~ for her ю́бка ей сли́шком широка́; the trousers / shoes are too ~ брю́ки / ту́фли сли́шком широки́; the coat is too ~ in the shoulders пальто́ сли́шком широко́ в плеча́х.

wide II *adv* широко́; her eyes were ~ open её глаза́ бы́ли широко́ откры́ты; fling the window / door ~ open широко́ распахну́ть окно́ / дверь.

widow вдова́ *f* (19b); she became a ~ она́ овдове́ла.

wife жена́ *f* (19b) [young молода́я, beautiful краси́вая, wedded, lawful зако́нная, faithful ве́рная]; he has a very nice ~ у него́ о́чень ми́лая жена́; he thought of his ~ and children он поду́мал о жене́ и де́тях; he left his ~ он бро́сил свою́ жену́.

wild *a* **1.** (*not tame, cultured or civilized*) ди́кий (33b) [beast зверь; flower цвето́к]; ди́кая [duck у́тка, bird пти́ца; country ме́стность]; ди́кое [animal живо́тное, plant расте́ние]; ди́кие [berries я́годы; tribes племена́], **2.** (*disorderly*) бу́йный (31b) [child ребёнок, man челове́к]; ‖ (*of speech, etc.*) ди́кий (33b), исступлённый (31b) [laughter хо́хот, смех]; ~ cries исступлённые кри́ки; **3.** (*greatly excited*) безу́мный (31b) [look взгляд]; безу́мные [words слова́, ре́чи, eyes глаза́]; be ~ with anger / fright обезу́меть от (*with gen*) гнéва / стрáха; the anxiety / the pain almost drove her ~ онá чуть не сошлá с умá от беспокóйства / бóли; be ~ about smth быть без умá от чегó-л.; she is ~ about dancing онá без умá от тáнцев.

will I *sb* **1.** (*determination*) вóля *f*, *no pl* (20e) [strong сúльная, weak слáбая, firm твёрдая, iron желéзная]; ~ power сúла вóли; a man of strong ~ человéк сúльной вóли; he has no ~ of his own у негó нет вóли; **2.** (*wish*) вóля; the ~ of the people вóля нарóда; he did it against his ~ / against his father's ~ / of his own free ~ он сдéлал э́то прóтив своéй вóли / вопрекú вóле отцá / по своéй сóбственной вóле; ⊙ **with a ~** с охóтой; work with a ~ рабóтать с охóтой; **3.** (*document*) завещáние *n* (18c) [write написáть, make дéлать, draw up состáвить, leave остáвить, change изменúть, carry out испóлнить]; according to the ~ по завещáнию; he left everything to his wife in his ~ по завещáнию он всё остáвил своéй женé.

will II *v* I *aux of future tense* бýдешь (*sg 2nd pers*), бýдет (*sg 3d pers*), бýдете (*pl 2nd pers*), бýдут (*pl 3d pers*) *followed by imperf inf*; what ~ you be doing tomorrow? что ты бýдешь, вы бýдете дéлать зáвтра?; you ~ write to me often, won't you? вы бýдете мне чáсто писáть, не прáвда ли?; he ~ be working at home tomorrow зáвтра он бýдет рабóтать дóма; tomorrow ~ be Friday зáвтра бýдет пя́тница; they ~ be glad to see you онú бýдут рáды вас вúдеть; dinner ~ be ready in half an hour обéд бýдет готóв чéрез полчасá; { *not translated if Russian verb is in perf aspect*: he ~ meet you at the station он встрéтит вас на вокзáле; you ~ do it tomorrow ты сдéлаешь, вы сдéлаете э́то зáвтра; ~ he help us? он нам помóжет?; you / they / he ~ not have to wait long вам / им / емý не придётся дóлго ждать; you ~ like the place вам понрáвится э́то мéсто; II *modal, not translated in affirm, Russian verb is in perf aspect*: all right, I'll do it хорошó, я э́то сдéлаю; lend me your book, I'll bring it back in two days дáйте мне вáшу кнúгу, я принесý её через два дня́; { *in neg is translated by* бýду, бýдем, *Russian verb in imperf aspect*; I / we won't do it any more я не бýду / мы не бýдем бóльше э́того дéлать; I / we promise you я / мы вам обещáю / обещáем; { *in neg sentences, expressing refusal, not translated, Russian verb translated in present imperf, often* никáк *is added*:

this window / door won't open э́то окно́ / э́та дверь (ника́к) не открыва́ется; this machine won't work э́тот стано́к (ника́к) не рабо́тает; the boy won't listen to, obey anyone ма́льчик никого́ не хоте́л слу́шаться; ‖ *in questions conveying requests not translated, Russian verb translated in imperative,* пожа́луйста *is added*: ~ you (please) open the window? откро́йте, пожа́луйста, окно́!; ‖ *greater politeness is expressed by negative verb*: ~ you, won't you open the window? вы не откро́ете окно́?; ~ you please help me? вы не помо́жете мне?, помоги́те мне, пожа́луйста!

willing *a* (*ready*): be ~ *in present tense sentences conveyed by adv* охо́тно *and verb in future or present*; she is ~ to go with us она́ охо́тно пойдёт с на́ми; he is ~ to do everything in his power он охо́тно сде́лает всё, что в его́ си́лах; I am ~ to believe that you have done your best (я) охо́тно ве́рю, что вы сде́лали всё, что могли́; ‖ *in past tense sentences conveyed by a short form* гото́в; everyone was ~ to help все бы́ли гото́вы помо́чь; he / she said he / she was ~ to wait all day он / она́ сказа́л(а), что он / она́ был(а́) гото́в(а) ждать весь день.

willingly охо́тно [do smth де́лать что-л., agree согласи́ться, obey повинова́ться, слу́шаться, help помо́чь]; I shall do it ~ я охо́тно э́то сде́лаю.

win 1. (*be victorious*) выи́грывать (65), *perf* вы́играть (64a) [*with acc* battle сраже́ние, competition соревнова́ние, game игру́, strike забасто́вку, war войну́]; ~ the case вы́играть де́ло; ‖ (*take prize*) победи́ть (153) [в *with abl* in a competition в соревнова́нии, a race в го́нках]; who won? кто победи́л, вы́играл?; ~ by 3 to 2 вы́играть со счётом три—два; ~ a prize получи́ть приз, пре́мию; ‖ (*gain*) выи́грывать, *perf* вы́играть [1) *with acc* money де́ньги, watch часы́, car автомаши́ну; 2) at cards в ка́рты, in a lottery в лотере́е, at a horse-race на ска́чках]; **2.** (*attain*) завоева́ть (247) [*with acc* freedom свобо́ду, peace мир, fame сла́ву]; ~ a victory одержа́ть побе́ду; their team won the cup их кома́нда завоева́ла ку́бок; ~ smb's heart покори́ть чьё-л. се́рдце.

wind I *sb* ве́тер *m* (1f) [1) cold холо́дный, warm тёплый, light лёгкий, strong, high си́льный, fresh све́жий, piercing прони́зывающий; east восто́чный; from the north с се́вера; 2) blows ду́ет, has changed измени́лся, increased уси́лился, ceased, died down прекратился]; walk against the ~ идти против ветра; there was a strong ~ blowing дул сильный ветер; there isn't much ~ today сегодня нет сильного ветра; a gust of ~ порыв ветра.

wind II *v* **1.** (*form into a ball*) сматывать (65), *perf* смотать (64) (*with acc*); ~ (up) yarn / wool into a ball смотать пряжу / шерсть в клубок; ‖ (*twist round*) наматывать (65), *perf* намотать (64) (*with acc*); ~ thread on a spool / round one's finger намотать нитки на катушку / на палец; **2.** (*make mechanism go*) заводить (152), *perf* завести (219) [*with acc* clock, watch часы]; he forgot to ~ (up) his watch он забыл завести часы.

window 1. (*of dwelling house*) окно *n* (14b) [1) wide широкое, narrow узкое, clean чистое, broken разбитое, open открытое; 2) break разбить, throw, fling open распахнуть, open открыть, close, shut закрыть, climb through влезть в, knock at постучать в, wash, clean мыть]; the ~s were closed окна были закрыты; sit at the ~ сидеть у, около окна; look out of the ~ смотреть из окна, выглянуть в окно; the room has two ~s в комнате два окна; the ~ two metres high and three metres wide окно высотой в два (метра) и шириной в три метра; the ~s face the street / east окна выходят на улицу / на восток; throw smth out of the ~ выбросить что-л. из окна; would you mind my opening the ~? вы не возражаете, если я открою окно?; will you please open the ~? откройте, пожалуйста, окно!; **2.** (*of shop*) витрина *f* (19c); goods in the ~ товары, выставленные на витрине.

wine *sb* вино *n* (14b, *gen pl* вин) [1) dry сухое, white белое, strong крепкое, light лёгкое, old старое; 2) drink пить, taste пробовать, pour (out) наливать]; glass / bottle of ~ рюмка, стакан / бутылка вина.

wing *sb* **1.** крыло *n* (14g) [*with gen* of a bird птицы, of an insect насекомого, of an aeroplane самолёта, of a windmill ветряной мельницы]; flap one's ~s махать крыльями; spread / fold one's ~s расправить / сложить крылья; **2.** (*of building*) крыло [1) right правое, east восточное; 2) *with gen* of a house дома, of a hospital больницы]; a new ~ has been added было выстроено новое крыло; **3.** *mil* фланг *m* (4c) [left левый, right правый, threatened находящийся под угрозой].

winter *sb* зима *f* (19g) [1) cold холодная, warm тёплая, mild мягкая, severe суро́вая, long до́лгая, short коро́ткая; 2) begins in December начина́ется в декабре́, has come наступи́ла, lasts three months дли́тся три ме́сяца, is over ко́нчилась]; at the beginning / end of ~ в нача́ле / конце́ зимы́; in (the) ~ зимо́й; during the ~ в тече́ние зимы́; this / next ~ зимо́й э́того / бу́дущего го́да; last ~ про́шлой зимо́й, зимо́й про́шлого го́да; spend the ~ in warm places проводи́ть зи́му в тёплых края́х; ~ is early this year в э́том году́ зима́ наступи́ла ра́но; we have had much snow this ~ э́той зимо́й (бы́ло) мно́го сне́га; ~ day / month / sports зи́мний день / ме́сяц / спорт; ~ clothes зи́мняя оде́жда; ~ coat зи́мнее пальто́; ~ holidays зи́мние кани́кулы.

wipe *v* (*dry*) вытира́ть (64), *perf* вы́тереть (122) [1) *with acc* hands ру́ки, face лицо́, eyes глаза́; dishes посу́ду; 2) *with instr* on a towel полоте́нцем, on, with one's sleeve рукаво́м]; ~ smth dry вы́тереть что-л. до́суха; ~ **away**, ~ **off** стира́ть (64), *perf* стере́ть (124) [*with acc* dust пыль]; ~ away a tear смахну́ть слезу́; ~ **out** 1) (*remove*) смыва́ть (64), *perf* смыть (209) [*with acc* stain пятно́; disgrace позо́р, insult оби́ду; 2) (*destroy*) уничтожа́ть (64), *perf* уничто́жить (174) [*with acc* enemy проти́вника]; illiteracy has been ~d out негра́мотность была́ ликвиди́рована.

wire I *sb* **1.** (*metal strand*) про́волока *f*, *no pl* (22d) [iron желе́зная, copper ме́дная; barbed колю́чая, fine то́нкая]; **2.** (*transmitter*) про́вод *m* (1f) [1) bare, naked неизоли́рованный; telegraph телегра́фный, telephone телефо́нный, electric электри́ческий; 2) stretch, hang проводи́ть, tear down сорва́ть].

wire II *v* телеграфи́ровать (245); ~ to smb телеграфи́ровать кому́-л.; he ~d us from London он телеграфи́ровал нам из Ло́ндона; he ~d for money он телеграфи́ровал, что́бы ему́ вы́слали де́ньги.

wireless *sb* ра́дио *n indecl*; ~ operator ради́ст *m* (1e); *see* radio.

wise 1. (*very intelligent*) му́дрый (31b) [counsel сове́т]; му́дрое [decision реше́ние, remark замеча́ние]; ~ man мудре́ц *m* (9a); **2.** (*prudent*) благоразу́мный (31b); it would be ~ to agree благоразу́мнее согласи́ться; is it ~ to go there alone? (благо)разу́мно ли идти́ туда́ одному́, одно́й?; I don't think that would be ~ (я) не ду́маю, что э́то бу́дет разу́мно.

wish I *sb* **1.** жела́ние *n* (18c) [1) strong си́льное, ardent стра́стное; 2) has come true испо́лнилось; 3) have иметь, fulfil, grant испо́лнить, anticipate предвосхи́тить]; limit one's ~es ограни́чивать свои́ жела́ния; he has a great ~ to travel у него́ большо́е жела́ние путеше́ствовать; **2.** *pl* ~es (*regards*) пожела́ния (18c); my best ~es to your family (мои́) наилу́чшие пожела́ния ва́шей семье́.

wish II *v* **1.** (*want*) жела́ть (64), *perf* пожела́ть (64) (*with acc*); she had everything (any)one, a person could ~ for у неё бы́ло всё, что то́лько мо́жно пожела́ть; I don't ~ for more мне бо́льше ничего́ не на́до; I don't ~ for better мне лу́чшего не на́до; ‖ хоте́ть (133); do you ~ to stay / to wait? не хоти́те ли оста́ться / подожда́ть?; ‖ *with complex object* хоте́ть *followed by object clause with* что́бы, *Russian verb in past*; what do you ~ me to do? что вы хоти́те, что́бы я сде́лал(а)?; she ~ed him to write to her она́ хоте́ла, что́бы он ей (на)писа́л; ‖ *with* that-*clause* хоте́л(а) бы; I ~ I knew what is happening хоте́л(а) бы я знать, что происхо́дит; I ~ I had been there хоте́л(а) бы я там быть; **2.** (*express hope*) жела́ть, *perf* пожела́ть (*with dat*); she ~ed him success она́ пожела́ла ему́ (*with gen*) успе́ха; I ~ you luck жела́ю вам уда́чи; ~ smb good night пожела́ть кому́-л. споко́йной но́чи.

wit (*clever expression*) остроу́мие *n*, *no pl* (18c); the play is full of ~ and humour пье́са полна́ остроу́мия и ю́мора.

with *prep* **1.** (*together*) *with instr*: I shall go ~ you я пойду́ **с** ва́ми; take / bring the book ~ you! возьми́те / принеси́те с собо́й кни́гу!; I saw him ~ his sister я ви́дел(а) его́ с сестро́й; he lives / is travelling ~ his brother он живёт / путеше́ствует **со** свои́м бра́том; will you have dinner ~ me? вы (не) пообе́даете со мной?; **2.** (*by means of*) *prepositional phrase translated in instr*: cut ~ a knife ре́зать ножо́м; write ~ a pencil писа́ть карандашо́м; he saw it ~ his own eyes он ви́дел э́то (свои́ми) со́бственными глаза́ми; **3.** (*characterized by, having*) *with instr*: the girl ~ the flowers де́вушка с цвета́ми; a woman ~ gray hair / blue eyes же́нщина с седы́ми волоса́ми / голубы́ми глаза́ми; a coat ~ three pockets пиджа́к, жаке́т с тремя́ карма́нами; a knife ~ a bone handle нож с костяно́й ру́чкой; have you any money ~ you? у вас есть с собо́й де́ньги?; **4.** (*indicating manner*) *with instr*: ~ joy / pleasure / difficulty / great speed / a light heart

/ a smile / an effort / interest **с** ра́достью / удово́льствием / трудо́м / большо́й ско́ростью / лёгким се́рдцем / улы́бкой / уси́лием / интере́сом; { *adverbial phrases often conveyed by adv*: ~ energy энерги́чно; ~ emotion растро́ганно; ~ care осторо́жно, тща́тельно; ~ patience терпели́во; **5.** (*as result of*) *with gen*: die ~ thirst / hunger умира́ть **от** жа́жды / го́лода; shiver ~ fright / cold дрожа́ть от стра́ха / хо́лода; cry ~ pain / joy пла́кать от бо́ли / ра́дости; her face was wet ~ tears / green ~ envy / white ~ rage её лицо́ бы́ло мо́кро от слёз / позелене́ло от за́висти / побеле́ло от я́рости; **6.** (*as to*) *with instr*: it is different ~ me **со** мно́й де́ло обстои́т ина́че; that's always the way ~ you **с** ва́ми всегда́ так; { (*with gen*): it's always a question of money ~ him **что каса́ется** его́, то для него́ э́то всегда́ вопро́с де́нег; his family / work comes first ~ him что каса́ется его́, то семья́ / рабо́та явля́ется для него́ самы́м гла́вным; **7.** (*in spite of*) *with gen*: ~ all his faults I like him он мне нра́вится, **несмотря́ на** все его́ недоста́тки; ~ all his money he is unhappy несмотря́ на все его́ де́ньги, он несча́стлив; **8.** *in passive constructions, sb translated in instr*: rugs may be cleaned ~ snow ковры́ мо́жно чи́стить сне́гом; some words had been crossed out ~ a pencil не́которые слова́ бы́ли вы́черкнуты карандашо́м; the mountains are covered ~ snow го́ры покры́ты сне́гом; **9.** *in various phrases*: agree / quarrel ~ smb согласи́ться / поссо́риться **с** (*with instr*) кем-л.; be at war ~ smb воева́ть с кем-л.; make peace ~ smb помири́ться с кем-л.; we have little in common ~ them у нас с ни́ми ма́ло о́бщего; leave smth ~ smb оставля́ть что-л. **у** (*with gen*) кого́-л.; we left the key ~ the charwoman мы оста́вили ключи́ у убо́рщицы; I am pleased, satisfied ~ you / ~ the results я дово́лен (*with instr*) ва́ми / результа́тами; go on ~ your work продолжа́йте (*with acc*) свою́ рабо́ту; ~ the exception **за** исключе́нием (*with gen*); ⊙ **along** ~ (вме́сте) с (*with instr*); come along ~ me пойдёмте (вме́сте) со мно́й; **together** ~ вме́сте с (*with instr*); I bought the chairs together ~ the table я купи́л(а) сту́лья вме́сте со столо́м.

withdraw **1.** (*draw back*) отдёргивать (65), *perf* отдёрнуть (126) (*with acc*); ~ one's hand отдёрнуть ру́ку; **2.** (*remove*) выводи́ть (152), *perf* вы́вести (220) (*with acc*); ~ troops from a country вы́вести войска́ из страны́; 3. (*take back*) брать (42) наза́д, *perf* взять (236) наза́д [*with acc* one's words свои́ слова́, promise обеща́ние]; 4. (*leave*) удаля́ться (223), *perf* удали́ться (156); the jury withdrew суд удали́лся.

wither вя́нуть (132), *perf* завя́нуть (132); the flowers / leaves / plants ~ed цветы́ / ли́стья / расте́ния завя́ли.

within *prep* 1. (*inside*) *with abl*: ~ the four walls **в** четырёх стена́х; ~ the cave в пеще́ре; his name is well-known ~ his country его́ и́мя хорошо́ изве́стно в (его́) стране́; 2. (*not beyond*) *with gen*: ~ the city limits **в преде́лах** черты́ го́рода; ~ the boundaries of the district / country в преде́лах (грани́ц) райо́на / страны́; be ~ reach быть в преде́лах досяга́емости; ~ hearing в преде́лах слы́шимости; ~ a few miles of the city в не́скольких ми́лях **от** го́рода; live ~ one's means жить **по** сре́дствам; 3. (*of time*) *with gen*: ~ a few days / a week / an hour / a year **в тече́ние** не́скольких дней / неде́ли / ча́са / го́да; I can be there ~ an hour я смогу́ быть там в тече́ние ча́са.

without *prep* 1. (*lacking*) *with gen*: ~ money / ticket / friends / hat / coat / doubt **без** де́нег / биле́та / друзе́й / шля́пы / пальто́ / сомне́ния; ~ exception без исключе́ния; he did it ~ any help он сде́лал э́то без вся́кой по́мощи; ~ any hope **безо** вся́кой наде́жды; ~ success безуспе́шно; ~ fear бесстра́шно; ⊙ ~ **fail** наверняка́; **do** ~ **smth** обходи́ться (152) без (*with gen*) чего́-л., *perf* обойти́сь (206) без чего́-л.; can you do ~ me for a few minutes? вы не могли́ бы обойти́сь без меня́ не́которое вре́мя?; 2. *with gerunds usu conveyed by* не *and verbal adverb*: she left ~ thanking him / ~ looking at him / ~ telling him the truth она́ ушла́, не поблагодари́в его́ / не посмотре́в на него́ / не сказа́в ему́ пра́вды; he sat there ~ saying a word он сиде́л не говоря́ ни сло́ва.

witness I *sb* (*person who can give evidence*) свиде́тель *m* (3a); be a ~ of, to smth быть свиде́телем (*with gen*) чего́-л.; are there any ~es of the accident? есть ли свиде́тели э́того несча́стного слу́чая?

witness II *v* (*see, observe*) быть свиде́телем (*with gen*); ~ an accident / an event быть свиде́телем несча́стного слу́чая / собы́тия.

witty остроу́мный (31b) [man, person челове́к]; остроу́мная [conversation бесе́да]; ~ remark остро́та, остроу́мное замеча́ние.

wolf волк *m* (4i) [gray се́рый, hungry голо́дный];

⊙ **a ~ in sheep's clothing** волк в ове́чьей шку́ре.

woman же́нщина *f* (19a) [beautiful краси́вая, pretty хоро́шенькая, young молода́я, single незаму́жняя, married заму́жняя, modest скро́мная, attractive привлека́тельная, active де́ятельная, intelligent у́мная]; a middle-aged ~ же́нщина сре́дних лет; ~'s coat / clothes же́нское пальто́ / пла́тье; ⊙ **old ~** стару́ха *f* (22a); **International Woman's Day** Междунаро́дный же́нский день.

wonder I *sb* **1.** (*amazement*) удивле́ние *n* (18c); he was filled with ~ он был о́чень удивлён; he looked at me in ~ он с удивле́нием посмотре́л на меня́; ⊙ **no ~ (that)** неудиви́тельно, что; no ~ he didn't understand / got angry / fell ill / hasn't heard from them неудиви́тельно, что он не по́нял / рассерди́лся / заболе́л / не име́ет от них изве́стий; **2.** (*miracle*) чу́до *n* (14d, *pl* чудеса́, чуде́с, чудеса́м, чудеса́, чудеса́ми, чудеса́х); do, work ~s твори́ть чудеса́; television is one of the ~s of modern science телеви́дение — одно́ из чуде́с совре́менной нау́ки.

wonder II *v* **1.** (*feel amazed*) удивля́ться (223), *perf* удиви́ться (164) (at — *with dat*); I don't ~ at his attitude я не удивля́юсь его́ отноше́нию; I ~ why he didn't speak to me first я удивля́юсь, почему́ он не поговори́л снача́ла со мной; I ~ at his doing it / saying it (*gerund translated by object-clause, Russian verb in past perf aspect*) удивля́юсь, что он э́то сде́лал / сказа́л; **2.** (*be curious*): I ~ if, whether it is true хоте́л(а) бы я знать, пра́вда ли э́то; I ~ what he is doing now хоте́л(а) бы я знать, что он (сейча́с) де́лает; I ~ what happened to him хоте́л(а) (бы) я знать, что с ним случи́лось.

wonderful чуде́сный (31b) [day день, view вид]; чуде́сная [weather пого́да, book кни́га, music му́зыка, machine маши́на, picture карти́на, trip пое́здка]; чуде́сное [building зда́ние, poem стихотворе́ние, morning у́тро]; we have had a ~ time мы чуде́сно провели́ вре́мя; the most ~ thing in the world са́мая удиви́тельная вещь на све́те; you look ~ вы чуде́сно вы́глядите; we all felt ~ мы все прекра́сно себя́ чу́вствовали.

wood 1. (*forest*) лес *m* (1*l*); *see* forest; **2.** (*fuel*) дрова́ *no sg* (14d) [1) dry сухи́е, damp, wet сыры́е; 2) burns well хорошо́ горя́т; 3) chop коло́ть, saw пили́ть]; put some ~ on the fire подложи́ть дров в ого́нь; we haven't much ~ left у нас оста́лось ма́ло дров; **3.** (*construction material*) де́рево *n*, *no pl* (14a); box made of ~ я́щик, сде́ланный из де́рева; house made of ~ деревя́нный дом.

wooden (*made of wood*) деревя́нный (31b) [floor пол, house дом, box я́щик, bridge мост, table стол]; деревя́нная [bed крова́ть, bench скамья́, shelf по́лка, stairs ле́стница, wall стена́, handle ру́чка].

wool шерсть *f*, *no pl* (29c) [pure чи́стая, artificial иску́сственная]; made of ~ сде́ланный из ше́рсти; sheep's, lamb's ~ ове́чья шерсть; ⊙ **cotton** ~ ва́та *f*, *no pl* (19c).

wool(l)en шерстяно́й (31a) [jacket жаке́т, suit костю́м]; шерстяна́я [cloth ткань, sweater ко́фта, cap ша́п(оч)ка]; шерстяно́е [dress пла́тье, blanket одея́ло, underwear бельё]; шерстяны́е [stockings чулки́, socks носки́, gloves перча́тки, things ве́щи].

word 1. (*unit of language*) сло́во *n* (14d) [1) foreign иностра́нное, international интернациона́льное, difficult, hard тру́дное, necessary ну́жное, unfamiliar незнако́мое, simple просто́е, colloquial разгово́рное, literary литерату́рное, rare ре́дкое, common, much used употреби́тельное, improper неприли́чное; 2) is spelled пи́шется, is pronounced произно́сится, means означа́ет, is used in poetry употребля́ется в поэ́зии; 3) explain объясни́ть, forget забы́ть, know знать, remember по́мнить, pronounce произнести́, repeat повтори́ть, say сказа́ть, spell назва́ть по бу́квам, translate перевести́, write написа́ть, read прочита́ть, look up in a dictionary посмотре́ть в словаре́, use употреби́ть]; the meaning of the ~ значе́ние сло́ва; what does the ~ mean? что означа́ет э́то сло́во?; how do you spell / pronounce the ~? как вы пи́шете / произно́сите э́то сло́во?; how many Russian ~s do you know? ско́лько ру́сских слов вы зна́ете?; put one's thought into ~s вы́разить свою́ мысль слова́ми; I have no ~s to express my astonishment / gratitude я не могу́ найти́ слов, что́бы вы́разить своё удивле́ние / свою́ благода́рность; ⊙ **in a** ~ ко́ротко говоря́; **say a good, kind** ~ **for smb** замо́лвить (168) за (*with gen*) кого́-л. слове́чко; ~ **for** ~ сло́во в сло́во; she repeated the conversation ~ for ~ она́ сло́во в сло́во передала́ (весь) разгово́р; **in other** ~**s** други́ми слова́ми; **2.** (*utterance*) сло́во; he didn't say a ~ он не сказа́л ни сло́ва; I don't believe a ~ you say я не ве́рю ни одному́ ва́шему сло́ву; { *often pl* слова́ (14d) [empty пусты́е, kind до́брые, remarkable значи́тельные, clever у́мные]; his last ~s were... его́ после́дними слова́ми бы́ли...; I want to say / add a few ~s я хочу́ сказа́ть / доба́вить не́сколько слов; ‖ (*talk*): may I have a ~ with you? мо́жно мне поговори́ть с ва́ми?; **3.** (*promise*) сло́во *no pl* [give дать, keep сдержа́ть]; man of his ~ челове́к сло́ва; **4.** (*message*) изве́стие *n* (18c); I have had / received no ~ from him yet я ещё не име́ю / не получи́л(а) от него́ никаки́х изве́стий; send me ~ as soon as possible извести́те меня́ как мо́жно скоре́е.

work I *sb* **1.** (*activity, job*) рабо́та *f, no pl* (19c) [difficult тру́дная, easy лёгкая, hard тяжёлая, dangerous опа́сная, important ва́жная, social обще́ственная, exhausting изнури́тельная, useful поле́зная, well paid хорошо́ опла́чиваемая]; do / continue / resume / carry out / stop / finish / look for / find / get ~ де́лать / продолжа́ть / возобнови́ть / выполня́ть / (при)останови́ть / зако́нчить / иска́ть / найти́ / получи́ть рабо́ту; be interested in one's ~ интересова́ться свое́й рабо́той; he had little / much ~ that day в э́тот день у него́ бы́ло ма́ло / мно́го рабо́ты; pay for ~ плати́ть за рабо́ту; go to ~ идти́, ходи́ть на рабо́ту; be at ~ находи́ться на рабо́те; can you do this ~ alone? мо́жете ли вы оди́н, одна́ спра́виться с э́той рабо́той? ‖ труд *m, no pl* (1c) [physical физи́ческий, manual ручно́й, mental у́мственный]; the right to ~ пра́во на труд; earn money / one's living by hard / honest ~ зараба́тывать де́ньги / на жизнь тяжёлым / че́стным трудо́м; ⊙ **out of** ~ безрабо́тный (31b); he was out of ~ for two years он был безрабо́тным два го́да; **2.** (*piece of art*) произведе́ние *n* (18c) [1) excellent прекра́сное, ordinary зауря́дное, outstanding выдаю́щееся; 2) *with gen* of art иску́сства]; literary ~ литерату́рное произведе́ние; the ~s of Beethoven / Raphael / Shakespeare произведе́ния Бетхо́вена / Рафаэ́ля / Шекспи́ра; ‖ (*of books*) сочине́ние *n* (18c); Shakespeare's ~s сочине́ния Шекспи́ра; complete ~s по́лное собра́ние сочине́ний.

work II *v* **1.** (*labour, toil*) рабо́тать (65) [1) hard, much мно́го, little ма́ло, slowly ме́дленно, fast, quickly бы́стро, quietly ти́хо, споко́йно, efficiently уме́ло; 2) in, at a factory на заво́де, на фа́брике, at, in an office в учрежде́нии, at home до́ма, in the fields на поля́х, on a farm на фе́рме, in a garden в саду́; for smb на (*with acc*) кого́-л.;

3) all day весь день, from morning till night с утра́ до ве́чера, for many years мно́го лет]; ~ at a new invention / at one's role рабо́тать над (*with instr*) но́вым изобрете́нием / над ро́лью; how long have you been ~ing here? ско́лько вре́мени вы уже́ здесь рабо́таете?; he ~s for the N. Company он рабо́тает в компа́нии Н.; **2.** (*operate, function*) рабо́тать; the machine / lift / bell doesn't ~ маши́на / лифт / звоно́к не рабо́тает; I can't make this machine ~ я не могу́ запусти́ть э́тот стано́к; ~ **out** (*draw up*) разраба́тывать (65), *perf* разрабо́тать (65) [*with acc* scheme, project прое́кт, plan план].

worker 1. (*of profession*) рабо́чий *m* (35) [excellent прекра́сный, experienced о́пытный, skilled квалифици́рованный, efficient уме́лый]; farm ~ сельскохозя́йственный рабо́чий; ~s' party рабо́чая па́ртия; **2.** (*of qualification*) рабо́тник *m* (4a) [excellent прекра́сный, inexhaustible неутоми́мый]; he is an indefatigable ~ in education он неутоми́мый рабо́тник в о́бласти просвеще́ния.

world мир *m, no pl* (1f); the whole ~ весь мир; all over the ~ во всём ми́ре; ~ events мировы́е собы́тия; ‖ свет *m, no pl* (1f); in the whole ~ на всём све́те; round the ~ вокру́г све́та; ⊙ **not for the** ~ ни за что на све́те; I wouldn't do such a thing for the ~ ни за что на све́те я бы не сде́лал(а) э́того; **a ~ of** ма́сса *f* (19c) (*with gen*); it gave me a ~ of trouble э́то доста́вило мне ма́ссу хлопо́т.

worry *v* **1.** (*be troubled*) беспоко́иться (151) (about — о *with abl*); she is very worried about her son's health она́ о́чень беспоко́ится о здоро́вье сы́на; what are you ~ing about? о чём вы беспоко́итесь?; don't ~ about that! не беспоко́йтесь об э́том!; there's nothing to ~ about беспоко́иться не́ о чем; don't ~ if I am a little late не беспоко́йтесь, е́сли я немно́го опозда́ю; tell them not to ~ скажи́те, что́бы они́ не беспоко́ились; **2.** (*cause trouble*) беспоко́ить (151) (*with acc*); what is ~ing you? что вас беспоко́ит?; don't let that ~ you пусть э́то вас не беспоко́ит; don't ~ him with such foolish questions! не беспоко́йте его́ (*with instr*) таки́ми глу́пыми вопро́сами!

worse I *a* **1.** (*inferior in quality*) ху́же (*comp of* плохо́й); this coat / hat / suit is ~ than the other э́то пальто́ / э́та шля́па / э́тот костю́м ху́же, чем то / та / тот; much ~ намно́го ху́же; grow ~ ухудша́ться (64), *perf* уху́дшиться (174); the weather grew ~ пого́да ухудшилась; make ~ ухудшать (64), *perf* ухудшить (174) (*with acc*); you will only make things ~ вы только ухудшите положение дел; that makes things ~ это ухудшает дело; ⊙ **none the ~** (ничуть) не хуже; *see* none **II; to make matters ~, to make it ~** в довершение всего; to make matters ~ we lost our way в довершение всего мы заблудились; **so much the ~** тем хуже; so much the ~ for you / us тем хуже для (*with gen*) вас / нас; **2.** (*more ill*) хуже; he's much ~ today ему сегодня значительно хуже; feel ~ чувствовать себя хуже; his health became ~ его здоровье ухудшилось; the next day his condition grew ~ на следующий день его состояние ухудшилось; he is getting ~ ему становится хуже; I hope he is not feeling ~ надеюсь, что ему не хуже.

worse II *adv* хуже (*comp of* плохо); you're playing ~ than ever вы играете хуже, чем когда-либо; he sings much ~ than he did before он поёт намного хуже, чем раньше.

worst I *sb* (наи)худшее *n*, *no pl* (34b); know the ~ знать (наи)худшее; expect the ~ ожидать (наи)худшего; ⊙ **the ~ of it** хуже всего; the ~ of it is, we can't get in touch with them **хуже всего** то, что мы не можем с ними связаться; **at (the) ~, if the ~ comes to the ~** в худшем случае; we can always return home, if the ~ comes to the ~ в худшем случае мы всегда можем вернуться домой.

worst II *a* (наи)худший (34b) (*superl of* плохой) [variant вариант]; наихудшие [results результаты, consequences последствия]; {самый плохой (33a); that's the ~ thing that could have happened это самое плохое, что могло случиться; the ~ thing is that we don't know where he lives хуже всего то, что мы не знаем, где он живёт.

worst III *adv* хуже всего (*superl of* плохо); of all the women, she dressed / cooks ~ из всех женщин она одевалась / готовит хуже всех; ~ of all 1) хуже всех; he played ~ of all он играл хуже всех; 2) хуже всего; that evening he sang ~ of all в этот вечер он пел хуже всего.

worth *a* **1.** (*deserving*): is the play ~ seeing? стоит ли смотреть эту пьесу?; the book is not ~ reading эту книгу не стоит читать; he isn't ~ the trouble он не стоит того, чтобы о нём беспокоились; **2.** (*having certain value*) стоить (151), *no perf*; how much is the picture ~? сколько стоит (эта) картина?; this is ~

£ 5 э́то сто́ит пять фу́нтов; the picture isn't ~ what you paid for it карти́на не сто́ит тех де́нег, кото́рые вы за неё заплати́ли; ⊙ ~ **while** сто́ит; the whole thing isn't ~ while всё э́то (де́ло) ничего́ не сто́ит; it wasn't ~ while going there не сто́ило туда́ е́здить.

worthy *a* (*deserving*) досто́йный (31b); he wanted to be ~ of his father он хоте́л быть досто́йным (*with gen*) своего́ отца́; be ~ of praise / reward / respect быть досто́йным похвалы́ / награ́ды / уваже́ния.

would I *aux of future-in--the-past, see* will I; II *modal, not translated in affirm, Russian verb in perf aspect*: I said I ~ do it / ~ come soon я сказа́л(а), что я э́то (обяза́тельно) сде́лаю / ско́ро приду́; { *in neg translated* бу́ду, бу́дем, *Russian verb in imperf aspect*: I / we promised I / we ~n't do it any more я / мы обеща́л(а) / обеща́ли, что я / мы не бу́ду / бу́дем бо́льше э́того де́лать; { *in neg sentences not translated, Russian verb in past imperf aspect,* никáк *is often added*: the door ~n't open / close дверь (никáк) не открыва́лась / не закрыва́лась; the boy ~n't listen to his mother ма́льчик (никáк) не слу́шался ма́тери; { *in requests and invitations, not translated, Russian verb n future, commonly neg*: ~ you open the window? не откро́ете ли вы окно́?; ~ you mind my opening the window? вы не бу́дете возража́ть, е́сли я откро́ю окно́?, ничего́, е́сли я откро́ю окно́?; if you ~ be so kind... не бу́дете ли так любе́зны...; ~ you like a cup of tea / some more cake? не хоти́те ли ча́шку ча́ю / ещё пирога́?; III *aux of conditional, conveyed by particle* бы, *Russian verb in past, usu perf aspect*: if she knew his address, she ~ write to him е́сли бы она́ зна́ла его́ а́дрес, она́ бы ему́ написа́ла; they ~ help you if they could / if they had time они́ бы вам помогли́, е́сли бы могли́ / е́сли бы у них бы́ло (сейча́с) вре́мя; he ~ come tomorrow if there were a morning train он прие́хал бы за́втра, е́сли бы был у́тренний по́езд; he ~ not have caught cold if he had put on his warm coat он не простуди́лся бы, е́сли бы наде́л тёплое пальто́; if he knew Russian better he ~ have had no difficulty in translating the article е́сли бы он знал ру́сский язы́к лу́чше, он без труда́ перевёл бы э́ту статью́; ⊙ ~ **rather** предпочёл бы *m*, предпочла́ бы *f*, предпочли́ бы *pl*; I ~ rather stay at home / go there now я предпочёл бы оста́ться до́ма / пойти́ туда́ сейча́с; ~ **like** (о́чень) хоте́лось бы; they ~ like to see the performance им (очень) хотéлось бы посмотрéть этот спектáкль; IV (*used to*) бывáло *followed by Russian verb in past imperf aspect*; he ~ sit for hours motionless он, бывáло, часáми сидéл не двигаясь; she ~ take a book and go off by herself онá, бывáло, бралá кнúгу и уходúла кудá-либо однá.

wound *sb* рáна *f* (19c) [1) bad тяжёлая, serious серьёзная, slight, light лёгкая, dangerous опáсная, mortal смертéльная; 2) in the leg на ногé, in the chest в грудú; 3) is bleeding кровоточúт, hurts болúт, is healing заживáет]; bind up, bandage, dress / take care of, tend / irritate / sew up a ~ перевязывать / лечúть / растревóжить / зашúть рáну; he died of the ~s he received он ýмер от (полýченных) ран; bullet / knife ~ огнестрéльная / ножевáя рáна.

wounded I *sb*: the ~ рáненые *pl* (31b); the ~ were taken to the hospital рáненых достáвили в гóспиталь.

wounded II *a* рáненый (31b) [man человéк]; рáненая [hand рукá, leg ногá; pride гóрдость]; the ~ soldiers were taken to hospital рáненых солдáт достáвили в гóспиталь.

wrap *v* завёртывать (65), *perf* завернýть (130) (in — в *with acc*); she ~ped (up) the bread / the cloth / dress in a piece of paper онá завернýла (*with acc*) хлеб / матéрию / плáтье в бумáгу; ‖ (*of living beings*) закýтывать (65), *perf* закýтать (65) (in — в *with acc*); she ~ped the child / the girl in a shawl / blanket онá закýтала (*with acc*) ребёнка / дéвочку в шаль / одеяло; the baby was ~ped in a blanket ребёнок был закýтан в одеяло.

wreck *v*: be ~ed разбивáться (64), *perf* разбúться (182); the ship / plane was ~ed пароxóд / самолёт разбúлся; ‖ терпéть (120) крушéние, *perf* потерпéть (120) крушéние; the train was ~ed пóезд потерпéл крушéние; ‖ *fig*: his hopes were ~ed егó надéжды рýхнули.

wrinkled 1. (*lined*) морщúнистый (31b) [forehead лоб]; морщúнистая [hand рукá]; морщúнистое [face лицó]; **2.** (*crumpled*) мятый (31b) [jacket жакéт, пиджáк, suit костюм, handkerchief платóк]; мятое [dress плáтье, (over)coat пальтó].

write писáть (57), *perf* написáть (57) [1) well хорошó, slowly мéдленно, quickly быстро, with difficulty с трудóм, hurriedly, in haste тороплúво, illegibly неразбóрчиво; 2) *with acc* answer ответ, book кнúгу, letter письмó, poem стихотворéние, music мýзыку, story расска́з, one's name своё и́мя, letters бу́квы, sentence предложе́ние, note, message запи́ску; 3) on a piece, sheet of paper на листе́ бума́ги, in a notebook в тетра́ди; 4) *with instr* with a pen ру́чкой, черни́лами, with a pencil карандашо́м, with (a piece of) chalk ме́лом]; ~ seldom / regularly / every week писа́ть ре́дко / регуля́рно / ка́ждую неде́лю; ~ smth to smb писа́ть (*with acc*) что-л. (*with dat*) кому́-либо; he wrote a very nice letter to me он мне написа́л о́чень ми́лое письмо́; please, ~ to me! (на)пиши́те мне, пожа́луйста!; I haven't written my report yet я ещё не написа́л(а) (своего́) докла́да; don't forget to ~ me all the news! не забу́дьте написа́ть мне все но́вости!; I'll ~ to you as soon as I get to Moscow я напишу́ вам, как то́лько прие́ду в Москву́; ~ about, on smth писа́ть о (*with abl*) чём-л.; he has written a book about life in the North / about children / on music / on modern literature / on history / on mathematics он написа́л кни́гу о жи́зни на Се́вере / о де́тях / по му́зыке / о совреме́нной литерату́ре / по исто́рии / по матема́тике; ~ **down** запи́сывать (65), *perf* записа́ть (57) [1) *with acc* address а́дрес, telephone number но́мер телефо́на, name и́мя; 2) on a sheet of paper на листке́ бума́ги]; ~ it down, please! запиши́те э́то, пожа́луйста!; he wrote down everything they said он записа́л всё, что они́ говори́ли.

writer писа́тель *m* (3a) [1) excellent превосхо́дный, foreign иностра́нный, Russian ру́сский, great вели́кий, modern совреме́нный, well-known изве́стный, famous знамени́тый, prominent выдаю́щийся, talented тала́нтливый, favourite люби́мый, brilliant блестя́щий, children's де́тский; 2) writes about пи́шет о, criticizes критику́ет, describes опи́сывает]; a 19th century ~ писа́тель девятна́дцатого ве́ка; become a ~ стать писа́телем; he wants to be a ~ он хо́чет стать писа́телем; a ~s' congress съезд писа́телей.

wrong *a* **1.** (*incorrect*) непра́вильный (31b) [answer отве́т, calculation расчёт, number но́мер, way путь]; непра́вильное [idea представле́ние, statement утвержде́ние]; be ~ ошиба́ться (64), *perf* ошиби́ться (201); he was ~ when he said I wasn't there он ошибся, сказа́в, что меня́ там не́ было; you are quite ~ вы соверше́нно непра́вы; I admit, I was ~ признаю́, что я был непра́в; you are ~ in thinking that he can't do it вы ошиба́етесь, ду́мая, что он не смо́жет э́того сде́лать; it was ~ of you not to let him try вы поступи́ли непра́вильно, не разреши́в ему́ попро́бовать; my watch is ~ мои́ часы́ иду́т неве́рно; ⊙ **all** ~ абсолю́тно неве́рно; you're all ~ вы абсолю́тно непра́вы; **2.** (*not the one intended*) не тот (41b) [man челове́к; train по́езд, house дом, number но́мер]; не та [book кни́га, page страни́ца, side сторона́, street у́лица, road доро́га]; не то [word сло́во, name и́мя, назва́ние]; take the ~ road пойти́ не по той доро́ге; you are going the ~ way / in the ~ direction вы идёте непра́вильно / не в том направле́нии; I got out at the ~ station / stop я сошёл, сошла́ не на той ста́нции / остано́вке; **3.** (*unsuitable*) неподходя́щий (35); come at the ~ time прийти́ в неподходя́щее вре́мя, не во́время; laugh in the ~ place смея́ться невпопа́д; you are wearing the ~ clothes for cold weather like this вы наде́ли неподходя́щий костю́м для тако́й холо́дной пого́ды; ◇ **what's ~?** что случи́лось?; **there's something ~ with** что́-то случи́лось с (*with instr*); there's something ~ with my watch что́-то случи́лось с мои́ми часа́ми; there is something ~ with him с ним что́-то случи́лось; there is nothing ~ with him с ним ничего́ плохо́го не случи́лось.

X

Xmas рождество́ *n* (14e); *see* Christmas.

X-ray I *sb* **1.** рентге́новы лучи́ *no sg* (7b) [cures certain diseases излечивают не́которые боле́зни, is much used in surgical and medical practice широко́ применя́ются в хирурги́и и тера́пии]; ~s penetrate through solids рентге́новы лучи́ проника́ют че́рез твёрдые тела́; examine by means of ~s просве́чивать (65) (*with acc*); an ~ photograph рентге́новский сни́мок; an ~ examination of one's lungs / teeth / kidneys просве́чивание (*n* 18c) (*with gen*) лёгких / зубо́в / по́чек; an ~ room рентге́новский кабине́т; **2.** (*photograph*) рентге́новский сни́мок *m* (4d) [*with gen* of one's lungs лёгких].

X-ray II *v* **1.** (*light up*) просве́чивать (65) (рентге́новыми луча́ми), *perf* просвети́ть (177) (рентге́новыми луча́ми) [*with acc* one's lungs лёгкие, one's stomach желу́док]; **2.** (*take photo*) де́лать (65) (рентге́-

новский) сни́мок, *perf* сде́лать (65) (рентге́новский) сни́мок; I must have my chest / lungs ~ed мне ну́жно сде́лать сни́мок грудно́й кле́тки / лёгких.

Y

yard I *sb* (*courtyard*) двор *m* (1c) [1) big, large большо́й, просто́рный, small ма́ленький, небольшо́й, clean чи́стый, quiet ти́хий, shady тени́стый; 2) is fenced around обнесён забо́ром]; go to, into the ~ идти́, пойти́ во дво́р; go through, across the ~ пройти́ через дво́р; the children play in the ~ де́ти игра́ют во дворе́; keep smth in the ~ держа́ть что-л. во дворе́; the ~ gate(s) кали́тка, воро́та во дво́р; the front ~ двор пе́ред до́мом; the back ~ за́дний двор.

yard II *sb* ярд *m* (1f) (*about 91 centimetres*); two ~s long / wide длино́й / шириной в два я́рда; a few ~s away на расстоя́нии не́скольких я́рдов.

yawn *v* зева́ть (64), *perf* зевну́ть (130) [1) frankly бесцеремо́нно; 2) от *with gen* with boredom от ску́ки, with fatigue от утомле́ния]; the audience ~ed through the performance зри́тели зева́ли во вре́мя представле́ния; he sat ~ing over the book он зева́л над кни́гой; he ~ed, stretched and opened his eyes он зевну́л, потяну́лся и откры́л глаза́.

YCL (Young Communist League) коммунисти́ческий сою́з молодёжи, комсомо́л *m*, *no pl* (1f); the ~ committee комите́т комсомо́ла; ~ meeting комсомо́льское собра́ние; ~ member, member of the ~ комсомо́лец *m* (10b), комсомо́лка *f* (22c); he joined the ~, became a ~ member in 1957 он вступи́л в комсомо́л в ты́сяча девятьсо́т пятьдеся́т седьмо́м году́.

year 1. (*period of time*) год *m* (1f, *gen pl* лет) [1) old ста́рый, new но́вый, coming наступа́ющий, next бу́дущий, leap високо́сный; dry засу́шливый, hard тяжёлый, happy счастли́вый; 2) begins начина́ется, is over (о)ко́нчился, passed прошёл]; this / last / next ~ в э́том / про́шлом / бу́дущем году́; in the ~ 1924 в ты́сяча девятьсо́т два́дцать четвёртом году́; the ~ after next через го́д; at that time of ~ в э́то вре́мя го́да; a ~ ago год тому́ наза́д; two / three / four ~s ago два / три / четы́ре го́да тому́ наза́д; five / twenty ~s ago пять

/ два́дцать лет тому́ наза́д; half a ~ полго́да; a ~ and a half полтора́ го́да; in two ~s че́рез два го́да; in ten ~s че́рез де́сять лет; three / five ~s later че́рез три го́да / пять лет; once / four times a ~ раз / четы́ре ра́за в год; for (many) ~s в тече́ние мно́гих лет; every ~ ка́ждый год, ежего́дно; the whole ~ весь год; a whole ~ це́лый год; during, in recent ~s за после́дние го́ды; during the past ~ за проше́дший год; the happiest ~s in his life са́мые счастли́вые го́ды его́ жи́зни; for the first time in many ~s впервы́е за мно́го лет; almost a ~ has passed прошёл почти́ год; in the next three / ten ~s в ближа́йшие три го́да / де́сять лет; it is just a ~ since he came to Moscow испо́лнился ро́вно год с тех по́р, как он прие́хал в Москву́; this ~'s harvest урожа́й э́того го́да; you've done a great deal in one ~ вы мно́гое сде́лали за́ год; I haven't seen him for ~s я его́ не ви́дел мно́гие го́ды; she is a ~ older она́ на́ год ста́рше; a ~'s income годово́й дохо́д; ⊙ **New Year(s' Day)** Но́вый год; see the New Year in встреча́ть Но́вый год; Happy New Year! с Но́вым го́дом!; **all the ~ round** кру́глый год; **~ after ~** из го́да в год, год за го́дом; **2.** (*of age*) год; the baby is one ~ old ребёнку (оди́н) год; she is two / three / four ~s old ей два / три / четы́ре го́да; he is twenty ~s old ему́ два́дцать лет; she looks young for her ~s она́ вы́глядит моло́же свои́х лет.

yellow жёлтый(31b) [flower цвето́к, light свет]; жёлтая [cloth ткань, мате́рия, ribbon ле́нта, paint кра́ска]; жёлтое [butter ма́сло, dress пла́тье, apple я́блоко]; жёлтые [leaves ли́стья, walls сте́ны, thread ни́тки]; bright ~ я́рко-жёлтый; pale ~ бле́дно-жёлтый; light ~ све́тло-жёлтый; turn ~ пожелте́ть (98); turn ~ with age пожелте́ть от вре́мени; a shade of ~ отте́нок жёлтого.

yes да; is it difficult? Yes, it is э́то тру́дно? Да; can you swim? Yes (I can) вы уме́ете пла́вать? Да; do you speak English? Yes, I do вы говори́те по-англи́йски? Да; are you going or not? Yes, I am вы идёте и́ли нет? Да, иду́.

yesterday *adv* вчера́; I was very busy ~ вчера́ я был о́чень за́нят; I saw a very interesting film ~ вчера́ я ви́дел(а) о́чень интере́сный фильм; what day was ~? како́й вчера́ был день?; ~ was Sunday вчера́ бы́ло воскресе́нье; have you ~'s newspaper? у вас есть вчера́шняя газе́та?; ~ morning / evening вчера́ у́тром

/ ве́чером; ⊙ **the day before** ~ позавчера́; I saw him the day before ~ я его́ ви́дел(а) позавчера́.

yet I *adv* (*so far*) ещё; she cannot read Russian books ~ она́ ещё не мо́жет чита́ть ру́сские кни́ги; I have not ~ told him my plans я ещё не сообщи́л(а) ему́ о свои́х пла́нах; she is not completely well ~ она́ ещё не совсе́м здоро́ва; ‖ (*up to now*) (пока́) ещё; we have not done it ~ мы ещё не сде́лали э́того; I know nothing about it ~ я об э́том пока́ ещё ничего́ не зна́ю; not ~ (пока́) ещё нет; ‖ (всё) ещё; she is not at home ~ её (всё) ещё нет до́ма; hasn't he come ~? он (всё) ещё не пришёл?; haven't you finished ~? вы ещё не ко́нчили?; ⊙ **as** ~ пока́ ещё; we have received no answer as ~ мы пока́ ещё не получи́ли отве́та; we haven't decided as ~ мы пока́ ещё не реши́ли.

yet II *conj* всё же; he didn't promise, ~ I think he'll do it он не обеща́л, (но) всё же я ду́маю, что он сде́лает э́то; you promised, and ~ you've done nothing вы обеща́ли, и всё-таки ничего́ не сде́лали.

you I *pron pers* **1.** (*2nd pers sg*; *in familiar address to children, friends, relatives*) ты (40a); no, it wasn't ~ нет, э́то был(а́) не ты; ~ can easily do it yourself ты э́то легко́ мо́жешь сде́лать сам(а́); ‖ тебя́ *gen*; I didn't see ~ there я тебя́ там не ви́дел(а); I can't go there without ~ я не могу́ пойти́ туда́ без тебя́; everybody was there except ~ все, кро́ме тебя́, бы́ли там; we didn't receive any letters from ~ мы не получа́ли от тебя́ никаки́х пи́сем; I have something for ~ у меня́ для тебя́ что́-то есть; who was there besides ~? кто там был, кро́ме тебя́?; ‖ тебе́ *dat*; did he give ~ my book? он дал тебе́ мою́ кни́гу?; I told ~ what to do я тебе́ сказа́л(а), что (на́до) де́лать; she will explain everything to ~ herself она́ всё объясни́т тебе́ сама́; is it difficult for ~? тебе́ э́то тру́дно?; ‖ тебя́ *acc*; everybody saw ~ there все тебя́ там ви́дели; I'll meet ~ at the station я тебя́ встре́чу на вокза́ле; we all love ~ мы все тебя́ лю́бим; ‖ тобо́й *instr*; nobody is laughing at ~ никто́ над тобо́й не смеётся; I am going with ~ я иду́ с тобо́й; ‖ тебе́ *abl*; we often spoke about ~ мы ча́сто говори́ли о тебе́; I missed ~ я скуча́л(а) о тебе́; ‖ it was foolish of ~ not to follow his advice с твое́й стороны́ бы́ло глу́по не послу́шаться его́ сове́та; bring the books with ~! принеси́ с собо́й кни́ги!; ~ and I must help them мы с тобо́й должны́ им помо́чь; **2.** (*2nd pers pl*) вы (40a); children, where are ~? де́ти, где вы?; ~ speak English quite well вы гово́рите по-англи́йски совсе́м хорошо́; ~ can do it easily yourselves вы легко́ мо́жете сде́лать э́то са́ми; were ~ at the theatre yesterday? вы бы́ли вчера́ в теа́тре?; ~ all, all of ~ вы все; ~ must all go there вы все должны́ туда́ пойти́; ~ both, both of ~ вы о́ба; ‖ вас *gen*; everybody is ready except ~ все гото́вы, кро́ме вас; without ~ без вас; from ~ от вас; I'm doing it for ~ я де́лаю э́то для вас; among ~ среди́ вас; there are three of ~ вас тро́е; the rest of ~ may stay here остальны́е (из вас) мо́гут оста́ться здесь; any / one of ~ любо́й / оди́н, одна́ из вас; ‖ вам *dat*; I give ~ five minutes (я) даю́ вам пять мину́т; I gave the book to ~, not to them я дал(а́) кни́гу вам, а не им; is that clear to ~? вам э́то поня́тно?; it won't be difficult for ~ to understand this article вам нетру́дно бу́дет поня́ть э́ту статью́; I envy ~ я вам зави́дую; let me, may I help ~? мо́жно вам помо́чь?; ‖ вас *acc*; I asked ~ to come at 5 o'clock я проси́л(а) вас прийти́ в пять часо́в; I didn't see ~ there я вас там не ви́дел(а); we hope to see ~ soon again мы наде́емся ско́ро сно́ва уви́деть вас; ‖ ва́ми *instr*; he is very pleased with ~ он ва́ми о́чень дово́лен; with ~ с ва́ми; ‖ вас *abl*; about ~ о вас; ‖ ~ and I мы с ва́ми; **3.** (*2nd pers sg*; *in polite or formal address*) Вы (*declined as* вы 2); ~ can see it yourself Вы са́ми (с)мо́жете э́то уви́деть; ⊙ **it is up to** ~ де́ло за тобо́й, ва́ми; it is up to ~ whether we go there or not реша́йте вы, реша́й ты, идём мы туда́ и́ли нет; **thank** ~ спаси́бо; II *pron indef*: ~ never can tell никогда́ нельзя́ сказа́ть зара́нее; ~ can see many interesting things there там мо́жно уви́деть мно́го интере́сного; ~ never know what he is thinking of никогда́ не зна́ешь, о чём он ду́мает.

young молодо́й (31a) [man челове́к, teacher учи́тель, worker рабо́чий, doctor врач]; молода́я [girl де́вушка, woman же́нщина, teacher учи́тельница]; молодо́е [tree де́рево, plant расте́ние, face лицо́]; молоды́е [parents роди́тели]; a ~er brother мла́дший брат; a ~er sister мла́дшая сестра́; when he was ~... в мо́лодости он...; he is quite ~ он ещё совсе́м молодо́й челове́к; he is a year ~er than his brother он на́ год моло́же своего́ бра́та; she is the ~est child in the family она́ са́мый мла́дший ребёнок в семье́; she has a sister much ~er than she is у неё есть сестра́, намно́го моло́же её само́й; she looks very ~ for her years, age она́ вы́глядит о́чень мо́лодо для свои́х лет; ⊙ ~ **people** молодёжь *f*, *collect* (30a).

your *pron poss* **1.** (*2nd pers sg*) твой (40c) [brother брат, house дом, table стол]; твоя́ [mother мать, sister сестра́, work рабо́та, family семья́]; твоё [coat пальто́, dress пла́тье, letter письмо́]; твои́ [watch часы́, books кни́ги, parents роди́тели, friends друзья́]; this is ~ notebook э́то твоя́ тетра́дь; all ~ things are on the table все твои́ ве́щи (лежа́т) на столе́; how old is ~ sister? ско́лько лет твое́й сестре́?; I took ~ bag by mistake по оши́бке я взял(а́) твою́ су́мку; it was ~ own fault ты сам(а́) был(а́) винова́т(а); is this ~ own car? э́то твоя́ (со́бственная) маши́на?; one of ~ friends оди́н из твои́х това́рищей; { *when pers of subject coincides with pers of poss pron* свой *m*, своя́ *f*, своё *n*, свои́ *pl* (40c); do you understand ~ mistake? ты по́нял свою́ оши́бку?; where did you spend ~ holidays last year? где ты провёл (свой) о́тпуск, (свои́) кани́кулы в про́шлом году́?; come with ~ friends! приходи́ со свои́ми това́рищами!; { свой *is often omitted in Russian*: put it in(to) ~ pocket! положи́ (к себе́) в карма́н!; take off ~ coat! сними́ пальто́!; **2.** (*2nd pers pl*) ваш (40d) [house дом, town го́род, garden сад, plant заво́д, ticket биле́т]; ва́ша [request про́сьба, school шко́ла, help по́мощь, work рабо́та, room ко́мната, sister сестра́]; ва́ше [attention внима́ние, attitude отноше́ние, anxiety беспоко́йство, place, seat ме́сто, health здоро́вье]; ва́ши [friends друзья́, things ве́щи, efforts уси́лия, achievements успе́хи, достиже́ния]; give me ~ bags! да́йте мне ва́ши чемода́ны!; he will bring ~ things tomorrow он принесёт ва́ши ве́щи за́втра; { *when pers of subject coincides with pers of poss pron* свой, своя́, своё, свои́, *often omitted in Russian*; have you got ~ passports with you? у вас паспорта́ с собо́й?; you may leave ~ things here вы мо́жете оста́вить свои́ ве́щи здесь; **3.** (*2nd pers sg; in polite or formal address*) Ваш, Ва́ша, Ва́ше, Ва́ши; свой, своя́, своё, свои́; *see* your 2; I highly appreciate ~ help я о́чень ценю́ Ва́шу по́мощь; put on ~ black dress! наде́ньте своё чёрное пла́тье!

yours *absolute pron poss* **1.** (*2nd pers sg*) твой *m*, твоя́ *f*, твоё *n*, твои́ *pl* (40c); is this coat ~? э́то пальто́ твоё?; I met a friend of ~ yesterday вчера́ я встре́тил твоего́ прия́теля; **2.** (*2nd pers pl*) ваш *m*, ва́ша *f*, ва́ше *n*, ва́ши *pl* (40d); are these magazines ~ or theirs? э́ти журна́лы ва́ши и́ли их?; **3.** (*2nd pers sg*) Ваш *m*, Ва́ша *f*, Ва́ше *n*, Ва́ши *pl*; *see* yours 2; S. is a friend of ~, isn't he? С.— Ваш друг, не пра́вда ли?; I have broken my pencil, give me ~, please я слома́л(а) свой каранда́ш, да́йте мне, пожа́луйста, Ваш; ~ truly / sincerely (*in letters*) (остаю́сь) и́скренне Ваш.

yourself I *emph pron* **1.** *with verbs 2nd pers sg* сам(а́) (41d); you ~ said so ты сам(а́) э́то сказа́л(а); do it ~ сде́лай э́то сам(а́); ‖ *with verbs 2nd pers pl in polite address* са́ми; you can see it ~ Вы са́ми (с)мо́жете э́то уви́деть; **2.** (*alone, without help from others*) сам(а́) (41d), оди́н *m*, одна́ *f* (39a); you can do it ~ ты сам(а́) мо́жешь э́то сде́лать; finish it (by) ~ ко́нчи сам(а́); ‖ *in polite address* са́ми; did you do it ~? Вы са́ми э́то сде́лали?; ⊙ **(all) by** ~ 1) (*2nd pers sg*) сам(а́); (*polite address*) са́ми; 2) оди́н, одна́; were you all by ~? ты был (совсе́м) оди́н?, ты была́ (совсе́м) одна́?, Вы бы́ли (совсе́м) одни́?; do you live all by ~? ты живёшь (совсе́м) оди́н?, Вы живёте одни́?; why are you sitting by ~ почему́ ты сиди́шь оди́н, в одино́честве?, почему́ Вы сиди́те одни́?; II *pron refl* **1.** себя́ *gen*; you forget ~ ты забыва́ешь себя́, (*polite*) Вы забыва́ете себя́; you will have to do everything for ~ тебе́, Вам самому́, само́й всё придётся сде́лать для себя́; ‖ себе́ *dat*; make ~ a cup of tea! завари́(те) себе́ ча́ю!; ask ~ the question! зада́й(те) себе́ э́тот вопро́с!; ‖ себя́ *acc*; put ~ in my position! поста́вь(те) себя́ на моё ме́сто!; look at ~ in the mirror! посмотри́(те) на себя́ в зе́ркало!; pull ~ together! возьми́(те) себя́ в ру́ки!; you must force ~ to be calm на́до заста́вить себя́ быть споко́йным; ‖ собо́й *instr*; why are you not satisfied with ~? почему́ ты не дово́лен, Вы не дово́льны собо́й?; ‖ себе́ *abl*; think of ~! поду́май(-те) о себе́!; don't talk so much about ~! не говори́(те) так мно́го о себе́!; **2.** *often conveyed by* -ся, -сь *attached to verb*; did you hurt ~? ты (не) уши́бся?, Вы (не) уши́блись?; calm ~! успоко́йся!, успоко́йтесь!

yourselves I *emph pron* **1.** *with verbs 2nd pers pl* са́ми (41d); you did it ~ вы са́ми э́то сде́лали; you can go there ~ вы са́ми мо́жете пойти́ туда́; **2.** (*alone, with-*

ut help from others) са́ми 41d), одни́ (39a); you can finish it ~ вы са́ми, одни́ мо́жете э́то зако́нчить; can you manage ~? вы спра́витесь са́ми?; II *pron refl* **1.** себя́ *gen*; you didn't count ~ вы не счита́ли себя́; ‖ себе́ *dat*; you will do ~ much harm вы о́чень себе́ повреди́те; order theatre tickets for ~! закажи́те себе́ биле́ты в теа́тр!; ‖ себя́ *acc*; you may consider ~ lucky вы мо́жете счита́ть себя́ счастли́выми; put ~ in his position! поста́вьте себя́ на его́ ме́сто!; look at ~! посмотри́те на себя́!; ‖ собо́й *instr*; are you satisfied with ~? вы дово́льны собо́й?; ‖ себе́ *abl*; don't talk so much about ~! не говори́те так мно́го о себе́! **2.** *often conveyed by* -сь *attached to verb*; wash ~! умо́йтесь!; be careful, don't cut ~! осторо́жно, не поре́жьтесь!

youth 1. (*young years*) мо́лодость *f*, *no pl* (29a); he had been an excellent skater in his ~ в мо́лодости он был прекра́сным конькобе́жцем; the friends of one's ~ друзья́ мо́лодости, ю́ности; a woman no longer in her first ~ же́нщина не пе́рвой мо́лодости; keep one's ~ сохрани́ть свою́ мо́лодость; **2.** (*young people*) молодёжь *f*, *collect* (30a) [1) progressive прогресси́вная; 2) unites объединя́ется, fights for бо́рется за]; the ~ of today ны́нешняя молодёжь; the ~ of our country молодёжь на́шей страны́; the ~ movement молодёжное движе́ние; he loves to be surrounded by ~ он лю́бит, когда́ его́ окружа́ет молодёжь.

youthful 1. ю́ный (31b) [appearance вид]; **2.** ю́ношеский (33b) [enthusiasm энтузиа́зм]; ~ vigour эне́ргия мо́лодости.

Z

zero 1. *math* ноль, нуль *m* (2b); from ~ to one hundred от нуля́ до ста; **2.** (*of temperature*) нуль; the temperature fell to ~ температу́ра упа́ла до нуля́; it is ~ on the thermometer терmо́метр пока́зывает нуль; ten degrees below / above ~ де́сять гра́дусов ни́же / вы́ше нуля́; —32°F corresponds to ~ C ми́нус три́дцать два гра́дуса по Фаренге́йту соотве́тствуют нулю́ по Це́льсию.

zone 1. *geogr* по́яс *m* (1*l*); the north / south frigid ~ се́верный / ю́жный поля́рный по́яс; the temperate / tropic ~ уме́ренный /

тропи́ческий по́яс; ‖ зо́на *f* (19c); climatic ~ климати́ческая зо́на; the permafrost ~ зо́на ве́чной мерзлоты́; ‖ (*region*) полоса́ *f* (19d); live in a mild ~ жить в мя́гкой полосе́; forest ~ лесна́я полоса́; **2.** (*district*) зо́на [dangerous опа́сная, closed запре́тная]; war ~ зо́на вое́нных де́йствий; border ~ пограни́чная зо́на; divide into ~s дели́ть на зо́ны, райо́ны; administrative ~ зо́на управле́ния.

zoo зоопа́рк *m* (4c) [1) big, large большо́й, well-known изве́стный; 2) go to идти́ в, visit посети́ть]; there are many rare animals in the Moscow ~ в моско́вском зоопа́рке мно́го ре́дких живо́тных; we were at the ~ yesterday вчера́ мы бы́ли в зоопа́рке; we walked about the ~ мы прошли́сь по зоопа́рку; I liked the ~ very much мне о́чень понра́вился зоопа́рк; visitors to the ~ посети́тели зоопа́рка.

GRAMMAR TABLES AND LISTS OF SUFFIXES

The Tables and Lists that follow present the most important grammatical information about Russian words. They are intended to aid the user in producing the correct Russian forms and in analyzing Russian forms into their component parts. The Tables contain the inflectional paradigms of the major word classes. The Lists of Suffixes are divided into two parts: The first part contains the inflectional endings (case, gender, number and person); the second part, the most important suffixes used in the formation of Russian words.

Table 1

Masculine nouns with stem ending in hard consonants (with the exception of г, к, х, ж, ш, ц)

	With ending stressed					With ending unstressed	
	Animates		*Inanimates*			*Animates*	*Inanimates*
	Singular						
	a)	b)	c)		d)	e)	f)
Nom	вол	орёл	стол	у́гол	ковёр	негр	забо́р
Gen	вола́	орла́	стола́	угла́	ковра́	не́гра	забо́ра
Dat	волу́	орлу́	столу́	углу́	ковру́	не́гру	забо́ру
Acc	вола́	орла́	стол	у́гол	ковёр	не́гра	забо́р
Instr	воло́м	орло́м	столо́м	угло́м	ковро́м	не́гром	забо́ром
Abl	(о) воле́	(об) орле́	(о) столе́	(об) угле́	(о) ковре́	(о) не́гре	(о) забо́ре
	Plural						
Nom	волы́	орлы́	столы́	углы́	ковры́	не́гры	забо́ры
Gen	воло́в	орло́в	столо́в	угло́в	ковро́в	не́гров	забо́ров
Dat	вола́м	орла́м	стола́м	угла́м	ковра́м	не́грам	забо́рам
Acc	воло́в	орло́в	столы́	углы́	ковры́	не́гров	забо́ры
Instr	вола́ми	орла́ми	стола́ми	угла́ми	ковра́ми	не́грами	забо́рами
Abl	(о) вола́х	(об) орла́х	(о) стола́х	(об) угла́х	(о) ковра́х	(о) не́грах	(о) забо́рах

Table 1, continued

	Mixed							
	Animates			*Inanimates*				
	Singular							
	g)	h)	i)	j)	k)	*l*)	m)	
Nom	вор	до́ктор	брат	зуб	шар	дом	прут	сук
Gen	во́ра	до́ктора	бра́та	зу́ба	ша́ра	до́ма	пру́та (прута́)	сука́
Dat	во́ру	до́ктору	бра́ту	зу́бу	ша́ру	до́му	пру́ту	суку́
Acc	во́ра	до́ктора	бра́та	зуб	шар	дом	прут	сук
Instr	во́ром	до́ктором	бра́том	зу́бом	ша́ром	до́мом	пру́том	суко́м
Abl	(о) во́ре	(о) до́кторе	(о) бра́те	(о) зу́бе	(о) ша́ре	(о) до́ме	(о) пру́те	(о) суке́
	Plural							
Nom	во́ры	доктора́	бра́тья	зу́бы	шары́	дома́	пру́тья	су́чья
Gen	воро́в	доктаро́в	бра́тьев	зубо́в	шаро́в	домо́в	пру́тьев	су́чьев
Dat	вора́м	доктора́м	бра́тьям	зуба́м	шара́м	дома́м	пру́тьям	су́чьям
Acc	воро́в	докторо́в	бра́тьев	зу́бы	шары́	дома́	пру́тья	су́чья
Instr	вора́ми	доктора́ми	бра́тьями	зуба́ми	шара́ми	дома́ми	пру́тьями	су́чьями
Abl	(о) вора́х	(о) доктора́х	(о) бра́тьях	(о) зуба́х	(о) шара́х	(о) дома́х	(о) пру́тьях	(о) су́чьях

Table 1. con tinued

Masculine nouns ending in the suffixes -ин, -анин, -янин

	Singular				
	n)	o)	p)	q)	r)
Nom	господи́н	граждани́н	крестья́нин	дворяни́н	хозя́ин
Gen	господи́на	граждани́на	крестья́нина	дворяни́на	хозя́ина
Dat	господи́ну	граждани́ну	крестья́нину	дворяни́ну	хозя́ину
Acc	господи́на	граждани́на	крестья́нина	дворяни́на	хозя́ина
Instr	господи́ном	граждани́ном	крестья́нином	дворяни́ном	хозя́ином
Abl	(о) господи́не	(о) граждани́не	(о) крестья́нине	(о) дворяни́не	(о) хозя́ине
	Plural				
Nom	господа́	гра́ждане	крестья́не	дворя́не	хозя́ева
Gen	госпо́д	гра́ждан	крестья́н	дворя́н	хозя́ев
Dat	господа́м	гра́жданам	крестья́нам	дворя́нам	хозя́евам
Acc	госпо́д	гра́ждан	крестья́н	дворя́н	хозя́ев
Instr	господа́ми	гра́жданами	крестья́нами	дворя́нами	хозя́евами
Abl	(о) господа́х	(о) гра́жданах	(о) крестья́нах	(о) дворя́нах	(о) хозя́евах

Table 2

Masculine nouns with stem ending in soft consonants (with the exception of ч, щ) and with ending stressed

	Animates	*Inanimates*				
	Singular					
	a)	b)		c)		d)
Nom	вождь	руль	кисéль	день	ремéнь	гвоздь
Gen	вождя́	руля́	киселя́	дня	ремня́	гвоздя́
Dat	вождю́	рулю́	киселю́	дню	ремню́	гвоздю́
Acc	вождя́	руль	кисéль	день	ремéнь	гвоздь
Instr	вождём	рулём	киселём	днём	ремнём	гвоздём
Abl	(о) вождé	(о) рулé	(о) киселé	(о) дне	(о) ремнé	(о) гвоздé
	Plural					
Nom	вожди́	рули́	кисели́	дни	ремни́	гвóзди
Gen	вождéй	рулéй	киселéй	дней	ремнéй	гвоздéй
Dat	вождя́м	руля́м	киселя́м	дням	ремня́м	гвоздя́м
Acc	вождéй	рули́	кисели́	дни	ремни́	гвóзди
Instr	вождя́ми	руля́ми	киселя́ми	дня́ми	ремня́ми	гвоздя́ми
Abl	(о) вождя́х	(о) руля́х	(о) киселя́х	(о) днях	(о) ремня́х	(о) гвоздя́х

Table 3

Masculine nouns with stem ending in soft consonants (with the exception of ч, щ) and with ending unstressed in oblique·cases singular

	Animates		*Inanimates*		
	Singular				
	a)	b)	c)		d)
Nom	де́ятель	учи́тель	дви́гатель	спекта́кль	то́поль
Gen	де́ятеля	учи́теля	дви́гателя	спекта́кля	то́поля
Dat	де́ятелю	учи́телю	дви́гателю	спекта́клю	то́полю
Acc	де́ятеля	учи́теля	дви́гатель	спекта́кль	то́поль
Instr	де́ятелем	учи́телем	дви́гателем	спекта́клем	то́полем
Abl	(о) де́ятеле	(об) учи́теле	(о) дви́гателе	(о) спекта́кле	(о) то́поле
	Plural				
Nom	де́ятели	учителя́	дви́гатели	спекта́кли	тополя́
Gen	де́ятелей	учителе́й	дви́гателей	спекта́клей	тополе́й
Dat	де́ятелям	учителя́м	дви́гателям	спекта́клям	тополя́м
Acc	де́ятелей	учителе́й	дви́гатели	спекта́кли	тополя́
Instr	де́ятелями	учителя́ми	дви́гателями	спекта́клями	тополя́ми
Abl	(о) де́ятелях	(об) учителя́х	(о) дви́гателях	(о) спекта́клях	(о) тополя́х

Table 3, continued

	Animates			*Inanimates*	
	Singular				
	e)		f)	g)	h)
Nom	па́рень	зверь	гре́бень	ка́мень	но́готь
Gen	па́рня	зве́ря	гре́бня	ка́мня	но́гтя
Dat	па́рню	зве́рю	гре́бню	ка́мню	но́гтю
Acc	па́рня	зве́ря	гре́бень	ка́мень	но́готь
Instr	па́рнем	зве́рем	гре́бнем	ка́мнем	но́гтем
Abl	(о) па́рне	(о) зве́ре	(о) гре́бне	(о) ка́мне	(о) но́гте
	Plural				
Nom	па́рни	зве́ри	гре́бни	ка́мни	но́гти
Gen	парне́й	звере́й	гре́бней	камне́й	ногте́й
Dat	парня́м	зверя́м	гре́бням	камня́м	ногтя́м
Acc	парне́й	звере́й	гре́бни	ка́мни	но́гти
Instr	парня́ми	зверя́ми	гре́бнями	камня́ми	ногтя́ми
Abl	(о) парня́х	(о) зверя́х	(о) гре́бнях	(о) ка́мнях	(о) ногтя́х

Table 4

Masculine nouns with stem ending in back consonants (г, к, х)

	With ending unstressed			
	Animates		*Inanimates*	
	Singular			
	a)	b)	c)	d)
Nom	ма́льчик	ребёнок	флаг	ры́нок
Gen	ма́льчика	ребёнка	фла́га	ры́нка
Dat	ма́льчику	ребёнку	фла́гу	ры́нку
Acc	ма́льчика	ребёнка	флаг	ры́нок
Instr	ма́льчиком	ребёнком	фла́гом	ры́нком
Abl	(о) ма́льчике	(о) ребёнке	(о) фла́ге	(о) ры́нке
	Plural			
Nom	ма́льчики	ребя́та	фла́ги	ры́нки
Gen	ма́льчиков	ребя́т	фла́гов	ры́нков
Dat	ма́льчикам	ребя́там	фла́гам	ры́нкам
Acc	ма́льчиков	ребя́т	фла́ги	ры́нки
Instr	ма́льчиками	ребя́тами	фла́гами	ры́нками
Abl	(о) ма́льчиках	(о) ребя́тах	(о) фла́гах	(о) ры́нках

Table 4, continued

	With ending stressed			**Mixed**	
	Animates	*Inanimates*		*Inanimates*	*Animates*
	e)	f)	g)	h)	i)
Nom	враг	бело́к	таба́к	бе́рег	волк
Gen	врага́	белка́	табака́	бе́рега	во́лка
Dat	врагу́	белку́	табаку́	бе́регу	во́лку
Acc	врага́	бело́к	таба́к	бе́рег	во́лка
Instr	враго́м	белко́м	табако́м	бе́регом	во́лком
Abl	(о) враге́	(о) белке́	(о) табаке́	(о) бе́реге	(о) во́лке
Nom	враги́	белки́	табаки́	берега́	во́лки
Gen	враго́в	белко́в	табако́в	берего́в	волко́в
Dat	врага́м	белка́м	табака́м	берега́м	волка́м
Acc	враго́в	белки́	табаки́	берега́	волко́в
Instr	врага́ми	белка́ми	табака́ми	берега́ми	волка́ми
Abl	(о) врага́х	(о) белка́х	(о) табака́х	(о) берега́х	(о) волка́х

Table 5

Masculine nouns with stem ending in hard sibilants (ж, ш) and with ending stressed

	Animates	*Inanimates*
	Singular	
	a)	b)
Nom	ёж	нож
Gen	ежа́	ножа́
Dat	ежу́	ножу́
Acc	ежа́	нож
Instr	ежо́м	ножо́м
Abl	(о) еже́	(о) ноже́
	Plural	
Nom	ежи́	ножи́
Gen	еже́й	ноже́й
Dat	ежа́м	ножа́м
Acc	еже́й	ножи́
Instr	ежа́ми	ножа́ми
Abl	(о) ежа́х	(о) ножа́х

Table 6

Masculine nouns with stem ending in hard sibilants (ж, ш) and with ending unstressed

	Animates		*Inanimates*
	Singular		
	a)	b)	c)
Nom	подки́дыш	сто́рож	экипа́ж
Gen	подки́дыша	сто́рожа	экипа́жа
Dat	подки́дышу	сто́рожу	экипа́жу
Acc	подки́дыша	сто́рожа	экипа́ж
Instr	подки́дышем	сто́рожем	экипа́жем
Abl	(о) подки́дыше	(о) сто́роже	(об) экипа́же
	Plural		
Nom	подки́дыши	сторожа́	экипа́жи
Gen	подки́дышей	сторožéй	экипа́жей
Dat	подки́дышам	сторожа́м	экипа́жам
Acc	подки́дышей	сторožéй	экипа́жи
Instr	подки́дышами	сторожа́ми	экипа́жами
Abl	(о) подки́дышах	(о) сторожа́х	(об) экипа́жах

Table 7

Masculine nouns with stem ending in soft sibilants (ч, щ) and with ending stressed

	Animates	*Inanimates*
	Singular	
	a)	b)
Nom	врач	мяч
Gen	врачá	мячá
Dat	врачý	мячý
Acc	врачá	мяч
Instr	врачóм	мячóм
Abl	(о) врачé	(о) мячé
	Plural	
Nom	врачи́	мячи́
Gen	врачéй	мячéй
Dat	врачáм	мячáм
Acc	врачéй	мячи́
Instr	врачáми	мячáми
Abl	(о) врачáх	(о) мячáх

Table 8

Masculine nouns with stem ending in soft sibilants (ч, щ) and with ending unstressed

	Animates	*Inanimates*
	Singular	
	a)	b)
Nom	товáрищ	матч
Gen	товáрища	мáтча
Dat	товáрищу	мáтчу
Acc	товáрища	матч
Instr	товáрищем	мáтчем
Abl	(о) товáрище	(о) мáтче
	Plural	
Nom	товáрищи	мáтчи
Gen	товáрищей	мáтчей
Dat	товáрищам	мáтчáм
Acc	товáрищей	мáтчи
Instr	товáрищами	мáтчами
Abl	(о) товáрищах	(о) мáтчах

Table 9

Masculine nouns with stem ending in ц and with ending stressed

	Animates		*Inanimates*
	(with e dropped)	(with shift e to й)	(with e dropped)
	Singular		
	a)	b)	c)
Nom	оте́ц	бое́ц	резе́ц
Gen	отца́	бойца́	резца́
Dat	отцу́	бойцу́	резцу́
Acc	отца́	бойца́	резе́ц
Instr	отцо́м	бойцо́м	резцо́м
Abl	(об) отце́	(о) бойце́	(о) резце́
	Plural		
Nom	отцы́	бойцы́	резцы́
Gen	отцо́в	бойцо́в	резцо́в
Dat	отца́м	бойца́м	резца́м
Acc	отцо́в	бойцо́в	резцы́
Instr	отца́ми	бойца́ми	резца́ми
Abl	(об) отца́х	(о) бойца́х	(о) резца́х

Table 10

Masculine nouns with stem ending in ц and with ending unstressed

	Animates		*Inanimates*	
	(with vowel dropped)		(with vowel not dropped)	
	Singular			
	a)	b)	c)	d)
Nom	владе́лец	не́мец	па́лец	ме́сяц
Gen	владе́льца	не́мца	па́льца	ме́сяца
Dat	владе́льцу	не́мцу	па́льцу	ме́сяцу
Acc	владе́льца	не́мца	па́лец	ме́сяц
Instr	владе́льцем	не́мцем	па́льцем	ме́сяцем
Abl	(о) владе́льце	(о) не́мце	(о) па́льце	(о) ме́сяце
	Plural			
Nom	владе́льцы	не́мцы	па́льцы	ме́сяцы
Gen	владе́льцев	не́мцев	па́льцев	ме́сяцев
Dat	владе́льцам	не́мцам	па́льцам	ме́сяцам
Acc	владе́льцев	не́мцев	па́льцы	ме́сяцы
Instr	владе́льцами	не́мцами	па́льцами	ме́сяцами
Abl	(о) владе́ль-цах	(о) не́мцах	(о) па́льцах	(о) ме́ся-цах

Table 11

Masculine nouns ending in -й and with ending stressed

	Animates	*Inanimates*	
	Singular		
	a)	b)	c)
Nom	соловéй	ручéй	лишáй
Gen	соловья́	ручья́	лишая́
Dat	соловью́	ручью́	лишаю́
Acc	соловья́	ручéй	лишáй
Instr	соловьём	ручьём	лишаём
Abl	(о) соловье́	(о) ручье́	(о) лишае́
	Plural		
Nom	соловьи́	ручьи́	лишаи́
Gen	соловьёв	ручьёв	лишаёв
Dat	соловья́м	ручья́м	лишая́м
Acc	соловьёв	ручьи́	лишаи́
Instr	соловья́ми	ручья́ми	лишая́ми
Abl	(о) соловья́х	(о) ручья́х	(о) лишая́х

Table 12

Masculine nouns ending in -ий and with ending unstressed

	Animates	*Inanimates*
	Singular	
	a)	b)
Nom	пролетáрий	санатóрий
Gen	пролетáрия	санатóрия
Dat	пролетáрию	санатóрию
Acc	пролетáрия	санатóрий
Instr	пролетáрием	санатóрием
Abl	(о) пролетáрии	(о) санатóрии
	Plural	
Nom	пролетáрии	санатóрии
Gen	пролетáриев	санатóриев
Dat	пролетáриям	санатóриям
Acc	пролетáриев	санатóрии
Instr	пролетáриями	санатóриями
Abl	(о) пролетáриях	(о) санатóриях

Table 13

Masculine nouns ending in -й

	With stress shifted to ending in plural	With no stress-shift in plural		
	Inanimates	*Animates*	*Inanimates*	
	Singular			
	a)	b)	c)	
Nom	рой	геро́й	урожа́й	слу́чай
Gen	ро́я	геро́я	урожа́я	слу́чая
Dat	ро́ю	геро́ю	урожа́ю	слу́чаю
Acc	рой	геро́я	урожа́й	слу́чай
Instr	ро́ем	геро́ем	урожа́ем	слу́чаем
Abl	(о) ро́е	(о) геро́е	(об) урожа́е	(о) слу́чае
	Plural			
Nom	рои́	геро́и	урожа́и	слу́чаи
Gen	роёв	геро́ев	урожа́ев	слу́чаев
Dat	роя́м	геро́ям	урожа́ям	слу́чаям
Acc	рои́	геро́ев	урожа́и	слу́чаи
Instr	роя́ми	геро́ями	урожа́ями	слу́чаями
Abl	(о) роя́х	(о) геро́ях	(об) урожа́ях	(о) слу́чаях

Table 14

Neuter nouns with stem ending in hard consonants (with the exception of ж, ш, ц)

	(e inserted in genitive plural)		(o inserted in genitive plural)
	Singular		
	a)		b)
Nom	числó	крéсло	окнó
Gen	числá	крéсла	окнá
Dat	числý	крéслу	окнý
Acc	числó	крéсло	окнó
Instr	числóм	крéслом	окнóм
Abl	(о) числé	(о) крéсле	(об) окнé
	Plural		
Nom	чи́сла	крéсла	óкна
Gen	чи́сел	крéсел	óкон
Dat	чи́слам	крéслам	óкнам
Acc	чи́сла	крéсла	óкна
Instr	чи́слами	крéслами	óкнами
Abl	(о) чи́слах	(о) крéслах	(об) óкнах

Table 14, continued

	(no vowel inserted in genitive plural)				
	Singular				
	c)	d)	e)	f)	g)
Nom	чу́вство	ме́сто	веществó	селó	перó
Gen	чу́вства	ме́ста	веществá	селá	перá
Dat	чу́вству	ме́сту	веществу́	селу́	перу́
Acc	чу́вство	ме́сто	веществó	селó	перó
Instr	чу́вством	ме́стом	веществóм	селóм	перóм
Abl	(о) чу́встве	(о) ме́сте	(о) веществé	(о) селé	(о) перé
	Plural				
Nom	чу́вства	местá	веществá	сёла	пе́рья
Gen	чувств	мест	веще́ств	сёл	пе́рьев
Dat	чу́вствам	местáм	веществáм	сёлам	пе́рьям
Acc	чу́вства	местá	веществá	сёла	пе́рья
Instr	чу́вствами	местáми	веществáми	сёлами	пе́рьями
Abl	(о) чу́вствах	(о) местáх	(о) веществáх	(о) сёлах	(о) пе́рьях

Table 15

Neuter nouns with stem ending in soft consonants (with the exception of the sound [j] and sibilants) and with stem ending in -мя

	Singular	
	a)	b)
Nom	по́ле	вре́мя
Gen	по́ля	вре́мени
Dat	по́лю	вре́мени
Acc	по́ле	вре́мя
Instr	по́лем	вре́менем
Abl	(о) по́ле	(о) вре́мени
	Plural	
Nom	поля́	времена́
Gen	поле́й	времён
Dat	поля́м	времена́м
Acc	поля́	времена́
Instr	поля́ми	времена́ми
Abl	(о) поля́х	(о) времена́х

Table 16

Neuter nouns with stem ending in ц and hard sibilants (ж, ш)

	Without stress-shift		With stress-shift
	Singular		
	a)	b)	c)
Nom	полоте́нце	ло́же	кольцо́
Gen	полоте́нца	ло́жа	кольца́
Dat	полоте́нцу	ло́жу	кольцу́
Acc	полоте́нце	ло́же	кольцо́
Instr	полоте́нцем	ло́жем	кольцо́м
Abl	(о) полоте́нце	(о) ло́же	(о) кольце́
	Plural		
Nom	полоте́нца	ло́жа	ко́льца
Gen	полоте́нец	лож	коле́ц
Dat	полоте́нцам	ло́жам	ко́льцам
Acc	полоте́нца	ло́жа	ко́льца
Instr	полоте́нцами	ло́жами	ко́льцами
Abl	(о) полоте́нцах	(о) ло́жах	(о) ко́льцах

Table 17

Neuter nouns with stem ending in soft sibilants (ч, щ)

	Singular	
	a)	b)
Nom	жили́ще	плечо́
Gen	жили́ща	плеча́
Dat	жили́щу	плечу́
Acc	жили́ще	плечо́
Instr	жили́щем	плечо́м
Abl	(о) жили́ще	(о) плече́
	Plural	
Nom	жили́ща	пле́чи
Gen	жили́щ	плеч
Dat	жили́щам	плеча́м
Acc	жили́ща	пле́чи
Instr	жили́щами	плеча́ми
Abl	(о) жили́щах	(о) плеча́х

Table 18

Neuter nouns with stem ending in the sound [j]

	Singular			
	a)	b)	c)	d)
Nom	копьё	уще́лье	заня́тие	пла́тье
Gen	копья́	уще́лья	заня́тия	пла́тья
Dat	копью́	уще́лью	заня́тию	пла́тью
Acc	копьё	уще́лье	заня́тие	пла́тье
Instr	копьём	уще́льем	заня́тием	пла́тьем
Abl	(о) копье́	(об) уще́лье	(о) заня́тии	(о) пла́тье
	Plural			
Nom	ко́пья	уще́лья	заня́тия	пла́тья
Gen	ко́пий	уще́лий	заня́тий	пла́тьев
Dat	ко́пьям	уще́льям	заня́тиям	пла́тьям
Acc	ко́пья	уще́лья	заня́тия	пла́тья
Instr	ко́пьями	уще́льями	заня́тиями	пла́тьями
Abl	(о) ко́пьях	(об) уще́льях	(о) заня́тиях	(о) пла́тьях

Table 19

Feminine nouns and nouns of common gender with stem ending in hard consonants (with the exception of г, к, х, ж, ш, ц)

	Animates		*Inanimates*		*Animates*
	Singular				
	a)	b)	c)	d)	e)
Nom	ры́ба	сирота́	бу́ква	гора́	коза́
Gen	ры́бы	сироты́	бу́квы	горы́	козы́
Dat	ры́бе	сироте́	бу́кве	горе́	козе́
Acc	ры́бу	сироту́	бу́кву	го́ру	козу́
Instr	ры́бой	сирото́й	бу́квой	горо́й	козо́й
Abl	(о) ры́бе	(о) сироте́	(о) бу́кве	(о) горе́	(о) козе́
	Plural				
Nom	ры́бы	сиро́ты	бу́квы	го́ры	ко́зы
Gen	рыб	сиро́т	букв	гор	коз
Dat	ры́бам	сиро́там	бу́квам	гора́м	ко́зам
Acc	рыб	сиро́т	бу́квы	го́ры	коз
Instr	ры́бами	сиро́тами	бу́квами	гора́ми	ко́зами
Abl	(о) ры́бах	(о) сиро́тах	(о) бу́квах	(о) гора́х	(о) ко́зах

Table 19. continued

	Inanimates				
	Singular				
	f)	g)	h)	i)	j)
Nom	слеза́	беда́	черта́	сосна́	сторона́
Gen	слезы́	беды́	черты́	сосны́	стороны́
Dat	слезе́	беде́	черте́	сосне́	стороне́
Acc	слезу́	беду́	черту́	сосну́	сто́рону
Instr	слезо́й	бедо́й	черто́й	сосно́й	стороно́й
Abl	(о) слезе́	(о) беде́	(о) черте́	(о) сосне́	(о) стороне́
	Plural				
Nom	слёзы	бе́ды	черты́	со́сны	сто́роны
Gen	слёз	бед	черт	со́сен	сторо́н
Dat	слеза́м	бе́дам	черта́м	со́снам	сторона́м
Acc	слёзы	бе́ды	черты́	со́сны	сто́роны
Instr	слеза́ми	бе́дами	черта́ми	со́снами	сторона́ми
Abl	(о) слеза́х	(о) бе́дах	(о) черта́х	(о) со́снах	(о) сторона́х

Table 20

Feminine nouns with stem ending in soft consonants (with the exception of ч, щ)

	Ending stressed	Mixed	Ending unstressed			
	Inanimates		*Animates*		*Inanimates*	
	Singular					
	a)	b)	c)	d)	e)	f)
Nom	клешня	земля́	ня́ня	ца́пля	ги́ря	пе́сня
Gen	клешни́	земли́	ня́ни	ца́пли	ги́ри	пе́сни
Dat	клешне́	земле́	ня́не	ца́пле	ги́ре	пе́сне
Acc	клешню́	зе́млю	ня́ню	ца́плю	ги́рю	пе́сню
Instr	клешнёй	землёй	ня́ней	ца́плей	ги́рей	пе́сней
Abl	(о) клешне́	(о) земле́	(о) ня́не	(о) ца́пле	(о) ги́ре	(о) пе́сне
	Plural					
Nom	клешни́	зе́мли	ня́ни	ца́пли	ги́ри	пе́сни
Gen	клешне́й	земе́ль	нянь	ца́пель	гирь	пе́сен
Dat	клешня́м	зе́млям	ня́ням	ца́плям	ги́рям	пе́сням
Acc	клешни́	зе́мли	нянь	ца́пель	ги́ри	пе́сни
Instr	клешня́ми	зе́млями	ня́нями	ца́плями	ги́рями	пе́снями
Abl	(о) клешня́х	(о) зе́млях	(о) ня́нях	(о) ца́плях	(о) ги́рях	(о) пе́снях

Table 21

Feminine nouns with stem ending in ц

	Animates	*Inanimates*	*Animates*	*Inanimates*	*Animates*
	Singular				
	a)		b)	c)	
Nom	пти́ца	столи́ца	овца́	у́лица	рабо́тница
Gen	пти́цы	столи́цы	овцы́	у́лицы	рабо́тницы
Dat	пти́це	столи́це	овце́	у́лице	рабо́тнице
Acc	пти́цу	столи́цу	овцу́	у́лицу	рабо́тницу
Instr	пти́цей	столи́цей	овцо́й	у́лицей	рабо́тницей
Abl	(о) пти́це	(о) столи́це	(об) овце́	(об) у́лице	(о) рабо́тнице
	Plural				
Nom	пти́цы	столи́цы	о́вцы	у́лицы	рабо́тницы
Gen	птиц	столи́ц	ове́ц	у́лиц	рабо́тниц
Dat	пти́цам	столи́цам	о́вцам	у́лицам	рабо́тницам
Acc	птиц	столи́цы	ове́ц	у́лицы	рабо́тниц
Instr	пти́цами	столи́цами	о́вцами	у́лицами	рабо́тницами
Abl	(о) пти́цах	(о) столи́цах	(об) о́вцах	(об) у́лицах	(о) рабо́тницах

Table 22

Feminine nouns with stem ending in back consonants (г, к, х)

	Ending unstressed						Ending stressed
	(no vowel inserted in genitive plural)		(**o** inserted in genitive plural)		(**e** inserted in genitive plural)		(no vowel inserted)
	Animates	*Inanimates*	*Animates*	*Inanimates*	*Animates*	*Inanimates*	
	Singular						
	a)	b)	c)	d)	e)	f)	g)
Nom	му́ха	кни́га	га́лка	па́лка	до́чка	па́чка	нога́
Gen	му́хи	кни́ги	га́лки	па́лки	до́чки	па́чки	ноги́
Dat	му́хе	кни́ге	га́лке	па́лке	до́чке	па́чке	ноге́
Acc	му́ху	кни́гу	га́лку	па́лку	до́чку	па́чку	но́гу
Instr	му́хой	кни́гой	га́лкой	па́лкой	до́чкой	па́чкой	ного́й
All	о) му́хе	(о) кни́ге	(о) га́лке	(о) па́лке	(о) до́чке	(о) па́чке	(о) ноге́
	Plural						
Nom	му́хи	кни́ги	га́лки	па́лки	до́чки	па́чки	но́ги
Gen	мух	книг	га́лок	па́лок	до́чек	па́чек	ног
Dat	му́хам	кни́гам	га́лкам	па́лкам	до́чкам	па́чкам	нога́м
Acc	мух	кни́ги	га́лок	па́лки	до́чек	па́чки	но́ги
Instr	му́хами	кни́гами	га́лками	па́лками	до́чками	па́чками	нога́ми
Abl	(о) му́хах	(о) кни́гах	(о) га́лках	(о) па́лках	(о) до́чках	(о) па́чках	(о) нога́х

Table 23

Feminine nouns ending in the sound [j] preceded by vowel

	a)	b)	c)	d)
	Singular			
Nom	струя́	ста́я	ли́ния	змея́
Gen	струи́	ста́и	ли́нии	змеи́
Dat	струе́	ста́е	ли́нии	змее́
Acc	струю́	ста́ю	ли́нию	змею́
Instr	струёй	ста́ей	ли́нией	змеёй
Abl	(о) струе́	(о) ста́е	(о) ли́нии	(о) змее́
	Plural			
Nom	стру́и	ста́и	ли́нии	зме́и
Gen	струй	стай	ли́ний	змей
Dat	стру́ям	ста́ям	ли́ниям	зме́ям
Acc	стру́и	ста́и	ли́нии	змей
Instr	стру́ями	ста́ями	ли́ниями	зме́ями
Abl	(о) стру́ях	(о, ста́ях	(о) ли́ниях	(о) зме́ях

Table 24

Feminine and masculine nouns ending in the sound [j] preceded by consonant

	a)	b)	c)	
	Singular			
Nom	свинья́	статья́	семья́	судья́
Gen	свиньи́	статьи́	семьи́	судьи́
Dat	свинье́	статье́	семье́	судье́
Acc	свинью́	статью́	семью́	судью́
Instr	свиньёй	статьёй	семьёй	судьёй
Abl	(о) свинье́	(о) статье́	(о) семье́	(о) судье́
	Plural			
Nom	сви́ньи	статьи́	се́мьи	су́дьи
Gen	свине́й	стате́й	семе́й	суде́й
Dat	сви́ньям	статья́м	се́мьям	су́дьям
Acc	свине́й	статьи́	се́мьи	суде́й
Instr	сви́ньями	статья́ми	се́мьями	су́дьями
Abl	(о) сви́ньях	(о) статья́х	(о) се́мьях	(о) су́дьях

Table 25

Feminine nouns with stem ending in sibilants

	a)	b)	c)	d)
	Singular			
Nom	лы́жа	межа́	душа́	свеча́
Gen	лы́жи	межи́	души́	свечи́
Dat	лы́же	меже́	душе́	свече́
Acc	лы́жу	межу́	ду́шу	свечу́
Instr	лы́жей	межо́й	душо́й	свечо́й
Abl	(о) лы́же	(о) меже́	(о) душе́	(о) свече́
	Plural			
Nom	лы́жи	ме́жи	ду́ши	све́чи
Gen	лыж	меж	душ	свече́й (свеч)
Dat	лы́жам	межа́м	ду́шам (душа́м)	свеча́м
Acc	лы́жи	ме́жи	ду́ши	све́чи
Instr	лы́жами	межа́ми	ду́шами (душа́ми)	свеча́ми
Abl	(о) лы́жах	(о) межа́х	(о) ду́шах (душа́х)	(о) свеча́х

Table 26

Masculine nouns and nouns of common gender with stem ending in hard sibilants

	Masculine	*Common gender*
	Singular	
	a)	b)
Nom	ю́ноша	левша́
Gen	ю́ноши	левши́
Dat	ю́ноше	левше́
Acc	ю́ношу	левшу́
Instr	ю́ношей	левшо́й
Abl	(о) ю́ноше	(о) левше́
	Plural	
Nom	ю́ноши	левши́
Gen	ю́ношей	левше́й
Dat	ю́ношам	левша́м
Acc	ю́ношей	левше́й
Instr	ю́ношами	левша́ми
Abl	(о) ю́ношах	(о) левша́х

Table 27

Masculine nouns and nouns of common gender with stem ending in back consonants (г, к, х)

	Masculine	*Common gender*
	Singular	
	a)	b)
Nom	де́душка	неря́ха
Gen	де́душки	неря́хи
Dat	де́душке	неря́хе
Acc	де́душку	неря́ху
Instr	де́душкой	неря́хой
Abl	(о) де́душке	(о) неря́хе
	Plural	
Nom	де́душки	неря́хи
Gen	де́душек	неря́х
Dat	де́душкам	неря́хам
Acc	де́душек	неря́х
Instr	де́душками	неря́хами
Abl	(о) де́душках	(о) неря́хах

Table 28

Masculine and feminine nouns with stem ending in consonants

	Masculine	*Feminine*
	Singular	
	a)	b)
Nom	дя́дя	тётя
Gen	дя́ди	тёти
Dat	дя́де	тёте
Acc	дя́дю	тётю
Instr	дя́дей	тётей
Abl	(о) дя́де	(о) тёте
	Plural	
Nom	дя́ди	тёти
Gen	дя́дей	тётей
Dat	дя́дям	тётям
Acc	дя́дей	тётей
Instr	дя́дями	тётями
Abl	(о) дя́дях	(о) тётях

Table 29

Feminine nouns ending in -ь (preceded by sounds other than sibilants)

	Singular		
	a)	b)	c)
Nom	ло́шадь	степь	боль
Gen	ло́шади	сте́пи	бо́ли
Dat	ло́шади	сте́пи	бо́ли
Acc	ло́шадь	степь	боль
Instr	ло́шадью	сте́пью	бо́лью
Abl	(о) ло́шади	(о) сте́пи	(о) бо́ли
	Plural		
Nom	ло́шади	сте́пи	бо́ли
Gen	лошаде́й	степе́й	бо́лей
Dat	лошадя́м	степя́м	бо́лям
Acc	лошаде́й	сте́пи	бо́ли
Instr	лошадьми́ (лошадя́ми)	степя́ми	бо́лями
Abl	(о) лошадя́х	(о) степя́х	(о) бо́лях

Table 30

Feminine nouns ending in -ь (preceded by sibilants)

	Singular	
	a)	b)
Nom	мышь	ночь
Gen	мы́ши	но́чи
Dat	мы́ши	но́чи
Acc	мышь	ночь
Instr	мы́шью	но́чью
Abl	(о) мы́ши	(о) но́чи
	Plural	
Nom	мы́ши	но́чи
Gen	мыше́й	ноче́й
Dat	мыша́м	ноча́м
Acc	мыше́й	но́чи
Instr	мыша́ми	ноча́ми
Abl	(о) мыша́х	(о) ноча́х

Table 31

Adjectives with stem ending in hard consonants (with the exception of г, к, х, ж, ш, ц)

	With ending stressed			With ending unstressed		
	Singular					
	a)			b)		
	Masculine	*Feminine*	*Neuter*	*Masculine*	*Feminine*	*Neuter*
Nom	молодо́й	молода́я	молодо́е	ста́рый	ста́рая	ста́рое
Gen	молодо́го	молодо́й	молодо́го	ста́рого	ста́рой	ста́рого
Dat	молодо́му	молодо́й	молодо́му	ста́рому	ста́рой	ста́рому
Acc	молодо́й, молодо́го	молоду́ю	молодо́е	ста́рый, ста́рого	ста́рую	ста́рое
Instr	молоды́м	молодо́й	молоды́м	ста́рым	ста́рой	ста́рым
Abl	(о) молодо́м	(о) молодо́й	(о) молодо́м	(о) ста́ром	(о) ста́рой	(о) ста́ром
	Plural					
Nom	молоды́е			ста́рые		
Gen	молоды́х			ста́рых		
Dat	молоды́м			ста́рым		
Acc	молоды́е, молоды́х			ста́рые, ста́рых		
Instr	молоды́ми			ста́рыми		
Abl	(о) молоды́х			(о) ста́рых		

Table 32

Adjectives with stem ending in soft consonants (with the exception of г, к, х, ч, щ)

	Singular		
	Masculine	*Feminine*	*Neuter*
Nom	сре́дний	сре́дняя	сре́днее
Gen	сре́днего	сре́дней	сре́днего
Dat	сре́днему	сре́дней	сре́днему
Acc	сре́дний, сре́днего	сре́днюю	сре́днее
Instr	сре́дним	сре́дней	сре́дним
Abl	(о) сре́днем	(о) сре́дней	(о) сре́днем
	Plural		
Nom	сре́дние		
Gen	сре́дних		
Dat	сре́дним		
Acc	сре́дние, сре́дних		
Instr	сре́дними		
Abl	(о) сре́дних		

Table 33

Adjectives with stem ending in back consonants (г, к, х)

	With ending stressed			With ending unstressed		
	Singular					
	a)			b)		
	Masculine	*Feminine*	*Neuter*	*Masculine*	*Feminine*	*Neuter*
Nom	дорогóй	дорогáя	дорогóе	ти́хий	ти́хая	ти́хое
Gen	дорогóго	дорогóй	дорогóго	ти́хого	ти́хой	ти́хого
Dat	дорогóму	дорогóй	дорогóму	ти́хому	ти́хой	ти́хому
Acc	дорогóй, дорогóго	дорогýю	дорогóе	ти́хий, ти́хого	ти́хую	ти́хое
Instr	дороги́м	дорогóй	дороги́м	ти́хим	ти́хой	ти́хим
Abl	(о) дорогóм	(о) дорогóй	(о) дорогóм	(о) ти́хом	(о) ти́хой	(о) ти́хом
	Plural					
Nom	дороги́е			ти́хие		
Gen	дороги́х			ти́хих		
Dat	дороги́м			ти́хим		
Acc	дороги́е, дороги́х			ти́хие, ти́хих		
Instr	дороги́ми			ти́хими		
Abl	(о) дороги́х			(о) ти́хих		

Table 34

Adjectives with stem ending in hard sibilants (ж, ш)

	With ending stressed			With ending unstressed		
	Singular					
	a)			b)		
	Masculine	*Feminine*	*Neuter*	*Masculine*	*Feminine*	*Neuter*
Nom	чужо́й	чужа́я	чужо́е	све́жий	све́жая	све́жее
Gen	чужо́го	чужо́й	чужо́го	све́жего	све́жей	све́жего
Dat	чужо́му	чужо́й	чужо́му	све́жему	све́жей	све́жему
Acc	чужо́й, чужо́го	чужу́ю	чужо́е	све́жий, све́жего	све́жую	све́жее
Instr	чужи́м	чужо́й	чужи́м	све́жим	све́жей	све́жим
Abl	(о) чужо́м	(о) чужо́й	(о) чужо́м	(о) све́жем	(о) све́жей	(о) све́жем
	Plural					
Nom	чужи́е			све́жие		
Gen	чужи́х			све́жих		
Dat	чужи́м			све́жим		
Acc	чужи́е, чужи́х			све́жие, све́жих		
Instr	чужи́ми			све́жими		
Abl	(о) чужи́х			(о) све́жих		

Table 35

Adjectives with stem ending in soft sibilants (ч, щ)

	Singular			Plural
	Masculine	*Feminine*	*Neuter*	
Nom	горя́чий	горя́чая	горя́чее	горя́чие
Gen	горя́чего	горя́чей	горя́чего	горя́чих
Dat	горя́чему	горя́чей	горя́чему	горя́чим
Acc	горя́чий, горя́чего	горя́чую	горя́чее	горя́чие, горя́чих
Instr	горя́чим	горя́чей	горя́чим	горя́чими
Abl	(о) горя́чем	(о) горя́чей	(о) горя́чем	(о) горя́чих

Table 36

Adjectives with stem ending in ц

	Singular			Plural
	Masculine	*Feminine*	*Neuter*	
Nom	ку́цый	ку́цая	ку́цее	ку́цые
Gen	ку́цего	ку́цей	ку́цего	ку́цых
Dat	ку́цему	ку́цей	ку́цему	ку́цым
Acc	ку́цый, ку́цего	ку́цую	ку́цее	ку́цые, ку́цых
Instr	ку́цым	ку́цей	ку́цым	ку́цыми
Abl	(о) ку́цем	(о) ку́цей	(о) ку́цем	(о) ку́цых

Table 37

Possessive adjectives ending in -ий, -ья, -ье

	Singular			Plural
	Masculine	*Feminine*	*Neuter*	
Nom	во́лчий	во́лчья	во́лчье	во́лчьи
Gen	во́лчьего	во́лчьей	во́лчьего	во́лчьих
Dat	во́лчьему	во́лчьей	во́лчьему	во́лчьим
Acc	во́лчий, во́лчьего	во́лчью	во́лчье	во́лчьи, во́лчьих
Instr	во́лчьим	во́лчьей	во́лчьим	во́лчьими
Abl	(о) во́лчьем	(о) во́лчьей	(о) во́лчьем	(о) во́лчьих

Table 38

Possessive adjectives ending in -ин, -ын, -ов, -ев

	Singular			Plural
	Masculine	*Feminine*	*Neuter*	
Nom	ма́мин	ма́мина	ма́мино	ма́мины
Gen	ма́мина	ма́миной	ма́мина	ма́миных
Dat	ма́мину	ма́миной	ма́мину	ма́миным
Acc	ма́мин, ма́мина	ма́мину	ма́мино	ма́мины, ма́миных
Instr	ма́миным	ма́миной	ма́миным	ма́миными
Abl	(о) ма́мином	(о) ма́миной	(о) ма́мином	(о) ма́миных

Table 39

Numerals

a)

Nom	оди́н	одна́	одно́	одни́
Gen	одного́	одно́й	одного́	одни́х
Dat	одному́	одно́й	одному́	одни́м
Acc	оди́н, одного́	одну́	одно́	одни́, одни́х
Instr	одни́м	одно́й	одни́м	одни́ми
Abl	(об) одно́м	(об) одно́й	(об) одно́м	(об) одни́х

b)

Nom	два	две	три	четы́ре
Gen	двух	двух	трёх	четырёх
Dat	двум	двум	трём	четырём
Acc	два, двух	две, двух	три, трёх	четы́ре, четырёх
Instr	двумя́	двумя́	тремя́	четырьмя́
Abl	(о) двух	(о) двух	(о) трёх	(о) четырёх

Table 39, continued

	c)	d)		e)
Nom	пять	пятна́дцать	пятьдеся́т	пятьсо́т
Gen	пяти́	пятна́дцати	пяти́десяти	пятисо́т
Dat	пяти́	пятна́дцати	пяти́десяти	пятиста́м
Acc	пять	пятна́дцать	пятьдеся́т	пятьсо́т
Instr	пятью́	пятна́дцатью	пятью́десятью	пятьюста́ми
Abl	(о) пяти́	(о) пятна́дцати	(о) пяти́десяти	(о) пятиста́х

	f)	g)	h)	
Nom	сто	две́сти	полтора́, полторы́	полтора́ста
Gen	ста	двухсо́т	полу́тора	полу́тораста
Dat	ста	двумста́м	полу́тора	полу́тораста
Acc	сто	две́сти, двухсо́т	полтора́, полторы́	полтора́ста
Instr	ста́ми	двумяста́ми	полу́тора	полутораста́ми
Abl	(о) ста	(о) двухста́х	(о) полу́тора	(о) полу́тораста

	i)			
Nom	дво́е	пя́теро	о́ба	о́бе
Gen	двои́х	пятеры́х	обо́их	обе́их
Dat	двои́м	пятеры́м	обо́им	обе́им
Acc	дво́е, двои́х	пя́теро, пятеры́х	о́ба, обо́их	о́бе, обе́их
Instr	двои́ми	пятеры́ми	обо́ими	обе́ими
Abl	(о) двои́х	(о) пятеры́х	(об) обо́их	(об) обе́их

Table 40

Personal, reflexive and possessive pronouns

a)

Nom	я	ты	мы	вы
Gen	меня́	тебя́	нас	вас
Dat	мне	тебе́	нам	вам
Acc	меня́	тебя́	нас	вас
Instr	мной	тобо́й	на́ми	ва́ми
Abl	(обо) мне́	(о) тебе́	(о) нас	(о) вас

b)

Nom	он, оно́	она́	они́	—
Gen	его́, него́	её, неё	их, них	себя́
Dat	ему́, нему́	ей, ней	им, ним	себе́
Acc	его́, него́	её, неё	их, них	себя́
Instr	им, ним	ей, ней	и́ми, ни́ми	собо́й
Abl	(о) нём	(о) ней	(о) них	(о) себе́

c)

Nom	мой, моё (твой, твоё, свой, своё)	моя́ (твоя́, своя́)	мои́ (твои́, свои́)
Gen	моего́	мое́й	мои́х
Dat	моему́	мое́й	мои́м
Acc	мой, моего́, моё	мою́	мои́, мои́х
Instr	мои́м	мое́й	мои́ми
Abl	(о) моём	(о) мое́й	(о) мои́х

d)

Nom	наш, на́ше (ваш, ва́ше)	на́ша (ва́ша)	на́ши (ва́ши)
Gen	на́шего	на́шей	на́ших
Dat	на́шему	на́шей	на́шим
Acc	наш, на́шего, на́ше	на́шу	на́ши, на́ших
Instr	на́шим	на́шей	на́шими
Abl	(о) на́шем	(о) на́шей	(о) на́ших

Table 41

Interrogative, relative, negative, demonstrative, determinative pronouns

	a)				b)			
Nom	кто (никто́)	что (ничто́)	—	—	э́тот, э́то (тот, то)	э́та (та)	э́ти	те
Gen	кого́	чего́	не́кого	не́чего	э́того	э́той	э́тих	тех
Dat	кому́	чему́	не́кому	не́чему	э́тому	э́той	э́тим	тем
Acc	кого́	что	не́кого	не́чего	э́тот, э́того, э́то	э́ту	э́ти, э́тих	те, тех
Instr	кем	чем	не́кем	не́чем	э́тим	э́той	э́тими	те́ми
Abl	(о) ком (ни о ком)	(о) чём (ни о чём)	не́ о ком	не́ о чем	(об) э́том	(об) э́той	(об) э́тих	(о) тех

	c)		d)			e)		
Nom	чей	чьи	сам, само́	сама́	са́ми	весь, всё	вся	все
Gen	чьего́	чьих	самого́	само́й	сами́х	всего́	всей	всех
Dat	чьему́	чьим	самому́	само́й	сами́м	всему́	всей	всем
Acc	чей	чьи	сам, самого́, само́	самоё (саму́)	са́ми, сами́х	весь, всего́, всё	всю	все, всех
Instr	чьим	чьи́ми	сами́м	само́й	сами́ми	всем	всей	все́ми
Abl	(о) чьём	(о) чьих	(о) само́м	(о) само́й	(о) сами́х	(обо) всём	(обо) все́й	(обо) все́х

Table of

№№	Infinitive	Present tense imperfective aspect and future tense perfective aspect		
		Singular		Plural
		1st person	*2nd person*	*3d person*
42	брать	беру́	берёшь	беру́т
43	вы́брать	вы́беру	вы́берешь	вы́берут
44	разобра́ть	разберу́	разберёшь	разберу́т
45	бры́згать	{ бры́зжу { бры́згаю	бры́зжешь бры́згаешь	бры́зжут бры́згают
46	брюзжа́ть	брюзжу́	брюзжи́шь	брюзжа́т
47	держа́ть	держу́	держишь	де́ржат
48	вяза́ть	вяжу́	вя́жешь	вя́жут
49	отре́зать	отре́жу	отре́жешь	отре́жут
50	взорва́ть	взорву́	взорвёшь	взорву́т
51	встать	вста́ну	вста́нешь	вста́нут
52	вы́держать	вы́держу	вы́держишь	вы́держат
53	вы́звать	вы́зову	вы́зовешь	вы́зовут
54	вы́пасть	вы́паду	вы́падешь	вы́падут
55	класть	кладу́	кладёшь	кладу́т
56	вы́писать	вы́пишу	вы́пишешь	вы́пишут
57	писа́ть	пишу́	пи́шешь	пи́шут
58	вы́рвать	вы́рву	вы́рвешь	вы́рвут
59	вы́сказать	вы́скажу	вы́скажешь	вы́скажут
60	вы́слать	вы́шлю	вы́шлешь	вы́шлют
61	отосла́ть	отошлю́	отошлёшь	отошлю́т
62	вы́сыпать	вы́сыплю	вы́сыплешь	вы́сыплют
63	дава́ть	даю́	даёшь	даю́т
64	купа́ть(ся)	купа́ю(сь)	купа́ешь(ся)	купа́ют(ся)
64a	вы́купать(ся)	вы́купаю(сь)	вы́купа- ешь(ся)	вы́купа- ют(ся)
65	рабо́тать	рабо́таю	рабо́таешь	рабо́тают
65a	вы́работать	вы́работаю	вы́работаешь	вы́работают
66	дрема́ть	дремлю́	дре́млешь	дре́млют
67	отозва́ть	отзову́	отзовёшь	отзову́т
68	звать	зову́	зовёшь	зову́т
69	маха́ть	машу́	ма́шешь	ма́шут
70	мета́ть	мечу́	ме́чешь	ме́чут
71	е́хать	е́ду	е́дешь	е́дут
72	вы́ехать	вы́еду	вы́едешь	вы́едут
73	трепета́ть	трепещу́	трепе́щешь	трепе́щут

Verb Forms

Past tense			Imperative
Singular		Plural	Singular
Masculine	*Feminine*		
брал	бралá	брáли	бери́
вы́брал	вы́брала	вы́брали	вы́бери
разобрáл	разобралá	разобрáли	разбери́
бры́згал	бры́згала	бры́згали	бры́зжи бры́згай
брюзжáл	брюзжáла	брюзжáли	брюзжи́
держáл	держáла	держáли	держи́
вязáл	вязáла	вязáли	вяжи́
отрéзал	отрéзала	отрéзали	отрéжь
взорвáл	взорвалá	взорвáли	взорви́
встал	встáла	встáли	встань
вы́держал	вы́держала	вы́держали	вы́держи
вы́звал	вы́звала	вы́звали	вы́зови
вы́пал	вы́пала	вы́пали	вы́пади
клал	клáла	клáли	клади́
вы́писал	вы́писала	вы́писали	вы́пиши
писáл	писáла	писáли	пиши́
вы́рвал	вы́рвала	вы́рвали	вы́рви
вы́сказал	вы́сказала	вы́сказали	вы́скажи
вы́слал	вы́слала	вы́слали	вы́шли
отослáл	отослáла	отослáли	отошли́
вы́сыпал	вы́сыпала	вы́сыпали	вы́сыпь
давáл	давáла	давáли	давáй
купáл(ся)	купáла(сь)	купáли(сь)	купáй(ся)
вы́купал(ся)	вы́купала(сь)	вы́купали(сь)	вы́купай(ся)
рабóтал	рабóтала	рабóтали	рабóтай
вы́работал	вы́работала	вы́работали	вы́работай
дремáл	дремáла	дремáли	дремли́
отозвáл	отозвалá	отозвáли	отзови́
звал	звалá	звáли	зови́
махáл	махáла	махáли	маши́
метáл	метáла	метáли	мечи́
éхал	éхала	éхали	(поезжáй)
вы́ехал	вы́ехала	вы́ехали	выезжáй
трепетáл	трепетáла	трепетáли	трепещи́

№№	Infinitive	Present tense imperfective aspect and future tense perfective aspect		
		Singular		Plural
		1st person	*2nd person*	*3d person*
74	бежáть	бегý	бежи́шь	бегýт
74a	вы́бежать	вы́бегу	вы́бежишь	вы́бегут
75	пря́тать	пря́чу	пря́чешь	пря́чут
76	слы́шать	слы́шу	слы́шишь	слы́шат
77	спать	сплю	спишь	спят
78	вы́караб-каться	вы́карабка-юсь	вы́карабка-ешься	вы́карабка-ются
79	жать	жму	жмёшь	жмут
80	разжáть	разожмý	разожмёшь	разожмýт
81	вы́жать	вы́жму	вы́жмешь	вы́жмут
82	жать	жну	жнёшь	жнут
83	искáть	ищý	и́щешь	и́щут
84	ковáть	кую́	куёшь	кую́т
85	клевáть	клюю́	клюёшь	клюю́т
86	колебáть	коле́блю	коле́блешь	коле́блют
87	начáть	начнý	начнёшь	начнýт
88	ржать	ржу	ржёшь	ржут
89	скакáть	скачý	скáчешь	скáчут
90	ты́кать	ты́чу	ты́чешь	ты́чут
91	лгать	лгу	лжёшь	лгут
92	сы́пать	сы́плю	сы́плешь	сы́плют
93	стонáть	стонý	стóнешь	стóнут
94	гнать	гоню́	гóнишь	гóнят
95	вы́гнать	вы́гоню	вы́гонишь	вы́гонят
96	обогнáть	обгоню́	обгóнишь	сбгóнят
97	разогнáть	разгоню́	разгóнишь	разгóнят
98	беле́ть	беле́ю	беле́ешь	беле́ют
99	обесси́леть	обесси́лею	обесси́леешь	обесси́леют
100	веле́ть	велю́	вели́шь	веля́т
101	смотре́ть	смотрю́	смóтришь	смóтрят
102	бере́чь	берегý	бережёшь	берегýт
103	печь	пекý	печёшь	пекýт
104	вы́течь	вы́теку	вы́течешь	вы́текут
105	блесте́ть	блещý	{ блести́шь { бле́щешь	блестя́т бле́щут
106	верте́ть	верчý	ве́ртишь	ве́ртят

Continued

Past tense			Imperative
Singular		Plural	Singular
Masculine	*Feminine*		
бежа́л	бежа́ла	бежа́ли	беги́
вы́бежал	вы́бежала	вы́бежали	вы́беги
пря́тал	пря́тала	пря́тали	прячь
слы́шал	слы́шала	слы́шали	—
спал	спала́	спа́ли	спи
вы́карабкался	вы́карабкалась	вы́карабкались	вы́карабкайся
жал	жа́ла	жа́ли	жми
разжа́л	разжа́ла	разжа́ли	разожми́
вы́жал	вы́жала	вы́жали	вы́жми
жал	жа́ла	жа́ли	жни
иска́л	иска́ла	иска́ли	ищи́
кова́л	кова́ла	кова́ли	куй
клева́л	клева́ла	клева́ли	клюй
колеба́л	колеба́ла	колеба́ли	коле́бли
на́чал	начала́	на́чали	начни́
ржал	ржа́ла	ржа́ли	ржи
скака́л	скака́ла	скака́ли	скачи́
ты́кал	ты́кала	ты́кали	тычь
лгал	лгала́	лга́ли	лги
сы́пал	сы́пала	сы́пали	сыпь
стона́л	стона́ла	стона́ли	стони́
гнал	гнала́	гна́ли	гони́
вы́гнал	вы́гнала	вы́гнали	вы́гони
обогна́л	обогнала́	обогна́ли	обгони́
разогна́л	разогнала́	разогна́ли	разгони́
беле́л	беле́ла	беле́ли	—
обесси́лел	обесси́лела	обесси́лели	—
веле́л	веле́ла	веле́ли	вели́
смотре́л	смотре́ла	смотре́ли	смотри́
берёг	берегла́	берегли́	береги́
пёк	пекла́	пекли́	пеки́
вытек	вытекла	вытекли	вытеки
блесте́л	блесте́ла	блесте́ли	блести́
верте́л	верте́ла	верте́ли	верти́

№№	Infinitive	Present tense imperfective aspect and future tense perfective aspect		
		Singular		Plural
		1st person	*2nd person*	*3d person*
107	гляде́ть	гляжу́	гляди́шь	глядя́т
108	вы́глядеть	вы́гляжу	вы́глядишь	вы́глядят
109	оби́деть(ся)	оби́жу(сь)	оби́дишь(ся)	оби́дят(ся)
110	висе́ть	вишу́	виси́шь	вися́т
111	влезть	вле́зу	вле́зешь	вле́зут
112	вы́лезти	вы́лезу	вы́лезешь	вы́лезут
113	нести́	несу́	несёшь	несу́т
114	вы́нести	вы́несу	вы́несешь	вы́несут
115	греме́ть	гремлю́	греми́шь	гремя́т
116	деть	де́ну	де́нешь	де́нут
117	зави́сеть	зави́шу	зави́сишь	зави́сят
118	замере́ть	замру́	замрёшь	замру́т
119	кряхте́ть	кряхчу́	кряхти́шь	кряхтя́т
120	терпе́ть	терплю́	те́рпишь	те́рпят
121	тере́ть(ся)	тру(сь)	трёшь(ся)	тру́т(ся)
122	вы́тереть	вы́тру	вы́трешь	вы́трут
123	растере́ть	разотру́	разотрёшь	разотру́т
124	стере́ть	сотру́	сотрёшь	сотру́т
125	воскли́кнуть	воскли́кну	воскли́кнешь	воскли́кнут
126	дви́нуть(ся)	дви́ну(сь)	дви́нешь(ся)	дви́нут(ся)
127	зя́бнуть	зя́бну	зя́бнешь	зя́бнут
128	вы́глянуть	вы́гляну	вы́глянешь	вы́глянут
129	втяну́ть	втяну́	втя́нешь	втя́нут
130	гну́ть(ся)	гну(сь)	гнёшь(ся)	гну́т(ся)
131	дуть	ду́ю	ду́ешь	ду́ют
132	вя́нуть	вя́ну	вя́нешь	вя́нут
133	хоте́ть	хочу́	хо́чешь	хотя́т
134	хрусте́ть	хрущу́	хрусти́шь	хрустя́т
135	кише́ть	—	—	киша́т
136	вы́здороветь	вы́здоровлю	вы́здоро-вишь / вы́здоро-веешь	вы́здоровеют
137	вы́лететь	вы́лечу	вы́летишь	вы́летят
138	вы́честь	вы́чту	вы́чтешь	вы́чтут
139	уче́сть	учту́	учтёшь	учту́т

Continued

Past tense			Imperative
Singular		Plural	Singular
Masculine	*Feminine*		
глядéл	глядéла	глядéли	глядú
вы́глядел	вы́глядела	вы́глядели	вы́гляди
обúдел(ся)	обúдела(сь)	обúдели(сь)	обúдь(ся)
висéл	висéла	висéли	висú
влез	влéзла	влéзли	влезь
вы́лез	вы́лезла	вы́лезли	вы́лези
нёс	неслá	неслú	несú
вы́нес	вы́несла	вы́несли	вы́неси
гремéл	гремéла	гремéли	гремú
дел	дéла	дéли	день
завúсел	завúсела	завúсели	завúсь
зáмер	замерлá	зáмерли	замрú
кряхтéл	кряхтéла	кряхтéли	кряхтú
терпéл	терпéла	терпéли	терпú
тёр(ся)	тёрла(сь)	тёрли(сь)	три(сь)
вы́тер	вы́терла	вы́терли	вы́три
растёр	растёрла	растёрли	разотрú
стёр	стёрла	стёрли	сотрú
воскли́кнул	воскли́кнула	воскли́кнули	воскли́кни
двúнул(ся)	двúнула(сь)	двúнули(сь)	двúнь(ся)
зяб, зя́бнул	зя́бла	зя́бли	зя́бни
вы́глянул	вы́глянула	вы́глянули	вы́гляни
втянýл	втянýла	втянýли	втянú
гнýл(ся)	гнýла(сь)	гнýли(сь)	гни(сь)
дул	дýла	дýли	дуй
вял	вя́ла	вя́ли	—
хотéл	хотéла	хотéли	—
хрустéл	хрустéла	хрустéли	хрустú
—	—	кишéли	—
вы́здоровел	вы́здоровела	вы́здоровели	вы́здоровь
вы́летел	вы́летела	вы́летели	вы́лети
вы́чел	вы́чла	вы́чли	вы́чти
учёл	учлá	учлú	учтú

№№	Infinitive	Present tense imperfective aspect and future tense perfective aspect		
		Singular		Plural
		1st person	*2nd person*	*3d person*
140	ревéть	ревý	ревёшь	ревýт
141	оперéться	обопрýсь	обопрёшься	обопрýтся
142	отперéть	отопрý	отопрёшь	отопрýт
143	напря́чь	напрягý	напряжёшь	напрягýт
144	жечь	жгу	жжёшь	жгут
145	обжéчь	обожгý	обожжёшь	обожгýт
146	кáяться	кáюсь	кáешься	кáются
147	торопи́ть	торoccплю́	торóпишь	торóпят
148	беси́ть(ся)	бешý(сь)	бéсишь(ся)	бéсят(ся)
149	брóсить	брóшу	брóсишь	брóсят
150	вы́бросить	вы́брошу	вы́бросишь	вы́бросят
151	беспокóить	беспокóю	беспокóишь	беспокóят
152	броди́ть	брожý	брóдишь	брóдят
153	возроди́ть	возрожý	возроди́шь	возродя́т
154	вы́городить	вы́горожу	вы́городишь	вы́городят
155	глáдить	глáжу	глáдишь	глáдят
156	вали́ть	валю́	вáлишь	вáлят
157	цéлить(ся)	цéлю(сь)	цéлишь(ся)	цéлят(ся)
158	укоре-ни́ть(ся)	укореню́(сь)	укоре-ни́шь(ся)	укоре-ня́т(ся)
159	вы́яснить	вы́ясню	вы́яснишь	вы́яснят
160	дразни́ть	дразню́	дрáзнишь	дрáзнят
161	возврати́ть	возвращý	возврати́шь	возвратя́т
162	впусти́ть	впущý	впýстишь	впýстят
163	вы́пустить	вы́пущу	вы́пустишь	вы́пустят
164	возобнови́ть	возобновлю́	возобнови́шь	возобновя́т
165	вы́прямить	вы́прямлю	вы́прямишь	вы́прямят
166	восстанови́ть	восстановлю́	восстанó-вишь	восстанóвят
167	вы́править	вы́правлю	вы́правишь	вы́правят
168	вставить	встáвлю	встáвишь	встáвят
169	купи́ть	куплю́	кýпишь	кýпят
170	вы́купить	вы́куплю	вы́купишь	вы́купят
171	воору-жи́ть(ся)	вооружý(сь)	воору-жи́шь(ся)	воору-жáт(ся)
172	вы́ключить	вы́ключу	вы́ключишь	вы́ключат

Continued

Past tense			Imperative
Singular		Plural	Singular
Masculine	*Feminine*		
реве́л	реве́ла	реве́ли	реви́
опёрся	оперла́сь	опёрлись	обопри́сь
о́тпер	отперла́	о́тперли	отопри́
напря́г	напрягла́	напрягли́	напряги́
жёг	жгла	жгли	жги
обжёг	обожгла́	обожгли́	обожги́
ка́ялся	ка́ялась	ка́ялись	ка́йся
торопи́л	торопи́ла	торопи́ли	торопи́
беси́л(ся)	беси́ла(сь)	беси́ли(сь)	беси́(сь)
бро́сил	бро́сила	бро́сили	брось
вы́бросил	вы́бросила	вы́бросили	вы́брось
беспоко́ил	беспоко́ила	беспоко́или	беспоко́й
броди́л	броди́ла	броди́ли	броди́
возроди́л	возроди́ла	возроди́ли	возроди́
вы́городил	вы́городила	вы́городили	вы́городи
гла́дил	гла́дила	гла́дили	гладь
вали́л	вали́ла	вали́ли	вали́
це́лил(ся)	це́лила(сь)	це́лили(сь)	це́ль(ся)
укорени́л(ся)	укоре- ни́ла(сь)	укоре- ни́ли(сь)	—
вы́яснил	вы́яснила	вы́яснили	вы́ясни
дразни́л	дразни́ла	дразни́ли	дразни́
возврати́л	возврати́ла	возврати́ли	возврати́
впусти́л	впусти́ла	впусти́ли	впусти́
вы́пустил	вы́пустила	вы́пустили	вы́пусти
возобнови́л	возобнови́ла	возобнови́ли	возобнови́
вы́прямил	вы́прямила	вы́прямили	вы́прями
восстанови́л	восстанови́- ла	восстанови́- ли	восстанови́
вы́правил	вы́правила	вы́правили	вы́правь
вста́вил	вста́вила	вста́вили	вставь
купи́л	купи́ла	купи́ли	купи́
вы́купил	вы́купила	вы́купили	вы́купи
воору- жи́л(ся)	вооружи́- ла(сь)	вооружи́- ли(сь)	вооружи́(сь)
вы́ключил	вы́ключила	вы́ключили	вы́ключи

№№	Infinitive	Present tense imperfective aspect and future tense perfective aspect		
		Singular		Plural
		1st person	2nd person	3d person
173	учи́ть	учу́	у́чишь	у́чат
174	грани́чить	грани́чу	грани́чишь	грани́чат
175	доложи́ть	доложу́	доло́жишь	доло́жат
176	вскипяти́ть	вскипячу́	вскипятишь	вскипятя́т
177	встре́тить	встре́чу	встре́тишь	встре́тят
178	дежу́рить	дежу́рю	дежу́ришь	дежу́рят
179	по́мнить	по́мню	по́мнишь	по́мнят
180	вить	вью	вьёшь	вьют
181	сбить	собью́	собьёшь	собью́т
182	разби́ть	разобью́	разобьёшь	разобью́т
183	обли́ть	оболью́	обольёшь	оболью́т
184	отби́ть	отобью́	отобьёшь	отобью́т
185	оби́ть	обобью́	обобьёшь	обобью́т
186	вы́бить	вы́бью	вы́бьешь	вы́бьют
187	гости́ть	гощу́	гости́шь	гостя́т
188	вы́разить	вы́ражу	вы́разишь	вы́разят
189	гре́зить	гре́жу	гре́зишь	гре́зят
190	увози́ть	увожу́	уво́зишь	уво́зят
191	грози́ть	грожу́	грози́шь	грозя́т
192	кати́ть	качу́	ка́тишь	ка́тят
193	чи́стить	чи́щу	чи́стишь	чи́стят
193а	вы́чистить	вы́чищу	вы́чистишь	вы́чистят
194	жить	живу́	живёшь	живу́т
195	брить	бре́ю	бре́ешь	бре́ют
196	гнить	гнию́	гниёшь	гнию́т
197	пои́ть	пою́	пои́шь	поя́т
198	затаи́ть	затаю́	затаи́шь	затая́т
199	огласи́ть	оглашу́	огласи́шь	оглася́т
200	стричь	стригу́	стрижёшь	стригу́т
201	ушиби́ть	ушибу́	ушибёшь	ушибу́т
202	моло́ть	мелю́	ме́лешь	ме́лют
203	боро́ться	борю́сь	бо́решься	бо́рются
204	толо́чь	толку́	толчёшь	толку́т
205	дости́чь	дости́гну	дости́гнешь	дости́гнут
206	зайти́	зайду́	зайдёшь	зайду́т
207	идти́	иду́	идёшь	иду́т

Continued

Past tense			Imperative
Singular		Plural	Singular
Masculine	*Feminine*		
учи́л	учи́ла	учи́ли	учи́
грани́чил	грани́чила	грани́чили	—
доложи́л	доложи́ла	доложи́ли	доложи́
вскипяти́л	вскипяти́ла	вскипяти́ли	вскипяти́
встре́тил	встре́тила	встре́тили	встреть
дежу́рил	дежу́рила	дежу́рили	дежу́рь
по́мнил	по́мнила	по́мнили	по́мни
вил	вила́	ви́ли	вей
сбил	сби́ла	сби́ли	сбей
разби́л	разби́ла	разби́ли	разбе́й
о́блил	облила́	о́блили	обле́й
отби́л	отби́ла	отби́ли	отбе́й
оби́л	оби́ла	оби́ли	обе́й
вы́бил	вы́била	вы́били	вы́бей
гости́л	гости́ла	гости́ли	гости́
вы́разил	вы́разила	вы́разили	вы́рази
гре́зил	гре́зила	гре́зили	—
увози́л	увози́ла	увози́ли	увози́
грози́л	грози́ла	грози́ли	грози́
кати́л	кати́ла	кати́ли	кати́
чи́стил	чи́стила	чи́стили	чи́сти
вы́чистил	вы́чистила	вы́чистили	вы́чисти
жил	жила́	жи́ли	живи́
брил	бри́ла	бри́ли	брей
гнил	гнила́	гни́ли	—
пои́л	пои́ла	пои́ли	пои́
затаи́л	затаи́ла	затаи́ли	затаи́
оглаcи́л	огласи́ла	огласи́ли	огласи́
стриг	стри́гла	стри́гли	стриги́
ушиб	ушибла	ушибли	ушиби́
моло́л	моло́ла	моло́ли	мели́
боро́лся	боро́лась	боро́лись	бори́сь
толо́к	толкла́	толкли́	толки́
дости́г	дости́гла	дости́гли	дости́гни
зашёл	зашла́	зашли́	зайди́
шёл	шла	шли	иди́

№№	Infinitive	Present tense imperfective aspect and future tense perfective aspect		
		Singular		Plural
		1st person	*2nd person*	*3d person*
208	вы́йти	вы́йду	вы́йдешь	вы́йдут
209	вскрыть	вскро́ю	вскро́ешь	вскро́ют
210	быть	бу́ду	бу́дешь	бу́дут
211	вы́быть	вы́буду	вы́будешь	вы́будут
212	есть	ем	ешь	едя́т
213	грызть	грызу́	грызёшь	грызу́т
214	дать	дам	дашь	даду́т
215	вы́дать	вы́дам	вы́дашь	вы́дадут
216	красть	краду́	крадёшь	краду́т
216a	вы́красть	вы́краду	вы́крадешь	вы́крадут
217	плыть	плыву́	плывёшь	плыву́т
218	грести́	гребу́	гребёшь	гребу́т
219	вести́	веду́	ведёшь	веду́т
220	вы́вести	вы́веду	вы́ведешь	вы́ведут
221	запасти́	запасу́	запасёшь	запасу́т
222	боя́ться	бою́сь	бойшься	боя́тся
223	валя́ть(ся)	валя́ю(сь)	валя́ешь(ся)	валя́ют(ся)
224	се́ять	се́ю	се́ешь	се́ют
225	вы́смеять	вы́смею	вы́смеешь	вы́смеют
226	ка́шлять	ка́шляю	ка́шляешь	ка́шляют
227	смея́ться	смею́сь	смеёшься	смею́тся
228	застря́ть	застря́ну	застря́нешь	застря́нут
229	кля́сть(ся)	кляну́(сь)	клянёшь(ся)	кляну́т(ся)
230	изъя́ть	изыму́	изы́мешь	изы́мут
231	мять	мну	мнёшь	мнут
232	подня́ть	подниму́	подни́мешь	подни́мут
233	наня́ть	найму́	наймёшь	найму́т
234	стыть	сты́ну	сты́нешь	сты́нут
235	вы́мыть	вы́мою	вы́моешь	вы́моют
236	взять	возьму́	возьмёшь	возьму́т
237	везти́	везу́	везёшь	везу́т
238	вы́везти	вы́везу	вы́везешь	вы́везут
239	сесть	ся́ду	ся́дешь	ся́дут
240	расти́	расту́	растёшь	расту́т
241	вы́расти	вы́расту	вы́растешь	вы́растут
242	цвести́	цвету́	цветёшь	цвету́т

Continued

Past tense			Imperative
Singular		Plural	Singular
Masculine	*Feminine*		
вы́шел	вы́шла	вы́шли	вы́йди
вскрыл	вскры́ла	вскры́ли	вскрой
был	была́	бы́ли	будь
вы́был	вы́была	вы́были	вы́будь
ел	е́ла	е́ли	ешь
грыз	гры́зла	гры́зли	грызи́
дал	дала́	да́ли	дай
вы́дал	вы́дала	вы́дали	вы́дай
крал	крала́	кра́ли	кради́
вы́крал	вы́крала	вы́крали	вы́кради
плыл	плыла́	плы́ли	плыви́
грёб	гребла́	гребли́	греби́
вёл	вела́	вели́	веди́
вы́вел	вы́вела	вы́вели	вы́веди
запа́с	запасла́	запасли́	запаси́
боя́лся	боя́лась	боя́лись	бо́йся
валя́л(ся)	валя́ла(сь)	валя́ли(сь)	валя́й(ся)
се́ял	се́яла	се́яли	сей
вы́смеял	вы́смеяла	вы́смеяли	вы́смей
ка́шлял	ка́шляла	ка́шляли	ка́шляй
смея́лся	смея́лась	смея́лись	сме́йся
застря́л	застря́ла	застря́ли	застря́нь
кля́л(ся)	кляла́(сь)	кляли́(сь)	кляни́(сь)
изъя́л	изъя́ла	изъя́ли	изыми́
мял	мя́ла	мя́ли	мни
по́днял	подняла́	по́дняли	подними́
на́нял	наняла́	на́няли	найми́
стыл	сты́ла	сты́ли	стынь
вы́мыл	вы́мыла	вы́мыли	вы́мой
взял	взяла́	взя́ли	возьми́
вёз	везла́	везли́	вези́
вы́вез	вы́везла	вы́везли	вы́вези
сел	се́ла	се́ли	сядь
рос	росла́	росли́	расти́
вы́рос	вы́росла	вы́росли	вы́расти
цвёл	цвела́	цвели́	цвети́

№№	Infinitive	Present tense imperfective aspect and future tense perfective aspect		
		Singular		Plural
		1st person	*2nd person*	*3d person*
243	голосова́ть	голосу́ю	голосу́ешь	голосу́ют
244	тре́бовать	тре́бую	тре́буешь	тре́буют
245	регистри́ровать	регистри́рую	регистри́руешь	регистри́руют
246	ночева́ть	ночу́ю	ночу́ешь	ночу́ют
247	воева́ть	вою́ю	вою́ешь	вою́ют
248	мочь	могу́	мо́жешь	мо́гут
249	лечь	ля́гу	ля́жешь	ля́гут
250	петь	пою́	поёшь	пою́т

Continued

Past tense			Imperative
Singular		Plural	Singular
Masculine	*Feminine*		
голосова́л	голосова́ла	голосова́ли	голосу́й
тре́бовал	тре́бовала	тре́бовали	тре́буй
регистри́ровал	регистри́ровала	регистри́ровали	регистри́руй
ночева́л	ночева́ла	ночева́ли	ночу́й
воева́л	воева́ла	воева́ли	вою́й
мог	могла́	могли́	—
лёг	легла́	легли́	ляг
пел	пе́ла	пе́ли	пой

LISTS OF SUFFIXES

A. Inflectional Endings

I. The Noun

1. Masculine and Neuter

Singular

Case	*Indication*	*Examples*
Nom	see Dictionary	
Gen	see Dictionary	
Dat	**-у, -ю**	Дай э́ту кни́гу ма́льчику. Give this book to the boy. Он гуля́ет по́ полю. He is walking in the field.
Acc	same as Nom for inanimate nouns and as Gen for animate	
Instr	**-ом, -ем**	За заво́дом лес. There's a forest behind the works. Они́ дово́льны э́тим санато́рием. They are pleased with this sanatorium. Она́ прие́дет днём по́зже. She'll come in a day.
Pr	**-е, -и**	Твои́ очки́ в чемода́не. Your spectacles are in the suit-case. Он сейча́с на собра́нии. He is at a meeting now. Мы говори́ли о его́ бра́те. We spoke about his brother.

Plural

Case	*Indication*	*Examples*
Nom	**-ы, -и** (*m*) **-а, -я** (*n**)	Э́ти столы́ недороги́е. These tables are not expensive. Где его́ ученики́? Where are his pupils? Как дела́? How are things? Поля́ покры́ты сне́гом. The fields are covered with snow.
Gen	see Dictionary	
Dat	**-ам, -ям**	Э́тим заво́дам нужны́ рабо́чие. These plants need workers. Я обеща́л де́тям пода́рки. I promised presents to the children.
Acc	same as Nom or Gen	
Instr	**-ми**	Он лю́бит чай с пирога́ми. He likes tea with pies. Она́ занима́ется це́лыми дня́ми. She studies all days long.
Pr	**-х**	Мы говори́ли о его́ дела́х. We discussed his affairs. Подъе́хало не́сколько челове́к на лошадя́х. Several people on horseback rode up.

* The few cases of masculine nouns having this ending are indicated in the Dictionary.

2. Masculine Ending in -а, -я and Feminine

Singular

Case	*Indication*	*Examples*
Nom	see Dictionary	
Gen	see Dictionary	
Dat	**-е, -и**	Стране́ нужны́ квалифици́рованные рабо́чие. The country needs skilled workers. К пло́щади прилега́ет парк. A park adjoins the square. Я дал жур-на́л э́тому ю́ноше. I gave the magazine to this youngster. Он пое́хал к дя́де. He went to his uncle's.
Acc	**-у, -ю** or same as Nom	Мы уви́дели прямую́ доро́гу. We saw a straight road. Я люблю́ их семью́. I like their family. Я люблю́ своего́ де́душку. I love my grandfather. Ко́шка пойма́ла мышь. The cat caught a mouse.
Instr	**-й, -ю**	Она́ взяла́ каранда́ш пра́вой руко́й (руко́ю). She took the pencil with her right hand. Он уе́хал с семьёй. He went with his family. По́ле засе́яно ро́жью. The field is sown with rye.
Pr	**-е, -и**	Они́ говори́ли об э́той же́нщине. They were talking about that woman. Ско́лько домо́в на пло́щади? How many houses are there on the square? Мы заяви́ли об э́том при судье́. We said it in the judge's presence.

Plural

Case	*Indication*	*Examples*
Nom	**-ы, -и**	Э́ти стра́н**ы** располо́жены в А́фрике. These countries are situated in Africa. Э́ти ю́нош**и** — студе́нт**ы**. These youngsters are students.
Gen	see Dictionary	
Dat	**-ам, -ям**	Он всегда́ уступа́ет доро́гу же́нщин**ам**. He always makes way for women. Су́дь**ям** бы́ло тру́дно приня́ть реше́ние. It was difficult for the judges to come to a decision.
Acc	same as Nom for inanimate nouns and as Gen for animate	
Instr	**-ми**	Мно́гие пти́цы лета́ют ста́я**ми**. Many birds fly in flocks. Он сде́лал э́то свои́ми рука́**ми**. He made it with his own hands.
Pr	**-х**	В э́тих деревня́**х** мно́го охо́тников. There are many hunters in these villages. Э́та обя́занность лежи́т на ста́роста**х**. It is the duty of the monitors.

II The Adjective

3. Feminine, Neuter, and Plural Endings in Relation to the Masculine Form

Masculine	*Feminine*	*Neuter*	*Plural (m, f, n)*
-ый краси́вый лес a beautiful forest	**-ая** краси́вая карти́на a beautiful picture	**-ое** краси́вое зда́ние a beautiful building	**-ые** краси́вые зда́ния beautiful buildings
-ий* весе́нний день a spring day	**-яя** весе́нняя пого́да spring weather	**-ее** весе́ннее у́тро a spring morning	**-ие** весе́нние дни spring days
-ой больно́й ма́льчик a sick boy	**-ая** больна́я де́вочка a sick girl	**-ое** больно́е дитя́ a sick baby	**-ые** больны́е де́ти sick children

* For feminine, neuter, and nominative plural forms of adjectives ending in **-ий** preceded by **г, к, х, ж, ш, ч, щ** see Dictionary.

4. Declension

a. *Masculine and Neuter*

Case	*Indication*	*Examples*
Nom	see Dictionary	
Gen	**-го**	У меня́ нет кра́сного каранда́ша́. I have no red pencil. Где протоко́л после́днего собра́ния? Where are the minutes of the last meeting?
Dat	**-му**	Мы подошли́ к большо́му до́му. We approached a big house. По си́нему не́бу плы́ли облака́. Clouds were floating along the blue sky.
Acc	same as Nom; for adjectives modifying animate nouns same as Gen	
Inst	**-ым, -им**	Ма́льчик разма́хивал кра́сным флажко́м. The boy was swinging a little red flag. Она́ всегда́ пи́шет си́ним карандашо́м. She always writes with a blue pencil.
Pr	**-ом, -ем**	Я мно́го слы́шал об э́том интере́сном спекта́кле. I have heard much about this interesting play. Ты был на после́днем собра́нии? Were you present at the last meeting?

b. *Feminine*

Case	*Indication*	*Examples*
Gen Dat Pr	**-ой, -ей**	У неё нет кра́сной **косы́нки**. She has no red kerchief. Дай мне немно́го **хоро́шей** бума́ги. Give me some good paper. Ско́лько лет э́той **ма́ленькой** де́вочке? How old is this little girl? Они́ сиде́ли на **краси́вой** лужа́йке. They were sitting on a beautiful lawn. Он сошёл на **после́дней** остано́вке. He got off at the last stop.
Acc	**-ую, -юю**	Он чита́ет **ру́сскую** кни́гу. He is reading a Russian book. Она́ сде́лала себе́ **зи́мнюю** ша́пку. She made herself a winter cap.
Instr	**-ой (-ою)** **-ей (-ею)**	На скаме́йке сиде́ла де́вочка с **кра́сной** су́мочкой. A girl with a red handbag was sitting on the bench. Мы наслажда́лись **хоро́шей** пого́дой. We were enjoying fine weather.

c. *Plural*

Case	*Indication*	*Examples*
Gen Pr	**-х**	В э́той кни́ге мно́го смешны́**х** расска́зов. This book has many funny stories. В э́том го́роде ма́ло больши́**х** домо́в. There are few big houses in this town. Мы говори́ли о но́вы**х** карти́на**х**. We spoke about new pictures. Он никогда́ не говори́т о чужи́**х** дела́**х**. He never talks about other people's affairs.
Dat	**-ым, -им**	Э́то де́ло мо́жно дове́рить то́лько серьёзн**ым** лю́дям. Only serious people can be trusted with this matter. Хоро́ш**им** ученика́м преподнесли́ кни́ги. Good pupils were presented with books.
Acc	same as Nom; for adjectives modifying animate nouns same as Gen	
Instr	**-ми**	Он увлека́ется арифмети́ческими зада́чами. He takes a great interest in sums. Столы́ бы́ли покры́ты бе́лы**ми** листа́ми бума́ги. The tables were covered with white sheets of paper.

5. Degrees of Comparison

Comparative	*Superlative*
-ее ста́рый old → старе́е older	a. **-айш, -ейш** + adjective ending: вели́кий great → велича́йший the greatest ва́жный important → важне́йший the most important b. with the help of "са́мый": краси́вый beautiful → **са́мый** краси́вый the most beautiful

III The Verb

A. 6. Present Tense (imperfective aspect), Future Tense (perfective aspect)

Person and Number	*Indication*	*Examples*
1st person sing	see Dictionary	
2nd person sing	see Dictionary	
3rd person sing	**-ет, -ит**	Что он де́ла**ет**? What is he doing? Он лю́б**ит** ката́ться на лы́жах. He likes to ski. Он сде́ла**ет** э́то за́втра. He'll do it tomorrow. Он разбу́д**ит** тебя́ в семь. He'll wake you at seven. Он пойдё**т** туда́ со мной. He'll go there with me.

Person and Number	*Indication*	*Examples*
1st person pl	**-м**	Мы у́чи**м** ру́сский язы́к. We study Russian. Мы ча́сто де́лае**м** таки́е упражне́ния. We often do such exercises. Мы поговори́**м** за́втра. We'll speak tomorrow. Мы изу́чи**м** э́ту пробле́му. We'll study this problem.
2nd person pl	**-те**	Что вы ви́ди**те**? What do you see? Заче́м вы идё**те** туда́? What are you going there for? Когда́ вы пойдё**те** туда́? When will you go there? Вы уви́ди**те** его́ за́втра. You'll see him tomorrow. Вы пое́де**те** авто́бусом? Will you take a bus?
3rd person pl	**-ут, -ют, -ат, -ят**	Они́ ча́сто бер**у́т** э́ти журна́лы. They often take these magazines. Они́ гуля́**ют** по́сле у́жина. They go for a walk after supper. Они́ ча́сто смо́тр**ят** русские фи́льмы. They often see Russian films. Почему́ они́ крич**а́т**? Why are they shouting? Когда́ они́ возьм**у́т** э́ти газе́ты? When will they take these newspapers? Они́ не опозда́**ют**. They won't be late. Они́ просмо́тр**ят** статьи́ в суббо́ту. They'll look through the articles on Saturday. Они́ полу́ч**ат** телегра́мму сего́дня. They'll get the telegram today.

Note: The future imperfective is formed with the help of the verb «быть» in the future tense plus the infinitive of the finite verb:

Он бу́дет чита́ть. He will be reading.

7. Past Tense

	Suffix	*Ending*	*Examples*
m	-л	—	Он был там. He was there.
f		-а	Она́ была́ там. She was there.
n		-о	Письмо́ бы́ло там. The letter was there.
pl		-и	Они́ бы́ли там. They were there.

8. Conditional-Subjunctive Mood

Past tense forms + particle «бы» or conjunction «что́бы»:

Я **бы** пошёл туда́. I would go there. Я хочу́, **что́бы они́** пошли́ туда́. I want them to go there.

9. Imperative Mood

Singular: **-и, -й, -ь**
Plural: **-те**

Говори́(те) по-ру́сски. Speak Russian. **Отдыха́й(те)** регуля́рно. Rest regularly. **Вста́нь(те)**! Stand up!

10. The Participle

Active Voice

Present Tense	**щ** + adjective ending	**чита́ющий** **слу́шающая**
Past Tense	**ш** + adjective ending	**ви́девший** **нёсший**

Passive Voice

Present Tense	м + adjective ending	чита́емый люби́мая
Past Tense	нн + adjective ending	ви́денный
	т + adjective ending	взя́тый

Note: Participle declensions and degrees of comparison as for corresponding adjectives.

11. The Verbal Adverb

Imperfective Aspect	Perfective Aspect
-а, -я	**-в**
стуча́	прочита́в
конча́я	

Note: Verbal adverbs derived from perfective verbs ending in **-ся** are formed with the help of **-(в)ши: познако́мившись.**

B. 12. Verbs Ending in -ся in the Infinitive

-ся is added to the regular ending if preceded by a consonant, or **-сь** if preceded by a vowel: **спаса́ться, спасти́сь.**

B. Word-forming Suffixes

In this List the suffixes are given in boldface type and the endings, if at all, in standard type. The italicized words immediately following the suffix (or the ending) denote the part of speech formed with its help, e. g.:

-а-ть, **-я-**ть *imperf verbs...*

[*Read*: **-а-**ть, **-я-**ть forming imperfective verbs...]

-аж *m nouns...*

[*Read*: **-аж** forming masculine nouns...]

-а-ть, **-я-**ть — *imperf verbs, derived from prefixed verbs of the perfective aspect*:
залеза́ть [zəl^{ь}i^{e}zát^{ь}] (← **зале́з|ть** ← **лезть**) get (*into*), penetrate (*into*);
выселя́ть [vɨs^{ь}i^{e}l^{ь}át^{ь}] (← **вы́сел|ить** ← **сели́ть**) evict (*tenants*).

-аж — *m nouns, denoting* **1.** *an action*:
трена́ж [tr^{ь}i^{e}násh, -zh] (← **трен|ирова́ть**) training;
2. *a quantity*:
километра́ж [k^{ь}iləm^{ь}i^{e}trásh, -zh] (← **киломе́тр**) distance in kilometres; the number of kilometres.

-анец — *see* **-ец** I.

-анин — *see* **-ин**.

-ант, **-янт**, **-ент** — *m nouns, denoting a person who does the action expressed by the basal word or is in some relation to what is expressed by the basal word*:
квартира́нт [kvərt^{ь}iránt, -d] (← **квартир|ова́ть**) lodger;
оккупа́нт [ʌkupánt, -d] (← **оккуп|и́ровать**) invader, occupationist;
апелля́нт [ʌp^{ь}i^{e}l^{ь}ánt, -d] (← **апелл|и́ровать**) applicant;
оппоне́нт [ʌpʌn^{ь}ént, -d] (← **оппон|и́ровать**) opponent (*in a debate, etc*).

-аст-ый *a augm with the meaning* 'having in abundance, in excess' *the quality expressed by the basal word*:
глаза́стый [glʌzástɨy] (← глаз) big-eyed; goggle-eyed; sharp-sighted.

-ат-ый *a, possessing or characterized by a certain quality*:
борода́тый [bərʌdátɨy] (← бород|а́) bearded;
кле́тчатый [kl^{ь}ét^{ь}ch^{ь}ətɨy] (← кле́тк|а) checked.

-атор *see* -тор.

-ац̂и-я *f abstract nouns, denoting an action*:
коллективиза́ция [kəl^{ь}ɪkt^{ь}iv^{ь}izátʂɨyə] (← коллективиз|и́ровать ← коллекти́в) collectivization.

-ач-ий *see* -уч-ий.

-ва-ть *imperf verbs, derived from prefixed verbs of the perfective aspect*:
узнава́ть [uznʌvát^ь] (← узна́|ть ← знать) 1) learn, get to know; 2) find out (*smb's address*); *imperf also* inquire (*about*); 3) recognize (*an old friend, etc*).

-ев-ой *see* -ов-ый.

-ев-ый *see* -ов-ый.

-еват-ый *see* -оват-ый.

-евск-ий *see* -овск-ий.

-ёк *see* -ок.

-емость *see* -мость.

-ени-е *see* -ни-е.

-ёнк-а *see* -онк-а.

-енн-ый *a rel*:
иму́щественный [imúsh^ь:ɪs^{ь}t^{ь}v^{ь}ɪnnɨy] (← иму́ществ|о) property (*attr*).

-енск-ий, -инск-ий *a, meaning* ‘of *or* from a place, district, village, etc’:
пéнзенский [p^{ь}énn^{ь}z^{ь}ınsk^{ь}iy] (← Пéнз|а) Penza (*attr*);
деревéнский [d^{ь}ır^{ь}i^{e}v^{ь}énsk^{ь}iy] (← дерéв|ня) rural; village (*attr*);
я́лтинский [yált^{ь}insk^{ь}iy] (← Я́лт|а) Yalta (*attr*).

-ент *see* -ант.

-ень-е *see* -ни-е.

-еньк-а *see* -оньк-а.

-еньк-ий *a augm & dim, also expressing endearment*:
сла́бенький [sláb^{ь}ın^{ь}k^{ь}iy] (← сла́б|ый) rather weak; on the weak side;
си́ненький [s^{ь}ín^{ь}ın^{ь}k^{ь}iy] (← си́н|ий) blue.

-еств-о *see* -ств-о.

-есть *see* -ость.

-ец I, -анец, -овец *m nouns, denoting a person* **1.** *coming from, or residing in, a country, city, place, etc*:
ленингра́дец [l^{ь}ın^{ь}ingrád^{ь}ıt͡s, -d͡z] (← Ленингра́д) Leningradian, inhabitant of Leningrad;
перуа́нец [p^{ь}ıruán^{ь}ıt͡s, -d͡z] (← Пéру) Peruvian;
2. *belonging to some organization, party, etc, or working at some department*:
исполко́мовец [ispʌlkóməv^{ь}ıt͡s, -d͡z] (← исполко́м) worker of an executive committee;
республика́нец [r^{ь}ıspubl^{ь}ikán^{ь}ıt͡s, -d͡z] (← респу́блик|а) republican.

-ец II *m nouns dim, expressing smallness in size, endearment, sympathy, or derision*:
хлéбец [khl^{ь}éb^{ь}ıt͡s, -d͡z] (← хлеб) small loaf of bread;
бра́тец [brát^{ь}ıt͡s, -d͡z] (← брат) 1) brother; 2) old man / chap (*form of address*).

-ечк-а *see* -очк-а.

-ечк-о *n nouns dim*:
колéчко [kʌl^{ь}éch^{ь}kə] (← коль|цó) ringlet,

-и-е, -ь-е *n nouns, denoting a state, condition, or quality expressed by the basal word*:

остроу́мие [ʌstrʌúm^{ь}iyə] (← остроу́м|ный) wit;

нена́стье [n^{ь}i^{e}nás^{ь}t^{ь}yə] (← нена́ст|ный) rainy / foul weather;

бесси́лие [b^{ь}i^{e}s^{ь}s^{ь}íl^{ь}iyə] (← бесси́ль|ный) impotence.

-ива-ть, -ыва-ть *imperf verbs, derived from prefixed verbs of the perfective aspect*:

засе́ивать [zʌs^{ь}éivət^{ь}] (← засе́|ять ← се́ять) sow;

подпи́сывать [pʌtp^{ь}ísɨvət^{ь}] (← подпис|а́ть ← писа́ть) sign (*a letter, etc*).

-изм *m abstract nouns, denoting a doctrine, system, or practice; an action, condition, or quality*:

реали́зм [r^{ь}ɪʌl^{ь}ízm] (← реал|и́ст) realism;

оптими́зм [ʌpt^{ь}im^{ь}ízm] (← оптим|и́ст) optimism;

тури́зм [tur^{ь}ízm] (← тур|и́ст) tourism; hiking.

-ик I *m nouns, denoting* **1.** *a person who does the action or follows the occupation expressed by the basal word*:

хи́мик [kh^{ь}ím^{ь}ik, -g] (← хи́м|ия) chemist;

глазни́к [glʌz^{ь}n^{ь}ík, -g] (← глазн|о́й) oculist;

2. *a person characterized by the quality expressed by the basal word*:

озорни́к [ʌzʌrn^{ь}ík, -g] (← озорн|о́й) mischievous person, mischievous boy;

отли́чник [ʌtl^{ь}ích^{ь}n^{ь}ik, -g] (← отли́чн|ый) excellent pupil; excellent student;

3. *things the characteristic feature of which is expressed by the basal word*:

тупи́к [tup^{ь}ík, -g] (← туп|о́й) blind alley;

грузови́к [gruzʌv^{ь}ík, -g] (← грузов|о́й) lorry; *US* truck.

-ик II, **-чик** — *m nouns dim*:

до́**мик** [dóm^{ь}ik, -g] (← дом) small house;

гво́зд**ик** [gvóz^{ь}d^{ь}ik, -g] (← гвоздь) tack, small nail;

бли́н**чик** [bl^{ь}ín^{ь}ch^{ь}ik, -g] (← блин) small pancake; fritter;

колоко́ль**чик** [kəlʌkól^{ь}ch^{ь}ik, -g] (← ко́локол) handbell, bell.

-ин, -анин, -янин, -лянин, -чанин — *m nouns with the meaning* 'of a certain nationality; residing in, or coming from, a certain country, city, place':

осет**и́н** [ʌs^{ь}i^{e}t^{ь}ín] (← Осе́т|ия) Osset;

горож**а́нин** [gərʌzhán^{ь}in] (← го́род) townsman, city-dweller;

египт**я́нин** [yɪg^{ь}ipt^{ь}án^{ь}in] (← Еги́пет) Egyptian;

киев**ля́нин** [k^{ь}iyi^{e}vl^{ь}án^{ь}in] (← Ки́ев) inhabitant of Kiev;

харьков**ча́нин** [khər^{ь}kʌfch^{ь}án^{ь}in] (← Ха́рьков) inhabitant of Kharkov.

ин-а — *f nouns, denoting the result of an action*:

цара́п**ина** [t͡sʌráp^{ь}inə] (← цара́п|ать) scratch, graze.

-инк-а — *f nouns dim, denoting individual objects*:

пыл**и́нка** [pɨl^{ь}ínkə] (← пыль) speck of dust;

песч**и́нка** [p^{ь}i^{e}sh^{ь};ínkə] (← песо́к) grit, grain of sand.

-инск-ий — *see* -енск-ий.

-ист — *m nouns, denoting* **1.** *a person connected with or devoted to some specific occupation, profession, etc*:

карикатур**и́ст** [kər^{ь}ikətur^{ь}íst, -zd] (← карикату́р|а) caricaturist, cartoonist;

портрет**и́ст** [pərtr^{ь}i^{e}t^{ь}íst, -zd] (← портре́т) portrait-painter;

2. *an adherent or supporter of some doctrine, custom, practice, etc*:

коммун**и́ст** [kəmun^{ь}íst, -zd] (← коммун|и́зм) communist;

гуман**и́ст** [gumʌn^{ь}ist, -zd] (← гуман|и́зм) humanist.

-ист-ый *a, having or characterized by the qualities expressed by the basal word*:
тени́стый [t^{ь}i^{e}n^{ь}ístɨy] (← тень) shadowy;
гори́стый [gʌr^{ь}ístɨy] (← гор|á) mountainous, hilly;
азо́тистый [ʌzót^{ь}istɨy] (← азóт) nitrous.

-иц-а I *f nouns* 1. *forming feminine from masculine nouns denoting a person's occupation*:
мастери́ца [məs^{ь}t^{ь}i^{e}r^{ь}ít͡sə] (← мáстер) seamstress; milliner;
певи́ца [p^{ь}i^{e}v^{ь}ít͡sə] (← пев|éц) singer (*a woman*);
2. *denoting the female sex of animals*:
льви́ца [l^{ь}v^{ь}ít͡sə] (← лев) lioness.

-иц-а II *f nouns dim*:
каши́ца [kʌshɨ́t͡sə] (← кáш|а) thin gruel;
части́ца [ch^{ь}i^{e}s^{ь}t^{ь}ít͡sə] (← часть) fraction, particle.

-иц-е *see* -ц-е.

-ическ-ий *a* 1. *having or characterized by the quality expressed by the basal word*:
материалисти́ческий [mət^{ь}ɪr^{ь}ɪʌl^{ь}is^{ь}t^{ь}ích^{ь}ɪsk^{ь}iy] (← материали́ст) materialist(ic);
2. *pertaining to the science, art, etc, expressed by the basal word*:
географи́ческий [g^{ь}ɪʌgrʌf^{ь}ích^{ь}ɪsk^{ь}iy] (← геогрáф|ия) geographical.

-ичк-а *f nouns dim, also expressing endearment*:
сестри́чка [s^{ь}i^{e}str^{ь}ích^{ь}kə] (← сестр|á) little sister; (my) dear sister.

-ишк-а *m & f nouns dim*:
мальчи́шка [mʌl^{ь}ch^{ь}íshkə] (← мáльч|ик) urchin, boy;
сыни́шка [sɨn^{ь}íshkə] (← сын) sonny;
земли́шка [z^{ь}i^{e}ml^{ь}íshkə] (← земл|я́) a small plot of poor land.

-ишк-о *m & n nouns dim*:
городи́шко [gərʌd^{ь}íshkə] (← гóрод) (god-forsaken) little town;
письми́шко [p^{ь}is^{ь}m^{ь}íshkə] (← письм|ó) short letter; unimportant letter.

-ищ-а *f nouns augm*:
ручища [ruch^{ь}ísh^{ь}:ə] (← рук|á) huge hand;
грязища [gr^{ь}i^{e}z^{ь}ísh^{ь}:ə] (← грязь): на у́лице грязи́ща it's terribly muddy outside.

-ищ-е *m & n nouns augm*:
доми́ще [dʌm^{ь}ísh^{ь}:ə] (← дом) huge house;
письми́ще [p^{ь}is^{ь}m^{ь}ísh^{ь}:ə] (← письм|ó) very long letter.

-к-а I *f nouns* 1. *forming feminine from masculine nouns denoting a person's occupation, a representative of a nation, nationality, etc*:
испа́нка [ispánkə] (← испа́н|ец) Spanish woman;
армя́нка [arm^{ь}ánkə] (← армян|и́н) Armenian woman;
скрипа́чка [skr^{ь}ipách^{ь}kə] (← скрипа́ч) violinist (*a woman*);
комсомо́лка [kəmsʌmólkə] (← комсомо́л|ец) member of the Komsomol (*a girl*);
2. *denoting a process or action*:
ва́рка [várkə] (← вар|и́ть) cooking;
3. *denoting an instrument, tool, etc*:
тёрка [t^{ь}órkə] (← тер|éть) grater;
4. *denoting the result of an action*:
вы́думка [vɨ́dumkə] (← вы́дум|ать) invention; device.

-к-а II *f nouns dim*:
ко́мнатка [kómnətkə] (← ко́мнат|а) small room;
доро́жка [dʌróshkə] (← доро́г|а) path, walk.

-к-ий *a* 1. *having the sense of* 'suitable for the action' *expressed by the basal word*:
ко́вкий [kófk^{ь}iy] (← ков|а́ть) malleable, ductile;
2. *having, possessing the natural qualities expressed by the basal word*:
зво́нкий [zvónk^{ь}iy] (← звон) ringing, clear (*voice, etc*).

-лив-ый — *a* 1. *with the meaning* 'having a tendency to' *what is expressed by the basal word*:
ворчли́вый [vʌrch^{ь}l^{ь}ívɨy] (← ворч|а́ть) grumbling, peevish;
засу́шливый [zʌsúshl^{ь}ivɨy] (← за́сух|а) droughty, arid;
2. *denoting the presence of a large degree of what is expressed by the basal word*:
дождли́вый [dʌzh^{ь}:l^{ь}ívɨy] (← дождь) rainy;
тала́нтливый [tʌlán^{ь}t^{ь}l^{ь}ivɨy] (← тала́нт) talented.

-льн-ый — *a*, *denoting suitability for the purpose expressed by the meaning of the basal word*:
копирова́льный [kəp^{ь}irʌvál^{ь}nɨy] (← копи́рова|ть) copying;
суши́льный [sushɨ́l^{ь}nɨy] (← суши́|ть) drying.

-льщик — *see* -щик.

-льщиц-а — *see* -щиц-а.

-лянин — *see* -ин.

-мость, -емость — *f abstract nouns, denoting possibility of, predisposition to, or the degree of what is expressed by the basal word*:
раствори́мость [rəstvʌr^{ь}íməs^{ь}t^{ь}, -z^{ь}d^{ь}] (← раствори́|ть) dissolubility;
заболева́емость [zəbəl^{ь}i^{e}váyəməs^{ь}t^{ь}, -z^{ь}d^{ь}] (← заболева́|ть) sick rate;
сопротивля́емость [səprət^{ь}ivl^{ь}áyəməs^{ь}t^{ь}, -z^{ь}d^{ь}] (← сопротивля́|ться) resistability; *electr* resistivity.

-н-ий — *a*, *denoting relation to time or place*:
вече́рний [v^{ь}i^{e}ch^{ь}érn^{ь}iy] (← ве́чер) evening (*paper*, *dress*, *etc*);
ве́рхний [v^{ь}érkhn^{ь}iy] (← верх) upper.

-н-ый — *a*, *having*, *possessing*, *or characterized by the quality expressed by the basal word*:
привы́чный [pr^{ь}ivɨ́ch^{ь}nɨy] (← привы́ч|ка) habitual, usual;
семе́йный [s^{ь}i^{e}m^{ь}éynɨy] (← семь|я́) domestic, family (*attr*).

-ни-е, -нь-е, -ени-е, -ень-е *n abstract nouns, denoting* **1.** *an action or process*:

преподава́ние [pr^{ь}ıpədʌván^{ь}iyə] (← преподава́|ть) teaching;

обмеле́ние [ʌbm^{ь}i^{e}l^{ь}én^{ь}iyə] (← обмеле́|ть) shallowing;

кривля́нье [kr^{ь}ivl^{ь}án^{ь}yə] (← кривля́|ться) wriggling; making faces;

приобрете́ние [pr^{ь}iəbr^{ь}i^{e}t^{ь}én^{ь}iyə] (← приобрет|а́ть) acquisition, acquiring;

гла́женье [glázhən^{ь}yə] (← гла́д|ить) ironing, pressing;

2. *the result of an action*:

приказа́ние [pr^{ь}ikʌzán^{ь}iyə] (← приказа́|ть) order;

3. *mechanisms, devices*:

зажига́ние [zəzhɨgán^{ь}iyə] (← зажига́|ть) igniter.

-ник *m nouns, denoting* **1.** *a person following some occupation or possessing certain qualities*:

мясни́к [m^{ь}i^{e}s^{ь}n^{ь}ík, -g] (← мя́с|о) butcher; **зави́стник** [zʌv^{ь}ís^{ь}n^{ь}ik, -g] (← за́висть) an envious person,

2. *objects connected with the meaning expressed by the basal word (sometimes with the prefixes* **на-, над-, под-**):

гра́дусник [grádus^{ь}n^{ь}ik, -g] (← гра́дус) thermometer;

подоко́нник [pədʌkón^{ь}n^{ь}ik, -g] (← окн|о́) window-sill;

3. *vessels, containers*:

ча́йник [ch^{ь}áyn^{ь}ik, -g] (← чай) tea-kettle; tea-pot.

-ниц-а *f nouns, denoting a woman following some occupation*:

писа́тельница [p^{ь}isát^{ь}ıl^{ь}n^{ь}it͜sə] (← писа́тель) lady writer, authoress;

колхо́зница [kʌlkhóz^{ь}n^{ь}it͜sə] (← колхо́з) collective farmer (*a woman member of a collective farm*).

-ность *f abstract nouns, denoting a quality, state, or condition*:
радиоакти́в**ность** [ràd^{ь}iʌʌkt^{ь}ívnəs^{ь}t^{ь}, -z^{ь}d^{ь}] (← радиоакти́в|ный) radioactivity;
небре́ж**ность** [n^{ь}i^{e}br^{ь}ézhnəs^{ь}t^{ь}, -z^{ь}d^{ь}] (← небре́ж|ный) carelessness.

-ну-ть *perf verbs, derived from imperfective verbs without prefixes and denoting a momentaneous action*:
зев**ну́**ть [z^{ь}i^{e}vnút^{ь}] (← зев|а́ть) yawn (*in sleepiness*);
тро́нуть [trónut^{ь}] (← тро́|гать) touch (*with the hand*);
кри́к**ну**ть [kr^{ь}íknut^{ь}] (← крич|а́ть) give a cry.

-нь-е *see* -ни-е.

-ов-ой *see* -ов-ый.

-ов-ый, -ов-ой, -ев-ый, -ев-ой *a, having the quality characteristic of what is expressed by the basal word*:
дуб**о́в**ый [dubóvɨy] (← дуб) oak;
мех**ово́й** [m^{ь}ɪkhʌvóy] (← мех) fur (*attr*);
заро́дыш**ев**ый [zʌródɨshəvɨy] (← заро́дыш) embryonic;
пол**ево́й** [pəl^{ь}i^{e}vóy] (← по́л|е) field (*attr*).

-оват-ый, -еват-ый *a with the meaning* 1. 'possessing to some extent' *the qualities expressed by the basal word*:
дорог**ова́т**ый [dərəgʌvátɨy] (← дорог|о́й) a little too expensive;
син**ева́т**ый [s^{ь}in^{ь}i^{e}vátɨy] (← си́н|ий) bluish;
2. 'having, in accordance with' *the natural qualities expressed by the basal word*:
сук**ова́т**ый [sukʌvátɨy] (← сук) branchy, with many boughs;
молодц**ева́т**ый [məlǝtt͡sɨ^{e}vátɨy] (← молоде́ц) dashing, sprightly.

-овец *see* -ец.

-овск-ий, -евск-ий *a, having, possessing, or characterized by the qualities typical of what is expressed by the basal word*:
стари**ко́вск**ий [stər^{ь}ikófsk^{ь}iy] (← стари́к) senile;
король**е́вск**ий [kərʌl^{ь}éɪ̯sk^{ь}iy] (← коро́ль) royal, king's; queen's.

-ок, -ёк *m nouns dim, also expressing endearment*:
листóк [l^{ь}istók, -g] (← лист) small leaf;
петушóк [p^{ь}ıtushók, -g] (← петýх) cockerel;
ручеёк [ruch^{ь}i^{e}yók, -g] (← ручé|й) tiny brook, streamlet.

-онк-а, -ёнк-а *f nouns dim, expressing* 1. *derision, contempt*:
душóнка [dushónkə] (← душ|á) (mean) soul;
2. *endearment*:
сестрёнка [s^{ь}i^{e}str^{ь}ónkə] (← сестр|á) little sister; (my) dear sister.

-оньк-а, -еньк-а *f nouns dim, also expressing endearment*:
берёзонька [b^{ь}i^{e}r^{ь}ózən^{ь}kə] (← берёз|а) little beautiful birch;
дýшенька [dúshən^{ь}kə] (← душ|á) my dear.

-ость, -есть *f abstract nouns, denoting quality, state, or condition*:
плáновость [plánəvəs^{ь}t^{ь}, -z^{ь}d^{ь}] (← плáнов|ый) planned character; development according to a plan;
зрéлость [zr^{ь}éləs^{ь}t^{ь}, -z^{ь}d^{ь}] (← зрéл|ый) maturity, ripeness;
свéжесть [s^{ь}v^{ь}ézhəs^{ь}t^{ь}, -z^{ь}d^{ь}] (← свéж|ий) freshness; coolness.

-от-а *f abstract nouns, denoting quality, state, or condition*:
краснотá [krəsnʌtá] (← крáсн|ый) redness;
пестротá [p^{ь}ıstrʌtá] (← пёстр|ый) diversity of colours.

-очк-а, -ечк-а *f nouns dim*:
лéнточка [l^{ь}éntəch^{ь}kə] (← лéнт|а) narrow ribbon; short ribbon;
кóшечка [kóshəch^{ь}kə] (← кóш|ка) pussy-cat.

-ск-ий, -ск-ой *a* 1. *having, possessing, or characterized by the qualities typical of what is expressed by the basal word*:
брáтский [brátsk^{ь}iy] (← брат) fraternal;
городскóй [gərʌtskóy] (← гóрод) urban, town (*attr*), city (*attr*); municipal;
2. *with the meaning* 'of *or* from a place, district, village, etc':
сарáтовский [sʌrátəfsk^{ь}iy] (← Сарáтов) Saratov (*attr*).

-ск-ой *see* -ск-ий.

-ств-о, -еств-о *n abstract & collective nouns, denoting a quality, state, or occupation*:
áвторство [áftərstvə] (← áвтор) authorship;
учени́чество [uch^{ь}i^{e}n^{ь}ích^{ь}ıstvə] (← учени́к) pupilage; apprenticeship;
студéнчество [stud^{ь}én^{ь}ch^{ь}ıstvə] (← студéнт) 1) the students; 2) student days;
воровствó [vərʌfstvó] (← воров|áть) stealing, thieving;
ковáрство [kʌvárstvə] (← ковáр|ный) insidiousness, perfidity.

-ся *perf & imperf verbs* **1.** *denoting an action directed at the subject*:
умывáться [umɨváttsə] (← умывáть себя́) wash (oneself);
2. *denoting a reciprocal action of two or more people or things*:
встрéтиться [fstr^{ь}ét^{ь}ittsə] (← встрéтить) meet (*of people, lines, etc*);
3. *that are passive forms of transitive verbs*:
стрóиться [stróittsə] (← стрóить) be built.

-тель *m nouns, denoting a person's occupation*:
воспитáтель [vəsp^{ь}itát^{ь}ıl^{ь}] (← воспитá|ть) educator;
мечтáтель [m^{ь}i^{e}ch^{ь}tát^{ь}ıl^{ь}] (← мечтá|ть) day-dreamer.

-тельн-ый *a, denoting* **1.** *the presence of the quality expressed by the basal word*:
одобри́тельный [ʌdʌbr^{ь}ít^{ь}ıl^{ь}nɨy] (← одóбри|ть) approving;
употреби́тельный [upətr^{ь}i^{e}b^{ь}ít^{ь}ıl^{ь}nɨy] (← употреби́|ть) widely used, in common use;
2. *suitability for the purpose expressed by the meaning of the basal word*:
освети́тельный [ʌs^{ь}v^{ь}i^{e}t^{ь}ít^{ь}ıl^{ь}nɨy] (← освети́|ть) illuminating.

-тор, -атор *m nouns, denoting the agent or doer of an action*:
дирéктор [d^{ь}ir^{ь}éktər] (← дирéк|ция) director, manager;
агитáтор [ʌg^{ь}itátər] (← агит|áция) propagandist; canvasser.

-ун *m nouns, denoting the agent or doer of an action:*
болту́н [bʌltún] (← болт|а́ть) talker, chatterer; gossip, tattler.

-ун-ья *f nouns, denoting the agent or doer of an action:*
ворчу́нья [vʌrch^{ь}ún^{ь}yə] (← ворч|а́ть) grumbler (*a woman*).

-ур-а *f abstract & collective nouns, denoting an occupation, science, art, or a group of persons following some profession:*
адвокату́ра [ʌdvəkʌtúrə] (← адвока́т) 1) legal profession, the bar; 2) the lawyers, the bar;
архитекту́ра [ʌrkh^{ь}it^{ь}i^{e}ktúrə] (← архите́кт|ор) architecture.

-уч-ий, -юч-ий, -ач-ий, -яч-ий *a with the meaning* 'having, possessing, *or* characterized by' *the quality expressed by the meaning of the basal word:*
паху́чий [pʌkhúch^{ь}iy] (← па́х|нуть) smelly;
горю́чий [gʌr^{ь}úch^{ь}iy] (← гор|е́ть) combustible;
лежа́чий [l^{ь}i^{e}zhách^{ь}iy] (← леж|а́ть) lying (*of position*);
видя́чий [v^{ь}is^{ь}ách^{ь}iy] (← вис|е́ть) suspended.

-ушк-а, -юшк-а *m & f nouns dim, also expressing endearment:*
де́душка [d^{ь}édushkə] (← дед) granddad;
тётушка [t^{ь}ótushkə] (← тёт|я) aunty;
дя́дюшка [d^{ь}ád^{ь}ushkə] (← дя́д|я) (my dear) uncle.

-ущ-ий, -ющ-ий *a augm:*
большу́щий [bʌl^{ь}shúsh^{ь}:iy] (← больш|о́й) huge, great big;
злю́щий [z^{ь}l^{ь}úsh^{ь}:iy] (← зл|ой) very angry.

-ц-е, -ц-о, -иц-е *n nouns dim:*
зе́ркальце [z^{ь}érkəl^{ь}tsə] (← зе́ркал|о) small looking-glass;
деревцо́ [d^{ь}ır^{ь}i^{e}ftsó] (← де́рев|о) small tree;
пла́тьице [plát^{ь}itsə] (← пла́ть|е) dress for a little girl.

-ц-о *see* -ц-е.

-чанин *see* -ин.

-чат-ый — *a augm with the meaning* ‘made of, looking like’ *what is expressed by the basal word*:

бреве́н**чатый** [br^{ь}i^{e}v^{ь}én^{ь}ch^{ь}ətɨy] (← бревн|о́) timbered;

узо́р**чатый** [uzórch^{ь}ətɨy] (← узо́р) figured, patterned.

-чив-ый — *a with the meaning* ‘tending to, inclined to the action’ *expressed by the basal word*:

заду́м**чивый** [zʌdúmch^{ь}ivɨy] (← заду́м|аться) thoughtful, pensive; melancholy.

-чик I — *see* -щик.

-чик II — *see* -ик II.

-чиц-а — *see* -щиц-а.

-ш-а — *f nouns, denoting* **1.** *a woman following some occupation*:

секрета́р**ша** [s^{ь}ıkr^{ь}i^{e}társhə] (← секрета́рь) secretary (*a woman*);

2. *the wife of the person expressed by the basal word*:

генера́ль**ша** [g^{ь}ın^{ь}i^{e}rál^{ь}shə] (← генера́л) general’s wife.

-щик, -чик, -льщик — *m nouns, denoting* **1.** *a person’s occupation*:

конто́р**щик** [kʌntórsh^ь:ik, -g] (← конто́р|а) clerk;

пулемёт**чик** [pul^{ь}i^{e}m^{ь}ót^{ь}ch^{ь}ik, -g] (← пулемёт) machine-gunner;

перево́з**чик** [p^{ь}ır^{ь}i^{e}vósh^ь:ik, -g] (← перевоз|и́ть) ferryman; boatman;

подпи́с**чик** [pʌtp^{ь}ísh^ь:ik, -g] (← подпис|ываться) subscriber (*to a newspaper, etc*);

забасто́в**щик** [zəbʌstófsh^ь:ik, -g] (← забастов|а́ть) striker;

боле́**льщик** [bʌl^{ь}él^{ь}sh^ь:ik, -g] (← боле́|ть) *sport* fan;

2. *instruments, mechanisms, devices*:

бомбардиро́в**щик** [bəmbərd^{ь}irófsh^ь:ik, -g] (← бомбардиров|а́ть) bomber;

счёт**чик** [sh^ь:ót^{ь}ch^{ь}ik, -g] (← счёт) *technol* counter.

-щин-а *f abstract nouns, denoting certain social phenomena, trends, often derisive, negative*:
обывáтельщина [ʌbɨvát^{ь}ɪl^{ь}sh^{ь}:inə] (← обывáтель) Philistinism.

-щиц-а, -чиц-а, -льщиц-а *f nouns, denoting a woman occupied in some trade, profession*:
гардерóбщица [gərd^{ь}i^{e}rópsh^{ь}:it͡sə] (← гардерóб) cloak-room attendant (*a woman*);
буфéтчица [buf^{ь}ét^{ь}ch^{ь}it͡sə] (← буфéт) barmaid;
подавáльщица [pədʌvál^{ь}sh^{ь}:it͡sə] (← подавá|ть) waitress (*at a dining establishment*).

-ыва-ть *see* -ива-ть.

-ышк-о *n nouns dim, also expressing endearment*:
зёрнышко [z^{ь}órnɨshkə] (← зерн|ó) small grain.

-ь-е I *see* -и-е.

-ь-е II *n nouns, denoting a place, region (with the prefixes* вз-, за-, по-, под-, пред-, при-*)*;
взмóрье [vzmór^{ь}yə] (← мóр|е) seaside; seashore; beach (*of a sea*);
побережье [pəb^{ь}i^{e}r^{ь}ézhyə] (← бéрег) (sea) coast, seaboard;
предгóрье [pr^{ь}i^{e}dgór^{ь}yə] (← гор|á) foothills.

-юч-ий *see* -уч-ий.

-юшк-а *see* -ушк-а.

-ющ-ий *see* ущ-ий.

-я-ть *see* -а-ть.

-янин *see* -ин.

-янт *see* ант.

-яч-ий *see* уч-ий.

A GUIDE TO RUSSIAN PRONUNCIATION

by *V. A. VASSILYEV*
Lecturer in English Phonetics
Moscow State Institute
of Foreign Languages

The Type of Pronunciation Represented

The pronunciation represented in this dictionary is typical of educated Russian speech in its not too rapid colloquial and not too slow public discourse styles.

The Phonetic Alphabet

The phonetic alphabet employed consists mostly of those Latin letters and their combinations which, in certain English words spelt conventionally, stand for speech-sounds similar to Russian sounds.

English-speaking users of the dictionary should bear in mind, however, that although there is similarity of varying degree between certain Russian and English sounds, there is not, as a matter of fact, a single sound in Russian quite identical with any English sound. Therefore it should always be remembered that Russian and English sounds denoted by the same Latin letters and their combinations are actually different. These points of difference are described in this Guide and should be observed by English-speaking learners of Russian as closely as possible.

Those Russian sounds which bear no resemblance to any English sounds whatsoever are denoted by special symbols, most of which are taken from the alphabet of the International Phonetic Association (IPA).

Comparison with English Pronunciation

Russian pronunciation is compared in this Guide mainly with Southern English, or Received, Pronunciation (RP), General American (GA) and Eastern American (EA) Pronunciation.

Key to Phonetic Symbols of Russian Sounds

A. Consonants

I. Voiceless				II. Voiced (Non-Sonorants)			
1. Plosives (Stops)							
(a) Non-palatalized	(b) Palatalized	Approximate pronunciation (a)	Approximate pronunciation (b)	(a) Non-palatalized	(b) Palatalized	Approximate pronunciation (a)	Approximate pronunciation (b)
[p]	[pь]	helper	spume	[b]	[bь]	about	abuse
[t]	[tь]	star	astute	[d]	[dь]	width	with due
[k]	[kь]	skulk	skew	[g]	[gь]	agasp	argue
2. Fricatives (Spirants)							
[f]	[fь]	fine	few	[v]	[vь]	lever	review
[s]	[sь]	sun	sue	[z]	[zь]	ozone	Zeus
[sh]	[shь:]	shore	ash chute	[zh]	[zhь:]	azure	regime
[kh]	[khь]	loch (Scottish)	huge	[gh]	—	aha!	—

I. Voiceless				II. Voiced (Non-Sonorants)			
3. *Affricates*							
(a) Non-pala- talized [ts] —	(b) Palatal- ized — [ch^{ь}]	(a) chintz —	(b) — cheese	(a) Non-pala- talized [dz] —	(b) Palatal- ized — [j^{ь}]	(a) adze —	(b) — ajar
III. Sonorants							
				[m] [n] [l] [r] —	[m^{ь}] [n^{ь}] [l^{ь}] [r^{ь}] [y]	man month health very —	amuse onion million barrier yes

B. Vowels

Continued

Unobscured	Obscured (unstressed)	Approximate pronunciation	
(a)	(b)	(a)	(b)
[a]	[ʌ]	father (in EA) aye (without y, in RP)	quite unknown
[o]	[ə]	November (without u)	sofa ago
[u]	—	pulley	—
[ɨ]	—	chintzes	—
[i]	—	police	—
[e]	—	bell	
	[iᵉ]	—	intermediate between [i] and [e]
	[ɨᵉ]	—	intermediate between [ɨ] and [e]
	[ɪ]	—	city (in RP)

Russian Unobscured Vowel Sounds
Represented by the Letters а [a], о [o], у [u], ы [ɨ], э [e]

As far as the distinctness of vowel quality is concerned vowel sounds in Russian, as in English, fall into two classes: strong, distinct, unobscured vowels, which occur mostly in stressed syllables, and weakened, obscured vowels, which can only occur in unstressed syllables. However, some unobscured vowel sounds in Russian, as in English, can also occur in unstressed syllables.

Both an unobscured and an obscured vowel sound is represented in Russian spelling, as in English, by one and the same letter. Table 1 deals with unobscured vowels, some of which occur in unstressed syllables as well.

The unobscured vowel sound of a Russian vowel letter represents its sound value 1, which always coincides with the vowel sound pronounced in the alphabetical name of the letter, e. g. $\overset{1}{\text{а}}$ is [a], $\overset{1}{\text{о}}$ is [o], $\overset{1}{\text{у}}$ is [u], $\overset{1}{\text{ы}}$ is [ɨ], $\overset{1}{\text{э}}$ is [e].

Table 1

Russian letters	Their sound values	Pronunciation and reading rules
Аа = *А а* [а]	1. [a]	Like the first element of the RP diphthong [au], as in *now*, the EA [a] in *father*, or the RP [ʌ] in *cut* (but a little broader than [ʌ]).
Shorter than [a] in *father*, but longer than [ʌ]*. **а** = [a] only under stress. E.g. Аа́ [a] The Russian letter **а** а [a] and, but а! [a:] ah!, eh!		
Оо = *О о* [o]	1. [o]	Like ***o*** in ***obey***, ***November***, ***molest*** (when no [u] is pronounced after it and when not obscured to [ə]). Preceded in Russian by a faint [u] — glide.
о = [o] only under stress. E.g. Оо [o] The Russian letter **о** о [o] about *prep* о! [o:] oh! *Note*. In a few loan-words о = [o] in an unstressed syllable as well.		
Уу = *У у* [u]	1. [u]	Like ***u*** in ***full***, ***put***, ***pulley***, but a little higher and more back. The lips in Russian are more rounded and protruded.
у = [u] both in stressed and unstressed syllables. E.g. Уу [u] The Russian letter **у** у [u] by, with, at *prep* у! [u:] *int*		

* Variations in the length of Russian vowel sounds never distinguish words otherwise alike. Russian vowels are considerably lengthened only in emotional speech, as in interjections (the length-mark used in this dictionary is [:]).

Continued

Russian letters	Their sound values	Pronunciation and reading rules
ы= *ы* [ɨ]	1. [ɨ]	No English sound even remotely resembles this characteristically Russian vowel. In pronouncing [ɨ] the central part of the tongue (the one opposite the middle of the roof of the mouth) is raised high in the form of a hunch, and the lips are spread. Keeping the lips in this position, aim at pronouncing a vowel intermediate in quality between the sound [u] in *pull* and the sound [ɪ] in *pill*, but nearer to the latter. ы=[ɨ] both in stressed and unstressed syllables. E.g. ы [ɨ] The Russian letter ы
Ээ= *Э э* [e]	1. [e]	Like *e* in *well*, *bell*. Still more like the Russian [e] is the first element of the RP diphthong [ɛə] as in *where*, *bare*. э=[e] both in stressed and unstressed syllables. E.g. Ээ [e] The Russian letter э э! [e:] eh!

Sonorous Consonants (Sonorants) [m], [n], [l], [r], [y] Represented by the Letters м [em], н [en], л [el], р [er], й

The Russian [m], [n], [l], [r] and [y] are similar to their English counterparts, as in *man*, *month*, *health*, *very* and *yes* respectively.

But the Russian [m], [n] and [l] are never so long as their English counterparts after a stressed short vowel in word-final position (cf English *mum* with Russian мам [mam] *fem*, *gen*, *pl* of the noun meaning *mamma*, *mammy*).

Sound value 1 of a Russian consonant letter is always the consonant sound pronounced in its alphabetical name.

Thus sound value 1 of the letter **м** [em] is [m] ($\overset{1}{\text{м}}$ = [m]), $\overset{1}{\text{н}}$ [en] is [n], etc.

The letters **м** [em], **н** [en], **л** [el] and **р** [er] have their sound value 1, i.e. are pronounced as [m], [n], [l] and [r] respectively, in the following positions:

(a) before the letters **а**, **о**, **у**, **ы**, **э**;
(b) at the end of a word;
(c) after any vowel letter;
(d) before a non-palatalized consonant;
(e) after both non-palatalized and palatalized consonants (for palatalization, see p. XLVII).

The letters **м**, **н**, **л** and **р** are pronounced as *sonorous* consonants in *all* positions.

Table 2

Russian letters	Their sound values	Pronunciation and reading rules
Мм = *Мм* [em]	1. [m]	Practically the same, and as short in all positions, as ***m*** in ***m****ap*, *fa****m****ous*.

E.g.	М м	[em]	The Russian letter **м**
	ум	[um]	mind, intellect
	ума	[umá]	of the mind (*gen*, *sing*)
	уму	[umú]	to the mind (*dat*, *sing*)
	умом	[umóm]	by the mind (*instr*, *sing*)
	умы	[umɨ́]	minds (*nom*, *acc*, *pl*)
	умам	[umám]	to the minds (*dat*, *pl*)
	мы	[mɨ]	we
	мамы	[mámɨ]	mammies (*nom*, *pl*)
	мамы	[mámɨ]	of mammy (*gen*, *sing*)
	у мамы	[u mámɨ]	at mammy's (place) (*gen*, *sing*)
	маму	[mámu]	mammy (*acc*, *sing*)
	мам	[mam]	mammies (*gen*, *acc*, *pl*)

Note 1. For the position of **word accent** in Russian, as in English, there are no invariable rules: the accent in different words may fall on any syllable (initial, final, penultimate,

etc.). Therefore it is necessary for the foreign student to learn the accent of every word individually. Since the accent is not marked, as a rule, in the conventional spelling of Russian words, in this dictionary it is indicated in the transcription of words of more than one syllable by the acute and grave stress marks placed above the vowel letters, i.e. [ˊ] for primary stress and [ˋ] for secondary stress. Stress in monosyllables pronounced in isolation is taken for granted and not marked.

Note 2. **Syllable division** in Russian differs in many cases from English syllable division. The principal difference consists in the following.

When there is only one consonant between two Russian vowels, the point of syllable division is always between the first vowel and the consonant, e.g. ума [u-má] *of the mind, intellect* (*m, gen, sing*). Syllable division after or within an intervocalic consonant characteristic of English words with a short stressed vowel separated from a following vowel by one consonant sound (e.g. *Spanish, very, city, honest, study*) is foreign to Russian. Cf мамы [má-mɨ] with its English equivalents *mammies, mummies.* Syllable division is marked in this dictionary, where necessary, by a hyphen, e.g. [u-má].

Continued

Russian letters	Their sound values	Pronunciation and reading rules
Нн = *Н н* [en]	1. [n]	Like **n** before ***th*** in *month, tenth.* The Russian [n] is a *dental* consonant, i.e. it is articulated by the blade of the tongue touching the back of the upper teeth while the tip of the tongue is lowered and passive.
		E.g. Н н [en] The Russian letter **н** он [on] he

Continued

у Анны *	[u ánnɨ]	at Anna's	
он у Анны	[on u ánnɨ]	he is at Anna's (place)	
Анну	[ánnu]	*acc of* Anna	
на	[na]	on *prep*	
нам	[nam]	to us	
но	[no]	but	
мну	[mnu]	(I) crumple	
умна	[umná]	(she is) clever	
умно	[umnó]	it is clever	
умны	[umnɨ́]	(we, you, they) are clever	
Лл = *Л л* [el]	1. [l]	Like ***l*** before ***th*** in *health, although*, i.e. articulated by the tongue-tip against the back of the upper teeth. Care should be taken not to replace the non-palatalized very "dark" Russian [l] by the "clear" English [l] which in RP occurs before vowels, as in ***last***, ***learn***, etc.	
E.g.	Л л	[el]	The Russian letter **л**
	мал	[mal]	small (*sh f of a, m*)
	мол	[mol]	pier
	молу	[mólu]	to the pier (*dat, sing*)
	молы	[mólɨ]	piers (*nom, acc, pl*)
	луна	[luná]	moon
	луны	[lunɨ́]	of the moon (*gen, sing*)
	луну	[lunú]	moon (*acc, sing*)
	луны	[lúnɨ]	moons (*nom, pl*)
	лун	[lun]	of moons (*gen, pl*)
	мыл	[mɨl]	(I, he) washed

* Double consonant letters in some Russian words are pronounced as a single short consonant sound like ***nn*** in *announce*, whereas in others as a single but prolonged consonant sound, as ***nn*** in *unnatural*, *unnamed* or ***mm*** in *room-mate* (and not as ***mm*** in *rummage*).

Prolonged geminated consonant sounds are shown in transcription by doubling the corresponding phonetic symbol. Cf он у Анны [on u ánnɨ] (*gen*) *he is at Anna's (place)*.

Continued

Russian letters	Their sound values	Pronunciation and reading rules
Рр = *Р р* [er]	1. [r]	There is no consonant in RP or GA and EA like this Russian sound. The closest approximation to it is the rolled, or trilled, Scottish [r], i.e. a consonant articulated by a rapid succession of taps of the tongue-tip against the teeth-ridge A semi-rolled, or one-tap [r], similar to the Russian intervocalic [r], is used between vowels by many RP speakers, as in *marry*, *very*, *sorry*, *hurry*. The Russian [r], unlike its RP counterpart, is pronounced in all positions, i.e. before consonants and at the end of words as well. In word-final position it is usually devoiced, especially after a voiceless consonant.

E.g.

Р р	[er]	The Russian letter **р**
рамы	[rámɨ]	frames
раны	[ránɨ]	wounds
ура!	[urá:]	hurrah!
Урал	[urál]	the Urals
ром	[rom]	rum
эры	[érɨ]	eras
мэр	[mer]	mayor
Рур	[rur]	Ruhr

Russian letters	Their sound values	Pronunciation and reading rules
Йй = *Й й*	1. [y]	Like ***y*** in ***y****ield*, ***y****es*, *bo****y***, *emplo****y***.

E.g.

май	[may]	May
мой	[moy]	my, mine
мой!	[moy]	(thou) wash!
мной	[mnoy]	by me
лай	[lay]	barking
рай	[ray]	paradise
рой	[roy]	swarm
рой!	[roy]	(thou) dig!
луной	[lunóy]	by the moon (*instr*, *sing*)
умный	[úmnɨy]	clever

Palatalization of Consonants in Russian

Palatalization is caused by raising the front of the tongue to the height of the [y] or [i] sound at the **same** time when the other organs of speech are held in position for the primary articulation of the consonant, e.g. while the lips are closed for [m] or the tongue-tip is pressed against the back of the upper teeth for [n] or [l].

In RP, slightly, or semi-, palatalized consonants are the sound of the letter **l** in *value, million* and the sounds of the letter **s** in *sure* and *pleasure*. However, in pronouncing Russian palatalized consonants the front of the tongue is raised still higher.

A close enough English approximation to a fully palatalized consonant is the sound of the letter **n** before **y** and **i** in the words *vineyard* and *onion*.

A palatalized consonant occurs in Russian not only before a vowel of the same word, but also in word-final position and before a consonant. This presents great difficulty to the English-speaking learner.

Most consonant letters in Russian denote both non-palatalized and palatalized sounds. Whether a consonant letter represents (and should therefore be pronounced as) a non-palatalized or palatalized sound is indicated by the letter that follows. Thus a consonant letter followed by the vowel letters **а**, **о**, **у**, **ы**, **э** dealt with in Table 1 represents, as a rule, a non-palatalized sound.

That a consonant letter in word-final position or before a consonant represents a palatalized sound is indicated in Russian spelling principally by the letter **ь** (the "soft" sign). A small-type "soft" sign placed above the line and after a consonant symbol is used in this dictionary to indicate a palatalized consonant sound in any position, e.g. моль [mol^{ь}] *(clothes-)moth*, льна [l^{ь}na] *of flax* (*gen*, *sing*).

Most consonant letters pronounced as palatalized sounds are considered in this Guide to have sound value 2. Cf

м ↗ 1. [m]	н ↗ 1. [n]	л ↗ 1. [l]	р ↗ 1. [r]
↘ 2. [m^{ь}],	↘ 2. [n^{ь}],	↘ 2. [l^{ь}],	↘ 2. [r^{ь}]

Palatalization plays a significant role in Russian: a non-palatalized consonant and its palatalized counterpart distinguish from each other words otherwise alike. Cf мол [mol] *pier*, моль [mol^{ь}] *clothes-moth*.

It is, therefore, extremely important for the English-speaking learner to master Russian palatalization, which is extremely difficult for him in word-final position, as in моль [mol^ь] *(clothes-)moth*, лань [lan^ь] *doe, roe(-deer)* and before a consonant (except [y]), as in льна [l^{ь}na] *of flax*. To master palatalization in these positions the following hints might prove helpful.

Pronounce the English consonants [l], [n] in the words *million, vineyard* pressing the tongue-tip against the back of the upper teeth (and not against the teeth-ridge) and simultaneously raising the front of the tongue still higher than for [y], prolong the [l] and [n] sounds, then stop at the end of the first syllable before beginning the [y] sound of the following syllable. Thus the syllables [mil^ь-] and [vin^ь] will be pronounced. Then say the Russian words моль [mol^ь] *moth*, лань [lan^ь] *doe*, льна [l^{ь}na] *of flax* as if they were followed by the [y] sound, but do not actually pronounce the latter.

Table 3

Russian letters	Their sound values	Pronunciation and reading rules
м =	2. [m^ь]	(1) Before ь;
н =	2. [n^ь]	(2) Before a palatalizing letter
л =	2. [l^ь]	(see examples in Table 4).
р =	2. [r^ь]	

E.g.	Омь	[om^ь]	The river *Om*
	лань	[lan^ь]	doe
	рань	[ran^ь]	early time, early hour
	льну	[l^{ь}nu]	to flax (*dat, sing*)
	моль	[mol^ь]	clothes-moth
	ноль	[nol^ь]	zero
	нуль	[nul^ь]	nought
	руль	[rul^ь]	rudder; steering-wheel
	ларь	[lar^ь]	chest, bin, box

Unobscured Vowel Sounds Represented by the Palatalizing Letters я [ya], е [ye], ё [yo], и [i], ю [yu]

In Russian spelling, each of these letters performs simultaneously two functions. Its first function is to represent a vowel sound, e. g. [a], [e], [o], [i] and [u] respectively, when the letter has sound value 1. Thus the first sound values of the palatalizing and non-palatalizing letters are the same (except **ы** and **и**). Cf

$\overset{1}{\text{а}}$ [a], $\overset{1}{\text{я}}$ [ya] } = [a] $\overset{1}{\text{э}}$ [e], $\overset{1}{\text{е}}$ [ye] } = [e] $\overset{1}{\text{о}}$ [o], $\overset{1}{\text{ё}}$ [yo] } = [o]

$\overset{1}{\text{у}}$ [u], $\overset{1}{\text{ю}}$ [yu] } = [u]   But: $\overset{1}{\text{ы}}$ [ɨ] = [ɨ], $\overset{1}{\text{и}}$ [i] = [i]

The second function of each of the letters **я, е, ё** and **ю** is to indicate at the same time that the preceding consonant letter represents a palatalized consonant sound (hence the term "palatalizing" vowel letters)*.

It is extremely difficult for English-speaking learners of Russian to pronounce a palatalized consonant correctly before a vowel sound. They should bear in mind that when a Russian consonant letter is immediately followed by a palatalizing vowel letter, no [y] or [i] sound should be inserted between them. Thus the word лён *flax* should be pronounced [l^{ь}on] and not [l^{ь}yon].

A very close English approximation to a palatalized consonant not followed by a [y] sound before a vowel is the sound [n] in *new* which is pronounced almost as [$\frown$n^{ь}u:] and not [$\frown$n + $\frown$yu:], as in *when you* [$\frown$wén + $\frown$yu]. Thus the pronunciation of the syllables ня, ню, as in няню [n^{ь}án^{ь}u] *acc sing of nurse* can be represented as [$\frown$n^{ь}a] + [$\frown$n^{ь}u] and not [$\frown$n + $\frown$ya] + [$\frown$n + $\frown$yu].

The consonant [y] is, however, pronounced between a palatalized consonant and a vowel sound when the consonant letter is followed by **ь**, e. g. бульон [bul^{ь}yón] *broth*.

---

* As a reminder of this function, a small-type "soft" sign will be printed above the line and before a vowel symbol when it is used in isolation, e.g. [^{ь}e], [^{ь}a], etc.

Table 4

Russian letters	Their sound values	Pronunciation and reading rules
Яя = *Я я* [ya]	1. [^{ь}a]	After a palatalized consonant more advanced (fronted) than [a] denoted by the letter а, and resembles the first element of the RP diphtong [aɪ], as in *ice*, *aye* (=yes). Between two palatalized consonants [a] is still more front and resembles the RP vowel sound [æ], as in *man*. я = [^{ь}a] only in stressed syllables.

E.g.	тля	[tl^{ь}a]	plant-louse
	руля	[rul^{ь}á]	of the rudder, steering-wheel (*gen, sing*)
	руля	[rul^{ь}á]	while steering with the rudder
	рулям	[rul^{ь}ám]	to rudders (*dat, pl*)
	ныря́й!	[nɨr^{ь}áy]	(thou) dive!

Russian letters	Their sound values	Pronunciation and reading rules
Ее = *Е е* [ye]	1. [^{ь}e]	After a palatalized consonant a little closer than [e] represented by э and resembles [e] in *men*. Cf мэры [mérɨ] *mayors* and меры [m^{ь}érɨ] *measures*. Between two palatalized consonants the Russian [e] is still closer, e.g мель [m^{ь}el^ь] *shoal*. е = [^{ь}e] only in stressed syllables (with the exception of some loan-words in which е = [e] after a hard consonant and in unstressed syllables).

E.g.	мел	[m^{ь}el]	chalk
	мель	[m^{ь}el^ь]	shoal (*nom, acc, pl*)
	меры	[m^{ь}éri]	measures
	мер	[m^{ь}er]	of measures (*gen, pl*)
	он нем	[on n^{ь}em]	he is dumb
	мне	[mn^{ь}e]	to me
	лей!	[l^{ь}ey]	(thou) pour!
	луне	[lun^{ь}é]	to the moon (*dat, sing*)
	уме	[um^{ь}é]	about the mind (*pr, sing*)
	рулей	[rul^{ь}éy]	of the rudders (*gen, pl*)

Continued

Russian letters	Their sound values	Pronunciation and reading rules
Ёё = *Ёё* [yo]	1. [^{b}o]	After a palatalized consonant more advanced (fronted) than [o] denoted by the letter **o**. Between two palatalized consonants [o] is still more front and resembles the RP vowel sound in *learn* (cf лён [l^{b}on] *flax*). **ё** can only occur in a stressed syllable.* E.g. он умён — [on um^{b}ón] — he is clever лён — [l^{b}on] — flax рулём — [rul^{b}óm] — by (with) the rudder, steering-wheel (*instr, sing*) мнём — [mn^{b}om] — (we) crumple лён мы мнём — [l^{b}ón mɨ mn^{b}óm] — flax is scutched (we scutch flax)
Ии = *Ии* [i]	1. [i]	Like the RP vowel [i] represented by **e** in *eve* and **i** in *police*. Care should be taken, however, not to finish the Russian [i] with a faint [y] sound, as is done by some English speakers in pronouncing the English [i], as in *me* [miy], *see* [siy], etc. Nor should the Russian vowel [i] be replaced by the English vowel [ɪ] represented by the letter **i** in *if*, *ill*, *did*. **и** = [i] both in stressed and unstressed syllables and occurs with this sound value not only after a palatalized consonant of the same word but also at the beginning of a word pronounced in isolation or when a preceding word ends in a palatalized consonant and both words are pronounced without the slightest pause between them.

* In ordinary printing and handwriting the letter **ё** is usually replaced by the letter **e** whose pronunciation as [^{b}o] is then inferred from the meaning of the words.

Continued

E.g. И и	[i]	The Russian letter **и**
и	[i]	and *cj*
им	[im]	to them
ими	[ím^{ь}i]	by (with) them
ил	[il]	silt
или	[íl^{ь}i]	or *cj*
рули	[rul^{ь}í]	rudders, steering-wheels (*nom, acc, pl*)
рули!	[rul^{ь}í]	(thou) steer!
мели	[m^{ь}él^{ь}i]	shoals (*nom, acc, pl*)
имели	[im^{ь}él^{ь}i]	(we, you, they) had
имел	[im^{ь}él]	(I, he) had
милый	[m^{ь}ílɨy]	nice, sweet
он мил	[on m^{ь}íl]	he is nice
милы	[m^{ь}ílɨ]	(we, you, they) are nice
мили	[m^{ь}íl^{ь}i]	miles (*nom, acc, pl*)
мир	[m^{ь}ir]	world; peace
миры	[m^{ь}irɨ́]	worlds (*nom, acc, pl*)
минимум	[m^{ь}ín^{ь}imum]	minimum
мель и мол	[m^{ь}él^ь i mól]	the shoal and the pier
рулями	[rul^{ь}ám^{ь}i]	by (with) the rudders (*instr, pl*)

Russian letters	Their sound values	Pronunciation and reading rules
и =	2. [ɨ]	When **и** occurs after a non-palatalized consonant belonging to the same word or to the preceding word and there is no pause between the two words.

E.g. он и мы	[ón ɨ mɨ́]	he and we
он мил и умён	[on m^{ь}íl ɨ um^{ь}ón]	he is nice and clever
им и нам	[ím ɨ nám]	to them and to us
мэр и мы	[mér ɨ mɨ́]	the mayor and we
мол и мель	[mól ɨ m^{ь}él]	the pier and the shoal

Continued

Russian letters	Their sound values	Pronunciation and reading rules
Ю ю = *Ю ю* [yu]	1. [^{ь}u]	After a palatalized consonant more advanced (fronted) than [u] denoted by the Russian letter **у**. Between palatalized consonants the Russian [u] is still more front and resembles the English vowei [u] (without the preceding [y]) in *mutiny*. **ю** = [^{ь}u] both in stressed and unstressed syllables. E.g. люминал [l^{ь}um^{ь}inál] luminal (*a sedative*) нюни [n^{ь}ún^{ь}i] snivel (*col*) няню [n^{ь}án^{ь}u] nurse (*acc, sing*) рулю [rul^{ь}ú] to the rudder (*dat, sing*) мирю [m^{ь}ir^{ь}ú] (I) reconcile (*smb*)

Sound Value 2 of the Letters я, е, ё, ю

When **я**, **е**, **ё** and **ю** are not preceded by a consonant letter, each of them represents a combination of two sounds: [y] plus the vowel sound of the alphabetical name of the letter, i.e. $\overset{2}{\text{я}}$ = [ya], $\overset{2}{\text{е}}$ = [ye], $\overset{2}{\text{ё}}$ = [yo], $\overset{2}{\text{ю}}$ = [yu].

Table 5

Russian letters	Their sound values	Pronunciation and reading rules
я = е = ё = ю =	2. [ya] 2. [ye] 2. [yo] 2. [yu]	(1) At the beginning of a word; (2) After a vowel letter; (3) After the "soft" sign **ь**; (4) After the "hard" sign **ъ**.*

* **ъ** performs a purely disjunctive function, i.e. indicates that a following vowel is preceded by the syllable-initial sound [y]. As to the consonant letter before **ъ**, it is pronounced in most words as a palatalized sound, e.g. изъян [iz^{ь}yán] *flaw, defect*. Only in some words does it indicate that the preceding consonant is hard.

Continued

E.g.	Я я	[ya]	The Russian letter **я**
	я	[ya]	I
	ямы	[yámɨ]	pits, holes (*in the ground*)
	яр	[yar]	steep river bank
	Илья	[il^{ь}yá]	Elijah
	буян	[buyán]	rowdy, ruffian
	изъян	[iz^{ь}yán]	flaw, defect
	Е е	[ye]	The Russian letter **е**
	ем	[yem]	(I) eat
	ел	[yel]	(I, he) ate
	ель	[yel^{ь}]	fir(-tree)
	ели	[yél^{ь}i]	(we, you, they) ate; firs
	Ё ё	[yo]	The Russian letter **ё**
	льём	[l^{ь}yom]	(we) pour
	Ю ю	[yu]	The Russian letter **ю**
	юла	[yulá]	whirligig; a fidget(-ing person)
	юн(-ый)	[yún(-ɨy)]	young, youthful
	он юн	[on yún]	he is young
	рою	[róyu]	(I) dig
	мою	[móyu]	(I) wash
	имею	[im^{ь}éyu]	(I) have
	лью	[l^{ь}yu]	(I) pour

Hard and Soft Voiceless and Voiced Consonants Represented by the Letters п [pe], б [be], т [te], д [de], к [ka], г [ge], ф [ef], в [ve], с [es], з [ze], ш [sha], щ [sh^{ь}:a], ж [zhe], х [kha], ц [t͡se], ч [ch^{ь}e]

Most of these letters represent both non-palatalized and palatalized consonant sounds in the same positions in which the hard [m], [n], [l] and [r] and the soft [m^{ь}], [n^{ь}], [l^{ь}] and [r^{ь}] are denoted by the letters **м, н, л** and **р** respectively.

Therefore sound value 2 of the letters listed above,

is the *palatalized* counterpart of the consonant pronounced in the alphabetical name of the letter, e.g. п[2] [pe] = [pᵇ], б[2] [be] = [bᵇ], etc.

However, some of the above letters represent, irrespective of their positions, either only hard consonants (ш[1, 2] [sha] = [sh], ж[1, 2] [zhe] = [zh], ц[1, 2] [tse] = [ts]) or only soft ones (щ[1, 2] [shᵇ:a] = [shᵇ:], ч[1, 2] [chᵇe] = [chᵇ]).

Peculiarities of Russian

Voiced and Voiceless Consonants

One and the same of the above-listed letters in different positions can be pronounced both as a voiceless and as a voiced sound, which in its turn can be hard or soft (with the above exceptions). This adds two more sound values to Russian consonant letters. Thus most consonant letters in Russian have four sound values, which can be examplified by the letters **б** and **п**:

б [be] → 1. [b], 2. [bᵇ], 3. [p], 4. [pᵇ]

п [pe] → 1. [p], 2. [pᵇ], 3. [b], 4. [bᵇ]

A consonant letter with a *voiced* non-sonorant in its alphabetical name (e.g. **б** [be]) is pronounced as the latter's *voiceless* (hard or soft) cognate (i.e. has its sound value 3 or 4, e.g. **б** [be] = 3. [p] and 4. [pᵇ], **з** [ze] = 3. [s], 4. [sᵇ]) in the following positions:

(1) Inside a word before a voiceless consonant, e.g. зуб[3]ки [zúpkᵇi] (*pretty*) *little teeth*;

(2) At the end of a word:

(a) before a pause, e.g. зуб[3] [zup] *tooth*, лоб[3] [lop] *forehead*, глуб[4]ь [glupᵇ] *depth*, луг[3] [luk] *meadow*, глаз[3] [glas] *eye*;

(b) when an immediately following word begins with a voiceless consonant, e.g. луг^{3} купили [lúk kup^{b}íl^{b}i] *they bought the meadow*;

(3) At the end of a word when an immediately following word (except a preposition) begins with a vowel, a sonorant (**м**, **н**, **л**, **р**, **й**) or **в** and both words are pronounced without the slightest pause between them, e.g. луг^{3} у речки [lúk u r^{b}éch^{b}k^{b}i] *the meadow is near the (little) river*, луг^{3} мал [lúk mál] *the meadow is small*, луг^{3} вы купили [lúk vɨ kup^{b}íl^{b}i] *you bought the meadow.*

But: из^{1} речки [iz r^{b}éch^{b}k^{b}i] *out of the river*, в^{1} нём [v n^{b}om] *in him.*

In all other positions such a consonant retains its voiced sound values (i.e. 1 and 2, e.g. **б** [be] = 1. [b], 2. [b^{b}], **г** [ge] = 1. [g], 2. [g^{b}]). Cf.

луг^{3} мал [lúk mál] *the meadow is small*, луг^{1} был мал [lúg bɨl mál] *the meadow was small*, лбы^{1} [lbɨ] *foreheads*, зубы^{1} [zúbɨ] *teeth*.

A consonant letter with a *voiceless* sound in its alphabetical name (e.g. **п** [pe]) is pronounced as the latter's *voiced* (hard or soft) cognate (i.e. has its sound values 3 and 4, e.g. **п** [pe] = 3. [b] and 4. [b^{b}], **с** [es] = 3. [z], 4. [z^{b}]) before a voiced consonant both of the same and of an immediately following word when both words are pronounced without the slightest pause between them, e.g. суп^{3} был вкусным [súb bɨl fkúsnɨm] *the soup was tasty*, степь^{4} зимой [s^{b}t^{b}éb^{b} z^{b}imóy] *the steppe in winter*, с^{3} гор [z gor] *from the mountains*, просьбы^{4} [próz^{b}bɨ] *requests*.

In all other positions such a consonant retains its voiceless sound values (i.e. 1 and 2).

English-speaking learners must pay particular attention to the above peculiarities in the use of voiceless consonants and voiced non-sonorants in Russian speech.

Firstly, in contrast with English, a voiced non-sonorant can never occur at the end of a Russian word before a pause: it is replaced by its voiceless cognate. Cf the English word *snob* with its Russian equivalent сноб [snop]. Secondly, when a voiced non-sonorant and a voiceless consonant come together inside a word or at the junction of words pronounced without a pause between them, the first sound must become assimilated to the second in the matter of voice, e.g. [b] + [p] ⟶ [p] + [p], [p] + [b] ⟶ [b] + [b], [z] + [p] ⟶ [s] + [p], [s] + [b] ⟶ [z] + [b], etc. This type of assimilation is very rare in English, whereas in Russian it is a general phonetic law. It affects not only a single consonant but two and more. Cf просьбы[4] [próz^{ь}bɨ] *requests* and прос[2]ьб[3] к нам нет [pros^{ь}p k nam n^{ь}ét] *there are no requests to us.**

Peculiarities of Russian Plosives (Stops)

Unlike the English voiceless plosives, their Russian counterparts ([p, p^{ь}, t, t^{ь}, k, k^{ь}]) are never *aspirated* and are pronounced in this respect like the English [p, t, k] after [s] or before an unstressed vowel.

When a Russian stop ([p, p^{ь}, b, b^{ь}, t, t^{ь}, d, d^{ь}, k, k^{ь}, g, g^{ь}]) occurs immediately before another stop, a nasal ([m, m^{ь}, n, n^{ь}]) or an affricate ([ch^{ь}, t͜s]) which has a *different* point of articulation, this stop is *fully exploded*, i.e. the articulating organ is quickly removed from the point of articulation before the closure for the second consonant has been formed, whereas an English stop in this position remains unexploded, i.e. the articulating organ is removed from the point of articulation only after the closure for the second consonant has already been formed or, in other words, during the stop-stage of the second consonant. Cf *soup-kitchen* and суп-консоме [supkonsomé] *consommé*; *lag behind* and луг был мал [lúg bɨl mál] *the meadow was small*; *football* and футбол [fudból].

---

* The following device is used in this dictionary as a reminder to replace a word-final voiceless consonant by its voiced cognate or vice versa wherever required by this phonetic law: лоб[3] [lop, -b] *forehead*, рябь[4] [r^{ь}ap^{ь}, -b^{ь}] *ripples*, суп[1] [sup, -b] *soup*, степь[2] [s^{ь}t^{ь}ep^{ь}, -b^{ь}] *steppe*, с [s, -z] *with, from*.

Table 6

Russian letters	Their sound values	Pronunciation and reading rules
П п = *П п* [pe]	1. [p] 2. [p^ь] 3. [b] 4. [b^ь]	The Russian [p] and [b] are respectively like the English *unaspirated* [p] in *sport*, *helper* and the intervocalic [b] in *about*.
Б б = *Б б* [be]	1. [b] 2. [b^ь] 3. [p] 4. [p^ь]	

E.g.	П п	[pe]	The Russian letter **п**
	он упал	[on upál]	he fell down
	пол	[pol]	floor; sex
	пыль	[pɨl^ь]	dust
	пил	[p^{ь}il]	(I, he) drank
	пила	[p^{ь}ilá]	(she) drank
	пили	[p^{ь}íl^{ь}i]	(we, you, they) drank
	пэр	[per]	peer (*lord*)
	ламп	[lamp]	of lamps (*gen*, *pl*)
	Б **б**	[be]	The Russian letter **б**
	бал	[bal]	(dance-)ball
	был	[bɨl]	(I, he) was
	бил	[b^{ь}il]	(I, he) beat
	была	[b^{ь}ɨlá]	(she) was
	были	[bɨ́l^{ь}i]	(we, you, they) were
	били	[b^{ь}íl^{ь}i]	(we, you, they) beat
	рубль	[rubl^ь]	rouble
	рубли	[rubl^{ь}í]	roubles
	люблю	[l^{ь}ubl^{ь}ú]	(I) love
	бью	[b^{ь}yu]	(I am) beating
	бюро	[b^{ь}yuró]	bureau
	лоб	[lop]	forehead
	рябь	[r^{ь}ap^ь]	ripple/s
	суп был	[súb bɨl	it was fish soup
	рыбный	rɨ́bnɨy]	

Continued

Russian letters	Their sound values	Pronunciation and reading rules
Т т = *Т т* [te]	1. [t] 2. [t^{ь}] 3. [d] 4. [d^{ь}]	The Russian [t] and [d] are *dental* consonants, similar to the voiceless *unaspirated* [t] in *eigh[t]th* and voiced [d] in *width, breadth* respectively.
Д д = *Д д д* [de]	1. [d] 2. [d^{ь}] 3. [t] 4. [t^{ь}]	

E.g. Т т	[te]	The Russian letter **т**
там	[tam]	there (*place*)
та	[ta]	that (*fem, nom*)
то	[to]	that (*n nom*)
ты	[tɨ]	thou
три	[tri]	three
нет	[n^{ь}et]	no
тот	[tot]	that (*m, nom*)
брат	[brat]	brother
мнёт	[mn^{ь}ot]	(he, she, it) crumples
бьёт	[b^{ь}yot]	(he, she, it) beats
мнут	[mnut]	(they) crumple
бьют	[b^{ь}yut]	(they) beat
моют	[móyut]	(they) wash
мять	[m^{ь}at^{ь}]	to crumple
мыть	[mɨt^{ь}]	to wash
быть	[bɨt^{ь}]	to be
бить	[b^{ь}it^{ь}]	to beat
уйти	[uyt^{ь}í]	to go away
пять	[p^{ь}at^{ь}]	five
эти	[ét^{ь}i]	these
те	[t^{ь}e]	those
тёти	[t^{ь}ót^{ь}i]	aunts (*nom, pl*)
Д д	[de]	The Russian letter **д**
да	[da]	yes
дом	[dom]	house

Continued

буду	[búdu]	(I) shall be
дым	[dɨm]	smoke
для	[dl^{ь}a]	for *prep*
дни	[d^{ь}n^{ь}i]	days
день	[d^{ь}en^{ь}]	day
дети	[d^{ь}ét^{ь}i]	children
идёт	[id^{ь}ót]	(he, she, it) goes
дяди	[d^{ь}ád^{ь}i]	uncles (*nom*, *pl*)
он отбыл	[on ódbɨl]	he (has) left
мне быть бы там	[mn^{ь}è bɨd^{ь} bɨ tám]	I should (have) be(en) there
он рад там быть	[on rát tàm bɨ́t^{ь}]	he is glad to be there
будь там	[bút^{ь} tám]	(thou) be there
идти	[it^{ь}t^{ь}í]	to go

Russian letters	Their sound values	Pronunciation and reading rules
К к = *К к* [ka]	1. [k] 2. [k^{ь}] 3. [g] 4. [g^{ь}]	The Russian [k] and [g] are practically the same as the *unaspirated* [k] in *skulk*, *marker* and the intervocalic [g] in *agasp* respectively. The palatalized counterparts of [k] and [g] are formed by pressing the central part of the tongue against the middle of the roof of the mouth (somewhat like [k] in *skew* and [g] in *argue*).
Г г = *Г г* [ge]	1. [g] 2. [g^{ь}] 3. [k] 4. [k^{ь}]	

E.g.	К к	[ka]	The Russian letter **к**
	как	[kak]	how
	куда	[kudá]	where (to)
	рука	[ruká]	hand; arm
	ткать	[tkat^{ь}]	to weave
	ткут	[tkut]	(they) weave
	кто	[kto]	who
	кем	[k^{ь}em]	by whom
	ткёт	[tk^{ь}ot]	(he, she, it) weaves
	кино	[k^{ь}inó]	cinema

Continued

Г г	[ge]	The Russian letter **г**
луга	[lugá]	meadows
год	[got]	year
годы	[gódɨ]	years
горы	[górɨ]	mountains
где	[gd^{ь}e]	where (*place*)
глубь	[glup^{ь}]	depth
гид	[g^{ь}it]	guide (of tourists)
мог	[mok]	(I, he) could
луг	[luk]	meadow
как быть?	[kág bɨ́t^{ь}]	what am I (are we) to do?
где мог он быть?	[gd^{ь}é mòk on bɨ́t^{ь}]	where could he (have) be(en)?
луг мал	[lúk mál]	the meadow is small

Russian letters	Their sound values	Pronunciation and reading rules
Ф ф = *Ф ф* [ef]	1. [f] 2. [f^{ь}] 3. [v] 4. [v^{ь}]	The Russian [f] and [v] are practically the same as [f] in *fine*, *life* and [v] in *lever* respectively. E.g. Ф ф [ef] The Russian letter **ф** факт [fakt] fact фунт [funt] pound лифт [l^{ь}ift] lift, elevator риф [r^{ь}if] reef Руфь [ruf^{ь}] Ruth
В в = *В в* [ve]	1. [v] 2. [v^{ь}] 3. [f] 4. [f^{ь}]	

В в	[ve]	The Russian letter **в**
в	[v, f]	in, at *prep*
вы, Вы	[vɨ]	you
вам, Вам	[vam]	to you
вид	[v^{ь}it]	view, sight
улов	[ulóf]	catch *noun*
кровь	[krof^{ь}]	blood
лифт был внизу	[l^{ь}ívd bɨl vn^{ь}izú]	the lift was downstairs
Руфь была в кино	[rúv^{ь} bɨlá f k^{ь}inó]	Ruth was at the cinema
улов был мал	[ulóv bɨl mál]	the catch was small
кровь дал он	[króv^{ь} dàl ón]	it was he who gave (the) blood

Continued

Russian letters	Their sound values	Pronunciation and reading rules
С с = С с [es]	1. [s] 2. [s^{ь}] 3. [z] 4. [z^{ь}]	The Russian [s] and [z] are *dental* consonants, respectively similar to [s], [z] immediately before or after *th*, as in *sixth*, *withstand*, *who'***s**[z] *there?*
З з = З з з [ze]	1. [z] 2. [z^{ь}] 3. [s] 4. [s^{ь}]	

E.g. С с	[es]	The Russian letter **с**
с	[s, -z]	with, from *prep*
сад	[sat]	garden
сам	[sam]	(I, he) -self
я приду сам	[ya pr^{ь}idú sám]	I shall come myself
он придёт сам	[on pr^{ь}id^{ь}ót sám]	he will come himself
сами	[sám^{ь}i]	(we, you, they) -selves
дети придут сами	[d^{ь}ét^{ь}i pr^{ь}idút sám^{ь}i]	the children will come themselves
соль	[sol^{ь}]	salt
сыр	[sɨr]	cheese
суп	[sup]	soup
сэр	[ser]	sir
степь	[s^{ь}t^{ь}ep^{ь}]	steppe
семь	[s^{ь}em^{ь}]	seven
силы	[s^{ь}ílɨ]	forces
нас	[nas]	us
вас	[vas]	you (*acc*, *sing*, *pl*)
весь	[v^{ь}es^{ь}]	(the) whole, all
сядь!	[s^{ь}at^{ь}]	(thou) sit down!
сюда	[s^{ь}udá]	here (*direction*)

Continued

З з	[ze]	The Russian letter **з**
за	[za]	for *prep*
звать	[zvat^{ь}]	to call
зоны	[zónɨ]	zones
зуб	[zup]	tooth
зубы	[zúbɨ]	teeth
розы	[rózɨ]	roses
зима	[z^{ь}imá]	winter
земли	[z^{ь}éml^{ь}i]	lands
здесь	[z^{ь}d^{ь}es^{ь}]	here (*place*)
изюм	[iz^{ь}úm]	raisins
зять	[z^{ь}at^{ь}]	son-in-law
воз	[vos]	cart(-load)
сквозь	[skvos^{ь}]	through
воз был мал	[vóz bɨl mál]	the cart(-load) was small
сквозь дым	[skvoz^{ь} dɨm]	through (the) smoke
с гор	[z gor]	from the mountains
просьбы	[próz^{ь}bɨ]	requests
весь день	[v^{ь}ez^{ь} d^{ь}én^{ь}]	the whole day

Russian letters	Their sound values	Pronunciation and reading rules
Ш ш = *Ш ш* [sha]	1. [sh] 3. [zh]	The Russian [sh] and [zh] are respectively like the sounds of **s** in ***sure*** and **z** in ***azure*** or **sh** in ***ship*** and **s** in ***pleasure***, but they are quite hard, whereas their English counterparts are slightly palatalized. This dark colouring of the Russian [sh] and [zh] is due to raising the back of the tongue towards the hard palate while the front is lowered and the tongue-tip is pressed against the teeth-ridge.
Ж ж = *Ж ж* [zhe]	1. [zh] 3 [sh]	

ш = [sh] and **ж** = [zh] before all vowels, including **и**, (which is pronounced as [ɨ] after them) as well as **е**, **ё** and **ю**.

Continued

E.g.	Ш ш	[sha]	The Russian letter **ш**
	шаг	[shak]	step
	шум	[shum]	noise
	шок	[shok]	shock *noun*
	шелк	[sholk]	silk
	шесть	[shes^{ь}t^{ь}]	six
	уши	[úshɨ]	ears
	наш	[nash]	our(s)
	ваш, Ваш	[vash]	your(s)
	брошь	[brosh]	brooch
	куда ты идёшь?	[kudá tɨ id^{ь}ósh]	where are you (art thou) going?
	Ж ж	[zhe]	The Russian letter **ж**
	жать	[zhat^{ь}]	to press, to squeeze
	я жму Вам (Вашу) руку	[ya zhmú vam (váshu) rúku]	I shake your hand
	ждать	[zhdat^{ь}]	to wait
	жезл	[zhezl]	rod, baton
	жёлтый	[zhóltɨy]	yellow
	жизнь	[zhɨz^{ь}n^{ь}]	life
	жить	[zhɨt^{ь}]	to live
	он живёт здесь	[on zhɨv^{ь}ód z^{ь}d^{ь}es^{ь}]	he lives here
	жёлудь	[zhólut^{ь}]	acorn
	журнал	[zhurnál]	magazine, journal
	жюри	[zhur^{ь}í]	jury
	ружьё	[ruzhyó]	(shot)gun
	рожь	[rosh]	rye
	режь!	[r^{ь}esh]	(thou) cut!
	нож	[nosh]	knife
	брошь здесь	[brózh z^{ь}d^{ь}és^{ь}]	the brooch is here
	нож был туп	[nózh bɨl túp]	the knife was blunt
	рожь густа	[rózh gustá]	the rye is thick

Continued

Russian letters	Their sound values	Pronunciation and reading rules
Щ щ = *Щ щ* [sh^{ь}:a]	1., 2. [sh^{ь}:] 3., 4. [zh^{ь}:]	The Russian [sh^{ь}:] and [zh^{ь}:] are respectively like the sound of **s** in ***sure*** and **z** in *azure*, but they are still more palatalized and prolonged, i.e. in articulating [sh^{ь}:] and [zh^{ь}:] the front of the tongue is raised still higher than in the case of their English counterparts. **щ** = [zh^{ь}:] only at the end of a word before a voiced non-sonorant (except **в**). Besides, **жж** before **и** has a variant pronunciation [zh^{ь}:].

E.g. Щ щ	[sh^{ь}:a]	The Russian letter **щ**
щедрый	[sh^{ь}:édrɨy]	generous
щи	[sh^{ь}:i]	cabbage soup
плащ	[plash^{ь}:]	raincoat
борщ	[borsh^{ь}:]	beetroot and cabbage soup, borshch
мощь	[mosh^{ь}:]	might *noun*
борщ был вкусным	[borzh^{ь}: bɨl fkúsnɨm]	the borshch was tasty
вожжи	[wózh^{ь}:i]	the rein(s)
дрожжи	[drózh^{ь}:i]	yeast

Х х = *Х х* [kha]	1. [kh] 2. [kh^{ь}] 3. [gh]	The Russian [kh] is the same as the Scottish sound of the letter combination **ch** in ***loch***. It is articulated by the back of the tongue raised towards the soft palate as in the case of [k], but so as to form, instead of the complete closure of [k], a narrow slit-like passage through which the air from the lungs is forced with a sound of friction.

Continued

The consonant [gh] has the same place and manner of articulation as [kh], except that it is voiced.

x = [gh] only at the end of a word before a voiced non-sonorant (except **в**).

The palatalized counterpart of [kh], namely [kh^{ь}], has the same place of articulation as [k^{ь}] and sounds like the **h** which many English speakers pronounce in ***huge***, ***human*** (the IPA phonetic symbol is [ç]).

E.g. X x	[kha]	The Russian letter **x**
хаки	[khák^{ь}i]	khaki
холл	[khol]	(entrance) hall
худой	[khudóy]	thin, lean
хлеб	[khlep]	bread, loaf
их	[ikh]	their(s)
в умах	[v umákh]	in the minds
в руках	[v rukákh]	in the hands
в рублях	[v rubl^{ь}ákh]	in roubles
хитрый	[kh^{ь}ítrɨy]	sly, cunning
он хитёр	[on kh^{ь}it^{ь}ór]	he is sly
химик	[kh^{ь}ím^{ь}ik]	chemist (*not druggist*)
в сильных крепких руках	[f s^{ь}íl^{ь}nɨkh, kr^{ь}épk^{ь}ikh rukákh]	in strong firm hands
вот их дом	[vòt igh dóm]	here is their house
их дети здесь	[igh d^{ь}ét^{ь}i z^{ь}d^{ь}és^{ь}]	their children are here

Russian letters	Their sound values	Pronunciation and reading rules
Ч ч = *Ч ч* [ch^{ь}e]	1., 2. [ch^{ь}]; 3., 4. [j^{ь}]	The Russian [ch^{ь}] and [j^{ь}] are respectively like **ch** in ***cheese*** and **j** in *ajar*, but they are more palatalized than their English counterparts, which is due to a higher position of the front of the tongue.

ч = [j^{ь}] only at the end of a word before a voiced non-sonorant (except **в**).

Continued

E.g. Ч ч	[ch^{ь}e]	The Russian letter **ч**
час	[ch^{ь}as]	hour
чей	[ch^{ь}ey]	whose (*m nom, acc, sing*)
чья	[ch^{ь}ya]	whose (*fem nom, sing*)
чьё	[ch^{ь}yo]	whose (*n nom, sing*)
чьи	[ch^{ь}yi]	whose (*nom, acc, pl*)
ночь	[noch^{ь}]	night
дочь	[doch^{ь}]	daughter
ключ	[kluch^{ь}]	key
где ключ?	[gd^{ь}é klúch^{ь}]	where is the key?
ключ здесь	[klúj^{ь} z^{ь}d^{ь}és^{ь}]	the key is here
ночь была сырой	[nój^{ь} bilà sɨróy]	it was a damp night

Russian letters	Their sound values	Pronunciation and reading rules
Ц ц = *Ц ц* [tse]	1. [t͜s] 3. [d͜z]	The Russian [t͜s] and [d͜z] are respectively like **ts** in ***tsetse*** (*fly*) and **dz** in *adze*, but they are not combinations of two separately pronounced sounds ([t+s] and [d+z]); they are each a single sound (an affricate).

ц = [t͜s] even before **и**, which .s pronounced as [ɨ] after it.

ц = [d͜z] only at the end of a word before a voiced non-sonorant (except **в**).

E.g. Ц ц	[t͜se]	The Russian letter **ц**
цель	[t͜sel^{ь}]	aim, purpose
центр	[t͜sentr]	centre
цирк	[t͜sɨrk]	circus (*show*)
цыган	[t͜sɨgán]	gipsy (*man*)
цвет	[t͜sv^{ь}et]	colour
чтец	[ch^{ь}t^{ь}et͜s]	reader, reciter
чтец здесь	[ch^{ь}t^{ь}éd͜z z^{ь}d^{ь}és^{ь}]	the reader (reciter) is here

Obscured Russian Vowel Sounds Represented by the Letters **a, o, e, я**

The obscured Russian vowel sounds, which can only occur in unstressed syllables, are [ʌ], [ə], [i^e], [$ɨ^e$] and [ı]. They are represented in spelling only by the letters **a, o**, **e**, and **я.**

The meanings of unstressed morphemes with these letters in them remain the same as under stress.

Table 7

Russian letters	Their sound values	Pronunciation and reading rules
a o } =	2. [ʌ]	Like the RP [ʌ] represented by the letter **u**, as in the phrase *quite unknown* pronounced with no stress on **un** [ʌn]. Thus [ʌ] is an [a]-like sound, but weaker, shorter and a little closer (higher) than the stressed [a]. Cf сама [sʌmá] (*she*) *herself* with [sʌmά:] in *some are* and она [ʌná] *she* with [ʌnά:] in *quite unarmed.*

a
o } =[ʌ]: (1) In the first pretonic syllable when preceded by a hard consonant;

(2) At the beginning of a word, i. e. when not preceded by any consonant and no matter how far removed from the stressed syllable.

E.g.	сама	[sʌmá]	(she) herself
	мала	[mʌlá]	small, little (*sh f of a*)
	какой	[kʌkóy]	what kind, which
	шаги	[shʌg^{ь}í]	steps
	жара	[zhʌrá]	heat(-wave)
	царизм	[tsʌr^{ь}ízm]	tsarism
	дома	[dʌmá]	houses
	гора	[gʌrá]	mountain
	нога	[nʌgá]	foot; leg
	ножи	[nʌzhɨ́]	knives
	когда	[kʌgdá]	when
	который	[kʌtórɨy]	which (*m nom, sing*)
	аппарат	[ʌpʌrát]	apparatus

E.g.	она	[ʌná]	she
	они	[ʌn^{ь}í]	they
	обыкновенный	[ʌbɨknʌv^{ь}énnɨy]	usual, customary

Continued

Russian letters	Their sound values	Pronunciation and reading rules
а, о =	3. [ə]	Like the RP neutral vowel [ə] represented by the letters **a** in *again*, *cadet* and **o** in *concurrent*. In pretonic syllables (i. e. those which precede the stressed syllable) the Russian [ə] has a faint shade of the [ɨ] sound, like the English [ə] between [k] and [g] in *back again*. At the end of a word it has a faint shade of [ʌ], like the RP word-final [ə] in *sofa* [sóufə] and *runner* [rʌ́nə]. Cf *runner* [rʌ́nə] with рана [ránə] *wound* and рано [ránə] *early*, and *concurrent* [kənkʌ́rənt] with конкурент [kənkur^{b}ént] *competitor*.

а, о =[ə]: (1) In the second and other pretonic syllables (except the 1st) when preceded by a hard consonant;
(2) In post-tonic syllables after:
(a) a hard consonant;
(b) the soft consonants represented by the letters **ч** and **щ**.

E.g.	самолет	[səmʌl^{b}ót]	airplane
	пароход	[pərʌkhót]	steamship
	молоко	[məlʌkó]	milk
	хорошо	[khərʌshó]	good, well
	мама	[mámə]	mammy
	Анна	[ánnə]	Anna
	рана	[ránə]	wound
	рано	[ránə]	early
	эта	[étə]	this (*fem nom, sing*)
	это	[étə]	this (*n nom, acc sing*)
	плохо	[plókhə]	bad(ly)
	комната	[kómnətə]	room
	начат	[nách^{b}ət]	(is) begun (*m*)
	роща	[rósh^b:ə]	grove

Continued

Russian letters	Their sound values	Pronunciation and reading rules
а=	5. [i^{e}]*	Unlike any English sound. It is a single vowel (not a diphthong), intermediate in quality between [i] and [e]. There is a strong tendency in Modern Russian, especially in the speech of the younger generation, to pronounce [i^{e}] very much like [i]. **а**=[i^{e}] in the 1st pretonic syllable after **ч** and **щ**. E.g. часы [ch^{ь}i^{e}sɨ́] hours; clock частица [ch^{ь}i^{e}s^{ь}t^{ь}ítsə] particle щадить [sh^{ь}:i^{e}d^{ь}ít^{ь}] to spare (*life*)
а=	7. [ɪ]	Like the English [ɪ] represented by the letters **a** in *tonnage*, **e** in *begin* and *pocket*, **i** in *porridge* and **y** in *many*. It is a little more open (lower) and retracted as compared with [i]. **а**=[ɪ]: (1) In the second and other pretonic syllables (except the 1st) after **ч** and **щ**. (2) In a non-final post-tonic syllable after **ч**. E.g. часовой [ch^{ь}ɪsʌvóy] hour-long, hourly частота [ch^{ь}ɪstʌtá] frequency пощажена [pəsh^{ь}:ɪzhɨ^{e}ná] (she is) spared начаты [nách^{ь}ɪtɨ] (they are) begun начали [nách^{ь}ɪl^{ь}i] (we, you, they) began

* The omission of a number indicating a sound value means that the letter in question is devoid of the sound value with this number, which other letters have. See sound values 4,6 and 8 of the letter **е**.

Continued

a=	9. [ɨᵉ]	Unlike any English sound It is a single vowel, intermediate in quality between [ɨ] and [e], but tending slightly more to [e].

a=[ɨᵉ] in the 1st pretonic syllable after **ш**, **ж** and **ц** (usually before a soft consonant). In some words [ʌ] may be pronounced after these letters instead of [ɨᵉ], in others [ɨᵉ] is the only norm.

E.g.	лошадей нет	[ləshɨᵉdᵇéy nᵇét]	there are no horses
	жалеть	[zhɨᵉlᵇétᵇ]	to pity, to be sorry for...
	с двадцатью рублями	[z dvəttsɨᵉtᵇyú rublᵇámᵇi]	with twenty roubles

Russian letters	Their sound values	Pronunciation and reading rules
e=	3. [ə]	(1) After **ш**, **ж** and **ц**:

(a) in the second and other pretonic syllables;
(b) in post-tonic syllables;
(2) In a final post-tonic syllable in nouns *n*, *nom*, *ng* after a soft consonant.

E.g.	шептуны	[shəptunɨ]	whisperers
	в жёлудях	[v zhəludᵇákh]	in acorns
	целовать	[tsəlʌvátᵇ]	to kiss
	он вышел	[on vɨshəl]	he went out
	с мужем	[s múzhəm]	with the husband
	с птицей	[s ptᵇítsəy]	with the bird
	море	[mórᵇə]	sea

Continued

Russian letters	Their sound values	Pronunciation and reading rules
е=	4. [yə]	In a post-tonic syllable after: (a) a vowel; (b) the "soft" sign **ь**;

E.g.	доброе дело	[dóbrəyə d^{ь}élə]	a good (kind) deed
	у неё двое (трое) детей	[u n^{ь}i^{e}yó dvóyə (tróyə) d^{ь}i^{e}t^{ь}éy]	she has two (three) children
	у неё нет братьев	[u n^{ь}i^{e}yó n^{ь}ét brát^{ь}yəf]	she has no brothers

Russian letters	Their sound values	Pronunciation and reading rules
е=	5. [i^{e}]	In the first pretonic syllable after a palatalized consonant.

E.g.	меня	[m^{ь}i^{e}n^{ь}á]	me (*acc*)
	тебя	[t^{ь}i^{e}b^{ь}á]	you (thou) (*acc*)
	она вела детей	[ʌnà v^{ь}i^{e}lá d^{ь}i^{e}t^{ь}éy]	she was leading (the) children
	почему	[pəch^{ь}i^{e}mú]	why
	щека	[sh^{ь}:i^{e}ká]	cheek

Russian letters	Their sound values	Pronunciation and reading rules
е=	6. [yi^{e}]	In the first pretonic syllable: (a) at the beginning of a word; (b) after a vowel; (c) after **ь**; (d) after **ъ**.

E.g.	еда	[yi^{e}dá]	food, meal
	воевать	[vəyi^{e}vát^{ь}]	to wage war
	съедобный	[s^{ь}yi^{e}dóbnɨy]	edible
	объективный	[ʌbyi^{e}kt^{ь}ívnɨy]	objective
	Пьеро	[p^{ь}yi^{e}ró]	Pierrot

Continued

Russian letters	Their sound values	Pronunciation and reading rules
е=	7. [ɪ]	After a soft consonant: (a) in the second and other pretonic syllables (except the 1st); (b) in post-tonic syllables.

E.g.	речь переведена	[r^{ь}éch^{ь} p^{ь}ɪr^{ь}ɪ-v^{ь}ɪd^{ь}i^{e}ná]	the speech is (has been) translated
	где телефон?	[gd^{ь}é t^{ь}ɪl^{ь}i^{e}fón]	where is the telephone?
	в четырёх деревнях	[f ch^{ь}ɪtɨr^{ь}ógh d^{ь}ɪr^{ь}i^{e}vn^{ь}ákh]	in four villages
	щекотать	[sh^{ь}:ɪkʌtát^{ь}]	to tickle
	в доме	[v dóm^{ь}ɪ]	in the house
	восемь	[vós^{ь}ɪm^{ь}]	eight
	идите!	[id^{ь}ít^{ь}ɪ]	(you) go!, come!

Russian letters	Their sound values	Pronunciation and reading rules
е=	8. [yɪ]	In the second and other pretonic syllables (except the 1st): (a) at the beginning of a word; (b) after a vowel; (c) after ъ.

E.g.	единица	[yɪd^{ь}in^{ь}ít͡sə]	unit
	европеец	[yɪvrʌp^{ь}éyət͡s]	European (man)
	Елизавета	[yɪl^{ь}izʌv^{ь}étə]	Ēlizabeth
	наедине	[nəyɪd^{ь}in^{ь}é]	in private
	объективизм	[ʌbyɪkt^{ь}i^{e}v^{ь}ízm]	objectivism

Continued

Russian letters	Their sound values	Pronunciation and reading rules
е=	9. [ɨᵉ]	After **ш**, **ж** and **ц**: (a) in the first pretonic syllable; (b) at the end of unstressed flexions of *pr sing* of all genders, *dat sing fem* and the *comp* degree.

E.g.	шептать	[shɨᵉptátᵇ]	to whisper
	жена	[zhɨᵉná]	wife
	цена	[t͜sɨᵉná]	price
	в чаше	[f chᵇáshɨᵉ]	in the cup
	о муже	[ʌ múzhɨᵉ]	about the husband
	в ситце	[f sᵇítt͜sɨᵉ]	in chintz
	в ложе	[v lózhɨᵉ]	in the (theatre) box
	на улице	[nʌ úlᵇit͜sɨᵉ]	in the street
	меньше	[mᵇénᵇshɨᵉ]	less, smaller
	ближе	[blᵇízhɨᵉ]	nearer

Russian letters	Their sound values	Pronunciation and reading rules
я=	3. [ᵇə]	In post-tonic syllables after a soft consonant.

E.g.	няня	[nᵇánᵇə]	nurse
	имя	[ímᵇə]	(first) name
	дядя	[dᵇádᵇə]	uncle
	тётя	[tᵇótᵇə]	aunt
	о дядях	[ʌ dᵇádᵇəkh]	about uncles
	тётям	[tᵇótᵇəm]	to (the) aunts
	с нянями	[s nᵇánᵇəmᵇi]	with nurses
	они любят	[ʌnᵇì lᵇúbᵇət]	they love

Continued

я=	4. [yə]	In post-tonic syllables:

(a) after a vowel;
(b) after ь.

E.g.

большая комната	[bʌl^{ь}sháyə kómnətə]	a large room
братья	[brát^{ь}yə]	brothers
ружья	[rúzhyə]	(shot) guns
роя землю	[róyə z^{ь}éml^{ь}u]	(while) digging the ground

я=	5. [^{ь}i^{e}]	In the first pretonic syllable, after a soft consonant.

E.g.

пятак	[p^{ь}i^{e}ták]	five-copeck coin
мясной бульон	[m^{ь}i^{e}snóy bul^{ь}yón]	broth, beef tea

я=	6. [yi^{e}]	In the first pretonic syllable:

(a) at the beginning of a word;

(b) after a vowel;
(c) after ь;
(d) after ъ.

E.g.

язык	[yi^{e}zɨ́k]	language; tongue
январь	[yi^{e}nvár^{ь}]	January
он заявил	[òn zəyi^{e}v^{ь}íl]	he stated
пьянеть	[p^{ь}yi^{e}n^{ь}ét^{ь}]	get drunk
он объявил	[òn ʌbyi^{e}v^{ь}íl]	he announced

Continued

я=	7. [^{ь}ɪ]	(1) In the second and other pretonic syllables (except the 1st) after a soft consonant; (2) In a non-final post-tonic syllable; (3) In a final post-tonic syllable before a soft consonant.

E.g.	пятилетка	[p^{ь}ɪt^{ь}il^{ь}étkə]	five-year plan
	мясники	[m^{ь}ɪs^{ь}n^{ь}ik^{ь}í]	butchers
	планы приняты	[plánɨ pr^{ь}ín^{ь}ɪtɨ]	the plans are accepted
	рыбаки вытянули сеть	[rɨbʌk^{ь}í vɨ́t^{ь}ɪnul^{ь}i s^{ь}ét^{ь}]	the fishermen drew out the net
	память	[pám^{ь}ɪt^{ь}]	memory
	девять	[d^{ь}év^{ь}ɪt^{ь}]	nine
	десять	[d^{ь}és^{ь}ɪt^{ь}]	ten

я=	8. [yɪ]	In the second and other pretonic syllables (except the 1st): (a) at the beginning of a word; (b) after a vowel; (c) after **ь**; (d) after **ъ**.

E.g.	языки	[yɪzɨk^{ь}í]	languages; tongues
	языковой	[yɪzɨkʌvóy]	linguistic
	это ими уяснено	[ètə im^{ь}i uyɪs^{ь}n^{ь}i^{e}nó]	this has been understood by them
	это было им объяснено	[ètə bɨlə im ʌbyɪs^{ь}n^{ь}i^{e}nó]	this was explained to them
	она была опьянена	[ʌnà bɨlà ʌp^{ь}yɪn^{ь}i^{e}ná]	she was intoxicated

Combinations of Vowel Letters in Unstressed Syllables

Table 8

аа ао оа оо } =	[ʌʌ]	на автобусе на окне за обед наоборот до аптеки по одному зоология вообще	[nʌ ʌftóbusьɪ] [nʌ ʌknьé] [zʌ ʌbьét] [nʌʌbʌrót] [dʌ ʌptьékьi] [pʌ ʌdnʌmú] [zʌʌlógьiyə] [vʌʌpshь:é]	by bus on the window sill for (the) dinner on the contrary as far as the drug-store one by one, one after another zoology in general
еа ео } =	[ьɪʌ]	это неаппетитно это необязательно	[ètə nьɪʌpьiеtьítnə] [ètə nьɪʌbьiеzátьilь-nə]	it is not appetizing it is not obligatory
еи=	[ьɪi]	это неизбежно	[ètə nьɪizьbьézhnə]	it is inevitable
ее=	[ьɪyɪ] (*in pretonic syl*)	это неестественно	[ètə nьɪyɪsьtьésьtь-vьɪnə]	it is unnatural

Continued

ау, оу =	[əu] (*in pretonic syl*)	научить по уговору	[nəuchᵇítᵇ] [pə ugʌvóru]	to teach *smb* (*perf*) by agreement
уа, уо =	[uʌ] (*in pretonic syl*)	у аптеки у огня	[u ʌptᵇékᵇi] [u ʌgnᵇá]	at (near) the drug-store by (near) the fire
аи, ои =	[əi] (*in pretonic syl*)	наизусть поиграть	[nəizúsᵇtᵇ] [pəigrátᵇ]	by heart to play (a little)

Combinations of Consonant Letters

Table 9

сш, зш =	[sh:]	бесшумный без шапки	[bᵇiᵉsh:úmnɨy] [bᵇiᵉsh:ápkᵇi]	noiseless without his hat (on), hatless
сж, зж =	[zh:]	сжаться безжалостный	[zh:áttsə] [bᵇiᵉzh:áləsnɨy]	shrink, contract pitiless

Continued

зж=	[zhь:] (*as a variant of* [zh:] *in some words*)	визжать позже	[vьizhь:átь] [pózhь:ɪ]	to scream, to squeak later (on)
сч=	[shь:]	счастье подписчик	[shь:ásьtьyə] [pʌtpьíshь:ik]	happiness subscriber
сч=	[shьchь]	бесчисленный	[bьieshьchьísьlьɪnnɨy]	countless
тся ться } =	[ttsə] (*endings of refl v: 3 sing pres & inf*)	он умывается он хочет побриться	[òn umɨváyəttsə] [on khóchьɪt pʌbrьíttsə]	he is washing (himself) he wants to shave himself (*or* to have a shave)
тц дц } =	[tts]	с отцом двадцать	[s ʌttsóm] [dváttsətь]	with (one's) father twenty
тч дч } =	[tьchь]	лётчик падчерица	[lьótьchьik] [pátьchьɪrьitsə]	flyer, pilot stepdaughter

Continued

чн=	[shn] (*only in some words including fem patronymics*)	конечно нарочно Анна Никитична	[kʌnᵇéshnə] [nʌróshnə] [ánnə nᵇikᵇítᵇishnə]	certainly, of course on purpose Anna Nikitichna
чт=	[sht] (*only in* что *& its derivatives*)	что это? ничто что-нибудь потому что	[shtó etə] [nᵇishtó] [shtónᵇibutᵇ] [pətʌmú shtə]	what is this? nothing some-(any-)thing because
гк=	[khk] (*in some words*)	легко мягко	[lᵇiᵉkhkó] [mᵇákhkə]	easily softly
гч=	[khchᵇ] (*in some words*)	легче мягче	[lᵇékhchᵇɪ] [mᵇákhchᵇɪ]	easier, more easily softer, more softly

Silent Letters

Table 10

стн=	[sn]	честно местность	[chᵇésnə] [mᵇésnəsᵇtᵇ]	honestly locality

Continued

здн=	[zn] (*in some words*)	поздно праздник	[póznə] [prázьnьik]	late holiday
стл=	[sl] (*in some words*)	счастливо	[s̩hь:iesьlьívə]	happily
рдц=	[rts̮]	сердце	[sьértsə]	heart
лнц=	[nts̮]	солнце	[sóntsə]	sun
вов=	[v̩v] (*with the first cons made syllabic; at the end of c, v, nouns*)	сливовый пудинг шествовать царствование	[sьlьív̩vɨy púdьink] [shéstv̩vətь] [tsárstv̩vənьiyə]	plum-pudding to march reign
лал=	[l̩l] (*in v, p*)	она это сделала	[ʌná etə zьdьél̩lə]	she did it

Combinations of Vowel Letters with Consonant Letters in Certain Terminations

Table 11

-ый=	{[ɨy] [əy]}	(*flex a, m, nom, sing*)	белый дом	[b^{ь}élɨy dóm] [b^{ь}éləy dóm]	a white house
-ий=	{[iy] [ɨy] [əy]}	(*the same after* **к, г** & **х**)	широкий поток	[shɨrók^{ь}iy (-ɨy, -əy) pʌtók]	a wide (broad) stream
			долгий день	[dólg^{ь}iy (-ɨy, -əy) d^{ь}én^{ь}]	a long day
			ветхий дом	[v^{ь}étkh^{ь}iy (-ɨy, -əy) dóm]	a dilapidated house
-го }=	[-və] [-vó]	(*in flex pron m, n, gen, sing; a, m, n, gen, sing*)	вот его дом	[vót yi^{e}vò dóm]	here is his house
			кого вам нужно?	[kʌvó vam núzhnə]	whom do you want (to see)?
			дайте нам чёрного кофе, пожалуйста	[dáyt^{ь}ɪ nam ch^{ь}órnəvə kóf^{ь}ə, pəzhálɨ^{e}stə]	give us some black coffee, please
-сся -зся }=	[-ssə]	(*flex of refl v, p, m, 3 sing*)	он спасся	[òn spássə]	he saved himself (he was saved)
			пиджак разлезся по швам	[p^{ь}idzhák rʌzl^{ь}éssə pʌ shvám]	the coat (jacket) has gone (got torn) to pieces (along the seams)

Words with Two Stresses

Words with two stresses (primary and secondary) are, in contrast with English, rather rare in Russian. They are long compound words, mostly technical and scientific terms, like радиолокация [ràdᵇiəlʌkátsɨyə] *radar*, the so-called compound-contracted words, like партбилет [pàrdbᵇilᵇét] *party* (*membership*) *card*, and words with certain prefixes, like послевоенный [pòsᵇlᵇɪvʌyénnɨy] *post-war* (*a*, *m*, *nom*, *sing*), трансатлантический [trànsʌtlʌnᵇtᵇíchᵇɪskᵇiy] *transatlantic*.

English-speaking learners must avoid giving secondary stress to the second or third pretonic syllable of a long Russian word, as they do in pronouncing long English words. Cf *demonstration* [dèmənstréɪʃn] with its Russian equivalent демонстрация [dᵇɪmʌnstrátsɨyə] or *electrification* [ɪlèktrɪfɪkéɪʃn] with электрификация [elᵇɪktrᵇifᵇikátsɨyə].

Sentence Stress

The following are some of the most important points of difference between Russian and English sentence stress.

Personal and possessive pronouns very often bear a primary or secondary stress in a Russian sentence, especially when followed by unstressed syllables. Cf мы передавали последние известия [mɨ pᵇɪrᵇɪdʌválᵇi pʌsᵇlᵇédᵇnᵇiyə izᵇvᵇésᵇtᵇiyə] with *you've been listening to the néws.*

Some monosyllabic prepositions, like на [na] *on*, *for*, *up*, из [iz, -s] *out of*, *from* are stressed before certain nouns while the noun itself is not stressed, and both words are pronounced like a single word with the vowels of the noun obscured, e.g. на гору [nágəru] *uphill*, из лесу [ízᵇlᵇɪsu] *out of the forest.*

Some words, such as the relative pronoun который [kʌtórɨy] *which* (*m*, *nom*, *sing*), usually bear secondary stress.

Some words, such as the conjunctions но [no] *but*, то... то... [to... to...] *now... now*, are never stressed but their vowels remain unobscured, e.g. но было поздно [no bìlə póznə] *but it was* (*too*) *late*, то дождь, то солнце [to dóshᵇ:, to sóntsə] *now wet* (*rain*), *now fine* (*sunshine*).

Intonation

Russian differs from English not only in the form of its speech-tones, but also in their uses. Thus the fall in pitch in the falling tone is less sharp and starts from a lower level in Russian than in English, and this tone is used not only in sentences expressing categoric assertions, special questions*, commands and exclamations (the same as in English), but also in those expressing polite requests or invitations, which are pronounced in English with the rising or the falling-rising tone. Cf

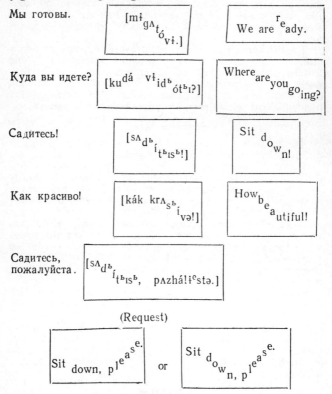

Мы готовы.	[mɨ gʌ tó vɨ.]	We are ready.
Куда вы идете?	[kudá vɨ idᵇ ótᵇɪ?]	Where are you going?
Садитесь!	[sʌ dᵇ í tᵇɪsᵇ!]	Sit down!
Как красиво!	[kák krʌ sᵇ í və!]	How beautiful!
Садитесь, пожалуйста.	[sʌ dᵇ í tᵇɪsᵇ, pʌzhá!ɨᵉstə.]	

(Request)

Sit down, please.	or	Sit down, please.

* i. e. those beginning with an interrogative pronoun or adverb, e. g. who, what, when, where, etc.

The rising tone used in Russian interrogative sentences expressing ordinary, matter-of-fact general questions* is quite different in form from the rising tone used in English sentences of the same type. The Russian rise is steep, rapid and reaches a very high level in the last stressed syllable of the word in which it takes place. The English rise in this case usually starts from a low level, begins in the second half of the last stressed syllable and is rather slow. Cf

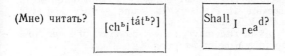

(Мне) читать?	[chьitátь?]	Shall I read?

If the word in which the rise takes place ends in an unstressed syllable (or syllables), the steep and high Russian rise is followed by a slow descent in the final unstressed syllable(s). In an English word of this type the last stressed syllable is pronounced on a low level pitch while the rise occurs in the final unstressed syllable(s). Cf

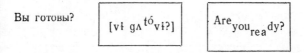

Вы готовы?	[vɨ gʌtóvɨ?]	Are you ready?

This English rise, typical of ordinary *yes* or *no* questions in English, may be used in a Russian general question only when it implies at the same time perplexity, doubt or surprise, e.g.

(Мне) читать?	[chьitátь?]	(Do you really mean) I must read?

* i. e. those requiring *yes* or *no* for the answer.

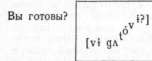

Вы готовы? [vɨ gʌtóvɨʔ] (Do you really mean to say) you are ready?

English-speaking learners must take special care not to use this type of rise in an ordinary general question in Russian, because it is likely to sound strange, and even comic, to the Russian ear.

Both types of rise may be used, however, in a non-final sense-group in a Russian sentence, e.g.

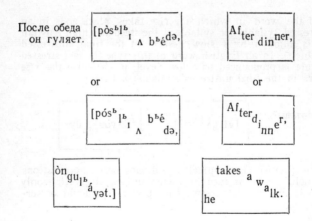

После обеда он гуляет. [pòsʲlʲɪ ʌ bʲédə, | After dinner,

or | or

[pósʲlʲɪ ʌ bʲédə, | After dinner,

òn gulʲáyət.] | he takes a walk.

The falling-rising tone, as in the second variant of the first sense-group in the above sentence, should also be avoided in speaking Russian.

Any more detailed description or a more exact representation of Russian intonation, as, indeed, of the whole sound system of Russian, would be beyond the scope of the present work.

ESSAY ON THE RELATIONSHIP BETWEEN RUSSIAN SOUNDS AND LETTERS

By Morris Halle

As is well known, Russian, unlike English, has an orthography that consists of a small number of general rules to which there are few exceptions. Learning to read Russian is, therefore, only a minor hurdle for the Russian first grader. In certain cases, however, this very regular orthography tends to obscure the grammatical structure of the words. It both hides true connections among certain forms and suggests false connections among others. Since the foreigner learning Russian inevitably is heavily dependent on the written word, he is all too frequently misled by this regular orthography, and his time is needlessly wasted. It is my hope that the comments below will help the learner avoid at least some of these false paths.

Many Russian consonants appear in two distinct varieties, palatalized and nonpalatalized. Palatalized consonants are produced by placing the tongue in a position that is appropriate for the sound [y] as in "you" or [i] as in "ski," while the rest of the vocal tract is simultaneously made to assume the primary articulation of the consonant in question. In producing nonpalatalized consonants, the primary consonant articulation is accompanied by a retraction of the tongue somewhat like that in producing the sounds [w] as in "water" or [u] as in "tune." We shall call consonants that appear in both varieties before all vowels *paired* consonants and distinguish them from *unpaired* consonants, which appear in only one variety before a given vowel. Russian has 24 paired consonants:[1]

p	b	f	v	m	t	d	s	z	n	l	r
$p^{ь}$	$b^{ь}$	$f^{ь}$	$v^{ь}$	$m^{ь}$	$t^{ь}$	$d^{ь}$	$s^{ь}$	$z^{ь}$	$n^{ь}$	$l^{ь}$	$r^{ь}$

[1] The symbols employed in this essay are those in "A Guide to Russian Pronunciation," immediately preceding.

and 9 unpaired consonants:

k g kh ch^ь sh zh sh^ь:[2] t͜s y

A. The Orthography of Paired Consonants

The Russian alphabet does not possess separate consonant letters to distinguish palatalized from nonpalatalized paired consonants. Instead, palatalization or its absence in a paired consonant is signaled by the following letter. If the consonant stands before a vowel, palatalization or its absence is indicated by the following vowel letter, and for this reason the Russian alphabet has twice as many vowel letters as there are distinct vowels in the language. The five letters **а э ы**[3] **о у** indicate that a preceding paired consonant is nonpalatalized; the letters **я е и**[3] **ё**[4] **ю** that it is palatalized. E.g., **ва́л** "billow" — **вя́л** "limp"; **но́с** "nose" — **нёс** "(he) carried"; **пы́л** "ardor" — **пи́л** "(he) drank." If the paired consonant is not before a vowel — i.e., if it stands before a consonant or at the end of a word — palatalization is signaled by a special letter, the "soft-sign" **ь**, which is written after the consonant. The absence of a "soft-sign" in this position indicates that the paired consonant is nonpalatalized. E.g., **пы́ль** "dust" — **пы́л** "ardor"; **ве́сь** "all" — **ве́с** "weight"; **го́рька** "bitter" — **го́рка** "little mountain" (pej.)

An immediate consequence of this spelling convention is that suffixes beginning with a vowel will appear in two graphic forms, one after stems ending in palatalized consonants and the other after stems ending in nonpalatalized consonants. Moreover, Russian has grammatical forms in which the stem appears with-

---

[2] It would have been more correct to regard sh^ь: as the phonetic reflex of the sequence shch^ь. To motivate this departure from strict correspondence with the spelling system would take us too far afield, and we shall, therefore, regard sh^ь: as a single unit.

[3] The letters **и** and **ы** represent the (single) vowel /i/, in spite of rather striking phonetic differences in the reflexes of this vowel in position after palatalized and nonpalatalized consonants.

[4] The diaeresis is written only when the vowel is stressed and even then is frequently omitted. More on the spelling of /o/ will be given later.

out suffix — or in more technical language, in which the stem appears before a zero suffix. The zero suffix will be represented by the "soft-sign" if the stem ends in a palatalized consonant, but will remain unrepresented in the orthography if the stem ends in a nonpalatalized consonant.[5] It is, therefore, not surprising that the Russian declension, which consists primarily in adding vocalic suffixes to consonantal stems, should present a highly varied picture at first sight. Once the way in which Russian is spelled is taken into account, however, much of the variety in the spellings is revealed as a reflection of a much simpler underlying system.

As shown in the following table, the case suffixes of a masculine noun ending in a nonpalatalized consonant such as сто́л "table" are (with the exception of the gen. pl.) exactly identical with those of a masculine noun ending in a palatalized consonant such as ру́ль "steering wheel." The same holds true (without exception) of the case suffixes of feminine nouns with palatalized and nonpalatalized stems; e.g., ры́ба "fish" and ня́ня "nurse."

	Singular		*Plural*	
Nom. Acc.	сто́л	ру́ль	столы́	рули́
Gen.	стола́	руля́	столо́в	руле́й
Dat.	столу́	рулю́	стола́м	руля́м
Instr.	столо́м	рулём	стола́ми	руля́ми
Prep.	столе́	руле́	стола́х	руля́х
Nom.	ры́ба	ня́ня	ры́бы	ня́ни
Gen.	ры́бы	ня́ни	ры́б	ня́нь
Dat.	ры́бе	ня́не	ры́бам	ня́ням
Acc.	ры́бу	ня́ню	ры́б	ня́нь
Instr.	ры́бой	ня́ней	ры́бами	ня́нями
Prep.	ры́бе	ня́не	ры́бах	ня́нях

The preceding table requires two further comments. (1) It will be observed that the suffix /e/ of the prep. sg. and of the dat. sg. fem. has one, instead of the expected two representations.

[5] In the gen. pl. masc., nouns with stems ending in a palatalized consonant take a different suffix than nouns with stems ending in a nonpalatalized consonant.

Rather than the expected столэ́ and ры́бэ we get столе́ and ры́бе. This is because in Russian words only palatalized paired consonants can appear before the vowel /e/.[6] (2) In the instr. sg. suffix of fem. (second declension) nouns, the suffix –ой is paralleled by –ей instead of the expected –ёй. This is due to the fact that Russian spelling does not distinguish unaccented /o/ and /e/ in position after palatalized consonants.[7] This explains also the appearance of the letter е in the nom./acc. sg. suffix of neuter nouns with stems ending in a palatalized consonant, e.g., по́ле "field," мо́ре "sea." The letter е here represents unaccented /o/ as is clear by comparing it with neuter nouns such as бельё "laundry," and окно́ "window," where the suffix is accented, and ме́сто "place," where the stem ends in a nonpalatalized consonant.[8]

B. The Orthography of the Unpaired Consonants

1. The Transcription of /y/

At the end of a word and in position between a vowel and a consonant, /y/ is transcribed by the letter й, e.g., геро́й "hero," кофе́йня "coffee house."

At the beginning of a word, where /y/ is obligatorily followed by a vowel, the vowel letter represents both the vowel and the preceding /y/. The letter used to represent the two sounds is the vowel letter which elsewhere signals palatalization in the preceding paired consonant, e.g., ё́лка "Christmas tree," я́д

---

[6] The vowel /e/ follows nonpalatalized consonants in foreign words, but in most of these the letter е, rather than the expected э is written; e.g., кабаре́ "cabaret," кашне́ "scarf." The letter э appears in only a few words, of which сэ́р "Sir" and мэ́р "mayor" are the most common.

[7] If the suffix is accented, the expected –ёй is written; e.g., землёй "land," клешнёй "claw" (of shellfish).

[8] Russian orthography has always had difficulty with the vowel /o/ after palatalized consonants. As was remarked by Academician A. I. Sobolevskij: "The Old Russian scribe did not know how to transcribe о after these consonants (just as we still do not know how to transcribe it)." Лекции по истории русского языка (Moscow, 1907), p. 61. On further difficulties with this vowel, see below.

"poison," éду "(I) travel," ю́г "South," also даю́ "(I) give," даём "(we) give," стоя́т "(they) stand," их "their."[9]

In position between a consonant and a vowel, /y/ is represented by either the "hard-sign" ъ or the "soft-sign" ь. The former is used after prefixes (Russian as well as foreign), the latter is used elsewhere; e.g., подъём "rise," объе́кт "object," but льёт "pours," статья́ "article," белью́ "laundry" (dat. sg.).[10]

Taking these conventions into consideration the exact parallelism between the case forms of nouns with stems ending in /y/ and other nouns becomes immediately apparent:

	army	fish		hero	table
Nom. Sg.	а́рмия	ры́ба	Nom. Sg.	геро́й	сто́л
Gen. Sg.	а́рмии	ры́бы	Gen. Sg.	геро́я	стола́
Acc. Sg.	а́рмию	ры́бу	Dat. Sg.	геро́ю	столу́
Instr. Sg.	а́рмией	ры́бой	Instr. Sg.	геро́ем	столо́м
Gen. Pl.	а́рмий	ры́б	Nom. Pl.	геро́и	столы́

	singing	place
Nom. Sg.	пе́ние	ме́сто
Gen. Sg.	пе́ния	ме́ста
Dat. Sg.	пе́нию	ме́сту
Instr. Sg.	пе́нием	ме́стом
Gen. Pl.	пе́ний	ме́ст

At the end of Russian words certain consonant sequences are not admitted, and a vowel (either /e/ or /o/) is inserted before the last consonant. Thus, for instance, in place of the expected gen. pl. су́дьб (cf. nom. sg. судьба́), we have су́деб "fate," instead of о́кн, о́кон "window," or instead of ко́зл, козёл "billy goat." Among the consonant clusters that require the insertion of a vowel before the zero suffix are those ending in /y/. Hence, the gen. pl. forms of статья́ (= /statʲyá/) "article,"

[9] Certain foreign words do not follow this rule. In these words, /y/ is transcribed by the letter й; e.g., йо́д "iodine," Нью́ Йо́рк "New York," rather than ёд and Нью́ Ёрк.

[10] Since /y/ is always palatalized, the vowel following it is usually transcribed by the letters signaling palatalization in paired consonants. Exceptions to this rule are found in the spelling of foreign words; cf., ftn. 9.

семья́ (= /s^{ь}em^{ь}yá/) "family," and свинья́ (= /sv^{ь}in^{ь}ya/) "pig" are, respectively, not статй (= /stat^{ь}y/), семй (= /s^{ь}em^{ь}y/), свиней (= /sv^{ь}in^{ь}y/), but стате́й, семе́й, свине́й;[11] i.e., forms that parallel exactly the above-mentioned су́деб, о́кон, козёл.

2. *The Transcription of Vowels after Unpaired Consonants*

The rules for the spelling of vowels after unpaired consonants are poorly motivated from the point of view of modern Russian. This is the area where Russian schoolmasters lord it over their pupils, who in these cases have only their memory to fall back on.

After /k/ /g/ /kh/, the vowels are represented by и, е, а, о, у.

After /y/, the vowels are normally represented by и, е, я, ё, ю́. In a few foreign words we find also о; e.g., Нью Йо́рк, "New York," йо́д "iodine," компаньо́н "partner."

After the remaining unpaired consonants /ch^{ь} sh zh sh^{ь}: t͜s/, /a/ /e/ /u/ are represented by the letters а е у; e.g., карандаша́ "pencil" (gen. sg.), об отце́ "concerning father" (prep. sg.), това́рищу "comrade" (dat. sg.)

The vowel /i/ is represented by the letter и after /ch^{ь} sh zh sh^{ь}/; e.g., молчи́ "be silent," ши́ть "to sew," жи́ть "to live," щи́т "shield." After /t͜s/ the vowel /i/ is represented by ы in declensional suffixes; e.g., куцый "docktailed," молодцы́ "good fellows," певчы́ "singers," whereas in stems both и and ы appear; e.g., ци́рк "circus," but цыга́н "gypsy"; ци́фра "figure," but цырю́льник "barber." In any event, this is a purely arbitrary convention that must be learned by rote since the consonant [t͜s] is always nonpalatalized and the following /i/ is pronounced [ɨ].

The most complicated rule governs the representation of /o/ after /ch^{ь} sh zh sh^{ь}: t͜s/. At the beginning of a declensional suffix which adjoins a stem ending in any of these five consonants, о is written if the suffix is accented, е is written if the suffix is unaccented. As a result, in the declension of the comparative degree of the adjective бо́льший "bigger" the suffixes are spelled

---

[11] A somewhat special spelling rule requires that when the stress does not fall on the last syllable, the inserted vowel be transcribed by и, hence го́стий "(woman) guest" (gen. pl.).

with е, while in the declension of the positive degree большóй the suffixes are spelled with о:

Gen. Sg.	бóльшего	большóго
Dat. Sg.	бóльшему	большóму
Prep. Sg.	бóльшем	большом

Similarly, in the declension:

плечó	"shoulder"
лицó	"face"
лицóм	"face" (instr. sg.)
ножóм	"knife"
борщóм	"beet soup"
вéче	"common council" (in old Novgorod)
сéрдце	"heart"
сéрдцем	"heart" (instr. sg.)
мýжем	"husband" (instr. sg.)
товáрищем	"comrade" (instr. sg.)

This rule holds only for the declensional suffixes; it is not observed in the conjugation of the verbs where /o/ in accented suffixes is represented by ё, and by е in unaccented suffixes; e.g., ведём "(we) lead," печём "(we) bake," мóжем "(we) can," лéзем "(we) crawl."

In the majority of roots, о is written after ж, ш, щ, ц, ч, if the stress falls on the /o/ in all derived and inflected forms; if the stress is not fixed on the /o/, ё or е is written. Hence, we find о in чóкаться "to clink glasses," шóрох "rustle," but е and ё in жёлтый "yellow," adj., желтéть "yellow," vb., шёпот "whispers," noun, шептáть "whisper," vb., жёны "women," nom. pl., жёны́ "woman," gen. sg.[12]

3. The "soft-sign" after ш ж ч щ

After ш ж ч щ the "soft-sign" ь is written in forms with a zero suffix of 3rd declension feminine nouns to distinguish these from forms with zero suffix of other nouns, e.g.,

---

[12] In foreign words, this convention does not hold; e.g., шоколáд "chocolate," шоссé "highway," шофёр "chauffeur."

3rd Declension		2nd Declension	
мы́шь	"mouse"	кры́ш	"roof" (gen. pl.)
ло́жь	"lie"	ко́ж	"skin" (gen. pl.)
но́чь	"night"	ту́ч	"cloud" (gen. pl.)
ве́щь	"thing"	ро́щ	"grove" (gen. pl.)

1st Declension	
камы́ш	"reed"
но́ж	"knife"
вра́ч	"physician"
бо́рщ	"beet soup"

The "soft-sign" thus functions as a purely grammatical, rather than as a phonetic marker. It appears in this function also in the infinitive forms in чь and in the 2 sg. pres.; e.g., бере́чь "save," пе́чь "bake," помо́чь "help," везё́шь "(you) carry, drive," ви́дишь "(you) see," хо́чешь "(you) want."